HENRY LEE

HISTORIQUE
DES
COURSES DE CHEVAUX

DE L'ANTIQUITÉ A CE JOUR

OUVRAGE ILLUSTRÉ
DE VINGT-DEUX PLANCHES HORS TEXTE
ET DE SOIXANTE-TROIS GRAVURES

PARIS
Librairie CHARPENTIER et FASQUELLE
EUGÈNE FASQUELLE, ÉDITEUR
11, RUE DE GRENELLE, 11

1914

HISTORIQUE
DES
COURSES DE CHEVAUX
DE
L'ANTIQUITÉ A CE JOUR

IL A ÉTÉ TIRÉ DE CET OUVRAGE :

20 exemplaires numérotés sur papier impérial du Japon.

HENRY LEE

HISTORIQUE
DES
COURSES DE CHEVAUX
DE
L'ANTIQUITÉ A CE JOUR

OUVRAGE ILLUSTRÉ
DE VINGT-DEUX PLANCHES HORS TEXTE
ET DE SOIXANTE-TROIS GRAVURES

PARIS
LIBRAIRIE CHARPENTIER ET FASQUELLE
EUGÈNE FASQUELLE, ÉDITEUR
11, RUE DE GRENELLE, 11

1914

A MA FEMME

En profonde affection

H. L.

AVANT-PROPOS

Cet ouvrage devait avoir l'honneur d'une préface de M. Henri Delamarre, le grand sportsman que la mort a enlevé avant qu'il pût donner à ce travail la consécration de sa haute autorité.

A défaut de cet illustre patronage, le lecteur voudra bien nous permettre quelques mots d'introduction.

Le premier nom de cheval qui frappa mes oreilles d'enfant fut précisément celui de l'un de ses plus fameux élèves, le célèbre *Boïard*. Mais j'étais trop jeune encore pour y prêter attention, et ce n'est que quatre ans plus tard que je fis mes débuts sur le turf, en assistant à la victoire imprévue de *Saint-Christophe* dans le Grand Prix.

Nous avions organisé, cette année-là, au lycée, des courses à pied, et j'avais imaginé, pour les rendre plus attrayantes, de leur donner les appellations des grandes épreuves hippiques et d'attribuer à chacun de nous le nom d'un des chevaux en vue, avec une toque aux couleurs de l'écurie. Le sort m'avait gratifié du nom de *Saint-Christophe*.

Chose curieuse, l'arrivée de notre Derby, disputé au lendemain de celui de Chantilly, en fut la répétition exacte, les trois premières places y ayant été prises par ceux qui représentaient *Jongleur*, *Verneuil* et *Stracchino*. Pour moi, je tombai dans un tournant et ne fus pas placé.

Chose plus curieuse encore, quand vint notre Grand Prix, que nous courûmes le samedi, veille de celui de Longchamp, je le gagnai facilement... Quels furent mes suivants immédiats? je ne me le rappelle plus, mais je me souviens fort bien que nos deux favoris, *Jongleur* et *Verneuil*, finirent dans les derniers.

Le lendemain, en compagnie d'un camarade à qui son oncle, membre du Jockey-Club, avait donné deux cartes d'entrée pour le Pavillon, — le « pesage des pauvres », comme on appelle cette enceinte, — nous nous rendîmes pédestrement à Longchamp.

Nous ne jouâmes pas dans les premières courses, réservant nos modestes ressources pour la grande épreuve. La presque totalité de nos amis ayant tenu pour régulier le résultat de Chantilly, ce fut sur *Jongleur* que mon camarade risqua la « masse » qui lui avait été confiée, masse qui ne se montait guère qu'à une trentaine de francs.

Seul, je plaçai une humble pièce de cinq francs sur *Saint-Christophe*. La cote de 66/1 à laquelle me l'offrit un bookmaker me fit comprendre le peu de crédit que l'on accordait à cet outsider et je balançai un moment à suivre le pari plus raisonnable de mes camarades. Mais pouvais-je décemment abandonner le cheval que j'avais si brillamment représenté la veille?...

Ce que fut la course, on le sait, et de quelle façon magistrale Hudson, amenant *Saint-Christophe* au dernier moment, l'emporta sur *Jongleur* qui semblait maître de la partie.

Je l'avoue à ma honte, je n'eus pas le triomphe modeste. De retour au lycée, le lendemain, j'écrasai mes condisciples de toute ma science hippique et leur prouvai par $A + B$ qu'il fallait être des ânes bâtés pour n'avoir pas joué *Saint-Christophe*, attendu que ceci... que cela..., en un mot, que « c'était couru d'avance ».

L'expérience m'a corrigé de cette présomption ridicule, mais que le joueur heureux qui n'a pas eu la réussite insolente me jette la première pierre!...

Dès ce premier contact avec le turf, les courses m'avaient conquis. Non par l'appât du gain, mais par la beauté et l'intérêt du spectacle.

Trente-six ans se sont écoulés depuis le jour où, bombant la poitrine sous ma tunique d'ordonnance et le képi sur l'oreille, je quittai si fièrement l'hippodrome de Longchamp...

En ce laps de temps, si court et pourtant si long, que d'événements et de bouleversements!

L'une après l'autre, nous avons vu disparaître les grandes écuries qui ont fait la gloire de l'élevage français... Les Lagrange, les Laffitte, les Lupin, les Lefèvre, les Édouard Fould, les Delamarre sont morts, et aussi leurs serviteurs dévoués, les Thomas Carter, les Jennings, les Pratt et tant d'autres!

L'entretien d'une écurie de courses, qui était jadis un luxe coûteux, est devenu une affaire commerciale, et ces deux mots suffisent à caractériser la transformation qu'a subie le turf... Au pesage élégant et animé de ma jeunesse a succédé la morne cohue qui s'écrase aux tristes guichets du pari mutuel, et, si les femmes sont toujours jolies et leurs atours du bon faiseur, par contre, le soyeux haut-de-forme du clubman s'efface de plus en plus devant le « melon » démocratique.

Alors, il n'y avait guère de réunions que le dimanche; aujourd'hui, l'on court tous les jours. Les riches épreuves étaient rares et l'on préparait soigneusement un cheval pour tel ou tel engagement; aujourd'hui, les prix de 50.000 à 100.000 francs abondent et les propriétaires, dans leur hâte maladroite d'encaisser au plus vite la grosse somme, ne laissent plus souffler leurs chevaux, qu'ils usent ainsi avant l'âge.

Il y a encore un quart de siècle, des animaux comme *Le Sancy* triomphaient jusqu'au milieu de leur sixième année; aujourd'hui, quel est le crack qui reste debout après le Grand Prix?...

Et cependant, malgré toutes ces ombres au tableau, les luttes hippiques n'ont rien perdu de leur prestige, et la « glorieuse incertitude du turf » est toujours aussi passionnante, provoquant les mêmes enthousiasmes inconsidérés et les mêmes abandons injustifiés. Ne voit-on pas régulièrement, chaque année, dès la réouverture de la campagne, la presse et le public, oublieux des leçons mêmes de la veille, s'engouer de quelque cheval précoce que l'on sacre immédiatement crack, quitte à le traiter de rosse huit jours plus tard!...

Et c'est précisément de cette mobilité de jugement qu'est fait le grand attrait des courses.

Les courses de chevaux, comme on le sait, ne sont pas un *but*, mais le *moyen* d'arriver, par l'épreuve publique, à la sélection des reproducteurs de pur sang destinés, soit à perpétuer la race, soit à améliorer les autres races indigènes par l'apport de l'influx nerveux.

Dans cet ordre d'idées, les courses plates au galop sont les seules intéressantes. Les courses à obstacles ne sont guère alimentées, en effet, que par les « laissés pour compte » ou les raccommodés de plat — pour la plupart castrés, ce qui enlève à ces épreuves tout but utilitaire, — et les courses au trot, destinées au demi-sang, sont, par cela même, d'ordre inférieur.

Aussi ne nous sommes-nous occupé que du genre de courses dénommées « le sport légitime », les seules, d'ailleurs, dont l'antique origine atteste la noblesse, et c'est à retracer les différentes étapes qu'elles ont parcourues depuis leur apparition aux Jeux Olympiques que nous avons consacré nos efforts.

Cet ouvrage, nous tenons à le dire hautement, est une œuvre d'indépendance et de bonne foi.

Nous ne sommes inféodé à aucune école, et la sévérité même de certaines de nos appréciations trouve son excuse dans le but que nous avons poursuivi, la sauvegarde de l'élevage national, envers et contre tous les intérêts particuliers.

H. L.

Paris, 1908-1913.

INDEX BIBLIOGRAPHIQUE

Avant toutes choses, nous tenons à remercier spécialement M. le Général Ménessier de la Lance de l'amabilité avec laquelle il a bien voulu mettre à notre disposition sa riche bibliothèque sportive, et la direction du *Jockey* pour la bonne confraternité qu'elle a montrée en nous laissant compulser tout à loisir ses archives.

Almanach des Plaisirs de Paris et des communes environnantes (Paris, 1815).
ADAM (Adolphe). — *Souvenirs d'un Musicien* (Paris, 1857).
ALTON-SHÉE (Comte D'). — *Mémoires, souvenirs du vicomte d'Aulnis* (Paris, 1869).
APPERBY (Charles-Thomas). — *Nemrod* ou *L'Amateur de chevaux de courses* (Bruxelles, 1838).
Archives des Départements du Cher, de la Côte-d'Or, des Côtes-du-Nord et des Basses-Pyrénées.
AUDEBRAND (Philibert). — *Derniers Jours de la Bohême.*
Auteuil-Longchamp (Collection du journal).

BARBENTANE (Marquis DE). — *Communication au 6ᵉ Congrès international d'Agriculture* (Paris, 1900).
BARBIER. — *Chronique de la Régence et du règne de Louis XV* (1718-1763).
BASSOMPIERRE (François DE). — *Mémoires de 1598 à 1631* (Paris, 1812).
BAUME (Louis). — *Mœurs sportives : autour des courses* (Paris, 1895).
BERTHEAU (V.). — *Courses de chevaux.*
BEUVES D'HANSTONNE. — *Manuscrits de la Bibliothèque Nationale.*
BLACK (Robert). — *Horse Racing in France* (Londres, 1886).
BOCHER (E.). — *Rapport sur la loi organique de 1874 sur les Haras et les Remontes.*
BOULENGER (Jacques). — *Les Dandys sous Louis-Philippe.*
BOURGELAT (E.). — *Traité de la conformation extérieure du cheval* (Paris, 1770). — *Eléments de l'art vétérinaire* (Paris, 1803).
BRYON (Thomas). — *The French Stud-Book* ou *Le Haras français* (Paris, 1828); — *The Sportsman's Companion for the Turf* ou *Manuel de l'Amateur de Courses* (Paris, 1827). — *Calendrier des Courses* ou *Racing Calendar français* (de 1776 à 1838). — *Guide des éleveurs de poulains et pouliches de pur sang destinés aux courses* (Paris, 1840).

Buchoz. — *Amusements des Français* (1789).
Buffard (Paul). — *Les Courses* (Paris, 1901).
Buvat (Jean). — *Journal de la Régence* (1715-1723).

Cabe (F.-V.). — *Historique des Courses de chevaux* (Pau, **1900**).
Calendrier des Courses de chevaux (Collection du).
Canter. — *A. B. C. des Courses* (Paris, 1868).
Carlyle (Thomas). — *Speeches and Letters of Olivier Cromwell* (London, 1888).
Cavaillon (E.). — *Les Courses et les Paris* (Paris, 1885). — *Les Sportsmen pendant la Guerre* (Paris, 1881).
Centaure (Collection du journal *Le*).
Chanteau (Olivier). — *Pratique de l'élève des chevaux et de l'entraînement des chevaux de course* (Paris, 1834).
Chapus (Eugène). — *Le Sport à Paris* (Paris, 1854). — *Le Turf ou les Courses de chevaux en France et en Angleterre* (Paris, 1854). — *Annuaire du Sport en France* (Paris, 1858).
Charton de Meur. — *Dictionnaire de jurisprudence hippique* (Paris, 1891).
Cheney (John). — *Historical list of all Horse-Matches run, and all Plates and Prizes run for in England and Wales* (London, 1728).
Chronique du Turf (Collection de *La*).
Clavet (J.). — *Les Courses de chevaux en France* (*Revue des Deux-Mondes*, 1865).
Cler (A.). — *La Comédie à cheval ou Mœurs et travers du Monde équestre* (Paris, 1842).
Colon (G.). — *Observations sur les Courses de chevaux en France* (Paris, 1903).
Contades (Comte A. de). — *Bibliographie sportive : les Courses de chevaux en France* (Paris, 1892).
Cook (Théodore-Andréa). — *History of the English Turf*.
Courtépée et Béguillet. — *Description générale et particulière du Duché de Bourgogne, précédée de l'historique abrégé de cette province* (Dijon, 1847).
Cousté (Colonel). — *Une foulée de galop de course* (Paris, 1909).

Dalimal. — *Les Courses de chevaux en France sous Louis XVI* (*Figaro*, 1907).
Dangeau (Philippe de). — *Journal* (1684-1720).
Daremberg et Saglio. — *Dictionnaire des antiquités grecques et romaines*
Daumas (Général E.). — *Les Chevaux du Sahara* (Paris, 1858).
Day (William). — *Le Cheval de courses à l'entraînement* (traduit par le comte d'Hédouville; Paris, 1881).
Delvau (A.). — *Les Lions du jour* (Paris, 1867).
Donarche (A.). — *Les Tribunaux civils pendant la Révolution*.
Dubost (A). — *La vie du cheval de courses à Newmarket* (1869).
Dubuison d'Aubenay. — *Journal des Guerres civiles* (1648-1652).
Dupiney de Vorepierre. — *Dictionnaire français* (Paris, 1860).

Éleveur (Collection du journal *L'*).
Enault (Louis). — *Les Courses de chevaux en France et en Angleterre* (Paris, 1865).
Encyclopédie, de d'Alembert et Diderot.
Encyclopédie (*La Grande*).
Esquiros (Alphonse). — *L'Angleterre et la vie anglaise*.

Faget de Baune. — *Essais historiques sur le Béarn.*
Fitz Stephenson. — *Description of the City of London.*
Forster (Ch. de). — *Quinze ans à Paris, 1832-1848* (Paris, 1850).
Foucher de Careil. — *La liberté des Haras et la crise chevaline* (Paris, 1866).
Fouquier d'Hérouel. — *Étude sur les Chevaux français et sur l'amélioration des races communes* (Saint-Quentin, 1846).
Friedlander. — *Darstellungen auf der Sittengeschichte Roms (Mœurs romaines)* (Leipzig, 1881).
Froissart (Jean). — *Chroniques* (1326-1400).

Gasté (de). — *La qualité dans le modèle (Le Jockey,* 1911).
Gayot (E.). — *La France chevaline, institutions hippiques et études hippologiques* (Paris, 1850). — *Guide du sportsman, traité de l'entrainement et des courses de chevaux* (1re édition, Angers, 1839; 2e, Paris, 1854; 3e, Paris, 1865).
Gazette de France (Collection de *La*).
Gibert et de Massa. — *Historique du Jockey-Club.*
Gilbert (Sir W.). — *Racing and Coursing Cups, 1559-1850* (Londres, 1910).
Goos (Hermann). — *Die Stamm-Mütter des Englischen Vollblutpferdes mit Alphabetisches Verzeichniss* (Hambourg, 1897).
Guiche (Agénor de Gramont, duc de). — *De l'amélioration des races de chevaux en France* (Paris, 1829).

Hayes (H.). — *Riding on the Flat and across Country* (Londres, 1881).
Hays (Ch. du). — *Dictionnaire de la race pure* (Paris, 1863). — *Les Courses en France, en Belgique et à Bade* (Paris, 1863). — *Le Merlerault.*
Heber (Reginald). — *Historical list of all Plates and Prizes run for on Clifden et Rawcliffe Ings* (York, 1748).
Henry (Edmond). — *Les Courses, leur utilité au point de vue de l'agriculture et de l'armée* (Caen, 1884).
Hersart de la Villemarqué. — *Barzaz Breiz (Chants populaires de la Vieille Armorique)* (Paris, 1883).
Hiéron. — *Epsom, Chantilly, Bade (Revue des Deux-Mondes,* 1865).
Houel (Ephrem). — *Du Cheval chez tous les peuples de la terre. — Les Chevaux français en Angleterre* (Paris, 1865).
Huzard (J.-B.). — *Des Haras domestiques et des Haras de l'État en France* (Paris, 1843). — *Instruction pour l'amélioration des chevaux en France*

Illustrated Sporting and Dramatic News (Collection du journal).
Illustration (Collection de *L'*).

Jockey (Collection du journal *Le*).
Journal des Haras, des Chasses et des Courses de chevaux (Collection du).
Jusserand (J.-J.). — *Les Sports et les Jeux d'exercice dans l'ancienne France* (Paris, 1901).

La Cassagne (D.). — *Mémoires non posthumes d'un Sportsman français* (Paris, 1854).
Laffitte (Ch.). — *Code et Calendrier des Courses de Chantilly* (Paris, 1839).
Laffon (F.). — *Le Monde des Courses : mœurs actuelles du Turf* (Paris, 1896).

LAFONT-POULOTI (Esprit-Paul DE). — *Mémoire sur les Courses de chevaux et de chars, envisagées au point de vue de l'utilité publique, présenté à l'Assemblée Nationale, au Département et à la Municipalité de Paris* (Paris, 1791). — *De la réorganisation des Haras* (Paris, 1789).
LALAUBIE (Paul). — *Un mot sur la vieille querelle entre les Haras et les Courses* (Aurillac, 1887).
LANGERACK (Mlle Amory DE). — *Histoire anecdotique des fêtes et jeux populaires au Moyen-Age* (Paris, 1870).
LAROUSSE. — *Dictionnaires.*
LAUNAY (Vicomte DE) (Delphine Girardin). — *Lettres parisiennes* (Paris, 1856).
LENOBLE (H.). — *Les Courses de chevaux et les Paris aux Courses* (Thèse de Doctorat, Paris, 1899).
LOZÈRE (Jean). — *Sport et Sportsmen* (Paris, 1896).
LOWE (Bruce). — *Breeding Horses by the Figures System* (Londres, 1895).
LURINE (Louis). — *Les rues de Paris.*

MAINDRON (Ernest). — *Le Champ-de-Mars* (Paris, 1889).
MALBESSAN (Baron de). — *Dictionnaire des Courses* (Paris, 1888).
MALEDEN. — *Réflexions sur la réorganisation des Haras* (Paris, 1803).
MARKHAM (G.). — *How to choose, ride, traine and diet both Hunting-horses and Running-horses* (Londres, 1599).
MARNE (Olivier DE). — *Les Courses et le Cheval de Guerre* (Paris, 1890).
MASSON (Frédéric). — *Jadis* (Paris, 1905).
Mémoire pour l'Académie de Paris (Paris, 1767).
MÉNAR.
MÉNAULT. — *Histoire agricole du Berry* (Paris, 1890).
MERCIER (L.-S.). — *Tableau de Paris* (1740-1814).
Mercure Galant (Collection du journal *Le*).
MERCY D'ARGENTEAU (Comte de). — *Correspondance avec l'impératrice Marie-Thérèse.*
MIHURA (J.). — *L'Etat bookmaker* (Paris, 1907).
MILLS (John). — *Grandeur et décadence d'un Cheval de course* (Paris, 1864).
MIRABAL (Vicomte H. DE). — *Manuel des Courses* (Paris, 1867). — *Livre d'Or du Sportsman* (Paris, 1888).
Mode (Collection du journal *La*).
MONTENDRE (Comte Charles DE). — *Des indications hippiques et de l'élève du Cheval dans les principaux États de l'Europe* (Paris, 1840).
MUSANY (F.). — *L'élevage, l'entraînement et les courses, au point de vue de l'amélioration des chevaux de guerre* (Paris, 1889).

NEWCASTLE (Duc DE). — *Méthode et instruction nouvelle de dresser les chevaux* (Paris, 1658).
NOEL (C.) — *Les paris aux courses* (Paris, 1889).

OSBORNE. — *The Horse breeder's Handbook* (Londres, 1881).

PARENT (E.). — *Manuel des Courses de chevaux et jurisprudence du Turf* (Paris, 1868).
Paris-Elégant et Longchamp réunis (Collection du journal).
Paris-Sport (Collection du journal).
PEARSON (Ned). — *Dictionnaire du Sport français* (Paris, 1872).

Pick. — *Authentic historial Racing Calendar of all Plates, Sweep, stakes, and Matches run at York, from 1709 to 1785.*
Poli (Vicomte Oscar de). — *Le Sport chez les Romains.*
Pontet (Th.). — *Dictionnaire généalogique des chevaux de pur sang importés en France depuis 1800* (Paris, 1869).
Préseau de Dompierre. — *Traité de l'éducation du Cheval en Europe* (Paris, 1788).

Quatrefages d'Orbigny (A. de). — *Dictionnaire universel d'Histoire naturelle.*

Racing Calendar (Collection du).
Raynal. — *Histoire du Berry* (Paris, 1844).
Richardson (Ch.). — *The English Turf* (Londres, 1900).
Rochefort et Langlé. — *Les Maquignons*, vaudeville (Variétés, 1839).
Rondaud (Élie). — *Étude sur le Cheval de pur sang et sur les Courses de notre époque* (Paris, 1876).

Saint-Albin (A. de). — *Les Courses de chevaux en France* (Paris, 1890).
Saint-Georges. — *Les Courses de chevaux* (Paris, 1912).
Salverte (R. de). — *Des familles de Bruce Lowe* (voir Livre VIII.)
Séguin (A.). — *Observations sur les Courses du Champ-de-Mars et sur quelques nouvelles dispositions du règlement de 1822 relatif à ces courses* (Paris, 1822). — *Le régulateur des classements de vitesse des chevaux de courses* (Paris, 1829).
Société d'Encouragement. — *Observations sur les Remontes et la production du cheval de troupe* (Paris, 1841). — *Observations sur le rapport de la Commission parlementaire chargée d'examiner la proposition de loi sur les Haras* (Paris, 1874).
Sourches (Marquis de). — *Mémoires secrets et inédits sur la fin du règne de Louis XIV* (Paris, 1836).
Sport (Collection du journal *Le*).
Sport Universel illustré (Collection du journal *Le*).
Sports illustrés (Collection du journal *Les*).
Sporting Life (Collection du journal *The*).
Sportsman (Collection du journal *The*).
Stern (J.). — *Les courses de Chantilly sous la monarchie de juillet* (Paris, 1913).
Stonehenge. — *The English Thorougbred Horse* (Londres, 1865).
Stud-Books anglais et français (Collection des).
Sufford et Berkshire (Lord). — *Racing and Steeple-Chasing* (**Encyclopædia of Sport**, Londres, 1907).
Sydenham-Dixon — *From Gladiateur to Persimmon.*

Tallemand des Réaux. — *Historiettes du XVIIe siècle.*
Taunton (Th.). — *Famous horses* (Londres, 1895).
Taunton (Thomas-Henry). — *Portraits of Celebrated Race horses* (Londres, 1887).
Touchstone. — *Les Courses de chevaux en France et à l'étranger* (Paris, 1894). — *Les Chevaux de courses* (Paris, 1889). — *L'Élevage du pur sang en France* (Paris, 1894).
Toulouse (C.). — *Les Courses de chevaux. Commentaires sur l'utilité de leur suppression pour l'amélioration de la race chevaline* (Troyes, 1893).

TROLLOPE (Mme). — *Paris et les Parisiens* (Paris, 1835).
TURBAIN-DESVAULX. — *Les Chevaux et les Courses en France.*

VAUX (Baron DE). — *Les Haras et les Remontes* (Paris, 1887). — *A cheval, étude des races françaises et étrangères* (Paris, 1895). — *Le Sport en France et à l'Étranger* (Paris, 1899).
VENANCOURT (Daniel DE). — *La vie fiévreuse : au Champ de courses* (Paris, 1907).
VÉRON (Pierre). — *Mémoires d'un Bourgeois de Paris* (Paris, 1856).
Vie au Grand Air (Collection du journal *La*).
Vie Sportive (Collection du journal *La*).
VIEUX SPORTSMAN (UN). — *Guide du parieur aux Courses* (Bruxelles, 1853).
VILLA A'REGGIO. — *Guide bleu des Courses* (Paris, 1891).
VILLEMESSANT (H. DE). — *Mémoires d'un Journaliste.*

ERRATA ET ADDENDA

Page 8, 25ᵉ ligne. — *Au lieu de :* « constituait », *il faut lire :* « consistait ».

Page 31. — *Addenda à la note n° 1* :
« Dix-huit ans plus tard, ce même sportsman paria mille guinées qu'il parcourrait, toujours sur la piste de Newmarket, 200 miles (320 kilomètres) en dix heures. Il divisa la distance en 50 fractions de 6 kilomètres et demi chacune et employa 28 chevaux, dont 9 coururent une fois, 17 deux fois, et 2 respectivement trois et quatre fois.
« La distance fut couverte en 7 h. 35′58″, soit à la moyenne de 42 km. 1/3 à l'heure; les arrêts, pour les 49 changements de monture, ne prirent que 1 h. 6′2″, soit au total 8 h. 42′, en sorte que M. Osbaldeston gagna de 1 h. 18′ ».

Page 49, 4ᵉ §, 1ʳᵉ ligne. — *Au lieu de :* « en 1761 », *il faut lire :* « en 1771 ».

Page 56. — *Addenda à la note n° 1* :
« Une seule, les Deux mille Guinées et le Derby : *Shotover* (1882) ».

Page 58, 3ᵉ §, 2ᵉ ligne. — *Au lieu de :* « sur ces quatre pouliches, etc... », *il faut lire :* « sur ces cinq pouliches, *Shotover* avait enlevé précédemment les Deux mille Guinées et *Tagalie* les Mille Guinées; les trois autres remportèrent ensuite les Oaks.

Page 61. — *Addenda à la note n° 1, 3ᵉ §* :
« Pour détails complémentaires sur le *Whip*, voir page 50, note n° 2 ».

Page 74, année 1802. — *La dernière ligne est répétée deux fois.*

Page 95, note n° 1, 5ᵉ ligne. — *Au lieu de :* « qui l'est pas droite », *il faut lire :* « qui n'est pas droite ».

Page 99, note n° 1, 5ᵉ §, 5ᵉ ligne. — *Au lieu de :* « cheville », *il faut lire :* « chenille ».

Page 134, 2ᵉ §, 1ʳᵉ ligne. — *Au lieu de :* « Il avait fait venir », *il faut lire :* « Lord Seymour avait fait venir ».

Page 196, 1ʳᵉ ligne. — *Au lieu de :* « 61 courses, etc... », *il faut lire :* « 71 courses, pour remporter 51 victoires et 10 places, se montant à 212.500 francs, chiffre formidable alors, si l'on songe que la jument n'avait disputé aucune des grandes épreuves réservées aux deux et trois ans ».

Page 202, note n° 2, 1ʳᵉ ligne. — *Supprimer la virgule après :* « sauf interruption ».

Page 216, dernière ligne. — *Au lieu de :* « il n'est pas un », *il faut lire :* « il n'est guère de ».

Page 227, dernier §, 1ᵉʳ mot. — *Au lieu de :* « I », *il faut lire :* « Il ».

Page 229, note n° 1, dernière ligne. — *Le premier mot est :* « Allure ».

Page 246, avant-dernier §, 1ʳᵉ ligne. — *Au lieu de :* « Parmi les noms placés », *il faut lire :* « Parmi les non-placés ».

Page 295, 5ᵉ ligne. — *Au lieu de :* « inférieur l'année précédente, avait remporté, etc... », *il faut lire :* « inférieur (l'année précédente, le vainqueur de la Liverpool Autumn Cup n'avait porté que 4 st. 12 l. (29 kil. 1/2) ».

Page 302. — *Addenda au 5ᵉ § :*
« La mère de *Haricot* était Queen Mary, née quand sa propre mère n'avait que trois ans; c'est l'exemple le plus fameux d'une pouliche saillie à 2 ans, *Queen Mary* ayant eu 19 produits dont la célèbre *Blink Bonny*. »

Page 305, 1ʳᵉ ligne. — *Au lieu de :* « avait prémorté », *il faut lire :* « avait remporté ».

Page 321, 4ᵉ §, 1ʳᵉ ligne. — *Au lieu de :* « ne devant plus avoir », *il faut lire :* « n'ayant plus eu ».

Page 412, 4ᵉ §, 2ᵉ ligne. — *Au lieu de :* « en 1910 », *il faut lire* « en 1908 ».

Page 456, note n° 1, dernière ligne. — *Chiffres retournés, il faut lire :* « 43.000 ».

Page 463, 3ᵉ §, 2ᵉ ligne. — *Supprimer :* « plus considérable et ».

Page 464, 4ᵉ §, 5ᵉ ligne. — *Au lieu de :* « il résolut », *il faut lire :* « il décida ».

Page 466, 1ʳᵉ ligne, 1ᵉʳ mot. — *Au lieu de :* « — rouges », *il faut lire :* « — zouges ».

Page 486, sommaire, 4ᵉ ligne, et page 491, 4ᵉ §. — *Reporter trois années plus loin tout ce que nous disons de* Vermout, *cet étalon étant mort en 1889 et non en 1886.*

ERRATA ET ADDENDA

Page 519, sommaire, dernière ligne. — *Supprimer les mots :* « arrêté du 2 juin », *qui constituent une répétition.*

Page 524, dernier §, fin de la 1re ligne. — *Les mots non imprimés sont :* « constitués que ».

Page 570, dernier §, 3e ligne. — *Au lieu de :* « 28.000 guinées, *il faut lire :* « 2.800 guinées ».

Page 580, 3e §, 2e ligne. — *Entre les mots :* « M. H. Ridgway » *et :* « nous aurons, » *il faut ajouter :* « qui le céda ensuite à M. Aumont; ».

Page 599, sommaire. — *Ajouter :* « Rentrée de M. Michel Ephrussi ».

Page 613, 3e ligne. — *Supprimer :* « placé ».

Page 620. — *Séparer les § 6 et 7.*

Page 620, § 7e, 2e ligne. — *Au lieu de :* « semble », *il faut lire :* « semblait ».

Page 622, 3e §, 4e ligne. — *Après :* « Gamin », *ajouter :* « et Gospodar ».

Page 650, sommaire, 12e ligne. — *Après les mots :* « paris au livre », *ajouter :* « et dissolution du Salon des Courses ».

Page 659, 4e §, 1re ligne. — *Au lieu de :* « n'était âgé que de 17 ans », *il faut lire :* « était âgé de 27 ans. »

Page 660. — *Addenda :*
« Nombreuses avaient été, depuis 1891, les tentatives faites pour restaurer les paris au livre sur des bases nouvelles offrant toutes garanties : Syndicat des bookmakers, contrôle de leurs livres, prélèvement sur leurs opérations, etc. Mais le Pari-Mutuel officiel était trop solidement établi et trop productif pour que l'État permît qu'on y touchât. Aussi, de guerre lasse, le Salon des Courses fermât-il définitivement ses portes. Il datait de 1861 ».

Page 672, 5e §, 2e ligne. — *Séparer par une virgule les mots :* « Marsa » *et* « Urgulosa ».

Page 676. — *Séparer les § 7 et 8.*

Page 692, 2e §, 2e ligne. — *Supprimer depuis :* « Étant donné... », *jusqu'à :* « eût pu faire ». *Déjà dit.*

Page 694, 7e §, dernière ligne. — *Supprimer :* « et Biniou ».

Page 695, 1re ligne. — *Supprimer :* « et qui n'a ».

Page 700. — *Addenda au 2e § :*
« Cette acquisition d'*Amoureux III*, au prix de 80.000 francs, ne semble pas aussi heureuse qu'on pouvait l'espérer, le cheval, dès la première saison de monte en 1913, s'étant obstinément refusé, par les défenses les plus énergiques, à servir aucune jument. Aussi l'Administration des Haras a-t-elle intenté à M. A. Betmont un procès en résiliation de marché ».

Page 704, 6ᵉ §, avant-dernière ligne. — *Supprimer :* « qui, au début, etc. ».

Page 706, 9ᵉ §, 2ᵉ ligne. — *Au lieu de :* « 52 », *il faut lire :* « 40 ».

Page 720. — *Addenda au sommaire*, 8ᵉ ligne :
« Liquidation de l'écurie de Mme N.-G. Cheremeteff ».

Page 730. — *Addenda au 4ᵉ §* :
« Dans sa séance du 17 janvier 1914, le Comité de la Société d'Encouragement a donné le nom de *prix Henri Delamarre* au prix du Cèdre, la dernière grande épreuve d'automne pour chevaux de 3 ans, et le nom de *prix Berteux* au prix à la réunion d'été ».

Page 732. — *Addenda au 2ᵉ §* :
« Aux décès précédents, il faut ajouter, au début de décembre, celui de M. N.-G. Cheremeteff, qui entraîna la liquidation de l'écurie de courses et du stud de sa femme, dont la casaque or, gilet et toque bleus, avait triomphé dans le Grand Prix de 1910, avec *Nuage*. Le lot, composé presque en totalité de produits de Victot, réalisa 466.000 francs ».

Page 737, 1ʳᵉ ligne. — *Au lieu de :* « quatre-vingtième », *il faut lire :* « quatre-vingt-unième ».

HISTORIQUE
DES
COURSES DE CHEVAUX
DE
L'ANTIQUITÉ A CE JOUR

LIVRE PREMIER

DANS L'ANTIQUITÉ

CHAPITRE PREMIER [1]

Du cheval. — La race arabe. — Les Jeux Olympiques. — Les Jeux du Cirque. — Caligula et *Incitatus*. — Byzance, les Bleus et les Verts.

Aussi loin que l'on remonte dans la nuit des temps, l'on constate que l'histoire du cheval est intimement liée à celle de l'Humanité.

N'est-il pas associé, en effet, aux premiers mythes qu'a créés la légende ?

Ce sont quatre chevaux de lumière, le rapide Eoüs, l'ardent Phlégon, le fougueux Ethon et le léger Pyroïs, que le Soleil attelle à son char,

---

[1] Nous avons donné, à l'Index bibliographique, la nomenclature des ouvrages consultés pour la documentation générale de notre travail.
Pour ce premier chapitre, en outre des auteurs anciens, c'est principalement au *Sport chez les Romains*, du vicomte Oscar de Poli, au *Manuel des Courses*, du vicomte H. de Mirabal, au *Journal des Haras*, et au *Dictionnaire du Sport français*, de Ned Pearson, ainsi qu'aux divers ouvrages encyclopédiques de d'Alembert ou de MM. Berthelot, Larousse, Duplney de Vorepierre, etc., que nous avons fait les plus larges emprunts.

flamboyant. C'est un cheval marin, Hippocampus, qui traîne sur l'onde celui de Neptune, autour duquel folâtrent les Tritons et les Sirènes. C'est encore un cheval ailé, Pégase, que les poètes enfourchent pour voler au Parnasse.

Ce sont enfin les Centaures ou hommes-chevaux de la Thessalie, qui ne sont en somme que les premiers cavaliers que le monde ait vus.

D'où vient le cheval?

La Fable veut que Neptune, désirant faire aux Athéniens le don le plus précieux, ait frappé la terre de son trident et que, du sol entr'ouvert, le cheval soit sorti, piaffant et hennissant.

C'est à la croyance en cette légende qu'est due la coutume barbare des sacrifices de chevaux, que l'on précipitait dans les flots en l'honneur du dieu marin, coutume qui s'est perpétuée jusqu'aux époques les plus civilisées, puisque Sextus Pompeius, frère du grand Pompée, faisait encore jeter dans la mer, du haut des rochers, des chevaux et des hommes vivants, en sacrifice à Neptune, dont il se disait le fils.

La grande voix d'Homère a immortalisé les chevaux d'Enée, d'Achille, de Pélée, de Diomède, dont elle chante les exploits guerriers et qui, fils de Zéphir ou présents de Neptune, ont une origine divine, et nous savons que Nestor, après avoir vaincu Itimonée, lui enleva cent cinquante cavales à la crinière d'or, pour la plupart suitées d'un poulain.

De même les Arabes attribuent une origine merveilleuse au cheval, qui serait né des quatre cavales blanches qu'Allah fit sortir des ondes et que féconda le vent brûlant du désert.

Si, de la légende, nous descendons dans la réalité, les naturalistes nous apprendront que le *Cheval* est un *Vertébré*, de la classe des *Mammifères*, de la famille des *Pachydermes*, du genre des *Équidés*, *Jumentés*, *Solipèdes* ou *Monodactyles* (c'est-à-dire qui n'ont qu'un doigt), lequel genre contient sept espèces : 1° le cheval proprement dit (*equus caballus*); 2° l'âne (*eq. asinus*); 3° l'hémippe (*eq. hemippus*); 4° l'hémione ou dzigguetai (*eq. hemionus*); 5° le couagga (*eq. quaecha*); 6° le daw (*eq. montanus*); 7° le zèbre (*eq. zebra*).

Il est probable que ces sept espèces ont été groupées dans une même classe parce que, pouvant se reproduire entre elles, elles ne constituent qu'un seul genre.

Sans prétendre faire ici un cours d'hippologie, il n'est pas hors de propos de dire quelques mots des caractéristiques générales de l'animal qui nous occupe.

Le cheval a les jambes fines et longues, conformées pour la course rapide, et se terminant toutes quatre par un seul doigt apparent muni d'un sabot continu demi-circulaire; de chaque côté des os métatarsiens ou métacarpiens (c'est-à-dire de chaque côté de ce que l'on est convenu d'appeler le canon), il existe des stylets osseux représentant deux doigts latéraux. Ces tiges osseuses ne portent de doigts dans aucune des espèces vivantes du genre, mais, dans les espèces fossiles, comme l'*hipparion* et l'*hippoterium* — ancêtres directs du cheval, dont on a retrouvé des squelettes en Europe et dans l'Inde — chacune d'elles était terminée par un doigt, de sorte que les pieds de ces équidés avaient trois doigts complets, comme ceux des rhinocéros. Suivant l'opinion généralement admise, le doigt unique des espèces actuelles est formé par la soudure intime des deux autres doigts, qui restent au contraire indépendants et distincts chez les ruminants, dont ils constituent la fourche. L'anatomie du pied du cheval donne, en effet, la trace des trois doigts principaux, qui caractérisent les animaux compris dans l'ordre des pachydermes.

La poitrine est profonde, indice de la même aptitude à la course et à la vitesse que les jambes; l'encolure, allongée; les muscles propulseurs du mouvement, puissants; la tête, expressive, sans aucune apparence de cornes, bien que l'on en trouve le rudiment sur un nombre assez considérable de chevaux pour que l'exception mérite d'être constatée; l'orbite de l'œil, remarquablement bien fait, se rapproche de celui de l'homme, en ce qu'il forme un cercle non interrompu, dépourvu de l'espèce de vide en arrière qui se retrouve chez presque tous les animaux; la queue est courte, garnie de crins longs et flottants; ceux de la crinière sont plus courts

Le cheval a quarante dents, vingt à chaque mâchoire; elles se subdivisent en six incisives, deux crochets et douze molaires; leur nombre et leur état permettent, comme on le sait, de déterminer l'âge de l'animal.

Le pelage ou robe est court, serré, soyeux. Une robe lisse et brillante est toujours signe de bonne santé. Toutes les robes se réduisent à quatre couleurs primordiales : blanc, noir, rouge et jaune, qui se retrouvent seules ou mélangées. Toutefois, il n'est de pur sang que noirs, alezans, bais et très rarement gris (1).

Autre particularité physique que l'on peut rappeler : en raison de

---

(1) Les robes sont *simples, composées, mixtes* ou *conjuguées* :
Simples, c'est-à-dire d'une couleur uniforme *blanc, noir* ou *alezan* (fauve tirant sur le roux et qui correspond au blond chez l'homme), avec toutes leurs variétés de nuances;
Composées, comportant des poils de différentes couleurs : *bai* (brun rouge plus ou moins foncé, extrémités et crins noirs); — *isabelle* ou *café au lait* (jaune de différentes nuances, extrémités et crins plus ou moins gris); — *gris* (mélange de poils noirs et blancs); — *aubère* (mélange de poils blancs et rouges); — *rouan* (mélange de poils blancs, noirs et rouges);
Mixtes, il n'existe que la robe *louvet* ou poil de loup, c'est-à-dire à poils de deux couleurs : jaune à la base, noir à l'extrémité;
Conjuguées, à larges plaques de deux couleurs différentes, blanc et noir, blanc et rouge ou blanc et jaune : c'est la robe *pie*.
Un cheval alezan, noir ou bai est *zain*, quand sa robe ne présente aucune trace de poils blancs; — *rubican*, avec quelques poils blancs disséminés sur le corps, mais ne dénaturant pas la couleur de la robe; — *neigé*, avec quelques petites taches blanches; — *miroité, miroulé* ou *à miroir*, tacheté, sur la croupe, de petites marques brillantes, brunes ou claires.
On dit qu'un cheval est *cap de more, cavecé de more* ou *tête de more* (du vieux

la conformation de son arrière-gorge, le cheval ne peut vomir. Aussi les traversées en rendent-elles certains malades au point d'en mourir (C'est ce qui advint notamment à la célèbre *Gabrielle d'Estrées*, en 1867.)

Le cheval destiné à la reproduction est appelé *étalon;* la jument, *poulinière*. Celle-ci porte onze mois et quelques jours, parfois même douze mois. Contrairement aux autres femelles de l'ordre des mammifères qui se couchent pour mettre bas, la poulinière se délivre debout.

Elle n'a qu'un produit à la fois. Tant qu'elle l'allaite, elle est dite *suitée*. Le jeune cheval ou poulain est d'abord appelé *foal*, puis *yearling*, jusqu'à la fin de sa première année. Il naît les yeux ouverts et peut marcher dès sa naissance, bien que ses longues jambes ne soient pas proportionnées au volume de son corps.

Le cheval n'atteint son complet développement physique qu'à l'âge de cinq ans.

C'est donc une aberration que de le soumettre aux exigences de l'entraînement et surtout des courses avant que sa formation ne soit achevée. On l'avait si bien compris en Angleterre, au début, que, jusqu'à la fin du xviiie siècle, les chevaux ne couraient pas avant leur cinquième année.

C'est grâce à cette sage mesure que l'on est arrivé, par une sélection judicieuse, à former l'admirable race du pur sang anglais, issue, comme l'on sait, de la race arabe.

On ne serait certainement pas parvenu à ce résultat si, dès l'origine, on avait imposé, comme aujourd'hui, ces efforts prématurés et souvent meurtriers à des jeunes animaux dont l'ossature n'est encore qu'imparfaitement soudée.

Nous aurons occasion de revenir sur cette question, capitale pour l'avenir de la race, et dont certains États, tels que l'Allemagne, par exemple, semblent vouloir se préoccuper (voir année 1912).

D'où le cheval est-il originaire?

Les uns pensent que chaque contrée s'est trouvée posséder, à l'origine, le cheval qui lui est propre, et que les différences qui carac-

---

mot *more* ou *moreau*, noir), quand il a la tête noire, quelle que soit sa couleur.

Un cheval gris, qui a des taches de poils rouges autour du nez et des lèvres, est *marqué de feu*.

Les *balzanes* sont des marques circulaires formées par des poils blancs, enveloppant comme un bas plus ou moins haut la jambe, du sabot au genou. D'où les expressions, *trace de balzane, balzane haut-chaussée*, etc. Dans le cas de balzane, la corne est blanche, en totalité ou en partie.

L'*arzel* est moins qu'une balzane, une simple trace blanche aux pieds de derrière.

Les *marques* sont les poils blancs qui occupent une partie plus ou moins grande de la tête.

Quand ils sont peu nombreux et disséminés, on dit *quelques poils en tête*; — une tache blanche au milieu du front est une *pelote*, si les contours sont arrondis, une *étoile*, s'ils sont plus ou moins prononcés; — si cette *étoile* ou cette *pelote* se prolonge sur une partie du chanfrein, elle devient une *liste*; si elle coupe entièrement le chanfrein en deux, *belle-face*; si elle se propage sur le nez et les lèvres, le cheval *boit dans son blanc*, *légèrement* ou *entièrement*, suivant le cas.

térisent les diverses variétés proviennent de l'influence isolée du climat de chaque pays.

D'autres, au contraire, lui assignent comme berceau l'Asie, d'où il serait parti pour se répandre sur la surface de la terre, soit par des migrations spontanées, soit à la suite d'importations provenant du fait de l'homme.

Ces probabilités sont en faveur de cette dernière opinion, car partout on voit le cheval arriver à la suite de l'homme : il était notamment inconnu en Amérique avant l'invasion des Espagnols.

Quoi qu'il en soit, la domestication du cheval remonte à la plus haute antiquité. Il en est question aux premières périodes écrites de l'humanité. Sa conformation, son caractère, sa docilité, son aptitude à parcourir rapidement de longues distances, à porter et à traîner des lourds fardeaux, ont dû, dès les premiers âges, donner à l'homme l'idée de l'adapter à ses besoins.

Il est donc impossible de remonter à l'origine du cheval, comme, au reste, à celle de toutes les autres choses de ce monde, à commencer par l'homme.

On ne peut davantage déterminer les causes de la supériorité des chevaux d'un pays sur ceux d'un autre. L'expérience a démontré cependant, qu'indépendamment des qualités inhérentes aux individus, certains caractères généraux sont communs aux animaux d'une même contrée, c'est ce que, dans le langage usuel, l'on est convenu d'appeler — bien improprement d'ailleurs — *races* ou *espèces*, alors que ce ne sont que des *variétés*.

En zoologie, le mot *race* désigne des familles distinctes qui se conservent pures ; *espèce*, des subdivisions d'un même genre, et *variété*, les différences existant entre individus de la même espèce.

Ainsi, le cheval et le rhinocéros sont deux *races* ou *familles* de l'ordre des Pachydermes ; — le cheval et l'âne, deux *espèces* du genre des Solipèdes ; — le cheval anglais et le cheval percheron ou russe, par exemple, deux *variétés* de l'espèce cheval.

C'est donc donner au mot « race » un sens détourné que de dire la *race anglaise* et la *race percheronne* ou *russe*, comme c'est également l'employer tout à fait à tort que d'écrire la *race Dollar* ou la *race Saint-Simon*, pour parler des aptitudes particulières aux descendants respectifs de ces deux étalons, ces différences entre individus de la même variété ne constituant tout au plus que des *sous-variétés*.

Race implique avant tout l'idée d'un sang pur, sans mélanges, et cette dénomination ne peut s'appliquer, dans l'*espèce* cheval, qu'au seul cheval arabe et à son descendant, le pur sang anglais.

Ceux-là seuls sont des chevaux de *race;* tous les autres, quels qu'ils soient, ne sont que des *métis*.

***

Les courses de chevaux remontent, elles aussi, à la plus haute antiquité.

Les premiers, les Thessaliens domestiquèrent les chevaux, d'où la légende des Centaures.

L'Élide était également renommée pour ses chevaux, et Élien nous parle, dans ses *Histoires variées*, de courses qui avaient lieu en ce pays, bien antérieurement à la création des Jeux Olympiques. Les engagements se faisaient assez longtemps à l'avance, et les propriétaires étaient tenus d'envoyer leurs chevaux au moins trente jours avant l'époque fixée pour les courses, afin qu'ils y fussent entraînés et essayés publiquement.

Mais les documents manquent sur ces époques lointaines, et la première trace certaine que l'on ait de courses de chevaux régulières ne remonte pas au delà des Jeux Olympiques.

Ces jeux ont tenu une trop grande place dans l'Antiquité, pour que nous n'en disions pas ici quelques mots.

Les Jeux Olympiques étaient la plus importante des fêtes nationales de la Grèce. Ils se célébraient en Élide, dans une petite plaine située à l'ouest d'Elis, et bornée au nord et au nord-ouest par les monts Cronius et Olympe, au sud par le fleuve Alphée, et à l'ouest par le Cladéus, affluent de l'Alphée. Le nom d'Olympie ne désignait pas une ville, mais plutôt une réunion de temples et de monuments publics, érigés successivement à l'occasion des jeux.

L'origine de ces jeux est très obscure. D'après Plutarque, Diodore de Sicile et Pausanias, ils auraient été institués par Hercule et célébrés, pour la première fois, en 2735 avant Jésus-Christ ; d'après Strabon, leur établissement date du retour des Héraclides dans le Péloponèse ; d'autres les attribuent à Atrée, etc. Quoi qu'il en soit de ces diverses traditions, leur création ne s'en perd pas moins dans la nuit des temps.

Leur célébration ayant été interrompue par les troubles qui marquèrent l'invasion dorienne, ils furent remis en honneur, conformément à un oracle de Delphes, par Ipithus, roi d'Élide, avec le concours de Lycurgue, le législateur de Sparte, et de Cléosthènes, de Pise. Cette restauration eut lieu, suivant les uns, en l'an 884, et suivant les autres, en l'an 828 avant Jésus-Christ.

C'est à ce même Ipithus que les gens attribuaient l'établissement de la trêve sacrée, en vertu de laquelle toute hostilité entre nations helléniques devait être suspendue pendant le mois où avait lieu la célébration des jeux. Cette trêve était proclamée par des hérauts de paix que les Éléens envoyaient dans toute la Grèce. Le territoire de l'Élide, en particulier, était regardé comme inviolable pendant la trêve, et y porter atteinte était un sacrilège.

Depuis cette époque ils furent célébrés sans interruption jusqu'à l'an 394 de notre ère, où l'empereur Théodose les interdit.

Ces Jeux Olympiques étaient quinquennaux, c'est-à-dire que, suivant la manière de compter des Anciens, il s'écoulait quatre années pleines entre chaque célébration de cette solennité. Cet espace de quatre années constituait une *Olympiade*.

Ces jeux avaient lieu à la pleine lune qui suit le solstice d'été, la fête était consacrée à Jupiter Olympien, dont le temple passait pour une des merveilles architecturales de la Grèce. C'était dans le temple d'Olympie que se trouvait la fameuse statue de Jupiter par Phidias. Au reste, la plupart des dieux avaient des temples et des autels à Olympie.

A l'origine, les populations seules du Péloponèse prirent part à ces jeux, mais, à mesure que leur renommée s'étendit, les habitants des autres parties de la Grèce s'y rendirent également, de manière qu'ils devinrent peu à peu la grande fête nationale des peuples helléniques. Nul ne pouvait y figurer comme acteur s'il n'était de pure race grecque. Les étrangers ne pouvaient y paraître que comme spectateurs, et les esclaves en étaient absolument exclus. Parmi les citoyens grecs eux-mêmes, ceux qui avaient encouru, dans leur propre pays, la peine de l'athymie, ou qui avaient commis quelque infraction aux lois divines, n'étaient pas admis à disputer les prix. L'exclusion pouvait même frapper une cité tout entière. C'est ainsi que les Lacédémoniens, pendant la 90e olympiade, furent exclus des jeux parce qu'ils n'avaient pas payé l'amende à laquelle on les avait condamnés pour avoir violé le territoire éléen.

Lorsque la race hellénique eut envoyé des colonies en Asie, en Afrique et dans plusieurs parties de l'Europe, les athlètes de ces divers pays furent admis à figurer aux jeux comme acteurs. Enfin, après l'asservissement de la Grèce par les Romains, ceux-ci purent aussi disputer ces prix, et l'on vit deux empereurs, Tibère et Néron, remporter la victoire.

A l'exception de la prêtresse de Cérès, il était interdit aux femmes, sous peine de mort, d'assister aux jeux, et même de traverser l'Alphée pendant tout le temps que durait leur célébration. Les historiens ne citent qu'un seul cas où cette défense fut enfreinte, et la coupable, ayant été reconnue, ne fut pardonnée que parce que son père, ses frères et son fils avaient été proclamés vainqueurs. Néanmoins il était permis aux femmes d'envoyer des chars pour la course, et la première dont les chevaux remportèrent le prix fut Cynisca, sœur d'Agésilas. Enfin on renonça peu à peu à la sévérité des premiers temps et les deux sexes indistinctement purent jouir de ce spectacle.

Dans les Jeux Olympiques, on distinguait les jeux proprement dits et les cérémonies, lesquelles se composaient de processions, de sacrifices aux dieux et de banquets en l'honneur des vainqueurs.

Ces jeux consistaient en exercices de force et d'adresse, dont le nombre alla toujours en augmentant et dont le détail sortirait du cadre de cet ouvrage, et en courses de chars et de chevaux.

On fit d'abord usage de chars à deux chevaux (25e olympiade), puis de chars à quatre chevaux (33e olympiade).

Ces courses de chevaux étaient de trois sortes :

1º La course des chevaux de selle, la plus ancienne de toutes, fut renouvelée à la 28ᵉ olympiade et continuée depuis sans interruption, jusqu'à l'abrogation des jeux;

2º La course des poulains montés en selle, exclusivement réservée aux jeunes gens, ne fut instituée qu'à la 128ᵉ olympiade;

3º La calpé, qui se courait avec deux juments à poil, dont le cavalier montait l'une et tenait l'autre en main; pendant la course, il devait sauter de l'une sur l'autre.

Les chevaux grecs n'étaient pas ferrés, bien qu'il soit question de fers à cheval dans le second chant de l'*Iliade*.

Les hippodromes, tous du même modèle, avaient quatre stades de long (environ cinq cents pas). La piste était de forme elliptique. Il fallait en faire de cinq à douze fois le tour; les écrivains ne sont pas d'accord sur ce chiffre, ce qui tendrait à prouver qu'il a varié suivant les époques. Une borne était plantée dans un endroit si resserré de la piste, si périlleux, que même les plus adroits risquaient de tomber et de se blesser grièvement, sinon même de se tuer.

La direction et la présidence des Jeux Olympiques appartenaient d'abord aux habitants de Pise, puis elles passèrent à ceux d'Élis, qui les conservèrent toujours par la suite. Ceux-ci les confiaient à des magistrats spéciaux appelés *hellanodices*, qui étaient désignés par la voie du sort et dont les fonctions n'avaient d'autre durée que celle de la fête. Ils étaient au nombre de dix et portaient une robe de pourpre. Outre l'organisation et la police de la solennité, ils étaient chargés de décerner les prix et de les remettre aux vainqueurs.

Le seul prix donné à ces derniers constituait en une couronne d'olivier, à laquelle on joignait une branche de palmier, comme symbole de la victoire. Les vainqueurs étaient reconduits triomphalement dans leur patrie, on leur érigeait des statues et leurs succès constituaient un titre de gloire non seulement pour leurs familles mais encore pour leurs villes natales, qui leur accordaient souvent des privilèges civiques importants.

Ces luttes, qui excitaient au plus haut degré l'émulation, n'étaient pas gâtées, chez les Grecs — comme elles le furent plus tard chez les Romains — par la question pécuniaire. Il ne s'agissait pas chez eux du gain d'une somme d'argent plus ou moins considérable; l'honneur seul était en jeu, et la célébrité était la récompense de la victoire.

On comprend, dans ces conditions, que les princes et les personnages les plus illustres n'aient pas dédaigné de briguer ces lauriers hippiques, et l'on peut citer, parmi ceux qui triomphèrent dans la plaine d'Olympie : — Phidolas, de Corinthe, dont la jument *Aura* fut célèbre; — Pisistrate, tyran d'Athènes, qui s'immortalisa en faisant recueillir les rapsodies homériques; — Miltiade, le vainqueur de la bataille de Marathon; — Hiéron, tyran de Syracuse, avec son cheval *Priscinus*, chanté par Pindare; — Cimon, d'Athènes, qui, pendant son exil, remporta trois fois la course des chars à quatre chevaux, avec le même attelage; rentré dans sa patrie, il y fut assassiné par ses ennemis; mais, en considération de ses succès hippiques, il fut enterré auprès du

Mosaïque représentant les courses de char des Anciens.

Prytanée et ses chevaux en face de lui, de l'autre côté de la route, en souvenir de leurs hauts faits ; — Philippe de Macédoine, dont les chevaux gagnèrent, le jour même qu'Alexandre le Grand vint au monde, sans qu'on sût ce qui réjouit davantage le roi, de la victoire de son cheval *Céphalus* ou de la naissance de son fils ; — et l'on cite encore Evagoras, de Lacédémone, et Callias, et Miltiade, et Clisthène, de Sicyone, et maints autres dont les poètes ont célébré les exploits sportifs.

Ces courses n'eurent aucun but pratique d'élevage. Les chevaux qui les disputaient venaient d'un peu partout, aussi bien des variétés indigènes issues des premiers chevaux importés d'Asie, que de ceux que l'on importait du Caucase, de Perse, d'Égypte et d'Arabie.

Cette dernière contrée était depuis longtemps renommée pour la qualité de ses chevaux. Salomon (1082- 975 avant Jésus-Christ) avait été un grand éleveur, et la race des Kocklani — dont fut *Darley Arabian*, — la plus célèbre de toute l'Arabie pour la pureté de son sang et la beauté de ses lignes, descend des haras réputés qu'il avait créés à Jérusalem (1).

La race persane, si proche de la race arabe, était également fort prisée. C'était du Caucase que provenaient les fameux chevaux blancs, mais à peau noire, que Cyrus le Grand importa quand il eut fait la conquête de la Babylonie, où il nourrissait 800 étalons et 16.000 cavales. On sait que, jusqu'à son règne, les Perses ignoraient l'art de monter à cheval, sans doute parce que, habitant un pays montagneux et sans plaines, ils n'y pouvaient élever de chevaux (2).

***

Longtemps les Romains ne virent dans le cheval qu'une bête de

---

(1) Salomon entretenait 40.000 chevaux pour ses 1.400 chariots de guerre et 20.000 pour sa cavalerie. Ses étalons provenaient d'Égypte et de Coa ; ils lui revenaient, en moyenne, à 150 sicles d'argent (environ 7.720 francs de notre monnaie), quelques-uns même atteignaient quatre fois ce prix, soit 31.000 francs.

« Ce n'est pas sans peine que les Arabes sont parvenus à produire, à conserver leurs admirables chevaux. Leur race noble, qu'ils nomment *Kochlani*, *Kohédjle* ou *Kailhan*, est pour eux l'objet de soins dont nous avons peine à nous faire une idée. Chaque cheval a sa généalogie, mieux tenue et plus authentique, peut-être, que celle de nos plus fiers barons. Les Arabes donnent deux mille ans d'existence à la race Kochlani, et prétendent qu'elle a pris naissance dans les haras de Salomon. S'il y a un peu de l'hyperbole orientale dans ces prétentions, toujours est-il que, parmi ces familles aristocratiques de l'espèce chevaline, il en est dont les titres bien en règle remontent à plus de quatre cents ans. Les juments de cette race ne sont couvertes que par un étalon de même sang, et en présence d'un témoin qui reste près d'elles pendant vingt jours, pour s'assurer qu'aucun étalon vulgaire ne s'en approche. A la naissance du poulain, ce même témoin est appelé et doit signer l'acte de naissance, qui est expédié juridiquement dans les sept jours qui suivent la mise-bas. »

(A. QUATREFAGES D'ORBIGNY, *Dictionnaire universel d'histoire naturelle*.)

(2) Mais lorsqu'ils eurent conquis un pays propre à les nourrir, ils apprirent vite à s'en servir, car Cyrus avait dit « qu'il serait honteux à ceux à qui il avait donné des chevaux d'aller à pied, quand même ils n'auraient que peu de chemin à faire. »

somme. Aussi ne comptait-on, au début, que trois cents chevaliers (*equites*) dans l'armée romaine. Mais, comme les sénateurs avaient alors seuls le droit de combattre à cheval, ce privilège fit du nom de chevalier le premier titre d'honneur.

Ils ne croyaient pas pour cela à l'efficacité de la cavalerie dans les combats, et il ne fallut rien moins, pour leur ouvrir les yeux, que les terribles leçons que leur infligèrent Pyrrhus, à Héraclée et à Asculum, puis Xanthippe et les troupes carthaginoises, en Afrique.

Rendus à l'évidence, ils portèrent leurs soins de ce côté, et, lorsque César, après ses campagnes, fut convaincu de la supériorité des cavaliers gaulois et numides, il augmenta dans les plus larges proportions les troupes à cheval, et ce fut de leurs pays, ainsi que de l'Hémus et du Caucase, qu'il tira ses meilleures montures.

Il avait également importé de Grande-Bretagne des chevaux qui l'avaient frappé, comme il le dit dans ses *Commentaires*, par leur vigueur et la facilité avec laquelle ils traînaient les lourds chariots des ennemis. Ils jouirent pendant longtemps d'une très grande vogue.

On appréciait aussi, pour les besoins usuels, un petit bidet d'allures fort douces, qui provenait des Asturies.

Les riches Romains avaient leurs haras et leurs poulinières, avec des étalons de choix (*admissarius*), et ils entretenaient des chevaux de courses, appelés *celes*. Ceux-ci étaient marqués au fer rouge de caractères représentant probablement les initiales des noms de leurs propriétaires; dans un bronze antique, l'un d'eux porte sur le flanc gauche les initiales CHRE.

Quel entraînement subissaient les chevaux en vue des courses, nous l'ignorons; quant aux soins qui pouvaient leur être donnés, ils étaient bien rudimentaires, si l'on s'en rapporte à ce qu'était l'art vétérinaire à cette époque (1).

---

(1) L'art vétérinaire ou hippiatrique (*hippos*, cheval; *iatrike*, médecine), ne date vraiment que de la seconde moitié du XVIIIe siècle.

Nombreux cependant sont les écrivains de l'Antiquité qui ont traité de la matière. Sans parler du légendaire Esculape, qui en promulgua, dit-on, les premiers principes, on peut citer Hippocrate, Xénophon, Aristote, dans son *Histoire des animaux*, Varron et Columelle, dans leurs *Traités sur l'agriculture*, Celse, Valère Maxime, Pline l'Ancien, dans son *Histoire naturelle*, Galien, etc.

Mais le premier traité spécial sur la matière semble être l'ouvrage composé en latin, vers la fin du IIe siècle, par Végèce : *Vegetii artis veterinariæ, sive mulo medicinæ, libri quatuor*, dans lequel l'auteur se plaint déjà que la science hippiatrique — qu'il place en second après la médecine — soit à peu près abandonnée, après avoir été cultivée jadis.

Après lui, elle tombe davantage encore et passe aux mains des ignorants qui, voyant un moyen facile de gagner de l'argent sans étude, se contentèrent de suivre ce que l'empirisme et la superstition leur apportèrent, ce qui n'en empêcha pas un grand nombre de formuler leurs prétendues connaissances par écrit.

Au Xe siècle seulement, l'empereur Constantin Porphyrogénète fit rechercher tous les ouvrages grecs qui traitaient de la question et en fit publier les fragments qui paraissaient le plus intéressants. C'est tout ce qui nous reste de ces innombrables ouvrages, dont il serait sans intérêt de nommer les auteurs.

Près de six cents ans se passèrent encore. En 1528, on fit imprimer les quatre

Les courses de chevaux faisaient partie des jeux du Cirque, lesquels, s'il faut en croire la légende, furent institués par Romulus, lorsqu'il voulut attirer à Rome les Sabines, afin de procurer des épouses à ses compagnons.

Le cirque le plus ancien, *Circus Maximus*, fut construit sous Tarquin l'Ancien (615-578 avant Jésus-Christ), entre l'Aventin et le Palatin. Successivement agrandi par Jules César et Trajan, il était de dimensions colossales : il mesurait 670 mètres de longueur sur 170, et ne contenait pas moins de *385.000 spectateurs*.

Les cirques romains étaient affectés à six sortes de jeux ou de spectacles :

1º Les jeux troyens (*ludi Trojæ*), inventés, dit-on, par Enée. Entre autres exercices, ils comportaient des combats simulés, exclusivement exécutés par les jeunes gens des meilleures familles, qui combattaient à cheval. Virgile les a décrits dans le Ve chant de l'*Enéide;*

2º Les combats de cavalerie et d'infanterie (*pugna equestris et pedestris*), représentation fidèle d'une vraie bataille ;

3º Les luttes gymnastiques (*certamen gymnicum*), athlétisme, pugilat, etc. ;

4º La chasse (*venatio*) ; ce nom s'appliquait à toutes les exhibitions d'animaux sauvages, que l'on faisait combattre, soit entre eux, soit contre des hommes ;

5º La naumachie (*naumachia*), combats navals et joutes sur l'eau ;

6º Les courses équestres (*certamina equestria*).

Celles-ci étaient de quatre sortes :

1º La *calpé*, comme elle se pratiquait aux Jeux Olympiques ; — 2º la cavalcade, qui se faisait autour d'un bûcher ; — 3º la course en l'honneur de Neptune ; — 4º la course des chars.

Comme chez les Grecs, on ne fit d'abord usage que des chars à deux chevaux (*brigæ*) et les cochers (*aurigæ*) étaient partagés en deux compagnies ou factions, qui se distinguaient par la couleur de leur costume : la faction rouge (*russata*) représentait l'été, et la blanche (*alba* ou *albata*), l'hiver.

On eut ensuite des chars à quatre chevaux (*quadrigæ*) et l'on ajouta deux factions nouvelles : la verte (*prasina*) symbolisait le printemps, et la bleue (*veneta*), l'automne. Domitien porta le nombre des factions à six, avec la faction dorée (*aurata*) et la pourprée (*purpurata*), mais cette innovation ne fut que passagère.

---

livres de Végèce, en même temps que François Ier chargeait le médecin Ruel de traduire du grec en latin le recueil de l'empereur byzantin. Ces divers ouvrages parurent en français en 1563.

L'émulation s'en mêla, les principaux États de l'Europe se préoccupèrent de la question, et l'art vétérinaire — jusque-là dans l'enfance — commença à reposer sur de véritables données scientifiques.

Mais ce fut surtout l'établissement des courses, en Angleterre, qui lui donna tout son développement par les soins nouveaux et minutieux dont on dut entourer les chevaux.

Quatre chars fournissaient ordinairement une course ensemble.

Alors que le nombre des tours de piste était variable chez les Grecs, à Rome — où la piste (*curriculum*) était, il est vrai, plus grande — ce nombre était de sept. Aux deux extrémités, dans la partie tournante, étaient plantés des pylônes de pierre, qui rendaient ces virages extrêmement dangereux.

Celui qui achevait le premier le septième tour remportait la victoire et recevait le prix, qui ne consistait pas, comme aux Jeux Olympiques, en une couronne; on lui en offrait bien une, mais accompagnée de sommes considérables, de vêtements somptueux et même de chevaux.

Des honneurs incroyables étaient rendus aux chevaux vainqueurs : on leur érigeait des monuments, on gravait leurs portraits sur des pierres précieuses, on inscrivait sur de grandes tables de marbre leur nom, leur pays, leur couleur (*albus*, blanc; *badius*, bai; *fulvus*, fauve ou alezan; *niger*, noir; *maurus*, more; *rufus*, roux; *pullus*, noirâtre; *cinereus*, gris-cendré, etc.).

Les Romains avaient des jockeys (*cursores*) et des entraîneurs (*agitatores*), que l'on récompensait magnifiquement, comme nous l'avons dit, lorsqu'ils remportaient la victoire. Caligula donna deux mille sesterces (près de 400.000 francs de notre monnaie) au fameux Eutychus, la grande cravache de l'époque. La veille des jeux du Cirque, ce même empereur faisait ordonner le silence le plus absolu dans le voisinage du palais pour ne pas troubler le repos de son cheval *Incitatus*. Toute infraction était punie de mort (1).

Les jockeys furent en premier lieu des esclaves. Avec la barbarie des mœurs antiques, il ne faisait pas bon perdre la course pour ces pauvres diables, et ils devaient y regarder à deux fois avant de *tirer* un cheval. Puis les plus grands personnages tinrent à honneur de remplir leurs fonctions, jusqu'au jour où plusieurs accidents graves, dont ils furent victimes, amenèrent la suppression des courses, sous Auguste (2). Mais Néron ayant remporté un prix de faveur aux Jeux Olympiques, abrogea cette sentence et, aux courses de chars, il ajouta celles de chevaux en liberté, dont nous parlons plus loin.

---

(1) Ce fou sanguinaire avait, comme on le sait, donné à son cheval le caractère sacerdotal d'abord, puis pontifical. Il le fit même consul, dit Suétone. Il avait un palais de marbre pour écurie; l'auge était d'ivoire, les couvertures, de pourpre, comme le manteau des empereurs; son mobilier était somptueux, ses serviteurs innombrables, ses colliers de perles les plus fines et ses caparaçons d'une valeur fantastique. *Incitatus* dînait souvent à la table de son maître qui lui servait de l'orge dorée et lui présentait du vin dans une coupe d'or où il avait bu le premier. A sa mort, Caligula lui fit élever des autels, — comme aux dieux!...

(2) Mummius Asprenus s'étant blessé d'une chute de cheval au Cirque, Auguste lui fit don d'un collier d'or et lui permit d'ajouter à son nom celui de Torquatus. Quelque temps après, Eserninus se brisa les reins en tombant dans une course; son oncle Asinius Pollio s'en plaignit au Sénat. Celui-ci transmit la plainte à l'empereur, qui prononça la suppression de ces courses trop dangereuses.

Les Romains avaient aussi leur Société d'Encouragement, dont le Président (*editor spectaculorum*) organisait les courses et avait sa tribune, au Cirque, en face de celle de l'empereur. Ils avaient également un starter (*designator*), chargé de donner les départs : au début, il les donnait en agitant une torche enflammée ; plus tard, en jetant en l'air un étoffe blanche (*mappa*).

Un jour, Néron mangeait à la Maison Dorée, qui avait vue sur le Circus Maximus. Tout un peuple criait et s'impatientait que César mît si longtemps à dîner, parce que le designator l'attendait pour donner le départ. L'empereur était par hasard de bonne humeur ; au lieu de se fâcher, il prit sa serviette et la jeta dans le Cirque en disant : « Le voilà, le signal ! »

C'était le Président qui proclamait le vainqueur. En guise de poteaux indicateurs, des coureurs parcouraient le cirque en criant à tue-tête le nom proclamé.

Ce fut sous Néron qu'on institua des courses de chevaux sans cavaliers. Afin de les exciter, on leur attachait sur les flancs des boules en bois volantes garnies de pointes d'acier. Pour le **départ**, on les faisait ranger devant une corde blanchie à la chaux — véritable starting-gate — et fixée en travers de la piste à deux petits poteaux de marbre, ordinairement surmontés d'une tête de Mercure. Dès que les chevaux étaient de front, le starter donnait le signal et la corde tombait. Après chaque épreuve, les chevaux étaient soigneusement enveloppés de riches couvertures (1).

Le plus grand luxe était toujours apporté à la ferrure des chevaux, qui était d'or ou d'argent.

Les courses de chars donnaient lieu, dans toutes les classes de la société, aux paris les plus extravagants. Elles se poursuivirent, à Rome, toujours aussi achalandées, jusqu'à la mort de Théodose, en 395, où elles disparurent dans le tourbillon barbare qui emporta l'Empire romain.

Mais Byzance hérita de la Rome impériale cette passion désordonnée pour ce genre de sport. De véritables programmes manuscrits, avec la liste des chevaux, leurs noms, leurs couleurs, circulaient dans le peuple, qui se battait pour les avoir, et des enjeux considérables étaient engagés pour ou contre chaque faction. On sait à quels troubles sanglants, plus meurtriers souvent qu'une véritable bataille, ces luttes hippiques donnèrent lieu. Au VIe siècle, sous Justinien Ier, l'époux de la fameuse Théodora, il n'y eut pas moins de *quarante mille* personnes tuées dans les rixes entre partisans des Bleus et des Verts.

Ce fut la mort des courses.

---

(1) Ce genre de courses s'est perpétué, à Rome et à Florence, en temps de carnaval, jusqu'à nos jours, et il y en eut même, à Paris, en 1831.

LIVRE II

EN ANGLETERRE

(DE L'ORIGINE A LA FIN DE 1833)

CHAPITRE II

DE L'ORIGINE A LA FIN DU XVIIIe SIÈCLE

Les premières courses. — Les Stuarts. — Formation de la race de pur sang. — Les grands ancêtres : *Byerly Turk, Darley Arabian, Godolphin Arabian, Flying Childers, Matchem, Herod, Eclipse, Pot-8-Os, Highflyer, Sir Peter*, etc. — Le Jockey-Club de Newmarket. — Le Stud-Book. — Le Whip.

Il est impossible d'entreprendre l'historique des courses en France sans commencer par les suivre dans la marche ascendante qu'elles ont parcourue en Angleterre.

D'abord, parce que c'est chez nos voisins d'Outre-Manche qu'elles ont pris naissance et que se forma la race de chevaux actuellement connue sous le nom de *pur sang anglais;* ensuite, parce que tout ce que l'on tentera plus tard, en France, pour fonder les unes et acclimater l'autre, ne sera guère que la copie pure et simple de ce qui se sera pratiqué dans le Royaume-Uni.

C'est en Angleterre, au début du xviie siècle, que les véritables courses de chevaux prirent naissance, bien que nos voisins courussent des cross-countries dès la fin du xiie siècle.

Ils n'avaient cependant pas attendu jusque-là pour se préoccuper de la question chevaline, car, dès le milieu du xe siècle, Athelstan, monarque anglo-normand, fils naturel d'Edouard l'Ancien, s'était soucié de l'amélioration des races indigènes.

En 960, Hugues Capet, qui avait épousé sa sœur Ethelwhista, lui avait envoyé en signe d'amitié des étalons de choix — dont on ignore la race, bien que tout laisse présumer qu'ils étaient arabes ou barbes — qui furent considérés par Athelstan comme tellement précieux, qu'il publia un édit interdisant « qu'aucun d'eux ou de leurs produits pût sortir du royaume, si ce n'est à titre de présent royal ».

Il en fit ensuite venir d'autres de diverses races du continent, notamment de la Saxe, qui lui fournit des chevaux entièrement blancs, qu'il employa également à la reproduction, et dont il appréciait à ce point le mérite, qu'il fit un legs dans son testament pour leur entretien.

Ces mesures montrent le souci de ce monarque de sélectionner l'élevage de son pays et prouvent, par les précautions qu'il prenait pour empêcher l'exportation des reproducteurs de marque, que la race tant admirée par Jules César, lors de son expédition en Grande-Bretagne, n'existait plus, comme nous l'avons vu précédemment.

Cette préoccupation d'Athelstan de doter son pays d'un élevage national sera celle de tous ses successeurs et, à travers la longue file des rois qui ont occupé le trône d'Angleterre, elle se poursuivra, avec une suite dans les idées digne d'admiration, jusqu'à la création des races nécessaires à ses différents besoins, par une sélection de plus en plus resserrée. C'est ainsi que, plus tard, du cheval arabe, gracieux, mais petit et ramassé, sortiront ces admirables animaux du XVIIIe siècle, d'une robustesse et d'une endurance à toute épreuve, dont les *Flying Childers*, *Herod*, *Matchem* et *Eclipse* sont les prototypes, et auxquels remonte la race tout entière du pur sang.

Le mérite de ces grands ancêtres, tant sur le turf qu'au haras, n'a jamais été dépassé, et nous doutons fort qu'il le soit à l'avenir, avec la conception moderne qui sacrifie tout à la précocité et à la vitesse. Déjà même, le type est en régression et...

Mais n'anticipons pas et revenons à ces époques lointaines.

Cent ans après le règne d'Athelstan, les premiers chevaux arabes font leur apparition en Angleterre. En effet, dès la première croisade (1096-1099), les chevaliers anglais ayant constaté la supériorité de ces animaux, tant au point de vue de la vitesse que de la sobriété et de la pureté des lignes, en avaient ramené quelques-uns, afin d'en perpétuer la race chez eux; mais cet essai ne réussit pas.

Henri Ier (1100-1135) fut le premier grand importateur de chevaux étrangers. Indépendamment de deux superbes étalons arabes, dont l'un fut offert par lui au roi d'Écosse, Alexandre Ier, dit le Farouche — qui le joignit aux magnifiques présents qu'il fit à l'abbaye de Saint-André, — il en fit venir aussi d'Italie.

Sous Henri II (1154-1189), William Fitz-Stephens nous apprend, dans sa *Description of the City of London*, que, chaque vendredi, on menait les chevaux à vendre au marché de Smithfield — le premier d'Angleterre — établi aux portes de la ville. Pour montrer les qualités des concurrents, on les faisait courir ensemble et lutter de vitesse, et les meilleurs prix d'achat étaient obtenus par les vainqueurs. Ces chevaux étaient montés par des garçons d'écurie appelés *jockeys*, du vieux mot français *jaquet* (1), qui les connaissaient et savaient en tirer le meilleur parti.

Est-il besoin d'ajouter, toutefois, que ce genre d'épreuves ne présentait qu'une ressemblance très éloignée avec les courses actuelles ? Quelle que fût la distance, en effet, les chevaux étaient poussés à fond dès le départ, et c'est à grand renfort de coups de cravache et d'éperons qu'ils achevaient le parcours, au milieu des cris discordants de leurs cavaliers.

Puis, les amateurs de chevaux choisirent pour leurs exploits hippiques les landes d'Epsom, à quelques lieues seulement de Londres, autrement propices à ces luttes de vitesse que le marché de Smithfield.

La première course dont parlent les chroniqueurs, entre autres Sir Bevys de Southampton, dans sa *Metrical Romance*, eut lieu à la Pentecôte, sous le règne de Richard Cœur de Lion (1189-1199). La distance était de trois miles, le prix de 40 livres d'or, somme énorme pour l'époque. Ce prince avait ramené en Angleterre, au retour de la troisième croisade, deux superbes chevaux orientaux, qui faisaient partie du butin pris à Chypre. En même temps, Roger de Belesme, comte de Shrewsbury, introduisait plusieurs étalons d'Espagne, qui produisaient cette race des *genêts*, déjà fort appréciée, et qu'ont célébrée à l'envi Giraldas, Cambrenis et Drayton.

La plupart des rois qui suivirent — jusqu'à Jacques Ier, que l'on peut considérer comme le véritable fondateur des courses en Angleterre — s'occupèrent activement de la reproduction et ne cessèrent de donner tous leurs soins à l'amélioration de la race indigène, tant par des lois de protection que par l'infusion du meilleur sang étranger, et la sélection par les courses.

C'est ainsi que Jean sans Terre (1199-1216), fonda le premier

---

(1) *Jaquet* désignait un petit valet et parfois aussi, tout comme *jockey*, un petit vaurien. On disait primitivement en anglais *jackey* « diminutive of Jack obviously borrowed from the French Jacques » (Skeat). Dans la vieille pièce, *The famous victories of Henri V*, 1598, un des compagnons de débauche du jeune prince s'appelle Jockey, un autre Theefe (voleur). — J.-J. JUSSERAND, *Les Sports et Jeux d'exercice dans l'ancienne France* (Paris, 1901).

Il est curieux de noter, ainsi que cet auteur le fait encore judicieusement remarquer, que le mot *sport* lui-même n'est que notre ancien mot *desport*, *desporter*, anglicanisé, dont nos voisins se servirent d'abord tel qu'il était : leur grand poète du XIVe siècle, Chaucer parle, dans *the Tale of Melibeus*, d'un jeune homme qui allait « pour son desport jouer aux champs ». (« Upon a day bifel that he for his desport is went in-to the feeldes him to pleye. »)

Deux cents ans plus tard, Rabelais employait encore notre vieux mot dans son sens sportif : « se desportaient... ès prés et jouaient à la balle, à la paume. » (*Gargantua*, chap. XXIII).

Et c'est encore du mot *disport*, dont on se servait, en Angleterre, du temps de Charles Ier, pour désigner la chasse ou les courses, ainsi qu'on le voit dans un acte du Parlement relatif au harnachement des chevaux.

Mais le terme s'appliquait, dans les deux pays, à tout amusement quelconque, jeux de paroles comme jeux d'exercice, et il ne tarda pas à être remplacé, pour signifier les exercices physiques, par celui de *esbattement*, dont se servait déjà Froissart pour parler des joutes à cheval.

haras royal, fit venir une centaine d'étalons des Flandres, qui créèrent la race de gros trait actuelle ; en place d'argent ou de prix de fermages, il acceptait avec empressement des chevaux de belle conformation.

Edouard II (1307-1327), importa trente chevaux de Lombardie.

Edouard III (1327-1377), — conquérant de l'Écosse, créateur de l'ordre de la Jarretière, et qui entreprit contre la France la guerre de Cent ans, — possédait un haras magnifique et de nombreux chevaux de courses. Il fit venir du Hainaut un étalon qu'il ne paya pas moins de 25.000 florins, et cinquante étalons d'Espagne, qui lui revinrent l'un dans l'autre à 13 l., 6 sh., 8 d., soit environ 660 livres ou 16.500 fr. de notre monnaie actuelle, chiffre colossal pour l'époque. Le roi de Navarre lui ayant fait don de deux chevaux d'armes, il donna 100 sh. (6.340 fr.) de gratification à celui qui les avait amenés.

Richard III (1483-1485), défendit l'exportation des étalons de race indigène, et Henri VII (1485-1509) — sous le règne duquel les troupeaux de chevaux étaient déjà nombreux dans les pâturages particuliers — interdit d'employer à la reproduction des animaux n'ayant pas atteint leur pleine croissance et d'une taille inférieure à 12 paumes 1/2 (1 mètre 27).

Mais Henri VIII (1509-1547), est le premier qui prit vraiment des mesures radicales en vue d'assurer la robustesse de la race. Un acte du Parlement déclara impropres à la reproduction les étalons d'une taille au-dessous de 15 paumes (1 m. 52) et les juments au-dessous de 13 paumes (1 m. 32). Tout dénonciateur d'un reproducteur au-dessous de la taille légale avait droit à ce cheval, et l'officier judiciaire qui refusait, sur une dénonciation, de constater la taille d'un cheval, était puni d'une amende de 40 shillings (2.500 francs). Un second bill ordonna même de tuer, avant la Saint-Michel, tous les chevaux n'ayant pas la taille voulue. De plus, il fut interdit, sous peine d'une amende de 10 sh., de faire pâturer ou de loger, avec les autres chevaux, tout animal atteint d'une maladie de peau. Un troisième bill, enfin, obligea chacun à élever un nombre de chevaux en raison de son rang et de ses moyens (1).

Toutes ces mesures eurent pour effet de fournir le royaume en chevaux robustes, en même temps que d'amener, ainsi que Carew le constate dans son *History of Cornwall*, la disparition complète de la petite race de cette contrée et du pays de Galles.

---

(1) Les archevêques et les ducs étaient tenus d'entretenir chacun sept chevaux de selle ; les ecclésiastiques jouissant d'un bénéfice annuel de 100 livres et les laïques, dont les femmes portaient une coiffe française ou un bonnet de velours, un cheval, sous peine d'une amende de 20 livres ; tout propriétaire, deux juments, etc.

A titre de curiosité, voici, d'après J.-C. Whyte, la composition de l'écurie d'un grand seigneur, en 1512, telle qu'elle résulte des livres de dépenses d'Algernon Percy, cinquième duc de Northumberland, — (nous avons respecté l'orthographe de l'époque) :

6 *gentyll horsys* (chevaux de selle du meilleur élevage, à l'usage du duc);

4 *palfreys* (palefrois, chevaux plutôt de petite taille, très doux et dressés à

Ce prince — sous le règne duquel parut le premier Traité d'Agriculture — fit aussi beaucoup pour améliorer le haras royal d'Eltham, fondé par le roi Jean (non loin des pâturages où M. Blenkiron devait, quelques siècles plus tard, installer son célèbre établissement de Middle Park), et il en créa d'autres à Windsor et à Hampton-Court. Son élevage était important, et Thomas Chaloner nous apprend que, en plus des juments barbes que lui avait offertes le prince de Mantoue, il importa, à des prix fort élevés, de nombreux étalons de Turquie, de Naples et d'Espagne (1). Le cardinal Wolsey, qui partageait sur ce point les idées de son maître, possédait aussi un haras réputé, avec un étalon barbe donné au roi par le marquis d'Urbin.

Henri VIII publia aussi le premier bill sur les courses, et il en fonda à Stamford et à Chester, en 1512. Au début, la corporation des selliers offrait au vainqueur une balle de laine décorée de fleurs et fixée à la pointe d'une lance. Ce n'est qu'en 1540, que ce trophée fut remplacé par une clochette de bois ornée de fleurs, bientôt remplacée elle-même par une clochette d'argent — appelée de Saint-Georges — d'une valeur de 3 sh. 6 pence. Elle était disputée le Mardi-Gras de chaque année. Dans la suite, la Saint-George's Bell fut d'or ; puis on y substitua des coupes, vases, etc., et, enfin, des prix en espèces, de 10 ou 12 livres sterling (2).

l'usage des dames et des personnes âgées : un, pour la duchesse ; deux, pour ses dames d'honneur ; un, pour son écuyer) ;
4 *hobys and nags* (forts chevaux de selle de petite taille, originaires d'Irlande — dont un pour son fils, lord Percy) ;
1 *gret doble trottynge hors called curtal* (cheval de selle à la queue coupée ras, pour le duc, à la campagne) ;
1 *trottynge gambaldyne* (cheval de selle de parade, pour le duc, à la ville) ;
1 *amblynge* (sorte d'ambleur, pour le duc, lors de ses voyages) ;
1 *amblynge little nag* (pour le duc, à la chasse à courre ou la fauconnerie) ;
1 *gret amblynge or trottynge gelding also called clothseck* (cheval hongre, pour le porte-manteau) ;
7 *gret trottynge horsys* (forts chevaux de trait, pour les chariots) ;
1 *nag* (pour le conducteur des chariots).

Aucune jument, comme on le voit, ne figure dans cet effectif. Au temps de la chevalerie, en effet, par suite d'un préjugé absurde dont on ignore les raisons, un noble n'aurait osé monter une jument sans déshonneur.

(1) Dans les *Privy Purse Expenses of Henri VIII*, de sir N.-H. Nicolas, on trouve le détail des dépenses pour l'entretien de ses chevaux barbes, de leur palefrenier, des jockeys qui les montaient, etc.

(2) L'Écosse avait précédé l'Angleterre dans cette voie. En 1160, en effet, Guillaume le Lion — qui ne devint roi que cinq ans plus tard, à la mort de son frère Malcolm — avait offert au comté de Lanark, comme prix d'une course annuelle de chevaux, une clochette d'argent.

On a pu la voir, avec celle de la corporation des selliers de Carlisle, qui date de 1559, à l'exposition faite, en 1890, à la Grosvenor Gallery, à Édimbourg. A cette clochette sont attachées, par des petites chaînettes, de nombreuses médailles portant les noms des détenteurs successifs de ce trophée annuel.

Toutefois, comme la plus ancienne de ces médailles ne porte pas de date antérieure à 1628, dans l'opinion de beaucoup de connaisseurs, cette clochette ne serait pas celle de Guillaume le Lion, et elle ne remonterait pas au delà du règne de Jacques Ier.

Telle quelle, elle n'en constitue pas moins une très précieuse pièce de collection.

Mais ces courses différaient entièrement de ce qu'elles sont aujourd'hui. Non seulement l'art de l'entraînement n'existait pas, mais encore les champs de courses ou hippodromes étaient inconnus. On lançait les chevaux à travers la campagne, et c'était toujours aux terrains les plus accidentés qu'on donnait la préférence. On désignait un point à l'horizon (bouquet d'arbres, clocher, etc.), et chaque concurrent était libre du choix du parcours pour y atteindre. Ce que l'on recherchait avant tout, c'était moins la vitesse que la robustesse. Il fallait, en effet, des chevaux de guerre et de fatigue d'une grande force musculaire, capables de porter le poids, fort lourd, d'un cavalier revêtu de sa pesante armure (environ 300 livres, soit 136 kilos). Ce fut même une des raisons qui retarda, pendant des siècles, l'acclimatation des chevaux légers d'Orient ou d'Espagne, dont la qualité dominante était précisément la vitesse.

Comme on le devine, dans les courses de ce genre — appelées *cross-countries*, et d'où dérivent les steeple-chases modernes — où le parcours n'était pas le même pour tous les concurrents, la victoire restait souvent au cheval le plus médiocre, soit qu'il eut rencontré un terrain meilleur ou un moins grand nombre d'obstacles (murs, haies, fossés, ruisseaux, etc.).

Aussi ne tarda-t-on pas à comprendre que, pour apprécier exactement le mérite respectif des concurrents, il fallait les placer dans des conditions de parcours identiques. On reconnut que les terrains les plus convenables étaient les plus unis et les plus élastiques, ceux que recouvre un gazon ras. De là le nom de *turf* (gazon), donné depuis à tous les champs de courses. Mais il se passera encore une cinquantaine d'années avant l'établissement d'hippodromes de ce genre, dont les premiers datent du règne de Jacques Ier.

Sous Edouard VI (1547-1553), les chevaux indigènes avaient déjà pris une réelle valeur marchande, aussi les vols en étaient-ils fréquents en dépit des peines sévères qui punissaient alors les délits de ce genre. Pour y mettre un terme, le Parlement décréta que « toute personne convaincue d'avoir volé un étalon ou une jument sera privée des secours de la religion ». L'histoire ne nous dit pas si cette sanction toute morale eut plus d'effet que le gibet.

Sous Elisabeth (1558-1603), Robert Hall nous apprend, dans ses *Satires*, que les courses de chevaux semblèrent passer de mode, au point qu'elles ne figurent dans aucune des réjouissances de la Cour. Mais ce discrédit ne fut que passager, comme on le verra, et l'innovation, due à Fitz-Alan, duc d'Arundel, d'employer les carrosses dans les cérémonies royales, où jusqu'alors le roi et les seigneurs paraissaient à cheval, allait donner une nouvelle impulsion à l'élevage national; et, comme ses prédécesseurs, Elisabeth poursuivit l'œuvre d'amélioration des races indigènes, en fondant, à Greenwich, un haras où elle réunit une quarantaine d'étalons orientaux, en dehors de ceux qu'elle possédait à Hampton-Court, Richmond, Windsor, Saint-Albans et Waltham.

En dépit de tous ces efforts, il est curieux de constater que, lors de la panique causée en 1588, en Angleterre, par l'armement de la fameuse Armada de Philippe II, c'est tout au plus si l'on put réunir une cavalerie de 3.000 chevaux.

Mais c'est surtout Jacques Ier (1603-1625), que l'on peut considérer comme le véritable fondateur des courses en Angleterre. Jusque-là, elles n'avaient pas de règles fixes, ne reposaient sur aucun système raisonné, et les chevaux de toutes races y prenaient part. Le premier, il eut l'idée de régulariser les courses et d'en créer dans les immenses plaines de Newmarket, où il aimait à chasser à courre et au faucon. En 1605, il y fit construire un château avec de vastes écuries, et il y établit des courses, en 1611 ; puis à Gatherley, près de Richmond (Yorkshire), à Croydon et à Enfield-Chase. Ce fut surtout pendant la résidence de ce prince à son rendez-vous de chasse de Nonesuch, près d'Ewell — non loin d'Epsom, où couraient ses chevaux — que son goût pour les luttes hippiques s'étant répandu parmi le peuple, ce sport devint en quelque sorte national, et l'on peut considérer son règne comme la première période des courses régulières en Angleterre (1).

Les premiers hippodromes gazonnés datent de cette époque. C'est aussi à ce moment que l'hygiène du cheval devient l'objet d'une surveillance attentive, et que l'art de l'entraînement commence à se révéler (2), sans que l'on se préoccupe encore cependant des questions de poids, les règlements imposant pour tous les chevaux indistinctement un poids uniforme, en général, de 10 stones (63 kilogs 1/2).

---

(1) Ce prince ne dédaignait pas de descendre jusqu'aux plus petits détails d'organisation, et c'est à lui que l'on est redevable de la limitation des pistes, jusqu'alors ouvertes aussi bien aux concurrents qu'aux spectateurs. Touchstone rappelle à ce sujet l'anecdote suivante. Le 3 avril 1617, à Lincoln, Jacques Ier remplit en quelque sorte les fonctions de clerk of the course ; on courait ce jour-là, une grande course pour une coupe, et l'on avait établi un échafaudage pour servir de tribune au Roi. Celui-ci eut l'idée, pour dégager la piste, de placer des piquets et des cordes, de manière à maintenir la foule de chaque côté, et il en surveilla lui-même l'exécution.

Puisque nous parlons des courses du comté de Lincoln, il n'est pas sans intérêt de rappeler que le règlement de cette époque prescrivait, en cas de chute d'un jockey, que tous les autres arrêtassent leurs chevaux jusqu'au moment où le cavalier démonté, s'étant relevé, pouvait mettre le pied à l'étrier !..

(2) Cet art était encore des plus empiriques, à en juger par l'ouvrage de Gervax Markham, *How to choose, ride, traine and diet both Hunting-horses and Running-horses*, publié en 1599.

A titre de curiosité, nous relèverons seulement, parmi les étranges pratiques alors en usage, celles à suivre la veille d'une course :

« Frottez fortement les quatre jambes de votre cheval et enduisez-les d'huile de pied de bœuf ou de mouton... Puis donnez-lui sa nourriture : prenez une miche de pain, coupez-la en tranches, faites-les griller devant le feu, trempez-les dans du vin de Muscat, puis faites-les sécher dans des couvertures bien chaudes, et donnez-les-lui à manger.

« Le jour de la course, quand l'heure de le sortir sera arrivée, bridez-le ; veillez avec soin à ses couvertures ; puis emplissez-vous la bouche de vinaigre bien fort et insufflez-le-lui doucement dans les naseaux, ce qui aura pour effet d'ouvrir ses canaux respiratoires et de les rendre plus aptes à recevoir le vent (!!!). »

C'est également Jacques Iᵉʳ qui, le premier, pressentit tout le parti que l'on pouvait tirer, au point de vue de l'amélioration des races indigènes, du sang arabe. Ses prédécesseurs avaient, depuis longtemps déjà, fait des tentatives dans cette voie, sans résultats appréciables, en raison même des conditions où elles s'étaient poursuivies. Mais ces conditions, il faut le reconnaître, étaient modifiées. L'usage de la poudre à canon — employée pour la première fois en Europe par les Anglais, à la bataille de Crécy (1346) — s'était singulièrement généralisé depuis lors, et l'emploi des armes à feu avait de plus en plus rendu inutiles les pesantes armures des chevaliers et, partant, les lourds chevaux qui les portaient. De plus, les progrès de la voirie avaient considérablement augmenté l'usage des voitures et porté par cela même à la recherche de chevaux plus rapides. Toutes ces considérations, jointes à la prédilection que son goût pour les courses et la chasse lui donnait pour les chevaux vites et légers, et à ce qu'il savait de la vigueur et de la sobriété de la race arabe, poussèrent Jacques Iᵉʳ — en dépit du préjugé qui existait déjà contre cette race, et que le roi lui-même ne put vaincre — à faire venir plusieurs étalons orientaux. Celui sur lequel il fondait le plus d'espérances — et que Markham acheta, à Constantinople, au prix, considérable pour l'époque, de 500 guinées — ne réussit ni sur le turf, où il fut battu dans presque toutes les courses qu'il disputa, ni au haras. Ce cheval, *the King's Arabian*, comme on l'appela, était bai, de petite taille, assez mal conformé, et n'avait, au dire du duc de Newcastle, le spécialiste le plus autorisé (1), aucune des qualités que le dicton arabe exige du cheval de race, qui doit posséder :

trois choses longues : — les oreilles, l'encolure et les membres antérieurs ;

---

(1) Ce duc de Newcastle, dont l'autorité faisait ainsi loi en la matière, passait pour le plus habile écuyer de son époque. Ses ennemis prétendirent qu'il ne s'était élevé aussi véhémentement contre cette tentative, que parce qu'il avait compris quel redoutable rival serait pour le cheval de manège le cheval arabe aux allures rapides, et quel danger les courses pouvaient faire courir à l'inutile équitation savante.

Il est curieux de remarquer à ce sujet — les mêmes causes ne produisent-elles pas partout et toujours les mêmes effets ! — que ce seront encore les écuyers de manège qui mèneront la plus violente campagne contre le pur-sang anglais quand, sous Louis XVI, le comte d'Artois et ses amis tenteront de l'implanter en France.

Si, dès le règne de Jacques Iᵉʳ, certains partisans du duc de Newcastle peuvent être accusés d'avoir obéi à ces mesquines considérations, ce reproche ne nous semble pas pouvoir être adressé au duc lui-même. Il a pu critiquer les défauts de l'étalon du roi ; mais, loin d'être un détracteur de parti pris de la race orientale, il la prisait au contraire au plus haut point. Nous n'en voulons pour preuve que ce qu'il en dit dans sa *Méthode et Instruction nouvelle de dresser les chevaux*, qu'il écrivait en français, en 1658, à Antwerp, où il s'était exilé durant le protectorat de Cromwell. Passant en revue les différentes races de chevaux alors connues, il admire particulièrement « le cheval barbe, à la structure résistante, dont les os sont si denses qu'à peine la moelle y tient la place d'un fétu de paille, tandis qu'on pourrait introduire le petit doigt dans celle du cheval de Flandres » trois choses courtes : — le dos, l'os de la queue et les membres postérieurs ;

trois choses larges : — le front, le poitrail et la croupe ;

trois choses pures : — la peau, les yeux et les sabots.

Cet essai n'ayant pas donné de suite des résultats satisfaisants, l'expérience — sans doute, aussi, en raison du préjugé que nous venons de rappeler — fut abandonnée, et, pendant un siècle encore, la race arabe, qui devait cependant triompher à la fin, sera délaissée et méprisée. L'histoire hippique de l'Angleterre n'en a pas moins conservé le nom d'un étalon turc, ramené à cette époque par l'écuyer Place, et qu'on appela *The Place's White Turk*, suivant la coutume d'alors de désigner les chevaux orientaux tant par la couleur de leur robe que par les noms de leur propriétaire et de leur pays d'origine. C'est à ce *Place's White Turk* que s'arrêtent les plus anciennes généalogies chevalines tracées au Stud-Book.

C'est également sous le règne de Jacques Ier que se coururent, en 1604, le premier raid (1) et, en 1609, à Chester, le premier *sweepstakes* ou poule, institué par le shériff Robert Ambrye. Le vainqueur recevait le montant des engagements, plus la Saint-George's Bell, — instituée, comme nous l'avons dit, sous Henri VIII, en 1540, et dont la valeur était maintenant de 8 à 10 livres sterling — qu'il conservait toute l'année, pour la transmettre ensuite au vainqueur de l'année suivante. Ce n'est qu'en 1623 — dix ans après que les courses de Chester furent devenues annuelles — que le maire, Thomas Bereton, décréta que la sonnette serait définitivement acquise au vainqueur et renouvelée chaque année. C'était alors un glorieux trophée que cette modeste Saint-George's Bell, et les cloches des églises carillonnaient joyeusement en l'honneur du gagnant. Aux premiers temps des courses, et jusqu'à la fin du XVIIe siècle, en effet, on sonnait les cloches pour annoncer la victoire d'un cheval dans une épreuve importante (2).

C'est de cette époque, que l'aristocratie se décide enfin à imiter ses rois et commence à s'intéresser aux courses qui, jusque-là, n'avaient guère été qu'un amusement populaire et qui, quelques années auparavant — sous le règne d'Elisabeth, comme nous l'avons vu — avaient été fort délaissées. Mais ce discrédit fut de courte durée et, devant la faveur croissante dont les chevaux anglais jouissaient, même en France (3), les seigneurs prirent vite goût aux courses ; bien qu'ils

---

(1) Un de ses grooms, nommé John Lepton, entreprit, en effet, de faire cinq fois le trajet de Londres à York, sur le même cheval. Il accomplit cette tâche en cinq jours.

(2) Les registres de la paroisse de Saint-Edmunds, à Salisbury, mentionnent, en 1645, une recette de 5 sh. 8 d., pour avoir sonné les cloches en l'honneur d'un cheval au comte de Pembroke, qui avait gagné la Coupe. (TOUCHESTONE, *Les courses de chevaux en France et à l'étranger*.)

(3) Dans ses *Mémoires*, le maréchal de Bassompierre nous apprend que, lors du séjour de la Cour de Louis XIII à Fontainebleau, les courtisans avaient

préférassent, en général, les confier à leurs jockeys, formés spécialement, on ne les vit pas moins les monter eux-mêmes dans certains *matches* ou paris particuliers.

Charles Ier (1625-1649), fut également un grand amateur de courses, et, sous son règne, les progrès s'accentuent encore. Il patronne celles de Newmarket, de Stamford (où, comme à Chester, elles sont devenues annuelles), et en établit à Hyde-Park, près de Londres, qu'il dote d'une coupe d'une valeur de cent guinées. De plus, il fonde le haras royal de Tutbury, dans le Staffordshire. Cavalier consommé et des plus compétents en ce qui touchait au harnachement des chevaux, il en régla officiellement les termes et, par acte du Parlement, en date de 1626, il enjoignit très judicieusement de réserver à l'avenir le

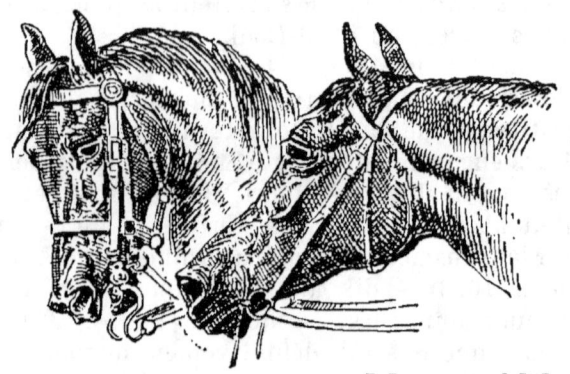

P. Longmans and C°, London, Copyright.

Mors de troupe et bridon de course.

mors pour la troupe et le bridon pour les exercices de sport (times of disport), tels que la chasse et les courses.

Cromwell, devenu Protecteur, s'éleva violemment tout d'abord contre les courses, dans lesquelles il ne voyait qu'un passe-temps frivole, indigne de l'esprit puritain (1), et il laissa ses lieutenants faire main basse sur les poulinières royales. Puis, son bon sens pra-

---

coutume de jouer fort gros jeu. L'argent était remplacé par des jetons, qui passaient et repassaient d'un joueur à l'autre avec autant de rapidité que les chevaux anglais lorsqu'ils courent, d'où l'habitude d'appeler ces jetons *Quinterots*, du nom de la personne qui, la première, avait introduit des chevaux anglais en France.

(1) Dans un discours, au Parlement, le 17 septembre 1756, Cromwell faisait honte à ses compatriotes de leur frivolité. « On se plaint parmi vous de ne plus avoir de courses de chevaux, de combats de coq et le reste... Tant que Dieu ne nous aura pas amené à un autre état d'esprit, il ne pourra nous supporter... Oui, dira-t-on, mais il supporte bien les gens de France; en France, ils font ceci et cela... Mais ont-ils, en France, l'Évangile que nous avons? Ils n'ont vu le soleil qu'un peu et nous avons, nous, de grandes lumières. Si Dieu vous donne un esprit de réforme, vous préserverez cette nation du danger de retomber encore dans ces folies. » (*Speeches and letters of Olivier Cromwell*, par Thomas Carlyle, Londres 1888.)

tique lui montra la nécessité de continuer l'œuvre nationale des Stuarts, et, en 1657, il donna l'ordre à sir Thomas Bendish, l'ambassadeur anglais à Constantinople, de lui procurer plusieurs étalons orientaux, auxquels il attacha l'écuyer Place, dont nous avons parlé. Sous son protectorat furent également importés *Helmsley Turk* et *Fairfax's Morocco Barb*.

A la Restauration, les royalistes s'emparèrent d'une de ses juments, que l'on avait cachée dans le caveau d'une église, ce qui lui valut le nom de *Cuffin mare* (jument du Cercueil).

Mais c'est du règne de Charles II (1660-1685), que date vraiment la grande prospérité des courses en Angleterre, par le développement qu'il y donna. Non seulement il établit des convocations régulières en coordonnant les réunions des différents centres, fixa les conditions d'âge et de poids imposées aux chevaux, remplaça les clochettes d'argent par des aiguières ou coupes avec plateaux d'une valeur de 100 livres (1), reconstruisit le château et les écuries de Newmarket qui étaient tombés en ruines (2), mais encore, pour prêcher d'exemple et inciter la noblesse à l'imiter, il fit même courir sous son propre nom.

C'est de son règne que datent réellement les premières courses régulières de Newmarket, organisées en 1671, par le comte de Craven, dont elles ont depuis porté le nom. C'est en souvenir de Charles II que fut instituée, cent ans plus tard, par le Jockey Club, la course du Whip, dont nous parlerons.

L'amélioration des races indigènes fut aussi un des soucis dominants de Charles II, et il envoya au Maroc, en Arabie et en Turquie, ses écuyers Christophe Wirville et Georges Fenwick, pour lui acheter des étalons et surtout des juments triées sur le volet, connues depuis sous le nom de *royal mares* (juments royales), qui donnèrent le jour aux meilleurs chevaux de l'époque, et dont le sang se retrouve dans le pedigree de tous les chevaux les plus célèbres du turf anglais.

Si éphémère qu'ait été le règne de son successeur, Jacques II (1685-1689), il n'en est pas moins à rappeler par le nombre d'étalons orientaux qui furent alors importés, et dont les noms, comme ceux des *royal mares*, reparaissent à chaque instant dans le Stud-Book. Les plus connus sont : *Lister Turk*, ramené par le duc de Berwick ; — *Barb Chillaby*, qui se distingua par sa férocité et, aussi, par son amitié pour un chat, comme plus tard, le célèbre *Godolphin* ;

---

(1) Si l'on remplaça les clochettes par d'autres objets, tels que des coupes, aiguières ou buires — comme celle qui fut offerte, en 1728, au Burham Downs meeting, et qui provenait de Charles II — ce fut autant par la nécessité d'augmenter la valeur des prix, que parce que ces objets pouvaient décorer les dressoirs et même servir aux usages de la table.
Les plus anciennes coupes sont celles de Chester, York et Paisley.

(2) Reconstruites à nouveau, il y a une cinquantaine d'années, par les Rothschild, qui y ont leur principal établissement d'entraînement, ces écuries ont conservé le nom de Palace House.

— les deux D'Arcy : *D'Arcy's White Turk* et *D'Arcy's Yellow Turk;* — les deux étalons achetés par M. Curwen, de Cumberland, au comte de Toulouse, fils naturel de Louis XIV et de Mme de Montespan, et qui avaient été offerts au Roi-Soleil par le Sultan du Maroc, *Curwen's Bay Barb*, qu'il garda, et *Toulouse Barb*, qu'il recéda à Sir John Persons; — *Saint-Victor's Barb*, qui provenait du comte de Saint-Victor; — les deux chevaux de M. Hutton, *Hutton's Bay Turk* et *Hutton's Black Legs;* — *Matthew's Persian*, *Croft's Egyptian*, et une vingtaine d'autres, de toutes races orientales, auxquels on donna principalement les *royal mares* ainsi que toutes les autres juments qui s'étaient distinguées sur le turf, quelle que fût leur origine. Les courses ayant fait éliminer de la reproduction tous les autres animaux médiocres, il en résulta une sélection, où le sang allait sans cesse en se purifiant, passant du demi-sang d'abord, aux trois-quarts de sang, aux sept-huitièmes, aux trente-deuxième, etc. Il serait sans intérêt de suivre pas à pas cette épuration de la race, *tous* les chevaux de pur sang anglais du monde entier remontant à l'une des trois grandes souches, *Byerly Turk*, *Darley Arabian* ou *Godolphin Arabian*, dont nous allons parler, et dont nous indiquons, à la fin de cet ouvrage, les descendants principaux (Voir Livre VIII).

Guillaume III (1689-1702), porta également toute son attention sur l'amélioration des races chevalines, surtout en vue du recrutement de sa cavalerie. Comprenant toute la valeur de l'origine d'un cheval et la nécessité que sa filiation fût régulièrement et officiellement constatée, il créa le Stud-Book ou registre de la généalogie de tous les chevaux de pur sang (*The general Stud-Book containing pedigrees Race Horses*). De son règne date l'importation de The Byerly Turk — dont on ne sait rien, sinon qu'il fut le cheval d'armes d'un de ses meilleurs officiers, le capitaine Byerly — qui devait être la souche, par son descendant *Herod*, de l'une des trois grandes familles précitées. *The Byerly Turk* est le plus ancien étalon auquel le Stud-Book anglais fasse remonter, par une généalogie incontestable et ininterrompue, partie des chevaux qui y figurent.

Guillaume III augmenta le nombre des *plates* dans le royaume et fonda une académie d'équitation, à la tête de laquelle il appela un cavalier français émérite, le capitaine Joubert.

La reine Anne (1702-1714), qui succéda à Guillaume III, institua dans plusieurs localités — tant par goût personnel, que pour plaire à son époux, Georges de Danemark, qui était un grand amateur de courses — de nouveaux prix royaux ou plates, dotés de pièces d'argenterie, dont la valeur, à partir de 1721, sera donnée en numéraire. En 1710, s'était disputée la première *Gold Gup* (Coupe d'Or), offerte par la reine, d'une valeur de 60 guinées, portée, dès l'année suivante, à 100 guinées, pour chevaux de 6 ans, portant 12 stones (76 kilos), sur 4 miles ou 6.400 mètres, en partie liée. La reine Anne faisait courir sous son propre nom : en 1712, *Pepper*, hongre gris lui appartenant, disputa la Royal Gold Cup, à York, et *Mustard*, « gris-muscade », la même épreuve, en 1713.

Le 30 juillet 1714, nous voyons son poulain *Star* remporter à York une poule de 10 guinées ajoutée à un prix de 40 livres. Quelques jours plus tard, le 12 août, devait se disputer le Gold Cup de 60 livres. Une assistance énorme s'était rendue sur l'hippodrome, où l'on ne comptait pas moins de cinquante-six carrosses, nombre considérable pour l'époque. Au moment où la cloche sonnait pour appeler les concurrents sur la piste, on apprend la mort de la reine. Les passions

Sampson Low, Marston and C°.-London, Copyright.

The Darley Arabian.

politiques se réveillent aussitôt. En un clin d'œil, ainsi que le rappelle E. Chapus, le champ de courses devient un meeting populaire. Le lord-maire, William Bedman, et l'archevêque Davis haranguent la foule en faveur de la maison de Hanovre. On quitte l'hippodrome et l'on se rend à York, où l'on s'assure de tous les chefs du parti tory, et Georges Ier est proclamé roi. Quelques jours après, Londres, investi, acceptait la révolution qui avait eu pour berceau un champ de courses, et la dynastie des Stuarts était à jamais exilée du trône d'Angleterre.

C'est sous le règne de la reine Anne que fut importé un cheval arabe dont la venue allait fixer pour toujours — concurremment avec *Byerly Turk* — l'orientation définitive à donner à l'élevage. Ce cheval portait le nom arabe de *Mannicka*, mais on l'appela THE DARLEY ARABIAN, du nom de son propriétaire, M. John Brewster Darley, éleveur à Aldby Park, près de York. Ce M. Darley avait un frère cadet, établi à Alep. À l'encontre de ses compatriotes, celui-ci tenait la race arabe en haute estime, et, dans toutes ses lettres à son frère, il en vantait les qualités de vitesse et de résistance, qu'il était chaque jour à même d'apprécier. De guerre lasse, John Brewster finit par se laisser convaincre et lui demanda de lui envoyer le meilleur reproducteur qu'il pourrait trouver. Dans une partie de chasse aux environs d'Alep, M. Darley junior fut frappé par la beauté des formes d'un certain cheval et par la supériorité qu'il montra durant toute la journée. C'était un type du plus pur sang oriental, — de cette race Kochlani qui remonte, prétend-on, au règne de Salomon, — que son maître, un Arabe, avait ramené des déserts de Palmyre. Il était aussi de taille sensiblement plus élevée que l'arabe ordinaire. Il avait la robe baie, avec deux balzanes postérieures et un boulet antérieur blanc, une liste prolongée en tête et un épi de poils blancs à la crinière. Après de longues négociations, M. Darley l'obtint en échange d'un superbe fusil de chasse anglais, ce qui était alors une nouveauté rare, et il l'envoya en Angleterre en 1705.

Les héros du turf, dans ces premières années du XVIIIe siècle, étaient *Spanker* (D'Arcy's Yellow Turk ou D'Arcy's White Turk et Fairfax's Morocco mare); *Bay Bolton* (Grey Hautboy et Makeless mare), *Dragon* et *Merlin*, dont nous parlons plus loin; *Brocklesby Betty* (Curwen's Bay Barb et Leedes' Hobby mare), célèbre jument qui avait déjà pouliné avant d'être mise à l'entraînement; *Chanter* (Akaster Turk et Leedes' Arabian mare); le fameux *Fox* (Clumsey et Bay Peg), qui remporta dix victoires sur onze courses et ne fut battu que par *Flying Childers*; *Partner* (Jigg et Sister to Mixbury), un des meilleurs reproducteurs de l'époque; *Whitefoot* (Bay Bolton et Darley Arabian mare); *Mixbury Galloway* (Curwen's Bay Barb et Curwen's Old Spot mare); *Brocklesby* (Woodcote et Brockesby Betty); *Bald Charlotte* (Old Royal et Bethell's mare), la meilleure jument de son temps; indépendamment des nombreux plates royaux qu'elle remporta, de cinq à huit ans, elle gagna un match fameux, sur 4 miles, à Newmarket, sous le poids écrasant de 114 kil. 1/2. Elle est l'arrière-grand'mère de *Dorimant*, qui eut une carrière extrêmement brillante, de 1774 à 1779.

The Darley Arabian ne courut pas, et, pendant longtemps, son nouveau propriétaire — cédant, après coup, à la prévention générale contre la race orientale — refusa de lui donner des juments de valeur. Mais certains de ses produits, bien qu'obtenus avec des juments inférieures, déployèrent de telles qualités sur le turf, qu'un revirement d'opinion commença à se faire. Après les succès retentissants de FLYING CHILDERS — le premier grand cheval de courses de l'Angleterre (1) — la cause était gagnée : c'était désormais au seul pur sang oriental, si longtemps décrié, que l'on allait demander la rénovation de la race, ou plutôt des races indigènes, en vue de leurs diverses utilisations. « Quinze ans après l'arrivée de *Darley Arabian*, écrit Eugène Chapus, le sang arabe faisait sentir son influence dans les races anglaises. Partout où il se trouvait, on reconnaissait que

Sampson Low, Marston and C°, London, Copyr'ght.

Bald Charlotte.

les qualités du cheval augmentaient. A la chasse ou dans les voyages, à la selle comme à l'attelage, on voyait les sujets appartenant à cette

(1) *The Darley Arabian* avait déjà donné *Almanzor, Aleppo, Cupid, Brush, Dart, Dædalus, Skipjack, Manica*, etc., qui, tous remportèrent des prix nombreux, quand il produisit ses deux fils les plus célèbres : *Devonshire* ou *Flying Childers* et *Bleeding* ou *Bartlett's Childers*. Ces deux chevaux furent ainsi nommés de ce qu'ils avaient été élevés par M. Childers, de Carrhouse, près de Doncaster ; le premier fut vendu au duc de Devonshire, et le second, à M. Bartlett. C'est ce dernier qui sera la souche d'*Eclipse*.

Né en 1715, *Flying Childers* — qui, par sa mère *Betty Leeds*, remontait doublement à *Spanker*, par *D'Arcy's Yellow Turk* — était bai clair, avec une liste

noble origine, accomplir des prodiges d'endurance et de vitesse. Il en fut ainsi de *Black Bess*, la célèbre jument de Turpin, le non moins célèbre voleur de grand chemin. Les registres officiels qui constatent le

Sampson Low, Marston and C°, London, Copyright.

Flying Childers.

mérite et la filiation des chevaux de courses n'ont point recueilli ce nom de *Black Bess*, mais il est inscrit dans un nombre infini de

en tête et quatre balzanes. Plus grand et plus fort que son père, il servit d'abord de cheval de chasse et montra de telles qualités que le duc de Devonshire décida de le faire courir. Sa force était remarquable et sa vitesse — que n'égala jamais que celle d'*Eclipse* — était si prodigieuse, qu'il parcourait 4 miles (6.400 mètres) en 6′42″. Aucun concurrent n'osait plus l'approcher et, dans la dernière course qu'il disputa, il battit *Almanzor* et *Brown Betty*, deux excellents performers cependant, de *400 mètres*, tout en leur rendant 13 livres !...

Ce fut la continuité même de ses succès qui obligea son propriétaire à le retirer du turf, devant les menaces réitérées qu'il reçut. On verra plus loin que ce fut ce même motif qui interrompit la carrière de course d'*Eclipse!*... Si bizarre que cela paraisse, ce ne seront pas là les seules manifestations antisportives que nous aurons à reprocher aux Anglais.

Flying Childers fut le père de nombreux chevaux de valeur, tels que *Plaistow*, *Black Legs Second*, *Snip*, *Commoner*, *Blaze*, grand-père maternel de *King Herod*, *Poppet*, *Steady*, etc., qui, eux-mêmes, se perpétueront jusqu'à nos jours. Pour de plus amples détails sur la descendance de *Darley Arabian* et de *Flying Childers*, voir Livre VIII, *Les trois grandes lignées*.

livres, qui ont conservé le récit de sa merveilleuse histoire (1). »

Georges Ier (1714-1727), convertit les plates en prix royaux de 100 livres. Georges II (1727-1761), en augmenta le nombre (de onze, en 1727; ils furent progressivement portés à vingt, à la fin de son règne); il interdit les courses de poneys et défendit de courir aucune épreuve, privée ou publique, au-dessous de 50 livres, dans le but d'empêcher tout à la fois l'élève des chevaux médiocres et le peuple de perdre son temps et son argent en *matches* à bon marché, ce qui était devenu une fureur. Une ordonnance du Parlement fixait l'âge des chevaux aptes à courir à cinq ans, leur poids à 10 stones, et infligeait une amende de 200 livres pour toute infraction à ce règlement.

C'est sous ce règne que parut le premier RACING CALENDAR ou répertoire des courses passées (2).

---

(1) « Fille d'un étalon arabe, fils de *Darley Arabian* et d'une mère pur sang, *Black Bess* était noire, d'un poil soyeux et brillant, près de terre et de taille ordinaire. Sa vue aurait défié celle du lion et sa sagacité rappelait les instincts si sûrs du cheval du désert. En route, elle hennissait pour prévenir son maître de la présence d'un cavalier, qu'elle pressentait à l'odorat. »

Le dernier exploit de *Black Bess* — avec laquelle Turpin avait déjà défié toutes les polices du Royaume-Uni — fut celui-ci :

Au début de 1737, Turpin, dont la tête était mise à prix, fut surpris dans une taverne. Il n'eut que le temps d'enjamber une fenêtre, de courir à sa jument qui était attachée à la porte, de sauter en selle et de partir à franc étrier. Les policiers étaient nombreux et bien montés et leurs chevaux étaient frais, alors que, la veille, *Black Bess* avait déjà parcouru un long chemin, ce qui ne l'empêcha pas de dépister ses poursuivants, après une randonnée demeurée légendaire. Portant un poids de 150 livres au moins, car Turpin était grand et fort, elle accomplit, en onze heures de temps et d'une seule traite, un trajet de 160 kilomètres, sans avoir mangé, et par des routes difficiles et hérissées d'obstacles, murs, fossés, ravins, cours d'eau et palissades!

Nous doutons que l'histoire hippique offre l'exemple d'un autre raid semblable. M. Osbaldeston, en 1813, paria de parcourir, en huit heures, la même distance de 160 kilomètres, mais à l'aide de 8 chevaux, et sur le terrain gazonné de Newmarket. Il gagna de 20 minutes.

(2) Cet ouvrage, que l'on doit à John Cheney, parut en 1728, sous le titre : *Historical List of all Horse-Matches run, and all Plates and Prizes run for in England and Wales (of the value of ten pounds or upwards), in 1727.*

« Le fait que l'on ne possède aucune information authentique sur les courses avant 1727, tient, nous dit l'auteur, à ce qu'il n'en était pas tenu d'écritures régulières auparavant. »

En 1748, Reginald Heber fit paraître, à York, *Historical List of all Plates and Prizes run for on Clifden and Rawcliffe Ings; also since they have been removed to Knavesmire, near the city of York; likewise how the mares came in every year at Black Hambleton.*

La plus ancienne course relatée dans cet ouvrage est une Coupe d'or de 50 livres, courue près d'York, par des chevaux de 6 ans, en septembre 1709.

Ce n'est qu'en 1773, que James Weatherby publia le premier volume, qui remonte à 1709, du véritable *Racing Calendar*, qui a été continué depuis, sans interruption, par ses descendants.

Ce James Weatherby avait été nommé, en 1774, secrétaire du Jockey Club et gardien des archives, fonctions que ses mêmes descendants remplissent encore.

On peut encore citer l'ouvrage de Pick, *Authentic Historical Racing Calendar of all Plates, Sweepstakes, Matches, etc , run at York from 1709 to 1785.*

Ce fut également sous ce prince que naquit, en 1730, le fameux *Goliah* (par Fox, fils de Clumsy, et Graham's Champion mare), au duc de Bolton. Par sa taille et sa structure puissante, il dénote un progrès sensible dans l'amélioration de la race. Ce cheval, qui ne fut battu qu'une seule fois, était surtout remarquable par son aptitude à porter le poids. Il ne faut pas le confondre avec un autre *Goliah* (par Grey Hound et Curwen's Bay Barb mare), né en 1722, qui avait été également une illustration du turf, sous les couleurs de lord Halifax.

Les courses publiques, dont le centre principal était encore à York (1), s'étaient prodigieusement développées. Les pouvoirs publics n'étaient plus seuls à les encourager et des sportsmen enragés, tels que les ducs de Devonshire, de Somerset et de Rutland, le fameux lord-trésorier Godolphin, le notaire Tregonwell Frampton, si tristement célèbre par sa cruauté (2), et d'autres, payaient de leur personne et de leur bourse, multipliant les prix et les réunions. En 1727, on en comptait déjà 12 dans l'année pour chevaux de cinq et six ans, toutes sur 4 miles en partie liée. Il fallait gagner deux épreuves au moins pour être vainqueur. Encore celui-ci ne devait-il pas être

---

(1) Si suivies que fussent alors les réunions d'York, l'hippodrome ne fut complètement aménagé qu'en 1754, quand les tribunes y furent édifiées, sous le patronage du marquis de Rockingham.

(2) Le Dr John Hawkworth rapporte, dans le n° 37 de l'*Adventurer*, que ce Frampton possédait un superbe étalon, *Dragon*, qu'il remit à l'entraînement pour un match de 1.000 livres contre une jument alors réputée sur le turf. La jument fut battue. Furieux de cette défaite, son propriétaire lança un défi de 2.000 livres à tout cheval hongre, pour le surlendemain. Frampton releva le gant, et, dans sa cupidité, fit castrer *Dragon*, qui gagna encore, mais au prix de sa vie.

Ce Frampton était au reste aussi cruel que peu scrupuleux, ayant été convaincu, quelques années auparavant, dans un match où ce même *Dragon* avait été battu par *Merlin*, à W. Strickland, d'avoir voulu corrompre le jockey de son concurrent. Des sommes considérables avaient été engagées de part et d'autre. *Dragon* était favori. Par son jockey, Frampton fit proposer à Heseltine, le jockey de *Merlin*, de faire un essai privé aux conditions mêmes du match, ce qui leur permettrait ensuite de jouer à coup sûr. Heseltine ayant d'abord refusé, mais de manière à laisser la porte ouverte à de nouvelles propositions, en référa immédiatement à son patron, qui lui ordonna d'accepter, mais en faisant porter 7 livres de plus à *Merlin*. Par une coïncidence curieuse, Frampton donna les mêmes instructions à son jockey. *Merlin* gagna d'une longueur. Chacun des deux propriétaires fut ravi du résultat : W. Strickland, parce que *Merlin* ayant gagné avec 7 livres de surcharge, vaincrait d'autant plus facilement qu'il ne les porterait plus; Frampton, parce que *Dragon* n'ayant été battu que d'une longueur, avait 7 livres pour prendre sa revanche. Les paris furent augmentés dans des proportions folles. Comme dans l'essai privé, *Merlin* triompha par une longueur. Plusieurs personnes, qui avaient engagé jusqu'à leurs propriétés, furent complètement ruinées dans cette scandaleuse affaire, à la suite de laquelle le Parlement édicta une loi interdisant le recouvrement de toute somme supérieure à 10 livres pariée entre joueurs.

La vérité fut découverte peu de temps après, à la grande honte de Frampton, ce qui ne l'empêcha pas d'être nommé « le père du Turf » et de jouir, jusqu'à sa mort, en 1727, à l'âge de 86 ans, de la considération des souverains successifs, Guillaume III, la reine Anne, Georges Ier et Georges II, dont il avait dirigé les écuries

distancé dans la troisième manche, c'est-à-dire arriver à plus d'un furlong (200 mètres) du poteau, au moment où le gagnant l'atteignait.

Mais tous ces efforts individuels, pour si efficaces qu'ils fussent, n'en demeuraient pas moins isolés. Il appartenait au JOCKEY-CLUB DE NEWMARKET de leur donner toute la cohésion voulue pour amener l'institution de ses courses à sa pleine prospérité et en faire une des branches de la richesse nationale (1).

(1) Fondé en 1750 le Jockey-Club se réunissait soit à la taverne « Star and Garter », à Pall-Mall, soit à « The Thacked House», Saint-James, soit au « Red Lion », à Newmarket. Jusque-là, les affaires du turf étaient-elles régies par un comité de sportsmen ou entièrement sous le contrôle royal, on l'ignore. Toujours est-il qu'en 1752, le Jockey-Club édifia à Newmarket, sur le terrain qu'un marchand de chevaux, nommé William Erratt avait loué en commun pour cinquante ans, au duc d'Ancaster et à lord Hastings, un pavillon « The Jockey-Club Rooms », où il tiendra désormais ses assises. L'année suivante, il commença d'exercer son action sur les terrains dont il était devenu propriétaire, en même temps qu'il y faisait disputer son premier plate, réservé aux chevaux de ses seuls membres.

Ces premiers terrains ne comprenaient encore qu'une infime partie de l'immense domaine actuel du Jockey-Club, dont il ne devint propriétaire que par lots successifs, de 1752 à 1882.

La première résolution du Jockey-Club date du 24 mars 1758 : elle a trait au pesage des jockeys.

Ce n'est que le 6 décembre 1767, qu'il établit son règlement relatif aux admissions, en stipulant que nul ne pouvait faire partie du cercle que sur présentation d'un membre, et après vote. Parmi ses premiers membres, citons : S. A. R. le duc de Cumberland, les ducs de Devonshire, York, Bridgewater, Hamilton, Grafton, les lords Craven, Rockingham, Godolphin, Grosvenor; le marquis de Barrymore, etc.; puis, plus tard, Georges IV, Guillaume IV, Philippe-Égalité, etc.

En 1764, le Jockey-Club avait institué le *Challenge Whip*, en souvenir de Charles II, et, en 1768, le *Challenge Cup*, dont nous parlerons plus loin.

En 1770, les pouvoirs des stewards furent déterminés. On trouve mention de nomination de stewards dès l'année 1762, sans qu'on sache en quoi consistaient alors leurs fonctions.

Le premier règlement du Jockey-Club parut, en 1771, dans un ouvrage intitulé *Tuting and Falconer's Sporting Calendar*. Cette même année, il se fixait dans les locaux que M. R. Vernon, membre du cercle, avait construits à cet effet, moyennant une rente de 8 p. 100, pendant soixante ans, qui fut fixée à 250 livres par an. A l'expiration de ce contrat, en 1831, le Jockey-Club acquit de la famille Erratt, pour 4.500 livres, les terrains où il est actuellement installé à Newmarket.

Au début, le Jockey-Club n'exerça d'abord son action que sur les seules courses de Newmarket. Ce n'est qu'en 1844, que ses commissaires furent chargés de la direction de l'hippodrome d'Epsom; en 1857, de celui d'Ascot; en 1878, de celui de Goodwood. Depuis lors, leur juridiction s'est étendue à toutes les courses plates du Royaume-Uni.

Il est intéressant de remarquer que ce n'est pas par une loi ni par un arrêté gouvernemental que le Jockey-Club anglais est investi des attributions qu'il possède et du contrôle qu'il exerce souverainement. Ses décisions n'ont aucune sanction légale. Mais l'honorabilité, la haute situation, la compétence et l'indépendance de ses membres, choisis, en plus des princes de la famille royale, dans la vieille aristocratie et parmi les sportsmen les plus réputés, lui donnent une autorité morale du plus haut poids.

Il n'exerce sa juridiction que sur les courses plates. Les courses d'obstacles relèvent, depuis 1883, du Comité du Grand National. Les décisions de l'une

Malgré ces intelligents efforts et les sacrifices d'argent consentis, ce n'était pas pourtant parmi tous ces reproducteurs, amenés à grands frais que devait se trouver l'étalon de marque qui allait être la souche de la troisième famille — et non la moins illustre — de la nouvelle race.

Il appartenait à la France — qui, une fois de plus, méconnaissait ses propres richesses — d'en doter l'Angleterre.

Au lendemain du traité de commerce conclu avec la France, en

Sampson Low, Marston and C°, London, Copyright.
Godolphin Arabian.

1731, le Bey de Tunis avait envoyé à Louis XV huit superbes étalons de pure race arabe ou barbe, on ne sait exactement, bien que les

des deux Sociétés sont applicables, depuis 1866, sur les hippodromes régis par l'autre. Bien plus, les Sociétés françaises ont adhéré à cette union qui, depuis 1892, s'est étendue à toutes les grandes Sociétés européennes et même américaines.

Les questions de paris ne sont pas du ressort du Jockey-Club, comme ils le furent au début de celui de la Société d'Encouragement. Ceux-ci sont arbitrés par deux tribunaux privés, le *Committee of the Rooms*, à Newmarket, et le *Committee of Tattersall's*, à Londres, dont les règlements, bien que purement officieux, n'en sont pas moins reconnus par toutes les autorités du turf britannique.

écrivains autorisés penchent pour cette dernière et que le portrait de *Godolphin*, par Stubbs, soit nettement celui d'un cheval barbe, ce qui n'a pas empêché que le nom d'arabe lui soit resté. Les chevaux barbes ou de Barbarie étaient, d'ailleurs, aussi recherchés que les arabes, turcs ou persans. Quoi qu'il en soit, ces étalons ne plurent pas à Louis XV, qui n'estimait rien autant que les chevaux ramassés et près de terre du comté de Suffolk, appelés en France *courtauds*. Aussi, les « orientaux » ne tardèrent-ils pas à être affectés aux besognes les plus grossières, puis vendus à vil prix. Un Anglais, M. Croke, se promenant dans les rues de Paris, fut frappé — malgré

Sampson Low, Marston and C°, London, Copyright.

Matchem.

le mauvais état dans lequel il se trouvait — de la beauté des lignes d'un grand cheval bai, qui traînait une charrette, d'autres disent un tonneau d'arrosage. Renseignements pris, M. Croke, apprenant qu'il provenait du lot du Bey et n'était âgé que de sept ans environ, l'acquit aussitôt pour 75 francs et l'emmena à Londres, où il le vendit à un amateur de ses amis, Roger Williams, tenancier de la taverne Saint-James, alors fort renommée. Celui-ci, ne pouvant dompter le naturel fougueux du cheval, le céda, moyennant 25 guinées, à l'un de ses clients, éleveur important, le lord-trésorier Godolphin. Pendant deux ans, GODOLPHIN ARABIAN — qui prendra son nom

Pedigree de MATCHEM (1748)

- **MATCHEM**
  - Cade
    - Godolphin Arabian.
    - Roxana.
      - Bald Galloway.
        - Saint-Victor's Barb.
        - Fille de....
          - Whynot.... { Frampton's Barb. / Inconnue.
          - Royal mare.
      - Fille de....
        - Akaster Turk.
        - Fille de.... { Leede's Arabian. / Inconnue.
  - Fille de
    - Partner.
      - Sir Mostynn's Jigg......
        - Byerly Turk.
        - Fille de....
          - Spanker....
            - D'Arcy's Yellow Turk.
            - Fille de..... { Fairfax's Morocco Barb. / Old Bald Peg.... { Fairfax's Arabian. / Barb mare.
          - Inconnue.
      - Sister to Mixbury....
        - Curwen's Bay Barb.
        - Fille de.....
          - Old Spot.... { Selaby Turk. / Inconnue.
          - Fille de.... { White Legged Lowther's Barb. / Fille de..... { Old Winter. / Inconnue.
    - Fille de.
      - Makeless....
        - The Oglethorpe Arabian.
        - Inconnue.
      - Fille de......
        - Brimmer.... { D'Arcy's Yellow Turk. / Royal mare.
        - Fille de....
          - Dick Pierson. { Dodsworth.... { Un étalon barbe. / Royal mare. / Inconnue....
          - Fille de.... { Benton Barb. / Inconnue.

de son dernier propriétaire — n'eut d'autre rôle, au haras de Gog-Magog (dans le Cambridgeshire, à quatre miles environ de la célèbre Université), que de servir de boute-en-train à l'étalon *Hobgoblin*, et ce ne fut que parce que celui-ci refusa de saillir la jument *Roxanna*, qu'elle fut présentée à *Godolphin*, — faute de mieux.

D'autres prétendent — et cette lutte fait le sujet d'un tableau célèbre de Rosa Bonheur, *Le Duel* — que, lorsque pour la troisième année de suite, *Roxanna* lui fut amenée pour qu'il l'agaçât, *Godolphin* entra dans un tel accès de rage et de jalousie, qu'il renversa l'homme qui le tenait, se rua sur *Hobgoblin* et le tua avant qu'on put les séparer.

Quoi qu'il en soit, *Lath*, le premier produit de *Godolphin* avec *Roxanna*, fut un des meilleurs chevaux de son époque. Puis vinrent successivement : *Cade* (dont le nom signifie tendre, délicat), qui fut élevé au lait de vache, sa mère *Roxanna* étant morte peu de temps après sa naissance, et qui fut le père du célèbre MATCHEM (1) ; — *Regulus*, qui ne fut jamais battu, et qui fut le grand-père maternel d'*Eclipse*; — *Tamerlan*, *Tarquin*, *Slug*, *Blossom*, *Sultan*, *Skewball*, *Old England*, *Cripple*, père de *Gimcrack* (2), etc., tous chevaux renommés qui, à leur tour, firent souche d'enfants illustres. (Pour plus amples détails sur la descendance de *Godolphin*, voir Livre VIII, *Les trois grandes lignées*.)

La renommée de *Godolphin* s'accrut au point qu'il fut et est encore considéré comme le type le plus précieux qu'ait possédé l'Angleterre. Son sang sera précieusement conservé et, dans le pedigree de presque tous les bons chevaux, on retrouvera toujours,

---

(1) *Matchem* (Cade, par Godolphin, et une fille de Partner), naquit en 1748, chez M. Holmes, de Carlisle. Vendu à M. William Fenwick, il ne courut que treize fois, de 5 à 7 ans, pour remporter onze victoires. C'était un cheval bai-brun, qui mesurait 1 m. 52. Il parcourut une fois 6.400 mètres, en partie liée, en 7'52" à la première manche, 7'40" à la deuxième, et 8'05" à la troisième.

Ce temps de 7'40", à la seconde épreuve d'un aussi long parcours, est tout à fait extraordinaire, étant donnée la petite taille de ces chevaux, dont les plus grands, comme *Matchem*, nous paraîtraient des poneys.

Comme étalon, il rapporta plus de 300.000 francs à son propriétaire, et ses produits remportèrent près de 4 millions de francs d'argent public. Nous parlons plus loin de ses fils. Parmi ses filles, il faut citer la célèbre *Prestess* (sa mère *Gower* était une petite-fille de *Regulus*), née en 1767. Achetée par le comte de Clermont, elle fut victorieuse dans toutes ses courses. A l'âge de neuf ans, sa qualité était encore telle qu'aucun concurrent n'osait plus se présenter contre elle, et qu'elle n'eut qu'à paraître, à la réunion de printemps de Newmarket, pour ramasser 4.050 guinées de prix (106.312 fr. 50), en parcourant la piste au pas, suivant l'habitude d'alors dans les walk over.

(2) *Gimcrack* (Cripple, par Godolphin, et Bloody Buttocks, descendante de Curwen Bay Barb), né en 1760, chez Gédéon Elliott, dans le Hampshire, appartint successivement à MM. Green, Wildman (le même qui fut, un moment, le propriétaire d'*Eclipse*), lord Bolingbrooke, comte de Lauraguais — dont nous aurons occasion de reparler, et pour lequel il gagna, en France, un pari sur 22 miles et demi, en moins d'une heure — sir Charles Bunbury et lord Grosvenor.

Gimcrack fut un des meilleurs chevaux de cette époque, qui en compta tant;

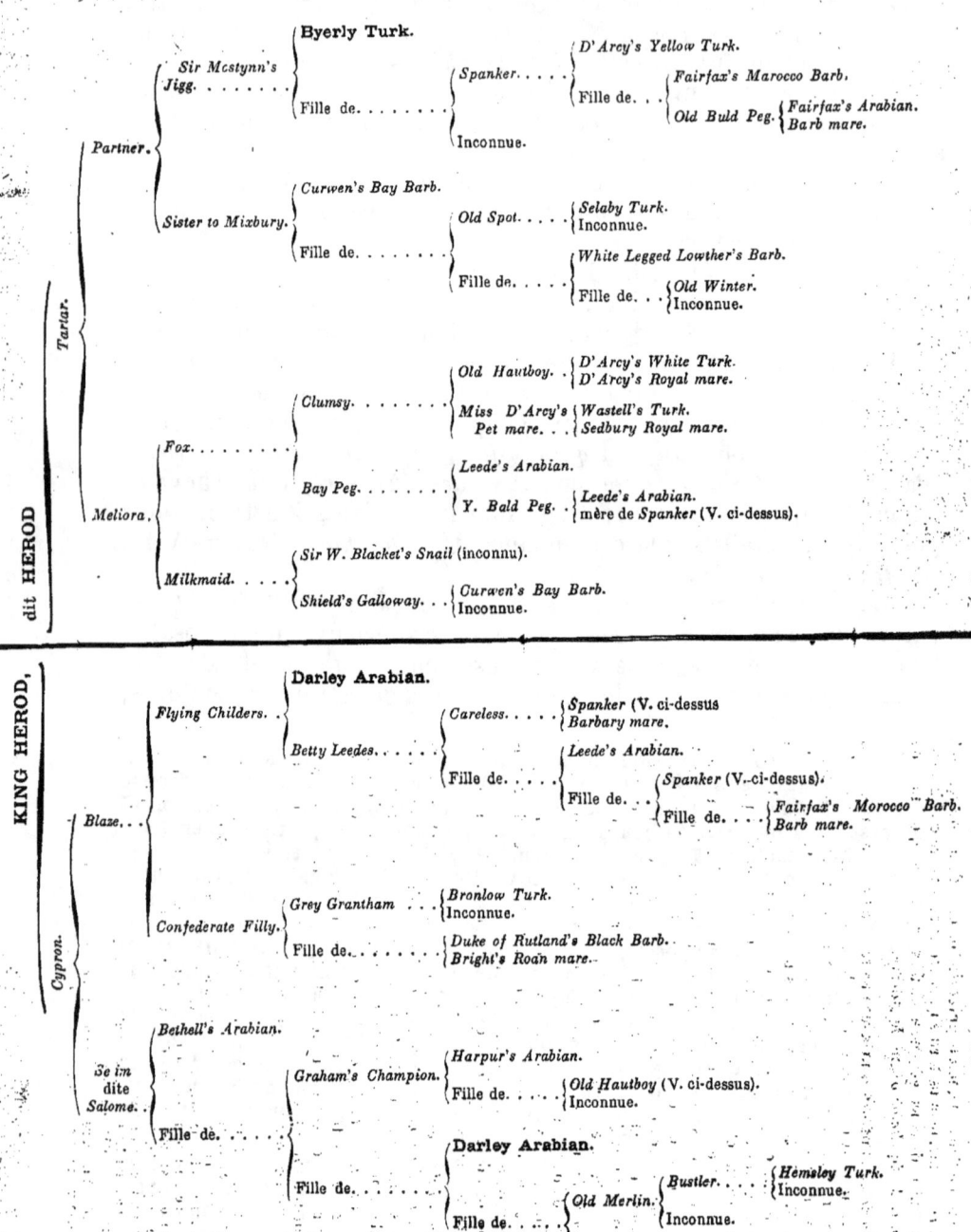

Pedigree de KING HEROD, dit HEROD (1758)

par l'une ou l'autre ligne, son intervention ou celle de son descendant. *Eclipse*. De même, plus tard en France, il ne sera guère d'animal de classe qui n'ait dans les veines, à un degré quelconque, du sang de *Royal-Oak*, de *Gladiator* ou de *Monarque*.

Godolphin était bai-brun, avec une trace de balzane au pied droit postérieur. Il avait le garrot élevé, le dos creux, la tête bien placée, l'encolure fortement recourbée, l'épaule longue et la musculature puissante. Il manquait de grâce, mais respirait la vigueur et la force. Il était de taille bien au-dessus de la moyenne (15 paumes ou 1 m. 52), ce qui peut expliquer les prompts succès de la descendance, les autres étalons orientaux étant en général plus petits et moins fortement charpentés.

Entre autres anecdotes le concernant, rappelons qu'au meeting de Newmarket, en 1738, trois de ses fils se trouvaient engagés, le même jour, dans des courses différentes. C'étaient *Lath*, cinq ans, *Cade*, quatre ans, et *Regulus*, trois ans. Ils gagnèrent tous trois. Leur propriétaire, lord Godolphin, avait tellement escompté ce triple succès, qu'il avait fait conduire leur père sur l'hippodrome, afin qu'il pût assister à la victoire de ses enfants.

Godolphin fut le héros d'un exemple d'amitié rare. Il avait pour camarade de box un chat qui ne le quittait pas pour ainsi dire, et qui passait son temps, soit sur son dos, soit couché entre ses jambes de devant. Quand *Godolphin* mourut, en 1753, à l'âge de 29 ans, le chat refusa de manger, languit quelque temps et mourut à son tour.

Le portrait de *Godolphin* et de son chat, par Stubbs, se trouve encore au château de Gog-Magog.

Darley Arabian avait donné *Flying Childers* en 1711, et *Godolphin Arabian*, *Matchem*, en 1748. *Byerly Turk* allait s'illustrer à son tour dans sa descendance. En 1758, naissait, en effet, chez le duc de Cumberland, un poulain par *Tartar* (par *Jigg*, par *Byerly Turk*) et *Cypron* (par *Blaze*, par *Flying Childers*), qu'on nomma KING HEROD ou HEROD. De haute taille et de musculature puissante, il remporta les plus grands succès sur le turf, de 5 à 9 ans, confirmant ainsi les qualités de vitesse et d'endurance de la race nouvelle, celle que l'on appellera désormais le « pur sang anglais » (1).

Il courut de 7 à 11 ans, disputant 29 courses, pour remporter 21 victoires.

Ce fut pour perpétuer son souvenir que fut fondé, en 1767, à York, le Gimcrack-Club, qui fournit l'allocation des Gimcrack Stakes, qui sont demeurées une des épreuves les plus importantes pour chevaux de deux ans.

L'usage s'est perpétué jusqu'à nos jours de réunir, après la clôture de la saison de plat, les membres du Club en un grand dîner annuel, auquel est convié le propriétaire du vainqueur des dits Gimcrack Stakes, lequel, à l'issue du repas, passe en revue les principaux événements de l'année sportive, donne son opinion sur les faits intéressants et formule les desiderata des convives sur la prise en considération de telle ou telle mesure par le Jockey-Club.

(1) *Herod* fut aussi remarquable au haras que sur le turf, et peut être considéré comme un des meilleurs étalons de l'Angleterre. Il laissa une descendance

Sampson Low, Marston and C°, London, Copyright.

King Herod.

* *

De l'union des deux courants *Darley* et *Godolphin*, allait ensuite naître le cheval-type, la gloire des gloires du turf ancien et moderne, — Eclipse !

C'est le 5 avril 1764, jour marqué par une mémorable éclipse de soleil, que *Spiletta* (fille de *Regulus*, fils de *Godolphin Arabian*) mit bas, au haras du duc de Cumberland, son premier produit, un poulain par *Marske* (fils de *Squirt*, par *Bartlett's Childers*, par *Darley Arabian*) (1).

glorieuse, parmi laquelle on peut citer *Florizel* (père de *Diomed*, vainqueur du premier Derby, et de *Eager*, Derby, 1792), *Fortitude* (père de *John Bull*, Derby 1792), *Phœnomenon* (père de *Bellissima*, Oaks 1798), *Woodpecker* et le fameux *Highflyer*, père lui-même du non moins célèbre *Sir Peter*, sur lequel nous revenons plus loin.

Pour plus amples détails sur *Herod* et sa descendance, voir Livre VIII, *Les trois grandes lignées*.

(1) L'origine d'*Eclipse* a été fort discutée, nombre d'écrivains lui attribuant également comme père *Shakespeare* qui aurait, dit-on, couvert sa mère en même temps que *Marske*. Cela ne changerait rien, du reste, à son origine paternelle, ces deux chevaux remontant, au même degré, à *Darley Arabian*, dont *Shakespeare* était également l'arrière-petit-fils, étant fils d'*Hobgoblin*, fils d'*Aleppo*

Eclipse était alezan vif, avec une liste en tête prolongée et une balzane postérieure gauche haut-chaussée. Il avait des taches noires sur la croupe, particularité qui s'est perpétuée dans sa descendance (surtout dans la branche *Stockwell*). Les crins étaient d'une grande finesse.

Voici, au surplus, comment les écrivains s'expriment sur la conformation de ce cheval quasi-fabuleux :

« La ligne supérieure était étroite et très rigide, les grandes cavités se montraient parfaitement dessinées et logeaient à l'aise les principaux viscères. L'avant-main était gracieuse et belle; les épaules offraient de la hauteur, elles étaient larges et fortement inclinées en arrière; les membres antérieurs étaient puissants dans toutes leurs divisions; l'encolure avait de la longueur et de la souplesse; le chanfrein était prolongé; la tête, bien placée et bien faite, offrait tous les caractères de la noblesse et de l'intelligence; l'œil était vif, beau, plein d'expression dans le regard; les naseaux s'ouvraient largement, comme dans le cheval de race. L'arrière-main était musculeuse et puissamment accusée par l'écartement des hanches; les quartiers présentaient l'image de la force; le jarret était large, net, évidé, plein de ressort; les pieds étaient admirablement conformés; les allures étaient fermes et la démarche élastique. »

Cette description est celle de l'*Eclipse* devenu célèbre. Mais à l'âge de deux ans, c'était un poulain bas du devant, qui non seulement n'annonçait rien de remarquable, mais montrait du caractère et semblait devoir devenir cornard. Le duc de Cumberland étant mort, son stud fut dispersé aux enchères publiques. *Eclipse* venait d'être adjugé à 70 guinées, quand un marchand de chevaux du quartier de Smithfield, nommé Wildman, qui arrivait à ce moment, constata à sa montre que la vente avait commencé avant l'heure fixée. Il réclama donc que tous les lots déjà vendus fussent remis aux enchères. On fit droit à sa demande et, cette fois, ce fut Wildman qui s'en rendit acquéreur pour la somme de 75 guinées.

En commémoration du jour de sa naissance, marqué, comme nous l'avons dit, par une éclipse de soleil, il le nomma *Eclipse*.

Le poulain fut élevé au milieu des campagnes d'Epsom. Bientôt ses qualités de vigueur et de vitesse se révélèrent; mais, en même temps,

---

fils de *Darley Arabian*. Il est assez curieux de remarquer que, dans ce cas, *Eclipse* serait le produit de deux familles mortellement ennemies, cet *Hobgoblin* étant l'étalon que *Godolphin* tua, ainsi que nous l'avons relaté, dans sa jalousie pour la jument *Roxana*. Le pedigree d'*Eclipse* que nous publions ci-contre, est celui qui figure au Stud-Book anglais.

Au sujet de la naissance d'*Eclipse*, on peut rappeler que son grand-père *Squirt*, né, en 1731, de *Bartlett's Childers* (propre frère de *Flying Childers*) et *Old mare* (par *Snake*), ne dut qu'à un hasard providentiel de ne pas être abattu avant d'aller au haras. Tombé en de mauvaises mains, soumis à des exigences exagérées, il était devenu si malingre, si usé avant l'âge, que son propriétaire avait résolu de le tuer. Pris de compassion, un groom l'acheta moyennant une chanson, et, à force de soins et de bons traitements, lui rendit vigueur et santé.

se développait son caractère ombrageux et fantasque. Alors qu'on le croyait le plus calme, il se mettait tout à coup à ruer et à se cabrer, rendant impossible l'approche du cavalier.

Wildman, qui fondait de grandes espérances sur *Eclipse*, était désespéré de voir que les hautes qualités du poulain étaient ainsi paralysées par son naturel indomptable. Un jour qu'il s'en entretenait avec le capitaine O'Kelly, un des plus célèbres amateurs de courses de l'époque, celui-ci lui dit qu'il avait à la tête de ses écuries un Irlandais, appelé Sullivan — qu'on avait surnommé le Charmeur —

Sampson Low, Marston and C°, London, Copyright.

Eclipse.

qui possédait l'art merveilleux de dompter séance tenante les chevaux les plus rebelles.

— Et que me demanderez-vous en échange? interrogea Wildman.

— J'avais remarqué ce poulain quand il passa en vente, répondit O'Kelly. Si j'avais été en fonds ce jour-là, vous ne l'auriez pas eu. Actuellement, vous ne pouvez rien en faire. J'aurais pu ne vous dire mot du talent de Sullivan, et vous racheter *Eclipse* pour peu de chose. Cédez-m'en la moitié. Vous fixerez vous-même le prix après sa première sortie en public. Jusque-là, le cheval restera chez vous, et c'est vous-même qui surveillerez son entraînement.

Il était impossible d'agir plus galamment. Wildman accepta le marché. Sullivan vint, et chose extraordinaire, en quelques minutes

Pedigree d'ECLIPSE (1764) (D'après the *General Stud-Book*).

```
ECLIPSE
├── MARSKE
│   ├── Squirt
│   │   ├── Bartlett's Childers
│   │   │   ├── Darley Arabian.
│   │   │   └── Betty Leedes
│   │   │       ├── Careless
│   │   │       │   ├── Spanker
│   │   │       │   │   ├── D'Arcy's Yellow Turk.
│   │   │       │   │   └── Fille de
│   │   │       │   │       ├── Fairfax's Morocco Barb.
│   │   │       │   │       └── Old Bald Peg { Fairfax's Arabian. Barb mare.
│   │   │       │   └── Barbary mare.
│   │   │       └── Fille de
│   │   │           ├── Leedes' Arabian.
│   │   │           └── Fille de
│   │   │               ├── Spanker (V. ci-dessus).
│   │   │               └── Fille de { Fairfax's Morocco Barb. Barb mare.
│   │   └── Sister to Old Country Wenche
│   │       ├── Snake
│   │       │   ├── Lister Turk.
│   │       │   └── Fille de
│   │       │       ├── Hautboy { D'Arcy's White Turk. Barb mare.
│   │       │       └── Inconnue.
│   │       └── Grey Wilkes
│   │           ├── Hautboy. (V. ci-dessus.)
│   │           └── Miss d'Arcy's Pet mare { Wastell's Turk. Royal mare.
│   └── Fille de
│       ├── Hutton's Black Legs
│       │   ├── Hutton's Bay Barb.
│       │   └── Fille de
│       │       ├── Coneyskin { Lister Turk. Inconnue.
│       │       └── Old Club foot mare { Hautboy. (V. ci-dessus.) Inconnue.
│       └── Bay Bolton
│           ├── Grey Hautboy
│           │   ├── Hautboy. (V. ci-dessus.)
│           │   └── Fille de
│           │       ├── Brimmer { D'Arcy's Yellow Turk. Royal mare.
│           │       └── Royal mare.
│
├── (Fille de)
│   ├── Fille de
│   │   ├── Fille de
│   │   │   ├── Makeless { Oglethorpe Arabian. Inconnue.
│   │   │   └── Fille de
│   │   │       ├── Brimmer. (V. ci-dessus.)
│   │   │       └── Fille de { Diamond. Barb mare.
│   │   └── Fox Club
│   │       ├── Clumsy { Hautboy. (V. ci-dessus.) Miss D'Arcy's Pet mare. (V. ci-dessus.)
│   │       └── Bay Peg
│   │           ├── Leedes' Arabian.
│   │           └── Y. Bald Peg
│   │               ├── Leedes Arabian.
│   │               └── Fille de { Fairfax's Morocco Barb. Barb mare.
│   └── Fille de
│       ├── Coneyskin. (V. ci-dessus.)
│       └── Fille de
│           ├── Hutton's Grey Barb.
│           └── Fille de
│               ├── Hutton's Royal Colt { Helmsley Turk. Royal mare.
│               └── Inconnue.
│
└── SPILETTA
    ├── Regulus
    │   ├── Godolphin Arabian.
    │   └── Grey Robinson
    │       ├── Bald Galloway
    │       │   ├── Saint-Victor's Barb.
    │       │   └── Fille de
    │       │       ├── Grey Whynot { Fenwick's Barb. Inconnue.
    │       │       └── Royal mare.
    │       └── Sister to Old Country Wenche. (V. ci-dessus.)
    └── Mother Western
        ├── Smith's Horse
        │   ├── Snake. (V. ci-dessus.)
        │   └── Squirrel's dam
        │       ├── Acaster Turk.
        │       └── Fille de
        │           ├── Pulleine Arabian.
        │           └── Fille de { Brimmer. (V. ci-dessus.) Royal mare.
        └── Fille de
            ├── Old Montague.
            └── Fille de
                ├── Hautboy. (V. ci-dessus.)
                └── Fille de { Brimmer. (V. ci-dessus.) Royal mare.
```

passées seul à seul avec *Eclipse* dans son box, il subjugua pour toujours sa fougue, et le développement de ses hautes qualités s'accrut du fait même de sa docilité (1).

A cette époque, les chevaux entraînés sur le même hippodrome luttaient non seulement entre eux à l'exercice, mais encore ces essais étaient publics. C'était d'après leurs résultats que s'engageaient les paris sur les courses.

Wildman est le premier qui rompit en visière avec cet usage, et il s'arrangea pour que les derniers essais d'*Eclipse* — qui allait débuter à Epsom — fussent ignorés du public habituel qui suivait le travail des chevaux. Comment s'y prit-il? nous n'en savons rien, bien qu'il soit vraisemblable qu'il ait sciemment indiqué une heure inexacte. Mais toujours est-il que le dernier galop d'*Eclipse* n'eut pas de spectateurs. Les amateurs et les parieurs furent déroutés et n'arrivèrent sur le terrain qu'après coup. Très désappointés, ils interrogèrent une vieille femme qui se trouvait là par hasard. L'Histoire du turf a conservé sa réponse.

— « Je ne pourrais pas dire si c'était une course ou non, mais je viens de voir un cheval à jambe blanche qui courait d'une façon monstrueuse, et, à une grande distance derrière, un autre cheval qui courait après lui. Mais le dernier aura beau faire, jamais il n'attrapera le cheval à jambe blanche, quand même ils courraient jusqu'au bout du monde! (2) »

---

(1) Ce pouvoir de domination de Sullivan sur les animaux les plus fougueux était réel et reposait sur des faits absolument irrécusables, attestés par les témoins les plus dignes de foi. Pour dérouter la curiosité publique, et, aussi, pour se faire valoir davantage, Sullivan prétendait que sa puissance — dont il ne voulut jamais dévoiler le secret, même à prix d'or — résidait dans la magie de certaines paroles mystérieuses. Il n'avait jamais recours ni aux menaces ni aux coups, et il lui suffisait ordinairement d'une heure de tête-à-tête avec le cheval le plus rétif pour en faire un modèle de douceur.

Ce n'est qu'en 1850, que M. Catlin, dans le *Morning Advertiser*, divulgua son procédé — qu'il avait vu d'un usage courant chez les Peaux-Rouges — et qui consistait tout simplement à poser les mains sur les yeux de l'animal à dompter, à lui souffler fortement dans les narines, puis à aspirer, en répétant l'opération jusqu'à complète soumission de la bête.

Les expériences faites depuis dans ce sens ont très souvent réussi.

Sullivan mourut en 1810. Son fils lui succéda, mais sans grand succès. On avait offert à Sullivan des sommes énormes pour aller à l'étranger, mais il refusa toujours. Il avait la passion de la chasse au renard, et, en Irlande, il pouvait mieux la satisfaire que partout ailleurs.

(2) Cette appréciation enthousiaste de la vieille pauvresse sur la vitesse d'*Eclipse* se retrouvera sous la plume dithyrambique des chroniqueurs de l'époque :

« *Eclipse* part, vole. Ses foulées sont de plus de 28 pieds (8 m. 54). En quatre bonds, il en a franchi 120. Cette immensité d'allure était stupéfiante, et le jockey, ramené au poteau en 4 m. 30 s., était presque suffoqué par la vitesse. Les autres chevaux se trouvaient distancés d'un tiers du parcours. Avant que la vue n'en eut embrassé les limites, *Eclipse* a parcouru l'espace. Sa vitesse est un vol. Les arbres, les haies, les spectateurs n'ont pas pour lui de solution de continuité. Ce sont des lignes enrubannées dont les couleurs se mêlent, se fondent en teintes

Le 3 mai 1769 est une date mémorable dans les annales hippiques de l'Angleterre. C'est le jour où *Eclipse*, alors âgé de 5 ans — à cette époque les chevaux ne débutaient guère en public avant cet âge rationnel, où leur croissance et leur formation sont terminées — parut pour la première fois sur le turf, dans le prix des Nobles et des Gentlemen, à Epsom. Il était monté par le jockey Whiting, qui portait la casaque jaune et la toque noire du capitaine O'Kelly; la selle était d'un petit modèle, retenue par un surfaix blanc. Les compétiteurs étaient : *Gower*, à M. Fortescue; *Chance*, à M. Castle; *Social*, à M. Jennings, et *Plume*, à M. Quick. Le premier avait 5 ans; les autres, 6 ans. La distance était de 4 miles (6.400 mètres) en partie liée. *Eclipse* — bien que retenu à la fin par son jockey — la couvrit en six minutes, battant facilement ses adversaires, dans l'ordre où nous les avons nommés.

A la seconde manche, O'Kelly paria 1000 guinées contre 500 qu'*Eclipse* gagnerait encore et que tous ses adversaires seraient distancés, c'est-à-dire qu'ils seraient battus de plus de 200 mètres, — ce qui eut lieu.

A la suite de cette victoire, Wildman estima à 935 livres sterling (23.375 francs) la valeur d'*Eclipse*. Le capitaine lui en paya de suite la moitié, et devint co-propriétaire du cheval.

Eclipse triompha ensuite : le 29 mai, à Epsom; les 13 et 15 juin, à Winchester; les 23 et 24 juin, à Salisbury, où l'on paie 10 en sa faveur; le 25 juillet, à Canterbury, où il fait walk-over dans le prix de 100 guinées; le 27 juillet, à Lewes, et le 19 septembre, à Lichfield, où il remportait son cinquième *King's Plate* ou prix du Roi.

Eclipse prit alors ses quartiers d'hiver, ayant procuré au capitaine O'Kelly des bénéfices considérables, non pas tant par l'importance des prix qu'il avait remportés, qu'en nombreux paris.

A la première réunion de printemps de Newmarket, en 1770, *Eclipse* avait deux engagements à courir : d'abord, contre *Bucephalus*, à M. Wenthworth, qui n'avait jamais été battu, puis dans le prix du Roi.

Le capitaine O'Kelly — qui avait en la supériorité de son cheval une confiance illimitée — tint tous les paris qu'on voulut, en donnant *Bucephalus* à 15/1!... *Eclipse* gagna sans lutte. Il en fut de même du prix du Roi, qu'il enleva en se promenant.

Une supériorité aussi écrasante ne tarda pas à exciter l'envie et la haine, et l'on résolut de se débarrasser d'un cheval qu'on ne pouvait battre. Ses triomphes répétés, qui ne laissaient plus place à aucune

diaprées. *Eclipse* ne court pas, il vole, il arrive. On admire, on est étonné ... »
On en dira autant, plus tard, de *Gladiateur*, surnommé l'*Eclipse moderne :*
« Quand il galope, s'écriera-t-on, les autres chevaux semblent rester sur place! »
Et ces louanges n'auront rien d'exagéré.

A l'encontre d'*Eclipse*, doublement illustre comme coureur et comme reproducteur, *Gladiateur* — précisément peut-être parce qu'il courut plus jeune — ne fut glorieux que sur le turf.

compétition, déchaînèrent une telle jalousie parmi les autres propriétaires et les menaces contre la vie d'*Eclipse* devinrent si violentes, que Wildman prit peur et céda l'entière propriété du cheval à O'Kelly, moyennant 1000 livres sterling (1).

Le capitaine, malgré les nombreuses lettres anonymes contenant des menaces de mort contre *Eclipse*, paya d'audace, tout en ne négligeant aucune des précautions dictées par la prudence.

Eclipse continua donc à courir et à triompher successivement : le 15 juin, à Guildford; le 3 juillet, à Nottingham; les 20 et 23 août, à York (cette fois on payait 1/30 en sa faveur); le 5 septembre, à Lincoln.

Les avertissements sinistres se multipliaient d'une manière effrayante. Sullivan lui-même, qui ne quittait pas *Eclipse* d'une seconde, mangeant et dormant dans son écurie, prévint son patron que, s'il pouvait garantir son cheval du poison, il était impuissant à le protéger contre une balle de pistolet. O'Kelly entrevit dès lors un danger sérieux, et il fit annoncer qu'*Eclipse* terminerait sa carrière de courses après le meeting d'automne de Newmarket, où il avait encore deux engagements à remplir.

Le 3 octobre, *Eclipse* — pour lequel on ne *payait* pas moins de 70 *contre un!* — remporta les Subscripters'Stakes de 150 guinées. Le lendemain, 4 octobre 1770 — date non moins mémorable que celle du 3 mai 1769 — *Eclipse* parut pour la dernière fois en public, dans le prix du Roi. Seul, et au pas — aucun concurrent n'osant plus se présenter — il couvrit le parcours, au milieu des acclamations d'une foule en délire!...

Ainsi donc en pleine force, en pleine vigueur, *Eclipse* quittait le turf, pour cette seule et unique raison qu'il était le meilleur cheval de son époque!... Vraiment, si l'Histoire n'était là, ce serait à ne pas y croire!... Et cependant, trente ans plus tôt, comme nous l'avons vu, même chose s'était déjà produite avec *Flying Childers*, ce précurseur d'*Eclipse*, que la continuité de ses succès avait obligé son propriétaire à retirer de l'entraînement!

Et la stupéfaction est sans bornes quand on constate que c'est en Angleterre — ce berceau, ce temple du sport — que de pareilles iniquités ont pu se produire!... Cela tient, hélas! à ce que l'Anglais, pour avoir l'âme sportive, n'en est pas moins fort mauvais joueur,

---

(1) O'Kelly en avait offert 1.400 livres (35.000 fr.), mais comme Wildman en voulait 1.600 (40.000 fr.) et qu'ils n'avaient pu se mettre d'accord, ils convinrent du singulier marché suivant : O'Kelly prit trois banknotes de 1.000 livres chacun et, Wildman ayant tourné le dos, il en mit deux dans une de ses poches (50.000 fr.) et une seule dans une autre (25.000 fr.). Wildman devait choisir. Après un moment d'hésitation, il indiqua la poche qui ne contenait qu'une bank-note. Au fond de la poche se trouvaient quelques pièces d'or que Wildman réclama comme lui appartenant également.

Inutile de dire que O'Kelly les lui abandonna gaiement dans la joie de son heureux marché.

comme nous aurons d'autres occasions de le noter au cours de cet ouvrage.

Pour en revenir à *Eclipse*, il quittait le turf, non seulement sans avoir connu la défaite, mais encore sans jamais avoir été touché de l'éperon ou de la cravache. Jamais il n'avait eu, quels que fussent ses concurrents, à s'employer pour vaincre. Son jockey n'avait qu'à lui lâcher la tête, quand il le jugeait utile, pour qu'*Eclipse* s'étendît aussitôt dans une action tellement puissante que ses adversaires semblaient rester sur place.

Il avait disputé 21 courses — dont la grande majorité en partie liée, sur 4 miles — pour remporter 21 victoires, toutes dans le même style, c'est-à-dire dans un canter, sans avoir jamais eu à donner sa mesure!

Quelques jours après la dernière course d'*Eclipse*, lord Grosvenor, le plus fanatique et le plus fastueux des sportsmen d'Angleterre — il ne dépensait pas moins, prétend-on, de 5 millions de francs chaque année pour l'entretien de son haras et de ses écuries — en offrit la somme fantastique pour l'époque, de 12.000 livres (300.000 francs). Mais O'Kelly, qui ne se souciait nullement de se séparer de son cheval, en demanda — sachant que l'énormité de l'offre la ferait repousser — 500.000 francs comptant, plus une rente viagère de 7.500 francs dûment garantie, et trois poulinières de prix.

Ce fut l'année suivante, en 1771, qu'*Eclipse* commença sa carrière de reproducteur, qui fut au moins aussi glorieuse que la première. Jusqu'à sa mort, il n'est pas un éleveur qui ne recherchât, pour ses juments, l'honneur de son alliance, et l'on s'arracha littéralement ses saillies, bien que le capitaine O'Kelly n'en demandât pas moins de 75, puis même de 100 livres sterling (2.500 francs), chiffre inconnu jusqu'alors.

Eclipse a laissé une descendance aussi nombreuse qu'illustre, qui compte les chevaux les plus célèbres du turf anglais, et dont le sang, conservé avec soin, s'est perpétué jusqu'à nos jours (1). Ses 340 produits n'ont pas gagné moins de 852 courses, se montant à plus de 4 millions d'argent public, alors que la valeur et le nombre des prix n'atteignaient pas le dixième de ce qu'ils sont aujourd'hui, et que la presque totalité des riches épreuves actuelles n'existaient pas.

En 1789, *Eclipse* tomba malade à Epsom. Transporté à la résidence du capitaine O'Kelly, à Whitechurch, comté de Hertford, il y mourut de coliques, à l'âge de 26 ans (1).

Tant en prix qu'en paris et en saillies, *Eclipse* avait rapporté à son

---

(1) *Eclipse* fut enterré avec pompe. On s'était — après coup — engoué de lui jusqu'au fétichisme. A 22 ans, les juments lui venaient encore si nombreuses, en dépit du prix fort élevé de la saillie (2.500 francs), que le capitaine O'Kelly, pour le ménager (il lui devait sa fortune et ne l'oublia jamais), fit annoncer qu'il ne recevrait plus aucune poulinière à moins de 25.000 francs. Il espérait ainsi éloigner tous les éleveurs, sans en désobliger aucun, quand un lord — dont Canter, qui rappelle le fait dans son *A B C des Courses*, oublie de nous donner le nom — lui envoya à la fois trois juments et 3.000 livres sterling!

heureux propriétaire la somme — fabuleuse pour l'époque... et même pour aujourd'hui — de quinze millions de francs! (1).

Un immense intérêt s'était attaché à l'existence presque phénoménale de ce cheval. Dans l'intérêt de l'hippiatrie, le capitaine O'Kelly laissa pratiquer l'autopsie du cadavre. On trouva que son cœur pesait 13 livres, et que ses os offraient la résistance et la condensation de l'acier. Il était bas sur ses jambes de devant, mais rien ne se pouvait comparer à l'étendue et à l'obliquité de ses épaules, à la largeur de ses reins, aux belles proportions de ses hanches et à la puissance musculaire de l'avant-main et des cuisses. Il avait les crins d'une finesse rare. A sa mort, ils furent employés à tresser la lanière et la courroie de poignet du *whip*, le trophée sportif légué par Charles II (2).

Ajoutons — et ce n'est pas la chose la moins extraordinaire concernant ce cheval extraordinaire — qu'*Eclipse* avait l'haleine forte et que sa respiration s'entendait à une très grande distance.

Quoi qu'il en soit, *Eclipse* — bien qu'il eût l'avant-main trop bas et le cou trop long, qu'il portât le nez en terre et fût à peu près

---

(1) **Pour** tous les renseignements sur la descendance d'*Eclipse* jusqu'à nos jours, **voir Livre VIII**, *Les trois grandes lignées*.

Signalons, toutefois, parmi ses fils, le célèbre Pot-8-Os, né en 1773, chez le marquis d'Abington, qui le vendit 1.500 guinées à lord Grosvenor, en 1778, pendant qu'il disputait les Renewed Twelve Hundred Guineas, qu'il gagna.

Pot-8-Os courut de 5 à 12 ans et, comme son père, ne connut pas la défaite. Comme son père encore, il s'illustra au haras, et ses produits gagnèrent près de 200 courses, s'élevant à plus d'un million et demi d'argent public, sans compter les Coupes, Vases, Clarets, etc.

Pot-8-Os, fut ainsi nommé par la faute d'un lad qui, chargé d'écrire le mot *Potatos*, l'écrivit *Potooooooooo*. La chose amusa le marquis d'Abington qui le transcrivit à son tour ainsi *Pot-8-Os*. Il y a là un jeu de mots facile, reposant sur la prononciation identique, en anglais, de ces trois mots, qu'il est cependant impossible de traduire en français.

Parmi ses autres fils célèbres, on peut citer *Waxy*, dont nous parlons plus loin.

(2) Ce whip, au lourd pommeau d'argent marqué aux armes royales, est celui que Charles II avait l'habitude de porter à cheval, et dont il avait fait comme un **prix de course**, transmissible chaque année à celui de ses gentilshommes qui possédait le meilleur cheval.

C'est en souvenir de cet usage que le Jockey-Club institua, en 1764, le *Whip-Challenge*, qui se dispute encore aujourd'hui. Le détenteur du whip est tenu de relever les défis qui peuvent lui être lancés, deux fois par an, à des conditions et des époques déterminées, ou de restituer le whip.

Longtemps, ce trophée fut convoité par les chevaux les plus fameux, mais sa gloire a bien déchu, et souvent plusieurs années se passent maintenant, sans qu'il trouve de compétiteurs. On ne risque plus un crack dans une épreuve purement honorifique, car les 200 souverains d'enjeu ne sauraient être un appât.

Entre autres conditions, il est stipulé que le whip ne doit jamais quitter l'Angleterre.

Sur la liste des vainqueurs on trouve *Dumplin*, au duc de Cumberland, oncle de Guillaume III, qui l'emporta le premier, en 1764; puis *Gimcrack*, 1771, et *Pot-8-Os*, 1783, tous deux à lord Grosvenor; *Aurus*, au prince de Galles, 1787; *Mameluke*, 1829; *Cadland*, 1830; *Zinganee*, 1831; *Glencoe*, 1835; *Venison*, 1853;

cornard — n'en demeure pas moins le cheval fameux entre tous, qu'aucun n'a encore égalé, et que l'on peut considérer comme l'expression la plus élevée de la perfection chevaline et comme le type le plus accompli du pur sang.

* *

Au moment où *Eclipse* brillait d'une gloire immortelle sur le turf, une transformation capitale commençait à s'opérer dans les courses. Jusque-là, comme nous l'avons vu, les chevaux ne paraissaient guère en public avant leur cinquième année (1). Très judicieusement, les sportsmen de l'époque estimaient qu'un cheval ne pouvait affronter les exigences de la lutte qu'une fois sa pleine croissance terminée et son développement physique achevé. Mais des exigences nouvelles s'étaient déjà fait jour; dans le désir hâtif de certains propriétaires de profiter plus tôt de la valeur des chevaux sur lesquels on fondait des espérances, ces animaux avaient été soumis plus jeunes à l'entraînement et on les avait vu débuter, d'abord à quatre ans, puis à trois, sans que le Jockey-Club ait cru devoir intervenir, au nom de l'avenir de la race. On allait bientôt pousser plus loin encore la précocité et, en 1770, eurent lieu les premières courses pour chevaux de deux ans.

On a beaucoup écrit sur l'opportunité de ces débuts à un âge aussi précoce, et cette mesure compte autant de partisans que d'adversaires. Nous sommes résolument de ces derniers et nous nous réservons — la question étant de trop d'importance pour être traitée en passant — d'y revenir dans la conclusion de cet ouvrage.

Ces premières courses n'étaient point, comme aujourd'hui, de courts déboulés, mais de véritables épreuves de fond, dont certaines ne mesuraient pas moins de 3 *miles* (4.800 *mètres*). Elles ne furent supprimées que cent ans plus tard.

Mais ces courses mêmes n'allaient bientôt plus suffire à alimenter la curiosité.

« Du nouveau!... encore du nouveau!... toujours du nouveau!... » semblait être la devise générale du monde du turf. Et dans cette

---

Stockwell, 1854; *Fisherman*, 1857; *Saunterer*, 1858; **Thormanby**, 1861; *Thurio*, 1880; *Osboch*, 1904.

Deux médiocres chevaux français, *Lavaret* et *Serge II*, au baron de Rothschild, y triomphèrent en 1885 et 1886.

Pot-8-Os et *Stockwell* sont les deux seuls chevaux marquants qui aient également remporté le *Challenge-Cup*, institué en 1768, et dont les conditions sont à peu de chose près celles du Whip.

Mais le *Challenge-Cup* est loin d'avoir rencontré le même succès, et des intervalles de temps souvent considérables se sont écoulés sans soulever la moindre compétition.

(1) A cette époque, l'âge des chevaux datait du 1er mai. Ce n'est qu'en 1833, que le Jockey-Club adopta le 1er janvier, *mais seulement pour les chevaux courant à Newmarket*. Les autres Sociétés n'appliquèrent qu'en 1851 cette mesure, qui ne fut insérée que six ans plus tard dans les *Rules of Racing*.

soif de l'inédit quand même, qui pousse toujours à l'absurde, on institua, en 1786, des *courses de yearlings!*...

Comme toutes les folies, on aurait pu espérer que celle-ci serait de courte durée. Elle dura cependant plus de soixante-dix ans, la dernière des épreuves de ce genre, les Anglesey Stakes, ayant été courue à Shrewsbury, en 1859. Elles furent alors interdites par le Jockey-Club qui n'inséra toutefois cette défense dans les *Rules of Racing* qu'en 1873!...

* *

Les grands noms de *Flying Childers*, *Matchem*, *Herod*, *Eclipse*, *Sir Peter*, *Pot-8-Os*, nous ont fait négliger certains animaux qui, sans avoir leur notoriété, ne s'en illustrèrent pas moins, sur le turf ou au haras, dans la seconde moitié du XVIIIe siècle.

Nous rappellerons brièvement : *Spectator*, 1749-1772 (Crab et Partner mare is. de Bonny Lass); — *Charlotte*, 1756 (Blank et Crab mare), surnommée *Quick Charlotte* (la rapide), en raison de sa vitesse prodigieuse (1); — *Tortoise*, 1762-1776 (Snap et Shepherd's Crab mare), qui remporta de nombreuses victoires et ne fut battu que par *Eclipse;* — *Shark*, 1771 (Marske et Snap mare, is. de Sister to Babraham), qui remporta 19 victoires sur 29 courses, s'élevant à 401.825 francs, chiffre alors fabuleux! — *Dorimant* (Otho et Babraham mare, is. de Chiddy, fille de Bald Charlotte), qui, de 1774 à 1779, triompha dans 23 courses sur 26; — *Rockingham*, 1781-1799 (Highflyer et Purity); — *Trumpator*, 1782-1808 (Conductor et Brunette), 10 victoires sur 14 courses, père de *Didelot* (Derby 1796); — *Gohanna*, 1790-1816 (Mercury et Herod mare, is. de Maiden), qui ne triompha pas dans moins de 23 courses et ne fut battu, dans le Derby, que par le fameux Waxy, qu'il battit ensuite (2); — *Prunella*, 1791 (Highflyer et Promise), qui gagna plus de 300.000 francs et fut une excellente poulinière, mère, entre autres bons produits, de *Penelope*, qui donna deux vainqueurs du Derby, *Whalebone* et *Wisker;* — *Hambletonian*, 1792-1818 (King Fergus et Highflyer mare, is. de Monimia), vainqueur de 20 courses, dont les Deux mille Guinées, le Saint-Léger et le Doncaster Cup; — *Sorcerer*, 1796-1821 (Trumpator et Y. Giantess), gagnant de 17 courses sur 23, père de *Soothsayer* (Saint-Léger, 1811), *Smolensko* (Deux mille Guinées et Derby, 1813), *Morel*, *Maid of Orleans* et *Sorcery* (Oaks, 1808,

---

(1) C'est une autre *Charlotte*, également réputée pour sa vitesse, qui enlèvera le premier prix des Mille Guinées, en 1814.

(2) *Waxy*, 1790-1818 (Pot-8-Os et Maria, par Herod), à sir F. Poole, remporta 11 victoires sur 12 courses, dont le Derby. Étalon remarquable, est le père de *Pope*, *Whalebone*, *Blucher* et *Whisker* (Derby 1809, 1810, 1814 et 1815); *Music* et *Minnet* (Oaks, 1813 et 1815); *Corinne* (Mille Guinées et Oaks, 1818).

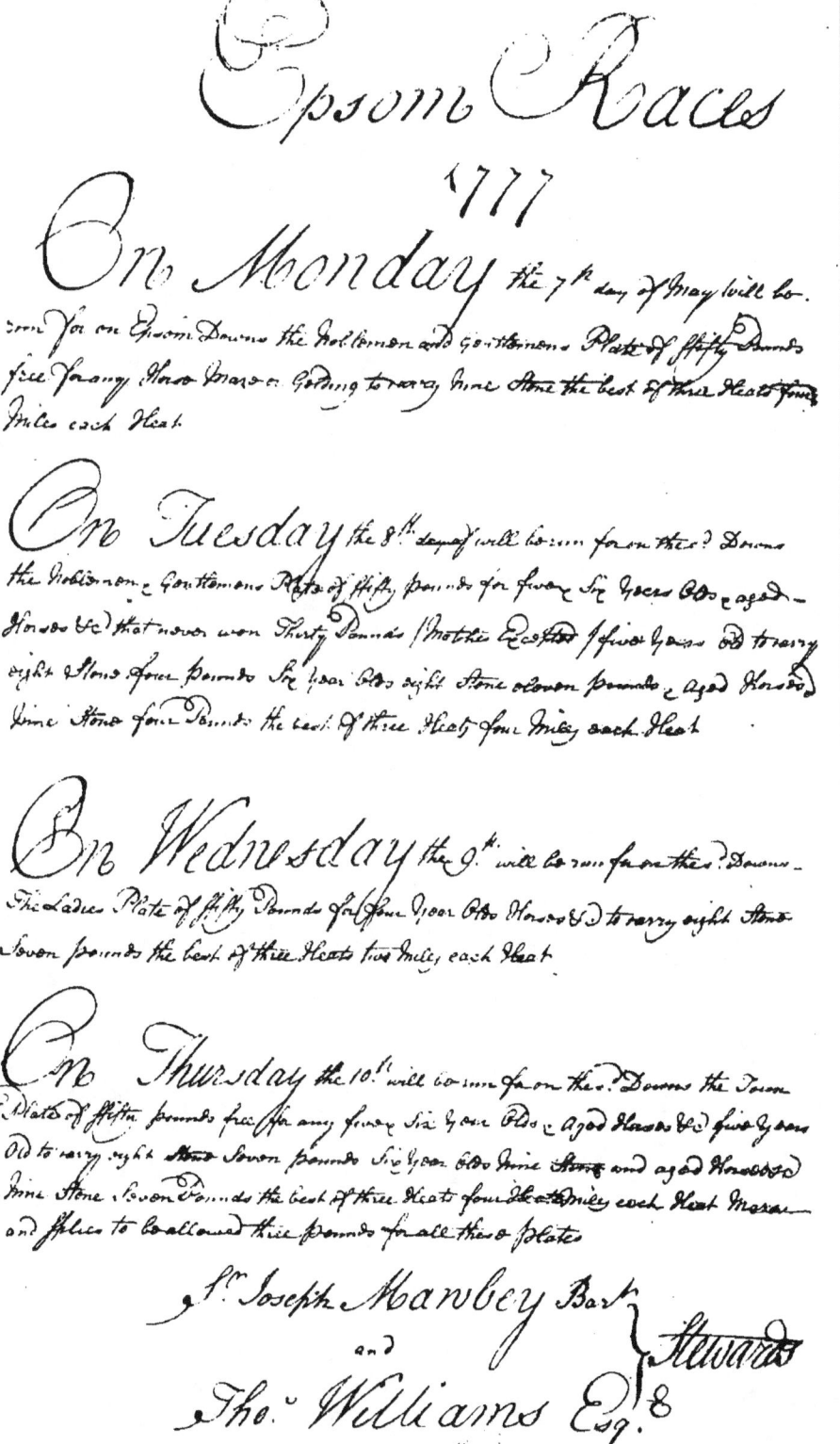

FAC-SIMILE DU PROGRAMME DE LA RÉUNION D'EPSOM DU MOIS DE MAI 1777.

1809 et 1811), *Wizzard* et *Trophonius* (Deux mille Guinées, 1809 et 1811).

Enfin, nous ne voulons pas clore la liste des « grands ancêtres » sans en citer encore un qui vaut d'être nommé, aussi bien par la haute qualité dont il fit preuve, tant sur le turf qu'au haras, qu'en raison du nom de son propriétaire.

Ce cheval s'appelait *Highflyer;* son propriétaire, Richard Tattersall.

Celui-ci était entraîneur du duc de Kingston, quand il eut l'idée d'un établissement d'encan public et permanent pour la vente des chevaux, avec betting-room pour les paris. Séduit par le projet, lord Grosvenor mit à sa disposition un vaste terrain dans le quartier occidental de Londres, où s'élevèrent, dès 1770, les écuries et l'établissement devenus célèbres dans le monde entier.

Né en 1774, chez sir Charles Bumbury, de Rachel, arrière petite-fille de Godolphin, *Highflyer* fut vendu tout jeune à lord Bolinbrooke, puis, avant d'avoir couru, il passa en vente chez Tattersall.

Séduit par son aspect, Richard Tattersall, par un heureux pressentiment, s'engoua du cheval et poussa les enchères jusqu'au chiffre, très élevé pour l'époque, de 800 guinées (21.000 francs). Il n'eut pas lieu de s'en repentir, car, en peu de temps, le poulain — qui ne connut jamais la défaite — lui rapporta plus de 700.000 francs de prix et de paris. Tattersall convertit aussitôt cette fortune inespérée en une somptueuse propriété dans le Cambridgeshire, qu'il appela « Highflyer Hall », où il eut l'honneur, par la suite, de recevoir plusieurs fois le Prince de Galles, plus tard Georges IV.

Après quelques désagréments judiciaires (1), Richard Tattersall mourut en 1795, à l'âge de 71 ans. Son œuvre a été continuée, avec un succès toujours croissant, par ses descendants.

Highflyer était mort en 1793, à l'âge de 19 ans, et avait été enterré à Highflyer-Hall.

Il avait été un reproducteur de premier ordre et, de 1783 à 1801, ses 237 produits ne gagnèrent pas moins de 1249 prix s'élevant à 170.407 livres d'argent public (4.260.175 francs), sans compter les Coupes, Plates, Champagne, etc. Les plus célèbres furent *Bolton, Conjurator, Diamond, Escape, Volante* (Oaks, 1792), *King David, Rockingham* (père de *Bellina*, Oaks, 1799), *Stargarter, Noble* (Derby, 1786), *Skycraper* (Derby, 1789), et surtout le fameux SIR PETER TEAZLE ou SIR PETER (issu de *Papillon*, par *Snap*), né en 1784, chez le comte de Derby, pour le compte duquel il gagna, outre la grande

---

(1) En vue de donner plus de développement encore à son établissement hippique, il avait fondé deux journaux, *The English Chronicle* et *The Morning Post*, dont il comptait exploiter la publicité. Mais un entrefilet scandaleux qui s'attaquait à la vie privée d'une certaine dame lui ayant valu une condamnation à cent mille francs de dommages et intérêts, Tattersall vendit aussitôt ses journaux, pour ne plus s'occuper que de la vente des chevaux peut-être moins glorieuse que la direction de grands organes mais aussi moins dangereuse.

épreuve d'Epsom, plus de 100.000 francs de prix en moins de deux ans.

Aussi remarquable au haras que son père, *Sir Peter* fut l'étalon le plus estimé de son temps. Parmi ses 284 descendants, qui remportèrent 1.084 prix, on peut citer quatre gagnants du Derby : *Sir Harry* (1798), *Archduke* (1799), *Ditto* (1803), *Paris* (1806); deux, des Oaks : *Hermione* (1794), *Parisot* (1796); et quatre, du Saint-Léger : *Ambrosio* (1796), *Fyldener* (1806), *Paulina* (1807), *Petronius* (1808).

Il mourut en 1811, à 29 ans (1).

Toute cette période que nous venons de résumer est célèbre dans les annales du turf, et nous bornerons ici cet aperçu sur la formation de la race pure en Angleterre. Au reste, n'avons-nous pas atteint le point culminant, après lequel, à vouloir trop bien faire, on ne pouvait guère que descendre.

« Le cheval de pur sang, comme l'écrit si justement Eugène Chapus, était arrivé à son apogée, comme distinction, taille, force et vitesse. On devait désirer que le développement général du cheval, comme ensemble, s'arrêtât là, car, hors de ces limites, les proportions en eussent souffert. »

Ce vœu si sage, que bien d'autres ont formulé, n'a pas été entendu, et, depuis une vingtaine d'années surtout, dirigeants et éleveurs semblent s'ingénier à défaire ce que l'on a eu tant de mal jadis à établir.

Au modèle si complet du cheval du XVIIIe siècle, robuste, un peu près de terre, taillé pour la lutte et la fatigue, et qui ne le cédait cependant en rien pour la vitesse à nos sprinters actuels, on a substitué le type enlevé et léger que nous « admirons » aujourd'hui, dont la qualité est une précocité plus nuisible qu'utile à son rôle de reproducteur et qui, s'il est peut-être plus brillant d'allure et d'une action plus souple, est désormais inapte à toute tâche qui exige du fond et de l'endurance.

Seul, à peu près entre tous, le haras de Victot s'obstine encore dans les anciens errements qui ont fait sa gloire et celle de l'élevage national !

---

(1) Pour plus amples détails sur la descendance de *Highflyer* et *Sir Peter*, voir Livre VIII, *Les trois grandes lignées*.

CHAPITRE III

DE L'ORIGINE A LA FIN DU XVIIIᵉ SIÈCLE (suite).

Les Oaks et le Derby d'Epsom. — Le Saint-Léger de Doncaster. — Newmarket. — Ascot. — Georges IV et son écurie.

Comme nous l'avons vu, les landes d'Epsom, à quelques lieues seulement de Londres, servaient, dès le commencement du XVIIIᵉ siècle, de champ de courses aux amateurs de chevaux. Un cercle de gentlemen s'y était même formé qui, sous Georges Iᵉʳ (1714-1727), comptait parmi ses membres les noms les plus illustres. Aussi les réunions hippiques qui s'y donnaient — et que le Roi avait dotées d'un prix de 100 livres — étaient-elles des plus courues.

L'endroit, il faut le reconnaître, était merveilleusement disposé pour l'entraînement des chevaux, sans compter que la beauté du site, d'où l'œil embrassait de vastes horizons, y attirait volontiers les cavaliers (1).

Une modeste auberge, à l'enseigne des Oaks — du nom des chênes séculaires qui l'abritaient — s'était élevée sur ces dunes, aujourd'hui célèbres dans le monde entier. Un jour que le général Burgoyne chassait par là, il fut séduit par le panorama qui se développait devant lui. Séance tenante, il fit l'acquisition de la taverne des Oaks et la transforma bientôt en un confortable rendez-vous de chasse.

Un brillant sportsman, lord Derby (2), acheta, à son tour, la pro-

---

(1) Epsom dut aussi une part de sa célébrité à la découverte, par le berger Henry Wicker, de ses sources minérales, au commencement du XVIIᵉ siècle. Elles jouirent pendant une centaine d'années de la plus grande vogue. Puis on les délaissa, et le dernier coup leur fut porté quand les chimistes débitèrent ses eaux en poudre et en sel. Aujourd'hui encore, le *sel d'Epsom* est un purgatif des plus efficaces, fort employé.

(2) Au début de sa carrière, lord Derby entretenait une nombreuse écurie de courses et se montra, jusqu'à la fin de ses jours, un des plus zélés partisans du sport. Il débuta sur le turf en 1776 et fut l'un des plus influents protecteurs des réunions de Manchester, Lancastre et autres meetings de son voisinage. Après avoir brillé ensuite à Nottingham, York, Chester, Liverpool et Newmarket, il devint membre du Jockey-Club.

Ce ne fut qu'en 1787 qu'il remporta la grande épreuve qu'il avait créée,

priété des Oaks, l'agrandit, l'embellit, l'entoura de parcs splendides et en fit une demeure seigneuriale. En 1779, il épousait lady Elisabeth Hamilton, jeune et infatigable amazone. Les poètes de l'époque chantèrent les splendeurs de ces noces princières, et le souvenir de la fête champêtre qui fut donnée au château des Oaks s'est perpétué par la ballade, longtemps populaire, de *The Maid of the Oaks* (la Vierge des Chênes).

Dès cette époque, aucune vraie fête n'existait en Angleterre sans que les chevaux y jouassent un rôle. Les invités n'avaient donc pas manqué d'organiser, par souscriptions particulières (stakes), une course importante. Sur le désir de lady Hamilton, elle fut spécialement affectée aux pouliches de 3 ans et prit le nom de OAKS, qu'elle a conservé depuis. Elle fut courue le 14 mai 1779, et gagnée par *Bridget* (par Herod et Jemima, par Snap), à lord Derby, sur onze concurrentes (1).

Bridget était montée par Richard Goodison, qui remporta encore les Oaks les deux années suivantes. Ce jockey fut le héros d'une plaisante aventure. Retenu par le marquis de Queensbury pour piloter un de ses chevaux, sur lequel de forts paris avaient été engagés, dans une épreuve importante, il l'avertit, la veille de la course, que des joueurs peu scrupuleux lui avaient offert une grosse somme pour ne pas gagner.

— « Qu'à cela ne tienne, répondit le maître, empochez l'argent et laissez-moi faire. »

Le lendemain, au moment où l'on sellait les chevaux, le marquis retint Goodison qui avait déjà le pied à l'étrier, et, jetant bas son habit, il apparut en tenue de jockey, sauta en selle et gagna la course.

avec *Sir Peter* (Highflyer et Papillon), un des meilleurs chevaux qu'ait produits l'Angleterre, et dont nous avons parlé à la fin du chapitre précédent.
Lord Derby fut le protecteur constant des courses de Newmarket, jusqu'en 1797. Ses sympathies se portèrent sur la ville de Preston, dans son comté, où avaient lieu des courses et des combats de coqs.
Les réunions de Liverpool et d'Aintrie furent organisées par son influence.
Il mourut très âgé, le 2 novembre 1834, et fut inhumé dans le caveau de sa famille, à Ormshirk, comté de Lancastre.

(1) Depuis l'origine, aucune pouliche n'a encore réussi le triple event, Derby, Oaks et Saint-Léger.
Trois seulement ont gagné les Oaks et le Derby : *Eleanor* (1801), *Blink Bonny* (1857) et *Signorinetta* (1908).
Deux, le quadruple event : Oaks, Mille et Deux mille Guinées et Saint-Léger : *Formosa* (1868, encore partagea-t-elle les Deux mille Guinées avec *Moslem*), et *Sceptre* (1902).
Cinq, les Oaks et le Saint-Léger : *Queen of Trumps* (1835), *Marie Stuart* (1873), *Jannette* (1878), *Seabreeze* (1888) et *Memoir* (1890).
Une, le triple event : Oaks, Mille et Deux mille Guinées : *Crucifix* (1840).
Quatre, le triple event Oaks, Mille Guinées et Saint-Léger : *Hannah* (1871), *Apology* (1874), *La Flèche* (1892) et *Pretty Polly* (1904).
Une seule, les Mille Guinées et le Derby : *Tagalie* (1912)

Les aigrefins, est-il besoin de le dire, n'eurent pas les rieurs de leur côté.

Le succès des Oaks eut un tel retentissement sportif, que lord Derby institua, à son tour, pour l'année suivante, une poule de 50 guinées, moitié forfait, pour chevaux de 3 ans, qu'on dénomma les DERBY STAKES. La distance, comme celle des Oaks, était de un mile (1.600 mètres); les poids étaient fixés à 8 st. (50 kil. 1/2) pour les poulains et 7 st. 11 lbs (49 kil. 1/2) pour les pouliches. Le premier Derby se disputa le 7 mai 1780. Il fut gagné par *Diomed*, poulain bai (par Florizel et Spectator mare, sœur de Juno), à Sir C. Bumbury. Il y eut 9 partants sur 36 inscriptions, et le prix s'éleva à 1.125 guinées (29.531 fr. 25).

La vogue du champ de courses d'Epsom était à tout jamais assurée, et le Derby (dont la distance sera bientôt portée à 1 mile 1/2 (2.400 m.), devait devenir non seulement la course la plus populaire de l'Angleterre, sa course nationale par excellence — jusqu'à ces dernières années encore le *Derby Day* était considéré comme jour férié, et le Parlement même ne siégeait pas — mais aussi le fleuron hippique le plus glorieux, le plus envié du monde entier!

Le tableau pittoresque du champ de courses d'Epsom, le jour du Derby, a été décrit tant de fois et si brillamment, qu'on nous excusera de ne pas revenir sur sa cohue, où tous les mondes se coudoient, sur le défilé interminable des voitures les plus disparates, depuis l'automobile la plus perfectionnée jusqu'aux plus antiques coucous, sur ses baraques, ses pitres, ses mendiants, ses marchands ambulants et ses pickpockets, qui en font comme une foire unique en son genre (1).

---

(1) Nous citerons cependant ce passage d'un ouvrage paru en 1868, pour les détails amusants qu'il contient :

« L'hippodrome est en fer à cheval; on court le bras gauche en dedans, c'est absolument le contraire en France. Le juge au départ est à cheval; il porte un habit rouge, des bottes à revers, un grand feutre et un drapeau. Le juge d'arrivée, enfermé dans une petite maison roulante, s'en va ainsi jusqu'au winning-post, sans qu'il puisse voir les chevaux; il a seulement un petit tableau indiquant les couleurs de chaque jockey : quand le vainqueur passera, il le désignera par sa couleur.

« Alors des pigeons obscurcissent l'air pendant quelques instants; ils tournent d'abord en cercle, pour s'orienter, puis ils s'en vont de tous les côtés porter la bonne ou la mauvaise nouvelle.

« Les dernières courses se passent au milieu de l'indifférence, comme les premières, ou plutôt mieux encore que les premières, car c'est le moment du lunch ou goûter; on lunche, on se grise et l'on revient en se jetant à la tête des bouquets et des poupées d'un sou. Le jour du Derby, la poupée d'un sou est la décoration de la joie; le chapeau qui n'en porte pas est l'exception; la règle, c'est dix au moins, avec des effets de bras et de jambes qui ne manquent point de pittoresque.

« Le lendemain du Derby, on vend à Londres et, bientôt après, dans toute l'Angleterre, des foulards ornés des portraits du vainqueur et de son jockey. Si l'homme et le cheval sont peu ressemblants, les couleurs sont du moins exactes. Le premier spéculateur qui a eu cette idée, a gagné, dit-on, plus d'un million en quelques jours. »

CANTER. — *ABC des Courses* (Paris, 1868).

Bien d'autres courses, tant en France qu'en Angleterre, sont plus rémunératrices que le Derby (1). Mais quel est le propriétaire qui ne sacrifierait pas l'épreuve la plus richement dotée à l'honneur d'inscrire son nom sur le Livre d'Or des vainqueurs du Derby ! (2)

Les tribunes d'Epsom, qui peuvent contenir 7.000 spectateurs, ne furent édifiées qu'en 1829-1830.

Jusqu'en 1839, le Derby se courait le mardi, et les Oaks, le vendredi de la même semaine, dans la seconde quinzaine de mai. Puis, pendant soixante-dix ans, et afin de permettre aux chevaux français qui ont

---

(1) La plus forte allocation, en Europe, est aujourd'hui celle du Grand Prix de Paris : 300.000 francs. Avec les entrées et forfaits, la part du premier s'élève à 360.000 francs environ, plus une prime de 20.000 francs à l'éleveur du gagnant si celui-ci est né en France ; il est, en outre, alloué : 30.000 francs au 2e et 15.000 francs au 3e.

Ce n'est que depuis 1890, qu'un minimum de 125.000 francs est garanti au vainqueur du Derby et de 100.000 francs à la gagnante des Oaks. Avec les entrées et forfaits, ces prix atteignent respectivement 175.000 et 125.000 francs environ. Jusque-là, les allocations, très variables, étaient fournies, outre les entrées et forfaits, par les redevances imposées aux propriétaires voisins et aux tenanciers des baraques de tous genres installées sur le champ de courses.

Actuellement, on compte, en Angleterre, trois prix supérieurs au Derby ; ce sont les *Eclipse Stakes*, à Sandown Park, les *Jockey-Club Stakes* et les *Prince of Wales Stakes*, à Newmarket, tous de 250.000 francs.

(2) Il est curieux de remarquer que le Derby n'a été gagné qu'une seule fois par la famille de son fondateur, en 1787, par le célèbre *Sir Peter*, à lord Derby lui-même.

Les seuls chevaux étrangers, en dépit de leurs nombreuses tentatives, qui aient triomphé dans la grande épreuve d'Epsom, sont : *Gladiateur*, français (1865), *Kisber*, hongrois (1876), et *Iroquois*, américain (1881). Nous ne considérons pas les chevaux irlandais comme étrangers, sans quoi il faudrait ajouter *Orby* (1907).

Depuis sa création, le Derby n'est revenu que cinq fois à des pouliches : *Eleanor* (1801), *Blink Bonny* (1857), *Shotover* (1882), *Signorinetta* (1908) et *Tagalie* (1912) ; sur ces quatre pouliches, l'une, *Shotover* avait enlevé précédemment les Deux mille Guinées ; les trois autres remportèrent les Oaks.

Le Derby n'a donné lieu qu'à deux dead-heat : en 1828, entre *Cadland* et *The Colonel* (à la seconde épreuve *Cadland* gagna facilement), et, en 1884, entre *Harvester* et *Saint-Gatien*, qui partagèrent le prix.

Running Rein, arrivé premier, en 1844, fut distancé au profit d'*Orlando*, au général Peel, l'enquête réclamée par ce dernier, ayant démontré que *Running Rein* n'était autre qu'un cheval de 4 ans, nommé *Macchabeus*.

Le triple event Derby-Deux mille Guinées-Saint-Léger n'a été réussi que dix fois : *West Australian* (1853), *Gladiateur* (1865), *Lord Lyon* (1866), *Ormonde* (1886), *Common* (1891), *Isinglass* (1893), *Galtee More* (1897), *Flying Fox* (1899), *Diamond Jubilee* (1900), et *Rock Sand* (1903).

Gladiateur est le seul qui, à la triple couronne, ait ajouté le Grand Prix de Paris ; il est vrai qu'aucun de ces autres chevaux n'est venu le disputer.

Onze chevaux ont gagné le Derby et les Deux mille Guinées : *Smolensko* (1813), *Cadland* (1828), *Bay Middleton* (1836), *Cotherstone* (1843), *Macaroni* (1863), *Pretender* (1869), *Shotover* (1882), *Ayrshire* (1888), *Ladas* (1894), *Saint-Amant* (1904) et *Minoru* (1909).

Onze chevaux ont également remporté le Derby et le Saint-Léger : *Champion* (1800), *Surplice* (1848), *The Flying Dutchman* (1849), *Voltigeur* (1850), *Blair Athol* (1864), *Silvio* (1877), *Iroquois* (1881), *Melton* (1885), *Donovan* (1889), *Sir Visto* (1895) et *Persimmon* (1896).

disputé, le dimanche précédent, le prix du Jockey-Club, à Chantilly, d'y venir prendre part, le Derby fut reculé au mercredi suivant. Bien que ce délai de trois jours seulement fût bien court pour soumettre nos chevaux aux exigences d'une traversée et de deux courses aussi sévères, nous n'en tentâmes pas moins, sans succès d'ailleurs, la fortune à diverses reprises (1). Enfin, depuis que le Grand Prix de Paris — toujours fixé jusque-là au deuxième dimanche de juin — a été reculé, en 1909, au dernier dimanche du même mois, le Derby d'Epsom se trouve précéder maintenant d'une dizaine de jours celui de Chantilly.

Le champ de courses d'Epsom est valonné et accidenté ; la piste commence par une montée et finit par une descente dangereuse pour les mauvais tendons.

C'est à cette conformation du terrain, qui rend le parcours bien plus dur qu'à Chantilly, qu'il faut attribuer les différences de vitesses obtenues sur les deux hippodromes, dans les épreuves similaires.

(1) Chevaux français ayant disputé le Derby d'Epsom :

	Prix du Jockey-Club.	Derby d'Epsom.
1860. *Dangu*, au comte F. de Lagrange....	Pas couru.	4e
1861. *Royallieu*, —	—	4e
1863. *Hospodar*, —	—	n. pl.
— *Jarnicoton*, —	—	n. pl.
1865. *Gladiateur*, —	—	1er
— *Le Mandarin*, —	3e	n. pl.
1866. *Czar*, à H. Jennings............	Pas couru.	n. pl.
— *Plutus*, au comte F. de Lagrange....	—	n. pl.
1867. *Dragon*, —	—	n. pl.
1871. *Général*, au duc de Hamilton.......	Prix pas couru.	n. pl.
1872. *Condor*, à M. H. Delamarre........	Pas couru.	n. pl.
1873. *Montargis*, au comte G. de Juigné....	—	n. pl.
1875. *Punch*, au comte F. de Lagrange....	—	n. pl.
1876. *Braconnier*, —	—	n. pl.
1877. *Chamant*, —	—	n. pl.
1878. *Insulaire*, —	1er	2e
— *Pontoise*, —	—	n. pl.
1879. *Rayon d'Or*, —	Pas couru.	n. pl.
— *Zut*, —	1er	n. pl.
— *Prologue*, —	Pas couru.	n. pl.
1885. *Xaintrailles*, à M. A. Lupin........	—	4e
1889. *Clover*, à M. E. Blanc............	1er	n. pl.
1890. *Le Nord*, au baron de Rothschild...	3e	2e
1891. *Gouverneur*, à M. E. Blanc........	Pas couru.	2e
1892. *Rueil*, —	—	n. pl.
— *Bucentaure*, à M. C. Blanc.........	3e	3e
1894. *Styx*, au baron de Rothschild.......	3e	n. pl.
1899. *Holocauste*, à M. J. de Brémond.....	3e	n. pl.
(Il se cassa une jambe au moment où il restait seul en course avec *Flying Fox* et semblait même avoir le meilleur.)		
1903. *Vinicius*, à M. E. Blanc..........	Pas couru.	2e
1904. *Gouvernant*, —	—	n. pl.
1905. *Jardy*, —	—	2e
1908. *Sea Sick*, à M. W. K. Vanderbilt....	1er	4e
— *Azote*, à M. Hatmaker............	Pas couru.	n. pl.
1913. *Nimbus*, à M. A. Aumont..........	N. pl.	n. pl.

Ainsi, tandis que le record établi à Epsom, en 1910, par *Lemberg*, n'est que de 2′ 35″ 1/5 — vitesse souvent constatée en France, même dans les années médiocres — celui de *Little Duck*, en 1884, est de 2′ 22″.

C'est ce qui explique également que, sur la piste ovale et plane de Doncaster, les vitesses soient souvent meilleures qu'à Epsom.

Le SAINT-LÉGER fut créé en 1776 — deux ans avant les Oaks et quatre ans avant le Derby — à l'instigation du colonel Saint-Léger, qui résidait à Parkhill, près de Doncaster. Il y avait alors, en cette ville, des courses annuelles au commencement de l'automne. Le colonel fit placer cette poule de 25 guinées, pour poulains et pouliches de 3 ans, le 24 septembre. La distance était de 2 miles (3.200 mètres). Elle fut gagnée, la première année, par *Allabaculia* (par Sampson et mère inconnue), à lord Rockingham, sur quatre concurrents.

Ce n'est qu'en 1778 que cette épreuve reçut le nom de son fondateur (1).

En 1832, l'entrée fut portée à 50 souverains et la distance réduite à 1 mile 6 furlongs 132 yards (2.900 mètres).

Après le Derby et les Oaks, le Saint-Léger est aujourd'hui la troisième grande épreuve classique de l'Angleterre (2), et ce sont les mères des vainqueurs de ces trois épreuves que Bruce Lowe a prises, en 1892, pour base de sa classification des familles de pur sang.

A propos du meeting de Doncaster, rappelons cette particularité curieuse, que, non seulement les autorités n'accordaient aucuns subsides à la réunion, mais encore qu'elles prélevaient 150 livres pour frais d'organisation, dont 50 étaient partagées entre le juge et le starter.

L'hippodrome de Newmarket est un des plus anciens de l'Angleterre. Créé, comme nous l'avons dit, par Jacques Ier, en 1611, il n'avait jamais cessé d'être en faveur. Mais c'est surtout à partir du milieu du XVIIIe siècle que, sous l'impulsion énergique du Jockey-Club — qui, sitôt sa fondation, en 1750, s'était rendu acquéreur des terrains de course — Newmarket va se développer pour devenir, en même temps que le premier centre d'entraînement de l'Angleterre, un de ses hippodromes les plus en vogue. Aucun ne s'y prêtait mieux, avec ses nombreuses pistes de conformation si différente, les unes plates, les

---

(1) Dans son testament, le colonel Saint-Léger avait demandé qu'à son nom fût ensuite substitué celui du propriétaire qui, le premier, remporterait cette épreuve trois fois de suite. Bien que cette condition ait été remplie par lord A. Hamilton, qui y triompha avec *Paragon*, *Spadille* et *Y. Flora*, en 1786, 1787 et 1788, l'usage a prévalu et elle a conservé le nom de son fondateur.

(2) Nous avons donné précédemment la liste des gagnants du Derby et des Oaks qui triomphèrent ensuite dans le Saint-Léger.
Trois chevaux étrangers seulement ont jusqu'ici remporté cette épreuve : *Gladiateur* et *Rayon d'Or*, au comte F. de Lagrange, en 1865 et 1879, et *Iroquois*, américain, à M. P. Lorillard, en 1881.

autres accidentées. Jusqu'en 1744, on n'y donnait encore que trois courses par an, pour chevaux de 6 ans et juments de 5 ans (deux en avril et une en octobre). Les habitants ajoutent alors deux *plates* de 50 livres et un prix de 50 guinées, prélevés sur les contributions foncières. Depuis lors, le nombre des réunions n'a cessé de croître : en 1753. c'est une journée ajoutée au Spring meeting, et, en 1762, une à l'October meeting ; en 1765, une en juillet ; en 1770, l'Houghton meeting (fin octobre) est créé ; en 1771, au printemps, celui de Craven, ainsi nommé en souvenir du comte Craven, fondateur, avec Jacques Ier, des courses de Newmarket.

Cependant, malgré ce développement considérable, Newmarket — où, entre autres belles épreuves, les *July Stakes*, pour deux ans, datent de 1786 — ne prit réellement toute son importance que du commencement du xixe siècle, quand furent créées les deux grandes courses classiques, devenues si célèbres, des Deux mille Guinées, en 1809, et des Mille Guinées, en 1814 (1).

Les premières courses d'Ascot remontent au 21 août 1711 ; elles eurent lieu en présence de la reine Anne. Mais le véritable fondateur fut le duc de Cumberland, oncle de Guillaume III, un des principaux sportsmen de son époque, qui fit beaucoup pour cet hippodrome, en 1727. Toutefois, c'est à Georges IV que ce meeting select doit la vogue qu'il n'a cessé de conserver (2).

La question des courses et l'amélioration de la race avaient de bonne heure intéressé Georges IV qui, n'étant encore que Prince de

---

(1) Avec les entrées, ces prix s'élèvent respectivement à 125.000 et 100.000 francs environ.
Parmi les autres grandes épreuves qui se disputent actuellement à Newmarket, au cours de l'année, citons : les *Criterion Stakes* (1827), le *Middle Park Plate* (1866) et le *Dewhurst Plate* (1875), pour chevaux de 2 ans ; les *Newmarket Stakes* (150.000 fr.), les *Jockey-Club Stakes* et les *Prince of Wales Stakes* (250.000 fr.), et les deux grands handicaps d'automne, établis en 1839, le *Cesarewitch* (3.600 m.), ainsi nommé parce que, primitivement, son allocation était donnée par le fils aîné du Tsar, et le *Cambridgeshire* (1.800 m.).
A Newmarket se dispute aussi — seul souvenir des anciennes courses — le *Whip* ou cravache d'honneur du Jockey-Club, sur la piste de 4 miles, dite Beacon Course, avec poids de 10 stones (63 kil. 1/2). Cette cravache, au lourd manche d'argent sur lequel sont gravées les armes royales, fut offerte par Charles II. Le cordon de poignet et la lanière en ont été, depuis, tressés avec la crinière d'*Eclipse*. Le whip se transmet d'un propriétaire à l'autre. Une fois par an, le détenteur est tenu d'accepter un défi, dont l'enjeu doit être de 5.000 francs. Longtemps ce fut un honneur que de conquérir le whip ; mais aujourd'hui, la chose est tombée en désuétude.

(2) La réunion d'Ascot, qui a lieu dans le courant de juillet, n'a d'équivalent dans aucun autre pays, pour l'élégance et la tenue. Elle est le rendez-vous par excellence de toute la gentry, le cortège royal avec ses carrosses y fait sensation, et, de nos jours encore, le service du pesage y est rempli par les laquais de la Cour, en grande livrée.
La plus ancienne des épreuves classiques qui s'y disputent, qui en est restée la plus importante, est la *Gold Cup*, qui date de 1807 et qui, de 1844 à 1853 (guerre de Crimée), fut offerte par le tsar Nicolas Ier et dénommée *The Emperor's*

Galles, possédait déjà une écurie et un haras nombreux, et dont les couleurs, de 1784 à 1792, avaient triomphé dans 185 épreuves — dont le Derby de 1788, avec *Sir Thomas* (1) — s'élevant ensemble à 32.588 guinées (865.435 francs), quand un incident des plus graves vint l'obliger à abandonner les grands hippodromes.

En 1792, à la première journée du Newmarket Spring meeting, son cheval *Escape* fut battu, alors qu'on payait 2 en sa faveur. Ce n'eût été là qu'une de ces vicissitudes si fréquentes sur le turf si, le lendemain, ce même *Escape* — qu'on donnait à 5/1, cette fois — n'avait gagné dans un canter.

Le prince était gros joueur. Comme on le savait assez gêné d'argent et pas toujours très scrupuleux, le scandale causé par ces deux courses contradictoires fut immense.

Il était difficile aux Commissaires, pour ne pas dire impossible, de disqualifier l'héritier du trône. Chifney, le jockey du prince, fut choisi comme bouc émissaire, et ils déclarèrent à Son Altesse que, s'il continuait à l'employer, aucun autre propriétaire ne consentirait plus à courir contre lui.

Georges IV qui, pas plus que Chifney, n'était fautif, en la circonstance — la suite ayant prouvé qu'*Escape* était tout simplement un rogue, comme on en a tant vus, qui ne consentait à s'employer qu'à ses heures — se fit un point d'honneur de ne pas sacrifier son jockey, et il quitta pour jamais l'hippodrome. Mais, furieux, il liquida, à la fin de l'année, son écurie et son haras de Hampton-Court, pour la somme de 60.000 guinées. Puis, dans le but de faire concurrence à Newmarket, il reforme une écurie, favorise les courses de Brighton, Lewes et Bibury, et en organise même de nouvelles à Ascot, celles qu'y avait créées, en 1727, le duc de Cumberland, oncle de Georges III, n'existant guère que de nom, vu leur peu d'importance.

En 1805, les membres du Jockey-Club de Newmarket firent amende honorable, en adressant au Prince la lettre suivante :

« Puisse ce qui suit être agréable à Votre Altesse Royale. Les membres du Jockey-Club, regrettant profondément son absence de Newmarket, la supplient instamment d'oublier le passé et d'honorer à l'avenir les différents meetings de sa présence. »

Prize; puis vinrent le *Vase d'Or*, donné par la Reine (1838), les *Ascot Stakes* (1839), le *Royal Hunt Cup* et les *New Stakes* (1843), l'*Alexandra Plate* (1865), fondé en l'honneur de la princesse de Galles, depuis la reine Alexandra, etc.

Notons, en passant, que *Verneuil*, au comte de Lagrange, réussit, en 1878, le triple évent du *Gold Cup*, du *Gold Vase* et de l'*Alexandra Plate*, qu'aucun cheval n'avait encore — et n'a, depuis — accompli.

(1) Il faudra attendre plus de cent ans, après cette victoire, pour retrouver le nom d'un Prince de Galles sur le palmarès du Derby. Ce sera Édouard VII, alors qu'il ne sera encore que l'héritier du trône, avec *Persimmon* (1896) et *Diamond Jubilee* (1900), jusqu'au jour où il remportera encore le glorieux trophée avec *Minoru* (par Cyllene), en 1909, sous le nom, cette fois, d'Édouard VII.

LE TRAVAIL DES CHEVAUX A NEWMARKET, AU XVIII° SIÈCLE.

Le Prince, oubliant l'injure qui lui avait été faite, répondit gracieusement ; néanmoins, ce n'est que huit ans plus tard qu'il envoya ses chevaux courir sur cet hippodrome, où lui-même ne reparut jamais, et toute sa sollicitude pour le turf — suite d'un dépit qui se comprendrait à moins — se porta toujours sur Ascot.

Outre *Sir Thomas* (par Pontac), Georges IV posséda de nombreux chevaux célèbres, dont les plus connus sont : *Rockingham* et *Traveller* (par **Highflyer**), *Pegasus* et *Don Quixotte* (par Eclipse), *Orville* (par Beningborough), *Haphazard* (par Sir Peter), *Rebel* (par Trumpator), *The Colonel* (par Whisker) (1), *Selim* (par Buzzard), *Fleur-de-Lys* (par Bourbon), etc.

Les gains totaux de l'écurie royale sur le turf s'élevèrent à 313 prix, d'une valeur globale de 57.628 guinées (1.512.734 francs) (2).

Guillaume IV, qui lui succéda, en 1830, cessa de faire courir, et le haras royal de Hampton-Court fut liquidé. Il ne fut reconstitué qu'une vingtaine d'années plus tard, sous la reine Victoria.

---

(1) *The Colonel* (Whisker et My Lady's Dams) était né en 1825. Acheté par Édouard Peter, il fut battu dans le Derby, après un dead-heat avec *Cadland*, mais remporta le Saint-Léger, à la suite de quoi il fut vendu 4.000 guinées à Georges IV. Il termina sa carrière à 6 ans, dans la Coupe d'Or d'Ascot, où il tomba broken-down, de la faute de son entraîneur Delme Radcliffe qui, quatre jours avant la course, *l'avait prêté comme cheval de service à un de ses amis, pour toute la nuit...*

The Colonel était d'un caractère tellement sauvage, que longtemps on désespéra de l'utiliser. On le plaça néanmoins chez un dresseur de chevaux, près d'Epsom, qui le montait dans toutes ses courses à travers le pays, le gardant toute la nuit dehors pendant ses excursions. Ce traitement sévère — qui faillit ruiner à jamais ses jambes — réduisit cependant un peu son indomptable caractère, sans rien lui enlever de sa brutalité. Jack Oakley, qui le monta dans la plupart de ses sorties sur le turf, ne put jamais le maîtriser et était obligé de le laisser aller comme il lui plaisait.

(2) Par ces chiffres, on peut voir que la valeur des prix, à la fin du XVIIIe siècle, était déjà fort importante.

Touchstone rapporte qu'au First Spring meeting de Newmarket, en 1776, il fut couru 44 épreuves, disputées par 134 chevaux. Le prix principal, les Great Sweepstakes — qui correspondaient à peu près aux Deux mille Guinées actuelles — s'éleva à 5.500 guinées (144.375 francs) et fut gagné par *Sarpedon*, un des étalons qui ont le plus contribué au développement de la race de pur sang aux États-Unis.

L'année suivante, cette même épreuve atteignit 147.000 francs.

CHAPITRE IV

Résumé : Causes du développement des courses en Angleterre. — Échelle de poids dans les deux pays. — Tableau comparatif des mesures, distances et poids anglais et français. — Date de création des principales épreuves.

A côté des quatre grands hippodromes d'Epsom, Doncaster, Ascot et Newmarket, dont nous venons de parler, l'Angleterre en possède de nombreux autres, de grande importance :

Chester, — berceau des premières courses, où une ancienne tradition, conservée jusqu'à nos jours, dote le *Chester Cup*, en outre de son allocation en numéraire, d'un gigantesque fromage pesant une centaine de livres ;

Goodwood, — fondé en 1812, par le duc de Richmond, au nord de son parc, près de Petworth, et dont la principale épreuve, le *Goodwood Cup*, est la première épreuve anglaise qu'ait gagnée un cheval français (Voir Livre IV, année 1853) ;

Lincoln, — qui compte le premier handicap important de l'année ;

York, — ancien centre sportif de l'Angleterre ;

Sandownpark, — où se disputent les *Eclipse Stakes*, de 250.000 francs, pour chevaux de 3 ans, et les *National Breeder's Produce Stakes*, de 125.000 francs, la plus riche épreuve qu'il y ait au monde pour jeunes chevaux ;

Manchester, — qui, outre sa belle épreuve de la *Coupe*, termine la saison de plat par le dernier handicap de valeur de l'année,
Etc., etc.

Aujourd'hui, l'on peut dire qu'il n'est plus de ville, même d'importance secondaire, qui n'ait son hippodrome, et les quelques chiffres suivants montreront l'essor prodigieux qu'ont pris les courses chez nos voisins, depuis le milieu du XVIIIe siècle jusqu'à nos jours.

En 1762, 374 chevaux se partagèrent 1.536.000 francs de prix.
1802, 536 — 1.780.000 —
1849, 1.315 — 4.572.750 —
1911, 3.680 (1) — 15.686.140 —

Ce développement tient à deux causes : d'abord à ce que les pouvoirs publics, en dépit des tâtonnements inhérents à toute œuvre nouvelle, n'ont cessé, depuis le XIIe siècle, de patronner l'élevage par le moyen des courses dont ils comprirent, dès le début, tout le côté pratique, alors que, chez nous, ils s'en désintéressèrent ou, si l'on préfère, ne s'en occupèrent que par à-coups, sans méthode, sans esprit de suite et sans comprendre que *l'épreuve publique peut seule assurer la sélection.*

Il tient, ensuite, à l'amour de l'Anglais pour le cheval. Les Anglais de toutes conditions ont toujours eu pour leurs chevaux de tous genres des soins et des attentions qui faisaient, qui font encore sourire chez nous. L'Anglais aime le cheval pour lui-même; le Français n'y a jamais vu qu'un luxe ou qu'une bête de somme. Aujourd'hui encore il suffit, pour s'en rendre compte, de comparer la façon dont, en chacun des deux pays, les conducteurs de toutes sortes, cochers, voituriers, charretiers et autres, se comportent envers leurs chevaux. La comparaison n'est pas à l'honneur de la France où, neuf fois sur dix, les conducteurs de tous genres agissent comme de véritables brutes, fouettant non seulement leurs chevaux à tour de bras sans l'ombre de prétexte, mais encore les frappant sur les naseaux du manche du fouet, quand ils ne leur allongent pas de grands coups de pied dans le ventre!... C'est là un spectacle écœurant auquel il nous est donné à tous d'assister dix fois par jour dans les rues... Et cependant, il existe une loi — la loi Gramont — sur la protection des animaux, mais qui se soucie de la faire respecter!... Allez donc quérir un agent et le sommer de verbaliser contre un charretier trop brutal, vous serez bien reçu!...

Autant le but utile et pratique des courses fut rapidement compris en Angleterre, autant elles rencontrèrent de sympathies et d'encou-

(1) Voici, au point de vue de l'âge, comment se subdivisent les chevaux ayant couru à différentes périodes :

	2 ans.	3 ans.	4 ans.	5 ans et au-dessus.
En 1807.......	33	230	148	580
— 1837.......	215	326	210	462
— 1867.......	752	601	408	637
— 1900.......	1.528	1.116	589	688
— 1911.......	1.471	1.002	616	771

Comme on le voit, au début du siècle, les jeunes chevaux sont les moins nombreux; plus on avance, au contraire, plus leur nombre augmente. Toutefois, il y a une légère diminution depuis 1900, alors que l'on compte en plus une centaine de 4 ans et au-dessus.

ragements dans toutes les classes de la société, et devinrent une institution nationale, autant, dès qu'elles tentèrent de se produire en France, il s'éleva contre elles d'oppositions, de préjugés, de parti pris et d'obstination à n'y vouloir trouver qu'un passe-temps futile.

Aujourd'hui, nous avons rattrapé les Anglais. Mais nous ne nous sommes vraiment occupés de la question que du jour où la Société d'Encouragement la prit en mains, alors qu'elle était déjà résolue chez nos voisins depuis plus de cent ans!... Encore les courses ne se sont-elles vraiment acclimatées chez nous et n'y ont-elles pris tout leur développement que du jour — ayons le courage de le reconnaître — où le jeu en a fait un plaisir populaire. Supprimez le jeu, et vous verrez combien de spectateurs le seul souci des luttes hippiques attirera sur les hippodromes, alors que cent mille personnes s'écrasent à Longchamp, le jour du Grand Prix, autour — non des chevaux, dont elles se moquent pas mal — mais des baraques du pari mutuel!... Et c'est pourquoi, en dépit des résultats obtenus et des services inappréciables rendus à la cause de l'élevage, certains esprits — et non des moins ouverts — ont conservé toutes leurs préventions contre les courses, pour ne voir en elles que matière à ruines et à scandales.

Cette inégalité de la marche parallèle de deux peuples dans l'accomplissement d'une même œuvre, indispensable à leurs besoins communs, tient évidemment, comme l'écrit M. P. Buffard, à la différence radicale de leur esprit pratique et de leur organisation sociale.

En Angleterre, les courses sont un *sport* national et, quand un favori est battu dans une course, c'est qu'il a rencontré meilleur que lui. En France, elles sont le *jeu national*, et, quand un favori est battu, c'est qu'il a été tiré !...

Cette différence dans la manière de comprendre une même institution explique tout, et, notamment, pourquoi les Anglais s'étonneraient que leur Roi n'eût pas, comme les principaux d'entre eux, une écurie de courses, alors qu'il ferait beau voir, chez nous, le chef de l'État avoir la sienne !... Ah ! le pauvre homme ! de quels outrages, de quelles calomnies, de quelles diffamations ne serait-il pas journellement abreuvé !... Il aurait, du reste, ceci de commun avec tous les propriétaires qui ont fait, font ou feront courir en France, et que le public, si honorables soient-ils, n'hésite pas à traîner dans la boue, pour peu qu'il perde son argent.

Aussi le développement des courses chez nos voisins fut-il continu, rationnel, inévitable et la conséquence même des mœurs et des besoins nationaux.

Nous en résumerons brièvement les principales phases.

Au début, à l'époque des chevaliers bardés de fer et des lourds chevaux d'armes, ce furent les *cross-countries*. Puis, vint la nécessité de parcours identiques afin d'égaliser les chances des concurrents. Les poids sont encore fort élevés (au minimum 10 stones ou 63 kil. 1/2) et les distances fort longues : les courses se couraient, en effet, sur

4 miles ou 6.400 mètres, en partie liée, et comportaient trois et même quatre manches, soit 19 ou 25 kilomètres.

Aussi, les chevaux n'y prenaient-ils part qu'une fois leur pleine croissance acquise, c'est-à-dire à 5 ans. Les conditions des courses étaient alors telles — les surcharges n'existaient pas et les poids ne variaient que d'un âge à l'autre — que le bon cheval pouvait gagner presque toutes les épreuves qu'il disputait. Ainsi firent *Flying Childers*, *Matchem*, *Herod*, *Eclipse*, pour ne citer que les plus célèbres.

Nous sommes arrivés à l'époque où, après des siècles de tâtonnements, la race actuelle est enfin formée. Aux massifs chevaux du moyen âge a succédé le pur sang anglais, dérivé du pur sang oriental. Cette race est le produit de croisements répétés entre chevaux arabes, turcs, barbes et persans avec ceux de la race indigène anglaise. La part la plus grande revient à l'étalon oriental, c'est certain; mais, comme le fait remarquer Touchstone, la race pure ne descend pas exclusivement des chevaux arabes importés et modifiés par l'hygiène et le climat, puisque, à l'origine, certaines juments indigènes de naissance inconnue, ont figuré dans le pedigree des chevaux les plus célèbres.

Comme la race, les prix ont subi d'importantes transformations. Ils consistaient d'abord en clochettes de bois, puis d'argent. Après, vinrent les *plates* royaux, dont la valeur fut convertie plus tard en numéraire. Ensuite, les prix en espèces, auxquels s'ajoutèrent enfin es *sweepstakes* ou poules, dans lesquels le montant des entrées vient grossir d'autant l'allocation.

En se généralisant, ce système — dont le succès fut de suite immense, puisque, sans qu'il en coûtât cher aux Sociétés de courses, il leur permettait cependant d'offrir des prix élevés, constitués par l'ensemble des entrées — fit qu'on put ne plus demander l'intégralité de cette entrée qu'aux chevaux qui couraient; des autres, on n'exigea qu'une partie seulement de cette entrée, d'où les *forfaits*. On put ainsi organiser des courses avec engagements à l'avance, ce qui stimula vivement l'émulation des éleveurs, en même temps que les prix augmentaient considérablement de valeur (1).

Puis vinrent les progrès de l'entraînement, qui permirent, dès la fin du XVIIIe siècle, de faire courir les chevaux plus tôt, d'abord à

(1) Toutes les épreuves anglaises actuelles dont l'allocation de 250.000 francs nous étonne, sont ainsi constituées, les sociétés de courses n'ayant, en cas d'insuffisance d'entrées, qu'à parfaire la somme énoncée en prix. Encore se réservent-elles le droit de diminuer, voire de supprimer l'épreuve, si les engagements n'atteignent pas un nombre déterminé.

Des grandes épreuves classiques, comme les Mille et les Deux mille Guinées et le Saint-Léger ne sont encore que des sweepstakes, et ce n'est que depuis 1890 qu'une allocation fixe de 125.000 et 100.000 francs est attribuée au Derby et aux Oaks.

Ce système des poules avait sa raison d'être autrefois, alors que les prix étaient rares et les chevaux peu nombreux. Il n'en est plus de même aujourd'hui, où les riches épreuves sont si fréquentes qu'un cheval ne pourrait les disputer toutes et que son inscription dans toutes celles où il est qualifié n'est permise, en raison de la somme énorme que cela représente, qu'aux propriétaires les plus

trois, puis à deux ans (1). On abaissa les poids, on réduisit les distances ; à la force et à l'endurance qu'on exigeait à l'origine, on ne rechercha plus que la souplesse et la vitesse.

La création des épreuves à longue échéance amena une transformation des courses, et les grandes épreuves classiques de 3 ans furent ainsi graduées : au début de l'année, les Deux mille Guinées et les Mille Guinées sur un mile (1.600 mètres); puis le Derby et les Oaks, sur 1 mile 1/2 (2.400 mètres), et, à l'automne, le Saint-Léger, sur 1 mile 3/4 (2.900 mètres).

Quand parurent les chevaux de 4 ans, puis ceux de 3 et de 2 ans, qui couraient au même poids que ceux de 5 et 6 ans, ils furent en état d'infériorité. Pour compenser leurs chances, il fut établi une échelle des poids, variables suivant la distance et l'époque de l'année. Cette échelle des poids — sur laquelle on s'est guidé ensuite en France — fut définitivement établie, au cours du xixe siècle, par l'Amiral Rous, un des plus célèbres sportsmen d'Angleterre. Nous les publions toutes les deux ci-contre (2).

---

fortunés. D'où il s'ensuit que souvent, tant en France qu'en Angleterre, le meilleur cheval d'une année peut ne pas être inscrit dans les grandes épreuves de son âge, ce qui est contraire au but même des courses.

Encore les propriétaires français sont-ils plus favorisés sous ce rapport que leurs collègues d'Angleterre, ainsi que le prouvent les chiffres suivants relatifs à la campagne 1912.

Si l'on considère, en effet, les épreuves de 3 ans à longue échéance, c'est-à-dire comportant des engagements à l'avance, on n'en compte, en France, que 28 sur 2.493 courses, pour 2.223.475 francs sur une somme globale de 13.900.000 fr., soit 16 p. 100, alors qu'elles sont au nombre, en Angleterre, de 207 sur 2.085 courses, pour 5.120.000 francs sur 16 millions de francs, soit 32 p. 100.

Pour un poulain et une pouliche engagés dans toutes celles de ces épreuves où ils seraient qualifiés, un propriétaire payerait, en France, 46.300 francs d'entrées; en Angleterre, 436.350 francs, soit *dix fois plus*.

D'autre part, si l'on envisage le montant global de la somme distribuée en prix, on constate que les entrées et forfaits n'en constituent pas même le tiers chez nous, tandis qu'ils en forment tout près des 2/3 dans le Royaume-Uni.

D'où il s'ensuit que, tandis que les propriétaires anglais participent jusqu'à concurrence de 58,93 p. 100 dans la dotation des prix de courses, leur contribution, en France, ne s'élève qu'à 23 p. 100.

(1) Il y eut même, ainsi que nous l'avons rappelé plus haut, des courses de yearlings.
(2) Voici également le tableau comparatif des mesures, distances et poids anglais et français :

Poids

1 once.	0k,074		1 kilog.	2 liv. 3 onces 1/4
1 livre.	0k,453			
1 stone ou 14 livres.	6k,345			
5 st. 7 l.	35 kil.		8 st. 11 l.	56 kil.
6 st. 4 l.	40 —		9 st. 2 l.	58 —
6 st. 8 l.	42 —		9 st. 7 l.	60 —
7 st. 1 l.	45 —		9 st. 11 l.	62 —
7 st. 8 l.	48 —		10 st.	63 450
7 st. 12 l.	50 —		10 st. 3 l.	65 —
8 st. 3 l.	52 —		10 st. 10 l.	68 —
8 st. 9 l.	55 —		11 st. 10 l.	70 —

Puis on reconnut l'insuffisance d'un poids uniforme pour chaque âge, attendu que, dans chaque génération, il existe des chevaux de qualité différente. Aussi, le cheval de valeur supérieure faisait-il le vide dans les courses, ce qui donna naissance aux surcharges et aux décharges.

Mais ce système parut encore trop absolu, et l'on en vint à charger un homme compétent d'égaliser, autant que possible, les chances de tous les chevaux, en tenant compte de toutes les considérations qui peuvent échapper à la brutalité de la surcharge ou de la décharge. D'où les *handicaps* (1). L'étymologie de ce mot est fort discutable, bien que plusieurs écrivains — sans aucune preuve à l'appui, du reste — le rattachent à l'ancien usage, dans certaines provinces, de donner aux concurrents d'une course des poids différents et inconnus d'avance, qu'on tirait au sort, sur place, dans un chapeau (*hand in cap*, la main dans le chapeau). Cet usage existait peut-être dans certaines foires ou fêtes locales, mais nous avouons n'avoir trouvé trace nulle part de courses de ce genre.

Le poids minimum, d'abord fixé à 4 stones (25 kil. 1/2) — ce fut

Mesures.

1 inche.	0 m,0255	1 décimètre = 1 hand ou 4 inches.	
4 inches, 1 hand ou main.	0 m,1024	1 mètre = 1 yard et 3 inches 1/2.	
3 hands = 1 foot ou pied.	0 m,3046		
3 feet = 1 yard.	0 m,9146		

Distances.

1 furlong = 220 yards. . .	200 m.	1 kilomètre = 5 furlongs.	1.100 y.
1 distance = 240 yards. . .	220 —		
1 mile = 8 furlongs			
= 1.760 yards. . . .	1.600 —		
1/2 mile ou 4 furlongs. . .	800 m.	1 mile 5 furlongs.	2.600 m.
5 furlongs.	1.000 —	1 mile 3/4.	2.800 —
3/4 mile ou 6 furlongs. . . .	1.200 —	1 mile 7 furlongs.	3.000 —
7 furlongs.	1.400 —	2 miles.	3.200 —
7 furlongs 1/2.	1.500 —	2 miles 1/4.	3.600 —
1 mile.	1.600 —	2 miles 1/2.	4.000 —
1 mile 1 furlong.	1.800 —	2 miles 5 furlongs.	4.200 —
1 mile 1/4.	2.000 —	3 miles.	4.800 —
1 mile 2 furlongs 1/2. . . .	2.100 —	3 miles 1 furlong.	5.000 —
1 mile 3 furlongs.	2.200 —	3 miles 3/4.	6 000 —
1 mile 1/2.	2.400 —		

1) Les courses de ce genre sont fort attaquées actuellement et, pour notre part, nous en verrions sans peine la disparition. Si compétent et intègre que soit un handicapeur, il lui arrive souvent d'*oublier* un cheval. Un handicapeur peut tout peser, sauf la forme du cheval, ce jour-là, et la température, et l'état de la piste et... tout ce qu'il n'a pas vu et ne pouvait pas voir.

Sans supprimer tout à fait les handicaps, on pourrait tout au moins en limiter le nombre et la valeur, 10.000 francs au maximum, par exemple, et les sérier par catégories d'animaux. On pourrait, aussi, adopter la méthode belge, des *handicaps montants* ou *descendants* ; dans les premiers, plus favorables aux chevaux médiocres, on part d'un poids minimum, pour aller en les augmentant, tandis que, dans les seconds, plus favorables aux bons chevaux, on part au contraire d'un poids maximum pour aller en les diminuant.

Échelle de poids adoptée par le Jockey-Club anglais.

DISTANCES	AGES	MARS ET AVRIL			MAI			JUIN			JUILLET			AOUT			SEPTEMBRE			OCTOBRE ET NOVEMBRE		
		St.	l.	kilog.	St.	l.	kilog.	St.	l.	kilog.	St.	l.	kilog.	St.	l.	kilog.	St.	l.	kilog.	St.	l.	kilog.
5 furlongs (1.000 m.)	2 ans	6	»	=38	6	2	=39	6	7	=41	6	10	=12 1/2	7	2	=45 1/2	7	7	=47 1/2	7	9	=48 1/2
	3 —	8	4	=52 1/2	8	3	=52 1/2	8	5	=53	8	7	=54	8	9	=54 1/2	8	12	=56	8	12	=56
	4 —	9	4	=59	9	»	=57	9	»	=57	9	»	=57	9	»	=57	9	»	=57	9	»	=57
	5 — et au-dessus	9	5	=59 1/2	9	»	=57	9	»	=57	9	»	=57	9	»	=57	9	»	=57	9	»	=57
6 furlongs (1.200 m.)	2 ans	6	»	=38	6	4	=40	6	7	=41	6	11	=43	7	»	=44 1/2	7	6	=47	7	9	=48 1/2
	3 —	8	5	=53	8	6	=53 1/2	8	8	=54	8	10	=55	8 1/2	»	=56	9	»	=57	9	2	=58
	4 —	9	7	=60	9	7	=60	9	7	=60	9	7	=60	9	7	=60	9	7	=60	9	7	=60
	5 — et au-dessus	9	9	=61	9	8	=60 1/2	9	7	=60	9	7	=60	9	7	=60	9	7	=60	9	7	=60
1 mile (1.600 m.)	2 ans	»	»	»	»	»	»	»	»	»	»	»	»	»	»	»	6	7	=41	6	9	=42
	3 —	7	8	=48	7	11	=49 1/2	7	13	=50 1/2	8	2	=51 1/2	8	4	=52 1/2	8	6	=53 1/2	8	7	=54
	4 —	9	»	=57	9	»	=57	9	»	=57	9	»	=57	9	»	=57	9	»	=57	9	»	=57
	5 — et au-dessus	9	4	=59	9	3	=58 1/2	9	2	=58	9	»	=57	9	»	=57	9	»	=57	9	»	=57
1 mile 1/2 (2.400 m.)	2 ans	»	»	»	»	»	»	»	»	»	»	»	»	»	»	»	7	»	=38	6	4	=40
	3 —	7	7	=47 1/2	7	9	=48 1/2	7	11	=49 1/2	7	13	=50 1/2	8	1	=51 1/2	8	3	=52 1/2	8	5	=53
	4 —	9	»	=57	9	»	=57	9	»	=57	9	»	=57	9	»	=57	9	»	=57	9	»	=57
	5 — et au-dessus	9	5	=59 1/2	9	4	=59	9	3	=58 1/2	9	»	=57	9	1	=57 1/2	9	»	=57	9	»	=57
2 miles (3.200 m.)	2 ans	»	»	»	»	»	»	»	»	»	»	»	»	»	»	»	6	»	=38	6	2	=39
	3 —	7	8	=48	7	11	=49 1/2	7	12	=50	8	»	=50 1/2	8	3	=52 1/2	8	4	=52 1/2	8	5	=53
	4 —	9	4	=59	9	4	=59	9	4	=59	9	4	=59	9	4	=59	9	4	=59	9	4	=59
	5 — et au-dessus	9	10	=61 1/2	9	9	=61	9	8	=60 1/2	9	7	=60	9	6	=59 3/4	9	5	=59 1/2	9	4	=59
3 miles (4.800 m.)	3 ans	7	1	=45	7	4	=46 1/2	7	5	=46 1/2	7	7	=47 1/2	7	9	=48 1/2	7	11	=49 1/2	7	13	=50 1/2
	4 —	9	»	=57	9	»	=57	9	»	=57	9	»	=57	9	»	=57	9	»	=57	9	»	=57
	5 —	9	8	=60	9	7	=60	9	6	=59 3/4	9	5	=59 3/4	9	5	=59 1/2	9	4	=59	9	3	=58 1/2
	6 — et au-dessus	9	10	=61 1/2	9	8	=60 1/2	9	7	=60	9	6	=59 3/4	9	5	=59 1/2	9	4	=59	9	3	=58 1/2

Échelle de poids adoptée en France.

Courses pour chevaux
- de 2 ans, courant seuls entre eux ...... 56 kilos
- de 3 — — — — ...... ⎫
- de 4 — — — — ...... ⎬ 58 —
- de 5 ans et au-dessus — — — ...... ⎭

DISTANCES	AGES	MARS AVRIL	MAI	JUIN	JUILLET	AOUT	SEPTEMBRE	OCTOBRE NOVEMBRE
1.000 m.	2 ans...............	—	—	—	—	—	—	—
	3 —...............	55	56	57	58	59	60	61
	4 —...............	62	62	62	62	62	62	62
	5 ans et au-dessus...	63	63	62	62	62	62	62
1.600 m.	2 ans...............	—	—	—	—	—	—	—
	3 —...............	53	54	55	56	57	58	59
	4 —...............	62	62	62	62	62	62	62
	5 ans et au-dessus...	64	64	63	63	62	62	62
2.000 m.	2 ans...............	—	—	—	—	—	—	—
	3 —...............	52	53	54	55	56	57	58
	4 —...............	62	62	62	62	62	62	62
	5 ans et au-dessus...	64	64	63	63	63	62	62
2.400 m.	3 ans...............	51	52	53	54	55	56	57
	4 —...............	62	62	62	62	62	62	62
	5 ans et au-dessus...	65	65	64	64	63	63	62
3.000 m.	3 ans...............	50	51	52	53	54	55	56
	4 —...............	62	62	62	62	62	62	62
	5 —...............	65	65	64	64	64	63	63
4.000 m.	3 ans...............	49	50	51	52	53	54	55
	4 —...............	62	62	62	62	62	62	62
	5 —...............	66	66	65	65	64	64	63
	6 ans et au-dessus...	67	67	66	66	65	65	64

celui de *Red Deer*, gagnant du Chester Cup, en 1844 — **fut ensuite élevé à 5 st. 7 lbs (35 kil.) (1). En France, il est de 40 kilos.**

La distance minima de 5 furlongs (1.000 mètres), **fut réduite à 900 mètres pour être ramenée à 1.000 mètres en 1912; en France, elle est de 800 mètres.**

L'avancement de la carrière de courses des chevaux permit de les envoyer plus jeunes au haras, alors, prétend-on, « qu'ils sont moins fatigués et, par conséquent, plus aptes à la reproduction ».

Il y aurait beaucoup à dire sur ce point, et nous nous réservons d'y revenir dans la conclusion de cet ouvrage.

Pour en terminer avec ce résumé du développement des courses en Angleterre, nous donnons, à titre d'aide-mémoire, la liste des principales épreuves d'Outre-Manche, avec l'année de leur création (2).

---

(1) Depuis la promulgation de l'Education Bill, il est interdit d'employer les enfants au-dessous de 12 ans. Il n'en était pas de même autrefois, surtout en courses, où l'on prétendait que « pour former de bons jockeys, il fallait les mettre en selle dès qu'ils pouvaient s'y tenir ». C'est pour empêcher leur recrutement parmi les trop jeunes enfants, que lord Redesdale, en 1860, soumit à la Chambre des Lords une proposition fixant à 7 stones (44 kil. 1/2), au lieu de 4 st. (25 kil. 1/2), le poids minimum qu'un cheval pouvait porter en courses. Cette différence de 38 livres en plus équivalait ou à peu près à la suppression des poids légers. Le Jockey-Club s'émut et, faisant la part du feu, accorda à lord Redesdale, qui s'en contenta, la moitié de ce qu'il demandait, soit une augmentation de 19 livres sur l'ancien minimum, qui se trouva ainsi porté à 35 kilogrammes.

(2)
1776. Saint-Léger, Doncaster.
1779. Oaks, Epsom.
1780. Derby, Epsom.
1786. July Stakes (pour 2 ans), Newmarket.
1801. Doncaster Cup, Doncaster.
1807. Gold Cup, Ascot.
— Woodcote Stakes (pour 2 ans), Epsom.
1809. Deux mille Guinées, Newmarket.
1812. Goodwood Cup, Goodwood.
1814. Mille Guinées, Newmarket.
1823. Champagne Stakes, Doncaster.
— Goodwood plate, Goodwood.
1824. Chester Cup, Chester.
— Brighton Stakes, Brighton.
1826. Liverpool Summer Cup, Liverpool.
1827. Criterion Stakes (pour 2 ans), Newmarket.
1834. Chesterfield Stakes (pour 2 ans), Newmarket.
— Manchester Cup, Manchester.
1838. Gold Vase, Ascot.
1839. Cambridgeshire Handicap et Cesarewitch Handicap, Newmarket.
— Ascot Stakes, Ascot.
1840. Chesterfield Cup et Stewards Cup, Goodwood.
1843. New Stakes (pour 2 ans) et Royal Hunt Cup, Ascot.
— Great Ebor Handicap, York.
1846. Great Metropolitan Stakes, Epsom.
1853. Lincolnshire Handicap, Lincoln.
1862. Prince of Wales Stakes, Ascot.
1865. Alexandra Plate, Ascot.
1866. Middle Park Plate (pour 2 ans), Newmarket.
1873. Jockey-Club Cup, Newmarket.
1875. Dewhurst Plate (pour 2 ans), Newmarket.
1879. Hardwicke Stakes, Ascot.
1886. Eclipse Stakes, Sandown Park.
1889. National Breeders' Foal Stakes (pour 2 ans), Sandown Park.

CHAPITRE V

EN ANGLETERRE, DE 1801 A FIN 1833

Événements principaux et chevaux célèbres.

Avant d'entreprendre l'historique des courses en France — qui ne datent réellement que de la fondation de la Société d'Encouragement, à la fin de 1833 — et afin de n'avoir pas à les interrompre, nous allons poursuivre, jusqu'à cette époque, l'exposé rapide de ce qui s'est passé en Angleterre, depuis la fin du xviiie siècle où nous étions arrivé.

A ce moment, la race de pur sang est définitivement formée; les noms de *Flying Childers*, *Matchem*, *Pot-8-Os*, *Highflyer* et *Sir Peter* sont populaires, et l'institution des courses est devenue nationale, avec des épreuves comme le Derby, les Oaks et le Saint-Léger, qui sont déjà classiques.

Nous allons rappeler brièvement les événements et les chevaux qui ont marqué sur le turf ou au haras, du commencement du xixe siècle à décembre 1833.

Nous les signalerons ensuite au fur et à mesure qu'ils se présenteront au cours des années que nous passerons entrevue.

1801

Pour la première fois le Derby est remporté par une pouliche, *Eleanor* (Whisky et Y. Giantess), à Sir C. Bumbury, qui enlève également les Oaks.

Dans la même génération, signalons aussi *Penelope* (Trumpator et Prunella), qui fut une poulinière remarquable et donna, entre autres produits, deux vainqueurs du Derby, *Whalebone*, 1810, et *Whisker*, 1815, tous deux par *Waxy*.

A *Penelope* se rattachent, entre autres chevaux français, *Saint-Germain*, *Jouvence*, *Mondaine*, *Sauterelle* et *Sibérie*.

Création du *Doncaster Cup*.

Sur la liste des vainqueurs, on relève les noms de quatre chevaux français: *Sornette* (1870), *Dutch Skater* (1872), *Louis d'Or* (1884), et *Long Set* (1913).

1802

Orville, 1799-1826 (Beningbrough et Evelina), fut un des meilleurs chevaux de son temps. Il remporta 21 victoires, dont le Saint-Léger.

D'*Orville* descendent deux des plus célèbres juments du turf anglais, *Crucifix* (branche d'Emilius), et *Alice Hawthorn* (branche de Muley).

Il est également le père d'*Octavius*, Derby, 1812; — *Charlotte*, première gagnante des Mille Guinées, 1814; — *Ebor*, Saint-Léger, 1817; — *Emilius*, Derby, 1823.

Après *Orville*, on peut citer un autre bon performer, *Walton*, 1799-1825 (Sir Peter et Aréthuse), vainqueur de 17 courses.

Walton, 1799-1825 (Sir Peter et Aréthuse), vainqueur de 17 courses.

1804

A signaler la curieuse performance de *Jerry Sneake* (Chocolate), qui parcourut 6.400 mètres, au tilbury, traînant 114 kilos, en 9'27".

1806

Selim, 1803-1828 (The Buzzard et Alexander mare), est le père de *Médora* et *Turquoise*, gagnantes des Oaks, en 1814 et 1828; — *Nicolo*, Deux mille Guinées, 1823; — *Langar*, père d'*Epirus*, père de *Pyrrhus the First;* — *Sultan*, père de *Glencoe* et *Bay Middleton*.

1807

Création de l'Ascot Gold Cup, un des plus importants trophées hippiques de l'Angleterre.

Une première Gold Cup avait été disputée en 1772, mais ne dura pas.

De 1845 à 1853 inclus, l'Ascot Gold Cup fut remplacé par *The Emperor Plate*, en raison de la superbe pièce d'orfèvrerie que le Tsar

COURSE DE LA DONCASTER CUP, 1801.

Nicolas offrait, en souvenir de sa visite en 1844, et qui fut supprimée au moment de la guerre d'Orient.

Les noms les plus célèbres du turf anglais sont inscrits sur la liste des vainqueurs de cette belle épreuve, que nos chevaux ont remportée sept fois : *Gladiateur*, 1866 ; — *Mortemer*, 1871 ; — *Henry*, 1872 ; — *Boïard*, 1874 ; — *Verneuil*, 1878, qui gagna également, la même année, l'Alexandra Plate et le Gold Cup, triple event qu'il est le seul à avoir réussi jusqu'ici ; — *Elf*, 1898 ; — *Maximum*, 1903.

Création des *Woodcote Stakes*, pour deux ans, à Epsom.

Fille de l'Air les remporta en 1863, *Le Sarrazin* en 1867, et *Le Nicham*, en 1892, partagea le prix avec *Quickly Wise*.

1809

Création des Deux mille Guinées. Le premier vainqueur fut *Wizard* (Sorcerer), à M. Witson.

Le comte de Lagrange est le seul propriétaire français qui y ait triomphé, avec *Gladiateur* (1865) et *Chamant* (1877).

1810

Le Derby revient à *Whalebone* (Waxy et Penelope), qui sera le père de *Sir Hercules* (père de *Irish Birdcatcher* et *Faugh-a-Ballagh*) ; — *Camel* (père de *Touchstone*) ; — *Defence* (père de *The Emperor*).

1811

Rainbow, 1808 (Walton et Iris), courut peu. Importé en 1823, sera le père de nombreux gagnants. (Voir note page 137.)

1812

Création de l'hippodrome de Goodwood et de la Goodwood Cup, interrompue en 1815, puis de 1817 à 1824 inclus.

Épreuve très recherchée et que disputèrent des chevaux de premier ordre.

La première grande épreuve dans laquelle nos représentants tentèrent la fortune, en raison des avantages de poids qui étaient alors accordés aux chevaux étrangers, et qui furent supprimés après la victoire de *Monarque*, en 1857.

Avant lui, *Jouvence* l'avait remporté, battant *Hervine*, en 1853 ; — *Baroncello*, 1855 ; — puis *Dollar*, 1864, et *Flageolet* 1873.

1813

Trump, 1810-1835 (Dick Andrews et une fille de Gohanna), 9 victoires sur 12 courses, dont le Doncaster Cup ; il est le père de *Barefoot*

(Saint-Léger, 1823); — *Saint-Gilles* et *Dangerous* (Derby, 1832 et 1833); — *Tarentella* (Mille Guinées, 1833); importée par M. Lupin, en 1840, elle sera la mère de *Gambetti* et *Amalfi*.

1814

Création des MILLE GUINÉES, dont la première gagnante fut *Charlotte* (par Orville), à M. Witson, lequel avait également remporté le premier prix des Deux mille Guinées, en 1809.

Reine, à M. C. Lefèvre (1872), et *Camélia*, au comte de Lagrange (1876), sont les seules pouliches françaises inscrites sur le palmarès de cette épreuve classique.

Partisan, 1811-1838 (Walton et Parasol, par Pot-8-Os), remporta de nombreuses victoires sur les longs parcours.

Père de *Mameluke* (Derby, 1827); — *Patron* (Deux mille Guinées, 1829); — *Cyprian* (Oaks, 1836); — *Glaucus*, père de *The Nob*, père de *The Nabob*, père de *Vermout;* — et surtout *Gladiator*, qui sera célèbre par le rôle prépondérant qu'il jouera dans notre élevage.

Dr *Syntax*, 1811-1838 (Paynator et Beningbrough mare), ne remporta pas moins de 32 victoires.

Père de la fameuse *Bee's Wing*, née en 1831; — *Chapeau d'Espagne* (Mille Guinées, 1837); — *Ralph* (Deux mille Guinées, 1841).

Un autre très bon cheval, *Wanderer*, 1811-1830 (Gohanna et Catherine), ne remporte pas moins de 24 victoires, pendant sa carrière sur le turf.

1815

Filho da Puta, 1812-1835 (Haphazard et Mistress Barnet), 8 victoires, dont le Saint-Léger et le Doncaster Cup.

Père de nombreux chevaux utiles, dont *Birmingham* (Saint-Léger, 1830).

L'Histoire a conservé le nom du cheval que Wellington montait à Waterloo.

C'était un pur sang, né en 1808, par Popinjay et Lady Catherine, qui s'appelait *Copenhagen*.

1819

Sultan, né en 1816 (Selim et Bacchante), remporta 19 victoires sur 34 courses.

Il est le père du célèbre *Bay Middleton* (Deux mille Guinées et Derby, 1836); — *Augustus*, *Glencoe*, *Ibrahim* et *Achmet* (Deux mille Guinées, 1830, 1834, 1835 et 1837); — *Green Mantle* (Oaks, 1829); —

Galata (Mille Guinées et Oaks, 1832); — *Destiny* (Mille Guinées, 1836).

Le Derby revient à *Tiresias* (Soothsayer et Pledge), qui remporte 13 autres victoires, sur 18 courses qu'il dispute.

1823

Création : 1° des *Champagne Stakes*, pour deux ans, à Doncaster, que gagnèrent *Clémentine*, 1877, et *Haute-Saône*, 1890; — 2° du *Goodwood Plate*, que remporta *Stockholm*, 1884.

Un très bon cheval, *Emilius*, 1820-1847 (Orville et Emily), vainqueur du Derby et de sept autres courses.

Père de *Priam* et *Plenipotentiary* (Derby, 1830 et 1834); — *Riddlesworth* (Deux mille Guinées 1831); — *Oxygen* (Oaks, 1831); — *Preserve*, *Barcarolle* et *Extempore* (Mille Guinées, 1835, 1838 et 1843).

1824

Création du *Chester Cup*. Le gagnant a droit, en plus de l'allocation, à un énorme fromage, ne pesant pas moins de cent livres.

Vasistas, en 1891, et *Quérido*, en 1907, sont les seuls chevaux français qui y réussirent.

1825

Château-Margaux, né en 1822 (Whalebone et Wasp), court 26 fois, pour gagner 21 courses, dont l'Ascot Gold Cup.

1826

Royal-Oak, 1823 (Catton et Smolensko mare, is. de Lady Mary), vainqueur de onze prix. Sera l'un des fondateurs de la branche française de pur sang. (Voir page 134.)

Parmi tous ses produits, on peut rappeler le nom de la fameuse *Poetess*, mère d'*Hervine* et de *Monarque*.

1827

Création des CRITERION STAKES, à Newmarket, une des plus importantes épreuves pour chevaux de deux ans.

Parmi les vainqueurs, nous trouvons : *Hospodar*, 1862; *Fille de l'Air*, 1863; *Général*, 1870; *Flageolet*, 1872; *Jongleur*, 1876; *M. Philippe*, 1878; *Archiduc*, 1883; et *Gouverneur*, 1890.

Defence (Whalebone et Defiance), bon performer sur les courtes et les longues distances, et père de *The Emperor*, le père présumé de *Monarque*.

Napoléon (Bob Booty), qui ne remporte pas moins de 30 courses pendant sa carrière sur le turf.

1828

Guiccioli, 1825-1852 (Bob Booty et Flight), poulinière extrêmement prolifique, n'eut pas moins de vingt produits, dont *Irish Birdcatcher* et *Faugh-a-Ballagh*, tous deux avec *Sir Hercules*.

Cadland, 1825 (Andrew et Sorcery), un des meilleurs chevaux de son temps, vainqueur de 17 courses, dont le Derby, après un deadheat avec *The Colonel*, et les Deux mille Guinées.

Nous reviendrons sur *Cadland*, lors de son importation en France, en 1834.

1829

Sir Hercules, 1826-1855 (Whalebone et Péri), ne fut battu que deux fois sur 9 courses qu'il disputa.

En dehors de *Irish Birdcatcher* et de *Faugh-a-Ballagh*, sur lesquels nous reviendrons ultérieurement, il a produit *Coronation* (Derby, 1841).

1830

Priam, né en 1827 (Emilius et Cressida), remporta 18 victoires sur 21 courses.

Il est le père de la célèbre *Crucifix* (Deux mille Guinées, Mille Guinées, et Oaks, 1841), et de *Miss Letty* et *Industry* (Mille Guinées, 1837 et 1838).

A signaler, en cette même année, la course du Goodwood Cup, qui donna lieu à une arrivée comme on en voit rarement : les trois premières places y furent prises, en effet, par les représentants du roi Guillaume IV, surnommé le Roi-Marin (Sailor King), *Fleur-de-Lys*, *Zinganee* et *The Colonel* (1).

On rapporte que, lorsque son entraîneur, William Edwards, vint lui demander la veille de la course, lequel de ses chevaux il devait faire courir, le roi lui avait répondu : « Envoyez toute la flotte; l'un d'eux gagnera peut-être. »

Cette *Fleur-de-Lys*, qui avait déjà remporté cette même épreuve l'année précédente, sous les couleurs royales du prédécesseur de

---

(1) On ne connaît d'autre exemple d'une semblable arrivée que celle du Grand Prix de Paris, en 1902, où *Quo Vadis*, *Caïus* et *Vinicius*, à M. Edmond Blanc, finirent en tête.

THE YORK HIGHFLYER COACH.

Sampson Low Marston and Co., London, Copyright.

Guillaume IV, était alors âgée de huit ans; elle était fille de **Bourbon** et Lady Rachel, par Stamford.

1831

A signaler la performance de *Tranby* (Blacklock et une fille d'Orville), né en 1827, qui, dans un walk-over, à Newmarket, couvrit 6.400 mètres en huit minutes, sous le poids de 72 kilos.

Liverpool, 1828-1844 (Tramp et une fille de Whisker), troisième du Derby et du Saint-Léger, vainqueur de 12 courses, dont le **Cambridgeshire**. Père d'une nombreuse descendance de très bonne classe.

1833

Encore un exemple d'endurance comme les chevaux en offraient tant à cette époque.

Ratcatcher, né en 1830 (Langer et une fille de Blacklock), ne dispute pas moins de 65 courses pendant sa laborieuse carrière, sur lesquelles il en gagne 25.

LIVRE III

EN FRANCE

(DE L'ORIGINE A LA FONDATION DE LA SOCIÉTÉ D'ENCOURAGEMENT)

CHAPITRE VI

DE L'ORIGINE A LOUIS XVI

Les courses en Bretagne, en Normandie et en Béarn, du VIe au Xe siècle. — Le raid de Charles VI et de son frère. — La course de la Bague, à Semur. — Les premières épreuves régulières, sous Louis XIV. — Paris particuliers et gageures excentriques.

Les premières courses de chevaux régulièrement organisées qui se coururent en France datent, comme on le sait, du règne de Louis XIV. Ce n'est toutefois que sous Louis XVI, à l'époque où la Cour fut atteinte d'une véritable folie d'anglomanie, qu'elles entreront complètement dans les mœurs et affecteront un but d'utilité pratique.

Jusque-là, en effet, ce ne seront que des distractions particulières, étrangères à tout souci d'élevage, des réjouissances seigneuriales, des gageures excentriques ou des paris entre gentilshommes, qui demeureront des exceptions isolées.

Bien que ce ne soit pas là des courses au sens que le mot a pris aujourd'hui — car elles furent bien plus des courses à cheval que des courses de chevaux — il n'est pas sans intérêt de passer en revue ces premières manifestations d'un sport destiné à prendre un développement aussi prodigieux.

N'oublions pas d'ailleurs que, pour si primitives qu'elles aient été chez nous en ces temps lointains, ces tentatives ne furent guère plus **régulières** tout d'abord en Angleterre. Mais, alors que nos voisins, avec leur esprit pratique, comprendront rapidement toute l'utilité de l'épreuve publique pour la sélection de la race, et que leurs gouvernements successifs, depuis le XIIe siècle, protégeront sans cesse les courses en vue de l'amélioration de l'élevage national, nous irons à bâtons rompus, sans aucun esprit de suite ni méthode, et devrons attendre jusqu'à la fondation de la Société d'Encouragement — c'est-à-dire presque jusqu'au milieu du XIXe siècle — pour voir dans les courses de chevaux autre chose qu'un passe-temps!

Le plus ancien document où il soit fait mention d'une course de chevaux en France est un ancien poème breton qui date de l'an 500 (1). Le prix ne consistait ni en une somme d'argent ni en un vase de prix, mais en la main de la princesse Aliénor, fille du roi Bodrick, chef des Bretons, qui mourut en 509.

Si l'enjeu de cette course sortait de l'ordinaire — ne verra-t-on pas, un peu plus tard, un autre peuple offrir la couronne royale au vainqueur d'une épreuve de ce genre (2) — la course en soi-même n'était pas une rareté. Il y eut de tous temps des luttes ou randonnées à cheval, en Bretagne et en Normandie, ainsi que l'attestent de nombreux documents et la découverte, dans l'Orne, de fers à cheval de cette époque et de bornes en pierre, qui semblent avoir délimité d'antiques hippodromes (3).

Les romans de chevalerie qui, à côté de la Fable, sont la peinture des mœurs et des coutumes d'alors, font fréquente mention de courses

---

(1) HERSART DE LA VILLEMARQUÉ. *Barzaz Breiz* (Chants populaires de la vieille Armorique), Paris, 1883.

(2) Dans ses *Courses de chevaux en France et en Angleterre* (Paris, 1865), M. Louis Enault nous raconte qu'au début du IXe siècle, les Polonais ne sachant, au milieu de leurs dissensions politiques, à qui donner la couronne, décidèrent qu'elle appartiendrait au vainqueur d'une course de chevaux qu'ils instituèrent à cet effet. Le gagnant n'apporta pas sur le trône les qualités qu'il avait montrées en selle, et il fut bientôt renversé.

(3) Dans le *Cartulaire de Loudevenec*, qui remonte au Ve siècle (*Archives départementales des Côtes-du-Nord*), nous voyons deux chefs bretons, Fracan et Rigal, après plusieurs discussions sur le mérite respectif des produits de leurs haras, se décider à s'en rapporter à une course, dans laquelle chacun présenta son meilleur cheval.

« A la Bricquetière ou Saint-Anastase, on voit un grand nombre de grosses bornes de granit plantées à la manière des pierres druidiques, au milieu des prairies. Leur ensemble forme les trois côtés d'une ellipse qui mesurait une demi-lieue de tour. Cette sorte d'arène est située aux pieds de la ville d'Exmes, ville remplie de souvenirs druidiques et phéniciens; les savants la croyaient antique. Cette croyance est confirmée par la découverte d'une certaine quantité de fers de cheval paraissant remonter à la plus haute antiquité, à Saussay, commune de Saint-Germain (Orne), à une demi-lieue à peine de cette arène. On est arrivé à reconstituer cet hippodrome. » (CH. DU HAYS : *Le Merlerault*.)

de chevaux et sont remplis des exploits des destriers des paladins, *Tencender*, à Charlemagne, *Veillantif*, à Roland, *Tachebrun*, à Ganelon, *Broiefort*, à Ogier, *Marchegai*, à Aiol, *Primesaut*, à Baudoin, *Broieguerre*, à Maugis, etc. Le plus fameux de tous, *Bayard*, aux quatre fils Aymon, accomplit des prodiges et triomphe de tous ses rivaux dans la course spéciale organisée par Charlemagne lui-même et dotée, par ce prince, de sa propre couronne, d'une somme de 400 marcs d'argent et de cent pièces de drap de soie! (1).

Si, de la légende, nous rentrons dans la réalité, nous voyons, en 960, Hugues Capet envoyer, en signe d'amitié, des « chevaux de course » à son beau-frère Athelstan, roi des Anglo-Saxons, petit-fils d'Alfred le Grand, lequel considéra leur race comme tellement précieuse, qu'il publia un édit interdisant « qu'aucun de ces chevaux ou de leurs produits pût sortir du royaume, si ce n'était à titre de présent royal ».

Il serait téméraire de partir de ce fait pour affirmer — comme l'ont prétendu certains écrivains français dans un élan de patriotisme exagéré — que les chevaux français de cette époque lointaine étaient supérieurs à ceux de nos voisins d'Outre-Manche. Pas plus chez eux que chez nous, les races indigènes n'existaient encore, et, selon toute vraisemblance — et c'est là ce qui en faisait la rareté et la valeur — les chevaux envoyés par Hugues Capet étaient de provenance orientale, importés d'Espagne.

Il n'en est pas moins vrai que Guillaume le Conquérant et ses chevaliers portèrent en Angleterre (1066) toutes les habitudes équestres de la civilisation plus avancée du royaume de France, et que les *cross-countries*, qu'instaurera cinq siècles plus tard Henri VIII, ne seront que le reflet des chasses à travers les halliers qui se pratiquaient en Bretagne et en Normandie bien avant le xe siècle.

De la même époque environ date l'importation d'Égypte, par Olivier, comte de Rohan, des premiers étalons arabes, destinés à ses juments de Bretagne. Les produits qui en naquirent eurent tout le cachet oriental, mais l'amélioration des races que ce seigneur avait recherchée ne fut pas poursuivie après sa mort, en dépit des heureux résultats obtenus.

C'est également du xe siècle que datent, selon toute vraisemblance,

---

(1) Cette course est décrite avec soin dans *Renaus de Montauban*.

On peut citer encore, parmi tant d'autres textes précieux, ayant trait à ces courses, ce passage d'un vieux poème de chevalerie :

Si ont un cours de chevaux devisé;	Si voist au cours à Londres la cité.
Li Rois meismes s'i est bien agréés.	Et s'il faict tant que le cours ait maté,
Pour la grant feste de la solempnité,	Gaaignié (a), par fine vérité,
Li pluisour ont le cours a créanté;	Mil mars d'argent en balance pesé...
Lors fist li Rois crier par la cité	Cil qui premiers i sera tout avant
Se il i a chevaler si osé	Gaaignera et l'or fin et l'argent.
Qui ait cheval ne destrier séjorné,	

(*Beuves d'Hanstonne*.— Bib. Nat. fr. 12548, f. 155.)

les courses de chevaux qui existaient à Morläaz, ancienne capitale de la vicomté de Béarn, dont les seigneurs furent de tous temps passionnés pour les chevaux et la chasse. L'un d'eux, Gaston Phœbus, n'écrivit-il pas, plus tard, sous le titre du *Miroir de Phébus*, un traité sur la vénerie, qui fit longtemps loi en la matière ?

Les vicomtes de Béarn possédaient, nous apprend M. Faget de Baure, dans ses *Essais historiques sur le Béarn*, quatre espèces de chevaux dans leurs écuries : le roussin, l'amblant, le destrier et le coursier, celui-ci destiné aux courses qu'ils avaient établies en leur capitale, le jour de la Toussaint. Ces courses avaient lieu sur un hippodrome clos, ainsi qu'il résulte du Cartulaire de Morläaz. Nous y voyons, en effet, Gaston Centulus V confirmer, en 1131, les dons que son aïeul et son père avaient faits au prieuré de Sainte-Foi, entres autres « cinq sols à prélever sur la course des chevaux Morlanais, qui a lieu à Morläaz, le jour de la fête de la Toussaint, à la condition que le vainqueur de cette course reste ce même jour au prieuré, après s'être adjoint deux de ses compagnons. »

Pour qu'un prélèvement pût être effectué sur ces courses, il fallait bien — comme le remarque M. Cabé, à qui nous empruntons ces renseignements (1) — qu'elles eussent lieu dans une enceinte fermée et que les spectateurs payassent une entrée quelconque. Bien qu'on ne trouve plus trace ensuite de ces courses à Morläaz, ce même auteur estime qu'elles durèrent jusqu'à l'annexion du Béarn à la France, sous Henri IV, mais nous n'avons aucune certitude à ce sujet.

En 1136, c'est-à-dire à l'époque même où Centulus confirmait les dons de ses ancêtres, le seigneur Archambaud de Bourbon, beau-frère de Louis le Gros, et sa femme Agnès de Savoie, édifiaient dans leurs domaines une franchise ou ville franque (qui porte encore le nom de Villefranche-en-Bourbonnais), et y établissaient, entre autres franchises féodales, « une course de chevaux, à l'octave de la Pentecôte, s'engageant à donner un marc d'or au vainqueur et cinq sols à celui qui le suivrait de plus près (2). »

Ces courses eurent-elles lieu? Certains auteurs l'affirment (3) et ils les placent même en l'année 1170, bien que les archives départementales du Cher soient muettes sur la suite qui fut donnée au projet du seigneur Archambaud.

Quoi qu'il en soit, à partir de cette date, 1136 ou 1170, on ne trouve plus trace, en France, de courses de chevaux d'aucune sorte, jusqu'au *raid*, disputé en 1389, par le roi Charles VI et son frère le duc de

---

(1) CABÉ (P.-V.), *Historique des courses de chevaux* (Pau, 1900).

(2) Archives départementales du Cher : *Charte de fondation et de privilèges de Villefranche*.

(3) Entre autres M. RAYNAL (*Histoire du Berry*, Paris, 1844) et MENAULT (*Historique agricole du Berry*, Paris, 1890).

Touraine (plus tard duc d'Orléans), ainsi que le relate Froissart dans ses *Chroniques* (1).

C'est par erreur, en effet, que de nombreux écrivains mentionnent la *course de chevaux* qui avait lieu annuellement, le lendemain de la Pentecôte, à Semur, et dont ils font remonter l'origine au règne de Charles le Sage (1364-1380), voire à celui de Charles le Bel (1322-1328). Cette course existait bien, et datait du règne de Charles V, mais c'était une *course à pied*, et non une course de chevaux, laquelle ne fut instituée que sous Louis XIII, en 1639. Les archives communales de la ville de Semur sont formelles sur ce point et les délibérations municipales, prises au cours des siècles à ce sujet, permettent de suivre les différentes phases par lesquelles ce genre de réjouissance populaire a passé (2).

---

(1) Il s'agissait d'un pari de 5.000 francs (45.000 francs de notre monnaie actuelle), à celui des deux qui, partis de Montpellier, arriverait le premier à l'hôtel Saint-Pol, qui était alors la résidence du roi, à Paris.

Tous les moyens étaient bons : cheval, bateau, voiture, pour franchir cette distance de 150 lieues.

Le duc de Touraine gagna de fort peu, accomplissant le trajet en quatre jours un tiers, alors que le roi mit quatre jours et demi.

Le récit de Froissart est véridique dans le fond, mais il est erroné dans les détails. Le chroniqueur — ainsi qu'il lui arrive souvent — exagère les faits, confond les années ou prend un nom de lieu pour un autre. Il place la scène en 1390, lors du voyage de la Cour à Montpellier. Un érudit, M. Morainvillé a pu rétablir la vérité : la course eut bien lieu, mais un an auparavant, et le point de départ était Bar-sur-Seine, qui n'est pas à 150 lieues de Paris, mais à 45 seulement. Combien de temps mirent les deux adversaires pour gagner l'hôtel Saint-Pol ? on l'ignore, mais à coup sûr pas quatre jours et demi : ce n'eût pas été un match de vitesse, mais de lenteur.

(2) Les prix de la course à pied consistaient en « une paire de chausses, une paire de gants et sinture (sic). » Ceux de la course de chevaux, créée en 1639, en « une écharpe de taffetas blanc à franges d'or et une paire de gants, également à franges d'or ». Elle se faisait non sur un hippodrome, mais dans la ville même !... Son succès n'en fut pas moins grand ; il éclipsa même à ce point celui de l'antique course à pied, que celle-ci fut supprimée en 1651, et le montant de son allocation reporté sur la course de chevaux, à laquelle fut ajoutée, pour le vainqueur, « une bague en or, aux armes de la ville, de la valeur de 16 livres 8 sols ». Comme le maire était accompagné, pour se rendre aux courses, d'un cortège de cavaliers, on décida, en 1653, qu'une collation serait offerte au cortège et aux coureurs par la municipalité. Cette collation ne fut supprimée qu'en 1830 et remplacée par une somme de 40 francs. La tenue des coureurs devait être soignée, et un arrêté de 1708 leur imposait « une épée et des bottines ». Ils n'en continuèrent pas moins à se présenter dans des costumes tellement délabrés qu'en 1711 la municipalité décida qu'à l'avenir « les artisans, valets et domestiques en seraient exclus ». Supprimée, en 1794, la course fut restaurée, en 1801, avec des médailles pour prix. Mais les habitants ayant réclamé le rétablissement de la course de la bague, telle qu'elle existait autrefois, le maire leur donna satisfaction par l'arrêté du 1er prairial, an XII (21 mai 1804), qui attribuait : au premier, la bague, en or et une somme de 20 francs ; au deuxième, l'écharpe et 10 francs ; au troisième, la paire de gants et 5 francs. Ces conditions restent les mêmes jusqu'en 1867, où les sommes attribuées aux vainqueurs sont respectivement portées à 150, 100 et 50 francs. En 1841, la municipalité, afin de donner plus d' « intérêt à la course de la bague, ajoute, à titre d'essai, une course au trot et en voiture, comportant trois prix : en un couvert, en six cuillers à café, et en une timbale ; le tout en argent ».

On peut donc dire que c'est bien la petite ville de Semur qui détient le record de l'ancienneté des courses de chevaux en France, puisqu'elles y ont existé depuis 1639. Toutefois, M. Cabé — se basant, faute de documents officiels, sur l'ouvrage de MM. Courtepée et Béguillet (1) — en attribue la priorité au seigneur de Chevigny, qui habitait, près de Semur, un château qui fut plus tard la propriété du prince Marc de Beauvau, dont l'écurie brilla d'un si vif éclat de 1843 à 1857.

Mais ce n'est que du règne de Louis XIV que datent réellement les premières courses de chevaux régulières en France.

« Sous Louis XIV — écrit M. Jusserand — l'existence chez nous de distractions de ce genre était assez notoire pour inspirer des sentiments d'envie et de regret aux Anglais de Cromwell, mal guéris encore de leur goût pour les vains plaisirs du monde. Nous avons vu le Protecteur, dans un discours au Parlement, le 17 septembre 1656, leur faire honte de leur frivolité. (Note page 24.)

« Les écuries de Newmarket « toutes boisées et sculptées, où, Cromwell mort, les chevaux furent nourris d'œufs » (*Archives des Affaires étrangères* : Angleterre, 1687), faisaient l'admiration des voyageurs.

« En attendant qu'on en construisît de semblables sur le continent, le goût des exercices de vitesse se répandit, et, comme le sport par procuration, consistant à voir courir les autres, n'était pas encore répandu dans les mœurs, les plus grands seigneurs coururent sur leur propres chevaux. L'idée de courir par délégué et de faire monter à sa place des palefreniers, postillons ou écuyers, communément appelés *jockeys* (2), fut empruntée plus tard à l'Angleterre. »

Les chroniqueurs et les gazettes de l'époque nous ont transmis tous renseignements sur les nombreux *events* hippiques du temps du Grand Roi, et il suffit de feuilleter le *Journal* de Dangeau ou celui de

---

(1) *Description générale et particulière du Duché de Bourgogne*, précédée de l'*Historique abrégé de cette province* (Dijon, 1847) :

« Chaque année, le mardi après le dimanche de la Trinité, tous les propriétaires des vignes du climat de Montlibart doivent, à peine d'amende de 3 livres 5 sols, se rendre au château de Chevigny, à cheval, bottés, éperonnés, la lance sur la cuisse; d'où, après un déjeuner dû, composé d'une tranche de jambon et de plusieurs verres de vin, avec un picotin d'avoine par cheval, ils conduisent le seigneur et ses officiers sur la Chaume aux Museaux, proche La Chapelle de Saint-Lazare de Semur. Le greffier donne acte de comparution et défaut contre les absents. Ensuite on fait une course à cheval, et celui qui arrive le premier au but, reçoit une paire de gants, et les autres des rubans, le tout aux frais du seigneur. Enfin, l'hôpital qui jouit de cette léproserie des Museaux, fournit à chaque cavalier un petit pâté et deux verres de vin; au moyen de quoi les fonds de l'hôpital situés sur le finage de Chevigny sont exempts du droit de tierce; et les propriétaires des vignes de Montlibant, sujets à la chevauchée, ne doivent ni cens, ni dîmes, ni autres droits. »

(2) Voir note, page 17.

Dubuisson d'Aubenay, le *Mercure Galant* ou la *Gazette de France*, pour savoir en quoi ils consistaient.

C'est d'abord, le 15 mai 1651, le pari particulier — le premier en France, après celui de Charles VI, dont nous avons déjà parlé — de mille écus, qui se disputa devant toute la Cour, entre le prince d'Harcourt et le duc de Joyeuse. Il est curieux de remarquer que cette tentative, pour être la première, sera la seule, jusqu'en 1780, à être véritablement imitée des courses anglaises, avec des chevaux nourris et entraînés spécialement, des cavaliers portant un costume particulier, et des conditions de poids déterminées.

Nous laissons la parole à Dubuisson d'Aubenay, dans son *Journal des Guerres civiles* (1648-1652) :

« Les deux chevaux avaient été entraînés à l'anglaise ; pendant trois semaines environ, ils n'avaient été nourris, en guise de grains et de fourrages, que de féverolles et de pain fait avec de l'anis, et les deux derniers jours précédant la course, chacun d'eux avait reçu deux à trois cents œufs frais (!!!)

« Le prince d'Harcourt était vêtu d'un justaucorps gris, très collant, et était coiffé d'une casquette ronde, sous laquelle ses cheveux étaient roulés. Il portait dans ses poches trois livres de plomb, pour que son poids fût égal à celui du sieur Le Plessis du Vernet, le maître d'écurie du duc de Joyeuse, qui montait en ses lieu et place. Ils partirent de la barrière de la Muette ou Meute, passèrent par les hauteurs de Saint-Cloud, pour revenir à leur point de départ en tournant devant le château de Madrid, où le Dauphin, avec toute sa suite, les attendait. Les deux chevaux galopaient toujours à une encolure l'un de l'autre, ce n'est qu'en approchant du but que Le Plessis se détacha et arriva avec une centaine de pieds d'avance et fut déclaré vainqueur. »

Rien jusqu'au 28 novembre 1670, où, « sur des chevaux vites comme des éclairs », ainsi que l'écrit Mme de Sévigné, M. le Grand (le grand-écuyer de France) gagne un pari de trois mille pistoles (300.000 francs de notre monnaie), au maréchal de Bellefond.

Dans *Jadis*, M. Frédéric Masson rappelle encore les deux paris suivants : en septembre 1679, dans la plaine de Madrid, un domestique anglais de M. de Vendôme, nommé Robin, est battu, dans un pari de deux mille pistoles, par M. de la Vallée, écuyer de M. d'Armagnac ; — deux ans plus tard, en septembre 1681, à Fontainebleau, autour du canal, course entre ce même M. de la Vallée, montant un cheval de M. le Grand, et un petit Anglais, officier de l'écurie du Dauphin. Ils font deux fois le tour du canal et, à chaque fois, le petit Anglais laisse prendre le devant à M. de la Vallée ; puis, arrivé devant la terrasse au-dessus et un peu à côté de la cascade, il pousse si adroitement son cheval qu'il regagne la distance.

Mais la véritable manifestation sportive du règne de Louis XIV, avait été la « course internationale pour chevaux de tous pays », disputée, le 25 février 1683, dans la plaine d'Achères, en présence du Roi et de toute la Cour. Le prix consistait en un plateau d'argent de mille pistoles, offert par Sa Majesté. Le « circuit de la course » était indiqué par des poteaux plantés de distance en distance, et le but, par un drapeau. Comme à nos starters actuels, c'est un drapeau également qui sert aux juges, les ducs de Luxembourg, de Gramont et d'Aumont, à donner le signal du départ. La course se disputait en trois manches éliminatoires, le gagnant de la dernière étant le vainqueur. Il y eut sept concurrents. Le gagnant fut un hongre noir, appartenant à Sir Thomas Wharton, monté par le duc de Monmouth. Après la course, le Roi offrit du cheval « son poids d'or ». Sir Wharton refusa de le céder, mais voulut en faire présent à Sa Majesté. La dignité de Louis XIV lui interdisant d'accepter, les choses en restèrent là. Mais, dans son enthousiasme pour « la supériorité des Anglais en choses de sport », il accorda à Sir Wharton le privilège — envié entre tous, et qui était l'apanage des seuls princes du sang et de quelques rares favorisés, — d'entrer, en carrosse, dans les cours du Louvre et de Versailles.

Quelques années plus tard, nous verrons Louis XIV offrir à lord Petre une jument arabe qui lui venait du dey d'Alger, laquelle sera connue en Angleterre sous le nom de *Petres' Arabian mare*.

En 1684, le prince d'Harcourt « perd une course considérable, à Saint-Germain, contre M. de Marsan ».

L'année suivante, au Pecq, nouveau *match*, entre deux chevaux appartenant à MM. le Grand et de Vendôme, montés par des grooms anglais, vêtus, l'un de taffetas jaune, l'autre de même étoffe rose. Cette fois, les choses faillirent tourner au tragique, ainsi que le raconte le marquis de Sourches, dans ses *Mémoires*. Des paris considérables avaient été engagés. Le cheval de M. de Vendôme fut battu. Ses partisans — comme les joueurs malheureux d'aujourd'hui, qui ne voient partout que chevaux tirés — ne craignirent pas d'insinuer que son cavalier avait pu être acheté par M. le Grand. Certains allèrent si loin dans leurs propos, entre autres le duc de Gramont, que M. le Grand le frappa d'un coup de poing sur l'oreille et lui arracha sa perruque. Les amis du duc de Gramont tirèrent l'épée, et il ne fallut rien moins que l'arrivée opportune du Dauphin pour rétablir le calme.

Le 25 avril 1692, Monseigneur assiste à une course au Pecq, et à une autre, le 11 novembre. Le Roi et la Reine d'Angleterre l'accompagnent. « Cette dernière course fut fort belle et le cheval du Grand-Prieur (M. de Vendôme), gagna de *deux longueurs* de cheval. » (Déjà des expressions techniques, comme on le voit.)

« Un peu plus tard, il se fit une autre course, du pont de Sèvres à la porte de la Conférence, entre le duc de Mortemart, le marquis de Saint-Germain et le sieur de Raré. Ils coururent eux-mêmes sur leurs chevaux, et chacun pariait cent louis d'or pour le sien. M. de Raré gagna; il vint en moins de douze secondes d'un terme à l'autre. Il faut pour cela, — ajoute sentencieusement le rédacteur du *Mercure Galant*, — qu'un cheval soit bien vite et que celui qui le monte ait beaucoup d'adresse à le mener. »

En 1694, la Cour et la Ville se passionnèrent pour la gageure du duc d'Elbeuf, qui avait parié quatorze cents louis d'or neufs contre M. de Chémeraut, que son attelage ferait le trajet de Paris à Versailles et retour en moins de deux heures. « Six juments noires ont fait cette course ; elles sont hollandaises, et leurs queues étaient coupées à l'anglaise, ainsi que leur crin. Elles ont servi à tirer le canon du prince d'Orange, et ont été prises à la bataille de Steinkerque. La course eut lieu le 1er mars. M. d'Elbeuf gagna de sept minutes. » (1).

La présence de la Cour des Stuarts, en exil à Saint-Germain-en-Laye, ne contribua pas peu, il faut le reconnaître, au développement des manifestations sportives à cette époque, et c'est assurément à son influence que l'on doit des épreuves du genre de celle qui se disputa le 1er juillet 1700, en présence du roi d'Angleterre et du prince de Galles, de Monsieur, des ducs de Bourgogne et de Chartres, du prince de Conti, du Grand-Prieur et « d'un concours prodigieux de personnes de marque de la Cour et de la Ville ».

Jockeys aux couleurs des propriétaires, balances pour les peser, rétribution au cavalier gagnant, piste délimitée, juges au départ et à l'arrivée, tout y est. Le récit du *Mercure Galant*, que nous mettons encore une fois à contribution, nous initie également à la sollicitude que l'on montrait alors pour les chevaux de courses. Si la distance à parcourir était fort longue (trois tours d'une piste de 2.800 mètres environ), encore ne la couvraient-ils pas d'une seule traite : ils devaient, en effet, s'arrêter à chaque tour pour qu'on eût le temps de les bouchonner et de les rafraîchir avec « du vin d'Espagne ».

Au moins le *doping*, à cette époque, était-il inoffensif ; peut-être parce que pratiqué officiellement.

« Il ne s'en fait guère (de ces courses) de pareilles en France, nous dit le *Mercure Galant*, et elles sont assez ordinaires en Angleterre. C'est ce que les Anglais appellent *courir la vaisselle* (2). Ils ont des chevaux qu'ils estiment fort, qu'ils vendent cher et qui ne sont dressés

---

(1) On avait capturé un grand nombre de ces juments. Le duc d'Elbeuf en avait acheté quatorze et, avec les six meilleures, il avait fait un attelage, dont il ne cessait de vanter le mérite. D'où le pari en question.

« Les parties prièrent M. le prince de Conti, dont la grande intégrité est connue, de vouloir bien leur faire l'honneur d'être juge de la course et du pari. MM. d'Elbeuf et de Chémeraut convinrent ensuite d'une pendule que l'on fit mettre à la porte de la Conférence, où M. le prince de Conti voulut bien demeurer pour voir commencer et finir la course.

« On ne pressa pas les chevaux à l'aller. Ils arrivèrent à Versailles une heure et une minute après leur départ. Sitôt que l'on eut tourné autour du pilier dressé devant la première grille, et où le roi était, M. d'Elbeuf monta sur le siège du cocher et fit donner du vin d'Espagne à ses juments par six palefreniers qui attendaient pour cela. Il partit aussitôt après, et toute la course, tant pour aller que pour revenir, ne dura qu'une heure cinquante-trois minutes. Ainsi ce prince gagna le pari avec l'applaudissement de la Cour et du peuple dont le chemin se trouva bordé depuis Paris jusqu'à Versailles. » (*Mercure Galant.*)

(2) Le mot *vaisselle* ne s'appliquait autrefois qu'aux plats d'argenterie. A notre avis, on devrait traduire l'expression anglaise *run for a plate* par les mots « courir pour une pièce d'argenterie » ou « disputer une pièce d'argenterie ».

que pour cela. M. le duc de Chartres en a un qu'il a fait acheter 600 pistoles à Londres. La vitesse de ce cheval a donné occasion à cette dernière course. M. l'Ambassadeur d'Angleterre en a trois qu'il n'estime pas moins, et M. le Grand-Prieur en a un qui ne cède pas aux autres. On proposa de parier sur la vitesse de ces cinq chevaux. Les grands seigneurs de la Cour, selon l'usage d'Angleterre, s'offrirent de donner quelque chose pour celui des palefreniers qui monterait le cheval qui arriverait au terme marqué plus tôt que les autres. On nomma un homme de confiance qui tint un mémoire des personnes et des sommes qu'elles offraient. On fit ensuite planter quatre gros poteaux en carré, à la distance de mille pas l'un de l'autre. On nomma des juges de la course. Monsieur voulut bien l'être; M. de Brienne l'était aussi d'un côté, et milord Graffin de l'autre.

« La course se fait autour de ces quatre poteaux et on la recommence à trois reprises, après qu'à la fin de chacune on a essuyé et rafraîchi les chevaux avec du biscuit et du vin d'Espagne, avec quoi on les nourrit. Le premier poteau d'où l'on part est en forme de potence, où sont attachées des balances où l'on pèse les hommes et les harnais des chevaux qui doivent courir. On attache du plomb au plus léger pour les rendre tous d'un poids égal. Le signal donné, les cinq palefreniers à cheval, habillés fort galamment de taffetas et de satin, tous de couleur différente, partent comme des éclairs et reviennent en peu de minutes au premier pilier d'où ils sont partis, tournant toujours en dehors des quatre. Car celui qui prendrait au plus court et prendrait par dedans, aurait perdu la course sans retour. »

Ce dernier renseignement nous fait sourire. Mais, à l'époque, le public n'était guère au courant des choses de courses et il était bon de mettre les points sur les *i*.

Le rédacteur ajoute que des sommes considérables avaient été engagées en paris sur la chance respective des différents compétiteurs. Le favori était le cheval du duc de Chartres, mais ce fut celui du Grand-Prieur qui gagna.

En dépit du succès qu'elles obtinrent, ces tentatives sportives n'en demeurèrent pas moins une exception et on ne les vit jamais figurer dans les distractions officielles de l'époque.

Ce n'est que sous Louis XVI, comme nous l'avons dit, que les courses de chevaux régulières prirent leur essor en France.

Jusque là, nous n'avons plus à enregistrer, de loin en loin, que quelques gageures plus ou moins excentriques, qui ne méritent d'être rappelées que par l'intérêt très vif qu'elles suscitèrent chaque fois.

Jean Buvat, dans son *Journal de la Régence* (1715-1723), nous raconte que M. d'Estaing, marquis de Saillans, lieutenant-colonel des gardes et gouverneur de Metz, avait parié 20.000 livres d'aller deux fois de la porte Saint-Denis au château de Chantilly (environ cinquante lieues), en six heures, avec des chevaux de poste. Cette gageure fut disputée le 6 août 1722. M. d'Estaing gagna de vingt-cinq minutes, en montant seize chevaux. Son adversaire paya gaiement la pari et fêta, en outre, cette victoire, par un festin royal.

A ce raid de vitesse, on voulut aussitôt opposer une course de lenteur (1).

Puis, le 9 mai 1726, c'est le même marquis de Saillans, qui perdit, cette fois, d'une demi-minute, son pari de 6.000 livres, contre le duc de Courtanvaux, de venir, en une demi-heure, de la grille du parc de Versailles à celle des Invalides, sur le même cheval. Louis XV — à la sollicitation de la marquise de Saillans, qui craignait que son mari ne se rompît le cou à la descente de Sèvres — avait interdit au marquis de monter lui-même et n'avait autorisé l'épreuve qu'à la condition que le marquis serait remplacé par son valet de chambre (2).

(1) Dans sa *Chronique de la Régence et du règne de Louis XV* (1718-1763), Barbier ajoute les intéressants renseignements suivants sur ces deux gageures :

« On a exécuté, jeudi 6 août, un fameux pari. M. de Saillans pariait 20.000 livres, et M. le Duc pariait pour lui contre différents seigneurs. Le total allait, dit-on, à 80.000 livres. On lui avait donné à choisir dans toutes les écuries du Roi et des seigneurs ; il avait essayé plus de 200 chevaux ; il en avait choisi 16, qui étaient, comme on l'entend, ce qu'il y a de plus parfait dans le royaume pour la vitesse.

« Jeudi, sous la porte Saint-Denis, il y avait un échafaud dressé, où étaient toutes les dames de la Cour, M. le Duc, le comte de Charolais, le prince de Conti et autres seigneurs. Il y avait une pendule. Il partit à 6 heures du matin. Il y avait 4.000 âmes, tant dans le faubourg Saint-Denis que sur la route, à cheval et en carrosse. Je n'ai point vu cela ; cependant il était assez curieux de voir la vitesse de cette course, car on dit que c'étaient des chevaux choisis pour un galop allongé et qui allaient ventre à terre. Il arriva à la porte Saint-Denis avant 9 heures, ayant déjà gagné sur la moitié de la course plus de quinze minutes. Il but un verre de vin à la santé des dames, et jeta le verre en l'air ; il en avait fait autant dans la cour de Chantilly ; cela était du marché. Il repartit sur-le-champ, et enfin il arriva pour la seconde fois à la porte Saint-Denis à 11 heures 35 minutes ; en sorte qu'il a gagné de 25 minutes. On lui avait préparé un lit chez un limonadier à la porte Saint-Denis, où il est demeuré une heure et demie. Il voulait aller tout de suite au dîner du Roi, mais on l'en empêcha. L'après-midi, il était à l'Opéra.

« On peut regarder cela comme une course folle. Il faut être non seulement bon écuyer, mais fort pour courir six heures de suite d'une vitesse pareille. Quelques seigneurs l'avaient voulu suivre pendant quelque temps, mais ils avaient perdu haleine. Le temps ne lui a pas été favorable, car il a plu depuis 8 heures du matin jusqu'à midi ; mais M. le Duc avait eu la précaution, soit pour la sécheresse du pavé, soit pour la pluie, de faire sabler tous les passages de ville ou village, comme depuis la porte Saint-Denis jusqu'à La Chapelle, dans Saint-Denis, dans Ecouen, etc.

« Il ne descendait pas de cheval aux relais ; il côtoyait le cheval et passait d'un étrier à l'autre.

« Cette course donne lieu au bruit d'un autre pari. Un homme prétend partir de la porte de la Conférence — à la place de la Concorde — sur son cheval, et être vingt-quatre heures à aller jusqu'à Versailles sans s'arrêter, à toujours marcher et sans quitter le chemin de Versailles. Cela paraît plus difficile que le premier. Il faut aller bien lentement pour être vingt-quatre heures à faire 4 lieues. »

(2) Nous empruntons encore, à la même *Chronique* de Barbier, les détails suivants qui montrent que l'insuccès de cette tentative est dû autant à l'état dé-

Nous arrivons ensuite au « raid » de lord Pascool, en novembre 1754. Il paria 500 livres sterling qu'il couvrirait en deux heures, et sans changer de cheval, les quinze lieues qui séparent Fontainebleau de Paris. Il gagna de 12 minutes. Cette tentative avait excité à ce point l'intérêt de la Cour, que le Roi — loin d'apporter aucune entrave, cette fois — avait suspendu les droits de péage, fait lever tous les obstacles, et ordonné à la maréchaussée d'assurer la libre circulation du gentilhomme anglais.

Enfin, le 25 février 1766, la plaine des Sablons voit un match de mille louis entre lord Forbes et le comte de Lauraguais, dont le cheval meurt en route. De quoi un cheval peut-il bien mourir subitement en course? De tout, sauf d'un accident naturel, un anévrisme, par exemple. Aussi, cette fois, on n'hésita pas à accuser le palefrenier anglais de lord Forbes d'avoir empoisonné le cheval de M. de Lauraguais.

Comme on le voit, l'éducation sportive des parieurs **avait fait des progrès** : sous Louis XIV, le favori qui était battu, n'avait été que *tiré;* sous Louis XV, on l'avait *drogué.*

Et tant qu'il y aura des courses, et, partant, des **joueurs**, nous entendrons les mêmes sornettes.

Jusqu'à l'époque où nous sommes arrivés, les différents essais sportifs tentés en France, à des intervalles souvent espacés, n'avaient trempé du terrain qu'à la mauvaise répartition du poids mort du cavalier :

« Le valet de chambre avait trois chevaux à choisir dans l'écurie de M. de Saillans. Il en a fait l'essai plusieurs fois. On a nourri le cheval qui devait courir au biscuit et au vin de Champagne. Jour pris au jeudi 9 mai, pour partir de Versailles à 6 heures précises du soir. On a pris deux pendules de l'Observatoire, montées également, dont l'une a été mise à la grille de Versailles et l'autre à la grille des Invalides. Celle-ci était enfermée jeudi dans une guérite, dont M. de Coigny avait la clef, où ils étaient plusieurs seigneurs pour l'attendre et pour être juges.

« Pour raccourcir le trajet le long de la plaine de Grenelle, on avait fauché les seigles et fait un chemin en ligne droite jusqu'à Sèvres, large de trois pieds. Il était marqué par de grands bâtons piqués en terre, au bout desquels il y avait du papier blanc. Et un homme du guet à cheval était à chaque piquet pour empêcher les chiens. Il y avait dans la plaine un nombre infini de carrosses et grand monde à pied.

« Il passa enfin, précédé et suivi de quelques seigneurs qui couraient avec lui depuis Sèvres ou des environs, pour animer son cheval. Il n'allait qu'au grand galop ordinaire. Il arriva à la grille trente secondes plus tard qu'il ne fallait, en sorte que M. de Saillans a perdu.

« Cette course est toujours très vigoureuse pour le cheval, mais plusieurs choses l'ont fait perdre : 1º on dit que le valet de chambre l'a trop forcé d'abord; 2º le valet de chambre n'était pas libre : comme le pari avait été fait par M. de Saillans, qui pesait 40 livres de plus que son valet de chambre, pour remettre ce poids sur le cheval, le valet de chambre avait comme un corps de buffle, un plastron, et on avait mis devant et derrière 40 livres de plomb; or ce poids mort pèse plus du double sur le cheval et incommode beaucoup l'homme; 3º il avait eu de la pluie depuis Sèvres, d'abord très peu, puis une ondée terrible qui rendait la terre et ce chemin nouveau difficile. »

The Earl of March's famous Chaise Match at Newmarket.

Sampson Low, Marston and C°, London, Copyright.

jamais consisté qu'en spectacles royaux ou en paris particuliers plus ou moins excentriques entre gentilshommes, sans le moindre souci d'amélioration de la race (1).

Sous le règne de Louis XVI, d'autres préoccupations allaient se faire jour, et, bien que près de soixante-dix ans dussent encore se passer avant qu'elles ne trouvassent leur consécration définitive dans la création du Stud-Book et la fondation de la Société d'Encouragement, elles n'en allaient pas moins porter de suite leurs fruits.

Ce n'est pas que le Roi songeât à l'élevage ou encourageât les courses. Il y était, au contraire, fort hostile, comme **nous le verrons plus loin**, et l'on sait sa réponse au comte de Lauraguais, au retour d'un assez long séjour que celui-ci venait de faire en Angleterre, où il avait étudié les questions hippiques et visité les **différents hippodromes de Newmarket, Epsom, Goodwood**, etc.

— Qu'avez-vous fait pendant tout ce temps en Angleterre? demanda Louis XVI.

— Sire, j'ai appris à penser.

— A *panser* les chevaux, vous voulez dire? répliqua le Roi.

L'homme à qui s'adressait cette répartie plus grossière que spirituelle, était l'un des esprits les plus distingués de son époque. Il était en relations avec Voltaire et Diderot, et, c'est à lui que l'on dut

---

(1) Notons qu'en Angleterre, où les courses étaient déjà régulièrement instituées, nos voisins n'en dédaignaient pas pour cela les gageures, souvent plus excentriques encore que chez nous, et dont la plus fameuse est la « chaise-match » de 1.000 guinées, courue à Newmarket, le 29 août 1750.

Le duc de Queensberry avait parié contre lord Elington, le comte Theobald Taafe et sir Andrew Sprokle, qu'un train de voiture avec ses quatre roues, portant une personne et traîné par quatre chevaux montés, parcourrait 19 miles (30 kilomètres) en moins d'une heure.

Il gagna de près de sept minutes, ayant accompli la distance en 53′ 27″.

M. Thomas-Henry Taunton, dans ses *Portraits of Celebrated Horses* (Londres, 1887), reproduit, d'après les gazettes du temps, les curieux renseignements suivants sur cette singulière gageure, qui avait attiré une foule énorme à Newmarket, et qui donna lieu à des paris considérables.

« La machine, avec le groom qu'elle portait et qui était assis sur l'arrière, pesait 24 stones (152 kilos). Sur les moyeux, on avait placé des réservoirs qui laissaient couler de l'huile goutte à goutte, de façon à empêcher que les axes ne prissent feu par suite du frottement inusité auquel ils étaient soumis. Le train de la voiture avait été agencé de telle manière qu'il reculait automatiquement si les chevaux reculaient, de façon à ce que ceux-ci ne pussent se blesser.

« Ces chevaux, en effet, n'étaient pas les premiers venus. C'étaient des chevaux de courses en plein entraînement, dont trois, sur les quatre, avaient remporté des King's Plates. Les deux leaders, avec selle et harnais, portaient 8 stones (50 kil. 1/2); les deux suivants, 7 stones (43 kil.). Tous quatre avaient des coussinets, pour empêcher qu'ils se blessassent en venant en contact.

« Le cheval de commande s'appelait *Tawney*; il était monté par M. Everett, le jockey de Thomas Panton, qui avait pour mission de régler l'allure.

« Un groom, en velours rose, galopait devant la voiture, pour frayer le chemin.

« Le groom, assis sur l'essieu de la voiture, portait une casaque de satin jaune, une toque de velours noir et des bas de soie rouge; les cavaliers étaient vêtus de casaques de satin bleu, de culottes de peau de daim, de toques de velours noir et de bas de soie blanche. »

plus tard — quand il en racheta le droit à la Comédie-Française — la suppression, sur la scène, des banquettes où venaient se pavaner les petits-maîtres, au grand désespoir des véritables amateurs de spectacles. En Angleterre, il avait acheté et fait courir le célèbre *Gimcrack*, imité en cela bientôt après par le duc de Lauzun, avec **Taster** (par Sweepstakes) et *Patrician* (par Matchem).

Si hostile aux courses que fût Louis XVI, il ne put, cependant, résister au courant des idées nouvelles.

Nombreux étaient les Français qui, à l'exemple du comte de Lauraguais, avaient visité les champs de courses de l'Angleterre. Trop nombreux même, aux dires de lord Carlisle, qui se plaignait « de l'invasion de Newmarket par les Français », et, surtout, du célèbre sportsman, Hugo Meynell, qui souhaitait — la guerre de Sept ans avait pris fin en 1763 — que « la paix fût bientôt rompue, afin de pouvoir se retrouver à nouveau confortablement entre soi, grâce à la guerre! »

L'organisation des courses et les merveilleux résultats obtenus en élevage par nos voisins d'Outre-Manche avaient non seulement enthousiasmé nos compatriotes, mais encore leur avait donné à *penser*, n'en déplût à Louis XVI.

CHAPITRE VII

DE LOUIS XVI A L'EMPIRE (1774 A 1805)

Les sportsmen de l'époque. — Importation de chevaux de pur sang. — Organisation régulière des courses; les « Plateaux » du Roi; le Règlement de 1780. — La Révolution.

En Italie, des courses de chevaux non montés — renouvelées de celles de l'ancienne Rome — avaient acquis, dès le milieu du XVIIe siècle, une vogue considérable. Le bruit en était venu jusqu'à Versailles (1), sans cependant y susciter aucun désir d'imitation. Seules, comme nous

---

(1) « Feu M. de Guise étant à Florence, — lisons-nous dans les *Historiettes de Tallemant des Réaux*, — avait un coursier fort vite; on voulut le faire courir pour le prix à la Saint-Jean, car on a gardé cela des anciens, et même de faire aller des chariots autour de deux pyramides, comme dans le Cirque; or, c'est dans une rue qui n'est pas droite que les chevaux courent. Ce coursier fit un effort pour gagner un tournant qu'il y avait au tiers ou au milieu de la carrière, et, quand il l'eut gagné, la rue étant plus étroite, à coups de pied il faisait tenir derrière tous les autres chevaux, qui étaient beaucoup plus petits que lui, et il s'en alla gravement au petit pas jusqu'au bout de la carrière. » (*Contes de Bêtes*, chap. CCCLXII.)

De plus amples détails nous sont donnés sur ce genre de courses, par les *Mémoires pour l'Académie de Paris*, 1767 :

« La ville de Florence n'est jamais plus belle que le jour des courses de chevaux, qui se font vers la Saint-Jean. J'en ai vu le spectacle le 29 juin 1765. La course commence à la petite porte occidentale de la ville, dans l'endroit appelé « Il Prato », et finit à deux milles plus loin, vers la « Porta della Croce ». Le jour de cette course, tout le peuple était en mouvement; les rues étaient garnies de deux files de carrosses jusqu'à l'heure de la course, et toutes les fenêtres occupées.

« Le gouverneur, placé sur une terrasse, vers le lieu du départ, fut instruit le premier, par les fusées du Dôme, du nom du cheval qui était vainqueur. Le *Grand Diable*, cheval anglais de M. Alexandri, est celui qui eut le prix. Il y a vingt ans qu'il ne le manque presque jamais (???).

« Le prix consiste en une pièce de velours ciselé à fond d'or, de 60 brasses (ou plus de 30 aunes de France), estimée 2.240 livres.

« Les chevaux qui courent le prix sont abandonnés à eux-mêmes; ils ont sur

l'avons vu, les choses d'Outre-Manche avaient intéressé les « sportsmen » de la cour de Louis XIV.

Seules, elles devaient intéresser davantage encore les anglomanes du règne de Louis XVI, en dépit du jugement plus sévère que judicieux que Voltaire, dans un moment de mauvaise humeur, avait porté sur ces manifestations hippiques (1). Les hauts faits des descendants de *Darley Arabian* et de *Godolphin* défrayaient toutes leurs conversations. Les résultats surprenants obtenus par nos voisins, tant au point de vue de la vitesse que de l'endurance de cette nouvelle race, avaient donné à réfléchir et éveillé bien des projets.

Dès 1770, Le Boucher du Crosco, proclamait, dans son *Mémoire sur les Haras*, « la nécessité de l'établissement de courses à l'anglaise chez nous pour amener cette amélioration », et Bourgelat, dont l'autorité faisait loi en la matière, écrivait : « Par les courses, la race des chevaux a été totalement changée en Angleterre, et la race vile et méprisable qui avait précédé celle-ci s'est entièrement évanouie (2). » Aussi, le bruit des exploits d'*Eclipse*, le cheval quasi-fabuleux, fut-il « comme l'étincelle qui mit le feu à la mèche », et chacun, à la Cour, ne rêva plus que chevaux anglais, entraîneurs anglais, grooms ou « jaquets » anglais.

Ce fut, à Versailles, une crise aiguë d'anglomanie.

le dos quatre plaques de plomb, hérissées de pointes qui leur piquent les flancs et les animent de plus en plus.

« Une grande toile tendue au bout de la carrière sert à les arrêter. L'espace, d'environ 1.500 toises, est parcouru en quatre minutes, ce qui revient à 35 piés à la seconde.

« M. de La Condamine a observé qu'à Rome, le Cours ou « Corso », qui a 865 toises, se parcourt en 2'21", ce qui fait près de 37 piés par seconde. On assure cependant qu'en Angleterre les chevaux font quelquefois 54 piés par seconde. »

(1) « Alors que je m'attendais à voir à Newmarket un spectacle incomparable, un nombre prodigieux des chevaux les plus vites de l'Europe, volant dans une carrière de gazon vert à perte de vue, sous des postillons vêtus d'étoffes de soie, en présence de toute la Cour, j'ai été chercher ce beau spectacle et j'ai vu des maquignons qui pariaient l'un contre l'autre et qui mettaient dans cette solennité infiniment plus de filouterie que de magnificence. » (Lettre à M..., 1727.)

(2) « Les courses ont offert le plus sûr moyen de s'assurer de la vigueur et de la bonne organisation des chevaux, de distinguer ceux qui pourraient démentir leur origine et de choisir, sans crainte de se tromper, parmi ceux qu'on peut regarder comme bons, les animaux qui méritent d'être préférés pour le service des cavales.

« Des chevaux précieux que des soins et un esprit d'ordre et de suite naturels à la nation anglaise ont perfectionnés et perfectionnent encore chaque jour, au moyen d'une attention exacte à renouveler et à rafraîchir les races, à en consigner publiquement et authentiquement la généalogie et situation dans des registres, et à s'opposer constamment à toutes les souillures qui pourraient résulter de mésalliances et de mélanges, sont et ont été pour elle la base et le fondement d'un nouvel objet de commerce qui, jusqu'alors, lui avait été totalement inconnu, et que le double attrait du bénéfice des courses et du bénéfice des saillies, joint à une entière liberté et aux lumières que donne l'expérience, soutiendra toujours. » (BOURGELAT, *Traité de la conformation extérieure du cheval*, Paris, 1770.)

Le duc d'Artois (qui sera Charles X) menait le mouvement, avec le duc de Chartres (Philippe-Égalité), les ducs de Lauraguais, déjà cité, de Lauzun, de Fitz-James; les princes de Nassau, de Guéméné, d'Hénin; les marquis de Conflans, de Voyer, de Champcenetz; le comte de Guerches, MM. de Vercel, de Champreux, Fitz-Gerald, Lunn, N. Parker-Forth, qui, tous ont des chevaux de courses (1).

Dès l'année 1775, commence l'importation, soit à titre permanent, soit seulement pour certaines courses ou pour la saison de monte, de bon nombre de pur sang anglais. Parmi ceux qui restèrent chez nous, citons : — au comte d'Artois, *King Pepin* (Turf et Cygnet), *Barbary* (Pangloss et Riddle), *Comus* (Otho et Crab) et les deux juments *Dulcinea* (Whistle Jacket et Cade mare) et *Sphinx* (Marske et Shepherd's Crab mare); — au duc de Chartres, *Pyrroïs* (Matchem et Jenny O!) et la jument *Helen* (Conductor et Shakespeare mare); — au marquis de Conflans, *Glowworm* (Eclipse et Traveller mare) et *Teucer* (Northumberland et Snip); etc.

Un comité s'était formé, la plaine des Sablons, dans le haut de Passy, s'était métamorphosée en hippodrome, et, pendant une dizaine d'années, elle sera le théâtre des principales courses. On s'y rendait à cheval, montant à l'anglaise sur des selles anglaises et vêtus à l'anglaise de *riding coats* (habits de cheval, dont nous avons fait redingotes).

L'inauguration eut lieu le 20 avril 1776. Depuis quinze jours, toutes les gazettes de Paris parlaient de ces luttes hippiques, et des polémiques sans fin s'étaient engagées sur les pratiques de ce nouveau sport, l'entraînement, la monte, la pesée des jockeys que l'on appelait *jaquets*, etc.

Toute la Cour — sauf le Roi, qui avait préféré aller chasser — était aux Sablons. Une foule considérable de gens de toutes conditions, hommes, femmes et enfants, avides de ce spectacle inconnu des Parisiens, s'écrasaient le long de la piste, à l'une des extrémités de laquelle on avait construit une estrade pour la Reine et sa suite. Plus d'étiquette, plus de costumes de cour!... Le comte d'Artois, le duc de Chartres et autres, en bottes et en chenille, vont et viennent, affairés, de la tribune royale aux écuries.

Des paris énormes s'inscrivent « par-devant Mᵉ Clos-Dufresnoy, notaire royal ». On parie de l'argent, des bijoux, de la vaisselle plate, des chevaux, des terres. On parie jusqu'à sa maîtresse.

---

(1) Voici les couleurs des principales de ces écuries :

Comte d'Artois............	Casaque vert-pomme, galonnée de rose.
Duc de Chartres...........	— noire, galonnée de rose.
Marquis de Champcenetz...	— bleu de roi.
Marquis de Conflans.......	— rouge, galonnée de noir.
Duc de Fitz-James.........	— bleu et chamois.
Duc de Lauraguais.........	— rouge.
Duc de Lauzun............	— noire, garnie de vert.
De Vercel................	— jaune.
Marquis de Voyer.........	— puce.

— Cher! s'écrie un petit-maître, en s'adressant à un ami, voulez-vous courir la duchesse?

Et le mot fait fureur (1).

Le comte d'Artois est parmi les plus excités. Il engage des sommes fantastiques sur son cheval *King Pepin*, qui est battu par *Teucer*, au duc de Chartres, et l'on a toutes les peines du monde à l'empêcher de rosser son infortuné jockey (2).

A l'automne, pendant cinq jours de suite, du 6 au 10 novembre, nouvelles courses aux Sablons. Ce ne sont toujours que poules et paris particuliers, de 2.500 à 5.000 livres, sur des parcours variant de un à quatre miles. Les vainqueurs, de provenance anglaise pour la plupart, sont : *Teucer*, au marquis de Conflans, contre *Comus*, au duc de Chartres; — *Dethroner*, à M. Fitzgerald, contre un cheval arabe, au prince de Nassau; — *L'Abbé*, cheval français, au prince de Guéméné, contre *Partner*, au duc de Chartres, et *Frivole*, jument française, au comte d'Artois; — *Nip*, au marquis de Conflans, contre *Pyrrhus*, à M. de Champcreux; — *Barbary*, au comte d'Artois, contre *Sweet Cadee*, au duc de Chartres.

A la dernière journée, une course de 2.500 livres avait été arrêtée entre le comte d'Artois et le major Banks, mais, au dernier moment, elle fut annulée d'un commun accord.

Le 11, à Fontainebleau, les champs sont plus fournis. *Glowworm* (par Eclipse), importé par le marquis de Conflans pour le compte du duc de Chartres, y remporte deux victoires, d'abord sur *Marshall*, à lord Claremont et deux autres adversaires; puis, sur *King Pepin* et *Barbary*, au comte d'Artois, et sur son compagnon d'écurie, *Cadet*.

Une jolie anecdote à ce sujet. Avant la course, et pendant que le comte d'Artois donnait ses dernières instructions à ses jockeys, la Reine flatta de sa main dégantée les naseaux de *King Pepin;* puis, étonnée de les trouver si doux au toucher, elle y appuya ses lèvres.

— Madame, s'écria galamment le prince, vous venez de le rendre invincible!

Hélas! le baiser royal ne supprimait pas les tournants, et *King Pepin* fut battu.

Toutes ces réunions sont des plus suivies; celles de Fontainebleau,

---

(1) DALIMAL, *Les courses de chevaux sous Louis XVI* (Figaro, 1907).

(2) *King Pepin* était un grand cheval gris, haut sur jambes et très allongé, presque imbattable en ligne droite, mais auquel les tournants répétés ne convenaient pas. Cette particularité, ignorée du comte d'Artois, était connue de ses adversaires, qui ne le défièrent jamais que sur des pistes où il ne pouvait déployer ses longues foulées. Aussi le comte d'Artois perdit-il sur lui des sommes folles.

King Pepin provenait de l'écurie du marquis de Rockingham, auquel le prince l'avait acheté, au Newmarket second spring meeting, en 1776, au moment où il allait courir un match contre l'invincible *Dorimant*. Le prix était de 1.000 guinées, plus 700 guinées s'il triomphait de son redoutable adversaire. *King Pepin* ayant gagné, le comte d'Artois l'avait donc payé 1.700 guinées (44.625 francs), prix énorme pour l'époque.

notamment, avaient attiré une foule énorme. On est tout à la nouveauté de ce sport. Marie-Antoinette, elle-même, veut avoir une écurie de courses, mais Louis XVI s'y oppose formellement, la conduite de la Reine ne prêtant déjà que trop à la critique (1).

Il tente même, afin d'empêcher la noblesse de se ruiner en paris effrénés, de donner une leçon aux courtisans.

« A la dernière course de chevaux — écrit Mme de Genlis dans ses *Souvenirs de Félicie* — M. de L... a perdu 172.000 livres, M. le comte

---

(1) Ce ne sont pas que les pamphlétaires qui incriminent Marie-Antoinette. Le comte de Mercy-Argenteau, ambassadeur de sa mère, l'impératrice Marie-Thérèse, ne tarit pas en doléances, dans sa correspondance avec sa souveraine, au cours de cette année 1776, sur le goût de la Reine pour ces passe-temps frivoles et sur le manque de tenue qui caractérisait ces réunions.

« M. le comte d'Artois, M. le duc de Chartres et un nombre de jeunes gens ont remis en vogue les courses de chevaux. Elles se font à Paris et la Reine y assiste régulièrement. Sa Majesté, après avoir été la nuit du 11 au bal de l'Opéra, jusqu'à cinq heures du matin, rentra à Versailles à six heures et demie et en repartit à dix heures pour venir voir une course de chevaux qui se faisait au bois de Boulogne. Des promenades si multipliées, si rapides et qui pourraient déranger une santé des plus robustes, occasionnent des critiques. » (Lettre du 28 février.)

« J'avais espéré pendant le carême plus de recueillement, mais mon attente à cet égard a été excessivement déçue. Chaque semaine, il y a plusieurs courses de chevaux, et la Reine, qui a pris un goût extraordinaire pour ce genre de spectacles, n'en a manqué aucune. » (Lettre du 13 avril.)

A l'automne, la Cour se rend à Fontainebleau. « Le local destiné aux courses était à une lieue et demie (de la ville), dans une grande bruyère, où l'on avait arrangé deux routes fort larges, chacune d'une demi-lieue (sic) de largeur et se joignant par une partie circulaire. A l'extrémité et au milieu de ces deux routes, on avait élevé un bâtiment en bois, dont l'étage supérieur formait un grand salon avec une galerie tournante, d'où la Reine et toute sa suite voyaient les courses. Les hommes arrivaient à cheval et la plupart dans un négligé peu décent. Il était cependant permis à chacun de monter dans ce salon où se tenait la Reine; c'était dans ce lieu (que) se faisaient les paris, et ils n'étaient jamais arrangés sans beaucoup de propos, de bruit et de tumulte. M. le comte d'Artois y hasardait des sommes assez considérables, et s'impatientait fort quand il perdait, ce qui lui est presque toujours arrivé. » (Lettre du 10 novembre.)

« Les courses de chevaux étaient des occasions bien fâcheuses et, j'ose le dire, indécentes par la façon dont la Reine s'y trouvait. A la première course je m'y rendis à cheval et j'eus grand soin de me tenir dans la foule, à une distance du pavillon de la Reine, où tous les jeunes gens entraient en bottes et en cheville (costume non habillé). Le soir, la Reine qui m'avait aperçu, me demanda, à son jeu, pourquoi je n'étais pas monté dans le pavillon pendant la course? Je répondis, assez haut pour être entendu de plusieurs étourdis qui étaient présents, que je me trouvais en bottes et en habit de cheval, et que je ne m'accoutumerais jamais à croire que l'on pût paraître devant la Reine en pareil équipage. Sa Majesté sourit et les coupables me jetèrent des regards fort mécontents. A la seconde course, je m'y rendis en voiture, et habillé en habits de ville; je montai au pavillon, où je trouvai une grande table couverte d'une ample collation, qui était comme au pillage d'une troupe de jeunes gens indignement vêtus, faisant une cohue et un bruit à ne pas s'entendre, et, au milieu de cette foule, étaient la Reine, Madame, Mme d'Artois, Mme Elisabeth, Monsieur et M. le Comte d'Artois, lequel dernier courait de haut en bas, pariant, se désolant quand il perdait et se livrant à des joies pitoyables quand il gagnait, s'élançant dans la foule du peuple pour aller encourager ses postillons ou jaquets et présentant à la Reine celui qui lui avait gagné une course. J'avais le cœur très serré de voir ce spectacle. » (Lettre du 28 décembre.)

d'Artois en a gagné 150.000. Le Roi a parié un petit écu. C'est une leçon bien douce et de bien bon goût sur l'extravagance des paris. »

La leçon, est-il besoin de le dire, fut donnée en pure perte, les courtisans — si grande que fût leur servilité envers le Roi — ayant préféré continuer à imiter les folies de son frère, le comte d'Artois.

Louis XVI n'aimait pas les courses, d'ailleurs, et ne s'y rendait guère qu'à son corps défendant. Il y préférait le grand exercice de la chasse, ou, chez lui, les travaux manuels, le colin-maillard et l'humble jeu de loto, sur lesquels Mercy-Argenteau entre également dans les plus menus détails, qui ne trouveraient pas leur place ici.

En 1777, nous ne relevons que deux courses, en octobre. Le 7, aux Sablons, où *L'Abbé*, 5 ans, au prince de Guéménée, déjà vainqueur l'année précédente, enlève une poule d'une bourse d'or, sur trois miles, à trois chevaux de 4 ans, auxquels il rend 21 livres ; et le 13, à Fontainebleau, où *Comus*, au comte d'Artois, triomphe de *Mousquetaire*, à M. Parker-Forth ; enjeu deux cents louis chacun, distance inconnue. Ce pari particulier est encadré entre une course à pied, qui permit d'apprécier l'agilité de plusieurs gentilshommes de la Cour, et une course pour ânes du pays ; le prix consiste en un chardon d'or et une bourse de cent écus.

En 1778, 1779 et 1780, une seule course par année. La Reine, dépitée de n'avoir pu posséder une écurie à soi, s'est lassée de ces divertissements, et l'engouement général qu'ils avaient suscité au début semble tourner à l'indifférence.

Le temps est passé où les femmes elles-mêmes s'intéressaient aux choses d'écurie, au grand mécontentement du grand contempteur des courses, Mercier, qui s'écriait, dans son *Tableau de Paris* : « Les femmes conduisent des calèches et, après avoir passé la nuit au bal, il faut qu'elles prennent parti pour telle ou telle jument. »

Mais le comte d'Artois et ses amis n'en sont que plus ardents à défendre leur œuvre, et ils finissent, non seulement par avoir raison de l'hostilité du Roi, mais encore par le convaincre de l'utilité pratique des courses en vue de l'amélioration de l'élevage. C'est ainsi qu'ils obtiennent de lui, en 1780, d'abord des prix « ou Plateaux du Roi », comme en Angleterre (1), puis un règlement complet qui fixe tous les détails des courses et détermine la manière dont la généalogie des chevaux doit être établie. Un commissaire — le marquis de Conflans — est nommé par le Roi pour présider aux Courses, trancher toutes les contestations qui peuvent s'élever, décider de tous les cas de disqualification qui sont strictement prévus, et distribuer les certificats aux vainqueurs.

Ce règlement contenait, en germe, le futur Code des Courses. C'est

(1) Les « Plateaux du Roi » sont exclusivement réservés aux juments, tant françaises qu'étrangères, importées en France. C'est, en effet, celles-ci qu'il s'agit d'attirer, les étalons étant déjà en nombre suffisant.
La distance est de 1.500 ou 2.000 toises (3.000 ou 4.000 mètres environ, la toise équivalant à 1 m. 94).

un document trop intéressant pour l'histoire du turf en France, pour que nous ne le publions pas *in extenso*. On y verra, entre autres particularités, que l'on s'en rapportait alors à la seule bonne foi du propriétaire pour la déclaration d'âge et d'origine de ses pouliches.

RÈGLEMENT

que le Roi entend être observé dans les Courses de Jumens pour lesquelles Sa Majesté a destiné des Prix.

Article premier.

Tout propriétaire d'une Jument, soit françoise, soit étrangère, qui désirera la faire courir pour les Prix du Roi, la présentera à la personne chargée de la police des Courses, huit jours au moins avant la course et la fera inscrire et signaler sur le registre qui sera tenu à cet effet.

Art. II.

Le propriétaire certifiera, par écrit, de quel père, de quelle mère, en quelle année et en quel lieu est née la Jument; et sur la foi de ce certificat, elle sera admise sans difficulté.

Art. III.

Si la Jument n'était pas née ou élevée chez le propriétaire qui la présentera, il sera tenu de produire un certificat du premier vendeur, accompagné d'un acte de notoriété, qui en constate l'authenticité, sans quoi la Jument ne sera pas admise.

Art. IV.

Dans le cas où, lors de la vérification qui en sera faite, les certificats ci-dessus ne se trouveraient pas exacts sur tous les points, le propriétaire sera exclus à jamais de courir ou faire courir la Jument, ou une autre, dans aucun des Prix du Roi.

Art. V.

Tout propriétaire qui présentera ou fera présenter sa Jument pour être signalée et inscrite sur le registre des Courses sera tenu de déposer 24 *livres* entre les mains de la personne chargée de l'inscrire et de la signaler; et si sa Jument gagne le Prix, il lui sera retenu, en outre, le sou par livre, lors du payement du Prix, pour subvenir aux menus frais relatifs aux Courses.

Art. VI.

L'âge des Jumens se comptera, indistinctement pour toutes, du 1er mai de l'année de leur naissance.

Art. VII.

Le poids auquel les Jumens françoises devront courir demeurera fixé, savoir : à 91 *livres*, pour celles de trois ans, prenant quatre ans au 1er mai, suivant l'époque des Courses; à 98 *livres*, pour celles prenant cinq ans; à 115 *livres*, pour celles prenant six ans; à 120 *livres*, pour celles prenant sept ans, et à 121 *livres*, pour celles prenant huit ans et au-dessus.

Art. VIII.

Les Jumens étrangères porteront 4 *livres* (poids de marc) de plus que les Jumens françoises, et en sus du poids que celles-ci doivent porter dans la proportion de leur âge.

Art. IX.

Les Jumens françoises seront admises à courir pour le Prix du Roi destinés aux Jumens étrangères de même âge; mais celles-ci ne pourront être admises dans les Prix du Roi destinés aux françoises.

Art. X.

Les Jumens françoises que l'on présentera pour courir dans les Prix du Roi, ne pourront être montées que par des François, les étrangères, par les monteurs qui conviendront aux propriétaires (1).

Art. XI.

Les jours de Courses, les Jumens qui devront courir seront conduites sur le terrein à l'heure indiquée par le Commissaire des Courses; et si la Course est avec reprises, elles auront trente minutes de repos entre chaque reprise.

Art. XII.

Avant et après chaque Course et reprise, les monteurs seront pesés en présence et à la satisfaction des personnes commises pour faire observer aux dits monteurs, les poids et conditions des Courses: dans le cas où il s'en trouverait quelqu'un qui refuserait ou négligerait de se faire peser, il sera déclaré, par le Commissaire du Roi, incapable de jamais courir pour les prix de Sa Majesté, et la Course qu'il aurait faite sera nulle.

Art. XIII.

Si aucun monteur croise, pousse ou frappe une autre Jument ou monteur, en courant, il sera exclu pour toujours de courir dans les Prix du Roi; et si c'est lui qui gagne le Prix, l'argent de ce Prix sera adjugé, par les Juges des Courses, à la Jument qui sera arrivée la seconde au but.

---

(1) Dans l'*Avis au Public*, de 1782, relatif à ces prix royaux, on trouve l'annonce que « ceux qui n'auraient pas de monteurs pour courir leurs Jumens, en trouveront sur le lieu, moyennant une rétribution raisonnable. »

Art. XIV.

Toute Jument qui, en courant, passera en dehors des poteaux indicateurs de la Course, sera exclue du Prix.

Art. XV.

Celles qui, dans les Courses avec reprises, se trouveraient distancées de manière à ne pas arriver au poteau fixé à 125 toises en deçà du but, en même temps que la Jument gagnante sera arrivée à ce but, seront exclues de recourir pour ce Prix.

Art. XVI.

Il sera nommé, par Sa Majesté, un Commissaire pour présider aux Courses (1), et des personnes, sous l'autorité de ce Commissaire, pour veiller à la police et aux détails qui y sont relatifs.

Art. XVII.

Le Commissaire du Roi décidera toutes les contestations qui pourraient survenir, soit par rapport à l'âge des Jumens, soit par rapport au lieu de leur naissance, soit par rapport à la manière dont elles auraient couru, ou aux accidents arrivés pendant la Course, soit enfin par rapport à tout ce qui peut être relatif à la police des Courses, ou intéresser cet établissement.

Signé : Bertin.
(Imprimerie Royale, MDCCLXXX.)

Des paris particuliers se disputeront encore jusqu'à la Révolution, mais, avec le Règlement de 1780, nous arrivons aux premières courses *régulièrement* et *officiellement* organisées en France.

L'hippodrome choisi — après bien des discussions, car les uns tenaient pour Versailles ou Le Vésinet, les autres pour Fontainebleau ou les Sablons — est le parc du château royal de Vincennes.

Les réunions ont lieu au printemps; elles comprennent quatre journées.

L'inauguration eut lieu le 2 avril 1781. Jusqu'en 1790, les « plateaux du Roi » se disputeront sans interruption. Mais le goût public n'est plus aux courses : tant qu'elles n'avaient été qu'un passe-temps, frivole, sans but, elles furent de mode; maintenant qu'elles présentent une réelle utilité, elles sont délaissées. Durant les premières années, les gazettes, notamment le *Journal de Paris* (le premier journal français quotidien, fondé en 1777), en publient les programmes et les résultats. Puis le silence commence à se faire. Nul, sauf les intéressés, ne s'en occupe plus, et, après 1785, il n'est plus trace de ces courses dans les feuilles publiques.

Elles battirent leur plein en 1783.

---

(1) Ce commissaire fut le marquis de Conflans.

Il nous a paru intéressant de reproduire *in extenso* le programme et les résultats complets des courses qui eurent lieu cette année-là, tant au printemps qu'à l'automne, et qui obtinrent le plus vif succès, en dépit des sarcasmes que les écuyers de l'époque, craignant pour leur gagne-pain, lancent contre l'institution nouvelle, et que Mercier, qui n'est jamais en retard, nous le savons, quand il s'agit de s'en prendre aux courses, résume ainsi : « Nous les avons copiées des Anglais, on fait jeûner le jockey qui doit conduire afin qu'il pèse moins... Ce n'est guère la peine que je me transporte dans la plaine des Sablons pour voir courir des animaux efflanqués, qui passent comme un trait, tout couverts de sueur au bout de six minutes, et l'on discute ensuite le résultat à perte de vue avec un air de profondeur. »

La réunion de printemps, au parc de Vincennes, comprend quatre journées. C'est la saison des « plateaux du Roi ». Le plus important d'entre eux, d'une valeur de 5.250 francs, se dispute à la dernière journée : il est réservé aux gagnants des plateaux précédents. De même, plus tard, le Grand Prix, à Paris, institué par le décret du 31 août 1805, ne sera-t-il ouvert qu'aux gagnants des Grands Prix départementaux.

A l'automne, une seule journée, non officielle, à Vincennes ; il ne s'agira, comme à la réunion de Fontainebleau, que de courses particulières.

ANNÉE 1783

RÉUNION DE PRINTEMPS

dans le parc du château royal de Vincennes.

Iʳᵉ JOURNÉE — 12 AVRIL

1ʳᵉ Course.

1.500 toises pour le Plateau du Roi, d'une valeur de 2.500 francs, par des pouliches françoises de 3 ans. Poids, 98 livres.

1ᵉʳ, *Phillis* (Pyrroïs et Brillantia), au duc de Chartres ; — 2ᵉ, *Rantipode*, au comte d'Artois ; — 3ᵉ, *Sapho*, au duc de Chartres. — Quatre partants.

2ᵉ Course.

1.500 toises en deux épreuves, pour le Plateau du Roi, d'une valeur de 2.000 francs, par des chevaux de 4 ans. Poids, 105 livres.

1ᵉʳ, *Lapwing* (Pyrroïs et Brillantia), au duc de Chartres ; — 2ᵉ, *Antoinette*, au duc de Fitz-James.

3ᵉ Course.

2.000 toises, pour le Plateau du Roi, d'une valeur de 2.500 francs, par des pouliches de 3 ans françoises et angloises, les dernières portant 4 livres de plus.

1ᵉʳ, *Laura* (Topgallant, sa mère par Matchem), 98 livres, au prince de Nassau; — 2ᵉ, *Miss Timms*, 102 livres, à M. Lunn; — 3ᵉ, *Jessamy*, 98 livres, au prince de Hénin. — Quatre partants.

2ᵉ JOURNÉE — 15 AVRIL

1ʳᵉ Course.

2,000 toises en deux épreuves, pour le Plateau du Roi, d'une valeur de 1.875 francs, par des jumens françoises de 5 ans. Poids, 115 livres.

1ᵉʳ, *Prudence* (Metaphysician, sa mère par Careless), au comte d'Artois; — 2ᵉ, *Julie*, au duc de Fitz-James; — 3 , *Lucille*, au duc de Chartres.

2ᵉ Course.

Poule de neuf souscripteurs de 625 francs chacun. Trois miles, par des chevaux et jumens françois. Poids : 3 ans, 91 livres; 4 ans, 109 livres; 5 ans, 120 livres; 6 ans, 125 livres; âges, 126 livres; les juments porteront 4 livres de moins.

1ᵉʳ, *Laura* (Topgallant, sa mère par Matchem), 3 ans, 87 livres, au comte d'Artois; — 2ᵉ, *Jason*, 3 ans, 91 livres, au marquis de Conflans; — 3ᵉ, *Lapwing*, 4 ans, 109 livres, au duc de Chartres. — Neuf partants.

3ᵉ Course.

1.500 toises en deux épreuves, pour le Plateau du Roi, d'une valeur de 2.500 francs, par des jumens françoises et angloises, celles-ci portant 5 livres de plus.

1ᵉʳ, *Lady* (Minor, sa mère par Sampson), 4 ans, 110 livres, au marquis de Conflans; — 2ᵉ, *Lapwing*, 4 ans, 105 livres, au duc de Chartres; — 3ᵉ *Antoinette*, 4 ans, 105 livres, au duc de Fitz-James.

4ᵉ Course.

Deux miles pour 12.500 francs de chaque côté, entre trois poulains ou pouliches de 2 ans, du comte d'Artois, et trois poulains ou pouliches du même âge, du duc de Chartres; les poulains portant 105 livres, et les pouliches, 102 livres. La moitié forfait.

1ᵉʳ, Pouliche de Comus et Sphinx, au comte d'Artois; — 2ᵉ, Poulain de Comus, sa mère par Herod, au comte d'Artois; — 3ᵉ, *Pilgrim*, au duc de Chartres. — Quatre partants.

Le duc de Chartres n'ayant pas accepté pour exacte la défaite de ses chevaux, une nouvelle épreuve fut courue dont, comme dans la précédente, la pouliche de Comus et Sphinx, au comte d'Artois, sortit vainqueur, ainsi que l'attestent les résultats suivants :

5ᵉ Course.

Pari sur les mêmes conditions que la quatrième course.

1ᵉʳ, Pouliche de Comus et Sphinx, au comte d'Artois; — 2ᵉ *King Hero*, au duc de Chartres; — 3ᵉ Pouliche de Comus, sa mère par Matchem, au comte d'Artois. — Cinq partants.

3ᵉ JOURNÉE — 23 AVRIL

1ʳᵉ Course.

2.000 toises en deux épreuves, pour le Plateau du Roi, d'une valeur de 2.500 francs, par des jumens françoises et angloises de 5 ans, les dernières portant 5 livres de plus.

1ᵉʳ, *Prudence* (Metaphysician et Careless mare), 115 livres, au comte d'Artois; — 2ᵉ, *Helen*, 120 livres, au duc de Chartres; — Distancée, *Sal Dabs*, 120 livres, à M. Lacey.

2ᵉ Course.

3.000 toises, pour le Plateau du Roi, d'une valeur de 2.500 francs, par des jumens françoises et étrangères de 6 ans, les dernières portant 5 livres de plus.

1ᵉʳ, *Abigaïl* (Turk et Fairy Queen), au marquis de Conflans; — 2ᵉ, *Lucy Lockit*, au duc de Chartres; — 3ᵉ *Lucy*, au comte d'Artois. — Quatre partants. Toutes les jumens étaient anglaises et portaient 127 livres.

4ᵉ JOURNÉE — 26 AVRIL

1ʳᵉ Course.

1.500 toises, pour le Plateau du Roi, d'une valeur de 5.250 francs, par les gagnants d'autres plateaux ci-dessus nommés.

1ᵉʳ, *Lapwing* (Pyrroïs et Brillantia), 4 ans, 115 livres, au duc de Chartres; — 2ᵉ, *Laura*, 3 ans, 103 livres, au comte d'Artois; — 3ᵉ, *Abigaïl*, 6 ans, 109 livres, au marquis de Conflans. — Cinq partants.

2ᵉ Course.

2.000 toises, pour le Plateau du Roi, d'une valeur de 1.875 francs, par des poulains de 3 ans qui n'ont jamais couru. Poids, 101 livres.

1ᵉʳ *Lightfoot* (Lycurgus), à M. Lunn; — 2ᵉ, *Hercules*, au duc de Chartres.

3ᵉ Course.

Deux miles, pour un pari de 1.250 livres, entre deux pouliches de 2 ans. Poids, 112 livres.

Gagné par la pouliche de Comus et Sphinx, au comte d'Artois, contre *A la Grecque*, au duc de Chartres.

La pouliche du comte d'Artois remportait ainsi sa troisième victoire consécutive.

4ᵉ Course.

Deux miles, pour une poule de 625 francs chaque.

Gagné par *Lady* (Minor, sa mère par Sampson), 4 ans, 117 livres, au marquis de Conflans, contre *Antoinette*, 4 ans, 112 livres, à M. Singleton.

5ᵉ Course.

Trois miles pour un pari de 625 francs chaque.

Gagné par *Abigaïl* (Turk et Fairy Queen), 6 ans, 127 livres, au marquis de Conflans, contre *Lucy Lockit*, 6 ans, 125 livres, au duc de Chartres.

RÉUNION D'AUTOMNE

au parc du château royal de Vincennes.

4 OCTOBRE 1783

Une seule course.

Trois miles, pour une poule de 625 francs chaque, par des chevaux et jumens françois de tout âge, 3 livres rendues aux juments.

1ᵉʳ, *Pilgrim* (Teucer et Miss Betzy), poulain noir, 3 ans, 91 livres, au duc de Lauzun ; — 2ᵉ, *Biche*, pouliche brune, 3 ans, 88 livres, au comte d'Artois ; — 3ᵉ, *Lapwing*, jument, 5 ans, 120 livres, au marquis de Conflans. — Cinq partants.

COURSES D'AUTOMNE

à Fontainebleau.

1ʳᵉ JOURNÉE — 20 OCTOBRE

1ʳᵉ Course.

Deux miles, pour un pari de 1.250 francs chaque.

Gagné par *Biche* (Comus et une jument françoise), 3 ans, 105 livres, au comte d'Artois, contre *Pilgrim*, 3 ans, 108 livres, au duc de Chartres.

2ᵉ Course.

Un mile, pour un pari de 1.250 francs chaque.

Gagné par *Miss Timms* (Herod, sa mère par Matchem), 4 ans, 108 livres, au duc de Chartres, contre *Rantipode*, 4 ans, 112 livres, au comte d'Artois.

La journée se termine par un intermède, plutôt que par une course, puisqu'il ne s'agit plus que d'une épreuve pour bidets ; un pari de 2.500 francs chaque, sur deux miles.

Gagné par *Ticklebreech*, bidet gris, au duc de Chartres, contre *Fair Strawberry Girl*, bidet roux, au duc de Lauzun.

2ᵉ JOURNÉE — 7 NOVEMBRE

1ʳᵉ Course.

Un mile et quart, pour un pari de 400 louis.

Gagné par *Doctor* (Goldfinder et Sedley, jument arabe), à M. Wyndham, contre *Lucy Lockit*, au duc de Chartres. Tous deux, âgés de 6 ans, portaient 119 livres.

2ᵉ Course.

Trois miles, pour un pari de 12.500 francs.

Gagné par *King William* (Florizel et Milliner), 5 ans, 119 livres, à lord Derby, contre *Phillis*, 3 ans, 107 livres, au duc de Chartres.

3ᵉ Course

Deux miles, pour un pari de 17.500 francs.

Gagné par *Gonzalès* (Herod et Ruth), au duc de Queensberry, contre *Young Comus*, au comte d'Artois. Tous deux, âgés de 3 ans, portaient 119 livres.

4ᵉ Course.

Un mile, pour un pari de 2.500 francs, entre *Quicksand* (Herod et Miss Ramsden), au duc de Queensberry, et *Jason*, au duc de Chartres, tous deux portant 112 livres.

Cette course n'a pas eu lieu, *Quicksand* ayant reçu dédit de 1.250 francs, soit la moitié du pari.

Il serait sans intérêt de reproduire les programmes des années suivantes qui, d'ailleurs, ne se différencient guère. Nous nous bornerons donc à ceux que nous venons de publier.

Ces courses étaient sérieuses et, comme nous venons de le voir, les Anglais eux-mêmes ne dédaignaient pas de venir lutter contre les jeunes écuries françaises. Nombre de sportsmen distingués, parmi lesquels lord March — surnommé, nous ne savons pourquoi, « Old Q » — envoyèrent, en cette année 1783, leurs chevaux courir en France.

Pour répondre à cette courtoisie, plusieurs gentilshommes français qui étaient membres du Jockey-Club de Newmarket — tels, par exemple, que le duc de Chartres et le marquis de Conflans, parrain des Conflans' Stakes, à Brighton, alors appelé Brighthelmstone, — firent courir en Angleterre, d'abord des produits anglais, puis des chevaux « nés et élevés en France ».

C'est ainsi que *Cantator*, anglais, au duc de Chartres, prit part, en 1784, au Derby d'Epsom; que, l'année suivante, ses chevaux *Rouge*, *Vert* et *Glowworm II* — tous trois nés en France de *Glowworm* (par Eclipse et Traveller mare), importé par le marquis de Conflans — disputèrent plusieurs courses chez nos voisins et que, jusqu'en 1790, *Hocks*, *Lambinos*, *Fortitude* et *Conqueror* y portèrent ses couleurs.

Les courses instituées par le comte d'Artois et ses amis se poursuivirent régulièrement jusqu'en 1789. Bien qu'elles fussent passées de mode et n'intéressassent plus le public (les gazettes n'en font même plus mention!), leur utilité pratique n'avait pas échappé à certains bons esprits, et, après Le Boucher du Crosco et Bourgelat, Préseau de Dompierre, dans son *Traité de l'éducation du cheval en Europe*, paru en 1788, avait lancé un éloquent plaidoyer en leur faveur. Il en deman-

(*Le Champ-de-Mars*, par E. Maindrou. — L. Baschet, éditeur).

FÊTES DE LA FONDATION DE LA RÉPUBLIQUE.
(1er vendémiaire, An V).

dait l'extension et voulait en faire non seulement une institution nationale, mais comme « un concours universel, en appelant les différentes nations à venir disputer nos prix ».

C'était, en germe, l'idée même du Grand Prix, que le duc de Morny reprendra quatre-vingts ans plus tard.

Mais la Révolution était survenue, balayant jusqu'au dernier vestige de ces premiers essais tentés en vue de doter notre pays d'une race nouvelle.

Vinrent ensuite la Terreur, le Directoire, le Consulat. Les préoccupations politiques ne permettaient pas de reprendre les courses, bien que la question eût déjà attiré l'attention de Mirabeau (1), que des fêtes hippiques, renouvelées de l'antiquité, eussent été données au Champ-de-Mars (2), et que, sous le Directoire, Eschassériaux jeune eût présenté un rapport à ce sujet aux Cinq-Cents, accompagné du projet de loi suivant :

« Il y a tous les ans, dans chaque division, trois courses, savoir aux fêtes nationales du 14 juillet, 10 août et de la fondation de la République, pour chevaux nés en France. Le premier prix est de 1000 francs ; le second de 600 francs. »

---

(1) Sous le pseudonyme de « Monsieur Grossley » il en avait longuement parlé dans les impressions de voyage qu'il avait publiées au retour du séjour qu'il avait fait en Angleterre, de 1783 à 1785.

(2) Ces courses furent grotesques. On courait simultanément, au Champ-de-Mars, sur trois pistes concentriques : celle du milieu servait pour les courses à pied ; l'intermédiaire, pour les courses de chevaux ; l'extérieure, pour les courses de chars.
En l'an VII, les cavaliers portaient le costume obligatoire suivant : veste à l'écuyer, chapeau rond surmonté d'une plume, écharpe de soie de couleur différente. Le premier prix consistait en un nécessaire d'armes de la manufacture de Versailles, d'une valeur de 2.000 francs ; le second, en un vase de la manufacture de Sèvres, d'une valeur de 1.500 francs. De plus, les vainqueurs « eurent la joie de recevoir du Ministre de l'Intérieur l'accolade fraternelle près de l'autel de la Patrie » !!!
Une anecdote — que nous empruntons aux *Courses de chevaux*, de Saint-Georges (Paris, 1912) et qu'il a empruntée lui-même aux *Tribunaux civils de Paris pendant la Révolution*, de A. Donarche — montre quel était l'esprit de l'époque au sujet des courses. Un cheval normand, appartenant à un nommé Villatte, gagna le premier prix, monté par un de ses amis, du nom de Carbonel. La question fut de savoir à qui revenait le prix, au propriétaire ou au cavalier. Il fallut plaider faute de s'entendre. Le Tribunal de la Seine, à l'audience du 2 germinal an VI, dans un arrêt longuement motivé, accorda le prix... au cavalier, attendu « que ce serait méconnaître et dégrader l'esprit national que de ravaler à l'intérêt mercantile les prix décernés aux vainqueurs ; — que c'est la prestesse, l'agilité, l'adresse des citoyens que le Gouvernement a voulu honorer et récompenser ; — qu'il répugne à ce vif enthousiasme qui doit armer des Français de se prêter à cette idée que c'est aux chevaux et non aux écuyers que l'on a voulu décerner les honneurs ; — que tout, dans ces luttes, doit être sentiment, passion de la gloire, etc. »
On se faisait une singulière idée, il faut le reconnaître, du sport et de l'élevage en France sous la Révolution.

Comme il y avait 12 divisions territoriales, cela portait la subvention de l'État à $12 \times 3 \times 1.600 = 57.600$ francs, chiffre énorme, étant donnée la pénurie des ressources budgétaires.

Ce projet en resta là, et ce n'est qu'avec l'Empire que parut le premier acte officiel concernant la réorganisation des haras et des courses.

C'était désormais leur reconnaissance officielle par l'État. Mais si, d'un simple passe-temps de grands seigneurs, elles allaient devenir une des branches de la richesse nationale, c'est, hâtons-nous de le dire, à l'initiative privée seule qu'elles le durent.

CHAPITRE VIII

DE L'EMPIRE A LA FONDATION DE LA SOCIÉTÉ D'ENCOURAGEMENT (1805 A FIN 1833)

Décrets impériaux rétablissant les Haras et les Courses. — Le duc de Guiche et le comte Alexandre de Girardin. — Le Haras royal de Meudon : *Vittoria*. — Création du Stud-Bock français.

Napoléon, se rendant compte de l'influence que les courses avaient eue, en Angleterre, sur l'amélioration de la race, reprit le projet de loi soumis sans succès par Eschassériaux aux Cinq-Cents, et, par son décret du 13 fructidor an XIII (31 août 1805), rendu au camp de Boulogne, il rétablit les courses et les organisa officiellement.

Ce décret — le premier acte administratif en la matière — était ainsi conçu :

« Art. Ier. — Il sera successivement établi des courses de chevaux dans les départements de l'Empire les plus remarquables par la bonté des chevaux qu'on y élève, et des prix seront accordés aux chevaux les plus vites.

« Art. II. — A dater de l'an XIV, des courses auront lieu dans les départements de la Seine, de l'Orne, de la Corrèze, de la Sèvre, du Morbihan, des Côtes-du-Nord et des Hautes-Pyrénées.

« Art. III. — Le Ministre de l'Intérieur fera tous les règlements nécessaires, et il est chargé de l'exécution du présent décret. »

Trois prix de 1.200 francs, sur 4.000 mètres, étaient attribués à chacun de ces départements. Poids gradués suivant le sexe, l'âge et la taille, de 3 en 3 millimètres. Étaient seuls admis à courir les chevaux entiers et juments de 5 à 7 ans révolus, nés en France, et montés par des piqueurs français. Les trois vainqueurs concouraient au chef-lieu, pour un prix de 2.000 francs, et les vainqueurs de ces prix départementaux venaient ensuite disputer à Paris un prix de 4.000 francs, dénommé « Grand Prix ». La distance du Grand Prix et des prix départementaux était uniformément de quatre kilomètres, en partie liée.

Cet arrêté était suivi, le 4 juillet 1806, d'un décret — complété ensuite par celui de mai 1809 — relatif à l'établissement de haras et de dépôts d'étalons, dont nous parlerons au chapitre suivant.

Mais l'exclusivisme national — qui, sous prétexte de ne rien devoir à « l'ennemie héréditaire », supprimait l'emploi du pur sang anglais comme reproducteur — ne pouvait que nuire aux courses mêmes. En effet, au lieu de chercher à régénérer les races indigènes, on se contentait d'en récompenser les produits les moins mauvais. Dans son bon sens, et la première crise d'anglophobie passée, l'Empereur s'aperçut de l'erreur commise, et les arrêtés des 5 et 30 octobre 1810 la corrigèrent. Mais des préoccupations autrement graves allaient l'absorber, et les courses furent abandonnées en 1812, le Grand Prix n'ayant pu se courir, à différentes reprises, faute de concurrents (1).

Il faut reconnaître aussi que les efforts du gouvernement ne furent secondés nulle part par l'initiative privée, et qu'en province les tentatives impériales ne rencontrèrent pas un meilleur sort qu'à Paris, même dans les centres d'élevage renommés, comme la Normandie, les Hautes-Pyrénées, la Bretagne et le Limousin (2).

La Restauration, à son tour, reprit et perfectionna l'œuvre de

---

1) Combien de fois, de 1806 à 1819, le Grand Prix fut-il couru? Il est impossible de le dire. Les seuls vainqueurs, dont on retrouve trace sont : en 1809, une jument à M. de la Bachelerie, et, en 1812, *Seine*, à M. Destillières.

Ces courses étaient parfaitement ridicules d'ailleurs, les conceptions sportives de l'Empereur étant empreintes d'un tel esprit militaire qu'elles ressemblaient bien plus — au dire des Anglais qui y assistèrent — à des revues de gendarmes qu'à des luttes hippiques. La fête était présidée par le Ministre de l'Intérieur, entouré d'une garde d'honneur. L'hippodrome était gardé par une forêt de baïonnettes. Les gens de police à cheval galopaient sur la piste derrière les concurrents, quand ils ne les devançaient pas au but. Hommes et chevaux tombaient à l'envi, et le tout finissait au son des trompettes!...

2) Au Pin, les éleveurs mirent si peu d'empressement que, malgré les prix offerts par l'Administration, elles durent être retardées d'année en année, jusqu'en 1819.

Même désintéressement public, à Tarbes et à Limoges; ailleurs, elles étaient conçues d'une telle façon, que mieux eût valu ne pas les instituer. C'est ainsi par exemple, qu'à Saint-Brieuc, choisi parmi les onze chefs-lieux de l'ancienne Armorique, pour l'établissement des courses, l'hippodrome était déplorable : une longue piste droite, sur la grève qui aboutit à la vieille tour de Clisson, à une lieue de la ville, au bout de laquelle on était obligé de contourner un poteau, exercice aussi dangereux qu'impraticable en vitesse, ce qui obligea à accorder une tolérance de temps pour le parcours.

Ou encore, les allocations étaient tellement minimes, qu'elles demeuraient sans attrait. C'est ainsi que les prix — pour les courses instituées, en 1810, dans les Bouches-du-Rhône, les Pyrénées-Orientales, les Landes, la Vendée, la Côte-d'Or et les Ardennes — n'étaient que de 300 francs, avec un seul prix départemental de 600 francs.

Napoléon Ier, et bien qu'on trouve trace de courses en septembre 1815 (1), ce ne fut qu'à dater de 1819 que le prix Royal (ex Grand Prix) devint régulier et se disputa dès lors sans interruption — sous les noms successifs de Grand Prix Royal, National et Impérial, suivant les changements de régime — jusqu'en 1861, où il fut supprimé et remplacé par le Grand Prix de l'Empereur, devenu prix Gladiateur, en 1869.

En cette année 1819, une certaine solennité s'attacha aux courses du Champ-de-Mars, qui eurent lieu les 21 et 22 août. Trois pavillons avaient été élevés dans la partie occidentale, ainsi que le rappelle M. Ed. Maindron dans son ouvrage *Le Champ-de-Mars* : celui de droite était occupé par le duc d'Orléans et sa famille; celui de gauche, par le chargé d'affaires de la Porte-Ottomane et sa suite; celui du milieu, par le Préfet de la Seine, qui présidait la réunion, l'Intendant militaire et les juges des courses. Deux pavillons avaient été construits pour les invités de la Ville de Paris.

Les courses, commencées à une heure et demie, durèrent à peine une heure. Elles étaient au nombre de trois : deux prix d'arrondissement de 1.200 francs chacun, qui furent remportés par une jument à M. Drake et une à M. Legrand, et un prix principal de 2.000 francs, qui revint à *Lattitat*, au comte de Narbonne.

Ces trois chevaux se présentèrent, le lendemain, dans le prix Royal de 4.000 francs, et ce fut *Lattitat* qui triompha.

« La course terminée, écrit un journal de l'époque, Madame et les Princes ont quitté leur tribune, et, en rejoignant leurs voitures, le

---

(1) Le document suivant montre ce qu'étaient les courses à cette époque :

COURSES DE CHEVAUX

Elles ont lieu au Champ-de-Mars, et l'on conviendra qu'aucun emplacement ne pouvait être mieux choisi.

« Les courses préparatoires, dans lesquelles les chevaux, pour être admis à concourir, sont tenus de franchir un certain espace dans un temps donné, se font ordinairement le 8 septembre, et les courses pour le prix de 1.200 francs ont lieu le 11 et le 12 du même mois. Deux ou trois jours après, si le temps ne s'y oppose pas, les chevaux vainqueurs à Paris courent avec ceux des départements pour disputer le prix de 2.000 francs; et, le dimanche suivant, les uns et les autres entrent encore en lice pour le Grand Prix de 4.000 francs. Les chevaux et juments destinés à courir doivent être d'origine française.

« Lorsque le signal est donné, chaque concurrent s'élance dans l'arène, et il est rare que le vainqueur emploie plus de quatre à cinq minutes à parcourir deux fois la circonférence du Champ-de-Mars, évaluée à mille huit cents toises.

« Ces courses, qui commencent à obtenir beaucoup de faveur en France, ont pour spectateurs presque tous les habitants de la capitale.

« L'année dernière, elles ont été honorées de la présence d'une partie de la famille royale, et d'un grand nombre d'Anglais de marque, qui ont paru ne pas en être mécontents.

« Au moyen des précautions prises par la police et les ordonnateurs des courses, il arrive peu d'accidents; on doit cependant recommander aux curieux de ne point y amener de chiens, qui en sont presque toujours la cause.

(*Almanach des Plaisirs de Paris et des communes environnantes;* Paris, 1815.)

jockey qui avait monté le vainqueur le présenta à LL. AA. RR; Monsieur, avec son affabilité ordinaire, a parlé à cet homme d'une façon flatteuse. »

Dès l'année suivante, l'arrêté du 17 mars 1820 portait à 6.000 francs l'allocation du prix Royal, qui était réservé aux chevaux de 4 ans et au-dessus nés en France, et ne pouvait être gagné deux fois par le même cheval; en même temps, il fixait la taille et les poids des chevaux dans les courses régionales, et indiquait l'indemnité de voyage à laquelle avaient droit les compétiteurs de province qui venaient disputer le prix Royal à Paris.

Heureuse époque — qui ne durera guère, d'ailleurs — où l'État payait jusqu'aux frais de route des chevaux qui se dérangeaient pour venir gagner ses prix (1).

En 1823, est créé le *prix du Dauphin* (1.200 francs espèces et une coupe d'argent de la valeur de 800 francs), offert par l'héritier du trône.

En 1824, en vue de développer les ressources indigènes et d'y donner par là un encouragement efficace, une ordonnance promet aux éleveurs que la remonte de la maison royale et des quatre compagnies des gardes du corps — que le goût pour les races étrangères avait fait recruter en Allemagne, depuis le début de la Restauration — se ferait à l'avenir en France (ce qui n'empêchera pas Louis-Philippe, une fois sur le trône, de continuer à faire venir d'Allemagne la plupart de ses chevaux de selle et de voiture).

Mais c'est surtout sous Charles X qu'une impulsion plus vigoureuse est donnée aux choses du sport et de l'élevage. Que n'était-on d'ailleurs en droit d'attendre du Prince qui, avant la Révolution, avait été le véritable promoteur des courses et du pur sang en France!.. Comme aux derniers jours de la Monarchie, tout était, du reste, redevenu à l'anglomanie.

C'est d'abord l'arrêté du 16 mars 1825 — précurseur de la création du Stud-Book — qui classe les chevaux en deux catégories : ceux nés de père et mère français et ceux nés de père et mère étrangers.

Puis, la même année, l'institution du *prix du Roi* (d'une valeur de 4.000 francs, portée à 6.000 francs en 1828, payée sur la cassette particulière du monarque) et d'un *second prix Royal* de 5.000 francs. (Le premier, créé en 1819, prend alors le nom de *Grand Prix Royal*.)

Ces modestes allocations, qui nous font sourire aujourd'hui, n'en étaient pas moins considérées à l'époque comme des encouragements vraiment royaux, et elles ajoutèrent un grand lustre à la réunion de 1825, qui fut particulièrement brillante, ainsi que le rapportent les gazettes (2).

---

(1) Cette indemnité était de 1.000 francs, pour les chevaux de la région des Hautes-Pyrénées; 900 francs, pour la Gironde; 600 francs, pour la Haute-Vienne et 300 francs, pour l'Orne.

(2) « Ces courses, écrit l'une d'elles, remarquables par la beauté des chevaux qui ont disputé les prix et par la vitesse et la qualité que ces animaux ont

De nos jours, après le Grand Prix, le Chef de l'État se fait présenter le propriétaire du gagnant. Alors « les chevaux des vainqueurs furent couronnés au bruit des fanfares par le Ministre de l'Intérieur ».

L'État, en ces temps-là, était éleveur propriétaire tout comme M. Vanderbilt ou M. Edmond Blanc en ce moment. En plus de la jumenterie de Pompadour, il possédait le haras du Pin, dont les produits couraient en public. Mais, ce qui donna une plus grande impulsion encore aux courses, ce fut la fondation du haras royal de Meudon où — avec l'étalon *Rowlston* (par Camillus et Miss Zilia, par Sir Peter), importé en 1827, comme sire — le Dauphin avait un établissement d'élevage et une écurie de courses, sous l'habile direction du duc de Guiche.

Colonel de cavalerie, le duc de Guiche avait été un des premiers, avec le comte Alexandre de Girardin, grand-veneur de la Cour, à préconiser — sans succès, d'ailleurs, l'Administration des Haras y étant opposée, comme nous le verrons plus loin — la régénération des races indigènes par le pur sang anglais, dans une brochure où se trouvent en germe tous les principes qui ont été appliqués depuis (1).

L'élevage royal de Meudon tenait alors la tête. En 1823, *Neel* (Don

---

déployées, ont été favorisées par un temps magnifique. Elles avaient attiré un grand nombre de spectateurs.

« On a pu voir, par les sentiments que les propriétaires des chevaux qui ont figuré ont manifestés dans cette circonstance, combien leur émulation était vivement excitée et combien était grande leur reconnaissance envers le Roi et envers le Dauphin pour la bienveillance si marquée et si généreuse avec laquelle ils daignent encourager leurs efforts pour l'amélioration de nos races de chevaux. »

La réunion comprenait quatre journées de courses, auxquelles assistèrent le Roi, le Dauphin, la Dauphine et toute la Cour, ainsi que le Préfet de la Seine, président du jury, les fonctionnaires des Haras, etc.

Le 25 août, on disputa les trois prix d'arrondissement de 1.200 francs, entre chacun desquels eurent lieu des courses « de chevaux lapons de quatre pieds au maximum, montés par des enfants de 12 à 15 ans ».

Le 30, le prix principal de 2.000 francs. Le 4 septembre, le prix de 5.000 francs, gagné par *Olga*, à M. Grimwood, et le Grand Prix Royal de 6.000 francs, gagné par *Lucy*, au duc d'Escars. Enfin, le 8, le prix du Dauphin, qui fut pour *Tigresse*, et le prix du Roi, qui se composait du prix du Roi proprement dit (2.500 francs espèces et un vase d'une valeur de 1.500 francs) et d'un prix subsidiaire (1.200 francs espèces et une coupe de 300 francs). Ce furent encore trois pouliches qui triomphèrent, *Tigresse*, *Miss* et *Sémiramis*.

(1) AGÉNOR DE GRAMONT, DUC DE GUICHE, *De l'amélioration des chevaux en France* (Paris, 1829).

Le comte Alexandre de Girardin avait été le héros, pendant la campagne de Russie, de l'aventure suivante, que rapporte Eugène Chapus :

Il était alors général de brigade et aide de camp du maréchal Berthier, prince de Neuchâtel. Étant entré à Witepsk, il avait eu connaissance d'un manuscrit d'un roi Boleslas, qui relatait la guerre que lui aussi avait entreprise contre les Moscovites, dans des conditions dont l'analogie avec celles où se trouvait l'armée impériale était frappante. Il attribuait la cause de sa défaite bien plus au manque de vivres qu'à la résistance opposée par les ennemis.

Un soir que, dans une pièce contiguë à l'appartement de l'Empereur, il s'entretenait avec le maréchal Berthier de la détermination que Napoléon allait prendre, M. de Girardin dit qu'au point où les choses se trouvaient, l'on irait

Cossack et Crystal) avait remporté le prix Principal et le Grand Prix Royal sur *Rozières*, à M. Drake, à qui le roi avait d'ailleurs accordé le prix ; l'année suivante, *Pénélope*, une autre fille de Don Cossack, avait encore triomphé dans les deux mêmes épreuves. Mais ce fut surtout la fameuse *Vittoria* (Milton et Géane), qui porta au comble la gloire du haras de Meudon, par ses brillantes victoires, en 1828, sur les chevaux de lord Henry Seymour, dont un vainqueur des Deux mille Guinées (1).

Ce grand seigneur anglais avait fait son apparition sur le turf l'été précédent. On sait le rôle prépondérant qu'il allait jouer dans l'histoire des courses en France. Nous nous réservons de revenir en détail, dans le chapitre suivant, sur sa carrière si utile pour notre pays, si glorieuse et si fâcheusement interrompue par le déni de justice que sa dignité ne lui permit pas de supporter et qui le poussa à une retraite prématurée.

Signalons, en cette même année 1828, l'apparition du *Journal des Haras*, le premier organe hippique.

A côté du Haras royal de Meudon, l'État entretenait les haras du Pin, de Pompadour et de Rozières (Ardennes).

L'initiative privée n'était pas en reste avec le Gouvernement. Sans compter M. de Rieussec, qui, depuis 1805, faisait de l'élevage au Buc, près de Versailles, puis à Viroflay, où il avait importé *Rainbow* (Walton et Iris) et *Félix* (Comus), et lord Henry Seymour, qui avait son écurie de courses à la Porte-Maillot et son haras à Sablonville, avec *Royal-Oak* (Catton et une fille de Smolensko) comme étalon, on peut

---

en avant et qu'un pareil mouvement menaçait l'armée des plus grands dangers. Le maréchal contestait, quand Napoléon entra tout à coup dans la chambre. Il avait tout entendu, et, s'adressant brusquement au comte : « Qui vous a dit que mon intention était de m'avancer ? » — « Sire, une armée n'a que trois choses à faire : aller en avant, rester ou reculer. Vous n'êtes pas venu pour retourner en arrière ; vous ne pouvez rester puisque vous manquez de vivres ; vous irez donc en avant. »

(1) *Vittoria*, ayant triomphé, dans le prix Royal, du représentant de lord Seymour, celui-ci amena d'Angleterre *Link-Boy*, qu'il matcha sur 4.000 mètres, en partie liée ; il fut battu dans les deux manches, où il rendait d'abord 12 livres, puis seulement le sexe à la jument. Pour venger ce nouvel échec, lord Seymour fit venir *Turkoman* (Selim et Pope Joan, par Waxy), vainqueur des Deux mille Guinées, qui ne fut pas plus heureux sur la même distance, dans un match de 5.000 francs, en rendant une année deux livres et le sexe.

La rencontre eut lieu le 15 octobre, à 2 heures, au Champ-de-Mars. Le Tout-Paris Sportif de l'époque était là. *Vittoria* mena toute la course et gagna de deux longueurs. Le retentissement de cette première victoire française fut très grand en Angleterre où, dans leur dépit, certains journaux, comme le *Sporting Magazine*, décrièrent à l'envi la qualité de *Turkoman*.

Lord Seymour n'accepta pas cette nouvelle défaite et il lança un défi de 25.000 francs, toujours avec *Turkoman*, mais à poids pour âge, cette fois, distance au choix du comte de Guiche. Celui-ci, qui était au camp de Lunéville, où il commandait une division de cavalerie, tarda à répondre. Quand son acceptation parvint à lord Seymour, il y avait quarante-huit heures qu'il avait vendu *Turkoman* à M. Payne, qui l'avait ramené en Angleterre.

encore citer : — le comte de Tocqueville, qui s'occupait principalement
de l'élevage du cheval arabe et qui possédait, dans son domaine de
Gueures, près de Dieppe, un hippodrome privé alors célèbre ; — le duc
Descars, primitivement fixé à La Source (Sarthe), qui venait de
transférer son établissement au château de La Roche (Vienne), avec
un étalon anglais *Troley* (Walton), et le barbe *Sidi Mahmoud* ; — M. J. G.
Schickler, à La Celle Saint-Cloud, avec *Tandem*, ex *Multum in parvis*,
qui servait également à M. H. Crémieux, pour son haras de Madrid,
au Bois de Boulogne ; — Fasquel, avec un établissement modèle à
Courteuil, près de Senlis ; — Hémard, à La Charmoye (Epernay) ; — de
Kertangui, à Saint-Georges (Morlaix) ; — le comte de Narbonne, de
Royères, de la Bastide, Delarroque père et fils, etc., qui avaient de
nombreux chevaux à l'entraînement (1), et jusqu'à ce funambulesque
abbé de Pradt, archevêque de Malines, qui se faisait fort de « produire
à volonté des chevaux de la taille, de la forme et de la couleur désirées »,
bien qu'il ne soit fait mention nulle part de ses singuliers produits !

Du début du siècle à l'année 1833, il avait été importé, en France, une
centaine d'étalons anglais, la plupart par l'Administration des Haras,
pour les croisements qui lui étaient chers.

En dépit des résultats extraordinaires obtenus depuis une centaine
d'années par l'Angleterre, cette Administration avait décrété que le
pur sang était une utopie, et les éleveurs français, ignares et routiniers,
la croyaient sur parole.

Aussi, à l'exception de lord Seymour, de M. de Rieussec et du duc
de Guiche, nul, pour ainsi dire, ne se souciait de *faire* le pur sang.

Ajoutons que, l'Administration étant seule alors à organiser les
courses, force était aux propriétaires de se plier à ses lois, si néfastes
fussent-elles. C'est du reste l'erreur fondamentale de cette conception,
due à l'obstination incompréhensible des chefs des Haras, qui paralysait le développement des courses, par la médiocrité des sujets
qui les disputaient, car nous venons de voir que, en dépit de la modicité des prix et de leur nombre restreint (2), ce n'était ni les pro-

---

(1) Les écuries de lord Seymour et de M. de Royères comptaient, chacune,
une cinquantaine de chevaux. Vingt-cinq autres en avaient de 15 à 25. Voici les
principales d'entre elles, avec, en italiques, les noms des meilleurs chevaux,
pendant la période qui s'étend des dernières années de la Restauration jusqu'à
la fin de 1833 :
Duc des Cars, *Lucy*, — comte de Castellane, — Crémieux, *Zéphyr*, — Delarroque, père et fils, — Desmaisons de Bonnefond, — Drake, *Lark*, — Duplessis,
Lily, — Haras royal de Meudon, *Nell*, *Sylvio* et la célèbre *Vittoria*, — Haras du
Pin, *Castham*, *Snail*, *Tigris*, — Husson, — Kergariou, — de La Bastide, — de La-
place, — Lecomte, — Lemeur, — Comte de Narbonne, — Neveu, *Cérès*, —
Comte d'Orsay, *Malvina*, — J. Rieussec, *Félix*, *Georgina*, *Tigresse*, — lord
H. Seymour, *Clérino*, *Eglé*, *Dubrica*, *Ernest*, *Lionnel*, — de Royères, — de
Vanteaux, etc.

(2) Les principales épreuves du Champ-de-Mars, alors le seul hippodrome
de la région parisienne étaient :
Le Grand Prix Royal, 4.000 francs, en 1819, 6.000, de 1820 à 1835 ; — le Prix
du Roi, 4.000, en 1825, 6.000, en 1828, qui deviendra le Grand Saint-Léger, en

priétaires ni les chevaux qui manquaient, bien au contraire. Ces éléments eussent été plus que suffisants pour assurer le succès de la nouvelle cause, si son organisation même n'eût péché par la base. Aucune direction générale ne présidait au mouvement, la diversité

1840; — le prix Royal, 5.000 francs; — le prix du Dauphin, 3.000, fondé en 1823 et remplacé par le prix du Prince Royal, 1830 à 1840; — le prix d'Orléans 3.000, 1831 à 1848; — quelques prix d'Arrondissement, de 1.200, et prix Principaux, de 2.000 francs.

En province, des prix Principaux de 2.000 francs au Pin (1819), Bordeaux (1820), Aurillac (1825), Limoges et Tarbes (1826), Nancy et Saint-Brieuc (1829).

On comptait encore un prix Royal de 4.000 francs à Aurillac (1825) et, à Bordeaux, le prix de Mme la Dauphine, 2.000, créé en 1828, et remplacé en 1831, par le prix d'Orléans, 2.500 francs.

La pénurie des prix poussait les propriétaires, soit à organiser des Poules — on trouve souvent des épreuves de ce genre : « 12 bouteilles de champagne et une poule de 25 napoléons », — soit à courir des paris particuliers. Ceux-ci sont fort nombreux et importants et dépassent de beaucoup le montant des prix officiels. En 1828, par exemple, ceux qui furent disputés au Champ-de-Mars ou à la Porte-Maillot n'atteignent pas moins de 157.000 francs contre 38.000 francs de prix. L'enjeu varie de 2.000 à 12.000 francs.

Le tableau suivant — extrait de *La France chevaline* (*Institutions hippiques et études hippologiques*), de E. Gayot, Paris, 1850 — montre l'importance respective des prix offerts et des paris particuliers pendant les six années qui précèdent la création de la Société d'Encouragement. Il indique aussi, chaque année, les principaux propriétaires gagnants, parmi lesquels lord Seymour se taille la part du lion.

ANNÉES	NOMBRE des courses.	PRIX OFFERTS par le Gouvernement.	PRIX OFFERTS par la Famille Royale.	PRIX résultant de paris particuliers.	TOTAL	PRINCIPAUX PROPRIÉTAIRES GAGNANTS		
1828	46	19.000	9.000	157.000	185.000	Lord H. Seymour.... Duc de Guiche...... Crémieux aîné...... Colonel Charrette...	19 prix. 4 — 9 — 6 —	66.000 fr. 48.800 — 34.700 — 21.300 —
1829	24	19.000	9.000	67.150	95.150	Lord H. Seymour.... De la Bastide........ Crémieux aîné......	7 — 3 — 6 —	41.550 — 19.000 — 9.400 —
1830	25	19.000	9.000	40.500	68.500	Lord H. Seymour.... Comte d'Orsay...... Ch. Laffitte.........	8 — 4 — 3 —	17.900 — 15.200 — 10.000 —
1831	15	19.000	9.000	13.700	41.700	Lord H. Seymour... Vicomte Odoard..... S. M. Louis-Philippe.	6 — 2 — 3 —	16.200 — 10.200 — 6.000 —
1832	25	19.000	9.000	34.700	62.700	Lord H. Seymour... Rieussec........... Delarroque.........	10 — 3 — 2 —	26.100 — 8.000 — 7.200 —
1833	22	19.000	9.000	25.125	55.025	Lord H. Seymour... Rieussec...........	8 — 6 —	21.650 — 19.500 —

même des efforts individuels — tant en ce qui concernait l'amélioration de la race que la nature des épreuves à instituer — en annulait la portée. On cherchait, on tâtonnait, sans savoir ce qu'il fallait préférer, du pur sang ou du demi-sang, de l'arabe ou des races étrangères, des courses plates ou des courses à obstacles (1).

En 1831, à l'occasion de la fête donnée, le dimanche 22 mai, au

Courses de chevaux en liberté.

Champ-de-Mars, en l'honneur de la garde nationale, on avait même organisé des courses de chevaux en liberté, renouvelées de celles qui eurent lieu sous Néron et qui se perpétuèrent à Rome et à Florence, au moment du carnaval, jusqu'à la fin du XIXe siècle.

---

(1) Le 4 août 1825, avait eu lieu un match sensationnel entre deux chevaux cosaques soigneusement choisis, et deux pur sang, très ordinaires, *Sharper* et *Mina*, qui leur rendaient 42 livres, sur 40 miles (64 kilomètres). Les cosaques prirent d'abord l'avantage. Dès le départ, en effet, une des étrivières de *Sharper* se rompit ; il se déroba, entraînant avec lui *Mina*, et perdant de ce fait près d'une lieue.
Arrivés au but qui marquait la première moitié du parcours, les deux anglais étaient en bon état, ainsi que l'un des cosaques ; l'autre était déjà hors d'affaire. Au retour, *Mina* tomba boiteuse et dût s'arrêter. *Sharper* continua seul et gagna de huit minutes.
Outre que les réunions de plat comportaient presque toujours des courses de barrières ou de haies, toutes les tentatives particulières qui furent faites, en effet, en dehors de Champ-de-Mars, ne s'appliquaient qu'aux steeple-chases.
C'est ainsi qu'au parc du Raincy — que le duc d'Orléans avait choisi parce qu'il était clos et que le public n'y avait pas accès — on avait tracé un parcours assez difficile. Un accident grave signala le Grand Prix, qui fut gagné par *Toy*, monté par M. Le Couteulx, sur *Alexander*, piloté par M. d'Hédouville. A la douve sèche, qui était fort large, le comte Walewski, sur *Terragone*, au comte de Morny, fit panache et resta près de six heures sans reprendre connaissance. Il se remit cependant de cette terrible chute, mais l'affaire transpira et fit un bruit tel qu'i

Quelques semaines plus tard, à la fête du Roi, les courses de chevaux, régulières cette fois, étaient agrémentées de courses à pied qui se disputaient simultanément, non plus sur des pistes concentriques, comme à la Révolution, mais dans le grand axe de l'hippodrome (1).

En un mot, on *pataugeait* lamentablement, et les courses, bien qu'à peine nées, n'eussent pas manqué de disparaître au milieu de toutes ces contradictions, sans le concours précieux que leur prêtèrent, à l'avènement de Louis-Philippe, le jeune duc d'Orléans et, surtout, lord Henry Seymour.

Louis-Philippe n'était guère partisan des courses, bien que, dans le but de rallier à sa cause la jeunesse élégante, il laissât toute liberté à ce sujet à son fils, le duc d'Orléans. Il avait dû s'en occuper cependant (ordonnances des 31 octobre et 1er décembre 1832) et avait même envoyé Thiers en Angleterre, avec mission d'étudier le système anglais en vue d'établir un livre des naissances.

D'où la fameuse ordonnance du 3 mars 1833, prescrivant la création d'un registre matricule ou STUD-BOOK FRANÇAIS, pour l'enregistrement, avec leur généalogie, des chevaux de pur sang anglais, nés ou importés en France, et instituant, en même temps, une Commission spéciale, qui fonctionna régulièrement à partir de 1838.

Sous l'ancienne monarchie, on avait couru et sur quels terrains! aux Sablons, à Fontainebleau, à Vincennes.

Le CHAMP-DE-MARS, qui les avait remplacés, ne valait guère mieux. Construit en 1770, pour les exercices des élèves de l'École Militaire, il offrait un sol aride, dur et nu, qui se transformait en marécage par les temps de pluie, et où pataugeaient à l'envi piétons et chevaux.

vint jusqu'aux oreilles du roi, et que ce fut la mort de l'hippodrome du Raincy. Puis, c'est une course au clocher, près de Jouy-en-Josas, où Charles Laffitte avait monté un équipage pour chasser le daim dans la vallée de la Bièvre. Lord Pembroke, le comte Demidoff, Édouard Ney, de Vaublanc, de Normandie, de Perrégaux, etc., qui étaient très assidus à ces rendez-vous, où venaient également les princes d'Orléans. La première course au clocher qui y fut courue le 7 avril 1836, réunit neuf partants et revint à *Mayfly*, montée par son propriétaire, M. de Vaublanc. Mais ces épreuves — bientôt signalées par des accidents du genre de celui qui avait marqué le steeple-chase du Raincy — ne se renouvelèrent plus que rarement.

On courut encore des courses au clocher à La Croix-de-Berny : le 2 avril 1841, le baron Le Couteulx, sur son cheval *Reveller*, y gagnait un prix de 7.000 francs ; en 1846 et 1847, on y disputa des steeple-chases de 12.000 francs, puis ce genre d'épreuves passa de mode et ne retrouva sa vogue que sous le second Empire, aux réunions de La Marche.

(1) La curieuse gravure ci-contre que nous devons à l'obligeance de M. P. Tissandier de pouvoir reproduire, montre combien les spectateurs étaient rares. On remarquera aussi que le juge à l'arrivée se tenait alors modestement sur la pelouse, en contact avec le public, à deux pas de montagnes russes improvisées...
La mire dont il se servait différait sensiblement de celle qui est en usage de nos jours sur les champs de courses.

COURSES DE CHEVAUX ET COURSES A PIED, POUR LA FÊTE DU ROI.
(Champ-de-Mars 1831.)

Collection de M. Paul Tissandier.

Pour ceux-ci, nul abri. La largeur et la configuration de la piste étaient telles, qu'il eût été dangereux d'y faire courir plus de quatre chevaux à la fois. Elle était délimitée par des cordes et passait au pied de l'École Militaire, devant laquelle se trouvaient l'arrivée et les tribunes (1).

Qui sait ce qu'il fut advenu du sort des courses sur un tel hippodrome, quand un hasard vint les révolutionner et faire plus pour leur développement que tous les efforts tentés jusqu'alors.

Depuis la mort tragique du dernier des Condés (2), le château et la forêt de Chantilly étaient complètement abandonnés, lorsque le prince Lobanoff obtint la permission d'y envoyer son équipage de chasse.

Un jour qu'en compagnie de ses amis, MM. de Normandie, d'Hédouville, de Wagram et de Plaisance, ils traversaient à cheval la vaste pelouse gazonnée qui s'étend devant le château, l'élasticité du terrain

---

(1) Ces tribunes n'étaient que de hideuses et incommodes baraques, que le beau monde envahira, cependant, surtout aux réunions de printemps. Les *pelousards* n'existaient pas encore, et le peuple qui venait aux courses se contentait de monter sur les talus qui environnaient l'hippodrome. Pendant de nombreuses années, il ne manifestera que peu d'enthousiasme pour ces luttes hippiques, auxquelles il sera longtemps du reste avant de comprendre grand'chose, et qu'il ne commencera à suivre assidûment que lorsque le jeu fera son apparition. Il ne faut pas se le dissimuler, en effet, le Français — au contraire de l'Anglais qui aime les courses pour les luttes du sport — ne voit en elles qu'une occasion de spéculation, et elles ne se sont développées chez nous que parallèlement aux paris.

Il est juste de reconnaître qu'à l'origine, l'organisation très rudimentaire des réunions ne permettait guère au public de s'intéresser aux courses, dont les résultats mêmes lui échappaient. « J'ai déjà constaté — écrit ingénument M. Armand Séguin, « membre correspondant de l'Académie Royale des Sciences », dans une plaquette, aujourd'hui introuvable, publiée en 1822, sous le titre *Observations sur les Courses du Champ-de-Mars*, — qu'il était très important pour la vivification de l'institution des courses, non seulement de mettre le public préalablement dans la confidence des éléments d'organisation de chaque course (ce qui heureusement se fait depuis l'année dernière), mais, de plus, de le mettre instantanément après la terminaison de chacune d'elles, dans la confidence de ses résultats détaillés, dont la majorité des spectateurs n'a connaissance que par les journaux du lendemain, alors que déjà l'exaltation de l'intérêt est presque totalement refroidie. » Et l'auteur, après avoir constaté le mal, proposait, non moins ingénument, « comme moyen pratique d'y remédier, d'arborer sur le point de mire, après chaque manche — car toutes les courses étaient alors en partie liée — une oriflamme à la couleur du jockey du cheval arrivé premier. De plus, des sonneries successives (de trompette pour les minutes; de cor pour les secondes; de cornet d'infanterie pour les fractions de seconde) auraient indiqué le temps mis par ce cheval à couvrir la distance ».

Ce moyen « pratique » a été avantageusement remplacé de nos jours par le simple affichage, dans l'ordre d'arrivée, des numéros des chevaux placés par le juge.

(2) Le prince de Condé (Louis-Marie-Joseph, duc de Bourbon) était âgé de 74 ans. Étant en résidence à son château de Taverny, il fut étranglé, dans la nuit du 26 août 1830, à l'instigation de sa maîtresse, l'Anglaise Sophie Dowes, créature dévouée des d'Orléans, épouse séparée du baron de Feuchères, colonel dans la garde royale.

les engagea à organiser une poule. Elle fut courue séance tenante et gagnée par M. de Normandie, le futur président du Jockey-Club.

Ce n'eut été là qu'une de ces courses particulières comme il s'en disputait tant à cette époque entre amateurs, si, depuis plusieurs mois, les partisans des principes anglais, sous l'impulsion de lord Henry Seymour, qui en avait eu le premier l'idée, n'avaient groupé des adhérents, élaboré un programme et un règlement de courses que, seule l'indécision où ils étaient du choix d'un nouvel hippodrome, les avait empêchés jusque-là de mettre à exécution.

Les uns penchaient, en effet, pour Versailles, d'autres pour Vincennes, d'autres enfin pour Maisons-sur-Seine (qui deviendra Maisons-Laffitte), en raison des avantages consentis par la municipalité de l'endroit, qui offrait aux propriétaires des chevaux vainqueurs, 450 toises de terrain, au choix, dans le parc.

Ils en étaient là de leurs hésitations — aucun des hippodromes projetés ne les satisfaisant complètement — quand, au retour de cette partie de chasse à Chantilly, et de la course qui l'avait suivie, M. de Normandie leur vanta les avantages et l'heureuse disposition de la pelouse, la beauté du site et l'élasticité du sol, si propres à l'établissement d'un hippodrome semblable à ceux d'Angleterre.

Il n'en fallut pas plus. Avec l'appui du duc d'Orléans, ils jetèrent les bases d'une réunion de courses pour le printemps suivant, arrêtèrent leur programme, et, dans une dernière séance, tenue au Nouveau Tivoli, le 11 novembre 1833, ils constituèrent définitivement leur association sous le nom de Société d'Encouragement pour l'amélioration des races de chevaux en France

CHAPITRE IX

L'ÉLEVAGE EN FRANCE

L'élevage du cheval en France. — La Féodalité. — L'édit du 17 octobre 1665. — L'Administration des Haras. — Le règlement du 22 février 1717. — La prospérité avant la Révolution. — Le décret du 4 juillet 1806. — La Restauration.

Le 11 novembre 1833 est la date capitale de l'histoire des Courses et de la régénération de la race chevaline en France. C'est celle, en effet, de la fondation de la « Société d'Encouragement pour l'amélioration des races de chevaux en France », plus communément appelée tout court la « Société d'Encouragement », titre abrégé sous lequel nous la désignerons à l'avenir.

Jusque-là, les diverses tentatives faites en vue d'améliorer l'élevage national, d'abord par le gouvernement de Louis XVI — tentatives particulièrement intéressantes et qu'annihila la Révolution, — ensuite par l'Empire, puis par la Restauration, et, enfin, par Louis-Philippe, n'avaient pu remédier à l'indifférence et à l'incurie publiques. Ces efforts, il faut bien le dire, manquaient d'unité, de précision. Ils étaient effectués sans méthode ou, plutôt, les méthodes étaient si contradictoires, qu'il eût été difficile à l'éleveur de s'y reconnaître.

Sous Louis XVI, le pur sang anglais est à la mode ; sous l'Empire, on ne veut plus en entendre parler ; la Restauration y revient, mais l'Administration des Haras — omnipotente en fait de courses et d'élevage — y est violemment opposée.

Qu'était-ce donc que cette Administration, si puissante que son action tenait en échec celle même du Gouvernement?

Un court historique de l'élevage du cheval en France est ici nécessaire.

Jusqu'à la Féodalité, nous ne trouvons aucun document précis sur ce point, en dépit du rôle important du cheval dans les guerres. Il semble même que pas plus les rois que les particuliers ne s'intéressassent à la question, et que l'on se contentait tout simplement de tirer des pays voisins, au fur et à mesure des besoins, les chevaux nécessaires. Pas de races indigènes en France. Les premières croisades avaient fait connaître la race orientale — dont l'Angleterre tirera le parti que l'on sait — alors que partout ailleurs elle sera croisée avec les races locales, au hasard et sans méthode, et sans y apporter de modifications sensibles (1).

Avec la Féodalité, au contraire, l'élève du cheval — apanage de quelques grands seigneurs qui en avaient le goût et les moyens, et pour qui c'était, en même temps, une nécessité absolue d'avoir une cavalerie nombreuse et résistante — fut des plus prospères.

En abattant la puissance et la richesse féodales, la royauté porta un préjudice énorme au développement de la race chevaline. Les haras seigneuriaux firent place, ainsi que le remarque fort judicieusement le marquis de Barbentane (2), à un élevage restreint, confié à des paysans qui n'avaient ni les connaissances techniques ni les ressources suffisantes, non seulement pour améliorer les races élevées jusque-là, mais encore pour conserver leurs qualités.

Les conséquences de cet état de choses ne tardèrent pas à se faire sentir, et, tandis que l'aristocratie anglaise, puissamment soutenue par ses divers gouvernements, développait sans cesse son élevage national, la France voyait péricliter ses races et était obligée, dès la fin du règne de Louis XI, d'avoir recours aux chevaux d'Espagne, d'Italie et d'Allemagne, pour satisfaire aux exigences de la remonte de son armée.

Le mal devint si grand que les pouvoirs publics s'émurent enfin. Henri III, Henri IV et, surtout, Louis XIII intervinrent. L'ordonnance royale de 1639 — le premier acte gouvernemental en la matière — prescrivait la création d'un haras royal. On ignore pourquoi il ne fut pas donné suite à cette décision, et ce ne fut que sous Louis XIV que l'État prit réellement la question en main.

Par l'édit du 17 octobre 1665 — que complétèrent plus tard ceux des 29 septembre 1668 et 28 octobre 1683 — Colbert, tout en fondant un haras royal au Pin (3), constituait les haras officiels, en s'appuyant sur le concours de l'industrie privée, avec participation et encouragement de l'État.

Ce document — que nous devons de pouvoir publier *in extenso* à l'obligeance de M. le général Ménessier de la Lance (voir Livre X) —

---

(1) Les expériences méthodiques tentées par Olivier, duc de Rohan, vers la fin du XIIe siècle, et dont nous avons parlé précédemment, ne furent pas poursuivies après sa mort.

(2) *Communication au 6ᵉ Congrès international d'Agriculture* (Paris, 1900).

(3) Créé pour la remonte de la grande et de la petite écurie du roi, ce haras — établi d'abord à Saint-Léger, et transporté, en 1714, dans l'élection d'Argentan — se composait d'une vingtaine d'étalons et de trois cents juments, de tous poils et de toutes races.

est d'une importance capitale. Il stipule, en effet, outre les prescriptions à suivre pour l'entretien et la monte, les conditions de fermage et les exemptions d'impôts accordées aux fermiers qui prennent en charge les étalons royaux, les peines auxquelles ils sont sujets en cas d'infraction aux règlements, etc.

« Le Roi — y est-il dit — veut prendre un soin particulier de rétablir les Haras dans son royaume, afin que ses sujets ne soient plus obligés d'aller porter leurs deniers en pays étrangers pour acheter des chevaux.

« Qu'il a fait acheter plusieurs étalons en Frise, Hollande, Danemark et Barbarie, et qu'il les fera distribuer : ceux propres aux carrosses, depuis la frontière de Bretagne jusque sur la Garonne, et les Barbes, dans les provinces du Poitou, Saintonge et Auvergne. »

Louis XIV avait, en effet, chargé le célèbre écuyer Garsault de visiter les différents pays d'Europe et d'y acheter des reproducteurs, qui furent répartis ensuite chez les cultivateurs, pour améliorer la race. Cent millions furent ainsi dépensés, dans l'espace de quarante ans, pour remonter la cavalerie indigène en chevaux étrangers. Malheureusement les guerres de la fin du règne annihilèrent les efforts tentés par Colbert pour doter la France d'un élevage national, au point que la Régence dut, à son tour, prendre de nouvelles mesures pour remédier au mal.

Le Règlement du 22 février 1717 modifiait l'organisation existante et confiait aux intendants des provinces l'administration des haras royaux à côté des haras particuliers. On créa, à la même époque, des offices de gardes-étalons, qui donnèrent lieu, par la suite, à des abus, et qui finirent par coûter fort cher (695.140 livres, en 1764).

L'élevage national n'en connut pas moins une nouvelle ère de prospérité. Au haras royal du Pin, fondé en 1714, s'ajoutèrent ceux de Pompadour, en 1745, et de Rozières, en 1767 (1). Partout, l'initiative privée seconde les efforts de l'État. A Chambord, le maréchal de Saxe établit un haras qui ne comprend pas moins de 240 étalons; le prince Esterhazy en fonde un à Rocroi, dans les Ardennes; le prince de Monaco, à Thorigny; M. Voyer d'Argenson, aux Ormes; MM. de Corlieu, de Loches, de Rougé, en Poitou; MM. de Canisy, de Coigny, en Normandie; MM. de Royère, de Jumilhac, de Nexon, de Coux, en Limousin.

« Dans la seule généralité de Limoges, écrit Maleden, il y avait, outre le haras du Roi, 160 étalons royaux donnés en garde, et 140 autres reconnus par le Gouvernement; plus un grand nombre dans les

---

(1) L'établissement du haras de Pompadour était dû à l'instigation de la marquise de Pompadour, dans le riche domaine dont elle portait le nom. Il était affecté à la reproduction de la race limousine. A la mort de la marquise, en 1764, le haras fut rattaché à la Couronne.

Le haras de Rozières avait été fondé par la Province; les Trois-Évêchés entretenaient, en outre, celui d'Arrondel. Transféré aux Deux-Ponts, en 1807; il fut rétabli à Rozières, en 1814, jusqu'à sa suppression en 1848.

haras privés, entre autres celui du comte d'Escars, que tous les voyageurs jugeaient appartenir à un souverain plutôt qu'à un particulier. » (*Réflexions sur la réorganisation des Haras*, Paris, 1803.)

A la Révolution, il existait deux haras royaux, au Pin et à Pompadour, entretenus par le trésor royal, et quinze dépôts (contenant 365 étalons) subventionnés par l'État et les provinces, et placés sous la surveillance de l'Administration. De leur côté, les gardes-étalons avaient sous leur dépendance 750 reproducteurs et en possédaient 215, qui avaient reçu le brevet d'approbation (1).

Le 29 janvier 1790, la Constituante vota la suppression des haras de l'État, et la loi du 19 septembre — votée en dépit des efforts de Mirabeau, qui en demanda l'ajournement « afin que la question fût plus mûrement approfondie » — ordonna la vente immédiate des étalons royaux, qui furent soldés à vil prix. Enfin, le 19 janvier 1791, l'Assemblée Nationale décréta que tous les baux à loyer des bâtiments et propriétés appartenant à l'Administration des Haras seraient résiliés.

Mais, devant les événements qui se déroulaient, l'initiative privée — sur laquelle on avait compté — préféra attendre. Il s'ensuivit une telle diminution dans la production chevaline, que la Convention, revenant sur la décision prise par la Constituante, décréta la création de sept dépôts d'étalons (2 germinal an II), sans que cette mesure pût remédier au mal. Les bouleversements politiques qui agitaient la France en ces temps troublés n'étaient guère faits pour inspirer confiance à l'industrie particulière, et, malgré la loi du 28 fructidor an VI, le dépeuplement devint tel que l'Empire s'alarma, et, le 4 juillet 1806, un décret — complété par celui de mai 1809, rendu au château de Schœnbrunn — ordonnait la formation de trente dépôts, devant

---

(1) L'Administration apportait déjà quelque négligence à la sauvegarde des intérêts qui lui étaient confiés, s'il faut en croire un écrivain du temps, Esprit-Paul de Lafont-Pouloti, auteur d'un *Mémoire sur les courses de chevaux et de chars en France, envisagées sous un point de vue d'utilité publique* (Paris, 1791), et d'un ouvrage d'élevage intitulé *De la régénération des haras* (Paris, 1789), dans lequel nous lisons :

« Le roi de Prusse fit acheter à Paris, l'année dernière, un étalon arabe, pour la somme de 20.000 livres ; disons à notre honte que l'Administration des Haras refusa de faire cette acquisition, et que les bons patriotes eurent la douleur de voir partir du royaume un cheval précieux qui y avait été amené par un de nos consuls dans l'espoir d'être utile à sa patrie. »

Dans le même ouvrage l'auteur s'en prend à juste titre « aux privilèges et exemptions dont jouissaient les gardes-étalons, qui sont très onéreux aux communes, parce qu'étant presque toujours de grands propriétaires le rejet de leurs impositions sur les autres contribuables cause une augmentation considérable en retombant sur le peuple ».

Les gardes-étalons jouissaient, en effet, de scandaleuses réductions d'impôts et d'exemption de charges, que l'État récupérait sur les communes. Une réglementation étroite, sanctionnée par les mesures de police et de répression les plus rigoureuses, s'étendait, en outre, sur les petits éleveurs, qu'elle paralysait littéralement par les amendes, les confiscations, voire la prison, pour la plus légère inobservation de ces règlements draconiens.

abriter 1.740 étalons, de six haras composés chacun de 100 poulinières, et de deux écoles d'expériences.

Ce décret de 1806, le premier en la matière, servira longtemps de base — en dépit des modifications partielles qui y seront successivement apportées — à l'organisation de l'Administration des Haras. A ce titre il nous a paru intéressant de rappeler le document qui remettait ainsi entre les mains de cette Administration le sort de l'élevage en France, et nous le publions *in extenso* à la fin de cet ouvrage. (Voir Livre X.)

Jusqu'à quel point ce décret reçut-il son application, il est impossible de le savoir. L'eût-il reçue intégralement, d'ailleurs, que ses effets eussent été insuffisants à pourvoir l'État de la cavalerie voulue, les guerres de l'Empire ayant nécessité une telle consommation de chevaux que force fut d'en prendre à l'étranger des quantités énormes.

A la Restauration, il existait, cependant, 1.100 étalons dans les établissements nationaux. Mais que valaient-ils, le pur sang — bête noire de l'Administration — en ayant été exclu !

Le gouvernement de Charles X rétablit le haras de Rozières (Meurthe) et créa celui de Meudon, dont nous avons parlé précédemment. Mais, en 1828, de violentes attaques semblèrent devoir ébranler l'Administration des Haras. Une commission examina minutieusement toutes les parties du service, et, dans son rapport, conclut à la nécessité de l'intervention directe de l'État. Les partisans de la liberté revinrent à la charge en 1832, et M. d'Argout obtint même la réduction du budget, la suppression de neuf dépôts d'étalons et le remplacement de l'ancien personnel par un personnel nouveau, quand l'ordonnance du 10 décembre 1833 — véritable réponse au programme de la Société d'Encouragement, fondée un mois auparavant — vint reconstituer l'Administration sur une base plus large encore et lui redonner toute son omnipotence, en plaçant à sa tête un de ses inspecteurs généraux, M. E. Gayot, homme énergique, malheureusement imbu d'idées fausses, et qui fut un des plus redoutables adversaires que la Société d'Encouragement allait trouver en face d'elle.

Donc, à l'heure même où naissait la jeune Société, à qui la France allait être redevable de la transformation complète de la race, l'Administration des Haras — maîtresse absolue des courses et de l'élevage, qu'elle dirigeait à son gré — était plus puissante que jamais.

C'est assez dire que le gâchis était général (1).

---

(1) Pour qu'on ne nous accuse pas d'opposition systématique envers l'Administration, voici ce qu'écrit à ce sujet Eugène Chapus, généralement enclin à chanter ses louanges :

« Avant la venue de la Société d'Encouragement, la question chevaline était plongée dans de profondes ténèbres ; les sujets et les méthodes n'avaient aucune base fixe ; ils se contredisaient, ou, plutôt, il n'y avait pas de système. La routine et la fantaisie prévalaient, aussi bien dans les établissements publics, dans les haras du Gouvernement, que chez les éleveurs particuliers, dont le nombre était infiniment petit. Dans son ouvrage *Des institutions hippiques*, un inspecteur

Ce qu'aucun gouvernement n'avait pu ou su faire jusqu'ici, douze hommes jeunes, actifs, intelligents, novateurs, allaient le réaliser, et c'est leur honneur que d'avoir, prenant résolument pour exemple l'Angleterre, fixé définitivement l'orientation à donner à l'élevage et développé — en dépit de toutes les critiques, de toutes les railleries, de toutes les attaques et de toutes les oppositions plus ou moins intéressées à son échec — cette nouvelle branche, devenue si importante, de la richesse nationale.

général (E. Gayot), a tracé lui-même le triste et affligeant tableau des fluctuations, des changements de méthodes et de systèmes, des vicissitudes enfin, qu'a subis l'institution des Haras. »

Il est difficile de mieux peindre l'œuvre de désorganisation créée par la dite institution ; et, pour une fois, nous sommes parfaitement d'accord avec l'un de ses grands chefs.

CHAPITRE X

LA SOCIÉTÉ D'ENCOURAGEMENT

La Société d'Encouragement. — Ses fondateurs. — Son programme. — Le Jockey-Club.

Le premier Comité de la Société d'Encouragement — fondée sous le patronage des ducs d'Orléans et de Nemours, qui en étaient membres d'honneur — se composait des douze membres suivants :

Lord Henry Seymour, président;
Le prince de la Moskowa et M. J. Rieussec, vice-présidents;
MM. Maxime Caccia, comte de Cambis, Casimir Delamarre, comte Paul Demidoff, Fasquel (de Courteuil), Ernest Leroy, chevalier de Machado et de Normandie (1).

Avide de popularité et désireux de rallier tous les partis au nouveau régime, le duc d'Orléans prêta à lord Seymour l'appui de son nom pour fonder la Société d'Encouragement, dont ce grand sportsman avait eu le premier l'idée. Mais, sans sa ténacité, sans son goût et sa compétence des choses hippiques, sans sa persévérance à soutenir la cause du pur sang, il est plus que probable que le fils aîné de Louis-Philippe n'eût vu, dans la création de l'hippodrome de Chantilly, que matière à ressusciter les fêtes d'autrefois — en faisant oublier, du même coup, par quel crime ce domaine princier était devenu l'apanage de sa famille — et que les courses n'eussent continué à ne servir que de divertissement aristocratique à ses invités.

Elles l'intéressaient, cependant.

Ses écuries étaient à Chantilly, avec George Edwards, comme entraîneur, et Arthur Pavis, comme premier jockey. Une multitude de grooms et de lads anglais prenaient soin des chevaux à l'entraîne-

---

(1) Le nombre des membres fondateurs a été porté à 15 en 1857, 20 en 1892, 24 en 1903 et 30 en 1905.
Le nombre des membres du Comité s'éleva, par la suite, à 30.

ment, qui logeaient deux par box, avec, sur chaque porte, l'incription de leurs victoires dans un fer à cheval.

Le Haras — où *Rowlston* avait été importé en 1827, par Charles X — était à Meudon. Louis-Philippe l'avait acheté, sinon payé prétend-on, 250.000 francs au Dauphin. Il était sous la direction du comte de Cambis, qui avait succédé au marquis de Strada, maître des chevaux du Roi, qui avait remplacé lui-même le duc de Guiche, grand-écuyer du Dauphin.

Les couleurs du duc d'Orléans — ou, ce qui revient au même, celles du comte de Cambis ou du haras royal de Meudon, noms sous lesquels couraient aussi ses chevaux — étaient casaque écarlate, toque bleue, gland or.

De 1834 à 1842, année de sa mort, le duc d'Orléans remporta, entre autres épreuves importantes :

A Chantilly : le prix du Jockey-Club, avec *Romulus* (Cadland), 1839 ;

A Paris : le Grand Prix Royal, avec *Volante* (Rowlston), 1836 ; *Nautilus* (Cadland), 1840 ; *Gigès* (Priam), 1841 ; — le prix du Cadran (conditions différentes de celles d'aujourd'hui), avec *Nautilus*, 1839, 1840 et 1842 ; — la Poule d'Essai, avec *Gigès*, 1840 ; — la Poule des Produits, avec *Cauchemar* (Royal-Oak), 1841 ; — le prix des Pavillons, avec *Margarita* (Royal-Oak), 1839 ; *Francesca* (Cadland ou Royal-Oak), 1840 ; *Rocquencourt* (Logic), 1841, et *Tragédie* (Alteruter), 1842 ;

En Angleterre, en 1840, le Goodwoop Cup, avec le cheval anglais *Beggarman*, battant *Lanercost*, *Hetman Platow*, *Charles XII* et la célèbre *Pocahontas*, qui sera la mère de *Stockwell* et de *Rataplan*.

A son retour en France, le comte de Cambis, qui ramenait *Beggarman*, fut victime d'une petite mésaventure que nous relatons plus loin.

La politique ne permettant pas à la Société d'Encouragement de donner à l'un de ses prix le nom de duc d'Orléans — pas plus qu'elle ne pourra le faire pour le duc de Morny — son souvenir n'est rappelé que par le modeste prix de Meudon.

Du duc de Nemours, rien à dire. C'est comme prince et frère du duc d'Orléans, et non comme sportsman, qu'il patronna les courses, tout à fait platoniquement d'ailleurs.

Avec lord Henry Seymour, nous arrivons à la figure de premier plan, au véritable fondateur des Courses en France. Ce fut lui, en effet, qui eut le premier l'idée de la création de la Société d'Encouragement.

Anglais de naissance, n'ayant jamais remis les pieds dans son pays d'origine, lord Henry Seymour était de stature moyenne. Taillé en hercule, très fort à l'escrime, d'une adresse incomparable au pistolet — il coupait en deux un cigare dans la bouche d'un cavalier au galop — il s'intéressait passionnément et exclusivement à tous les sports, ce qui semblait alors une excentricité. « On s'étonnait, nous disent les *Mémoires d'un Journaliste* de H. de Villemessant, qu'avec son nom et son immense fortune, il passât sa vie à faire des armes, à monter à cheval, à boxer, à soulever des poids et à suivre des combats de dogues, à la barrière du Combat, au milieu des voyous. »

A sa mort, le 16 août 1859, il laissa toute sa fortune, près d'un million de rente, aux hospices de Paris et de Londres, sauf une rente mensuelle de 100 francs pour l'entretien de ses vieux chevaux.

Rien, pas un souvenir — il avait cependant la plus belle collection de tableaux de sport qu'on pût voir — à ses parents, à ses amis, à ses serviteurs. Sans doute avait-il été payé, sa vie durant, pour savoir ce que valent l'affection, l'amitié et le dévouement.

En tous cas, il faisait de ses millions le plus noble usage.

On lui prêta les excentricités les plus folles, et, malgré ses dénégations, confirmées par les témoignages de ses contemporains, la légende a survécu qui veut qu'il ait été le dandy fastueux qui, en temps de carnaval, jetait des pièces d'or à la foule, du haut de son char de masques, et que l'on acclamait sous le sobriquet de « Milord l'Arsouille » (1).

C'est à très juste titre que, entre tous les pionniers de la première heure, on a nommé lord Seymour « le Père des pères du Turf français ». C'est, en effet, comme nous l'avons dit, à sa passion et à sa connaissance des choses hippiques, à sa ténacité et à ses efforts persistants à les implanter en France — où il faisait courir depuis 1827 — que fut créée la Société d'Encouragement, dont il avait eu le premier l'idée et dont il fut le premier Président.

A son nom, nous devons joindre — ce qui nous permettra de faire remarquer que c'est à deux Anglais que les courses doivent leur acclimatation définitive chez nous — celui de son compatriote, Thomas Bryon, en qui il trouva le plus actif et le plus intelligent des auxiliaires. Si l'un était la tête, l'autre était le bras, et, pour avoir été secondaire, le rôle de Bryon n'en fut pas moins efficace : il fut la véritable cheville ouvrière de la nouvelle organisation (2).

---

(1) La vérité est tout autre. L'imbécile viveur avide de popularité, qui mettait toute son ambition à *épater* les badauds, s'appelait Charles de La Battut. C'était un ami et un émule du comte d'Orsay, ce roi de la Mode qui, — après avoir vécu toute sa vie aux crochets de lady Blessington, qu'il avait aux trois quarts ruinée, — mourut directeur des Beaux-Arts, le 4 septembre 1852. Ces deux tristes personnages, d'Orsay et La Battut, avaient lié connaissance à Londres, dans l'établissement de Tilbury, le célèbre marchand de chevaux.

(2) Cet Anglais ingénieux, rompu de longue date à toutes les choses du turf et des autres sports, avait fondé à Paris, en 1827, une « Société des Amateurs de Courses » — premier essai de la Société d'Encouragement — et publié, à l'usage de ses membres, *The Sportsman's companion for the Turf* (*Manuel pour parier et servir de guide à l'Amateur de Courses de Paris*).

L'année suivante — cinq ans avant l'Ordonnance royale prescrivant l'établissement du Stud-Book — il publiait *The French Stud-Book* (*Le Haras français, contenant, en langues française et anglaise, la généalogie de tous les étalons,*

Pas plus le Président de la nouvelle Société que son secrétaire ou « agent et gardien des archives » ne devaient conserver longtemps leurs fonctions. En effet, dès l'année suivante, Th. Bryon, en raison de sa connaissance insuffisante de la langue française, était remplacé (1) et, en janvier 1835, les jeux de cartes n'ayant pas tardé à primer — dans le cercle créé sous le patronage de la Société d'Encouragement, et sur lequel nous reviendrons dans le cha-

---

juments célèbres, connus dans ce pays), dédié au duc d'Orléans, et dans la préface duquel il envisage avec certitude l'avenir et la prospérité de la race nouvelle.

En janvier 1832, il avait établi, dans les jardins du nouveau Tivoli, entre le numéro 51 de la rue Blanche et le numéro 80 de la rue de Clichy, un tir aux pigeons, aux cailles et aux pierrots, « à l'instar, annonçait-il, de celui de la Red House, à Battersea près de Londres ». Les écrivains de l'époque chantèrent à l'envi l'organisation et l'emplacement de cet établissement, le premier de ce genre en France. Il était ouvert les mercredis et samedis, été comme hiver. L'entrée coûtait 5 francs, mais on pouvait prendre des abonnements de 40 francs pour trois mois; 60 francs pour six mois; 100 francs pour l'année entière. Les pigeons et les cailles se vendaient 9 francs la douzaine; les pierrots, 2 fr. 40 seulement.

A la fondation de la Société d'Encouragement, Thomas Bryon en fut choisi par lord Seymour, comme le secrétaire. C'est sous ce titre ou, plus exactement, sous celui « d'agent et gardien des archives de la Société d'Encouragement », qu'il publia, en 1834, le premier *Calendrier des Courses ou Racing Calendar français, relation détaillée de toutes les courses (à peu d'exceptions), qui ont eu lieu en France, depuis 1776 jusqu'à la fin de 1833*.

En 1840, il publie encore le *Guide des Éleveurs de poulains et de pouliches de pur sang destinés aux courses*.

Le titre seul de ces différents ouvrages — aujourd'hui rarissimes — en dit tout l'intérêt.

Le premier *Calendrier des Courses*, dédié à la Société d'Encouragement, contient l'Avis suivant, qu'il nous a paru curieux de reproduire, en ce qu'il nous montre, une fois de plus, combien Thomas Bryon avait de cordes à son arc.

« AVIS. — On souscrit pour le deuxième volume (qui contiendra le Règlement intérieur de la Société et du Club, les Arrêtés du Ministre des 2 juin 1834 et 5 janvier 1835 concernant les courses, ainsi que les courses de Bruxelles, depuis leur origine et celles d'Aix-la-Chapelle en 1834), chez l'Auteur, à Tivoli, rue Blanche, numéro 51, où l'on trouvera aussi le « Stud-Book anglais complet », le « Racing Calendar » d'Angleterre, depuis l'année 1709 jusqu'à la fin de 1834, le « Sporting Magazine » de Pittmann, à Londres, et toute espèce de gravures anglaises coloriées, au sujet des courses, etc.

« L'Auteur prie MM. les Propriétaires qui auront des chevaux à courir, de vouloir bien l'informer des couleurs que portent leurs jockeys aux courses, pour servir de guide aux spectateurs, afin qu'ils puissent savoir comment ils seront placés en courant.

« La Tribune des Amateurs (avec les drapeaux, tapisseries, cordes et poteaux nécessaires) est toujours prête à Tivoli, à la disposition des personnes qui auront organisé des courses particulières, et pourra être transportée, en avertissant M. Bryon, la veille. Cette tribune se divise en trois parties, dont on peut en louer une, qui contient 30 personnes; deux, qui en contiennent 90; ou trois, qui en contiennent 150. »

Les prix de location ne sont pas indiqués au *Calendrier des Courses*.

(1) Les secrétaires successifs de la Société d'Encouragement ont été, après Thomas Bryon : M. Volsey-Moreau, en 1834; M. Joseph Grandhomme, 1837; son fils Georges, 1881; M. G. Madelaine, 1883, auquel l'on a adjoint, devant le développement de ses fonctions, M. M. Romanet, en 1907.

pitre suivant — les questions de sport, lord Seymour donna sa démission de président, sans cesser, pour cela de rester membre de la Société et du Cercle, et de continuer à faire courir.

Ses écuries étaient à Sablonville, sur le chemin de la Révolte, vis-à-vis de la Porte-Maillot, et son haras, à Glatigny. Il y avait importé de nombreux reproducteurs anglais, notamment *Ibrahim* (Sultan et Phantom mare), vainqueur des Deux mille Guinées, et le célèbre ROYAL-OAK (Catton et Smolensko mare), dont les saillies

Royal-Oak.

étaient fixées au prix — le plus élevé de l'époque — de « 250 francs, plus 10 francs pour le groom » (1).

(1) Le taux des autres montes était ainsi fixé au *Calendrier des Courses* :
Haras de Viroflay, à M. Rieussec, *Rainbow* (Walton et Iris), 200 francs, et *Félix* (Rainbow et Young Folly), 100 francs;
Écuries de M. Legigan, à Puteaux, *Sylvio* (Trance et Hébé), 150 francs et 10 francs aux palefreniers;
Dépôt royal, dans le Bois de Boulogne, *Cadland* (Andrews et Sorcery), 100 francs; *Sir Benjamin Bachbite* (Whisker et Scandal), *Paradox* (Merlin et Pawn) et *Spectre* (Phantom et Fillskine), chacun 60 francs, plus 5 francs aux gens d'écurie;
Haras royal de Meudon, *Rowlston* (Camillus et Miss Zilia), gratuitement quinze juments de demi-sang;
Chez M. Chéri-Salvador, avenue des Champs-Élysées, *Tandem* (Rubens et Jeannette), 60 francs.
Aujourd'hui, les saillies de 4.000 francs sont courantes. Celles de *Stockwell* et de *Flageolet* étaient tarifées à 5.000 francs, celles de *Hermit*, à 6.250 francs et M. Edmond Blanc n'a pas demandé moins de 12.500 francs pour les services de *Flying Fox!*

Né en 1825 et importé en 1833, Royal-Oak est, avec *Cadland* et *Gladiator*, l'un des fondateurs de la race française de pur sang. Dans sa progéniture, très nombreuse, on compte quantité d'excellents chevaux, mais son véritable titre de gloire est d'être, par sa fille *Poetess*, le grand-père de *Hervine* et de *Monarque* (1).

Il avait fait venir comme entraîneur Thomas Carter, dont le nom sera fameux, lequel forma Tom et Henry Jennings, qui seront, à leur tour, des entraîneurs renommés.

Son jockey était Thomas Robinson (frère de James Robinson, le célèbre jockey anglais), qui resta à son service jusqu'à son entrée dans l'Administration des Haras, en 1848.

Les couleurs de lord Seymour étaient casaque orange, toque noire. Depuis leur apparition, en 1828, elles avaient pris la première place sur le turf. On les vit remporter les trois premiers Derbys de Chantilly, avec *Frank* (1836), *Lydia* (1837) et *Vendredi* (1838), et elles semblaient devoir l'enlever encore, en 1840, avec *Jenny*, quand celle-ci fut battue par *Tontine* (Tetotum et Odette), à Eugène Aumont.

Bien avant la course, des rumeurs étranges — répandues, croit-on, par quelque lad congédié — avaient circulé sur le compte de cette *Tontine*, avec laquelle, disait-on, « un grand coup se préparait, cette prétendue pouliche française de 3 ans n'étant rien autre qu'une jument anglaise de 4 ans, nommée *Herodia*, que M. Eugène Aumont avait achetée en Angleterre ».

Cette affaire — qui précédait de quatre ans le scandale de *Running Rein* dans le Derby d'Epsom — eut un retentissement énorme.

Lord Seymour porta aussitôt le cas devant les Commissaires de la Société d'Encouragement. Ceux-ci l'ayant débouté de sa réclamation (2), il s'adressa alors aux Tribunaux. Mais la justice n'était guère plus expéditive à cette époque que de nos jours, et il put encore remporter le prix du Jockey-Club, en 1841, avec la célèbre *Poetess* (Royal-Oak et Ada), avant que ne fut rendu le jugement, au début de 1842.

Si lord Seymour n'avait pu prouver que *Tontine* était *Herodia*, il avait prouvé, par contre, que *Herodia* n'était pas *Herodia*. En effet, au cours du procès, M. Eugène Aumont ayant fait vendre cette pré-

---

(1) *Royal-Oak* (Catton et Smolensko mare, iss. de Lady Mary), remontait, par son père, à *Eclipse* (lignée Gohanna), mais c'est surtout le sang de *Herod*, qui dominait en lui.
Parmi ses autres produits, on peut citer : *Jenny, Sérénade, Dorade, Nativa Anatole, Glands, Margarita, Quoniam, Plover, Porthos, Commodore Napier, Tronquette, Cauchemar, Déception, Karagheuse, Club Stick, Pied-de-Chêne, Mam'zelle Amanda, Franc-Picard*, etc.

(2) Voici le texte de cette décision :
Après de longues et consciencieuses séances dans lesquelles s'est agitée l'importante question de la qualification de *Tontine*, jument appartenant à M. E. Aumont, et qui avait gagné le prix du Jockey-Club à Chantilly, le Comité

tendue jument, lord Seymour l'avait achetée et il avait démontré qu'elle différait totalement de la jument importée.

Les rapports des vétérinaires Boulley et Barthélemy, commis par le tribunal, sont formels à ce sujet et constatent que le signalement de ladite jument ne correspond nullement à celui de la véritable *Herodia*. Mais la magistrature de l'époque n'accordait sans doute aucune importance aux choses — si nouvelles pour elle — du turf, car, tout en reconnaissant que la pouliche qui avait été vendue à lord Seymour comme étant *Herodia* n'était pas *Herodia*, elle le déboutait de sa demande!...

Ce jugement contradictoire était plus qu'un défi à l'équité, c'en était un au bon sens. « Sans compter, ajoute Ned Pearson, dans son *Dictionnaire du Sport*, que les faits révélés par l'enquête judiciaire parurent à la Société d'Encouragement d'une gravité suffisante pour faire disqualifier *Tontine*... comme poulinière. »

Très ennuyé de toutes ces histoires, M. Eugène Aumont cessa alors de faire courir, et il passa la main à son frère Alexandre, qui substitua sa casaque blanche à toque verte à la casaque rose à toque noire de son aîné.

Quant à lord Seymour, froissé, à très juste titre, de n'avoir pas obtenu les légitimes réparations auxquelles il prétendait avoir droit, il vendit son écurie et son haras, et renonça pour toujours aux courses (1).

Coïncidence curieuse : à peine lord Seymour quittait-il le turf, que le duc d'Orléans — qui l'avait si puissamment aidé à fonder la Société d'Encouragement — trouvait la mort dans un accident de voiture, et que, quelques jours plus tard, M. Rieussec, vice-président de cette Société, et le premier promoteur du pur sang en France, était tué à l'attentat de Fieschi!

La fondation de la Société d'Encouragement datait déjà de neuf ans. Lord Seymour personnifiait cependant encore à un tel point la cause des courses, qu'en apprenant la vente de son écurie, *La*

---

des Courses, sous la présidence du prince de la Moskowa, a rendu la décision suivante :

« Vu la réclamation formée contre la qualification de la pouliche *Tontine*,
« Après avoir entendu les témoins à charge;
« Ouï également les explications fournies par M. E. Aumont;
« Attendu qu'il n'a pas été prouvé que la qualification de *Tontine* fût fausse;
« Le Comité déclare cette qualification maintenue et l'opposition considérée comme non avenue.

Paris, 18 juin 1840.

« *Signé* : PRINCE DE LA MOSKOWA, comte G. DE BLANGY, vicomte R. D'ALBON, comte DELAMARRE, comte DUMAS, comte A. DE VAUBLANC, comte d'ALTON-SHÉE, LHERBETTE, FLEURIAU, comte de GRAMMONT, comte de CAMBIS. »

(1) Cette vente eut lieu le 22 juin 1842. Les prix les plus élevés furent obtenus par *Florence*, 5 ans, 5.700 francs; *Scroggins*, 9 ans, 4.900 francs; *Eliever*, 4 ans, 6.700 francs; les autres, de 300 à 1.800 francs.

Mode s'écriait : « Le sport hippique repasse le détroit; il n'a pu se naturaliser chez nous! »

La Mode se trompait, heureusement.

Royal-Oak et *Ibrahim* devinrent la propriété de l'Administration des Haras. Ils moururent tous deux en 1849. Quant à *Poetess*, elle allait — par la plus cruelle ironie du sort — illustrer à jamais ce nom des Aumont, cause même de la retraite prématurée de lord Seymour... Elle fut, en effet, achetée quelques années plus tard, pour une centaine de francs, par Alexandre Aumont, auquel elle donnera *Hervine* et *Monarque*, c'est-à-dire la meilleure jument et le meilleur cheval qui auront paru jusqu'alors sur le turf français, et dont l'un sera un des plus glorieux chefs de race de notre élevage (1).

Jenny passa chez le prince Marc de Beauvau; elle sera la mère de *Fleur-de-Marie* et de *Lioubliou*.

On peut dire de l'écurie de lord Seymour qu'elle fut le berceau des futures grandes écuries Aumont, Lagrange, Nivière, Charles Laffitte et C.-J. Lefèvre.

Comme on le voit, on n'est pas redevable à lord Seymour que de l'institution des courses en France. On lui doit aussi les plus célèbres de nos pur sang.

La Société d'Encouragement a commémoré le souvenir de son fondateur par les *prix Seymour, Royal-Oak*, de *Sablonville*, de la *Porte-Maillot* et de *Glatigny*.

Au début, la Société eut deux Vice-Présidents : le prince de la Moskowa et M. J. Rieussec.

Fils aîné de l'illustre maréchal, le jeune prince de la Moskowa (il était né en 1805), avait été élevé à l'étranger, pendant la Restauration, à la suite de la mort tragique de son père. Il était capitaine d'artillerie en Suède, lorsqu'il passa, avec ce grade, dans l'armée française, au 5e régiment de hussards, le 11 août 1831, par indemnité nationale. Il fut en même temps reconnu comme pair de France héréditaire. Cavalier passionné, il fut un des membres les plus actifs de la jeune Société, à la tête de laquelle il remplaça, en 1836, M. de Normandie qui, lui-même, avait succédé à lord Seymour. Nommé général de brigade en 1851, il mourut en 1857.

Il avait épousé la fille du célèbre banquier Jacques Laffitte, lequel, pour se moquer de son gendre — à qui il reprochait de porter un

---

(1) *Poetess*, qu'une semblable progéniture aurait dû suffire à entourer de soins, périt misérablement, faute de surveillance. La pauvre bête, vieillie et à moitié estropiée, avait les jambes postérieures presque complètement tordues. Tandis qu'elle était attachée dans un paddock, à Chantilly, des gamins s'amusèrent à la faire tourner tant et tant, qu'elle s'empêtra dans la corde et se rompit le cou en tombant.

titre glorieux sans l'avoir gagné — s'intitulait lui-même « prince du Rabot », en souvenir de la profession de son père, qui avait été charpentier.

Cavalier émérite, le prince de la Moskowa était, cependant, plus homme de salon que de turf, et son nom ne figure pas parmi ceux des grands éleveurs ou propriétaires de l'époque. Ses couleurs — reprises, depuis, par l'écurie Caillault — étaient casaque jaune, manches et toque bleues.

Le *prix de la Moskowa* rappelle son nom.

Le second Vice-Président, M. J. Rieussec, avait fait sa fortune comme marchand de bois, au faubourg Saint-Antoine. On voit par là combien la réunion des fondateurs de la Société d'Encouragement était étrangère à tout esprit de caste. Il jouissait dans son quartier d'une réputation d'honnêteté telle, que les gardes nationaux de sa légion l'avaient élu pour colonel.

M. Rieussec fut l'un de ceux qui firent le plus pour la propagation des idées nouvelles, qu'il avait été le premier à appliquer en France.

Dès 1805, en effet, il avait importé des chevaux de pur sang à son haras du Buc, près de Versailles, qu'il avait transféré ensuite à Viroflay où, jusqu'en 1815, le Gouvernement impérial seconda ses efforts. Réduit alors à ses seules ressources, M. Rieussec n'en avait pas moins persévéré dans la même voie; de ses nombreux voyages en Angleterre, il avait ramené en 1823, entre autres reproducteurs, le célèbre *Rainbow* (1).

Il avait pour entraîneur l'Anglais Palmer, qui se fit de véritables rentes, d'abord en permettant au public, les dimanches et fêtes, de venir visiter *Rainbow*, au prix de 1 franc par tête — et il y eut foule, — puis en fondant la « Palmer's New Betting Room », précurseur du « Salon des Courses » (2).

Les couleurs de M. Rieussec étaient casaque bleu ciel, toque rouge.

En dépit de ses efforts et de ses sacrifices, la fortune ne lui sourit guère et l'on ne voit à son actif, comme épreuve importante,

---

(1) *Rainbow* (Walton et Iris), né en 1808, est un des **étalons qui ont marqué** à l'origine de la formation de la race française. Il se rattache à la famille de *Byerly Turk*, par *Walton, Sir Peter Teazle, Highflyer* et *Herod*. Ses meilleurs produits furent *Eglé, Félix, Frank, Clérino, Lydia, Hercule, Georgina, Vesta Jeannette, Souvenir, Jason, Tigris*, etc.

(2) La « Palmer's New Betting Room », fondée en 1836, dissoute et reconstituée en 1838, comptait les plus grands noms parmi ses fondateurs. Les ducs d'Orléans et de Nemours en étaient membres honoraires; elle avait, comme président, M. de Vaublanc, et pour commissaires, le comte d'Hédouville, MM. Lasalle et Raby.

Le « Salon des Courses » date de 1861. Il jouit pendant longtemps d'une grande célébrité, mais ne put résister à la concurrence du Pari mutuel et fut dissous en 1908.

que e Grand Prix Royal, qu'il remporta avec *Félix*, en 1833 et 1834.

Il fut tué à la tête de ses hommes — il était colonel de la garde nationale, comme nous l'avons dit — à l'attentat de Fieschi, le 28 juillet 1842, au moment où ses troupes, formant la haie, étaient passées en revue par Louis-Philippe.

Après sa mort, sa fille, Mme Cazalot, continua à faire courir pendant quelque temps, puis l'écurie fut dispersée.

Son souvenir est rappelé par les *prix Rieussec*, *Rainbow* et *de Viroflay*.

Le premier trésorier de la Société d'Encouragement fut Charles Laffitte, neveu du célèbre Jacques Laffitte, dont nous avons parlé, et l'un des plus fanatiques cavaliers de son époque.

La Société ne pouvait faire un meilleur choix.

Charles Laffitte — qui avait épousé miss Fairie Cunningham, dont le père ou le frère fut un des premiers membres du Jockey-Club — apporta aux choses du turf un dévouement et une compétence rares.

En 1831, il avait plaidé et obtenu gain de cause contre Mme Crémieux (veuve du célèbre marchand de chevaux, et sœur de Chéri-Salvador, le premier « Tattersall » français), au sujet d'une pouliche, indiquée comme étant de *Merlin*, alors qu'elle était de *Morisco*.

Il faisait courir déjà depuis plusieurs années, en association avec le major Frazer, sous le nom de « Colonel Fridolin ». Couleurs : casaque bleu ciel, toque noire.

En 1844, Charles Laffitte — tout en continuant à prêter le plus actif concours à la Société d'Encouragement — renonça aux émotions du turf, jusqu'en 1858, où il entrera dans la combinaison qui reconstituera l'écurie Delamarre. Mais ce n'est qu'en 1864, qu'il reparaîtra, ouvertement cette fois, sous le nom, devenu célèbre, de « Major Fridolin », en association avec le fameux Khalil-Bey et le baron Nivière, qui venait de rompre sa propre association — connue sous le nom de « la Grande Écurie » — avec le comte de Lagrange.

Le haras était à Villebon, et les écuries à La Morlaye, avec Ch. Pratt, comme entraîneur-jockey.

Ce sera l'époque glorieuse de Charles Laffitte, celle où *Gontran*, *Sornette*, *Bigarreau*, *Franc-Tireur* illustreront les nouvelles couleurs, casaque blanche, toque bleu ciel.

Il avait importé *Tournament*, père de nombreux vainqueurs, entre autres *Franc-Tireur*, *Sabre*, *Tyrolienne*, etc.

A sa mort, en 1876, l'écurie fut dispersée et le haras repris, pour peu de temps d'ailleurs, par M. V. Malapert. De nos jours, M. W.-K. Vanderbilt y eut, pendant une dizaine d'années, son établissement d'élevage, avant de le transporter en Normandie.

Charles Laffitte fit beaucoup pour Dieppe, où le prix *Charles Laffitte* rappelle son souvenir, comme les *prix de Villebon* et de *Château-Laffitte* le rappellent dans le programme de la Société d'Encouragement.

Du chevalier de Machado, attaché à l'ambassade d'Espagne à Paris, et du comte Maxime Caccia, officier piémontais et fils d'un banquier italien établi chez nous, nous n'avons pas grand'chose à dire, leurs noms n'ayant pas laissé de trace dans l'histoire du turf.

Nous savons seulement que le comte Caccia, après avoir servi, en 1846, dans les hussards, retourna dans son pays, où nous le retrouvons major de la place de Turin, au moment de la guerre d'Italie.

Excellent cavalier, il avait, au moment de la création de la Société d'Encouragement, parié 50 louis contre lord Seymour qu'il traverserait le Bois de Boulogne, de la Porte-Maillot à la porte de Boulogne, soit 2 kil. 1/2, sur un cheval à poil, en trottant à l'anglaise, sans arrêt. Il gagna ce pari original et difficile, escorté par un grand nombre de cavaliers.

Engagé volontaire en 1810, le comte de Cambis avait fait les campagnes d'Espagne, de Russie (où il avait été blessé au passage de la Bérézina) et de France. Licencié comme chef d'escadrons des grenadiers à cheval de la garde, à la Révolution de 1830, il fut attaché en qualité d'écuyer auprès du duc d'Orléans, dont il dirigeait l'écurie et le haras de Meudon.

Ses couleurs — sous lesquelles coururent la plupart du temps les chevaux de l'héritier du trône — étaient : casaque écarlate, toque bleue. Elles ne se différenciaient de celles du prince que par la suppression du gland d'or, à la toque.

Le 6 août 1840, comme il ramenait d'Angleterre le cheval du duc d'Orléans, *Beggarman*, qui venait de remporter le Goodwood Cup, le comte de Cambis fut appréhendé à sa descente, à Boulogne-sur-Mer, et, malgré ses protestations, incarcéré à la prison de la ville, la police locale l'ayant pris pour un partisan du prince Louis-Napoléon, dont la tentative de débarquement venait d'avorter. Ce ne fut qu'au bout de plusieurs heures qu'il fut relâché, on devine avec quelles excuses !

Après la mort tragique du duc d'Orléans, le comte de Cambis devint écuyer honoraire du comte de Paris. Il continua quelque temps de faire courir sous son propre nom les élèves du Haras royal, remportant notamment le prix de Diane, en 1843, avec *Wirthschaft*.

Il avait fait partie de la première Commission du Stud-Book.

Le comte de Cambis — ainsi que le rappellent MM. Gibert et de Massa, dans leur *Histoire du Jockey-Club* — mourut en 1874, sans fortune, à Chantilly, « dans une dépendance de l'hôtel du Grand-Cerf, en face des célèbres écuries où il avait présidé jadis à l'entraînement des chevaux confiés à ses soins ».

Il était âgé de 80 ans.

M. Casimir Delamarre — qu'il ne faut confondre ni avec le comte Achille Delamarre, qui fut Président du Jockey-Club, de 1849 à 1853, ni avec M. Henri Delamarre, le propriétaire qu'ont rendu célèbre *Vermout* et *Boïard* — était, lui aussi, un ancien officier de cavalerie.

Devenu banquier à la suite de son mariage avec la fille du financier Martin Didier, puis régent de la Banque de France, il prit une part très active à la formation de la Société et son concours fut des plus utiles pour l'élaboration des statuts. En 1844 il devint propriétaire de *La Patrie*, journal alors tout-puissant.

Tout ce que l'on sait de lui, touchant les choses du turf, c'est qu'en 1831, à la vente Crémieux, à Madrid (Bois de Boulogne), il donna — ce qui parut fantastique — 8.195 francs du yearling *Fra Diavolo*, un nom qui fera quelque bruit cinquante ans plus tard.

Ce premier *Fra Diavolo* passa ensuite chez lord Seymour, sans laisser de traces.

Casimir Delamarre mourut en 1870.

Le comte, puis prince Anatole Demidoff, tirait sa colossale fortune de ses mines de l'Oural.

Envoyé par l'empereur de Russie en France pour y parfaire ses études militaires, il avait été admis à l'École de Saint-Cyr, à titre étranger.

En 1841, il épousa la princesse Mathilde, fille de Jérôme Bonaparte, ancien roi de Westphalie, et cousine du futur Napoléon III. Bien que très vain de cette union, il ne s'en sépara pas moins de sa femme, quatre ans plus tard, pour cause d'incompatibilité d'humeur.

De nature vagabonde — il a publié, avec illustrations de Raffet, un *Voyage dans la Russie Méridionale et la Crimée, par la Hongrie, la Valachie et la Moldavie*, — il vécut en Russie, en Italie, en France, sans pouvoir se fixer nulle part. Un peu partout, il importait des étalons anglais. C'est ainsi que *Tim* (par Middleton) et *Paradox* (par Merlin) — encore deux noms qui deviendront célèbres plus tard, par leurs victoires, ceux-ci — s'en furent d'abord à Florence, pour revenir ensuite en France.

Cette existence mouvementée ne lui permit guère, on le comprendra, de s'occuper de son écurie, dont les couleurs étaient casaque verte, « fringe » orange, toque bleue.

Il mourut à Paris, en 1870.

M. Fasquel (de Courteuil) — pour le distinguer de son homonyme, Alcibiade Fasquel — possédait à Courteuil, près de Senlis, un haras modèle, que les princes d'Orléans et leurs invités allaient visiter, lors des premières chasses de Chantilly..

Il avait pour entraîneur F. Kent. Ses couleurs étaient : casaque rouge, toque blanche.

Bien avant le comte de Berteux — qui détient jusqu'ici le record, peu enviable, du plus malchanceux des éleveurs et des propriétaires, — Fasquel connut la série ininterrompue des déceptions.

En dépit de ses efforts, de ses sacrifices, de ses importations de reproducteurs, il mourut en 1873, sans avoir remporté une seule épreuve classique de trois ans

Le modeste *prix de Courteuil*, à la réunion de printemps de Chantilly, rappelle son souvenir.

M. Ernest Leroy, qui mourut en 1880, à l'âge de 82 ans, fut un des plus fameux gentlemen-riders de son époque, qui en compta tant.

C'est chez lui, au n° 3 de la rue Saint-Georges, ou, plus exactement, dans ses écuries, que se réunissaient, tous les matins, les amateurs de chevaux. Ce fut là, comme nous le rappellent MM. Gibert et de Massa, que le jeune Émile Fleury fit la connaissance du fameux Yousouf, et en profita pour contracter un engagement aux spahis, qui fut le point de départ de sa brillante carrière.

Membre de la première Commission du Stud-Book, Ernest Leroy posséda quelques chevaux de course; mais ses couleurs — casaque bleue, toque noire — ne connurent pas de grands succès. Il s'occupait beaucoup plus d'ailleurs, en raison de ses connaissances techniques, d'achats d'étalons en Angleterre, pour le compte, soit du Gouvernement, soit de propriétaires particuliers.

On lui doit, notamment, l'importation de *Lanercost* (par Liverpool et Otis), *Ægyptus* (Centaur et Pastille), *Darlington* (Cleveland et Eoïna), *Elthiron* (Pantaloon et Phryne), *Sir Benjamin Backbite* (Whisker et Scandal), *Hernandez* (Pantaloon et Black Bess), *Womersley* (Irish Birdcatcher et Cinizelli), etc.

Mais *Ion* (Caïn et Margaret), qui ne fut payé que 450 guinées (11.812 fr. 50), fut ramené par M. Thaunberg; et c'est au chevalier de la Place qu'est due — pour le compte de l'Administration des Haras, dont c'est à coup sûr le plus beau titre de gloire — l'importation de *Gladiator* (Partisan et Pauline), au prix de 2.500 livres sterling (62.500 francs).

Casaque et toque blanches étaient les couleurs de M. de Normandie, dont le neveu — qui s'appellera alors Denormandie, en un seul mot — sera plus tard gouverneur de la Banque de France.

De ses longs séjours en Angleterre, M. de Normandie avait rapporté un goût passionné pour la race de pur sang. Aussi fut-il, avec lord Seymour, un des plus ardents promoteurs de la lutte, par la fondation de la Société d'Encouragement, contre l'Administration des Haras, qui s'obstinait, comme nous l'avons dit, à ne voir la régénération de l'élevage national que par l'arabe ou le demi-sang!

Homme de cheval consommé — il passait pour le premier cavalier de son temps et avait été surnommé « l'Arthur Coventry français »; — il avait remporté, en 1830, le premier steeple-chase couru en France suivant les règles anglaises, à Jouy, près de Saint-Germain, battant, entre autres adversaires, deux cavaliers anglais des plus réputés, sir Tomlin et le capitaine Cocke.

Il gagna aussi, en 1833, la course improvisée sur la pelouse de Chantilly, course mémorable entre toutes, comme nous l'avons vu, puisque, de ce pari particulier, devait naître, non seulement l'hippodrome actuel, véritable berceau des courses en France, mais encore la Société d'Encouragement, par laquelle elles devaient vivre et prospérer.

Cet anglomane fervent fut un des fondateurs les plus marquants de cette même Société, dont il fut successivement commissaire, juge, starter et président, et l'on ne peut que regretter qu'aucun prix ne rappelle son nom (1).

---

(1) On peut regretter également que la Société d'Encouragement, si soucieuse généralement de commémorer le souvenir de tous ceux qui contribuèrent à sa grandeur, et dont l'exemple a été suivi depuis par la plupart des Sociétés de courses en France, ait laissé à la Société Sportive d'Encouragement — qui n'était pas née quand mourut le comte Frédéric de Lagrange — l'honneur de donner à l'une de ses épreuves les plus importantes le nom de celui de nos sportsmen qui porta le plus haut la gloire de l'élevage français.

La Société d'Encouragement n'est cependant pas chiche — et l'on ne peut que l'en féliciter — de ce genre de souvenir, et ce n'est pas les hommes seuls qu'elle aime à rappeler, mais aussi leurs établissements et leurs chevaux les plus célèbres (pour le comte de Lagrange, les noms de *Gladiateur* et de *Dangu* lui parurent sans doute suffisants) et jusqu'aux lieux mêmes qui virent la naissance des courses.

C'est ainsi, dans ces différents ordres d'idées, que nous relevons, sur les programmes de Longchamp et de Chantilly, les noms suivants :

Sportsmen. — Prix : Blangy, Castries, des Cars, Daru, Fay, Fould, Greffulhe, de Guiche, Hédouville, Hocquart, Juigné, La Moskowa, La Rochette, Lupin, Mackensie-Grieves, Noailles, Prince de Galles, Prince d'Orange, Reiset, Rieussec, Saint-Roman, Salverte, Seymour, Vanteaux, Vaublanc, etc.

Etablissements d'élevage ou d'entraînement. — Prix de : Barbeville, Bois-Rouaud, Bois-Roussel, Cheffreville, Courteuil, Chevilly, Dangu, Ferrières, Glatigny, Ibos, La Jonchère, La Lorie, Lonray, Malleret, Martinvast, Méautry Meudon, Montgeroult, Nexon, Porte-Maillot, Royallieu, Sablonville, Saint-Georges, Victot, Villebon, Viroflay, etc.

Chevaux. — Prix : Dollar, Gladiateur, Jouvence, Perplexité, Rainbow, Royal-Oak, Vermeille, Vermout, etc.

Hippodromes. — Prix : du Champ-de-Mars, des Sablons, de Satory, de Fontainebleau, etc.

Un autre nom qui devrait être tiré de l'oubli est celui, si modestes qu'aient été ses fonctions, de Thomas Bryon, ainsi que ceux, plus illustres, — si la politique ne s'y opposait, — du duc A. de Morny, à qui la France est redevable des hippodromes de Longchamp et de Deauville, et du Grand Prix de Paris, et du duc d'Orléans, pour le patronage éclairé qu'il apporta à lord Henry Seymour, quand celui-ci fonda la Société d'Encouragement.

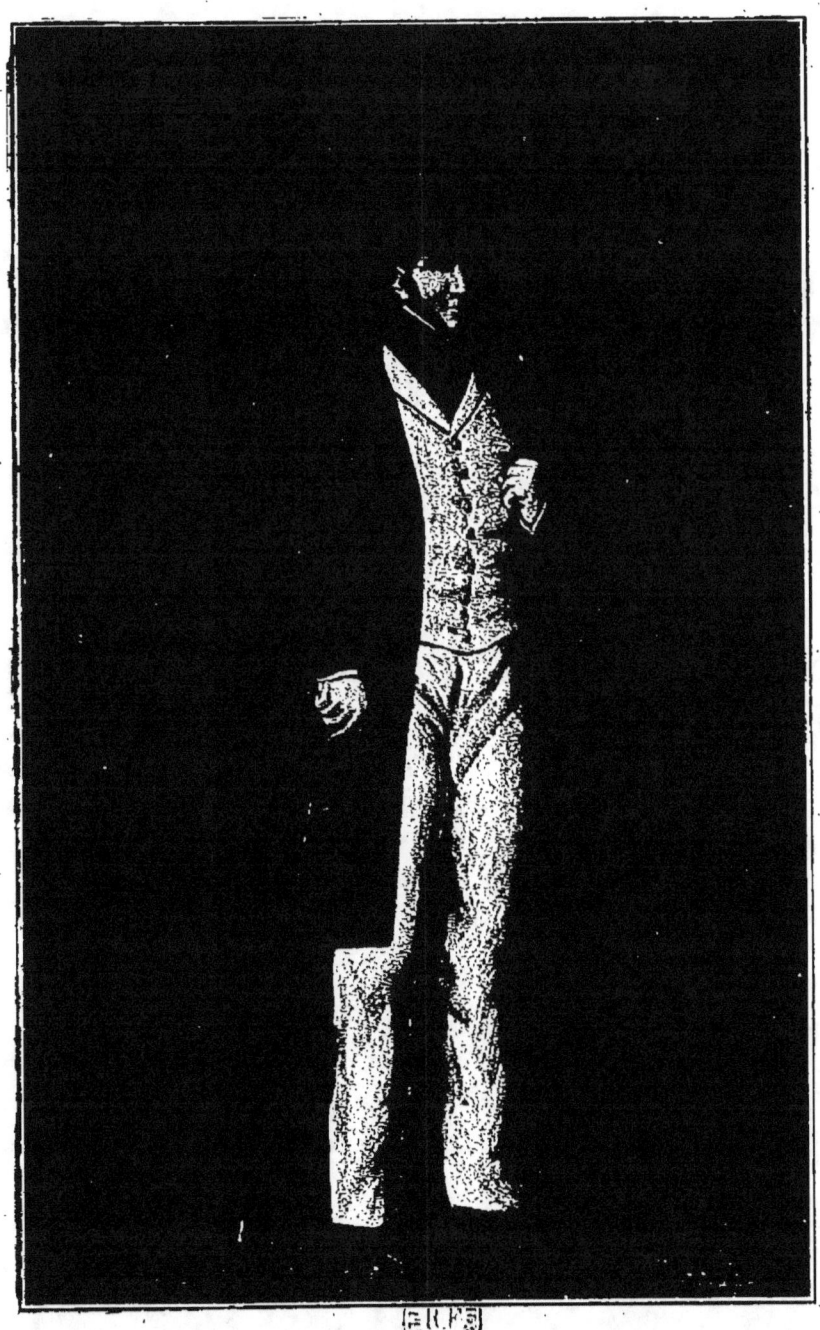

LORD HENRY SEYMOUR.

(D'après le tableau appartenant à Mme Michin.)

Par la composition de son premier Comité — où se coudoient fraternellement des gentilshommes, des militaires, des financiers et des négociants, français, anglais, espagnols, italiens et russes — on voit quel éclectisme présida à la fondation de la Société d'Encouragement.

Elle appelait à elle tous les concours, toutes les bonnes volontés, sans distinction de caste ou de nationalité, ainsi que l'atteste son manifeste que nous reproduisons *in extenso* :

« Les soussignés, frappés de la décadence de plus en plus croissante des races chevalines en France, et jaloux de contribuer, en les relevant, à créer dans ce beau pays un nouvel élément de richesse, se sont réunis pour aviser au moyen d'y parvenir.

« Il ne leur a pas été difficile de constater les causes du mal; sans les énumérer ici, une, entre autres, méritait leur sérieuse attention. Le manque d'encouragement accordé à l'élève des chevaux de *pur sang*, a réduit depuis longtemps cette industrie à l'inaction et à la stérilité, et cependant rien n'importait plus que de la secourir et de lui donner tous les développements imaginables, car elle seule, et ce n'est plus contestable aujourd'hui, peut parvenir à doter la France des espèces légères qui lui manquent, et l'affranchir enfin un jour du tribut annuel qu'elle paye aux étrangers; c'est donc à la propagation des races pures, sur le sol français, qu'ont dû tendre particulièrement les efforts des soussignés, et c'est dans le but de concourir à tous ses moyens à les multiplier, qu'est fondée la *Société d'Encouragement pour l'amélioration des races de chevaux en France*.

« Depuis longtemps des théories arbitraires servaient, dans ce pays, de guide à nos éleveurs; on y avait procédé, sans aucun succès, à des essais de toute nature, à des combinaisons, à des croisements de tout genre, pour améliorer nos races, et le Gouvernement n'avait pas été plus heureux que les particuliers dans ses recherches. Cependant la paix, en rendant plus fréquentes nos relations avec l'Angleterre, nous a permis d'étudier plus attentivement les principes qui la dirigent dans l'art de produire et d'élever des chevaux; quelques esprits observateurs, que n'arrêtaient pas des routines surannées ou d'étroites considérations, n'ont pas tardé à acquérir la conviction que l'immense supériorité de nos voisins d'Outre-Mer, dans cette branche d'industrie, devait s'attribuer surtout à l'influence des courses qui, alimentées par des chevaux de race, faisaient refluer continuellement le *sang pur* dans la circulation et améliorait de cette manière de plus en plus, chaque année, la population chevaline par l'intervention de ces croisements salutaires.

« Il était tout simple alors, profitant des observations recueillies en Angleterre depuis trois cents ans, de s'approprier une expérience acquise, en important chez soi des méthodes éprouvées, sans perdre de temps à chercher quelques meilleures solutions que les Anglais; car on ne pouvait raisonnablement pas espérer les surpasser.

« Il y a néanmoins, il faut le croire, bien de la difficulté à déraciner en France certains préjugés, puisque nous sommes malheureusement forcés de reconnaître que toutes les vieilles préventions contre les procédés employés en Angleterre, et en particulier contre les courses de chevaux, ne sont pas encore évanouies. Il est, en effet, facile de voir, à la modicité des prix de course fondés par le Gouvernement, combien l'Administration des Haras semble leur accorder peu d'importance. Et pourtant, il est impossible de le nier, l'opinion publique paraît en progrès sensible sous ce rapport.

« Il existe un besoin général de donner aux Courses une plus grande impulsion ; le besoin s'en fait sentir tous les jours davantage, et la Société n'est ici que l'organe de toutes les personnes éclairées, en déclarant qu'elle regarde ces épreuves comme le moyen d'amélioration le plus capital qu'on puisse employer ; aussi croit-elle devoir employer tous ses efforts à les multiplier de plus en plus en France.

« C'est en n'admettant que les chevaux entiers et juments de *pur sang français* à concourir pour les prix de course que l'efficacité de ces encouragements, comme éléments d'amélioration, ne tardera pas à se faire sentir ; ici, comme en Angleterre, la race de *pur sang* se propagera, et son influence sur toute la population chevaline sera bientôt visible. La France a besoin d'une race de demi-sang ; les croisements de nos fortes juments indigènes avec des étalons de race pure, peut promptement amener ce résultat ; offrons donc, à la production des poulains et pouliches de *pur sang*, une prime suffisante ; et, pour que l'encouragement soit toujours éclairé et profitable, qu'il ne soit accordé qu'au cheval vainqueur d'une épreuve, où il aura remporté le prix de la vigueur, du fond et de la vitesse.

« Une souscription dans ce but a été ouverte par la Société ; elle monte déjà à la somme de 15.000 francs, qui seront affectés à des prix de course.

« Les soussignés ne se font pas illusion sur l'efficacité des prix de course qu'ils instituent, quant à l'influence que leur quotité peut exercer sur toute la France ; mais dans la carrière où elle entre, avec l'espoir d'être utile, la Société se flatte que son exemple trouvera des imitateurs.

« Elle a tenu surtout aujourd'hui, en formulant clairement les principes qui la dirigent, à faire appel à la sympathie de toutes les personnes de son opinion.

« Il appartient, après cela, au Gouvernement d'imprimer aux Courses une impulsion puissante par les immenses moyens dont il dispose.

« La Société, ayant l'espérance fondée que les Courses se propageront en France d'une manière considérable, s'attend à voir souvent, relativement à ces Courses, des discussions d'autant plus embarrassantes qu'elles seront, pour ainsi dire, interminables, par le manque d'un tribunal compétent, pour prononcer, entre les différentes réclamations, avec connaissance de cause.

« Dans le désir d'obvier à cet inconvénient, elle nommera dans son sein chaque année, trois commissaires pour juger les difficultés qui pourraient s'élever en pareilles circonstances. Ces commissaires opineront en dernier ressort sur celles qui seraient relatives aux prix fondés par la Société ; ils seront prêts d'ailleurs à exercer les fonctions d'arbitres, si toute autre difficulté, provenant de toute autre course, en France, leur était soumise. Ils baseront, dans tous les cas, leur jugement sur le code de secours que la Société se propose de publier incessamment. Leurs jugements seront sans appel. »

Jamais programme ne fut plus clair, plus précis, plus rigoureux. Aux errements, aux tâtonnements des uns et des autres, la Société d'Encouragement substituait une méthode unique. « Tout pour le pur sang et par le pur sang » : telle aurait pu être sa devise.

On sait à quels obstacles elle allait se heurter !

En outre, et afin de ne pas exposer dès ses débuts notre élevage naissant à une concurrence dans laquelle il n'eût pas manqué de succomber, la Société réservait très sagement l'exclusivité de ses allocations aux *seuls produits nés et élevés en France* (1).

Inutile de dire que la décision qu'elle avait prise d'exclure de ses prix tout ce qui n'était pas pur sang — dans un pays où le pur sang n'existait pas encore pour ainsi dire — fit éclater de rire. « La Société d'Encouragement, écrit A. de Saint-Albin, ressemblait à un aubergiste qui, manquant complètement de voyageurs, en eût profité pour déclarer qu'il ne voulait loger que des notaires! » Une série de walk-over fut la conséquence de cette mesure radicale — ce qui lui valut d'être appelée « la Société de Découragement! » — et, c'est évidemment dans le but de faire le plus grand nombre de courses, avec le minimum de chevaux que l'on usa, et peut être même abusa, jusqu'en 1867 des courses en partie liée.

Puis les ressources de la Société constituées par les seules cotisations étaient bien modestes, et, partant, les prix rares et mal dotés. Ses membres — malgré l'appel à tous les hommes de bonne volonté — étaient fort peu nombreux.

Autour des fondateurs ne s'étaient encore groupés, au moment où il fut question de la création du Cercle du Jockey-Club, que 47 sportsmen désintéressés, dont il nous paraît juste de rappeler les noms.

Ces sociétaires de la première heure étaient : le vicomte d'Aure baron de la Bastide, comte de Beaumont, comte de Bernis, marquis de Boisgelin, Marc et Édouard Caillard, vicomte de Carbonnières, Casimir-Périer, comte Dubourg, prince d'Eckmühl, major Frazer, marquis de la Ferté, comte de la Ferté-Champlâtreux, comte de la Genevraye, marquis de Gramont, marquis Conrad de la Grange, comte d'Hinnisdal, Philippe Hottinguer, duc d'Istrie, J. Lewis-Ricardo, baron Le Couteulx, Édouard Manuel, marquis de Marmier, comte Edmond et comte Fernand de Montguyon, général baron de Morell, A. Mosselmann, chevalier de Nogent, vicomte Odoard, Patureau, comte René du Pille, comte de Pracomtal, Gustave de la Rigaudière, comte de Roydeville, de Saint-Cyran, Paul Sanegon, Achille Seillière, Eugène Sue, vicomte du Taillis, Auguste et Henri Tauret, comte Guy de la Tour du Pin, marquis de la Valette, comte de Vaublanc et prince de Wagram.

Si beaucoup appartenaient à l'aristocratie, beaucoup appartenaient à la finance et d'autres aux lettres (2). Ce recrutement éclec-

---

(1) Sur ce point essentiel aucune modification n'a été apportée à son règlement originel jusqu'en 1891, et c'est la raison qui fit que l'allocation des épreuves ouvertes, par la suite, à Longchamp et à Chantilly, aux chevaux étrangers, ne fut jamais fournie par la Société d'Encouragement, tels, par exemple, que le Grand Prix de Paris, le prix de Chantilly, le prix de Deauville, le Critérium international.

La première infraction date de la création du prix du Conseil Municipal; la seconde, de l'*internationalisation* du prix du Cadran (voir années 1891 et 1913).

(2) Eugène Sue est le seul littérateur qu'ait reçu le Jockey-Club, qui refusa, comme on le sait, d'admettre Alfred de Musset.

Fils de cette belle Émilie, à qui Desmoutiers avait adressé ses charmantes *Lettres sur la Mythologie*, Eugène Sue avait commencé par être médecin de

tique était conforme à celui dont étaient issus les fondateurs.

Mais, si tous les dandys étaient férus d'anglomanie, c'était bien plus par genre que par conviction sportive, et rares étaient ceux qui s'intéressaient réellement à l'amélioration de la race chevaline. C'était le jeu seul qui les réunissait, l'après-midi, au Nouveau Tivoli, fondé, comme nous l'avons vu, par Thomas Bryon, et le soir, au Café de Paris, où l'on affichait les défis et les poules conclues entre particuliers, avec les noms des « coursiers d'Albion », les paris, etc.

En dépit de la pénurie de ses ressources, la Société d'Encouragement put, dès sa première année d'existence, distribuer 20.750 francs de prix. Il est vrai qu'elle avait eu l'heureuse idée, pour augmenter ses recettes, de décider la création, dans sa séance du 17 juin 1834, sous la direction de son propre Comité, d'un cercle à l'anglaise, dont nul ne pouvait faire partie s'il n'était déjà membre de la Société (1).

Les cercles étaient alors fort peu nombreux, très graves, et l'on

---

marine. C'est en cette qualité qu'il assista à la bataille de Navarin. En souvenir de cette profession, ses amis l'avaient surnommé *Sulfate;* mais il était tellement entiché de noblesse que, pour flatter sa manie, ils y ajoutèrent bientôt : *de Quinine.*

Il jouissait d'une grande réputation de lionnerie, bien moins pour la décoration moyenâgeuse de son hôtel de la rue de la Pépinière, que pour s'être fait, le premier, apporter son courrier *sur un plateau d'argent!*

Eugène Sue n'eut jamais de chevaux de course, mais un portrait d'Albert de Dreux le représente à cheval, en tenue de chasse. Il fréquentait assidûment le monde légitimiste, qui commença de lui battre froid, quand on le vit suivre les réunions du duc d'Orléans, à Chantilly, ce à quoi il répondait : « Je me rallie à la meute, et non à la Cour. »

Mais l'indignation du noble faubourg ne connut plus de bornes à la publication, en feuilleton, dans le *Journal des Débats*, en 1842, des *Mystères de Paris* dont le retentissement fut énorme.

Sollicité alors de donner sa démission du Jockey-Club, il s'y refusa toujours, mais le Comité profita d'un moment de gêne, où il n'avait pu payer sa cotisation, pour le radier impitoyablement, en 1848.

(1) La réciproque n'était pas alors obligatoire, et c'est ainsi, par exemple, que le marquis de Marmier et le comte Edmond de Montguyon n'adhérèrent que bien plus tard au « Cercle de la Société d'Encouragement », communément appelé « Jockey-Club ».

Jusqu'en 1840, la Société et le Cercle eurent un président commun, qui fut successivement : 1833, lord Henry Seymour; 1835, de Normandie; 1836, prince de la Moskowa. A la scission des deux établissements, les fonctions de président de la Société furent supprimées. Le prince de la Moskowa demeura président du Cercle; puis vinrent : 1849, comte Achille Delamarre; 1853, marquis de Biron; 1884, duc de Doudeauville; 1908, duc de Fézensac.

Les secrétaires du Jockey-Club furent successivement : M. J. Grandhomme, secrétaire de la Société d'Encouragement jusqu'en 1848, où la besogne du Cercle devenant trop absorbante, il ne s'occupa plus que de la Société, et fut remplacé par M. Grozsos, à qui succéda son fils, dans les derniers jours de 1883.

Ce fut dans cette même séance du 17 juin 1834, que le Comité, ayant approuvé la proposition du comte Demidoff d'adopter une marque distinctive, pour les membres de la Société, décida qu'un habit spécial serait porté les jours de courses : habit à la française de couleur olive, à boutons d'or, que les vieux sportsmen se rappellent encore avoir vu arborer, le jour du prix du Jockey-Club, par MM. Mackenzie-Grieves et Calenge, derniers observateurs des traditions.

Depuis, cet habit a été remplacé par le simple port de la carte verte.

n'y jouait guère qu'au whist, et encore!... Comme toute la jeunesse dorée n'avait d'autre lieu de réunion que le Café de Paris — endroit public, où l'on n'était vraiment pas suffisamment entre soi, — le succès du « Jockey-Club ou Cercle des Jockeis », comme on l'appela d'abord, fut-il prodigieux, malgré ou peut-être à cause du prix, fort élevé pour l'époque, de sa cotisation (450 francs à l'entrée et 300 fr. les années suivantes, dont 100 fr. pour la Société et 200 francs pour le Cercle; — aujourd'hui, cette cotisation est de 500 fr., dont 100 fr. pour la Société, plus 1 050 fr. de droit d'entrée (1).

Installé d'abord modestement au n° 2 de la rue du Helder, au coin du boulevard des Italiens, dans un appartement de 3.500 francs, que ses membres appelaient « le bouge », le Jockey-Club louait, avant même la fin de sa première année d'existence, au prix — alors fabuleux — de 20.000 francs par an, l'hôtel qui formait l'angle du boulevard Montmartre et de la rue de la Grange-Batelière (aujourd'hui, rue Drouot, où est installé *Le Gaulois* (2). En 1853, le Jockey-Club fusionne avec le Nouveau Cercle — vulgairement surnommé « Moutards-Club », à cause de la jeunesse de certains de ses fondateurs, — ce qui porte à 618 le nombre de ses membres, et l'oblige, en juin 1857 (année de l'inauguration de l'hippodrome de Longchamp), à se transporter au coin de la rue de Grammont, où il prend tout l'immeuble, à raison d'un loyer annuel de 55.000 francs, ce qui parut une folie... Mais de nouveau il y sera trop à l'étroit, et en 1863 — année du premier Grand Prix de Paris — il s'installera définitivement dans le somptueux local qu'il occupe encore actuellement au n° 1 de la rue Scribe. Les bureaux de la Société d'Encouragement y demeurèrent jusqu'en 1887, où le développement des différents services obligea de les transférer dans la maison voisine, au n° 3.

Comme nous l'avons vu, à l'origine, il fallait d'abord faire partie de la Société d'Encouragement pour entrer au Jockey-Club, où étaient admis de droit, moyennant paiement du droit d'entrée et de la cotisation spéciale, tous ceux qui avaient adhéré aux statuts de la Société; mais la réciproque n'était pas obligatoire, en ce sens que les membres de ladite Société n'étaient pas tenus d'adhérer au Cercle. Ce n'est que plus tard, en 1840 — époque où, comme nous l'avons dit, le

---

(1) L'annonce de la fondation de ce Cercle amena encore une trentaine d'adhérents à la Société d'Encouragement, qui comptait 89 membres au moment où fut constitué le Jockey-Club.

Parmi ces trente nouveaux sociétaires, on relève les noms de Louis André, lord Bruce, prince Belgiojoso, comte de Cornelissen, vicomte Paul Daru, comte Hocquart, comte de Mac-Carthy, lord Pembroke, Paul Périer, Antoine de Rothschild, comte de Septeuil, baron Henri du Theil, comte de Vassy, comte de Vauban, lord Yarmouth, etc.

A peine fondé, le Jockey-Club compta trois cents membres; ce nombre s'élève aujourd'hui à 1038.

(2) C'est dans la salle de billard de cet hôtel, *située à l'entresol*, que fut jouée, à cheval, par Charles Laffitte et le comte de Chateauvillard, une partie demeurée légendaire.

Cercle et la Société cessèrent d'avoir un président commun — que les considérations mondaines firent apporter une modification radicale au règlement primitif qui fixait les conditions d'admission. Dès lors, et contrairement à ce qui s'était passé jusque-là, ne purent faire partie de la Société que ceux qui étaient déjà membres du Cercle (1) bien plus, nul ne fut plus admis au Jockey-Club que sur présentation de deux parrains, et après vote.

Cette modification radicale dans le recrutement de ses membres fut-elle une erreur de la Société d'Encouragement, voire une faute grave, comme certains l'ont prétendu? Nous ne le croyons pas et nous pensons même — les circonstances n'étant plus ce qu'elles étaient au début — qu'elle agit sagement en se mettant à même de pouvoir sélectionner ainsi sa composition. Cette modification n'en a pas moins servi de base à toutes les critiques, sincères ou intéressées, qui n'ont pas cessé depuis lors d'être dirigées contre la Société, à qui l'on a reproché — de par le mode même d'admission au Jockey-Club — de fermer volontairement ses portes à tous ceux qui n'avaient contre eux que de ne pas faire partie de la classe mondaine dans laquelle ce Cercle se recrute presque exclusivement, et, par cela même, de manquer de l'autorité nécessaire pour parler au nom de tous.

Ces critiques ne datent pas d'aujourd'hui. Adroitement exploitées au début, par les partisans de l'Administration des Haras, elles ont été reprises, à différents moments, avec plus ou moins d'aigreur. Leur ancienneté nous semble la meilleure preuve de leur inanité, si l'on songe au développement prodigieux de la Société d'Encouragement. Il est difficile d'admettre, en effet, qu'une société dont les débuts ont été aussi modestes et aussi pénibles, ait pu arriver à une telle prospérité, en éloignant d'elle les concours compétents et en n'agissant qu'avec cet esprit de routine que ses détracteurs n'ont cessé de lui reprocher!

Il n'est pas un homme de bonne foi qui pourrait le soutenir. Si, tout à fait exceptionnellement, quelqu'un de ces « concours compétents » a pu manquer à la Société d'Encouragement, on peut cependant affirmer hautement que la presque totalité des sportsmen qui ont contribué par leur intelligence, leurs peines, leurs efforts et leurs sacrifices pécuniaires, à la prospérité des courses en France, ont successivement fait partie de ses Conseils. Il suffit, pour cela, de citer au hasard, parmi tant d'autres, après les noms des fondateurs, ceux du prince A. d'Arenberg, comte de Blangy, prince Marc de Beauvau, comte de Berteux, Charles Calenge, comte A. des Cars, duc de Castries, vicomte Paul Daru, Henri Delamarre, baron Finot, Achille Fould, comte Greffulhe, marquis A. de Ganay, vicomte

---

(1) Il en sera ainsi jusqu'en 1903. La politique forcera alors les portes de la Société d'Encouragement, et la décision ministérielle du 12 janvier adjoindra d'office, dans le sein même du Comité, un certain nombre de membres étrangers « pris en dehors du Jockey-Club ».

d'Harcourt, comte d'Hédouville, comte Hocquart de Turtot, comte de Juigné, comte Florian de Kergorlay, comte F. de Lagrange, baron de la Rochette, comte de Lastours, Latache de Fay, baron Le Couteulx, Auguste Lupin, Mackenzie-Grieves, comte A. de Montgomery, duc A. de Morny, prince Murat, baron de Nexon, baron Nivière, comte de Nicolay, comte A. de Noailles, Psalmet de Vanteaux, vicomte A. de Pierres, C. de Pontalba, comte H. de Pourtalès, J. Reiset, comte Rœderer, barons N. et A. de Rothschild, comte de Saint-Phalle, marquis de Saint-Sauveur, Paul de Salverte, baron A. de Schickler, etc.

La vérité est que ce ne fut jamais là qu'un prétexte à battre en brèche l'autorité de la Société d'Encouragement. Ne pouvant attaquer le dévouement, l'honorabilité et le désintéressement de ses dirigeants, on s'est plu à les représenter comme des bonzes extatiques, isolés dans leur Tour d'ivoire, sourds à tous les bruits de la vie et perdus dans la contemplation du Passé!... Et tout cela, parce qu'ils n'ont jamais voulu risquer leur œuvre, si péniblement édifiée, dans des innovations hasardeuses, parce qu'ils n'ont jamais voulu sacrifier les intérêts généraux de l'élevage aux intérêts particuliers de quelques-uns!

Il est triste de constater que, ce pourquoi précisément l'on eût dû défendre la Société d'Encouragement, fut cela même pourquoi on l'attaqua.

Dans cette lutte, la Société d'Encouragement, forte des services immenses rendus par elle au pays tout entier, n'apporta pas à sa défense, il faut bien le reconnaître et le regretter, toute l'ardeur juvénile qu'elle avait mise à grandir, et un beau, ou plutôt un vilain jour, la brèche s'ouvrira...

Mais n'anticipons pas et revenons à ses débuts, alors que, par la netteté de son programme, elle se posait en adversaire de l'Administration des Haras.

Celle-ci, jusqu'alors omnipotente, ne vit pas sans inquiétude une Société particulière, composée d'hommes jeunes, riches et actifs, s'occuper de la question chevaline, non seulement sans lui demander son avis, mais, bien plus, en adoptant une théorie toute contraire à la sienne. Jusque-là, en effet, c'était le Gouvernement qui organisait et exploitait les courses, auxquelles la dite Administration prenait même part (1). Dans ces courses officielles, l'Administration admettait tous les chevaux, mettant sur le même pied les pur sang anglais et les arabes, *mais pénalisant d'une surcharge les demi-sang, qu'elle estimait bien supérieurs!*

Ne pouvant étouffer ouvertement sa jeune rivale — le patronage

---

(1) Le budget total de ces courses s'élevait, en 1833, à 94.600 francs, se décomposant ainsi :

A Paris, 29.200 francs (dont 6.000 francs donnés par le Roi et 3.000 francs par le Prince royal). — En province, 65.400 francs, répartis entre Aurillac,

du duc d'Orléans obligeait les bureaucrates à quelques ménagements — ni présenter son œuvre comme une spéculation, puisqu'elle était parfaitement désintéressée, l'Administration se résolut à lui prêter un concours perfide dans le but de contrecarrer ses efforts, et elle se servit de son intermédiaire pour la distribution des prix qu'elle attribuait, en se réservant, bien entendu, le droit d'imposer ses conditions et d'envoyer ses inspecteurs pour en surveiller l'exécution (1).

D'où une double réglementation, plus préjudiciable que profitable à la nouvelle institution. Il en résultait, en effet, que, dans une même journée de courses, des règlements différents pouvaient être appliqués et amener, en dehors de l'étonnement du public, des malentendus et des froissements entre les Commissaires des Sociétés et les représentants de l'Administration.

Par nécessité pécuniaire, la Société d'Encouragement dut accepter cette collaboration forcée, bien décidée d'ailleurs à s'en affranchir dès que les circonstances le lui permettraient.

Il ne lui faudra cependant pas moins de trente années de lutte pour conquérir sa liberté d'action et secouer ce joug néfaste.

Nous allons la suivre pas à pas jusqu'à cet heureux jour.

Bordeaux, Le Pin, Limoges, Nancy, Tarbes et Saint-Brieuc, et formant 44 prix :

1 prix royal de	5.000	francs.
1 — de	4.000	—
3 prix principaux de 2.500 fr.	7.500	—
6 — de 2.000 fr.	12.000	—
6 prix d'arrondissement de 1.500 fr.	9.000	—
18 — de 1.200 fr.	21.600	—
6 prix locaux de 800 fr.	4.800	—
3 — de 500 fr.	1.500	—

La jumenterie du Pin, d'où l'Administration tirait les chevaux de course qu'elle élevait et entrainait, fut supprimée en 1848, ainsi que celle de Pompadour, réservée à ses produits arabes et anglo-arabes.

Entre autres épreuves importantes, l'Administration des Haras remporta le Grand Prix Royal, à Paris, en 1838 et 1839, avec ses propres produits : *Corysandre* (Holbein et Comus mare) et *Eylau* (Napoléon et Delphine).

(1) La juridiction des courses du gouvernement — dévolue, de par le décret du 4 juillet 1806, aux maires et aux préfets, — avait été déléguée, de par l'arrêté du 7 novembre de la même année, à des représentants administratifs, toujours choisis parmi les fonctionnaires des Haras.

LIVRE IV

1834 A FIN 1856

CHAPITRE XI

ANNÉE 1834

Les premières Courses de la Société d'Encouragement. — Inauguration de l'hippodrome de Chantilly. — Courses en province. — Les paris particuliers au Bois de Boulogne. — *Morotto, Félix.* — Fondation du Cercle du Jockey-Club. — L'arrêté du 2 juin. — Mort de lord Derby. — *Touchstone.* — Importation de *Cadland, Napoleon, Lottery* et *Naïad.*

L'histoire du turf et de l'élevage en France ne date réellement que de la fondation de la Société d'Encouragement.

Cet historique comprend quatre étapes principales :

1º La période d'essai et de tâtonnements, qui s'étend de la fondation de la Société à la création de l'hippodrome de Longchamp (1834 à fin 1856);

2º La période d'essor et d'affranchissement — la plus éclatante des quatre — de 1857 à la guerre de 1870 ;

3º La période de reconstitution et de vulgarisation, de 1871 à la loi du 2 juin 1891;

4º La période de développement intense et de démocratisation, de 1891 à nos jours.

Fondée le 11 novembre 1833, la Société d'Encouragement ne perdit pas son temps. Sous l'active impulsion de son président, lord Henry Seymour, elle inaugure l'année sportive par son meeting de printemps, au Champ-de-Mars, les 4, 8 et 11 mai. Chacune des trois journées ne comprend que deux ou trois prix, plus les paris particuliers :

Premier jour : deux prix, de 2.200 et 2.500 francs;

Deuxième jour : trois prix, de 1.200, 3.000 et 5.000 francs;

Troisième jour : deux prix : un vase de 1.500 francs et 1.000 francs en espèces, — un vase de 4.000 francs, offert par le comte Demidoff (1).

Puis vint la réunion « sensationnelle » de Chantilly. Les travaux d'aménagement du nouvel hippodrome avaient été poussés avec une hâte fiévreuse et l'inauguration en eut lieu le 15 mai. La piste, de forme elliptique, mesurait environ 2.100 mètres de circuit. L'organisation, confiée à l'ingénieux Bryon, ne laissait rien à désirer, s'il faut en croire *L'Éleveur* et le *Journal des Haras*, qui s'extasient — bien qu'elles ne fussent que de rudimentaires et étroites estrades de bois portatives — « sur les tribunes très commodes qui ont été dressées » (2).

Trente mille (?) personnes, venues en chaise de poste, en berline ou en simple diligence — les bureaux étaient à Paris, au *Plat d'Étain*, rue Saint-Martin; le trajet était de trois heures, — assistaient à cette solennité hippique.

Le programme ne comportait cependant que trois courses, dont un pari particulier, d'une valeur totale de 5.000 francs :

Premier prix : 3.000 francs, 2.065 mètres, en partie liée, pour chevaux et juments de tout âge, nés et élevés en France;

---

(1) Le premier prix offert par la Société d'Encouragement datait de l'automne précédent, avant même qu'elle ne fût officiellement constituée.

Au programme de la journée du 22 septembre 1833, au Champ-de-Mars, nous voyons figurer, en effet, l'épreuve suivante.

Prix de la Société d'Encouragement. — Douze paniers de vin de Champagne présentés par la Société d'Encouragement, 2 tours en partie liée.

Le même jour s'était également disputée une « bourse de 3 055 livres » souscrite par les membres de la Société d'Encouragement et d'autres amateurs.

(2) La piste a été sensiblement agrandie depuis lors. La chapelle et le puits étaient englobés dans la forêt, dont la partie appelée « Bois-Bourrillon » s'étendait encore, en 1845, jusqu'aux grands arbres, en face des anciennes écuries Aumont, où était la poste aux chevaux. Ce n'est qu'en 1879 que les tribunes de bois primitives furent remplacées par les vastes tribunes actuelles. C'est à cette même époque que, pour élargir la piste, on supprima le second réservoir qui se trouvait devant celui qui existe encore, et que l'on défricha l'emplacement où s'étend maintenant le pesage.

La particularité de l'hippodrome de Chantilly est une brusque descente suivie d'une montée, avant le tournant de la ligne droite.

La piste actuelle du prix du Jockey-Club a été inaugurée en 1877. Jusque-là, les chevaux partaient du puits et passaient une première fois devant les tribunes. Mais le premier tournant, qui les rapprochait de leurs écuries, fut cause de maintes incartades.

A l'origine des courses, le Cercle du Jockey-Club avait, à Chantilly, une tribune-chariot mobile, que l'on promenait sur le champ de courses, dont les lithographies du temps nous ont conservé la physionomie pittoresque.

(Collection du *Gaulois du Dimanche*.)

TRIBUNE-CHARIOT DU JOCKEY-CLUB, A CHANTILLY (1835).

Deuxième prix : 1.500 francs, 2.065 mètres, en partie liée, pour chevaux et juments de tout âge n'ayant jamais gagné de prix.

Pari particulier : 500 francs, 2.065 mètres en une seule épreuve.

Les courses de Chantilly — et il en sera ainsi jusqu'en 1853, époque à laquelle la Société d'Encouragement prendra à bail la pelouse, les pavillons et les allées d'entraînement — étaient alors exploitées par la ville de Chantilly, à ses frais et risques. La municipalité ne se contentait pas, sur les affiches qu'elle apposait pour annoncer les dates des réunions, de mentionner les courses ou le prix d'entrée dans les différentes enceintes du champ de courses (1); elle se mettait, en outre, à la disposition « des personnes qui désireraient se procurer des renseignements sur les logements à louer dans la ville ». Sa sollicitude s'étendait aussi aux « marchands ambulants qui voudraient s'établir sur la Pelouse »; enfin, elle prévenait le public « qu'il sera pris des mesures sévères contre les chiens qui seraient trouvés errants en liberté ».

Les réunions de printemps, au Champ-de-Mars, attiraient une foule nombreuse et élégante, en dépit de l'insuffisance des tribunes, de l'incommodité du pesage et de l'état déplorable du terrain qui, par les temps de pluie, en transformait l'enceinte en un véritable marécage, sans compter que la tribune du juge et celle du Jockey-Club étaient si malencontreusement placées, qu'elles empêchaient les spectateurs de voir le départ et l'arrivée des courses.

A Chantilly, si ces dispositions étaient plus heureuses, le public était également nombreux, mais plus mêlé, et le jeu plus développé.

Par contre, les courses d'automne, au Champ-de-Mars, étaient assez délaissées, bien qu'on y disputât l'épreuve la plus importante de l'époque, le Grand Prix Royal, qu'on venait de porter, cette année même, à 12.000 francs. Ce meeting, bien distinct de celui du printemps, était réservé au « courses du Gouvernement », et l'on n'y voyait guère que le monde officiel, sans doute parce que l'entrée de l'hippodrome était gratuite. Cette abstention du beau monde aux courses gouvernementales, alors qu'il suivait avec tant d'empressement celles « de la Société », sera, entre tant d'autres, une des raisons de la haine que l'Administration des Haras porta pendant si longtemps à sa jeune rivale.

En suivant le calendrier hippique, après Chantilly, nous trouvons, le 3 août, des courses pour chevaux de chasse, à Maisons-sur-Seine (depuis Maisons-Laffitte), où le prix offert au gagnant consistait en « 450 toises de terrain, au choix, dans le parc ».

---

(1) Le tarif d'entrée était ainsi fixé : tribunes et pavillon, 5 francs; pesage, 10 francs; voitures, 10 francs; cavaliers, 5 francs.

Pour les « Courses de la Société », au Champ-de-Mars (printemps) : pavillon, 5 francs; gradins numérotés et tribunes, 6 francs; enceinte du pesage des jockeys, 20 francs; voitures, 10 francs; cavaliers, 5 francs.

Puis, viennent les courses du Gouvernement en province pendant l'été, et au Champ-de-Mars, les 7, 9, 14 et 21 septembre (1).

Enfin, le 4 octobre, courses particulières à Compiègne, dont les prix consistent en cravaches et pistolets, offerts par le duc d'Orléans, pendant son séjour au camp de cette ville, pour chevaux d'armes, montés par des officiers.

Si l'on ajoute à ce bilan quelques courses au clocher, à Blois, à

---

(1) En plus du Grand Prix Royal de 12.000 francs, on y disputait un prix Principal de 5.000 fr., le prix du Roi de 6.000, et ce prix du Prince royal (un vase de 1.000 fr. et 2.000 fr. en écus).

En province, la réunion la plus richement dotée est celle celle d'Aurillac, avec deux prix royaux de 3.000 et 4.000 fr.; Le Pin, Tarbes, Bordeaux et Limoges, sont dotés de prix locaux de 800 fr., de prix d'Arrondissement de 1.200 ou 1.500 fr., et de prix Principaux de 2.000 ou 2.500 francs.

Les courses de Limoges, qui ne prennent un caractère de régularité qu'à dater de 1834, remontaient à 1803; dès cette année, le préfet avait obtenu pour la fête de la Saint-Loup, la grande fête régionale, des primes pour les plus beaux étalons et poulinières de race limousine destinés aux courses.

La race limousine — inconnue au temps des tournois et des chevaliers bardés de fer — avait vu croître sa vogue avec les carrousels et les exercices de manège. Elle produisit cependant des chevaux d'armes, si nous nous en rapportons à l'anecdote suivante, que cite Ephraïm Houel, dans son ouvrage *Du cheval chez tous les peuples*.

« Le maréchal de Turenne montait de préférence une jument limousine nommée *La Pie*, qui l'avait porté dans dix batailles, et c'était elle qu'il montait encore le jour de sa mort. L'histoire a conservé, en cette occasion, un mot échappé du cœur des soldats, le plus bel éloge qu'on eût jamais prononcé sur un chef. Voyant l'incertitude qui régnait dans le commandement sur la direction à suivre : « Qu'on mette *La Pie* à notre tête, s'écrièrent-ils, elle nous conduira à la victoire! »

Comme celles de Limoges, les courses de Tarbes dataient du Premier Empire. Instituées en 1805, sur l'hippodrome de Laloubère, elles ne prirent un caractère d'importance qu'avec l'élan général donné par la Société d'Encouragement, et leur développement est dû, en grande partie, à l'abbé Deffit, curé de Barbezan-Debat, communément appelé « le Seymour de Tarbes ».

Bien avant la Révolution, on s'occupait déjà, dans la région, de l'élevage du cheval léger, dit cheval *navarrin*, et la plaine de Tarbes était célèbre dans le monde entier sous le rapport hippique. Cette race du cheval navarrin, fort appréciée de nos jours encore pour la remonte de la cavalerie légère, a probablement été formée par des étalons arabes qui, de l'Andalousie, auront été amenés dans les comtés de Bigorre et de Foix, l'Armagnac et le Languedoc, à une époque très reculée. Cette race est celle à laquelle le duc de Newcastle, l'homme de cheval le plus compétent du XVIIe siècle, donnait la préférence sur toutes les autres, pour son endurance, sa vitesse et sa grâce. Après avoir énuméré toutes ses qualités dans son célèbre ouvrage *Méthode et instruction nouvelles de dresser les chevaux*, il terminait ainsi : « Enfin, le cheval navarrin est le plus propre que je connaisse pour un grand monarque dans un jour de triomphe afin de se faire voir à son peuple, ou en un jour de bataille, à la tête de son armée.

L'ancienne Administration des Haras entretenait dans la plaine de Bigorre 50 étalons de choix et 1.300 poulinières. Supprimé comme tous les autres à la Révolution, le dépôt d'étalons de Tarbes fut rétabli en 1806. Napoléon Ier avait une grande prédilection pour les chevaux d'Orient, qu'il montait de préférence à tous autres; aussi plaça-t-il à Tarbes tous les étalons arabes qu'il put trouver, auxquels la Restauration adjoignit un certain nombre de reproducteurs qu'elle avait fait venir de Syrie.

COURSES DE LA HAUTE-VIENNE.
Sur le plateau de Teyssonnières, près Limoges, le 17 juin 1821.

Moulins et dans la vallée de la Bièvre, on voit à quoi se réduisait alors la saison sportive.

En dépit de la pénurie de ses ressources, la Société d'Encouragement, dès sa première année d'existence, avait distribué 20.900 francs de prix qui, ajoutés au 94.600 francs fournis tant par la famille royale que par l'État, formaient déjà un total de 115.500 francs.

C'était peu, et l'on comprendra la vogue des poules et des paris particuliers, qui se disputaient toute l'année, soit au Champ-de-Mars, à l'époque des courses régulières, soit, de préférence, au rond de Mortemart, au Bois de Boulogne, lequel était loin de ressembler à celui que nous connaissons. Il ne fut transformé, en effet, que vingt ans plus tard, au moment de la création de l'hippodrome de Longchamp.

Dans ses *Dandys*, M. Jacques Boulenger nous a tracé un tableau aussi sincère que peu attrayant de ce qu'était alors le Bois de Boulogne :

« Sa superficie n'était encore que de 676 hectares, au lieu de 873. Un mur l'entourait, qui finissait à la plaine de Longchamp. La végétation était pauvre, clairsemée, et c'est dans ses allées — poussiéreuses ou boueuses, suivant la saison — que les Alliés avaient campé, en 1815. On y accédait par les Champs-Élysées, qui n'étaient, sauf à certaines heures du jour, qu'un véritable désert. Le soir, on y détroussait les passants assez hardis pour s'aventurer dans de tels parages, et l'allée des Veuves (aujourd'hui avenue Montaigne) était un coupe-gorge où Eugène Sue pouvait placer avec vraisemblance le cabaret souterrain de Bras-Rouge. Pour atteindre le Bois de Boulogne, il fallait franchir l'octroi de la barrière de l'Étoile, et suivre une longue route bordée de masures et de terrains vagues (actuellement l'avenue du Bois), défoncée en hiver et aveuglante de poussière l'été. Cette promenade était si désagréable que c'était à qui, parmi les cochers de maître, inventerait un prétexte pour ne pas y aller. »

C'était cependant dans ce Bois de Boulogne que se rencontraient presque chaque jour, soit pour une simple promenade à cheval, soit pour quelque pari particulier, cette pléiade de cavaliers qui devaient former le noyau de la future Société d'Encouragement, et parmi lesquels on peut citer lord Seymour, Charles Laffitte, de Normandie, A. Lupin, Ernest Leroy, Rieussec, comte Walewski, prince de la Moskowa, J. Reiset, comte d'Hédouville, Casimir-Périer, de Royères, de La Bastide, Le Couteulx, de Perrégaux, prince Lobanoff, Edgard Ney, Napoléon Bertrand, lord Pembroke, de Vaublanc, le compositeur Auber (1), le romancier Eugène Sue et quelques marchands de chevaux, comme Crémieux et Chéri-Salvador.

C'était également dans ces parages, à la Porte-Maillot, que lord

---

(1) Adolphe Auber était un passionné du pur sang. « Un cheval qui n'est pas de pur sang, écrivait-il, est comme une partition sans mélodies. » Ses ressources étant maigres au début, il dut attendre le succès de la *Muette de Portici*, pour acquérir la monture tant désirée.

Seymour, le premier sportsman de son époque, cependant, avait son établissement de courses, et c'était sur ces routes abominables qu'on exerçait ses chevaux !... L'art de l'entraînement était d'ailleurs bien rudimentaire encore, si l'on s'en rapporte aux préceptes d'Olivier Chanteau (1) et au *Journal des Haras*, qui écrivait, quelques années plus tard — au sujet d'une réunion à Chantilly — « que les palefreniers de M. de Germigney, partis trop tard des écuries où était placé son cheval *Canning*, l'ont amené sur le lieu des courses, au grand galop, sur les pavés !... »

Jusqu'à la fondation du prix du Jockey-Club, les chevaux de 3 ans joueront un rôle effacé, les épreuves principales du calendrier hippique étant réservées aux chevaux de 4 ans et au-dessus.

Le premier 3 ans qui se distingue est *Morotto* (Gustavus et Murowfat), à lord Henry Seymour, qui gagne plus de 10.000 francs dans son année, chiffre alors considérable, dont la majeure partie, à l'étranger, avec le prix de la Reine, à Bruxelles (un vase de vermeil et 3.500 francs en espèces), et deux prix, à Aix-la-Chapelle, s'élevant ensemble à 300 frédérics d'or (6.240 fr.).

On peut encore citer *Moloch*, à M. Fasquel, et *Ferragus*, à Chéri-Salvador, qui se présentèrent seuls dans la Poule gouvernementale de 1.800 francs, à la réunion d'automne du Champ-de-Mars. La course donna lieu à quelques incidents que relate le *Calendrier des Courses*, de Th. Bryon, et qui montrent le côté bon enfant des luttes d'alors. « Il était donné trois minutes pour effectuer le parcours, un tour de l'hippodrome. *Moloch* jeta son jockey, qui se fit beaucoup de mal ; *Ferragus* cassa les cordes, sortit de la piste et rentra, arriva au but en 2′ 59″ 3/5 et réclama le prix. Le jury ayant quelque doute, annula la course et décida qu'elle serait recommencée le jour même. Chéri-Salvador proteste contre cette décision et se refuse à une seconde épreuve. *Moloch* entre seul dans la lice, franchit la distance en 2′ 29″ 4/5, et il est déclaré vainqueur. » Battu mais pas content, le propriétaire de *Ferragus* porte successivement l'affaire devant le Préfet, le Ministre du Commerce (de qui relevaient les courses de l'État), et le Conseil d'État, qui confirmèrent, à tour de rôle, la décision des Commissaires.

Parmi les vieux, *Félix* (Rainbow et Young Folly), 6 ans, à M. Rieussec, ne paraît qu'une fois pour remporter le Grand Prix Royal, de 12.000 francs, sur *Noéma*, *Fra Diavolo* et *Bijou*. Il avait déjà gagné cette même épreuve, qui n'était alors que de 6.000 francs, l'année précédente.

Noéma, 4 ans, au duc d'Orléans, avait enlevé précédemment un prix de 1.500 fr., à Chantilly, et un prix d'arrondissement de 3.000 fr.,

---

(1) *Pratique de l'élève des chevaux et de l'entraînement des chevaux de course*, par Olivier Chanteau, ancien chef des écuries du haras entretenu par M. Rieussec, à Viroflay, et jockey bien connu (Paris, 1834).

au Champ-de-Mars, mais *Fra Diavolo*, 4 ans, à lord Seymour, prit sa revanche sur elle dans le prix du Roi (un vase de 1.500 fr., une coupe de 800 fr., et une somme de 3.700 fr.); il avait déjà à son actif deux prix gouvernementaux, de 3.000 et 5.000 francs.

Bijou, 6 ans, à Crémieux, remporte le prix du Prince Royal (un vase de 1.000 fr. et 2.000 fr. en espèces); — *Hercule* et *Héléna*, tous deux à M. Rieussec, le premier, deux prix de 2.500 et 5.000 fr. à Paris; la seconde, un prix de 3.000 fr. à Chantilly et un vase de 4.000 fr. offert par le comte Paul Demidoff, à Paris; — *Desdémone*, à M. Brondeau, le prix du duc d'Orléans, à Bordeaux (2.500 fr.), et le prix Royal du Midi, à Aurillac (4.000 fr.); — enfin *Miss Annette*, 4 ans, à lord Seymour, prélude à sa brillante campagne de 1835, par deux prix d'Arrondissement, de 3.000 et 5.000 fr., à Paris.

* *

Nous ne reviendrons pas sur la décision prise par la Société d'Encouragement, dans sa séance du 17 juin, de créer un « Cercle de la Société », communément appelé « Jockey-Club ». Nous en avons fait l'historique précédemment.

C'est dans la séance du 7 mars que fut adopté le Règlement — calqué sur celui des courses de Newmarket — qui régit encore la Société aujourd'hui. Nombreuses sont les adjonctions et modifications qui y ont été apportées au cours des quatre-vingts années qui nous séparent de cette époque, et nous signalerons les principales d'entre elles au fur et à mesure de leur adoption.

Notons que, le 30 avril, lord Seymour, considérant que son fidèle auxiliaire Thomas Bryon ne connaît pas suffisamment la langue française pour continuer à remplir ses fonctions de secrétaire, propose M. Volsey-Moreau, qui est agréé en ses lieu et place.

Il est décidé en même temps qu'on donnera « 240 *francs par an à Th. Bryon, pour la location de sa tribune, aux courses.* »

Même pour l'époque, ce n'était pas cher!

* *

Le 2 juin avait paru l'arrêté ministériel fixant les conditions des courses gouvernementales et portant à 12.000 francs l'allocation du Grand Prix Royal.

Cet arrêté supprimait également l'inégalité qui existait jusqu'alors entre les chevaux de pur sang et ceux de demi-sang, lesquels étant considérés par l'Administration des Haras comme bien supérieurs aux premiers, leur *rendaient du poids*.

En adoptant cette parité de traitement, ladite Administration croyait bien porter à la Société d'Encouragement, et par contre, à la cause du pur sang, un coup dont elles ne se relèveraient pas.

« Puisque, pensait-elle, j'estime les chevaux de demi-sang suffisamment supérieurs aux pur sang pour en recevoir du poids, que ne verra-t-on pas lorsqu'ils courront à égalité de poids! »

Elle l'a vu.

***

En Angleterre, il nous faut signaler la disparition d'un homme, dont le nom restera immortellement attaché aux choses du turf. Nous voulons parler de la mort de lord Derby, fondateur de la grande

Sampson Low, Marston and C°, London, Copyright.

Touchstone.

course d'Epsom qui porte son nom, qu'il ne remporta qu'une seule fois, avec *Sir Peter*, en 1787. Ainsi que nous l'avons dit précédemment (voir chap. III), son action ne s'étendit pas que sur les réunions d'Epsom, car les hippodromes de Liverpool et d'Aintree lui durent leur création. Il fut également le protecteur de Newmarket, jusqu'en 1796, où il porta ses sympathies sur la ville de Peston, en raison de ses combats de coqs réputés.

Sportivement, c'est l'année du grand Touchstone (Camel et Banter), un des plus fameux étalons qu'aient possédés nos voisins, et dont les produits ont gagné 702 prix, s'élevant à la somme — énorme, pour l'époque, — de 5.394.800 francs. Entre autres vain

Pedigree de TOUCHSTONE (1831).

Camel, 1822.	Whalebone, 1807.	Waxy, 1790.	Pot-8-Os. 1773.	Eclipse. *Sportsmistress*, p. *Warren's Sportsman*, p. *Cade*, p. **Godolphin Arabian**.
			Maria, 1777.	Herod. *Lisette*, p. *Snap*, p. *Snip*, p. *Flying Childers*, p. **Darley Arabian**.
		Penelope, 1798.	*Trumpator*, 1782.	Conductor, p. **Matchem**. *Brunette*, p. *Squirrel*, p. *Old Traveller*, p. *Partner*, p. *Jigg*, p. **Byerly Turk**.
			Prunella, 1788.	Highflyer, p. **Herod**. *Promise*, p. *Snap*, p. *Snip*, p. *Flying Childers*, p. **Darley Arabian**.
	Fille de 1812.	Selim, 1803.	*Buzzard*, 1787.	Woodpecker, p. **Herod**. *Miss Fortune*, p. *Dux*, p. **Matchem**.
			Fille de 1794.	Alexander, p. **Eclipse**. *Fille de Highflyer*, p. **Herod**.
		Maiden, 1804.	*Sir Peter*, 1784.	Highflyer, p. **Herod**. *Papillon*, p. *Snap*, p. *Snip*, p. *Flying Childers*, p. **Darley Arabian**.
			Fille de 1788.	Phœnomenon, p. **Herod**. *Matron*, p. *Florizel*, p. **Herod**.
Banter, 1825.	Mr. Henry, 1815.	Orville, 1799.	*Beningbrough*, 1791.	King Fergus, p. **Eclipse**. Fille de **Herod**.
			Evelina, 1791.	Highflyer, p. **Herod**. *Termagant*, p. *Tantrum*, p. *Cripple*, p. **Godolphin Arabian**.
		Miss Sophia, 1805.	*Stamford*, 1794.	Sir Peter, p. *Highflyer*, p. **Herod**. *Horatia*, p. **Eclipse**.
			Miss Sophia, 1798.	Buzzard, p. *Woodpecker*, p. **Herod**. *Huncamunca*, p. *Highflyer*, p. **Herod**.
	Boadicea, 1795.	Alexander, 1782.	Eclipse. *Grecian Princess*, 1770.	William's Forester, p. Croft's Forester, p. Hartley's Blind Horse, p. **Holderness Turk**. Fille de Coalition Colt, p. **Godolphin Arabian**.
		Brunette, 1790.	*Amaranthus*, 1755.	Old England, p. **Godolphin Arabian**. Fille de *Second*, p. *Flying Childers*, p. **Darley Arabian**.
			Mayfly, 1771.	Matchem. Fille de *Starling*, p. *Bay Bolton*, p. *Grey Hautboy*, p. *Old Hautboy*, p. *D'Arc'ys White Turk*.

queurs, il a donné : *Blue Bonnet* (Saint-Léger, 1842), *Cotherston* (Derby et Deux mille Guinées, 1843), *Orlando* (Derby, 1844), *Mendicant* (Oaks et Mille Guinées, 1846), *Flatcatcher*, *Nunnykirk* et *Lord of the Isles* (Deux mille Guinées, 1848, 1849 et 1855), *Surplice* (Derby et Saint-Léger, 1848), et *Newminster* (Saint-Léger, 1851).

Sa carrière sur le turf fut également fort brillante, et parmi ses nombreuses victoires, on peut rappeler le Saint-Léger, l'Ascot Gold Cup (2 fois) et le Doncaster Cup (2 fois). *Touchstone* s'accordait de toutes les distances et de tous les terrains, en dépit du mauvais état de ses boulets antérieurs. C'est à cette particularité, sans doute, qu'il dut toujours de commencer fort mal ses courses; mais sa vitesse était si grande qu'il avait tôt fait de rattraper l'avance que ses adversaires avaient pu prendre.

Touchstone est mort en 1861. Il remontait doublement à *Eclipse* par son père et par sa mère, *Camel* étant de la lignée de *Pot-8-Os*, et *Banter*, de celle de *King Fergus*.

Parmi les reproducteurs que nous importâmes, en 1834, il faut citer, tout d'abord, l'étalon *Cadland* (Andrew et Sorcery), qui allait jouer un rôle capital dans notre élevage et qui peut être considéré comme l'un des fondateurs de la race française de pur sang. Né en 1825, *Cadland* avait été l'un des meilleurs chevaux de son temps, en Angleterre, où il avait remporté le Derby — après un dead-heat avec *The Colonel* — et les Deux mille Guinées. De sa nombreuse progéniture en France, on peut détacher *Nautilus*, *Britannia*, *Romulus* *Essler* et *Francesca*.

Puis viennent *Napoléon*, né en 1824 (Bob Booty et Pope mare), qui sera notamment le père de *Suavita*, *Eylau* et *Morok;* — *Lottery*, né en 1820 (Tramp et Mandane), qui produira *Angora*, *Annette*, *Ratopolis*, *Tomate*, etc.; — et la poulinière *Naïad* (Whalebone et Orville mare), née en 1828, qui donnera *Vendredi*, *Nativa*, *Lantaria*, *Dorade*, *Slave*, etc.

CHAPITRE XII

ANNÉE 1835

Arrêté du 5 janvier. — Création du prix du Jockey-Club. — Courses de Boulogne-sur-Mer. — *Miss Annette*.

Deux faits considérables marquent l'année : l'arrêté du 5 janvier, et la création, par la Société d'Encouragement, du prix du Jockey-Club.

L'arrêté du 5 janvier, que nous publions *in extenso* au Livre X, partageait la France en deux divisions chevalines, celle du Nord et celle du Midi, et en huit arrondissements ou circonscriptions, en même temps qu'il fixait toutes les conditions et dispositions relatives au prix du Gouvernement.

C'était comme le Code des courses de l'État. A ce titre, il est d'une importance capitale, et, pendant trente années, il aura force de loi. Certains de ces articles nous paraissent puérils, mais il ne faut pas oublier que l'éducation sportive du public était entièrement à faire et il était bon de mettre les points sur les *i*. D'autres, tels, par exemple, que ceux qui ont trait à la façon de diviser les chevaux par pelotons quand leur nombre est trop considérable, aux tribunes du juge et du jury, au pesage des jockeys, etc., montreront combien la conception que l'on avait alors des choses du turf diffère de nos pratiques actuelles.

**

Lord Seymour, pour les raisons que nous avons indiquées précédemment, avait quitté la présidence du Jockey-Club, où il avait été remplacé par M. de Normandie. Cet incident fit grand bruit, et déjà les adversaires de la Société naissante entrevoyaient un arrêt dans son essor, quand un fait — qui devait avoir sur l'institution des courses la même influence qu'eut, sur celles de nos voisins, la fondation du Derby d'Epsom — vint, à quelques mois de là, donner un démenti à ces prophéties intéressées.

Il s'agit de la décision prise par le Comité de la Société d'Encouragement, dans sa séance du 24 juin, d'allouer une somme annuelle de 5.000 francs, pour la création du *prix du Jockey-Club* ou *Derby français*, à courir pour la première fois l'année suivante.

En voici le texte :

« Courses de l'Oise, sur la pelouse de Chantilly. Dimanche 16 mai 1836. Sixième course, la dernière. Prix du Jockey-Club, 5.000 francs donnés par la Société d'Encouragement, pour chevaux et juments de 3 ans, nés et élevés en France, engagés avant le 1er novembre 1835. Poids : chevaux, 100 livres; juments, 97 livres. Le gagnant d'un prix au Champ-de-Mars portera 3 livres de plus; de deux prix, 7 livres. Un tour et demi, à commencer de la partie plane, après les marronniers. Une épreuve. Paiement de 200 francs au moment de l'inscription et une entrée de 300 francs pour courir » (1).

Pour son premier Derby, la Société voulut que la réunion fût plus brillante que les précédentes, et, grâce au concours des princes d'Orléans, de la ville de Chantilly et des particuliers, elle put encadrer cette riche et belle épreuve — 5.000 francs étaient alors une somme fort importante — dans le programme suivant :

Midi 1/2. — *Prix de la Ville* (Première épreuve). — 1.200 francs donnés par la ville de Chantilly, pour chevaux entiers, hongres et juments de tout âge, toute espèce et tout pays qui, avant la course, n'auront été engagés dans aucune course publique ou particulière. Poids : 130 livres; juments, 3 livres en moins. Un tour, en partie liée.

Midi 3/4. — *Prix d'Orléans* (Première épreuve). — 3.500 francs donnés par S. A. R. le duc d'Orléans, pour chevaux entiers et juments de pur sang de tout âge, nés et élevés en France ou en Belgique. Poids : 3 ans, 104 livres; 4 ans, 113 livres; 5 ans, 117 livres; 6 ans, 121 livres. Les juments porteront 3 livres de moins. Un vainqueur de l'année 1835 portera 5 livres de plus. Un tour de l'hippodrome, en partie liée.

Une heure. — *La Coupe*. — Une coupe, d'une valeur de 5.000 francs, donnée par M. le baron N. de Rothschild, pour chevaux entiers et juments de toute espèce et de tout âge, nés et élevés en France ou en Belgique. Poids : 3 ans,

---

(1) Ces surcharges furent supprimées en 1840.

Aujourd'hui, les engagements se font au début de l'automne qui suit l'année de la naissance, et l'entrée est de 1.000 francs, avec forfait de 500 ou 600 francs, suivant l'époque de déclaration. Quant à l'allocation primitive de 5.000 francs, elle a été portée successivement à 7.000 fr. en 1840; 10.000, en 1847; 15.000, en 1854; 20.000, en 1855; 25.000, en 1866; 30.000, en 1869; 50.000, en 1877; 75.000, en 1890, et 100.000 en 1897.

Il est alloué, en outre, 15.000 fr. au deuxième et 7.500 fr. au troisième, et une prime de 10.000 fr. à l'éleveur du gagnant.

Prime non comprise, le prix du Jockey-Club s'élève aujourd'hui à près de 200.000 francs environ pour le gagnant; en 1911, année d'*Alcantara II*, il a atteint 202.375 fr., chiffre record.

Eugène Lami. Reproduction autorisée par Goupil et Cⁱᵉ, éditeurs Paris.

COURSES DE CHANTILLY, EN 1835.
(Au milieu de la pelouse, la calèche à quatre chevaux blancs du duc et de la duchesse d'Orléans).

95 livres; 4 ans, 105 livres; 5 ans, 112 livres; 6 ans, 115 livres; 7 ans, 118 livres Les juments, 3 livres de moins. Entrée : 300 francs. Un tour, en une épreuve.

1 heure 1/4. — *Prix d'Aumale*. — 2.000 francs donnés par S. A. R. le duc d'Aumale, pour chevaux entiers et juments de pur sang de tout âge, nés et élevés en France ou en Belgique. Poids : 3 ans, 100 livres; 4 ans, 115 livres; 5 ans, 121 livres; 6 ans et plus, 125 livres. Juments, 3 livres de moins. Trois tours en une épreuve.

1 heure 1/2. — *Prix de la Ville* (Deuxième épreuve).

1 heure 3/4. — *Prix d'Orléans* (Deuxième épreuve).

2 heures. — Poule de 500 francs pour chevaux entiers et juments de pur sang, nés et élevés en France ou en Belgique, qui n'auront jamais gagné un prix ou un pari particulier. Entrée : 200 francs. Trois souscripteurs ou pas de course. Poids comme pour le prix d'Orléans. Deux tours en une épreuve.

2 heures 1/4. — *Prix du Jockey-Club*.

Comme on le voit, les courses finissaient alors à peu près à l'heure à laquelle elles commencent aujourd'hui. De plus, c'est la première fois — nous ne parlons pas, bien entendu, des poules ou des paris particuliers — que les épreuves de la Société d'Encouragement portent un nom, au lieu d'un numéro d'ordre (première course, deuxième course, etc.), qui servait à les distinguer jusque-là.

Deux paris particuliers et une course de haies étant venus, par la suite, corser encore le programme, la Société put organiser deux journées de courses, au lieu d'une, coupées par un laisser-courre derrière l'équipage du duc d'Orléans.

Cette brillante réunion fut fixée aux 16 et 18 mai 1836.

Les courses de Boulogne-sur-Mer, dans la plaine d'Ambleteuse, datent de cette même année 1835. Jusqu'au milieu du Second Empire, la réunion de Boulogne-sur-Mer fut une des plus importantes de province, avec sa Coupe d'Or ou Grand Prix de la ville, de 6.000 fr., qui attirait maints concurrents anglais, de modeste valeur, il est vrai, les chevaux étrangers étant à réclamer.

Au point de vue technique, la grande triomphatrice de l'année est la célèbre *Miss Annette*, jument baie de 5 ans, par Reveller et Ada, à lord H. Seymour, qui remporte les sept courses dans lesquelles elle se présente, entre autres, le prix Principal de 5.000 francs, le prix Royal de 6.000 fr., le Grand Prix Royal de 12.000 fr., à Paris, et un « superbe vase de plus de 3.000 fr. », à Bruxelles. Ses gains de l'année s'élèvent à 35.000 fr., chiffre qui semblait alors fabuleux (1).

(1) Comme nous le verrons par la suite, *Miss Annette* poursuivra sa brillante carrière à 6, 7, 8 ans. Ses succès étaient tellement populaires que, dans un vaudeville de MM. Rochefort et Langlé, *Les Maquignons*, représenté en 1839, sur la scène des Variétés, un personnage, parlant de son propre cheval, le compare à « la fameuse *Miss Annette*, qui a gagné cent mille écus de paris ».
Au haras elle donnera *Annetta*, qui remportera de nombreuses victoires à

Après elle, on peut citer son camarade *Morotto*, 4 ans, vainqueur de sept courses également, dont plusieurs en Belgique et à Aix-la-Chapelle; — *Florella*, 5 ans, à M. Desmaisons de Bonnefond, un prix de 2.500 et deux de 4.000 fr.; — *Emilius*, 4 ans, à M. de Vanteaux père, deux prix de 4.000 et 5.000 fr.; — *Agar*, 4 ans, au Haras royal du Pin, deux prix, de 2.500 et 6.000 fr.; — *Arlette*, 4 ans, à M. Fasquel, et *Bayard*, 5 ans, à M. Deconquan de Lacan, chacun deux prix, de 2.500 et 5.000 francs.

3° et 4 ans (1842 et 1843) et qui sera la mère de : *Annette, Bounty, Celebrity, Dame d'Honneur.*

La mère de *Miss Annette* aura une autre fille célèbre, *Poetess*, gagnante du prix du Jockey-Club, en 1841, et mère d'*Hervine* et de *Monarque*.

L'arrivée à la Course.

CHAPITRE XIII

ANNÉE 1836

Le premier Derby français. — *Frank.* — Courses de Versailles. — *Miss Annette* et *Volante* (suite). — Paris particuliers. — Le premier cheval transporté dans un van. — *Bay-Middleton* et *Bee's Wing.* — Importation des juments *Eva, Lustre, Weeper* et *Kermesse.*

Le premier Derby français se courut par un temps couvert et un vent froid, devant une assistance peu nombreuse, le public ayant craint de faire quinze lieues en voiture, sous la pluie.

La réunion, fixée primitivement aux 16 et 18 mai, avait été avancée aux 22 et 24 avril, sans doute pour que, devançant cette fois celle du Champ-de-Mars, elle conservât tout l'attrait de la nouveauté. Mais cette décision ayant été prise un peu tardivement, certains chevaux ne purent être entraînés à point, ce qui souleva les plus vives critiques du *Journal des Haras*, bien que nous ayons dit plus haut ce qu'était encore l'entraînement à cette époque.

Les comptes rendus des journaux n'en furent pas moins dithyrambiques. Dans les *Débats*, le grave Jules Janin ne consacra pas moins de neuf colonnes, en petits caractères, à cette solennité hippique. L'*Eleveur* et le *Journal des Haras* furent aussi enthousiastes. Seule, *La Mode* se permit de railler — et combien doucement encore — le baron Nathaniel de Rothschild sur la « fort mince valeur » de la coupe qu'il offrait.

Par exemple, les journaux différèrent d'avis sur « l'épreuve la plus intéressante de la réunion ». Pour les uns, c'est « la course des haies de la fin, parce qu'elle était réservée aux gentlemen, tous en casaque à jabots et manchettes, culottes de daim blanc et coiffés de casquettes de velours » (1). Pour les autres, au contraire, c'est « le

---

(1) Ces courses de gentlemen jouirent longtemps du plus grand succès. Ce n'était pas seulement le spectacle de ces amateurs en tenue de jockeys qui plaisait au public, que le harnachement spécial des chevaux. Nous trouvons, en effet, dans les conditions du prix de la Reine Blanche, disputé en 1839, à Chantilly, cette mention bien typique des mœurs d'une époque : « *Les chevaux dont les nattes seront tressées avec des rubans aux couleurs du propriétaire, porteront 2 kil. 1/2 de moins.* »

Deux ans plus tard, cette décharge est accordée aux chevaux qui portent les couleurs bleu et rouge du Jockey-Club.

Derby, la course étant faite par des jeunes chevaux inconnus des amateurs et du public » !!!

Le Derby avait réuni sept engagements. Il y eut cinq partants. Le favori était *Frank* (Rainbow et Vérona), à lord H. Seymour. Monté par Robinson, le premier jockey de l'écurie, il l'emporta facilement sur *Brougham*, au duc d'Orléans, et *Bélida*, à M. A. Lupin (1). Son camarade d'écurie, *Icare*, finissait quatrième, devant *Nair*, à M. Fasquel.

D'après le programme publié par la Société d'Encouragement, le prix du Jockey-Club était indiqué comme devant se courir en dernier.

Frank.

Ce fut cependant la troisième course, sans doute à la demande de lord Seymour, dont le cheval *Frank* était engagé, le même jour, dans la Coupe. Comme on le voit, à cette époque, les chevaux, y compris le vainqueur présumé du Derby, ne craignaient pas — et pour quels prix — de courir deux fois de suite.

(1) M. A. Lupin, dont la casaque noire à toque rouge devait être une des plus glorieuses du turf, avait débuté comme gentleman-rider trois ans auparavant, c'est-à-dire avant même la création de la Société d'Encouragement, et remporté sa première victoire, le 22 septembre 1833, au Bois de Boulogne, sur *Piccadilly* dans un pari particulier contre *Mathilda*, au prince de la Moskova.

A cet âge d'or du turf, la Société d'Encouragement — vraisemblablement dans le but de renforcer les champs, que la pénurie des chevaux rendait fort maigres — favorisait du reste ces exhibitions répétées, par cet article de son Règlement : « Les propriétaires dont les chevaux seront engagés pour plus d'une course le même jour, et qui désirent que les courses aient lieu plutôt dans un ordre que dans l'autre, sont priés d'en informer le secrétaire de la Société, quatre jours avant la réunion. »

On voit le caractère familial de ces premières luttes, en ces temps héroïques.

Le prix de la Coupe suivait immédiatement celui du Jockey-Club. Donc *Frank*, sans même avoir été dessellé, retourna au poteau de départ. On ne sera pas surpris d'apprendre qu'il échoua dans cette tâche et ne put prendre que la troisième place. La victoire revint à sa camarade, la fameuse *Miss Annette*, dont nous avons parlé précédemment, battant *Volante*, au duc d'Orléans. « Par ses succès antérieurs, écrit Jules Janin, *Miss Annette* passait pour à peu près invincible. Il fallait voir ses admirateurs et partisans pleurer de joie et son vieux palefrenier l'embrasser en sanglotant. »

Heureux temps, nous le répétons, où l'âme des spectateurs et des entraîneurs avait de tels attendrissements.

Après Chantilly, le Champ-de-Mars ouvre ses portes pour la continuation des courses de la Société d'Encouragement. La réunion comprend trois journées, les 2, 5 et 8 mai. Le premier jour, *Frank* fait walk-over dans le prix de Viroflay, 2.200 francs; le second jour, il bat à nouveau, dans le prix du Buc (1.200 fr., un tour en partie liée), ses compétiteurs du Derby, *Belida* et *Brougham*, qui finissent, cette fois, dans un ordre inverse. Le même jour, sa compagne *Miss Annette* enlève le prix de Meudon, 4.000 fr., et le prix d'Hercule, 5.000 fr. (deux tours en partie liée), dans lequel elle fait walk-over, en parcourant la piste au pas, suivant l'usage, aboli depuis, qui datait des courses du XVIIIe siècle, en Angleterre.

Puis vient l'inauguration de l'hippodrome de Satory-Versailles. Nous avons dit ce que valait celui du Champ-de-Mars. Si détestable qu'il fût, celui de Satory était pis encore. Quand il pleuvait, la boue y était tellement profonde, que les chevaux enfonçaient au point de pouvoir à peine avancer; et, par les temps secs, le sol en était si dur, que bien des jambes y restèrent, et que les jockeys étaient aveuglés par les graviers et les nuages de poussière. La piste, sur presque tout son parcours, était en contre-bas, en sorte que les spectateurs, même les plus favorisés, ne pouvaient saisir des courses que le départ et l'arrivée. Les tribunes et les estrades étaient inconfortables et mal disposées, et, comme au Champ-de-Mars et à Chantilly, il n'existait pas d'abri pour les chevaux (1).

La réunion comprenait deux journées, 27 et 29 mai. Le premier jour, on disputa quatre courses, dont la plus importante fut le prix Henry Seymour (3.000 fr. offerts par lord Seymour); le second jour, huit courses, dont cinq paris particuliers, les trois autres épreuves étaient le prix de la ville de Versailles (1.200 fr.), le prix du Jockey-Club (un vase d'une valeur de 1.000 fr. et 2.000 fr. en espèces), enfin un service à thé, en argent, d'une valeur de 3.000 fr., offert par un membre du Jockey-Club.

Quatre partants — le champ le plus fourni de la réunion — se présentèrent pour ce service à thé, qui revint à *Frank*, le vainqueur du Derby de Chantilly

Nous aurons bien d'autres occasions, pendant toute cette première période des courses, que l'on pourrait appeler l'âge d'or du turf, de voir les meilleurs chevaux, non seulement prendre part à des épreuves qui nous paraissent misérables, mais encore aller fort loin pour les disputer, en dépit de la longueur et de l'incommodité des voyages (2). C'est ainsi que la célèbre *Miss Annette* ne craignait

---

(1) En dépit de toutes ces imperfections, le meeting de Versailles jouit pendant une vingtaine d'années d'une grande vogue — sans doute en raison de sa proximité de la capitale — et attira le même public élégant que les courses de printemps, à Paris. Puis, la mauvaise qualité du sol — dont on ne s'était pas trop ému tant que l'on n'avait que le Champ-de-Mars, qui ne valait guère mieux, mais dont la création de Longchamp vint souligner les inconvénients — en éloigna de plus en plus les chevaux, et les courses de Satory furent supprimées en 1866.

Le tarif d'entrée dans les différentes enceintes de l'hippodrome était le même qu'à Paris.

En 1848, tant par suite des événements politiques que des travaux exécutés à Chantilly, la réunion de printemps, qui devait y avoir lieu, fut donnée à Versailles. C'est la seule fois que le prix du Jockey-Club fut couru ailleurs que sur l'hippodrome des Condés.

(2) Jusqu'alors les chevaux voyageaient par la route, tenus en mains ou montés par des palefreniers. Un petit fait, qui devait avoir la plus grande influence sur le développement des courses, tant en France qu'en Angleterre, date de cette même année : c'est l'utilisation des vans à bétail pour le transport des chevaux.

En raison de la difficulté du transport, les compétitions sportives avaient été toujours plus locales que générales, et il fallait vraiment avoir un cheval bien supérieur pour courir les risques et les dépenses d'un long voyage par route pour aller le mesurer au loin.

Le premier cheval transporté dans un van fut *Elis*, quand il courut et gagna le Saint-Léger de Doncaster, en cette année 1836. Son propriétaire, lord George Bentinck, considérant que la cote de 5/1, à laquelle on l'offrait, était insuffisante, prévint que son cheval ne courrait pas, s'il ne pouvait trouver à miser £ 1.000 à 10/1 (25.000 fr. contre 250.000). Ce ne fut qu'au dernier moment, — quand il parut impossible aux donneurs que le cheval, qui n'avait pas encore quitté son centre d'entraînement, arrivât à temps pour la course — que le pari fut tenu.

A toute éventualité, lord Bentinck avait acheté à lord Chesterfield un large van qui servait au transport des bestiaux. *Elis* y fut aussitôt embarqué avec un homme d'écurie, et le van, traîné par quatre vigoureux postiers, l'amena de Danebury à Doncaster, à la grande consternation du ring, autant qu'au profit de son ingénieux propriétaire.

pas, en cette même année, de se rendre à Bruxelles, pour y remporter des prix variant de 1.000 à 2.000 francs, quand ils ne consistaient pas simplement en « un vase et service de déjeuner ».

Mais n'oublions pas quelle était alors la modicité des allocations et combien peu nombreuses elles étaient. Aujourd'hui que les épreuves de 50.000, voire de 100.000 francs abondent, nous sourions de ces mœurs primitives, et nos cracks ne se dérangent plus que

P. Longmans and C°, London, Copyright

Le premier van pour le transport des chevaux de course.

pour des fortunes à ramasser, mais il y a une quarantaine d'années encore, ils ne dédaignaient pas les épreuves plus modestes (1).

* *

Avec la fondation du prix du Jockey-Club, on peut dire que les courses et, partant, l'élevage national étaient créés. Grâce à la sollicitude éclairée de la Société d'Encouragement, au dévouement, à la compétence et au désintéressement de ses gouvernants successifs, les courses allaient prendre — en dépit de toutes les critiques, de toutes

---

(1) Ainsi la célèbre *Hervine* courut à Chantilly, en 1855, à l'âge de 7 ans — dix mois après avoir mis bas — dans un prix de 3.000 francs.
Et plus tard encore, n'a-t-on pas vu *Saint-Christophe*, après sa victoire dans le Grand Prix de Paris, en 1877, aller disputer, à quelques jours de là, un prix de 10.000 francs, à Lyon, — et s'y faire battre.

les railleries, de toutes les attaques — un développement prodigieux.

Depuis 1891, il est surtout dû, il faut bien le reconnaître, aux subsides fournis par le prélèvement effectué sur les fonds engagés aux baraques du Pari Mutuel. Mais, à l'époque lointaine qui nous occupe, ce qui contribua le plus à l'essor des courses, ce fut la création du champ de courses de Chantilly. Rendons cette justice au duc d'Orléans, quels que fussent les motifs politiques qui le guidassent dans son désir de popularité, qu'il prêta à la Société d'Encouragement, à l'instigation de lord Seymour et de ses amis, un concours des plus actifs, des plus décisifs même, en ce sens que, placée sous son égide, elle put résister aux coups répétés que lui porta l'Administration des Haras. Certes, ce fut bien plus dans un but personnel que pour aider à la prospérité de la jeune Société, que le prince déploya tant de faste dans la façon royale dont il fit les honneurs du château. Mais enfin, les fêtes qu'il y donna au moment des courses — et auxquelles tout ce qui avait un nom parmi la jeunesse tenait à être vu — imprimèrent la plus grande vogue à ces déplacements.

Tous les écrivains du temps ont retracé le tableau de ces journées de plaisir. On se rendait à Chantilly en chaise de poste. On partait la veille, et bien des élégants même couchaient en route. On amenait de Paris ses domestiques, son argenterie, ses chevaux, ses mets et ses vins. On apportait jusqu'aux fleurs et aux glaces. On poussait la dépense et le luxe à l'extrême. Toutes les maisons, tous les appartements de Chantilly, étaient loués à des prix fous. Lord Seymour ne payait pas moins de mille francs, pour trois jours, un modeste pavillon, où il ne faisait que coucher... A l'*Hôtel du Grand-Cerf*, le seul qui existât alors, c'étaient des festins et des fêtes sans fin, et un jeu d'enfer (1).

Il y avait chasse à courre par l'équipage du prince, entre les deux journées de courses, et fêtes de nuit sur la pelouse et les pièces d'eau.

Il en fut ainsi jusqu'à la mort du duc d'Orléans, en 1842.

Puis vinrent les chemins de fer qui, en enlevant le pittoresque de ces réunions, facilitèrent le voyage et assurèrent la prospérité des courses.

Par décret du 22 juin 1852, l'Empire fit vendre le domaine de Chantilly, qui fut adjugé, moyennant onze millions, aux banquiers anglais Coutts, représentants du duc d'Aumale.

Jusqu'en 1871, le château ne fut plus dès lors occupé que de temps à autre, soit par M. Duchâtel, ancien ministre de Louis-Philippe et homme d'affaires des d'Orléans, soit par lord Cowley ou le duc de la Trémoïlle, amis personnels du duc. C'est l'année qui suivit la

---

(1) On raconte que le maire ayant une fois risqué des remontrances contre le tapage nocturne, vit, la nuit suivante, sa maison investie, bombardée de pétards et incendiée de feux de Bengale, et que, forcé de capituler devant les assiégeants, il fut triomphalement porté par eux jusqu'à l'hôtel de ville, brillamment illuminé pour fêter sa capture. (LOUIS ENAULT. — *Les Courses de Chevaux en France et en Angleterre*, Paris, 1865.)

vente du domaine que la Société d'Encouragement prit à bail les pavillons, la pelouse et l'allée d'entraînement des Lions, et que les courses — organisées jusque-là pour le compte et aux frais de la ville de Chantilly — vont prendre leur réel développement.

A partir de 1842, aucune fête ne sera plus jamais donnée dans le château des Condés. Mais il n'en était plus besoin, Chantilly était désormais lancé.

Cette vogue ira toujours en grandissant, et, actuellement, le jour du prix du Jockey-Club, la Compagnie du Nord transporte plus de 25.000 Parisiens à Chantilly. Avec le public local et des environs, c'est près de 50.000 personnes qui assistent au blue ribbon français. La recette — en dépit de toutes les entrées gratuites imposées par le contrat de location — dépasse 140.000 francs (1).

*

Frank, qui remporta le premier prix du Jockey-Club, ne fut pas qu'un animal heureux. C'était un excellent cheval, doué de qualité et d'endurance, ainsi que le prouva la suite de sa carrière, et, sauf son insuccès dans la Coupe du baron de Rothschild, qu'il avait disputée, ainsi que nous l'avons vu, immédiatement après sa victoire dans le Derby, il ne connut plus la défaite pendant ses campagnes de 3, 4 et 5 ans. Cette année même, en plus du prix du Jockey-Club, il avait remporté les prix de Viroflay (2.200 fr.), du Buc (1.200 fr.), d'Arrondissement (2.000 fr.), du duc d'Orléans (un vase de 1.000 fr. et 2.000 fr. espèces) et deux prix Principaux (3.500 et 4.500 fr.) à Paris, et un service à thé, de 3.000 fr., à Versailles.

Belida, à M. A. Lupin, troisième du prix du Jockey-Club, est la gagnante de deux paris particuliers et de deux prix, dont celui de la Ville de Versailles, de 6.000 francs.

Nous avons vu *Miss Annette* poursuivre le cours de ses succès; la première place, parmi les vieux chevaux, revient cependant à *Volante* (Rowlston et Géane), 4 ans, au duc d'Orléans qui, bien que ces deux juments s'entre-battent, inscrit six victoires à son actif, dont le Grand Prix Royal, de 12.000 francs.

Après elle, citons *Fiorella*, 6 ans, à M. Desmaisons de Bonnefond, gagnante de deux prix Principaux de 4.000 francs et du prix Royal du Midi, 5.000 fr., à Aurillac; — *Miss Kelly*, 5 ans, au comte de Blangy, la Coupe de Bruxelles (2.000 fr.) et le prix Royal, à Paris (6.000 fr.); — *Azélie*, 4 ans, au duc d'Orléans, prix du Roi (vase de 1.500 fr. et 4.500 fr. en espèces); — *Elisondo*, 4 ans, à lord Seymour, prix de 150 frédérics d'or, à Aix-la-Chapelle (3.120 fr.).

Parmi les nombreux paris particuliers disputés en fin de saison au Bois de Boulogne, nous relevons ceux de M. Privat fils, sur son pur sang *Troubadour*. C'est d'abord un match de 8.000 francs, sur

---

(1) Le record a été atteint en 1913, les entrées s'étant élevées à 157.000 francs.

le tour du Bois (6 miles 1/2), qu'il accomplit en 18 min. 5 sec., battant *Face-Blanche*, à M. Dalton. « Il y avait des paris, nous dit le *Calendrier des Courses*, jusqu'au montant de 63.000 francs. » Enhardi par ce succès, Privat fils, sur ce même *Troubadour*, voulut abaisser son propre record et prétendit faire le même trajet en seize minutes; il perdit de quarante-cinq secondes. Enfin, toujours sur *Troubadour*, qu'il montait, cette fois *sans étriers*, il battit à nouveau, sur 1 mile 1/2, la même *Face-Blanche*, montée par son propriétaire, *sans selle*.

* *

En Angleterre, deux chevaux attirent particulièrement notre attention par leurs succès.

C'est, d'abord, Bay-Middleton (Sultan et Cobweb), qui ne courut que pendant un an et ne fut pas battu, remportant, entre autres épreuves, les Deux mille Guinées, le Derby et les Grand Duke Michæl Stakes; il sera le père de *The Flying Dutchman*.

Vient ensuite la fameuse Bee's Wing (Dr Syntax et une fille d'Ardrossan et Lady Eliza), qui courut pendant huit saisons consécutives, de deux à neuf ans, ne remportant pas moins de *48 courses sur les 56* qu'elle disputa, entre autres d'innombrables coupes, à Ascot, Doncaster (quatre fois), Newcastle (six fois), Lincoln, Richmond, Stockton, etc.

A la suite de sa dernière victoire dans le Doncaster Cup, elle fut victime d'un accident en rentrant à l'écurie : elle se démit une articulation et demeura estropiée pour toujours.

Elle sera la mère, avec le grand *Touchstone*, de *Newminster* et de *Nunnykirk*.

Tout un lot d'excellentes poulinières nous vint, cette année-là, d'Angleterre :

Eva (Sultan et Eliza Leeds), née en 1832, qui sera la mère de *Gigès*, *Cauchemar*, *Plenty*;

Lustre (Swiss et Lunettes), née en 1830, mère de *Georgette*, qui sera elle-même la mère de *Goélette* et de *Géologie*;

Weeper (Woful et Thereza Panza), née en 1830, mère de *Miserere*, *Wirthschaft*, *Mam'zelle Amanda*, *Locomotive*, etc.;

Kermesse (Camel et Martha), née en 1832, mère de *Jenny* (mère de *Fleur-de-Marie* et *Lioubliou*), *Électrique*, *Tertullia*, *Mi-Carême*, etc.

CHAPITRE XIV

ANNÉE 1837

Prix du Cadran, prix des Pavillons et prix du Printemps. — *Lydia* et *Esmeralda*. — Courses de Nantes, Dieppe et Pompadour. — Courses de Caen : M. Calenge. — *Miss Annette* et *Frank* (suite). — 125 kilomètres en cinq heures. — *Melbourne*. — Importation de *Destiny*, *Wings* et *Princess Edwiss*.

Une nouvelle épreuve, destinée à jouer un rôle important dans le calendrier hippique, est inscrite pour la première fois au programme de la réunion de printemps du Champ-de-Mars : le Prix du Cadran, 3.000 francs, un tour en partie liée, pour chevaux de 4 ans et au-dessus; poids pour âge, surcharge de 5 livres pour tout gagnant dans l'année (1). La victoire revint à *Miss Annette*, la célèbre jument de lord Seymour, qui fit walk-over à la seconde manche, ses adversaires s'étant inclinés devant sa supériorité.

Deux autres épreuves, qui seront longtemps au premier plan, en raison de leur allocation, le *prix des Pavillons* (5.000 fr.) et le prix du *Printemps* (4.000 fr.), datent également de cette même année. C'est aussi la première fois que nous voyons figurer « une course dite handicap », un tour en partie liée, pour chevaux de 3 ans et au-dessus. Le vainqueur portait « 6 livres de trop », son jockey n'ayant pu faire le poids.

---

(1) Cette surcharge fut supprimée en 1843, quand la course ne fut plus ouverte qu'aux seuls chevaux de 4 ans.

La distance, qui était à l'origine de 2.500 mètres en partie liée, fut portée à 4.000 m. en une seule épreuve, en 1843, et à 4.200 m. en 1846; réduite à 3.500 m. en 1851, puis à 2.200 m. en 1854; et enfin ramenée à 4.200 m. en 1858.

L'allocation ne subit pas de modifications jusqu'en 1862, où elle fut élevée à 6.000 fr.; 10.000 fr. en 1866; 25.000 fr. en 1877; 30.000 fr. en 1883.

A dater de 1913, la distance sera ramenée à 4.000 mètres, l'allocation portée à 100.000 francs, et la course ouverte aux chevaux de 4 ans et au-dessus *de tous pays*.

A Chantilly, à la première journée, une riche épreuve de 6.000 francs, pour chevaux de 3 ans, la *Poule du Club Palmer*, qui ne subsistera que jusqu'en 1842, sera remportée par *Esmeralda* (Sylvio et Géane), au duc d'Orléans, à qui sa précédente victoire dans le prix du Printemps, dont nous avons parlé plus haut, vaudra une surcharge de 3 livres, le surlendemain, dans le prix du Jockey-Club, où elle sera battue facilement par *Lydia* (Rainbow et Léopoldine), à lord Seymour.

Ces deux pouliches seront les héroïnes de la campagne de trois ans.

Lydia ayant remporté, en outre, le prix de la Porte-Maillot, à Versailles, un prix d'arrondissement, un prix principal (4.500 fr.) et le prix du duc d'Orléans (un vase de 1.000 fr. et 2.000 fr. en espèces), à Paris; — *Esmeralda*, en plus des deux prix ci-dessus, le prix du Ministre du Commerce, 2.000 fr. à Chantilly, le prix de la Ville et celui de la Société d'Encouragement, à Dieppe.

Pour le restant, les courses ne sont guère plus nombreuses ni les champs plus fournis. A Paris, comme à Chantilly, comme à Versailles, les poules et les paris particuliers viennent heureusement renforcer les programmes, qui comprennent aussi, parfois, outre des courses de haies, des épreuves pour poneys ou chevaux de chasse, auxquelles on ajoute, à Nantes, par exemple, des « courses en chars, pour attelages traînant un chariot d'artillerie dit *prolonge;* le conducteur mènera en postillon; distance, 8 kilomètres. Cette course, — ainsi que les autres prix départementaux pour chevaux de cavalerie — a été instituée par délibération du Conseil général de la Loire-Inférieure, qui a voté une somme de 3.500 francs à cet effet et qui l'a mise à la disposition de la Société Royale Académique du département, qui a nommé une Commission pour composer le jury de ces courses ».

La Société Académique du département s'occupant de questions de sport !...

L'attelage vainqueur parcourut les 8 kilomètres en 23' 40".

Les courses de Nantes, comme celles de Dieppe et de Pompadour, qui datent également de la même année, garderont longtemps un caractère fort modeste, et ces réunions ne prendront leur développment que bien plus tard (1).

---

(1) L'Omnium de l'Ouest et du Midi, de 4.000 francs, ne fut créé, à Nantes, qu'en 1855, quand le Derby de l'Ouest, alors de 7.200 francs, — qui s'était d'abord couru à Saumur, puis, par roulement, à Angers, Niort, etc. — fut définitivement fixé à Nantes, qui devint le véritable centre hippique de la région.

A Pompadour, le Grand Prix du Midi, 5 à 6.000 fr., date de 1850; le Grand Saint-Léger du Midi, 5.000 fr., de 1855.

Les courses de Dieppe ne dureront que quelques années, puis elles ne seront reprises qu'en 1850.

Une mention spéciale est due — en raison de la place qu'elles occupèrent pendant si lontgemps dans l'année sportive — aux courses de Caen, qui, elles aussi, furent instituées en 1837. Renommé de tout temps pour la beauté de ses chevaux, le département du Calvados occupe le premier rang comme centre d'élevage et de reproduction, et l'on peut comparer, dans un genre différent, la plaine de Caen à celle de Tarbes. Les courses de toute nature devaient donc y trouver un terrain des plus propices à leur développement, et, durant fort longtemps, le meeting de Caen a été le plus couru et le plus prospère de toute la province, et son hippodrome, situé sur les bords de l'Orne, dans une prairie aux portes mêmes de la ville, cité comme un modèle.

Très confuses au début, subissant à la fois l'impulsion nouvelle donnée par la Société d'Encouragement et les tendances d'un pays d'élevage du demi-sang, les courses de pur sang monté ou attelé, furent mélangées dans un même programme, avec les courses au trot, les primes d'étalons, etc.

C'est à M. Charles Calenge — éleveur à Écoville, imbu des idées de la Société d'Encouragement, dont il était membre depuis 1847 — que les courses de Caen durent leur régularité et leur prospérité. Il lui fallut une opiniâtreté à toute épreuve pour réussir, et il eut à soutenir, dans son propre pays, des luttes longues et difficiles contre les préjugés existants et les intérêts locaux.

Jusqu'en 1870, l'épreuve la plus importante était le prix de la Ville, handicap, qui, avec les entrées, s'élevait à une quinzaine de mille francs, somme alors très recherchée. Mais ce n'est vraiment qu'à partir de 1872 que la réunion prend tout son développement, avec le transfert, sur son hippodrome, du Grand Saint-Léger de France et du prix du Premier Pas. Aujourd'hui, ces deux épreuves ont perdu toute importance et toute signification, et, comme aucune riche allocation nouvelle n'est venue rehausser le programme de la réunion, celle-ci ne doit plus un semblant de vogue qu'à sa seule place dans le calendrier sportif, à la veille du magnifique meeting de Deauville.

* *

Nous avons parlé des jeunes chevaux, et vu, parmi les vieux, *Miss Annette* remporter le premier prix du Cadran; elle inscrivit en outre à son actif le prix d'Aumale, à Chantilly, et une poule de 750 thalers, à Aix-la-Chapelle.

Mais les honneurs de la saison, parmi les vétérans, sont pour son camarade *Frank*, vainqueur du prix des Pavillons (5.000 fr.), du prix Royal (6.000 fr.), du Grand Prix Royal (12.000 fr.) et du prix du duc d'Orléans (3.500 fr.).

Elisondo, 4 ans, à lord Seymour, s'adjuge le prix d'Orléans (3.000 fr.) à Paris, une poule et un pari particulier, de 2.000 fr. chaque, à Versailles, et le prix de 150 frédérics d'or, à Aix-la-Chapelle;

— *Miss Kelly*, 6 ans, au comte de Blangy, le prix du Roi (6.000 fr.) à Paris ; — *Corinne*, 5 ans, à M. Raulhac, le prix d'Arrondissement (2.500 fr.), le prix Principal (4.000 fr.) et le prix Royal (5.000 fr.), à Aurillac, — *Zitella*, 7 ans, au prince de la Moskowa, deux paris de 9.000 et 4.000 francs.

On peut encore rappeler un de ces paris comme en avait connus le xviiie siècle.

Il s'agissait, cette fois, de venir de Rouen à Paris (124 kilomètres) sur le même cheval, en cinq heures. Le cheval, piloté par un gamin de treize ans qui ne pesait, équipage compris, que 63 livres, couvrit 120 kilomètres en 3 heures 47 minutes. On put considérer dès lors le pari comme gagné, attendu qu'il lui restait encore une heure et treize minutes pour faire 4 kilomètres seulement. Mais l'enfant avait trop poussé son cheval dès le départ, et la malheureuse bête tomba pour ne plus se relever.

**

Melbourne, (Humphrey Clinker et Cervantes mare) fut un bon

Sampson Low, Marston and C°, London, Copyright.

Melbourne.

cheval de courses. Mais sa célébrité date de son passage au haras et il peut être considéré comme un des plus grands reproducteurs qu'ait possédés l'Angleterre.

Il est, en effet, le père de *Sir Tatton Sykes* (Deux mille Guinées et Saint-Léger, 1846); — *Cymba* (Oaks, 1848); — *Canezou* (Mille Guinées, 1848); — *West Australian* (Deux mille Guinées, Derby et Saint-Léger, 1853); — *Bentmore Lass* (Mille Guinées, 1853); — *Marchioness* (Oaks, 1855); — *Blink Bonny* (Derby et Oaks, 1857); — *Thormanby* (Derby, 1860); — *General Peel* (Deux mille Guinées, 1864).

West Australian et *Thormanby* intéressent directement notre élevage, le premier étant le père de *Solon* (auquel remontent *Finasseur*, *Quo Vadis* et *Lorlot*) et de *Ruy-Blas* (père de *Nubienne* et de *Mourle*, un des pères de *Ténébreuse*), et le second étant père d'*Atlantic*, père lui-même du célèbre *Le Sancy*.

Melbourne mourut en 1859. Par son père, il remontait à *Matchem* (branche de Sorcerer), et, par sa mère, à *Eclipse* (branche de *Don Quixote*).

Comme les juments anglaises importées l'année précédente, celles que nous faisons venir seront, chez nous, d'excellentes reproductrices :

Destiny (Centaur et Fawn Junior), née en 1827, donnera *Cavatine*, *Prédestinée*, *Plover*, *Miss Waggs*, etc.;

Wings (The Flyer et Oleander), née en 1822, *Fiammetta*, *Bengali* et *Romanesca*;

Princess Edwiss (Emilius et Katherina), née en 1833, *Premier Août*, *M. d'Ecoville* et *Prospero*.

CHAPITRE XV

ANNÉE 1838

La première course pour chevaux de 2 ans. — Le Haras du Pin : *Corysandre, Alibaba, Eylau* et *Frétillon*. — *Vendredi, Nautilus*. — *Miss Annette, Frank, Lydia, Julietta* (suite). — Quelques paris particuliers. — Débuts des écuries du comte A. de Morny, E. Aumont, Th. Carter, P. de Vanteaux et F. Sabathier. — L'Ascot Gold Vase. — Un cheval qui ne dispute et ne gagne que le Derby : *Amato*. — Importation de *Zarah*.

A la réunion de printemps de Chantilly, nous voyons figurer, pour la première fois, au programme, une épreuve pour chevaux de deux ans, la seule de l'année, d'ailleurs, les *Two year old Stakes* (qui deviendront plus tard le prix du Premier Pas), qui reviennent à *Lantara*, à lord Seymour.

Les honneurs de la campagne sont pour l'élevage gouvernemental. Le Haras du Pin, qui entraînait alors et faisait courir ses propres produits, arrive en tête des propriétaires gagnants et remporte, entre autres victoires, les deux plus riches épreuves de l'époque, le prix Royal (6.000 fr.), et le Grand Prix Royal (12.000 fr.), au Champ-de-Mars, avec sa jument de quatre ans, *Corysandre* (Holbein et Comus mare).

Son autre quatre ans, *Alibaba* (Holbein et Cloton) gagne le prix du Roi (un vase en vermeil de 1.500 fr. et 4.500 fr. en espèces), à Paris; ses trois ans, *Eylau* (Napoléon et Delphine), un prix Spécial (3.500 fr.) et le prix Principal (4.500 fr.), au Pin, sur *Vendredi*, le vainqueur du prix du Jockey-Club; et *Frétillon* (Sylvio et Emelina), le prix d'Arrondissement (2.000 fr.), à Paris, sur ce même *Vendredi*.

Vendredi (Caïn et Naïad), à lord H. Seymour, n'avait rencontré que trois adversaires médiocres dans le Derby de Chantilly. Ce fut sa seule victoire, et, en plus des deux insuccès que nous avons rappelés, il avait déjà échoué, au début de l'année, dans le prix du Printemps, qui était revenu à son compagnon d'écurie *Aladin* (The Buzzard et The Shrew), qui gagna ensuite deux paris particuliers de 2.000 fr., chaque.

Nautilus (Cadland et Vittoria), au duc d'Orléans, avait eu en partage un prix de 3.000 fr., à Versailles.

Les vieux chevaux de lord Seymour font une série de walk-over fructueux : la glorieuse *Miss Annette*, dans un prix de 1.500 francs à Paris; *Lydia*, dans le prix des Pavillons (5.000 fr.) et le prix d'Orléans (3.000 fr.), à Chantilly ; *Frank*, dans le prix de l'Administration, où *Esmeralda* s'était présentée seule contre lui.

Cette jument osa seule, également, disputer la palme a *Corysandre*,

Corysandre.

dans le prix Royal (6.000 fr.), à la fin de l'année; entre ces deux tentatives malheureuses, elle avait remporté le prix du Conseil général, à Versailles, et deux prix Principaux, de 4.000 fr., au Pin et à Nancy.

Julietta (Royal-Oak et Mantua), 4 ans, à M. Lupin avait fait des déplacements des plus profitables à Aurillac et à Bordeaux, où elle s'était adjugé deux prix royaux, de 5.000 fr., plus une course de 2.500 fr., avant de venir succomber, seule aussi, contre *Corysandre*, dans le Grand Prix Royal.

De nombreuses écuries, dont la fortune sera diverse, font des débuts plus ou moins modestes, au cours de l'année.

C'est d'abord, au meeting de printemps de Chantilly, l'entraîneur Thomas Carter, dont la jument *Anne Grey* fait triompher la casaque bleue, toque noire, dans le prix de l'Oise, sur trois adversaires, parmi lesquels *Marcella*, à M. Eugène Aumont (casaque rose, toque noire), qui va gagner ensuite le prix de la Ville, à Caen.

A cette même réunion de Chantilly, *Jean Sbogar*, dans les T. Y. O. Stakes, et *Marie-Louise*, dans les New Betting Room Stakes, portent les couleurs, inédites jusque-là, de M. F. Sabathier (casaque verte et blanche, toque noire), cependant que M. P. de Vanteaux (casaque rouge, toque jaune) remporte sa première victoire, à Limoges, dans le prix Principal, avec *Kasba*, et que la casaque et toque roses du comte Auguste de Morny — il ne fut créé duc qu'en 1862 — paraît à Versailles, sur *La Méprisée*, dans un match de 2.000 francs.

Un autre pari, qui ne vaut d'être rappelé qu'en raison du nom de l'un des contractants, eut lieu au meeting de Chantilly : il s'agissait d'une coupe par souscription de 500 francs, que *Scroggins*, monté par le comte de Vaublanc, remporta sur *Mendicant*, au prince de la Moskowa, monté par M. Mackenzie-Grieves. Un **troisième** compétiteur, *Peau-de-Chagrin*, demi-sang, qui recevait **12 livres** des deux pur sang, ne put suivre le train.

Scroggins — sur lequel *Mendicant* prit sa revanche, le surlendemain, — appartenait à un tout jeune homme, qui devait, une vingtaine d'années plus tard, inscrire son nom en lettres d'or dans les annales du turf : il s'appelait le comte Frédéric de Lagrange.

Notons encore l'accident auquel donna lieu le pari particulier de 3.000 francs, disputé au Bois de Boulogne, entre *Memnon*, à M. A. Lupin, et *La Esmeralda*, à M. Santerre, montée par un jockey nommé Olivier. Celui-ci « lui donnait un galop préparatoire, quand, au même instant, un homme ivre à cheval arrivait sur lui. La rencontre a été terrible; les deux chevaux sont morts sur-le-champ. Le cou de *La Esmeralda* s'est trouvé cassé, et l'autre cheval a eu une fracture à la tête; Olivier a été grièvement blessé à la tête, et l'autre homme a eu le bras cassé. »

Enfin, à ces heures où les détracteurs du pur sang étaient encore légion, il est juste de rappeler le nom de ceux qui luttèrent en sa faveur, et la performance de M. de Jordan, éleveur de l'Anjou et grand partisan des idées nouvelles, vaut d'être rappelée. Il avait parié une somme importante de couvrir, en six heures, les 96 kilomètres qui séparent Angers de La Flèche, avec sa jument *Milady* (Marcellus et Edda). La chose semblait alors impossible. Il n'en gagna pas moins de douze minutes, sans que sa jument donnât aucun signe d'essoufflement, après ce dur trajet de 16 kilomètres à l'heure pendant six heures.

LE DERBY D'EPSOM.

Une importante épreuve anglaise date de cette année : l'*Ascot Gold Vase*, que notre élevage n'a remporté qu'une seule fois, avec *Verneuil*, en 1878.

Le Derby revint — le fait est unique — a un cheval qui ne disputa que cette seule course dans sa carrière, *Amato* (Velocipede et Jane Shore), à Sir G. Heathcote.

Zarah (Reveller et Rubens mare), à qui notre élevage devra l'un de ses meilleurs reproducteurs, **Fitz Gladiator**, fut importée dans le courant de l'année; elle n'avait que trois ans.

CHAPITRE XVI

ANNÉE 1839

L'Omnium. — *Eylau, Frétillon* (suite). — *Romulus, Lantara.* — Première vente d'écurie, par dépit. — Apparition des couleurs de MM. Achille Fould, prince M. de Beauvau, comte d'Hédouville. C. de Pontalba et G. de Blangy. — Le Cesarewitch, le Cambridgeshire, le Grand National de Liverpool. — *Charles XII* et *Venison.* — Importation de *Mr Waggs*.

Création de l'Omnium, handicap sur 2.400 mètres, pour chevaux de *2 ans et au-dessus, de toute espèce et de tous pays*. Inutile de dire que ces conditions, — contraires au statut de la Société d'Encouragement — étaient d'invention administrative. L'allocation de 3.000 fr. était faite, en effet, par le Ministère de l'Agriculture et du Commerce.

Ce prix se disputait alors à la réunion d'automne de Chantilly. Ce n'est qu'en 1857, que la Société le prit à son compte et le transféra à Longchamp, en le réservant désormais aux seuls chevaux de 3 ans et au-dessus, nés et élevés en France.

Aujourd'hui, malgré l'importance de son allocation, qui en fait le handicap le plus richement doté que nous ayons en France, l'Omnium n'est plus qu'un handicap comme un autre. Mais, pendant une longue période, il fut une des épreuves les plus sensationnelles de l'année, et, dès la publication des poids (1), c'était à qui trou-

---

(1) A l'origine, la publication des poids se faisait à la fin du mois de juin; en 1906, elle fut reculée à la fin d'août, pour être ramenée, en 1912, à la date primitive.

L'allocation, abaissée d'abord à 2.000 francs en 1843, a été portée successivement à 4.000, en 1848; 6.000, en 1863; 10.000, en 1883; 15.000, en 1891; 25.000, en 1893; et 40.000, en 1912.

De sa création à 1857, l'Omnium, bien que de nombreux chevaux de 2 ans l'aient disputé, n'a été gagné qu'une fois par un animal de cet âge, en 1843, par *Lanterne*, qui devait confirmer cet exploit peu commun en remportant, l'année suivante, les prix de Diane et du Jockey-Club.

Généralement, le poids des chevaux de 2 ans était laissé au choix du propriétaire, et il était ainsi mentionné au programme « une plume ».

verait le gagnant et, jusqu'au dernier moment, les livres des donneurs se couvraient de paris. Chaque propriétaire, chaque entraîneur préparait un cheval en vue de cette épreuve, qu'il était glorieux de remporter. Ajoutons aussi que les bons chevaux pouvaient s'y présenter, sans crainte d'être écrasés, comme aujourd'hui, sous un poids qui, virtuellement, les met hors de course.

L'historique de l'Omnium est curieux à consulter, et les vieux sportsmen ont encore présent à la mémoire le tumulte de certaines arrivées imprévues.

Nous aurons occasion d'y revenir au cours de cet ouvrage.

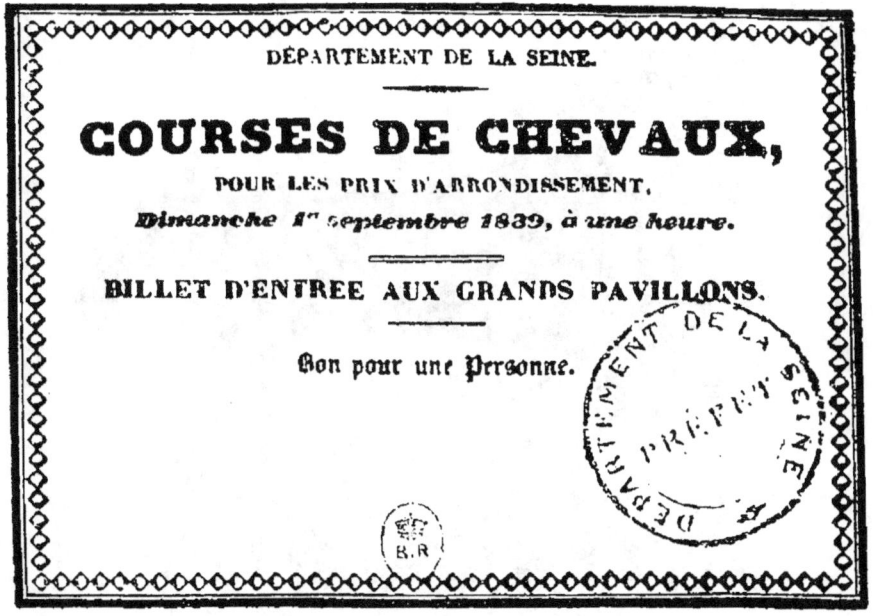

La jeune génération ne vaut pas grand'chose.

Romulus (Cadland et Vittoria), au duc d'Orléans, remporte le prix du Jockey-Club, sur *Lantara* et sept autres.

Cette *Lantara* (Royal-Oak et Naïad), à lord Seymour, avait gagné, l'année précédente, la première course de deux ans qui eût été disputée en France, les Two year old Stakes, à la réunion de printemps de Chantilly. L'avant-veille du prix du Jockey-Club, elle avait enlevé les New Betting Stakes, de 6.000 francs par souscription, puis elle remporta, à Versailles, les Glatigny Stakes et le prix de la Ville.

Les Porte-Maillot Stakes 2.500 francs, à Versailles et le prix du prince Royal (3.000) à Paris, reviennent à *Britannia*, à lord Seymour; — le prix du Printemps (3.000) et le handicap (2.500), à Paris, à *Francesca*, au duc d'Orléans.

Comme l'année précédente, c'est encore le Haras du Pin qui s'adjuge les grosses épreuves du Champ-de-Mars, avec ses deux quatre ans, *Eylau* (prix Principal, 4.500 fr., et Grand Prix Royal, 12.000, sur *Nautilus*) et *Frétillon* (prix Royal, 6.000, sur *Esmeralda*).

Nautilus remporte le prix du Cadran, à Paris, et le prix de l'Administration des Haras, à Chantilly ; et *Vendredi*, le prix Spécial, 5.000 fr., à cette même réunion.

Mendicant, qui appartient maintenant au comte d'Hédouville (casaque et toque blanches), gagne un poignard ciselé, enrichi de pierreries, offert par la maison Janisset, puis le prix d'Orléans, 3.000 fr. ; — et *Anthony*, à M. Eugène Aumont, le prix du Roi, à

Eylau.

Paris, un pari de 1.000 fr. à Versailles, et plusieurs épreuves à Caen, Saint-Lô et Le Pin, dont un prix Principal de 4.000 francs.

Allington, à M. Duban, ramasse cinq prix gouvernementaux, à Tarbes, s'élevant à 11.000 francs ; — et la vieille *Hébé*, au baron de La Bastide, le prix Principal (4.000), à Aurillac, le prix d'Orléans (3.500) à Bordeaux, et le prix Royal (5.000), à Pompadour.

Cinq nouvelles casaques — parmi lesquelles celle du comte d'Hédouville, dont nous venons de parler — font leur apparition sur le turf.

En premier lieu, c'est celle du prince Marc de Beauvau — casaque et toque rouges — qui remporte les deux manches du prix de la Ville d'Angers, avec *La Méprisée*, l'ancienne jument du comte de Morny. Elle était montée par le jeune Henry Jennings, qui allait donner à la jeune écurie du prince un développement considérable.

M. Achille Fould, dont la casaque rayée blanc et lilas, à toque noire, n'allait pas tarder à jouer un rôle prépondérant dans le Sud-Ouest, gagne un pari de 1.000 francs, à Versailles, avec le deux ans *Auriol;* — M. G. de Blangy voit sa casaque amarante à toque blanche triompher avec *Whitefoot*, dans le prix d'Arrondissement. au Pin; — cependant que, moins heureux pour ses débuts, M. C. de Pontalba (casaque verte, toque noire) doit se contenter d'accessits avec sa jument *Lady Charlotte*.

***

Comme petits faits, on peut rappeler :

1º La publication, par M. Charles Laffitte, du *Code des Courses de Chantilly*, qui résumait, pour l'hippodrome dont il était le commissaire attitré, les principales dispositions de l'arrêté du 5 janvier 1835;

2º La vente fictive de l'écurie de courses de lord Seymour, qui, cédant à un mouvement de mauvaise humeur, causé par l'épidémie de toux qui avait frappé son écurie au printemps, résolut de se défaire de tous ses chevaux. Ils passèrent effectivement aux enchères... mais pour être rachetés par leur propriétaire.

C'était le premier exemple de cette nervosité, si particulière à tous ceux qui font courir, et nous aurons plus d'une occasion, à la suite de quelque déboire sur le turf, d'en signaler d'autres cas au cours de cet ouvrage.

***

En Angleterre, les meilleurs chevaux sont *Charles XII* (Voltaire et Wagtail), vainqueur du Saint-Léger, et, par la suite, du Goodwood Cup, à 5 et 6 ans, remportant, dans toute sa carrière, **19 victoires sur 34 courses**, — et *Venison* (Partisan et Fawn), gagnant de nombreuses coupes d'or.

Le *Grand National Steeple-Chase de Liverpool* se disputa pour la première fois en 1839, ainsi que les *Ascot Stakes*.

De même les deux célèbres handicaps de Newmarket, le Cesarewitch (3.600 m.) et le Cambridgeshire (1.800 m.).

Nos chevaux y tentèrent souvent la fortune, notamment dans le second, que remportèrent : *Palestro* (1861), *Montargis* (1873), *Peut-Être* (1874), *Jongleur* (1877), *Plaisanterie* (1885), *Alicante* (1890) et *Long Set* (1911).

Dans le Cesarewitch, triomphèrent *Salvanos* (1872), *Plaisanterie* (1885) et *Ténébreuse* (1888).

Un étalon qui devait jouer un grand rôle dans notre élevage, par l'une de ses filles, fut importé au cours de l'année. Il s'agit de *Master Waggs* (Langar et Parthenessa), né en 1833. Il est le père d'un grand nombre d'excellents chevaux, tels que *Prédestinée, La Clôture, Nat, Corbon, Le Chourineur*, etc., mais c'est surtout à sa fille *Hervine* qu'il doit sa célébrité.

La pesée.

CHAPITRE XVII

ANNÉE 1840

La Poule d'Essai, les deux Critériums et le Grand Saint-Léger de France. — Suppression de la Présidence de la Société d'Encouragement. — Le Code des Courses. — Le *Bulletin* et le *Calendrier officiels des Courses de chevaux*. — Scandale *Tontine-Herodia*. — *Nautilus* (suite). — *Beggarman*. — L'écurie du vicomte de Pierres. — Courses au Pin. — *Crucifix* et *Pocahontas*. — Importation de *Flighty* et de *Tarentella*.

Plusieurs épreuves des plus importantes datent de cette année.

C'est, d'abord, à la première journée de la réunion de printemps, au Champ-de-Mars, la Poule d'Essai, 3.000 francs, 1.800 mètres, pour poulains et pouliches de 3 ans (1).

C'est, ensuite, au meeting d'automne de Chantilly : 1° les deux *Critériums de 1re et de 2e classe*, de 1.000 francs chaque, l'un pour poulains et l'autre pour pouliches de 2 ans. Ils deviendront, par la suite, les *Premier* et *Deuxième Critériums*, et se disputeront, d'abord à Fontainebleau, puis à Paris, et enfin de nouveau à Chantilly (2) ; — 2° le *Grand Saint-Léger de France*, d'une valeur de 6.000 francs, donnés par le Roi, pour chevaux de 3 ans. Ce prix, fondé en 1825, s'était

---

(1) L'allocation primitive a été portée ensuite à 6.000 francs en 1849, puis ramenée à 4.000, en 1851, et à 3.000, en 1852 ; reportée à 4.000, en 1853 ; 5.000 en 1855 ; 10.000, en 1867, et 15.000, en 1878.

En 1883, la Poule d'Essai a été dédoublée en *Poule d'Essai des Pouliches* et *Poule d'Essai des Poulains*, de 20.000 fr. chaque, portée à 30.000 en 1891. En outre, il est alloué 8.000 fr. au deuxième, 4.000 fr. au troisième, et une prime de 4.000 fr. à l'éleveur du gagnant.

Avec les entrées et forfaits, le montant de chacune des Poules d'Essai s'élève aujourd'hui à 110.000 francs environ pour le gagnant, prime non comprise.

La distance, qui était de 2.000 mètres à l'origine, a été réduite, dès l'année suivante, à 1.500 mètres, puis élevée à 1.600 mètres en 1867.

(2) A partir de 1908, ces Critériums — réservés dorénavant, en raison de l'avancement du début des deux ans, aux poulains et pouliches n'ayant pas encore couru, — se disputent, à Chantilly, à la réunion d'été, tout au commencement d'août. Leur allocation est actuellement de 6.000 francs.

couru jusque-là au Champ-de-Mars, sous le nom de *prix du Roi*, pour chevaux de 4 ans et au-dessus ; il était alors doté d'une coupe en vermeil et d'une allocation de 4.000 francs. En le transformant, la Société d'Encouragement en faisait une des épreuves capitales de l'année, et jusqu'à la guerre de 1870-1871, elle attirera l'élite des 3 ans (en dépit de la surcharge de 2 kil. 1/2 imposée au vainqueur du prix du Jockey-Club, et de la décharge de 2 kilos accordée aux chevaux qui auront couru trois fois dans l'année sans gagner), et elle jouera parfaitement le rôle en vue de quoi elle fut alors instituée, d'être, pour la Poule d'Essai et le prix du Jockey-Club, le complément qu'est, en Angleterre, le Saint-Léger de Doncaster, par rapport aux Deux mille Guinées et au Derby (1).

***

Au début de l'année, la Société d'Encouragement avait adopté le Code des Courses (que des modifications successives l'obligèrent à remanier complètement en 1909), ainsi que le Règlement du Comité.

Elle avait également créé le Bulletin Officiel des Courses de Chevaux, destiné à porter à la connaissance des sportsmen les renseignements techniques de nature à les intéresser, dates des réunions, composition des programmes, engagements à faire ou contractés, forfaits à déclarer, décisions de la Société, etc., et elle avait décidé de prendre dorénavant à son compte l'ouvrage que Th. Bryon publiait annuellement sous le titre de *Calendrier des Courses* ou *Racing Calendar français*, en lui donnant le nom de Calendrier Officiel des Courses de Chevaux.

Enfin, dans son assemblée générale du 19 avril, comme nous l'avons dit, avait été votée la modification dans le mode de recrutement des membres de la Société qui, désormais, ne pouvaient être admis qu'autant qu'ils faisaient déjà partie du Jockey-Club.

C'est de cette même année que date la séparation de la Société et du Cercle, qui cessèrent dès lors d'avoir un président commun. Celui qui était alors en exercice, le prince de la Moskowa, demeura président du Jockey-Club, et l'on profita de cette scission pour supprimer les fonctions de président du Comité de la Société d'Encouragement, lesquelles ne furent rétablies qu'en 1865, pour le vicomte Paul Daru, puis définitivement supprimées à sa mort, en 1877.

***

Mais l'événement sensationnel de l'année, par l'énorme retentissement qu'il eut, et qui demeura longtemps comme un des princi-

---

(1) Aujourd'hui, cette épreuve — dont le rôle primitif est tenu par le prix Royal-Oak — a perdu toute signification et toute importance, en dépit de son titre pompeux, et les 20.000 francs auxquels se monte la part du gagnant ne sont plus suffisants pour attirer les chevaux d'ordre.

(Collection du *Gaulois du Dimanche*.)

TRIBUNE DU JOCKEY-CLUB AU CHAMP-DE-MARS (1840).

paux épisodes du turf français, est le scandale *Tontine*, dans le prix du Jockey-Club, dont nous avons parlé dans notre biographie de lord Seymour.

Cette *Tontine* (Tetotum et Odette), était d'ailleurs, comme tous les animaux de sa génération, d'ordre assez médiocre. Elle avait remporté les Trial Stakes de 2.000 francs sur le modeste *Géricault*, puis avait enlevé le prix du Jockey-Club sur *Jenny*, *Quoniam* et *Nelson*, après quoi elle ne fit plus rien.

Jenny (Royal-Oak et Kermesse), à lord Seymour, avait gagné les Foal Stakes, poule de 500 francs, avant de succomber dans le Derby de Chantilly. Le jour même elle battait, dans un match de cent napoléons, *Auriol*, à M. Achille Fould, puis, à Versailles, elle faisait walk-over dans les Porte-Maillot Stakes. *Jenny* sera la mère de *Fleur-de-Marie* et de *Lioubliou*.

Quoniam (Royal-Oak et Noéma), au duc d'Orléans, enlève le prix du Printemps, se dérobe dans les New Betting Room Stakes de 4.500 fr. à Chantilly, gagnés par *Roméo*, à lord Seymour, est battu par *Déception*, dans un pari de 2.000 fr., et n'a pas de peine à prendre sa revanche sur *Tontine* et *Jenny*, dans le prix de la Société d'Encouragement, à Versailles.

Gygès (Priam et Eva), au duc d'Orléans, est le lauréat de la première Poule d'Essai et d'un prix Spécial, mais dans le Grand Saint-Léger de France, il trouve devant lui, à l'arrivée, *Anatole* (Royal-Oak et Waverley mare), au baron Anthony de Rothschild, qui avait déjà à son actif le prix de l'Administration des Haras, de 4.500 francs.

Les vétérans du duc d'Orléans laissent peu à glaner à leurs adversaires. En effet, à l'exception du Handicap (2.000 fr.) à Paris, du prix des Haras (5.000) et du prix de Neuilly (2.000), à Chantilly, et du prix Royal, à Pompadour qui reviennent, les deux premiers à *Vendredi*, et les deux autres à *Britannia*, toutes les belles épreuves sont pour les vieux chevaux du prince.

C'est ainsi que *Roquencourt* s'adjuge le prix Spécial et le prix Principal; *Francesca*, le prix des Pavillons; et *Nautilus*, le prix du Ministère, le Grand Prix de Versailles, le prix Royal (6.000) et le Grand Prix Royal (14.000), à Paris. Cette dernière réunion, donnée le 27 septembre, « avait attiré beaucoup de curieux, nous dit le *Calendrier Officiel*, et l'on n'avait pas vu depuis longtemps ni plus d'équipages, ni plus de cavaliers dans l'enceinte de l'hippodrome, quoique les grandes eaux jouassent à Versailles pour célébrer l'inauguration du chemin de fer de la rive gauche ».

Bonbon, au prince Marc de Beauvau, délaisse Paris pour la province, où il va cueillir quatre prix gouvernementaux, dont le prix Royal (5.000 fr.) à Aurillac.

Le vicomte de Pierres, qui sera nommé plus tard premier écuyer de l'Impératrice, fait ses débuts comme gentleman-rider et propriétaire (casaque jaune, toque rouge) sur son cheval *Egbert*, aux réunions d'Angers et de Nantes.

Près d'une douzaine de 2 ans — ce qui ne s'était pas encore vu — font leur apparition en public.
Les principaux sont *Cauchemar*, *Locomotive* et *Tragédie*, au duc d'Orléans; *Poetess* et *Florence*, à lord Seymour.

***

Reprises des courses au Pin.
Fondé sous Louis XIV pour l'élevage et l'entretien de la cavalerie du Roi, au moment de la création de l'Administration des Haras, le haras du Pin, à mi-chemin entre Nonant et Argentan, s'étendait sur une superficie de 1.200 hectares, dont près du tiers en prairies.
Il paraissait tout indiqué pour être le berceau des courses dans la région, et le décret impérial du 31 août 1805 portait, en effet, que des courses y seraient instituées. Dès 1807, l'Administration avait fait les fonds nécessaires, mais les éleveurs mirent si peu d'empressement, qu'elles furent retardées d'année en année jusqu'en 1819. Elles eurent lieu le 31 août, dans les herbages de la Bergerie, situés dans les domaines du haras, puis sur l'hippodrome de Ménil-Broust, près d'Alençon. Mais la rivalité d'Argentan aidant, elles revinrent à la Bergerie.
En 1840, elles furent transférées à Caen, revinrent en 1842 dans la commune de Nonant, disparurent après les événements de 1848, pour ne reparaître que quelques années plus tard : elles seront toujours d'ordre très secondaire.

***

L'année 1840 marque la première victoire, dans une grande course anglaise, d'un propriétaire français. Le duc d'Orléans y remporta, en effet, le Goodwood Cup, avec *Beggarman* (Zinganee et Adeline), cheval anglais qu'il avait acheté l'année même.
Nous avons dit, page 139, les tribulations qui attendaient le comte de Cambis, quand il le ramena en France.
Chez nous, *Beggarman* gagna la Coupe de Boulogne-sur-Mer, puis un pari particulier de 5.000 francs, au Champ-de-Mars.

Deux des plus grandes juments qui aient illustré le turf anglais faisaient partie de la génération qui avait alors trois ans :

CRUCIFIX (Priam et Octaviana), à lord G. Bentinck, qui ne fut jamais battue, remportant, entre autres belles épreuves, les Oaks, les Mille et les Deux mille Guinées, et qui sera la mère de *Surplice* (Derby et Saint-Léger, 1848);
POCAHONTAS (Glencoe et Marpessa), dont la carrière de courses

sera des plus modestes, mais qui se révélera comme la poulinière la plus illustre qui ait existé; on chercherait, en effet, vainement

Sampson Low, Marston and C°, London Copyright.

Crucifix.

dans le Stud-Book une autre jument ayant donné, en trois ans, trois fils comme *Stockwell*, *Rataplan* et *King-Tom* (1).

(1) De 1843 à 1862, *Pocahontas* eut 9 fils et 6 filles.
Les plus célèbres de ses fils sont le fameux *Stockwell*, son frère *Rataplan* et *King Tom*, qui produisirent 5 vainqueurs du Derby, 4 des Oaks, 7 du Saint-Léger, 4 des Deux mille Guinées et 5 des Mille Guinées. Au total, ses fils, de 1855 à 1885, ont donné 551 vainqueurs, remportant 2.595 courses, se montant à plus de *17 millions de francs*. (Dans cette somme, *Stockwell* figure, à lui seul, pour plus de 9 millions.)
Les plus intéressantes de ses filles sont :
Indiana (célèbre par la mésaventure de l'un de ses fils dans le Derby de *Musjid* en 1848), à laquelle se rattache *Kasbah*, mère de *Kizil-Kourgan*, mère de *Kenilworth*;
Ayacanora, dont le fils, *Chattanooga*, qui eut l'honneur de battre *Gladiateur*, à deux ans, dans les Criterion Stakes, est le père de *Wellingtonia*, père de *Plaisanterie*;
Hervine of Lucknow, grand'mère de *Princess Catherine*, mère de *Clover* et de *Clamart*;
Auricula, grand'mère de *Léna*, mère de *Masqué*;
Enfin *Araucaria* (par Ambrose), sœur de la précédente, née en 1862, mère de

Notre élevage naissant s'enrichit encore de deux excellentes pouliniéres, nées en 1830 :

Flighty (Y. Phantom et Diana), qui donnera *Commodore Napier, Fleet, Frugality*, etc.

Tarentella (Tramp et Katherina), importée par M. A. Lupin, et de laquelle naîtront *Messine* et deux vainqueurs du Derby de Chantilly, *Gambetti* et *Amalfi*.

Wellingtonia, Camelia, Chamant, Rayon d'Or et *Gardenia* (sœur de *Camelia*), qui est l'arrière-grand'mère de *Sanctimony*, mère de *Sans Souci II*.

Araucaria est le dernier produit de *Pocahontas*, qui resta vide jusqu'à sa mort en 1870.

Chamant ayant été l'un des meilleurs étalons de l'Allemagne, *Rayon d'Or* des États-Unis, *Talk o' th' Hill* et *Dreadnought* (deux autres petits-fils de *Pocahontas*) de l'Australie, on voit la place vraiment extraordinaire que cette grande jument tient dans l'élevage du monde entier.

CHAPITRE XVIII

ANNÉE 1841

L'Administration fixe l'âge des chevaux au 1ᵉʳ janvier. — Conflit entre les ministères de la Guerre et de l'Agriculture au sujet de l'insuffisance numérique de la cavalerie. — La Poule des Produits. — *Poetess, Fiammetta.* — *Gygès, Déception* et *Roquencourt* (suite). — *Alice Hawthorn.*

L'article 8 du Règlement de 1806, sur le rétablissement des Courses en France, avait fixé, pour les épreuves gouvernementales, l'âge des chevaux au 1ᵉʳ mai. C'est en 1841 seulement que l'Administration adopte la date du 1ᵉʳ janvier.

Cette même année voit éclater un conflit entre le ministère de la Guerre et celui de l'Agriculture, du Commerce et des Travaux publics, sur l'insuffisance numérique de la cavalerie en temps de guerre, chacune des deux administrations rendant l'autre responsable de ce déplorable état de choses.

Sous le titre « *Observations sur les Remontes et la production du Cheval de Troupe* », la Société d'Encouragement publie une brochure où la question est exposée avec une rare compétence et les moyens indiqués de remédier à cette pénurie.

Ses idées étaient trop sages ou trop neuves pour être appliquées par l'Administration des Haras, et nous nous apercevrons malheureusement, trente ans plus tard, de ce qu'il nous en coûtera de ne les avoir pas suivies.

* *

Une belle épreuve pour chevaux de 3 ans vient enrichir le programme du Champ-de-Mars. Il s'agit de la Poule des Produits, qui deviendra le *prix Daru*, en 1877. L'allocation était de 3.000 francs, ce qui était alors une somme très appréciable (1).

La première place sur le turf, en 1841, revient incontestablement à *Fiammetta* (Actæon ou Camel et Wings), à M. A. Lupin qui, à l'exception d'une défaillance dans le prix du Jockey-Club où elle ne fût pas placée, remporte les cinq autres courses qu'elle dispute : Poule d'Essai, prix Spécial, deux prix Principaux et le Grand Saint-Léger.

Mais le nom qui se détache est celui de Poetess (Royal-Oak et

Poetess.

Ada), à lord Seymour. Elle était sœur de mère de la célèbre *Miss Annette*. Si elle a droit à la grosse vedette, c'est bien moins, cependant, pour avoir fait triompher pour la quatrième fois, en six ans, les

---

(1) La distance, qui était de 2.000 mètres, a été portée à 2.100 mètres en 1884, quand la course ne fut plus ouverte qu'aux produits issus de juments nées hors de France.

L'allocation a été élevée à 4.000 francs, en 1850; ramenée à 3.000, en 1852; reportée à 4.000, en 1856; puis à 6.000, en 1868; 10.000, en 1878; 20.000, en 1883 et 30.000, en 1894.

Avec les entrées et forfaits, ce prix s'élève actuellement à 60.000 francs environ pour le gagnant, plus une prime de 4.000 francs à l'éleveur.

PROGRAMME
DES
COURSES DE CHEVAUX
AU CHAMP DE MARS.
DIMANCHE 26 SEPTEMBRE.
1841

A 2 heures.	Première épreuve du prix principal de 4,500 fr.
A 2 heures et demie.	Première épreuve du prix Royal de 14,000 fr.
A 3 heures.	Deuxième épreuve du prix principal de 4,500 fr.
A 3 heures et demie.	Deuxième épreuve du prix Royal de 14,000 fr.

PRIX PRINCIPAL DE 4,500 FR.
Pour Poulains et Pouliches de 3 ans. — Un tour (2 kilom.) en partie liée.

CHEVAUX.	SIGNALEMENT.	AGE.	ORIGINE.	POIDS.	NOMS DES JOCKEYS.	COULEURS.	PROPRIÉTAIRES.
FIAMMETTA.	Pouliche baie.	3	Actéon ou Camel et Wings	49 k.	Burbridge.	Cas. noire, toq. rouge.	Aug. Lupin.
FLORENCE.	Pouliche alezane	3	Actéon et Sarah.	49	W. Boyce.	Cas. orange, toq. noire.	Lord H. Seymour.
MANTILLE.	Pouliche baie.	3	Royal-Oak et Manille.	49	C. Edwards.	Cas. écarlate, toq. bleue.	Le comte de Cambis.
BLAK DOMINO	Pouliche noire.	3	Revaller et don Cossack.	50 1/2	Hardy	Cas. rose, toq. noire.	Eug. Aumont.
PATRICK.	Poulain bai.	3	Félix et Léopoldine.	50 1/2	Westlake.	Cas. noire, m. et toq. amar.	Lemaître Duparc.

GRAND PRIX ROYAL DE 14,000 FR.
Pour Chevaux et Jumens de 4 ans et au-dessus. — Deux tours (4 kilom.) en partie liée.

CHEVAUX.	SIGNALEMENT.	AGE.	ORIGINE.	POIDS.	NOMS DES JOCKEYS.	COULEURS.	PROPRIÉTAIRES.
JOCELYN.	Cheval bai.	4	Royal Oak et Blondetta.	50 1/2	Parker.	Cas. et b. r. violet et blanc.	Achille Fould.
VENDREDI	Cheval bai.	4	Coin et Naïad	50 1/2	Flatman.	Cas. bleue, toque jaune.	Carter.
CHIP-o-BLOCK	Cheval bai.	6	Royal Oak et Maria.	50	W. Boyce.	Cas. orange, toq. noire.	Lord H. Seymour.
QUINE	Cheval bai-br.	5	Lottery et Galatée	50	Mots.	Cas. verte, m. b. t. noire	Frédéric Sabatier.
GILES	Cheval alezan.	4	Priam et Eva	50 1/2	C. Edwards.	Cas. écarlate, toq. bleue.	Le comte de Cambis.
VOLTAIRE.	Cheval gris.	4	Royal Oak et Maria.	50 1/2	Jennings	Cas. rouge, toq. rouge.	Le prince N. de Beauvau.
DÉCEPTION	Jument baie.	4	Royal Oak et Georgina.	54	Hardy	Cas. rose, toq. noire.	Eug. Aumont.

FAC-SIMILE DU PROGRAMME DE LA JOURNÉE DU GRAND PRIX ROYAL, EN 1841.

N.-B. — Les noms des propriétaires qui, de nos jours, sont à gauche, terminent, ici, la ligne.

On remarquera aussi que les noms des jockeys figuraient alors sur les programmes de courses.

couleurs de son propriétaire dans le prix du Jockey-Club, que pour avoir donné le jour à *Hervine* et à *Monarque*.

Nous avons dit comment, à la liquidation de l'écurie de courses de lord Seymour, elle devint la propriété de M. Alexandre Aumont, et quelle fin misérable eut cette poulinière, une des plus glorieuses de l'élevage français. (Voir note page 136.)

Poetess, préalablement au Derby de Chantilly, avait enlevé une poule de 1.000 francs, les New Betting Room Stakes.

La Poule des Produits était revenue à *Cauchemar* (Royal-Oak et Eva), au comte de Cambis ; — le prix du Printemps à *Black Domino* (Y. Reveller et Don Cossack mare), à M. Eugène Aumont, qui remporta ensuite les Trial Stakes (poule de 500 fr.) et deux prix Spéciaux, l'un à Aurillac et l'autre à Paris ; — le prix de la Société d'Encouragement et la Poule Glatigny, à Versailles, et un prix Spécial, à *Faustus* (Emilius et Fleur-de-Lys), à M. A. Lupin.

Tragédie, au comte de Cambis, avait eu en partage la Poule Satory (2.000 fr.) à Versailles ; — *Florence*, à lord Seymour, les Foal Stakes (poule de 500 fr.), à Chantilly ; — et *Piccolina*, à M. F. Sabathier, le prix Spécial et le prix Principal, à Bordeaux.

Comme l'année précédente, la plupart des belles épreuves réservées aux vieux chevaux sont l'apanage des représentants du duc d'Orléans, qui courent sous le nom et les couleurs du comte de Cambis.

Gygès remporte le prix du Ministère du Commerce, à Chantilly, le Grand Prix de la Ville, à Versailles, et le Grand Prix Royal, au Champ-de-Mars ; — *Roquencourt*, le prix des Pavillons et le prix de l'Administration des Haras (5.000 fr.).

Après eux, viennent : *Déception*, à M. E. Aumont, gagnante du prix du Cadran, à Paris, et de trois prix gouvernementaux à Aurillac ; — *Quine*, à M. F. Sabathier, prix Royal, à Pompadour, et trois prix à Bordeaux (Spécial, Royal et du duc d'Orléans) ; — *Eloa*, à M. Achille Fould, deux prix à Limoges et deux à Toulouse.

Les Two year old Stakes, à la réunion de printemps de Chantilly, reviennent à *Muse*, qui enlève, à l'automne, le Critérium de 2ᵉ classe et prend la seconde place, derrière *Miserere*, dans le prix du comte de Paris.

Plover avait succombé contre *Léopold*, dans le Critérium des Poulains.

***

Une des plus grandes juments qui aient paru sur le turf anglais, ALICE HAWTHORN (Muley Moloch et Rebecca), commença cette même année sa brillante carrière. Elle n'avait pas couru à 2 ans.

De 3 à 7 ans, elle ne disputa pas moins de 61 courses, pour remporter 44 victoires!

Elle termina sa carrière sur le turf, à Newmarket, par un triple dead-heat, dans un handicap, portant 8 st. 12 lbs, contre *Naworth*, âgé, 6 st. 9 lbs, et *Little Hampton*, 4 ans, 7 st. 7 lbs.

A cent mètres du poteau, elle se trouva serrée entre les deux autres et dans l'impossibilité absolue d'avancer. Son jockey, Bumby,

Sampson Low, Marston and C°, London, Copyright.

Alice Hawthorn.

fut obligé de l'arrêter pour la ramener ensuite en dehors. Son abattage était tel, cependant, que, malgré le terrain perdu, elle parvint à rejoindre ses deux adversaires sur le poteau. Mais, très éprouvée par cet effort, elle ne put prendre que la troisième place à la seconde épreuve.

Alice Hawthorn est la mère de *Thormanby*, père d'*Atlantic*, père de *Le Sancy*.

CHAPITRE XIX

ANNÉE 1842

Mort du duc d'Orléans et de M. J. Rieussec. — Retraite de lord Henry Seymour. — Première victoire de la Société d'Encouragement sur l'Administration des Haras. — Tout cheval doit courir pour gagner. — Courses à Pau. — *Annetta, Plover, Angora, Georgette*. — Débuts de l'écurie du comte de Perrégaux. — *Minuit* et *Nautilus* (suite). — Importation de *Physician* et *Caravan*.

L'année 1842 est tristement célèbre par la mort du duc d'Orléans, tué dans un accident de voiture, et par celle de M. J. Rieussec, une des victimes de l'attentat de Fieschi.

Ce fut cette même année, après le jugement des tribunaux qui le déboutait de l'action judiciaire qu'il avait intentée, au lendemain de la sentence de la Société d'Encouragement dans l'affaire *Tontine-Herodia*, que lord Henry Seymour — justement dépité, il faut le reconnaître — liquida son écurie de courses et renonça pour toujours au turf.

Ainsi, trois des hommes qui, à divers titres, avaient le plus fait pour l'acclimatation des courses en France et l'orientation à donner à l'élevage national, disparaissaient à quelques mois d'intervalle!

**

Tout en demeurant foncièrement hostile à cette orientation et aux principes qu'elle établissait, l'Administration des Haras ne s'en voit pas moins forcée de les subir, et un arrêté ministériel réserve désormais les prix royaux aux seuls chevaux de pur sang inscrits au Stud-Book.

Pour en arriver à sanctionner ainsi la théorie même de la Société d'Encouragement, quel chemin avait été parcouru dans ce court espace de huit ans!

On peut s'en apercevoir, dans un tout autre ordre d'idées, par le blâme formel que, dans sa séance du 12 octobre, le Comité de la Société d'Encouragement trouve nécessaire d'exprimer « contre quiconque fera partir un ou plusieurs chevaux dans une course, sans avoir l'intention de la gagner ».

**

Le Béarn peut être considéré comme le berceau des courses en France. Nous avons vu, en effet, qu'il y en avait existé dès le xiie siècle. Puis elles avaient disparu, et nous ne les voyons renaître qu'en cette année 1841, sur le bel hippodrome créé à 4 kilomètres de la ville de Pau, dans une lande immense, sur un plateau des plus pittoresques.

Indépendamment du meeting d'obstacles, dont nous n'avons pas à nous occuper ici, les courses plates, d'abord très modestes, ont pris un réel développement avec la création, en 1860, de la *Poule d'Essai* pour chevaux de 3 ans, qui, de 2.500 francs qu'elle était alors, s'élève actuellement, avec les entrées, à une vingtaine de mille francs pour le gagnant. Placée au début de la saison sportive, elle a toujours attiré non seulement les meilleurs produits de la région, mais, à plus d'une reprise, des représentants des écuries parisiennes.

**

Poetess, qui triompha l'année précédente, était une sœur de *Miss Annette*. La lauréate de cette campagne, *Annetta* (par Ibrahim) est sa fille. Elle remporta successivement, pour le compte de Th. Carter, le prix de l'Administration des Haras, le prix du Printemps, la Poule d'Essai, le prix de la Société d'Encouragement, à Versailles, le Handicap de La Morlaye (un groupe en argent, d'une valeur de 5.000 fr. offert par les barons Anthony et Nathaniel de Rothschild), le Grand Saint-Léger et un prix Principal de 5.000 francs. *Annetta* ne subit qu'une défaite, dans le prix du Jockey-Club, où elle ne put prendre que la troisième place, derrière *Plover* et *Angora*. Au haras, *Annetta* sera la mère de *Bounty*, *Celebrity* et *Dame d'Honneur*.

Plover (Royal-Oak et Destiny) appartenait à M. E. Aumont qui, quelques jours avant le meeting de Chantilly, le vendit 20.000 francs au comte E. de Perrégaux, dont la casaque rayée bleu et blanc, toque blanche, cueillit ainsi, dès ses débuts, le trophée le plus envié. Cette victoire de *Plover* — le dernier produit du vieux *Royal-Oak* qui remporte le prix du Jockey-Club — fut, sans doute, plus heureuse que méritée, car il ne gagna plus ensuite que la Poule Glatigny, à Versailles.

Angora (Lottery et Y. Mouse), à M. A. Lupin, est le vainqueur de la Poule des Produits, d'un pari de 2.000 francs, à Versailles, et du prix d'Arrondissement, à l'automne.

Muse (Royal-Oak et Terpsichore), à Th. Carter, est la seconde du Grand Saint-Léger, après quoi elle enlève, à Paris, un prix de 2.000 francs et le prix Principal de 4.500 francs.

Le nom de *Georgette* (Hœmus et Lustra), se fera surtout connaître au haras; elle est, en effet, la mère de *Goélette* (mère d'*Etoile-Filante* et de *Miss Cath*) et de *Géologie*.

M. Fasquel (de Courteuil), remporte pour la première fois le Grand Prix Royal avec son 4 ans *Minuit* (Terror et Nell), sur *Jenny*, *Dansomanie* et cinq autres. *Jenny*, comme nous le verrons, y triomphera l'année suivante. *Dansomanie* venait d'enlever le prix Royal (6.000 fr.), sur *Poetess;* elle appartenait à un propriétaire belge, le comte R. de Cornelissen, et n'avait rien fait dans le Brabant. Les performances de *Minuit* n'étaient guère plus brillantes, tout son ba-

Nautilus.

gage se composant de deux modestes épreuves à Chantilly et à Versailles et d'un prix Principal à Nancy.

Nautilus avait battu *Fiammetta* et *Poetess* dans le prix du Cadran, qu'il remportait pour la troisième fois, puis il avait gagné le prix d'Orléans, à Paris, et celui de même nom, à Chantilly.

Fiammetta se présenta ensuite dans le prix des Pavillons, où elle se démit le paturon, laissant la victoire à *Tragédie*, qui, précédemment, avait fait walk-over dans le prix du Ministère du Commerce.

Anatole avait eu en partage le prix de l'Administration des Haras au Champ-de-Mars, et *Florence*, celui de Chantilly, dans lequel elle fit walk-over.

En province, les prix Royaux d'Aurillac, Pompadour et Toulouse reviennent à *Miriam*, à M. de Beauregard, *Tobie*, à M. de La Bastide, et *Marengo*, à M. J. Rivière.

La palme des 2 ans échoit à *Nativa*, qui remporte les Two year old Stakes (dans lesquels *Chantilly* se casse une jambe), le Critérium des Pouliches et le prix du comte de Paris.

Renonce avait enlevé la Poule de 2.000 francs, avant de succomber, ainsi que *Drummer*, dans le Critérium de 1re classe, contre *Gerfaut*.

La Poule de juin, à Versailles, avait été pour *Maria*.

Physician (Brutandorf et Primette), né en 1829, et *Caravan* (Camel et Wings), né en 1834, furent importés en 1842.

Le premier sera le père de *Dulcamara*, *Premier Août*, *Expérience* et *Capri*; le second, d'*Illusion*, *Gouverneur*, *Mademoiselle-des-Douze-Traits* et *Paladin*.

La Course.

CHAPITRE XX

ANNÉE 1843

Le prix de Diane et le prix du Premier Pas. — Les progrès accomplis en dix ans. — Courses à Bordeaux, Alençon et Rouen. — Le Derby Continental, à Gand. — *Nativa, Renonce, Prospero, Karagheuse, Drummer, Mam'zelle Amanda.* — *Jenny, Annetta, Nautilus* (suite). — L'écurie Lafont-Féline. — L'Omnium est gagné par une pouliche de 2 ans. — Le Royal Hunt Cup, les New-Stakes et le Great Ebor Handicap. — Importation de *Nuncio.*

En 1843, se dispute pour la première fois, à Chantilly, l'avant-veille du prix du Jockey-Club, le Prix de Diane ou « French Oaks », pour pouliches de 3 ans. Distance, 2.100 mètres. La valeur du prix était de 6.000 francs, faits moitié par le Ministère de l'Agriculture et du Commerce, et moitié par souscriptions particulières. *Une décharge de 1 kil.1/2 était accordée aux pouliches qui étaient engagées dans le prix du Jockey-Club.* Par ce moyen on voulait, sans doute, à une époque où les engagements étaient encore peu nombreux, augmenter ceux du Derby français. Étant donné l'extrême rapprochement de ces deux épreuves, il eût été plus logique de retourner la proposition et d'accorder cet avantage de poids, dans le prix du Jockey-Club, aux pouliches ayant couru dans le prix de Diane. Quoi qu'il en soit, cette décharge ne sera supprimée qu'en 1855, quand l'allocation sera définitivement fournie par la Société d'Encouragement.

De nos jours, le prix de Diane est un événement sportif. Il n'en était pas ainsi à l'origine et l'inauguration en laissa le public tellement indifférent que c'est à peine si l'on reconnut trois dames dans les tribunes, une douzaine de sportsmen au pesage et une seule « lionne » dans sa calèche, sur la pelouse (1).

(1) C'était Mlle Ozy, des Variétés, qui faillit être victime d'un grave accident, que *Paris-Élégant* rapporte en ces termes quelque peu ironiques : « Le cocher étant descendu de son siège pour voir les coureurs de plus près, les chevaux se sont emportés du côté de la pièce d'eau... et ils se sont arrêtés au bord. On en a été quitte pour la peur, et Mlle Ozy s'est évanouie dans une pose gracieuse et sans changer de couleur. »

Le premier prix de Diane échappa à la favorite, qui eut l'excuse d'une tentative de dérobade, provoquée par la rupture d'une des étrivières de son jockey. Cette épreuve a toujours passé, d'ailleurs, pour la course à surprises par excellence, en raison de l'époque printanière à laquelle ce prix se dispute, époque où les pouliches sont plus ou moins facilement en chaleur, ce qui paralyse leurs moyens. Il est rare, cependant, que la gagnante — même imprévue — n'ait pas confirmé, par la suite, la qualité dont elle avait fait preuve ce jour-là, et, si le nombre est grand des favorites qui y ont échoué, nombreuses aussi sont celles qui en sont sorties victorieuses (1).

A ce même meeting de printemps de Chantilly, se disputa également, pour la première fois, le *prix du Premier Pas*, pour chevaux de deux ans (2), qui revint à la fameuse *Lanterne*, dont nous reparlerons à la fin du présent chapitre.

* *

Dix ans après sa fondation, la Société d'Encouragement — à qui ne manquèrent, cependant, ni les entraves ni les obstructions de toute sorte — pouvait être fière du chemin parcouru.

---

(1) Trois pouliches seulement ont réussi le double event des prix de Diane et du Jockey-Club (*Lanterne*, 1844; *Jouvence*, 1853; *La Toucques*, 1863); et quatre, celui du prix de Diane et du Grand Prix (*Sornette*, 1870; *Nubienne*, 1879; *Semendria*, 1900; *Kizil-Kourgan*, 1902).
Aucune n'a cueilli la triple couronne, Diane-Jockey-Club-Grand Prix. La seule qui en ait approché, est *La Toucques*, qui fut battue par *The Ranger* dans le premier Grand Prix. L'usage se perd de plus en plus d'ailleurs de faire disputer le Derby à la gagnante du prix de Diane, que l'on réserve de préférence pour la grande épreuve de Longchamp, et, durant ces trente dernières années, nous ne relevons guère que les noms de *Clyde* (1905) et *Union* (1909), qui y prirent la seconde place derrière *Finasseur* et *Négofol*.
Aucune, non plus, n'a remporté, à trois ans, le prix du Conseil Municipal : *La Camargo*, la seule qui l'ait gagné, n'y a triomphé qu'à quatre et cinq ans.
Le Royal-Oak est revenu quatre fois à l'héroïne du prix de Diane, avec *La Toucques* (1863), *Bavarde* (1887), *Clyde* (1905) et *Médéah* (1908).
Depuis son origine, le prix de Diane n'a donné lieu qu'à deux dead-heat : entre *Destinée*, à M. A. Aumont, battant, à la seconde épreuve, *Perla*, à M. A. Lupin, en 1874; et, l'année suivante, entre *Tyrolienne*, à M. L. Delâtre, battant ensuite *Almanza*, également à M. A. Lupin.
L'allocation du prix de Diane, qui était, au début, de 6.000 francs, a été réduite à 3.000, en 1847, puis élevée successivement : à 4.000, en 1855; 5.000, en 1859; 10.000, en 1863; 15.000, en 1869; 25.000, en 1877; 30.00 , en 1883; 40.000, en 1890; 50.000, en 1901, et 75.000, en 1913.
Actuellement, le prix de Diane s'élève, avec les entrées et forfaits, à 110.000 fr. environ pour la gagnante, plus une prime de 8.000 fr. à l'éleveur; il est en outre, alloué 8.000 fr. à la deuxième et 4.000 fr. à la troisième.

(2) Cette épreuve se courra, sauf interruption, de 1846 à 1853, jusqu'en 1865 inclusivement. Elle sera alors supprimée, les jeunes chevaux ne débutant plus qu'à l'automne, dans les Critériums de Chantilly. En 1872, le prix du Premier Pas, restauré au meeting de Caen, jouira pendant vingt ans du prestige de marquer, le 1er août, la date du début des chevaux de deux ans.
Depuis que ces débuts ont lieu dans la région parisienne, il a perdu toute signification et toute importance.

L'Illustration, qui vient de paraître (avril 1843), se faisant l'écho des progrès réalisés, écrit, au sujet de la réouverture du Champ-de-Mars :

« Le mérite des Courses est aujourd'hui un fait accompli ; elles ne sont plus simplement un plaisir, elles représentent un intérêt national. Depuis dix ans, elles ont pris un caractère décidé d'utilité publique. Depuis dix ans, il s'est créé des éleveurs et des chevaux. Chaque année, les produits ont gagné en beauté et en vitesse, et les améliorations sont dues à l'heureuse influence des Courses. Un fait incontestable, c'est que les vainqueurs du Champ-de-Mars et de Chantilly sont plus propres à la reproduction que les chevaux fainéants. On peut espérer, on doit même compter qu'ils transmettront leurs qualités à leurs produits.

« Un grand pas a été fait. Il y a quelques années à peine, deux ou trois chevaux au plus paraissaient au poteau de départ. Que de courses à un seul cheval n'avons-nous pas vues !... Dimanche, plus de trente chevaux disputeront quatre courses !

« Les courses de la Société d'Encouragement comptent déjà dix années d'existence, dix années de progrès incontestables.

« N'est-ce pas une œuvre nationale que de prétendre affranchir un jour son pays du tribut chevalin qu'il paie à l'étranger ? (1) Longtemps les esprits forts, plus jaloux qu'incrédules, ont affecté de traiter avec légèreté les projets et les Courses de la Société d'Encouragement. Il lui a fallu dix ans de sacrifices et d'efforts pour ouvrir les yeux à ces aveugles volontaires. Aujourd'hui elle a rallié à ses idées tous les facteurs propres à l'élève du cheval. Bien mieux, elle a converti — quelle victoire ! — l'Administration des Haras elle-même, qui admet enfin la supériorité du pur sang !

« Les préjugés disparaissent. La maigreur des chevaux de courses cesse d'être critiquée. On commence à savoir qu'ils ne sont ni exténués, ni tués par le régime de l'entraînement.

« Les chevaux savamment entraînés dépouillent la graisse inutile qui paralysait le jeu des muscles et de la respiration et qui gênait leur vitesse. Plus tard, rentrés dans la vie privée, affectés à la reproduction, ils acquièrent cet embonpoint que l'on considère quelquefois comme un signe de force et de beauté, et qui n'est, en réalité, que l'enseigne de la fainéantise ! »

Si nous avons cité ces lignes dans toute la saveur de leur style ingénu, c'est pour montrer, une fois de plus, contre quels préjugés et quelles sottises — sans parler de la mauvaise foi — la Société d'Encouragement eut toujours à lutter.

L'Illustration se félicite aussi que « le prix extraordinaire de 3.000 francs contienne que le cheval arrivé second recevra la moitié des entrées, sans quoi *Nautilus* aurait fait walk-over. C'est ainsi que, dans le Cadran, *Annetta* a couru seule, parce qu'il n'y avait rien pour le second ».

---

(1) Cinq ans ne se seront pas écoulés que déjà, en 1848, on n'importait plus pour la remonte de la cavalerie, que 16.594 chevaux, d'une valeur totale de 5.450.000 francs, alors qu'en 1842, on en importait encore plus du double, pour 11.360.000 francs. (MARQUIS DE BARBENTANE : *Communication au 6ᵉ Congrès international d'Agriculture*, Paris, 1900.)

Bordeaux, Alençon, Rouen et Gand entrent dans le mouvement sportif qui, chaque année, gagne de plus en plus la province et ouvre de nouveaux hippodromes.

A Bordeaux, les courses dataient de 1829, mais elles ne prennent une importance et une régularité qui n'ont cessé de croître que du jour où le Club Bordelais, sous l'impulsion énergique et éclairée de M. Ferdinand Régis, fonda une Société de courses et créa l'hippodrome de Bouscat. Le Derby du Midi date de 1851 et la Poule des Produits de 1854. Ces deux épreuves, aujourd'hui classiques dans la région, ont assuré le succès des réunions de Bordeaux, qui sont devenues les plus importantes de province.

Les courses de Rouen disparurent en 1848, pour reparaître plus tard. Elle jouirent quelque temps d'une certaine vogue, avec le prix de la Ville, handicap doté d'une allocation de 6.000 francs, une des plus riches épreuves régionales de l'époque.

De même, le Handicap de 4.000 francs, couru à Alençon, attirera souvent des champs fournis.

Mais autrement intéressant pour nos éleveurs a été le *Derby Continental* (3.000 fr., 3.200 mètres, pour chevaux de 3 ans de tous pays) créé cette année même, à Gand, où les Courses existaient depuis 1838. Jusqu'à la guerre de 1870, cette épreuve fut remportée presque sans interruption par des chevaux français, et non des moindres, comme le prouvent les noms, que nous relevons sur la liste des gagnants, de *Fitz-Emilius*, *Aguila*, *Fitz-Gladiator*, *Mlle de Chantilly*, *Black Prince*, *Comtesse*, etc.

**

C'est encore une pouliche, *Nativa* (Royal-Oak et Naïad), qui vient en tête des trois ans. Elle provenait de l'écurie de lord Seymour et appartenait au prince Marc de Beauvau, un nouveau venu sur le turf, où, pendant dix-huit ans, il allait occuper une place prépondérante.

Nativa était l'héroïne de la campagne de deux ans. Pour sa rentrée, elle enlève facilement le prix de Diane sur un champ de cinq partants, à *Maria* et à la grande favorite *Mam'zelle Amanda*. Puis elle confirme ce succès en battant tous les meilleurs produits de sa génération, soit dans le prix de la Ville de Rouen (3.000 fr.) et le Grand Saint-Léger, soit dans le prix d'Arrondissement ou les deux prix Principaux, à la réunion d'automne du Champ-de-Mars (1).

Le prix du Jockey-Club donne lieu à un dead-heat entre l'extrême outsider *Renonce* (Y. Emilius et Miss Tandem), à M. Célestin de Pontalba, coté à 60/1, et *Prospero* (Royal George et Princesse Edwiss);

---

(1) Au haras, *Nativa* donnera : *Nat*, *Nancy*, *Naphta*, *Chevrette*, etc.

à Th. Carter, devant *Karagheuse*, *Mam'zelle Amanda* et six autres, parmi lesquels la favorite *Coqueluche*.

Les deux propriétaires auraient pu partager le prix, qui se montait à 20.000 francs, mais ils préférèrent recourir, d'autant plus que le gagnant devait recevoir, en plus du prix, « un jeu de dominos en vermeil et pointes en perles fines, ayant appartenu à la reine Marie-Antoinette (1) ».

A la seconde épreuve, *Renonce* l'emporta facilement, et quelques jours plus tard, à Versailles, il battit à nouveau *Karagheuse*, dans un pari particulier de 4.000 francs.

Karagheuse (Royal-Oak et Ada), à M. F. Sabathier, était le propre frère de *Poetess*. Il avait à son actif les Foal Stakes (Poule de 500 fr.), après quoi, il s'en fut à Boulogne-sur-Mer cueillir le prix du comte de Paris et la Coupe d'Or, d'une valeur de 3.000 francs.

Drummer (Langar et Hornet), à Th. Carter — qui aura une brillante carrière par la suite — doit se contenter du prix d'arrondissement à Paris, cependant que son camarade *Governor* (Royal-Oak et Lydia) enlève la Poule des Produits et le prix de la Société, à Versailles.

Enfin, *Mam'zelle Amanda* (Royal-Oak et Weeper), au comte de Cambis, avait dû les préférences du ring dans le prix de Diane — où, comme on l'a vu, elle n'avait pu prendre que la troisième place, par suite, peut-être, de la rupture d'une des étrivières de son jockey Edwards — à sa victoire dans le prix du Printemps, à Paris, sur *Karagheuse* et *Drummer*. Non placée ensuite dans le prix du Jockey-Club, on ne lui trouve plus qu'un modeste succès, à Versailles, dans le prix du Ministère du Commerce.

Le prince de Beauvau est également heureux avec la vieille *Jenny*, qu'il avait achetée, comme *Nativa*, à la liquidation de l'écurie de lord Seymour. Elle remporte d'abord deux Prix Royaux à Aurillac et à Nantes, puis elle triomphe d'*Annetta* et de trois autres adversaires dans le Grand Prix Royal du Champ-de-Mars.

Un de ses autres chevaux, *Dash*, enlève la Bourse de 800 francs et le prix de Nemours, à Chantilly, et un prix Principal, à Nantes.

Annetta fait d'abord walk-over dans le prix du Cadran, elle succombe contre *Marengo*, à M. J. Rivière — qui avait déjà remporté le Prix Royal, à Bordeaux — dans le prix des Pavillons, puis elle gagne le prix de l'Administration des Haras (5.000 fr.) à Chantilly; ses deux autres sorties sont, comme nous l'avons vu, des défaites.

Nautilus s'adjuge le prix Extraordinaire et celui du duc d'Orléans, à Paris; — *Muse*, le prix Royal (6.000 fr.); — *Adolphus*, le prix des Haras Royaux (4.000), à Chantilly; — et *Baie-Brune*, le prix Principal (3.000 fr.), à Tarbes, dans lequel elle porte les couleurs de

---

(1) STERN (Jean). *Les Courses de Chantilly sous la monarchie de Juillet* (Paris, 1913)

M. Lafont-Féline, dont l'écurie est appelée à jouer un rôle important dans le Sud-Ouest.

Une pouliche de deux ans se détache sur le lot des jeunes, par une performance unique dans l'histoire du turf français. *Lanterne*, après avoir remporté le prix du Premier Pas et la Poule de Juin, enlevait, en effet, l'Omnium (2.400 mètres) sur *Governor*, 3 ans, 51 kilos, et quatre autres. Elle portait 37 kilos.

Fatiguée par la course très dure qu'elle fournit en la circonstance, elle succomba, quelques jours plus tard, dans le prix du comte de Paris, contre *Siclo*, qui venait de gagner le Critérium de 2e classe. Nous la reverrons, à trois ans, confirmer sa haute qualité par des victoires plus brillantes encore que celle de l'Omnium.

Les Chantilly Forest Stakes étaient revenus à *Cavatine*, et le Critérium de 1re classe à *Conjecture* battant, entre autres, *Commodore Napier*.

*_**

En Angleterre, on peut rappeler la création de quelques épreuves intéressantes, comme le *Royal Hunt Cup* et les *New Stakes* (pour 2 ans), à Ascot; le *Great Ebor Handicap* et les *Great Yorkshire Stakes* (pour 3 ans), à York.

Les chevaux français qui y ont triomphé sont : *Amandier* (Royal Hunt Cup, 1893), *Océanie* (New Stakes, 1879) et *Ossian* (Great Yorkshire Stakes, 1883).

L'Administration des Haras avait acheté 7.875 francs l'étalon *Nuncio* (Plenipotentiary et Allez-y), né en 1843, qui produira *Black Prince*, *First Born*, *Comtesse* (présumée), *Nuncia*, *Liouba*, etc.

CHAPITRE XXI

ANNÉE 1844

Lanterne et *Commodore Napier*. — *Drummer* (suite). — Trois pouliches finissent en tête dans le prix du Jockey-Club. — Les écuries de MM. Ch. Calenge et J. Reiset. — Le budget des Courses. — Création du prix de la Ville de Paris. — Le scandale *Running Rein* dans le Derby anglais. — *Orlando*, *Faug-a-Ballagh*. — Importation d'*Eusebia*.

L'année 1844 voit en *Lanterne* (Hercule et Elvira), au prince Marc de Beauvau, la première grande jument française.

Née en 1841, *Lanterne* avait accompli, comme nous l'avons vu, cet exploit, unique dans les annales du turf, de remporter, à deux ans, l'Omnium, sur 2.400 mètres, sous le poids de 37 kilos, battant cinq concurrents plus âgés qu'elle.

Elle confirma cette brillante performance en enlevant successivement le prix de Diane et le prix du Jockey-Club. Depuis lors, *Jouvence*, en 1853, et *La Toucques*, en 1863, sont les seules pouliches qui aient réussi ce glorieux double event. Elle cueille ensuite le prix de la Ville de Caen (5.000 fr.) et celui de la Ville de Rouen (3.000), après quoi elle va se faire battre, dans le Derby Continental de Gand, par *Mustapha*, qui en reçoit 6 livres, il est vrai. Mise au repos après cet échec, elle ne retrouva jamais sa brillante forme du printemps.

Lanterne était la fille d'*Elvira* (Onyx et Coral), qui fut une poulinière remarquable. *Lanterne* fut également une reproductrice de premier ordre (1).

---

(1) Née en Angleterre, en 1829, *Elvira* avait été importée en 1833, puis exportée en Italie, en 1843. Elle avait donné, en France :

Quiz (1839), mère de *Théodora* et de *Valentino* (1860), qui fut célèbre en obstacles; il courut pendant neuf ans et ne gagna pas moins de 167.000 francs, somme alors fabuleuse dans cette branche ;

Lanterne (1841), mère de *Constance*, *Éclaireur*, *Précurseur*, *Feu Follet* et *Fontaine;*

Tomate (1842), excellente sur le turf, mais qui ne fit rien au haras.

Nous parlerons de *Constance* au cours de l'année 1851.

Le prince Marc de Beauvau remporte encore, avec *Commodore Napier* (Royal-Oak et Flighty) — qu'il a acheté à Th. Carter, après sa victoire dans le prix de l'École Militaire, à Paris — la Coupe Janisset, la Poule d'Essai, la Poule des Produits, un pari de 500 louis à Chantilly et le prix de la Ville de Versailles; — avec *Error*, restée au poteau dans le prix de Diane, le Grand Handicap, à Rouen (6.000 fr.), où elle porte 34 kil. 1/2, et l'Omnium, sous le poids de 42 kilos, sur un lot de dix concurrents, dont une pouliche de 2 ans, à M. Lupin, dérobée.

Comme autres trois ans on peut citer :

Angélina, à Th. Carter, et *Cavatine*, à M. A. Aumont, qui finissent derrière *Lanterne*, dans le prix de Diane d'abord, puis, trois jours plus tard, dans le prix du Jockey-Club, mais cette fois dans l'ordre inverse. C'est la seule fois, depuis la création du Derby de Chantilly, que les trois premières places y furent prises par des pouliches;

Coq-à-l'Ane, au comte de Cambis, qui remporte une heureuse victoire, dans le Grand Saint-Léger (6.000 fr.), contre *Commodore Napier*, hors de toute forme; — *Mustapha*, à M. Aumont, qui, dans le Derby Continental de Gand, a raison d'une façon non moins inespérée de *Lanterne*, laquelle se ressentait de ses sorties précédentes et qui lui rendait 6 livres, comme nous l'avons dit; — enfin *M. d'Écoville*, vainqueur de nombreux prix gouvernementaux, à Paris, Caen et Versailles, dans lesquels il fait triompher la casaque bleu-ciel à toque noire de M. Charles Calenge, l'un des hommes qui fit le plus pour la cause du pur sang en France, et à qui Caen et Deauville sont redevables en grande partie de leur développement.

Parmi les vieux, *Drummer*, 4 ans, à Th. Carter, inscrit à son actif : au printemps, le prix des Pavillons (5.000 fr.), à Paris, le prix de l'Administration des Haras (5.000 fr.) et le prix Nemours (3.000 fr.), à Chantilly; à l'automne, le prix Royal (6.000 fr.) et le Grand Prix Royal (14.000 fr.).

Nativa, 4 ans, au prince Marc de Beauvau, gagnante du prix du Cadran et du prix des Haras Royaux (4.000 fr.); — *Ratapolis*, 4 ans, à M. A. Lupin, prix de la Ville de Paris (6.000 fr.), au Champ-de-Mars, prix de la France, prix Principal et prix Royal, à Caen; — *Baie-Brune*, 6 ans, à M. Lafont-Féline, quatre courses et une quinzaine de mille francs en province.

M. J. Reiset, qui rendra, comme M. Calenge, les plus grands services aux idées nouvelles, débute modestement sur le turf avec le vieux hongre *Tiger*, qui remporte, sous sa casaque marron à toque noire, quelques-unes des courses de haies qui terminaient alors les réunions de plat de la Société d'Encouragement.

Enfin, les deux Critériums de Chantilly sont enlevés par *Fitz-Emilius* et *Prédestinée*, laquelle remporte également le prix du comte de Paris (3.000 fr.), la plus riche épreuve alors ouverte aux jeunes chevaux.

* * *

L'article de *L'Illustration*, que nous avons reproduit précédemment, constatait un fait, mais sans donner de chiffres. Ceux-ci sont intéressants à rappeler pour marquer les progrès accomplis.

Ce n'est pas que le budget de la Société d'Encouragement eût encore beaucoup progressé : il n'avait guère que doublé depuis l'origine, 48.000 francs au lieu de 20.900. Mais, en ces dix ans, la Société avait rallié à sa cause non seulement les particuliers, mais les pouvoirs publics et l'Administration des Haras elle-même, qui entretenait maintenant dans les haras ou dépôts royaux 259 étalons de pur sang (200 anglais et 59 arabes), alors qu'elle n'en possédait, en 1836, que 158 (121 anglais et 37 arabes).

Les propriétaires et les chevaux étaient maintenant nombreux ; un peu partout des Comités s'étaient groupés, des Sociétés constituées, et le budget des courses plates, qui n'était encore, en 1834, que de 115.000 francs, s'élevait déjà à près de 400.000 francs (1).

(1) Les principaux propriétaires parisiens sont : le prince Marc de Beauvau, avec 33 chevaux ; — le comte de Cambis, 54 (le Haras royal de Meudon survécut au duc d'Orléans et subsista jusqu'en 1849, date de sa liquidation) ; — Th. Carter, 37 (les chevaux du baron de Rothschild, ayant couru pendant la plus grande partie de l'année sous le nom de cet entraîneur, sont compris avec les siens) ; — A. Lupin, 22 ; A. Aumont, 21 ; Fasquel, 20 ; comte d'Hédouville et baron de La Rochette, 20 ; C. de Pontalba, 16 ; comte A de Morny, 10, etc.

En province, avec des effectifs moindres : MM. de Blangy, Calenge, H. Cutler, Achille Fould, de Nexon, Lafont-Féline, Mellien, de Vanteaux, F. Sabathier, J. Verry, etc.

Les allocations générales se répartissent comme suit (Les courses particulières sont comprises dans le nombre des prix, mais non leur valeur Les courses au trot, qui commencent à s'implanter, principalement dans la région normande, ne figurent pas dans ces chiffres, non plus que les steeple-chases) :

	JOURNÉES	PRIX	ALLOCATIONS				
			Totales	Société d'Encouragement.	Gouvernement.	Villes, Conseils généraux.	du Roi, des Princes, des particuliers.
Paris (printemps)...	4	18	43.700	26.700	8.000	6.000	5.000
Chantilly — ...	3	15	22.950	12.250	13.000	4.700	3.000
Versailles — ...	2	8	13.800	5.600	2.000	5.200	1.000
Chantilly (automne)..	2	9	20.500	3.000	8.000	500	9.000
Paris — ..	3	6	35.500	»	35.500	»	»
	14	56	146.450	47.550	66.500	16.400	16.000
				Sociétés diverses.			
Province (27 réunions)	60	150	232.100	63.000	103.800	49.300	16.000
Total..........	74	206	378.550	110.550	170.300	65.700	32.000

La saison commence par la réunion de Bordeaux; puis viennent Paris, Chantilly et Versailles. Après quoi, jusqu'à la reprise des courses d'automne à Chantilly et finalement à Paris, c'est en province que le sport émigre. Pendant l'été, on ne compte pas moins de 27 réunions, offrant 60 journées de courses, avec 150 prix, s'élevant à 232.100 francs (1).

Certes, les courses, en province surtout, ne sont pas encore ce qu'elles sont devenues. Pour corser les programmes, on est obligé d'avoir recours aux épreuves de toute nature : courses de barrières, au trot, à l'amble, pour chevaux attelés par paire, pour chevaux de chasse, pour chevaux appartenant aux cultivateurs de la région et montés par eux-mêmes ou par leurs amis, pour chevaux de la race locale ou nés dans la circonscription, pour poneys montés par des enfants. A Caen, Rouen et Boulogne-sur-Mer, certaines épreuves sont ouvertes aux chevaux résidant en Angleterre, auxquels est imposée une surcharge élevée, à moins qu'ils ne soient à réclamer pour un prix déterminé d'avance.

L'allocation est également de toute nature; elle varie de 500 à 3.000 francs (les prix de 4.000 fr. sont rares, l'épreuve la plus richement dotée est le handicap de 6.000 fr. à Rouen). Il est certains prix qui ne comportent que de modestes objets : couteaux de chasse, cravaches ou vases de porcelaine. Sur bien des hippodromes, on organise, à la fin de la réunion — autant comme spectacle que pour donner une fiche de consolation aux concurrents malheureux — des courses dont l'allocation est fournie par une collecte faite sur place. Inutile d'ajouter que la générosité des spectateurs est des plus limitées et que ces quêtes ne produisent jamais que quelques louis.

Les parcours sont presque toujours longs et en partie liée.

Quantité de prix, et non des moins importants, stipulaient alors dans leurs conditions — clause aujourd'hui abolie — un nombre miniumm d'engagements, voire de partants, ou « pas de course ». Aussi arrive-t-il assez souvent que, faute d'engagements suffisants, certains prix ne sont pas courus. Et la chose ne se passera pas qu'en province; il en sera de même, pour certaines grandes épreuves classiques, à Paris et à Chantilly, et c'est pour cette raison que fut annulée, en 1843 et 1845, la Poule d'Essai.

Mais ce ne sont là que de petites taches dans un superbe ensemble.

L'année 1844 avait vu la création du *Prix de la Ville de Paris*, 6.000 francs, offerts par le Conseil municipal, pour chevaux de 3 ans et au-dessus, nés en France ou en Belgique. Cette épreuve, qui se

---

(1) Les principales sont, dans l'ordre où elles se présentent au calendrier hippique : Bordeaux, 4 journées, 7 courses, 17.000 francs; — Toulouse, 5 j., 9 c., 15.900 fr.; — Caen, 4 j., 10 c., 22.700 fr.; — Nantes, 3 j., 10 c., 18.400 fr.; — Tarbes, 6 j., 15 c., 17.000 fr.; — Boulogne-sur-Mer, 2 j., 9 c., 12.000 fr.; — Pompadour, 3 j., 7 c., 17.200 fr.; — Rouen, 2 j., 11 c., 11.400 francs.

disputait à la réunion de printemps du Champ-de-Mars, jouira de la plus grande vogue, en raison de l'importance de son allocation, jusqu'à la création du Grand Prix de Paris, en 1863, où elle sera supprimée et remplacée par le prix de Lutèce actuel.

Les courses de Poitiers, inaugurées au printemps, ne durèrent que quelques années. Reprises un peu plus tard, elles furent toujours des plus modestes.

Poitiers avait été cependant un de nos premiers centres hippiques, et des courses y avaient été instituées par l'arrêté du 27 mars 1829. Six prix offerts par l'État se montaient à 5.400 francs, somme qui était alors à considérer. Mais bien que le Poitou fût renommé pour sa production chevaline, les éleveurs ne mirent pas plus d'empressement que n'en avaient montré ceux des autres régions de la France, et cette tentative n'avait pas eu de lendemain.

*
* *

Le Derby d'Epsom de 1844 est célèbre pour avoir donné lieu à un scandale qui eut un retentissement énorme, le gagnant *Running Rein* ayant été disqualifié comme étant un cheval de 4 ans, du nom de *Macchabeus*, et le prix attribué au deuxième, *Orlando*, au colonel Peel (1).

(1) Au moment de sa disqualification, ce *Running Rein* avait déjà toute une histoire, que M. René Riondet a rappelée dernièrement dans *La Vie au grand air*.
Il avait débuté victorieusement, l'automne précédent, à Newmarket, battant la favorite *Crinoline*, au duc de Rutland. Il appartenait alors à un joueur enragé, nommé Goodman, qui avait réalisé un fort bénéfice sur son poulain, à la cote de 10/1. Mais dès cette première apparition de *Running Rein*, des soupçons s'éveillèrent sur son identité, tant son apparence était celle d'un cheval à la fin de sa troisième année. Lord Rutland déposa donc une réclamation, mais l'enquête fut abandonnée, le lad qui avait soigné *Running Rein* pendant les huit mois qui suivirent sa naissance, l'ayant formellement reconnu.
Le rejet de la réclamation de lord Rutland n'ébranla pas la conviction de certains sportsmen, entre autres de lord George Bentinck, qui résolurent de consacrer leurs efforts à la découverte de la véritable identité du poulain.
Entre temps, Goodman vendit *Running Rein* à un gros marchand de grains d'Epsom, nommé A. Wood, auquel il devait une forte somme. Le prix comprenait la remise de la dette et 5.000 francs d'argent liquide, mais il était convenu que le poulain restait sous la direction de Goodman et de son entraîneur Smith.
La préparation de *Running Rein* en vue du Derby se poursuit normalement, et son entourage escompte à tel point sa victoire, que sa cote tombe à 10/1. Mais quelques jours avant la course, sa qualification est à nouveau remise en question, par une réclamation prétendant qu'il est âgé de quatre ans; une réclamation similaire est déposée contre un autre concurrent, *Leander*, à M. Litchwall. Les commissaires décident de laisser courir les deux chevaux, réservant l'allocation et les paris, en cas de victoire de l'un ou de l'autre, jusqu'à ce que les justifications complètes aient été établies.
Le champ comprenait 28 chevaux, dont le favori *The Uglby Buck*, vainqueur

Orlando (Touchstone-Vultur) ne courut qu'à trois ans, remportant dix courses sur les onze qu'il disputa, se montant au chiffre énorme de 263.871 fr. 50.

Il intéresse tout particulièrement notre élevage comme étant le père de *Trumpeter* (père de *Plutus*, père de *Flageolet*), de *Marsyas* (père de *George Frederick*, père de *Frontin*) et d'*Imperieuse* (mère de *Deliane* et d'*Ermeline*).

Deux autres chevaux, dont la descendance jouera chez nous un rôle considérable, sont à signaler parmi les trois ans anglais : le premier est *Faugh-a-Ballagh* (Sir Herculus et Guiccioli), propre frère de *Irish Birdcatcher*, et père de la célèbre *Fille-de-l'Air;* il remporta le

des Deux mille Guinées, *Ratan*, gagnant des Criterion Stakes, à 2 ans, et les deux représentants du colonel Peel, *Orlando* et *Ionian*.

La course peut se résumer en quelques mots. *Leander* mène jusqu'à l'entrée de la ligne droite, où *Running Rein* l'approche de si près qu'il lui porte à une jambe de derrière une atteinte tellement grave que *Leander* est obligé de s'arrêter et que le soir même on l'abattait. Le poulain de Wood file alors au poteau, qu'il passe avec 3/4 de longueur d'avance sur *Orlando*, qu'*Ionian* suit à deux longueurs, précédant de peu *Bay Momus*.

Le colonel Peel fait alors opposition au paiement du prix et porte l'affaire devant la Cour de l'Échiquier. Le dossier présenté par lui ne laisse subsister aucun doute : le poulain qui a couru sous le nom de *Running Rein* est un cheval de 4 ans, nommé *Macchabeus* (Gladiator et une fille de Capiscum), et la substitution a été opérée par Goodman, le 21 septembre 1842, lors du transfert du cheval de Siwell à Londres.

Dans la séance précédant les débats, le juge, le baron Alderson, décida que le cheval qui avait gagné le Derby sous le nom de *Running Rein* devrait être soumis à l'examen des vétérinaires qu'il chargerait officiellement de l'identifier. Quelle ne fut pas sa surprise, au début de l'audience suivante, d'entendre Wood déclarer que, sans qu'on l'eût prévenu, *on avait fait disparaître le cheval!*

Les débats se trouvaient clôturés du coup. Après avoir mis hors de cause le malheureux Wood, qui avait acheté de bonne foi le cheval avec ses engagements, le juge terminait son résumé par ces paroles énergiques :

« Qu'il me soit permis de dire l'immense regret et le profond dégoût que cette affaire laisse dans mon esprit. L'odieuse machination, ainsi découverte, nous a montré des personnages d'un rang élevé s'associant et pariant avec des gens de basse classe; ces personnages sont arrivés à se laisser duper et à devenir les victimes de la fraude la plus énorme. Ils peuvent être certains qu'il en sera de même tant que des gentlemen s'associeront et parieront avec des goujats. »

A la suite de cette verte mercuriale, le jury distança *Running Rein*, comme convaincu d'être un cheval de quatre ans; *Orlando* prit la première place et reçut le montant du prix, tandis que les paris étaient réglés en conséquence. C'était une perte de quinze cent mille francs pour la bande Goodman.

Comme conséquence de ce jugement, le Jockey-Club distança également *Running Rein* de la course qu'il avait gagnée à deux ans, et l'attribua à *Crinoline*. La décision du Jockey-Club portait en même temps « que des remerciements sont spécialement dus et présentement offerts à lord George Bentinck pour l'énergie, la persévérance et l'habileté dont il a fait preuve en découvrant, en démasquant et en déjouant ces fraudes atroces. »

La reconnaissance des sportsmen ne s'arrêta pas à cette démonstration flatteuse, et, elle offrit, par souscription, à lord Bentinck, une magnifique pièce d'argenterie, en remerciement de sa conduite.

En ce qui concerne *Leander*, l'examen de son cadavre ayant démontré qu'il était, lui aussi, âgé de quatre ans, le Jockey-Club n'hésita pas à sévir, et son propriétaire fut disqualifié à vie.

Saint-Léger, le Grand Duke Michael Stakes, le Cesarewitch et un match de 25.000 francs; — le second est *The Emperor* (Defence et Reveller's mare), qui sera le véritable père — parmi les trois étalons qui se disputeront sa paternité — du fameux *Monarque*.

On doit noter encore une jument de 5 ans, *Eusebia* (Emilius et Manzel Wurzel), qui fut importée, cette même année, par le comte de Cambis, pour le Haras royal de Meudon, à laquelle se rattachent, entre autres, deux chevaux remarquables, *Orphelin* et *Mortemer* (1).

Enfin, ne quittons pas l'Angleterre, sans rappeler, à titre de curiosité, que le jockey qui montait *Red Dear*, le gagnant du Chester Cup, ne pesait, selle comprise, que 4 stones (25 kilos 1/2).

Ce n'est qu'en 1860 que le poids minimum autorisé par le Jockey-Club de Newmarket fut fixé à 5 st. 7 lbs (35 kilos).

---

(1) *Eusebia*, qui mourut en 1864, est la mère de :

Echelle, mère d'*Orphelin*, père de *Revigny*, *Montargis*, *Reine-de-Saba* (mère de *Satory*, *Richelieu* et *Bariolette*, mère de *Bariolet*);
Royal-Quand-Même, gagnant de plus de 80.000 francs;
Comtesse, mère de *Néméa* et de *Mortemer;*
Liouba, mère de *Le Mandarin* et *Marengo;*
Royallieu.

L'accident!

CHAPITRE XXII

ANNÉE 1845

Fitz Emilius, Suavita, Prédestinée, Bathilde. — *Cavatine, Edwin, Drummer* et *Commodore Napier* (suite). — Effondrement d'une tribune, à Nantes. — Les paris du marquis de Croix. — *The Baron, Sweetmeat* et *Pyrrhus-the-First.* — Importation de *Fair Helen* et de *Currency.*

Pas de changements appréciables dans l'état de choses existant. Le fait principal est l'annulation de la *Poule d'Essai*, comme en 1843, faute du nombre d'engagements réglementaires.

Le crack de l'année est *Fitz-Emilius* (Y. Emilius et Miss Sophia), à M. A. Aumont, vainqueur du Premier Critérium, à Chantilly, l'automne précédent. Il enlève successivement : à Paris, le prix du Printemps; à Chantilly, le prix du Jockey-Club, contre *Suavita*, gagnante du prix de la Ville de Paris et du prix de Diane, et treize autres adversaires; à Gand, le Derby Continental; et diverses épreuves de moindre importance, à Versailles, Caen et Le Pin; soit au total 9 courses et 33.500 francs. (Ces chiffres, empruntés au *Calendrier Officiel*, ne comprennent que la seule allocation des prix; les entrées et forfaits n'y figurent pas.)

Suavita (Napoléon et Elvire), à M. A. Lupin, remporte le prix de la Ville de Paris (6.000 fr.) et le prix de Diane, sur *Tomate*, *Tertullia* et six autres; prend la seconde place, derrière *Fitz-Emilius*, dans le prix du Jockey-Club, enlève à Versailles, le prix du Ministère et celui de la Ville, où elle rend 12 livres à *Tomate*, et termine la campagne par une victoire dans l'Omnium, où, avec 50 kil. 1/2, elle a raison de neuf adversaires, dont la pouliche de 2 ans, *Fleet*, qui portait 37 kil. 1/2.

Prédestinée (Mr Waggs et Destiny), au comte A. de Morny, ne retrouve sa forme de deux ans qu'à l'automne. Non placée dans le prix du Jockey-Club, puis dans deux épreuves, au Pin, elle enlève

ensuite le Grand Saint-Léger — où elle reçoit 5 livres de ses médiocres adversaires, par suite de la clause qui accordait cette décharge « aux chevaux qui, étant partis trois fois dans l'année, n'auraient pas gagné » — et, à l'automne, un prix d'Arrondissement et un prix Principal, à Paris.

Comme autres trois ans, on peut encore rappeler *Myska*, à M. A. Lupin, gagnante de la Poule des Produits ; — *Confiance*, au prince Marc de Beauvau, prix de la Société d'Encouragement, à Bruxelles ; — *Narvaëz*, à M. J. Abdale, Grand handicap de 5.000 francs, à Rouen.

Mais aucun de tous ces chevaux n'a laissé un nom comparable à celui de *Bathilde* (Y. Emilius et Odine), qui ne fit rien sur le turf, mais qui sera une de nos plus grandes poulinières, et de laquelle descend, notamment, la célèbre *Fille-de-l'Air*.

Parmi les vieux, *Cavatine*, 4 ans, à M. A. Aumont, qui triomphe dans cinq prix gouvernementaux, dont le Grand Prix Royal (14.000 fr.) ; — *Edwin*, 4 ans, au baron N. de Rothschild, qui enlève dans un canter le prix du Cadran à *Lanterne*, dont les quatre sorties, dans l'année, ne font que confirmer l'irrémédiable déchéance ; — *Drummer*, au même propriétaire, prix d'Orléans et prix Spécial, à Paris, et Grand Prix de la Ville de Bruxelles ; — *Commodore Napier* et *Error*, au prince Marc de Beauvau, qui cueillent : l'un, le prix des Pavillons, à Paris, et le prix des Haras, à Chantilly, tous deux de 5.000 francs ; l'autre, trois prix de 4.000 francs à Paris, Nantes et Pompadour ; — enfin, *M. d'Ecoville*, 4 ans, à M. Calenge, qui ramasse un peu partout une demi-douzaine de prix, s'élevant à 15.000 francs.

Les meilleurs deux ans sont *Duchesse de Brabant*, *Premier-Août*, *Poisson d'Avril* et *Comète*.

*
* *

Les courses de Nantes furent attristées par un grave accident, heureusement fort rare. Par suite de pluies torrentielles pendant une quinzaine de jours, le sol du pesage s'effondra avec une des tribunes : six cents spectateurs furent ensevelis sous les décombres. La plupart en furent quittes pour la peur, mais on n'en compta pas moins plusieurs morts et de nombreux blessés.

Un accident d'un autre genre marqua les courses d'Autun, où le marquis de Mac-Mahon, qui pilotait *Glaucus*, dans le Steeple-Chase, fit une chute mortelle ; il fut écrasé par son cheval, au saut d'une haie.

*
* *

Les paris particuliers continuaient à faire fureur.

Le marquis de Croix, promoteur des courses au trot en France, et dont le haras de Serquigny, dans l'Eure-et-Loir, était renommé, avait parié 25.000 francs que sa jument *Impétueuse* (de père pur sang et de mère demi-sang), âgée de 7 ans, parcourrait 84 kilomètres, en 3 heures 1/2. Il s'agissait d'aller de la barrière de l'Étoile à Chantilly et retour; puis, pour parfaire les 4.250 mètres qui manquaient, de faire le tour de l'Arc-de-Triomphe et de terminer aux Batignolles. Partie à 5 heures du matin, la jument arriva à Chantilly à 6 heures 31, avec un cavalier pesant 57 kilos; elle repartit presque aussitôt, avec un nouveau cavalier, ne pesant plus que 45 kilos, et atteignit l'Étoile en 1 h. 47 m. Elle avait donc fait le trajet aller et retour, en 3 h. 18 m. Il ne lui restait plus qu'à franchir les 4.250 mètres complémentaires, et elle avait 12 minutes pour cela. Elle perdit cependant d'une demi-minute, par suite de la fatigue de son cavalier. Le soir, la jument était aussi fraîche et aussi souple que si elle n'eût pas accompli ce raid, qui eut alors beaucoup de retentissement.

Ce même marquis de Croix avait déjà perdu, quelques semaines auparavant, un pari de 30.000 francs, son cheval *Silvio*, attelé d'un tilbury, ayant mis 17 m. 17 s. pour franchir 8 kilomètres sur une route montueuse, alors que le temps prévu n'était que de 16 minutes.

*   *

En Angleterre, THE BARON (Irish Birdcatcher et Echidna), nous intéresse tout particulièrement parmi les trois ans, en raison du rôle important qu'il jouera, tant dans l'élevage de son pays, comme étant le père de *Stockwell* et de *Rataplan*, que chez nous, où il sera l'un des pères de *Monarque* et le grand-père de *Vermout*. Nous reviendrons sur sa carrière au haras, lors de son importation, en 1849. Sur le turf, *The Baron* courut fort peu, ne paraissant que neuf fois en public, pour gagner cinq courses, dont le Saint-Léger de Doncaster et le Cesarewitch.

On peut aussi signaler: *Pyrrhus-the-First* (Epirus et Forteress), vainqueur du Derby et de neuf autres victoires, s'élevant à plus de 250.000 francs, qui fut importé en 1859; — et *Sweetmeat* (Gladiator et Lallypop), qui ne remporta pas moins de 22 courses sur les 24 qu'il disputa au cours de sa carrière, notamment la Coupe de la Reine, à Ascot, et le Doncaster Cup. Il sera le père de *Macaroni*, gagnant des Deux mille Guinées et du Derby, 1863, et de *Mincemeat* et *Mincepie*, gagnantes des Oaks, en 1854 et 1856.

Deux poulinières, qui marqueront dans notre élevage, furent importées au cours de l'année: *Fair Helen* (Priam et Dirce), qui sera la mère de *Vermeille*, et *Currency* (Saint-Patrick et Oxygen), qui donnera *Jouvence*, une de nos plus grandes juments de course.

CHAPITRE XXIII

ANNÉE 1846

Importation de *Gladiator*. — Le jockey Neale. — Inauguration de la ligne Paris-Lille, avec arrêt à Saint-Leu. — *Meudon, Premier-Août, Philip Shah* et *Dorade*. — *Fitz Emilius* et *Tomate* (suite). — Pur sang contre demi-sang. — *Sting, Chanticleer* et *Sir Tatton Sykes*.

Le fait le plus saillant de l'année est, sans contredit, l'importation par l'Administration des Haras, de l'étalon *Gladiator*, qui devait avoir la plus grande influence sur notre élevage, dont il peut être considéré comme un des quatre fondateurs, avec *Royal-Oak, Ion* et *Cadland*.

Fils de *Partisan* et de *Pauline* (par Mosès), *Gladiator* était né en 1833. Il n'avait couru qu'une seule fois, second du Derby gagné par *Bay Middleton*, laissant derrière lui *Venison* et dix-neuf autres. Il fut le favori du Saint-Léger, mais tomba boiteux avant la course. Ses meilleurs produits, en Angleterre, avaient été *Napier* et *Hariost*.

L'Administration des Haras ne l'avait pas payé moins de 62.500 francs. Elle fut heureusement inspirée en la circonstance, et la venue de cet étalon hors ligne, qui devait nous donner tant de chevaux remarquables, suffirait à racheter nombre de fautes dont cette Administration s'était rendue coupable.

Gladiator est un des derniers étalons étrangers dont l'intervention ait été prédominante dans l'élevage national. Son fils, *Fitz Gladiator*, et *Monarque* inaugureront l'ère des reproducteurs indigènes dont la production, à partir de leur entrée au haras, primera pendant longtemps celle des étalons importés.

Il n'en est pas moins vrai qu'il n'est pas un cheval de course français de quelque mérite, qui n'ait une goutte de sang de *Gladiator* dans les veines (1).

Gladiator fut abattu en 1857, au haras du Pin.

En même temps que *Gladiator*, nous venait d'Angleterre **un jockey**, qui jouira d'une grande vogue, au service de M. Lupin.

Neale était fils et petit-fils d'entraîneurs renommés à Newmarket (2). Après avoir fait son apprentissage chez John Scott, à Malton, comté d'York, il était entré au service de R. Price. Engagé par l'Empereur de Russie, pour ses écuries de Tzarkoié-Sélo, près de Saint-Pétersbourg, il y demeura jusqu'au transfert de celles-ci sur les confins de la Sibérie, qui jouissait alors — et à juste titre — d'un renom tel, que Neale s'empressa de revenir en Angleterre, chez son beau-frère Matthew Dawson, à Middleham, avant d'entrer chez M. Lupin.

* * *

Un fait qui devait avoir sur le développement des réunions de Chantilly la plus heureuse influence, fut la création de la ligne de chemin de fer de Paris à Lille, avec arrêt à Saint-Leu.

En voiture, il fallait trois bonnes heures pour venir de Paris à Chantilly ; avec le nouveau mode de locomotion, la durée du trajet, y compris le transport en diligence de Saint-Leu au champ de courses, était réduite de moitié.

Cependant, malgré le progrès réalisé, le chemin de fer n'eut pas grand succès, au début, et, jusqu'à l'inauguration de la ligne directe Paris-Chantilly, en 1859, il ne transportera guère que 600 voyageurs, en moyenne, par an, le jour du Derby !

Aujourd'hui, c'est plus de 25.000 Parisiens qui s'écrasent, en cette occasion, dans les wagons de la Compagnie (3).

* * *

A l'exception de *Premier-Août*, aucun des vainqueurs à deux ans

---

(1) La liste des produits de *Gladiator* serait trop longue à publier. Nous nous contenterons de citer parmi les principaux : *Miss Cath, Pharaon, Aguila, Fitz Gladiator, Mlle de Chantilly, Amalfi, Celebrity, Ventre-Saint-Gris, Honesty, Illustration, Surprise, Brocoli, Capucine, Union Jack, Constance* (mère de *Fidélité, Le Sarrazin, Monitor, La Favorite*), *Faustine, Palatine, Miss Gladiator* (mère de *Gladiateur*), *Garem* (mère de *Gédéon*), etc.

(2) Son père était l'entraîneur de *Blücher*, à lord Stowell, qui gagna le Derby, en 1814. Eugène Chapus rappelle à ce sujet que le maréchal Blücher, qui était présent, désira, après la course, voir de près son homonyme, le trouva très beau et demanda — on voit quelles étaient alors les mœurs familiales du turf — qu'on le lui laissât monter. Aussitôt le vieux militaire, en uniforme, enfourcha le cheval et fit un temps de galop sur le terrain même !

(3) Le record a été atteint en 1913, la Compagnie ayant mis en service 44 trains, qui transportèrent 39.800 voyageurs.

ne fera brillante figure. L'année est du reste médiocre, tous les chevaux s'entrebattant à l'envi.

Meudon (Alternter et Margarita), au baron N. de Rothschild, après avoir enlevé le prix de la Ville de Paris (6.000 fr.), se place troisième dans la Poule d'Essai, derrière *Philip Shah* et *Premier-Août*. Il remporte ensuite, sur un lot de douze partants, le prix du Jockey-Club — grâce à une dérobade de *Premier-Août*, à quelques mètres du but, alors qu'il avait course gagnée (1) — et le Grand Handicap de Rouen (5.000 fr.), puis il est non placé dans le Grand Saint-Léger et dans le prix Principal, à Paris.

Dorade (Physician ou Royal-Oak et Naïad), au prince M. de Beauvau, non placée dans le prix du Printemps, gagné par *Liverpool*, enlève le prix de Diane, et, le lendemain, le prix de la Pelouse, mais elle y est distancée, pour avoir coupé *Club-Stick*, à M. C. de Pontalba; le surlendemain, elle dispute le prix du Jockey-Club, où elle ne joue aucun rôle.

Trois courses, dont le prix de Diane et le Jockey-Club, en quatre jours!... On n'avait encore, comme on le voit, que de très rudimentaires notions sur l'entraînement.

Les exigences auxquelles *Dorade* fut soumise, au printemps, ne l'empêchèrent pas, à l'arrière-saison, d'enlever l'Omnium, sur un lot de cinq partants — dont une pouliche de 2 ans, portant 40 kilos, et une de 6 ans n'ayant que 32 kil. 1/2 ! — puis le Grand-Saint-Léger, battant *Souvenir*, *Philip Shah*, *Meudon* et quatre autres.

Philip Shah (The Shah et Philip's Dam), à M. C. de Pontalba, inscrivit à son actif la Poule d'Essai, et, à l'automne, un prix d'Arrondissement (3.000 francs) et le prix Principal (5.000 francs).

Premier-Août (Physician et Princess Edwiss), que M. A. Aumont acheta à M. Calenge, ne perdit, comme nous l'avons vu, le Derby de Chantilly qu'en raison d'un violent écart dans les dernières foulées; par la suite, il gagna cinq courses, dont le prix de la Ville de Caen (6.000 fr.).

On peut encore citer : *Fleet*, au baron N. de Rothschild, qui resta sur sa victoire de la Poule des Produits; — *Liverpool*, à M. Aumont, gagnant du prix du Printemps; — *Poisson-d'Avril*, au baron de La Rochette, vainqueur, à Chantilly, du prix des Singes, « un bronze, représentant un groupe de singes, offert par M. le comte de Cambis ».

Parmi les vieux, la palme revient à *Fitz-Emilius*, qui gagne plus de 40.000 francs avec 7 victoires, dont le prix des Pavillons (7.000 fr.),

---

(1) *Premier-Août* ne perdit la course, comme le rapporte le *Journal des Haras*, que parce que son jockey attendit trop longtemps son camarade *Liverpool*, avec lequel l'écurie Aumont voulait gagner. *Premier-Août* était maître de la partie quand, à vingt mètres du poteau, son jockey, voyant venir *Liverpool*, voulut le retenir; le cheval marqua un violent écart, une des étrivières se rompit... et *Meudon* battit d'une longueur les deux représentants de la casaque blanche.

le prix des Haras (5.000 fr.), à Chantilly, le prix Royal (6.000 fr.) et le Grand Prix Royal (14.000 fr.), au meeting d'automne du Champ-de-Mars.

Tomate, 4 ans, à M. Fasquel, remporte le Cadran, le Handicap d'Autun, et deux prix Royaux, de 4.000 fr., à Nantes et à Pompadour; — *M. d'Ecoville*, 4 ans, le prix Royal, de 4.000 fr., à Caen, le prix de la Société des Courses, au Pin, et le prix Extraordinaire (3.000 fr.), à Paris; — *Drummer*, 6 ans, le prix d'Orléans, à Paris, et le prix Nemours, à Chantilly, tous de 3.000 francs.

Le prix du Premier-Pas, n'ayant réuni qu'un engagement, est annulé et remplacé, le lendemain, par le prix de la Biche, 1.300 francs par souscriptions, qui revient à *Tronquette*, à M. C. de Pontalba. A l'automne, elle prit la troisième place, dans l'Omnium, avec 40 kilos, derrière *Dorade* et *Drummer*, puis enleva le prix du Comte de Paris (3.000 fr.), à *Glands* et *Laura*, qui venaient de remporter les deux Critériums de Chantilly.

* * *

Encore un pari particulier à l'honneur du pur sang, disputé, à la deuxième journée du Meeting de printemps, à Paris, sur huit tours de l'hippodrome du Champ-de-Mars, soit environ *16 kilomètres*. Le vicomte Médéric du Bouëxic et M. Guy de Montécot avaient parié 4.000 francs qu'ils battraient, avec leurs pur sang *Grey Hercules* et *Poteen*, le fameux demi-sang *Roi-des-Bohémiens*, à M. de Lancosme-Brève. Les pur sang firent preuve d'une supériorité tellement écrasante que *Roi-des-Bohémiens* renonça à terminer le parcours; il rendait, à la vérité, 10 kilos à *Grey Hercules* qui, lui-même, en rendait trois à *Poteen*, dont le cavalier s'était remis en selle, après une chute provoquée par la rupture d'une étrivière.

Ces distances énormes n'étaient pas faites alors pour effrayer, car nous trouvons, au programme des courses de Mézières-en-Brenne, un prix de 800 francs, en une épreuve sur 12 kilomètres, et une course de 1.500 francs, en trois manches (la première, sur *20 kilomètres ;* la seconde, sur 4.000 mètres, et la troisième, sur 1.000 mètres).

25 kilomètres pour 1.500 francs!

* * *

Les meilleurs trois ans anglais sont : *Sir Tatton Sykes* (ex *Tibthorpe* (Melbourne et Margrave's mare), deuxième du Derby, et vainqueur des Deux mille Guinées, du Saint-Léger et d'une poule de 50.000 francs; — *Mendicant* (Touchstone et Lady Moore Carew), Mille Guinées et Oaks; — *The Hero* (Chesterfield et Grace Darling),

29 victoires sur 37 courses (Coupes de Goodwood, Doncaster et Ascot, deux fois); — *Chanticleer* (Irish Birdcatcher et Whine), Goodwood Stakes, Coupes de Doncaster et de Liverpool; — *Collingwood* (Sheet Anchor et Kalmia), 34 courses sur 38.

Une mention spéciale est due à *Sting* (Slane et Echo), vainqueur de 8 courses sur 15, dont les Clearwell et les Criterion Stakes, à deux ans, en raison du rôle qu'il jouera dans notre élevage, comme nous le verrons en 1848.

CHAPITRE XXIV

ANNÉE 1847

Morok, Tronquette et *Glands*. — *Prédestinée, Fitz-Emilius* et *Liverpool* (suite). — L'écurie Latache de Fay. — Épreuves sur 12 et 16 kilomètres. — Importation de *The Prime Warden*.

Comme les deux années précédentes, les honneurs de la campagne sportive sont pour l'écurie Aumont (1), avec ses deux vieux chevaux, *Fitz Emilius* (prix des Pavillons et prix Spécial, à Paris, et trois victoires en province), *Liverpool* (prix du Cadran, prix de la Ville de Paris et prix des Haras, 5.000 francs), et son trois ans *Morok* (Beggarman et Wanda), qui ne gagne pas moins de 9 courses s'élevant — entrées non comprises — à 35.000 francs.

Il avait débuté, non placé, dans le Critérium des Poulains, l'automne précédent, à Chantilly. Pour sa rentrée, il enlève le prix du Printemps, puis le prix du Jockey-Club (qui venait d'être porté à 10.000 francs), et six courses à Versailles, Le Pin, Caen, Rouen, et, finalement, le prix d'Arrondissement, à Paris. Mais il succombe, à deux reprises, dans le 1er et le 2e prix Principal, contre la pouliche du comte de Cambis, *Wirthschaft* (Gigès et Weeper), qui avait remporté le prix de Diane.

La Poule d'Essai était revenue à *Tronquette* (Royal-Oak et Redgauntlet mare), à M. C. de Pontalba ; — la Poule des Produits et le Grand Saint-Léger, à *Glands* (Royal-Oak et Béguine), au baron N. de Rothschild.

L'héroïne des vétérans est la jument de 5 ans, *Prédestinée* (Master Waggs et Destiny), au prince Marc de Beauvau, qui enlève le prix

---

(1) Pendant ces trois années, l'écurie Aumont ne gagne pas moins de 60 courses — dont deux fois le prix du Jockey-Club et deux fois le Grand Prix Royal — s'élevant à 218.900 francs encore ce chiffre ne comprend-il que les allocations brutes, sans les entrées et forfaits, qui ne sont point portés au *Calendrier Officiel*.

Royal (6.000 fr.) et le Grand Prix Royal (14.000 fr.), indépendamment de trois victoires, à Chantilly, Versailles et Rouen.

Fatima, 5 ans, au vicomte de Cornudet, remporte 5 courses se montant à 14.000 francs ; — *Club Stick*, 4 ans, et *Philip Shah*, 4 ans, à M. C. de Pontalba, gagnent ensemble une vingtaine de mille francs.

Le meilleur deux ans est la pouliche du comte de Cambis, *Sabretache* qui, après avoir remporté le prix de la Société d'Encouragement, à Bruxelles, vient battre, dans le prix du Comte de Paris, à Chantilly, *Haggi*, vainqueur du prix du Premier-Pas (porté à 1.500 fr.), *Couche-Tout-Nu* et *Euphrosine*, gagnants des deux Critériums. Cette *Euphrosine* avait enlevé, précédemment, le Handicap Montpensier, pour chevaux de tous âges, sous le poids infime de 27 kil. 1/2 !

Parmi les non placés du Premier Critérium figurait *Sly*, qui portait les couleurs, inédites jusque-là, de l'écurie Latache de Fay (casaque bleue, toque blanche), dont les chevaux coururent indistinctement sous le nom du mari ou de la femme.

*
* *

Les longues distances, même exagérées, n'effrayaient pas alors nos sportsmen, et c'est ainsi que nous trouvons deux paris particuliers de ce genre : le premier à Chantilly, sur huit tours d'hippodrome (16 kilomètres) et contre-épreuve de deux tours, si celle-ci est réclamée par le propriétaire du cheval battu, avec une troisième épreuve d'un tour, s'il y a lieu ; le second à Versailles, en une épreuve sur six tours (12 kilomètres).

Dans une épreuve similaire, en Angleterre, le quatre ans *The Traverser* (Gilbert Guerney et Pandora), avait battu, sur 12.000 mètres, *Alarm*, lauréat de l'Ascot Cup et du Cambridgeshire, puis *Pyrrhus-the-First*, vainqueur du Derby, et *Sir Tatton Sykes*, gagnant des Deux mille Guinées et du Saint-Léger.

The Prime Warden (Cadland et Zarina) vient grossir le nombre de nos étalons. Il était né en 1834. Parmi ses meilleurs produits, citons *Light*, *Géologie* et *Surprise*.

CHAPITRE XXV

ANNÉE 1848

Perturbation apportée par la Révolution de Février dans les Courses. — Les meetings de printemps de Paris et de Chantilly ont lieu à Versailles; ceux d'automne, à Chantilly. — Nouvelles tribunes. — Incident du Saint-Léger. — *Gambetti, Sérénade, Lioubliou*. — *Morok, Fitz-Emilius, Premier-Août, Le Chourineur* (suite). — Disparition momentanée du turf de M. A. Aumont. — Suppression des jumenteries du Pin et de Pompadour. — Importation de *Sting*.

La Révolution de Février marque un temps d'arrêt dans le développement des courses par le bouleversement qu'elle apporte, autant dans les réunions de province dont un grand nombre sont supprimées, que dans le programme même de la Société d'Encouragement.

Le *Calendrier des Courses* nous apprend que « les travaux exécutés au Champ-de-Mars, ayant rendu le terrain impraticable aux chevaux, les courses de la Société ont lieu, cette année, à Versailles. On a également réuni à ces courses les prix habituellement disputés à Chantilly. »

En temps ordinaire, on n'eût pas hésité, étant donné l'exécrable hippodrome qu'était Satory, à courir à Chantilly, en place du Champ-de-Mars. Mais le domaine de Chantilly appartenant précisément à ces d'Orléans que la Révolution venait de chasser de France, force fut de se rabattre sur Versailles.

Ce fut Ledru-Rollin, lui-même, chef du Gouvernement provisoire qui tint à ce que les Parisiens ne fussent pas privés d'un de leurs plaisirs, et qui désigna Versailles, le Champ-de-Mars étant envahi par les Ateliers Nationaux. Mais non seulement la première réunion fut retardée jusqu'au 18 mai, et le nombre des journées réduit à trois, mais encore l'ordre adopté jusqu'alors pour les principales épreuves classiques fut complètement modifié. C'est ainsi que la Poule d'Essai et le prix de Diane se disputèrent le jour d'ouverture, ce qui obligea les pouliches engagées dans les deux prix, soit à n'en courir qu'un seul, soit à se présenter deux fois de suite au poteau. Tel fut le cas, entre autres, de *Demi-Fortune*, qui arriva seconde dans les deux épreuves.

A la seconde journée, vint le prix du Jockey-Club, remporté par *Gambetti*, à M. A. Lupin, sur *Pied-de-Chêne*, *Sérénade* et neuf autres concurrents, dont trois étaient tombés, un chien s'étant jeté, au second tournant, dans les jambes de *Lioubliou*, qui avait entraîné dans sa chute ses deux suivants immédiats, *Buc* et *Smolensk*. Michel, le jockey de *Lioubliou*, se cassa la clavicule.

Enfin, à la troisième journée, *Lioubliou* trouva, dans la Poule des Produits, une compensation à son accident de la veille dans le Derby, et le prix des Pavillons fut une véritable répétition de ce même Derby, puisque les trois premiers y finirent à nouveau dans le même ordre.

La perturbation apportée par les événements politiques dans les courses du printemps eut sa répercussion dans celles de l'automne. Cette fois, ce fut à Chantilly que se disputèrent les épreuves qui se couraient d'ordinaire au Champ-de-Mars, et ce fut le Délégué du Gouvernement républicain qui inaugura la nouvelle tribune des princes d'Orléans (1). Des courses mêmes, il n'y a lieu de rappeler que l'incident du Grand Saint-Léger de France (dont l'allocation de 6.000 francs avait été fournie jusque-là par Charles X d'abord, puis par Louis-Philippe) et que le *Calendrier Officiel* rapporte en ces termes :

A l'ouverture de la réunion, le 7 octobre, la déclaration suivante avait été remise aux commissaires de la Société d'Encouragement, MM. le baron de La Rochelle, vicomte d'Hédouville et J. Reiset :

« Les soussignés exposent et déclarent qu'ils sont prêts et offrent de remplir et exécuter les engagements par eux contractés à l'occasion du prix dit e Saint-Léger ; mais à la condition expresse et de rigueur que les *six mille francs* composant ce prix, et qui devaient être donnés par l'ex-roi Louis-Philippe, *seront probablement* (2) *garantis par les Commissaires des Courses personnellement, ou déposés entre les mains de ces derniers.*

« Qu'autrement, *le prix originaire* se trouvant complètement annulé, les soussignés se regardent dès à présent comme déliés de tous les engagements par eux pris en vue du dit prix, et renoncent à concourir.

Signé : Fasquel, Jules Rivière et Henry Jennings, entraîneur pour M. Marc de Beauvau. »

Après l'examen de cette déclaration, et avoir entendu les signataires dans

---

(1) Les tribunes primitives étant devenues insuffisantes, le duc d'Aumale avait autorisé, en 1847, l'édification de nouvelles constructions qui comprenaient, outre son pavillon particulier, deux tribunes pouvant contenir 576 places, avec bâtiment spécial pour le Comité des Courses, hangars et écuries.

(2) Ce mot est ainsi dans la déclaration ; c'est sans doute **préalablement** qu'on doit lire. (Note du *Calendrier Officiel*.)

leurs explications, la décision suivante fut rédigée et immédiatement affichée :

Les Commissaires des Courses,

« Vu la réclamation faite par des propriétaires de chevaux engagés dans le Saint-Léger ;

« Considérant que, si la valeur du prix n'est pas actuellement dans les mains des Commissaires, le gagnant aura toujours le droit d'en réclamer le paiement à qui de droit ; et que, dans le cas où cette réclamation serait admise, les engagements des propriétaires entre eux subsisteraient,

« Décident :

« A l'heure exacte, la cloche sonnera pour le Saint-Léger ;

« Le gagnant aura droit dans tous les cas aux entrées des chevaux qui seront partis, et devront être préalablement payées, ainsi que celles des chevaux engagés dans ce prix par le même propriétaire ;

« Dans le cas où le prix serait payé au gagnant, les entrées seront dues par tous les propriétaires, et à compter du jour de la délivrance du prix, aucun cheval appartenant à un des propriétaires dont les chevaux ne seraient pas partis, ne pourra ni être engagé, ni courir dans les courses de la Société, avant d'avoir payé les entrées du Saint-Léger.

« Dans le cas où le prix ne serait pas délivré, le gagnant ne serait pas passible des surcharges du Saint-Léger. »

Après les deux premières courses, la cloche a sonné pour le Saint-Léger ; trois chevaux seulement furent présentés : *Gambetti*, à M. A. Lupin ; *Paltoquet* et *Demi-Fortune*, à R. Cunnington ; après le pesage des jockeys, les chevaux furent sellés.

Les Commissaires annoncèrent que le prix venait d'être déposé en leurs mains ; les propriétaires en furent officiellement avertis, et un délai leur fut accordé pour amener leurs chevaux au poteau ; ce délai expiré, la cloche fut sonnée à nouveau, et aucun autre cheval ne s'étant présenté, les trois chevaux désignés ci-dessus partirent au signal du juge.

Ils arrivèrent dans l'ordre où nous les avons nommés.

*
* *

Ce *Gambetti* (Emilius et Tarentella), à M. Lupin était le meilleur produit de sa génération. Il courut six fois dans l'année pour remporter six victoires, enlevant, indépendamment du Grand-Saint-Léger, la Poule d'Essai, le prix du Jockey-Club, le prix des Pavillons, un prix d'Arrondissement et un prix Principal, au total, 32.000 francs.

Après lui, *Sérénade* (Royal-Oak et Georgina) et *Lioubliou* (Alternter et Jenny), au prince Marc de Beauvau, avaient eu respectivement en partage, la première, quatre courses, dont le prix de Diane ; le second, deux victoires, dont la Poule des Produits.

On peut encore citer *Dulcamarra*, à Th. Carter, gagnante de l'Omnium, et *Rigolette*, à M. Jules Rivière, gagnante du Grand Handicap de Versailles (5.000 fr.).

M. A. Aumont, bien que grandement favorisé jusqu'alors par la Fortune, a liquidé sa cavalerie, *Morok*, 4 ans, *Liverpool*, 5 ans, *Fitz*

Emilius, 6 ans, et *Wagram*, 6 ans, appartiennent maintenant à M. Jules Rivière.

Morok gagne le prix du Cadran et le Grand Prix Royal; *Liverpool*, deux courses, en province, de 7.000 fr.; — *Fitz Emilius*, le prix de la Forêt, de 1.500 fr., à Chantilly, alors pour chevaux de 3 ans et au-dessus, sur *6.000 mètres;* — et *Wagram*, six prix gouvernementaux, s'élevant à près de 18.000 francs.

Mais la palme revient à *Premier-Août*, 5 ans, qui, devenu la propriété de M. de Barbotan, remporte 7 victoires, dont le prix National (6.000 fr.), à Chantilly, formant un total de plus de 22.000 francs.

Le Chourineur, 4 ans, crédite M. de Véauce d'une douzaine de mille francs, avec quatre prix.

Enfin *Aden*, 4 ans, à M. Désuzard, gagne plus de 20.000 francs en province.

Illusion et *Suprêma*, qui se montrent les meilleures parmi les jeunes, ne feront rien par la suite.

**

C'est de 1848 que date la suppression des jumenteries du Pin et de Pompadour. De cette époque — et sauf le court intervalle du rétablissement de la jumenterie de Pompadour, en vertu de la loi de 1874 sur la réorganisation des Haras — le rôle des haras du Pin et de Pompadour, comme de tous les autres dépôts d'étalons, se bornera à tenir à la disposition des éleveurs un certain nombre de reproducteurs appropriés aux besoins publics, à des prix très modérés.

**

L'étalon *Sting* (Slane et Écho), dont nous avons parlé en 1846, étant tombé boiteux dans le Goodwood Cup, fut acheté pour 15.000 francs par M. Tattersall, qui l'importa en France pour le livrer à la reproduction.

l sera non seulement l'un des trois pères présumés de *Monarque*, mais encore le père de deux juments remarquables, *Échelle* et *Jouvence*, et de produits comme *Moustique, Peu d'Espoir, Lysisca*, etc.

CHAPITRE XXVI

ANNÉE 1849

Experience, Capri et *Vergogne*. — *Nanetta, Dulcamara, Gambetti* et *Mythême* (suite). — L'écurie H. Mosselman. — The *Flying Dutchman, Canezou, Tadmor*. — Mort de *Royal-Oak*. — Importation de The *Baron* et de *Nunnykirk*.

La réunion d'automne de Chantilly a lieu au Champ-de-Mars.
Le Grand Saint-Léger, qui semble jouer de malheur, ne réunit encore que trois partants. Il est vrai que, cette fois, il ne comporte aucune allocation et se réduit aux 1.200 francs payés par les compétiteurs, à raison de 400 francs par tête. Course pleine d'imprévu, cependant, où *Euphémisme* (Mameluke et Eusébia), à M. Paul Lachaize, termine seul le parcours, *Détritus* s'étant dérobé, et *Lord Waggs* étant tombé mort à 20 mètres du poteau, alors qu'il était maître de la partie.

Euphémisme ne remporta que cette victoire, purement platonique.

Le meilleur 3 ans est le poulain de Thomas Carter, *Experience* (Physician et Aspasie), qui, après avoir pris, pour ses débuts, la seconde place dans le prix de la Ville de Paris, derrière le 4 ans *Mythême*, remporte d'affilée la Poule d'Essai, le prix du Jockey-Club, l'Omnium, un prix d'Arrondissement et deux prix Principaux, ne laissant aux autres, comme épreuves classiques, que la Poule des Produits, qui échoit à *Capri* (Physician et Tarentella), à M. A. Lupin, et le prix de Diane, qui revient à *Vergogne* (Ibrahim et Vittoria), à M. de Perceval.

Th. Carter est aussi heureux avec ses 4 ans, *Nanetta* et *Dulcamara*, qui triomphent dans le Cadran et le Grand Prix National.

Gambetti, 4 ans, crédite M. Lupin d'une douzaine de mille francs, avec le prix des Pavillons à Paris, le prix du Ministère du Commerce et celui des Haras, à Chantilly; — *Mameluke II*, 6 ans, à M. Paul Morterol, gagne 5 courses en province, d'un total égal; — et *Mythême*, 4 ans, à M. de Pierres, gagne 7 courses, dont le prix de la Ville de Paris, s'élevant à la somme de 25.000 francs.

Enfin, *Églantier*, 4 ans, inaugurait victorieusement, à Saint-Germain-en-Laye, dans une Poule de Hacks où les cavaliers étaient le comte Amédée des Cars, le comte Alfred de Noailles et M. Mackenzie-Grieves, la casaque verte à toque noire de M. H. Mosselman, dont l'élevage de Verberie, près de Compiègne, eut son heure de vogue.

On ne trouve trace, au *Calendrier Officiel* de 1849, d'autres courses pour jeunes chevaux, que le prix de Chantilly, de 500 francs, pour 2 et 3 ans, disputé le jour du prix du Jockey-Club.

**

Le vieux *Royal-Oak* mourut à l'âge de 24 ans. On sait le rôle capital qu'il a joué dans notre élevage et nous renvoyons aux détails que nous avons donnés sur sa production, page 134.

Notre élevage s'enrichit, par contre, de la venue de *The Baron* (Birdcatcher et Echidna), dont nous avons retracé la carrière sur le turf, en 1845. Mais c'est surtout comme étalon qu'il a laissé un nom illustre (1).

Nous fûmes moins heureux avec *Nunnykirk* (Touchstone et Bee's Wing), vainqueur des Deux mille Guinées, en 1843, que l'Administration des Haras avait acheté au prix de 26.250 francs; en dépit de sa haute origine, la plus belle qu'on pût souhaiter, ce frère aîné de *Newminster* ne réalisa pas les espérances qu'on avait fondées sur lui, et il se montra reproducteur médiocre; son meilleur produit sera *Potocki*, qui revendique également *The Baron* pour père.

**

Trois chevaux de premier ordre s'illustrent, cette année, sur le turf anglais : *The Flying Dutchman*, *Canezou* et *Tadmor*, dont le premier nous intéresse tout particulièrement par le rôle considérable que l'un de ses fils devait jouer dans notre élevage.

The Flying Dutchman (Bay Middleton et Barbelle), frère cadet de mère de *Van Tromp*, dont nous avons parlé, appartenait à lord Eglington, pour lequel il remporta, dans sa carrière, 11 victoires sur 12 courses (Derby, Saint-Léger, Ascot Gold Cup, etc.). Il ne fut battu qu'une fois, en un match contre *Voltigeur*, dans le Doncaster Cup, par la faute de son jockey. En effet, si *The Flying Dutchman* était doué d'une très haute qualité, il ne possédait pas un très grand courage et il dut sa défaite, en cette circonstance, à ce que son

---

(1) Il est, en effet, le père, avec *Pocahontas*, du fameux *Stockwell* et de son frère *Rataplan*, et, chez nous, de *Monarque* (dont il partage la paternité avec *Sting* et *The Emperor*), *Zouave*, *Potocki* (présumé), *Dame d'Honneur*, *Étoile-du-Nord*, *La Maladetta*, *Pergola*, *Bakaloum*, *Isabella*, *Comtesse* (mère de *Mortemer*), *Tonnerre-des-Indes*, *Vermeille* ex-*Merveille* (mère de *Vermout*, *Vertugadin*, *Verletre*), *Charles-le-Téméraire*, *Peu-d'Espoir* (présumé) *Auricula*, etc.

jockey, au lieu de mener carrément la course dès le départ, se laissa rejoindre par *Voltigeur*, qui l'emporta à la lutte. Son propriétaire n'ayant pas admis la régularité de cet échec, demanda une revanche. Cette fois, *The Flying Dutchman* mena un train sévère et gagna facilement. Ce manque de cœur se transmit à sa descendance et elle détermina son départ d'Angleterre, en 1859.

Chez nous, son meilleur produit — il suffit, du reste, à l'illustrer comme reproducteur — fut *Dollar*.

Canezou (Melbourne et Madame Pèlerine), remporta de nombreuses victoires, dont les Mille Guinées, les Coupes de Chester,

Sampson Low, Marston and C°. London, Copyright.
The Flying Dutchman.

Newcastle et Goodwood (deux fois); mais par deux fois elle échoua dans l'Ascot Gold Cup, contre *Van Tromp*, puis contre *The Flying Dutchman*.

Enfin, si *Tadmor* (Ion et Palmyra) n'a pas laissé un nom aussi retentissant que les deux précédents, cela tient, sans doute, à la brièveté de sa carrière. Il n'avait pas encore connu la défaite et avait déjà gagné plus de 300.000 francs — chiffre alors fantastique — dont un prix de 62.500 francs, à 2 ans, quand il tomba broken-down dans le Derby, où il prit cependant la troisième place, après quoi il fut retiré de l'entraînement.

CHAPITRE XXVII

ANNÉE 1850

Création de l'arrondissement de l'Ouest. — *Saint-Germain, Babiéga, Fleur-de-Marie, Djall, La Clôture.* — *Sérénade, Grog, Wyla* (suite). — Courses de Dieppe. — Les écuries du baron E. Daru et du baron J. Finot. — Match de fond. — Importation de *The Emperor.* — *Voltigeur et Clincher.* — Blâme du Jockey-Club anglais à un propriétaire trop généreux envers un jockey.

Aux deux divisions territoriales chevalines qui existaient déjà, le décret du Prince-Président, en date du 8 novembre 1850, ajoute l'arrondissement de l'Ouest (1).

* *

Saint-Germain (Attila et Currency), à M. A. Lupin, avait débuté non placé dans la Poule des Produits, gagnée par *Babiéga* (Attila et Essler), au comte d'Hédouville, sur lequel — après avoir, entre temps, remporté la Poule d'Essai — il prend sa revanche dans le prix du Jockey-Club, en l'y battant d'une tête, après une arrivée chaudement disputée; *Messine*, compagne d'écurie de *Saint-Germain*, était troisième, à une encolure.

Parmi les non placés se trouvait *Fleur-de-Marie* (Attila et Jenny), au prince Marc de Beauvau, qui venait d'enlever le prix de Diane.

Djall (Caravan et Gabrielle), à M. de Pierres, montra quelque qualité en s'adjugeant, au Champ-de-Mars, le prix de la Ville de Paris et le prix du Printemps, plus une demi-douzaine de prix en province, formant un total de 18.000 francs, ainsi que *La Clôture* (Mr Waggs et Clorinde), à M. A. Aumont, qui cueille, à Versailles,

---

(1) Cet arrondissement comprenait les treize départements suivants : Charente, Charente-Inférieure, Côtes-du-Nord, Finistère, Ille-et-Vilaine, Loire-Inférieure, Maine-et-Loire, Mayenne, Morbihan Sarthe, Deux-Sèvres, Vendée et Vienne.

Dieppe, Boulogne-sur-Mer et Bruxelles, sept prix, d'ensemble 25.000 francs.

Sérénade, 5 ans, au prince Marc de Beauvau, établit le record des sommes gagnées, avec 40.000 francs pour 8 courses, dont le prix National (6.000 fr.) et le Grand Prix National (14.000 fr.), au Champ-de-Mars, cependant que le record des courses gagnées est détenu par *Grog*, 4 ans, à M. de Baracé, qui ne remporte pas moins d'une dizaine de petits prix dans l'Ouest, variant de 500 à 2.000 francs.

Un autre bon performer est *Wyla*, 4 ans, au baron de Nexon, gagnant du Grand Prix du Midi (6.000 fr.), à Pompadour, du prix de la Ville (4.000 fr.), à Toulouse, et de trois courses de moindre importance à Pau, Tarbes et Limoges, s'élevant ensemble à près de 18.000 francs.

Parmi les 2 ans, il faut citer *First Born*, et surtout la célèbre *Hervine*, dont nous reparlerons.

* *

Le 25 août, eurent lieu, dans la plaine de Rouxménil, les premières courses plates régulières de Dieppe (il en avait été donné dès 1837, mais elles n'avaient pas duré). C'est dans le prix de la Ville que les couleurs (casaque verte, manches rouges, toque noire) du baron Eugène Daru — qui entretint pendant une quinzaine d'années une des écuries les plus nombreuses de l'époque — firent des débuts victorieux avec *Clovis*.

Ces courses plates étaient alors fort modestes, et elles n'ont pris de l'importance qu'après la guerre de 1870-1871, avec le Critérium de 10.000 francs, qui fut longtemps une des plus riches épreuves réservées aux jeunes chevaux. Jusque-là le nouveau meeting dut sa vogue principalement au parcours de steeple-chase, unique en son genre en France, où s'illustra l'extraordinaire *Franc-Picard*, à M. de la Mothe, qui ne le remporta pas moins de sept fois, en dix ans.

Le turf avait également vu la première apparition dans le prix de la Société, à Mézières-en-Brenne, des couleurs de M. Finot de Langé, qui n'était autre que le baron Jules Finot, dont la casaque marron à toque rouge fut surtout célèbre en obstacles.

Sur ce même hippodrome de Mézières-en-Brenne se disputa, sur 12 kilomètres, un match entre deux juments de pur sang, dans lequel *Ubercy* (4 ans) battit *Nanette* (5 ans), gagnante, l'année précédente, du prix du Cadran.

Uberty couvrit la distance en 19'30".

* *

The Emperor (Defence et Reveller's mare, issue de Design), que l'on peut considérer comme le véritable père de *Monarque* fut importé par l'Administration des Haras. Il était âgé de neuf ans et n'avait couru que trois fois, pour remporter deux fois l'Ascot Gold Cup, à 3 et 4 ans

Sans parler de *Monarque* — dont la paternité lui est disputée par *Sting* et *The Baron*, bien que tout concorde à la lui attribuer — *The Emperor* est également le père de : *Lindor*, à M. Lupin, qui se brisa le boulet en disputant le prix du Jockey-Club, gagné par *Monarque;* — *Allez-y-gaiement*, qui eut la gloire de battre ce même *Monarque*, dans le Grand Critérium ; — *Monarchist*, excellent cheval de second ordre; — *Baroncino*, vainqueur de la Poule d'Essai; — *Biberon*, *Théodora*, *Géranium*, *Triumvir*, *Trajan*, *Impératrice* et *Peu d'Espoir* (également par *The Baron*).

Sa production se borne là, *The Emperor* s'étant cassé les reins, dès la seconde année de monte, en saillissant une jument.

Ce fut une très grosse perte que compensa heureusement la gloire de son illustre fils, de qui date vraiment l'essor de notre élevage indigène.

**

Un grand cheval, VOLTIGEUR (Voltaire et Martha Lynn), à lord Zetland, triomphe sur le turf anglais, remportant treize victoires, dont le Derby et le Saint-Léger, sur seize courses. Il eut en outre la gloire, comme nous l'avons vu, d'infliger à *The Flying Dutchman* la seule défaite de sa carrière. *Voltigeur* est le père de *Vedette*, père de *Galopin*, père du célèbre *Saint-Simon*.

Dans le Derby, le favori était *Clincher*, auquel se rattache une anecdote, qui montre que les jockeys de l'époque, pour si glorieux qu'ils fussent, n'étaient pas encore gâtés sous le rapport des gratifications.

Monté par Franck Buttler, le meilleur jockey du moment, *Clincher* avait gagné une petite course au Craven Meeting; son propriétaire, lord Airlie, donna 100 livres (2.500 fr.) au jockey, autant comme témoignage de satisfaction que pour s'assurer sa monte dans la grande épreuve d'Epsom.

F. Buttler fut tellement surpris de ce cadeau, qu'il rendit les 100 livres à lord Airlie, en le priant de les mettre pour lui sur son cheval dans cette course, où il fut battu par *Voltigeur*.

Le soir, au dîner du Jockey-Club, lord Derby, appuyé par le colonel Peel, lord Glasgow et la grande majorité de ses collègues, blâma lord Airlie dans un langage courtois, mais sévère, sur « l'importunité de corrompre un jockey par une générosité inaccoutumée ».

On a fait du chemin depuis cette époque!

CHAPITRE XXVIII

ANNÉE 1851

Hervine, First Born, Amalfi, Illustration, Constance. — La Clôture et Messine (suite). — Création des meetings de Tours, de Moulins : transfert à celui-ci du Grand Saint-Léger de France. — Derby du Midi, à Bordeaux, et Derby de l'Ouest, à Saumur. — Bousculade sévèrement punie. — Le City and Suburban Handicap, à Epsom. — *Newminster, Teddington* et *Longbow.* — Importation de *Ion, Florida* et *Creeping Jenny.*

Une de nos très grandes juments, la meilleure qui eût encore paru sur le turf, illustre cette année.

HERVINE (Mr Waggs et Poetess), à M. A. Aumont, avait débuté sans succès, à 2 ans, dans le prix de Chantilly, au printemps ; puis, à l'automne, elle avait gagné le prix de la Ville de Chantilly, sur un lot nombreux, dont faisaient partie *Memory* et *Mademoiselle-de-la-Veille*, qui l'avaient précédée dans sa première sortie.

A 3 ans, elle ne connaît pas la défaite. Elle court, en effet, huit fois pour remporter huit victoires, dans la Bourse et le prix du Printemps, à Paris ; le prix de Diane, à Chantilly ; un pari particulier de 5.000 francs, à Versailles ; le prix de la Ville de Caen ; le Grand Saint-Léger de Moulins (après avoir, par suite d'un faux départ, gagné inutilement la première épreuve) ; un prix Spécial et un prix Principal, à Paris.

Sa carrière sur le turf ne se bornera pas là, et nous aurons occasion, à 4 et 5 ans, d'enregistrer ses autres succès.

Au haras, son rôle sera de premier ordre, et, d'elle, descendent notamment deux des juments qui font le plus d'honneur à l'élevage national, *Ténébreuse* et *Plaisanterie* (1).

---

(1) *Hervine* est la mère de :
Mon Étoile, mère de *La Dorette*, mère de *Poetess*, mère de *Plaisanterie*;
Favorite, mère de *Peut-Être*;
Minerve, mère de *Serpolette II* et *Rubens*;
Miss Hervine, mère de *Containville*, qui détient le record des sorties publiques;

Après *Hervine*, les meilleurs 3 ans sont :

First Born (Nuncio et Bienséance), à Mme Latache de Fay, gagnant du prix de la Ville de Paris (6.000 fr.), du Derby Continental (3.000 fr.), à Gand, et de la Poule d'Essai (6.000 fr.), battant, dans ces deux dernières, *Amalfi* (Y. Emilius et Tarentella), à M. A. Lupin, qui prit sa revanche dans le prix du Jockey-Club, à Chantilly.

Illustration (Gladiator et Flirtation), à Th. Carter, gagnante de sept courses, dont la Poule des Produits (4.000 fr.); — *Électrique* (Y. Emilius et Kermesse), au prince Marc de Beauvau, six courses, et *Maryland* (Royal-Oak et Pécora), au même, quatre courses, dont l'Omnium (4.000 fr.); — *Débardeur* (Y. Emilius et Dona Pilar), à M. de Baracé, Derby de l'Ouest, à Saumur.

Enfin, le nom de *Constance* (Gladiator et Lanterne), au prince Marc de Beauvau doit d'être rappelé, en raison du rôle qu'elle jouera au haras (1).

Parmi les vieux, la palme revient au 4 ans, *La Clôture*, à M. A. Aumont, qui remporte 32.000 francs et neuf courses, dont le Cadran, le prix Municipal, à Gand, et le prix de la Ville, à Bruxelles.

Favori du Grand Prix National, de 14.000 francs, à la dernière journée du meeting d'automne, à Paris, il tombe boiteux et ne termine pas le parcours, laissant la victoire à *Messine*, à M. A. Lupin.

Fleur-de-Marie, au prince Marc de Beauvau, gagne cinq courses et 14.000 fr.; — *Gentil Bernard*, à M. de Pierres, quatre (dont le Grand Prix du Midi, de 5.000 fr., à Pompadour); — *Good for Nothing*, à M. Middletich, 16.200 fr. et 11 victoires, à Bordeaux, Limoges, Pompadour, Mont-de-Marsan, Pau, Tarbes et Dax.

**

L'arrêt provoqué par les événements de 1848 n'aura été que passager, et les efforts de quinze années n'auront pas été perdus. L'Administration des Haras elle-même s'incline, ou tout au moins

---

né en 1879, il courut jusqu'à la fin de sa douzième année, tant en obstacles que dans les flat-races des Suburbains, ne disputant pas moins de *235 courses!*... A huit et neuf ans, notamment, il parut, chaque année, *11 fois sur le turf!*... *New Star*, mère de *Fitz-Plutus*, *Newmarket* et *Ténébreuse.*

(1) *Constance* était si petite que, sans Henry Jennings — qui avait une prédilection toute particulière pour les produits de *Lanterne*, laquelle avait commencé sa réputation d'entraîneur, — elle n'aurait pas été entraînée. Elle ne débuta qu'à trois ans, à Chantilly, et se cassa le boulet. Le prince de Beauvau voulait la faire abattre, mais devant la nouvelle insistance de H. Jennings, il la lui donna pour en faire ce qu'il voudrait. Il la soigna, puis la vendit à un cultivateur de Pontoise, en se réservant certains droits sur sa production.

De *Constance*, descendent :

Le Sarrazin (1865), gagnant de 83.000 francs; — *La Favorite*, gagnante de 76.000 francs, mère du célèbre *Flageolet* (1870), et de *Léon* (1873); — *Fidélité*, d'un grand courage, malgré sa petite taille, et gagnante de plus de 100.000 francs, mère de *Fil-en-Quatre* et de *Friandise*, une des bonnes juments de M. H. Delamarre.

fait mine de s'incliner devant le fait accompli. L'inspecteur général E. Gayot, qui était l'âme de la résistance aux idées de la Société d'Encouragement, prend sa retraite (1), et la sollicitude du prince Louis-Napoléon pour les courses se manifestant dès le début de sa présidence, elles vont prendre un nouvel et rapide essor. L'activité de tous, propriétaires, éleveurs, dirigeants, est prodigieuse. De nouveaux meetings sont institués, à Tours, Moulins et Saumur, et partout les épreuves se font plus suivies, plus régulières, plus rémunératrices.

C'est ainsi que le *Grand Saint-Léger*, supprimé l'année précédente, est rétabli et transféré à la réunion de Moulins, qui sera, jusqu'en 1870, la plus importante de la province. L'allocation de 6.000 francs du Grand Saint-Léger en fera une des épreuves les plus recherchées de la campagne de trois ans, en dépit de la décharge de 3 kilos qui était accordée, pendant les premières années, aux chevaux ayant résidé pendant deux ans dans l'ancienne division du Midi. En 1854, la création du *Grand Prix de la Ville* (Critérium, 3.000 fr.) ajoutera encore à l'importance de la réunion de Moulins.

C'est ainsi, également, que sont créés : à Bordeaux, le *Derby du Midi*, de 3.000 francs, pour chevaux de 3 ans, nés et élevés dans la division du Midi, et, à Saumur, le *Derby de l'Ouest*, pour chevaux de l'arrondissement de l'Ouest.

La création de cette épreuve, instituée par l'arrêté du 8 novembre 1850, allait donner, pour quelque temps, aux courses de Saumur, le caractère de régularité qui leur manquait (2). L'allocation de 6.000 fr. était faite, moitié par l'Administration des Haras, et moitié par la cotisation réglementaire des Sociétés de courses de l'arrondissement. Ce prix, qualifié d'*ambulant*, devait être couru chaque année, par voie de tirage au sort, sur un hippodrome différent de la région. C'est ainsi qu'il sera disputé successivement à Saumur, Poitiers, La Martyre, Angers, Angoulême, Rennes, etc., jusqu'à ce qu'il soit définitivement

---

(1) Entre autres ouvrages, il avait publié le *Guide du Sportsman* ou *Traité de l'entraînement et des courses de chevaux*.

La première édition datait de 1839 ; la deuxième parut en 1854 ; la troisième, en 1865.

On ne peut mieux donner une idée de la haine maladive qu'il nourrissait contre la Société d'Encouragement que de citer ses propres paroles :

« Ces trois éditions, dit-il, répondent à trois phases distinctes du turf en France : période d'incubation et de développement ; — période de frénésie et d'aveuglement ; — période extrême enfin où les vices sont démontrés (!!!). »

On comprend combien les courses et l'élevage qui en découle allaient gagner au départ d'un tel homme.

(2) Organisées dès 1827, par les officiers de l'École de Cavalerie, les Courses de Saumur constituaient, bien plus que des courses proprement dites, des tournois où le cavalier devait déployer toute son habileté. Aussi les prix ne consistaient-ils qu'en sabres, éperons ou pistolets.

La première année, le général Oudinot avait parié, contre le major Goudmetz, qu'il parcourrait, avec sa jument anglaise, 28 kilomètres en une heure de trot sans rupture ; il perdit de trois minutes.

incorporé, à la suppression des divisions chevalines, en 1865, à la réunion de Nantes.

Quant au meeting de Tours, au centre d'une région mondaine, il jouira longtemps d'une réputation d'élégance qui rappellera les plus belles journées de Chantilly.

Dans maintes épreuves, à défaut d'allocations en numéraire, le Gouvernement offre des vases ou coffrets en porcelaine de la Manufacture Nationale de Sèvres, et le Président de la République, des boucliers en argent ou en fer repoussé, ou des services à thé en vermeil. Et ces prix ne sont pas les moins disputés, au contraire. C'est ainsi que le prix du Président de la République (handicap libre, 2.400 mètres), couru à Chantilly, le jour du prix du Jockey-Club, ne réunit pas moins de quinze partants, chiffre pour ainsi dire inconnu, et que, seul, ce même prix du Jockey-Club avait compté en 1842, 1844 et 1845.

La bizarrerie même des conditions de certaines épreuves locales ou leur exclusivisme en faveur de l'élevage régional était une preuve d'émulation et du goût toujours croissant que le public prenait aux réunions hippiques (1). Bien que les écuries parisiennes envoyassent fort loin leurs chevaux disputer les prix qui leur étaient ouverts, les contingents régionaux de pur sang n'étaient pas suffisamment nombreux encore pour assurer le succès de toutes les épreuves, et force était aux organisateurs de faire flèche de tout bois pour composer des programmes susceptibles d'attirer le public (2). Ces épreuves en dehors disparaîtront d'ailleurs d'elles-mêmes au fur et à mesure du développement régulier de chaque réunion provinciale, comme disparaîtront également, et pour les mêmes raisons, les courses en partie liée, chères à l'Administration des Haras.

---

(1) Alors qu'on ne comptait encore que 16 hippodromes en 1834, il en existait déjà 51 en 1851.

(2) Au hasard et, pour donner une idée de la physionomie des courses en province, à cette époque, nous copions dans le *Calendrier officiel* :

VANNES. — Prix d'une réunion de commerçants de la ville de Vannes. Deux cravaches d'honneur pour chevaux de tout âge, sexe et pays, montés par les propriétaires ou leurs amis. Deux tours, trois barrières à chaque tour. La seconde cravache ne sera décernée qu'autant qu'il y aura trois concurrents au moins (*!!!*)

AUTUN. — Coupe des Dames. Une cravache donnée par les dames.
Les engagements n'ayant pas été suffisants, la course n'a pas eu lieu, et la cravache a été donnée à M. Chénardin, à titre d'indemnité.

CAEN. — Prime d'attelage. 1.500 francs offerts par l'Administration des Haras. Une prime de 700 fr. et deux de 400 fr., pour chevaux de 3, 4 et 5 ans, nés et élevés en France attelés en break par paires. Distance 2.200 mètres.

TARBES. — Primes de dressage, 300 fr. au premier, 120 fr. au deuxième, 80 fr. au troisième. Distance, 2.200 mètres. Pour poulains *hongres* et pouliches de 3 et 4 ans, nés et élevés dans la division du Midi, n'ayant pas été en service, et présentés par des propriétaires-éleveurs ou par des marchands (*???*)

LE MANS. — Prix offert par M. le prince Marc de Beauvau. Une coupe en vermeil pour chevaux de toute espèce, nés et élevés dans le département de la

Un autre fait allait encourager bien davantage les éleveurs et donner plus de développement encore à l'institution des courses. Nous voulons parler des succès des chevaux français à l'étranger ou, plus exactement, en Angleterre, car ils avaient déjà remporté de nombreuses victoires en Belgique.

*.

Les champs étaient moins nombreux à cette époque que de nos jours, et, partant les bousculades moins fréquentes. Il en coûtait cependant quelquefois fort cher d'en provoquer, ainsi que le jockey Antoine en fit l'expérience, le 20 juillet, à Luçon, dans le prix de la Circonscription de l'Ouest (800 fr., 2.500 m.).

Étant en selle sur *Sophia*, à M. de Terves, il serra si fort contre la corde *Paganini*, monté par Adrien, que celui-ci fut culbuté et eut le bras fracturé. « Cet accident ayant causé quelque désordre parmi les concurrents, nous dit le *Calendrier des Courses*, le jury, sur la

Sarthe et appartenant à des cultivateurs. Trois chevaux partants au pas de course.

Trois chevaux ont été présentés, mais vu leur faiblesse, le jury a refusé de les admettre à courir, et le prix a été réservé pour les courses prochaines.

LAON. — Course de poneys (Prix de la Société d'Encouragement) (*!!!*). Un beau vase en argent, pour poneys de la taille de 1 m. 30, montés par des enfants au-dessous de 15 ans.

Il y eut trois partants, qui avaient déjà disputé, la veille, un prix en tous points semblable, mais doté seulement d'une cravache.

MOULINS. — Prix de la Ville, 2.000 francs, pour chevaux de tout âge, nés en France, et ayant au moins deux ans de résidence dans la circonscription des courses de Moulins.

M. de Veauce avait fait seul des engagements pour ce prix ; il lui a été abandonné sans le courir, et il en a fait don à la Société des Courses.

Prix des Cultivateurs. — Offert par le Président de la République, pour chevaux de tout âge et de toute espèce (à l'exclusion des pur sang), nés ou élevés dans l'un des sept départements de la circonscription des courses de Moulins. Ces chevaux devront appartenir (*bona fide*) à des cultivateurs faisant valoir leurs terres et devront être montés par eux, leurs amis ou leurs valets de ferme. Distance, un tour en une épreuve. Poids à volonté. Non seulement les chevaux qui partiront ne seront assujettis à aucun frais ni entrée, mais chaque cheval, au contraire, ayant pris part à la course, recevra de la Société des Courses de Moulins, une prime de 10 francs à titre d'encouragement.

Citons enfin à Loo (Pays-Bas), entre autres courses organisées par le Club Royal de la Fauconnerie :

Palace Stakes. — 60 florins, ajoutés à un prix offert par S. M. le Roi des Pays-Bas, pour chevaux appartenant à des membres du Club et montés par eux. Aucun cheval ne pourra partir s'il n'a suivi pendant trois jours entiers la chasse au faucon, en 1850, et s'il n'a été monté pendant au moins un vol par jour.

Cigar Handicap. — 100 florins chaque, ajoutés à 40 souverains, offerts par S. M. le Roi des Pays-Bas, et 50 souverains offerts par le duc de Leeds. Le gagnant donnera au Club mille cigares.

La plupart des épreuves du meeting revinrent à *Dutch Star* et *Derviche*, tous deux au Roi (montés par lord Brownlow Cecil ou le jockey Balchin), et à *Tory* au prince Henry (Lee).

réclamation de M. de Pierres, propriétaire de *Paganini*, qui demandait que le gagnant fût distancé, décida que la course serait recommencée ; *Sophia* et *Zuleicka* y prirent seuls part et finirent dans cet ordre. »

Mécontent de cette décision, M. de Pierres porta l'affaire devant le tribunal de Fontenay qui, tout en maintenant le résultat, condamna le jockey Antoine à *mille francs d'amende et à huit jours de prison*.

Si l'on déployait cette même sévérité aujourd'hui que les bousculades, souvent volontaires, semblent devenues une habitude, bien

Sampson Low, Marston and C°, London, Copyright.

Newminster.

peu de réunions de courses pourraient avoir lieu, car nos jockeys seraient plus souvent sous les verrous qu'en selle.

***

Le *City and Suburban handicap*, à la réunion de printemps d'Epsom, date de cette année

Nos représentants n'y triompheront qu'une seule fois, en 1858, avec *Mademoiselle-de-Chantilly*.

Le Derby réunit un champ inusité : 33 partants. La victoire revint au favori *Teddington* (Orlando et Miss Twickenham), qui y ajouta, par la suite, les coupes d'Ascot, de Doncaster et de Warwick, et gagna un match célèbre, de 150.000 francs, contre *Moutain Deer*, qui n'avait pas figuré dans le Derby.

Parmi les autres non placés, se trouvait NEWMINSTER (Touchstone et Bee's Wing), frère cadet de *Nunnykirk*, qui ne courut que six fois, pour remporter deux victoires, dont le Saint-Léger de Doncaster.

Il sera le père de *Musjid* (Derby, 1859), *Némésis* (Mille Guinées, 1861), *Lord Clifden* (Saint-Léger, 1863) et du fameux *Hermit* (Derby, 1867).

Un autre bon trois ans est *Longbow*, qui gagna quatorze courses, sur les vingt dans lesquelles il parut, notamment les Stewards et Chesterfield Cups, à Goodwood, les Royal Stakes, à Newmarket, et les Gatwick Stakes, à Liverpool.

Encore deux poulinières remarquables qui nous viennent d'Angleterre :

Florida (Mulato et Floranthe), née en 1835, morte en 1856, mère de *Ronzi* et *Last Born;*

Creeping Jenny (Inheritor et Maid of Erin), née en 1847, de qui naîtront *Black Prince* et la fameuse *Stradella*.

CHAPITRE XXIX

ANNÉE 1852

Aguila, Porthos, Échelle, Bounty et *Quality*. — *Hervine, Fight Away, Corbon, Annette* et *Électrique* (suite). — Les chevaux français en Angleterre. — Courses à Amiens et à Angoulême. — *Stockwell* et sa mère *Pocahontas*. — Importation de *Maid of Hart*.

Une fois de plus, l'écurie A. Aumont se taillait la part du lion, tant avec ses 4 ans, *Hervine, Corbon* et *Fight-Away*, qu'avec ses 3 ans, *Échelle, Porthos* et *Aguila* (1).

(1) *Aguila* est un exemple typique du jugement erroné que l'on peut porter sur un jeune cheval, par suite de sa transformation physique ultérieure, ainsi que le rapporte E. Chapus, dans *Le Turf*.
Il en avait été de même, ne l'oublions pas, du fameux *Eclipse*.
Donc *Aguila* — ainsi nommé du nom du domaine que possédait, près de Cordoue, le comte de Prado, chez qui il était né, au haras de Gouvieux — s'annonça sous les apparences les plus défectueuses : il était envahi par la gourme, boitait et pliait sur ses jambes. Désespérant de son avenir, son propriétaire le vendit 1.000 francs à M. Aumont, qui ne l'acheta qu'en raison de son origine. Avec l'âge, une métamorphose complète s'opéra, et le poulain malingre et mal bâti devint un cheval magnifique, avec des jambes de fer, une longue encolure, une ligne de dessus superbe et une poitrine d'une ampleur remarquable.
Sa carrière de trois ans avait été des plus brillantes, quand M. Aumont eut l'idée de vendre son écurie. Le commissaire-priseur avait déjà adjugé les non-valeurs, quand il avisa l'assistance que les autres chevaux ne seraient vendus qu'autant que l'ensemble du produit de leur vente atteindrait un chiffre qu'il avait indiqué dans une lettre close. On se récria contre cette condition insolite, mais la vente continua. *Royal-Quand-Même* fut adjugé pour 18.000 fr., et *Aguila*, pour 32.000. Ces chiffres étant bien inférieurs aux limites qu'avait assignées M. Aumont, les adjudications furent déclarées nulles. Il s'éleva de toute part les plus vives clameurs : les uns prétendaient qu'on faisait jouer au public un rôle de dupe, les autres réclamaient que le vendeur fît connaître clairement ses intentions. Le commissaire-priseur, comprenant que M. Aumont, sans le vouloir, justifiait ces plaintes, obtint qu'il lui remît une liste des chevaux qui restaient à vendre, avec les prix qu'il voulait de chaque cheval, ses propres enchères ne pouvant plus être reçues au delà des nouvelles limites indiquées.
A cette seconde mise en vente, *Aguila* fut racheté par le comte de Prado pour 45.000 francs, chiffre qui dépassait de 1.000 francs le prix de réserve.

Battu par son camarade *Fight-Away*, dans le prix de la Ville de Paris, *Aguila* (Gladiator et Cassandra), enlevait successivement le prix du Printemps et la Poule des Produits, ce qui lui valait de partir favori dans le prix du Jockey-Club. Bien qu'il eût la monte de Spreoty, le premier jockey de l'écurie et la meilleure cravache de l'époque, il n'y put prendre que la quatrième place, et la victoire revint à son compagnon *Porthos* (Royal-Oak et Lady Fashion), qui n'avait encore à son crédit que deux petits succès, dans le prix de l'Administration des Haras et le prix du Président (handicap).

Aguila remporta sept autres victoires, dont le Derby Continental, à Gand, et *Porthos*, trois; leurs gains respectifs s'élevèrent à 28.500 et 23.000 francs. *Porthos* est le dernier produit du vieux *Royal-Oak*, qui gagne une grande épreuve; il était né au haras du Pin et avait été réformé pour une imperfection insignifiante.

Échelle (Sting et Eusébia) gagna quatre prix, dont l'Omnium, formant un total de 12.000 francs.

A côté d'eux, une excellente pouliche, à Th. Carter, *Bounty* (Inheritor et Annetta) avait gagné la Poule d'Essai et le prix de Diane, avant de se placer troisième dans le prix du Jockey-Club; c'est une autre de ses pouliches, *Quality* (Inheritor et Margarita), qui s'adjugea le Grand Saint-Léger de Moulins, sur *Porthos* et *Échelle*, mais ces deux derniers prirent leur revanche à la seconde journée, dans le Grand Prix du Conseil général, de 4.000 francs.

Yatagan, au baron de Pierres, avait triomphé dans le Derby du Midi, à Bordeaux — et *Savonette*, au baron Vigier, dans le Derby de l'Ouest et la Poule des Produits, à Poitiers.

A de nombreuses reprises déjà, nos propriétaires avaient tenté la fortune en Angleterre, mais l'épreuve qui les avait surtout attirés était la Goodwood Cup, en raison des avantages de poids considérables que les Anglais, confiants dans la supériorité de leur élevage national, accordaient dédaigneusement aux chevaux nés sur le continent : nul n'aurait osé songer alors à se mesurer avec eux à armes égales dans les grandes épreuves classiques comme le Derby, les Oaks ou le Saint-Léger, et il faudra attendre la venue du comte de Lagrange pour risquer pareille aventure (1).

---

(1) Le premier, comme nous l'avons vu, sous Louis XVI, Philippe-Égalité avait fait courir des chevaux français en Angleterre.

Après la Révolution de 1830, le baron Terpier avait tenté, sans succès, la fortune dans les Durdan's Stakes de Newmarket, avec une pouliche anglaise, puis lord Seymour — que l'on doit considérer, bien qu'Anglais, comme Français au point de vue des courses — avait fait courir *Elizondo* (anglais), à Newmarket, en 1836, et *Scroggins* (anglais), à Bedford, en 1838.

Voici la liste chronologique des chevaux appartenant à des propriétaires français qui avaient disputé la coupe de Goodwood :

1838, *Brabant* et *Creusa*, tous deux anglais, à Th. Carter, non placés; — 1839, *Mr Waggs* (anglais), à M. A. Aumont, non placé; — 1840, *Beggarman*, (anglais), au duc d'Orléans, vainqueur sur *Lanercost*, *Hetman Platow*, *Charles XII*

Mais aucun des chevaux à qui nous avions jusque-là fait traverser le détroit n'était de la classe de *Hervine*. Elle venait de remporter le prix du Cadran et le prix des Pavillons, à Paris, et le prix Spécial, à Chantilly, quand M. A. Aumont l'envoya disputer la Goodwood Cup, où, sous son poids extra léger de 6 st. 11 lbs (43 kil. 1/2), elle nous paraissait imbattable, cependant que le ring anglais délaissait à 20/1 celle que l'on appelait emphatiquement ici la « Toujours victorieuse ». Fut-elle incommodée par la traversée ou dérangée par la privation de son jockey ordinaire, Spreoty, qui n'avait pu faire le poids et que remplaça T. Wells, un excellent jockey certes, mais qui ne la connaissait pas, toujours est-il qu'elle fit une course médiocre et ne fut pas placée.

Cet insuccès nous fut très pénible, étant donnée la haute idée que nous nous faisions de la qualité de la jument, et peut-être nous aurait-il découragés pour longtemps si, dès l'année suivante, nous n'avions pris une éclatante revanche.

De retour en France, *Hervine* retrouva toute sa supériorité, et elle n'eut qu'à être elle-même pour cueillir le prix des Haras, à Chantilly, le prix Spécial et le Grand Prix National de 14.000 francs, à Paris. Au total, à 4 ans, elle gagnait sept prix, s'élevant au chiffre coquet de 38.000 francs.

Ses camarades *Fight-Away*, 4 ans, et *Corbon*, 5 ans, créditaient leur propriétaire, le premier, du prix de la Ville de Paris (6.000 fr.); le second, de cinq courses, dont la Coupe d'Or, à Boulogne-sur-Mer (4.000 fr.).

On peut encore citer : *Électrique*, au prince Marc de Beauvau, gagnante de neuf courses et d'une vingtaine de mille francs ; — *Lord George* et *Isabau*, qui rapportent à M. de Veauce près de 30.000 francs, langés un peu partout en province ; — *Annette* (Gladiator et Annetta), à Th. Carter, lauréate, à Paris, du prix National de 6.000 francs.

*
* *

Les courses d'Amiens et d'Angoulême datent de 1852. Créées sous l'impulsion de la famille Hennessy, celles-ci jouiront d'une certaine vogue vers la fin du Second Empire, avec le Grand Prix d'Essai de l'Ouest et du Midi, disputé pour la première fois en 1866.

---

et la célèbre poulinière *Pocahontas*; — 1841, *Oaktsick*, à lord Seymour, et *Nautilus*, au duc d'Orléans, tous deux nés en France, non placés; — 1845, *Drummer*, né en France, à Th. Carter, non placé; — 1848, *Fitz Emilius*, né en France, à M. A. Aumont, non placé.

En 1850, *Dulcamarra*, né en France, à Th. Carter, est non placé dans les Doncaster Stakes, cependant que, plus heureux que nous, les Allemands enlèvent à Goodwood, les Steward's et Chesterfield Cups, avec *Turnus*, né en Allemagne.

Quant aux courses d'Amiens, leur proximité de la capitale leur valut pendant longtemps d'être comprises dans ce que l'on appelait « la grande banlieue », dont le concours des écuries parisiennes assurait le succès.

**

Outre-Manche, c'est l'année de Stockwell, un des plus grands étalons qu'ait produits l'Angleterre.

Il était fils de The Baron et Pocahontas (1) et appartenait à lord Exeter, pour lequel il remporta de nombreuses victoires, dont les Deux mille Guinées, le Saint-Léger, le Whip, les Great Yorkshire Stakes, etc. Il n'avait pas figuré dans le Derby, qui était revenu à

Sampson Low, Marston and C°, London, Copyright.

un des outsiders, *Daniel O'Rourke*, qui ne put prendre que la troisième place dans le Saint-Léger.

Stockwell avait été payé yearling 4.500 francs, avec une redevance de 12.500 francs, s'il gagnait le Derby. Il était de robe alezane,

(1) Nous avons longuement parlé de cette illustre poulinière au Chapitre XVII.

Pedigree de STOCKWELL (1849).

- **The Baron** 1842.
  - *Irish Birdcatcher,* 1833.
    - Sir Hercules 1826.
      - Whalebone, 1807.
        - Waxy, p. Pot-8-Os, p. **Eclipse**.
        - Penelope, p. Trumpator, p. Conductor, p. **Matchem**.
      - Peri, 1822.
        - Wanderer, p. Gohanna, p. Mercury, p. **Eclipse**.
        - Thalestris, p. Alexander, p. **Eclipse**.
    - Guiccioli, 1825.
      - Bob Booty, 1804.
        - Chanticleer, p. Woodpecker, p. **Herod**.
        - Ierne, p. Bagot, p. **Herod**.
      - Flight, 1809.
        - Irish Escape, p. Commodore, p. Tom Tug, ex-Rover, p. **Herod**.
        - Y. Heroine, p. Master Bagot, p. Bagot, p. **Herod**.
  - *Échidna,* 1835.
    - Economist, 1825.
      - Whisker, propre frère de Whalebone (Voir ci-dessus).
      - Floranthe, 1815.
        - Octavian, p. Stripling, p. Phœnomenon, p. **Herod**.
        - Caprice, p. Anvil, p. **Herod**.
    - Miss Pratt, 1825,
      - Blacklock, 1814.
        - Whitelock, p. Hambletonian, p. King Fergus, p. **Eclipse**.
        - Fille de Coriander, p. Pot-8-Os, p. **Eclipse**.
      - Gadabout, 1820.
        - Orville, p. Beningbrough, p. King Fergus, p. **Eclipse**.
        - Minstrel, p. Sir Peter, p. Highflyer, p. **Herod**.

- **Pocahontas** 1837.
  - *Glencoe,* 1831.
    - Sultan, 1816.
      - Selim, 1803.
        - Buzzard, p. Woodpecker, p. **Herod**.
        - Fille d'Alexander, p. **Eclipse**.
      - Bacchante, 1810.
        - Williamson's Ditto, p. Sir Peter, p. Highflyer, p. **Herod**.
        - Fille de Mercury, p. **Eclipse**.
    - Trampoline, 1825.
      - ramp, 1810.
        - Dick Andrews, p. Joe Andrews, p. **Eclipse**.
        - Fille de Gohanna, p. Mercury, p. **Eclipse**.
      - Web (1808), propre sœur de Whalebone (Voir ci-dessus).
  - *Marpessa,* 1830.
    - Muley, 1810.
      - Orville, 1799.
        - Beningbrough, p. King Fergus, p. **Eclipse**.
        - Evelina, p. Highflyer, p. **Herod**.
      - Eleanor, 1798.
        - Whiskey, p. Saltram, p. **Eclipse**.
        - Y. Giantess, p. Diomed, p. Florizel, p. **Herod**.
    - Clare, 1820
      - Marmion, 1806.
        - Whiskey, p. Saltram, p. **Eclipse**.
        - Y. Noisette, p. Diomed, p. Florizel, p. **Herod**.
      - Harpalice, 1805.
        - Gohanna, p. Mercury, p. **Eclipse**.
        - Amazon, p. Driver, p. Trentham, p. Samford, p. Sir Peter, p. Highflyer, p. **Herod**.

avec des taches noires sur la croupe, particularité qu'il tenait de son ancêtre *Eclipse*, et qu'il a transmise à bon nombre de ses descendants.

Pendant sa carrière de reproducteur, *Stockwell* a figuré sept fois en tête de la liste des étalons gagnants, notamment en 1866, avec un total de 1.534.795 francs, qui n'a encore été atteint par aucun étalon au monde, bien que les allocations aient plus que doublé.

De 1860 à 1873, ses produits ont gagné plus de 9 *millions de francs* d'argent public et remporté dix-sept fois les grandes épreuves classiques pour 3 ans : *Saint-Albans* (Saint-Léger, 1860); — *Caller Ou* (Saint-Léger, 1861); — *The Marquis* (Deux mille Guinées et Saint-Léger, 1862); — *Lady Augusta* (Mille Guinées, 1863); — *Blair Athol* (Derby et Saint-Léger, 1864); — *Regalia* (Mille Guinées et Oaks, 1865); — *Lord Lyon* (Deux mille Guinées, Derby et Saint-Léger, 1866); — *Achievement* (Mille Guinées et Saint-Léger, 1867); — *Bothwell* (Deux mille Guinées, 1871); — *Gang Forward* (Deux mille Guinées, 1873); — *Doncaster* (Derby, 1873).

Par l'un ou l'autre de ceux-ci, remontent à *Stockwell* bon nombre de chevaux qui s'illustrèrent chez nous, *Robert the Devil*, *Minting*, *Dolma Baghtché*, *Ajax*, *Gouvernant*, etc. Pour plus amples détails sur la descendance de ce prodigieux étalon — parmi laquelle on compte encore le célèbre *Ormonde* et son petit-fils *Flying Fox*, — nous renvoyons au Livre VIII.

Parmi les noms placés du Derby, figurait *The Not*, qui sera le père de *The Nabob*, le père de *Vermout* et *Bois-Roussel*.

Une heureuse importation est celle de *Maid of Hart* (The Provost et Martha Lynn), née en 1844, qui donnera : *Etoile du Nord*, *Compiègne* (père de *Mortemer*), et *Dangu*, le premier cheval français qui ait disputé le Derby d'Epsom.

CHAPITRE XXX

ANNÉE 1853

Aspect des courses d'autrefois. — Arrêté du 17 février. — Première victoire d'un cheval français en Angleterre. — *Jouvence, Fitz-Gladiator, Moustique* et *Royal-Quand-Même*. — *Échelle, Hervine, Porthos* et *Trust* (suite). — Reprise des courses de Chantilly par la Société d'Encouragement. — Création du prix de l'Empereur et du Grand Critérium, à Chantilly, et de la Poule des Produits, à Bordeaux. — Apparition des couleurs de MM. H. Delamarre et C.-J. Lefèvre. — Mort de *Poetess*. — Importation des poulinières *Payment, Fraudulent, Refraction* et *Maid of Mona*, et des étalons *Lanercost, Elthiron* et *Womersley*. — Le Lincolnshire Handicap. — *West Australian* et *Rataplan*. — En Amérique, *Lexington*.

On se rend difficilement compte aujourd'hui, devant la foule qui, le dimanche, s'écrase à Longchamp ou à Auteuil, devant les guichets du Pari-Mutuel, du calme et de la bonne tenue des réunions d'autrefois.

C'est qu'alors le public du pesage était moins mêlé et que la passion du jeu n'avait pas encore tourné toutes les têtes.

Voici comment, vingt années après la fondation de la Société d'Encouragement, s'exprimait à ce sujet un écrivain alors apprécié, M. Achille Vaulabelle :

« En Angleterre, une course remue toute la population d'un comté ; en France, c'est à peine si une solennité de ce genre réunit une partie des habitants de la ville où elle a lieu. En Angleterre, les courses sont une institution nationale que soutient le public et dont il fait largement et volontairement les frais ; chez nous, les courses ont lieu par ordre et la dépense en est prise sur les fonds de l'État (1). Une seule course en Angleterre suffit pour élever ou détruire des fortunes ; en France, c'est à peine si, en dehors des membres du

---

(1) L'auteur commet ici une erreur technique, qui n'enlève rien d'ailleurs à la vérité de son tableau.

Jockey-Club (qui ne se ruinent pas eux-mêmes, quoiqu'ils disent), de rares parieurs échangent de rares pièces de cinq francs... Une course, chez nous, n'est, en quelque sorte, qu'un lieu de promenade; la masse des assistants y est calme, presque indifférente à Paris, quelques rafraîchissements pris dans l'intervalle de chaque lutte; en province, quelques divertissements peu coûteux le soir : voilà toutes les dépenses que fait naître chez nous ce genre de spectacle... Mais c'est précisément cette absence de toute pensée de jeu, de toute habitude de paris, qui conserve à nos courses leur caractère d'utilité. »

Que penserait aujourd'hui l'auteur de ces lignes, quand, dans une seule journée, c'est un chiffre d'affaires de 5 à 6 millions de francs qu'enregistre le Pari Mutuel.

Deux faits, de genre différent, mais capitaux, par les résultats qui en découlèrent, marquent l'année : c'est d'abord l'arrêté du 17 février qui applique aux courses du Gouvernement le Code et le Règlement de la Société d'Encouragement ; puis, la première victoire d'un cheval français en Angleterre.

Après vingt ans de luttes, la Société d'Encouragement remporte enfin une victoire décisive sur sa vieille rivale, l'Administration des Haras : désormais plus de cette dualité d'appréciation dans les courses qui déroutait le public.

Jouvence (Sting et Currency), à M. Lupin, venait de renouveler l'exploit de *Lanterne*, neuf ans auparavant, en remportant successivement les prix de Diane et du Jockey-Club, quand son propriétaire l'envoya disputer la Goodwoop Cup, où, malgré ses succès de Chantilly, elle ne portait que 5 st. 8 lbs. (35 kil. ½), ce qui prouve le peu de cas que les Anglais faisaient alors de nos chevaux.

De son côté, M. Aumont, n'acceptant pas pour exacte la défaite d'*Hervine* l'année précédente, la fit également partir dans cette épreuve. Son poids était de 45 kilos, et elle était montée, cette fois, par son jockey habituel Spreoty.

Inutile de dire que le ring anglais s'occupa peu des deux juments françaises. Ce fut entre elles, cependant, que se disputa la lutte finale, *Jouvence* l'emportant de peu sur son aînée.

L'effet fut considérable en France, et le Jockey-Club illumina en l'honneur de ce premier succès en Angleterre. Il y avait quelque exagération dans cet élan de chauvinisme, car, si la pouliche de M. Lupin était née de ce côté du détroit, ses père et mère étaient anglais, et elle portait presque le poids le plus léger qu'ait jamais porté le vainqueur de la Goodwoop Cup.

Cette victoire n'en eut pas moins une très grande répercussion dans le monde de nos éleveurs, à qui elle donna confiance en la valeur de leurs produits, et leur émulation s'en accrut.

Enhardi par le succès, M. Lupin n'hésita pas, à la réunion d'autome, à Epsom, à faire courir — ce qui ne s'était jamais vu — un cheval de 2 ans, *Benvenuto*, né en France; de son côté, M. Aumont fit partir *Hervine* dans le Cambridgeshire, mais elle n'y joua aucun rôle.

Jouvence, qui, au printemps, était déjà arrivée troisième dans le City and Suburban, remporta encore deux courses, à Egham, dont un Queen's Plate. Mais elle laissa sa forme dans ce déplacement, et, par la suite, elle succomba contre deux poulains à M. Aumont qui n'avaient joué aucun rôle dans le prix du Jockey-Club.

C'est ainsi que, dans le Derby Continental de Gand, elle ne put rendre 6 livres à *Fitz-Gladiator*, et que, dans le prix de l'Empereur, à Chantilly, que remporta *Royal-Quand-Même*, elle dut se contenter de la troisième place, derrière *Hervine*.

FITZ-GLADIATOR (Gladiator et Zarah) cueillit ensuite le Grand Saint-Léger de Moulins et le prix du Ministère à Blois, dans lesquels il n'eut rien à battre. Entre temps, à Orléans, il succomba d'une encolure contre le médiocre *Zeste*, à qui il rendait 10 livres. Il ne disputa que ces quatre épreuves et ne reparut plus qu'une seule fois en public, à quatre ans.

Nous reverrons son camarade *Royal-Quand-Même* (Gigès et Eusébia), à 4 ans, où il se couvrira de gloire.

Un autre trois ans qui fit preuve d'une très réelle qualité, est *Moustique* (Sting et Essler), au comte d'Hédouville, gagnant de six courses, dont le prix du Printemps, la Poule d'Essai et l'Omnium; il s'était placé troisième dans le Derby de Chantilly.

En province, on peut citer *Sans-Façon* (Morok et Symmetry), à M. Middletich, vainqueur du Derby du Midi, à Bordeaux, et *Bohémienne*, au baron de Nexon, gagnante d'une dizaine de courses.

La palme, parmi les vétérans, revient à *Échelle*, qui gagne 40.000 fr., avec le prix des Haras, à Chantilly, cinq prix Impériaux de 4.000 fr., en province, et le Grand Prix Impérial de 14.000, à Paris.

Puis viennent, également à M. Aumont : *Aguila*, 6 courses et 26.500 francs, dont le prix de la Ville de Paris et le prix Impérial, à l'automne, tous deux de 6.000 francs; — *Mirka*, 9 courses et 23.000 fr.; — *Porthos*, 4 courses, dont le prix des Pavillons, de 5.000 fr.; — *Hervine*, 2 courses.

Le prix du Cadran avait été pour *Trust* (Nuncio et Loïsa), 4 ans, à Mme Latache de Fay, qui compte cinq autres victoires.

En province, *Aramis*, 4 ans, au comte de Coislin, et *Gogo*, 5 ans, au baron d'Etchegoyen, gagnent, chacun, une demi-douzaine de courses, se montant à 15.000 francs.

Le héros de 2 ans est *Celebrity*, à Th. Carter, qui remporte d'abord le prix de l'Oise, à Chantilly, pour chevaux de tout âge, sur

2.200 mètres; vendu ensuite à M. Reiset, il succombe, dans le deuxième Critérium, contre *Ravières*, à Mme Latache de Fay, qui avait déjà gagné le prix du Premier Pas, puis il termine la campagne en enlevant le Grand Critérium, 3.000 francs, qui venait d'être créé et qui se disputait alors à Chantilly (1).

Le meeting d'automne de Chantilly s'était également enrichi d'une très intéressante et importante épreuve *internationale* pour chevaux de 3 ans et au-dessus, de tous pays, le *prix de l'Empereur*, doté d'une allocation de 10.000 francs, offerte par le souverain. Une épreuve de cette importance était rare alors, et, dès l'année suivante, des chevaux comme *Fisherman* et *Saunterer* n'hésiteront pas à traverser le détroit pour venir la disputer; cette première fois, elle fut remportée, comme nous l'avons dit, par *Royal-Quand-Même*.

Le prix de l'Empereur a été supprimé en 1864 et remplacé par le *prix de Chantilly* actuel.

Ce brusque développement donné à la réunion de Chantilly tenait à ce que la Société d'Encouragement y avait enfin ses coudées franches; elle venait, en effet, de prendre à bail, pour neuf ans, la pelouse, les pavillons et les allées de la forêt, moyennant une annuité de 4.000 francs (2). Jusqu'alors, les courses bien que données par la Société, y avaient été organisées par la Municipalité, à ses frais et risques.

Avec la nouvelle période d'exploitation qui commençait, les courses allaient prendre une extension que la mauvaise organisation des services paralysait plus ou moins.

C'est de ce moment que Chantilly devint le centre d'entraînement à peu près général des écuries parisiennes, comme le Newmarket français. Dans la petite bourgade morte, va se créer une seconde ville anglaise des plus prospères, et l'agglomération devint telle, par la suite, que nombre d'entraîneurs durent s'installer aux environs, à Gouvieux, La Morlaye, Vineuil et jusqu'à Compiègne, transformant toute la région en un vaste champ d'entraînement.

Chantilly conservera cette sorte de monopole jusqu'à la fin du xixe siècle, où les environs de Saint-Germain, les terrains d'Achères et de Maisons-Laffitte, avec les allées d'entraînement de la forêt, attireront à leur tour certains entraîneurs, principalement d'obstacles.

---

(1) Lors de la création de l'hippodrome de Longchamp, en 1857, cette épreuve y sera transférée à l'une des journées du meeting d'automne. Ce n'est qu'en 1911, qu'elle sera inscrite à la dernière journée, clôturant ainsi, de façon plus rationnelle, la carrière des deux ans.

Son allocation primitive de 3.000 francs a été successivement portée à 4.000 francs en 1863; 5.000, en 1865; 10.000, en 1869; 20.000, en 1890; 25.000, en 1894; 30.000, en 1900; 40.000, en 1910.

La distance, de 1.500 mètres à l'origine, a été portée à 1.600 mètres en 1864.

(2) Ce bail a été renouvelé en 1882, pour une période de cinquante années, au prix de 60.700 francs (routes, 31.000; hippodrome, 25.000; pistes, 4.700).

Au début, à Chantilly, la route de Lions, cette magnifique percée en ligne droite de 18 mètres de largeur sur 4 kilomètres de long, était la seule allée d'entraînement. La Société d'Encouragement y a ajouté successivement la route Milliard, la route du Connétable, le chemin des Aigles et, en 1890, le magnifique terrain des Aigles, d'une superficie de 220 hectares.

C'est en cette année 1853 que, le nombre des chevaux à l'entraînement étant devenu considérable, la Société d'Encouragement dut établir une réglementation pour les galops et les essais sur les terrains d'entraînement ou sur les pistes du champ de courses.

Des redevances déterminées d'avance sont imposées aux entraîneurs ; le montant de ces redevances, ainsi que les droits de licence et les amendes diverses sont affectées à la *Caisse de secours des Entraîneurs, Jockeys et Hommes d'écurie de chevaux de courses plates*, créée en 1893.

*
* *

Aux écuries anciennes viennent s'ajouter des noms appelés à jouer, tôt ou tard, un rôle considérable sur le turf, entre autres ceux de MM. Henri Delamarre et Joachim Lefèvre.

Le premier ne s'occupe encore que de courses d'obstacles et son cheval *Flying Buck* a l'honneur d'être le rival de l'extraordinaire *Franc Picard* (1). Nous aurons occasion de reparler de M. H. Delamarre, quand ses couleurs triompheront dans les grandes épreuves de plat.

Quant au second, sa cavalerie de plat est fort peu nombreuse encore, mais déjà ses couleurs — casaque et toque noires — sont représentées dans le prix de Diane, avec *Caramba*, dont la carrière fut des plus obscures.

---

(1) Bien qu'il s'agisse ici d'un steeple-chaser, sa carrière est tellement étonnante, qu'on nous pardonnera cette incursion dans le « sport illégitime », en raison de la haute qualité de ce pur sang.

Franc Picard, ex-*Babouino* (Royal-Oak ou Nautilus et Niobé), était né en 1847. Il était bai, de petite taille et corneur, et, comme après d'infructueux essais, à trois ans, son inaptitude absolue pour le turf avait été démontrée, son propriétaire, très découragé, l'avait fait castrer, afin de le vendre aux remontes ou comme cheval de chasse. Mais la pauvre bête payait si peu de mine, qu'on attendit longtemps un acquéreur. M. de La Mothe finit par l'acheter, le débaptisa et sous son nouveau nom de *Franc Picard*, il ne tarda pas à devenir le steeple-chaser le plus populaire de France. A La Marche et à Dieppe, surtout, il était idolâtré et des ovations enthousiastes saluaient son triomphe dans le steeple-chase annuel de cette ville, créé en cette même année 1853, qu'il ne remporta pas moins de sept fois, à 6, 7, 8, 9, 10, 12 et 14 ans!...

Pendant dix années consécutives, *Franc Picard* — qui n'aurait pu lutter, sur n'importe quelle distance, contre le plus médiocre des chevaux de plat — trouva dans sa qualité de pur sang une supériorité assez grande pour battre constamment, sous des surcharges impossibles, les steeple-chasers les plus éprouvés sur tous les parcours.

On rencontre peu de chevaux ayant une aptitude aussi remarquablement développée.

Ce n'est qu'après la guerre de 1870-1871, que M. C.-J. Lefèvre — après une longue absence du turf, auquel il n'aura fait que toucher à l'époque où nous parlons — y rentrera en triomphateur.

**

Notre élevage subit une grosse perte avec la mort de la célèbre *Poetess*, dont nous avons longuement parlé en 1841. Elle était la mère d'*Hervine* et son dernier produit, qui était encore yearling, n'était autre que l'illustre *Monarque*.

Par contre, nos studs s'enrichissent de quatre poulinières remarquables, dont la descendance était appelée à jouer un grand rôle : *Payment*, *Fraudulent* et *Refraction*, importées par M. A. Lupin, et *Maid of Mona*, importée par M. Aumont (1).

Des trois étalons qu'introduisit l'Administration des Haras, le vieux *Lanercost* (Liverpool et Othis), né en 1835, était le plus recommandable. Il avait remporté le Cambridgeshire, à 4 ans, et l'Ascot Gold Cup, à 5 ans, et il avait déjà donné *War Eagle* et *Van Tromp*, qui avait gagné plus de 300.000 francs, somme alors fort rare. En France, ses meilleurs produits seront *Gouvieux*, *Gustave*, *Cosmopolite*, *Chevrette* et *Fortune*.

Womersley (Birdcatcher et Anizelle), né en 1849, ne fera pas grand'chose, et l'on ne relève guère que le nom de *Beauvais*, dans la nombreuse progéniture d'*Elthiron* (Pantaloon et Phryne), né en 1846.

**

En Angleterre, nous avons à signaler la création du *Lincolnshire Handicap*, qui se dispute au début de la saison, à Lincoln, sur 1.600 mètres; c'est le premier handicap important de l'année.

Nos chevaux y ont triomphé sept fois : *Benjamin* (1864), *Véranda* (1871, prix partagé avec *Vulcan*), *Poulet* (1882), *Le Nicham* (1894), *Ob* (1906 et 1907), *Long Set* (1911).

---

(1) *Payment* (Slane et Receipt), née en 1848, morte en 1882, vide depuis 1872, mère de *Florin* (1854) et *Dollar* (1860).

Fraudulent (Venison et Deceitful), née en 1843, morte en 1864, avait perdu un œil par suite de maladie. Elle est la mère de :

Forêt-du-Lys (1854), mère de *Fleur-des-Pois*, mère de *Franc-Tireur*; — *Fleur-de-Pêcher* (1869), gagnante de l'Omnium; — et *Finlande* (1858), qui perdit un œil comme sa mère et pour la même raison, et dont nous aurons occasion de reparler.

Refraction (Glaucus et Prism), née en 1841, mère de *La Maladetta*.

Maid of Mona (Tory Boy et Kite), née en 1845, morte en 1865. Très prolifique, ne compte cependant qu'un seul produit remarquable, *Mademoiselle de Chantilly* (1854-1875), mère de :

Mademoiselle de Charolais, mère de *Charivari III*, *Caen*, *Colifichet*, *Café-Procope* et *Cayenne*; — *Promise*, propre sœur de la précédente (1869-1891), mère de : *Isménie*, mère d'*Achéron*, *Endymion*, *Phlégéthon*; — *Urgence*.

Mais le fait saillant — indépendamment de la première victoire d'un cheval français — est l'exploit, sans précédent encore, réalisé par West-Australian (Melbourne et Mowerina, par Touchstone), qui, le premier, cueille la « triple couronne » des Deux mille Guinées, Derby et Saint-Léger.

Né à Streatlam-Castle, chez M. Bowes, *West-Australian* n'avait encore été battu qu'une seule fois, pour ses débuts à 2 ans, dans les Criterion Stakes, à Newmarket, par *Speed the Plough*.

A 4 ans, *West-Australian* sera vendu 118.000 francs à lord Londesborrough, pour lequel il remporta le Triennal et le Gold Cup

Sampson Low, Marston and C°, London Copyright.

West-Australian.

d'Ascot, battant d'une tête *Kingston*, et ayant couvert les 4.000 mètres en 4'27". Il cueillit encore le Goodwood Cup, après quoi il fut retiré de l'entraînement. Il avait gagné sept courses sur huit, et 340.875 francs d'argent public, ce qui passait alors pour fabuleux.

Nous en reparlerons comme étalon, lors de son importation, en 1860.

Un autre cheval, qui marque sa place sur le turf anglais, est *Rataplan* (The Baron et Pocahontas), propre frère du fameux *Stockwell*. Il eut une longue carrière, et ne disputa pas moins de 72 courses, sur lesquelles il en remporta 42, dont la Coupe de la Reine, à Ascot, et le Doncaster Cup.

Moins heureux que son frère, au haras, il ne compte qu'un produit marquant, *Kettledrum*, vainqueur du Derby, en 1861.

* * *

Transportons-nous maintenant aux États-Unis.

C'est la première fois que les choses du turf nous font franchir l'Atlantique.

Le voyage en vaut la peine. C'est, en effet, l'année du fameux *Lexington*, le grand chef de race américaine, dont le nom se retrouvera à tout instant dans le pedigree des étalons et poulinières que les principaux éleveurs de ce pays importeront chez nous, au commencement du XXe siècle, quand des lois draconiennes auront ruiné, chez eux, l'élevage et les courses.

Ces notes sont extraites de l'étude intitulée *Memoir of Lexington*, publiée, à la fin de 1911, par M. B.-G. Bruce.

Lexington est resté légendaire, en Amérique, comme cheval de courses et comme étalon. Il était fils de *Boston*, dont la carrière avait été également extraordinaire, et d'*Alice Carneal* (1); il avait la robe baie et était né, en 1850, dans un haras situé à proximité de la ville dont il portait le nom.

Il courut à 3, 4 et 5 ans, gagnant en partie liée sur toutes les distances, de 1.600 à 6.400 mètres. Une de ses plus curieuses perfor-

---

(1) *Boston* avait eu une carrière de courses tout à fait remarquable, tant par sa durée que par le nombre de ses succès, dont la plupart avaient été remportés dans des épreuves en partie liée sur les longues distances : il n'avait pas gagné moins de 40 courses sur les 45 qu'il avait disputées, de trois à dix ans.

A	3 ans, il avait remporté	2 courses sur	3
—	4	—	4	—	4
—	5	—	11	—	11
—	6	—	8	—	9
—	7	—	7	—	7
—	8	—	4	—	5
—	9	—	3	—	5
—	10	—	1	—	1
Au total.		40 courses sur	45

C'est là un record vraiment extraordinaire.

Sa mère, *Alice Carneal*, a fourni une carrière également curieuse. D'une extrême nervosité, elle n'a débuté qu'à cinq ans, pour courir quatre fois, gagnant une course; ses rares tentatives à six et à sept ans ont échoué. Elle est fille de *Sarpedon*, un bon performer en Angleterre, né en 1828 et importé en Amérique en 1834. Pendant son séjour au haras, de 1845 à 1859, *Alice Carneal* a donné, entre autres vainqueurs, *Umpire* qui fut importé en Angleterre où il gagna vingt-deux courses, mais elle est surtout connue comme mère de *Lexington*.

mances est un match sur quatre miles (6.400 mètres), contre le temps: il s'agissait de battre le record qui était de 7'26'', l'enjeu était de 20.000 dollars; *Lexington* en vint à bout, accomplissant le parcours en 7'19'' 3/4 (1er mile, 1'47'' 1/4 ; 2e mile, 1'52'' 1/4 ; 3e mile, 1'51'' 1/2 ; 4e mile, 1'48'' 3/4). Le poids porté était de 103 livres; deux chevaux, *Joë Blackburn* et *Arrow* s'étaient successivement relayés pour lui servir de leaders, le premier sur le premier et le dernier mile, l'autre sur les deux miles intermédiaires. A la suite de cet exploit, *Lexington* termina sa carrière par une victoire en un match demeuré célèbre, contre son rival *Lecomte*, fils comme lui de *Boston*, et âgé également de 4 ans, sur 6.400 mètres en partie liée.

Lexington était devenu aveugle peu de temps après sa dernière course, mais ce défaut ne s'est pas répété chez ses descendants. Entré au haras en 1857, il y est resté pendant vingt et un ans, et pendant ce laps de temps, il a donné 236 vainqueurs de 1.176 courses d'une valeur totale qui n'est pas inférieure à 1.200.000 dollars, soit 6.000.000 de francs, chiffre fort élevé pour une époque où les courses ont été gravement troublées par la guerre de décession.

Mais ce qui étonnera surtout les éleveurs modernes, c'est la façon vraiment anormale dont *Lexington* fut utilisé pendant les huit premières années de son séjour au haras. De 1857 à 1864, en effet, il lui fut présenté, *annuellement, une moyenne de 74 juments!*... En 1857, ce chiffre n'était que de 59, mais dès l'année suivante, il s'élevait à 83!...

Après l'année 1864, on usa d'un peu plus de modération dans ses services, mais dans sa carrière entière d'étalon, il égala à peu près le record du fameux roi Salomon, puisque ce cheval eut quelque chose comme 840 épouses!

CHAPITRE XXI

ANNÉE 1854

Celebrity. — Ce que l'on donnait au jockey qui remportait le prix du Jockey-Club. — *Royal-Quand-Même, Fitz-Gladiator, Hervine, Moustique* et *Dame d'Honneur* (suite). — Critérium de Moulins. — Débuts de *Monarque.* — *Le Sport.* — Nos insuccès en Angleterre. — *King Tom.*

L'année n'est pas fameuse, les chevaux s'entrebattant à chaque rencontre et les cinq grandes épreuves classiques de l'époque (Poule d'Essai, Poule des Produits, Diane, Jockey-Club et Grand Saint-Léger) revenant à des vainqueurs différents.

C'est ainsi que *Celebrity* (Gladiator et Annetta), à M. J. Reiset, qui n'avait pu prendre que la troisième place, dans la Poule d'Essai, derrière *Nancy* et *Coustrainville*, enlève le prix du Jockey-Club, dans lequel ces deux chevaux ne sont pas placés, non plus que *Honesty* (Gladiator et Effie Deans), à Th. Carter, qui venait de battre *Nancy*, d'une encolure, dans le prix de Diane.

Lysisca (Sting et Cassica), à M. Lupin, n'avait pas figuré dans cette dernière épreuve, après avoir remporté la Poule des Produits.

Nancy (M. Waggs et Nativa), au prince Marc de Beauvau, était allée, entre la Poule d'Essai et le prix du Jockey-Club, cueillir le Derby Continental, à Gand.

Enfin, *Coustrainville* (Gladiator et Bee's Wing), à M. Aumont, enlevait le Grand Saint-Léger de Moulins à *Celebrity*, dont il recevait 10 livres, il est vrai.

Celebrity — dont la mère, *Annetta*, était une fille de la célèbre *Miss Annette*, qui avait porté si glorieusement, aux premières heures des courses, la casaque orange de lord Seymour — avait donné les plus grandes espérances à 2 ans, mais après sa défaite par *Ravières*, dans le deuxième Critérium, à Chantilly, son propriétaire, Th. Carter, l'avait vendu à M. J. Reiset, pour le compte duquel peu de jours après il enlevait le Grand Critérium.

Sa première sortie, à 3 ans, dans la Poule d'Essai, n'avait pas confirmé cette performance, et il ne dut son succès, dans le prix du Jockey-Club, qu'à la dérobade de *Blason*, à M. Aumont, à quelques mètres du but, alors qu'il avait course gagnée.

En témoignage de sa satisfaction de cette victoire, M. J. Reiset donna *une gratification de 200 francs à son jockey Bartholomew, et l'invita à prendre une tasse de thé*, ce qui fut considéré, tout à la fois, comme un acte de prodigalité et de grande condescendance.

Les meilleurs jockeys ne gagnaient que 3 à 4.000 francs par an. Il y a loin de ces modestes émoluments aux 100.000 francs de fixe et même davantage — sans compter les gratifications et les cadeaux — qu'exigent aujourd'hui nos fines cravaches. Pour ne rappeler qu'un exemple, Fred Archer, qui se suicida, en 1888, dans un accès de fièvre chaude, après quinze années de succès retentissants, était plusieurs fois millionnaire, et le prince de Galles lui-même n'avait pas cru déroger en assistant à son mariage.

La province compte un très bon 3 ans en *Fa-Dièze* (Commodore Napier et Sylvia), au comte de Coux, qui gagne plus de 20.000 francs en huit courses, dont le Derby du Midi.

Les vieux chevaux de l'écurie Aumont triomphent sur toute la ligne. C'est d'abord *Royal-Quand-Même*, qui vient en tête, avec neuf victoires et 50.000 francs, dont huit prix gouvernementaux et le Grand prix Impérial, à Paris ; — *Fitz-Gladiator*, après avoir enlevé un prix de 4.000 francs, faisait son travail en vue de la Coupe de Goodwood, quand il tomba broken-down et dut être retiré de l'entraînement (1) ; — *Hervine* gagne six courses, dont le prix de l'Empereur, 10.000 francs, à Chantilly, et le prix Municipal, à Gand, quand elle tomba boiteuse pendant sa préparation pour le Cambridgeshire ; — *Échelle*, trois courses, dont le prix des Pavillons ; — *Papillon*, le Cadran (2) et six autres prix, s'élevant à plus de 20.000 francs.

Parmi les autres vétérans, *Moustique*, au comte d'Hédouville, *Dame-de-Cœur*, à M. de Baracé, enlèvent chacun cinq courses, dont le prix de la Ville de Paris pour le premier, et l'Omnium pour la seconde.

Enfin, en province, *Agar*, à M. Jordan, gagne huit courses, s'élevant à la somme globale d'une vingtaine de mille francs, dans laquelle le Grand Prix du Midi, à Pompadour, entre pour 5.000 francs.

Le meeting de Moulins, qui tenait déjà une place prépondérante dans le calendrier hippique, avec le Grand Saint-Léger de France,

---

(1) L'Administration des Haras voulut l'acheter, mais M. A. Aumont préféra le conserver pour son haras de Victot, où, comme son père, il se montra reproducteur de premier ordre.
Parmi ses produits, on peut citer *Mon Étoile, Palestro, Dangu, Compiègne, Royallieu, Gabrielle d'Estrées, Orphelin, Vertugadin*, etc.
Racheté pour 33.000 francs par M. P. Aumont, à la mort de son père, en 1860, il fut revendu peu après, pour le même prix, à l'Administration des Haras.

(2) La surcharge de 5 livres qui frappait, depuis la création de cette épreuve (1837), tout gagnant dans l'année, venait d'être supprimée.

enrichit son programme du *Critérium*, de 3.000 francs, qui sera, jusqu'aux dernières années de l'Empire, une des épreuves les plus importantes pour les jeunes chevaux.

Il sera remporté par *Allez-y-gaiement*, à M. H. Mosselman, qui aura la gloire, à l'automne, de battre *Monarque*, dans le Grand Critérium.

Ronzi, qui remportera par la suite quelques grandes épreuves, figurait parmi les non placés; elle n'avait pas joué un rôle plus actif, au printemps, dans le prix du Premier Pas, qu'avait enlevé *Triumvir*, vainqueur également du prix de l'Oise.

Le Premier Critérium était revenu à *Peu d'Espoir*, et le Deuxième à *Cendrillon*, et le prix de l'Empereur (handicap), à Blois, à *Estrées*, qu'il ne faut pas confondre avec la fameuse *Gabrielle d'Estrées*, que nous verrons en 1861.

* * *

Sous un tout petit format d'abord, parut, le 17 septembre 1854, un journal hebdomadaire, qui n'allait pas tarder à devenir l'organe sportif du monde élégant.

Fondé par Eugène Chapus, qui le céda quelques années plus tard à Saint-Albin Lagayère, le *Sport*, jusqu'à l'apparition de la presse sportive quotidienne, fut comme le Moniteur des Courses, et sa rédaction compta successivement tous les écrivains hippiques les plus compétents, à commencer par son fondateur.

* * *

Nos tentatives en Angleterre n'avaient pas été heureuses : *Valéria* finit troisième sur trois dans le Goodwoop Cup et les Brighton Stakes; — *Aguila* fut non placé dans le Great Ebor Handicap et le Great Yorkshire Handicap; — *Lysisca*, dans le City and Suburban; — *Jouvence* courut six fois vainement; — *Trust* fut troisième dans le Stewards Cup; — et nous n'eûmes pour toute fiche de consolation que les 50 souverains d'un petit prix gagné par *Rémus*, à M. Achille Fould, à la réunion d'automne d'Epsom.

King Tom, le troisième des fils de *Pocahontas* (avec *Harkaway*, cette fois), n'eut pas, sur le turf, la carrière de ses aînés, et, bien que l'année fût médiocre, il ne put prendre que la seconde place dans le Derby. Mais il se distingua au haras, et produisit, entre autres vainqueurs, *Tomato* (Mille Guinées, 1864), *Tormentor* et *Hippia* (Oaks, 1866 et 1867), *Kingcraft* (Derby, 1870) et *Hannah* (Mille Guinées, Oaks et Saint-Léger, 1871).

CHAPITRE XXXII

ANNÉE 1855

Monarque, Baroncino, Ronzi, Miss Gladiator. — *Festival, Rémunérateur, Hervine, Honesty, Jouvence, Royal-Quand-Même* (suite). — Fusion du Jockey-Club avec le « Cercle des Moutards ». — Création des cartes d'abonnement annuel de la Société d'Encouragement. — Le prix de l'Empereur (Grande Poule des Produits). — Nouvelles épreuves importantes en province. — Match entre homme et chevaux. — Importation de *Faugh-a-Ballagh*.

L'année qui restera comme l'une des plus brillantes de notre élevage, appartient tout entière à Monarque (The Baron, Sting ou The Emperor), l'un des plus grands chevaux qui aient paru en France.

Il était né au haras de Victot, chez M. A. Aumont, et il était le dernier produit de sa mère *Poetess* qui, avant lui, avait déjà donné *Hervine*, la meilleure jument qui eut encore paru sur notre turf.

Des trois étalons qui se disputent sa paternité, *The Emperor* semble bien — d'après toutes les probabilités appréciables, et en s'en rapportant à la plus certaine en semblable circonstance, la date de sa naissance — avoir la gloire d'avoir procréé cet illustre fils (1).

Monarque était bai, de grande taille, admirablement proportionné, harmonieux au delà de toute expression, offrant dans tous les détails de son merveilleux ensemble la plus suprême distinction jointe au plus puissant mécanisme. Son cœur était égal à sa qualité. Il était doux, maniable, s'employait toujours avec une rare énergie,

---

(1) Quel que soit celui de ces trois étalons à qui l'on attribue la paternité de *Monarque*, il est curieux de remarquer que, par l'un ou l'autre, ainsi que par sa mère, il remonte quadruplement à *Eclipse*, et cela, par deux rameaux seulement, *Pot-8-Os*, et *Mercury*.

En effet, *The Emperor* et *The Baron* appartiennent au premier, par leur ancêtre commun, *Whalebone*, tandis que *Poetess* et *Sting* (fille et petit-fils de *Royal-Oak*), se rattachent, par celui-ci, au second.

Voir ci-contre les pedigree de *The Emperor, Sting, The Baron* et *Poetess*.

Pedigree de THE EMPEROR (1841).

Defence, 1824.	Whalebone, 1807.	Waxy, 1790.	Pot-8-Os, 1773.	Eclipse. Sportsmistress, p. Warren's Sportsman, p. Cade, p. **Godolphin Arabian**.
			Maria, 1777.	Herod. Lisette, p. Snap, p. Snip, p. Flying Childers, p. **Darley Arabian**.
		Penelope, 1798.	Trumpator, 1782.	Conductor, p. **Matchem**. Brunette, p. Squirrel, p. Traveller, p. Partner, p. Jigg, p. **Byerly Turk**.
			Prunella, 1788.	Highflyer, p. **Herod**. Promise, p. Snap, p. Snip, p. Flying Childers, p. **Darley Arabian**.
	Défiance, 1816.	Rubens, 1805.	Buzzard, 1787.	Woodpecker, p. **Herod**. Miss Fortune, p. Dux, p. **Matchem**.
			Fille de 1800.	Alexander, p. **Eclipse**. Nelly, p. Otho, p. Moses, p. Lord Chetworth's Fox Hunter, p. Fox Hunter, p. Bald Galloway, p. Saint-Victor's Barb.
		Little Folly, 1810.	Highland Flying, 1798.	Spadille, p. Highflyer, p. **Herod**. Cœlia, p. **Herod**.
			Harriet, 1799	Volunteer, p. **Eclipse**. Fille d'Alfred, p. **Matchem**.
Fille de 1836.	Reveller, 1815.	Comus, 1809.	Sorcerer, 1796.	Trumpator (V. ci-dessus) Y. Giantess, p. Diomed, p. Florizel, p. **Herod**.
			Houghton Lass, 1801.	Sir Peter, p. Highflyer, p. **Herod**. Alexina, p. King Fergus, p. **Eclipse**.
		Rosette, 1806.	Beningbrough, 1791.	King Fergus, p. **Eclipse**. Fille de **Herod**.
			Rosamond, 1788.	Tandem, p. Syphon, p. Squirt, p. Bartlett's Childers, p. **Darley Arabian**. Tuberose, p. **Herod**.
	Design, 1830.	Tramp, 1810.	Dick Andrews, 1797.	Joe Andrews, p. **Eclipse**. Fille de Highflyer, p. **Herod**.
			Fille de 1805.	Gohanna, p. Mercury, p. **Eclipse**. Frazinella, p. Trentham, p. Gower's Sweepstakes, p. Gower's Stallion, p. **Godolphin Arabian**.
		Defiance, 1816 (V. ci-dessus).		

Pedigree de STING (1843).

- **Slane, 1833.**
  - **Royal-Oak, 1823.**
    - *Catton, 1809.*
      - *Golumpus, 1802.*
        - Gohanna, p. Mercury, p. **Eclipse**.
        - Catherine, p. Woodpecker, p. **Herod**.
      - *Lucy Gray, 1800.*
        - Timothey, p. Delpini, ex Hackwood, p. Highflyer, p. **Herod**.
        - Lucy, p. Florizel, p. **Herod**.
    - *Fille de 1816.*
      - *Smolensko, 1810.*
        - Sorcerer, p. Trumpator, p. Conductor, p. **Matchem**.
        - Wowsky, p. Mentor, p. Justice, p. **Herod**.
      - *Lady Mary, 1800.*
        - Beningbrough, p. King Fergus, p. **Eclipse**.
        - Fille de Highflyer, p. **Herod**.
  - **Fille de 1810.**
    - *Orville, 1799.*
      - *Beningbrough, 1791.*
        - King Fergus, p. **Eclipse**.
        - Fille de **Herod**.
      - *Evelina, 1791.*
        - Highflyer, p. **Herod**.
        - Termagant, p. Tantrum, p. Cripple, p. **Godolphin Arabian**.
    - *Epsom Lass, ex Orange Girl, 1803.*
      - *Sir Peter, 1784.*
        - Highflyer, p. **Herod**.
        - Papillon, p. Snap, p. Snip, p. Flying Childers, p. **Darley Arabian**.
      - *Alexina, 1788.*
        - King Fergus, p. **Eclipse**.
        - Lardella, p. Y. Marske, p. Marske, p. Squirt, p. Bartlett's Childers, p. **Darley Arabian**.

- **Écho, 1828.**
  - **Emilius, 1820.**
    - Orville, 1799 (V. ci-dessus).
    - *Emily, 1810.*
      - *Stamford, 1794.*
        - Sir Peter, p. Highflyer, p. **Herod**.
        - Horatia, p. **Eclipse**.
      - *Fille de 1800.*
        - Whiskey, p. Saltram, p. **Eclipse**.
        - Grey Dorimant, p. Dorimant, p. Otho, p. Moses, p. Lord Chedworth's Fox Hunter, p. Fox Hunter, p. Bald Galloway, p. Saint-Victor's Barb.
  - **Fille de 1820.**
    - *Scud, 1804.*
      - Beningbrough, 1791. (V. ci-dessus).
      - *Elisa, 1791.*
        - Highflyer, p. **Herod**.
        - Augusta, p. **Eclipse**.
    - *Pioneer 1804.* ou *Canary Bird, 1806.*
      - *Whiskey, 1789.*
        - Saltram, p. **Eclipse**.
        - Calash, p. **Herod**.
      - *Prunella, 1788.*
        - Highflyer, p. **Herod**.
        - Promise, p. Snap (V. ci-dessus).
      - Whiskey, 1789 (V. ci-dessus).
      - *Canary, 1797.*
        - Coriander, p. Pot-8-Os, p. **Eclipse**.
        - Miss Green, p. Highflyer, p. **Herod**.

Pédigree de THE BARON (1842).

Irish Birdcatcher, 1833.	Sir Hercules, 1826.	Whalebone, 1807.	Waxy, 1790.	Pot-8-Os, p. **Eclipse**. Maria, p. **Herod**.
			Penelope, 1798.	Trumpator, p. Conductor, p. **Matchem**, p. **Godolphin Arabian**. Prunella, p. Highflyer, p. **Herod**.
		Peri, 1822.	Wanderer, 1811.	Gohanna, p. Mercury, p. **Eclipse**. Catherine, p. Woodpecker, p. **Herod**.
			Thalestris, 1809.	Alexander, p. **Eclipse**. Rival, p. Sir Peter, p. Highflyer, p. **Herod**.
	Guiccioli, 1825.	Bob Booty, 1804.	Chanticleer, 1780.	Woodpecker, p. **Herod**. Whim, p. Irish Drone, p. Master Robert, p. Star, p. Highflyer, p. **Herod**.
			Terne, 1785.	Old Bagot, p. **Herod**. Fille de Gamahoë, p. Bustard, p. Crab, p. Alcock's Arabian.
		Flight, 1809.	Irish Escape, 1802.	Commodore, p. Tom Tug, ex Rower, p. **Herod**. Fille de Highflyer, p. **Herod**.
			Y. Heroine, 1795.	Old Bagot, p. **Herod**. Heroine, p. Hero, p. **Herod**.
Echidna 1835.	Economist, 1825.	(Whisker, 1812, propre frère de Whalebone (V. ci-dessus).		
		Floranthe, 1815.	Octavian, 1807.	Stripling, p. Phænomenon, p. **Herod**. Fille d'Oberon, p. Florizel, p. **Herod**.
			Caprice, 1795.	Anvil, p. **Herod**. Madcap, p. **Eclipse**.
	Miss Pratt, 1825.	Blacklock, 1814.	Whitelock, 1803.	Hambletonian, p. King Fergus, p. **Eclipse**. Rosalind, p. Phænomenon, p. **Herod**.
			Fille de 1795.	Coriander, p. Pot-8-Os p. **Eclipse**. Wildgoose, p. Highflyer, p. **Herod**.
		Gadabout, 1820.	Orville, 1799.	Beningbrough, p. King Fergus, p. **Eclipse**. Evelina, p. Highflyer, p. **Herod**.
			Minstrel, 1803.	Sir Peter, p. Highflyer, p. **Herod**. Matron, p. Florizel, p. **Herod**.

Pedigree de POETESS (1838).

```
Royal-Oak,     ┌ Catton,      ┌ Golumpus,   ┌ Cohanna,      { Mercury, p. Eclipse.
1823.          │ 1809.        │ 1802.       │ 1790.         { Fille de Herod.
               │              │             │ Catherine     { Woodpecker, p. Herod.
               │              │             │ 1780.         { Camilla, p. Trentham, p. Gower's Sweepstakes, p. Gower's Stallion,
               │              │             │                  p. Godolphin Arabian.
               │              └ Lucy Gray,  ┌ Timothey,     { Delpini, ex Hackwood, p. Highflyer, p. Herod.
               │                1800.       │ 1794.         { Cora, p. Matchem.
               │                            │ Lucy,         { Florizel, p. Herod.
               │                            │ 1790.         { Frenzy, p. Eclipse.
               └ Fille de     ┌ Smolensko,  ┌ Sorcerer,     { Trumpator, p. Conductor, p. Matchem.
                 1816.        │ 1810.       │ 1796.         { Y. Giantess, p. Diomed, p. Florizel, p. Herod.
                              │             │ Wowsky,       { Mentor, p. Justice, p. Herod.
                              │             │ 1792.         { Maria, p. Herod.
                              └ Lady Mary,  ┌ Beningbrough, { King Fergus, p. Eclipse.
                                1800.       │ 1791.         { Fille de Herod.
                                            │ Fille de      { Highflyer, p. Herod.
                                            │ 1789.         { Fille de Marske, p. Squirt, p. Bartlett's Childers, p. Darley Arabian.

Ada,           ┌ Whisker,     ┌ Waxy,       ┌ Pot-8-Os,     { Eclipse.
1824.          │ 1812.        │ 1790.       │ 1773.         { Sportsmistress, p. Warren's Sportsman, p. Cade, p. Godolphin Arabian.
               │              │             │ Maria.        { Herod.
               │              │             │ 1777.         { Lisette, p. Snap, p. Snip, p. Flying Childers, p. Darley Arabian.
               │              └ Penelope,   ┌ Trumpator,    { Conductor, p. Matchem.
               │                1798.       │ 1782.         { Brunette, p. Squirrel, p. Traveller, p. Partner, p. Jigg, p. Byerly Turk.
               │                            │ Prunella,     { Highflyer, p. Herod.
               │                            │ 1788.         { Promise, p. Snap, p. Snip, p. Flying Childers, p. Darley Arabian.
               └ Anna Bella,  ┌ Shuttle,    ┌ Y. Marske,    { Marske (V. ci-dessus).
                 1810.        │ 1793.       │ 1771.         { Fille de Blank, p. Godolphin Arabian.
                              │             │ Fille de      { Wauxhall Snap, p. Snap (V. ci-dessus).
                              │             │ 1784.         { Hip, p. Herod.
                              └ Fille de    ┌ Drone,        { Herod.
                                1800.       │ 1777.         { Lily, p. Blank, p. Cade, p. Godolphin Arabian.
                                            │ Contessina,   { Y. Marske, p. Marske (V. ci-dessus).
                                            │ 1787.         { Tuberose, p. Herod.
```

et, si les dures épreuves qui lui furent imposées dépassèrent, parfois, les limites de ses forces, elles ne purent jamais atteindre celles de son courage.

A trois ans, *Monarque* ne connut pas la défaite sur le Continent et on le vit remporter successivement la Poule d'Essai, la Poule des Produits, le prix du Jockey-Club, le Derby Continental de Gand, le Grand Saint-Léger de Moulins (dans lequel il rendait facilement 14 livres à *Allez-y-gaiement*, qui l'avait battu, à 2 ans, dans le Grand Critérium), et trois prix gouvernementaux, en fin de saison. Il fut moins heureux en Angleterre, où il ne figura ni dans le Steward's Cup, ni dans le Cesarewitch.

Nous le verrons poursuivre sa magnifique carrière à 4, 5 et 6 ans, puis passer au haras, où il jouera un rôle capital dans notre élevage.

L'année comptait deux autres excellents chevaux que la présence de *Monarque* relègue au second plan : *Baroncino* et *Ronzi*.

Baroncino était également fils de The Emperor (avec Geneviève de Brabant); il appartenait au baron N. de Rothschild, pour qui il enleva le prix de l'Empereur (Grande Poule des Produits), créé cette année même; se plaça deuxième dans le prix du Jockey-Club, précédant *Ronzi*, qui venait de remporter le prix de Diane; puis, suivant le chemin qu'avait tracé *Jouvence*, deux ans auparavant, il s'en va cueillir, en Angleterre, la Goodwoop Cup, après quoi il fut acheté par un Anglais et ne revint pas en France : il ne fit plus rien par la suite.

Ronzi (Sir Tatton Sykes et Florida), à Mme Latache de Fay, est l'héroïne du prix de Diane (1); elle s'adjuge sept autres courses, moins importantes, en province. Au début de la campagne, elle n'avait pu prendre que la troisième place, dans le prix de la Ville de Paris (6.000 fr.), qui était revenu à *Marco Spada*, à H. Jennings.

Tortillard, à M. Ch. de Terves, gagne le prix de l'Empereur (6.000 fr.), à Angers, et l'Omnium, à Paris; — *M. de Saint-Jean*, à M. de Vanteaux, cinq courses, dont le Derby du Midi, à Bordeaux; — *Géranium*, au comte de Blangy, le prix du Printemps, à Paris; — *Brin d'Amour*, au marquis de Ruffignac, le Grand Saint-Léger du Midi, à Pompadour; — *Allez-y-gaiement*, à M. H. Mosselman, le prix du Conseil général, à Moulins; — *Peu d'Espoir* (qui a la même triple origine paternelle que *Monarque*), à M. Aumont, avait acccompagné — sans plus de succès — son camarade *Monarque* dans le Cesarewitch; à son retour en France, il remporta un prix Spécial en *quatre* manches, sur *Ronzi;* il gagna la première épreuve, fit dead-heat à la seconde, fut battu à la troisième, et triompha difficilement à la quatrième, couvrant ainsi 8.000 mètres, pour 3.500 francs!

---

1) La décharge de 1 kil. 1/2, qui était accordée, depuis la création de cette épreuve (1843), aux pouliches engagées dans le prix du Jockey-Club, venait d'être supprimée.

Enfin, dans la même génération, il faut citer une pouliche qui, si elle ne fit pas grand'chose sur le turf — nous ne lui voyons cueillir que le modeste prix de l'École Militaire — s'immortalisera au stud, avec *Monarque*, qui triomphait cette année même : nous voulons parler de Miss Gladiator (Gladiator et Taffrail), qui sera la mère de *Gladiateur*.

Lindor, à M. Lupin, s'était cassé la jambe, à la montée, dans le prix du Jockey-Club.

Festival (Nuncio et Bienséance), à Mme Latache de Fay, n'avait pas fait grand'chose, à 3 ans. Il eut la chance, dans sa quatrième année, de ne rencontrer que des animaux vieillis ou hors de forme, ce qui lui permit de cueillir deux prix gouvernementaux, de 4.000 et 6.000 francs et le Grand Prix Impérial, de 14.000 francs, dans lequel son plus redoutable adversaire était *Rémunérateur*, à M. J. Reiset, vainqueur du prix du Cadran et du prix de l'Empereur, à Chantilly.

La plupart des autres prix Impériaux ou des Haras, à Paris et en province, reviennent à *Hervine*, *Honesty* et *Jouvence*.

Royal-Quand-Même n'avait couru qu'une fois, après quoi il avait été acheté par l'Administration des Haras pour 18.000 francs.

Fa-Dièze, parmi ses neuf victoires régionales, compte le Grand Prix du Midi, 5.000 francs, à Pompadour, et le prix de la Ville de Toulouse, 4.000 francs.

Le meilleur 2 ans est *Miss Cath*, gagnante du prix du Premier Pas et du Grand Critérium, dans lequel elle ne rencontre pas grand' chose.

* *

Afin d'augmenter ses ressources, en vue des dépenses considérables que nécessite l'aménagement du nouvel hippodrome que la Société d'Encouragement se propose de créer dans la plaine de Longchamp, le Jockey-Club fusionne avec le Nouveau Cercle, appelé « Cercle des Moutards », en raison du jeune âge de la plupart de ses membres, et il institue des cartes d'abonnement annuel, au prix de 100 francs, valables pour toutes les réunions de la Société. Elles ne tardent pas à réunir 300 souscripteurs. Le prix d'abonnement fut porté à 125 fr. en 1873 et 150 fr. en 1877 ; elles furent supprimées en 1883.

Pour de plus amples détails sur le futur hippodrome, voir à la fin de l'année 1856.

* *

L'heureuse influence que le rétablissement de l'Empire allait avoir sur le développement des courses n'avait pas tardé à se faire sentir.

C'est ainsi qu'une nouvelle épreuve, appelée à jouer un grand rôle dans l'année sportive, est inscrite au programme du printemps du Champ-de-Mars, le *prix de l'Empereur*, 10.000 francs, offerts par le souverain, pour poulains et pouliches de 3 ans.

Cette épreuve n'est autre que la Grande Poule des Produits.

nom qu'elle prit après la guerre — de 1868 à 1870, elle s'était appelée *prix Morny* — et qu'elle conserva jusqu'en 1896, où elle prit celui de *prix Lupin*, en souvenir du grand sportsman (1).

De même les réunions en province deviennent plus nombreuses, plus suivies et les prix plus réguliers et plus importants. Trois épreuves, qui eurent longtemps leur vogue, datent de cette même année : le *Saint-Léger de l'Ouest et du Midi*, 5.000 francs, à Angoulême ; — l'*Omnium de l'Ouest et du Midi*, 4.000 francs, à Nantes ; — le *Grand Saint-Léger du Midi*, 5.000 francs, à Pompadour.

* * *

Une gageure excentrique d'un nouveau genre, qui prouva, une fois de plus, la supériorité du pur sang, s'était disputée, au printemps, sur l'hippodrome du Champ-de-Mars, où elle avait attiré une foule considérable.

Il s'agissait — comme le rapporte Canter, dans son *ABC des Courses* — du pari qu'avait fait un coureur espagnol réputé, nommé Gennaro, qu'il tiendrait le pas gymnastique plus longtemps qu'aucun cheval ne garderait le trot ou le galop. La distance n'était pas limitée, c'était une lutte de fond, à qui ferait preuve de la plus grande endurance.

On opposa à l'Espagnol des chevaux de toute espèce, arabes, barbes, bretons et normands, choisis avec soin, et un seul pur sang vieux, usé, fatigué, réformé du turf et du haras, nommé *Loto* (Lottery et Zora), né en 1841, dans le Midi, chez l'abbé Deffis, celui que l'on avait baptisé « le Seymour de Tarbes », en raison des immenses services qu'il avait rendus, dans la région, à la cause du pur sang.

Au signal, Gennaro partit au pas gymnastique et, avec lui, tous les chevaux, les uns trottant, les autres au petit galop de chasse. Au bout de deux heures, un cheval abandonna, puis un second, puis un troisième, puis tous, sauf le vieux pur sang de quatorze ans, qui galopait encore fort à son aise, quand Gennaro, épuisé, tomba la face contre terre. A ce moment, la course avait duré quatre heures et demie, et *Loto* avait déjà parcouru 92 kilomètres au galop, soit plus de 20 kilomètres à l'heure, sans se presser et sans manifester la moindre fatigue.

* * *

Nous avons retracé, en 1844, la carrière, sur le turf, de *Faugh-a-Ballagh* (Sir Hercules et Giuccioli). Importé, au cours de l'année 1855, il sera le père de la célèbre *Fille-de-l'Air*.

---

(1) L'allocation primitive de 10.000 francs a été portée successivement à 15.000 francs en 1870 ; 20.000, en 1878 ; 30.000, en 1883 ; 40.000, en 1891 ; à partir de 1915, elle sera de 50.000 francs.
La distance, qui était de 2.100 mètres à l'origine, n'a pas varié.

CHAPITRE XXXIII

ANNÉE 1856

Vermeille. — *Lion* et *Diamant, Miss Cath, Dame d'Honneur, Nat, Éclaireur*. — *Monarque, Ronzi, Peu d'Espoir* (suite). — Vente de l'écurie Aumont. — Entrée en scène du comte Frédéric de Lagrange. — Importation d'*Antonia*. — La Société d'Encouragement prend à bail la plaine de Longchamp et y aménage un magnifique hippodrome.

Une jument qui, ainsi que *Miss Gladiator*, aura une carrière obscure sur le turf, mais que ses succès au haras rendront célèbre, ne peut mieux faire que de cueillir trois modestes épreuves en province : c'est Vermeille, ex-*Merveille* (The Baron et Fair Helen). Elle était née chez M. J. Verry, mais appartenait au comte F. de Montguyon, qui la fit entraîner en Angleterre, jusqu'au prix du Jockey-Club, dans lequel elle ne joua aucun rôle (1).

Le meilleur cheval de l'année — qui aurait peut-être joué un rôle plus considérable s'il n'avait eu d'aussi mauvaises jambes, ce qui ne permit pas d'en faire ce que l'on voulait — était *Lion* (Ion et Miss Caroline), au prince Marc de Beauvau. Non placé dans la Poule d'Essai, il enlève ensuite de deux longueurs le prix du Jockey-Club (après un dead-heat avec *Diamant*, au comte de Morny), le

---

(1) Vendue comme jument de selle au comte Murat, qui ne tarda pas à la réformer, elle devint la propriété de M. H. Delamarre, à qui elle donna successivement : *Vermout, Vertugadin, Vérité, Verdure* (achetée 100.000 francs par M. C.-J. Lefèvre, en 1871 : mère d'*Ismaël* et de *Versigny*), *Verte-Allure*, mère de *Verte-Bonne*.

Ses descendants jouèrent un rôle considérable dans nos grandes épreuves. C'est ainsi qu'on trouve :

7 gagnants du Grand-Prix : *Vermout*, son fils; *Boïard*, son petit-fils; *Fitz-Roya, Vasistas, Rueil, Ragotsky* et *Ténébreuse*, ses arrière-petits enfants; —
5 seconds et 6 troisièmes : *Perplexe, Salteador, Saltarelle, Enguerrande, Mondaine, Polyeucte, Sycomore, Saint-Gall, Révérend, Clément* et *Callistrate*;

6 gagnants du Jockey-Club : *Boïard, Saltarelle, Sycomore, Monarque, Chêne-Royal* et *Ragotsky*;

3 gagnants du prix de Diane : *Enguerrande, Mondaine, La Jonchère, Campêche, Verte-Bonne, Mademoiselle de Senlis* et *Praline*.

Grand Saint-Léger de Moulins, sur *Miss Cath*, *Dame d'Honneur*, etc. et, en fin de saison, le prix Spécial, à Paris.

Dame d'Honneur (The Baron et Annetta), au comte F. de Lagrange, troisième dans la Poule d'Essai, remporte ensuite le prix de Diane et le prix de la Ville de Versailles; dans le prix de Diane, elle devançait *Miss Cath* (Gladiator et Georgette), au prince M. de Beauvau, qui finit devant elle dans le Grand Saint-Léger et dans l'Omnium.

Cette dernière épreuve était revenue à *M. Henry* (Ion et Victorine), à M. H. Mosselmna, qui avait déjà remporté le prix du Trocadéro, à Paris, et le Derby Continental, à Gand.

Nat (M. Waggs et Nativa), à M. A. Aumont, avait enlevé la Poule d'Essai et la Poule des Produits, sur *Éclaireur* (Mr. Waggs et Lanterne), à M. Lupin, vainqueur du prix du Printemps, à Paris, puis du Grand Handicap de 6.000 francs, à Caen.

Les deux Derbys régionaux avaient été pour des pouliches; celui du Midi, à Bordeaux, pour *Ruth*, au comte de Coux, et celui de l'Ouest, pour *Fleur-de-Lys*, à M. J. Robin.

Monarque, gagne cinq courses sur les huit qu'il dispute, dont les prix du Cadran, des Pavillons et le prix Impérial de 6.000 francs, à Paris; mais, sur 3.200 mètres, à Chantilly, il succombe, en lui rendant 10 livres et le sexe, contre *Ronzi*, qui avait remporté précédemment le prix de la Ville de Paris et qui termina la campagne par une belle victoire dans le Grand Prix Impérial, où *Peu d'Espoir*, à M. Aumont, vainqueur de cinq prix gouvernementaux, l'avait battu d'une tête à la première épreuve.

Comme l'année précédente, *Monarque* et *Peu d'Espoir* tentèrent, sans succès, la fortune en Angleterre : le premier, dans le Steward's Cup et le Goodwood Cup, où il finit troisième; le second, dans les Goodwood Stakes, qui donnèrent lieu à une terrible bousculade : sur les vingt-deux chevaux qui prirent part à la course, huit tombèrent et quatre jockeys furent grièvement blessés.

La lauréate des vétérans, en province, est *Arlette*, au comte A. Desmonts, qui ne remporte pas moins de douze courses, dont le Grand Prix du Midi, de 5.000 francs, à Pompadour.

Le Grand Critérium revient à *Duchess*, battant d'une encolure *Florin* et *Commelles*, les vainqueurs des deux Critériums de Chantilly; parmi les non placés, figure *Varna*, qui avait gagné le prix du Premier Pas.

Mlle de Chantilly avait enlevé le Critérium de Moulins, puis elle avait succombé contre *Commelles*, dans le Deuxième Critérium.

**

Deux des chevaux les plus fameux du turf français, *Gabrielle d'Estrées* et *Trocadéro*, devaient naître d'*Antonia* (Epirus et The Ward of Cheap), née en 1851, qui venait d'être importée.

⁂

Au milieu d'octobre, une grosse rumeur vint mettre en émoi le monde des courses. On apprit, en effet, que M. Alexandre Aumont, malgré les succès répétés et retentissants qu'il remportait sur le turf, allait, une fois encore, faire une vente publique de tous ses chevaux à l'entraînement, au *Tattersall français*, qui venait de se fonder (1). On était encore sous le coup de cette nouvelle, quand on apprit que cette vente sensationnelle n'aurait pas lieu, M. Aumont ayant traité à l'amiable pour l'ensemble de toute son écurie avec un seul acquéreur. La vente comprenait, entre autres chevaux, *Monarque* et *Peu d'Espoir*, 4 ans; *Brutus* et *Mlle de Chantilly*, 2 ans; M. Aumont s'interdisait, en outre, de faire courir pendant trois ans et il s'engageait, pendant ce temps, à livrer à cet acheteur tous les produits nés à Victot, sauf ceux de *Hervine*. De plus, son habile entraîneur Tom Jennings passait au service de l'acheteur.

Cet acheteur, dont le nom encore inconnu du monde des courses allait briller d'un éclat sans pareil, et qui entrait dans l'arène avec le plan mûrement étudié de libérer notre élevage de la servitude dans laquelle il se débattait encore; cet acheteur, qui rêvait de paraître en maître sur les champs de courses d'Epsom, de Newmarket et de Doncaster, et qui devait y cueillir une gloire jamais plus atteinte depuis lors; cet acheteur, — à la jeune écurie de qui l'empereur Napoléon III passait pour ne pas être étranger, — n'était autre que le COMTE FRÉDÉRIC DE LAGRANGE, la plus grande figure du turf français.

Fils d'un général du Premier Empire, le comte Frédéric de Lagrange, qui était né le jour même de la bataille de Waterloo, avait été admis au Jockey-Club dès la seconde année de sa fondation, en 1835, alors qu'il n'était pas encore majeur.

Entré de bonne heure en possession d'une importante fortune — ainsi que le rappellent MM. Gibert et de Massa, dans leur *Histoire du Jockey-Club*, — le comte de Lagrange s'adonna de bonne heure à son penchant pour les affaires industrielles, autant qu'à son goût pour les chevaux.

Sa première entreprise le mit à la tête de la poste aux chevaux de Courbevoie, qu'il exploita pendant plusieurs années.

Il forma ensuite un équipage de chasse à courre qui découpla longtemps autour de son domaine de Dangu, aussi bien que dans la forêt de Gisors. Plus tard, lorsqu'il vendit sa meute, ses deux piqueurs, La Trace et La Feuille, passèrent, avec une partie des chiens, dans la vénerie impériale.

(1) Modeste au début, cet établissement, fondé par Chéri-Salvador, le marchand de chevaux, au n° 11 de la rue de Ponthieu, où son gendre Lyon lui succéda en 1871, est celui que dirige aujourd'hui M. Chéri-Halbron.
À l'exemple du Tattersall de Londres, qui peut être considéré comme la Bourse des paris, on songea à installer le betting-room chez Chéri-Salvador. Mais l'agencement du local ne s'y prêtait guère et l'on dut y renoncer. (Voir *Salon des Courses*, année 1861.)

Conseiller général de l'Eure en 1849, et, en même temps, député du Gers — où il avait une verrerie d'un outillage considérable, — il conserva son double mandat électif jusqu'en 1870, et fut fait sénateur après le Plébiscite, six semaines avant le 4 septembre.

A l'époque qui nous occupe, il avait compris quel développement l'institution des Courses allait tirer de la fondation de l'hippodrome de Longchamp; imbu d'idées nouvelles en matière de sport et d'élevage, dont la hardiesse avait séduit l'Empereur, il entrait tout d'un coup dans la lice avec le plan bien arrêté d'aller battre les Anglais sur leurs propres hippodromes, en leur empruntant, pour cela, leurs propres armes; il avait étudié la question et s'était rendu compte que leur supériorité tenait bien moins à leurs chevaux qu'à leurs méthodes et à leurs terrains d'entraînement, et, dès le début, il mit ses idées en pratique, en ayant deux centres d'entraînement : l'un à Royallieu, avec Henry Jennings, l'autre à Phantom Cottage, à Newmarket, avec son frère cadet Thomas (1).

Mais reportons-nous un peu en arrière, et voyons comment on en était arrivé à déserter enfin le Champ-de-Mars.

L'Empire allait, on le sait, transformer Paris. Dans le plan colossal d'agrandissements du baron Haussmann figurait l'embellissement du Bois de Boulogne, qui devint la propriété de la Ville de Paris, le 13 juillet 1852. Des travaux considérables, qui ne s'élevèrent pas à moins de 16 millions de francs, furent aussitôt entrepris pour sa transformation et son agrandissement, qui fut augmenté de 200 hectares (873 au lieu de 676). Puis vint, en 1854, la cession de la plaine de Longchamp à la Ville de Paris.

Depuis longtemps, la Société d'Encouragement avait compris quel hippodrome défectueux était le Champ-de-Mars, combien son insuffisance nuisait au développement des courses, et la nécessité qu'une ville comme Paris eût un champ de courses digne de sa réputation. D'ailleurs, le Ministère de la Guerre revendiquait le Champ-de-Mars pour les exercices militaires de la garnison.

Mais où s'installer?

C'est alors, au printemps de 1854, que le comte de Morny — à

---

(1) Tous deux s'étaient formés, comme tant d'autres hommes de cheval consommés, à l'école de Thomas Carter, l'ancien entraîneur de lord Seymour. Après un stage à Turin, chez le prince de Carignan, Tom Jennings était entré chez M. Aumont. Il passa ensuite chez le comte de Lagrange, et prépara les chevaux les plus fameux de ce propriétaire ou de son associé, M. C.-J. Lefèvre, *Hospodar, Fille-de-l'Air, Gladiateur, Mortemer, Reine, Chamant, Flageolet, Saint-Christophe, Verneuil, Clémentine, Rayon d'Or, Tristan, Albion, Archiduc*, etc. A la mort du comte de Lagrange, en 1883, Tom Jennings, aujourd'hui retraité, devint entraîneur public.

Sa méthode de travail différait essentiellement de celle de son frère Henry : alors que celui-ci s'ingéniait à ne pas trop pousser ses pensionnaires afin de les conserver le plus longtemps possible en condition satisfaisante, Tom Jennings, au contraire, excellait à les amener au maximum de leur forme en vue de certaines épreuves déterminées.

qui l'institution des courses doit une gratitude profonde pour le concours puissant et éclairé qu'il ne cessa de lui prêter, et dont nous aurons occasion de reparler, — suggéra à la Société d'Encouragement l'idée d'établir un hippodrome dans la plaine de Longchamp.

L'idée fut accueillie avec enthousiasme, malgré les risques et les dépenses. Pour y faire face, le Jockey-Club avait fusionné, comme nous l'avons dit, avec le Nouveau Cercle, dit « Cercle des Moutards », et avait trouvé de suite une ressource annuelle supplémentaire de 30.000 francs avec ses cartes d'abonnement. Enfin, après de longues et difficiles négociations entamées avec la Ville de Paris, la Société d'Encouragement obtenait, le 23 mars 1856, la concession, ratifiée par décret du 17 décembre, pour cinquante ans, à dater du 1er janvier 1857, de 66 hectares de terrain dans la plaine de Longchamp, moyennant un loyer annuel de 12.000 francs et à charge par elle de dépenser au moins 300.000 francs en travaux et en construction de tribunes permanentes ; d'autre part, un tarif déterminait les prix d'entrée à percevoir sur l'hippodrome à toutes les réunions ; enfin, la Société était obligée de consacrer intégralement à la création de prix de courses le produit net des recettes provenant de l'exploitation (1).

La plaine était alors coupée par un bras de la Seine, impraticable à la navigation, et séparée du bois par un mur de clôture et par un mamelon assez élevé au sommet duquel se trouvait l'ancien cimetière de Boulogne. On juge de l'importance des travaux qu'il fallut exécuter pour faire de ce terrain marécageux l'hippodrome actuel.

On créa deux pistes de 30 mètres de large : une, de 2.000 mètres de long, tracée dans la plaine (moyenne piste) ; l'autre, de 3.000 mètres de long (grande piste), qui se développe en partie sur la pente douce qui relie la plaine au bois. La troisième piste, de 1.600 mètres de long (petite piste), fut créée dès l'année suivante.

On juge de l'activité fébrile avec laquelle furent poussés les travaux, quand nous dirons que l'inauguration de Longchamp eut lieu un an après, le 26 avril 1857.

---

(1) Le chiffre minimum de 300.000 francs de travaux, s'éleva, dès le début, à près de treize cent mille francs ; depuis, avec les agrandissements successifs de l'enceinte du pesage et des tribunes, la Société d'Encouragement n'a pas dépensé moins de cinq millions en travaux de tous genres.
Rappelons que les tribunes primitives en bois, détruites pendant la guerre de 1870-71 et reconstruites presque aussitôt, étant devenues insuffisantes avec le développement constant des courses, furent remplacées, en 1904, par les vastes tribunes en pierre actuelles.
Le bail de la Société d'Encouragement, pour l'exploitation de l'hippodrome, a été prorogé, pour cinquante nouvelles années, en 1891. (Pour les conditions, voir chapitre LXVIII.)

LIVRE V

1857 A FIN 1870

CHAPITRE XXXIV

ANNÉE 1857

L'hippodrome de Longchamp. — *Mlle de Chantilly*, *Florin*, *Potocki*, *Duchess*. — *Monarque* (suite), sa victoire dans la Goodwood Cup. — Mort de *Gladiator*. — Importation de *The Nabob*. — Début de l'écurie du baron A. de Schickler. — Rétablissement de la présidence de la Société d'Encouragement. — Création du haras de Dangu. — Vente de l'écurie du prince de Beauvau au baron Nivière. — Grève des garçons d'écurie, à Courteuil. — Courses à Mantes. — *Blink Bonny*, *Imperieuse* et *Vedette*.

L'ouverture de l'hippodrome de Longchamp et l'entrée en scène du comte de Lagrange marquent une phase capitale de l'histoire des Courses en France, et la période qui s'étend de 1857 jusqu'à la guerre de 1870, est incontestablement la plus brillante du turf français.

Le comte de Lagrange libéra notre élevage de la servitude dans laquelle il se traînait, et la création du Grand Prix de Paris, — conséquence de la fondation de l'hippodrome de Longchamp, — donna à notre sport tout le relief qui lui manquait.

L'inauguration de l'hippodrome de Longchamp eut lieu le dimanche 26 avril, avec une grande solennité.

L'Empereur et l'Impératrice, retenus par leurs devoirs aux Tuileries, étaient représentés par le roi Jérôme et son fils le prince Napoléon, accompagnés du prince de Nassau, et escortés par le prince

Murat, le maréchal Magnan, le duc de Morny, président du Corps législatif; Achille Fould, ministre des Finances; Rouher, ministre de l'Agriculture et du Commerce; Baroche, président du Conseil d'État; les Préfets de la Seine et de Police, etc.

En dépit du temps gris et froid, une foule énorme de curieux avait envahi le Bois de Boulogne, moins attirés par les courses, il faut le reconnaître, que par le désir de contempler la nouvelle promenade qui était offerte aux Parisiens.

Quant à l'hippodrome lui-même, il rallia tous les suffrages. Il ne pouvait en être autrement. Par sa conformation, ses dimensions, son décor de verdure et son horizon de coteaux, Longchamp, de l'avis même des étrangers, est le plus beau champ de courses du monde entier. Il n'en est aucun qui soit plus grandiose et plus plaisant, tout à la fois; aucun, où le spectateur puisse mieux suivre toutes les péripéties d'une course.

La piste fut jugée des plus élastiques, les tribunes des plus confortables et l'installation générale parfaite, bien qu'elle ne comportât pas encore d'abris pour seller les chevaux en temps de pluie.

Les balances, le vestiaire des jockeys et le bureau de la Presse se trouvaient où est actuellement le buffet, dans le pavillon à gauche de la tribune impériale. Ils y demeurèrent jusqu'à l'édification des vastes tribunes actuelles, en 1904.

Le terrain de Longchamp, bien que compris dans la zone du Nord, était considéré comme neutre.

La recette dépassa 20.000 francs, ce qui fut jugé magnifique, étant donné que ne figuraient pas dans ce chiffre les abonnements à l'année que l'on venait de créer, non plus que les nombreuses invitations lancées par les pouvoirs publics, la Ville de Paris, etc.

La foule était si considérable et les équipages si nombreux, que les Commissaires, le baron de La Rochette, M. J. Reiset et le comte Alfred de Noailles durent retarder la première course de plus d'une demi-heure.

La mode était alors, pour le public mondain, d'assister aux courses de sa calèche, sur la pelouse, ou d'y venir à cheval : aussi comptat-on 700 voitures, 11 four-in-hands (on ne disait pas encore mail-coachs) et près de 300 cavaliers.

On enregistra plus de 3.000 entrées au pesage, dont les honneurs étaient faits aux dames par MM. Mackenzie-Grieves, comte de Lauriston, comte de Juigné, comte Greffulhe et vicomte de Marcy, que le Comité avait délégués à cet effet. On sait que, jusqu'à la fin de l'Empire, le Jockey-Club se montra gardien sévère de l'étiquette, et que les demi-mondaines — que l'on appelait, au moment de l'inauguration de Longchamp, les « Filles de marbre » en souvenir de la pièce célèbre de Théodore Barrière — n'étaient pas admises au pesage. Elles se contentaient de suivre les courses, de leur calèche, sur la pelouse, et leurs voitures ne furent pas les moins entourées de toutes celles qui s'y trouvaient ce jour-là.

Au milieu de la foule élégante du pesage, circulait, pimpante et fraîche, avec son éventaire fleuri, la bouquetière Isabelle, qui vendait des fleurs au coin de la rue de Gramont et qui venait, sur la proposition d'Ernest Le Roy, d'être autorisée à prendre le titre de « bouquetière du Jockey-Club », bénéfice dont elle a profité pendant plus de vingt ans, dans le vestibule du Cercle et aux Courses, où elle exerçait son industrie à l'exclusion de toute autre fleuriste.

L'usage voulait que, chaque année, le gagnant du prix du Jockey-Club l'habillât à ses couleurs jusqu'au Derby suivant, ce qui confirmait d'autant mieux le monopole dont elle jouissait dans l'enceinte du pesage, monopole qui n'a pas été renouvelé quand Isabelle prit sa retraite.

**

Le Comité de la Société d'Encouragement est porté à trente membres.

Les principales modifications inscrites à son programme général consistent dans la suppression du parcours en partie liée, dans le Grand Prix Impérial, qui est ramené à 6.000 mètres, en une épreuve, et dans le transfert, à la réunion d'automne, de l'Omnium et du Grand Critérium, qui s'étaient disputés jusqu'alors à Chantilly.

Le budget des courses, pour les trois hippodromes de Paris, Chantilly et Versailles, s'élève déjà à 200.400 francs (1).

La journée d'ouverture de Longchamp ne comprenait que des courses plates. Il n'en sera pas ainsi des autres, qui se termineront encore souvent par une course de haies. Celles-ci ne disparaîtront complètement des programmes de la Société qu'en 1860.

Comme il fut longtemps de coutume, la première journée débutait par La Bourse. C'était alors un modeste prix de 1.000 francs. *Miss Gladiator*, qui avait 5 ans, y fut battue par *Éclaireur*, à M. Lupin.

L'épreuve principale, le prix de la Ville de Paris, 6.000 francs,

---

(1) Cette somme de 200.400 francs était ainsi constituée : offerts par l'Empereur, 24.000 ; — Société d'Encouragement, 65.500 ; — Gouvernement, 78.000 ; — Conseils généraux de l'Oise et de Seine-et-Oise, 7.500 ; — Compagnies de chemins de fer, 2.500 ; — Société des Courses et Ville de Versailles, 5.700.
Elle était ainsi répartie :

Paris	(printemps), 4 journées	62.000	francs.
Chantilly	— 3 —	47.700	—
Versailles	— 2 —	17.200	—
Chantilly	(automne), 1 journée	17.000	—
Paris	— 3 —	56.500	—
	Total	200.400	francs.

offerts par le Conseil Municipal, revint encore à M. Lupin, avec son 3 ans, *Potocki* (The Baron ou Nunnykirk et Myszka), qui ne l'emporta que d'une tête sur un autre 3 ans, *Marville*, précédant le vieux *Monarque*, qui leur rendait 47 livres pour deux années.

Les autres épreuves de la journée furent : le prix de l'Administration des Haras (2.000 fr.), pour *Miss Bird*, au baron E. Daru; le prix du Cadran (3.000 fr.), pour *Nat*, à M. Stenger, et le prix de Boulogne (2.000 fr.), pour *Avron*, à Mme Latache de Fay.

Quand vint le prix du Jockey-Club, *Potocki* avait encore remporté le prix du Ministère de l'Agriculture (2.000 fr.), et le prix des Écuries (handicap, 4.000 fr.), à Chantilly, sur un champ nombreux, portant 53 kil. 1/2, le topweight de son âge.

Les préférences du ring allaient cependant à son camarade *Florin* (Surplice et Payment), qui avait battu au petit galop *Mademoiselle de Chantilly*, dans la Poule d'Essai, puis qui s'était promené dans la Poule des Produits, devant des adversaires médiocres (1). Bien en prit à M. Lupin d'avoir plusieurs représentants dans la course — il en avait un troisième, nommé *Paladin*, — car *Florin* se croisa les jambes dans la descente et tomba. *Potocki* n'eut pas de peine à suppléer son camarade et il l'emporta facilement sur *Brutus*, *Serious* et huit autres, dont *Mademoiselle de Chantilly* (Gladiator et Maid of Mona), au comte de Lagrange.

Celle-ci, qui allait, la première, illustrer la casaque bleu et rouge, était sans contredit la meilleure bête de l'année. Battue, pour sa rentrée, par *Florin*, dans la Poule d'Essai, elle n'avait pas à s'employer pour enlever le prix de l'Empereur (Grande Poule) et le prix de Diane, sur *Duchess*, au prince Marc de Beauvau, et trois autres. Elle faisait une mauvaise course dans le prix du Jockey-Club, succombait à Versailles, contre *Last Born* — qui remportera l'Omnium — et *Brutus*, dans le prix de la Société, puis, dans le Handicap, où elle avait la tâche sévère de rendre 22 livres à *Vert-Galant*, à M. H. Delamarre. Mais elle rachetait ces défaillances par ses victoires dans le Derby Continental de Gand et le Grand Saint-Léger de Moulins, sur *Duchess*, à qui elle rendait 11 livres, et *Florin*, à poids pour sexe.

Deux jours plus tard, le prix du Conseil général — où *Duchess* reçoit, cette fois, 18 livres de *Mademoiselle de Chantilly* et 7 du 4 ans *Séville* — donne lieu à un triple dead-heat, qui se termine, à la seconde épreuve, par le succès de *Duchess*. La pouliche du prince de Beauvau remporta cinq autres victoires, don un prix de 4.000 fr., à Spa et un prix Principal de 5.000 francs sur *Potocki*.

Mésange, à M. Lupin, avait gagné le prix du Printemps; — *Théa*, au comte de Lagrange, le prix de la Ville de Caen, 6.000 francs, —

---

(1) *Florin* avait été importé dans le ventre de sa mère, qui sera aussi celle du célèbre *Dollar*.

LE PADDOCK DE LONGCHAMP, EN 1857.

1. *Monarque* (monté par Spréoty). — 2. Comte H. Greffulhe. — 3. M. Ch. Calenge. — 4. Baron ...kler. — 5. M. Henri Delamarre. — 6. Comte de Saint-Roman. — 7. Comte de Gramont-Caderousse. — 8. Baron J. Finot. — 9. H. Je... \ Comte Frédéric de Lagrange. — 11. M. H. Mosselman. — 12. Duc de Plaisance. — 13. Comte d'Hédouville. — 14. Comte Paul Dar... nte d'Hédouville. — 16. Baron de La Rochette. — 17. M. Mackenzie-Grièves.

1. *Monarque* (monté par Spréoty). — 2. Comte H. Greffulhe. — 3. M. Ch. Calenge. — 4. Baron ... kler. — 5. M. Henri Delamarre. — 6. Comte de Saint-Roman. — 7. Comte de Gramont-Caderousse. — 8. Baron J. Finot. — 9. H. Je... ... Comte Frédéric de Lagrange. — ... 11. M H. Mosselman. — 12. Duc de Plaisance. — 13. Comte d'Hédouville. — 14. Comte Paul Dar... nte d'Hédouville. — 16. Baron ... de La Rochette. — 17. M. Mackenzie-Grièves.

(D'après le tableau du Baron J. Finot, qui se trouve au Jockey-Club).

LE PADDOCK DE LONGCHAMP, EN 1857.

et *Muséum*, au comte P. Rœderer, le Handicap libre, dont l'allocation n'était encore que de 1.000 francs.

En province, les meilleurs 3 ans sont : *Acajou*, au prince Marc de Beauvau, gagnant de la Poule des Produits, 6.000 francs, à Angers ; — *Accroche-cœur*, à M. de Vanteaux, Poule des Produits, 6.000 fr., à Bordeaux ; — *Mademoiselle Marco*, au comte de Coislin, Derby de l'Ouest, à Nantes, et Poule d'Essai de l'Ouest, à Poitiers ; — *Sylvain*, à M. Th. de Sévin, 6 prix, dont le Derby du Midi, 5.000 fr., à Bordeaux, et le Saint-Léger de l'Ouest et du Midi, 5.000 fr., à Angoulême ; — *Vergiss-mein-Nicht*, à M. de Vanteaux, 7 prix, dont le Grand Saint-Léger du Midi, à Pompadour.

Il y avait peu de chose à glaner pour les vieux chevaux, avec un adversaire de la taille de *Monarque*, aussi *Dame d'Honneur*, *Diamant*, *Miss Cath*, *Ronzi* et *Monarchist* doivent-ils se contenter de succès secondaires.

Monarque avait commencé par succomber, à 47 livres pour deux années, contre *Potocki* et *Marville*, dans le prix de la Ville de Paris ; il enlevait ensuite le prix des Pavillons sur *Ronzi*, et, le jour même où sa camarade *Mademoiselle de Chantilly* triomphait dans le prix de Diane, il l'emportait difficilement, dans le prix des Haras, sur *Lion*, qui n'en recevait cependant que deux livres pour l'année. Une semaine plus tard et rendant, cette fois, 11 livres à ce même *Lion*, il ne le battait que d'une tête dans la première manche du prix de l'Administration ; dans la seconde épreuve, *Lion* avait la partie gagnée, quand il se brisait le paturon à quelques mètres du poteau, ce qui permettait à *Monarque* de le dépasser.

Nous voyons celui-ci cueillir ensuite plusieurs prix Impériaux en province, avant de disputer, à l'automne, le prix de l'Empereur, à Chantilly. Il n'y est pas placé, bien que recevant l'année du vainqueur *Fisherman*, que suivent ses deux autres compatriotes, *Saunterer* et *Commotion*, avec lequel *Mademoiselle de Chantilly* partage la troisième place. Puis il a facilement raison de *Potocki*, dans le prix Impérial de 6.000 francs, et n'a que son contemporain *Monarchist* à battre, dans le Grand Prix de 14.000 francs.

Plus heureux en Angleterre que l'année précédente, il y remporte d'une tête, avec 55 kilos, le Goodwood Cup, sur *Richer* (3 ans, 46 kilos), *Fisherman* (4 ans, 57 kil. 1/2) et un lot nombreux. Il avait habilement esquivé une terrible bousculade, dans laquelle la favorite *Gemma di Vergy*, *Gunboat* et *Florin*, qui portait l'argent français, avaient été littéralement culbutés. Parmi les non placés figuraient encore *Potocki*, *Paladin* et l'américain *Pryoress*, qui remporta par la suite le Cesarewitch, après un dead-heat à trois.

Ronzi ne joua aucun rôle dans cette épreuve, non plus que *Mademoiselle de Chantilly* dans le Cambridgeshire.

Le prix du Premier Pas était revenu à *Chevrette*, sur un champ de dix-sept partants, dont faisaient partie *Balagny* et *Étoile-du-Nord*.

Balagny remporte par la suite le Premier Critérium, sur *Martel-en-Tête*, mais aucun d'eux ne joue de rôle dans le Grand Critérium, que *Tonnerre-des-Indes* — déjà vainqueur de la Poule de Deux ans — enlève d'une encolure à *Gouvieux* et *Goëlette*, laquelle avait eu en partage le Deuxième Critérium.

Bois-Robert gagne, en fin de saison, le prix des Réservoirs, et *Trovatore*, le prix des Tribunes (handicap, 2.100 mètres), avec 35 kilos, sur *Nat*, vainqueur du Prix du Cadran, qui lui rend 57 livres pour deux ans, et un lot nombreux.

* *

Le fameux *Gladiator* mourut au cours de l'année. Il était âgé de 24 ans. Nous renvoyons aux détails que nous avons donnés, lors de sa venue en 1846, sur cet étalon célèbre, qui fut un des fondateurs de la race de pur sang en France.

Par contre, notre élevage s'enrichit de l'importation de *The Nabob* (The Nob et Hester), né en 1849, à Hampton Court, alors que le haras royal n'était pas encore reconstitué et que le colonel Peel avait son établissement d'élevage dans le domaine de la Reine. C'était un beau cheval noir, mesurant 1 m. 62, dont l'origine était superbe, puisqu'il remontait, par son père, à *Partisan*, *Smolensko* et *Rubens*, et, par sa mère, à *Orville* et *Whalebone*. Sur les 26 courses qu'il disputa, il n'en gagna que six, mais il fut très souvent deuxième. Ses plus belles performances consistaient en une victoire, à 4 ans, dans le Chesterfield Cup, où *Jouvence* était quatrième, et une place de second, dans l'Ascot Cup, derrière l'invincible *West-Australian*.

Il sera le père, entre autres produits, de quatre chevaux renommés, *La Toucques*, *Vermout*, *Bois-Roussel* et *Suzerain*.

The Nabob avait été payé 30.000 francs par le baron Arthur de Schickler, un des plus grands éleveurs dont notre pays s'honore, qui venait précisément de débuter sur le turf cette année même. On sait les succès retentissants auxquels était appelée sa casaque blanche, à manches et toque cerise. Le baron de Schickler avait alors son élevage au Bois de Boulogne; ce n'est qu'après la guerre de 1870 qu'il installa le célèbre établissement de Martinvast, dans la Manche.

Comme autres faits intéressants survenus au cours de cette même année, nous pouvons rappeler :

le rétablissement en faveur du vicomte Paul Daru, de la présidence du Comité de la Société d'Encouragement qui avait été supprimée en 1840, à la séparation de la Société et du Cercle du Jockey-Club ;

la création, par le comte de Lagrange, du superbe haras de Dangu, près de Gisors, comprenant 22 hectares d'excellentes prairies ;

la liquidation, malgré ses nombreux succès, de l'écurie de courses du prince Marc de Beauvau, vendue en bloc, à la fin de la saison, au baron Nivière (1), qui conserva H. Jennings, comme entraîneur, et fonda peu après le haras de Villebon ;

la grève des garçons d'écurie dans l'établissement de M. Fasquel, à Courteuil (Senlis) ; faute de politiciens pour l'envenimer, elle n'eut que la durée d'un éclair et tout se borna à quelques vitres brisées ;

enfin l'inauguration des courses de Mantes, dont il n'y aurait pas lieu de parler vu le rôle effacé qu'elles ont joué, si l'on ne relevait, dans le règlement de la Société qui les institua, cette clause malheureuse : « Tout propriétaire gagnant, non membre de la Société, laissera au fonds de courses la somme de 100 francs pour un prix de 1.000 francs et de 200 francs pour un prix supérieur, entrées comprises. » Cet impôt de 10 p. 100, à une époque où les allocations étaient encore modestes, n'était guère fait, on en conviendra, pour attirer les concurrents.

°

En Angleterre, les honneurs de la campagne sont pour les pouliches, qui triomphent dans le Derby et le Saint-Léger.

---

(1) Le prince Marc de Beauvau était un grand seigneur qui faisait courir moins par goût que par luxe. Il avait débuté sur le turf en 1839, avec une jument achetée au comte de Morny. Dès l'année suivante, il installait un haras à Viroflay et augmentait considérablement sa cavalerie, qui était à La Morlaye, sous la direction de Henry Jennings, qu'il laissait maître de la conduire comme bon lui semblait. En 1853, le prince, tout en conservant la plus grosse part de l'entreprise, forma, pour une durée de quatre ans, une société avec son frère, le prince Etienne de Beauvau, le comte Wladimir de Komar, le vicomte Onésime Aguado et le comte Manuel de Noailles.
Jusque-là, les couleurs du prince de Beauvau — casaque et toque rouges — avaient connu les plus grands succès, remportant, entre autres, le prix du Jockey-Club, avec *Lanterne;* 5 fois le prix de Diane, avec *Nativa, Lanterne, Dorade, Sérénade* et *Fleur-de-Marie;* 3 fois la Poule des Produits, avec *Commodore Napier, Lioubliou* et *Fontaine;* la Poule d'Essai, avec *Commodore Napier;* le prix du Cadran, avec *Nativa;* 2 fois le Grand Prix Royal, avec *Prédestinée* et *Sérénade*.
A partir de ce moment, commence l'ère des déboires. Aussi, malgré les victoires de *Lion*, dans le prix du Jockey-Club, et de *Naney*, dans la Poule d'Essai, l'association, arrivée à expiration à la fin de 1857, ne fut pas renouvelée et toute l'écurie fut cédée au baron Nivière.

Blink Bonny (Melbourne et Queen Mary, par Gladiator), à W. l'Anson, enlève le Derby et les Oaks, établissant, dans la première de ces épreuves, le record du temps en 2′45″, qui ne sera abaissé qu'une cinquantaine d'années plus tard, à 2′36″1/5, par *Lemberg*, en 1910.

Eleanor était, avant elle, la seule pouliche qui eût remporté le Blue-Ribbon, en 1801.

Les Mille Guinées et le Saint-Léger sont l'apanage d'*Imperieuse* (Orlando et Eulogy). Elle sera importée chez nous, en 1859, et jouera un rôle important dans notre élevage, comme nous le verrons.

Les poulains ne remportent que les Deux mille Guinées, avec *Vedette* (Voltigeur et Irish Birdcatcher mare, iss. de Nan Darrell), qui sera le père de *Galopin*.

CHAPITRE XXXV

ANNÉE 1858

Ventre-Saint-Gris, La Maladetta, Gouvieux, Brocoli, Fürens, Goélette, Martel-en-Tête, Zouave. — Monarque, Mlle de Chantilly et Potocki (suite). — Le prix Biennal et le prix de la Forêt. — Fondation des courses de Bade. — Chevaux français gagnants du Grand Prix de Bade et du prix de l'Avenir.

Le prix du Jockey-Club offrit ceci de particulier, d'abord qu'il réunit un champ de vingt-quatre compétiteurs — le plus nombreux qu'on eût encore vu et même qu'on ait vu depuis lors ; — ensuite, qu'il fut enlevé dans un canter par un poulain qui y faisait ses débuts en public, comme *Blair-Athol* fera les siens dans le Derby d'Epsom, en 1864. Ce poulain, nommé *Ventre-Saint-Gris* (Gladiator et Belle-de-Nuit), appartenait au comte de Lagrange. D'un entraînement extrêmement délicat, en raison de la fragilité de ses jambes, il ne put jamais être remis en état et, moins heureux que *Blair-Athol*, mais semblable en cela à ses devanciers, *Romulus* et *Amalfi*, vainqueurs de cette même épreuve, en 1839 et 1851, il ne gagna pas d'autre course par la suite. (Il en sera de même, en 1887, du second *Monarque*.) Encore cette unique victoire lui fut-elle contestée, sans succès, d'ailleurs, l'enquête des Commissaires de la Société d'Encouragement ayant établi que l'origine de *Ventre-Saint-Gris* était parfaitement régulière.

Le prix du Jockey-Club fut retardé par neuf faux départs causés, ainsi que le dit ingénument le *Calendrier des Courses*, « par la désobéissance obstinée de certains jockeys, qui ont absolument refusé de faire leur devoir. En conséquence, il a été infligé : à Mundy, une amende de 200 francs, à Ashmall, de 100 francs, et à Plumb, de 40 francs. En outre, ces trois jockeys ont été exclus des courses de la Société pendant l'année 1858 ».

Les Commissaires, comme on le voit, étaient plus sévères autrefois qu'aujourd'hui.

Les places d'honneur revinrent à *Fürens* et *La Maladetta;* parmi les non placés figuraient *Tonnerre-des-Indes* et le grand favori *Gouvieux* (Lanercost et Fatima), au comte de Prado, vainqueur de la Poule des Produits et du prix de l'Empereur (Grande Poule), dans lesquels il avait précédé chaque fois *Tonnerre-des-Indes* et *La Maladetta* (The Baron et Refraction).

Cette pouliche, qui appartenait à M. A. Lupin, remporta, par la suite deux belles victoires, à Bade, dans le prix de la France, puis, dans le Grand Prix, sur *Goëlette, Gouvieux, Ventre-Saint-Gris,* etc.; mais elle ne put prendre que la troisième place, dans le Grand Saint-Léger, derrière *Fürens* et *Fort-à-Bras* (1).

Parmi les autres trois ans, on peut citer : *Brocoli* (Gladiator et Cauliflower), au comte P. Rœderer, qui remporta la Poule d'Essai; — *Étoile-du-Nord* (The Baron et Maid of Hearth), au comte de Lagrange, gagnante du prix de Diane, sur *Goëlette* (Ion et Georgette), au baron Nivière, qui remporta le prix d'Iffezheim, à Bade; — *Fürens* (Elthiron et Loïsa), à Mme Latache de Fay, le Grand Saint-Léger de France; — *Comtesse* (The Baron ou Nuncio et Eusébia), au comte de Lagrange, le Derby Continental, à Gand (2); — *Cagliostro*, à M. H. Delamarre, prix de la Ville de Paris; — *Martel-en-Tête*, à M. J.-G. Schickler, prix du Printemps; — *Zouave*, au comte de Lagrange, l'Omnium.

A 6 ans, *Monarque* remporta, avec 55 kilos, le Newmarket Handicap (21.125 francs), et dix jours après, *Mlle de Chantilly* enleva, sur un champ de vingt-six chevaux, le City and Suburban. C'est à ce meeting d'Epsom que *Monarque* parut pour la dernière fois en public, étant tombé broken-down en disputant le Great Metropolitan Handicap.

Notons que c'est à la suite de sa double victoire dans le Goodwood Cup, l'année précédente, et dans le Newmarket Handicap, que les Anglais — reconnaissant que nos chevaux commençaient à valoir les leurs — enlevèrent aux chevaux étrangers l'humiliant avantage de poids qu'ils leur avaient accordé jusque-là.

Monarque est non seulement le premier en date de nos grands chevaux, mais encore l'un des meilleurs qui soient nés en France. Au haras, il fut plus remarquable encore que sur le turf, et c'est à lui que nous devons un élevage *indigène*. Si, jusque-là, quelques poulinières étaient françaises, par contre, les étalons étaient, presque sans exception, d'importation anglaise, *Rainbow, Cadland Royal-Oak* et *Gladiator*, formant le quatuor fondamental de la race nationale. Avec

---

(1) *La Maladetta* sera la mère de *Tourmalet* (1862), *Cerdagne* (1866) et *Vignemale* (1876); elle mourut après la naissance de ce dernier

(2) *Comtesse* sera la mère du fameux *Mortemer*.

Monarque et *Fitz Gladiator*, un des fils de *Gladiator*, les choses allaient changer de face, et, pendant quarante années, leur sang devait régner en maître, concurremment, après 1870, avec ceux de *Dollar* et de *Vermout*.

Le prix de saillie fut fixé à 500 francs, somme énorme pour l'époque, et que le *Racing-Calendar* n'avait jamais enregistrée encore pour un étalon français.

Dès ses débuts au stud, *Monarque* allait prouver que ce prix était cependant bien au-dessous de sa valeur. Jamais reproducteur, en effet, ne transmit à sa descendance, avec autant d'égalité et de sûreté, ses hautes qualités de courage et d'endurance (1).

Il mourut au haras de Dangu, chez le comte de Lagrange, à l'âge de 22 ans, en 1874.

Parmi les autres vétérans, *Potocki* enlève le prix du Cadran, mais il ne peut rendre l'année à *Nab* et 16 livres à *Forêt-du-Lys*, dans le prix des Haras.

Ronzi succombe contre *Vert-Galant*, dans le prix de l'Esplanade, et *Miss Cath* s'adjuge le Grand Prix Impérial de 14.000 francs, après avoir été battue, dans le prix de l'Empereur, à Chantilly, par l'anglais *Saunterer* (2); elle y précédait du moins les meilleurs trois ans, *Zouave*, *Ventre-Saint-Gris* et *Gouvieux*; — celui-ci avait remporté, à Bade, le prix de la Ville (Handicap, 4.500 fr.).

Miss Gladiator, alors âgée de 6 ans, avait gagné, à ce même meeting, une petite course de haies, pour M. Fasquel.

Black-Prince, pour son unique sortie, avait enlevé le prix du Premier Pas, et *Nuncia*, le Grand Critérium.

* *

Le *prix Biennal* date de 1858. Il se disputait au printemps, à Longchamp. L'allocation qui, à dater de 1913, sera de 40.000 francs à 4 ans, n'était que de 2.000 francs au début.

---

(1) Indépendamment de *Gladiateur*, le cheval phénomène, dont nous parlons plus loin, *Monarque* donna successivement :
Hospodar (gagnant, à deux ans, des Clearwell et des Criterion Stakes, favori des Deux mille Guinées et du Derby, où il ne fut pas placé, ayant perdu toute forme), *Le Maréchal, Le Mandarin, Gédéon, Y. Monarque, Auguste, Longchamp, Boulogne, Le Sarrazin, Patricien, Trocadéro, Henry, Consul, Don Carlos* et tant d'autres, tous grands vainqueurs en France et en Angleterre, et dont plusieurs furent, à leur tour, les souches de lignées remarquables.
Il est à noter que *Monarque* fut plus heureux avec ses fils qu'avec ses filles, dont une seule, *Reine* (issue de *Fille-de-l'Air*), s'illustra par ses victoires dans les Mille Guinées et les Oaks, en 1872.

(2) *Saunterer* (Irish Birdcatcher et Ennui) avait quatre ans. C'était un excellent cheval qui, sur les 55 courses qu'il disputa au cours de sa carrière, en remporta 27, dont les Coupes d'Ascot et de Goodwood, et deux fois le Whip.
Il avait déjà pris la seconde place, dans cette même épreuve, l'année précédente, derrière son compatriote *Fisherman*.

Le *prix de la Forêt* est de cette même année. Jusqu'en 1907 où il fut transféré à Paris, il se courut à la réunion d'automne de Chantilly. Ouvert, au début, aux seuls chevaux de 2 et 3 ans, il admit les 4 ans et au-dessus à partir de 1878. La distance, d'abord de 2.100 mètres, a été réduite à 1.600 en 1878, 1.400 en 1884, pour être ramenée à 1.600 depuis 1907.

L'allocation a subi la progression suivante : 1.000 francs à l'origine ; 2.000, en 1861 ; 3.000, en 1865 ; 4.000, en 1876 ; 10.000, en 1878 ; 20.000, en 1886 ; 30.000, en 1911.

***

Le 5 septembre 1858 vit l'inauguration des Courses de Bade sur (l'hippodrome d'Iffezheim), qui devaient, dès l'origine, rencontrer la plus grande vogue et placer le nouveau meeting au rang des réunions européennes de premier ordre (1).

(1) La station thermale de Bade était déjà le rendez-vous de tout le monde élégant quand, en 1857, le fermier des jeux, Bénazet, eut l'idée d'adjoindre les courses aux autres attractions qu'il offrait aux étrangers. Grâce au concours de la Société d'Encouragement, une société particulière fut vite constituée, qui eut pour commissaires deux de ses membres, MM. J. Reiset et Mackenzie-Grieves, avec le commandant Gersau, et, pour secrétaire-trésorier, son propre secrétaire, M. Grandhomme. Trois cent mille francs furent dépensés pour le nivellement de la piste, le percement de chemins, la construction des tribunes et des écuries ; et, les travaux ayant été poussés avec activité, l'inauguration du nouveau champ de courses put avoir lieu dès l'automne de l'année suivante, en présence du Grand-Duc et de la Grande-Duchesse de Bade, du Roi de Wurtemberg et d'une foule de notabilités mondaines allemandes, françaises et anglaises.

Situé à deux lieues de Bade et à une heure de la station d'Oos, dans un endroit admirable, en pleine Forêt-Noire, l'hippodrome d'Iffezheim, de forme ovale, est limité : au nord, par un bois ; au sud, par le village ; à l'est, par une colline d'où l'œil embrasse un magnifique panorama ; à l'ouest, derrière les tribunes, par le Rhin.

En raison de l'éloignement, les courses de Bade n'attirèrent que tout à fait exceptionnellement les concurrents anglais ; mais les chevaux français y vinrent nombreux qui, par leur supériorité sur l'élevage allemand naissant, remportèrent presque tous les prix, en dépit des surcharges élevées qui leur étaient imposées. Le succès de la réunion badoise n'en alla pas moins grandissant d'année en année — de 48.500 francs en 1858, le budget des courses atteignait déjà 90.000 francs, en 1869 — quand éclatèrent les événements de 1870.

Non seulement le Jockey-Club français demeura désormais étranger aux courses, où jusqu'alors il avait exercé son autorité, mais nos chevaux, qui avaient fait la fortune de l'hippodrome d'Iffezheim, cessèrent de s'y rendre, et jusqu'au jour lointain où ils en reprendront le chemin, le meeting badois perdra son caractère international et mondain, pour demeurer exclusivement allemand.

M. Dupressoir, le nouveau tenancier des jeux — qui avait offert de reconstituer, avec ses uniques ressources, la Société des Courses, ce qu'avaient refusé les Jockey-Clubs français et autrichien ainsi que l'Union-Club de Berlin — n'en fit pas moins les frais, en 1871, des différents prix, que le duc de Hamilton fut le seul propriétaire étranger à venir disputer.

Reconstituée en 1873, la Société des Courses de Bade ne cessera dès lors de progresser chaque année, et, en 1912, son budget, pour les six journées qu'elle donna dans la seconde quinzaine d'août, s'est élevé à 553.750 francs, pour les

Jusqu'à la guerre de 1870, les courses de Bade attireront l'élite des chevaux français. Puis une quinzaine d'années se passeront avant que nos écuries ne reprennent le chemin du théâtre où triomphèrent successivement *Vermout, Fille-de-l'Air, Stradella, Mon Étoile, Capucine, La Toucques, Ruy-Blas* et *Trocadéro*, pour ne citer que les plus célèbres de nos champions.

courses plates seulement, dont les principales sont : le Grand Prix de Bade et le prix de l'Avenir.

Le GRAND PRIX DE BADE date de l'année même de la fondation. Il est ouvert aux chevaux de 3 ans et au-dessus de tous pays, avec allégeance de poids pour les chevaux indigènes, et surcharges pour les gagnants, à l'étranger, de certaines épreuves.

La distance primitive de 3.200 mètres a été abaissée à 2.800 mètres en 1888, et 2.200, en 1894, pour être fixée à 2.400 depuis 1897.

L'allocation a subi maintes alternatives de haut et de bas : 14.000 francs à l'origine ; 15.000, en 1862 ; 20.000, en 1865 ; 15.000, en 1873 ; 7.500, en 1874 ; 12.500, en 1875 ; 25.000, en 1876 ; 50.000, en 1883 ; 37.500, en 1886 ; 50.000, en 1889 ; 80.000, en 1896 ; 100.000, en 1898 ; 75.000, en 1900 ; 50.000, en 1906 ; 62.500, en 1907 ; 50.000, en 1908 ; 75.000, en 1910 ; 100.000, en 1911.

Le prix comporte, en outre, une coupe d'or, offerte par le Grand-Duc.

De 1883 à 1897 inclus, il s'appela le *prix du Jubilee*.

Notre élevage y a triomphé sans interruption de 1858 à 1872 inclus, avec *La Maladetta*, à M. Lupin (1858) ; *Géologie*, au baron Nivière (1859) ; *Capucine*, à M. Benoist (1860) ; *Mon Étoile* à M. P. Aumont (1861) ; *Stradella*, au comte de Lagrange (1862) ; *La Toucques*, à M. de Montgomery (1863) ; *Vermout* et *Vertugadin*, à M. H. Delamarre (1864 et 1865) ; *Étoile Filante*, à M. H. Lunel (1866) ; *Ruy Blas*, à M. L. André (1867) ; *Trocadéro*, au comte de Lagrange (1869) ; *Cerdagne*, à M. L. Delâtre (1869) ; la réunion n'a pas lieu en 1870 ; *Monseigneur* et *Dami*, au duc de Hamilton (1871 et 1872).

Après une abstention d'une quinzaine d'années, nous reprenons le cours de nos succès, avec *Plaisanterie*, à M. H. Bouy (1885) ; *Néro*, à M. H. Jennings (1886) ; *Waverley*, au comte Le Marois (1888), *Tantale, Yellow, Perdican* et *Gobseck*, au prince d'Arenberg et au comte de Juigné (1889, 1890, 1892 et 1899) ; *Le Capricorne* et *Semendria*, au baron de Schickler (1891 et 1901) ; *La Camargo*, à M. Abeille (1902) ; *Vinicius, Gouvernant* et *Azalée*, à M. Ed. Blanc (1903, 1905 et 1909) ; *Exéma*, au vicomte d'Harcourt (1904) ; *Hautbois*, à M. Caillault (1906) ; *Mlle Bon*, à Mme N. G. Cheremeteff, qui partage le prix avec *Azalée* (1909) ; *Badajoz*, à M. Michel Lazard (1911) ; *Rire aux Larmes*, à M. X. Bailli (1912).

L'allocation du PRIX DE L'AVENIR, pour chevaux de 2 ans de tous pays, n'était, à l'origine, que de 4.000 francs. Elle est aujourd'hui de 62.500 francs, ce qui en fait une des épreuves continentales les plus importantes pour jeunes chevaux.

Ceux de nos représentants qui l'ont remporté sont :

Partisan et *Clermont*, au duc de Morny (1861 et 1864) ; *Le Maréchal, Soumise, Montgoubert, Le Sarrazin* et *Florian*, au comte de Lagrange (1862, 1863, 1866, 1867 et 1869) ; *Czar*, à H. Jennings (1865) ; *Mlle de Fligny*, à M. P. Aumont (1868) ; *Cigarette*, au duc de Hamilton (1871) ; *Yellow*, au prince d'Arenberg (1889) ; *Fra Angelico*, au baron de Schickler (1891) ; *Melchior*, à M. E. Veil-Picard (1893) ; *Alençon, Ob* et *Champ d'Or*, à M. Ephrussi (1901, 1903 et 1904) ; *Mireille*, à M. Caillault (1902) ; *Sauge Pourprée*, au comte Le Marois (1907) ; *Roquelaure*, au baron Gourgaud (1908) ; *Lord Burgogne, Quai-des-Fleurs*, et *Guerroyante*, à M. E. Blanc (1910, 1911 et 1913).

CHAPITRE XXXVI

ANNÉE 1859

Mort de lord Henry Seymour. — Inauguration du chemin de fer de Chantilly. — *Black-Prince, Géologie, Nuncia, Union Jack, Bakaloum* et *Comtesse*. — *Martel-en-Tête, Zouave* et *Tippler* (suite). — M. Latache de Fay. — Importation de *The Flying Dutchman, Pyrrhus-the-First, Imperieuse, Partlet* et *King of the Forest*. — Mort de *Melbourne*. — Erreur de classement dans le Derby.

Le fondateur de la Société d'Encouragement, lord Henry Seymour, mourut le 16 août, à l'âge de cinquante et un ans.

Lord Seymour peut être considéré comme le véritable créateur des courses de chevaux. C'est à très juste titre qu'on l'a appelé « le Père des pères du Turf français », et nul n'a joué, chez nous, un rôle plus considérable.

Nous avons longuement retracé sa carrière, et nous ne reviendrons pas sur les incidents regrettables qui le poussèrent à abandonner de bonne heure l'œuvre qu'il avait fondée.

Jusqu'alors, le chemin de fer déposait les voyageurs à Saint-Leu, d'où les omnibus de Chantilly les amenaient aux courses. Le 16 mai, jour du prix de Diane, eut lieu l'inauguration de la ligne Paris-Chantilly. On sait quel essor ces communications directes allaient donner aux réunions de l'hippodrome des Condés.

Le prix du Jockey-Club est porté à 20.000 francs et s'élève, avec les entrées et forfaits, à 57.800 francs. Il est gagné par *Black-Prince* (Nuncio et Creeping Jenny), au comte de Lagrange, qui n'avait pas reparu en public depuis sa victoire, à deux ans, dans le prix du Premier Pas, le jour du prix de Diane. Il battait *Fortune*, *Phare* et seize autres, parmi lesquels les deux favoris, *Géologie* et *Charles-le-Téméraire*. Il remporta encore le Grand Saint-Léger, le Derby Continental, à Gand, et le second prix Spécial à Paris, d'une demi-tête sur *Pâquerette*, qui l'avait battu d'une encolure, quelques jours auparavant, dans le premier prix Spécial. Il n'avait pas été placé dans le Grand Prix de Bade.

Le meilleur 3 ans est sans contredit *Géologie* (The Prime Warden et Georgette), au baron Nivière, qui enlève successivement le prix du Printemps, la Poule des Produits, battant d'un nez seulement *Union Jack*, le prix de Diane, dans un canter sur *Suzannah*, *Nuncia* et sept autres, et le Grand Prix de la Ville de Bade (14.000 fr. et un objet d'art) sur *Fortune*, *Nuncia*, *Black-Prince*, etc. A la fin de l'année, elle tentera la fortune, sans succès d'ailleurs, dans le Cambridgeshire.

Nuncia (Nuncio et Fatima), au comte de Lagrange, qui avait été très brillante à 2 ans, ne retrouve sa forme qu'au meeting de Bade, où elle enlève le Saint-Léger Continental et le prix de la Ville, et se place troisième dans le Grand Prix. Elle remporte ensuite de nombreuses épreuves en province et elle termine la campagne par une victoire dans l'Omnium, sur sa camarade *Mlle de Chantilly*.

Le prix de l'Empereur (Grande Poule), qui s'élève à 35.000 francs, était revenu à *Union-Jack* (Gladiator et Taffrail), au comte de Lagrange, et la Poule d'Essai, à *Bakaloum* (The Baron ou Ion et Sérénade), à M. H. Mosselman.

Martel-en-Tête, à M. Schickler, qui s'était placé deuxième, dans le City and Suburban, s'adjuge le prix du Cadran ; — *Fort-à-Bras*, à M. Fasquel, le prix de la Ville de Paris, battant d'une tête *Zouave*, qui remporte ensuite le prix des Pavillons et, à l'automne, deux prix gouvernementaux, dont l'un de 6.000 francs, avant de succomber, ainsi que sa camarade *Mlle de Chantilly*, *Gouvieux* et *Goëlette*, contre *Tippler*, dans le Grand Prix Impérial.

Comme l'année précédente, le prix de l'Empereur, à Chantilly, était revenu au concurrent anglais, *Gaspard*, monté par G. Fordham.

Mon Étoile et *Capucine* s'annoncent comme les meilleurs produits de la jeune génération, bien qu'elles eussent échoué, toutes deux, dans le prix de l'Avenir, à Bade, contre la pouliche allemande, *Atalante*, qu'elles rencontraient cependant à poids égal.

Capucine appartenait à M. Benoist, qui avait succédé à M. Bénazet, à la ferme des jeux de Spa, et *Mon Étoile*, à M. A. Aumont. Le délai qui, d'après son contrat avec le comte de Lagrange, le tenait éloigné du turf depuis 1856, était arrivé à expiration (1), et la casaque blanche à toque verte avait fait sa réapparition, avec *Mon Étoile*, qui, par ses succès faciles dans le prix du Premier Pas et le

---

(1) Cette année même il avait encore livré au comte de Lagrange trois jeunes produits qui devaient faire parler d'eux : *Palestro*, *Compiègne* et *Gabrielle d'Estrées*.

Grand Critérium, semblait vouloir marcher sur les traces glorieuses de sa mère, *Hervine*, dont elle était le premier produit.

M. Latache de Fay, le plus malchanceux des propriétaires de l'époque, mourut au cours de l'année. Il avait eu quelques bons chevaux (1), mais joua toujours de malheur dans le prix du Jockey-Club, l'épreuve entre toutes qu'il rêvait cependant de gagner. On prétend qu'avant de mourir, il fit jurer à sa femme de faire courir jusqu'à ce qu'elle eût atteint ce résultat ou dépensé encore deux cent mille francs. Par une amère ironie du sort, son poulain *Beauvais* devait précisément y faire triompher ses couleurs l'année même qui suivit sa mort !

**

On avait inauguré, au meeting de printemps de Longchamp, la *Poule Triennale* (embryon du prix La Rochette actuel), qui ne vécut que trois ans. Elle était tout à fait sans importance, ne comportait aucune allocation et se composait uniquement des entrées d'ailleurs fort peu nombreuses.

**

The Flying-Dutchman, dont nous avons parlé en 1849, fut importé par l'Administration des Haras, qui l'avait payé 105.000 francs.

De son côté, le baron de Nexon, faisait venir, pour son haras de la Haute-Vienne, un autre vainqueur du Derby, *Pyrrhus-the-First* (Epirus et Fortres), né en 1842, qui se montra reproducteur quelconque.

Enfin, M. A. Lupin enrichissait son stud de Vaucresson de deux poulinières de grande origine, *Impérieuse* et *Partlett*, qui devaient faire souche de quelques-uns des meilleurs produits de son élevage (2).

A titre de curiosité, on peut rappeler aussi le nom de *King of the Forest* (Orlando et Forest-Flower), né cinq ans auparavant, en Angleterre qui, délaissant la gloire des champs de courses pour celle des

---

(1) Les meilleurs avaient été : *First Born* (Poule d'Essai, 1851), *Trust* (Cadran, 1853, et Grand Prix impérial, 1855) et *Ronzi* (Diane, 1855, et Grand Prix Impérial, 1856).

(2) *Impérieuse* (Orlando et Eulogy), née en 1854, morte en 1870. Gagnante des Mille Guinées et du Saint-Léger. Mère de *Deliane* (mère d'*Enguerrande*, *La Jonchère*, *Florestan* et *Xaintrailles*) et d'*Ermeline* (mère d'*Yvrande*, mère de *Melchior*).

Partlet (Irish Birdcatcher et Gipsy), née en 1849, morte en 1876. Mère de : *Partisan*, père de *Lutin* ; — *Plutus*, père de *Flageolet* ; — *Perle* ; — *Mercédès* et *Puebla* ; — *Jeune Première*, mère de *Garrick* ; — *Postérité*, mère de *Prométhée* ; — *Perçante*, mère de *Soukaras*.

champs de bataille, servit de monture, en cette année 1859, au maréchal de Mac-Mahon, à la bataille de Magenta.

L'élevage anglais fit une grosse perte avec la mort de l'étalon *Melbourne*. Nous renvoyons à la notice que nous lui avons consacrée, en 1837.

Signalons enfin, pour la rareté du fait, unique dans les annales du turf, la méprise du juge à l'arrivée qui, dans le Derby, gagné par *Musjid*, confondit les casaques de plusieurs jockeys et plaça deuxième *Ticket of Leaves*, lequel ne figurait même pas dans le peloton de tête!

Ce n'est que le surlendemain que l'erreur fut rectifiée, et *Ticket of Leaves* distancé de la place qui lui avait été indûment attribuée.

CHAPITRE XXXVII

ANNÉE 1860

M. Alexandre Aumont. — *Mon Étoile, Capucine, Surprise, Beauvais, Pierrefonds, Gustave, Violette.* — *Géologie* et *Light* (suite). — Le prix des Lions. — Premières allocations de la Société d'Encouragement à la province. — Suppression des courses de haies, à Longchamp. — Courses à Marseille. — Fusion des écuries Lagrange et Nivière : « la Grande Écurie ». — En Angleterre : première tentative d'un cheval français dans le Derby d'Epsom; *Thormanby* et *Buccaneer;* création de la Brighton Cup; fixation d'un poids minimum en courses. — Importation de *West-Australian*. — Réorganisation des Haras.

La mort de M. A. Aumont, la réorganisation des Haras et la fusion des écuries Lagrange et Nivière sont, dans l'ordre chronologique, les faits dominants de l'année.

Nous renverrons la réorganisation des Haras à la fin de ce chapitre, pour nous occuper d'abord des choses intéressant plus directement les courses.

M. Alexandre Aumont mourut au début de l'année, au moment où, comme nous l'avons vu, ses couleurs — absentes du turf depuis trois ans — semblaient appelées à de brillants succès, avec sa pouliche *Mon Étoile* (Fitz-Gladiator et Hervine), l'héroïne de la campagne de deux ans.

M. A. Aumont était alors une des personnalités les plus considérables du monde du sport. Nous avons dit comment, en 1844, il avait pris la suite de l'écurie de courses plates de son frère Eugène, après le scandale *Tontine-Herodia*, et nous l'avons vu, depuis lors, marcher de succès en succès, et faire de son haras de Victot comme le type de l'élevage français (1).

(1) Avant de prendre la suite de son frère Eugène, M. A. Aumont était associé à Saint-Contest, près de Caen, avec M. Basly, le créateur du demi-sang en Normandie, qui le quitta quand il le vit se consacrer ainsi au pur sang. Connais-

Sous la casaque de son fils Paul, *Mon Étoile* — bien que disqualifiée, par la mort de son nominator, dans toutes les grandes épreuves classiques, en vertu du règlement anglais, qui était alors en vigueur chez nous — n'en fournit pas moins une carrière fructueuse, remportant notamment, à l'automne, le prix de l'Empereur, à Chantilly, et l'Omnium, prenant, dans les deux circonstances, sa revanche sur *Capucine*, qui l'avait battue dans le Grand Prix de Bade (1).

Capucine (Gladiator et Bathilde) était également la gagnante, à Bade, du Saint-Léger Continental; à Gand, du Derby Continental; à Spa, du prix de la Sauvinière, et de nombreuses courses en province, mais elle n'avait pas figuré dans le prix de Diane, qui était revenu à *Surprise* (Gladiator et Gringalette), au baron Nivière.

Surprise — qui sera avec *Light*, dont nous parlons plus loin, la mère de la célèbre *Sornette* — avait remporté, au préalable, le prix de la Néva, et, par la suite, le Grand Prix de Versailles, celui de Moulins et celui de Marseille, ainsi que le prix Municipal, à Gand; mais elle succomba, dans le prix Principal, à Paris, contre *Black-Prince*, qui lui rendait 19 livres et le sexe.

Parmi les autres non placées du prix de Diane, figurait *Sauvagine*, qui sera la mère de *Salvator*.

Après ces trois pouliches, un seul poulain se détache, *Beauvais* (Elthiron et Wirthschaft), à Mme Latache de Fay, qui, après avoir succombé contre *Pierrefonds* (Buckthorn et Muley Moloch mare), dans le prix de la Ville de Paris, remporte le prix de l'Empereur (Grande Poule), le prix du Jockey-Club (qu'il n'enlève que d'une tête à *Gouverneur*, qui ne précède *Pierrefonds* que d'une encolure), et plusieurs courses en province, dont le Grand Prix, à Pompadour.

Gustave (Lanercost et Bounty), au baron N. de Rothschild, peut être cité pour ses victoires du prix du Printemps et de la Poule d'Essai sur *Violette* (Ion et Launcelot mare), qui remporta ensuite la Poule des Produits et un petit prix à Bade.

Parmi les quatre ans, *Géologie* et *Light*, au baron Nivière, se distinguent tout particulièrement : la jument, en triomphant dans six épreuves, sur toutes les distances, depuis les 800 mètres du prix du Gros-Chêne, jusqu'aux 4.200 mètres du Cadran; et le cheval, en établissant le record du nombre des courses gagnées d'affilée, avec

seur émérite en chevaux, A. Aumont — qui prit alors pour associé et entraîneur Tom Hurst — fonda le haras de Victot, dont l'élevage ne tarda pas à jouir d'une grande réputation. Ce fut l'époque des succès de *Déception, Fitz Emilius, Liverpool* et *Morok*. En 1848, désirant être seul maître chez soi, il se sépara de Tom Hurst, vendit sa cavalerie et, pendant deux ans, cessa de faire courir. Il confia ensuite ses chevaux à Tom Jennings et, jusqu'à la fin de 1856, où il avait cédé son écurie en bloc au comte de Lagrange, il occupa une place prépondérante sur le turf avec *La Clôture, Hervine, Porthos, Échelle, Aguila, Royal-Quand-Même, Fitz-Gladiator* et *Monarque*.

(1) *Mon Étoile* sera l'arrière-grand'mère de *Plaisanterie*.

19 victoires consécutives, aux quatre coins de la France, sur tous les parcours, avant de succomber d'une tête, dans le Liverpool Autumn Cup, contre *The Brewer*, cheval âgé, auquel il rendait 12 livres. Il n'avait pas été placé, dans le Grand Prix de l'Empereur (Gladiateur), qui était revenu à *Lysiscote*, au comte de Lagrange.

Né en 1856, chez le marquis de Talhouët et vendu yearling au baron Nivière, *Light* (The Prime Warden et Balaclava), n'avait pas couru à deux ans et n'avait commencé à trouver sa véritable forme qu'au milieu de sa troisième année. Il sera le père, avec *Surprise* dont nous venons de parler, de *Sornette*, et, avec *Bataglia*, de *Bigarreau*, les deux chevaux qui, en 1870, porteront si glorieusement la casaque de Charles Laffitte.

Mlle de Chantilly ramasse sept prix gouvernementaux à Caen, Moulins, Angoulême, etc.; — *Black-Prince*, le prix Principal (5.000 fr.), à Paris; — et *Gouvieux*, trois courses, dont le prix Impérial (6.000 fr.), à Longchamp.

Isabelle avait enlevé le Grand Critérium, et *Egmont*, le prix du Premier Pas.

* * *

Le budget total des courses plates, en 1860, s'élève à 862.700 francs, dont plus du tiers (300.000 fr.) sont encore faits par le Gouvernement. Celui-ci touche à la fin de sa mainmise sur les courses, et peu d'années nous séparent du moment où la Société d'Encouragement sera enfin libre de ses mouvements.

En attendant, il n'est pas de campagne où elle n'augmente son budget (1) et ne crée de nouvelles épreuves.

Cette fois, c'est, au printemps, le *prix des Lions* (2.000 fr.), qui, en dépit de son peu d'importance, jouira longtemps d'une vogue spéciale, et permettra aux plus habiles gentlemen-riders des différentes époques de se faire applaudir du public. La liste serait longue de tous les cavaliers mondains qui y prirent part, et, pour ne citer que les plus connus, on peut rappeler, au hasard, les noms de MM. le baron de La Rochette, comte d'Hédouville, baron Finot, comte Lehndorff, — qui sera, pendant trente ans, le grand maître des Haras impériaux d'Allemagne, — duc de Gramont-Caderousse, prince d'Orange, H. Blount, Edmond Blanc, Maurice Ephrussi, etc.

Enfin l'année 1860 voit la dernière course de haies sur l'hippodrome de Longchamp, dont plus d'une réunion se terminait par une épreuve de ce genre.

---

(1) Pour la première fois, la Société distribue des allocations à la province. Ces subsides régionaux — qui dépasseront un million de francs, en 1913 — sont encore bien modestes et ne s'élèvent qu'à 12.000 francs, répartis en six prix de 2.000 francs chaque, à Angoulême, Caen, Mont-de-Marsan, Moulins, Toulouse et Valenciennes.

Les courses de Marseille datent de cette année, car on ne peut vraiment considérer comme telles les informes tentatives faites précédemment.

Sous l'active impulsion de M. Delahante, il y a réunion au printemps et à l'automne, et le budget s'élève dès le début, à près de 50.000 francs, dont 17.000 francs pour les courses d'obstacles. Les épreuves principales sont : le *Grand Prix de Marseille* (10.000 fr.), le *prix du Château-Borelli* (6.000 fr.), et le *prix des Phocéens* (4.000 fr.) pour chevaux de deux ans.

Le meeting d'automne — le plus important des deux — très habilement placé à l'extrême limite de la saison de plat, alors que Longchamp a déjà fermé ses portes, aura le privilège d'attirer de nombreux représentants des écuries parisiennes, qui en assureront le succès croissant (1).

A noter, à la petite réunion de Craon, le prix Vernet, doté d'une allocation de 1.500 francs et d'un tableau d'Horace Vernet.

*
* *

Un gros événement marque l'année : nous voulons parler de la fusion des écuries du comte de Lagrange et du baron Nivière, qui eut lieu à l'automne. La chose fit grand bruit et cette formidable association — la « Grande Écurie », comme on l'appela — inspira, un moment, les craintes les plus sérieuses pour l'avenir du turf. Déjà puissantes séparément, les deux écuries, en réunissant leurs forces, formaient une coalition redoutable qui semblait devoir régner en maîtresse absolue sur les hippodromes et décourager, par cela même, tous les autres propriétaires, ainsi condamnés à se contenter des miettes du festin qu'elle voudrait bien leur laisser.

Comme on le verra, ces appréhensions étaient non seulement exagérées, mais encore mal fondées, car, malgré ses succès, la Grande Écurie — dont l'existence fut du reste éphémère, — loin de nuire à l'essor des courses, ne fit au contraire que contribuer à leur développement, par l'émulation qu'elle suscita.

*
* *

Au printemps, le comte de Lagrange, mettant en pratique le projet qu'il avait formé d'attaquer nos voisins d'Outre-Manche dans leurs

---

(1) Aujourd'hui, le budget total des courses de Marseille s'élève à 346.000 francs, dont 209.000 francs pour le plat, répartis sur 19 journées (8 au printemps, 3 à l'été, et 8 à l'automne).

Après Deauville, Nice et Vichy, c'est actuellement la ville de France la plus richement dotée, bien que son programme ne comporte encore aucune épreuve de l'importance du Derby du Midi, à Bordeaux.

positions les plus inexpugnables, avait fait une tentative qui, pour ne pas réussir, n'en fit pas moins couler des flots d'encre.

Depuis l'année 1794, où *Cantator*, né en Angleterre, avait porté les couleurs de Philippe-Égalité, dans le Derby d'Epsom, nos compatriotes n'avaient jamais tenté la fortune en Angleterre que dans les handicaps ou dans celles des épreuves où leurs chevaux étaient avantagés au poids, comme la Goodwood Cup, par exemple.

Mais aucun n'aurait songé à risquer l'aventure dans une grande épreuve classique, à poids égal.

Ce que nul n'avait osé jusque-là, le comte de Lagrange l'osa, et son poulain *Dangu* — né en France, de Fitz-Gladiator et Maid-of-Hearth, — alla disputer le Derby d'Epsom

Cette tentative — qu'un succès éclatant devait cependant couronner cinq ans plus tard — fut taxée de « folie pure », et, pour bien montrer le peu de cas qu'il faisait d'un tel adversaire, le betting anglais laissa partir *Dangu* à 200/1.

Cet adversaire était des plus médiocres, en effet, ce qui ne l'empêcha toutefois pas de finir quatrième, à la stupéfaction générale, devant un lot qui comprenait *Buccaneer*.

Sa camarade d'écurie, *Mlle de Chantilly*, n'avait été battue que d'une tête, par *Weatherbound*, dans le Cambridgeshire, et par *The Brewer*, dans le Liverpool Autumn Cup.

*
*

En Angleterre, deux chevaux de trois ans méritent de fixer notre attention.

C'est d'abord *Thormanby* (Melbourne ou Windhound et Alice Hawthorn), à M. Merry, vainqueur, à deux ans, de 9 courses sur 14; à trois ans, du Derby, des Claret-Stakes; à quatre ans, de l'Ascot Gold Cup, etc.

Thormanby est le père d'*Atlantic* (Deux mille Guinées, 1874), père lui-même de *Le Sancy;* — de *Charibert* (Deux mille Guinées, 1879), — et de *Hester* (Mille Guinées, 1870).

Puis *Buccaneer* (Wild Dayrell et Red Rover mare, issue de Miss Granfield) gagnant, à deux ans, des July Stakes, et père de la célèbre *Formosa* (Mille Guinées, Deux mille Guinées, Oaks et Saint-Léger, 1868); — *Kisber* (Derby et Grand Prix, 1879;) — *Brigantine* (Oaks, 1869).

Création de la *Brighton Cup*, que remporteront *Dollar*, à M. A. Lupin (1864), et *Fénelon*, au duc de Hamilton (1882).

C'est en cette même année 1860 que, pour donner satisfaction à lord Redesdale — qui avait déposé une motion à la Chambre des

Lords, tendant à ce que le poids minimum que pût porter un cheval en courses fut de 7 st. (44 kil. 390), — le Jockey-Club préféra ne pas laisser la chose venir en discussion publique, et coupa la poire en deux, en fixant à 5 st. 7 l. (35 kilos) ce minimum, qui était alors bien inférieur l'année précédente, avait remporté le Liverpool Autumn Cup avec 4 st. 12 l. (29 kilos 1/2).

Le Jockey-Club craignit, en effet, que la Chambre Haute n'intervînt trop brutalement dans cette question des apprentis jockeys, en interdisant l'emploi de trop jeunes enfants, si recherchés en raison de leur poids minuscule.

C'est dans ce but que le Jockey-Club vint de lui-même à composition, au grand désespoir des vieux sportsmen endurcis, qui n'envisageaient que leurs seuls intérêts.

Depuis lors, la législation s'est occupée, tant en France qu'en Angleterre, de la réglementation du travail de l'enfance, et elle a fixé à douze ans l'âge minimum auquel les apprentis peuvent être employés en courses.

Le célèbre *West-Australian*, dont nous avons longuement parlé en 1853, fut importé par le duc de Morny, qui l'avait payé 80.000 francs.

**

Venons maintenant à la réorganisation de l'Administration des Haras, la grosse question de l'année 1860.

Un des premiers soins du Gouvernement impérial, dès sa constitution, avait été de s'occuper de la question chevaline. Sa sollicitude s'était portée de suite, non seulement sur les courses, dont il avait facilité l'extension en province par tous les moyens en son pouvoir, mais aussi sur l'élevage national, qui n'était pas encore à la hauteur du rôle qu'on était en droit d'en attendre, en dépit des progrès immenses réalisés depuis la fondation de la Société d'Encouragement.

Depuis longtemps, les règlements de l'Administration des Haras donnaient lieu aux plus vives critiques, alors qu'elle-même se plaignait de n'être pas en mesure de rendre les services qu'on exigeait d'elle, faute des ressources nécessaires. D'autre part, si cette Administration achetait ses chevaux trop tard, la Remonte les achetait trop tôt, et le commerce général languissait, pris entre ces deux services publics qui, faits pour s'entendre, s'ingéniaient à s'ignorer et à faire tout le contraire l'un de l'autre.

Les choses en étaient arrivées à un point où le *statu quo* ne pouvait durer, sans risquer de faire courir à l'élevage naissant les plus grands dangers. Tout le monde était d'accord sur ce point, mais on différait sur les moyens à employer. Tandis que les uns ne voyaient de salut que dans le renforcement de l'intervention directe de l'État, qu'ils voulaient plus énergique et plus omnipotente encore, afin de secouer l'inertie et la routine de l'ensemble des éleveurs, les autres, au contraire — prenant l'exemple de l'Angleterre, où l'institution gouvernementale des haras n'existe pas — la jugeaient nuisible, par l'inflexibilité des principes mêmes qu'elle imposait, et ils préconisaient la liberté de l'initiative privée, soutenue par les encouragements officiels.

Une première Commission hippique, réunie, en février 1859, sous la présidence de l'Empereur, avait déjà signalé tous les inconvénients de l'état de choses existant et montré la connexité qui existait entre la question commerciale et la question militaire. Mais elle n'avait pas eu à prendre parti.

Devant les deux avis opposés, étagés l'un et l'autre sur des raisons qui semblaient également probantes, l'Empereur nomma, en mai 1860, une nouvelle Commission, sous la présidence du prince Napoléon, pour étudier la question sous toutes ses faces et lui présenter une solution.

Ces deux mêmes courants se retrouvèrent au sein de la nouvelle Commission, qu'ils partagèrent presque par moitié : en effet, sur les vingt-six membres qui la composaient, un ne prit pas part au vote, 13 se déclarèrent en faveur de l'intervention directe de l'État et du maintien du système en vigueur, en augmentant les allocations budgétaires de l'Administration des Haras, et 12 conclurent, sinon à la suppression de cette institution, du moins à la transformation complète du système d'intervention (1).

La question, on le voit, restait en suspens. Le prince Napoléon n'eut d'autre ressource que de remettre à l'Empereur, en le priant de trancher le différend, les rapports mêmes de chacun des deux partis de la Commission, qui avaient été rédigés, celui de la majorité par le maréchal Randon lui-même, celui de la minorité — qui comprenait, il est curieux de le constater, tous les sportsmen de cette Commission — par le baron de La Rochette.

L'Empereur chargea le comte Walewski, ministre d'État, de résoudre la question. Celui-ci, tout en reconnaissant la nécessité du maintien de l'intervention directe, pencha en faveur de certains desiderata de la minorité, et soumit à l'Empereur un programme d'organisation, qui aboutit au décret du 19 décembre 1860.

---

(1) Membres de la majorité : maréchal Randon, ministre de la Guerre; Geoffroy de Villeneuve; H. de Saint-Germain; comte de Kergorlay; marquis de Croix; de Caulaincourt; Werlé; général de Brancion; comte de Tromelin; de Goulhot de Saint-Germain; Vuillefroy; A. Roques et A. de Baylen.

Membres de la minorité : prince Napoléon; baron de La Rochette; comte de Morny; vicomte Paul Daru; Ferdinand Barrot; de Boureuille; Achille Fould; Rouher; baron de Pierres; Le Couteulx; duc d'Albuféra et Monny de Mornay.

Ce décret réunissait toutes les dispositions éparses dans les règlements, arrêtés, ordonnances et décrets antérieurs, en les modifiant sous certains rapports. Il avait pour but de protéger et d'encourager les éleveurs, d'unifier les vues des Haras et de la Remonte, d'assurer des ressources plus larges au commerce des chevaux de race pure et de donner tout le développement nécessaire à cette industrie.

Le service des Haras était constitué en *Direction générale* et distrait du ministère de l'Agriculture, du Commerce et des Travaux publics, pour être placé dans les attributions du ministère d'État. Au-dessous du Directeur général, un employé supérieur, qui prenait le titre d'Administrateur, centralisait les détails du service; le personnel du service comprenait 8 inspecteurs généraux et 26 directeurs de dépôts d'étalons.

L'article 19 instituait, auprès du Ministre, un *Conseil supérieur des Haras*, composé de 10 membres, nommés par le Ministre et choisis parmi les sénateurs, les députés, les membres du Conseil d'État, les officiers généraux de l'armée et les personnes versées dans les matières hippiques. Ce Conseil, qui se réunissait chaque fois que le ministre le jugeait utile, était appelé à aider de ses avis le Directeur général dans toutes les questions importantes.

Il était établi, en outre, auprès du Directeur général, et sous sa présidence, un *Comité consultatif des Haras*, composé des inspecteurs généraux.

Les encouragements à l'élevage — augmentés de 600.000 francs — comprenaient dans leur ensemble : les prix de courses plates au galop et au trot, et de courses avec obstacles; les primes aux étalons, juments poulinières et pouliches de toute espèce (1); les primes aux poulains castrés de bonne heure et convenablement dressés à la selle ou à l'attelage; les subventions aux concours régionaux, aux écoles d'équitation et de dressage.

Le jour même — 19 décembre — où ce décret était rendu, un arrêté nommait comme Directeur général des haras, le général Fleury, premier écuyer, aide de camp de l'Empereur, et deux autres arrêtés

---

(1) Ces primes étaient ainsi fixées :

Pour un étalon approuvé de pur sang........ de 500 à 1.500 francs.
— de demi-sang....... de 400 à 1.000 —
— de trait.......... de 300 à 500 —

Toutefois, pour les animaux d'une valeur élevée et d'un mérite exceptionnel, ces primes pouvaient atteindre :

Pour un étalon de pur sang................... 3.000 francs.
— de demi-sang.................. 1.500 —
— de trait..................... 800 —

Les primes aux juments poulinières suivies de leur production de l'année étaient portées :

Pour une jument poulinière de pur sang....... de 200 à 600 francs.
— de demi-sang...... de 100 à 400 —
— de trait......... de 100 à 300 —

constituaient la *Commission supérieure des Haras* et la *Commission centrale des Courses et du Stud-Book* (1).

(1) *Commission supérieure des Haras :* Général prince de la Moskowa, premier veneur, aide de camp de l'Empereur, et comte Boulay de la Meurthe, sénateurs; —Vuitry, président de section au Conseil d'État; — marquis de Caulaincourt, Hervé de Saint-Germain, comte F. de Lagrange et Geoffroy de Villeneuve, députés au Corps législatif; — général Féray; — baron de La Rochette; — duc d'Isly.

Commission centrale des Courses et du Stud-Book : Comte de Morny, président du Corps législatif, membre du Conseil privé, président; — général prince de la Moskowa, premier veneur, aide de camp de l'Empereur, sénateur; — général Fleury, premier écuyer, aide de camp de l'Empereur, directeur général des Haras; — comte F. de Lagrange et Hervé de Saint-Germain, députés au Corps législatif; — baron de Pierres, premier écuyer de l'Impératrice; — vicomte Paul Daru, président du Comité des Courses de la Société d'Encouragement; — baron de La Rochette; — comte A. de Noailles; — comte d'Hédouville; — Jacques Reiset; — vicomte de Baracé; — H. Mosselman; — A. Lupin; — Hennessy; — baron de Nexon; — de Vanteaux; — Ferdinand Régis; — comte d'Aure; — comte de Laroque-Ordan; — Ernest Leroy; — A. de Baylen, administrateur des Haras.

CHAPITRE XXXVIII

ANNÉE 1861

Arrêtés des 10, 12, 16 et 20 février. — Création des trois grands prix de l'Empereur, de l'Impératrice et du Prince Impérial, et du prix de Longchamp. — *Gabrielle d'Estrées, Finlande, Compiègne, Palestro, Saint-Aignan.* — *Mon Étoile, Surprise, Gouvieux, Prétendant* (suite). — Nos chevaux en Angleterre; victoire de *Palestro* dans le Cambridgeshire. — *Caller Ou.* — Le Newmarket October Handicap. — Quarante et un partants dans une course. — Mort de *Touchstone*. — Le Salon des Courses.

Ces dispositions étaient immédiatement complétées par les différents arrêtés suivants :

10 février 1861. — Dispositions particulières aux concours, ainsi qu'aux étalons approuvés et autorisés.

12 février. — Épreuves spéciales pour les jeunes étalons et les pouliches; — épreuves générales pour les chevaux de service; — épreuves de dressage; — courses à obstacles pour les chevaux hongres et les juments de commerce; — courses au trot; — concours de dressage pour chevaux et juments de selle.

14 février. — Conditions de distance, de poids et d'âge pour les prix classés, à disputer à Longchamp et à Chantilly.

20 février. — Suppression de la jumenterie annexée au dépôt d'étalons de Pompadour (la jumenterie du Pin avait été supprimée en 1852), et fixation du jour de vente des étalons, juments et poulains qui la composent.

Le plus important de ces arrêtés, en ce qui concerne les courses, est celui du 14 février, qui portait création de trois épreuves destinées à devenir classiques, savoir :

A la réunion de printemps, à Paris, le GRAND PRIX DE L'IMPÉRATRICE (15.000 fr., 5.000 m.), pour chevaux de 4 ans et au-dessus;

A la réunion d'automne, à Paris :

1° Le GRAND PRIX DU PRINCE IMPÉRIAL (10.000 fr., 3.000 m.); pour chevaux de 3 ans;

2° Le GRAND PRIX DE L'EMPEREUR (20.000 fr., 6.200 m.), pour chevaux de 4 ans et au-dessus, qui remplaçait le *Grand Prix Impérial*, lequel avait déjà remplacé, en 1853, l'ancien *Grand Prix National*, précédemment *Royal*, fondé en 1819, qui se disputait sur 4.000 mètres en partie liée (1).

A ces épreuves gouvernementales, la Société d'Encouragement ajoute, de son côté, à la réunion de printemps de Longchamp, le PRIX DE LONGCHAMP (Poule des Produits), pour chevaux nés de juments saillies par des étalons nés en France, qui prendra, en 1885, le nom de PRIX HOCQUART et verra son allocation primitive de 2.000 francs s'élever successivement à 4.000, en 1866; 10.000, en 1878; 20.000, en 1883, et 30.000, en 1891. Avec les entrées, ce prix s'élève aujourd'hui à une soixantaine de mille francs pour le gagnant, plus une prime de 4.000 fr. à l'éleveur; il est alloué, en outre, 5.000 fr. au 2ᵉ et 2.500 fr. au 3ᵉ. Comme dans les trois autres épreuves similaires (prix Noailles, Daru et Greffulhe), les engagements se font le 31 octobre de l'année de la saillie. La distance, qui était, au début, de 2.500 mètres, a été ramenée à 2.400 en 1902.

* *

Les débuts de la Grande-Écurie semblent vouloir confirmer les craintes qu'on avait exprimées qu'elle ne monopolisât à son profit les grosses épreuves.

Cette première année fut, en effet, particulièrement brillante.

Qu'on en juge plutôt :

Elle vole de succès en succès et remporte coup sur coup : la Poule d'Essai, avec *Isabella;* — la Poule des Produits et le prix de Longchamp (couru, comme nous l'avons vu, pour la première fois), avec *Good By;* — le Grand Saint-Léger de Moulins, le prix de la Ville de Spa et le Saint-Léger Continental de Bade, avec *Compiègne* (Fitz-Gladiator et Maid-of-Hearth), qui sera le père du fameux *Mortemer;* — le prix de l'Empereur (Grande Poule), le prix de la Néva et le prix de Diane, avec *Finlande*, ex *Faustine* (Ion et Fraudulent) — et le prix du Jockey-Club, avec *Gabrielle d'Estrées* (Fitz-Gladiator et Antonia (2).

---

(1) En 1869, ces trois épreuves deviendront respectivement les *prix Rainbow, Royal-Oak* et *Gladiateur*.

Pour les modifications successives apportées dans les conditions, l'allocation et la distance, voir aux *Gagnants des grandes épreuves françaises* (Livre IX).

(2) Ces deux dernières juments méritent d'attirer notre attention, *Finlande*, parce qu'elle sera une poulinière remarquable, et *Gabrielle d'Estrées*, parce qu'elle était le premier vainqueur du prix du Jockey-Club qui eût pour père un étalon indigène.

Enfin, son poulain *Palestro* (Fitz-Gladiator et Lady Saddler), après quelques petits succès à Paris et en province, enlève, à l'automne, le prix de l'Empereur (10.000 fr.), à Chantilly, et le Grand Prix du Prince Impérial (créé l'année même), avant d'aller remporter, à Newmarket, une victoire plus sensationnelle encore, dans le Cambridgeshire, où sa camarade *Gabrielle d'Estrées* est seconde, devant trente-trois autres compétiteurs. Le poulain portait 7 st. 2 lbs (45 kil. 360), et la pouliche, 6 st. 12 lbs (40 kil. 800). C'était la première fois que l'on voyait, non seulement deux compagnons d'écurie, mais encore deux chevaux étrangers, finir en tête dans cette épreuve.

Né chez M. de Chédeville, *Palestro* avait été payé yearling 420 francs par M. A. Aumont. Compris dans le lot qu'il avait vendu au comte de Lagrange, il fut envoyé à deux ans à Mont-de-Marsan, chez H. Cutler qui, vu sa petite taille, en donna une impression défavorable, ce qui poussa son nouveau propriétaire à le mettre en vente, au prix de 4.000 francs, sans trouver d'acquéreur. On le tenait en si piètre estime que, tout d'abord, il n'entra pas dans l'association Lagrange-Nivière. Mais Henry Jennings, l'entraîneur de ce dernier, ayant vu le poulain, pensa, contrairement à Cutler, qu'on pouvait en faire quelque chose.

Il ne s'était pas trompé, comme on l'a vu.

A quatre ans, *Palestro* remporta le Grand Prix de l'Impératrice et un Sweepstakes de 10.000 francs à Newmarket.

Il fut vendu, en 1865, au Gouvernement prussien.

L'Omnium revint à un cheval du Sud-Ouest, *Saint-Aignan* (Iago et Emilia), à M. Caillé, qui avait remporté de nombreux succès en province, dont le Saint-Léger de l'Ouest et du Midi, à Angoulême, le Grand Prix de la Ville, à Poitiers, et l'Omnium de l'Ouest et du Midi, à Nantes.

Saint-Aignan provenait de l'élevage de M. J. Robin, propriétaire de *Souvenir* (son frère de mère), qui allait s'illustrer l'année suivante.

Un autre compatriote de *Saint-Aignan* mérite d'être signalé, *Beau-Sire*, pour ses victoires, à Bordeaux, dans la Poule des Produits et le Derby du Midi, et dans le prix du Printemps, à Limoges.

* *

Parmi les vétérans, *Mon Étoile* triomphe de *Pierrefonds*, dans le Grand Prix de l'Impératrice (Rainbow) et de *Compiègne*, dans le Grand Prix de Bade, mais elle tombe broken-down dans le Grand Prix de l'Empereur (Gladiateur), qui se termine sans lutte entre *Surprise* et *Gouvieux*, à la Grande Écurie, laquelle s'était encore adjugé le prix du Cadran, au début de la campagne, avec *Prétendant*.

Bravoure avait enlevé le prix de la Forêt, sur *Compiègne*, dont elle ne recevait pas moins de 44 livres pour l'année!

Le meilleur deux ans est *Stradella*, qui, après avoir succombé, pour ses débuts, contre *Gemma*, dans le second Critérium, a facilement raison, dans le Grand Critérium, de *Partisan*, qui venait de remporter consécutivement le Grand Critérium de Moulins, le prix de l'Avenir, à Bade, et le Critérium de 1re classe, à Chantilly.

**

Le Cambridgeshire n'avait pas été la seule victoire que notre élevage eût remportée en Angleterre, où nos chevaux gagnèrent près de 200.000 francs d'argent public.

On peut citer, notamment : *Cosmopolis*, 8 courses, dont le Great Eastern Handicap, à Newmarket, 45.125 francs ; — *Surprise*, Epsom Cup, 6.250 fr. ; — *Alerte*, Ascot Biennal, 17.625 fr. ; — *Baliverne*, 12.875 fr. ; — *Palaiseau*, 5.500 fr. ; — *Marignan*, 4 courses, dont les Fernhill Stakes, 21.250 francs.

Rappelons enfin que, comme son camarade *Dangu*, l'année précédente, *Royallieu* se place quatrième dans le Derby d'Epsom, à deux longueurs seulement du vainqueur *Kettledrum*, malgré une terrible bousculade à 800 mètres du but, qui l'avait jeté sur les genoux.

Non placée dans les Oaks et le Saint-Léger, CALLER OU (Stockwell et Haricot) n'en est pas moins une des plus grandes juments d'Outre-Manche. De deux à sept ans, inclusivement, elle fournit la plus magnifique carrière de courses, ne disputant pas moins de 101 prix, pour remporter 51 victoires (1).

Un handicap important, le *Newmarket October Handicap*, date de 1861 ; deux chevaux français y triomphèrent par la suite : *Barberine*, à M. Michel Ephrussi, en 1885, et *Harfleur II*, au baron de Rothschild, en 1894.

A titre de curiosité, rappelons que le Steward's Cup, à Goodwood, réunit, cette année-là, 41 *partants*, — le champ le plus fourni qu'on ait jamais vu dans aucune course.

---

(1) C'est là un double record, qui mérite, à ce titre, d'être détaillé.

A 2 ans,	elle courut	12	fois et gagna	3	courses.
— 3	—	17	—	8	—
— 4	—	13	—	5	—
— 5	—	27	—	18	—
— 6	—	20	—	11	—
— 7	—	12	—	6	—
		101	—	51	—

L'âge ne lui avait rien enlevé, comme on le voit, de sa qualité et de son endurance, puisque c'est principalement à 5 et 6 ans, qu'elle accomplit ses plus dures campagnes.

Enfin, ne quittons pas l'Angleterre sans mentionner la mort du grand *Touchstone*, à l'âge de trente ans. (Voir année 1834.)

* * *

Nous n'avons pas encore, au point où nous en sommes arrivé déjà, parlé du jeu aux courses, pour cette excellente raison qu'il n'existait pas, pour ainsi dire, en dehors du monde très restreint du sport. Il n'y avait pas de jeu public et les paris s'échangeaient entre soi. C'est à peine si, aux grands jours de Longchamp, on commençait à pratiquer ce genre de jeu appelé *poules*, sur lequel nous reviendrons plus loin, au moment de la fondation de l'Agence Oller.

Le fondateur du Tattersall français avait bien eu l'idée, en 1856, à l'exemple du Tattersall anglais, d'organiser une bourse des paris, mais il avait dû y renoncer en raison de l'éloignement et de l'agencement de son établissement, peu approprié à ce genre d'opérations.

C'est alors que quelques membres influents de la Société d'Encouragement songèrent à mettre ce projet à exécution, en se réunissant dans un des salons du Jockey-Club. Mais le petit nombre des parieurs — en raison de la difficulté des admissions à ce cercle mondain — leur firent comprendre qu'il fallait opérer sur un terrain neutre pour avoir chance de réussir.

C'est alors que, sous le patronage de la Société d'Encouragement et sous la haute direction du vicomte Paul Daru, président du Comité de la Société, fut fondé le SALON DES COURSES, composé, à l'origine, des noms les plus honorables.

Le 8 août suivant, un arrêté préfectoral autorisait la constitution du Salon des Courses, qui s'installa au n° 8 de la rue Basse-du-Rempart, puis au Grand Hôtel, où il demeura jusqu'à sa dissolution, en 1908.

La création du Salon des Courses fut bientôt suivie de celle du *Betting Office*, de l'*Office J.-S. Harry*, et enfin de l'*Office des Poules*, dont nous nous occuperons plus loin.

CHAPITRE XXXIX

ANNÉE 1862

Stradella, Souvenir, Orphelin, Benjamin, Choisy-le-Roi, Provocateur, Mlle des Douze-Traits. — *Compiègne, Palestro* et *Mon Étoile* (suite). — *Hospodar*. — Création des Courses de Fontainebleau. — Fin de la Grande Écurie. — Débuts des couleurs de M. H. Lunel et du comte F. de David-Beauregard.

Dès le début de l'année, l'État décide la suppression, à dater de 1865, pour les prix gouvernementaux, des circonscriptions territoriales édictées par les arrêtés de 1822 et de 1850, qui partageaient la France en trois divisions chevalines, Nord, Midi et Ouest.

Deux chevaux se détachent sur l'ensemble de la production : *Stradella*, au comte de Lagrange, qui sera une des meilleures pouliches qui aient paru sur le turf, et *Souvenir*, poulain du Sud-Ouest, à M. J. Robin.
Stradella (The Cossack ou Father Thames et Creeping Jenny) était née au haras de Dangu. Nous l'avons vue, à deux ans, enlever le Grand Critérium, à *Partisan*, le crack du moment. Pour sa rentrée, elle triomphe assez difficilement, dans la Poule d'Essai, de *Vertu-Facile*, à M. J. Verry (pouliche du Sud-Ouest, gagnante du Derby du Midi, à Bordeaux), puis elle remporte aisément le prix de Diane sur *Noélie* et quatre autres concurrentes. Assez souffrante le jour du prix du Jockey-Club, elle ne peut y rendre 10 livres à *Souvenir*. Puis, elle gagne le Grand Prix de la Société, à Versailles, après dead-heat avec cette même *Noélie*; va cueillir, à Bade, le Saint-Léger Continental, sur *Arthur*, *Souvenir* et *Orphelin*, et le Grand Prix, sur *Mon Étoile*; est battue d'une demi-longueur, dans le prix de l'Empereur, à Chantilly, par *Orphelin*, après une belle lutte, mais elle ne tarde pas à prendre sa revanche, sur les 4.000 mètres du Prix Principal.

Souvenir (Caravan et Emilia) était, par sa mère, le frère cadet de *Saint-Aignan*, que nous avons vu remporter l'Omnium, l'année précédente.

Souvenir commença par enlever le prix des Écuries, à Chantilly. Cette modeste victoire ne pouvait laisser soupçonner la qualité dont il fit preuve, quelques jours plus tard, dans le prix du Jockey-Club, en battant d'une longueur et demie la favorite *Stradella* — qui n'était pas dans la plénitude de ses moyens, comme nous l'avons dit, et dont il recevait 10 livres — et encore à l'automne, sur les 3.000 mètres du Grand Prix du Prince Impérial où, après une très belle lutte, il finit par arracher une demi-tête, sur le poteau, à *Alerte*, la gagnante du Saint-Léger de Moulins, dont il recevait également 10 livres, il est vrai. Il avait été battu, par *Stradella*, dans le Saint-Léger Continental, à Bade.

Indépendamment de ses succès parisiens, *Souvenir* avait remporté le Saint-Léger de l'Ouest et du Midi et le prix de la Société d'Encouragement, à Angoulême, et le Biennal, à Angers.

Comme *Stradella*, nous le retrouverons à quatre ans. Mais on ne saurait méconnaître que, pour si brillantes qu'aient été ses victoires, elles furent grandement facilitées par cette allégeance de 10 livres, considérable sur les longs parcours, dont les règlements administratifs alors en vigueur gratifiaient les chevaux des divisions de l'Ouest et du Midi.

La suppression de cette décharge, décidée par le Gouvernement, à dater de 1865, comme nous venons de le voir, fut la conséquence des succès de *Saint-Aignan*, confirmés par ceux de *Souvenir*, tous deux ayant prouvé que l'élevage régional était dorénavant à même de lutter à armes égales avec celui de la division du Nord.

Un autre bon cheval fut *Orphelin* (Fitz-Gladiator et Échelle), ainsi nommé parce que sa mère était morte peu de temps après sa naissance. Il appartenait à M. Paul Aumont, qui venait précisément de se défaire de son père *Fitz-Gladiator*, qu'il avait vendu 30.000 francs à l'Administration des Haras.

Vainqueur du Derby Continental de Gand, du prix de la Ville de Spa et du prix de Carlsruhe, à Bade, *Orphelin*, qui n'avait pas été placé dans le prix du Jockey-Club, eut ensuite raison, comme nous l'avons dit, de *Stradella*, *Gabrielle d'Estrées* et *Mon Étoile*, dans le prix de l'Empereur, à Chantilly ; mais il succomba à nouveau, contre cette même *Stradella*, dans le prix Principal.

Benjamin, à la Grande Écurie, avait premorté d'une demi-longueur le prix de l'Empereur (Grande Poule) sur sa compagne *Généalogie*, qui battait d'une encolure *Choisy-le-Roi*, à M. Schickler.

Mais celui-ci ayant été coupé, dans la course, par *Benjamin* (1), les chevaux de MM. Lagrange-Nivière furent distancés au profit du poulain de M. Schickler. Ce propriétaire avait gagné, quelques jours auparavant, la Poule des Produits avec *Provocateur*.

Par la suite, *Benjamin* battit son camarade *Compiègne* et *Mon Étoile*, dans le prix d'Apremont.

Éphémère et *Allez-y-rondement*, à l'association Lagrange-Nivière, firent walk-over d'écurie dans le prix de Longchamp, et leur pouliche, *Alerte*, remporta le Grand Saint-Léger.

L'Omnium revint à *Mazeppa*, au baron E. Daru ; — le Biennal et le prix de la Ville de Paris, à *Télégraphe*, à M. H. Delamarre.

Après *Vertu-Facile*, dont nous avons dit la victoire dans le Derby du Midi, à Bordeaux, on peut encore citer, en province : *Mademoiselle des-Douze-Traits*, à M. J. Robin, gagnante de 8 courses, dont le prix de Diane de l'Ouest et du Midi, à Limoges, et le Derby de l'Ouest, à Poitiers ; — *Wolfram*, à M. Achille Fould, Poule d'Essai à Pau ; — *Yacht*, à M. P. de Vanteaux, 8 courses, dont le Grand Saint-Léger du Midi, à Pompadour.

Palestro confirma ses succès de trois ans, en enlevant le Grand Prix de l'Impératrice et un Sweepstakes, de 10.000 francs à Newmarket. Mais il tomba boîteux, sur la fin du parcours, dans le Grand Prix de l'Empereur (Gladiateur), ce qui permit à *Mon Étoile* de le battre d'une demi-encolure. La jument de M. Aumont avait disputé, sans succès, précédemment, le Grand Prix de Bade, le prix d'Apremont et le prix de l'Empereur, à Chantilly, qui était revenu à son camarade *Orphelin*.

La Grande-Écurie fit, en outre, une ample moisson de prix Impériaux, avec *Compiègne*, qui en gagna quatre, plus le Cadran; *Good-By*, six, et *Faustine*, quatre, après quoi elle devint la propriété du comte Lehndorff, le futur grand maître des haras allemands, pour qui elle remporta, en fin de saison, le prix de la Ville de Marseille (10.000 fr.).

Angus, à M. H. Delamarre, avait gagné deux courses à Bade, le Biennal et le prix de la Ville (Handicap).

---

(1) Distancer le gagnant d'une épreuve de cette importance était chose grave, mais il était impossible aux Commissaires, en raison des faits, d'agir autrement.
Voici le texte de leur décision :

« Attendu qu'il est établi que, dans la course, *Benjamin* qui, à la fin du dernier tournant, se trouvait en dehors, à gauche de *Choisy-le-Roi*, l'a croisé de façon à l'empêcher d'avancer et est arrivé au but, en dedans, et à droite de *Choisy-le-Roi*, bien qu'il n'ait jamais eu sur lui un avantage suffisant pour justifier ce changement dans la position des deux chevaux,

« Décident :

« *Benjamin*, arrivé premier, *Généalogie*, arrivée deuxième, et *Champagne*, appartenant aux mêmes propriétaires, sont distancés, et *Choisy-le-Roi*, placé troisième, est le gagnant;

« Et, attendu qu'il n'y a pas eu de quatrième cheval placé par le juge, les 2.000 francs attribués au second font retour au fonds de course. »

Les meilleurs deux ans ayant gagné en France sont *Damier*, *Pas-Perdus*, *Perla* et *Fleur-de-Mai;* nous verrons plus loin ceux ayant triomphé à l'étranger.

La Toucques n'a pas couru et *Dollar* a débuté obscurément.

Mais c'est en Angleterre surtout que nos jeunes chevaux avaient fait merveille.

HOSPODAR (Monarque et Sunrise), au comte de Lagrange, y cause une sensation profonde par ses victoires dans les Clearwell et les Criterion Stakes, ce qui lui vaut l'honneur — jamais dévolu jusqu'alors à un cheval étranger — d'être immédiatement installé premier favori des Deux mille Guinées et du Derby!

Puis, c'est *Armagnac*, qui enlève les Exeter et les Abingdon Stakes; — *Brick*, les Lavant Stakes, à Goodwood, le Biennal, à Brighton, et qui partage un Nursery; — *Infante*, les Champagne Stakes, à Bibury; — *Baliverne*, *Alba*, *Ondine*, etc.

La valeur des chevaux français commençait d'ailleurs à s'affirmer. N'avait-on pas vu, après le meeting de Bade, où *Le Maréchal* avait remporté le prix de l'Avenir, lord Stamford s'en rendre acquéreur, ainsi que de *Brick* et *Armagnac*, déjà nommés, pour le prix global de 150.000 francs, alors fort élevé pour trois poulains de cet âge?

Le Maréchal fit triompher les couleurs de son nouveau propriétaire dans une épreuve réputée, les Gimcrak stakes, à York.

Comme *Benjamin* avait été distancé dans la Grande Poule, ainsi que nous l'avons vu, son camarade *Gouvieux* fut distancé, dans le Northamptonshire Cup, pour avoir coupé *Doyle*.

*
* *

Les courses de FONTAINEBLEAU, organisées par la Société d'Encouragement, furent inaugurées le dimanche qui suivit le Grand Prix, avec un programme des plus modestes (1). Bien que soutenues par la Cour, en raison de ses séjours en cette ville, elles ne jouirent jamais que d'une vogue purement locale. L'éloignement de Fontainebleau et la longueur du trajet n'étaient pas faits pour y attirer le public, pas plus que la mauvaise qualité du sol de l'hippodrome n'était de nature à provoquer la venue des chevaux en grand nombre. On avait utilisé le champ de manœuvres des troupes de la garnison, dans la vallée de la Sole, en pleine forêt. Certes, le cadre était sédui-

---

(1) *La Coupe* (un objet d'art offert par l'Empereur et 4.000 francs par l'Administration des Haras) ne fut instituée que l'année suivante, et le *prix de Seine-et-Marne* (10.000 fr.), qu'en 1868, quand le meeting comptera deux journées mixtes, de plat et d'obstacles.

La journée d'automne ne sera créée qu'en 1872.

sant, et le pesage des plus pittoresques, avec ses grands arbres et ses rochers. Mais il eût fallu dépenser des millions pour entretenir ce cirque aride et sablonneux, où les chevaux s'embourbaient par la pluie ou soulevaient des nuages aveuglants de poussière en temps sec.

Les courses de Fontainebleau n'en durèrent pas moins jusqu'à la mort du baron de La Rochette, en 1890. Il est vrai que la Société d'Encouragement ne les maintint aussi longtemps qu'en considération de cet éminent collaborateur, qui avait son château dans les environs.

A la fin de l'année, eut lieu la rupture de l'association Lagrange-Nivière. La Grande Écurie n'avait duré que deux ans. Offerte en bloc, pour 800.000 francs, elle ne trouva pas acquéreur et fut dispersée aux enchères publiques, partie en France et partie en Angleterre (1). Le comte de Lagrange racheta, entre autres, les quatre ans : *Compiègne* (44.000 fr.), et *Gabrielle d'Estrées* (20.000) ; *Stradella*, trois ans (38.750) ; les deux ans : *Hospodar* (125.000), *Jarnicoton* (46.250), *La Reine Berthe* (6.000), et *Vivid* (25.000) ; les yearlings : *Fille de l'Air* (9.500), *Béatrix* et *Sonchamp*, 12.500 chaque ; bon nombre d'autres encore et tous les foals (parmi lesquels *Gladiateur*, qui venait de naître), pour 115.000 francs.

Cette liquidation était excellente pour le comte de Lagrange, qui demeurait seul propriétaire d'animaux comme *Fille de l'Air* et *Gladiateur*, et désastreuse pour le baron Nivière, à qui leurs succès retentissants devaient causer d'amers regrets.

M. H. Lunel, dont les couleurs (casaque et toque bleu-ciel) connaîtront les succès sur les grands hippodromes, remporte sa première victoire avec *Lilas*, transfuge de l'écurie Delamarre, dans le prix du Conseil général, à Marseille, tandis que la casaque rouge, bleu et blanc, toque noire, du comte F. de David-Beauregard,

---

(1) Sur les 78 chevaux qui la composaient, 25 furent retirés pour 421.750 francs ; les 53 autres firent 316.615 francs. Les principaux acheteurs furent :

Administration des Haras : *Gouvieux*, âgé, 5.000 francs, *Marignan* et *Bon-Espoir*, 25.000 francs chaque ;

H. Delamarre ; *Fidélité*, yearling, 3.000 francs ;

Th. Hurst : *Alerte*, 21.500 francs ;

H. Jennings : *Mlle Duchesnois*, yearling, *Donjon*, 2 ans, et *Falendre* ex *Magenta*, 3 ans, qui se fera une réputation dans le steeple-chasing, en Angleterre, sous le nom de *L'Africain*, ensemble pour 7.500 francs ;

Comte Lehndorff : *Palestro*, 4 ans, 25.000 francs, livrable au Gouvernement prussien, après une saison de monte dans les haras impériaux ;

Duc de Morny : *Gédéon*, yearling, 4.000 francs ;

Baron Nivière : *Finlande* ex *Fautine*, 4 ans, 8.000 francs ; elle passera plus tard chez M. A. Lupin, qui n'aura pas lieu de s'en repentir, comme nous le verrons.

Lord Stamford : *Gemma*, 3 ans, 25.000 francs.

gagne sa première course dans le Midi, où elle est appelée à devenir populaire, avec *Princesse Royale*, dans le prix des Tribunes, à Hyères.

* * *

La victoire de *Caractacus*, dans le Derby d'Epsom, ne vaut d'être signalée que par l'acte de libéralité de son propriétaire, un tailleur de Londres, nommé Snewing, que rapporte Canter, dans son *A. B. C. des Courses* (1).

---

(1) Ses amis avaient beaucoup parié et lui conseillaient vivement de choisir un jockey en renom. Mais il n'en voulut rien faire, alléguant que son cheval n'était jamais plus calme qu'avec un garçon de 15 ans, nommé J. Parsons, qui lui donnait chaque matin des galops d'exercice, et que ce garçon avait toute sa confiance.

— « Y pensez-vous, lui disait-on. Un enfant qui n'a jamais couru en public Il perdra la tête. »

Il la perdit si peu qu'il gagna.

Pour l'en remercier, Snewing lui assura, sur-le-champ, une rente viagère de 2.500 francs.

CHAPITRE XL

ANNÉE 1863

Le Grand Prix. — *La Toucques, Dollar, The Ranger*. — *Souvenir, Orphelin, Gabrielle d'Estrées, Stradella* (suite). — Débuts de *Fille de l'Air*. — Première tentative d'un cheval français dans le Saint-Léger de Doncaster. — Première vente publique de yearlings. — *Le Jockey*. — Fondation de la Société des Steeple-Chases. — Le comte d'Aure.

L'année est marquée par un événement capital : la création du Grand Prix de Paris.

Depuis quelques années, le jeu s'était dévoppé aux courses. Jusqu'alors, les choses se passaient discrètement, entre soi. Ce n'était pas que les parieurs fissent encore grand bruit et que le jeu s'étalât publiquement, envahissant et primant tout. Mais enfin, la fondation du Salon des Courses avait donné plus de vie, plus d'activité au betting, sur les champs de courses des Poules s'organisaient, et, dès l'hiver précédent, des paris nombreux s'étaient engagés sur les grandes épreuves à venir, notamment sur le Grand Prix, dont la création avait fait couler des flots d'encre, des deux côtés du détroit.

Les succès répétés des chevaux français en Angleterre, notamment ceux du comte de Lagrange, prouvaient les progrès considérables qu'avait réalisés l'élevage indigène. Bien que nous n'eussions encore gagné aucune épreuve classique, comme le Derby, les Oaks, les Guinées ou le Saint-Léger, ces progrès étaient tels, cependant, que nous ne craignions plus de nous mesurer à armes égales avec nos voisins. Aussi, le duc de Morny estima-t-il que rien ne serait de nature à stimuler l'émulation de nos éleveurs et à contribuer au développement de l'institution des courses comme la création d'une grande épreuve internationale, dotée d'une allocation supérieure à la plus élevée qui existât, sans compter la source de profits qu'elle serait pour Paris, par les nombreux étrangers et provinciaux qu'elle ne manquerait pas d'y attirer.

Il s'en ouvrit à la Société d'Encouragement, qui s'enthousiasma du projet et lui promit son concours moral le plus actif, à défaut d'aide financière, ses statuts lui faisant une obligation absolue de réserver l'intégralité de ses subsides aux seuls chevaux nés en France (1).

Cet obstacle n'était pas pour embarrasser le duc de Morny qui, à force de démarches, finit par convaincre le Conseil Municipal de Paris, d'une part, et les cinq grandes Compagnies de chemins de fer, de l'autre, de l'intérêt qu'ils trouveraient à subventionner une telle épreuve. Et c'est ainsi que fut faite, par moitié, l'allocation de 100.000 francs, la plus forte qu'on connût alors, à laquelle s'ajouta, jusqu'à 1870, un objet d'art offert par l'Empereur. Sur les entrées, il était attribué 10.000 francs au second et 5.000 francs au troisième (2).

Ces difficultés d'ordre matériel vaincues, restait à fixer l'époque de cette grande manifestation sportive. Français et Anglais se mirent facilement d'accord pour la placer à une quinzaine de jours après les deux Derbys, de façon à permettre aux vainqueurs de s'y mesurer. Mais le choix du dimanche donna lieu à d'interminables discussions entre le vicomte Paul Daru, président du Comité de la Société d'Encouragement, et l'Amiral Rous, délégué du Jockey-Club anglais, et provoqua les plus vives critiques des journaux londoniens, qui prétendirent que « nous ne choisissions le dimanche que pour reprendre d'une main ce que nous offrions de l'autre, car nous savions pertinemment qu'aucun Anglais respectueux de sa religion ne consentirait à faire courir ses chevaux un tel jour; que tout en ayant l'air de créer une épreuve internationale, notre premier soin était d'en éliminer les concurrents étrangers les plus redoutables, etc. »

Les résultats ont répondu à ces critiques. S'il est vrai que certains propriétaires anglais, et non des moindres, n'aient jamais transigé sur ce point, et que nous ayons été privés de voir, à Longchamp, des chevaux comme *Lord Lyon*, *Hermit*, *Silvio*, *Bend'Or*, *Ormonde*, *Flying Fox* ou *Persimmon*, le nombre des engagements anglais n'a fait qu'augmenter dans le Grand Prix, et d'autres vainqueurs du Derby comme *Blair-Athol*, *Doncaster*, *Kisber*, *Saint-Blaise*, *Spearmint* et *Lemberg* sont venus se mesurer avec nos champions.

* * *

Quatre chevaux effacent tous les autres : *Hospodar*, par son prestige, — *La Toucques*, par ses succès en France; — *Fille de l'Air*,

---

(1) Depuis, la Société d'Encouragement a tourné la difficulté en offrant une prime de 20.000 francs à l'éleveur du gagnant, si celui-ci est né en France.

(2) L'allocation de 100.000 francs a été portée à 200.000 francs, en 1892, puis à 300.000 francs en 1908. Le Grand-Prix est, aujourd'hui, l'épreuve la plus richement dotée du monde entier. Avec les entrées, la part du gagnant s'élève à 360.000 francs environ, sans préjudice de la prime à l'éleveur. Il est, en outre, alloué 30.000 francs au second, et 15.000 francs au troisième.

2 ans, par ses victoires sensationnelles en Angleterre — et *Dollar*, par sa carrière ultérieure et sa descendance.

Hospodar était resté sur ses éclatantes performances dans les Clearwell et les Criterion Stakes, ce qui lui avait valu, comme on l'a vu, d'être installé favori dans les Deux mille Guinées et le Derby. Il ne devait, hélas! jamais retrouver sa brillante forme de deux ans, et courut obscurément dans ces deux épreuves, ainsi que dans le Grand Prix, l'Ascot Biennal et le Cambridgeshire, après quoi il fut vendu 50.000 francs au comte de Dampierre. A la mort de celui-ci, tué à la guerre de 1870, il passera chez M. Gustave Fould, puis chez M. J. Oller, l'inventeur du Pari Mutuel.

La Toucques (The Baron et Tarpoley), née au haras de Fervacques, chez M. A. de Montgomery, était entraînée à Middleham, par Fobert.

Offerte à 2 ans, pour 2.500 francs (ainsi qu'il était advenu à *Franc Picard* et à *Palestro*), elle débuta sans succès à York. Pour sa seconde sortie, elle enlève brillamment le prix de Diane, puis le prix du Jockey-Club, où elle partit favorite à 2/1, alors qu'elle y était encore à 40/1, huit jours auparavant, et qu'elle ne figurait même pas sur la cote du Grand Prix, ouverte dès l'hiver au Salon des Courses, où l'on inscrivait *Saccharometer* à 3/1, *Hospodar* à 8/1, *Jarnicoton* à 15/1 et *Damier* à 20/1.

Le style dans lequel *La Toucques* avait remporté ses deux victoires — notamment le prix du Jockey-Club, où elle avait laissé à deux longueurs *Dollar*, vainqueur du prix de l'Empereur (Grande Poule des Produits) — inspira une telle confiance en la valeur de la pouliche dans le Grand Prix, qu'elle fut installée favorite à 2/1, malgré la coalition des quatre anglais, *Lord Clifden*, *Saccharometer*, *The Orphan* et *The Ranger*, cotés, dans cet ordre, de 5/2 à 7/1.

Lord Clifden — qui sera le père de trois vainqueurs du Saint-Léger, *Hawthorden* (1870), *Petrarch* (1876) et *Jannette* (1878) — était le runner-up de *Macaroni*, dans le Derby, où *The Ranger*, bien que non placé, avait fini très fort, après une violente bousculade, provoquée par la chute de *Saccharometer*.

Le Grand Prix se disputa le 31 mai, deux semaines après le prix du Jockey-Club. Une émotion énorme s'était emparée de toutes les classes du public, et, littéralement, depuis quinze jours, on ne parlait que de cette importante manifestation sportive. Aussi, une foule considérable s'était-elle rendue à Longchamp. La recette dépassa 80.000 francs, chiffre inconnu jusqu'alors. L'Empereur et l'Impératrice assistaient à la réunion, entourés du roi de Portugal, du duc de Brabant, du prince d'Orange, du corps diplomatique, des ministres et des grands dignitaires de la Cour.

Jusqu'à la distance, on put croire à la victoire de la favorite, qui avait pris le meilleur sur *Saccharometer* et *Lord Clifden;* mais, sur la fin, *The Ranger* — monté par J. Goater, qui deviendra le jockey du comte de Lagrange — rejoignit, puis dépassa la pouliche, pour gagner d'une longueur.

La consternation fut grande. Puis, la courtoisie l'emportant, M. H. Saville, propriétaire de *The Ranger*, fut chaudement félicité. Ce parfait gentleman eut le joli geste, pour fêter sa victoire, de donner 10.000 francs aux pauvres de Paris.

La Toucques racheta cette défaite en enlevant successivement le Grand Prix de Bade (où *Dollar* lui rendait 6 livres et le sexe), le prix de l'Empereur, à Chantilly, et le Grand Prix du Prince Impérial (Royal-Oak), à Longchamp.

L'ensemble de ses performances fait de *La Toucques*, une des très bonnes juments qui aient paru sur notre turf.

Dollar (The Flying Dutchman et Payment) — dont nous publions ci-contre le pedigree — était frère de mère de *Florin*, et appartenait, comme lui, à M. A. Lupin. C'était un cheval bai foncé, de petite taille (1 m. 58), avec une grande puissance d'arrière-main, l'épaule superbe et des aplombs parfaits.

Il n'avait rien fait à deux ans et il eut le malheur, dans sa troisième année, de rencontrer sur sa route *La Toucques*, qui le devança dans le prix du Jockey-Club. Sa plus belle victoire fut remportée sur *Charles-Martel*, dans le prix de l'Empereur (Grande Poule des Produits). Mais c'est à quatre ans, comme nous le verrons, qu'il donnera sa véritable mesure, avant de prendre rang parmi nos plus grands reproducteurs.

Les autres vainqueurs de trois ans sont : *Stentor* (Poule d'Essai); — *Pergola* (Biennal, Poule des Produits et prix de la Ville, handicap, 6.000 fr., à Valenciennes); — *Conquête* (Saint-Léger Continental et Poule des Produits, à Bade); — *Fleur-de-Mai* (Grand Saint-Léger, à Moulins); — *Charles-Martel* (Coupe, à Fontainebleau); — *Guillaume-le-Taciturne* (Grand Prix, de 6.000 fr., à Boulogne-sur-Mer); — *Villafranca* (prix de Longchamp, à Paris, et les prix d'Iffezheim et d'Eberstein, à Bade).

Deux vainqueurs du Derby de Chantilly faisant dead-heat sur les 5.000 mètres du Grand Prix de l'Impératrice (Rainbow), le fait est unique dans nos annales hippiques : c'est cependant ainsi que se termina la lutte acharnée que s'y livrèrent *Gabrielle d'Estrées* et *Souvenir*, qui, en plus du poids pour âge, bénéficiait de l'allégeance de 10 livres accordée aux chevaux du Midi et de l'Ouest (1).

(1) Les propriétaires avaient décidé de partager le prix, mais, aucun d'eux ne consentant à ce que son cheval recommençât le parcours pour être déclaré vainqueur, condition *sine quâ non* alors imposée par le Règlement, les deux chevaux reparurent sur la piste pour recourir. Mais la curiosité du public fut déçue, car *Gabrielle d'Estrées* rentra presque aussitôt au pesage, M. J. Robin s'étant enfin décidé à laisser *Souvenir* accomplir le walk-over obligatoire, plutôt que de lui imposer l'effort et l'aléa d'une seconde lutte.

Pedigree de DOLLAR (1860).

DOLLAR (1860)

- **The Flying Dutchman, 1846.**
  - **Bay Middleton, 1833.**
    - **Sultan, 1816.**
      - Selim, 1802. { Buzzard, p. Woodpecker, p. **Herod**. / Fille d'*Alexander*, p. **Eclipse**.
      - Bacchante, 1809. { W's Ditto, p. Sir Peter, p. Highflyer, p. **Herod**. / Sister to Calomel, p. Mercury, p. **Eclipse**.
    - **Cobweb, 1821.**
      - Phantom, 1808. { Walton, p. Sir Peter, p. Highflyer, p. **Herod**. / Julia, p. Whiskey, p. Saltram, p. **Eclipse**.
      - Filagree, 1815. { Soothsayer, p. Sorcerer, p. Trumpator, p. Conductor, p. **Matchem** ou Scud, p. Beningbrough, p. King Fergus, p. **Eclipse**. / Web, p. Waxy, p. Pot-8-Os, p. **Eclipse**.
  - **Barbelle, 1836.**
    - **Sandbeck, 1818.**
      - Catton, 1809. { Golumpus, p. Gohanna, p. Mercury, p. **Eclipse**. / Lucy Grey, p. Timothey, p. Delpini ex Hackwood, p. Highflyer, p. **Herod**.
      - Orvillina, 1804. { Beningbrough, p. King Fergus, p. **Eclipse**. / Evelina, p. Highflyer, p. **Herod**.
    - **Barioletta, 1822.**
      - Amadis, 1807. { Don Quixote, p. **Eclipse**. / Fanny, p. Sir Peter, p. Highflyer, p. **Herod**.
      - Selina, 1810. { Selim, p. Buzzard, p. Woodpecker, p. **Herod**. / Fille de Pot-8-Os, p. **Eclipse**.

- **Payment, 1848.**
  - **Slane, 1833.**
    - **Royal-Oak, 1823.**
      - Catton, 1809. (Voir ci-dessus).
      - Fille de 1816. { Smolensko, p. Sorcerer, p. Trumpator, p. Conductor, p. **Matchem**. / Lady Mary, p. Beningbrough, p. King Fergus, p. **Eclipse**.
    - **Fille de 1819.**
      - Orville, 1799. { Beningbrough, p. King Fergus, p. **Eclipse**. / Evelina, p. Highflyer, p. **Herod**.
      - Epsom Lass ex Orange-Girl, 1803. { Sir Peter, p. Highflyer, p. **Herod**. / Alexina, p. King Fergus, p. **Eclipse**.
  - **Receipt, 1836.**
    - **Rowton, 1826.**
      - Oiseau, 1809. { Camillus, p. Hambletonian, p. King Fergus p. **Eclipse**. / Fille de Ruler, p. Y. Marske, p. Marske, p. Squirt, p. Bartlett's Childers, p. **Darley Arabian**.
      - Katherina ex Perspective, 1830. { Woful, p. Waxy, p. Pot-8-Os, p. **Eclipse**. / Landscape, p. Rubens, p. Buzzard, p. Woodpecker, p. **Herod**.
    - **Fille de 1826.**
      - Sam, 1815. { Scud, p. Beningbrough, p. King Fergus, p. **Eclipse**. / Hyale, p. Phœnomenon, p. **Herod**.
      - Morel, 1805. { Sorcerer, p. Trumpator, p. Conductor, p. **Matchem**. / Hornby Lass, p. Buzzard, p. Woodpecker, p. **Herod**.

Celui-ci remporta une autre victoire heureuse, à la fin de la saison, dans le Grand Prix de l'Empereur (Gladiateur), *Orphelin* ayant été distancé de la première place, pour avoir, par suite d'une glissade dans une flaque d'eau, presque culbuté *Stradella*, à l'arrivée.

A côté de ces grandes épreuves classiques, *Souvenir* ne dédaigna pas des prix de moindre importance en province, et nous le verrons, indépendamment de l'Omnium de l'Ouest et du Midi, de 6.200 francs, à Nantes, aller cueillir à Saint-Brieuc, Angers, Rennes et Le Mans, des prix de Circonscription ne dépassant pas 780 à 980 francs!

Orphelin fut battu dans le prix du Cadran par *Alerte;* — *Gabrielle d'Estrées* enleva un prix Impérial et le prix d'Apremont, à Chantilly; — et *Stradella* remporta deux belles victoires à Newmarket, dans les Derby Trial Stakes (23.750 fr.) et les Post Stakes (11.250 fr.), sans compter deux prix gouvernementaux de 4.000 francs, à Paris et à Chantilly.

Un deux ans attire tous les regards, c'est *Fille de l'Air*. Nous la retrouverons en 1864.

Jarnicoton, au comte de Lagrange, est le premier cheval français qui dispute — obscurément, d'ailleurs, — le Saint-Léger, qui revient au favori, *Lord Clifden*, lequel n'avait succombé que d'une tête contre *Macaroni*, dans le Derby, après *trente et un* faux départs!... Mais ce ne fut pas sans causer une violente émotion à ses partisans qu'il triompha à Doncaster. Il manqua presque complètement le départ et à mille mètres du but, se trouvait encore tellement loin derrière le peloton, qu'on l'offrit à 50/1. Il parvint néanmoins à remonter successivement tous ses adversaires pour gagner d'une demi-longueur, au milieu d'acclamations enthousiastes.

A la fin de l'année, Ch. Pratt quitta le comte de Lagrange et passa comme entraîneur-jockey au service de la nouvelle association Charles Laffitte-baron Nivière, qui sera célèbre sous le nom de « Major Fridolin ». L'écurie était à La Morlaye, le haras à Villebon.

Le journal *Le Jockey*, qui a pris depuis lors la première place dans la presse sportive, date de 1863. Il était alors hebdomadaire et paraissait le mardi. Il se distingua tout de suite par le sérieux de sa correspondance anglaise et de ses articles sur l'élevage.

Signalons, à l'établissement Chéri-Salvador, la première vente publique de yearlings. Le prix le plus élevé, 7.000 francs, fut donné par le comte de Cossette, pour le poulain *Harry;* les autres firent de 700 à 3.000 francs.

Enfin, pour mémoire, mentionnons, au cours de l'année, la fondation de la *Société des Steeple-Chases de France*, dont l'historique sort du cadre de cet ouvrage (1).

Le budget total de la Société d'Encouragement, pour 1863, s'élevait à 324.000 francs, et ses recettes à 388.000 francs, à peu près celle qu'elle réalise, aujourd'hui, dans la seule journée du Grand Prix.

Une personnalité sportive des plus en vue, le comte d'Aure, était mort à l'âge de 64 ans. Écuyer de l'Empereur et inspecteur général des Haras, il était l'auteur de nombreux ouvrages hippiques, dont un *Traité d'équitation*, qui est devenu classique.

---

(1) Le Comité de cette nouvelle Société était ainsi composé : prince J. Murat, président; comte G. de Juigné, vice-président; membres : comte de Brion, comte A. des Cars, baron E. de Caters, H. Cartier, baron J. Finot, marquis de Galliffet, A. de Lignières, prince M. de Beauvau, vicomte R. du Manoir, vicomte de Namur, général de Howe, P. Rattier, L. de Saint-Germain et vicomte Artus-Talon. — Commissaires des Courses : comte A. des Cars, H. Cartier et A. de Lignières; juge à l'arrivée, comte S. de La Rochefoucauld; juge au pesage, comte R. de Montécot; starter, prince J. Murat.

Les réunions eurent lieu sur l'hippodrome de Vincennes. La dernière y fut donnée le 6 juin 1870. Après quoi le bail avec la Municipalité fut résilié et le terrain redevint un champ de manœuvres.

Les courses d'obstacles périclitèrent et, malgré les meetings de La Marche, Porchefontaine et Le Vésinet, elles n'auraient sans doute pas tardé à disparaître quand, en 1873, une nouvelle société se forma pour l'exploitation du champ de courses d'Auteuil, sous la présidence du prince de Sagan, assisté de MM. le vicomte O. Aguado, vicomte Beugnot, colonel de Biré, Boscard de la Romaine, Aston-Blount, Cunin-Gridaine, P. Firino, Ed. Fould, comte Ch. du Grollier, Robert Hennessy, de La Haye-Jousselin, comte L. Le Hon, A. Magne, A. de Montgomery, A. O'Connor, baron A. de Rothschild, comte de Saint-Sauveur, vicomte de Trédern et comte L. de Turenne. — Les commissaires étaient : MM. de La Haye-Jousselin, A. de Montgomery et comte L. de Turenne.

L'inauguration de l'hippodrome d'Auteuil eut lieu le 6 novembre 1873.

La Société des Steeple-Chases n'a cessé, depuis lors, d'avoir une marche ascendante, et sa situation est aujourd'hui des plus florissantes.

Le Grand Steeple-Chase de Paris et la Grande Course de Haies d'Auteuil datent de 1874.

CHAPITRE XLI

ANNÉE 1864

Fille de l'Air, Vermout, Bois-Roussel, Blair-Athol. — M. H. Delamarre. — Joë Jones. — Les « classics » de l'entraîneur J. Scott. — Débuts de l'écurie A. Desvignes. — *Dollar, Noélie, Stradella* (suite). — Inauguration de l'hippodrome de Deauville. — Importation de la jument *Slapdash*. — Fondation de la Société de Demi-sang.

L'année de *Fille de l'Air, Vermout, Blair-Athol* et *Bois-Roussel*, et, parmi les vieux chevaux, de *Dollar*.

FILLE DE L'AIR, ex-*Capucine II* (Faugh-a-Ballagh et Pauline), s'était couverte de gloire, à deux ans, en Angleterre.

Née, en 1861, chez M. Benoist, et vendue yearling au comte de Lagrange, qui l'avait rachetée à la dissolution de son association avec le baron Nivière, elle gagne, le 19 mai, pour ses débuts, les Woodcote stakes, à Epsom, puis les Malecomb stakes, battant *Scottisch Chief*, fait walk-over dans le Brighton Biennal, enlève, à Newmarket, un Sweepstakes, puis les Criterion stakes. Elle avait été placée seconde, dans les Champagne stakes et un Sweepstakes, à Doncaster, et troisième, à Epsom, dans les Two Years Old et les Hopeful stakes, — soit, sur neuf courses, cinq victoires et quatre places. Ces performances firent une telle sensation, qu'on vit en *Fille de l'Air* une pouliche du plus grand avenir et que, dans l'enthousiasme du moment, on n'hésita pas à la comparer à la célèbre *Crucifix*.

Partie favorite dans les Mille Guinées, *Fille de l'Air* n'y fut pas placée... Après ses retentissants succès à deux ans, cet échec causa quelque surprise, et le journal *The Globe* ne craignit pas de dire que la pouliche avait été tirée. L'affaire fit grand bruit, mais, devant l'attitude énergique du comte de Lagrange, l'organe londonien se vit obligé à des excuses publiques. *Fille de l'Air* ne fut guère plus heureuse dans la Poule d'Essai, où elle ne put prendre que la troisième place, derrière *Baroncello* et *Bayard*, mais précédant

Bois-Roussel. Elle ne tarda pas à se réhabiliter, en enlevant brillamment le prix de Diane, puis les Oaks, sur *Tomate*, gagnante des Mille Guinées et seize autres adversaires.

Les Anglais sont assez mauvais joueurs, nous l'avons déjà constaté. Cette victoire, dans une grande épreuve nationale, d'une pouliche étrangère, eut le don de déchaîner la fureur de la foule, et la jument, ainsi que son jockey, ne dut qu'à la protection de la police de pouvoir regagner le pesage. On s'en prit ensuite au propriétaire en prétendant qu'elle avait quatre ans, et des vétérinaires — à la protestation indignée du comte de Lagrange et, reconnaissons-le, des sommités sportives anglaises — furent commis pour examiner sa bouche.

Bois-Roussel (The Nabob et Agar), à M. H. Delamarre, racheta sa défaillance de la Poule d'Essai en remportant successivement la Poule des Produits, le prix de l'Empereur (Grande Poule) et le prix du Jockey-Club. Son camarade VERMOUT (The Nabob et Vermeille, ex-Merveille), n'ayant à son actif que le prix du Printemps, ne pouvait prétendre qu'à un rôle de comparse dans le Grand Prix, où *Fille de l'Air* et *Bois-Roussel* paraissaient seuls de taille à défendre nos intérêts contre le redoutable *Blair-Athol* (Stockwell et Blink-Bonny), qui venait, pour ses débuts en public, de remporter le Derby d'Epsom, sur *General Peel*, le vainqueur des Deux mille Guinées (1). On espérait une victoire française, mais sans y croire beaucoup, ainsi qu'en témoigne la cote de départ : 2/7 *Blair-Athol*, 3/1 *Fille de l'Air*, 7/1 *Bois-Roussel*; les autres, de 12 à 50/1.

Les jockeys de *Blair-Athol* (T. Snowden) et de *Fille de l'Air* (A. Edwards) eurent le tort de se croire seuls en course. Ils enta-

---

(1) Qu'il devait battre à nouveau dans le Saint-Léger de Doncaster. Ce sera la première fois, depuis la fondation de ces épreuves, que les deux premiers du Derby finiront dans le même ordre.

A propos de la victoire de *General Peel* dans les Deux mille Guinées, il n'est pas sans intérêt de rappeler qu'elle était la *quarante-deuxième* grande épreuve classique que remportait son entraîneur, John Scott.

En voici le détail :

Six Derby : *Saint-Giles* (1832), *Mundig* (1835), *Attila* (1842), *Cotherstone* (1843), *Daniel O'Rourke* (1852), *West-Australian* (1853).

Huit Oaks : *Cyprian* (1836), *Industry* (1838), *Ghuznee* (1841), *Princess* (1844), *Iris* (1851), *Songstress* (1852), *Marchioness* (1855), *Queen Bertha* (1863).

Seize Saint-Léger : *Matilda* (1827), *The Colonel* (1828), *Rowton* (1829), *Margrave* (1832), *Touchstone* (1834), *Don John* (1838), *Charles XII* (1839), *Launcelot* (1840), *Satirist* (1841), *The Baron* (1845), *Newminster* (1851), *West-Australian* (1853), *Warlock* (1856), *Impérieuse* (1857), *Gamester* (1859), *The Marquis* (1862).

Huit Deux mille Guinées : *Meteor* (1842), *Cotherstone* (1843), *Pistford* (1850), *West-Australian* (1853), *Fazzoletto* (1856), *The Wizard* (1860), *The Marquis* (1862) *General Peel* (1864).

Quatre mille Guinées : *Canezou* (1848), *Mentmore Lass* (1850), *Impérieuse* (1857), *Sagitta* (1860).

Ces résultats, dans trente-sept années d'entraînement, constituent un record qu'aucun autre entraîneur n'a encore approché.

mèrent une lutte prématurée, qui les laissa sans ressources pour la fin, en sorte que, lorsque le cheval anglais eut définitivement pris le meilleur sur la pouliche, il se trouva hors d'état de résister à l'attaque de *Vermout* (Kitchener), qui l'emporta d'une demi-longueur, au milieu d'un enthousiasme indescriptible, auquel l'Empereur lui-même prit part, en levant, le premier, son chapeau, en l'honneur de cette victoire de l'élevage national (1).

Fille de l'Air, troisième à une longueur, fut distancée au profit de *Bois-Roussel*, quatrième, son jockey ne s'étant pas fait peser à sa rentrée au pesage.

M. Henri Delamarre, qui triomphait ainsi avec *Vermout*, avait débuté sur le turf une dizaine d'années auparavant, avec quelques chevaux d'obstacles, dont *Flying Buck*, qui fut le rival de *Franc Picard*. Il s'associa ensuite avec MM. de Lauriston et Albéric de Saint-Roman. Puis, se lia avec le comte P. Rœderer, propriétaire du haras de Bois-Roussel (dans la commune de Bursard, à quelques lieues d'Alençon), lequel ne conservait à l'entraînement que de rares produits de son élevage, tous les autres étant vendus annuellement. En 1860, une nouvelle association se forma entre eux et MM. Charles Laffitte, L. de Saint-Roman, E. Archedeacon et Édouard Fould, pour l'exploitation directe de tous les produits du haras de Bois-Roussel, sous le nom et les couleurs — casaque marron, manches rouges et toque noire — de M. Delamarre. On sait la place prépondérante qu'allait prendre la nouvelle écurie, grâce à la haute compétence de son chef.

A ses connaissances hippiques, M. H. Delamarre ajoute — comme cet autre homme de cheval consommé que fut le baron J. Finot — un véritable talent de peintre. De nombreux tableaux de lui, que ne désavoueraient pas nos meilleurs artistes, ornent les salons du

---

(1) La joie générale était telle, qu'un grave personnage comme le baron de La Rochette, toujours si calme et si pondéré, sembla avoir perdu tout à coup son sang-froid habituel. « Quand le cheval vainqueur eut passé le poteau, on le vit, en effet, jeter son chapeau en l'air, crier bravo et frapper des pieds comme eût pu le faire un écolier. » (COMTE GASTON DE LUDRE. — *Le baron de La Rochette*.)

Que la foule acclamât *Vermout*, rien de plus naturel ; mais il n'était pas besoin d'y joindre des insultes au vaincu, et l'on ne peut que regretter les manifestations déplacées qui accueillirent la rentrée de *Blair-Athol*.

Elles se comprenaient d'autant moins que les réunions de courses avaient alors, même dans les grands jours, un côté bon enfant qu'elles ont perdu. On en trouve la preuve dans la présence, au pesage, de personnages excentriques comme ce Joë Jones, qui semblait s'être donné, à cette époque, la mission de divertir le public, à toutes les solennités sportives. « C'était, ainsi que le rappelle Saint-Georges, dans le *Turf français au XIXe siècle*, une sorte de Triboulet, saltimbanque, boxeur, jockey, nageur et, au besoin, sauveteur. Son rôle était de faire rire. Si, d'aventure, on le heurtait dans la foule, il trébuchait, roulait à terre, feignait d'être blessé. Il jappait, gloussait, miaulait, imitait la clarinette, le clairon, les castagnettes, poussait des notes de ténor, sautait comme Léotard, et déclamait des vers. Ce jour-là, il était tout habillé de blanc, un large ruban rouge en sautoir, la poitrine diaprée de médailles. »

| Baron de la Rochette | Fille de l'Air | Baroncllo | Vermout | Blair-Athol | Buis-Roussel |
| Starter | (Edwards) | (French) | (Kitchener) | (Challoner) | (Flatman) |

LE DÉFILÉ DU GRAND PRIX (1864), PAR M. H. DELAMARRE

Jockey-Club, entre autres, le défilé de ce Grand Prix de 1864, dont nous donnons ci-contre une reproduction.

Cette victoire fit couler des flots d'encre, et la question de savoir si *Vermout* était supérieur à *Blair-Athol* et *Fille de l'Air* ne fut jamais tranchée.

Il est certain que, dans le Grand Prix, le poulain de M. Delamarre avait eu tous les atouts dans son jeu, alors que ses adversaires, au contraire, y avaient eu tous les désavantages. Il est plus facile, en effet, de triompher en venant à la fin sur des chevaux épuisés par une longue lutte préalable, que de résister, après cette lutte, à un nouvel assaut.

Vermout et *Blair-Athol* ne devant plus avoir occasion de se rencontrer, ce n'est que par impression et en nous basant sur leurs performances subséquentes, que nous pensons que le fils de Stockwell était supérieur à celui de The Baron.

En ce qui concerne *Fille de l'Air*, si *Vermout* la battit une seconde fois, dans le Grand Prix de Bade (en en recevant, il est vrai, 3 livres et le sexe), la pouliche en eut raison, également deux fois, d'abord dans le Saint-Léger Continental de Bade, puis, à l'automne, sur la distance même du Grand Prix, dans le Grand Prix du Prince Impérial (Royal-Oak).

Il restait une belle à jouer. Elle ne fut jamais disputée, *Vermout* n'ayant pas reparu sur le turf après sa troisième année, alors que sa rivale continuera à s'y couvrir de gloire, en sorte que cette question de suprématie n'a pas été résolue (1).

Il est curieux de remarquer quel lien étroit de parenté unissait ces deux rivaux, bien qu'ils provinssent d'élevages différents.

En effet, l'arrière-grand'mère maternelle de *Vermout* et l'arrière-grand-père paternel de *Fille de l'Air* étaient tous deux par *Emilius* (descendant d'*Eclipse*), et le grand-père paternel de *Vermout* était fils d'*Irish Birdcatcher*, propre frère de *Faugh-a-Ballagh*, le père de *Fille de l'Air*.

Devaient-ils à cette consanguinité rapprochée leur égale qualité sur le turf? En tous cas, elle ne les servit pas également au haras où, tandis que *Fille de l'Air* se montrera poulinière médiocre, *Vermout* prendra rang parmi nos meilleurs étalons. De son côté, *Blair-Athol* s'illustrera au stud, notamment par son fils *Doncaster*, qui remportera, comme lui, le Derby, et, comme lui, succombera devant un représentant de M. Delamarre, *Boïard*, dans le Grand Prix, en 1873.

(1) *Vermout* avait encore gagné la Poule des Produits, à Bade, et le prix de Chantilly (ex-prix de l'Empereur), à Paris.
Fille de l'Air, en plus des quatre victoires précitées, avait également remporté le Saint-Léger, à Moulins, le prix Lichental, à Bade, le Brighton Biennal, les Newmarket Oaks, le Newmarket Derby et un Handicap libre, à l'Houghton meeting.
Nous la verrons poursuivre le cours de ses succès en 1865.

Bois-Roussel, tombé broken-down dans le Grand Prix, fut vendu 50.000 francs au Gouvernement autrichien et envoyé au haras de Kisber, en Hongrie.

Après ce formidable trio, il restait bien peu à glaner pour les autres trois ans : *Baronello* eut la Poule d'Essai ; — *Gédéon*, le prix de Longchamp ; — *Perle*, l'Omnium ; — *Grande Dame*, le prix de la Ville de Caen, de 12.000 francs ; — et *Affidavit*, à M. H. Lunel, une demi-douzaine d'épreuves secondaires, dont le Derby Continental, à Gand.

Cet *Affidavit* avait débuté obscurément dans le prix de Lutèce. Quelques jours après, monté par le capitaine Hunt, il remporta facilement le prix de Viroflay, sur un lot nombreux, dont faisait partie *Gabrielle d'Estrées*. Il était difficile de voir dans le gagnant d'un modeste prix de gentlemen-riders un futur prétendant au prix du Jockey-Club, dans lequel, cependant, il ne succomba que d'une tête contre *Bois-Roussel*, qui ne dut de triompher qu'à la supériorité de son jockey.

Dame Blanche, qui provenait de l'élevage de Victot, inaugura, par un modeste succès, à Tours, la casaque violet et jaune de M. A. Desvignes, dont le haras de Bazouges produira quelques bons chevaux.

Parmi les vétérans, *Guillaume-le-Taciturne* enlève le Cadran ; — *Stradella*, la Coupe de Fontainebleau ; — *Partisan*, le prix de la Seine ; — et *Noélie*, le Grand Prix de l'Empereur (Gladiateur) battant *Dollar*, *Gabrielle d'Estrées* et *Orphelin*.

Dollar ouvre la saison par une victoire dans les Northamptonshire Stakes, puis il bat d'*un nez*, dans le Grand Prix de l'Impératrice (Rainbow), *Stradella*, qui lui rend 7 livres et le sexe ; dans le Grand Prix de Bade, il succombe, à 20 livres pour l'année, contre *Vermout*; prend la seconde place, dans les Worcester Stakes et le Wolverhampton handicap, non sans avoir remporté, précédemment, le Brighton Cup et battu, à poids égal, dans la Goodwood Cup, *East Lancashire* et *The Ranger*, vainqueur du premier Grand Prix.

C'était la première fois qu'un cheval français portant son poids pour âge, triomphait dans la Goodwoop Cup, et, particularité curieuse, il appartenait précisément à M. A. Lupin qui, le premier, avait gagné cette même épreuve avec un cheval français — *Jouvence*, en 1853, — bénéficiant alors de la décharge de 10 livres, qui était accordée aux concurrents étrangers.

Dollar s'illustrera au haras par une race d'une rare élégance de formes et d'une grande souplesse d'action, dont nous aurons maintes occasions de signaler les succès.

Les meilleurs deux ans sont *Le Béarnais*, *Le Mandarin*, *Gontran Clermont*, *Tourmalet*, *Anecdote* et *Surprise*.

On parle aussi d'un grand poulain de *Monarque*, nommé *Gladiateur*, pour lequel le comte de Lagrange a fait les plus beaux engagements, mais dont les jambes inspirent les plus vives inquiétudes. On sait quelle carrière parcourra « l'éternel boiteux ».

*
* *

L'hippodrome de Deauville fut inauguré le 14 août.

Deauville n'était qu'une modeste bourgade de pêcheurs, qui comptait à peine une centaine d'habitants, quand le duc de Morny songea à faire de cette plage normande la plus élégante des stations balnéaires françaises. Avec son inlassable sollicitude pour les courses et le goût croissant du public pour ce sport, il estima qu'elles étaient une des plus sûres attractions à offrir aux mondains qu'il voulait attirer. M. Calenge, le président de la Société des Courses de Caen, lui prêta le concours le plus précieux; les dunes sablonneuses de Deauville se couvrirent de gazon, des tribunes et des écuries confortables s'élevèrent rapidement, et l'inauguration du nouvel hippodrome eut un plein succès. L'organisation matérielle fut surtout des plus remarquées, car, pour ce qui est de la piste, ce ne sera que bien des années plus tard qu'elle acquerra, à force de soins et d'entretien, l'élasticité voulue.

« La fondation de cet hippodrome, écrit Ned Pearson, marque une des phases les plus brillantes de la marche des courses en France, la nouvelle réunion ayant été organisée dès le début sur une vaste échelle inconnue chez nous, partout ailleurs qu'à Longchamp et à Chantilly. »

Ce budget sensationnel ne s'élevait pourtant qu'à 23.500 francs, réparti sur deux journées de courses plates et d'obstacles.

On n'était pas gâté sous le rapport des allocations, il y a cinquante ans.

L'épreuve la plus importante était le prix de la Ville, pour chevaux de trois ans et au-dessus, d'une valeur de 6.000 francs. Le prix Morny, de 5.000 fr., pour deux ans, ne fut créé que l'année suivante, et la Coupe, de 20.000 fr., qu'en 1866.

Bien que très modestes au début, comme on le voit, les courses de Deauville devaient aller en se développant chaque année, pour devenir plus tard la grande attraction mondaine de la saison estivale.

Les courses d'Ostende datent également de cette année. Elles furent longtemps sans importance et n'ont pris date dans le calendrier sportif qu'avec la création du Grand Prix, en 1898, et du Grand Critérium International, en 1899.

* * *

On peut signaler la mort des deux poulinières *Eusébia* et *Fraudulent*, dont nous avons parlé en 1844 et en 1853, et l'importation de *Slapdash* (Annandale, par Touchstone, et Messalina, par Bay Middleton), née en 1853, qui sera la mère de *Fervacques* (1864), *Saltarelle* (1871, *Saxifrage* (1872), *Saltéador* (1876), et *La Flandrie* (1877).

Enfin nous devons rappeler, en raison du rôle que les courses plates joueront dans son programme à partir de 1879, la fondation de la *Société d'Encouragement pour l'amélioration du cheval français de demi-sang* (1).

---

(1) Fondée sous la présidence du marquis de Croix, avec le concours de MM. Basly, Bastard, Brion, marquis de Cornullier, Desloges, Forcinal, comte de Germiny, comte de Montigny, comte d'Osseville et M. de Saint-Germain.

Sans entrer dans l'historique des courses au trot, qui sortent du cadre de cet ouvrage, on peut rappeler brièvement qu'elles n'avaient pas pour but, à l'origine, de développer la vitesse chez le cheval de demi-sang, mais simplement de le dresser en vue de sa présentation aux haras, aux remontes et aux marchands.

Les premiers essais de trotting avaient eu lieu à Saint-Brieuc, en 1807; Aurillac et Strasbourg, en 1820; Nancy, en 1828. Ils avaient été partout infructueux, en dépit des efforts de Ephrem Houël, inspecteur des Haras, Dupont, directeur du dépôt d'étalons de Saint-Lô, et de la Société vétérinaire de Normandie.

Mais la question d'argent paralysait tout, et les Conseils généraux faisaient la sourde oreille, quand un marchand de vins de Cherbourg, espérant que la nouveauté du spectacle attirerait les Anglais, offrit l'emplacement et les fonds.

La Société fondée par lui a servi de modèle à toutes les autres qui se sont constituées ensuite. L'inauguration, sur la place de Cherbourg, eut lieu en 1836; puis des courses furent données à Caen (1837), Saint-Lô (1838) et Rouen (1843).

L'Administration des Haras, voyant qu'elles réussissaient, créa — dans l'espoir de faire échec à la Société d'Encouragement, dont nous avons vu qu'elle essayait de paralyser l'œuvre par tous les moyens — des prix pour étalons de trois ans. De nouvelles sociétés se fondèrent, et, le 25 avril 1848, une commission demandait au Conseil des Haras l'augmentation des courses au trot.

Dès 1850, les prix atteignaient 92 000 francs, sans toutefois que le trotting jouît encore de la faveur publique. Le général Fleury lui donna une nouvelle impulsion en 1860, mais cette branche secondaire du sport ne devait trouver son réel développement qu'avec la Société de Demi-Sang.

CHAPITRE XLII

ANNÉE 1865

Gladiateur. — Le duc de Morny. — *Vertugadin, Gontran, Le Mandarin, Tourmalet.* — *Fille de l'Air, Ninon de Lenclos* (suite). — La Coupe. — Liquidation de l'écurie du baron E. Daru, et débuts des écuries du comte de Berteux, du vicomte P. Daru et de MM. L. André, E. de la Charme et L. Delâtre. — La voiture des Poules Oller. — Suppression des divisions territoriales chevalines. — La Société Hippique française.

Un nom domine tout, — Gladiateur.
L'année 1865, qui débuta par une perte cruelle pour le turf, la mort du duc Auguste de Morny (1), devait cependant briller d'un éclat impérissable et demeurer à jamais l'année glorieuse, entre toutes, de l'élevage français.
Gladiateur!
A près de cinquante ans de distance ce nom a gardé tout son prestige, bien qu'il soit malaisé de se faire une idée du retentissement

---

(1) Membre du Jockey-Club depuis 1838, à son retour d'Afrique où, en qualité de sous-lieutenant au 1ᵉʳ régiment de lanciers, il avait été décoré sur le champ de bataille, en raison de sa belle conduite au siège de Constantine, le jeune comte de Morny — il ne fut créé duc qu'en 1862 — se passionna aussitôt pour les questions chevalines et fut un des plus fervents et des plus zélés propagateurs des principes anglais. Frère adultérin de Napoléon III, il seconda activement celui-ci dans les mesures qu'il prit pour le développement des courses, et rendit à l'élevage national des services inappréciables. Comme nous l'avons vu, c'est à son intervention que la Société d'Encouragement dut d'obtenir de la Ville de Paris la concession de la plaine de Longchamp, comme c'est à lui que sont également dues la fondation du Grand Prix de Paris et la création de l'hippodrome de Deauville.
Le duc de Morny eut d'abord ses chevaux à La Morlaye, sous la direction de Tom Hurst, puis à La Croix-Saint-Ouen (Compiègne), sous celle de Henry Jennings. Son établissement d'élevage était situé à Viroflay. Il y avait tout un lot de poulinières de choix avec, comme étalon, le célèbre *West-Australian*, acheté par lui 80.000 francs, en 1860. Cependant en dépit de sacrifices d'argent continus, ses couleurs — casaque et toque roses — ne connurent jamais les grands succès. Ses meilleurs produits furent : *Diamant*, battu dans le prix du Jockey-Club de 1856, après un dead-heat avec *Lion; Duchesse*, Grand Critérium, 1856; *Violette*, Poule des Produits (Daru), 1860; *Partisan* et *Clermont*, prix de l'Avenir,

provoqué par l'annonce de ce simple fait : « *Gladiateur* a gagné le Derby d'Epsom !... »

Duc Auguste de Morny.

Mais, à l'époque, l'émotion fut immense, aussi bien chez nous qu'en Angleterre, et dans le monde entier.

à Bade, 1861 et 1864; *Noélie*, Grand Prix de l'Empereur (Gladiateur), 1864; *Gédéon*, prix de Longchamp (Hocquart), 1864, qui se démit l'épaule au moment où il prenait le meilleur sur *Vermout*, dans le prix de Chantilly; etc.

La vente de son écurie produisit 337.950 francs. Elle se composait de 3 étalons, 18 poulinières, 13 yearlings et 15 chevaux à l'entraînement. Les prix les plus élevés furent atteints par *West-Australian*, adjugé 31.000 francs à l'Administration des Haras; *Lélio*, 50.000, au comte Lehndorff; *Plutus*, qui deviendra ensuite la propriété du comte de Lagrange, 41.000, à M. Charles Laffitte; *Templier*, 38.000, à M. Desvignes; *Bayard*, 25.000, à M. H. Lunel; parmi les yearlings, *Jeune Première*, 6 800, à M. A. Lupin, et *Ruy-Blas*, 900, à M. Porte, qui le rétrocéda à M. L. André, etc.

Qu'on y songe, en effet. L'Angleterre, la superbe détentrice du sceptre hippique, avait pu être battue en différentes rencontres, mais, du moins, elle était invaincue jusqu'ici dans sa grande épreuve nationale. Et cette suprématie s'écroulait. Un cheval français, né en France, de père et mère français, avait gagné le « Blue ribbon !... »

Ce fait-divers devenait un événement mondial, si stupéfiant, si fabuleux, que nombre d'Anglais — pareils aux grognards de l'Empire, qui n'admettaient pas la mort de Napoléon — refusèrent d'y croire.

GLADIATEUR était né en 1862, au haras de Dangu, chez le comte F. de Lagrange, de *Monarque* et *Miss Gladiator*.

Nous ne reviendrons pas sur ce que nous avons dit de *Monarque*.

Miss Gladiator (par Gladiator et Berthe) était née à Vineuil, chez Thomas Carter, en 1852. Elle avait peu couru, n'avait jamais gagné et avait été retirée de bonne heure de l'entraînement, à la suite d'un accident. Achetée comme poulinière, en raison de son sang, par le comte de Lagrange, elle avait déjà donné : en 1858, avec *Peu d'Espoir*, une pouliche, *Fille-des-Joncs*, dont on n'entendit pas parler, et, en 1860, avec *Monarque*, une autre pouliche, *Villafranca* (propre sœur aînée de *Gladiateur*), qui fut d'ordre modeste. Vide en 1861, elle avait été présentée à nouveau à *Monarque*, bien que celui-ci éprouvât pour elle une véritable aversion, alors qu'il était violemment attiré vers *Liouba*, avec laquelle il donna *Le Mandarin*. Aussi, pour obliger *Monarque* à saillir cette fois *Miss Gladiator*, on usa de ruse : on le laissa longtemps en présence de *Liouba*, puis, lui ayant bandé les yeux, on substitua *Miss Gladiator* à sa jument préférée.

« Qui sait, se demande Ned Pearson dans son *Dictionnaire du Sport*, si cette longue surexcitation, cette attente trompée, n'ont pas été pour quelque chose dans cette qualité transmise à sa centième puissance par le père à son fils ? » Ne prétend-on pas que, dans l'espèce humaine, s'ils sont souvent plus beaux et plus vigoureux que les enfants légitimes engendrés généralement par simple devoir, les enfants naturels, ceux que l'on a si joliment appelés « les enfants de l'amour », le doivent précisément au fait d'avoir été conçus dans la passion ?

Quoi qu'il en soit, sa mère qui n'avait rien produit de remarquable avant *Gladiateur*, ne donna rien de bon ensuite (1).

Gladiateur était bai zain. De bonne heure, il se fit remarquer par une stature bien supérieure à celle des poulains de son âge, mesurant 1 m. 67. Il avait les mêmes lignes, la même longueur d'encolure, la même direction d'épaules et de hanches que *Monarque*, mais dans

---

(1) Elle eut, en 1864, avec *Monarque* ou *Father-Thames*, un poulain nommé *Imperator*, et en 1865, avec *Monarque*, une pouliche, tous deux absolument insignifiants.

Nous publions ci-contre son pedigree. En le rapprochant de celui de *Monarque*, que nous avons donné précédemment, on verra que *Gladiateur* possédait à un haut degré le sang d'*Eclipse*.

des proportions bien autrement importantes. Il y joignait une symétrie parfaite, en sorte que, chez ce colosse, l'harmonie s'unissait à puissance.

Le comte de Lagrange fondait sur lui les plus grandes espérances et l'avait engagé dans toutes les grandes épreuves classiques françaises et anglaises. Ses jambes de devant donnaient, cependant, quelques inquiétudes, et là était le point noir : il avait les boulets

Phot. J. Delton.

Gladiateur
Monté par H. Grimshaw.

sensibles, et portait, à l'un d'eux, la cicatrice d'un coup reçu à la prairie, dans un de ces combats si fréquents entre yearlings. Aussi son propriétaire ne le poussa-t-il pas dans son entraînement à deux ans, comprenant, en outre, qu'un animal de cette importance ne pouvait être précoce, et que sa formation serait plus longue à se faire que celle d'un animal plus léger. Il ne débuta qu'à la réunion d'automne de Newmarket, dans les Clearwell stakes, où il triompha de onze concurrents assez médiocres. Il partagea ensuite avec *Longdown* la troisième place, dans les Prendergast Stakes, gagnés par *Bedminster*, puis il finit la saison en courant non placé, avec son camarade *Le Mandarin*, dans les Criterion Stakes, enlevés par *Chattanooga*.

Ces débuts étaient modestes et n'avaient rien qui fût de nature à laisser présager la haute destinée qui l'attendait, si son propriétaire n'avait compris, comme nous l'avons dit, qu'il lui fallait attendre sa croissance pour donner la mesure de sa qualité. Le comte de

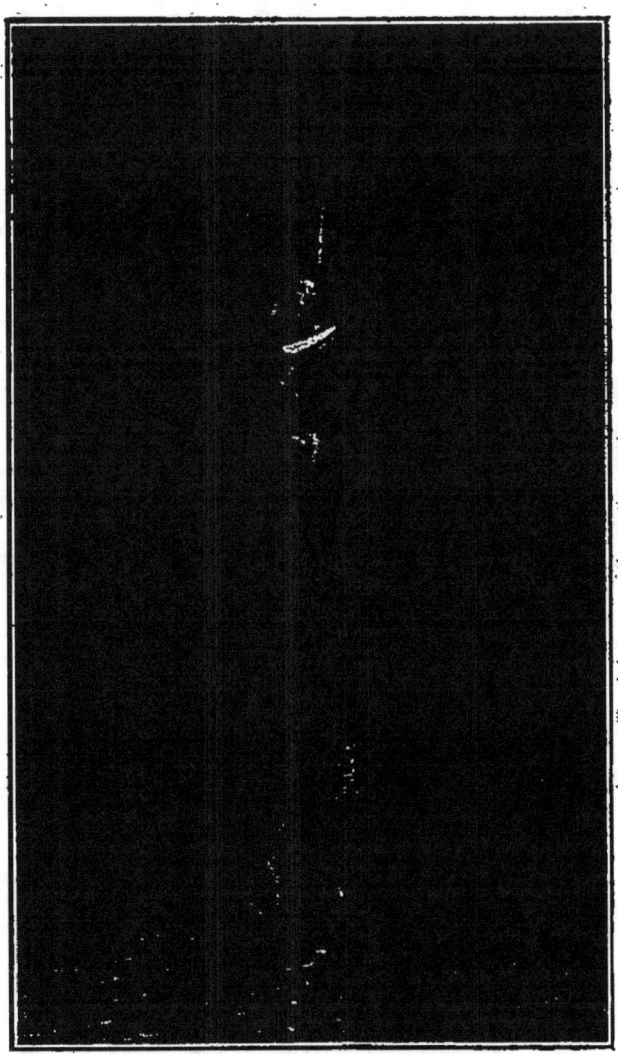

Comte Frédéric de Lagrange.

Lagrange devait en avoir l'heureuse confirmation, dès la reprise du travail, au début de l'année suivante. L'entraînement de *Gladiateur* par Tom Jennings, à Newmarket, restera comme une légende dans les annales du turf. Sa supériorité était telle, qu'il mettait tous les

Pedigree de MISS GLADIATOR (1854).

MISS GLADIATOR (1854)
- **Gladiator, 1833.**
  - **Partisan, 1811.**
    - Walton, 1799.
      - Sir Peter, 1784.
        - Highflyer, p. **Herod.**
        - Papillon, p. Snap, p. Snip, p. Flying Childers, p. **Darley Arabian.**
      - Arethusa, 1792.
        - Dungannon, p. **Eclipse.**
        - Fille de Prophet, p. Regulus, p. **Godolphin Arabian.**
    - Parasol, 1800.
      - Pot-8-Os, 1773.
        - Eclipse.
        - Sportsmistress, p. Warren's Sportsman, p. Cade, p. **Godolphin Arabian.**
      - Prunella, 1788.
        - Highflyer, p. **Herod.**
        - Promise, p. Snap, p. Snip, p. Flying Childers, p. **Darley Arabian.**
  - **Pauline, 1826.**
    - Moses, 1819.
      - Seymour, 1805. ou Whalebone, 1807.
        - Delpini, ex Hackwood, p. Highflyer, p. **Herod.**
        - Bay Javelin, p. Javelin, p. **Eclipse.**
        - Waxy, p. Pot-8-Os, p. **Eclipse.**
        - Maria, p. **Herod.**
      - Fille de 1801.
        - Gohanna, p. Mercury, p. **Eclipse.**
        - Grey Skim, p. Woodpecker, p. **Herod.**
    - Quadrille, 1815.
      - Selim, 1803.
        - Buzzard, p. Woodpecker, p. **Herod.**
        - Fille d'Alexander, p. **Eclipse.**
      - Canary Bird, 1806.
        - Whiskey, p. Saltram, p. **Eclipse.**
        - Canary, p. Coriander, p. Pot-8-Os, p. **Eclipse.**

MISS Taffrail, 1845.
- **Sheet Anchor, 1832.**
  - Lottery, - Tinker, 1820.
    - Tramp, 1810.
      - Dick Andrews, p. Joe Andrews, p. **Eclipse.**
      - Fille de Gohanna, p. Mercury, p. **Eclipse.**
    - Mandane, 1800.
      - Pot-8-Os, p. **Eclipse.**
      - Y. Camilla, p. Woodpecker, p. **Herod.**
  - Morgiana, 1820.
    - Muley, 1810.
      - Oroille, p. Beningbrough, p. King-Fergus, p. **Eclipse.**
      - Eleanor, p. Whiskey, p. Saltram, p. **Eclipse.**
    - Miss Stephenson, 1814.
      - Sorcerer, p. Trumpator, p. Conductor, p. **Matchem** ou Scud, p. Beningbrough, p. King-Fergus, p. **Eclipse.**
      - Fille de Precipitate, p. Mercury, p. **Eclipse.**
- **The Warwick mare, 1835.**
  - Merman, 1826.
    - Whalebone, 1807.
      - Waxy, p. Pot-8-Os, p. **Eclipse.**
      - Penelope, p. Trumpator, p. Conductor, p. **Matchem.**
    - Mermaid, 1810.
      - Oroille, p. Beningbrough, p. King-Fergus, p. **Eclipse.**
      - Fille de Sir Solomon, p. Sir Peter, p. Highflyer, p. **Herod.**
  - Fille de 1820.
    - Ardrossan, 1809.
      - John Bull, p. Fortitude, p. **Herod.**
      - Miss Whip, p. Volunteer, p. Y. Belgrade, p. Belgrade Turk.
    - Sheperdess, 1809.
      - Shuttle, p. Y. Marske, p. Marske, p. Squirt, p. Bartlett's Childers, p. **Darley Arabian.**
      - Fille de Buzzard, p. Woodpecker, p. **Herod.**

chevaux sur les dents ; les meilleurs, même employés à plusieurs, en relais, ne parvenaient pas à l'obliger à s'étendre. La célèbre *Fille de l'Air*, elle-même, resta dans un de ces essais terribles. Seul, *Le Mandarin* résista, mais il éprouvait une telle appréhension de cette épreuve que, lorsqu'on l'amenait sur le terrain et qu'il voyait *Gladiateur*, il se couvrait de sueur et se mettait à trembler de tous ses membres. On juge de ce que put être une telle préparation et de ce qu'il fallut de précautions pour que la valeur d'un tel animal ne s'ébruitât pas. Étant donné le nombreux personnel d'un établissement d'entraînement et les tentations auxquelles il est soumis, il est extraordinaire, en effet, qu'aucune indiscrétion n'ait été commise et que nul, jusqu'à la rentrée triomphale de *Gladiateur* sur le turf, n'ait eu vent de sa qualité hors de pair (1).

Ce ne fut, en effet, que dans les derniers jours d'avril — quand on apprit que *Liddington*, le favori des Deux mille Guinées et du Derby, n'avait pas donné satisfaction à son entraîneur — que le nom de *Gladiateur* s'inscrivit, pour la première fois, à 12/1, sur la cote des Deux mille Guinées.

Vint le jour de la course. *Gladiateur* fut sellé à l'écart. Peu de monde l'entourait, et quand il parut sur la piste, il fut déclaré « un vilain grand cheval de voiture ». Inutile d'ajouter que plus tard, alors qu'une foule enthousiaste s'écrasera autour de lui au pesage, ce vilain grand cheval de voiture deviendra « un des plus admirables modèles de pur sang qu'on eût jamais vus ! L'arrivée, suivant l'expression consacrée, eut lieu dans un mouchoir, *Gladiateur* ne l'emportant que d'une encolure sur *Archimedes*, qui ne précédait également que d'une encolure *Liddington*, que suivait à une tête *Zambesi*, à une tête de qui venait *Bedminster*. Le champ comprenait douze autres

---

(1) La discrétion qui entoura le travail de *Gladiateur* fut de règle constante, à toutes les époques, dans l'écurie. On s'est étonné que, durant sa longue carrière sur le turf, le comte de Lagrange n'eût jamais été trahi par ses associés ou par ses serviteurs. Cela tenait sans doute à ce qu'il ne disait que ce qu'il voulait qui fût répété, et surtout, parce que, suivant l'expression du comte Paul Daru, « il était de ces hommes qui savent toujours se faire obéir ».

Voici, à titre de curiosité, d'après le comte de Suffolk et Berkshire, deux des principaux essais de *Gladiateur*, avant les Deux mille Guinées :

19 avril, distance 1.600 mètres : 1er, *Gladiateur*, 57 kilos ; — 2e, *Argences*, 50 kil. 1/2 ; — 3e, *Le Mandarin*, 54 kilos ; — 4e, *Le Béarnais*, 50 kil. 1/2. Tous âgés de 3 ans. *Argences* était le cheval d'essai ; il avait très bien couru, la veille, dans le Newmarket Biennal, contre le vainqueur, *Kangaroo*, et il était le favori du prix du Jockey-Club.

29 avril, distance 1.600 mètres : 1er, *Gladiateur*, 57 kilos ; — 2e, *Le Mandarin*, 45 kilos ; — 3e, *Vivid*, 5 ans, 51 kilos.

Chaque fois, *Gladiateur* gagna arrêté.

Après sa victoire dans les Deux mille Guinées, nouvel essai en vue du Derby, sur 2.400 mètres, cette fois : 1er, *Gladiateur*, 57 kilos ; — 2e, *Fille de l'Air*, 4 ans ; 3e, *Vivid*, 5 ans ; et 4e, *Soumise*, 4 ans, portant, toutes trois, 53 kil. 1/2.

Fille de l'Air était alors en pleine forme, ce qui n'empêcha pas *Gladiateur* de l'emporter dans un canter de ce qu'il voulut.

partants, parmi lesquels *Regalia*, qui remporta les Oaks et qui, rappelons-le en passant, devint plus tard la propriété de M. C.-J. Lefèvre et fut la mère de *Clémentine* et de *Zut*.

Si quelques journaux anglais commentèrent ce résultat avec mauvaise humeur — le *Sporting-Life* alla même jusqu'à exprimer quelques doutes sur la régularité avec laquelle l'âge des chevaux est constaté en France, ce qui équivalait à accuser *Gladiateur* d'avoir quatre ans — l'ensemble de la presse constata qu'il avait été accueilli par le public avec beaucoup de sympathie. On n'en discuta pas moins longuement sur cette victoire, difficile, suivant les uns, facile, d'après les autres, *Gladiateur* n'ayant pas été attaqué par ses adversaires, mais les ayant remontés successivement

Le résultat, en tous cas, fut de porter *Gladiateur* en tête de la cote du Derby.

Il y partit favori à 5/2, dans un champ de vingt-neuf concurrents.

Ce que fut la course, à quoi bon le rappeler. Tout le monde sait que, à deux cents mètres du poteau, il n'était pas encore question de *Gladiateur* qui, pendant tout le parcours avait été, volontairement ou non, enfermé dans le peloton. Quand H. Grimshaw parvint enfin à le dégager, il aperçut à 50 mètres devant lui deux chevaux, *Christmas Carol* et *Elham*, entre qui la lutte semblait circonscrite, et dont le public criait déjà éperdument les noms. Tout à coup, cette foule hurlante se tut, stupéfaite. En quelques foulées, *Gladiateur* avait rejoint les deux chevaux, puis les laissait sur place, pour gagner de deux longueurs.

A la stupeur, succéda une émotion intense, un abattement profond.

Déjà, l'année précédente, quand *Fille de l'Air* avait enlevé les Oaks, le dépit avait été grand en Angleterre, et, pour se consoler, nos voisins avaient insisté sur ce que cette épreuve, après tout, n'était ouverte qu'aux pouliches et qu'il fallait s'attendre à tout avec des bêtes aussi irrégulières !... Puis, quand *Blair-Athol* avait été battu par *Vermout*, dans le Grand Prix de Paris, on trouva mille excuses à cette défaite : le poulain se ressentait de la fatigue de la traversée, il ne connaissait pas le parcours, familier aux chevaux français, son jockey l'avait imprudemment usé dans une lutte prématurée avec cette même *Fille de l'Air*, la seule qu'il croyait avoir à craindre, — ce qui était exact, d'ailleurs... Mais, cette fois, si une excuse pouvait être invoquée, c'était précisément en faveur de *Gladiateur*, qui avait été enfermé — volontairement ou non, nous le répétons — jusqu'à 200 mètres du poteau, ce qui eût irrémédiablement paralysé la chance de tout autre cheval ne possédant pas son formidable abattage.

Le premier moment de stupeur passé, les journaux anglais rendirent justice au mérite de *Gladiateur*. « Quand il galope, écrivait l'un, les autres semblent ne plus bouger de place. » Un autre le comparait à « un géant au milieu de pygmées », cependant que, renchérissant encore, un autre s'écriait « qu'avec sa crinière volant au vent et ses jambes velues, il les dominait tous comme un roi ! »

Dès la proclamation du résultat, les bureaux télégraphiques avaient été envahis et des nuées de pigeons portèrent la nouvelle sensationnelle aux quatre coins du Royaume-Uni.

Sous des tentes somptueusement dressées, le capitaine Heatley, ancien officier de l'armée des Indes, qui avait largement escompté la victoire du poulain français, avait fait préparer une fête en l'honneur du vainqueur. De tonneaux de cristal, entourés d'énormes blocs de glace, une pompe en argent massif déversait le champagne à deux mille convives. A ce festin, qui coûta cent mille francs, dit-on, tout Français présent à Epsom fut invité de droit.

De son côté, le prince de Galles fêta cette victoire par un grand dîner, auquel il avait convié toutes les illustrations du monde britannique, et où lord Derby, descendant du fondateur de la course, félicita le comte de Lagrange, dans un discours plein de courtoisie et de sympathie pour la France.

A Paris, l'émotion fut considérable. Le Jockey-Club illumina, et le jour où le comte de Lagrange, de retour de son déplacement à Epsom, fit sa rentrée au Corps Législatif, l'Assemblée tout entière lui fit une longue ovation. Enfin — suprême consécration de la popularité en France — la mode s'empara de ses couleurs et, pendant toute la saison, ce ne furent, aux devantures des magasins, qu'étoffes et cravates, ombrelles et chapeaux bleu et rouge.

Gladiateur n'avait pas couru en France. On devine avec quelle curiosité sa venue était attendue. Aussi plus de cent cinquante mille personnes de tous les mondes se rendirent-elles, le 11 juin, à Longchamp, pour voir le célèbre poulain disputer le Grand Prix. La recette atteignit 127.000 francs, chiffre record à ce moment.

On ne payait que trois en sa faveur.

Comme aucun cheval du lot n'était de taille à faire galoper *Gladiateur*, et en raison aussi de la dureté du terrain et de la longueur de la descente peu favorables à ses jambes, H. Grimshaw le tint en queue, loin derrière, si loin même que *Vertugadin* et *Tourmalet*, qui avaient pris le commandement à une allure extrêmement rapide, avaient plus de vingt longueurs d'avance dans le dernier tournant. Un moment, le public put croire à la défaite du favori et l'émotion fut considérable. Mais Grimshaw n'eut qu'à lâcher la tête à son cheval, à l'entrée de la ligne droite, pour que, en trois foulées, ses adversaires n'existassent plus.

Une ovation formidable, telle qu'aucune arrivée n'en a suscité depuis, accueillit le cheval et son jockey qui, pressés, bousculés, acclamés par la foule qui s'était ruée sur la piste, eurent une peine infinie à rentrer au pesage.

Il est curieux de retrouver dans le *Sport* l'écho de cette victoire. Voici en quels termes dithyrambiques s'exprime Ned Pearson :

« Tout chez lui respire la puissance, la force, la légèreté, la douceur et le courage. L'on ne peut s'empêcher de se rappeler, en l'examinant, cette phrase emphatique d'un chef arabe montrant son cour-

sier favori à un étranger et lui disant : « Regarde et rassasie tes yeux ! »
Grand, plus grand encore que son père, son épaule, d'une longueur
et d'une inclinaison gigantesque, s'enfonce sous la selle et est cependant séparée des hanches par une longueur dont on ne peut se faire
une idée. Contrairement à tous ses frères, l'arrière-main — peut-être
un peu dépourvue de chair, en raison de la condition sévère où il se
trouve — est remarquablement musclée ; les avant-bras sont énormes.
En lui transmettant cet air de grande race et de haute distinction
dont il a le privilège, *Monarque* ne lui a pas donné la légèreté peut-
être un peu exagérée de son squelette. L'ossature de *Gladiateur* est
remarquable, ses articulations irréprochables, ses leviers d'une rare
puissance. On sent que, pour un pareil cheval, il n'existe ni poids, ni
distance : il galope comme un oiseau vole ou comme un poisson
nage. Nous ne parlons pas de cette longue encolure de cygne, de cette
tête fine et intelligente : il ne serait pas le fils de son père, s'il ne les
possédait pas.

« Nous avons bien entendu prononcer autour de nous les mots de
jardon, d'attache de reins, un peu molle. Nous sommes plus enthousiastes de la vraie beauté et nous ne nous inquiétons pas de savoir si
la Vénus de Milo a un cor aux pieds.

« Il n'y a aucune exagération dans la description que nous en
ont donnée les feuilles anglaises. On le reconnaît sans l'avoir vu, tant
son aspect diffère de celui de tous les autres chevaux. L'œil ne peut
plus se détacher de lui dès qu'il s'y est fixé, et jamais un sportsman
ne s'est absorbé dans la contemplation d'un plus splendide animal. »

Gladiateur resta toute la semaine à Paris, et ce fut, jusqu'à ce qu'il
retournât à Newmarket, sous la conduite de Tom·Jennings, qui
l'avait amené, un défilé ininterrompu de visiteurs.

Mis au repos, il ne courut pas à Ascot et ne reparut qu'à Goodwood, dans les Drawing Room Stakes, où il battit de *quarante longueurs* le poulain *Longdown*, qui avait fait dead-heat avec lui, à
deux ans, pour une troisième place !... Après un walk-over dans les
Bentick Memorial Stakes, il enleva dans un canter le Saint-Léger de
Doncaster, sur *Regalia*, la gagnante des Oaks, et douze autres
concurrents.

Après les preuves répétées que *Gladiateur* avait données de sa
qualité, on pouvait croire que tous les sportsmen s'étaient rendus à
l'évidence et reconnaissaient la supériorité du fils de *Miss Gladiator*.
Il n'en était cependant rien, et M. J. Graham, le nouveau propriétaire
de *Regalia*, qu'il avait achetée à M. W. Harlock, se montra aussi discourtois que mal avisé, en reprenant, pour son compte, les insinuations
antérieures du *Sporting Life*, et en déposant, avant la course, malgré
ses amis qui firent tous leurs efforts pour l'en dissuader, une réclamation s'opposant au départ de *Gladiateur*, jusqu'à ce que son âge
eût été constaté par l'examen de sa bouche. Cette réclamation
n'ayant pas été admise par les Commissaires, il la renouvela après

la course. Les Commissaires, à l'approbation unanime, maintinrent leur décision, les certificats produits par le comte de Lagrange, avant le Derby, ne laissant aucun doute sur l'identité du poulain et sur son âge, tandis que le réclamant ne présentait aucune preuve à l'appui de ses allégations.

Gladiateur revint en France pour le Grand Prix du Prince Impérial (aujourd'hui prix Royal-Oak), où *Vertugadin* ne put l'obliger à s'étendre, puis il retourna cueillir, en Angleterre, le Newmarket Derby, dans lequel il laissa à nouveau le malheureux *Longbow* à quarante longueurs, et il termina la campagne par une tentative infructueuse dans le Cambridgeshire, sous le topweight, impossible pour un trois ans, de 62 kil. 1/2.

Il y partit néanmoins favori du public à 7/1, en dépit des pronostics de la presse spéciale, qui faisait valoir que, pour ce parcours de 1.800 mètres, il fallait d'abord un « quick beginner », ce que *Gladiateur* n'avait jamais été, ensuite que son poids se ferait d'autant plus sentir que le terrain était détrempé, enfin qu'aucun cheval n'avait encore gagné cette épreuve avec un poids supérieur à 48 kil. 1/2, à trois ans, et 51 kil. 1/2, à 4 ans (1).

En tous cas, jamais Cambridgeshire n'offrit un tel attrait. C'était la première fois, d'ailleurs, qu'au nombre des partants figurait un aussi glorieux compétiteur.

La course revint à *Gardevisure*, pouliche de trois ans, qui fut favorite des Mille Guinées, laquelle ne portait que 39 kilos, c'est-à-dire 47 livres de moins que *Gladiateur*. De l'avis des meilleurs juges, celui-ci l'eût emporté si la piste n'avait été aussi collante. Voyant la partie perdue, son jockey ne voulut pas lui imposer un effort inutile et n'insista pas pour une place, en sorte que *Gladiateur* finit dans les derniers.

Étant donné l'état du terrain, le comte de Lagrange ne l'aurait certainement pas fait courir, s'il n'avait tenu à sauvegarder les intérêts des parieurs, un argent fou ayant été misé sur son cheval, malgré son poids écrasant.

On le loua d'avoir agi de la sorte. Nous l'eussions, au contraire, très courtoisement blâmé de courir le risque de claquer un cheval de cette valeur pour des considérations de cette nature.

La suppression des paris à l'avance a ceci de bon qu'un propriétaire est enfin maître chez lui jusqu'au dernier moment, et qu'il ne se croit plus obligé, si le terrain, par exemple, peut être dangereux pour son cheval, de le faire partir quand même, pour ne pas déjouer les spéculations de la foule.

Après le Cambridgeshire, *Gladiateur* prit ses quartiers d'hiver.
Dans son année, le comte de Lagrange gagnait, tant en France

---

(1) En 1881, *Foxhall* a porté le record des trois ans à 57 kilos, et, en 1884 *Florence*, celui des quatre ans, à 57 kil. 1/2.

qu'en Angleterre, 1.046.540 francs d'argent public, chiffre inconnu jusqu'alors. *Gladiateur* y figurait, à lui seul, pour 650.000 francs, ce qui constituait aussi un record. Il avait également établi celui, qu'aucun cheval n'a encore réalisé, des quatre grandes épreuves classiques : Deux mille Guinées, Derby, Grand Prix et Saint-Léger.

West-Australian avait été le seul, avant lui, à ceindre la **triple couronne** anglaise, que, depuis lors, huit autres chevaux ont conquise. (Voir note, page 58.)

* *

Tout s'efface devant *Gladiateur*.

Et, cependant, *Vertugadin*, *Gontran*, *Le Mandarin* et *Tourmalet* firent preuve, le premier surtout, d'une réelle qualité.

Vertugadin (Fitz-Gladiator et Vermeille), à M. H. Delamarre, était un magnifique cheval, d'une puissante action. Mais il était doué d'un caractère tellement farouche qu'il s'en fallut de peu que T.-R. Carter ne renonçât à l'entraîner. Le second jockey de l'écurie, Hullock, étant néanmoins parvenu à se familiariser avec ce demi-frère de *Vermout*, il débuta, encore très vert, dans la Poule des Produits, avec des œillères et la tête emmaillotée dans un camail. Il n'y joua aucun rôle, non plus que dans le prix du Jockey-Club. Puis, son caractère semblant s'amender, il reparut, débarrassé de tout appareil, dans le prix du Cèdre, qu'il enleva, après une lutte acharnée, à *Le Béarnais*, dont il recevait six livres. Dans le Grand Prix, il partit résolument en tête et, s'étendant dans sa grande action, il eut tôt fait de jeter le désarroi dans le peloton. Sans la supériorité écrasante de *Gladiateur*, qui le régla, dès que son jockey le voulut, *Vertugadin* aurait renouvelé l'exploit de son frère.

Il s'en fut ensuite à Caen, où il gagna deux courses le même jour, prit la troisième place dans le Derby Universel, à Gand, fit tête-à-queue au baisser du drapeau, dans le Saint-Léger de Moulins, ce qui ne l'empêcha pas de finir second, derrière *Tourmalet*, qu'il avait précédé dans le Grand Prix. A Bade, il bat facilement, dans le Grand Prix, *Le Mandarin* et *Gontran*, dont il reçoit respectivement 12 et 6 livres; puis il ne craint pas de se mesurer de nouveau, dans le Grand Prix du Prince Impérial (Royal-Oak), contre *Gladiateur*, qu'il ne parvient pas à inquiéter.

La qualité de *Vertugadin* se développa davantage avec l'âge, et nous le verrons fournir une fructueuse carrière à quatre et cinq ans.

Le Mandarin (Monarque et Liouba), au comte de Lagrange, enleva le prix de l'Empereur (Grande Poule), à *Monitor* et à la favorite *Deliane* — qui triompha ensuite dans le prix de Diane, — puis il succomba de deux longueurs, dans le prix du Jockey-Club, contre *Gontran*, sur lequel il prit une double revanche, à Bade, d'abord dans le Saint-Léger Continental, puis dans le Grand Prix, où il lui rendait 6 livres, mais tous deux, dans cette épreuve durent baisser pavillon devant *Vertugadin*, qui y occupait une situation de poids des plus avantageuses, ainsi que nous l'avons dit. Dans le Derby et le Grand Prix, il fut sacrifié à son camarade *Gladiateur*.

Tourmalet (The Flying Dutchmann et La Maladetta), à M. A. Lupin, remporta le prix de Lutèce, la Poule des Produits, sur *Gontran*, qui l'avait battu dans la Poule d'Essai, et le Saint-Léger de Moulins, sur *Vertugadin*.

Gontran (Fitz-Gladiator et Golconde), au major Fridolin, avait gagné la Poule d'Essai et le prix du Jockey-Club, battant respectivement *Tourmalet* et *Le Mandarin*, qui n'avaient pas tardé à en appeler, comme nous venons de le voir.

On peut encore citer *Matamore*, compagnon d'écurie de *Vertugadin*, qui enleva les prix de Longchamp et du Printemps, à Paris, et le Grand Prix de Bourgogne, de 8.000 francs, à Chalon-sur-Saône.

A quatre ans, *Fille de l'Air*, poursuivant ses succès, gagne : à Newmarket, les Derby Trial et les Claret stakes; à Longchamp, le Grand Prix de l'Impératrice (Rainbow), le Biennal et la Coupe (qui se disputa cette année, pour la première fois, et sur laquelle nous revenons plus loin); à Ascot, l'Alexandra Plate, qui venait d'être créé en l'honneur de la nouvelle princesse de Galles (1); après quoi, comme nous l'avons vu, elle avait claqué en menant le travail de *Gladiateur*.

Au total, elle avait remporté 21 victoires, s'élevant à plus de 400.000 francs, ce qui était vraiment magnifique — si l'on songe que les prix de Diane et Royal-Oak, par exemple, ne dépassaient pas 16.300 et 10.450 francs pour le gagnant, alors qu'ils atteignent aujourd'hui 100.000 et 80.000 francs (2).

(1) L'Alexandra Plate fut encore remporté par les chevaux français suivants : *Trocadéro* (1870), *Verneuil* (1878), *Insulaire* (1879), *Le Sénateur* (1899), et *Arizona* (1903).

(2) Comme toutes les juments célèbres, *Fille de l'Air* fut sujette à de fréquentes inégalités, et sa carrière s'entremêle de victoires et de défaites retentissantes, que suffiraient d'ailleurs à expliquer les exigences multiples auxquelles elle fut soumise et, aussi, la façon dont elle fut montée en maintes occasions, A. Edwards, le fashionnable jockey anglais qui la pilota le plus souvent, n'ayant pas toujours, au dire même de nos voisins, fait preuve de sang-froid et d'habileté.

Quoi qu'il en soit, sa carrière, considérée dans son ensemble, est des plus brillantes, et fait de *Fille de l'Air* une des bêtes les plus remarquables qui aient paru sur le turf.

Nous avons dit précédemment quel lien de parenté unissait *Fille de l'Air* à son ancien rival *Vermout*. Au point de vue de l'origine, elle possédait, comme *Gladiateur*, un courant répété du sang d'*Eclipse*, auquel elle remontait par son grand-père paternel (branche Whalebone-Pot-8-Os), par son grand-père maternel (branche Tramp-Dick Andrews) et par sa grand-mère maternelle (branche Orville-King Fergus). Par sa grand'mère paternelle, elle se rattachait à *Herod* (branche Chanticleer-Woodpecker).

Envoyée au haras de Dangu, *Fille de l'Air* y mourut en 1878.

Son premier produit, par *Gladiateur* — que n'était-on en droit d'attendre d'une telle origine — fut *Éole*, qui était malheureusement pied-bot. Le meilleur fut *Reine* (par Monarque), qui enleva les Mille Guinées et les Oaks, sous la casaque tricolore de M. C.-J. Lefèvre, en 1872.

Parmi les autres vétérans, on peut citer *Ninon-de-Lenclos*, à M. H. Cartier, qui enleva le Grand Prix de l'Empereur (Gladiateur), sur *Fidélité*, à M. H. Delamarre, qui venait de remporter le prix Jouvence; — *Béatrix*, au comte de Lagrange, gagnante du prix du Cadran; — et *Mignon*, à M. A. Fould, lauréate de l'Omnium.

Les deux ans qu'on a vus ne semblent pas de classe très relevée, bien que *Czar*, à H. Jennings, inscrive à son actif le prix de l'Avenir, à Bade, le premier Critérium, à Chantilly, et le Grand Critérium, à Longchamp.

Le prix Morny, à Deauville, était revenu à *Puebla II*, à M. A. Desvignes; — et *Baïonnette*, au comte de Lagrange, avait enlevé, à Marseille, le Grand Prix de la Société des Courses, de 8.000 francs.

En Angleterre, *Qui-Vive* avait remporté 7 courses, se montant à plus de 40.000 francs.

*
* *

Au nombre des épreuves remportées par *Fille de l'Air*, figurait, comme nous l'avons vu, la *Coupe*, à Longchamp, qui datait de cette année même. Par sa riche allocation (un objet d'art de la valeur de 10.000 fr. et 6.000 fr. en espèces, qui furent portés à 10.000 dès l'année suivante), la Coupe attira longtemps les chevaux de premier plan, et, après *Fille de l'Air*, nous trouvons, sur la liste des gagnants, des noms comme ceux de *Gladiateur*, *Trocadéro* et *Mortemer*.

Le niveau des compétiteurs a bien baissé aujourd'hui, quoique l'allocation en numéraire ait été élevée à 15.000 francs, en 1894, et 20.000, en 1908.

Depuis 1895, la distance est de 3.000 mètres; auparavant, elle était de 200 mètres plus longue.

*
* *

L'année 1865 avait vu :

l'apparition, sur l'hippodrome de La Marche, le 5 mars, des voitures des Poules, de M. J. Oller, dont nous nous occuperons en détail, lors des poursuites qui seront intentées à leur auteur, en 1869;

l'inauguration, dans le prix de la Forêt, à Chantilly, de la nouvelle piste droite qui traverse diagonalement la pelouse, pour rejoindre la piste tournante vers le réservoir;

et les débuts de nombreuses écuries, que la Fortune, aveugle comme toujours, ne récompensera pas en proportion de leurs efforts.

C'est ainsi, par exemple, que le comte de Berteux (casaque verte, toque rouge), en dépit de sa compétence et de sacrifices d'argent condérables, ne connaîtra guère du turf que les déboires, alors que M. Louis André (casaque orange, toque rouge), avec quelques chevaux seulement, enregistrera une série presque ininterrompue de succès ; — que M. Edgard de la Charme (casaque rayée noir et cerise, toque cerise), sera souvent heureux avec un élevage des plus modestes ou avec des animaux comme *Normandie*, qu'il réclama, dès l'année suivante, et qui fut une des meilleures juments de sa génération ; — que M. Léonce Delâtre (casaque et toque vertes) tirera maintes satisfactions de ses haras de la Celle-Saint-Cloud et de Saint-Pair-du-Mont ; — et que le vicomte Paul Daru, avec un effectif réduit, verra sa casaque orange, manches et toque noires, triompher, dès le printemps, avec *Callipyge*.

En même temps que naissaient ces jeunes écuries, eut lieu la disparition de celle du baron Eugène Daru, qui faisait courir depuis 1850. Parmi les animaux qui la composaient, nous ne voyons guère à rappeler que le nom d'*Astrolabe* qui, sous les couleurs du baron Finot, allait commencer une magnifique carrière en obstacles.

C'est en montant cette jument dans le Grand Steeple-Chase de Bade, que le marquis de Saint-Sauveur fit une chute terrible, dont il mourut peu après.

Le baron Finot ne quitta ni jour ni nuit le chevet de son malheureux ami, et c'est en le soignant ainsi, qu'il fit connaissance de la sœur du blessé, dont il put apprécier toutes les qualités, et qu'il épousa par la suite.

Un délai de trois ans avait été imparti, en 1862, à la suppression des anciennes divisions territoriales chevalines, Nord, Midi et Ouest, créées par les arrêtés de 1822 et de 1850.

L'arrêté du maréchal Vaillant, en date du 9 janvier 1865, consacra définitivement cette suppression, à la suite de quoi tous les pur sang nés en France sont traités, en tous lieux, sur le même pied d'égalité de quelque région qu'ils soient originaires.

Il fixait en même temps les conditions des prix classés, parmi lesquels figuraient le Grand Prix du Prince Impérial (Royal-Oak), Grand Prix de l'Impératrice (Rainbow) et Grand Prix de l'Empereur (Gladiateur), dont l'État fournissait alors les allocations ; les deux derniers ne pouvaient être gagnés deux fois par le même cheval.

Une modeste journée supplémentaire, donnée à la suite du metting d'automne de Chantilly, ne mérite d'être rappelée qu'en raison de la bizarrerie des noms des épreuves : on y relève, en effet, le *prix du Jeune Homme Pauvre*, le *prix de la Salle à manger*, etc.

Compiègne, qui avait déjà donné *Mortemer*, mourut au cours de l'année. Il n'était âgé que de sept ans.

Bien qu'il ne s'agisse pas de courses, nous croyons cependant devoir signaler, en raison des très grands services qu'elle rendra au commerce, la création de la *Société Hippique Française*, qui sera reconnue d'utilité publique le 16 octobre 1866 (1).

---

(1) « Cette Société, — était-il dit dans son exposé, — qui a pour but de favoriser et de développer l'emploi du cheval de service produit en France, se propose d'organiser tous les ans, à Paris, un concours central de chevaux appartenant indifféremment à des éleveurs, à des marchands ou à des particuliers.

« A ce concours, exclusivement réservé aux chevaux hongres et juments de 4 à 6 ans inclusivement, nés et élevés en France, seront distribués des prix et des médailles d'une valeur d'au moins 50.000 francs, destinés à récompenser les produits les plus recommandables, par la conformation, les allures et le dressage. »

La Société Hippique française trouva, dès le début, le plus précieux concours auprès du Gouvernement, qui mit le Palais de l'Industrie à sa disposition. Patronnée par l'élite des personnalités sportives, elle s'annonça comme une manifestation mondaine des plus élégantes, et son succès a toujours été croissant.

Au premier concours hippique, qui eut lieu en 1865, le montant des primes et prix distribués s'élevait à 60.000 francs. On se rendra compte du développement qu'a pris la Société Hippique française quand on saura que, pour 1913 ce chiffre atteint 460.459 francs, dont 17.000 seulement sont fournis par le Gouvernement.

La Société Hippique étend maintenant son action sur toute la France, et indépendamment du *Concours Central de Paris*, elle a institué cinq concours régionaux, qui sont de plus en plus suivis : *Concours du Sud-Ouest*, à Bordeaux ; *de l'Ouest*, à Nantes ; *de l'Est*, à Nancy ; *du Sud-Est*, à Vichy, et *du Nord* à Boulogne-sur-Mer.

CHAPITRE XLIII

ANNÉE 1866

Arrêté du 16 mars. — La Société d'Encouragement fixe au 1er août la date de début des chevaux de 2 ans. — *Gladiateur* et *Vertugadin* (suite). — *Étoile Filante*. — L'écurie du duc de Hamilton. — *Lord Lyon*. — Importation de *Woman in Red*.

Glorieuse encore par la suite des succès de *Gladiateur*, sur lesquels nous reviendrons plus loin, l'année 1866 marque une phase capitale de l'histoire des courses en France, d'abord par la décision prise par la Société d'Encouragement de disqualifier à l'avenir tous les chevaux ayant couru sur le continent avant le 1er août de leur deuxième année; ensuite, par l'arrêté du 16 mars, corollaire du décret du 16 décembre 1861, qui avait déjà élargi la part de l'initiative privée en matière d'élevage.

Les services immenses qu'avait rendus la Société d'Encouragement, son développement prodigieux et, par contre, le développement général des courses dans toute la France, avaient porté leurs fruits. L'Administration elle-même reconnaissait enfin la nécessité — afin d'assurer à l'institution des courses toute son homogénéité — d'abdiquer son autorité entre les mains de cette rivale, qu'elle avait si longtemps combattue.

C'était la plus belle victoire que pût remporter la Société d'Encouragement et la consécration définitive de ses efforts et de ses luttes de trente années.

Depuis le décret du 4 juillet 1806, qui avait réorganisé les courses, elles avaient été réglementées par les ordonnances, arrêtés et décrets successivement édictés par les divers gouvernements qui s'étaient succédé en France. Nous avons rappelé, au fur et à mesure de leur promulgation, les principaux de ces actes publics.

Devant l'extension des courses et l'importance sans cesse grandissante des prix alloués, devant la nécessité d'assurer le développement de l'élevage naissant, nous avons vu que, dès 1859, un courant d'opinion — qui avait amené le décret du 19 décembre 1861 — s'était formé, qui réclamait plus de liberté pour l'initiative privée. De plus en plus, en présence des magnifiques résultats acquis par la Société d'Encouragement, ce courant voulait que l'institution des courses, et, partant, la direction à donner à l'élevage, fussent définitivement soustraites à l'action administrative, que l'on considérait comme plus nuisible que profitable à leur essor, pour être soumises, la première, à la seule autorité de la Société d'Encouragement, la seconde aux efforts individuels des éleveurs.

Les hommes les plus éminents et les plus compétents partageaient cette opinion. Le général Fleury craignait-il qu'elle ne finît par prévaloir et n'amenât la disparition de l'Administration des Haras, dont il était le grand chef et qu'il prétendait diriger en maître? Il y a tout lieu de le croire, d'autant que la Société d'Encouragement avait des appuis puissants en haut lieu. Sa prospérité croissante était un sûr garant de son savoir-faire. Partie de rien, trente-deux ans auparavant, elle était assez forte maintenant pour voler de ses propres ailes et secouer enfin le joug de la collaboration forcée que sa faiblesse primitive l'avait obligée à subir. Ne venait-elle pas précisément de renoncer à la subvention de 87.000 francs que lui accordait l'État?

Et la Société d'Encouragement était la bête noire du général Fleury, comme elle l'avait été, depuis sa création, quels que fussent leurs titres, de tous les dirigeants de l'Administration des Haras. N'était-ce pas elle qui, alors que ladite Administration était omnipotente en fait de courses et d'élevage, avait osé dresser, en face de son programme ou plus exactement de son manque de programme, un programme rigoureux, basé sur le seul emploi du pur sang, dont précisément l'Administration ne voulait entendre parler à aucun prix! N'était-ce pas elle qui, en dépit de tous les obstacles et de toutes les entraves, avait entraîné les éleveurs à sa suite et rénové l'élevage national, au point d'obliger sa puissante rivale à capituler et à suivre ses propres méthodes!... N'était-ce pas elle, enfin — alors qu'en secondant la formation de la Société des Steeple-Chases et celle de la Société de Demi-Sang, on avait cru lui susciter des rivales — qui avait trouvé dans cette concurrence même un élément nouveau de développement, par l'extension même que ces deux Sociétés avaient donnée à d'autres branches du sport hippique!...

Pérît l'Administration des Haras plutôt que triomphât la Société d'Encouragement!... Entre deux maux, le général Fleury choisit le moindre; il préféra renoncer à une partie de son autorité, dont il était si jaloux cependant, plutôt que de la perdre tout entière, et, prenant les devants, au commencement du mois de mars, il adressa à son chef direct, le maréchal Vaillant, un rapport circonstancié sur la nécessité de réorganiser les courses sur des bases nouvelles et d'unifier les jurisprudences qui les régissaient (les courses étaient, en effet, soumises à une double réglementation, — très différente, en certains cas, — suivant que les prix étaient offerts par le Gouvernement ou par les Sociétés).

La transformation proposée par le général Fleury consistait, pour l'État, à supprimer la Commission centrale des Courses instituée par le décret du 19 décembre 1860, à renoncer à toute juridiction administrative (1) et à se rallier aux règlements des trois Sociétés mères (Société d'Encouragement, Société des Steeple-Chases et Société de Demi-Sang), dont on faisait le Code général, pour chaque spécialité, sur tous les hippodromes de France. L'Administration continuait à établir les conditions des prix gouvernementaux, à nommer les commissaires des Sociétés et conservait une action disciplinaire pour la répression des délits et fraudes.

Ce document est trop important pour l'histoire des Courses, pour que nous ne le publions pas *in extenso*, avec le décret qui en découla.

RAPPORT

Adressé à Son Excellence le maréchal Vaillant, ministre de la Maison de l'Empereur et des Beaux-Arts, par Son Excellence le Grand-Écuyer, chargé de l'administration des Haras.

Monsieur le Ministre,

Le nombre des hippodromes et les allocations qu'ils reçoivent, soit du Gouvernement, soit des Sociétés, des villes, des départements, etc., ont doublé depuis six ans. Ce développement rapide, si digne d'attention à tous les points de vue, est surtout remarquable en ce qu'il caractérise dans l'histoire des courses une phase d'émancipation. Le zèle des Sociétés constituées pour organiser les réunions, l'empressement du public, les ressources pécuniaires et les moyens d'action empruntés à la faveur dont jouit l'institution dans le pays, l'activité née des intérêts divers mis en jeu, la vulgarisation des notions techniques sur les règlements en vigueur et les usages reçus, ont progressivement diminué la nécessité de l'intervention administrative, en augmentant proportionnellement l'importance du rôle rempli par les particuliers et les associations.

Le moment me paraît venu de faire un nouveau pas dans cette voie, et d'accentuer cette tendance de décentralisation au profit de l'initiative privée qui constitue, d'ailleurs, en matière de courses, le mode de procéder en Angleterre. La situation actuelle permet, suivant moi, au service des Haras de

---

(1) D'après l'article 28 du décret du 4 juillet 1806, que nous avons publié à sa place et qui régissait encore la matière, la juridiction des courses du Gouvernement était dévolue « aux maires pour le provisoire, et aux préfets pour la décision définitive » Dans la pratique, la juridiction administrative n'a jamais fonctionné de cette manière, l'arrêté du 7 novembre 1806 ayant confié à des commissaires, nommés par le Ministre, le soin d'examiner et de trancher toutes les contestations relatives aux courses. Depuis lors, les différents arrêtés ministériels qui ont traité de la question ont successivement délégué à une Commission (7 avril 1840), puis à trois commissaires (7 février 1851), la solution de toutes les questions soumises primitivement à la juridiction des maires et des préfets.

s'effacer dans certaines limites, et de restreindre son règlement général aux dispositions purement organiques, c'est-à-dire à celles qui ont pour but de définir le fonctionnement des sociétés, de fixer leurs attributions désormais plus étendues, de déterminer leurs rapports avec le Gouvernement.

Voici comment s'effectuerait cette transformation. A côté de l'ancienne Société d'Encouragement, s'occupant exclusivement du cheval de pur sang, dont le critérium est la course plate au galop, se sont fondées récemment deux grandes sociétés vouées à l'amélioration du cheval de service et de guerre; — l'une, la Société des Steeple-Chases, protégeant l'élevage des chevaux de selle, au moyen des courses à obstacles; — l'autre, la Société pour l'amélioration du cheval français de demi-sang, distribuant, sous forme de prix de courses au trot, de généreux encouragements aux chevaux destinés à l'attelage. Ces trois Sociétés mères représentent, dans sa triple acception, l'élevage du cheval en France, et chacune d'elles est régie par une législation distincte, œuvre des hommes les plus pratiques et les plus compétents.

En face de cette situation que l'usage a consacrée depuis longtemps pour le Jockey-Club, et que l'opinion publique est toute prête à accepter pour les deux Sociétés nouvelles, je suis convaincu qu'il n'y aurait aucun inconvénient pour l'État à renoncer à toute juridiction administrative, à se rallier aux règlements des trois Sociétés, lesquels ne diffèrent, d'ailleurs, de ceux des Haras que dans quelques détails, et à en faire le Code général pour chaque spécialité, sur tous les hippodromes de France.

La mesure que je propose aurait pour effet, en unifiant la jurisprudence des courses, d'investir les commissaires du droit de juger désormais *toutes les questions sans appel*; toutefois, lorsque l'importance ou la difficulté du litige le comporterait, il aurait la faculté de le déférer au comité de l'une des trois Sociétés, suivant la nature de la course. La Commission centrale, créée par arrêté ministériel pour décider souverainement dans certains cas, cesserait donc d'exister, et la Commission du Stud-Book, confondue avec la précédente, serait reconstituée séparément.

Ce n'est pas à dire que l'Administration entendrait abdiquer son autorité. En faisant une plus large part à l'initiative individuelle, en suivant le courant actuel des idées économiques, elle ne renoncerait pas à diriger de haut l'institution des courses. Indépendamment du droit naturel d'établir la répartition des fonds et des conditions des prix de l'État, le Grand-Écuyer continuerait de nommer les commissaires, de contrôler les programmes, et conserverait une action disciplinaire pour la répression des délits et des fraudes.

Si les considérations qui précèdent obtiennent l'agrément de Votre Excellence, je la prierai de vouloir bien signer les deux arrêtés ci-joints.

Le Grand-Écuyer,

Général Fleury.

A la suite de ce rapport, et conformément aux desiderata qui y étaient formulés, fut rendu l'arrêté suivant :

Le Ministre de la Maison de l'Empereur et des Beaux-Arts, sur le rapport du Grand-Écuyer,

Vu les arrêtés ministériels en date des 15 mars 1842, 26 avril 1849, 24 janvier 1850, 17 février 1853, 30 janvier 1862 et 7 février 1863, relatifs aux courses de chevaux,

Arrête :

Art. 1er. — La présidence d'honneur des courses de chevaux appartient de droit aux préfets des départements.

Art. 2. — Les inspecteurs généraux des Haras, les directeurs des dépôts d'étalons et inspecteurs départementaux remplissent les fonctions de commissaires du Gouvernement pour les courses; ils y assistent, les surveillent et en rendent compte au Grand-Écuyer. Ils peuvent également faire partie des commissions.

Art. 3. — Il y a dans chaque localité trois commissaires des courses.

Art. 4. — La nomination des commissaires est faite par le Grand-Écuyer. Néanmoins, là où il existe des Sociétés de courses, le Grand-Écuyer peut déléguer aux dites Sociétés le choix des commissaires.

Art. 5. — Les commissaires des courses sont chargés de préparer le programme des courses, de le soumettre à l'approbation du Grand-Écuyer, de lui donner toute la publicité désirable, de recevoir les engagements, de décider sans appel de leur validité, de fixer l'ordre des courses, lequel devra être publié en moins de vingt-quatre heures, de surveiller l'exécution des dispositions du règlement.

Art. 6. — Les commissaires prennent les dispositions qui leur paraissent convenables pour le terrain des courses, le pesage des jockeys, la désignation des juges du départ et de l'arrivée. Dans le cas où deux commissaires sont seuls présents, ils choisissent d'un commun accord un remplaçant pour leur collègue absent. Ils ont, d'ailleurs, le droit de déléguer à telle personne qu'ils jugent à propos de désigner une partie de leurs attributions. Ni les commissaires, ni les personnes auxquelles ils délèguent leurs fonctions ne peuvent les exercer pour une course dans laquelle ils seraient directement ou indirectement intéressés.

Art. 7. — Toutes réclamations ou contestations élevées au sujet des courses sont jugées par les commissaires; leurs décisions sont sans appel. Ils peuvent toujours, lorsqu'ils le jugent convenable, appeler deux personnes compétentes à prendre part à leurs décisions. Néanmoins, lorsque l'importance ou la difficulté de la question leur paraît l'exiger, les commissaires peuvent encore en déférer le jugement : pour les courses plates, au *Comité de la Société d'Encouragement pour l'amélioration des races de chevaux en France*; pour les courses à obstacles, au *Comité de la Société générale des Steeple-Chases*; pour les courses au trot, au *Comité de la Société pour l'amélioration du cheval de demi-sang*.

Art. 8. — Il sera dressé par les soins des commissaires locaux procès-verbal de toutes les opérations. Ce procès-verbal, transmis dans le délai de vingt-quatre heures au préfet du département, sera, à la diligence de ce fonctionnaire et dans un délai semblable, adressé au Grand-Écuyer.

Art. 9. — Lorsqu'un jockey, entraîneur ou propriétaire, se trouve sous le coup d'une exclusion ou d'une suspension régulièrement prononcée par une Commission locale, le Grand-Écuyer peut prononcer contre lui l'interdiction pour un temps plus ou moins long de monter, d'entraîner ou de posséder aucun cheval courant sur les hippodromes français.

Art. 10. — L'arrêté ministériel du 30 janvier 1862 portant règlement général des courses et les titres IV et V de l'arrêté du 7 février 1863 sont abrogés.

En suite de cette suppression, les hippodromes seront régis désormais : pour les courses plates au galop, par le règlement de la Société d'Encouragement pour l'amélioration des races de chevaux en France; pour les courses à obstacles, par le règlement de la Société générale des Steeple-Chases; pour les courses au trot, par celui de la Société pour l'amélioration du cheval français de demi-sang.

ART. 11. — Le Grand-Écuyer est chargé de l'exécution du présent arrêté.

Paris, le 16 mars 1866.

MARÉCHAL VAILLANT.

Ainsi que le remarque fort justement M. Henri Lenoble, dans sa *Thèse pour le Doctorat sur les Courses de Chevaux* (1899), cet arrêté ministériel, destiné, selon le vœu du général Fleury, à assurer l'émancipation des Sociétés de Courses, à ouvrir et à laisser le champ libre à l'initiative privée, contient une véritable abdication du Ministre au profit du Grand-Écuyer.

Désormais seul délégué du Ministre, c'est lui qui exerce tous ses pouvoirs; c'est à lui que les inspecteurs des Haras, chargés de la surveillance des courses, rendent comptent de leur mission; c'est à lui qu'appartient la nomination des commissaires des courses, soit qu'il désigné des personnes de son choix, soit qu'il en charge le Comité des trois Sociétés organisées et désormais officiellement reconnues; c'est à son approbation que doit être soumis le programme des courses élaboré par ces commissaires; c'est à lui que doivent être adressés par l'intermédiaire du préfet, les procès-verbaux des réunions; c'est lui, enfin, qui prononce les peines disciplinaires.

En ce qui concerne les Sociétés de Courses, cet arrêté était des plus importants pour elles : il les soustrayait à l'action administrative en ce qui avait trait à la dualité de réglementation des prix, et reconnaissait leur indépendance et leur compétence, sans les investir, toutefois, d'aucune mission officielle. Elles restaient sociétés privées et, comme telles, maîtresses absolues d'employer leurs ressources comme elles l'entendaient, de faire la police de leurs hippodromes et de modifier leurs règlements à leur guise.

L'autorité qui leur était conférée n'était que morale, et force leur était de respecter la liberté des sociétés de province, qui restaient libres d'adopter des règlements tout différents.

Ce fut là l'erreur et la cause de tout le mal futur, et il est fâcheux qu'on ne se soit pas aperçu de cette lacune : l'État aurait dû, en effet, dès ce moment, décréter l'obligation, pour toutes les Sociétés de courses en France, de se conformer aux règlements des trois Sociétés.

On eût ainsi coordonné plus efficacement des efforts qui s'éparpillèrent encore pendant longtemps, empêché des erreurs et des abus, et tué dans l'œuf l'industrie des hippodromes de spéculation, qui, par leurs scandales, faillirent emporter, vingt ans plus tard, l'œuvre si péniblement édifiée par la Société d'Encouragement.

Mais à quoi bon récriminer. Cet arrêté n'en marque pas moins une étape féconde dans l'essor des Courses, qu'il dégageait enfin de l'action pernicieuse de l'Administration !

* *
*

Nous avons dit que la Société d'Encouragement s'était vue dans l'obligation de disqualifier, à l'avenir, tous les chevaux qui courraient, sur le continent, avant le 1ᵉʳ août de leur deuxième année. Cette mesure de conservation lui était imposée par le développement du jeu sous toutes ses formes, poules, loteries, combinaisons, etc., qui poussait les organisateurs de réunions de courses à multiplier les épreuves pour les jeunes chevaux, afin d'attirer le public et, conséquemment, d'augmenter leurs recettes, qui étaient loin de faire retour à l'élevage.

Bon nombre de ces Sociétés, en effet, se souciaient fort peu de l'amélioration de la race chevaline et ne voyaient dans les courses qu'une spéculation. Nous verrons plus loin, au moment des « Suburbains », le péril que leurs agissements firent courir au turf, par la magnanimité, pour ne pas dire la faiblesse, de la Société d'Encouragement, qui se contenta de demi-mesures de sauvegarde, au lieu d'avoir recours aux moyens radicaux.

Cette décision — qui mettait une entrave à l'exploitation des jeunes animaux — fit pousser les hauts cris, comme bien on pense. Critiques et réclamations intéressées s'élevèrent de tous côtés. Mais la Société d'Encouragement tint bon, et plus de quarante années se passeront avant qu'elle consente à se relâcher de sa fermeté (1).

* *
*

Revenons à *Gladiateur*.

A quatre ans, il courut six fois pour remporter six victoires.

Comme *Fille de l'Air*, l'année précédente, il cueille tout d'abord les Derby Trial stakes et les Claret stakes, à Newmarket (dans lesquels il fait walk-over), le Grand Prix de l'Impératrice (Rainbow) et la Coupe, à Longchamp ; puis il enlève de *quarante* longueurs l'Ascot Gold Cup et, dans un canter également, le Grand Prix de l'Empereur (aujourd'hui prix Gladiateur) sur *Vertugadin* qui, cette fois encore, ose seul se présenter contre lui. Dans cette dernière course, *Gladiateur* est monté par G. Pratt (frère du célèbre Charles Pratt), son jockey habituel, H. Grimshaw, s'étant tué quelques jours auparavant, dans une chute de voiture.

L'état des jambes de *Gladiateur* n'avait jamais cessé de causer les plus vives inquiétudes à son entraîneur. Après le Grand Prix de l'Empereur, il n'y eut plus à s'illusionner : un de ses boulets chauffait tellement que force fut de le retirer de l'entraînement.

---

(1) Ce n'est qu'en 1907, en effet, que la Société d'Encouragement autorisera, sous certaines conditions, les débuts des jeunes chevaux à partir du dernier lundi de juin.

C'était précisément la crainte qu'inspirait ce mauvais état de ses jambes, qui avait obligé Grimshaw à la course d'attente prolongée — plus encore que dans le Grand Prix, l'année précédente, — qu'il lui imposa, dans la Coupe d'Or d'Ascot, la plus extraordinaire de ses performances, peut-être. A la descente qui précède la ligne d'arrivée, *Gladiateur* était tellement loin encore dernière *Regalia* et *Bredalbane*, que le public le crut irrémédiablement battu et que l'amiral Rous lui-même fit part de ses craintes au comte de Lagrange, lequel lui répondit tranquillement : « Mais non, monsieur l'Amiral, il a gagné. » Et c'était vrai. A peine le danger de la descente avait-il disparu, en effet, que Grimshaw n'avait, comme à l'ordinaire, qu'à lâcher la tête à son cheval, pour que celui-ci, libre alors de s'étendre dans cette action dont la puissance stupéfiait les spectateurs, l'emportât de ce qu'il voulut. Et, cette fois encore, ce fut de *quarante* longueurs!

Gladiateur avait gagné, dans son étonnante carrière, près d'un million de francs d'argent public (980.300 francs), chiffre inconnu jusqu'alors et qui constituerait encore un record — bien que le fameux *Isinglass* l'ait porté, depuis, à 1.466.375 fr., — si les épreuves eussent été dotées de leurs allocations actuelles. Pour le Grand Prix seul, la différence est de plus de 250.000 francs.

On a comparé *Gladiateur* à *Eclipse*, on l'a même surnommé « l'Eclipse moderne ». La comparaison est juste en ce qui concerne le mécanisme prodigieux de chacun de ces deux chevaux et les qualités hors ligne qu'ils déployèrent tous deux sur le turf. Elle s'arrête malheureusement là, car, autant *Eclipse* s'illustra au haras, autant *Gladiateur* s'y montra médiocre.

L'histoire n'a conservé le nom d'aucun de ses produits, dont le premier seul, en raison de l'illustration de son origine mérite, d'être rappelé, bien qu'il n'ait pu donner sa mesure, étant pied-bot. Ce poulain, nommé *Éole*, était, en effet, par *Gladiateur* et *Fille de l'Air!*

Quand *Gladiateur* fut retiré de l'entraînement, les offres les plus brillantes furent faites à son propriétaire, et des Américains lui proposèrent de mettre le cheval aux enchères à 400.000 francs. Le comte de Lagrange refusa. Ce n'était pas qu'il trouvât l'offre inacceptable et qu'il demandât le Nouveau-Monde de son étalon, ainsi que le duc de Westminster l'avait fait de *Touchstone* (1), mais il préféra le

---

(1) Une députation américaine, venue en Angleterre pour acheter quelques étalons de pur sang, ayant entendu parler du fameux *Touchstone*, s'en fut trouver son propriétaire, le duc de Wesminster.
— Nous venons, dirent les députés, pour vous acheter *Touchstone*.
— Acheter *Touchstone!* s'exclama dédaigneusement le duc, vous n'êtes pas assez riches!

Piqués au jeu, les Américains en offrirent d'abord 4.000 livres, puis 8.000, 12.000, 20.000 et finalement 30.000 (750.000 francs).
Le duc refusait toujours.
— Mais qu'en voulez-vous donc? s'écrièrent-ils.
— J'en veux les États-Unis! dit le duc de Westminster, en leur tournant les talons.

louer pour deux ans, à M. Blenkiron, de Middle Park, au prix de 75.000 francs par an, avec réserve de dix saillies gratuites.

Après deux années de monte en Angleterre, *Gladiateur* fut ramené en France, quand éclatèrent les événements de 1870. Vendu avec toute l'écurie du comte de Lagrange, il fut acheté pour 152.250 francs, par M. Blenkiron; puis, à la liquidation de son stud, en 1872, il devint la propriété de M. Harcourt, pour 7.000 guinées (183.750 francs).

Gladiateur mourut à l'âge de quatorze ans, en 1876, des suites d'une inflammation.

Les autres vétérans qui font quelque figure après lui, sont : *Vertugadin*, gagnant du prix de l'Empereur (13.000 francs) et du prix Jouvence, à Paris; et de trois courses, dont deux prix Impériaux, à Caen et à Deauville. Une fois encore, mais sans plus de succès, comme on l'a vu, il avait tenté la fortune contre *Gladiateur*, dans le Grand Prix de l'Empereur, où il n'avait pu prendre que la seconde place, à distance respectueuse.

Tourmalet remporta cinq courses, dont le Handicap de Paris (6.000 fr.) et le prix Jeanne d'Arc (7.000 fr.), à Rouen; — *La Fortune*, le prix du Cadran, — et *Affidavit*, la Coupe de Deauville.

Le meilleur trois ans est sans contredit *Étoile Filante* (Y. Gladiator et Goëlette), à M. H. Lunel, qui ne trouva sa véritable forme qu'à l'automne, en enlevant, à Bade, le Saint-Léger Continental, le prix de la Ville et le Grand Prix, puis, à Longchamp, le Grand Prix du Prince Impérial (Royal-Oak); au printemps, elle n'avait gagné que le prix de Lutèce, échouant dans ses autres tentatives.

Les autres sont de qualité vraiment médiocre. Non seulement ils ne jouèrent aucun rôle dans le Grand Prix, où les trois premières places furent prises par les anglais, *Ceylon*, *Primate* et *Mazeppa*, qu'il était difficile cependant de considérer comme des foudres de guerre, mais, à l'exception du prix du Jockey-Club, que *Florentin*, à M. H. Delamarre, enleva péniblement d'une encolure à *Baïonnette*, et de la Poule d'Essai, que remporta *Marengo*, toutes les autres épreuves importantes revinrent à des pouliches, qui s'entre-battirent à l'envi dans leurs rencontres successives.

Le détail de ces performances contradictoires serait sans intérêt et nous nous bornerons à rappeler leurs succès : — à M. H. Delamarre : *Victorieuse* (prix de Longchamp et prix de Diane), et *Vérité* (Saint-Léger de Moulins et Poule des Produits, à Bade); — au comte de Lagrange : *Fleurette* (prix des Acacias et prix du Ministère, de 7.000 fr., au Pin), et *La Favorite* (Grand Prix de Bourgogne, de 7.000 fr., à Chalon-sur-Saône, et prix de Chantilly); — *Lesbos*, à M. J. Verry (Prix de l'Empereur, Grande Poule); — *Marcella*, à M. A. Fould (Grand Prix du Midi, de 10.000 fr., à Toulouse).

Battu pour ses débuts par *Le Petit Caporal*, à M. A. Fould, dans le prix Morny, à Deauville, *Montgoubert*, au comte de Lagrange, enlève ensuite le prix de La Toucques, le prix de l'Avenir et le prix de Carlsruhe, à Bade, et le Grand Critérium, à Longchamp, ce qui lui vaut l'honneur d'être aussitôt inscrit en tête de la cote du prochain prix du Jockey-Club.

Le meeting de Bade avait vu, avec la victoire de *Apsley*, dans le prix de la Forêt-Noire, le premier succès sur le turf de la casaque cerise, manches et toque grises du duc de Hamilton, qui venait d'installer une écurie de courses à Chantilly, sous la direction de W. Planner.

**
* **

Nous avons rappelé les succès de *Gladiateur*, en Angleterre, au cours de sa quatrième année.

Plutus et *Auguste*, également au comte de Lagrange, y avaient remporté, l'un le Great Eastern Railway handicap, et l'autre les Drawing Room stakes, à la réunion de Goodwood, où *Sultan*, au major Fridolin, y avait enlevé le Steward's Cup.

C'est l'année, chez nos voisins, de *Lord Lyon* (Stockwell et Paradigm), à M. Sutton, vainqueur, comme *West-Australian* et *Gladiateur*, de la triple couronne Deux mille Guinées-Derby-Saint-Léger.

D'Angleterre fut importée, au cours de l'année, *Woman in Red* (Wild Dayrell et Agnès Weekfield), née en 1857, qui sera la mère de *Mars* (père de *Jongleur*, 1874), *Revigny* (1869) et *Montargis* (1870).

CHAPITRE XLIV

ANNÉE 1867

L'Exposition Universelle. — Refonte du Code des Courses; les dead-heat; les paris aux courses. — Le prix de Condé. — La dernière course en partie liée. — *Trocadéro, Patricien, Fervacques, Ruy-Blas.* — *Vertugadin, Auguste, Longchamp* (suite). — Les principales écuries de l'époque. — *Hermit.* — M. Achille Fould. — Début des écuries du prince d'Arenberg et comte de Juigné et de M. J. Prat.

L'année la plus brillante du Second Empire.

L'Exposition Universelle fait de Paris le rendez-vous du monde entier. Peuples et souverains accourent en foule, attirés par les fêtes, le luxe et le plaisir.

On pouvait croire que provinciaux et étrangers suivraient avec assiduité les réunions de la Société d'Encouragement, sur son bel hippodrome de Longchamp. Ils réservèrent leurs préférences au Champ-de-Mars, et, sauf le jour du Grand Prix, que l'Empereur de Russie et les autres souverains de passage à Paris honorèrent de leur présence, les recettes ne répondirent pas aux espérances qu'avait fait naître cette affluence de visiteurs dans la capitale (1).

Le Comité avait consacré plusieurs séances, au début de l'année, à la refonte générale du Code des Courses, qui ne répondait plus aux besoins du moment.

Une des principales modifications portait sur les dead-heat. Jusque-là, le Code ne reconnaissait comme gagnant que le *cheval qui avait gagné la deuxième épreuve*, qu'un seul des dead-heaters ou que tous l'eussent disputée.

---

(1) La recette du Grand Prix, qui se tenait jusqu'alors dans les 125.000 francs, atteignit le chiffre de 216.000 francs. C'était là un cas tout à fait exceptionnel, car elle retomba, dès l'année suivante, à 132.000 francs.

Quand donc deux propriétaires, afin d'éviter à leurs champions les fatigues d'une seconde lutte, décidaient de partager l'argent du prix, celui de leurs chevaux qui se présentait de nouveau au poteau se trouvait être le cheval sacrifié, puisque, n'ayant touché que la moitié du prix, il n'en était pas moins considéré comme le gagnant et que, seul, il devait supporter dans l'avenir les conséquences de cette victoire : surcharges ou exclusion, suivant le cas.

C'est cette anomalie que les nouvelles conditions supprimaient : l'obligation de recourir, pour l'un au moins des dead-heaters était bien maintenue, mais ce n'était plus là qu'une simple formalité, et, en cas de partage de l'argent, chacun des chevaux était désormais considéré, au même degré, comme le gagnant de la course et passible, de ce fait, des mêmes pénalités.

Une autre modification importante est celle par laquelle la Société d'Encouragement délègue toutes ses attributions concernant les paris au Salon des Courses. A l'origine, alors que les paris particuliers étaient fréquents et se traduisaient en matches publics, il avait bien fallu que la Société en réglementât certaines dispositions inscrites aux programmes officiels, afin de prévenir les différends qui pouvaient survenir, et son Règlement, très complet sur ce point, faisait jurisprudence en la matière. Mais elle n'avait pas à intervenir dans les transactions publiques qui n'existaient pas encore et qui n'avaient pris naissance qu'avec le développement même des courses. Désormais, elle entendit demeurer complètement étrangère à tout ce qui touchait au jeu et elle le demeura jusqu'au jour où l'État lui-même lui imposa l'exploitation du Pari Mutuel sur ses hippodromes.

Le *prix de Condé*, pour chevaux de 2 ans, date de cette année : il se disputa au meeting d'automne de Chantilly (1).

L'arrêté du 16 mars 1866 — qui plaçait toutes les courses plates, y compris celles que dotait le Gouvernement, sous la seule direction et la seule jurisprudence de la Société d'Encouragement — n'avait pas tardé à porter ses fruits en ce qui concerne la transformation de certaines épreuves. C'est ainsi qu'avec la clôture du meeting d'automne de Longchamp, nous voyons la disparition de la dernière course en partie liée. Ce genre d'épreuves, si chères à l'Administration des Haras, n'était plus représenté que par le prix de Chevilly, dont le parcours rentre dès lors dans la règle commune.

* *

Le principal événement hippique de l'année est le dead-heat de *Fervacques* et de *Patricien*, dans le Grand Prix.

---

(1) Cette épreuve comporte une surcharge de 10 livres pour certains gagnants. La distance de 2.000 mètres n'a pas varié. L'allocation, qui était primitivement de 5.000 francs, a été portée à 6.000 francs en 1876 ; 10.000, en 1883 ; 15.000, en 1893 ; 20.000, en 1911.

Depuis 1907, cette épreuve a été transférée à Longchamp.

Montgoubert, au comte de Lagrange, ne tint pas ses promesses de deux ans. Il ne reparut pas avant le prix du Jockey-Club, où, monté par Mizen, le premier jockey de l'écurie, il partit favori à 2/1, alors que son compagnon Trocadéro (Monarque et Antonia), monté par Hibbert, était à 5/1. Ce fut pourtant ce frère de la célèbre *Gabrielle d'Estrées* qui mit en doute, jusqu'au poteau, la victoire de *Patricien* (Monarque et Papillote) à M. H. Delamarre, ne succombant que de trois quarts de longueur, après une lutte acharnée. *Montgoubert* était troisième, à trois longueurs, devant douze autres concurrents, parmi lesquels *Fervacques* (The Underhand et Slapdash), à M. A. de Montgomery.

Cette victoire de *Patricien*, venant après celle qu'il avait remportée, pour ses débuts, dans le prix de Longchamp, en fit le favori du Grand Prix. Immense fut donc la stupeur du public quand on vit *Fervacques* — qui n'avait pour tout bagage qu'un modeste succès, quelques jours auparavant, dans le prix de la Néva, qu'il avait enlevé péniblement d'une tête sur le médiocre *Six-Mai* — s'accrocher à lui dans la ligne droite, pour faire dead-heat sur le poteau. On crut à une de ces erreurs comme les meilleurs jockeys peuvent en commettre, et le malheureux A. Watkins fut accusé de s'être laissé surprendre par le diable d'homme qu'était G. Fordham. La course parut donc fausse et l'on n'hésita pas, à la seconde épreuve, à payer 1/3 en faveur de *Patricien*, qui, cette fois, fut battu *d'un nez* (1).

M. A. de Montgomery trouvait, dans cette victoire inespérée, une compensation à la défaite, sujette à caution, de *La Toucques*, dans cette même épreuve, quatre ans auparavant. Mais il croyait si peu au succès de *Fervacques*, qu'il ne se décida à le faire partir que pour utiliser les services de Fordham, qui se trouva libre au dernier moment, par suite du retrait du cheval anglais *Marksman*, qu'il devait monter.

M. de Montgomery donna 10.000 francs de gratification à Fordham. C'était alors un don royal, la fortune que M. Chaplin et ses associés donnèrent, cette même année, comme on le verra plus loin, à Duley, après la victoire d'*Hermit*, dans le Derby, étant une exception, dont on ne retrouve pas le pendant.

L'avenir prouva que *Patricien* — qui triompha à nouveau de *Trocadéro* et de *Fervacques* dans le Grand Prix du Prince Impérial (Royal-Oak) — était supérieur à son heureux vainqueur, mais il est certain que, le jour du Grand Prix, *Fervacques* fut le meilleur, soit qu'il eût un de ces éclairs de forme extraordinaire que certains chevaux ne retrouvent jamais, soit que Fordham sût en tirer un meilleur parti que ses autres cavaliers, soit enfin, ce qui semble être la vérité, que *Patricien* se ressentît encore de sa course sévère de Chantilly. *Patricien* remporta encore le Grand Prix de la Ville de

---

(1) Cette façon de juger a été abolie depuis et l'on a adopté la méthode anglaise, qui veut que le juge prononce le dead-heat, chaque fois qu'il ne peut discerner l'avantage d'une demi-tête au moins.

Marseille; il avait succombé de 2 longueurs, contre *Ruy-Blas*, a poids égal, dans le Grand Prix de Bade.

Mais, des trois, le meilleur était incontestablement TROCADÉRO, dont la défaite, dans le prix du Jockey-Club, fut fort controuvée et imputée, par beaucoup de bons juges, à la maladresse de son jockey, qui avait trop attendu *Montgoubert*. C'était aussi le plus beau du trio. « Nul ne possède à un plus haut degré, écrit Ned Pearson, le cachet caractéristique de force et d'élégance que *Monarque* imprime à tous ses descendants et, si sa mère *Antonia* ne lui avait légué sa robe alezane, au lieu de baie, on aurait pu croire revoir *Monarque* dans toute la plénitude de sa magnifique forme. »

Comme sa sœur, la fameuse *Gabrielle d'Estrées*, qui mourut cette année même (1), sa qualité suivra une progression ascendante avec l'âge, qualité qui fut malheureusement paralysée à maintes reprises par son naturel farouche, qui empêchait presque qu'on le ferrât. Nous reviendrons sur ce côté féroce de son caractère, lors de son entrée, comme étalon, au haras de Victot, en 1871.

Non placé dans les Deux mille Guinées, *Trocadéro* avait remporté le Prix de l'Empereur (Grande Poule), sur *Jeune-Première*, qui enleva ensuite le prix de Daine. Deuxième dans le prix du Jockey-Club, puis troisième, dans le Grand Prix, il ne rencontre aucun adversaire digne de lui dans le Saint-Léger de Moulins; à Bade, il prend sa revanche sur *Patricien*, d'abord dans le Saint-Léger Continental, puis dans la Poule des Produits, mais il n'est pas placé dans le Grand Prix, où le poulain de M. Delamarre est deuxième, et finalement il succombe encore une fois contre lui dans le Grand Prix du Prince Impérial. En Angleterre, il avait gagné deux Biennaux, à Brighton.

Alors que *Patricien* tombera broken-down dès la fin de sa troisième année et que *Fervacques*, plus solide mais complètement déchu, terminera sa carrière en Angleterre où, à l'âge de neuf ans, nous le trouverons encore en obstacles, *Trocadéro* courra victorieusement sur toutes les distances jusqu'à l'âge de six ans et il entrera au haras, où il sera le digne successeur de *Monarque*, aussi sain et aussi net qu'à ses débuts sur le turf.

Un autre cheval, qui laissera également un nom au stud, remporta, cette même année, de nombreux succès. Nous voulons parler de *Ruy-Blas* (West-Australian et Rosati), à M. L. André. Acheté 900 francs à la vente du duc de Morny, *Ruy-Blas* n'avait pas de grands engagements, ce qui lui évita de se heurter prématurément à *Patricien* et *Trocadéro*, qu'il battit, cependant, dans le Grand Prix de Bade. Ceux-ci n'étaient plus dans toute leur fraîcheur, ayant eu à donner leur mesure dans des épreuves sévères, alors que *Ruy-Blas*

---

(1) Elle avait été envoyée en Angleterre, pour y être saillie par *Gladiateur*. Au retour, elle eut une traversée tellement pénible (les chevaux, comme on le sait, ne peuvent vomir, en raison de la conformation de leur arrière-gorge), qu'elle tomba malade et mourut peu après.

n'avait rien eu à battre pour enlever 14 courses, dont les prix de Guiche, de la Seine, des Cars, du Printemps et des Pavillons, à Longchamp, le Grand Prix de la Ville, à Lyon, et le prix de la Coupe, à Fontainebleau.

Comme *Patricien*, *Ruy-Blas* quitta le turf à la fin de sa campagne de trois ans.

Les autres vainqueurs de trois ans sont : *Jeune-Première*, à M. A. Lupin, prix de Diane ; — *Nicolet*, à M. H. Delamarre, Poule d'Essai sur *Fervacques;* — *Néméa*, au comte de Lagrange, Biennal, prix de Sèvres, Omnium et prix de la Forêt ; — *Montgoubert*, Coupe de Deauville, prix des Acacias ; — *Normandie*, qui provenait de l'écurie Lagrange et que M. E. de la Charme avait réclamée à deux ans, fut une des bonnes pouliches de son année, remportant, entre autres épreuves, le prix de Lutèce, la Coupe, le prix de Glatigny et un handicap, à Bade ; — *Début*, au major Fridolin, 10 courses, dont les prix du Cèdre, Seymour, et Derby Universel, à Bruxelles.

Longchamp, au comte de Lagrange, qui ne trouvera sa véritable forme qu'à quatre ans, inscrit néanmoins un succès intéressant à son actif avec le Newmarket Derby, dans lequel il a raison de *Hermit*, le vainqueur d'Epsom.

En province, *Bréviande*, à M. A. Fould, remporte le prix de Diane de l'Ouest et du Midi, à Limoges, et le prix de la Haute-Garonne, à Toulouse ; — *Candidat*, à M. de Lonjon, la Poule d'Essai, à Angoulême ; — *Pioupiou*, au baron de Nexon, la Poule des Produits, à Bordeaux.

Mais le grand triomphateur est *Le Petit Caporal* (Marignan et Mlle Désirée), à M. Achille Fould, qui ne gagne pas moins de 11 courses, dont la Poule d'Essai, à Pau ; le Derby du Midi, à Bordeaux ; le Grand Prix de la Ville, à Poitiers ; le Grand Prix des Pyrénées, à Tarbes ; le Saint-Léger du Midi, à Périgueux, et le prix de Villebon, à Paris.

Les meilleurs vétérans sont : *Vertugadin*, 5 ans, à M. H. Delamarre, qui enlève les prix de la Moskowa, de Jouvence et le Grand Prix de l'Empereur (Gladiateur), après quoi il est retiré de l'entraînement et passe au haras, chez M. E. Fould ; — et les trois chevaux du comte de Lagrange : *Auguste*, qui remporte le prix du Cadran, le Grand Prix de l'Impératrice (Rainbow), et les Claret Stakes, à Newmarket ; *Fleurette*, le Biennal, les prix d'Apremont et de Dangu, et les Princess of Wales Stakes, à Newmarket ; *La Favorite* (qui sera la mère de *Flageolet*), 5 courses, dont le Grand Prix de Bourgogne, à Chalon-sur-Saône.

Parmi les deux ans, on remarque *Mortemer*, *Pastourelle*, *Pompier*, *Jenny*, et surtout *Le Sarrazin* (Monarque et Constance), vainqueur des prix de l'Avenir et de Fremensberg, à Bade, du Grand Critérium, à Paris, et des Woodcote Stakes, à Epsom.

**

Au cours de l'année, M. A. Lupin avait installé son haras à Viroflay dans l'établissement d'élevage qu'avait occupé, précédemment, le duc de Morny, et, en premier lieu, M. Rieussec. Son écurie, qui comprenait 33 chevaux, demeurait à La Croix-Saint-Ouen (près Compiègne), sous la direction de Haylor.

Les autres propriétaires en vue du moment étaient :

Le major Fridolin (M. Charles Laffitte et baron Nivière), haras à Villebon (Seine-et-Oise), et écurie (37 chevaux) à La Morlaye, avec Ch. Pratt, comme entraîneur-jockey ;

A Chantilly, MM. H. Delamarre et ses associés, 35 chevaux chez T.-R. Carter ; haras de Bois-Roussel, près d'Alençon ; — le duc de Hamilton, 28, chez H. Lamplugh ; — M. A. Desvignes, 18, chez W. Planner ; — MM. J. Reiset, baron de Rothschild, A. de Montgomery, les leurs chez Th. Carter ; — MM. H. Lunel et Fasquel (dont le haras est à Courteuil, près de Senlis), chez Boldrick.

MM. P. Aumont (haras à Victot), duc de Fitz-James, Delâtre et son associé Pol Nanquette et J. Verry, ont leur cavalerie chez H. Jennings, à Compiègne.

Mais la plus importante de toutes les écuries est celle du comte de Lagrange, qui compte 42 chevaux, chez Carter neveu, à Royallieu, et 50, chez T. Jennings, à Phantom Cottage, Newmarket ; haras à Dangu (Eure).

En province, les principaux propriétaires, sont : dans l'Ouest, MM. E. de Baracé, vicomte de Chemellier, R. de Terves et J. Robin ; — dans le Midi, baron de Nexon, A. Fould (à Ibos, Mourle et Tarbes), comte de Lonjon, P. de Vanteaux, D. Guestier, comte de Bony, comte de David-Beauregard, marquis de Lagarde, etc.

Les gentlemen-riders de plat les plus en vogue sont : MM. Blount, baron de Nexon, vicomte de Lauriston, comte de Perrégaux et le capitaine Haworth ; — et les jockeys : Ch. Pratt, A. Watkins, G. Mitzen, Kitchener et A. Carratt, et, en province, H. Jordan.

**

On était loin du temps où les principes administratifs aidant, la supériorité du pur sang était à ce point contestée que l'on ne craignait pas de lui opposer le cheval arabe ou le demi sang.

Les matches entre chevaux de races différentes, si fort à la mode autrefois, ne trouvaient plus de contre-partie, si avantageux que fussent les paris proposés.

C'est ainsi qu'un défi de 500.000 francs contre 100.000, pour un cheval de pur sang anglais de troisième ordre, contre n'importe quel cheval arabe, sur une distance minima de 1.500 mètres, était depuis longtemps pendant sans qu'on osât le relever, et qu'un pari de 20.000 francs, sur 540 kilomètres (Chantilly à Boulogne-sur-Mer, aller et retour), entre le pur sang *Gaulois* (Monarque et Golconde), et un cheval barbe, fut résilié, le propriétaire de ce dernier ayant préféré payer le forfait de 5.000 francs.

* *

En Angleterre, où nos chevaux ne firent pas grand'chose (la meilleure performance est celle de *Longchamp* qui, à un avantage d'une stone, battit *Hermit* dans le Newmarket Derby), il faut signaler — en raison du rôle considérable qu'il jouera dans l'élevage anglais, et, par répercussion, dans le nôtre — la victoire imprévue, dans le

Sampson Low, Marston and C°, London, Copyright.

Hermit.

Derby d'Epsom, de ce même Hermit (Newminster et Seclusion), à M. Chaplin.

Il a été beaucoup dit sur ce Derby, le plus sensationnel qu'on ait vu, tant par les circonstances étranges que par les conditions climatériques qui l'accompagnèrent.

Il neigeait, en effet, comme en plein hiver, et le froid était très vif, — bien qu'on fût aux derniers jours de mai.

Après une brillante carrière à deux ans, *Hermit* avait été, pendant tout l'hiver, le favori du Derby, quand, quelques jours avant la course, il tomba brusquement à 100/1, sur le bruit, répandu par l'écurie, que le poulain s'était rompu un vaisseau dans la tête... ce qui ne l'empêcha pas de gagner facilement.

Qu'y avait-il de vrai dans ce soi-disant accident ?

Laissons, à ce sujet, la parole à l'auteur du *Turf français au XIXe siècle* :

« Ce Derby est accompagné d'une légende ou d'une histoire vraie. Nous ne voulons nous faire ici l'écho d'une affaire intime, ni du bruit que l'on a mené autour d'une prétendue machination. On parla de vengeance de mari, de galops secrets donnés la nuit à *Hermit*, que l'on ne voyait pas paraître à l'exercice, et qui, pour cette raison, s'en allait à la cote.

« Le récit officiel est celui-ci : quelques jours avant la course, M. Chaplin avait acheté un cheval assez énorme, du nom de *Rama*, et l'essaya avec *Hermit*. Dans la lutte, *Hermit* se serait blessé et aurait été condamné à quelques jours de repos. Une grande hostilité se manifesta contre le crack ; on voulut voir dans le résultat de l'essai, la preuve du manque de valeur du poulain. L'attitude, voulue ou sincère, de l'écurie n'était pas pour inspirer grande confiance. Ce qui semblerait prouver qu'elle n'avait guère d'espoir, c'est qu'elle ne se procura pas un bon jockey, et se contenta de la monte de Daley (1). La légende dit que ce fut habileté, car au dernier moment, M. Chaplin et son entourage ramassèrent *Hermit* à 66/1 tant qu'ils voulurent en prendre. M. Chaplin gagna 148.000 livres (3.700.000 fr.), et ses associés, le capitaine Machell et sir F. Johnstone, 70.000 livres chacun (1.700.000 fr.).

« Sir Joseph Hawley perdit 15.000 livres, le duc de Hamilton, 80.000 livres. L'année précédente, le jeune duc avait parié à table avec le capitaine Machell 180.000 livres contre 6.000 livres contre *Hermit*. M. Weatherby, un peu scandalisé par l'importance de la somme, avait refusé d'inscrire le pari, et grâce à l'intermédiaire d'amis communs, il avait été annulé. Si ce pari avait été maintenu, le duc de Hamilton aurait perdu dans sa journée du Derby quatre millions et demi de francs. »

Quand on gagne ainsi *sept millions de francs* d'un coup, on peut se montrer généreux après la victoire : le jockey Daley reçut 6.000 livres de M. Chaplin et 3.000 de ses associés, soit 225.000 francs de gratification.

M. Chaplin donna, en outre, 300.000 francs, pour réparer l'église de Lincoln.

**

Au bulletin nécrologique, nous avons à enregistrer la mort de M. Achille Fould, qui fut ministre des Finances, sous Napoléon III.

---

(1) Canter, dans son *A.B.C. des Courses*, dit que « M. Chaplin lui-même, par intérêt pour Custance, son premier jockey, l'avait autorisé à monter *The Rake*, qui semblait avoir des chances. »

« Par intérêt pour Custance » n'est-il pas d'une ironie délicieuse.

Pedigree de HERMIT (1864)

HERMIT (1864)
- **Newminster, 1848.**
  - *Touchstone* (1831), voir pedigree page 159.
  - **Bee's Wing, 1834.**
    - *Dr Syntax, 1811.*
      - Paynator, 1791.
        - Trumpator, 1782.
          - Conductor, p. **Matchem.**
          - Brunette, p. Squirrel, p. Old Traveller, p. Partner, p. Jigg, p. **Byerly Turk.**
        - Fille de 1780.
          - Mark Anthony, p. Spectator, p. Crab, p. **Alcock's Arabian.**
          - Signora, p. Snap, p. Snip, p. Flying Childers, p. **Darley Arabian.**
      - Fille de 1805.
        - Beningbrough, 1791.
          - King Fergus, p. **Eclipse.**
          - Fille de **Herod.**
        - Jenny Mole, 1778.
          - Carbuncle, p. Babraham Blank, p. Babraham, p. **Godolphin Arabian.**
          - Fille de Prince T. Quassaw, p. Snip, p. Flying Childers, p. **Darley Arabian.**
    - *Fille de 1820.*
      - Ardrossar, 1809.
        - John Bull, 1789.
          - Fortitude, p. **Herod.**
          - Xantippe, p. **Eclipse.**
        - Miss Whip, 1793.
          - Volunteer, p. **Eclipse.**
          - Wimbleton, p. Evergreen, p. **Herod.**
      - Lady Eliza, 1815.
        - Whitworth, 1805.
          - Agonistes, p. Sir Peter, p. Highflyer, p. **Herod.**
          - Fille de Jupiter, p. **Eclipse.**
        - Fille de 1793.
          - Spadille, p. Highflyer, p. **Herod.**
          - Sylvia, p. Y. Marske, p. Marske, p. Squirt, p. Bartlett's Childers, p. **Darley Arabian.**

- **Seclusion, 1857.**
  - **Tadmor, 1846.**
    - *Ion, 1835.*
      - Cain, 1822.
        - Paulowitz, p. Sir Paul, p. Sir Peter, p. Highflyer, p. **Herod.**
        - Fille de Paynator, p. Trumpator, p. Conductor, p. **Matchem.**
      - Margaret, 1831.
        - Edmund, p. Orville, p. Beningbrough, p. King-Fergus, p. **Eclipse.**
        - Medora, p. Selim, p. Buzzard, p. Woodpecker, p. **Herod.**
    - *Palmyra, 1838.*
      - Sultan, 1816.
        - Selim, p. Buzzard, p. Woodpecker, p. **Herod.**
        - Bacchante, p. Williamson's Ditto, p. Sir Peter, p. Highflyer, p. **Herod.**
      - Hester, 1832.
        - Camel, p. Whalebone, p. Waxy, p. Pot-8-Os, p. **Eclipse.**
        - Monimia, p. Muley, p. Orville, p. Beningbrough, p. King-Fergus, p. **Eclipse.**
  - **Miss Sellon, 1851.**
    - *Cowl, 1842.*
      - Bay Middleton, 1833.
        - Sultan, p. Selim, p. Buzzard, p. Woodpecker, p. **Herod.**
        - Cobweb, p. Phantom, p. Walton, p. Sir Peter, p. Highflyer, p. **Herod.**
      - Crucifix, 1837.
        - Priam, p. Emilius, p. Orville, p. Beningbrough, p. King-Fergus, p. **Eclipse.**
        - Octaviana, p. Octavian, p. Stripling, p. Phænomenon, p. **Herod.**
    - *Belle Dame, 1836.*
      - Belshazzard, 1830.
        - Blacklock, p. Whitelock, p. Hambletonian, p. King-Fergus, p. **Eclipse.**
        - Manuella, p. Dick Andrews, p. Joe Andrews, p. **Eclipse.**
      - Ellen, 1831.
        - Starch, p. Woful, p. Waxy, p. Pot-8-Os, p. **Eclipse.**
        - Cuirass, p. Oiseau, p. Camillus, p. Hambletonian, p. King-Fergus, p. **Eclipse.**

Il avait fait partie du Jockey-Club dès l'origine, et les courses, dans le Midi, lui doivent en grande partie leur développement. Fondateur du haras d'Ibos, ses couleurs ne connurent que les succès de second plan, sans triompher jamais dans les grandes épreuves classiques.

A sa mort, son fils aîné Adolphe et son neveu Edouard s'associèrent. L'écurie était à Chantilly ; l'élevage, en partie à Ibos, et en partie à Saint-Georges (Allier). De plus, ils s'étaient assurés tous les produits du haras de M. Mosselman, à Verberie, près de Compiègne.

L'association dura jusqu'à la guerre de 1870, où l'écurie fut liquidée. Edouard Fould la reconstituera ensuite avec de nouveaux commettants ; à sa mort, en 1881, elle deviendra l'écurie de Castries.

Nous en reparlerons, au fur et à mesure de ses transformations, au cours de cet ouvrage.

*

Deux nouvelles écuries font leur apparition sur le turf :

Le prince A. d'Arenberg et le comte G. de Juigné ont leur établissement d'élevage à Bois-Rouaud (Loire-Inférieure) et leurs chevaux chez H. Jennings. Leurs couleurs — casaque cerclée jaune et rouge, toque noire — ne commenceront à s'illustrer qu'après la guerre de 1870, avec *Montargis*, puis avec *Jongleur*.

M. J. Prat débute dans le Midi, tout à la fois comme gentleman-rider et comme propriétaire, avec *La Cagnotte*, qu'il a réclamée à M. Delâtre, à Tours ; puis il formera, avec MM. Double et Maurel, sous le nom de « Capitaine Henriot », une association pour l'exploitation de quelques chevaux de courses, à Mazargues, près de Marseille.

Son écurie ne prendra d'importance que plus tard, quand il la transportera à La Croix-Saint-Ouen et qu'il installera son élevage au haras de Lessard-le-Chêne, en Normandie.

CHAPITRE XLV

ANNÉE 1868

Suzerain, Mortemer, Nélusko. — Premier dead-heat d'écurie. — *Trocadéro, Auguste, Longchamp* (suite). — *Rubican.* — *Formosa.*

Pas grand'chose cette année-là, si ce n'est le commencement du déclin de la réunion de Moulins, alors, au contraire, que se développent celles de Bordeaux, de Marseille et surtout de Deauville, qui, commençant le 1er août, jouit de la primeur du début des chevaux de deux ans, ce qui fit crier la Société des Courses de Caen à la centralisation!...

M. A. Schickler — qui, ainsi que nous l'avons dit, avait importé *The Nabob*, en 1857 — remporte sa première grande victoire avec un de ses fils, *Suzerain* (issu de Bravery), qui enlève successivement le Prix de l'Empereur (Grande Poule) et le prix du Jockey-Club, sur un lot nombreux et médiocre, il est vrai, puis qui succombe, dans le Grand Prix, où il reçoit de fortes atteintes, contre *The Earl*, au marquis de Hastings.

Mais le meilleur produit de l'année — qui ne trouvera d'ailleurs sa vraie forme qu'avec l'âge et qui se montrera étalon de premier ordre — est Mortemer (Compiègne et Comtesse), au comte de Lagrange, vainqueur des prix de la Seine, des Acacias et du Biennal, et qui céda la première place, dans le Saint-Léger de Bade, à son compagnon *Ouragan II*, qui avait déjà remporté la Poule des Produits.

La casaque bleu et rouge cueille encore les prix de Guiche, des Cars et de Sèvres, avec *Pompier;* — le prix de Longchamp, avec *Le Bosphore*, frère de *Le Mandarin;* — le prix de Diane, avec *Jenny*, que suit sa camarade *Sarah*, gagnante du prix de l'Espérance; — la Coupe et le Grand Prix du Prince Impérial (Royal-Oak), avec *Nélusko* qui, entre temps, avait fait dead-heat, dans le Grand Prix de Bade, avec son compagnon *Trocadéro*. Le comte de Lagrange ayant déclaré ensuite vouloir gagner avec le vieux cheval, *Trocadéro* avait été proclamé vainqueur.

C'est le premier exemple, croyons-nous, d'un dead-heat d'écurie.

La Poule d'Essai avait été pour *Gouvernail*, au duc de Hamilton, qui partit ensuite favori à 5/4 dans le prix du Jockey-Club, où il ne fut pas placé.

Trocadéro accomplit une magnifique campagne de quatre ans. En plus du Grand Prix de Bade, dont nous venons de parler, il remporte les Coupes, à Fontainebleau et à Deauville (malgré une très violente bousculade dans la ligne droite, qui faillit le culbuter), les prix de Chantilly et de Jouvence, à Longchamp, le Prix Impérial et le Grand Prix de la Ville, à Marseille. Dans le Grand Prix de l'Impératrice (Rainbow) et le prix de Seine-et-Marne, il avait cédé la première place à son camarade *Longchamp*, déjà vainqueur du Cadran, et, dans le Grand Prix de l'Empereur (Gladiateur), à son autre camarade *Auguste*, qui avait enlevé précédemment le prix de Dangu.

Néméa, également au comte de Lagrange, avait gagné le Biennal et les prix d'Apremont et de Bois-Roussel.

Le Petit Caporal inscrivit à son actif le prix de Lutèce; — *Ferragus*, le prix du Printemps et le Handicap de 6.000 francs, à Châlons; — et *Alabama*, l'Omnium.

Le meilleur deux ans est *Mlle de Fligny*, à M. A. Aumont. Restée au poteau dans le prix Morny, à Deauville, gagné par *Masaniello* (à qui l'état précaire de ses jambes ne permit pas de reparaître en public après sa deuxième année), elle remporte le prix de la Toucques, le prix de l'Avenir, à Bade, le Second Critérium et le Grand Critérium.

Après elle, citons *Consul*, dont nous reparlerons, *Péripétie*, *Clotho*, *Belle-Étoile*, *Massinissa* et *Rubican*.

Qui se souvient encore de ce dernier, au comte de Lagrange?

Et cependant, sans un accident, sait-on si ce fils de *Ventre-Saint-Gris* et *Préférée*, complètement oublié aujourd'hui, n'aurait pas laissé un nom glorieux entre tous.

Ce *Rubican*, en effet, avait montré une telle qualité à l'exercice, que Tom Jennings le considérait comme le meilleur cheval qu'il eût jamais entraîné, y compris Gladiateur!

Malheureusement il se cassa la jambe dans un de ses derniers galops en vue du Derby d'Epsom.

⁂

A Bade, une tentative de course en deux épreuves (le prix du Rhin, 10.000 fr.), n'eut pas le succès attendu, et ne subsista que deux ans.

⁂

En Angleterre, les honneurs de la campagne sont pour une pouliche, *Formosa* (Buccaneer et Eller), à M. G. Jones, qui, après avoir partagé les Deux mille Guinées avec *Mosem*, remporte les Mille Guinées, les Oaks et le Saint-Léger.

CHAPITRE XLVI

ANNÉE 1869

Les prix Rainbow, Royal-Oak et Gladiateur. — *Consul, Glaneur, Cerdagne, Clotho, Péripétie*. — Le haras de Lonray. — *Mortemer, Trocadéro, Longchamp* (suite). — M. J. Reiset. — Mort de *Bathilde* et de *West-Australian*. — Importation de *Regalia*. — Courses de Beauvais. — Les agences de Poules condamnées par les tribunaux.

Le Gouvernement cessant de fournir l'allocation des prix classés, tels que le Grand Prix de l'Impératrice, le Grand Prix du Prince Impérial et le Grand Prix de l'Empereur, la Société d'Encouragement les prend à son compte, leur donne les noms de *prix Rainbow, Royal-Oak* et *Gladiateur*, qu'ils n'ont pas quittés depuis lors, et modifie les conditions du premier et du troisième, en supprimant la clause qui interdisait aux chevaux de les gagner plusieurs fois.

Le minuscule *Consul* (Monarque et Lady Lift) — qui sera, avec *Trocadéro*, le meilleur continuateur de son illustre père — avait remporté, à deux ans, le Premier Critérium, et il peut être considéré aussi comme le gagnant moral du prix de la Forêt, dans lequel il était maître de la partie à la distance, quand son jockey le reprit pour laisser passer son aîné, *Pompier*, avec lequel l'écurie devait gagner... et qui ne put venir à temps.

A trois ans, il succombe d'une tête contre *Pandour*, à M. J. Reiset, dans le prix de Longchamp, puis il enlève la Poule d'Essai, à *Eckmühl* et *Cerdagne*, le prix de Guiche, et, enfin, le prix du Jockey-Club, à *Cerdagne, Pandour* et onze autres adversaires, parmi lesquels le favori, *Glaneur* (Buckthorn et Alma), à M. A. Lupin.

Celui-ci, qui avait à son actif le prix des Cars, le prix de l'Empereur (Grande Poule) et le prix du Cèdre, prit sa revanche dans le Grand Prix, qu'il enleva d'une tête à l'anglais *The Drummer*, que son compatriote *Rysworth* suivait à une encolure; *Consul* était quatrième devant *Cerdagne*, *Péripétie*, *Clotho*, etc.

Glaneur, était un rogue qui provenait, comme *Souvenir*, de l'élevage des Douze-Traits, à M. J. Robin. Après le Grand Prix, il s'en fut cueillir un modeste prix, à Toulouse, puis ne reparut plus en public.

Consul remporta encore le prix de Seine-et-Marne, sur le seul *Ouragan II*, puis il disparut également du turf.

Après *Consul* et *Glaneur*, nous trouvons deux excellentes pouliches, *Clotho* et *Cerdagne*.

Clotho (Vermout et Lady Clocklo), à M. H. Delamarre, est la gagnante des prix des Acacias, du Lac, des Écuries; du Grand Prix de Bourgogne, à Chalon-sur-Saône; du Saint-Léger Continental, à Bade; du prix de Chantilly et du prix Royal-Oak.

Cerdagne (Newminster et La Maladetta), à M. L. Delâtre, joue de malheur en rencontrant devant elle *Péripétie* (Sting et Péronnelle), à M. Staub, dans la Poule des Produits et le prix de Diane (1); *Consul*, dans la Poule d'Essai et le prix du Jockey-Club; *Clotho*, dans le prix Royal-Oak et le Saint-Léger Continental de Bade; mais elle eut raison, par deux fois, de *Mortemer*, dans le Grand Prix de Bade et dans le Handicap libre, où *Clotho*, qui ne lui rendait que 4 livres, était troisième.

Mlle de Fligny, l'héroïne de la campagne de deux ans, sans remporter d'épreuves classiques, fait encore une ample moisson, avec les prix de Sèvres, d'Apremont, Seymour, de Glatigny, de Villebon; le Grand Prix du Midi, à Toulouse, et le Derby Continental, à Gand.

L'Oise — propre sœur de l'infortuné *Rubican* — qui avait également fait preuve de qualité à deux ans, doit se contenter des prix de Lutèce, de Vanteaux, du Handicap de Deauville, et de la troisième place dans le prix de Diane, où elle était partie favorite; — *Trompette* eut le Biennal et le prix de la Néva; — *Boulogne*, le Grand Prix de la Ville de Lyon et le Newmarket Derby; — *Mlle de Saint-Igny*, le Saint-Léger de Moulins et le Handicap libre, à Deauville; — *Minerve*, le Handicap de la Ville de Caen, de 22.000 francs; — et *Belle-Étoile*, le Derby Universel, à Bruxelles.

En province, les meilleurs sont *Gage-d'Amour*, à M. D. Guestier,

---

(1) *Péripétie* provenait du haras de Lonray, proche d'Alençon, créé par M. A. Donon, en 1860. A l'origine, tous les produits de cet élevage étaient loués, jusqu'à leur cinquième année, au duc de Morny, puis, à sa mort, au comte de Lagrange. Une société avait été formée ensuite, pour l'exploitation directe de ces produits, entre MM. A. Donon, vicomte Paul Daru et A. Staub, sous le nom et les couleurs de celui-ci (casaque rose, toque noire).

Après la guerre et jusqu'à la suppression des pseudonymes, en 1881, les chevaux courront sous le nom de « Haras de Lonray », puis, à nouveau, sous celui de M. Staub, qui aura alors pour associé, son gendre, M. Pierre Donon, fils du fondateur de Lonray. A la mort de M. Staub, en 1885, M. P. Donon restera seul en nom, jusqu'au jour où haras et écurie seront emportés dans une débâcle financière, en 1891.

gagnant du Derby du Midi, à Bordeaux, et du prix d'Essai, à Angoulême ; — et *Glaïeul*, au baron de Nexon, vainqueur de la Poule d'Essai, à Pau, du Grand Prix des Pyrénées, à Tarbes, et du Grand Saint-Léger du Midi, à Périgueux.

A l'exception du Grand Prix de Bade où, comme nous l'avons vu, *Mortemer* avait été battu par *Cerdagne*, les vétérans du comte de Lagrange font table rase de toutes les autres grandes épreuves.

C'est d'abord ce même *Mortemer*, qui gagne 9 courses, dont les prix de la Seine, Biennal, du Printemps, de Satory, de Bois-Roussel ; la Coupe de Deauville et le Grand Prix de Marseille.

Dans la Coupe, à Paris, il avait pris la seconde place derrière son aîné *Trocadéro*, qui s'adjugea également les prix Rainbow et Gladiateur, et les Walton Manor Stakes, de 25.000 francs, à Epsom ; — *Longchamp* eut les prix de Dangu et de la Ville de Fontainebleau ; — *Auguste*, le prix de la Moskowa, — et *Le Sarrazin*, qu'un accident avait tenu éloigné du turf pendant un an, les prix du Cadran, de l'Empereur et des Pavillons.

L'Omnium seul avait échappé à cette terrible coalition, et il était revenu à *Lady Henriette*, à M. Kennington.

Les meilleurs deux ans sont *Sornette* et *Florian*.

Sornette, après une série d'insuccès à Deauville, Bourges et Moulins, enlève le Grand Critérium sur *Roquefort* (vainqueur du prix Morny et de l'Epsom Two Year Old Plate) et le Grand Prix de Marseille ; entre temps, elle n'avait pu rendre 10 livres à *Bachelette*, dans le prix de Condé.

Florian était le gagnant du Critérium de Moulins, du prix de l'Avenir, à Bade, et du Premier Critérium, à Chantilly.

Parmi les autres, *Monseigneur* avait remporté le prix de la Forêt ; — *Luisette*, le Deuxième Critérium et le prix de la Société, à Marseille ; — *Don Carlos*, le Critérium, à Bordeaux ; — *La Risle*, le Biennal, à Newcastle, et les Hardwicke Stakes, à Stockton.

Bigarreau avait couru obscurément.

* *

Le monde du turf fut péniblement affecté par la mort de M. J. Reiset, qui faisait courir depuis 1844. Très compétent dans les questions de sport et très zélé, il avait apporté un précieux concours à la Société d'Encouragement, dans les diverses fonctions qu'il n'avait cessé de remplir.

Il avait son écurie à Chantilly, sous la direction de Th. Carter, le doyen de nos entraîneurs. Son meilleur cheval avait été *Celebrity*, vainqueur du prix du Jockey-Club, en 1854, qu'il avait acheté à ce même Th. Carter, comme nous l'avons vu, quelques jours avant la grande épreuve de Chantilly.

Une de nos meilleures poulinières, la célèbre *Bathilde*, mourut à l'âge de 27 ans (1), et l'étalon *West-Australian*, à l'âge de 19 ans (2).

Regalia (Stockwell et Gem), gagnante des Oaks, en 1865, et seconde de *Gladiateur*, dans le Saint-Léger de Doncaster, fut importée par M. C.-J. Lefèvre. Elle jouera un grand rôle dans notre élevage, en donnant successivement trois produits de la valeur de *Verneuil*, *Clémentine* et *Zut*.

Signalons l'inauguration des courses de Beauvais, qui jouiront d'une certaine vogue, en raison de leur proximité de Paris.

Mais le fait saillant de l'année consiste dans les poursuites intentées par le Parquet contre les établissements de Poules et de Paris Mutuels.

---

(1) Née en 1842, au haras de Pompadour, *Bathilde* fut consacrée de bonne heure à la reproduction. Saillie d'abord par un demi-sang, elle donna ensuite, entre autres produits de pur sang :

Mika, 1849, gagnante de nombreux prix gouvernementaux, mère de *Télégraph*;

Pauline, 1854, qui ne parut jamais sur le turf, mère de *Fille de l'Air* (mère de *Reine*, *Fille-du-Ciel*, *Flavio* et *Finance*, mère de *Faust*), et de *Camisole* (mère de *Chemisette*, mère de *Chauve-Souris*, mère de *Chopine*, mère de *Champignol* et *Chambertin*);

Inkerman, 1855, gagnant le Grand Prix de la Ville de Spa;

Capucine, 1857, une des bonnes juments de son époque, gagnante, entre autres épreuves, du Derby Continental, à Gand, du Saint-Léger et du Grand Prix, à Bade;

Mademoiselle de Champigny, 1858, mère de *Milan*, gagnant des prix du Cadran et Rainbow;

Armagnac, 1859;

La Fortune, 1862, gagnante du prix du Cadran, mère de *Mademoiselle de Juvisy* (mère de *Mademoiselle de Senlis*), *La Finance*, *Logique*, *Franchard*, *Figaro II*, gagnant du prix Gladiateur, *Source*, gagnante de l'Omnium et mère de *Séraphine II*;

Cérès, 1863, mère d'*Artois*;

Orpheline, 1866, mère de *Blaviette* et *Prestige*, célèbres en obstacles, *Fra Diavolo*, *Nativa* et *Salvanus* (exporté dans l'Amérique du Sud, où il gagna, en 1887 le Grand Prix de Rio-de-Janeiro).

A l'exception de *Capucine*, toutes les filles de *Bathilde* furent extrêmement fécondes.

(2) *West-Australian*, dont nous avons retracé la brillante carrière, en 1853, avait été importé en 1860, par le duc de Morny, qui le paya 80.000 francs; il lui donna *Clermont*, *Ruy-Blas*, *Czar* et *Quaker*.

A la mort du duc de Morny, en 1865, il fut acheté pour 30.000 francs par l'Administration des Haras, qui l'envoya en station au Pin. Nous ne voyons guère à citer, parmi sa production de cette période, que *Verdure* (qu'il eut de la fameuse *Vermeille*), que M. H. Delamarre vendit 100.000 francs à M. C.-J. Lefèvre, en 1871.

Quelques explications sont ici nécessaires.

La Poule, véritable ABC du parieur, n'est qu'une simple loterie, comme chacun sait. Ce mode de paris était le seul que l'on eût à l'origine, et, pendant longtemps, il jouit en Angleterre d'une très grande vogue. Les parieurs se réunissaient avant la course et l'on mettait dans un chapeau autant de bulletins qu'il y avait de chevaux engagés; chacun déposait l'enjeu convenu et l'on tirait au sort. Celui que la chance favorisait du bulletin portant le numéro du cheval vainqueur gagnait la totalité des enjeux.

En France, les poules se faisaient entre amis et connaissances. C'était un jeu intime et un moyen tout simple de s'intéresser plus vivement à telle ou telle course.

Puis des individus plus ou moins louches en organisèrent dans le public, sur les champs de courses, en prélevant, comme commission, un tant pour cent sur la masse des enjeux. Jusque-là rien de répréhensible, mais la mauvaise foi dans les tirages, la disparition fréquente du caissier avec les mises, au moment du règlement, les querelles, les disputes, attirèrent l'attention d'un jeune homme ingénieux, qui imagina tout aussitôt un système simple, pratique et loyal de permettre aux amateurs de poules de se livrer à leur jeu favori, tout en les soustrayant aux fraudes auxquelles ils étaient jusqu'alors exposés.

Ce jeune homme s'appelait Joseph Oller.

L'*Agence des Poules*, créée par lui dans le but de « centraliser la formation des poules entre les joueurs sur tous les champs de courses » était installée 27, boulevard des Italiens, où fut construit depuis le théâtre des Nouveautés et où s'ouvre aujourd'hui la rue des Italiens (1).

La première apparition en public de la voiture-bureau de l'Agence des Poules eut lieu sur l'hippodrome de La Marche, le 5 mars 1865. C'était une immense roulotte, peinte en jaune, à vastes compartiments intérieurs et à nombreux guichets, comportant le personnel et le matériel qu'exigeaient les multiples opérations de délivrance de tickets, de tirage au sort et de paiement des numéros gagnants dans les différentes séries. Par un mode de tirage fort simple — une grande roue numérotée, très visible — chaque joueur connaissait, avant la course, par le billet qui lui avait été distribué, le cheval qui correspondait à son numéro. Après la course, le montant de la Poule,

---

(1) Les Poules qu'elle organisait sur toutes les courses — à 2, 5, 10, 20 et 100 francs, qui permettait et incitait toutes les bourses à y participer — étaient de trois sortes :

Poules à engagements, englobant tous les chevaux engagés dans la course;

Poules au programme, ne comprenant que les chevaux restant inscrits au programme;

Poules au tableau, réduites aux seuls chevaux partants.

Celles-ci naturellement ne pouvaient s'agencer qu'au dernier moment, sur le champ de courses même, alors que les autres étaient ouvertes plus ou moins longtemps à l'avance, dès qu'étaient publiés les engagements ou déclarés les forfaits.

Chaque sorte de poules pouvait comprendre de nombreuses séries, aux dif-

déduction faite des sommes revenant aux chevaux placés et de la commission que se réservait l'Agence, était versé au gagnant.

férents tarifs indiqués, qui, toutes, donnaient lieu à des tirages différents, en sorte que tous les bulletins gagnants des séries à 5 francs, par exemple, pouvaient ne pas porter le même numéro d'ordre.

Fac-simile de ticket.

```
┌─────────────────────────────────────┐
│         │ POULE AU PROGRAMME │      │
│ 5 Mars  │   à Cinq francs    │ N°   │
│  1865   ├────────────────────┤ 0000 │
│         │   PREMIER TIRAGE   │ d'Or-│
│         │  PREMIÈRE COURSE   │ dre  │
└─────────────────────────────────────┘
```

A titre de curiosité, nous croyons intéressant de rappeler, sans revenir sur ce que nous avons déjà dit, les principaux articles du règlement même de l'agence Oller :

ART. 6. — L'Agence complète toute Poule commencée, se réservant le droit de ne pas émettre de nouvelles séries.

ART. 10. — Dans les Poules à engagements, le gagnant reçoit un dixième et une mise en moins, qui reviennent : le dixième, au second, et la mise, au troisième.

ART. 11. — Les Poules au programme et à engagements concourent à divers tirages et donnant la faculté de concourir à autant de Poules distinctes qu'il est fait de mises dans les tirages différents.

ART. 13. — Dans les Poules au tableau, si un ou plusieurs chevaux viennent à être ajoutés après le tirage, l'Agence ne paie que sur le nombre de chevaux inscrits au moment du tirage, et rembourse les mises dans le cas où un des chevaux ajoutés viendrait à gagner.
Si, au contraire, l'on vient à retirer des chevaux après le tirage, elle rembourse les numéros correspondant aux chevaux retirés et ne paye que sur le nombre des chevaux affichés en dernier lieu.

ART. 14. — Dans le cas de course annulée, l'Agence rembourse les mises, et, pour un *dead-heat*, partage le montant de la Poule dans les proportions de la répartition du prix.

ART. 15. — Le résultat des tirages est publié au champ de courses, dans le *Derby* et au siège de l'Agence.

ART. 16. — Le gagnant est payé aux courses, aussitôt le vainqueur affiché, ou tous les jours, de 1 à 5 heures, dès le surlendemain de la course, au siège de l'Agence, sous une retenue de.... 10 % 7 % 6 % et 5 %
sur le total des Poules à........ 2   5   10   20 et 100 francs.

ART. 17. — Dans les courses en partie liée, la Poule revient au gagnant définitif, c'est-à-dire au bulletin du cheval dont le numéro est affiché à la dernière épreuve.

ART. 18. — L'Agence paie sur le numéro du cheval affiché, déclinant toutes

Le succès de la voiture de l'Agence des Poules fut si grand — elle était littéralement prise d'assaut par la foule, qui se battait aux guichets pour obtenir des bulletins — que le jeune Oller dut, sans tarder, augmenter le matériel roulant qu'il transportait sur tous les champs de courses parisiens.

Il réalisa ainsi des bénéfices considérables. Mais une telle vogue ne pouvait manquer, on le comprendra, d'engendrer la concurrence, et, bientôt des agences du même genre — dont la principale fut l'*Office des Poules*, 78, rue de Provence — surgirent un peu partout et jusques à Londres.

M. J. Oller était un homme ingénieux, nous l'avons dit. Devant cette concurrence — qui ne nuisait en rien, cependant, à son agence, que le public continuait à préférer à toutes autres — il imagina un nouveau système de jeu, qui devait faire plus de bruit encore dans le monde par les fluctuations qu'il subit, ayant d'abord été déclaré illégal, quand Oller l'exploitait, puis licite, quand l'État en tira profit.

Ce jeu, qu'il appela les *Paris Mutuels*, n'était autre, en effet, que le Pari Mutuel actuel, à cette différence près, qu'il comportait d'ingénieuses combinaisons qui ont disparu, et ensuite que M. Oller, après avoir d'abord prélevé une commission de 10 p. 100 sur les enjeux, l'avait abaissée à 5 p. 100, devant le développement rapide de son chiffre d'affaires, alors que l'État, lorsqu'il imposera plus tard le Pari Mutuel, prélèvera d'abord 3, puis 7, puis 8 p. 100, et tentera même, grisé par l'accroissement des recettes et sous la ruée des appétits électoraux, d'aller au delà.

Le mécanisme et le fonctionnement de ces premiers Paris Mutuels se différenciaient un peu du jeu tel qu'il est pratiqué de nos jours (1).

---

conséquences de contestation ultérieure provenant de réclamations de divers genres.

Cependant, si le cheval arrivé premier n'était pas affiché, elle se réserverait le droit d'ajourner le payement jusqu'à ce qu'une décision ait fait afficher ou déclarer le gagnant.

Art. 19. — Le payement des Poules ne peut être fait que sur la présentation expresse du bulletin dûment daté, sans qu'il puisse être remplacé d'une manière quelconque, ni qu'il soit admis de réclamation pour les billets égarés ou non datés.

Art. 20. — Tout bulletin non présenté dans les six mois qui suivent la course est déclaré périmé.

(1) Nous empruntons au rapport de M. le conseiller Saint-Luc Courborieu (Cour de Cassation, 18 juin 1875), la description du mécanisme des paris mutuels tels qu'ils furent pratiqués jusqu'à leur suppression.

1° *Pari mutuel simple.* — Un tableau exposé aux regards du public indique, dans l'ordre du programme ou du poteau d'affichage, les noms et les numéros des chevaux qui doivent courir. Le parieur fait une ou plusieurs mises (par unités d'égales valeurs, qui ne peuvent être inférieures à 5 francs) sur le cheval qui lui convient, et chaque mise, par l'effet d'un mécanisme inventé par Oller, se reproduit en chiffres au regard de la colonne dans laquelle figurent le nom et le numéro du cheval qui en a été l'objet. A la partie supérieure de ce tableau se trouve le

Ils offraient cette supériorité sur les Poules, que le joueur choisissait les chevaux qu'il désirait jouer, au lieu de se voir attribuer un numéro au hasard, par le tirage au sort. L'ensemble des mises engagées dans chaque course constituait, défalcation faite de la commission de l'agence, la somme à partager entre tous les joueurs du cheval gagnant, au prorata du nombre des mises de chacun d'eux.

Ces paris mutuels présentaient, sur le Pari Mutuel officiel de nos jours, ce double avantage qu'ils se prêtaient à des combinaisons variées et que le public pouvait suivre, sur le tableau enregistreur, non seulement le montant des mises totales engagées sur une course, mais encore celui des mises sur chaque cheval. Les joueurs connaissaient ainsi, au fur et à mesure des opérations, la cote du cheval qu'ils avaient joué et ils pouvaient se couvrir en conséquence. Aussi ce genre de paris eut-il une vogue énorme.

Les rendements, quelquefois fabuleux, publiés quotidiennement dans les journaux, firent tourner bien des têtes, et toutes les classes de la société ne tardèrent pas à se ruer aux guichets de l'agence Oller (1).

A ces poules, à ces paris mutuels et à toutes leurs combinaisons,

---

totalisateur, qui, au fur et à mesure des mises diverses, en indique le total. L'Agence délivre un bulletin indiquant le cheval choisi et les mises du parieur qui, si son cheval est vainqueur, partage, avec ceux qui ont parié pour le même cheval, dans la proportion de leurs mises respectives, le total des sommes engagées, déduction faite de la commission de 10 p. 100 au profit de l'Agence.

A côté de ces paris mutuels simples, les agences offraient encore au public deux autres variétés : le pari mutuel par groupe et chevaux accouplés et le pari mutuel de combinaison.

2° *Pari mutuel par groupes.* — Ce pari consiste à classer les chevaux destinés à partir et chacun à son nom. Par exemple, sur soixante chevaux, on classe les vingt premiers ; les quarante autres figurent sous le n° 21. Le joueur gagne ou perd suivant que le cheval vainqueur est parmi les vingt qu'il a désignés ou parmi le lot n° 21.

Le *pari mutuel par chevaux accouplés* n'est qu'une variante de ce pari : on groupe quelquefois sous un même numéro, tous les chevaux appartenant à un même propriétaire qui, au dernier moment, choisit celui ou ceux de ses chevaux qui doivent définitivement courir.

3° *Pari de combinaison.* — Au lieu de parier sur un cheval, comme dans le pari mutuel simple, on opère sur trois courses. On choisit son cheval dans chacune, et on parie que, dans chacune, le cheval choisi gagnera.

Le nombre de combinaisons possibles, étant donné le chiffre de 10 chevaux différents pour chaque course, est égal au nombre de chevaux de la première course, multiplié par le nombre de chevaux de la seconde, multiplié par le nombre de chevaux de la troisième, soit $10 \times 10 \times 10 = 1000$.

Il peut arriver que la combinaison que le résultat des courses a produite n'ait pas été formulée par les parieurs. En vue de cette éventualité, on peut réunir sous un numéro spécial toutes les combinaisons non formulées, et ceux qui placent leurs espèces sur ce numéro, gagnent les mises déposées par les autres parieurs, si aucune des combinaisons formulées par ces derniers n'est conforme à l'événement.

(1) Aucun de ces rendements, cependant, n'est comparable à celui de *La Manche*, dans le prix du Rhône, le 28 septembre 1910, à Maisons-Laffitte, où elle ne rapporta pas moins de *6.679 francs*, par unité de 10 francs.

s'ajoutait le pari à la cote, maintenant public. Les transactions au livre, entre membres du Salon des Courses, ne suffisaient plus aux bookmakers, qui commençaient à tenir boutique ouverte. Déjà le *Betting Office*, installé sur le boulevard, dans l'immeuble même de l'agence Oller, et l'*Office Jones*, en face du Grand Hôtel, offraient leurs services à quiconque désirait parier sur quelque course que ce fût, en France ou à l'étranger.

Devant ce débordement du jeu sous toutes ses formes, les pouvoirs publics s'étaient émus, et, d'office, le Parquet avait poursuivi les établissements des poules et de paris mutuels (1).

Le Tribunal correctionnel de la Seine, par jugement du 8 avril 1869, confirmé par l'arrêté de la Cour de Cassation du 4 juin suivant, déclarait « que les Poules qui fonctionnaient par le tirage au sort devaient être assimilées aux loteries prohibées par la loi de 1836. »

Mais, en ce qui concernait les paris mutuels, le Tribunal, puis la Cour de Cassation, estimèrent « qu'ils ne constituaient ni des loteries, ni même des jeux de hasard et ne tombaient pas sous le coup de la loi de 1836, ni des articles 410 et 475 du Code pénal ».

Les agences de Poules disparurent donc. L'action du Parquet n'en équivalait pas moins à un coup d'épée dans l'eau, le jeu, que l'on avait voulu atteindre, devant continuer à trouver un élément dans l'extension énorme qu'allait prendre l'institution des paris mutuels, désormais forte du caractère de légalité que semblait lui avoir conféré le Tribunal, jusqu'au jour où, se déjugeant, ce même Tribunal la condamnera comme illicite, ce qui n'empêchera pas l'État de le rétablir ensuite officiellement !...

---

(1) Nous avons dit que des agences de poules s'étaient fondées à Londres même. La police anglaise n'avait pas vu d'un bon œil l'installation de ces officines de jeu. Aussi s'empressa-t-elle d'imiter le Parquet de Paris. Elle les fit fermer, confisqua le matériel, condamna à 50 livres d'amende leur organisateur, René Dennetier, frère et collaborateur du Dennetier des Suburbains.

CHAPITRE XLVII

ANNÉE 1870

Limitation de l'année sportive du 15 mars au 15 novembre. — *Sornette* et *Bigarreau*. — *Mortemer, Cerdagne, Don Carlos* et *Dutch Skater* (suite). — La guerre de 1870. — Interruption des Courses. — Exode des chevaux français en Angleterre. — Liquidation de l'écurie Lagrange.

L'année 1870 — qui devait être si douloureusement célèbre — est marquée par la décision prise par la Société d'Encouragement, au début de la saison, de limiter la campagne sportive de plat, du 15 mars au 15 novembre.

On s'est élevé à maintes reprises contre cette mesure conservatrice, qui oblige les propriétaires à accorder à leurs chevaux quatre mois pleins de repos, au moment de la mauvaise saison. Pour notre part, nous estimons que la Société d'Encouragement fut sagement inspirée en prenant cette mesure et, tout en approuvant les légers amendements qu'elle y a apportés depuis, nous ne pouvons que la féliciter de la résistance qu'elle oppose à tous ceux qui, plus pénétrés de leurs propres intérêts que de ceux de l'élevage, réclament la liberté de courir à leur guise, sans souci de l'avenir de la race.

Sportivement, c'est l'année du Major Fridolin (Charles Laffitte et baron Nivière), qui est le premier à remporter, la même année, les trois grandes épreuves classiques, Diane, Jockey-Club et Grand Prix, glorieux triple event que, seuls, depuis lors, ont réussi M. H. Delamarre, en 1873, avec *Campêche* et *Boïard*, et M. E. Blanc, en 1904, avec *Profane* et *Ajax*.

L'écurie du major Fridolin, qui se taillait ainsi la part du lion, triomphait avec deux produits de son étalon *Light*, dont nous avons rappelé, en 1860, l'étonnante performance de 19 victoires consécutives.

Ces deux produits étaient : *Bigarreau* (issu de Bataglia), qui, préalablement au prix du Jockey-Club, avait remporté le prix de Longchamp, et la fameuse SORNETTE (issue de Surprise).

Sornette — qui avait couru une dizaine de fois, à deux ans, pour remporter, en fin de saison, le Grand Critérium, à Paris, et le Grand Prix de la Société, à Marseille — ne connut pas la défaite, à trois ans, ayant enlevé successivement les prix Vanteaux et de Lutèce, le Biennal, le prix Morny (nouveau nom donné à la Grande Poule des Produits), le prix de Diane et le Grand Prix, puis, ultérieurement, le

Phot. J. Delton.

Sornette
Tenue en main par Ch. Pratt.

prix de Seine-et-Marne, les Fitzwilliam Stakes, le Doncaster Cup, et un Sweepstakes, en Angleterre.

La course que Ch. Pratt, l'entraîneur-jockey de l'écurie, fit faire à la pouliche, dans le Grand Prix, où elle partit favorite, malgré la présence de son camarade *Bigarreau*, est demeurée légendaire.

Trouvant le train trop lent, il prit résolument la tête, dès le tournant du Moulin, et mena d'une allure soutenue, avec plusieurs longueurs d'avance sur le peloton. Avec une bête aussi nerveuse et irritable que l'était *Sornette*, cette tactique parut extravagante — bien qu'elle fût des plus sages, car elle évitait ainsi à la pouliche, par cet isolement en avant, toute cause d'impressionnabilité — et l'on pensa que Ch. Pratt reprendrait sa monture plus loin. La stupeur générale, et aussi l'indignation, ne connurent plus de bornes quand, au contraire, on le vit forcer encore l'allure dans la descente... pour gagner d'une longueur, sans avoir été rejoint. Derrière elle venaient *Minotaure*, *Valois* et neuf autres.

L'audace de cette tactique imprévue — renouvelée depuis par la monte américaine, si experte dans l'art de mener un faux train, qui laisse au cheval toutes ses ressources pour la fin — déchaîna un enthousiasme fou, et pendant huit jours, fit les frais de toutes les conversations.

Il n'en est pas moins vrai que, si Charles Pratt, une fois le poteau passé, fut déclaré un homme de génie, on l'avait considéré, au premier tournant, comme un fou, et, dans la descente, comme un criminel.

Parmi les autres trois ans, *Minotaure*, à M. E. Fould, avait déjà pris la seconde place, derrière *Sornette*, dans le prix Morny; il remporta ensuite le prix de la Société d'Encouragement et le Grand Prix des Pyrénées, à Tarbes; — *Valois*, à M. Schickler, avait eu la Poule d'Essai; — *Gabier*, au comte de Lagrange, le prix des Cars et le prix du Cèdre; — *Bachelette*, à M. E. Fould, la Poule des Produits; — *Héraut d'Armes*, à M. Lupin, le prix de Guiche, et, à Angers, le prix du Roi René et le prix de l'Empereur; — *Mars*, au comte G. de Juigné, le prix de Satory; — *Loustic*, au baron de Nexon, la Poule des Produits et le Derby, à Bordeaux; — et *Faliéro*, à M. Édouard Fould, la Poule d'Essai, à Pau.

Le triomphateur, parmi les vétérans, est *Mortemer*, qui remporte les prix de l'Empereur, des Pavillons, de la Moskowa, de la Seine et la Coupe; — ses camarades, *Trocadéro* et *Boulogne*, s'adjugent respectivement les prix Rainbow et de Dangu; puis *Trocadéro* échoue de peu dans l'Ascot Gold Cup, que *Mortemer* devait cueillir l'année suivante.

Cerdagne est la gagnante du prix de la Ville de Paris, de la Coupe de Fontainebleau, du Biennal et du prix de Meudon (handicap), à Paris, et du prix d'Apremont, à Chantilly.

A *Don Carlos* reviennent le prix de la Néva, le Grand Prix de Bourgogne (8.000 fr.), à Chalon-sur-Saône, et le Handicap, à Caen; — à *Massinissa*, le Grand Prix de la Ville de Lyon (20.000 fr.); — à *Suzanne*, le prix de l'Impératrice (handicap, 14.000 fr.), à Paris, et le Grand Prix de la Ville du Havre.

Enfin *Dutch Skater* triomphe dans le prix de Chevilly, à Paris, le prix des Écuries, à Chantilly, et deux prix gouvernementaux, à Fontainebleau et à Caen, avant d'aller remporter la Coupe (20.000 fr.), à Deauville, sur huit adversaires, dont *Mortemer* et *Trocadéro*.

A cette même réunion, M. L. Delâtre avait également enlevé

le prix Morny, pour deux ans, avec *Éole II;* et M. Delamarre, le prix de la Plage, avec *Verdure* (West-Australian et Vermeille), qu'il vendait 100.000 francs, l'année suivante, à M. C.-J. Lefèvre.

Mais l'heure allait sonner de préoccupations autrement graves. Les nuages s'amoncelaient à l'horizon politique, et c'est dans l'angoisse des premiers événements de la guerre que les courses se clôturèrent, après Deauville, sur la petite réunion de Royan, le dimanche 14 août.

Bientôt commença, par crainte des réquisitions, le lugubre exode des chevaux français à l'étranger. Certains se réfugièrent en Belgique, d'autres dans le Midi de la France, mais la majeure partie émigra en Angleterre. Du nombre furent les représentants des écuries Lupin, Delamarre, major Fridolin, Berteux, Aumont, André, Schickler, Juigné, Montgomery, Delâtre, etc., pour ne citer que les principales (1).

Les chevaux du duc de Hamilton demeurèrent — sous la protection du drapeau anglais — à Chantilly, avec le head-lad Mould.

Quant au comte de Lagrange, il avait procédé à la vente de tous ses chevaux à l'entraînement ou sur le point de l'être. La vente avait eu lieu à Londres, le 3 septembre, sous la direction de M. Tattersall. Les 39 chevaux qui passèrent aux enchères publiques réalisèrent un total de 22.630 guinées (594.037 fr. 50).

Les prix les plus élevés furent atteints par :

Gladiateur (Monarque et Miss Gladiator), 8 ans, M. Blenkiron, 152.250 francs ;

Trocadéro (Monarque et Antonia), 6 ans, M. Woolcott, 36.750 francs ;

(M. P. Aumont fut assez heureux, comme nous le verrons en 1871, pour racheter *Trocadéro*, et le ramener à Victot, où il perpétuera glorieusement le sang de son père.)

Mortemer (Compiègne et Comtesse), 5 ans, 86.625 fr. et *Henry* (Monarque et Miss Ion), 2 ans, 35.437 fr. 50, furent achetés pour le compte de M. C.-J. Lefèvre ;

---

1) On estime à 300.000 francs les sommes gagnées, en Angleterre, par les chevaux français, du meeting de Deauville à la fin de 1870.

Les principaux vainqueurs furent :

Au comte de Lagrange : *Général*, 2 ans, les Lavant Stakes (24.000 francs) et les Molecomb St. (16.250 fr.), à Goodwood ; puis, pour le compte du duc de Hamilton, les Criterion St. : (29.500 fr.), à Newmarket ; — *Turquoise*, 2 ans, trois prix, 12.500 fr. ; — *Croisade*, 2 ans, cinq prix, 16.825 ; — *Boulogne*, 4 ans, Bentinck Memorial, à Stockbridge (8.000 fr.) ; — *Mortemer*, 5 ans, Stockbridge Cup (5.000 fr. — *Trocadéro*, 6 ans, Alexandra Plate, à Ascot (29.500 fr.).

Puis *Don Carlos*, 3 ans, à M. L. André, quatre Queen's plate, de 2.500 fr., chaque ; *Miss Hervine*, 3 ans, à M. P. Aumont, trois prix s'élevant à 12.000 fr. ; — *Fidelia*, 5 ans, au capitaine Barron, Liverpool Cup, 10.000 fr. ; — *Verdure* (West-Australien et Vermeille), 2 ans, à M. H. Delamarre, The Second Nursery, à Newmarket, 14.000 fr. ; — *Dulch Skater*, 4 ans, à M. L. Delâtre, 4 prix, 8.500 fr. ; — *Méléagre*, 2 ans, à M. de La Charme, un prix de 10.000 fr. à Newmarket ; — *Sornette*, au major Fridolin, 3 prix, 17.500 fr.), etc.

Croisade (Monarque et Vivid), 2 ans, M. Lowe, pour M. Beadman, 14.437 fr. 50;

Enfin, le duc de Hamilton se rendit acquéreur des deux poulains de deux ans, *Orthodoxe* (Caterer et Actress), pour 13.125 francs, et *Général* (Monarque et Tolla), pour 99.750 francs. Ce prix élevé se justifiait par les brillantes performances du poulain qui, ainsi que nous l'avons vu à la note de la page précédente, avait remporté, à Goodwood, deux des plus importantes épreuves pour les jeunes chevaux, les Lavant et les Molecomb Stakes. Devenu la propriété du duc de Hamilton, il échoua dans les July Stakes, mais fit triompher sa casaque grise et rose dans les Criterion Stakes, à Newmarket, ce qui lui valut l'insigne honneur d'être installé premier favori du Derby de 1871. Il devait en être malheureusement de ce *Général* comme de tant d'autres météores de deux ans, qui ne firent plus rien par la suite.

Le comte de Lagrange n'avait liquidé que son écurie et tout ce qui n'avait pas passé aux enchères avait été vendu en bloc à M. C.-J. Lefèvre, avec lequel, en outre, il avait conclu un contrat d'association de quatre ans, pour l'exploitation des jeunes produits actuels et à venir de son élevage de Dangu.

M. C.-J. Lefèvre n'était pas à proprement parler un nouveau venu dans le monde des courses, car il avait possédé, vers 1854, quelques chevaux à Chantilly, sous la direction de T.-R. Carter. Éloigné ensuite du turf par ses occupations financières, il y revenait, puissamment riche, avec le désir de faire grand.

Nous verrons qu'il y réussit.

LIVRE VI

1871 A FIN 1890

CHAPITRE XLVIII

ANNÉE 1871

Lendemain de désastres. — Œuvre patriotique de la Société d'Encouragement. — Reprise des Courses. — Nos chevaux en Angleterre. — Retour de *Trocadéro* en France.

L'Administration des Haras avait été supprimée, les Sociétés régionales de Courses n'existaient plus ou leurs ressources étaient épuisées, les Allemands occupaient Chantilly, l'hippodrome de Longchamp avait été saccagé et ses tribunes détruites, les haras étaient dépeuplés, bon nombre d'écuries avaient été liquidées et les centres d'entraînement étaient déserts, les chevaux qui n'avaient pas émigré en Angleterre ayant été réquisitionnés pour les besoins de la défense nationale ou la nourriture des assiégés.

Il en semblait fait désormais des courses en France. Après trente-cinq années d'efforts magnifiques, l'œuvre si laborieusement édifiée par la Société d'Encouragement s'effondrait au moment même qu'elle était entrée dans l'ère de prospérité.

Certes, si les courses n'eussent été — comme les esprits superficiels ou mal intentionnés s'obstinent encore à le prétendre — qu'un passe-temps frivole ou simple matière à spéculation, leur disparition eut été de médiocre importance.

Mais la question était plus haute.

Les courses, on ne saurait trop le répéter, ne sont qu'un moyen.

Le but, c'est l'amélioration de l'élevage, à qui elles sont indispensables. C'est un principe absolu, — on pourrait même dire un axiome — que la race ne s'améliore que par la sélection, et que la sélection n'est réalisée que par l'épreuve publique.

Dans le désarroi et l'effondrement général, quelle institution, officielle ou privée, allait être assez puissante pour prendre en mains cette cause de l'élevage national, qui semblait irrémédiablement compromise, et en assurer le relèvement?

Cette main puissante, ce fut, encore une fois, la Société d'Encouragement qui la tendit.

Elle seule, d'ailleurs, pouvait le faire.

Guidée par le seul souci patriotique de reconstituer les bases de cet élevage, elle n'hésita pas, malgré les douleurs de l'heure présente et l'insuffisance des éléments, à assumer cette lourde tâche, et, bravement, son Comité, dans sa séance du 24 juin 1871, arrêta le programme des réunions d'été et d'automne (1).

Étant donné la pénurie des chevaux à l'entraînement et les préoccupations générales, il fallait sa foi pour tenter pareille épreuve dans de telles conditions.

Comment cette initiative hardie fut-elle alors jugée?

Nous ne pouvons mieux faire que de citer, à ce sujet, les lignes suivantes qu'un écrivain des plus compétents y consacrait dans les numéros du *Sport* des 27 juin et 4 juillet 1871 :

« L'industrie chevaline est peut-être une de celles que les douloureux événements que nous venons de traverser ont le plus profondément atteinte. Presque épuisée au début même de la guerre, il lui a fallu encore, pendant près d'une année, subvenir à ses besoins multiples et incessants. La rapacité de nos ennemis dans les pays qu'ils occupaient — c'était, dit-on, une idée arrêtée chez le comte Lehndorff, qui fut l'hôte de la France, de nous enlever nos meilleurs reproducteurs de pur sang — la création successive de plusieurs armées, n'ont pas tardé à absorber les dernières ressources. Pour parler seulement de ce que nous avons vu, notre artillerie, pendant le siège de Paris, a été servie par des poulains de trois et quatre ans, pauvres animaux passant sans transition aucune de l'oisiveté de l'herbage à un service pénible dont les exigences n'admettent pas de tempérament. On a pu les voir à Champigny, au Bourget, partout

---

(1) Le Comité de la Société d'Encouragement était alors composé comme suit :

Membres fondateurs : —Duc d'Albuféra, comte de Cambis, vicomte Paul Daru Fasquel (de Courteuil), comte H. Greffulhe, comte d'Hédouville. Ch. Laffitte, comte F. de Lagrange, baron de La Rochette, prince de la Moskowa, E. Le Roy, baron Le Couteulx, A. Lupin, comte A. de Noailles, baron de Pierres.

Membres adjoints : — Prince A. d'Arenberg, A. Boignes, Ch. Calenge, J. de Carayon-Latour, comte A. des Cars, H. Delamarre, duc de Fitz-James, A. Fould marquis de Lauriston, Mackenzie-Grieves, prince J. Murat, baron de Nexon comte P. Rœderer, baron A. de Schickler, comte Hocquart de Turtot.

enfin, exténués, maigres, crachant leurs gourmes deux ou trois jours après leur entrée en campagne, se couchant tout attelés sur la terre gelée, incapables enfin de satisfaire aux premières exigences de leur rude métier. Au dehors, il a fallu, pour monter un semblant de cavalerie, avoir recours à l'étranger : l'Allemagne nous était nécessairement fermée, les convois venaient difficilement d'Angleterre. C'est en Espagne que les ressources se sont trouvées les plus étendues. Nous avons pu nous y procurer en assez grand nombre d'excellents chevaux de cavalerie légère.

« Des exigences plus dures encore n'ont pas tardé à venir aggraver une production aussi éprouvée. Bientôt il ne s'est plus agi seulement de se procurer les chevaux nécessaires aux services d'une urgence absolue, il a fallu se résigner à manger ceux que l'on possédait. Une question devait dominer à cette destruction forcée et, puisque l'on était réduit à une aussi triste extrémité, il eût fallu, autant que possible, en atténuer les désastreux effets. Les chevaux hongres devaient passer les premiers, les chevaux entiers ensuite et les juments enfin. Au lieu de cela, on a frappé au hasard, sans discernement. Il est impossible de ne pas constater l'incurie, l'absence de toute organisation, la passion et le mauvais vouloir de parti pris qui ont présidé à cette dernière période de l'anéantissement de nos ressources chevalines (1).

« Il est de nécessité absolue de reprendre les courses qui sont le plus puissant, pour ne pas dire le seul moyen pratique d'élever et de maintenir la production chevaline d'un pays au niveau indispensable pour la mettre à même de satisfaire les exigences multiples qu'elle est appelée à remplir.

« L'Administration des Haras n'existe plus, à vrai dire, et serait-elle réorganisée, les ressources de l'État, forcément limitées, ne sauraient s'étendre au delà d'une mesure insuffisante. Les doctrines administratives ont d'ailleurs de tout temps constitué beaucoup plus un obstacle qu'un auxiliaire, s'élevant, pour satisfaire des intérêts et des exigences sur lesquels nous n'avons pas à nous étendre, contre un principe absolu, surabondamment démontré, elles ont fréquemment attiré les éleveurs dans une voie fausse et paralysé, dans certaines contrées, des résultats obtenus au prix de longs sacrifices.

« Les courses sont seules capables de conjurer la crise présente et de reconstituer, par la sélection du turf, notre race chevaline. Depuis quelques années déjà, l'État avait absolument abandonné, en principe, la doctrine d'amélioration par l'étalon de pur sang — alors que les uhlans étaient montés presque exclusivement en pur sang ou en chevaux très près du sang, — il est tout au moins permis de le supposer, en se reportant au petit nombre et au peu d'importance de ses achats. Tout l'espoir de l'Administration — comme en 1835! — relativement à l'avenir de nos races chevalines, semblait

---

(1) A Paris seulement, il fut abattu plus de 80.000 chevaux!

s'être concentré dans le reproducteur carrossier de demi-sang. Cette doctrine, à part l'inconvénient de prendre l'effet pour la cause et d'être conséquemment radicalement fausse, a exercé sur notre production des effets désastreux, et notre cavalerie, montée à la hâte au début de la guerre, a fait une dure expérience des malheureux effets de cette manière de procéder.

« L'initiative individuelle de sociétés particulières, plus ou moins spéculatives, serait également impuissante à la reconstitution d'un état de choses aussi sérieusement ébranlé. L'idée spéculative, comme action dirigeante, est exclusive d'un but pratique, poursuivi avec désintéressement et maintenu dans une voie déterminée. La spéculation a ses exigences, avec lesquelles il ne lui est pas permis de transiger.

« Reste donc, seule, la Société d'Encouragement. Sans elle, la production chevaline se serait donc vue de nouveau abandonnée aux caprices du hasard. Son désintéressement, son dévouement aux intérêts des éleveurs, sont de sûrs garants que la plus grande partie de ses ressources seront affectées à la réorganisation des courses. »

On ne pouvait pas mieux dire.

Seule, absolument seule, la Société d'Encouragement présentait toutes les garanties de désintéressement et de compétence nécessaires pour mener à bien cette œuvre de reconstitution.

Elle se montra à la hauteur des événements et justifia pleinement la confiance qu'avaient mis en elle tous ceux que guidait le seul souci de l'avenir des races indigènes.

Elle triompha à nouveau, comme à ses débuts, de toutes les difficultés, et, alors que dans cette crise, l'État, par ses conceptions néfastes n'eût fait que pousser à la décadence chevaline, et les sociétés de spéculation mener le sport à sa ruine — comme elles faillirent le faire plus tard, — la Société d'Encouragement sut ranimer les défaillances, rassembler les éléments épars, redonner confiance aux éleveurs et ramener, en quelques années seulement, cette branche de la richesse nationale au degré de prospérité qu'elle avait atteint avant la guerre.

Ce sont là des services inoubliables qui, en tout autre pays, eussent suffi à mettre la Société d'Encouragement hors des atteintes de ses ennemis. Malheureusement, quand la politique, en France, s'introduit dans une institution quelconque, c'est pour la démolir, comme on le sait, et non pour la protéger, et la Société d'Encouragement, par sa richesse, sa puissance et sa prospérité, devait tôt ou tard exciter la basse envie.

En dépit des coups répétés — et injustifiés — qui lui ont été portés par la suite, elle est toujours debout; en dépit de l'injure que furent pour elle l'intrusion de membres étrangers dans son sein et la création du fameux Comité Consultatif permanent des Courses, sa parole est encore écoutée. Mais, vienne le jour où, devant la ruée des appétits jaloux, elle sera dépouillée de son prestige et de son autorité, c'en sera fait alors, sinon des courses, tout au moins de l'élevage en France.

Quand les chevaux pourront courir toute l'année, comme certains le réclament, et que les deux ans débuteront dès le mois de janvier, on juge de ce que seront les animaux qu'on consacrera à la reproduction de la race.

Et ce jour, malheureusement, point à l'horizon!

Ce que furent les courses en cette sombre année 1871, on s'en doute aisément.

Aussi les champs furent-ils particulièrement pauvres, tant aux petits meetings provinciaux de l'été, qu'à ceux de la Société d'Encouragement à l'automne.

La première réunion eut lieu à Saint-Brieuc, les 9 et 11 juillet; on vit triompher, dans le prix Spécial et le prix Principal, un poulain de 3 ans qui n'a pas laissé de nom. Et pourtant il avait l'origine la plus illustre qui soit, étant par *Gladiateur* et *Fille de l'Air!*... Ce poulain, nommé *Éole*, était malheureusement pied-bot.

Vinrent ensuite les meetings de Mont-de-Marsan, Saintes, Le Havre, Caen (6 et 7 août), Deauville (13 et 15 août), Saint-Maixent, Angers, Périgueux, Tarbes, Auch, Le Dorat.

Puis ce fut au tour de Longchamp d'ouvrir ses portes, le 17 septembre, avec une installation provisoire. La réunion, qui comprenait quatre journées, aurait dû avoir lieu à Chantilly; mais elle en fut empêchée, les troupes allemandes occupant encore le département de l'Oise.

Ce ne fut que les 15 et 22 octobre qu'on put courir à Chantilly.

Le total des prix distribués par la Société d'Encouragement pour ces meetings de fortune n'était que 133.000 francs. Les épreuves principales étaient: le prix de Chantilly, le Grand Critérium et le prix de Saint-Cloud (handicap), chacun de 10.000 fr.; le prix Gladiateur, 20.000; l'Omnium, 6.000; et le prix de Condé, 5.000.

L'année sportive se termina par les meetings de Nérac, Bordeaux Marseille, Toulouse et Pau.

Le lauréat de la campagne est le deux ans *Revigny*, à M. P. Aumont, qui remporte le Premier Critérium, le Grand Critérium (sur son camarade d'écurie *Seul*, vainqueur du prix de Deux Ans), et le prix de Condé, sur la pouliche *Little Agnes*, au duc de Hamilton, qui avait enlevé le Deuxième Critérium.

Paladine, également à M. Aumont, s'était adjugé le prix d'Automne, pour 2 ans et au-dessus, et, à Bordeaux, le Critérium et l'Omnium.

Le rôle des 3 ans est effacé.

Somno, au major Fridolin, fit illusion en battant sa camarade

Sornette — qui n'était plus elle-même — dans le prix de Chantilly; il remporta, en outre, le prix du Conseil général, à Caen, et le prix de Glatigny; — et *Boréal*, au même propriétaire, le prix de la Ville de Caen, et le prix Spécial, à Deauville.

Le prix de Saint-Cloud et le Derby Continental, à Gand, étaient revenus à *Cramoisi*, à M. H. Delamarre, et le prix de Villebon, à sa camarade *Véranda*.

Fleur-de-Pêcher, au comte de Juigné, avait eu en partage l'Omnium; — et *Mathilde*, à M. L. Delâtre, le prix de la Forêt.

En province, *Kaolin*, au baron de Nexon, s'était taillé la grosse part, avec le Grand Saint-Léger du Midi (5.000 fr.), à Périgueux, le prix de l'Automne, à Bordeaux (5.000), et le prix de Toulouse (6.000), en cette ville.

Sornette avait remporté le prix National, à Deauville, mais elle ne put prendre que la troisième place, dans le prix Gladiateur, derrière *Don Carlos* et *Miss Hervine*, après quoi elle fut retirée de l'entraînement (1).

En plus de cette victoire, *Don Carlos*, à M. L. Delâtre, avait encore enlevé le prix Spécial et le prix National, à Caen, et le prix de Bois-Roussel, dans lequel figurait, parmi les non placés, la jument *Bariolette*, qui sera la mère de *Bariolet*.

Le Grand Prix de Deauville était revenu à *La Périchole*, à M. E. de La Charme.

**

Les chevaux français réfugiés en Angleterre — et dont bon nombre ne repassèrent pas le détroit — s'y comportèrent honorablement, gagnant 180 courses et 570.000 francs d'argent public (2).

---

(1) Jument excessivement sauvage et impressionnable, dès le lendemain de son arrivée au haras de Villebon, elle s'échappa des mains de l'homme qui la menait à la longe, courut avec affolement et se précipita sur un amas de longues perches où elle s'embrocha littéralement, l'une d'elles lui étant entrée sous l'épaule pour ressortir à la hauteur de la hanche. La mort fut presque instantanée.

Déjà, étant yearling, au début de son dressage, elle s'était ainsi échappée et était restée perdue dans la forêt de Chantilly pendant deux jours.

(2) Les propriétaires les plus favorisés sont :

M¹ C.-J. Lefèvre, 142.120 francs (*Mortemer*, Ascot Gold Cup; — *Henry*, Ascot-Derby et Newmarket Derby; — *Verdure*, achetée 100.000 francs à M. H. Delamarre, Newmarket-Oaks et Lincoln Autumn Cup; — *Dutch Skater*, acheté 30.000 francs à M. Delâtre; *Luisette; Manille*, etc.)

Comte A. de Montgomery, 52.900 fr. (*Jarnac*, 4 prix, dont le Liverpool Spring Cup; — *La Risle*, 7 prix; — *Mlle de Mailloc* partage le Great Northern Léger, à Stockton; — *Calvados* et *Postérité*).

Major Fridolin, 46.250 fr. (*Finistère*, Ascot Plate; — *Sornette, Gourbi* et *Somno*).

Duc de Hamilton, 34.500 fr. (*Monseigneur*, Mancheter Tradesman's Cup; — *Echmühl, Almenêches* et *Barbillon*).

M. H. Delamarre, 31.350 fr. (*Clotaire*, Blankney Stakes ; — *Véranda* partage le Lincolnshire handicap, avec *Vulcan*; — *Clos-Vougeot, Cramoisi*).

Puis venaient, MM. P. Aumont, baron de Schickler, A. Fould, L. André, L. Delâtre, etc.

La plus belle victoire fut celle de *Mortemer*, dans l'Ascot Good Cup, battant de deux longueurs *Verdure*, à M. H. Delamarre, et cinq autres adversaires, dont *Kingcraft*, vainqueur du Derby de l'année précédente. *Mortemer*, comme nous l'avons dit à la dispersion de l'écurie Lagrange, était devenu la propriété de M. C.-J. Lefèvre, qui se rendit également acquéreur, à peu de temps de là, de *Verdure*, au prix énorme de 100.000 francs.

En 1871, les chevaux de M. Lefèvre ne parurent pas en France; nous y attendrons leur venue, l'année suivante, pour parler du formidable établissement qu'il avait fondé.

Parmi les chevaux de l'écurie Lagrange que n'avait pas achetés M. Lefèvre, s'en trouvait un, *Trocadéro*, que M. P. Aumont désirait fort ramener à Victot, pour y perpétuer le sang de Monarque et remplacer *Orphelin*, qui venait de mourir. Ce ne fut pas sans peine qu'il finit par le retrouver, aux environs de Manchester, dans les premiers jours de 1871. Mais dans quel triste état!

Il avait subi l'application du feu aux membres antérieurs et son nouveau propriétaire s'occupait de le dresser sur les obstacles, quand l'offre de 30.000 francs, que lui fit M. Aumont, le décida à se défaire du cheval.

Mais ici commence toute une série de tribulations. C'est d'abord l'incident qui faillit coûter la vie à *Trocadéro*, à son débarquement au Havre (1); puis ses luttes et ses révoltes, au haras, où nul ne pouvait l'approcher. Pendant ces quelques mois de misère en Angleterre, *Trocadéro* était, en effet, devenu une véritable bête féroce, ainsi que le rapporte M. Jacques Lozère, dans ses *Chevaux célèbres*.

« Un des garçons d'écurie ayant été très gravement mordu et piétiné, M. Aumont fit venir de Newmarket un stud-groom réputé pour son énergie et son bonheur devant les chevaux dangereux. C'était un solide gaillard. A peine arrivé à Victot, il entre résolument dans le box... Quelques minutes après, *Trocadéro* tournait à plein galop dans son repaire, ayant aux dents le stud-groom, contre lequel il s'était jeté aussitôt, qu'il avait saisi aux reins, et celui-ci appelait désespérément au secours.

« A coups de bâton et de fourche, et non sans beaucoup de peine et de temps, tous les hommes du haras parvinrent à faire lâcher prise au cheval furieux. L'Anglais s'en tira sans blessures graves et repartit le plus vite possible pour son pays.

« L'imagination s'exerça largement sur les moyens d'utiliser *Trocadéro*, c'est-à-dire tout simplement de s'approcher de lui. Une cage

---

(1) La couverture de fortune qu'on lui avait jetée sur le dos était marquée aux initiales de M. Pol Nanquette, l'associé de M. Delâtre. En temps ordinaire nul n'eût prêté attention à ces deux lettres, P. N. Mais au lendemain du renversement de l'Empire, un farouche républicain, qui flânait sur le quai, voulut y voir les initiales du prince Napoléon (!!!), et il s'en fallut de peu que la foule, ameutée par cet énergumène, ne jetât le cheval à l'eau.

fut construite, semblable à celle dont il est fait usage pour l'embarquement des chevaux sur les bateaux. Glissée ouverte à l'entrée du box, elle formait déjà, si *Trocadéro* voulait bien y entrer, une prison plus étroite, dont le prisonnier devenait alors plus facile à manier. Une muselière de fer se coulissant fort ingénieusement — en ce sens que le cheval, en l'appuyant sur sa mangeoire, pouvait saisir la nourriture — formait à *Trocadéro* un casque perpétuel.

« L'étalon de Victot devenait le « cheval au masque de fer ».

« M. Aumont trouva enfin l'homme qui, sans rendre tout à fait inutiles toute cette ferraille et toutes ces précautions, parvint à rendre progressivement *Trocadéro*, sinon plein d'amabilité, du moins relativement tranquille, quand on ne lui cherchait pas querelle.

« C'était un dresseur de Paris, nommé Carrier, qui le soumit à un système de liens, le désarmant de la dent et du pied, par une force assez mesurée pour qu'il en reconnût toute la puissance, sans se révolter tout d'abord.

« Ses meilleurs succès de reproducteur coïncident avec cette période de calme. »

Pour si courte que fut sa carrière au haras — *Trocadéro* mourut, en effet, en 1881, — elle n'en fut pas moins brillante, comme nous le verrons par la suite.

CHAPITRE XLIX

ANNÉE 1872

L'écurie C.-J. Lefèvre, *Reine, Henry;* débuts de *Flageolet;* importation des grandes poulinières anglaises, *Araucaria, Feu-de-Joie, Isoline* et *Green Sleeves.* — *Revigny, Little Agnes, Barbillon, Cremorne.* — Arrivée tumultueuse dans l'Omnium. — Courses de Caen : prix du Premier Pas et Grand Saint-Léger. — Courses d'automne, à Fontainebleau : prix de la Salamandre.

Peu à peu la vie normale reprend son cours, après les terribles secousses des deux années précédentes.

Devant l'action énergique de la Société d'Encouragement, la confiance renaît, les écuries se sont reconstituées, les centres d'entraînement repeuplés, les haras remontés (1). L'un après l'autre, les hippodromes régionaux vont rouvrir leurs portes et, si les champs sont pauvres en vieux chevaux, les trois ans sont suffisamment nombreux pour assurer la reprise régulière des courses.

Le budget total des épreuves de plat, sans atteindre encore le chiffre qu'il présentait à la fin de l'Empire, n'en dépasse pas moins déjà 1.200.000 francs, dont près de la moitié sont fournis par la seule Société d'Encouragement (2).

---

(1) A titre de curiosité, voici les prix de saillie — bien modiques comparés à ceux de nos jours — des principaux étalons du moment :
The Nabob, à Martinvast, 1.000 francs; — *Tournament* et *Light*, à Villebon, 1.000; — *Trocadéro*, à Victot, 500; — *Dollar* à Viroflay, 600; — *Ruy-Blas*, 400; — les autres, *Glaneur, Y. Monarque, Optimist*, etc. 100 à 200.
Monarque, à Dangu, et *Vermout*, à Bois-Roussel, étaient réservés à leurs propriétaires respectifs, le comte de Lagrange et M. H. Delamarre.

(2) La somme globale de 1.243.840 francs était ainsi composée :

Société d'Encouragement	572.000 francs.
Sociétés provinciales	196.900 —
Divers	97.500 —
État	221.200 —
Villes et départements	157.240 —

Il était, en outre, affecté 261.700 francs aux courses d'obstacles et 201.845 francs aux courses au trot, ce qui portait à 1.707.385 francs le budget total des courses pour l'année 1872.

Répétons-le encore une fois, sans elle, que serait devenue l'institution des courses après la guerre ?

Les principales écuries sont celles : du baron de Rothschild, avec Th. Carter, comme entraîneur ; — baron de Schickler (sous le pseudonyme de Davis), avec C. Reeves ; — H. Delamarre et P. Rœderer avec T.-R. Carter ; — comte de Berteux, avec Ashmall ; — duc de Fézensac, avec Th. Hurst ; — Édouard Fould (en association avec le baron de Soubeyran, vicomte d'Harcourt, comte Hallez-Claparède), avec T. Carter, neveu ; — Charles Laffitte (major Fridolin), avec Ch. Pratt ; — duc de Hamilton et A. Desvignes, avec W. Planner ; — comte de Juigné et prince d'Arenberg, L. Delâtre, P. Aumont, etc., avec H. Jennings ; — A. Lupin, avec Hayhoe ; — en province, baron de Nexon, D. Guestier, de Vanteaux, P. Clossmann, etc.

Mais aucune ne pouvait prétendre à l'importance de celle de M. C.-J. Lefèvre. Non seulement il avait acheté, en 1870, la presque totalité de l'écurie Lagrange et s'était assuré toute la production de Dangu pendant quatre années, mais il avait fait de nombreuses acquisitions en dehors, telles que celles de *Verdure*, *Dutch Skater* et tout un lot de grandes poulinières qu'il venait d'importer en France, où elles allaient illustrer son élevage, *Regalia*, *Isoline*, *Feu-de-Joie*, *Green Sleeves* et cette extraordinaire *Araucaria*, qui devait être la mère de *Chamant*, *Wellingtonia*, *Camelia* et *Rayon d'Or*.

Dès ses débuts, M. Lefèvre — dont les chevaux coururent d'abord en Angleterre, sous le nom de T. Lombard — n'eut pas moins d'une centaine de chevaux à l'entraînement, tant à Phantom Cottage, à Newmarket, sous la direction de T. Jennings, qu'à Royallieu, avec Ch. Cunnington. Mais cet établissement était insuffisant pour ses vastes desseins, et il venait d'acheter le magnifique domaine de Chamant, près de Senlis, qu'il était en train d'aménager pour y installer sa formidable cavalerie. Le château, si large que soit la vie qu'on y mènera, ne semblera en être, pour ainsi dire, que la partie accessoire ; tout y étant consacré à l'entraînement et à l'élevage.

Ce fut princier et, sans contredit, l'établissement modèle.

Les débuts de l'écurie Lefèvre en France — où pendant tant d'années elle va jouer un rôle prépondérant — sont marqués par les succès de *Henry*, dans le prix Rainbow, de *Dutch Skater*, dans le prix Gladiateur, et de *Flageolet*, dans le prix de Deux Ans (ex-prix Morny), à Deauville.

Flageolet, dont la carrière de deux ans fit sensation, avait couru sept fois en Angleterre, pour remporter cinq victoires (dont les Hopeful et Criterion Stakes), se montant à plus de 70.000 francs, ce qui était alors exceptionnel pour un jeune cheval.

Ces succès de *Flageolet* avaient été précédés, au printemps, par les victoires retentissantes de *Reine*, dans les grandes épreuves classiques des pouliches, les Mille Guinées et les Oaks. Elle avait la plus belle origine que l'on pût souhaiter, étant par *Monarque* et *Fille de l'Air*, et ses deux belles performances semblaient l'augure d'une carrière sensationnelle. Elles furent les seules, hélas! car elle fut battue par *Little Agnes*, dans le prix de Diane, et ne put prendre que la troisième place dans la Grande Poule et le Grand Prix.

Aux succès de *Reine* et de *Flageolet*, il faut ajouter encore ceux de *Henry*, vainqueur de l'Ascot Gold Cup, où il battait *Favonius*, gagnant du précédent Derby, et *Hannah*, l'héroïne des Oaks et du Saint-Léger, tous deux au baron L. de Rothschild; — de *Dutch Skater* qui, sur onze courses, triompha sept fois, notamment dans les Great Metropolitan Stakes, à Epsom, le Doncaster Cup et le Warwick Cup; — de *Manille, Alaric, Chancellor, Verdure, Moissonneur*, etc., en sorte que M. Lefèvre figurait, à la fin de la campagne, en tête des propriétaires gagnants en Angleterre, avec un total de près de 600.000 francs (588.850), précédant de plus de 100.000 francs M. H. Savile, qui avait cependant remporté le Derby et le Grand Prix de Paris, avec *Cremorne*.

* *

En France, les lauréats de l'année, confirmant leurs performances de l'automne précédent, sont *Revigny* (Orphelin et Woman in Red), à M. P. Aumont, vainqueur du prix de Guiche, du Biennal, de la Poule d'Essai et du prix du Jockey-Club, où la seconde place fut prise par *Little Agnes* (Saunterer et Wild Agnes), au duc de Hamilton, qui, elle-même, venait d'enlever la Grande Poule et le prix de Diane à la fameuse *Reine*.

Quelques jours plus tard, *Little Agnes* prenait sa revanche sur *Revigny*, dans le prix Seymour, mais aucun d'eux ne joua de rôle dans le Grand Prix, après quoi la fille de Wild Agnes s'en fut cueillir le Saint-Léger, qui, ainsi que nous le verrons, se courut alors à Caen.

Son camarade d'écurie, *Barbillon* (Pretty Boy et Scozzone), poulain tardif, qui ne commença à trouver sa forme qu'au moment du Grand Prix, dans lequel il ne succomba que contre le seul *Cremorne*, remporta ensuite le prix de Chantilly, puis le Royal-Oak, battant *Revigny* et tous les meilleurs sujets de sa génération.

Après lui, on peut encore citer *Faublas*, gagnant des prix de Lutèce et de Longchamp, et *Tabac*, du prix des Cars.

Nous avons parlé de *Dutch Skater* et *Henry*, parmi les vétérans. Il faut mentionner également *Véranda*, qui remporta le prix du Cadran, et *Don Carlos*, le prix de Dangu.

Enfin faut-il rappeler que l'Omnium revint à *Mathilde*, 25/1, à M. L. Delâtre, entraînée par H. Jennings, alors que le grand favori *Ba'ailley*, à ce même entraîneur, n'y était pas placé. Les clameurs, les huées et les commentaires désobligeants furent tels, que le très brave homme qu'était M. Delâtre faillit en faire une maladie.

Ce ne sera pas la dernière fois, du reste, que le résultat de l'Omnium donnera lieu à des manifestations tumultueuses.

* * *

Quand, sous l'Empire, les débuts des deux ans avaient été fixés à Deauville, la Société des courses de Caen avait poussé les hauts cris, et réclamé cette primeur pour son propre hippodrome. Il va sans dire qu'on n'avait tenu nul compte de ces protestations. Mais depuis lors, elle avait fait si bien, au milieu de la perturbation apportée par les événements de 1870, que ses doléances avaient fini par trouver un écho à la Société d'Encouragement.

Et c'est ainsi que, le 4 août 1872, le *prix du Premier Pas* (3.000 fr., pour chevaux de 2 ans), se disputa à Caen, huit jours avant le prix de Deux Ans, à Deauville. Au meeting caennais était également transféré le Grand Saint-Léger de France qui, jusqu'à la guerre, avait été l'apanage des courses de Moulins, où il avait été transféré après 1848 (1).

Une autre épreuve, plus importante encore pour jeunes chevaux, date de cette même année, le *prix de la Salamandre* (6.000 fr., 1.600 m.), couru à la réunion d'automne de Fontainebleau, que la Société d'Encouragement venait d'instituer à la fin de la saison, à l'issue de la clôture de Longchamp et de Chantilly (2).

Cette épreuve revint à *Montargis* (propre frère de *Revigny*), au comte de Juigné, qui y prit sa revanche du Grand Critérium sur *Franc-Tireur*, au Major Fridolin, qui lui rendait 7 livres; il est vrai. La troisième place, comme dans le Grand Critérium, fut pour *Reine-de-Saba*, à M. L. André, qui avait déjà gagné le prix du Premier Pas, à Caen, et le prix de La Toucques, à Deauville, avant d'aller remporter le Critérium, à Bordeaux.

---

(1) Le double attrait de ces deux épreuves assura pendant une quinzaine d'années le succès de la réunion de Caen. Mais devant le développement des courses, le Grand Saint-Léger perdit rapidement toute importance, et l'avancement du début des deux ans dans la région parisienne, ainsi que la création de riches épreuves pour jeunes chevaux, reléguèrent le prix du Premier Pas au rang des courses secondaires.

(2) Cette journée de fin de saison, à Fontainebleau, sera reportée, dès 1874, à Chantilly et remplacée, au début de septembre, avant la réouverture de Longchamp, par une réunion comportant les Premier, Deuxième et Troisième Critériums.

L'allocation primitive du prix de la Salamandre a été élevée à 8.000 fr. en 1876; 10.000, en 1890, et 15.000 en 1908.

La distance a été de 1.100 mètres, en 1874, et de 1400 depuis 1887, sauf en 1907, où elle fut de 1.600 mètres.

Parmi les non placés du prix de la Salamandre, figurait *Boïard*, qui y faisait ses débuts. Il avait été piqué très gravement par un insecte venimeux, ce qui avait retardé son entraînement et ne lui permit de paraître que cette seule fois en public à deux ans (1).

C'était un grand poulain, osseux et dégingandé, que les connaisseurs déclarèrent « mal bâti et incapable de courir ».

Les connaisseurs n'en avaient-ils pas dit autant, quelques années auparavant, de *Gladiateur*..., avant les Deux mille Guinées!

* *

A la fin de l'année était mort M. J. Verry, sportsman de la première heure, membre du Jockey-Club et propriétaire du haras des Douze-Traits, en Bourgogne. Son plus beau succès remontait à 1862, quand *Souvenir*, qui provenait de son élevage, remporta, sous les couleurs de M. J. Robin, le prix du Jockey-Club, sur la fameuse *Stradella*.

Il y bénéficiait, il est vrai, de la décharge de 10 livres accordée jusqu'alors aux chevaux nés hors de la division du Nord.

---

(1) On sait que même chose était arrivée à *Snake* — père de *Old Snake mare*, mère de *Squirt*, père de *Marske*, père d'*Eclipse*, — qui fut si grièvement malade, qu'il ne put jamais être entraîné.

En 1879 *Versigny*, à M. C.-J. Lefèvre, sera victime d'un semblable accident.

CHAPITRE L

ANNÉE 1873

Boïard, Flageolet, Doncaster, Franc-Tireur, Montargis. — Barbillon, Revigny (suite). — Retraite du turf du duc de Hamilton. — Mort de M. Fasquel. — Reconstitution de la Société des Steeple-Chases et de la Société des Courses de Bade. — Création des Jockey-Club Cup Stakes, à Newmarket.

Une des plus belles années pour l'élevage national.

Au point de vue technique, elle tient tout entière dans le long duel entre Boïard (Vermout et La Bossue), à M. H. Delamarre, et Flageolet (Plutus et La Favorite), à M. C.-J. Lefèvre, le premier ayant toujours eu raison, par un léger avantage, de son redoutable adversaire. Ces deux chevaux étaient tellement près l'un de l'autre que Doncaster (Stockwell et Marigold), le vainqueur du Derby d'Epsom, ne put les départager à l'arrivée du Grand Prix, où il dut se contenter de la troisième place, à une demi-longueur de *Flageolet*, que *Boïard* précédait, comme dans le prix du Jockey-Club, d'une encolure (1).

(1) Il est curieux de remarquer que, tout comme M. H. Savile, qui avait gagné le premier Grand Prix, avec *The Ranger* (1863) et le premier, après l'interruption de 1871, avec *Cremorne* (1872), M. H. Delamarre, qui avait remporté le second Grand Prix, avec *Vermout* (1864), battant *Blair Athol*, vainqueur du Derby, remportait aussi le second, après la reprise, battant également un autre vainqueur d'Epsom.

Et *Boïard* était fils de *Vermout*, comme *Blair Athol* et *Doncaster* étaient fils de *Stockwell*... Et ces deux vaincus atteindront précisément les plus hauts prix payés jusqu'à ces dernières années pour des étalons (*Blair Athol*, 12.000 guinées en 1872; *Doncaster*, 14.000 livres sterling, en 1875), alors que *Boïard* ne se vendra que 150.000 francs!

A noter encore que *Boïard*, *Flageolet* et *Doncaster* n'avaient pas été placés dans les Deux mille Guinées.

Puisque nous en sommes au Grand Prix, rappelons que la Ville de Paris, bien mal inspirée en la circonstance, avait annoncé son intention de cesser à l'avenir de donner son allocation de 50.000 francs. Sans s'émouvoir, la Société d'Encouragement lui fit savoir que si, l'année suivante, les 50.000 francs promis

Avant de triompher à Chantilly et à Longchamp — victoires que son entraîneur T.-R. Carter célébra par une grande fête aux étangs de Commelles — le poulain de M. H. Delamarre avait remporté les prix de Guiche, de la Seine et la Poule des Produits; à l'automne,

M. Henri Delamarre.

il cueillera le prix de Chantilly et le Royal-Oak. Nous le retrouverons à 4 et 5 ans, toujours victorieux en France, et n'essuyant qu'une défaite dans l'Alexandra Plate.

n'étaient pas versés en temps voulu, elle supprimerait purement et simplement le Grand Prix. C'était priver du coup Paris d'une source considérable de profits. Devant cette menace, le commerce s'émut et les protestations énergiques des électeurs firent revenir les édiles sur l'incroyable bévue qu'ils allaient commettre, uniquement pour faire pièce à la Société d'Encouragement, dont la prospérité commençait déjà à éveiller les appétits des politiciens.

Mais, s'il se montra constamment supérieur à ses deux rivaux sur le turf, ceux-ci prirent une éclatante revanche au haras (1).

Plus heureux en Angleterre qu'en France, *Flageolet* y remporta quatre victoires, toutes dans un canter, battant notamment tous les récents vainqueurs du Derby, *Favonius* et *Cremorne*, dans le

Phot. J. Delton.

Boïard.

Goodwood Cup, et *Doncaster*, dans les Grand Duke Michael Stakes, à Epsom, confirmant ainsi la régularité du résultat du Grand Prix.

---

(1) Après sa victoire dans le prix Rainbow, à 5 ans, *Boïard* fut vendu 150.000 francs au baron de Rothschild. Ses meilleurs produits furent *Serge II*, *Forum*, *Silène*, *Barbe-Bleue*, *Lavaret* et *Polyeucte*, qui ne sortent pas de la moyenne ordinaire. Il fut ensuite exporté en Russie.

Flageolet est le père d'un cheval hors ligne, *Rayon d'Or*, et d'animaux comme *Zut*, *Beauminet*, *Le Lion*, *Versigny*, *Le Destrier*, *Ermengarde*, *Xaintrailles*, etc., qui, en treize ans, ont gagné 234 courses et 2.439.655 fr. de prix.

Doncaster fut vendu à la fin de sa cinquième année, pour 350.000 francs, à son entraîneur R. Peck, qui le céda presque aussitôt, avec un bénéfice de 50.000 fr., au duc de Westminster.

Il est le père, entre autres, du célèbre *Bend Or*, père lui-même du fameux *Ormonde*.

Doncaster, qui s'appelait primitivement *All Heart and no Peel*, avait été payé yearling 950 guinées, par M. J. Merry. Il avait débuté par une place de cinquième, dans les Deux mille Guinées — où *Boïard* était quatrième et *Flageolet* sixième — que *Gang Forward* avait enlevées d'une tête, à *Kaiser*. Parti à 40/1, dans le Derby, il l'emporta d'une longueur et demie sur ces deux mêmes chevaux, qui firent dead-heat pour la seconde place. Dans le Saint-Léger, il se plaça deuxième, derrière sa camarade d'écurie *Marie Stuart*.

Les noms glorieux de *Boïard* et de *Flageolet* ne doivent pas nous faire oublier ceux de *Franc-Tireur* (Tournament et Fleur-des-Bois), au Major Fridolin, vainqueur du prix de Lutèce, de la Grande Poule et du Saint-Léger de Caen, et qui ne succomba que d'une encolure, contre *Boïard*, dans le prix Royal-Oak, après une résistance acharnée. Favori dans le Grand Prix de Deauville, remporté par l'extrême outsider *Sir Jones*, au duc de Hamilton, il avait fait tête à queue au signal et était resté au poteau.

Le prix de Diane était également revenu à l'écurie Delamarre, avec *Campêche*, au Major Fridolin; — la Poule d'Essai, à *Sire;* — et l'Omnium, à *Androclès*, que son propriétaire, M. A. Desvignes, avait déjà gagné avec *Alabama*, la mère du vainqueur.

Enfin, une mention spéciale est due à *Montargis* (Orphelin et Woman in Red), au comte de Juigné, pour sa brillante victoire dans le Cambridgeshire. Il portait 50 kilos et partit à 40/1. Après une lutte superbe, il battit d'une tête le favori *Walnut* et trente-quatre adversaires, ce qui constituait un des champs les plus nombreux qu'on ait vus dans cette épreuve.

Indépendamment de ce beau succès, l'année avait été excellente pour notre élevage en Angleterre. Comme en 1872, M. C.-J. Lefèvre arrivait en tête des propriétaires gagnants, avec 647.825 francs, dont plus de 250.000 francs étaient fournis par ses seuls chevaux français. (On sait qu'il eut toujours des chevaux des deux nationalités : *Tristan* est le plus célèbre de ses chevaux anglais.)

En plus des victoires de *Flageolet*, dont nous avons déjà parlé, *Reine* avait enlevé l'Ascot Plate, et le deux ans *Feu-d'Amour* s'était classé comme un des meilleurs de sa génération : battu d'une encolure dans les Champagne Stakes, il avait ensuite cueilli deux des épreuves les plus importantes pour les jeunes, les Clearwell et les Prendergast Stakes.

Ne quittons pas l'Angleterre sans rappeler la création, à Newmarket, du *Jockey-Club Cup Stakes*, pour trois ans et au-dessus, que *Flageolet* remportera, en 1874, *Braconnier*, en 1876, et *Verneuil*, en 1877.

En France, quatre pouliches se détachent parmi les jeunes, ce qui ne semble pas une bonne recommandation pour la génération de 1871.

Fideline, gagnante du Grand Critérium sur *Perla*, qui avait remporté le prix de Deux Ans; *Tartane*, lauréate du prix du Premier Pas, et *Saltarelle*, qui triomphe, en fin de saison, dans le prix de Condé.

Barbillon avait eu les honneurs de la campagne, parmi les vétérans. Battu par *Revigny*, dans le Biennal, il avait pris sa revanche dans les prix Rainbow et Gladiateur. Il avait enlevé également la Coupe, mais n'avait pas disputé le prix du Cadran, qui était revenu à *Tabac*.

***

On courut, cette année-là, en été, à Longchamp, la Société d'Encouragement ayant donné une journée supplémentaire, dans le courant de juillet, en l'honneur du Shah de Perse.

Les prix portaient des noms de circonstance, dont celui d'Ispahan, qui est resté.

Comme réunions « hors série », on peut rappeler que Chantilly possédait alors un second petit hippodrome, au Parc-aux-Fontaines, où l'on avait coutume, au lendemain du meeting officiel du printemps, de donner, en petit comité, des courses de hacks et de poneys.

***

A la fin de l'année eut lieu la dispersion de l'écurie de courses du duc de Hamilton. Sans connaître les succès retentissants, la casaque cerise à manches grises avait été portée avec honneur par *Monseigneur*, *Little Agnes* et *Barbillon*.

Le duc de Hamilton ne quittait que passagèrement le turf; nous l'y reverrons quelques années plus tard.

Parmi ses chevaux qui passèrent aux enchères, il n'y a guère à citer que *Wild Monarch* — qui sera célèbre en obstacles sous les couleurs du marquis de Saint-Sauveur, et qui fut adjugé à 1.375 francs — et *Almanza*, que M. Lupin acquit pour 3.200 francs.

Nous avons à enregistrer la mort de M. Fasquel (de Courteuil), l'un des douze membres fondateurs de la Société d'Encouragement, dont les couleurs, en dépit des sacrifices qu'il fit pour son élevage, ne connurent jamais les grands succès classiques. Au livre d'or du turf, on ne relève, en effet, comme vainqueurs lui ayant appartenu, que *Minuit*, gagnant du Grand Prix Royal, en 1842, et *Tomate*, lauréate du prix du Cadran, en 1846.

**

Rappelons enfin que deux sociétés de courses, qui deviendront des plus florissantes, s'étaient reconstituées cette même année : en France, la Société des Steeple-Chases; en Allemagne, la Société des Courses de Bade.

Nous renvoyons, pour de plus amples détails, aux notices que nous leur avons consacrées respectivement, au cours des années 1858 et 1863.

CHAPITRE LI

ANNÉE 1874

Condamnation par les tribunaux des agences de paris mutuels. — *Saltarelle, Peut-Être*. — *Boïard* et *Flageolet* (suite). — Rentrée en scène de l'écurie Lagrange. — Mort de *Monarque*. — Retraite de M. Charles Laffitte. — Mort du comte de Cambis. — *La Chronique du Turf*. — *Georges Frederick* et *Atlantic*. — Débuts de Fred. Archer. — Loi du 20 mai sur les Haras et les Remontes.

Avec la bonne foi qui caractérise les partis politiques, on avait non seulement rendu l'Empire responsable du développement du jeu aux courses, — sans tenir compte des poursuites que le Gouvernement avait intentées de lui-même contre les agences, en 1869, — mais on l'avait encore accusé d'y avoir poussé, afin de détourner l'attention générale des choses publiques.

Or, l'Empire était renversé depuis plus de trois ans, et le jeu, loin de se ralentir, n'avait fait que prendre plus d'extension encore.

Qu'on le veuille ou non, le jeu est inséparable de la prospérité des courses. On peut le regretter, mais songer à le supprimer est une utopie. Sans paris, pas de courses. On l'a bien vu en 1888 et 1891.

C'est un mal, soit, mais un mal nécessaire, qui se développe parallèlement aux courses mêmes.

L'Empire n'était donc pour rien dans ce besoin nouveau, et il n'était pas plus maître de le refréner, que la République elle-même n'a pu le faire... avant de l'encourager et même de le rendre pour ainsi dire obligatoire.

Nous verrons, en effet, en 1891, que, moins scrupuleuse que l'Empire, la République, voyant qu'elle ne pouvait combattre le fléau, se décidera à en tirer profit.

En 1874, elle croyait encore que tout le mal venait — non du principe même — mais de la seule façon dont le jeu était exploité.

Le jugement de 1869, en supprimant les poules mais en reconnais-

LES VOITURES DES PARIS MUTUELS DE L'AGENCE OLLER, EN 1873.

(Collection de *L'Illustration*.)

sant les paris mutuels, avait donné à ce genre d'opérations une extension tellement grande, que le Parquet se décida à poursuivre à nouveau.

Déférée au Tribunal correctionnel, l'agence Oller fut condamnée, cette fois; le jugement, rendu le 27 avril, estimant que « les poules, le pari mutuel simple et le pari de combinaisons sont des jeux de hasard et constituent des opérations assimilables à la loterie, qu'interdit la loi de 1836 » (1).

Le 31 décembre, la Cour d'appel confirma cette décision, que la Cour de Cassation, à son tour, déclarera conforme à la loi, le 16 juin suivant.

Le pari mutuel — à l'instigation du Gouvernement, ne l'oublions pas, — était donc bel et bien condamné, comme étant illicite.

Cela n'empêchera pas ce même Gouvernement, treize ans plus tard, de déclarer ce même pari mutuel parfaitement légal et de l'imposer, sans rival, à toutes les Sociétés de Courses.

Il est vrai que, ce jour-là, ce ne seront plus des entreprises privées qui l'exploiteront, mais l'État lui-même qui en tirera profit.

La suppression des paris mutuels libres mit-elle entrave à la passion du jeu?

Il fallait être bien naïf pour le penser.

Aux paris mutuels succédèrent purement et simplement les paris à la cote — qui existaient déjà, mais ne figuraient qu'au second plan — et les excès que l'on reprochait aux uns d'engendrer, les autres les provoquèrent pour les mêmes causes.

Ils y ajoutèrent même de nouveaux éléments de scandale, tels, par exemple, pour n'en citer qu'un seul, que la corruption de certains jockeys, et nous verrons, quand nous en serons au rétablissement officiel du pari mutuel, à quel degré de puissance et de richesse était parvenue la corporation des donneurs ou bookmakers.

*
* *

Comme le laissait prévoir la forme de deux ans, l'année est des plus médiocres, à tel point que *Saltarelle* (Vertugadin et Slapdash), à M. Édouard Fould, après avoir couru obscurément dans la Poule d'Essai, la Grande Poule des Produits et le prix de Diane, enlève facilement, à la cote de 66/1, le prix du Jockey-Club, au favori *Premier-Mai*, 4/1; *Peut-Être*, 100/1 et quinze autres. Elle prit ensuite la seconde place, dans le Grand Prix, entre les deux anglais *Trent* et *Tomawak*; fut battue par *Peut-Être*, qui en recevait 9 livres, dans

---

(1) N'est-il pas curieux de rappeler que le ministère public s'était indigné de ce que M. Oller eût osé proposer au Gouvernement, dès l'établissement de ses paris mutuels, d'abandonner une partie de ses bénéfices à l'Assistance Publique, à l'élevage et aux Sociétés de courses. « S'imagine-t-on, s'écriait ce vertueux magistrat, la bienfaisance puisant à ces sources impures! »

Pour si impures qu'elles soient, on en a largement profité depuis cette époque.

le modeste prix du Ministère, au Pin ; finit troisième, dans le Grand Prix de Deauville, derrière *Perla* et *Biéville* ; puis remporta le prix Royal-Oak, sur un lot des plus pauvres.

Perla, à M. Lupin, avait perdu le prix de Diane contre *Destinée*, à M. P. Aumont, avec laquelle elle avait d'abord fait dead heat.

Peut-Être (Ventre-Saint-Gris et Favorite), à M. P. Aumont, était entraîné par H. Jennings, propriétaire de *Premier-Mai*. De l'avis des meilleurs juges, *Peut-Être* aurait gagné le prix du Jockey-Club, s'il avait eu un cavalier plus expérimenté ; mais, par une de ces fantaisies inexplicables dont le « Old Hat » était coutumier, il l'avait confié à un jockey français, du nom de Mercier, qui n'avait pour lui que sa bonne volonté.

C'était insuffisant pour triompher dans une épreuve de cette importance.

Peut-Être confirma la bonne opinion qu'on en avait en enlevant à l'automne, avec le jeune Rolfe pour cavalier et sous le léger poids de 44 kilos, le Cambridgeshire, après quoi il fut vendu 75.000 francs au comte de Lagrange.

La glorieuse casaque bleu et rouge, absente du turf depuis quatre ans, y fit sa réapparition à la dernière journée de la saison de Longchamp. Elle était portée, dans le prix d'Automne, par Carver, sur le deux ans *Frondeur*. Après douze faux départs, les chevaux s'élancèrent enfin bien groupés. A la distance, *Fideline*, montée par Hudson, semblait l'emporter quand Carver — jockey très brutal pour les chevaux, mais d'une énergie rare — parvint à la battre d'une tête sur le poteau.

Une ovation indescriptible — telle, on peut le dire, que le comte de Lagrange en avait rarement recueilli, même au temps de ses plus grands triomphes — salua le retour de celui à qui l'élevage national était redevable de ses plus retentissantes victoires.

De ce jour à l'année 1878, époque à laquelle chacune reprendra sa liberté, les deux écuries Lagrange et Lefèvre n'en formèrent plus qu'une, sous le nom du comte de Lagrange, comme, depuis 1870, elles n'en avaient guère formé qu'une, sous la casaque tricolore.

La rentrée en scène du comte de Lagrange coïncidait avec la mort de son glorieux *Monarque*, qui succomba à l'âge de 22 ans, au haras de Dangu.

On sait le rôle considérable qu'il a joué tant sur le turf qu'au haras ; nous n'y reviendrons pas et renvoyons nos lecteurs aux renseignements circonstanciés que nous avons donnés précédemment sur sa double carrière. (Voir années 1855 et suivantes.)

**

Comme à trois ans, *Boïard* se montre supérieur à *Flageolet* et à *Doncaster* ; il a raison du premier dans les prix du Cadran et Rainbow, puis de tous deux, dans l'Ascot Gold Cup, où ils font dead-heat pour la seconde place, à trois quarts de longueur de lui, après une lutte acharnée. Le champ, un des plus relevés qu'on eût vus dans cette épreuve, comprenait en outre *Gang Forward*, vainqueur des Deux mille Guinées et deuxième du Derby; *Kaiser*, second des Deux mille Guinées et du Derby, et troisième du Saint-Léger; et *Marie Stuart*, gagnante des Oaks et du Saint-Léger.

Boïard se ressentait certainement de cette course sévère quand il succomba le lendemain, contre *King Lud*, dans l'Alexandra Plate.

Franc-Tireur s'adjugea la Coupe; — *Montargis*, le prix de Dangu; — et *Christiana*, le prix Gladiateur.

Parmi les deux ans, on peut citer *Perplexe*, gagnant du Grand Critérium; *Macaron*, du prix de Deux Ans; *Dictature*, du prix du Premier Pas; *Almanza*, du prix de Condé, dans lequel elle débutait, et *Fille-du-Ciel*, propre sœur de *Reine*, du prix de la Salamandre.

* *

La fin de l'année vit la disparition de la plus ancienne des écuries de courses plates, celle de M. Charles Laffitte qui, sous le pseudonyme de « Major Fridolin », faisait courir depuis 1820, et que son grand âge obligeait à renoncer aux choses du turf.

L'écurie de courses — à l'exception de *Sabre*, *Franc-Tireur* et *Sire*, achetés par Ch. Pratt — et le haras de Villebon passèrent aux mains de M. V. Malapert qui, deux ans plus tard, en vendra les yearlings en bloc, à raison de 6.000 francs l'un, à un sportsman belge bien connu, le comte P. de Meeüs. C'est de cet élevage que sortira la fameuse et éphémère *Swift*.

Le haras de Villebon — qui avait appartenu précédemment au baron Nivière — était destiné à la célébrité : il fut, en effet, pendant les premières années du xxe siècle, l'établissement d'élevage de M. W.-K. Vanderbilt.

En même temps que M. Charles Laffitte prenait sa retraite, disparaissait, à l'âge de 80 ans, le comte de Cambis, un des autres fondateurs de la Société d'Encouragement, qui avait joué un rôle important, comme directeur du haras et de l'écurie de courses du duc d'Orléans. Nous renvoyons à la notice que nous lui avons consacrée au cours du chapitre X (voir page 139).

A noter l'apparition de la *Chronique du Turf*, fondée par M. Nayler. La publication de ces petites brochures hebdomadaires, qui rappelaient les courses passées, rencontra de suite la faveur du public et contribua à la vulgarisation des courses.

La *Chronique du Turf* n'a cessé depuis lors de paraître régulièrement.

* * *

Les grandes épreuves classiques anglaises avaient mis en vedette deux poulains, dont l'un surtout était appelé à jouer un rôle considérable dans notre élevage :

C'est *Atlantic* (Thormanby et Hurricane), à lord Falmouth, vainqueur des Deux mille Guinées. Importé plus tard par le baron de Schickler, il sera le père du fameux *Le Sancy*, *Fitz Roya*, *Fousi-Yama* et *Le Capricorne*.

L'autre est *Georges Frederick* (Marsyas et The Princess of Wales), qui remporta le Derby, et sera le père de *Frontin*, qui n'a brillé que sur le turf.

On peut signaler encore, en Angleterre, la création des *Brocklesby Stakes*, pour deux ans, à Lincoln, et les débuts du célèbre jockey Fred Archer.

* * *

Enfin, ne quittons pas l'année 1874 sans dire quelques mots de la loi du 24 mai sur les Haras et les Remontes.

Bien qu'elle n'ait pas trait directement aux courses, elle touche à une question trop grave pour que nous puissions la passer sous silence.

Elle n'était, d'ailleurs, que le corollaire de la loi de 1872 sur la réorganisation des cadres de l'armée. Il ne suffisait pas, en effet, d'avoir décrété l'augmentation du nombre des régiments de cavalerie et des batteries d'artillerie, encore fallait-il leur assurer les chevaux nécessaires.

Les terribles événements de 1870 avaient prouvé, comme nous l'avons vu, la faillite de l'Administration des Haras, qui n'avait pas su mettre l'élevage national à la hauteur des besoins du service des remontes, à qui près de cent mille chevaux avaient manqué au moment de la mobilisation.

Il ne fallait pas que pareil désastre pût se renouveler. Aussi, les exigences militaires nouvelles étant supérieures encore aux anciennes, l'Assemblée Nationale n'hésita pas à consentir les sacrifices budgétaires propres à assurer, dans l'avenir, le recrutement de la cavalerie.

Mais, par une de ces incohérences parlementaires que rien n'explique, ce fut précisément à cette même Administration, qui avait fait preuve de tant d'impéritie, que fut confié le soin de mener à bien cette œuvre de relèvement de l'élevage national.

Il est vrai que le rapporteur du projet de loi, l'honorable M. Bocher, était un partisan convaincu de l'efficacité de l'intervention administrative, en dehors de laquelle il ne voyait pas de salut, en dépit des expériences de l'histoire. Pour la disculper des fautes passées, il sut, en bon orléaniste qu'il était, en rejeter très spécieusement tout le poids, non sur l'institution même, mais sur le seul régime impérial;

bien mieux, dans son désir de faire partager à tous sa foi en l'action bienfaisante de ladite Administration, il s'était efforcé de la blanchir au détriment... de la Société d'Encouragement, qu'on ne s'attendait guère à voir ainsi sur la sellette.

Oui, d'après le rapporteur, tout ce qui avait été fait de bien, de bon, de raisonnable et d'utile, en France, en vue de l'amélioration des races indigènes, était l'œuvre de l'Administration des Haras; — tout ce qui était erreur et utopie, venait de la Société d'Encouragement !

Préconiser l'anglo-arabe et accuser le pur sang de tout le mal, après plus de cent ans de preuves irréfutables de vitalité, dénotait soit un tel parti pris, soit une telle ignorance, que ce rapport, pour si travaillé et si documenté qu'il était par ailleurs, fût allé à l'encontre de son but, si le siège de l'Assemblée n'eût été fait.

Nous partageons cependant l'opinion de M. Bocher sur un point, quand il parle du danger que peut faire courir à la race même du pur sang l'abus des courses de vitesse et de précocité. Encore le mal, à cette époque, était-il à peine né; en tous cas, ce n'était pas à la Société d'Encouragement que ce reproche aurait dû s'adresser, comme le fit observer M. A. Desbons (1).

De son côté, le comte de Carayon la Tour prit, à la tribune, la défense de l'œuvre à laquelle s'était consacrée la Société d'Encouragement.

Elle-même, dans une brochure retentissante (2), revendiqua hautement le but purement patriotique et désintéressé qu'elle avait poursuivi ; rappela le chaos où se débattait la question chevaline lors de sa fondation ; les luttes qu'elle avait eu à soutenir contre l'Administration, et les résultats magnifiques qu'elle avait obtenus, prouvant ainsi que c'était à la seule initiative privée que la France était redevable de cette nouvelle branche de richesse publique.

L'Assemblée Nationale n'en approuva pas moins les préférences administratives de son rapporteur, et, confiante dans le savoir-faire de l'Administration pour amener progressivement la population

---

(1) « Les critiques du rapport de M. Bocher, disait-il, eussent été parfaitement justes si elles eussent été appliquées, non pas à l'élevage français, mais à l'élevage anglais. Nous avons vu, il y a deux ans et l'année dernière, des plaintes très vives, très sérieuses, s'élever dans la Chambre Haute d'Angleterre, contre la multiplicité des courses de courte distance et des courses de chevaux de deux ans. De grandes autorités ont prétendu — entre autres lord Roseberry, qui s'est plaint de la disparition des vieilles races endurantes et du peu de fond des races nouvelles — que l'on étiolait prématurément la race, et que les chevaux d'aujourd'hui, en Angleterre, étaient loin de valoir ce que valaient les chevaux d'autrefois... Tous les juges compétents disent, aujourd'hui, qu'une grande partie des chevaux de pur sang anglais, épuisés par un travail excessif et prématuré, conservent leur forme (structure) de chevaux de deux ans, et qu'ils sont tout au plus bons — permettez-moi de rapporter l'expression même d'un auteur anglais — à porter un mouchoir de poche au blanchissage et à l'en rapporter. »

(2) *Observations sur le rapport de la Commission parlementaire chargée d'examiner la proposition de Loi sur les Haras.*

chevaline à l'état numérique désiré en vue de faire face aux nécessités militaires, elle vota le projet qui lui était soumis.

La loi du 24 mai 1874 — dont nous publions le texte au Livre X — est un acte capital, en ce qu'elle régit encore la question aujourd'hui.

Elle rétablissait — chose bien inutile et qui fut supprimée par la suite — la jumenterie anglo-arabe de Pompadour; portait, de 1.100 à 2.500, le nombre des étalons nationaux, par accroissement annuel de 200 têtes (1), et consacrait à nouveau l'omnipotence absolue de l'Administration des Haras en matière d'élevage.

Le rôle qui incombait à l'Administration était écrasant, nous n'en disconvenons pas, en raison de la diversité même des intérêts en jeu. Fut-elle à la hauteur de cette lourde tâche? C'est là une question que nous n'avons pas à discuter et c'est au service des Remontes à y répondre. On peut toutefois en douter, au cri d'alarme que viennent — après quarante années de ce régime — de pousser les plus hautes autorités militaires sur la crise du cheval de selle, et dont l'écho a amené les Ministres de la Guerre et de l'Agriculture à nommer une Commission extra-parlementaire pour étudier la question et aviser aux mesures à prendre.

Aussi, n'est-ce pas sans une étrange angoisse que le pays se demande si, en cas de guerre, l'insuffisance numérique de nos ressources chevalines ne nous ménagerait pas à nouveau le terrible réveil de 1870!...

---

(1) La loi du 26 juillet 1892, dite « loi d'accroissement » portera ce nombre à 3.000, à raison de 50 nouveaux achats par an; en 1900, l'effectif de l'État sera encore augmenté de 450 étalons.

CHAPITRE LII

ANNÉE 1875

Proposition Oller. — *Salvator, Nougat, Saint-Cyr, Almanza, Perplexe.* — Le prix Reiset. — *Boïard* et *Saltarelle* (suite). — L'écurie Moreau-Chaslon. — Mort de M. Charles Laffitte. — *Galopin.*

L'ouverture de l'hippodrome de Longchamp a lieu plus tôt que d'habitude, le 29 mars. Les sportsmen purent constater l'agrandissement de l'enceinte du pesage et l'heureuse suppression, sur la pelouse, des parapluies multicolores des bookmakers, dont le bariolage, pour si pittoresque qu'il fût, offensait cruellement la vue.

Cinq ans après la guerre, la Société d'Encouragement a repris le rang qu'elle occupait alors, et son budget est égal à celui de 1869. Dorénavant, ce budget ira sans cesse en augmentant, suivant la marche toujours ascendante de la Société, en dépit des nouveaux obstacles qu'elle allait rencontrer sur sa route, obstacles qui faillirent même, à un moment donné, avec les « Suburbains », de sinistre mémoire, compromettre à jamais la cause des courses.

Nous avons dit que, le 16 juin, la Cour de Cassation avait confirmé le jugement du Tribunal correctionnel, déjà homologué par la Cour d'appel, condamnant comme illicites les Poules, les paris mutuels simples et les paris de combinaisons.

M. J. Oller dut s'incliner, ainsi que ses concurrents; toutes les agences de ce genre fermèrent leurs guichets, et leurs grandes voitures bicolores, rouge et noir ou vert et jaune, cessèrent de paraître sur les hippodromes.

Un homme ingénieux comme M. Oller ne devait pas se tenir pour battu. Le pari mutuel étant désormais interdit, il rêva de monopoliser le pari à la cote, et, six mois ne s'étaient pas écoulés depuis l'arrêt de la Cour, qu'il proposait à la Société d'Encouragement une redevance annuelle de 100.000 francs, pour une durée de dix ans, à condition qu'elle lui concédât le privilège d'établir sur ses trois hippodromes de Paris, Chantilly et Fontainebleau, des bureaux de paris au comptant, la Société restant maîtresse de les réglementer à sa guise, tandis que lui, Oller, demeurait seul responsable, moralement et matériellement.

Nous verrons plus loin que la Société déclina cette offre.

C'est l'année de *Salvator*, *Nougat* et *Saint-Cyr*.

Comme *Flageolet*, deux ans auparavant, s'était heurté à *Boïard*, de même *Nougat* se heurta à *Salvator* et, comme *Flageolet* encore, il prit sa revanche au haras.

SALVATOR (Dollar et Sauvagine) et *Saint-Cyr* (Dollar et Finlande ex-Faustine) appartenaient à M. A. Lupin. L'écurie se trompa toujours sur leur mérite respectif, leur entraîneur, J. Hayhoe, et Hudson, le premier jockey, ayant constamment préféré la chance de *Saint-Cyr*, qu'ils estimaient supérieur de quelques livres à *Salvator*.

Dans les essais privés, n'avait-il pas eu sans cesse l'avantage sur son camarade d'écurie?

Peut-être *Salvator* était-il un de ces chevaux — comme on en a tant vus — qui ont besoin de l'épreuve publique pour déployer tous leurs moyens. On prétend aussi que le jeune Wheeler, qui le montait à l'exercice, s'arrangeait malicieusement pour toujours laisser gagner Hudson.

Saint-Cyr remporta le prix de Longchamp, puis la Poule d'Essai; *Salvator* débuta victorieusement dans le prix de l'Espérance, après quoi il enleva le *prix Reiset*, qui se disputait pour la première fois (1).

NOUGAT (Consul et Nébuleuse) était un tout petit cheval, d'une trempe et d'un courage extraordinaires, que seul son défaut de taille empêcha d'être un grand cheval. A 2 ans, il avait couru quinze fois en Angleterre et gagné deux prix à réclamer, pour M. Bayliss, puis le Feather Plate sur 3.200 mètres (!!!), pour sir John Astley, quand il fut réclamé pour 700 guinées par le comte de Lagrange. A 3 ans, il avait remporté le prix de la Seine et la Coupe, puis il avait échoué dans la Poule d'Essai.

Les trois chevaux partirent sensiblement à la même cote, 3 à 4/1, dans le prix du Jockey-Club, *Saint-Cyr* portant les premières couleurs de son écurie. Après une lutte émouvante, *Salvator* (Wheeler) l'emporta d'une courte encolure sur *Nougat* et *Saint-Cyr*, dead-heat pour la seconde place.

Salvator — toujours monté par Wheeler, Hudson ayant continué à lui préférer *Saint-Cyr* — consacra, dans le Grand Prix, sa supériorité sur *Nougat*, en le battant de trois quarts de longueur; cette fois, *Saint-Cyr* n'était plus que quatrième, derrière *Perplexe*, précédant les deux anglais *Camballo*, vainqueur des Deux mille Guinées, et *Claremont*, runner-up de *Galopin*, dans le Derby. *Salvator* gagna encore le prix de Seine-et-Marne, à Fontainebleau, après quoi il fut mis au repos.

(1) Pour chevaux de 3 ans n'ayant pas couru à 2 ans. Distance, 3.000 mètres. L'allocation primitive de 6.000 francs a été portée à 10.000, dès l'année suivante, puis à 20.000, en 1884, et 25.000, en 1891.

Saint-Cyr prit sa revanche dans le Grand Prix de Deauville, qu'il enleva à *Perplexe*, et dans lequel *Nougat* ne fut pas placé.

Phot. Nadar.

M. AUGUSTE LUPIN.

Perplexe (Vermout et Péripétie), au baron de Schickler (1), trouva une compensation dans le Grand Saint-Léger de Caen et le prix

(1) *Perplexe* était né au haras de Lonray et avait été acheté yearling. Il sera le père de *Perplexité, Ninetta, Rêveuse* (mère de *Révérend* et *Rueil*), *La Jarretière, Fra Angelico* et *La Rosalba*

Royal-Oak, où il ne rencontra que des animaux d'ordre secondaire ou hors de forme, comme *Almanza* (Dollar et Bravade), à M. A. Lupin. Celle-ci, après avoir enlevé brillamment la Poule des Produits et la Grande Poule, avait — comme sa camarade *Perla*, l'année précédente — perdu le prix de Diane, après y avoir fait dead-heat avec une pouliche qui ne la valait pas. On crut à une de ces surprises de fin de course comme il s'en produit tant, et l'on n'hésita pas à payer 2/5 en sa faveur, dans la seconde épreuve. Mais, écœurée par le nouvel effort qu'on lui demandait, la pouliche de M. Lupin refusa de s'employer et se déroba deux fois, laissant sa rivale *Tyrolienne*, à M. L. Delâtre, gagner facilement.

Dictature avait remporté au début de la saison le prix de Lutèce su *Nougat*, et, à la fin de la campagne, le prix de Chantilly, sur *Perplex* et cette même *Almanza*.

***

Le prix Rainbow donna lieu à une des arrivées les plus palpitantes qu'on ait vues, *Boïard*, pour lequel on payait 1/3, n'ayant battu que d'une très courte tête *Saltarelle*, après une lutte acharnée depuis l'entrée de la ligne droite.

Il est juste de reconnaître que Carver, qui montait le favori, avait cassé une de ses étrivières dans le dernier tournant.

Ce fut la dernière sortie de *Boïard*. A quelques jours de là, il fut vendu 150.000 francs au baron de Rothschild, qui l'envoya à son haras de Ferrières. Nous avons vu qu'il n'y tint pas les espérances que sa carrière sur le turf permettait de fonder et qu'il se montra reproducteur médiocre.

Saltarelle — qui venait de remporter le prix du Cadran — resta dans son duel avec *Boïard*, et elle ne put opposer aucune résistance à *Biéville*, dans le Biennal.

Le prix Gladiateur, décapité de ses compétiteurs de marque, réunit un champ d'une médiocrité rare, où *Figaro II* se trouva être le plus résistant ; il avait enlevé précédemment les prix de Bois-Roussel et Jouvence.

Braconnier fut battu par *Jonquille*, dans le Grand Critérium, et *Kilt* ne figura pas dans le Premier Critérium, gagné par *Marmot*.

***

Ashantee eut en partage le prix du Premier Pas, à Caen, et le Troisième Critérium, à Fontainebleau. Il appartenait à M. Moreau-Chaslon, dont les couleurs (casaque verte, manches et toque blanches) faisaient un heureux début sur le turf.

Les rangs des fondateurs de la Société d'Encouragement s'éclaircissaient chaque année. Après MM. Fasquel et le comte de Cambis, décédés en 1873 et 1874, ce fut M. Charles Laffitte, qui avait pris sa retraite l'année précédente, comme nous l'avons dit, qui mourut

M. Charles Laffitte.

dans les derniers jours de décembre. Il avait été l'un des plus ardents propagateurs des idées nouvelles, et nous avons retracé le rôle considérable qu'il joua sur le turf, dans le chapitre que nous avons consacré à ces pionniers de la première heure (Voir page 138).

* * *

En Angleterre, le Derby revient à *Galopin* (Vedette et Flying Duchess), au prince Batthyany, qui courut à 2 et 3 ans sans connaître la défaite. Envoyé au haras dès sa quatrième année, il sera le père de nombreux vainqueurs, entre autres du célèbre *Saint-Simon*, un des plus grands chevaux qu'on ait vus, tant sur le turf, qu'au haras.

Le *Dewhurst plate* date de cette année. C'est, avec le Middle Park plate, la plus importante épreuve de l'arrière-saison pour les jeunes chevaux.

Chamant y triompha, en 1876, et *Le Nord*, en 1889.

CHAPITRE LIII

ANNÉE 1876

Fin de la carrière de Ch. Pratt. — La Société d'Encouragement repousse la proposition Oller. — *Camélia, Enguerrande, Braconnier, Mondaine, Kilt.* — Scandale de la Poule d'Essai.—*Nougàt* et *Saxifrage* (suite). — L'écurie P. de Meeüs. — Mort de *Gladiateur.* — Brillants succès des jeunes chevaux français en Angleterre.

Par une coïncidence malheureuse, à peine M. Charles Laffitte venait-il de disparaître, que Charles Pratt, qui fut l'entraîneur et le jockey de *Sornette* et de *Bigarreau*, voyait sa carrière interrompue à tout jamais.

Le 27 mars, à l'ouverture de la saison de plat, à Reims, — le Derby de l'Est, de 5.000 francs, avait encore le pouvoir d'attirer les bons chevaux, — montant *Bamboula*, à M. Malapert, il heurta si violemment un poteau qu'il se brisa la jambe en plusieurs endroits. En dépit de tous les soins, il resta estropié et ne put jamais reparaître en selle. Une fois remis, il se consacra entièrement à l'entraînement et recueillit encore de nombreux succès, d'abord avec les chevaux de M. E. Blanc, puis avec ceux du comte G. de Juigné et du prince A. d'Arenberg.

Dans une de ses premières séances de l'année, la Société d'Encouragement avait examiné la proposition Oller — que nous avons exposée précédemment — et, suivant le principe dont elle ne s'est jamais écartée de demeurer étrangère à l'exploitation du jeu sur ses hippodromes, elle avait décliné cette offre, si brillante qu'elle fût (1).

(1) On ne pouvait s'exprimer plus dignement que ne le firent les Commissaires en cette circonstance :

« En entreprenant d'améliorer nos races de chevaux au moyen des courses, notre Société n'a entendu, en aucune façon, intervenir dans le jeu auquel ces courses peuvent donner lieu ; elle a, au contraire, compris la nécessité de séparer les intérêts de l'élevage dont elle a pris la charge, de ceux de la spéculation, dont elle n'a pas à s'occuper.

« L'observation de cette règle salutaire peut-elle, comme semble le croire

Les bookmakers, qu'elle tolérait, continuèrent donc à exercer leur industrie à leurs risques et périls. Nous verrons plus loin les bénéfices considérables qu'un industriel ingénieux — se substituant sans mandat d'ailleurs à la Société d'Encouragement — sut tirer de cette tolérance.

Tolérés, mais non reconnus, les bookmakers commencèrent, cette année même, à subir les caprices de l'Administration, qui les admettait ici pour les expulser plus loin, sans raison.

C'est ainsi, par exemple, que, sans crier gare, la gendarmerie leur donna la chasse sur l'hippodrome de la Sole, à la réunion d'automne de Fontainebleau, alors que le même Parquet de Seine-et-Marne avait considéré leur industrie comme parfaitement licite, à la réunion d'été.

Puisque nous parlons jeu, signalons l'installation définitive — jusqu'à sa disparition en 1910, au n° 48 de la rue Basse-du-Rempart, du Salon des Courses, qui, depuis sa fondation, en 1861, s'était logé un peu partout.

**

Les meilleurs trois ans sont *Kilt, Camélia, Braconnier, Mondaine* et *Enguerrande*, qui, tout en s'entre-battant, se partagent toutes les grandes épreuves, à l'exception du Grand Prix, qui fut gagné dans un canter par *Kisber* (1).

Braconnier (Caterer et Isolina), au comte de Lagrange, avait remporté les prix de Guiche et de la Seine, la Poule des Produits sur

---

M. Oller, se concilier avec l'établissement de l'espèce de ferme des jeux dont il sollicite le privilège? Nous ne le croyons pas.

« Il ne suffit pas de se couvrir d'un intermédiaire et de charger un concessionnaire de faire ce qu'on ne peut faire soi-même pour échapper à toute responsabilité; et, en dépit de toutes les précautions qu'elle pourrait prendre, le jour où notre Société consentirait à intervenir dans les paris pour en faire l'objet d'un monopole productif, elle aurait perdu le droit de se dire étrangère à une spéculation organisée sous son autorité et à son profit. »

(1) Né en Hongrie, au haras dont il portait le nom, *Kisber* (Buccaneer et Manganese), avait été payé yearling 12.500 francs par M. A. Baltazzi. Envoyé en Angleterre, il y avait couru à deux ans — sans avoir encore de nom — d'abord obscurément, puis en enlevant le Dewhurst plate. Il ne reparut, sous le nom de *Kisber*, cette fois, que dans le Derby, où, second favori à 9/2, il avait battu facilement *Forerunner* et *Julius Cæsar*, tous deux entraînés par R. Peck. Celui-ci avait déposé aussitôt une réclamation basée sur ce que le certificat d'origine donnant le signalement de *Kisber* ne mentionnait pas « un bouquet de poils blancs à l'attache de la queue ». Il va sans dire que les Commissaires du Jockey-Club avaient rejeté cette réclamation « comme étant frivole ».

La seconde sortie de *Kisber* fut dans le Grand Prix. On ne le revit plus ensuite que dans le Saint-Léger de Doncaster, où il se présenta hors de forme et finit mauvais troisième.

Kisber remontait, par son père, à *Highflyer*, lignée de *Byerby Turk*, et, par sa mère à *Marske*, père d'*Eclipse*.

Avant d'être exportée en Hongrie, *Manganese* avait donné, avec *Rataplan*, *Mandragora*, qui produisit *Analogy*, gagnante des Oaks et du Saint-Léger.

Mondaine, puis la Grande Poule, d'une encolure sur *Enguerrande*. Il avait ensuite abandonné — comme *Xaintrailles* le fera en 1885 — le prix du Jockey-Club, qui semblait à sa merci, pour le Derby d'Epsom, où il ne joua aucun rôle. Non placé dans le Grand Prix de Paris et dans le Grand Prix de Deauville (gagné, il est vrai, par son camarade *Nougat*), il termina l'année par une place de troisième, dans le prix de Villebon, derrière *Enguerrande* et *Mondaine*

Camélia — dont nous parlons plus loin, en raison de ses succès en Angleterre — ne fit chez nous qu'une apparition obscure dans le Grand Prix.

Enguerrande (Vermout et Deliane), à M. A. Lupin, avait débuté, en France, par une victoire dans la Poule d'Essai, sur *Filoselle* et *Kilt*. Battue, ensuite, par *Braconnier*, dans la Grande Poule, par *Mondaine* et *Filoselle*, dans le prix de Diane, et d'une tête, par *Kilt*, dans le prix du Jockey-Club, elle était allée partager les Oaks avec *Camélia*. Seconde derrière *Kisber*, dans le Grand Prix, elle succombe à nouveau, contre *Kilt* et *Mondaine*, dans le prix Royal-Oak, et termine la saison en enlevant le prix de Villebon, à *Mondaine* et *Braconnier*.

Non placée dans le Biennal, *Mondaine* (Vertugadin et La Magicienne), à M. E. Fould, gagne le prix de Longchamp; elle ne figure pas dans la Poule d'Essai et succombe contre *Braconnier*, dans la Poule des Produits, avant de remporter, à 20/1, le prix de Diane; troisième dans le Grand Prix, elle est battue par *Nougat* dans le prix de Seine-et-Marne, où elle avait d'abord fait dead-heat avec lui, puis dans le Grand Prix de Deauville. Entre temps, elle était allée cueillir le Grand Prix de Vichy, de 6.000 francs. A l'automne, nous la retrouvons derrière *Kilt*, dans le prix Royal-Oak, et derrière *Enguerrande*, dans le prix de Villebon.

Kilt (Consul et Highland Sister), au baron de Rothschild, après avoir succombé contre *Le Drôle*, dans le Biennal, contre *Enguerrande* et *Filoselle* dans la Poule d'Essai, avait battu *Nougat*, à 28 livres pour l'année, dans le prix de Longchamp, avant de remporter d'une tête le prix du Jockey-Club, sur *Enguerrande*. Non placé dans le Grand Prix, il s'adjuge le Saint-Léger de Caen, prend la troisième place, derrière *Nougat* et *Mondaine*, dans le Grand Prix de Deauville, triomphe à nouveau de *Mondaine* et d'*Enguerrande*, dans le prix Royal-Oak, et clôt la campagne par une victoire dans le prix de la Forêt.

Au sujet de *Kilt*, rappelons le gros scandale qu'avait causé sa défaite dans la Poule d'Essai, où, comme nous venons de le dire, il n'avait pu prendre que la troisième place, après avoir perdu vingt longueurs au baisser du drapeau. Ce n'était pas par surprise ou accident que son jockey Wheeler avait ainsi manqué le départ, mais intentionnellement, le poulain ayant été bel et bien tiré... Circonvenu par la bande d'aigrefins qui opéra par la suite dans les « Suburbains », Wheeler avait cédé à leurs instances monnayées. L'affaire fit grand bruit, comme bien on pense, et le coupable ne dut qu'à sa jeunesse, à ses aveux et à ses larmes, de n'être pas disqualifié à vie.

Professionnellement la faute était sans excuse, et l'on ne peut que regretter l'indulgence dont fit preuve en la circonstance la Société d'Encouragement : c'était laisser ouverte la porte aux agissements de ce genre, et Wheeler ne sera pas le seul jockey à prêter une oreille complaisante aux fomenteurs de « coups ».

La Poule d'Essai ne fut pas la seule épreuve, en 1876, à donner lieu à l'indignation populaire. A l'automne, l'Omnium, où Henry Jennings jouait décidément de malheur, souleva les mêmes clameurs et les mêmes huées qui avaient accueilli, quatre ans auparavant, la victoire de *Mathilde*. Cette fois encore, la favorite *La Noue* (Rolfe) était entraînée par lui, et, comme en 1872, la victoire resta à un autre de ses pensionnaires, *Source* (Carratt), à P. M. Aumont, partie à 30/1.

Bien connues déjà en Belgique, les couleurs du comte P. de Meeüs (casaque vert clair, coutures cerise, toque noire), font leur apparition sur nos hippodromes et remportent, avec le trois ans *Boscobel*, quelques petits succès, précurseurs de victoires plus importantes.

* * *

La carrière de quatre ans de *Nougat* est particulièrement brillante. Il remporte, en effet, les prix de Chevilly et Rainbow, la Coupe, prix de Deauville — qu'il partage avec *Salvator*, dont c'est l'unique apparition en public (1), — le prix de Seine-et-Marne, après un dead-heat avec *Mondaine*, à laquelle il ne rendait pas moins de 28 livres pour l'année (l'écart, sur cette distance et à cette même époque, n'est plus aujourd'hui que de 18 livres), le Grand Prix de Deauville, sur cette même *Mondaine*, et, en fin d'année, le prix Gladiateur. Il fut alors retiré de l'entraînement et envoyé au haras de Dangu (2).

Saint-Cyr avait gagné le prix du Cadran, et sa camarade *Almanza*, le prix de Bois-Roussel.

Enfin, *Saxifrage*, magnifique cheval, à qui son développement extrêmement lent n'avait pas permis encore de réaliser les espérances que son propriétaire, M. Edouard Fould, avait fondées sur lui, remporta, à 4 ans, sa première victoire, dans le Handicap, à Paris; il enleva ensuite les prix de Satory et des Pavillons et sept prix nationaux en province, créditant son propriétaire de plus de 50.000 francs. Mais c'était surtout au haras, comme nous le verrons, que ce frère de *Saltarelle* devait faire preuve de qualité.

* * *

L'illustre *Gladiateur* mourut au cours de l'année, d'une inflammation. Il n'était âgé que de 14 ans, mais, à en juger par la médio-

---

(1) *Salvator* passa ensuite en Angleterre, où il fit la monte chez M. Cookson, au haras de Newham. Son meilleur produit sera *Ossian*, au duc de Hamilton, vainqueur du Saint-Léger de Doncaster, en 1883.

(2) *Nougat*, par contre, se montra excellent reproducteur. Il est le père de *Farfadet, Aérolithe, Galette,* etc.

crité de sa production, sa disparition ne put être **considérée** comme une perte pour notre élevage.

* *

Si nous laissâmes échapper le Grand Prix — dont la journée fut marquée par des accidents assez graves (1), — l'année 1876 n'en est pas moins une des plus glorieuses pour l'élevage national, tant par le nombre que par l'importance des succès que nos chevaux remportèrent en Angleterre, et dont la répercussion devait, à la clôture de la saison sportive, engendrer la grande querelle de la « réciprocité ».

Il est utile de rappeler ces succès pour bien comprendre l'état d'esprit de certains de nos voisins d'Outre-Manche.

Les chevaux français, qui avaient couru en Angleterre, étaient au nombre d'une centaine, et ils n'y avaient pas gagné moins de £ 26.155 (653.875 francs).

Parmi les principaux vainqueurs, qui comprennent les noms de *Braconnier*, *Allumette*, *Camembert*, *Conseil*, *Laurier*, *Pluton*, etc., il faut surtout citer *Camélia* (Macaroni et Araucaria), au comte F. de Lagrange, gagnante des Mille Guinées, puis des Oaks, qu'elle partagea avec *Enguerrande*, à M. A. Lupin. Celle-ci venait d'échouer, comme nous l'avons vu, dans les prix de Diane et du Jockey-Club; aussi partit-elle à 25/1, tandis qu'on trouvait difficilement *Camélia* à 5/2.

Mais qu'étaient ces succès à côté de ceux de nos chevaux de deux ans !

Chamant, au comte de Lagrange, avait remporté le Middle Park et le Dewhurst plate; *Verneuil*, au même propriétaire, les Buckenham Produce Stakes, et *Jongleur*, au comte de Juigné, les Criterion Stakes, sur ce même *Verneuil* et le poulain hongrois de *Voltella*, en sorte que, dans cette épreuve classique, aucun cheval anglais ne fut placé, pas même *Sidonia*, qui avait été payé, yearling, le prix — fabuleux pour l'époque — de 2.400 guinées (63.000 francs).

Voilà pour les chevaux français. D'autres, allemands, hongrois, américains, australiens même, avaient également cueilli des sommes importantes, s'élevant — y compris la victoire de *Kisber*, dans le Derby — à £ 8.256.

---

(1) Dans le prix de la Ville de Paris (handicap), qui se disputait avant le Grand Prix, le public de la pelouse, en dépit de toutes les objurgations, était resté sur la piste, qu'il lui était alors permis d'envahir entre les courses. Massé autour des chevaux, il les affola par ses cris et ses mouvements, et les jockeys furent impuissants à empêcher leurs montures de ruer et de se jeter sur la foule. Il s'ensuivit une panique folle, au cours de laquelle plusieurs personnes furent piétinées et assez grièvement blessées.

Mal conseillées, les victimes voulurent rendre les jockeys responsables, et les attaquèrent en dommages et intérêts devant le Tribunal civil pour faute professionnelle. Le bon sens des magistrats fit justice de cette prétention, les jockeys furent acquittés et les demandeurs condamnés aux dépens, le jugement estimant que, par son obstination à ne pas quitter la piste, le public était seul cause des accidents survenus.

Le verdict fut confirmé, dans le courant de 1877, par la Cour d'appel.

C'était donc un total formidable de £ 34.411 (860.250 francs), que les chevaux étrangers avaient enlevé, en 1876, au turf britannique !

Cette moisson de lauriers terrifia les Anglais.

Non seulement le Derby, les Mille Guinées et les Oaks leur avaient échappé, cette année-là, mais toutes leurs grandes épreuves de 1877 leur parurent courues d'avance pour les *Chamant*, *Jongleur* et *Verneuil*; *Saint-Christophe* lui-même, dont les performances n'avaient cependant rien de bien extraordinaire et en qui il était difficile de pressentir le vainqueur du prochain Grand Prix, leur parut un foudre de guerre (1).

Des clameurs s'élevèrent de tous les côtés contre ce péril éventuel, et lord Falmouth, soutenu par lord Hastings et l'amiral Rous, réclama bruyamment de la Société d'Encouragement la liberté réciproque du turf français, dont quelques rares épreuves seulement étaient ouvertes aux chevaux anglais, alors que, en Angleterre, elles l'étaient toutes aux chevaux français.

Cette question de la réciprocité, reconnaissons-le, avait préoccupé lord Falmouth bien antérieurement, mais il s'était contenté jusqu'alors de signaler la chose, sans chercher à la résoudre. On ne pouvait donc l'accuser d'obéir à un mouvement de panique ou de ressentiment, car, depuis plusieurs années, il essayait de convertir le Jockey-Club anglais à ses vues.

Mais les succès répétés des élevages étrangers eurent le don d'exaspérer quelques « jingoes », et lord Falmouth trouva dans leurs manifestations l'appui qui lui avait manqué jusque-là. A la fin de 1876, il reprit la question avec vigueur, demandant, sous peine de représailles, que toutes les courses françaises fussent ouvertes aux chevaux de son pays.

En conséquence, ses amis et lui déposèrent une motion, qui devait venir devant le Jockey-Club en 1877, pour exclure les chevaux étrangers des Poules et autres courses à poids pour âge en Angleterre.

Surenchérissant sur cette proposition, lord Vivian et lord Hardwicke réclamèrent des mesures plus énergiques encore, c'est-à-dire l'exclusion radicale de nos chevaux.

---

(1) *Saint-Christophe* n'avait pas fait grand'chose, et, pour ses débuts en France, il n'avait pas été placé — comme *Boïard*, quatre ans auparavant — dans le prix de la Salamandre, à Fontainebleau, gagné par *Faisane*, qui avait déjà à son actif le Grand Critérium de Dieppe.

Jongleur, par contre, avait couru trois fois pour remporter trois victoires : les Criterion Stakes, le Grand Critérium et le prix de Condé, qu'il était le premier à gagner avec la grosse surcharge de 10 livres,

Le prix du Premier Pas était revenu à *Gladia*, et celui de Deux Ans, à *Astrée*.

CHAPITRE LIV

ANNÉE 1877

Question de la « Réciprocité ». — Le vicomte Paul Daru et l'amiral Rous. — *Saint-Christophe, Chamant, Jongleur, Verneuil, Stracchino, La Jonchère*. — Double dead-heat de *Mondaine* et de *Saint-Christophe*. — Mort de *Stradella*. — Nouveau parcours du Derby de Chantilly. — Match *Jacinthe-Zéthus*. — Première vente publique de yearlings. — Fondation des écuries Edmond Blanc, Maurice Ephrussi et vicomte de Trédern. — Mort d'Eugène Chapus.

De janvier à avril — époque à laquelle toutes ces motions de guerre devaient venir en discussion au Jockey-Club — une polémique violente s'engagea dans les journaux anglais. Lord Falmouth répondit aux attaques, des articles parurent également signés de l'amiral Rous, qui, tout en étant partisan de la réciprocité dans une certaine mesure, se montrait beaucoup moins intransigeant que ses amis, tandis que, de l'autre côté, lord Ailesbury et M. A. Lupin (celui-ci parlant au nom de la Société d'Encouragement, bien que le doyen d'âge fut M. Ernest Leroy), défendaient la cause française.

M. A. Lupin se basait :

1° Sur ce que c'était le principe fondamental de la Société d'Encouragement que l'intégralité de ses subventions fût réservée à l'élevage national ;

2° Sur l'énorme différence qui existait entre es grandes courses des deux pays : en effet, tandis que les prix sont presque exclusivement constitués, en Angleterre, par les cotisations des souscripeurs, ils sont dotés, en France, d'allocations importantes fournies par la Société ;

3° Sur ce qu'une telle altération courrait grand risque de nuire au développement de l'institution des courses en France, encore trop jeunes comparées à celles de nos voisins, etc.

Les journaux français — tel le *Sport*, le plus autorisé alors en la

matière, et dont le fondateur, Eugène Chapus, venait de mourir (1)
— prenaient naturellement fait et cause contre lord Falmouth :
« Que les Anglais, disaient-ils, nous ferment leurs courses, soit!
Mais on dira que c'est par peur, parce que nous avons fait de tels
progrès en élevage que nos chevaux sont meilleurs que les leurs!...
A repousser les étrangers, ils perdront toute émulation, et nous les
remplacerons sur les marchés! »

Nous trouvâmes notre meilleur champion en lord Ailesbury,
sportsman de la vieille école, qui soutenait que, bien loin d'exclure
les chevaux étrangers du turf anglais, on devait, au contraire, les y
attirer davantage encore, tant leur concurrence était nécessaire.

La majorité des journaux, en Angleterre, donnait, du reste, raison
à lord Ailesbury, dont l'avis avait plus de poids que celui des feuilles
françaises, trop intéressées dans la question.

« Si, disaient-ils, — ainsi que le résume fort judicieusement Robert
Black, — vous vendez aux étrangers votre meilleur sang (et fort
cher, ce qui ne les a pas empêchés de faire souvent une mauvaise
affaire), vous ne pouvez avoir la prétention de les battre éternellement. D'ailleurs, les choses sont-elles en aussi mauvais état?... En
cent ans, qu'ont donc gagné tous ces étrangers : deux *Derby* (1865
et 1876), trois *Oaks* (1864, 1872 et 1876), un *Deux mille Guinées*
(1865), deux *Mille Guinées* (1872 et 1876) et un *Saint-Léger* (1865)...
Y a-t-il vraiment là de quoi pousser un tel cri d'alarme?

« De plus, personne ne contestera que, si nous leur avons ouvert
nos courses, c'est parce que nous pensions qu'ils pourraient les
gagner et que nous aimons leur argent, qu'ils nous ont versé pendant
tant d'années, soit par leurs entrées (sans avoir alors grande chance
de remporter des courses), soit pour nos étalons et poulinières (à de
fort gros prix, le plus souvent). C'est aussi, parce que, en les invitant si libéralement à venir se faire battre, nous les encouragions à
acheter et à persévérer, en même temps que, en les battant, nous
augmentions le prestige et la valeur de nos propres produits.

« Ce ne sont pas les Français, d'ailleurs, qui nous ont demandé de
leur ouvrir nos courses. Ç'a été volontairement de notre part et
sans arrière-pensée, et non comme l'araignée invite la mouche. Ils
ont raison de dire qu'ils nous ont déjà ouvert — malheureusement,
c'est un dimanche — leur Grand Prix (la plus riche des épreuves du
continent et non moindre qu'aucune grande course en Angleterre), le
Grand Prix de Deauville et le prix de Deux Ans, que nous avons
gagnés souvent l'un ou l'autre, sans que jamais s'élevât une note

---

(1) Eugène Chapus avait 78 ans. Dès le début des courses en France, il avait
vaillamment lutté pour la cause du pur sang. Il est l'auteur de nombreux
ouvrages sportifs, des plus intéressants à consulter, auxquels nous avons fait
maints emprunts, tels par exemple, que le *Turf* ou les *Courses de Chevaux* et
Le Sport à Paris.

En 1854, il avait fondé *Le Sport*, qu'il céda par la suite à M. de Saint-Albin
Lagayère

discordante à notre égard. Il y a, en outre, des difficultés insurmontables à modifier d'un coup le régime de leurs courses, ce qu'on ne pourrait faire que progressivement avec le temps.

« En fermant notre porte à leurs chevaux, juste au moment où ils commencent à montrer leur valeur, c'est porter atteinte à notre prestige et diminuer la propre valeur de nos produits.

« A supposer même que les Français nous ouvrissent leurs épreuves classiques, quel propriétaire anglais, ayant le Derby ou les Oaks en vue, risquerait de les sacrifier pour le prix du Jockey-Club ou le prix de Diane?... La seule consécration du mérite d'un cheval, c'est la victoire dans une grande épreuve anglaise.

« Si nous ne pouvons plus produire de notre propre sang des chevaux capables de battre les chevaux français, nous devons en prendre de leur sang, — ce qui ne serait, en somme, que revenir au nôtre.

« Mais nous ne maintiendrons notre supériorité, qu'en battant — chez nous — les chevaux étrangers.

« Cette réciprocité, d'ailleurs, pourquoi l'exiger de la France seulement, alors que des chevaux allemands, hongrois, américains, australiens viennent triompher chez nous?

« Et si nous l'exigeons également de l'Allemagne, de la Hongrie et de l'Australie, ne sera-ce pas ridicule de notre part, car on sait bien que nous n'enverrons jamais un cheval dans ces pays! »

La motion de lord Falmouth et celle de lord Vivian et lord Hardwicke vinrent en avril devant le Jockey-Club qui, comptant sur le temps pour calmer les esprits, en remit sagement la discussion à l'automne.

Il fit bien puisque, l'automne venu, il n'en fut plus question.

D'avril à fin octobre, que s'était-il donc passé en Angleterre? Certes, le bon sens de lord Ailesbury avait porté un coup grave à la doctrine de la réciprocité et l'ajournement, par le Jockey-Club, des différentes propositions qui lui avaient été soumises dans ce sens, équivalait presque à un enterrement. Mais il s'était surtout passé ceci, que lord Falmouth se trouvait, en fin d'année, en tête des propriétaires gagnants, avec la somme énorme de £ 34.578 (859.450 fr.), qu'il avait remporté le Derby et le Saint-Léger avec *Silvio* — *Chamant* n'ayant plus rien fait après sa victoire dans les Deux mille Guinées — et la plus grande partie des épreuves importantes de deux ans, avec ses pouliches *Jannette* et *Lady Golightly!*

Ces succès eurent-ils quelque chose à voir avec le silence qui se fit sur sa motion? Ce serait faire injure au noble lord que de le supposer. Mais, suivant les termes mêmes qu'il avait employés — en disant que les courses n'étaient plus un simple passe-temps de grand seigneur, mais bien une affaire de grand travail, de grande occupation et de grands sacrifices — on s'aperçut que ce pouvait être aussi, en même temps qu'une grosse affaire, une bonne affaire.

Lord Falmouth, en effet, malgré les « envahisseurs étrangers », n'eut pas trop à se plaindre de la Fortune, ayant gagné, durant sa carrière sur le turf, plus de 4 millions de francs d'argent public.

Les mêmes causes engendrant les mêmes effets, nous verrons plus loin que les succès de *Foxhall*, *Iroquois* et *Plaisanterie* eurent à nouveau le don d'exciter sa francophobie et de le pousser à présenter, une seconde fois, sans plus de bonheur, sa fameuse motion de la réciprocité.

Nous n'avons fait que résumer en quelques lignes la polémique

Vicomte Paul Daru.

publique qu'avait suscitée le dépôt de cette proposition. Il va sans dire que les deux puissances intéressées, le Jockey-Club et la Société d'Encouragement, avaient pris une large part au débat.

Deux des hommes qui, de chaque côté du détroit, avaient été mêlés le plus directement et le plus activement aux discussions en cours, étaient morts à quelques mois de distance, l'un en avril, l'autre en juin.

Le premier était le vicomte Paul Daru, membre fondateur du Jockey-Club, depuis 1837, et président du Comité de la Société d'Encouragement, depuis 1857, fonctions dans lesquelles il rendit les plus grands services à la cause du sport. La Société d'Encouragement commémora son souvenir en donnant, dès cette même année, son nom à l'épreuve connue jusqu'alors sous celui de Poule des Produits.

Le second était l'amiral Rous, la plus haute personnalité du turf anglais et le porte-parole du Jockey-Club. C'est à lui que nos voisins sont redevables de leur échelle de poids, dont celle qui est en usage en France n'est guère que la copie. Nous les avons publiées toutes deux au chapitre IV (voir pages 70 et 71). De nombreux hippodromes, en Angleterre, ont donné le nom de cet éminent sportsman à l'une de leurs épreuves : Rous Stakes, Rous memorial Stakes, Rous plate, etc.

Magnifique année, avec *Chamant, Jongleur, Saint-Christophe, Verneuil, Fontainebleau, Stracchino* et *La Jonchère*.

Chamant (Mortemer et Araucaria), sur lequel, en raison de ses brillantes performances à deux ans, le comte de Lagrange était en droit de fonder les plus belles espérances, sembla d'abord vouloir les réaliser en remportant facilement les Deux mille Guinées sur *Silvio;* malheureusement, un tour de reins vint, quelques jours avant le Derby, lui enlever toutes chances dans cette épreuve, où il ne joua aucun rôle contre son runner-up des Deux mille Guinées. Ce fut la fin de sa carrière sur le turf. Vendu au Gouvernement autrichien, il se montra reproducteur de premier ordre.

Jongleur (Mars et Bijou) fut plus heureux. Pour sa rentrée, il enleva facilement la Grande Poule, à *Fontainebleau* (propre frère de *Saint-Cyr*), qui venait de remporter la Poule d'Essai, et à *Saint-Christophe*, ses deux seuls adversaires. Dans le prix du Jockey-Club — qui se courait pour la première fois sur le parcours actuel, jusque-là les chevaux partaient devant les tribunes — on paya trois en sa faveur. Son jockey Carratt eut toutes les peines du monde à lui faire garder un mince avantage sur *Verneuil* qui, vingt mètres plus loin, aurait eu le meilleur. *Stracchino* était troisième. Dans le Grand Prix, il semblait maître de la partie, s'étant débarrassé, à la distance, de *Stracchino* et de *Verneuil*, quand le compagnon de celui-ci, *Saint-Christophe*, survenait comme une flèche pour le battre facilement. Non placé, à l'automne, dans le prix de Chantilly, il remportait le Royal-Oak, triomphait de *Placida*, gagnante des Oaks, dans les Select Stakes, à Newmarket, et terminait la campagne par une victoire sensationnelle dans le Cambridgeshire, où son poids de 52 kilogrammes paraissait tellement lourd pour un trois ans, qu'il partait à 33/1. Monté par Rolfe, il gagna de deux longueurs, sur *Belphœbe*, gagnante des Mille Guinées et trente-deux autres concurrents, parmi lesquels les deux chevaux français *Verneuil* et *Roi de la Montagne*. Sa victoire coûta, dit-on, plus de deux millions de francs au ring anglais (1).

Saint-Christophe (Mortemer et Isoline) avait reparu dans le prix de Guiche, qu'il avait enlevé facilement; troisième dans la Coupe (derrière *Stracchino* et *Mondaine*, et dans la Grande Poule, derrière *Jongleur* et *Fontainebleau*), il n'avait pas disputé le prix du Jockey-Club, où il n'était pas inscrit. Il avait remporté le prix du Printemps (2.900 mètres), et battu avec désinvolture, dans le prix de Deauville, le dimanche qui précède le Grand Prix, son camarade *Braconnier*, *Kilt*, *Mondaine* et *Enguerrande*, c'est-à-dire les meilleurs quatre ans. Cette performance eût dû servir d'indication pour le Grand Prix. Il n'en fut rien, et *Saint-Christophe*, monté par Hudson, qui portait les secondes couleurs — les premières étaient portées par Goater, sur *Verneuil* — partit à la cote invraisemblable de 66/1, que rien ne justifiait.

Mais de tous temps le betting a eu de ces dédains exagérés, à opposer à ses engouements incompréhensibles!

On sait de quelle façon brillante *Saint-Christophe* triompha. Maintenu en seconde position jusqu'à l'issue du duel engagé entre *Jongleur* et *Verneuil* — avec lequel l'écurie Lagrange voulait gagner — *Saint-Christophe* ne vint que lorsqu'il vit son compagnon battu, et *Jongleur*, qui avait déjà triomphé de deux durs assauts, ne put résister à cette dernière attaque.

A quelques jours de là, *Saint-Christophe* essuyait, dans le Grand Prix de Lyon, un échec trop complet pour être exact et qu'excusait la fatigue qu'il pouvait ressentir. Puis il remportait le Triennal de son âge, à Newmarket, et il terminait la campagne par un exploit demeuré célèbre, un double dead-heat avec *Mondaine*, à poids pour âge, sur les 3.000 mètres du prix de Chantilly.

Dans la première épreuve, les deux chevaux s'empoignèrent dès l'entrée de la ligne droite et, après une lutte terrible, arrivèrent nez à nez, loin devant *Braconnier* et *Jongleur*.

A la seconde manche, même empoignade, même acharnement et même résultat.

Ce fut du délire parmi le public, et des acclamations frénétiques saluèrent la rentrée aux balances des deux champions et de leurs jockeys, qui avaient rivalisé de science et d'énergie.

Ces deux luttes prolongées, sur une distance de 6.000 mètres, constituent la plus belle performance moderne qu'ait accomplie un cheval de trois ans et rappellent l'endurance des grands ancêtres du XVIIIe siècle, qui couvraient communément 12 à 16 kilomètres par

---

(1) La carrière de *Jongleur* — qui, à 4 ans, parut en déclin de forme — ne fut pas de longue durée. Il mourut, en effet, à l'automne de 1878, du tétanos, des suites d'une blessure du paturon.

jour... Sa carrière de quatre ans devait prouver qu'il ne se ressentait en rien de ce magnifique effort.

Mondaine montra, elle aussi, de quelle trempe étaient encore les pur sang de cette époque, en enlevant au petit galop, à quelques semaines de là, le prix Gladiateur. Au printemps, elle avait eu raison, dans le Biennal, de *Kilt*, qui venait de remporter le prix Rainbow, sur *Braconnier* et *Enguerrande*, laquelle l'avait devancé, précédemment, dans le prix du Cadran.

Battu par *Jongleur* et *Saint-Christophe*, dans toutes leurs rencontres, *Verneuil* devait prendre sa revanche par la suite. C'était un immense cheval, dans le genre de *Gladiateur*, dont le développement était loin d'être avancé. Il ne devait trouver sa véritable forme que l'année suivante, pour accomplir un exploit unique en son genre, comme nous le verrons. A trois ans, après avoir failli gagner le prix du Jockey-Club, il remporta le prix du Cèdre sur *Stracchino*, le prix Seymour sur *La Jonchère* et le Jockey-Club Cup, à Newmarket; entre temps, il avait fini quatrième dans le Grand Prix et avait été battu à nouveau, par *Jongleur*, dans le prix Royal-Oak.

Parmi les autres chevaux on peut citer encore : *Stracchino*, frère de *Kilt*, au baron de Rothschild, gagnant du prix de la Seine, de la Coupe, sur *Mondaine*, placé troisième dans le prix du Jockey-Club et le Grand Prix; — *Boïador*, propre frère de *Boïard*, à M. H. Delamarre, qui dut se contenter du Biennal, dans lequel il avait débuté; — et *La Jonchère*, à M. A. Lupin, lauréate du prix de Diane et, précédemment, du prix Daru, où sa victoire avait donné lieu à une manifestation tumultueuse de la part du public, la grande favorite *Astrée* — qui n'avait pu y prendre que la troisième place — étant sa camarade d'écurie. La correction légendaire de l'écurie Lupin aurait dû suffire cependant à empêcher ces clameurs malsonnantes.

Le pari mutuel, tel qu'il fonctionne aujourd'hui, a ceci de bon que les chevaux d'un même propriétaire — en attendant ceux d'un même entraîneur — y sont couplés, ce qui évite les incidents de ce genre.

Rien n'empêchait, il est vrai, les sportsmen prudents, de jouer l'écurie, au lieu de tel ou tel de ses représentants.

Si c'eût été alors la règle, le public se fût épargné bien des manifestations déplacées. En tous cas, il ne devrait jamais oublier (comme l'a si judicieusement autant que peu grammaticalement exprimé un entraîneur célèbre) « qu'on ne gagne pas une course avec le cheval qu'on *veut*, mais bien avec celui qu'on *peut* ».

Deux pouliches et un poulain se distinguent parmi les jeunes chevaux :

Clémentine, propre sœur de *Verneuil*, qui remporte, à Newmarket, les Champagne Stakes, de 30.000 francs, et n'est battue que d'une encolure, par la fameuse *Jannette*, dans les Criterion Stakes;

Insulaire, — le cheval malheureux entre tous — qui, après deux victoires dans les Corporation Stakes, à Brighton, et les Rutland Stakes, à Newmarket, inaugurera sa série d'éternel second, en succombant devant *Jannette*, dans les Clearwell Stakes, et devant *Pilgrimage*, dans le Dewhurst Plate;

Enfin *Mantille*, au comte G. de Juigné, qui, après avoir été battue par *Saint-Mars*, à M. L. André, pour ses débuts, dans le Grand Critérium Continental, de Gand (5.000 francs), enlève successivement le prix de Vichy, le prix de Deux Ans, à Deauville, le Grand Critérium de Dieppe (qu'elle partage avec *Phénix*), le Grand Critérium et le prix de la Salamandre.

**

A signaler, au mois de mars, un de ces matches singuliers, renouvelé des temps passés, entre *Jacinthe*, pur sang, 5 ans, que le baron J. Finot, avait réclamée, à Lille, pour 2.300 francs, contre *Zéthus*, demi-sang, à M. Pourquey. La distance à parcourir était de 30 kilomètres. La jument, montée par le vicomte d'Autichamp, devait l'effectuer au galop; le cheval, au trot. *Jacinthe* gagna au petit galop, couvrant les 30 kilomètres en cinquante-neuf minutes.

C'est en 1877 que le comte de Berteux fonda le haras de Cheffreville, près de Fervacques, d'où devaient sortir, sinon un grand cheval, tout au moins nombre d'excellents sujets, dont deux, *Upas* et *Cambyse*, allaient se montrer reproducteurs remarquables.

La fameuse *Stradella* était morte à l'âge de 18 ans. Elle n'avait pas tenu, au haras, les espérances qu'avait fait concevoir sa brillante carrière sur le turf.

A l'automne avait eu lieu la première vente publique de yearlings, du haras de La Celle-Saint-Cloud, à M. L. Delâtre. Ils atteignirent 6.000 francs en moyenne. Le prix le plus élevé fut donné pour une pouliche nommée *Nubienne*, par un jeune sportsman encore inconnu, dont l'écurie devait un jour jouer un rôle prépondérant sur le turf et qui devait s'installer précisément dans l'établissement de M. Delâtre.

Ce nouveau venu n'était autre que M. Edmond Blanc. Il n'avait encore eu, sous la direction de Macksey, à La Chapelle-en-Serval, que quelques chevaux d'obstacles. Il avait pris goût au sport et, rêvant déjà de grandes choses, il venait de s'attacher Ch. Pratt comme entraîneur de plat.

Du premier coup — on sait ce que fit *Nubienne*, — il allait connaître la joie des grands triomphes, que tant d'autres ont vainement attendue!

La casaque gros-bleu à pois jaunes de M. Maurice Ephrussi parut également sur le turf au cours de cette même année, dans quelques prix secondaires, en attendant ses futurs succès dans les grandes épreuves classiques.

En même temps naissait une troisième écurie, celle du vicomte de Trédern et du comte de Montreuil, qui, plus modeste et plus éphémère, faillit avoir également son heure de gloire avec *Le Lion*.

CHAPITRE LV

ANNÉE 1878

Scission Lagrange-Lefèvre. — La Société d'Encouragement supprime toute subvention aux Sociétés qui profitent du jeu. — Le prix du Nabob. — *Clémentine, Insulaire, Brie, Sthathouder*. — *Saint-Christophe* et *Verneuil* (record de celui-ci en Angleterre; sa vente à l'Autriche) et *Fontainebleau* (suite). — *Kincsem*. — Arrivée tumultueuse dans l'Omnium. — *Swift*. — Mort du baron de Nexon. — Retraite momentanée de M. H. Say. — Apparition des couleurs de MM. H. Bouy et Camille Blanc. — Mort de *Fille-de-l'Air*.

Si la Société d'Encouragement avait toujours tenu à honneur de rester totalement étrangère à l'exploitation du jeu sur ses hippodromes, certaines Sociétés de province et la plupart des petits champs de courses des environs de Paris, que dirigeait Adolphe Dennetier, étaient loin d'avoir partagé les mêmes scrupules et tiraient, au contraire, large profit de l'autorisation qu'ils accordaient aux bookmakers d'exercer leur industrie dans leurs différentes enceintes.

C'était déjà, dans l'œuf, le germe des « Suburbains ». On sait à quels abus et à quels scandales cette protection intéressée devait donner lieu!

Société privée, ne jouissant que d'une autorité purement morale, sans action directe, on a dit qu'il n'était pas au pouvoir de la Société d'Encouragement d'empêcher ces agissements, qui allaient compromettre si gravement l'institution qu'elle avait eu tant de peine à édifier.

Nous reconnaissons volontiers qu'elle n'était pas maîtresse d'imposer, à ceux qui prétendaient s'en passer, son code et son règlement. Mais, put-on croire, un instant, que la mesure qu'elle prit « de refuser à l'avenir toute subvention aux Sociétés de Courses qui bénéficiaient du jeu, sous quelque forme que ce soit », était de nature à effrayer les dissidents?

Encore cette décision, pour si anodine qu'elle fût, ne sera-t-elle pas partout également appliquée (1).

Dès l'année suivante, éclairée sur le peu d'effet de la mesure qu'elle avait prise, la Société d'Encouragement fera davantage. Nous verrons cependant que, cette fois encore, elle s'arrêtera à mi-chemin, ne jugeant pas nécessaire ou n'osant pas aller jusqu'au bout.

Certes, si le Gouvernement, prenant résolument la question en mains, avait décrété obligatoire pour toutes les Sociétés de Courses l'adoption du code et du règlement de la Société d'Encouragement, le mal eût été coupé dans sa racine.

Mais la République semble n'avoir jamais compris, comme l'Empire l'avait fait, le rôle des courses, et déjà un vent de fronde soufflait contre la Société d'Encouragement, en raison même de la barrière qu'elle opposait aux appétits naissants (2).

Et comme la Société d'Encouragement n'était qu'une émanation du Jockey-Club, que ses dirigeants étaient des gens du monde, riches et titrés, et pour la plupart attachés aux régimes déchus, la République ne voyait pas d'un mauvais œil les embarras que l'on créait à la vieille Société.

**

Unies depuis 1870, les écuries Lagrange et Lefèvre reprennent chacune sa liberté individuelle.

Le comte de Lagrange abandonne Royallieu et se sépare de Cunnington; il conserve Dangu, avec Weatherell, et Phantom Cottage, avec T. Jennings; M. C.-J. Lefèvre gardait Chamant, avec Richard Carter, et Lowther House, à Newmarket, avec Ch. Jennings junior.

**

Le PRIX DU NABOB, qui vient d'être créé (3), est gagné par *Clémentine*, une propre sœur de *Verneuil*, au comte de Lagrange, dont nous

---

(1) Un conflit s'éleva à ce sujet avec la Société des Courses de Caen, qui continua à opérer un prélèvement sur les bookmakers. Sous prétexte que celle-ci n'était pas une société privée comme celles de Dennetier et que ces prélèvements ne constituaient pas des bénéfices personnels, puisqu'ils étaient affectés aux allocations, la Société d'Encouragement eut la faiblesse de céder.
Ce fut une faute et mieux eût valu rompre carrément, que de créer ce précédent.

(2) N'est-ce pas le Gouvernement qui, en 1907, imposera à la Société l'obligation de rayer de son règlement la gratuité des fonctions de commissaires, sans laquelle aucun programme de courses n'était publié au *Bulletin Officiel*?

(3) Poule de 10.000 francs, sur 2.500 mètres, pour chevaux issus de juments saillies par des étalons nés hors de France. En 1896, cette épreuve reçut le nom de *prix Noailles*, en souvenir du comte A. de Noailles, membre du Comité de la Société d'Encouragement.
L'allocation primitive de 10.000 francs a été portée à 20.000, en 1883,

avons dit les succès à deux ans; elle enlève aussi la Poule d'Essai et la Grande Poule, mais est retirée du prix de Diane, en raison de l'état de l'une de ses jambes. On ne lui trouve plus ensuite que des places dans les Mille Guinées, les Oaks, le Goodwood Derby, les Grand Duke Mikael, les Nassau Stakes, les Newmarket Oaks et le prix Royal-Oak, où elle avait fini à une demi-longueur de son camarade *Inval*. A quatre et cinq ans, elle remportera de nouveaux et brillants succès et quittera le turf après une course extraordinaire dans le prix Gladiateur, que nous retracerons en son temps.

Battu d'une encolure par *Pilgrimage*, dans les Deux mille Guinées, *Insulaire* (Dutch Stakes et Green Sleeves), trouve une compensation dans le prix du Jockey-Club, qu'il enlève au petit galop, après quoi il reprend sa série malheureuse d'éternel second, déjà commencée à deux ans : battu d'une demi-longueur, dans le Derby d'Epsom, par *Sefton*, qu'il a devancé dans les Deux mille Guinées, il précède de loin *Thurio*, qui le bat d'une tête, sur le poteau, dans le Grand Prix!... Sa défaite, en cette circonstance, est exclusivement imputable à son jockey Goater, qui avait course gagnée, mais qui voulut finasser et faire — ce qui était alors de mode chez les grandes cravaches — « une belle arrivée ».

Pour prouver l'inexactitude de ce résultat, *Insulaire*, quelques jours plus tard, avait raison de *Jannette*, dans l'Ascot Derby, puis, à nouveau, il finit deuxième dans nombre d'épreuves, notamment dans les Sussex Stakes, derrière *Clocher*, dans le Newmarket Saint-Léger, derrière *Sefton*, et dans le Jockey-Club Cup, derrière *Silvio*; il ne fut placé ni dans le Saint-Léger de Doncaster, ni dans le Cambridgeshire.

Brie, sœur de *Kilt* et de *Stracchino*, au baron de Rothschild, avait remporté les prix de Diane et de Villebon, après avoir pris la seconde place, dans le prix Daru et la Grande Poule; — *Clocher* (Cathedral et Convent), à M. L. Delàtre, gagnant du Biennal et deuxième derrière *Insulaire*, à Chantilly, avait pris sa revanche à Goodwood, dans les Sussex Stakes; — *Stathouder*, à M. Ed. Fould, avait eu en partage les prix Daru et de Longchamp; — *Mourle*, à M. L. André, le Grand Saint-Léger; — et *Mantille*, la brillante lauréate de deux ans, n'avait commencé à retrouver quelque forme que tard dans la saison : sa meilleure performance, sur les sept prix qu'elle gagna, fut d'enlever le prix de la Forêt.

---

et 30.000, en 1891. Actuellement le prix s'élève à 63.000 francs environ pour le gagnant, plus une prime de 4.000, à l'éleveur; il est alloué, en outre, 5.000 au 2e, et 2.500 francs au 3e.

Comme pour les prix similaires Hocquart, Greffulhe et Daru, les engagements se font le 31 octobre de l'année de la saillie. Entrée : 500 francs; forfaits : 300 et 250, suivant l'époque de déclaration.

*

Le prix du Cadran remit en présence — le fait est assez rare pour être rappelé — les quatre premiers du précédent Grand Prix. *Saint-Christophe* finit à nouveau en tête, mais le classement des trois autres fut interverti, *Verneuil* ayant pris la seconde place devant *Jongleur* et *Stracchino*. Dans le Rainbow, *Saint-Christophe* n'eut pas de peine à devancer sa rivale du prix de Chantilly, *Mondaine*.

Jongleur eut en partage le Biennal, les prix d'Apremont, de Dangu et de Deauville, mais il succomba, à 7 livres seulement, contre *Fontainebleau*, dans le prix de Seine-et-Marne, après quoi il fut retiré de l'entraînement. Comme nous l'avons dit, il mourut à l'automne, du tétanos, des suites d'une blessure au paturon.

La Jonchère remporta la Bourse, mais elle succomba, dans le prix Jouvence, contre *Auguste*, lequel baissa pavillon, dans le prix Gladiateur, devant son camarade *Verneuil*, qui s'était couvert de gloire en Angleterre, comme nous le verrons plus loin. Leur compagnon *Balagny* eut en partage le prix de Lutèce et la Coupe.

Fontainebleau, après avoir gagné les prix de la Seine, Seine-et-Marne, et du Conseil général, à Rouen, n'était pas de taille à disputer la victoire, dans le Grand Prix de Deauville, à l'invincible jument hongroise KINCSEM (Cambuscan et Water Nymph), à M. Blascowitz. Elle était alors âgée de quatre ans, et venait de remporter le Goodwood Cup, à la suite de quoi le capitaine Machell, un des premiers sportsmen d'Angleterre, en offrit, sans succès, 250.000 francs à son heureux propriétaire. Jusque-là, elle n'avait pas quitté l'Allemagne où, depuis ses débuts à deux ans, elle comptait trente-six victoires sur trente-six sorties (1). *Fontainebleau* cueillit encore le Grand Prix de Beauvais et le prix de Bois-Roussel.

C'est enfin *Réveillon*, dont le succès, dans l'Omnium, donna, une fois de plus, lieu aux plus bruyantes manifestations.

Le baron de Rothschild avait deux chevaux dans la course, *Réserviste II*, favori à 7/1, monté par Macdonald, et ce *Réveillon*, complètement négligé à 50/1, monté par Rolfe. Très loyalement l'écurie, une des plus honorables qui soit, déclara son intention de vouloir gagner avec le premier nommé, et Rolfe devait faire le jeu et céder la place à son camarade au moment voulu. Les choses se

---

(1) *Kincsem* ne connut pas la défaite de toute sa carrière, sa performance la moins heureuse ayant été de partager, en 1878, le Grand Prix de Bade, avec *Prince Giles I*.

Elle remporta 54 victoires, dont 10 à deux ans, 17 à trois ans, 15 à quatre ans, et 12 à cinq ans.

Au début de sa sixième année, elle reçut un tel coup de pied d'un autre cheval, qu'elle dut être retirée de l'entraînement et envoyée au haras, où elle fit très bien.

passèrent comme elle l'avait espéré, en ce sens que, à la distance, ses deux représentants, *Réveillon* en tête, étaient nettement détachés et maîtres de la partie. Suivant les instructions données, on s'attendait donc à voir Rolfe baisser les mains pour laisser passer *Réserviste II*. Mais il n'en fit rien, et, continuant à pousser vigoureusement son cheval, il atteignit le poteau avec une longueur d'avance sur son compagnon.

On juge de la nature des clameurs qui accueillirent cette arrivée, clameurs qui s'adressaient exclusivement au jockey fautif.

Si des sommes considérables furent perdues de ce fait, on peut hardiment affirmer, suivant l'expression populaire, « qu'elles ne furent pas perdues pour tout le monde ».

Mais, si coupable que Rolfe fût de fait, professionnellement sa faute ne tombait pas sous le coup du Code des Courses qui veut, au contraire, qu'un jockey coure toujours pour gagner. Aussi les Commissaires ne purent-ils sévir.

Le même incident devait se reproduire, sept ans plus tard, dans le prix Hocquart, avec *Extra* et *Léopard*, à M. P. Donon.

**

Fitz Revigny avait remporté le prix du Premier Pas, — *Commandant*, le prix de Villers, le Grand Critérium de Dieppe et le Premier Critérium, à Fontainebleau, — et *Shéridan*, le prix de Condé.

Mais l'héroïne des deux ans était l'extraordinaire *Swift* (Kingcraft et Sycee), au comte P. de Meeüs, qui provenait de l'élevage du haras de Villebon, à feu Charles Laffitte.

Elle courut dix fois et ne fut battue, après neuf victoires consécutives (prix de Deux Ans, Grand Critérium, prix de la Salamandre, etc.), que dans le prix de la Forêt, — qui venait d'être réduit à 1.600 mètres, — par *Phénix* et *Faisan*, deux trois ans, spécialistes des courtes distances.

Cette carrière éblouissante ne devait pas avoir de lendemain.

Deux autres poulains, dont nous parlons ci-après, *M. Philippe* et *Rayon d'Or*, s'étaient également signalés par leurs succès de l'autre côté du détroit.

**

En Angleterre, l'année, sans être aussi brillante qu'en 1876, avait été excellente pour nos chevaux qui, bien qu'ayant échoué dans toutes les grandes épreuves de trois ans, n'en avaient pas moins gagné une centaine de prix, s'élevant à près de 550.000 francs.

Clocher figurait dans cette somme pour 47.375 fr., avec les Sussex Stakes remportés sur *Insulaire*, vainqueur de l'Ascot Derby, — *Lollypop*, pour 70.550 (cinq prix, dont les First Challenge Stakes, à Newmarket); — *Japonica*, pour cinq victoires et 40.850 fr., etc.

Mais l'exploit le plus remarquable — qui n'avait pas été encore réalisé jusque-là et qui n'a pas été renouvelé depuis — fut accompli par *Verneuil*, qui réussit, à Ascot, le triple event des Gold Cup, Gold Vase et Alexandra Plate, se montant à 65.750 francs. (Aujourd'hui le Gold Cup seul atteint près de 80.000 francs.)

Ce *Verneuil* était un magnifique cheval, de haute taille, 1 m. 66, admirablement proportionné et bâti en force. Au lendemain de sa triple victoire à Ascot, un télégramme de New-York, adressé « Comte de Lagrange, Jockey-Club, Paris », lui en offrait 250.000 francs. Le comte de Lagrange souffrait alors d'une attaque de goutte et resta longtemps sans paraître au Cercle, où le portier conserva le télégramme, au lieu de le faire suivre à son domicile privé. Pendant ce temps, le propriétaire de *Verneuil* était entré en pourparlers avec M. Cavaliero, pour le compte du gouvernement hongrois, auquel il le vendit 200.000 francs. Ce n'est qu'une fois remis et lorsqu'il revint au Jockey-Club, qu'il apprit que la stupidité du concierge lui coûtait 50.000 francs.

Après leurs aînés, deux poulains de deux ans avaient attiré l'attention, *M. Philippe* et *Rayon d'Or*.

M. Philippe, à M. L. André, avait remporté les Criterion Stakes de £ 1.070, battant *Lancashire* et plusieurs autres, dont *Zut* et *Rayon d'Or*, au comte de Lagrange, qui avait aussitôt offert 50.000 fr. du vainqueur. L'offre ne fut pas jugée suffisante, heureusement pour lui, *M. Philippe*, en raison de ses mauvaises jambes, n'ayant plus rien fait par la suite, alors que *Zut* gagnera le prix du Jockey-Club, et que *Rayon d'Or* prendra rang parmi les chevaux célèbres.

Avant sa défaite dans les Criterion Stakes, ce dernier avait déjà montré sa valeur en enlevant successivement les Lavant Stakes à Goodwood, un Sweepstakes et les Clearwell Stakes, à Doncaster, et les Glasgow Stakes, à Newmarket, formant un gain total de près de 70.000 francs.

Quelques épreuves anglaises importantes datent de cette année : les Rous Memorial Stakes, à Ascot, pour trois ans et au-dessus, que remportèrent *Phénix*, *Rayon d'Or* et *Poulet*, en 1879, 1880 et 1881 ; — les Challenge Stakes, au Newmarket Second October meeting ; *Rayon d'Or* y triompha, en 1879, et le vieil *Amandier* partagea le prix avec *Chasseur*, en 1895 ; — enfin les Craven Stakes, pour trois ans, également à Newmarket.

**

Rappelons encore, à l'actif de notre élevage, le brillant succès obtenu à la section chevaline de l'Exposition Universelle, par les produits du comte de Lagrange. Le grand prix d'honneur fut, en effet, décerné à M. C.-J. Lefebvre, qui avait présenté un lot remarquable, composé de *Flageolet*, *Mortemer*, *Reine*, *Camélia* et *Regalia*, tous nés, sauf la dernière, au haras de Dangu.

Des bravos chaleureux saluèrent le passage de ces grands vainqueurs quand, au milieu de septembre, avait eu lieu, sous la présidence du maréchal de Mac-Mahon, le défilé des animaux primés sur l'esplanade des Invalides.

* * *

L'hippodrome de Maisons-Laffitte, sous la direction de J. Oller, s'était transformé. Les courses d'obstacles y avaient fait place aux

Baron de Nexon.

courses plates, et le prince d'Orange, le comte de Turenne et le comte de Gouy d'Arcy avaient accepté de remplir les fonctions de commissaires de la nouvelle société, dont l'existence fut un feu de paille. Les prix étaient trop modestes, l'état de la piste trop imparfait et l'installation trop insuffisante pour légitimer de grandes espérances de réussite.

De la part d'un homme avisé comme l'était l'initiateur de cette entreprise, la chose surprit.

**

Notons la mort du baron de Nexon, membre adjoint du Comité de la Société d'Encouragement, fondateur du haras de son nom et propriétaire d'une des plus anciennes et des plus importantes écuries du Sud-Ouest. Son fils continuera l'œuvre paternelle et, sous son habile direction, la casaque grise connaîtra encore de beaux jours.

A la fin de l'année, M. H. Say, sur le point d'entreprendre un grand voyage autour du monde, liquida, en même temps que ses attelages et son équipage de chasse, son écurie de courses. Le prix le plus élevé fut atteint par le trois ans *Fitz-Plutus* (Plutus et New Star), — qu'il avait lui-même acheté à M. Maurice Ephrussi, — qui fut adjugé à M. E. Blanc, pour 31.800 francs.

L'année avait vu, par contre, l'apparition de deux nouvelles casaques : celle de M. Camille Blanc (vert-olive, toque bleu-ciel), qui remporta son premier succès à la petite réunion du Vésinet, au début de la saison, et celle, plus modeste, de M. H. Bouy (grenat, toque noire), qui — en attendant l'heure de gloire retentissante que lui ménageait *Plaisanterie* — débuta sur un réformé du haras de Lonray, *Vermisseau*, qui venait de remporter plusieurs petits succès sous les couleurs du comte de Gouy d'Arcy, neveu du comte de Lagrange.

**

La célèbre *Fille de l'Air* mourut au haras de Dangu, à l'âge de 17 ans. Nous avons vu qu'elle n'avait pas tenu, comme poulinière, les espérances qu'on était en droit d'attendre de sa magnifique carrière de courses. Son meilleur produit avait été *Reine*, gagnante des Mille Guinées et des Oaks, en 1872.

CHAPITRE LVI

ANNÉE 1879

Disqualification des chevaux ayant couru aux réunions dont le *Bulletin Officiel* n'a pas publié les programmes. — *Rayon d'Or, Nubienne, Zut* et *Saltéador*. — L'écurie Michel Ephrussi. — Débuts du jockey Dodge. — Partage obligatoire, en cas de dead-heat, pour les chevaux de deux ans. — Dédoublement du prix d'Automne. — Courses plates à Vincennes. — Match *Triboulet-Tambour Battant*. — Mort de Thomas Carter.

Dans ses séances des 22 et 29 janvier, le Comité de la Société d'Encouragement ajoute à l'article 2 du Code des Courses un paragraphe stipulant que « tout cheval ayant couru en France dans une réunion publique dont le programme n'a pas été publié au *Bulletin Officiel*, sera disqualifié et incapable de courir partout où ledit Code est en vigueur ».

C'était, comme on le voit, une aggravation à la décision prise, l'année précédente, et la mise hors la loi des chevaux courant dans les *flat races* du Vésinet, de la Marche, de Porchefontaine, d'Enghien, etc.

La mesure fut encore insuffisante cependant et ne diminua en rien le nombre des chevaux qui prenaient part à ces épreuves, lesquelles n'avaient guère de course que le nom.

Pour être efficace, il lui eût fallu être plus radicale encore. Deux mots de plus suffisaient, ceux-ci : « Seront également disqualifiés et incapables d'entraîner, de monter et de faire courir, les entraîneurs, les jockeys et les propriétaires de ces chevaux. »

La Société d'Encouragement se contenta, par la suite, de disqualifier les jockeys seulement, sans oser frapper les entraîneurs et les propriétaires. Sa faiblesse, on le sait, eut les plus graves conséquences, et mit l'institution des Courses à deux doigts de sa perte.

Il est juste de reconnaître qu'elle était seule à lutter contre les sociétés de spéculation, qui trouvaient leurs meilleurs défenseurs dans la Société des Steeple-Chases et la Société de Demi-Sang. Celles-ci, en effet, soit qu'elles ne fussent pas fâchées de laisser à la Société d'Encouragement le rôle ingrat de législatrice, soit qu'elles ne comprissent pas le danger, soutenaient ouvertement les « Suburbains », par le fait seul qu'elles admettaient dans leurs épreuves les chevaux et les jockeys ayant couru sur leurs hippodromes (1).

Quoi qu'il en soit, la mesure votée au début de l'année fut appliquée dès l'automne, et le *Bulletin Officiel* publiait, en septembre, la liste des chevaux disqualifiés pour avoir couru sur les hippodromes non régis par le Code des Courses.

Ces chevaux appartenaient pour la presque totalité aux écuries à côté ou à des bookmakers. On en comptait de tous âges, même de deux ans, qui avaient débuté le 1er août, au Vésinet. Et pour quels prix!... Et sur un terrain de si peu d'étendue, qu'il ressemblait bien plus à un tourniquet qu'à une piste!

* * *

Un grand cheval se détache sur l'ensemble de la production *Rayon d'Or*. Nous y reviendrons plus loin, ses succès ayant été remportés en Angleterre.

En France, c'est l'année, la première de tant d'autres, de M. Edmond Blanc.

Achetée 13.000 francs, comme nous l'avons vu, à la vente des yearlings de M. L. Delâtre, *Nubienne* (Ruy-Blas et Nice), n'avait pas couru à deux ans. Non placée, pour ses débuts, dans le prix de Longchamp, elle se classe troisième dans la Coupe, derrière *Brie* et *Barde*, puis seconde, dans le prix de Saint-James, derrière *Flamande*. Elle enlève ensuite le prix de l'Espérance à *Narcisse* et *Pourquoi*, et, dans un canter, le prix de Diane, où elle était partie favorite. Battue par *Flavio II* et *Ismaïl*, dans le prix du Cèdre, on la voit, quelques jours plus tard, remporter d'une encolure, après une lutte superbe, le Grand Prix à *Saltéador*, que *Flavio II* suivait à une tête, précédant *Zut*, *Narcisse*, *Commandant*, etc. Elle était montée, cette fois, par Hudson, au lieu de Wheeler, et était cotée à 6/1. Mise au repos jusqu'à Deauville, elle y succomba contre *Insulaire*, dans le prix Principal, et ne figura pas dans le Grand Prix; à l'automne, elle gagna le prix de Villebon, mais disputa sans succès le Cesarewitch, après quoi elle fut envoyée au haras, où elle ne fit rien.

Le jour du prix de Diane, M. E. Blanc avait également remporté le prix du Gros-Chêne avec *Porcelaine*, et le prix d'Apremont avec *Fitz-Plutus*, qui provenait de l'écurie H. Say.

Les victoires de *Nubienne* furent l'occasion pour son propriétaire de donner une grande fête champêtre en sa propriété de La Chapelle-

---

(1) La Société de Demi-Sang venait de louer l'hippodrome de Vincennes et d'adjoindre à ses programmes de trot, des courses plates et d'obstacles pour chevaux de pur sang.

en-Serval, où il avait son haras et son établissement d'entraînement, sous la direction de Wheeler.

Zut (Flageolet et Regalia), au comte F. de Lagrange, parut, pour la première fois en France, dans le prix du Nabob, qu'il enleva à *Venise* et *Saltéador*. Il remporta ensuite la Poule d'Essai, sur son camarade *Ismaïl* et *Avermes*, puis le prix du Jockey-Club, de deux longueurs, sur *Commandant* et *Flavio II*. Embarqué le soir même pour Epsom, il ne fut pas placé dans le Derby et y laissa sa chance du Grand Prix, où il ne figura pas. A l'automne, il battit à nouveau *Saltéador*, dans le prix Royal-Oak.

Saltéador (frère de *Saltarelle* et de *Saxifrage*), à M. Edouard Fould, inscrivit à son actif les prix de Longchamp, Daru, Reiset et la Grande Poule. Troisième dans le prix du Nabob, non placé dans le prix du Jockey-Club, il ne succomba que d'une encolure contre *Nubienne*, dans le Grand Prix, et finit derrière *Zut*, dans le prix Royal-Oak.

La grande triomphatrice de deux ans, *Swift*, tenta vainement la fortune dans les épreuves les plus importantes, sans parvenir même à décrocher une place.

Parmi les autres chevaux de la génération de trois ans, on peut encore citer : *Commandant*, deuxième du prix du Jockey-Club, et gagnant du Grand Saint-Léger de Caen, sur *Flavio II*, qui eut en partage les prix du Cèdre et de Seine-et-Marne ; — *Avermes*, Derby de l'Est, à Reims, et prix de Lutèce ; — *El Rey*, Grand Prix de Deauville ; — *Problème II*, vainqueur de l'Omnium, qui fit triompher, le premier, la jeune casaque gros-bleu de M. Michel Ephrussi dans une épreuve intéressante (1) ; — et *Barde*, à M. L. André, qui jouera un rôle glorieux en obstacles, sous la casaque marron du baron Finot.

Il avait ouvert la campagne par deux victoires, dans les prix de Guiche et de la Seine, ayant pour cavalier un jockey récemment arrivé en France, qui n'allait pas tarder à y prendre la première place. Il s'appelait A.-E. Dodge, et venait d'entrer au service du comte de Lagrange. Dodge était un jockey énergique, dont la grande qualité était surtout la science du train, ce qui lui permettait d'arriver dans des rushs saisissants (2).

---

(1) L'écurie de M. Michel Ephrussi, qui était appelée à jouer un rôle si important sur le turf, ne comprenait encore que quelques chevaux, de provenance diverse. *Problème II* appartint d'abord à M. Maurice Ephrussi, qui le céda à son frère, après la campagne de Normandie, où le poulain remporta trois petits succès à Deauville et Dieppe.

M. Michel Ephrussi ne s'occupera d'élevage que plus tard, quand il se sera rendu acquéreur du domaine de Dangu. Jusque-là, il recrutera sa cavalerie un peu partout, notamment parmi les produits de Victot.

(2) A l'exception du prix du Jockey-Club, Dodge a remporté toutes les grandes épreuves classiques, notamment le Grand Prix, avec *Dolma-Baghtché* et *Doge*, et le prix de Diane, avec *Frégate*, *Bavarde* et *Solange*.

**

Le prix du Cadran donna lieu à une magnifique arrivée entre *Clocher* et *Brie*, qui finirent, dans cet ordre, à une tête seulement l'un de l'autre, devant *Insulaire*, *Stathouder*, etc. *Clocher* remporta ensuite le prix Rainbow, sur ce même *Stathouder*, mais il succomba, dans le Biennal, contre *Mourle*, dans le prix Jouvence, contre *La Jonchère*, et dans le prix Gladiateur, contre *Clémentine*, devançant toutefois encore *Insulaire*.

Celui-ci n'eut en partage que le prix de Chantilly, et *Brie*, la Coupe.

Trois chevaux se détachent parmi les deux ans : *La Flandrie* (sœur de *Saltéador*), à M. Édouard Fould, gagnante des Grands Critériums de Vichy, Moulins et Dieppe, des prix de Condé et de la Salamandre; — *Louis d'Or*, au baron de Rothschild, vainqueur des prix de Villers et de Deux ans; — et *Basilique*, à H. Jennings. Ces deux derniers avaient fait dead-heat, dans le Grand Critérium, que *Basilique* n'emporta, à la seconde épreuve, que d'une encolure, après une lutte acharnée, dont tous deux se repentirent toujours.

C'est à la suite de cette course que la Société d'Encouragement, soucieuse d'éviter de tels efforts à de jeunes animaux, décida qu'à l'avenir les dead-heat où figureraient des chevaux de deux ans, ne donneraient plus lieu à une seconde manche, et que le partage du prix, de facultatif qu'il était jusque-là, serait obligatoire.

**

En Angleterre, — où le comte de Lagrange arrive en tête des propriétaires gagnants, avec la somme de 660.000 francs, — il y a surtout lieu de rappeler la magnifique campagne de RAYON D'OR (Flageolet et Araucaria), qui figure à lui seul, dans ce total, pour près de 450.000 francs.

Malgré ses succès à deux ans, *Rayon d'Or*, qui était un cheval gigantesque, fut tardif et ne trouva sa véritable forme qu'à l'été, bien que son jockey Goater ait prétendu que, s'il avait monté aux ordres qui lui enjoignaient de faire une course en avant, il aurait gagné le Derby.

Quoi qu'il en soit, après avoir fini médiocre troisième dans les Deux mille Guinées et non placé dans le Derby et les Prince of Wales Stakes, *Rayon d'Or* ne connut plus la défaite ensuite et enleva successivement, et chaque fois dans un canter, huit épreuves importantes, dont le Saint-Léger de Doncaster, les Great Foal Stakes et les Champion Stakes de Newmarket.

Après lui, on peut citer, également au comte de Lagrange, un deux ans, *Océanie*, qui courut trois fois, pour remporter trois victoires, d'ensemble 50.000 francs; sa carrière fut malheureusement interrompue par un accident.

Enfin *Phénix*, quatre ans, qui gagna cette même somme en quatre courses. Au sujet de ce cheval — qui était entraîné par Tom Jennings — rappelons l'incident, dont les suites eussent pu être tragiques, auquel certaine de ses performances donna lieu. Monté par J. Goater, le jockey de l'écurie, dans les Roseberry Stakes, à Epsom, il y fut battu par un cheval d'obstacles, nommé *Paul's Cray*, appartenant à ce même Tom Jennings. La fureur de la foule fut telle que tous deux, Goater et Jennings, faillirent être lynchés, et ne durent leur salut qu'à l'énergique intervention de la police.

Création des *Hardwicke Stakes*, une des plus belles épreuves du meeting d'Ascot, et des *Great Foal Stakes*, pour trois ans, au Newmarket First October; deux chevaux français seulement ont remporté cette dernière, *Rayon d'Or*, cette même année, et *Ossian*, en 1883.

***

La Société d'Encouragement avait apporté d'heureuses modifications à certaines épreuves de son programme, telles, par exemple, que le dédoublement du prix d'Automne, dont l'un était pour poulains de deux ans et au-dessus et l'autre pour pouliches, et la transformation du prix de Viroflay, à la réunion de printemps, désormais affecté aux jockeys n'ayant pas gagné avant l'année en cours, au lieu d'être exclusivement réservé aux gentlemen-riders.

Croirait-on que cette modification insignifiante d'une épreuve des plus modestes eut le don de soulever les violentes protestations d'une partie de la presse sportive !

Le meeting d'automne de Chantilly — en raison des travaux exécutés pour l'agrandissement du pesage et l'édification des nouvelles tribunes, en remplacement des anciennes, devenues insuffisantes — se disputa à Longchamp.

***

Imité du match de *Jacinthe* contre *Zéthus*, en 1877, nous eûmes, en juin, un pari du même genre, entre *Triboulet*, steeple-chaser de pur sang au baron Raymond Sellière, monté par Gardener, et *Tambour-Battant*, poney demi-sang, attelé à un spider. *Triboulet* devait galoper tout le temps; le poney était libre de son allure. L'enjeu était de 10.000 francs, le parcours de 40 kilomètres (onze fois le tour de l'hippodrome de Longchamp), *Triboulet* couvrit la distance totale en 1 h. 20 m. 30 s., battant son rival de 7 kilomètres.

Un mois plus tard, autre match de 15.000 francs, sur 120 kilomètres sans arrêt (de l'Arc de Triomphe à Rosny et retour à la Cascade), entre les deux trotteurs *Vergy* et *Mauvaise-Tête*. Ce dernier revint jusqu'à Saint-Germain, où il mourut d'épuisement; *Vergy* termina tant bien que mal le parcours, mais ne put se relever et dut être abattu.

A juste titre, ce résultat souleva l'indignation de la Presse. Mais la chose n'était-elle pas à prévoir, et n'aurait-elle pas dû protester *avant*, au lieu de ne le faire qu'*après?*

***

Le prince d'Orange, — que le monde de la haute fête avait baptisé familièrement « Citron », — était mort le lendemain même du Grand Prix. Son écurie de courses, peu nombreuse, fut dispersée dans le courant de juillet. Aucun nom n'en est à retenir.

Une autre mort, qui frappa davantage le turf, fut celle de Thomas Carter, le doyen des entraîneurs français, décédé dans les derniers jours de septembre.

Tout jeune, il fit son apprentissage d'entraîneur à Newmarket, chez le fameux Robson. Il s'établit ensuite et passa au service du duc de Grafton, quand lord Seymour alla le chercher, en 1831, pour le mettre à Paris à la tête de ses écuries. A l'exception de la célèbre *Poetess*, laquelle était aux soins de R. Boyce, il entraîna tous les chevaux de lord Seymour, et l'on sait quels succès remportèrent pendant une dizaine d'années *Miss Annette*, *Frank*, vainqueur du premier prix du Jockey-Club, *Eglé*, *Lydia*, etc. Après la retraite de lord Seymour, il dirigea l'écurie du baron N. de Rothschild et fit triompher tour à tour *Annetta*, *Anatole*, *Meudon*, *Drummer*. Puis il s'installa à La Morlaye et eut des chevaux pour son propre compte, dont les plus célèbres furent *Experience*, *Bounty* et *Celebrity*, qu'il avait vendu, à deux ans, à M. J. Reiset.

Toute une pépinière d'entraîneurs et de jockeys renommés se formèrent chez Thomas Carter : Spreoty, les deux Gibson, Flatman, F. Kent, Chifney et les deux Jennings, Henry et Thomas, sans compter ses propres fils ou neveux, dynastie nombreuse qui perpétuera son nom, et dont l'un, Thomas, possédera de moitié, avec M. H. Bouy, la glorieuse *Plaisanterie*, et dont un autre, Thomas Richard, qui fut longtemps au service de M. H. Delamarre, se suicidera, en 1905, en se jetant dans la Seine, à Paris.

***

La vente la plus importante de l'année est celle du haras et de l'écurie de Lonray. M. A. Staub racheta huit poulinières, dont *Péripétie* et *La Dheune*, et son fils *Le Destrier*, âgé de deux ans; six yearlings, parmi lesquels *Alphonsine*, et trois poulains de lait. Le restant, comprenant dix poulinières et vingt-deux produits de un à trois ans, fit 102.000 francs.

CHAPITRE LVII

ANNÉE 1880

Castillon, Beauminet, Le Destrier, Versigny, Le Lion. — Rayon d'Or (suite). — Vente de Mortemer. — Mort de M. Ernest Le Roy. — Accident du jockey Hudson. — Robert the Devil. — L'affaire Bend Or. — Le prix de Saint-Firmin.

Rayon d'Or avait déjà mis en relief la production de *Flageolet*. Bien que de classe inférieure à leur aîné, *Beauminet*, *Le Destrier* et *Versigny* devaient y faire également honneur, comme *Castillon*, allait signaler celle, peu relevée jusqu'ici, de *Gabier*.

Beauminet (Flageolet et Beauty), au haras de Chamant, *alias* M. C.-J. Lefèvre, finit quatrième dans les Deux mille Guinées. Sa défaite y causa quelque surprise, et certains journaux français, notamment le *Sport*, prétendirent qu'il avait gagné, mais que le juge à l'arrivée ne le plaça pas *intentionnellement*, comme il l'avait fait, précédemment, pour deux autres chevaux, à M. C.-J. Lefèvre, *John* et *Négro!*...

Rien, hâtons-nous de le dire, ne justifiait cette accusation, et le *Sport*, que sa compétence aurait dû rendre plus circonspect, tombait dans le travers de ces spectateurs qui, mal placés pour apprécier une arrivée, s'insurgent sans cesse contre la décision du juge.

En France, si *Beauminet* n'eut pas à galoper pour enlever le Biennal et la Grande Poule, il dut, par contre, déployer ses plus extrêmes ressources pour ne pas perdre le prix du Jockey-Club, où, monté par le célèbre Fred Archer, c'est à peine s'il put rejoindre l'outsider *Le Lion* (Rolfe), au vicomte de Trédern, qui s'était échappé à l'entrée de la ligne droite et qu'il ne battit que d'une courte tête sur le poteau. Comme on avait payé jusqu'à trois en faveur du fils de Beauty, on juge de l'émotion de ses partisans

Quelques jours plus tard, Fred Archer, qui était alors en pleine gloire, remporta, d'une tête également, le Derby d'Epsom, avec *Bend Or*, sur *Robert the Devil*. Celui-ci devint immédiatement le favori du Grand Prix, qu'il enleva facilement, par une pluie torrentielle, à *Le Destrier*, *Milan*, *Beauminet*, etc.

A l'automne, ce dernier répara cette défaillance, en s'adjugeant le prix Royal-Oak.

Favorite des Mille Guinées, où elle ne put prendre que la seconde place, *Versigny* (Flageolet et Verdure), également au haras de Chamant, cueillit sans lutte le prix de Longchamp et le prix de Diane.

Le Destrier (Flageolet et La Dheune), au haras de Lonray (MM. A. Staub et P. Donon), est surtout remarquable par ses continuelles interversions de forme. Sa qualité, qui était réelle, fut, à maintes reprises, paralysée par son caractère fantasque. Onc on ne vit cheval plus lunatique, plus capricieux, et l'on eût dit, en vérité, qu'il se faisait un malin plaisir de se jouer de la confiance de ses propriétaires. Était-il favori, en effet, qu'il se laissait infailliblement battre; par contre, il suffisait qu'on ne pensât plus à lui dans une course, pour qu'il s'empressât de la gagner. Pour de gros parieurs, comme l'étaient, assure-t-on, MM. Staub et Donon, l'imprévu de ses victoires fut la plus cruelle des ironies (1) !

Castillon (Gabier et Chimène), au comte de Lagrange, n'avait pas de grands engagements. En dépit du merveilleux parti que son propriétaire sut en tirer, il n'en dut pas moins regretter son absence des épreuves classiques, où son courage, son endurance et sa qualité lui eussent très vraisemblablement permis de jouer un rôle actif.

Il courut 16 fois pour remporter 12 victoires, dont le Derby de l'Est, à Reims, les prix de Lutèce et de la Seine, la Coupe (où il fit dead-heat avec *Fitz-Plutus*), les prix du Printemps, Seymour, d'Octobre, de la Forêt, etc., s'élevant ensemble à 139.412 fr. 50 ; il avait pris, en outre, la troisième place, dans le prix d'Apremont, derrière *Le Destrier* et *La Jonchère*, et la seconde, à trois longueurs de ce même *Le Destrier*, dans le Grand Prix de Deauville. En fin de

---

(1) *Le Destrier* débute en enlevant, à 25/1, la Bourse; puis il court obscurément à plusieurs reprises, après quoi il remporte la Poule d'Essai, où le betting le délaissait à 15/1. Grand favori du prix Daru, il n'y est pas placé; de ce fait, on le considère comme quantité négligeable dans le prix d'Apremont, où il a néanmoins raison d'adversaires comme *La Jonchère* et *Castillon*. Il prend la seconde place dans le Grand Prix; puis, huit jours plus tard, alors qu'on paie 2 en sa faveur, il est battu, dans le prix de Seine-et-Marne, par *Milan II*, qu'il avait devancé dans le Grand Prix. A Deauville, dans le prix Spécial, où l'on paie 3 pour lui, *Poulet* le laisse sur place; aussi, part-il à 12/1 dans le Grand Prix, qu'il enlève dans un canter, monté, cette fois, — tant l'écurie semble peu croire à sa chance — par Rowell, jockey d'obstacles... Il précédait encore *Castillon*, auquel il rendait six livres.

saison, il s'en était allé disputer le Cambridgeshire, où il n'avait joué aucun rôle.

La Flandrie, *Basilique* et *Louis d'Or* n'avaient pas confirmé leurs performances de deux ans.

Parmi les autres trois ans, on peut citer *Poulet*, qui eut raison de *Le Lion*, dans le prix du Cèdre, et de *Le Destrier*, dans le prix Spécial, à Deauville; — *Milan II*, qui battit également le fils de La Dheune dans le prix de Seine-et-Marne; — *Voilette*, gagnante du prix Daru et deuxième du prix de Diane; — *Pacific*, vainqueur du prix du Nabob.

La carrière de deux et de trois ans de *Rayon d'Or* s'était passée en Angleterre, où il remporta les succès que l'on sait.

Aussi, sa venue en France était-elle attendue avec la plus grande curiosité. C'était un immense cheval, — un géant littéralement, — d'une puissance d'action incomparable, qui n'eut pas à s'employer pour enlever dans un canter les prix du Cadran et Rainbow, sur son camarade *Zut*, *Saltéador* et *Clocher*.

Rayon d'Or retourna ensuite en Angleterre (1).

Saltéador et *Clocher* succombèrent également, dans le prix Gladiateur, contre *Courtois*, compagnon d'écurie de *Rayon d'Or*, qui avait enlevé précédemment le prix de Dangu; — *Clémentine* avait remporté six courses, s'élevant à 50.000 francs, dont les prix de Deauville et de Bois-Roussel.

La Jonchère avait partagé le prix du duc d'Aoste avec *Venise*; — et *Fitz-Plutus*, l'allocation de la Coupe, avec *Castillon*, à 29 livres d'écart seulement pour deux années.

Après avoir gagné le prix de Deux Ans, *Strélitz* succomba contre *Eva* dans le Grand Critérium de Dieppe, précédant *Perplexité*, qui le battit dans le Grand Critérium.

Parlementaire avait remporté le prix du Premier Pas; — *Navette III*, le prix de la Salamandre; — *La Bultée*, le prix de Condé; — *Gourgandin*, *Bariolet*, *Transatlantic* et *Serpolette II* des succès moins importants, — et *Quasimodo*, une épreuve qui se disputait pour la première fois à la dernière journée du meeting d'automne de Chan-

---

(1) Après deux walk-over, à Newmarket, dans des épreuves secondaires, *Rayon d'Or* remporta les Rous Memorial Stakes, à Ascot, puis il succomba contre *Exeter*, dans les Hardwicke Stakes.

Il fut alors retiré de l'entraînement et envoyé au haras de Dangu. Il n'eut pas le temps d'y faire ses preuves d'étalon, ayant été acheté, à la liquidation du stud du comte de Lagrange, en novembre 1882, pour 150.000 francs, par M. W. Scott, pour son haras, aux États-Unis. Comme *Mortemer*, *Rayon d'Or* n'était pas l'étalon qu'il fallait pour l'Amérique, où l'on pousse à la précocité. Son nom se retrouve néanmoins dans le pedigree de la plupart des meilleures juments de ce pays, et son sang a été ramené chez nous par son petit-fils *Amoureux III*.

tilly, le prix *de Saint-Firmin*, pour chevaux de 2 ans n'ayant pas encore couru (1).

* * *

Le dernier des douze membres fondateurs de la Société d'Encouragement, M. Ernest Le Roy, s'éteignit au cours de l'année, à un âge avancé. Nous avons retracé son rôle dans le chapitre que nous avons consacré à ces sportsmen du début (Voir page 141).

Rappelons le terrible accident dont fut victime Hudson, un des meilleurs jockeys de l'époque, dans le prix de La Morlaye, à Chantilly, le jeudi qui précède le prix du Jockey-Club, sur *Brienne*, à M. A. Lupin. Au dernier tournant, celle-ci, qui était en tête, se croisa les jambes, entraînant dans sa chute *Fleurie* (Lavis), qui tomba de tout son poids sur Hudson. Piétiné, en outre, par tout le peloton qui lui passa sur le corps, le malheureux fut ramené inanimé couvert de sang.

Hudson était très aimé. Aussi l'émotion fut-elle grande.

Après de longs mois, il sembla se remettre de cette terrible chute et il reparut en selle, sur cette même *Brienne*, dans le Second prix d'Automne. Mais, en dépit de ce succès trompeur, il ne recouvra jamais la plénitude de ses moyens, et sa carrière de courses fut virtuellement terminée.

Au nombre de ses plus brillantes victoires, on peut rappeler celles qu'il remporta, dans le Grand Prix, sur *Saint-Christophe* et *Nubienne*.

Signalons enfin la vente, par M. C.-J. Lefèvre, du célèbre étalon *Mortemer* (Compiègne et Comtesse), à M. P. Lorillard, le grand éleveur-propriétaire américain, pour le prix de 125.000 francs.

Nous avons retracé en son temps la brillante carrière de *Mortemer* sur le turf, qui se révéla surtout à partir de sa quatrième année comme un stayer remarquable. Au haras, il se montra sire de premier ordre, avec des produits comme *Verneuil*, *Saint-Christophe*, *Chamant*, *Clémentine* et *Regain* (qui venait de naître). Il était un des meilleurs reproducteurs que nous eussions alors en France, et son exportation fut d'autant plus regrettable que, *Verneuil* ayant été vendu à la Hongrie, *Chamant* à l'Allemagne et, plus tard, *Regain*, à l'Italie, ce sang précieux ne sera pas conservé chez nous.

Il n'avait commencé la monte qu'en 1873. Ses produits gagnèrent 99 courses et 1.379.078 fr. 75, somme énorme pour une aussi courte carrière de haras.

En Amérique, *Mortemer* ne donna pas ce qu'on pouvait en at-

---

(1) A l'exception d'*Ajax*, qui y triompha en 1903, la liste des gagnants ne contient le nom d'aucun cheval d'ordre. L'allocation, qui était de 6.000 fr., à l'origine, a été portée à 8.000, en 1890, et 15.000, en 1893. Depuis 1907, cette épreuve se dispute à Longchamp.

tendre. Il n'était pas fait, il est vrai, pour cet élevage tout de précocité. Son nom se retrouve néanmoins dans le pedigree de la plupart des bonnes poulinières du pays.

Inutile de parler de l'éphémère « suburbain » que A. Dennetier tenta, sans succès, de fonder à La Chapelle-en-Serval. M. Edmond Blanc venait en effet, de quitter cet établissement pour s'installer à La Celle-Saint-Cloud, dans celui qu'il avait acheté à M. L. Delâtre, et qu'occupa jadis le baron de Schickler.

*
* *

Nous avons dit que *Bend Or* (Doncaster et Rouge Rose), au duc de Westminster, avait remporté le Derby sur *Robert-the-Devil*.

Cette victoire n'aurait rien eu d'autrement particulier, si des commérages de subalternes congédiés n'avaient tenté de jeter un doute sur sa régularité, en parlant de substitution de chevaux.

Étant données la situation et l'honorabilité insoupçonnable des personnalités mises en jeu, l'incident prit des proportions énormes, et, pendant un temps, « l'affaire *Bend Or* » accapara toute l'attention du monde hippique.

L'enquête menée par les Commissaires du Jockey-Club prouva d'ailleurs que cette sotte accusation — vengeance d'un stud-groom remercié — ne reposait sur aucun fondement et que *Bend Or* était bien le poulain de trois ans, qui avait été déclaré comme étant le fils de *Doncaster* et de *Rouge Rose* (1).

---

(1) Voici ce qui avait donné naissance à ces bruits malveillants :
Revenant d'Eaton, le haras du duc de Westminster, après le Newmarket July Meeting de 1879, où ils étaient allés chercher des poulinières qu'on y avait envoyées à la saillie, le stud-groom du duc et son aide, les Arnull père et fils, prétendirent qu'ils avaient vu, à la station, que poulain *Bend Or* (qui venait de remporter les Chesterfield Stakes), que l'on embarquait pour le ramener à son centre d'entraînement et que, après examen, ils avaient reconnu que ce n'était pas là le fils de Doncaster et Rouge Rose, mais un de ses camarades, par Tadcaster et Climena, qui lui ressemblait.

En 1880, Goode, stud-groom de lord Falmouth, ayant amené à Eaton la jument *Lady Coventry* pour être présentée à *Doncaster*, Sexton, le gardien de celui-ci, lui raconta la substitution.

De retour à Newmarket, Goode en parla à Matthew Dawson, lequel en fit part à Blanton, l'entraîneur et co-propriétaire de *Robert-the-Devil*, que *Bend Or* venait précisément de battre dans le Derby : mis au courant de l'affaire, M. C. Brewer, l'autre propriétaire de *Robert-the-Devil*, prit conseil du prince Soltykoff, le principal patron de l'écurie Blanton, lequel lui conseilla de voir M. Craven, l'un des stewards du Jockey-Club, après être allé à Eaton, interroger Arnull, le stud-groom du duc de Westminster.

M. Craven pria le noble lord de venir écouter ce que l'on racontait, et pendant le July Meeting une enquête fut menée par les trois commissaires, MM. Craven, James Lowther et lord Calthorpe, remplaçant Sir G. Chetwynd, qui s'était récusé comme étant intéressé dans la question.

Un examen approfondi permit de découvrir que le bruit de ce changement

*
* *

Bien qu'aucun grand succès ne soit inscrit, en Angleterre, à l'actif de nos représentants, en dehors des victoires de *Rayon d'Or*, ils n'en gagnèrent pas moins de 225.000 francs d'argent public.

Rayon d'Or figure dans cette somme pour 31.925 francs; — *Laurier*, 7 courses et 25.167 fr. 50; — *Plaisante*, 3 courses et 27.975; — *Milan*, Newmarket Derby et Welter Handicap, 23.175; — *Poulet*, Free Handicap, à Newmarket, 19.750; — *Sutler*, 5 courses et 23.175; — *Euphrasie*, deux ans, plusieurs selling plates, 25.170 fr.

entre les deux poulains émanait des Arnull, qui étaient sur le point de quitter Eaton.

Ils tenaient (ou étaient censés tenir) un registre où ils consignaient la date de naissance et le signalement détaillé de chaque produit, ce qui leur avait permis, prétendirent-ils, à certains signes particuliers, de reconnaître qu'il y avait eu substitution. Mais ils ne purent produire ce registre, et il parut curieux qu'ils eussent attendu le moment où ils étaient congédiés pour révéler un fait qu'ils connaissaient depuis longtemps.

Il fut prouvé, de plus, que les deux poulains avaient quitté Eaton depuis leur sevrage et que les Arnull ne les avaient jamais revus.

Mis en présence des deux chevaux, ils varièrent tellement dans leurs déclarations, et leur mauvaise foi parut si évidente, que l'affaire fut enterrée.

CHAPITRE LVIII

ANNÉE 1881

Suppression des pseudonymes. — Nouvelles tribunes de Chantilly et extension des terrains d'entraînement. — Année des Américains; *Iroquois* et *Foxhall*. — *Tristan, Albion, Serpolette II, Perplexité* et *Loterie*. — *Le Destrier, Milan Castillon* et *Pourquoi* (suite). — Mort de M. Édouard Fould; constitution de l'écurie du duc de Castries. — Importation de *Silvio* et de *King Lud*. — Mort de *Trocadéro*. — Interdiction du baron Raymond Sellière.

La Société d'Encouragement vote la suppression des pseudonymes, autorisés par elle jusque-là, et décide que nul ne pourra plus faire courir désormais que sous son propre nom, toute association de propriétaires devant adopter celui de l'un d'eux.

Il va sans dire que certains blâmèrent cette mesure, objectant que le pseudonyme avait l'avantage de permettre de faire courir aux personnes riches et honorables, que des raisons de famille ou de position empêchaient de mettre leurs noms sur les programmes de courses.

A quoi le simple bon sens répondait que, « faire courir » étant une occupation aussi sérieuse et honorable qu'aucune autre, il n'était nul besoin de se cacher pour l'exercer, et que les noms les plus respectables, au surplus, n'avaient jamais rougi d'être cités au grand jour.

En Angleterre, rois et princes du sang n'avaient-ils pas toujours eu des chevaux de courses sous leur propre nom? En France, avant la Révolution, les propriétaires les plus militants n'avaient-ils pas été le comte d'Artois, le duc de Chartres et le duc d'Orléans? A la Restauration, à la reprise des courses, le duc d'Angoulême n'avait-il pas eu son écurie, comme, sous Louis-Philippe, l'héritier du trône avait eu la sienne?

Avaient-ils donc eu besoin du pseudonyme pour affronter les luttes publiques de l'hippodrome, tous ces sportsmen dont s'honore le turf français, depuis lord Seymour, J. Reiset, duc des Cars, duc de

Narbonne, Casimir-Périer, de Normandie, A. Lupin, prince de Beauvau, Latache de Fay, baron de Rothschild, comte d'Hédouville, comte Daru, baron de La Rochette, jusqu'au comte de Juigné, prince d'Arenberg, H. Delamarre, A. et E. Fould, D. Guestier, P. Clossmann, baron de Varennes, comte de l'Aigle, baron de Nexon, en passant par le comte de Lagrange, baron Nivière, comte de Berteux, duc de Fézensac, baron Finot, marquis de Saint-Sauveur, comte de David-Beauregard, marquis de Caumont-Laforce, comte Greffulhe, etc., pour n'en citer que quelques-uns.

Si, alors que le pseudonyme était autorisé, certains sportsmen au-dessus de tout soupçon y avaient eu recours, ç'avait été par pure fantaisie, et il eût certainement suffi que leurs collègues leur demandassent d'y renoncer pour qu'ils le fissent aussitôt.

Seuls, devaient tenir à ce que l'on maintînt l'usage du pseudonyme, ceux dont son ombre pouvait mieux servir les agissements plus ou moins corrects.

En résumé, l'opinion publique approuva pleinement la Société d'Encouragement, la foule, de nature simpliste, préférant toujours — suivant l'expression vulgaire — « savoir à qui l'on a affaire ».

**

L'agrandissement du pesage et du paddock de Chantilly et l'édification des vastes tribunes actuelles avaient été poussés avec activité, et l'inauguration en eut lieu à la réunion de printemps. La Société d'Encouragement ne recueillit que des éloges pour ces heureux aménagements.

En même temps, devant le nombre croissant des chevaux à l'entraînement, elle avait pris à bail, pour la même durée que les autres routes dont elle était déjà locataire, la route des Bruyères, du carrefour de la Table jusqu'à Saint-Léonard. C'était l'acheminement vers les travaux considérables d'agencement du vaste terrain des Aigles.

**

Sportivement, c'est, tant en France qu'en Angleterre, l'année des Américains, qui triomphent dans les trois plus grandes épreuves classiques, Derby d'Epsom, Grand Prix de Paris et Saint-Léger de Doncaster, sans compter le Cesarewitch et le Cambridgeshire.

Battu par *Peregrine*, dans les Deux mille Guinées, *Iroquois* (Leamington et Magic B. B.), à M. P. Lorillard, prend sa revanche à Epsom et à Doncaster.

Puis, c'est *Foxhall* (King Alfonso et Jamaïca), à M. J.-R. Keene, qui vient enlever notre Grand Prix, après une des arrivées les plus palpitantes qu'on ait vues. Monté par G. Fordham, *Foxhall* avait mené jusqu'au milieu de la descente, où son jockey l'avait repris un instant, pour repartir de plus belle après le dernier tournant.

Mais l'anglais *Tristan* (Hermit et Thrift), à M. C.-J. Lefèvre, — qui venait, le jeudi précédent, de battre *Castillon*, à 18 livres pour l'année, dans le prix de Deauville, — vigoureusement amené par F. Archer, n'avait pas tardé à le rejoindre. Les deux chevaux, collés l'un à l'autre, restaient seuls en course. Après une lutte magnifique, au cours de laquelle les deux jockeys rivalisèrent de maîtrise, *Foxhall* l'emportait d'une courte tête.

Le poulain américain n'en resta pas là et, comme *Robert-the-Devil* l'avait fait l'année précédente après sa victoire dans le Grand Prix, il enleva le Cesarewitch, avec le top weight de son âge (50 kilogrammes contre 53 kilogrammes et demi que portait *Robert-the-Devil*). Les Américains firent, paraît-il, une véritable fortune, la ponte avait été telle, en effet, que, dans un champ de dix-neuf compétiteurs, il était parti grandissime favori à 9/2. M. J.-R. Keene ne donna pas moins de 50.000 francs de gratification à son jockey Macdonald. Cette victoire éleva son poids de 14 livres dans le Cambridgeshire et le porta à 57 kilogrammes; aussi partit-il assez délaissé à 12/1. Il n'en gagna pas moins d'une encolure sur *Lucy Glitters*, qui ne battit *Tristan* que d'une tête. Encore, dans les dernières foulées, avait-elle fait un violent écart qui avait coupé *Tristan* dans sa ligne, sans quoi il eût sans doute gagné. Il recevait, il est vrai, 17 livres de *Foxhall*.

Foxhall avait été payé, yearling, la modeste somme de 3.300 francs!

Bien que battus et pas contents, les Anglais ne réclamèrent, cette fois, aucune « réciprocité », ce qui eût été sans effet, d'ailleurs. Voit-on un candidat au Derby d'Epsom traverser l'Atlantique pour aller disputer une course en Amérique!

Nous ne revîmes *Tristan* que dans le Grand Prix de Deauville, où il finit troisième, derrière *Castillon*. Il devait y prendre sa revanche trois années de suite.

Le troisième du Grand Prix, à distance respectueuse des deux premiers, était *Albion* (Consul et The Abbess), au comte de Lagrange. C'était, au demeurant, le plus qualifié de nos représentants, dans une génération d'ordre très moyen, où mâles et femelles s'entre-battirent sans merci. Pour ses débuts, dans le prix du Nabob, *Albion* avait succombé d'une tête contre *Forum*, au baron de Rothschild (qui enleva, par la suite, le Grand Prix de la Ville de Lyon); il avait remporté ensuite avec désinvolture le prix Daru sur *Prométhée* et *Serpolette II*, et le prix du Jockey-Club sur son camarade *Pâtre* et neuf autres. Puis il gagna le prix de Seine-et-Marne et le Saint-Léger à Caen, et ne fut pas placé dans le Grand Prix de Deauville, qui revint à son compagnon d'écurie *Castillon*.

Prométhée (Mars et Postérité), à M. A. Lupin, avait préludé à sa victoire dans la Poule d'Essai, par un modeste succès, en dépit du nom pompeux de l'épreuve, dans le Derby du Vésinet; il remporta ensuite le Derby du Pin; — *Vizir* (Vermout et Virgule), à M. H. Dela-

Grandjean.   Reproduction autorisée par Goupil et Cie, éditeurs, Paris.

LE PESAGE DE LONGCHAMP, EN 1881.

marre, l'avait ensuite battu dans le Derby de l'Est, à Reims, épreuve non moins secondaire, avant de remporter le Biennal, à la suite de quoi il dut être abattu quelques jours plus tard, son camarade *Viveur* lui ayant cassé la jambe d'un coup de pied ; — *Serpolette II* (Ruy-Blas et Minerve), à M. Maurice Ephrussi, s'adjugea le prix de Longchamp et le prix de Diane, sur *Perplexité*, au baron de Schickler, qui enleva ensuite le prix du duc d'Aoste, puis à l'automne, le prix Royal-Oak.

Cette fille de Perplexe et King Tom mare sera la mère de *Fitz Roya*, *Chêne Royal* et *Palmiste*.

On peut encore citer *Alphonsine* (Flageolet et Alma), au Haras de Lonray, gagnante de 5 courses, dont le prix d'Ispahan ; — *Bariolet* (Trocadéro et Bariolette), à M. Ephrussi, cheval tardif qui ne commencera à montrer sa vraie forme qu'à l'automne, où il enlèvera, entre autres épreuves, le prix de Chantilly et le Handicap libre ; — *Gourgandin* (Beau Merle et Galante), les prix de Guiche et de la Seine ; *Léon* (Gabier et La Favorite), la Grande Poule des Produits, sur *Forum* ; *Pâtre* (Peut-Être et Printanière), les prix du Trocadéro et du Cèdre ; tous trois au comte de Lagrange ; — *Patchouli* (Plutus et Duchess of Athol), au comte de Berteux, les prix de l'Espérance et de Martinvast.

Mais c'est en province qu'il nous faudrait aller pour trouver, chez un seul animal, toute une série de performances victorieuses. *Loterie* (Gilbert et Lutine) est à coup sûr la meilleure bête qu'ait élevée le baron de Nexon. Elle ne parut pas moins de treize fois en public au cours de la saison, pour remporter treize victoires, s'élevant à 64.655 francs ; entre autres épreuves, elle gagna la Poule des Produits et le Derby du Midi, à Bordeaux ; le Derby de l'Ouest, à Nantes ; la Poule d'Essai de l'Ouest et du Midi, à Angoulême, et le prix de Diane de l'Ouest et du Midi, à Limoges.

Il est regrettable qu'elle n'ait été inscrite dans aucune des grandes épreuves classiques parisiennes, où sa qualité lui eût permis sans doute de jouer un rôle marquant.

**

Le héros des vétérans est *Castillon*, qui poursuit sa fructueuse carrière, avec onze victoires, dont le prix d'Apremont, le Grand prix de Beauvais, le prix de Longchamp et le Grand Prix, à Deauville, les prix de Bois-Roussel, de Chantilly et d'Octobre. En deux saisons, le vaillant petit cheval du comte de Lagrange avait couru 30 *fois* pour remporter 23 *victoires*, s'élevant à plus de 300.000 francs, bien qu'il n'eût pas gagné de prix supérieur à 25.000 francs. C'était là une magnifique performance.

L'année précédente, nous l'avons vu partager le prix de la Coupe, avec *Fitz-Plutus*. Il y échoua, à quatre ans, contre *Le Destrier*, qui avait déjà remporté le prix de Lutèce, et qui fit ensuite dead-heat, avec *Beauminet*, dans le Biennal.

Tristan s'était adjugé le Grand prix de Deauville ; — *Clélie*, le prix du Prince de Galles ; — *Innocent*, l'Omnium.

Milan, au comte de Lagrange, s'était littéralement promené dans le prix du Cadran devant *Beauminet*, et, dans le prix Rainbow, devant le vieux *Clocher*.

Jamais, croyons-nous, le prix Gladiateur, — dans lequel *Milan*, qui était favori, tomba boiteux au second tour — ne présenta une physionomie aussi extraordinaire. En voyant son compagnon d'écurie hors de combat, *Clémentine* tenta de s'échapper, et, forçant l'allure dans la descente, elle prit une trentaine de longueurs d'avance sur les autres. Mais, épuisée par cet effort, — elle était pleine, a-t-on dit, — elle s'arrêta à l'entrée de la ligne droite et sembla ne plus pouvoir avancer. C'est alors que *Pourquoi*, au baron de Varennes, monté à outrance et cravaché pendant mille mètres, refaisait le terrain perdu et, dans les dernières foulées, parvenait à rejoindre *Clémentine*, qu'il battit d'une tête, sur le poteau.

Pourquoi (Dollar et Charmille) avait quatre ans et provenait de l'élevage de M. Maurice Ephrussi. Après avoir couru obscurément, tant en plat qu'en obstacles, il avait été réclamé par le baron de Varennes, pour le compte duquel il avait montré son aptitude pour les longues distances, en remportant, en province, pendant l'été, deux prix Nationaux sur 4.000 mètres, dont l'un sur *Clocher*, ce qui ne l'empêcha pas d'être fort délaissé à 10/1, dans le Gladiateur. Il tentera à nouveau la fortune dans cette même épreuve, à cinq et six ans, mais sans succès.

Les deux ans qui attirent l'attention sont : *Athala*, gagnante du prix du Premier Pas ; — *Favorite*, prix de Deux Ans, à Deauville ; — *Galatée*, Grand Critérium d'Ostende ; — *Hottot*, les Grands Critériums de Vichy et de Dieppe ; — *Rencontre*, Grand Prix de la Ville de Moulins ; — *Péronne*, Premier prix d'Automne, prix de la Forêt et prix de la Salamandre ; — *Pythagore II*, Grand Prix de Dieppe et Premier Critérium ; — *Seigneur II*, prix de Blaison et de Condé ; — *Veston*, Premier prix d'Automne, Critérium et Omnium, à Bordeaux ; — *Vigilant*, Grand Critérium.

**

En Angleterre, *Poulet* avait remporté les Rous Memorial, à Ascot, et l'Autumn Handicap, à Lincoln, s'élevant ensemble à £ 1.200 ; — *Commandant*, les Great Northamptonshire Stakes, de £ 531 ; — *Milan*, les Princess of Wales Stakes, à Newmarket, de £ 300 ; — *Prudhomme*, quatre courses, £ 550 ; — et le vieux *Sutler*, huit prix, se montant à £ 2.374.

Au début de l'année était mort M. Edouard Fould, neveu de l'ancien ministre des Finances de Napoléon III, membre du Jockey-Club et du Comité des Courses.

Reconstituée au lendemain de la guerre de 1870, — en association avec le baron de Soubeyran, comte Hallez-Claparède, comte de

M. EDOUARD FOULD.

Ganay, comte de Lastours et H. Ridgway, — son écurie avait joué un rôle important sur le turf, où *Saltarelle, Saltéador, Saxifrage, Mondaine* et *La Flandrie*, avaient fait triompher la casaque cerclée noir et jaune dans maintes épreuves recherchées.

Il avait pour jockey Hunter, et, pour entraîneur, R. Carter, neveu, à Avermes. Son haras était à Saint-Georges (Allier).

Le haras comprenait 3 étalons, 27 poulinières et 18 yearlings; l'écurie, 28 chevaux de deux ans et au-dessus. Le tout, mis en vente, fit 737.500 francs (1). La moitié des yearlings et des chevaux à l'entraînement fut rachetée par le baron de Soubeyran, pour 192.500 francs (dont *Saltéador*, 5 ans, 17.500, et *Seigneur II*, 2 ans, 28.500), et l'écurie reformée avec le concours du vicomte d'Harcourt et du duc de Castries (beau-frère du maréchal de Mac-Mahon), sous le nom de qui on courut. Les nouvelles couleurs — casaque blanche, toque rouge à gland d'or — firent leur apparition au meeting de Vichy et, en fin de saison, triomphèrent, dans le prix de la Salamandre, avec *Seigneur II*. On sait quels succès éclatants elles ne devaient pas tarder à remporter.

En octobre, la nouvelle écurie, désireuse de renouveler le sang de son élevage, avait importé *Silvio* (Blair Athol et Silver Hair), qu'elle avait acheté 187.500 francs à lord Falmouth. On se rappelle que *Silvio*, battu par *Chamant* dans les Deux mille Guinées, en 1877, avait remporté ensuite le Derby et le Saint-Léger.

En même temps, le comte de Berteux amenait à son haras de Cheffreville, *King Lud* (King Tom et Qui-vive), qui avait remporté le Cesarewitch, et battu, dans l'Alexandra Plate, le fameux *Boïard* et *Kingcraft*, vainqueur du Derby de 1870.

Ces deux importations ne devaient pas compenser la perte que fit notre élevage avec la mort de *Trocadéro*, qui s'était montré le meilleur continuateur de *Monarque*. Il était âgé de 17 ans, mais ses premiers produits n'avaient paru sur le turf qu'en 1875. Les derniers courront jusqu'en 1887. Dans ce court espace de douze ans, sa production n'en gagnera pas moins de 400 courses et de 3 millions de francs d'argent public. Parmi les meilleurs, on peut citer *Kermesse, Basque, Narcisse, Pourquoi, Bariolet, Péronne, Chitré, La Papillonne, Mademoiselle de Senlis, Satory, Fra Diavolo, Richelieu, Georgina, Primrose*, etc.

Rappelons, enfin, la liquidation, par autorité de justice, de l'écurie de courses et du superbe haras de Cirès-les-Mello (Oise), au baron Raymond Sellière. Les 39 chevaux qui passèrent en vente firent 291.250 francs. Le prix le plus élevé, 46.500 francs, fut donné par M. Edmond Blanc, pour *Franc Picard* qui, cette année même, avait été le favori malheureux du Grand Steeple-Chase, et qui n'eut jamais

---

(1) Les prix les plus élevés furent atteints par : *Saxifrage*, 9 ans, payé 50.000 fr. par M. P. Aumont; — *Saltarelle*, 10 ans, 43.000 fr., et le vieux *Vertugadin*, 24.000 fr., par M. V. Malapert; — *Aquilin*, 3 ans, 38.000 fr., par M. E. Balensi; — *Mondaine*, 8 ans, 33.000 fr., par M. A. Lupin; — *Bête-à-Chagrins*, 6 ans, 32.000 fr., et *Mignonnette*, 8 ans, 30.000 fr., par M. C.-J. Lefèvre; — *La Flandrie*, 4 ans, 30.000 fr., par M. P. Donon.

la brillante carrière de son célèbre homonyme. Parmi les autres chevaux, nous ne voyons guère à citer que le deux ans *Fénelon* (Flageolet et Fantaisie), dont le duc de Hamilton donna 26.000 francs.

Le baron Raymond Sellière — qui faisait courir, depuis 1874, en association avec le marquis de Breteuil, sous le pseudonyme de « comte Henry » ou « M. Henry » — avait mangé une fortune considérable au jeu, et sa famille venait d'obtenir son interdiction du Tribunal civil.

CHAPITRE LIX

ANNÉE 1882

La Société d'Encouragement se transforme en Société civile. — Renouvellement du bail de Chantilly. — Prix Greffulhe et prix Triennal. — Fondation de la Société de Sport de France. — Hippodrome de Saint-Louis de Poissy. — *Mademoiselle de Senlis*, *Clio*, *Dandin* et *Saint-James*. — *Bariolet* et *Poulet* (suite). — Liquidation, pour cause de fin de société, de l'écurie de courses du comte de Lagrange, et sa reconstitution. — Mort de *Payment* et *Vermeille*. — Année des pouliches en Angleterre.

La Société d'Encouragement — qui n'avait existé, depuis sa fondation, que comme une pure association de fait n'ayant été revêtue d'aucune des formes légales exigées pour la constitution des sociétés — régularise sa situation, et, par acte du 28 décembre 1882 (modifié suivant délibérations du Comité des Courses des 12 janvier 1888, 27 juin 1891, 1er avril 1892 et 20 mai 1895), elle se transforme en société civile.

Elle se compose de vingt associés ou membres fondateurs, mais elle admet des membres adhérents. Le fonds social s'élève à 100.000 francs, divisé en vingt parts de 5.000 francs, dont une est attribuée à chacun des membres fondateurs (1).

Elle a pour objet l'exploitation :

1º De la concession, faite par la Ville de Paris, de l'hippodrome de Longchamp, suivant acte administratif, en date du 24 juin 1856, pour une durée de cinquante années (prorogée ultérieurement jusqu'au 31 décembre 1941, suivant un autre acte administratif, en date du 25 juillet 1891);

2º Des terrains loués par le duc d'Aumale, formant le champ de courses de Chantilly, avec ses dépendances, comprenant, en

---

(1) Le nombre des membres fondateurs fut ultérieurement porté à 24 en 1905 et à 30, en 1908; il avait été de 12 à l'origine, puis de 15 en 1857.

outre, diverses routes dans la forêt, destinées à l'entraînement des chevaux (1);

3° De toutes autres concessions qui pourraient être obtenues ultérieurement, ayant pour objet l'amélioration des races de chevaux au moyen des courses, et l'acquisition ou la prise à bail de tous terrains affectés à cet usage.

Elle est administrée par un Comité composé des vingt membres fondateurs et dix membres adjoints, choisis parmi les adhérents (2). Ce Comité a la direction technique et financière de la Société; il nomme chaque année trois commissaires, pris dans son sein, qui sont chargés d'exécuter ses décisions et de représenter la Société en justice.

Toutes les fonctions remplies par les membres de la Société sont gratuites. Il ne peut leur être alloué aucun jeton de présence ou frais de déplacement quelconques.

Chaque année, après le paiement de tous les frais généraux et de toutes les dépenses que le Comité aura ordonnées, il sera attribué un intérêt de 5 p. 100 aux parts de fondateur, soit 250 francs à chacune. La Société, entendant conserver son caractère d'œuvre nationale, et ses membres ne recherchant l'occasion d'aucun profit, le surplus des bénéfices sera porté au fonds de réserve, pour être employé ultérieurement, suivant les décisions du Comité.

Nous verrons, au cours de cet ouvrage, quelles modifications profondes furent apportées à certaines de ces dispositions par les lois du 2 juin 1891, le décret du 24 novembre 1896 et les arrêtés ministériels de 1902, 1905 et 1906.

**

A son programme (3), la Société d'Encouragement vient d'ajouter deux nouvelles épreuves, dont l'une d'un genre particulier, le Triennal, destinées, l'une et l'autre, à devenir classiques :

Le PRIX GREFFULHE, poule des produits pour chevaux de trois ans issus de juments nées et élevées en France : distance 2.400 mètres. L'allocation de 10.000 francs a été portée à 20.000, dès l'année suivante, et à 30.000, en 1891. Avec les entrées et forfaits, ce prix s'élève actuellement à 65.000 francs environ pour le gagnant. Comme dans les trois autres poules (Hocquart, Daru et Noailles), il est alloué, en outre, 5.000 francs au deuxième, 2.500 au troisième, et une prime de 4.000 fr. à l'éleveur du gagnant. Les engagements se font le 31 octobre de l'année de la saillie.

---

(1) La Société renouvela, cette année même, aux conditions que nous avons indiquées dans la note 2 de la page 250, le bail pour la location de la pelouse, et des routes d'entraînement de Chantilly.

(2) Par décret, en date de 1902, il a été imposé à la Société d'Encouragement, six membres étrangers, pris en dehors de ses associés.

(3) Le budget de la Société, pour 1882, s'élève à 1.546.500 francs, dont 1.208.500 pour Paris, Chantilly et Fontainebleau; et 338.000, pour la province.

Le prix Triennal, pour chevaux n'ayant jamais cessé d'appartenir à l'éleveur qui les a fait naître et qui n'a modifié en rien sa part de propriété. Tout propriétaire ou association de propriétaires ne peut engager qu'un seul cheval. Tout propriétaire intéressé dans plusieurs écuries ne peut également engager qu'un cheval. A deux ans, 20.000 francs, 1.100 mètres; à trois ans, 30.000 francs, 2.200 mètres; à quatre ans, 40.000 francs, 4.400 mètres; les deux tiers des entrées au deuxième, l'autre tiers au troisième. En 1889, cette épreuve devint le *prix La Rochette*, en souvenir de l'homme qui, pendant tant d'années, avait personnifié la Société d'Encouragement.

A partir de 1906, le prix La Rochette a été dédoublé, à deux et à trois ans, en épreuves séparées pour poulains et pouliches. A quatre ans, sont seuls qualifiés les chevaux engagés dans l'une ou l'autre des épreuves précédentes, mais chaque propriétaire ou association de propriétaires n'en peut faire courir qu'un, à son choix.

Le Triennal de deux ans s'est couru pendant dix ans, à la journée d'automne de Fontainebleau; puis, en 1892, à Longchamp, et, au dédoublement, à Chantilly. Les manches de trois ans se sont toujours disputées au printemps, à Longchamp, et celle de quatre ans à Chantilly, le jeudi qui sépare le prix de Diane du prix du Jockey-Club.

Gouvernant est le seul cheval, jusqu'ici, qui ait remporté les trois manches du Triennal.

**

Fondée par le comte Greffulhe, la *Société de Sport de France* donne sur l'hippodrome de La Solle, à Fontainebleau, ses premières réunions, pour hacks et hunters, montés par des gentlemen-riders. Son budget, bien modeste, ne s'élève encore qu'à quelques mille francs. Ce début presque obscur n'empêcha pas la jeune société de prospérer et de tenir plus tard sa place au soleil (1). En plus de la création d'épreuves aujourd'hui recherchées, comme les prix Citronelle, Le Sancy, Flageolet et Edgard Gillois, on lui devra l'institution d'épreuves pour apprentis jockeys, où se formeront bon nombre de nos meilleurs cavaliers, entre autres de Georges Stern (2).

En même temps que la Société précédente, se fondait, sous le

---

(1) En 1886 ses réunions auront lieu sur l'hippodrome d'Achères; en 1893, sur celui de Colombes. La Société d'Encouragement la subventionnera alors de 16.000 francs, ce qui portera son budget à 65.000 francs. En 1898, elle adjoindra les courses régulières à son programme, qui comportera déjà 15 réunions et 150.000 francs de prix. Enfin, le succès aidant, elle abandonnera Colombes, et, le 19 septembre 1906, elle inaugurera le champ de courses du Tremblay, qu'elle vient de faire aménager. Dès lors, elle prendra rang parmi les grandes sociétés de courses parisiennes, avec un budget pour 1913, de 945.000 francs, dont 76.000 francs d'allocations à la province.

(2) G. Stern débuta tout enfant, à Colombes. Son premier succès fut rem-

régime de la Société d'Encouragement, la Société des Courses de Saint-Louis de Poissy. Elle ne vécut que trois jours et, faute de recettes, dut fermer les portes de son hippodrome sans avoir pu payer le montant des prix qu'elle avait offerts. Nous n'en parlerions pas si ses commissaires n'avaient été actionnés en paiement des dits prix. Il va sans dire que leur honorabilité n'était pas en jeu et qu'il ne s'agissait que d'une question de principe. Comme il fallait s'y attendre, ils furent mis hors de cause, la question sortant de leurs attributions.

*_**

Ce sont deux pouliches, *Mademoiselle de Senlis* et *Clio*, qui viennent en tête de la jeune génération. C'est dire que, dans son ensemble, elle est des plus médiocres.

Il suffit, en effet, de se rappeler que le prix du Jockey-Club fut partagé entre *Dandin* (Gabier et Dulce Domum), au comte F. de Lagrange, qui n'avait rien à son actif, et *Saint-James* (Le Petit Caporal et Apparition), à M. Michel Ephrussi, qui avait couru sans succès, à deux ans, dans les prix à réclamer, et qui ne comptait qu'une victoire sans éclat, dans un handicap modeste.

Encore s'en fallut-il de peu que ce dead-heat ne fut triple, le troisième cheval placé, *Jasmin*, à M. A. Desvignes, n'ayant succombé que d'une courte tête.

Jasmin était le frère de *Le Lion* qui, deux ans auparavant, n'avait également perdu cette même épreuve que d'une tête, contre *Beauminet*. Comme son aîné, *Jasmin* n'avait rien fait jusque-là et ne fit rien par la suite.

On ne fut pas surpris dans ces conditions de voir l'anglais *Bruce*, qui n'avait pu prendre que la quatrième place dans le Derby d'Epsom, venir nous enlever sans lutte le Grand Prix. Si peu probants que fussent ses titres, ils parurent cependant tellement supérieurs à ceux de nos malheureux champions qu'on paya 1/3 en sa faveur!

Mademoiselle de Senlis (Trocadéro et Mlle de Juvigny), à M. P. Aumont, montra un moment de très bonne forme, au printemps, en enlevant successivement les prix de l'Espérance, Daru, Reiset, Diane et Seymour.

Elle n'avait jamais battu grand'chose jusque-là, il est vrai, et l'on attendait avec intérêt sa rencontre avec un adversaire de quelque

---

porté le 20 avril 1898, dans le prix de Maisons-Laffitte, sur *Finlas*, à son père. Parti à 20/1, il battit d'une tête, après une très jolie lutte à l'arrivée, *Indien* également à son père, monté par A. Turner.

On sait le chemin que ce débutant a parcouru. Son habileté professionnelle lui a valu gloire et fortune, et il n'est pas de grande épreuve qu'il n'ait remportée, principalement pour M. E. Blanc, au service de qui il est attaché depuis de nombreuses années. Aujourd'hui, G. Stern détient non seulement le record des courses gagnées, mais encore celui des Derby de tous pays : avant celui d'Epsom, qu'il a remporté, en 1911, avec *Sunstar*, il avait déjà à son actif les Derby français, italien, russe et autrichien.

valeur. Elle se produisit, le jour du Grand Prix, dans le prix d'Ispahan, et ce fut un effondrement. Alors qu'on ne payait pas moins de 1/5 pour la pouliche, elle fut battue au petit galop par *Poulet* (Peut-Être et Printanière), au comte de Lagrange, qui portait 66 kil. 1/2 et lui rendait 31 livres pour deux années !... Cette défaite marquait le commencement d'une série d'insuccès, notamment dans le Saint-Léger de Caen, où elle ne put rendre 6 livres à *Clio*, son runner-up du prix de Diane, et dans le Grand Prix de Deauville, où elle succomba contre *Tristan* et *Iceberg*.

Avant cette victoire dans le Saint-Léger, *Clio* (Dollar et Clotho), à M. H. Delamarre, avait gagné le Biennal et le prix Greffulhe ; à l'automne, elle enleva le Royal-Oak.

Les meilleurs, après ces deux pouliches, sont *Veston* (Gabier et Vest), au comte de Lagrange, qui gagne les prix de Lutèce, de la Seine, Fould, du prince d'Orange, de la Forêt et le Handicap libre ; — et *Le Piégeur* (Don Carlos et Nichette), à M. E. de La Charme, qui remporte 12 courses un peu partout, se montant au chiffre coquet de 65.000 francs.

Des autres chevaux de cette triste génération, il n'y a rien à dire, les lauréats de telle ou telle épreuve n'ayant plus joué de rôle par la suite, et il suffira de rappeler que *Barbe-Bleue*, au baron de Rothschild, eut en partage la Poule d'Essai ; — *Cimier*, à M. Lupin, prix du Nabob ; — *Dictateur II*, à M. Ephrussi, prix de Longchamp ; — *Péronne*, à M. L. André, Derby de Reims et prix d'Octobre ; — *Montaigu*, au comte de Lagrange, Derby du Pin ; — *Vigilant*, à M. H. Delamarre, la Grande Poule des Produits.

Friandise, au même propriétaire, avait gagné 7 petits prix, — et *N. de Normandie*, à M. E. de La Charme, 4 courses, dont le prix Charles Laffitte et le Handicap, à Dieppe.

On peut encore citer *Comte Alfred*, à M. C.-J. Lefèvre, en raison d'une brillante victoire qu'il remporta en Angleterre. C'était un poulain d'un caractère farouche, qui brisait tout dans son box et refusait la plupart du temps de s'employer : le jour où il y consentit, il battit, dans les Sussex Stakes, de 25.000 francs, *Dutch Oven*, la gagnante du Saint-Léger de Doncaster.

En province, les principaux gagnants sont *Déjà-Fait*, au comte F. de David-Beauregard ; — *Mademoiselle de Machecoul*, à M. J. Roblin ; — *Seigneur II*, au duc de Castries ; — *Marius*, au baron de Nexon ; — et *Muck Turtle*, à M. D. Guestier.

Poulet, dont nous avons parlé plus haut, avait accompli, au début de la saison, une performance peu commune, en enlevant, à huit jours d'intervalle, le Lincolnshire handicap sur 1.600 mètres, et le prix Rainbow, sur 5.000 mètres, battant *Bariolet*, alors en pleine forme. Il remporta encore le prix d'Apremont.

Bariolet (Trocadéro et Bariolette), à M. Maurice Ephrussi, était un cheval tardif, dont la carrière de trois ans n'avait commencé à se dessiner que sur le tard. Il est le lauréat des vétérans, avec 11 victoires : prix du Cadran, sur *Perplexité;* la Coupe, sur *Veston;* prix de la Pelouse, de Deauville, de Seine-et-Marne, de Bois-Roussel; de Chantilly, sur *Clio* et *Mademoiselle de Senlis;* de Gladiateur, sur *Pourquoi* et *Aquilin,* et deux prix Nationaux.

Ces deux chevaux, *Poulet* et *Bariolet,* ne laissaient pas aux autres grand'chose à glaner. *Octave* eut l'Omnium et le prix du Prince d'Orange; — *Tristan,* le Grand Prix de Deauville, sur *Friandise, Mademoiselle de Senlis* et huit autres; — et *Basilique,* les prix de l'Été, des Pavillons, et le prix du Roi, à Bruxelles.

Loterie poursuit en province son éclatante carrière, en enlevant 14 courses et 4 places, sur 18 sorties, créditant encore le baron de Nexon de plus de 50.000 francs.

Chitré s'affirme comme le meilleur deux ans, avec ses victoires des prix de Villers, de Deux Ans, du Troisième Critérium et de la Salamandre, sur *Verte-Bonne* et *Farfadet,* qui le battit, à un avantage de 10 livres, dans le prix de Condé.

Après lui, vient *Satory,* qui remporte le prix du Premier Pas et le Premier Triennal, avant de succomber contre *Vernet,* dans le Grand Critérium, où les autres étaient tellement loin que le juge ne plaça pas de troisième.

Le Grand Critérium de Vichy était revenu à *Mantelet,* et celui de Dieppe, à *Entraîneur.*

***

En Angleterre, l'année n'est pas brillante pour notre élevage. Si M. C.-J. Lefèvre figure encore en tête des propriétaires gagnants, il doit presque exclusivement cette place aux seuls succès de ses chevaux anglais, *Hauteur, Ladislas* et *Tristan.*

En plus des victoires, que nous avons signalées, de *Poulet,* dans le Lincolnshire handicap et de *Comte Alfred,* dans les Sussex Stakes, nous ne voyons guère, à l'actif de nos chevaux, que le Chester Cup remporté par *Prudhomme,* les Royal Stakes de Sandown Park et l'Alexandre plate de Doncaster, par *Sutler,* et le Brighton Cup, par *Fénelon.*

Puisque nous sommes en Angleterre, rappelons que c'y fut, par excellence, l'année des pouliches qui, pour la première fois depuis l'institution des grandes épreuves classiques, les gagnèrent toutes. Indépendamment, en effet, de celles qui leur sont spéciales, — comme les Mille Guinées, qui revinrent à *Sainte-Marguerite,* et les Oaks, à *Geheimniss,* — les Deux mille Guinées et le Derby furent enlevés par *Shotover,* et le Saint-Léger de Doncaster, par *Dutch Oven.*

Au commencement de septembre, nous avons à signaler la liquidation de l'écurie de courses du comte de Lagrange et du stud de Dangu, pour cause de fin de société.

Cette vente sensationnelle eut lieu en deux fois : d'abord à Dangu, sous la direction de M. Tattersall, de Londres, assisté de Me Helmet, notaire à Chantilly, et de son collègue de Gisors; puis à Paris.

Elle comprenait 32 poulinières suitées, 11 étalons, 46 poulains de lait, 29 yearlings, 25 chevaux de deux ans, 17 de trois ans, 5 de quatre ans, 2 de cinq ans et 2 chevaux hongres.

Elle produisit 895.000 francs d'adjudications étrangères, plus 342.660 francs pour les chevaux rachetés par le comte de Lagrange, parmi lesquels le deux ans *Farfadet* (Nougat et La Farandole), 108.000 francs; *Albion*, 17.500; *Clémentine*, 38.000; *Peut-Être*, 42.000; *Veston*, 62.500; *Octave*, 25.000; *Castillon, Gourgandin, Fleuret, Consul, Pâtre, Frondeuse, Azur, Archiduc*, etc.

Le prix le plus élevé fut atteint par l'étalon *Rayon d'Or*, acheté 150.000 francs par M. Smith, pour le compte de William Scott, des États-Unis.

Parmi les autres enchères, aucune ne dépassa 50.000 fr. (1).

***

Notre élevage perd deux brillantes poulinières : *Payment* (mère de *Florin* et de *Dollar*) et *Vermeille*, ex-*Merveille* (mère de *Vermout, Vertugadin, Verdure* et *Verte Allure*), dont nous avons parlé en leur temps.

---

(1) Voici les meilleurs prix obtenus :

Étalons : *Nougat* (Monarque et Lady Lift), 41.000 francs; — *Milan* (Le Sarrazin et Mademoiselle de Champigny), 33.000; — *Flavio* (Consul et Fille de l'Air), 20.000.

Poulinières : *Océanie*, 30.000, M. C.-J. Lefèvre; — *Printanière*, 25.000, M. A. Lupin; — *Verdurette*, 22.000, et *La Farandole* (mère de *Farfadet*), 8.000, comte Lehndorff, pour les haras impériaux allemands.

Deux ans : *Valois* (Consul et Verdurette), 50.000, M. Balensi; — *Sabine* (Beau-Merle et Silencieuse), 35.000, Maurice Walter; — *Diplomate*, 30.000, comte de Montgomery.

Trois ans : *Flick* (Beau-Merle et Faribole), 22.000, M. J. Prat; — *Flandrin* (Saint-Christophe et La Favorite), 18.100, M. F. Sieber; — *Thémis* (Consul et Teacher) et *Imposant* (Beau-Merle et Iphigénie), 16.700 et 15.700, à R. Carter.

CHAPITRE LX

ANNÉE 1883

Mort du comte de Lagrange. — *Frontin, Farfadet, Saint-Blaise, Stockholm, Malibran, Verte-Bonne, Regain, Satory, Azur.* — *Mademoiselle de Senlis, Clio, Bariolet* (suite). — Dédoublement de la Poule d'Essai. — Prix du Pin. — *La Vie Sportive.* — Suppression des cartes d'abonnement de la Société d'Encouragement. — Les écuries du prince J. Murat et de M. A. Abeille. — Liquidation du haras de La Masselière. — *Plaisanterie* achetée 825 francs. — Mort de *Finlande.* — Dead-heat dans le Derby d'Epsom. — *Galliard* et *Ossian.*

Glorieuse pour les écuries françaises, l'année 1883 est plus tristement célèbre encore par la mort du comte Frédéric de Lagrange, survenue au commencement de novembre.

Un instant, la Fortune sembla vouloir sourire une dernière fois au grand triomphateur, avant qu'il disparût.

En effet, par la facilité de sa victoire dans le prix Greffulhe, son poulain *Farfadet* (Nougat et La Farandole) — qu'il avait racheté 108.000 francs, l'automne précédent, à la liquidation de son écurie — parut de taille à briguer les plus beaux lauriers. Il dut cependant baisser pavillon, dans le prix du Jockey-Club, devant un poulain qui n'avait pas encore connu la défaite.

Il s'appelait *Frontin* (Georges Frederick et Frolicsome), provenait de l'élevage d'Albian, à M. V. Malapert, et appartenait au duc de Castries. C'était un grand cheval alezan clair, très froid, qui avait besoin d'être monté sévèrement, voire cravaché, pour se mettre dans son action. Il n'avait pas couru à deux ans, et avait débuté dans le prix de Guiche, qu'il avait enlevé assez facilement. Ses deux sorties suivantes, dans les prix Fould et Reiset, avaient été des victoires également, en sorte qu'il partit favori dans le prix du Jockey-Club. Monté par F. Archer, il ne l'emporta que d'une encolure sur *Farfadet* (Dodge), après une très belle lutte. Dans les dernières foulées, il avait versé assez fortement sur son rival, ce qui avait motivé, à la rentrée aux balances, une réclamation de Dodge, qui ne fut pas admise par les Commissaires.

Frontin devait, dans le Grand Prix, non seulement confirmer sa supériorité sur *Farfadet*, mais prouver qu'il était le meilleur cheval de son année, tant en France qu'en Angleterre. Monté, cette fois, par T. Cannon, il y eut raison de *Saint-Blaise*, vainqueur du Derby d'Epsom, que pilotait F. Archer. L'arrivée fut palpitante et rappela le duel magnifique de *Foxhall* et de *Tristan*, deux ans auparavant. Au pavillon, les deux Derbys-winners restaient seuls en course, *Frontin*, à la corde, avec une demi-encolure d'avance, qu'il garda jusqu'au poteau, cependant que les deux jockeys, sans un coup de cravache, rivalisaient de maîtrise. *Farfadet* était troisième.

Si le côté chauvin de l'assistance trouva son compte dans la victoire du champion français, on ne put en tirer gloire pour l'élevage national, *Frontin* n'ayant de français que le nom. Son père était anglais et sa mère avait été importée pleine.

Ce fut sa dernière course. Tombé boiteux, il ne reparut pas sur le turf et fut envoyé au haras de Saint-Georges. Vendu ensuite, à M. A. Ménier, il se montra reproducteur des plus médiocres.

Les autres lauréats de l'année sont : *Soukaras* (Faublas et Perçante), à M. E. Blanc, qui provenait de l'élevage de M. L. Delâtre, gagnant des prix des Cars et de la Grande Poule des Produits ; — *Regain* (Mortemer et Regalia), à M. C.-J. Lefèvre (Poule d'Essai et troisième du Prix du Jockey-Club) ; — *Satory* (Trocadéro et Reine de Saba), à M. L. André (Biennal) ; — *Stockholm* (Cadet et Stockhlausen), à M. A. Staub (Poule d'Essai et Royal-Oak), — et *Verte-Bonne* (Dollar et Verte-Allure) à M. H. Delamarre, qui, partie à 40/1, dans le prix de Diane, où elle faisait sa rentrée, y battit d'une tête *Stockholm*, que *Malibran* suivait à un même intervalle ; — *Chitré*, à M. P. Aumont (prix des Acacias, du Cèdre, Seymour et Grand Prix de la Ville de Lyon).

Farfadet remporta encore quatre victoires, dont le Grand Saint-Léger à Caen, et le prix de Chantilly. C'étaient là de bien minces compensations aux espérances que le comte de Lagrange avait fondées sur ce poulain. Il ne fut pas le seul de ses chevaux, d'ailleurs, à lui causer des déceptions, et *Malibran* (Consul et Mark-Over) mérite, à ce sujet, une mention spéciale pour sa malechance persistante : battue de très peu, comme nous venons de le dire, par les deux premières du prix de Diane, elle n'avait succombé que d'une tête contre *Hauteur*, dans les Mille Guinées, et d'une tête, également, contre *Stockholm*, dans la Poule d'Essai ; elle fut encore seconde, derrière *Bonnie Jean*, dans les Oaks et dans l'Epsom Grand Prize.

Le comte de Lagrange trouva, par contre, quelque adoucissement à ses déboires dans les succès de son trois ans *Azur* (1), et surtout

---

(1) *Azur* (Westminster et Ariane) était un poulain tardif, qui ne commença à trouver sa forme qu'en été. A dater de la réunion de Beauvais et jusqu'à l'arrière-saison, il ne connut plus la défaite. Sur tous les terrains et sur toutes les distances, il employa la même tactique, qui consistait à prendre résolument

dans la brillante victoire qu'un jeune frère d'*Albion*, nommé *Archiduc*, avait remportée en Angleterre. Après avoir échoué successivement contre *Queen Adélaïde*, dans les July Stakes, contre *Yorande*, dans le Triennal, et contre *Fra Diavolo*, dans le Grand Critérium, où il avait à peu près manqué le départ, *Archiduc* venait de clôturer la campagne en enlevant dans un très beau style les Criterion Stakes, de Newmarket, quand son propriétaire succomba à une attaque de goutte.

Avec le comte de Lagrange disparaissait une des plus grandes figures du turf, pour ne pas dire la plus grande de toutes.

Aucun n'y joua un rôle plus considérable et n'y exerça une influence plus considérable et plus salutaire.

Par sa connaissance approfondie des choses du turf et de l'élevage, par son jugement éclairé et son initiative hardie, par sa prescience du développement que l'ouverture de l'hippodrome de Longchamp allait donner aux courses, ce qui l'avait amené à monter une écurie, il tira l'élevage national de l'état d'infériorité dans lequel il semblait vouloir se tenir, pour le porter à un degré de gloire qu'il n'a jamais dépassé ni même retrouvé depuis *Gladiateur*.

Vouloir retracer ici la carrière de ce grand sportsman ne serait que refaire l'historique même des courses en France depuis 1857. Son nom y est inscrit à chaque page en lettres glorieuses, et ce ne serait que la répétition de faits déjà connus (1).

Mais, sans entrer dans le détail de ses exploits hippiques ni revenir

---

la tête au départ... et à la garder jusqu'au poteau. C'est ainsi qu'il battit tous les meilleurs chevaux du moment et remporta neuf victoires consécutives (dont les prix de Villebon, d'Octobre, du Prince d'Orange et de La Forêt), s'élevant à près de 80.000 francs, somme encore très importante pour l'époque.

(1) Nous nous bornerons à rappeler qu'il n'est pas de grande épreuve classique, anglaise ou française, que ses représentants n'aient remportée, notamment : une fois, le Derby d'Epsom; deux fois, chaque, le Grand Prix de Paris, le Saint-Léger de Doncaster, les Mille et les Deux mille Guinées; trois fois, les Oaks; quatre fois, l'Ascot Gold Cup; huit fois, le prix du Jockey-Club; sept fois, chaque, le prix de Diane, la Poule d'Essai et le prix Royal-Oak; neuf fois, la Grande Poule; dix fois, le prix Gladiateur; onze fois, le prix du Cadran; et quatorze fois, le prix Rainbow.

Voici, correspondant à chacune des différentes phases de l'écurie Lagrange, les noms de ses principaux chevaux :

1857 à fin 1859 : *Monarque, Mademoiselle de Chantilly, Black Prince, Étoile-du-Nord;*

1860 à fin 1862 (la « Grande Écurie », association avec le baron Nivière) : *Isabella, Stradella, Finlande, Surprise, Gabrielle d'Estrées, Palestro;*

1863 à fin 1870 : *Compiègne, Le Béarnais, Hospodar, Le Sarrazin, Fille de l'Air, Gladiateur, Le Mandarin, Jenny, Le Maréchal, Auguste, Longchamp, Montgoubert, Trocadéro, Nélusko, Consul, Général;*

1871 à fin 1874 (les produits de Dangu courent sous les couleurs de M. C.-J. Lefèvre) : *Reine, Flageolet, Chamant;*

1875 à fin 1877 (association avec M. C.-J. Lefèvre) : *Camélia, Braconnier, Verneuil, Saint-Christophe;*

1878 à fin 1883 : *Phénix, Inval, Insulaire, Clémentine, Zut, Rayon d'Or, Castillon, Dandin, Albion, Octave, Azur, Farfadet, Archiduc.*

sur la notice biographique que nous lui avons consacrée lors de ses débuts sur le turf, à la fin de l'année 1856, on peut s'arrêter un instant au rôle qu'il a joué.

On a prétendu que l'un des principaux associés du comte de Lagrange n'était autre que Napoléon III, qu'il avait séduit par l'exposé de ses doctrines. Étant donné l'intérêt très vif que l'Empereur ne cessa de témoigner à l'institution des courses et au développement de l'élevage national, la chose n'a rien d'invraisemblable, et la liquidation de l'écurie Lagrange, au lendemain de la chute du régime impérial, semblerait la confirmer.

Quoi qu'il en soit, si l'Empereur fit partie de la combinaison, la tête n'en resta pas moins le comte de Lagrange. Il était, dans toute l'acception du terme, ce que l'on peut appeler un maître, et jamais aucune écurie de courses ne fut plus que la sienne dans la main d'un seul. Jamais, si invraisemblable que cela paraisse, aucune indiscrétion ne fut commise sur le travail de sa nombreuse cavalerie. Suivant l'expression si juste du comte Daru, que nous avons rappelée au sujet du mystère qui entoura l'entraînement de *Gladiateur*, « il savait se faire obéir », et jamais ses associés ne surent que ce qu'il voulait qu'ils connussent.

Le premier, le comte de Lagrange avait compris la supériorité de l'entraînement anglais. Pour si jeune encore que fût notre élevage, il ne lui parut inférieur à celui de nos voisins d'Outre-Manche que par les seules méthodes d'entraînement. Prenant donc résolument le taureau par les cornes, il résolut de leur emprunter leurs méthodes de travail et leurs terrains gazonnés, pour préparer ses chevaux à les battre sur leurs propres hippodromes, dans leurs plus grandes épreuves. C'est de cette conception hardie que naquit Phantom-Cottage, à Newmarket, sous la direction de Tom Jennings.

Cette initiative fut mal jugée en France, cela va sans dire. S'il était louable d'aller de l'avant, disait-on, encore ne fallait-il le faire que prudemment, à petits pas, et ne pas risquer de ces tentatives téméraires qui, loin de stimuler nos éleveurs, ne pouvaient que les décourager par les insuccès auxquels nos chevaux semblaient condamnés. Que l'on songeât à disputer quelqu'un de ces prix, comme le Goodwood Cup, par exemple, où des décharges de poids importantes sont accordées à nos produits, en raison de leur infériorité, passe encore!... Mais c'était une véritable folie que de vouloir tenter la fortune dans des épreuves classiques à poids égal, comme les Guinées ou le Derby!

Les tentatives honorables, mais infructueuses, de *Dangu* et de *Royallieu*, qui se placèrent cependant quatrièmes, à Epsom, en 1860 et 1861, semblèrent confirmer ces appréciations pessimistes.

Mais les succès éclatants de *Fille de l'Air*, puis ceux, plus retentissants encore, de *Gladiateur*, prouvèrent aux timides combien le comte de Lagrange avait vu juste, et si, de nos jours, notre élevage est devenu l'égal de celui de l'Angleterre, c'est à lui que la France en est redevable, par l'émulation qui s'empara de nos éleveurs à la suite de ses victoires.

Au moment où disparaissait le comte de Lagrange, les mœurs sportives commençaient déjà à subir une transformation, et le sport lui-même, dans une évolution nouvelle, allait entrer dans une phase d'intensité et de démocratisation qu'il ignorait encore.

Mais la place que tenait le comte de Lagrange était tellement grande, que, même vieilli, sa mort n'en fut pas moins une perte immense pour le turf, et y laissa le même vide que sa retraite momentanée, en pleine période de triomphes, avait laissé, en 1870; et les lignes que Ned Pearson lui consacrait alors dans le *Sport*, conservent, treize ans plus tard, toute leur actualité.

« La disparition de l'écurie Lagrange constitue pour le turf un événement aussi important peut-être que son apparition. On n'était pas encore habitué à voir les courses sortir d'un certain cercle et d'une mesure limitée.

« Sans l'impulsion que l'entreprise du comte de Lagrange vint donner au turf français, il se traînerait encore dans un chemin battu dont il n'oserait pas sortir par inconscience de ses forces réelles. Si l'on se reporte à l'époque dont nous parlons, on doit se rappeler combien on était loin alors de songer à lutter à armes égales avec l'Angleterre. Nous acceptions notre infériorité, sans penser même à secouer le joug. Le comte de Lagrange osa le premier passer ce terrible Rubicon : *Fille de l'Air* et *Gladiateur* sont des réponses suffisantes à ceux qui l'accusaient alors d'imprudence et de témérité.

« Stimulé par la concurrence formidable du comte de Lagrange, l'élevage français dut faire des efforts inouïs pour se tenir à la hauteur d'un mouvement aussi continu. Le niveau de la qualité de nos chevaux ne tarda pas à s'élever à la hauteur d'un semblable exemple; et, au moment où de terribles événements (guerre de 1870) vinrent interrompre la marche d'une œuvre si bien conçue et si parfaitement exécutée, notre production de pur sang était devenue l'égale de celle de nos voisins.

« Ce résultat, inespéré au début, est, après l'action de la Société d'Encouragement, dû pour la plus grande partie à l'initative du comte de Lagrange.

« Ainsi, quoi qu'il arrive, le comte de Lagrange restera une des plus grandes figures du turf. ».

Devant le rôle considérable qu'a joué le comte de Lagrange, il est regrettable que la Société d'Encouragement ait laissé à la Société Sportive — qui ne prendra naissance qu'en 1887 — l'honneur d'avoir donné le nom de ce grand sportsman à l'une des épreuves principales de son programme.

***

Rappelons également la mort de M. A. Desvignes, éleveur à Barouges (1), et celle de A. Dennetier, agent d'affaires et publiciste, organisateur d'un grand nombre de champs de courses régionaux, en Normandie principalement, et fondateur, avec son frère René, des sinistres « Suburbains » de Maisons-Laffitte, Enghien, Saint-Ouen, La Marche, etc.

Tous ces hippodromes, où les courses n'étaient que prétexte à spéculations, avaient pris un développement considérable depuis quelques années. Bien que les prix fussent peu importants — mais qui se souciait vraiment des allocations, en regard des bénéfices à côté qu'on pouvait réaliser! — ils attiraient des champs nombreux et les *flat-races* avaient leur clientèle!... Peu de propriétaires réguliers, à vrai dire, — bien qu'on regrette d'y rencontrer de temps à autre les noms de MM. Moreau-Chaslon, Richard Hennessy, baron J. Finot, J. Archdeacon, F. Sieber et H. Bouy ; mais, pour la plupart, les chevaux qui se présentaient dans ces épreuves singulières appartenaient à des entraîneurs ou des jockeys, des bookmakers ou des tenanciers de maisons de jeu !

Aux Suburbains déjà existants, un nommé Mathieu jugea opportun d'en ajouter un autre, et il ouvrit, en 1883, l'hippodrome de Colombes. On peut dire qu'il dépassa du premier coup ses confrères. Les réunions de Colombes sont demeurées légendaires : elles furent, en effet, plus anti-sportives encore que les autres, — si c'est possible.

Et cependant la Société d'Encouragement multipliait ses allocations. Son budget était porté à 1.861.000 francs, en augmentation de 325.000 francs sur celui de 1882 ; une sixième course était ajoutée aux journées de Chantilly, une journée complète — celle du jeudi qui précède le Grand Prix — au meeting d'été de Longchamp ; la Poule d'Essai venait d'être dédoublée et le Prix du Pin, créé à l'arrière-saison.

Cette épreuve, unique en France, dans les courses plates, par le poids qu'elle imposait aux concurrents (4 ans, 78 kil. 1/2 ; 5 ans et au-dessus, 80 kilos), se disputa à la dernière journée de Chantilly. La distance était de 3.000 mètres, l'allocation, de 15.000 francs (2).

(1) Ses meilleurs produits avaient été *Barbillon, Alabama, Androclès, Auricula* (célèbre en obstacles), et *Jasmin*, qui faillit partager le prix du Jockey-Club avec *Dandin* et *Saint-James*.

(2) L'objet qui présidait à la création d'une épreuve disputée sous des poids aussi inusités était à la fois de révéler chez certains sujets l'aptitude à porter le poids, comme le prix Gladiateur indiquait l'aptitude à tenir la distance, et, d'autre part, de montrer que le cheval de courses plates est capable de galoper sous les poids élevés aussi bien que sous les poids habituels.

L'expérience prouva du reste, sauf pour quelques sujets qui constituent une exception, que la forme du prix du Pin est la même que celle des autres courses.

Au moment de sa fondation, cette course n'en fit pas moins beaucoup de bruit, et de longues discussions s'engagèrent sur le choix des cavaliers et sur les avantages respectifs du poids vivant et du poids mort.

Personne, aujourd'hui, ne songerait plus à préférer un gars de 80 kilos à nos meilleurs jockeys, en dépit de leurs 25 à 30 kilos de poids mort, mais, à cette époque, les partisans du poids vivant étaient fort nombreux.

Les vétérans qui retiennent l'attention, bien qu'ils se soient entre-battus à tour de rôle d'un bout de l'année à l'autre, sont, dans l'ordre alphabétique : *Bariolet* (Prix Rainbow, du Printemps et de Dangu); — *Clio* (prix Biennal, d'Apremont et de Deauville), — *Friandise* (prix de Victot, de Seine-et-Marne et de Bois-Roussel), — *Mademoiselle de Senlis* (la Coupe, prix de Longchamp, à Deauville, prix de Jouvence et Gladiateur), et sa camarade, *Athala* (prix du Pin).

Tristan n'était venu qu'une fois en France, pour remporter, sous le poids de 68 kil. 1/2, le Grand Prix de Deauville, sur *Friandise* et *Mademoiselle de Senlis*, pour ne citer que les meilleurs de ses adversaires.

Le lauréat des chevaux de deux ans était *Fra Diavolo*, gagnant du prix de Villers, du Grand Critérium, sur *Archiduc* et *Yvrande*, et du prix de la Salamandre, après avoir succombé, contre *Kiss*, dans le Grand-Critérium de Dieppe, où *Yvrande* était troisième. Celle-ci avait ensuite remporté d'une courte tête le Triennal, sur *Archiduc*, qui la devança dans le Grand Critérium.

Directrice avait enlevé le prix de Deux Ans.

***

La presse sportive se tenait alors dans des limites assez étroites. En effet, ses deux principaux organes, le *Sport* et le *Jockey*, tous deux sous la direction de A. de Saint-Albin manquaient d'autorité. Le premier, bi-hebdomadaire, était avant tout un journal mondain; quant au second, bien que quotidien, il était devenu le moniteur officiel des « Suburbains », ce qui lui enlevait tout crédit.

Les grands chroniqueurs, comme les Eugène Chapus et les Ned Pearson, n'étaient plus, et les comptes rendus sportifs n'étaient guère que de froides relations. Auguste Sautereau leur donna la vie qui leur manquait. Nul mieux que lui ne savait voir un cheval et voir une course, aussi le succès de la *Vie Sportive*, qu'il venait de créer, fut-il tout de suite très grand. Mais c'était une publication trop coûteuse pour atteindre le grand public, et, quelques années plus tard, elle dut fusionner, ainsi que le *Sport* d'ailleurs, avec le *Jockey*, contre lesquels elle avait vaillamment combattu en faveur des principes qu'avait toujours défendus la Société d'Encouragement, principes désintéressés contre lesquels s'insurgeaient tous ceux qui ne voyaient dans les courses que motifs à spéculation.

Signalons la suppression des cartes d'abonnement créées par la Société d'Encouragement, en 1856, au prix de 100 francs par an, porté à 125 en 1873, et à 150 en 1877.

Deux nouvelles casaques, qui connaîtront plus tard les gros succès, débutent obscurément. Ce sont celles du prince Joachim Murat (rayée rouge et bleu, manches bleues, toque rouge) et de M. A.

Abeille (d'abord mauve, toque noire, puis mi-noir, mi-orange, toque noire).

Une de nos meilleures poulinières, la vieille *Finlande*, mourut au haras de Viroflay, à l'âge de 25 ans. Rachetée par le baron Nivière, à la dissolution de la Grande-Écurie, en 1863, elle devint, cinq ans plus tard, moyennant 10.800 francs, la propriété de M. A. Lupin, à qui elle donna successivement *Ferragus*, *Finistère*, *Fideline* (mère d'*Almanza* et de *Galaor*), *Saint-Cyr*, *Fontainebleau*, *Brienne* (mère de *Prytanée* et de *Polygone*), *Saumur* (père de *Clamart*).

A noter la liquidation de l'élevage de La Masselière, à M. Balensi, qui comprend 17 poulinières (dont *Cambuse*, qui était pleine de *Cambyse*); 24 foals et yearlings et 1 étalon, le vieux *Faublas*. Le tout ne réalise que 137.755 francs.

Ne quittons pas l'année 1883 sans rappeler que ce fut à une modeste vente de yearlings, au Tattersall, le 1er septembre, que *Plaisanterie* fut adjugée pour 825 francs à M. H. Bouy.

Ce prix modeste dit assez combien cette pouliche, qui devait révolutionner le turf du bruit de ses exploits, passa inaperçue!

*_**

Pour la seconde fois, depuis sa fondation, le Derby d'Epsom donne lieu à un dead-heat, entre *Saint-Gatien* (Rotherill ou The Rover et St-Editha), à M. J. Hammond, et *Harvester* (Sterling et Weathear), à Sir J. Willoughby.

Lors du premier dead-heat, en 1828, on avait recouru; cette fois, le prix fut partagé.

Les Deux mille Guinées reviennent à un fils de *Galopin*, nommé *Galliard*, qui était appelé à jouer un rôle très important dans notre élevage, par son fils *War Dance*, père lui-même de *Perth*.

Le Saint-Léger est gagné par *Ossian*, au duc de Hamilton, fils de *Salvator*, l'ancien crack de M. Lupin; il avait également remporté les Great Yorkshire et les Great Foal Stakes, à Newmarket.

CHAPITRE LXI

ANNÉE 1884

Dispersion de l'écurie Lagrange. — *Archiduc, Little-Duck, Fra Diavolo, Frégate, Yvrande.* — L'écurie du duc de Gramont et celle de M. E. Deschamps. — *Regain, Satory, Azur, Ali-Bey, Stockholm* et *Louis d'Or* (suite). — Débuts de *Plaisanterie.* — Importation d'*Atlantic.* — Le comte Hocquart de Turtot. — W. Flatman. — *Saint-Simon.* — Le jeu aux courses : les bookmakers et Regimbaud. — Nouvelles mesures de la Société d'Encouragement contre les hippodromes de spéculation. — Fin des « Suburbains ».

Un fait — capital en soi, car il préserva peut-être le turf d'une ruine complète — marque cette année d'une croix blanche : ce fut la disparition des « Suburbains ».

Nous y reviendrons à la fin de ce chapitre.

***

Au commencement de février avait eu lieu la dispersion de l'écurie de courses que feu le comte de Lagrange avait reconstituée à la fin de 1882.

Elle comprenait 18 yearlings, 13 chevaux de deux ans, 18 de trois ans, 1 de cinq ans, 15 poulinières et 2 étalons. Elle produisit 346.960 francs.

Les prix les plus élevés furent atteints par l'étalon *Consul* (1) et par le yearling *Conscrit* (Rayon d'Or et Chimène), que M. Marix acquit, pour le compte du Gouvernement russe, au prix de 28.000 et 25.500 francs ; la poulinière *Chimène* fut adjugée 21.000 francs à M. P. Donon, et le deux ans *Influent* (Insulaire et Iphigénie), 28.500 francs à M. J. Prat.

(1) *Consul* était âgé de 18 ans. Sans avoir eu, au haras, la valeur de son père *Monarque*, il n'en avait pas moins donné des produits comme *Nougat* K*lt Albion* et *Archiduc*, pour ne citer que les meilleurs.

La « Société des Écuries de Dangu », à la tête de laquelle était M. H. Blount, avait racheté *Azur*, *Albion*, *Clémentine*, *Farfadet*, *Frondeuse*, *Octave*, *Pâtre* et *Veston*,

Quant au trois ans *Archiduc* (frère cadet d'*Albion*), — qui allait, cette année même, faire preuve d'une si grande qualité, — il avait été acheté directement 100.000 francs par le baron de Rothschild, lequel avait résilié ensuite le marché, sur le conseil de son vétérinaire, qui prétendit que le poulain était atteint d'un éparvin susceptible de nuire à son entraînement !

M. C. J. Lefèvre s'était alors empressé de s'en rendre acquéreur : il ne lui rapporta pas moins de 357.775 francs de prix.

**

Le duc de Castries, qui avait remporté, l'année précédente, le prix du Jockey-Club et le Grand Prix, avec *Frontin*, renouvela ce double event avec *Little-Duck* (See Saw et Light Drum), accomplissant ainsi un exploit que nul n'avait été assez heureux encore pour réussir avant lui.

Et cet heureux propriétaire ne faisait courir que depuis trois ans!

Comme *Frontin*, *Little-Duck* n'avait pas couru à deux ans et avait fait des débuts victorieux dans le prix de Guiche; comme *Frontin*, il était d'origine essentiellement anglaise, et sa mère avait été importée pleine de lui, par le même M. V. Malapert. Mais, moins heureux que le fils de Frolicsome, il avait connu la défaite, d'abord dans la Poule d'Essai, où *Archiduc* l'avait battu au petit galop, puis dans le prix Reiset, où le médiocre *Barbery*, à M. C.-J. Lefèvre, en avait eu raison par deux longueurs. A sa décharge, il faut dire que son jockey Kellett l'avait arrêté net, devant les tribunes, alors qu'il avait course gagnée. *Little-Duck* était lourd et épais, long à se mettre en action, et il n'eut pas le temps de se ressaisir quand *Barbery*, monté depuis longtemps, vint sur lui. Comme on payait 5 pour *Little-Duck*, on juge de la fureur du public. Kellett — qui devait à quelque temps de là être disqualifié à vie pour quelque autre friponnerie — argua qu'il croyait avoir atteint le poteau, et il eut le toupet de déposer une réclamation contre *Barbery*, prétendant avoir été coupé!...

Entre temps, *Archiduc* poursuivait le cours de ses succès en enlevant littéralement au trot le prix Daru et la Grande Poule, où, seule, *Kiss*, compagne d'écurie de *Little-Duck* avait osé se présenter contre lui. C'était merveille vraiment de voir dans quelle action souple et légère ce joli cheval accomplissait sa tâche.

On comprend de quelle faveur il jouit dans le prix du Jockey-Club où, tandis que *Little-Duck* était délaissé à 14/1, il partit grand favori à 1/3. Son aspect, cependant, aurait dû éveiller l'attention de ses plus chauds partisans mêmes. Il avait le poil terne, piqué, la démarche hésitante, l'œil morne. Sans parler d'empoisonnement, comme pour

Fra Diavolo (1), il n'est pas douteux que le poulain était malade. De quoi souffrit-il, on ne le sut au juste, bien qu'il se peut que ce fût tout simplement de l'orage. On n'avait jamais vu temps pareil un jour de Derby : il faisait une chaleur étouffante, le ciel était chargé d'épais nuages noirs, le tonnerre grondait sans répit, cependant qu'un brouillard intense, extraordinaire à cette époque de l'année, couvrait la pelouse.

Ces étranges conditions atmosphériques suffirent-elles à influencer un animal aussi nerveux? Peut-être. Toujours est-il qu'*Archiduc* ne fut pas lui-même ce jour-là : il le prouva par la façon dont il courut. Lui qui devait donner tant de preuves de tenue, sembla battu par la distance même, et, après avoir suivi *Kiss*, qui avait mené un train d'enfer, il n'opposa plus aucune résistance à *Little-Duck*, quand celui-ci vint l'attaquer à l'entrée de la ligne droite, et ce fut même tout juste s'il put conserver la seconde place sur *Fra Diavolo*, qu'il devait semer dans toutes leurs rencontres ultérieures.

Remportée dans ces conditions, la victoire de *Little-Duck* ne parut pas concluante, et, chacun des deux rivaux ayant une manche, l'on attendit avec impatience la belle qui devait les départager. Elle ne put malheureusement avoir lieu, *Archiduc* ayant été exclu du Grand Prix, par suite de la mort de son nominator, et *Little-Duck* y ayant claqué après un succès facile sur de médiocres adversaires, de sorte que la question de suprématie demeura pendante.

Il en avait été de même, vingt ans auparavant entre *Vermout* et *Fille de l'Air*, qui avaient chacun deux manches à leur actif et ne purent se mesurer en une rencontre définitive, *Vermout* n'ayant plus reparu sur le turf après sa troisième année, alors que sa rivale continua sa brillante carrière, jusqu'au jour où elle claqua, à son tour, comme on le sait, en menant le travail de *Gladiateur*.

Après *Archiduc* et *Little-Duck*, on peut rappeler les noms de *Fra Diavolo*, dont nous venons de parler, qui remporta le Grand Saint-Léger et le prix de Chantilly ; — *Sansonnet* (Derby de l'Est, prix de Lutèce et de la Seine); — *Escogriffe* (prix de Longchamp, à Deauville, prix de Villebon et d'Octobre); — *Frégate* (prix de Diane); — *Le Sceptre* (Triennal); — *Yvrande* (Poule d'Essai, deuxième du Triennal et du prix de Diane).

---

(1) *Fra Diavolo* (Trocadéro et Orpheline), à M. P. Aumont, avait été, comme nous l'avons vu, le lauréat des deux ans.

Sa rentrée, le 6 avril, dans le prix de Longchamp, était très attendue. Extérieurement, le cheval paraissait au mieux; aussi payait-on 2/5 en sa faveur. Il n'alla pas loin. Dès le tournant du moulin, il commença à perdre contact, et, en face, Dodge dut l'arrêter pour le ramener au pas. Les commentaires marchèrent grand train, et l'enquête menée par les vétérinaires Garcin et Milton ayant conclu à une entérite aiguë ne satisfit qu'à demi le public, qui, toujours enclin à voir partout des « coups », préféra continuer à attribuer cette défaillance à une cause moins naturelle, comme si un cheval ne pouvait être malade.

Le trois ans *Imposant*, que le duc de Gramont avait payé 15.700 fr., à la vente du comte de Lagrange, fit triompher pour la première fois sa casaque tricolore dans le prix de Rueil, après de nombreuses places de second, notamment dans le Saint-Léger de Caen et le prix du Jubilee de Bade, comme le trois ans *Sonnet* fit de celle de M. E. Deschamps, dans le petit prix de Chaumont, à Vincennes (1).

***

Parmi les vétérans, viennent en première ligne *Satory* et *Regain*. Ces deux poulains de superbe origine (le premier était par *Trocadéro* et *Reine de Saba*, le second par *Mortemer* et *Reine*) font, à peu de chose près, le trust des grandes épreuves réservées aux vieux chevaux.

Regain, à M. C.-J. Lefèvre, remporte, sur *Satory*, le Cadran et le Triennal, mais il est battu par lui, dans le Biennal; on ne le revoit plus ensuite que dans le prix de Dangu, où il a facilement raison de *Friandise*.

Satory, à M. L. André, par contre, reste sur la brèche, du début à la fin de l'année, ne disputant pas moins de 19 courses, pour en gagner 14, dont les prix Rainbow, Biennal, de Deauville, Jouvence et Gladiateur, créditant son propriétaire de 120.000 francs, chiffre alors considérable pour un cheval de 4 ans.

Sans retrouver sa brillante forme de trois ans, *Azur*, racheté par M. H. Blount, triomphe dans 6 épreuves, notamment dans les prix du Prince d'Orange et de la Forêt, qu'il avait déjà gagnés l'année précédente.

Ali-Bey (Faublas et Arcole), à M. E. de la Charme, joue, au petit pied, les *Satory*, avec 13 victoires sur 16 courses (la Bourse, prix du Printemps, Grand Prix de Genève et Grand Prix d'Aix-les-Bains).

Stockholm ne paraît qu'en Angleterre, où elle s'adjuge trois courses, dont les Goodwood Stakes; — et, pour la troisième fois, *Tristan* vint cueillir le Grand Prix de Deauville.

Le prix du Pin revient au vieux *Louis d'Or* (Dollar et Charmille), au baron de Rothschild, qui venait de battre deux vainqueurs du Derby dans le Doncaster Cup. Il était âgé de 7 ans et semblait prendre plus de qualité à chaque saison. Sur les 14 victoires qu'il avait remportées depuis ses débuts, dix fois il n'avait triomphé que d'une tête ou d'une encolure, après lutte. En digne fils de Dollar, il brillait surtout par le cœur, et, sans doute aurait-il eu une glorieuse carrière de courses s'il n'avait eu besoin de tant d'années pour se remettre du terrible effort qu'il avait donné à deux ans, lors de la lutte meurtrière qu'il avait

---

1) La casaque du duc de Gramont, qui fut ensuite cerclée jaune et rouge, manches et toque rouges, était primitivement jaune, blanche et rouge, toque jaune.

M. E. Deschamps modifia de même plusieurs fois ses couleurs : d'abord casaque noire, toque verte, puis toque capucine, enfin casaque noire, manches cerclées noir et capucine, toque capucine.

soutenue, dans le Grand Critérium, ne succombant que d'une tête contre *Basilique*, à H. Jennings, avec laquelle il avait d'abord fait dead-heat. La pouliche resta dans ce duel, et il n'avait pas fallu moins de cinq années à *Louis d'Or*, qui était mieux trempé que sa rivale, pour se remettre des exigences exagérées qu'on lui avait alors imposées.

Que de chevaux du plus grand avenir peut-être ont été ainsi ruinés à tout jamais par ces efforts précoces !

Le meeting de Caen vit le commencement de la magnifique carrière de *Plaisanterie*, à MM. H. Bouy et Th. Carter.

Partie à 40/1, dans le prix du Premier Pas, elle eut facilement raison de ses 21 adversaires, dont le meilleur était *Barberine*, à M. Michel Ephrussi, avec qui elle partagea ensuite en lui rendant 10 livres, le Grand Critérium de Dieppe. A Paris, dans le Grand Critérium, elle fut amenée beaucoup trop tard par son jockey Carlyle, et succomba d'une tête contre *The Condor*, à M. J.-L. de F. Martin.

Barberine confirma sa bonne course de Dieppe en enlevant le Triennal et le prix de la Salamandre.

Après ces deux pouliches, on pouvait fonder de sérieuses espérances sur un beau poulain, à M. Lupin, *Xaintrailles*, qui n'avait pas encore quitté l'Angleterre, où il avait clos la saison, après quelques insuccès, par une victoire dans les Prendergast Stakes.

*
*

L'étalon *Atlantic* (Thormanby et Huricane), gagnant des Deux mille Guinées, en 1874, dont le baron de Schickler utilisait déjà les produits en France depuis 1880, fut immatriculé au Stud-Book au cours de l'année. Nous aurons occasion de revenir sur son rôle au haras, notamment avec *Le Sancy*.

Le comte Hocquart de Turtot, membre du Jockey-Club depuis 1856, et du Comité de la Société d'Encouragement depuis 1871, en remplacement du baron Nivière, et président de la Société des Courses de Deauville, était mort à l'automne.

Il avait été précédé de peu, dans la tombe, par W. Flatman, le doyen des entraîneurs français. Dans sa jeunesse, il avait piloté *Lion*, lors de son dead-heat avec *Diamant*, dans le prix du Jockey-Club, en 1856.

Avant de parler des mesures que prit la Société d'Encouragement pour mettre fin au danger que les « Suburbains » faisaient courir à l'institution des courses, il nous faut signaler la venue, en Angleterre, d'un cheval qui, par sa carrière sur le turf et bien plus encore par le rôle considérable qu'il jouera dans l'élevage des deux pays, est peut-être l'animal le plus extraordinaire qu'ait produit le XIXe siècle.

Saint-Simon (Galopin et Saint-Angela), naquit en 1881, chez le prince Batthyany, qui mourut subitement d'émotion, deux ans plus tard, dans la tribune du Jockey-Club, à Newmarket, en voyant *Galliard* gagner les Deux mille Guinées. Ce n'était pas que ce cheval fût sa propriété — il appartenait à lord Falmouth — mais il était le fils de son étalon *Galopin*, qu'il idolâtrait.

La mort de son éleveur ayant entraîné l'annulation de ses grands engagements, *Saint-Simon* ne fut payé que 48.350 francs par le duc de Portland, pour qui il remporta dans un canter les six épreuves qu'il disputa, entre autres l'Ascot Gold Cup, le Goodwood Cup et l'Epsom Cup.

Cette dernière épreuve donna lieu à un essai public, entre chevaux

W. Rouch, London, Copyright.

Saint-Simon.

d'écuries différentes, le seul, croyons-nous, qu'enregistre l'histoire du Turf.

Le duc de Portland, ne voulant pas courir le risque de faire battre son poulain, proposa à M. C.-J. Lefèvre, qui avait dans la course le vieux *Tristan*, alors âgé de six ans, de les mesurer dans un essai, le vainqueur devant seul disputer l'Epsom Cup.

Cet essai sensationnel eut lieu au début de la journée d'ouverture du Newmarket Second Spring Meeting, sur les derniers 2.400 mètres du parcours du Cesarewitch. *Saint-Simon* portait 8 stones, et *Tristan*, 9, c'est-à-dire qu'il ne rendait à son jeune adversaire que treize livres pour trois années.

C. Wood montait *Saint-Simon*, et F. Webb, *Tristan*.

Des paris énormes avaient été engagés sur le poulain du duc de Portland, pour lequel on payait 30/100.

Deux comparses, *Credo*, 5 ans, 6 st. 2 l., et *Iambic*, 3 ans, 5 st. 8, prirent part à cet essai, dans lequel, à aucun moment, ils ne figurèrent.

Saint-Simon gagna dans un canter de six longueurs, après avoir été maître de la partie d'un bout à l'autre.

M. Lefèvre se rendit à l'évidence, et *Saint-Simon* fit walk-over dans l'Epsom Cup.

Son entraîneur, Matthew Dawson, qui avait eu des chevaux comme *Thormanby* et *Wheel of Fortune*, et qui allait avoir *Minting*, déclare que c'est le meilleur animal qu'il ait jamais entraîné, et il le place à une stone au-dessus d'*Ormonde* lui-même.

Au haras, *Saint-Simon* se montra, nous l'avons dit, un des étalons les plus extraordinaires qu'on ait vus. Nous renvoyons à la notice que nous lui consacrons à sa mort, en 1908.

**

Mais revenons en France où une grave question avait surgi depuis quelques années, qui préoccupait les pouvoirs publics en même temps que la Société d'Encouragement, par les abus qu'elle avait provoqués et le réel danger qu'elle faisait courir à la cause même des courses : nous voulons parler de l'extension prodigieuse des paris à la cote et de l'omnipotence des bookmakers, qui étaient devenus les véritables maîtres du turf.

L'industrie des bookmakers était de date toute récente. Elle avait pris naissance à la suite du jugement de 1874, qui avait condamné, comme illégal, le pari mutuel inventé par Oller, en l'assimilant aux jeux de hasard, prohibés par la loi de 1836.

Le jeu étant, qu'on le veuille ou non, nécessaire, indispensable en France, à l'existence même des courses de chevaux, le public n'eût pas manqué de déserter les hippodromes — ainsi qu'il ne manquera pas de le faire, comme nous le verrons, quand on voudra l'empêcher de parier — s'il n'eût trouvé un nouveau moyen de satisfaire sa passion.

Ce n'était pas le pari au livre — que l'on peut considérer, de par ses conditions mêmes, comme étant un jeu privé — qui pouvait remplacer pour lui les poules et les paris mutuels abolis dont il avait l'habitude.

Ce nouveau mode de jeu public simple et facile qu'il réclamait, les bookmakers le lui offrirent sous la forme du pari à la cote.

Nombreux sont les écrivains qui ont traité la question du jeu aux courses, et il est impossible de l'étudier sans retomber dans les redites. Nous nous inspirerons tout particulièrement de l'historique qu'en ont tracé deux membres du barreau parisien, MM. H. Lenoble et P. Buffard, dans leurs ouvrages cités à l'index bibliographique, tout en laissant de côté, comme sortant du cadre de notre travail, les savantes considérations juridiques dont ils l'ont accompagné.

Pedigree de SAINT-SIMON (1881)

- **SAINT-SIMON (1881)**
  - **SIMON (1881)**
    - **Galopin 1872.**
      - **Vedette, 1854.**
        - **Voltigeur, 1847.**
          - Voltaire, 1826.
            - Blacklock, p. Whitelock, p. Hambletonian, p. King-Fergus, p. **Eclipse**.
            - Fille de Phantom, p. Walton, p. Sir Peter, p. Highflyer, p. **Herod**.
          - Martha Lynn, 1833.
            - Mulatto, p. Catton, p. Golumpus, p. Gohanna, p. Mercury, p. **Eclipse**.
            - Leda, p. Filho da Puta, p. Haphazard, p. Sir Peter, p. Highflyer, p. **Herod**.
        - **Fille de 1849.**
          - Irish Birdcatcher (1833), voir pedigree **Stockwell**, page 245.
          - Nan Dariel, 1840.
            - Inheritor, p. Lottery, ex Tinker, p. Tramp, p. Dick Andrews, p. Joe Andrews, p. **Eclipse**.
            - Neel, p. Blacklock, p. Whitelock, p. Hambletonian, p. King-Fergus, p. **Eclipse**.
      - **Flying Duchess.**
        - **The Flying Dutchman, 1846.**
          - Bay Middleton, 1833.
            - Sultan, p. Selim, p. Buzzard, p. Woodpecker, p. **Herod**.
            - Cobweb, p. Phantom, p. Walton, p. Sir Peter, p. Highflyer, p. **Herod**.
          - Barbelle, 1835.
            - Sandbeck, p. Catton, p. Golumpus, p. Gohanna, p. Mercury, p. **Eclipse**.
            - Darioletta, p. Amadis, p. Don Quixotte, p. **Eclipse**.
        - **Merope, 1835.**
          - Voltaire (1826), voir ci-dessus.
          - Fille de 1815.
            - Juniper, p. Whiskey, p. Saltram, p. **Eclipse**.
            - Fille de Sorcerer, p. Trumpator, p. Conductor, p. **Matchem**.
  - **SAINT-**
    - **Saint-Angela 1865.**
      - **King Tom, 1851.**
        - Harkaway, 1834.
          - Economist (1825), voir pedigree **Stockwell**, page 245.
          - Fille de 1825.
            - Nabocklish, p. Rugantino, p. Commodore, p. Tom Tug, ex Rover, p. **Herod**.
            - Miss Tooley, p. Teddy the Grinder, p. Aspargus, p. Pot-8-Os, p. **Eclipse**.
        - Pocahontas (1837), voir pedigree **Stockwell**, page 245.
      - **[Adeline, 1851.**
        - **Ion, 1835.**
          - Cain, 1822.
            - Paulowitz, p. Sir Paul, p. Sir Peter, p. Highflyer, p. **Herod**.
            - Fille de Paynator, p. Trumpator, p. Conductor, p. **Matchem**.
          - Margaret, 1831.
            - Edmund, p. Orville, p. Beningbrough, p. King-Fergus, p. **Eclipse**.
            - Medora, p. Selim, p. Buzzard, p. Woodpecker, p. **Herod**.
        - **Little Fairy, 1841.**
          - Hornsea, 1832.
            - Velocipede, p. Blacklock, p. Whitelock, p. Hambletonian, p. King-Fergus, p. **Eclipse**.
            - Fille de Cerberus, p. Gohanna, p. Mercury, p. **Eclipse**.
          - Lacerta, 1816.
            - Zodiac, p. The Cure, p. Physician, p. Brutandorf, p. Blacklock, p. Whitelock, p. Hambletonian, p. King-Fergus, p. **Eclipse**.
            - Jerboa, p. Gohanna, p. Mercury, p. **Eclipse**.

Dès le début de l'industrie des bookmakers, la jurisprudence avait bien essayé d'établir une distinction entre les joueurs éclairés et ceux qui ne l'étaient pas. Mais cette subtilité alla à l'encontre de son but, en paralysant toute action de l'autorité administrative, qu'elle mettait dans l'impossibilité absolue de discerner entre les joueurs. A quels signes précis, en effet, reconnaître celui qui parie en connaissance de cause de celui qui joue au hasard? Supposant donc *à priori* que les joueurs du pesage étaient des parieurs éclairés, l'autorité commença par tolérer l'industrie des bookmakers dans cette enceinte des hippodromes parisiens. Puis, cette tolérance s'étendit insensiblement du pesage au pavillon, et, enfin, du pavillon à la pelouse.

De temps à autre, un petit industriel était poursuivi, sans que l'on sût au juste pourquoi, et sans que cela nuisît d'ailleurs aux opérations générales de la corporation.

Les bookmakers étaient alors ambulants, si l'on peut dire, et n'avaient pas d'installation fixe.

Puis, leurs affaires augmentant dans des proportions **considérables**, ils prirent l'habitude, nous dit M. Villa A. Reggio, de se tenir dans un endroit déterminé, afin que leurs clients pussent les retrouver facilement. Mais, parmi les places adoptées, les unes étaient bonnes et les autres mauvaises. Comme il était naturel que les meilleures appartinssent aux premiers occupants, on vit donc les bookmakers passer la nuit dans les buissons du Bois de Boulogne, afin de se trouver les premiers, de grand matin, à la queue des portes d'entrée des hippodromes de Longchamp ou d'Auteuil. Aussitôt après leur ouverture, ils s'élançaient de toute leur vitesse vers l'endroit assigné au betting, et le premier arrivé occupait, de fait sinon de droit, le meilleur emplacement.

Il leur fallait, en outre, transporter chaque jour avec eux le matériel de leur installation, parapluie, piquet et estrade.

C'est alors qu'un sieur Regimbaud eut une idée vraiment géniale. Sans autorisation ni mandat de qui que ce fût — en sorte que les bookmakers purent le considérer comme le représentant des Sociétés de Courses, alors que celles-ci le prirent pour l'agent des listmen — il planta sur tous les hippodromes des piquets supportant un grand parapluie de cotonnade de couleur, avec un tableau-carte pour l'affichage des listes; au-dessous, un banc pour exhausser le crieur de la cote; derrière, un pupitre pour le commis chargé d'inscrire les paris.

Et ceci fait, tranquillement, il mit les places aux enchères. L'opération fut aussi mirifique que l'installation était sommaire. Certains emplacements atteignirent des prix exorbitants. L'ensemble des locations rapporta à l'ingénieux Regimbaud *plus d'un million par an!*

Les bookmakers y trouvèrent également leur compte. En dépit des prix de location énormes payés par eux, ils faisaient des affaires splendides. M. Laffon assure, en effet, qu'un bon piquet à Longchamp ou à Auteuil ne rapportait pas moins de quinze à dix-huit cent mille francs nets par an à son titulaire, sans compter quatre à cinq cent mille francs qu'on oubliait de lui payer (1).

Ce fut l'âge d'or des bookmakers. Ils tenaient le haut du pavé et menaient une existence princière.

En plus des bénéfices considérables qu'ils réalisaient sur les champs de courses, ils avaient ouvert des agences publiques en ville et tout un quartier de Paris leur appartenait. Des grands boulevards à la rue du Quatre-Septembre, pas une boutique des rues de Gramont, de la Michodière, de Hanovre où une de leurs officines, portes toujours grandes ouvertes, ne sollicitât le passant.

Comme on jouait « courir ou payer » — c'est-à-dire que toute mise placée sur un cheval qui ne gagnait pas était perdue, que ce cheval eût couru ou non — on devine, les Suburbains battant alors leur plein (2), ce qu'il fut débité au public de chevaux « morts ». (On appelle ainsi, dans l'argot du turf, tout cheval que les intéressés savent ne pas pouvoir ou ne pas devoir gagner.)

L'omnipotence des bookmakers et les méfaits dont, à tort ou à raison, on les accusait — tels, par exemple, que la corruption de certains jockeys — joints aux scandales dont les Suburbains étaient le théâtre, firent alors courir le plus grave danger à l'institution même des courses, par le discrédit où ils menaçaient de l'entraîner, si, devant l'émotion qui s'était emparée de l'opinion publique, les Pouvoirs publics ne s'étaient émus à leur tour, et il fut un moment question de fermer les hippodromes de spéculation.

On n'eut pas à avoir recours à cette mesure.

Devant les nouvelles décisions qu'avait prises, dès le commencement de l'année, la Société d'Encouragement (3), les « Suburbains » comprirent que leurs beaux jours étaient passés et que la lutte — maintenant que le Gouvernement lui-même semblait vouloir mettre un terme à leurs agissements — devenait impossible. Certes, il

---

(1) « Saffery, le roi des bookmakers, pourrait montrer un livre sur lequel figurent des noms très connus et qui ne contient pas moins d'un million de créances. Mais c'est un livre qu'il ne montre jamais. Il se contente de répondre : « Il y a quelquefois des gens qui font attendre. »

(A. DE SAINT-ALBIN. — *Les Courses de chevaux en France*.)

(2) Les Suburbains avaient pris un développement tel qu'ils ne donnèrent pas moins de 119 réunions sur leurs différents champs de courses, pendant l'année 1884.

Quant à ce qui concernait leur souci de l'élevage et de l'avenir de la race, il suffit de rappeler que les chevaux y paraissaient dès le mois de janvier!

(3) Depuis 1879, la Société d'Encouragement avait déclaré disqualifié et incapable de courir partout où son règlement était en vigueur, tout cheval ayant couru en France, dans une réunion publique dont le programme n'a pas été publié au *Bulletin Officiel*.

Dans ses séances des 31 janvier et 12 février 1884, le Comité avait précisé cette interdiction par l'addition suivante à l'art. 2 du Code des Courses :

« Le programme d'aucune réunion n'est publié au *Bulletin Officiel* qu'autant

était dur pour eux de renoncer à leurs lucratives opérations, mais la prudence leur conseillait de disparaître à l'anglaise, avant que la justice ne mît le nez dans leurs affaires. Faisant donc à mauvais jeu bon visage, à la fin de l'année, ils mirent la clé sur la porte de leurs hippodromes, après fortune faite.

Il était temps, car le turf tout entier eût risqué de sombrer en leur triste compagnie.

De leurs cendres devait naître, comme nous le verrons plus loin, une société, régulière cette fois, qui ne tardera pas, sous la bannière de la Société d'Encouragement, à atteindre un développement prodigieux : nous voulons parler de la Société Sportive d'Encouragement.

La question des hippodromes louches était réglée.

Restait celle des bookmakers : nous la retrouverons en 1887.

qu'il a été établi à la satisfaction du Comité et, en cas d'urgence, des Commissaires; que cette réunion est régie par le Code des Courses; qu'elle ne fait pas l'objet d'une spéculation; et qu'il n'y est perçu aucune taxe spéciale sur les agences de paris au comptant. »

C'était exclure radicalement du *Bulletin Officiel* les programmes de tous les hippodromes suburbains, qui non seulement vivaient de spéculations, mais encore percevaient des droits considérables sur les bookmakers.

CHAPITRE LXII

ANNÉE 1885

Plaisanterie, Xaintrailles, Reluisant, Barberine, Escarboucle. — Scandale du prix Hocquart : *Extra* et *Léopard.* — *Paradox.* — *Archiduc, Fra Diavolo, Martin-Pêcheur II* et *Lavaret* (suite). — MM. Grandhomme, baron Sainte-Aure d'Étreillis, baron de Bray. — Le Grand Prix de Bruxelles.

C'est l'année de Plaisanterie (Wellingtonia et Poetess) (1), une des plus brillantes pour notre élevage, par suite des éclatants succès de cette merveilleuse pouliche, en France d'abord, puis dans le Cesarewitch et le Cambridgeshire, les deux grands handicaps classiques de l'Angleterre.

Née au haras de Menneval, chez le comte Dauger, *Plaisanterie,* qui n'avait pas de grands engagements, n'intéressa aucun connaisseur, et, comme nous l'avons vu, M. H. Bouy s'en était rendu acquéreur pour quelques cents francs.

Nous venons de retracer sa carrière à deux ans.

A trois ans, elle remporta 14 victoires sur les 15 courses qu'elle disputa, encore ne dut-elle sa défaite, dans le prix du Prince de Galles —comme l'année précédente, dans le Grand Critérium, — qu'à l'insuffisance de son cavalier : Oxford, qui la pilotait en la circonstance, était, en effet, un jockey d'obstacles, qui avait dû se faire maigrir pour monter au poids, et qui manqua de force pour la soutenir jusqu'à la fin du parcours. Elle ne succomba cependant que d'une tête contre *Martin-Pêcheur II*, à qui elle rendait le sexe, l'année et 9 livres. Toutes ses autres courses furent des victoires, remportées

---

(1) On trouve parmi ses ascendants les plus grands noms du turf. Du côté paternel : *Irish Birdcatcher, Orlando, Glencoe, Pocahontas* et *Araucaria;* — du côté maternel : *Reveller, Defence, Royal-Oak, Voltigeur, Monarque, Gladiateur, Poetess, Hervine* et *Mon Étoile,* pour ne citer que les principaux.

Cette dernière — qui était l'arrière-grand'mère de *Plaisanterie* — était morte l'année précédente.

sur les meilleurs chevaux de tous âges, quels que fussent les terrains et les distances (1).

Ses gains limités par son manque de grands engagements, aux épreuves à côté ne s'élevèrent qu'à 242.000 francs d'argent public. Comme *Plaisanterie* courut toute l'année, du 12 avril au 27 octobre, sans que sa forme se démentît, on peut hardiment en inférer qu'elle eût remporté toutes les grandes épreuves classiques de son année, et l'on ne saurait trop regretter qu'elle en fût exclue. L'exemple de *Plaisanterie*, joint à tant d'autres, montre la nécessité d'apporter une modification à l'institution des engagements à l'avance.

Sa double victoire dans les deux grands handicaps de Newmarket, coûta, dit-on, plus de cinq millions aux Anglais, la pouliche, qui partit à 100/15 dans le Cesarewitch, ayant été fortement jouée de 50 à 12/1 (2). C'est la perte de cette grosse somme, plus encore que

(1) Voici le relevé de ses performances :

Au printemps :

		mètres.	places.	francs.
Paris.	Prix de la Seine	2 400	1er	13.400 »
—	— des Cars	2.000	1er	8.625 »
—	— de Saint-James	1.700	W. O.	3.512 50
—	— Fould	2 500	W. O.	9.350 »
—	— du Prince de Galles	2 400	2e	975 »
Chantilly	Prix d'Apremont	2 000	1er	10.700 »

A l'été :

Paris.	Prix du Cèdre	2.200	1er	10.825 »
—	— Seymour	2 400	1er	11.750 »
Bade.	— du Jubilee	3 200	1er	51.250 »
		(plus une Coupe d'or.)		

A l'automne :

Paris.	Prix de Chantilly	3.000	1er	11.650 »
—	— de Villebon	2.400	1er	10.487 50
—	— d'Octobre	2 500	1er	22.100 »
—	— du Prince d'Orange	2 400	1er	12.425 »
Newmarket.	Prix Cesarewitch	3 600	1er	28.250 »
—	— Cambridgeshire	1.800	1er	36.750 »

Au total : 14 prix, 242 050 fr. 50, et une Coupe d'or.

(2) M. René Riondet rappelle à ce sujet, dans *Le Jockey* du 16 novembre 1913, l'anecdote suivante :

MM. Bouy et Th. Carter se trouvaient dans la plus grande incertitude au sujet du départ de leur jument dans les épreuves anglaises. Ils n'avaient pas encore appuyé sa chance et, comme les allocations des deux handicaps n'étaient pas très élevées, ils se demandaient si le jeu en valait la chandelle, si la perspective d'un profit modeste et aléatoire devait les inciter à courir le risque du voyage ou d'un accident, toujours possible au milieu d'un lot nombreux.

Mais ces hésitations ne faisaient pas l'affaire des sportsmen qui avaient déjà joué la jument. (On citait l'un d'entre eux qui, dès la publication des poids, l'avait prise dans le Cesarewitch pour 7.500 francs, à 50/1.) Quelques-uns de ces gros parieurs formèrent un syndicat, et offrirent aux propriétaires de *Plaisanterie* le versement d'une prime de 100 000 francs en cas de succès de leur représentante dans le Cesarewitch.

MM. Bouy et Th. Carter répondirent qu'ils ne pouvaient accepter de cadeau,

le fait même de ses victoires, qui provoqua le mouvement de mauvaise humeur de M. G. Craven et de ses amis, et qui les poussa — non pas à reprendre la fameuse proposition de réciprocité soulevée, en 1877, par lord Falmouth — mais à déposer une mention tendant à ce que les chevaux français ne pussent disputer les handicaps, s'ils n'avaient déjà couru en Angleterre ou s'ils n'y étaient entraînés depuis suffisamment longtemps, *afin qu'ils fussent connus.*

C'était puéril et risible.

Comment soutenir sérieusement que *Plaisanterie* était inconnue

Phot. J. Delton.

Plaisanterie.

au handicapeur anglais!... Quels éléments d'appréciation lui fallait-il donc pour fixer le poids d'une pouliche qui courait — et gagnait sans interruption — depuis le 1er août de sa deuxième année?...

Le Jockey-Club admit la motion en première lecture, mais l'abandonna par la suite devant l'hostilité générale et les railleries de la presse anglaise.

mais que si on leur obtenait la cote de 30/1 pour un enjeu de 10.000 francs qu'ils étaient prêts à verser, l'affaire serait conclue.

Les négociations furent rapidement conduites par l'entremise d'un mandataire du groupe des parieurs, et l'entente fut décidée moyennant la garantie de la cote de 25/1, pour 10.000 francs, dans le Cesarewitch.

Nous verrons cette motion revenir plus tard, et même être adoptée en 1909, pour être annulée en 1910!

Dans chacune des deux épreuves, *Plaisanterie* portait le top weight de son âge, ceci pour montrer que le handicapeur ne l'avait pas oubliée et qu'elle n'était pas lâchée au poids, comme la proposition Craven pouvait le laisser croire : 48 kilos, dans le Cesarewitch (le même poids que *Althorp*, au baron de Hirsch, qui avait gagné le Goodwood Cup et le Grand Prix de Deauville), et 56 kilos, dans le Cambridgeshire (où *Barberine*, à M. Michel Ephrussi, qui avait gagné le prix de Diane et, tout récemment, le prix de la Forêt et le Newmarket October Handicap de 37.500 fr., n'était chargée que de 47 kil. 1/2) (1).

En somme, dans le Cambridgeshire, *Plaisanterie* portait 7 livres et le sexe en plus que *Jongleur*, en 1877; 6 livres et le sexe en plus que *Roseberry*, qui avait remporté les deux mêmes épreuves, à 4 ans, en 1876; le sexe en plus que *Foxhall*, le seul cheval de 3 ans qui eût encore accompli ce double event, en 1881.

Dans les deux épreuves, *Plaisanterie*, montée par Hartley, gagna de deux longueurs. Dans le Cambridgeshire, elle partit à 10/1.

Les conditions difficiles dans lesquelles la glorieuse fille de Poetess avait triomphé tant en raison de son poids que de la qualité et du nombre de ses adversaires, augmentaient encore la valeur de ses exploits et justifièrent le retentissement sportif qu'eut cette double victoire.

Après ce brillant succès, *Plaisanterie* fut mise au repos. Sa carrière devait s'arrêter là, comme nous le verrons plus loin.

⁎
⁎ ⁎

Rappelons le beau geste de M. A. Lupin, qui, alors qu'il avait le prix du Jockey-Club à sa merci, avec *Xaintrailles* (Flageolet et Deliane) — qui venait d'enlever sans lutte la Poule d'Essai, le Triennal et la Grande Poule, — abandonna le trophée de Chantilly pour tenter la fortune dans le Derby d'Epsom, où son poulain ne put finir que quatrième et trouva même la fin de sa carrière. Pendant les nombreux faux départs qui précédèrent la course, il reçut, en effet, une atteinte d'une telle gravité, qu'il ne put reparaître sur le turf...

La grande épreuve de Chantilly revint à son runner-up de la Poule

---

(1) Le champ du Cesarewitch comptait 22 partants, et celui du Cambridgeshire, 27.

Dans les deux handicaps, *Plaisanterie* rendait plus ou moins de poids à tous ses adversaires, sauf à quelques chevaux plus âgés qu'elle, vainqueurs de grandes épreuves : dans le premier, *Florence*, 4 ans, 53 kil. 1/2 (Cambridgeshire, 1884); *Blue Grass*, 4 ans, 52 kil.; — dans le second, *Saint-Gatien*, 4 ans, 61 kil. 1/2 (Derby, Ascot Gold Vase, Cesarewitch et Jockey-Club Cup, 1884; Ascot Gold Cup et Alexandra Plate, 1885); *Bendigo*, 5 ans, 60 kil. 1/2 (Cambridgeshire 1883; 2° à une tête de *Florence*, dans cette même épreuve, 1884; Lincolnshire Handicap et Hardwicke Stakes, 1885); et *Thébaïs*, 7 ans, 58 kil. 1/2 (Mille Guinées et Oaks, 1881).

d'Essai, *Reluisant* (Bagdad et Kleptomania), au marquis de Bouthillier (qui avait remporté précédemment le prix de Guiche et le Biennal), par cinq longueurs sur *The Condor* et *Extra*. Deuxième du Grand Prix, derrière l'anglais *Paradox*, vainqueur des Deux mille Guinées, *Reluisant* gagna encore le Grand Saint-Léger, mais il succomba, à Lyon, à Deauville et dans le prix de Villebon, contre *Plaisanterie* et *The Condor*.

Barberine (Hermit et Baretta), à M. Michel Ephrussi, confirma ses bonnes courses de deux ans, en enlevant la Poule d'Essai, le prix de Diane et le prix de la Forêt, à *Escarboucle* (Doncaster et Gem of Gems), au baron de Schickler, laquelle prit cependant sa revanche dans le prix Royal-Oak. En Angleterre, comme nous l'avons dit, *Barberine* gagna le Newmarket October Handicap, avec 41 kil. 1/2, mais ne figura pas, avec 47 kil. 1/2, dans le Cambridgeshire, où *Plaisanterie* en portait 56.

Rappelons enfin le scandale du prix Hocquart, nom donné par la Société d'Encouragement à l'ancien prix de Longchamp, en souvenir du comte Hocquart de Turtot, décédé, comme nous l'avons dit, l'année précédente (1).

A la distance, le grand favori *Léopard* (F. Webb), à M. Pierre Donon, restait seul en présence, avec son compagnon *Extra* (Wycherly), 20/1, qui avait mené jusque-là. Au lieu de s'effacer devant son camarade, comme la règle le lui commandait, Wycherly, malgré les appels de Webb, qui s'entendaient des tribunes, continua à pousser son cheval et gagna de quatre longueurs. Cette arrivée, qui rappelait celle de l'Omnium, en 1878, entre les deux représentants du baron de Rothschild, causa un joli tapage. Les huées et les commentaires les plus désobligeants saluèrent ce résultat, qui donna même lieu à de vifs incidents entre M. P. Donon et certains membres de la presse sportive, qui avaient exprimé un peu crûment leur appréciation.

Extra et *Léopard* couraient sous les couleurs de T. Cunnington, l'entraîneur de M. P. Donon, lequel était en deuil de son beau-frère et associé, A. Staub, récemment décédé (2).

---

(1) De même, la Société des Courses de Deauville, dont le comte Hocquart était le président, avait donné son nom au prix de Longchamp, lequel avait remplacé l'ancien prix du Calvados.

C'est dans cette épreuve que le jockey Tom Lane, qui devait briller au premier rang plusieurs années durant, remporta sa première victoire dans les courses régulières, sur *Vicq*, au duc de Castries, qui fit dead-heat avec *Café-Procope*, au baron de Schickler.

Tom Lane avait débuté comme jockey d'obstacles. A la suite d'un accident, dont il resta toujours boiteux, il se consacra aux courses plates et acquit une véritable réputation dans les *flat-races* des « Suburbains ». Il venait d'obtenir sa licence de la Société d'Encouragement.

(2) M. A. Staub faisait courir depuis 1869. Il avait été l'un des premiers associés de M. A. Donon, le fondateur du haras de Lonray, dont les meilleurs produits avaient été *Péripétie*, *Le Destrier* et *Stockholm*. Cette même année naissait *Stuart*, frère de mère de *Stockholm*, qui allait illustrer son élevage.

*_**

Les honneurs de la campagne, parmi les vétérans, sont pour *Archiduc*, qui enlève de 20 longueurs le Cadran, sur *Fra Diavolo*, et le Rainbow, sur *Escogriffe* et ce même *Fra Diavolo*. Après un walk-over dans le Biennal, il est malheureusement retiré de l'entraînement, privant ainsi son propriétaire du bénéfice des nombreuses victoires qui l'attendaient encore.

Fra Diavolo, comme *Le Destrier*, quelques années plus tôt, déconcerte toutes les prévisions par ses interversions de forme continues; dans ses bons jours, il enlève la Coupe, le prix du Printemps, où il rend 6 livres à *Martin-Pêcheur II*, les prix de Victot et de Jouvence, sur *Clio*, et le prix du Pin.

Martin-Pêcheur II, à M. Maurice Ephrussi, est l'heureux vainqueur de *Plaisanterie*, dans le prix du Prince de Galles. Il fit preuve d'une excellente forme au cours de l'année, en gagnant dix autres courses, dont les prix de Chevilly, de Bagatelle, de Satory et de Seine-et-Marne.

Cadence, à M. H. Delamarre, battit *Yvrande* dans le Triennal, et, dans le prix de Bois Roussel, *Escogriffe*, lauréat du prix Hocquart, à Deauville.

Lavaret, au baron de Rothschild, qui s'était dérobé dans le Triennal, n'eut rien à battre dans le Gladiateur. Précédemment, il avait remporté quatre victoires en Angleterre, dont le Whip.

Les meilleurs deux ans sont : *Alger*, gagnant du prix de Deux Ans, du Grand Critérium et du prix de la Salamandre; — *Gamin*, ex-*Gracieux*, qui l'avait battu, à un avantage de 10 livres, dans le Grand Critérium de Dieppe; — *Jupin*, vainqueur du Triennal; — et *Utrecht*, du prix de Condé.

Consigne, à M. C.-J. Lefèvre, avait recueilli les Findon Stakes, à Goodwood, et les Priory Stakes, à Lewes.

*_**

Au bulletin nécrologique, il nous faut enregistrer la mort de :

M. A. Grand'homme, ancien secrétaire de la Société d'Encouragement, qui avait pris sa retraite en 1881, en faveur de son fils, Georges. Celui-ci était décédé dix-huit mois après son entrée en fonctions et avait été remplacé par M. G. Madelaine, l'aimable secrétaire actuel;

Baron Sainte-Aure d'Etreillis, qui, sous le pseudonyme de Ned Pearson, s'était fait un nom parmi les écrivains hippiques. Collaborateur du *Sport*, il a laissé plusieurs ouvrages, dont le plus important est un *Dictionnaire du Sport français*, qui s'arrête à 1870;

Baron de Bray, propriétaire du haras de Montgeroult, où était né *Nougat*;

Et du financier E. Balensi, qui venait de fonder le haras de Gravelles, et dont *Aquilin* avait porté avec honneur la casaque bleu et noir.

M. C.-J. Lefèvre commençait à abandonner le turf. Déjà, l'année précédente, il avait vendu quelques-uns de ses étalons; cette fois, l'établissement Chéri procéda à la vente de 25 de ses poulinières, qui réalisèrent 107.000 francs.

De nombreuses autres liquidations d'écuries ou de studs marquent cette année.

Citons, entre autres :

Chevaux appartenant à la Société de Courses des écuries de Dangu, provenant de l'écurie Lagrange : total, pour 7 chevaux à l'entraînement et 2 étalons, 67.000 francs (*Azur*, 36.000 francs et *Farfadet*, — quantum mutatus! — 7.000 francs seulement);

Haras de Gravelles, à feu Balensi : 7 yearlings, 10 poulinières, 3 étalons et 7 chevaux à l'entraînement, — 49.665 francs;

Haras de Montgeroult, à feu le baron de Bray : 25 yearlings, 10 poulinières et 1 étalon, — 35.510 francs;

Haras de La Flandrie, au comte de Robien : 10 poulinières et 7 yearlings, — 27.625 francs;

Enfin, 17 chevaux à l'entraînement, appartenant au comte de Berteux, firent 128.400 francs.

Tous ces prix de vente étaient loin, comme on le voit, de ceux d'aujourd'hui.

*

La série des grandes épreuves internationales qui vont se créer successivement en Belgique et en Italie, commence, en 1885, avec le *Grand Prix de Bruxelles*, pour chevaux de 3 ans.

La distance primitive de 1.700 mètres ira en augmentant : 1.800 mètres en 1893; 1.900, en 1897; 2.000 en 1909; 2.200 en 1910.

De même pour l'allocation qui, de 15.000 francs qu'elle était à l'origine, sera portée à 40.000, en 1900; 45.000, en 1902, et 50.000 en 1904 (1).

---

(1) Notre élevage — en dépit des surcharges imposées aux chevaux étrangers — y triompha d'abord pendant les douze premières années, avec *Minerva*, au comte G. de Juigné (1885); *Saint-Honoré*, à M. A. Lupin (1886); *Maxico*, à M. Hawes (1887); *Faust*, à M. L. André (1888); *Tire-Larigot*, au baron de Rothschild (1889); *War Dance*, à M. Ephrussi (1890); *The Minstrel*, à M. H. Say (1891); *Allo*, à M. Deschamps (1892); *Sénégal*, à M. P. Aumont (1893); *Feuillage*, à M. E. Veil-Picard (1894); *Loiret*, à M. Ch. Liénart (1895); *Clairvoyant*, au comte G. de Juigné (1896).

Puis, avec *Madrid*, à M. P. Aumont (1898); *Issoudun*, au comte de Bourbon-Busset (1904); *Finasseur*, à M. Michel Ephrussi (1905); *Ganelon II*, au comte de Moltke-Huitfeldt (1906); *Hag to Hag*, à M. James Hennessy (1909); *Liao II* à M. Vagliano (1910), et *De Viris*, au baron Gourgaud (1912).

CHAPITRE LXIII

ANNÉE 1886

Upas, Sycomore, Gamin, Jupin, Sauterelle. — The Condor, Escarboucle Lapin et Barberine (suite). — *Frapotel.* — Match *Richelieu-Ouragan.* — Fondation de la Société Sportive d'Encouragement. — Meeting de Vichy. — Le duc de Castries, Fred Archer, H. Bouy. — Mort de *Vermout.* — *Ormonde* et *Minting.* — Les Eclipse Stakes. — Le projet Thuanes et la Société d'Encouragement.

Encore un dead-heat dans le prix du Jockey-Club, entre *Upas*, 40/1, au comte de Berteux, et *Sycomore*, 10/1, au baron de Schickler, qui fit une glissade dans les dernières foulées, ce qui permit à son adversaire de le rejoindre à temps pour partager le prix.

Upas (Dollar et Rosemary) était, certes, le meilleur des deux; il avait déjà remporté le prix Hocquart, et, en fin de saison, il gagna le prix de Chantilly. Nous le verrons, à quatre ans, faire preuve d'une grande tenue.

Le favori de la course était *Jupin*, au duc de Castries, qui ne fut pas placé. Vainqueur du prix Daru et de la Grande Poule, puis ensuite des prix du Cèdre, de Deauville et de Seine-et-Marne, il ne manquait pas de qualité, mais souffrait d'un suros, qui paralysa à maintes reprises ses moyens.

Les meilleurs trois ans sont *Gamin*, ex-*Gracieux* (Hermit et Grace), à M. Michel Ephrussi, que nous voyons remporter la Poule d'Essai, le Triennal, le Royal-Oak et le prix d'Octobre; — et *Sauterelle* (Saxifrage et Solliciteuse), à M. P. Aumont, qui gagne près de cent mille francs avec les prix Greffulhe, de Jouvence et Villebon, à Paris, et le prix des Villas, à Deauville.

On peut encore citer son camarade *Alger*, qui inscrit à son actif le Biennal, le Saint-Léger de Caen et le prix Hocquart, à Deauville; — *Viennois*, au duc de Castries, le Derby de l'Ouest, à Nantes, les prix Seymour et d'Ispahan, et le Grand Prix de Lyon,

— *Firmament*, à M. Lupin, les prix des Acacias, d'Apremont et de Juin, et sa camarade *Presta*, le prix de Diane; — *Fricandeau*, les prix du Prince d'Orange et de la Forêt; — *Saint-Honoré*, le Grand Prix de Bruxelles et le prix Reiset; — et *Néro*, à H. Jennings, le prix du Jubilée, à Bade.

Comme son compatriote *Paradox*, l'année précédente, l'anglais *Minting* prend un galop d'exercice dans le Grand Prix, où le médiocre *Polyeucte* se place second, avant de remporter le Grand Prix de Deauville sur *Sauterelle*, qui lui rend quatre livres et le sexe, *Firmament*, *Alger* et *Althorp*, le vainqueur de 1885.

The Condor (Dollar et Charmille), à M. J.-L. de F. Martin, qui n'avait eu que des places à trois ans, cueille le Rainbow, la Coupe et le Triennal; — *Escarboucle*, le Gladiateur; — *Lapin*, le Cadran et le Biennal; — et *Barberine*, le prix du Pin.

Parmi les deux ans, *Frapotel*, à M. C.-J. Lefèvre, semble vouloir jeter un nouveau lustre sur la casaque tricolore, ses trois sorties étant trois victoires, dans les prix de Villers, de Deux Ans et le Grand Critérium, où il précédait d'une demi-longueur *Le Sancy*.

Mais alors que celui-ci devait prendre rang parmi les illustrations du turf, *Frapotel* ne sera qu'un poulain précoce, dont les brillants débuts n'auront pas de lendemain.

**

Si fréquents à l'origine des courses, alors que les épreuves étaient rares et de peu d'importance, les paris particuliers étaient complètement tombés en désuétude. L'année 1886 vit cependant le match de 5.000 francs, sur 2.000 mètres, entre *Richelieu*, 5 ans, 66 kilos, à M. Michel Ephrussi, et *Ouragan*, 3 ans, 56 kilos, au duc de Morny; le vieux cheval l'emporta facilement.

**

Le vendredi 2 avril, la Société Sportive d'Encouragement inaugurait ses réunions de courses plates sur son hippodrome de Maisons-Laffitte. La ligne droite de 1.500 mètres constitua une véritable innovation en France, aucun des champs de courses existants n'en possédant encore.

Cette Société n'était autre que l'ancienne Société des Champs de Courses Réunis, alias « Suburbains », dissoute à la fin de 1884, et reconstituée sur des bases sérieuses, cette fois. Ses dirigeants avaient fait amende honorable, s'étaient rangés sous la bannière de la Société d'Encouragement et rêvaient maintenant de grandes choses.

Ils ont tenu parole. Le budget des courses plates de la Société Sportive, qui ne s'élevait, en cette année de début, qu'à 214.000 francs

— la plus riche épreuve était le prix de Saint-Cyr, handicap, doté d'une allocation de 5.000 francs! — atteint aujourd'hui 2.467.935 fr., dont 417.750 francs de subventions aux réunions provinciales.

Son programme, qui ne comprenait que 18 journées de courses en 1886, en comporte actuellement 39. Elle a son Grand Prix de 100.000 francs, et bon nombre de ses épreuves sont devenues classiques, à l'instar de celles de sa grande sœur aînée. Ses réunions ont le don d'attirer toujours des champs nombreux et, grâce au développement qu'elle a donné aux courses, Maisons-Laffitte est devenu le second centre d'entraînement de France.

L'hippodrome est très bien entretenu, très coquet et d'accès des plus faciles, le chemin de fer déposant les voyageurs à l'entrée même du champ de courses. La pelouse comporte une tribune avec abri, et le pesage est des mieux aménagés, tant pour les spectateurs que pour les chevaux.

Il est fâcheux, toutefois, que la disposition même de l'hippodrome — long boyau en bordure de la Seine, qu'il est impossible d'élargir davantage — oblige la Société à abuser de la ligne droite. Celle-ci est superbe, nous n'en disconvenons pas, mais le lieu d'arrivée variant d'après les parcours, quelle fatigue pour le spectateur que de suivre le juge, tantôt à l'extrémité droite du pesage, tantôt à l'extrémité gauche, tout au bout, à plusieurs centaines de mètres des tribunes!...

La quasi-totalité des grandes épreuves de Maisons-Laffitte se disputent ainsi sur la ligne droite, ce qui leur enlève beaucoup de leur intérêt, le public ne pouvant guère voir de la course que le milieu, les deux phases importantes du départ et de l'arrivée se faisant pour ainsi dire hors de sa vue.

C'est là un très grave défaut pour un champ de courses, sans compter qu'il exclut tout contrôle des Commissaires sur les agissements des jockeys.

Quoi qu'il en soit, la Société Sportive a fait beaucoup pour la cause du sport, et il lui revient l'honneur, que la Société d'Encouragement n'eût pas dû lui laisser, d'avoir donné le nom du comte de Lagrange à l'une de ses plus importantes épreuves.

A signaler également la création du meeting de Vichy qui, modeste à l'origine, devait prendre un grand développement quelques années plus tard, par la création du premier prix de cent mille francs en province. Les épreuves principales étaient alors le Grand Critérium, de 7.000 francs, et le Grand Prix de la ville de Vichy, handicap, de 10.000 francs.

**

Le duc de Castries était mort quelque temps avant le prix du Jockey-Club, où *Jupin* avait couru sous les couleurs de son entraîneur T. Carter. L'écurie continua ensuite sous le nom du principal associé, le baron de Soubeyran, jusqu'au jour où, l'association étant dissoute, le vicomte d'Harcourt en prendra la charge.

Un autre décès qui intéresse tout particulièrement le turf, est celui de Fred Archer, le plus célèbre jockey des temps modernes, qui se suicida dans un accès de fièvre chaude. Il était plusieurs fois millionnaire et ne comptait pas ses succès : entre autres, il avait remporté cinq fois le Derby, quatre fois les Deux mille Guinées, les Mille Guinées et les Oaks, six fois le Saint-Léger, trois fois le Grand Prix de Paris et deux fois le prix du Jockey-Club.

A signaler également la disparition : du baron Cartier, sportsman belge, qui fut l'associé du comte P. de Meeüs, le propriétaire de *Swift;* — de M. Richard Hennessy, qui faisait surtout courir en obstacles ; — de M. Vincent, de Tarbes, grand agent de chevaux, entre le Nord et le Midi ; — de René Dennetier, créateur, avec son frère, des Suburbains ; — et enfin de M. H. Bouy, le propriétaire de *Plaisanterie*.

La glorieuse jument n'avait pas reparu sur le turf, ayant été victime, au printemps, d'un accident au boulet. Son entraîneur ne désespérait pas, cependant, de la remettre en état de courir, et, d'accord avec Mme Vve Bouy, elle fut retirée, à la vente qui suivit la mort de M. Bouy, au prix de 150.000 francs. Les dix-sept autres chevaux composant l'écurie de ce propriétaire atteignirent à peine 50.000 francs. Nous verrons, en 1887, ce qu'il advint de *Plaisanterie*.

Vermout mourut à l'âge de 25 ans, au haras de Bois-Roussel, où il faisait la monte depuis 1865. Ses produits ont gagné 268 prix, se montant à 2.130.263 fr. 50. Parmi les meilleurs, on peut citer *Boïard*, *Véranda*, *Conquête*, *Enguerrande*, *Perplexe*, père de *Perplexité* (mère de *Fitz-Roya*, *Chêne-Royal* et *Palmiste*) et de *Ragotsky*, *Jonquille*, *La Jonchère*, *Viveur*, *Vigilant*, *Friandise*, *Cadence*, etc.

*
*

En Angleterre, c'est l'année de ORMONDE (Bend Or et Lily Agnes), au duc de Westminster, un des plus grands chevaux qu'ait produits l'élevage anglais, et qui perpétuait dignement la brillante lignée de *Stockwell*. Cheval tardif, il n'avait débuté, à deux ans, qu'à l'automne, remportant les cinq courses qu'il avait disputées, dont les Criterion Stakes et le Dewhurst Plate. A trois ans, il accomplit le triple event des Deux mille Guinées-Derby-Saint-Léger, et remporte les Hardwicke Stakes et le Newmarket Free Handicap, dans un canter, tout en rendant 28 livres à *Mephisto* et *Théodore*. A 4 ans, il n'a pas à s'employer pour enlever le Rous Memorial, à Ascot, mais, déjà atteint dans ses voies respiratoires, il ne triomphe que d'une encolure, dans les Hardwicke Stakes, de *Minting*, son runner-up des Deux mille Guinées.

Ormonde quitta le turf sans avoir connu la défaite.
En Angleterre, il est le père d'*Orme*.
Vendu 12.000 guinées à la République Argentine, il fut racheté

W. Rouch, London, Copyright.

Ormonde
Monté par F. Archer.

trois fois plus cher, quelques années plus tard, par l'Amérique du Nord, où il alla rejoindre *Saint-Blaise*.

Minting (Lord Lyon et Mint Sauce), son rival malheureux de Newmarket, n'avait pas eu de peine, comme nous l'avons dit, à enlever notre Grand Prix, sur les médiocres adversaires que nous lui opposâmes.

Un autre fait important avait marqué l'année sportive en Angleterre. Nous voulons parler des Eclipse Stakes, de 250.000 francs, disputés pour la première fois au meeting d'été de Sandown Park.

La création des *gate-money meetings*, autrement dits hippodromes clos, avec droit d'entrée déterminé sur la pelouse, avait été une véritable révolution dans les mœurs sportives.

Jusqu'alors, pour subvenir aux frais d'entretien des hippodromes et du paiement des allocations, les Sociétés de courses n'avaient, comme recettes, que les entrées aux stands et rings, les droits payés par les propriétaires voisins et le surplus des prix de réclamation. A Newmarket, le Jockey-Club ajoutait le montant des droits d'engagements, ceux payés par les jockeys et les entraîneurs pour leur licence, et ceux fixés pour chaque cheval entraîné sur ses terrains (7 guinées par an).

La création de prix monstres — avec entrées très élevées et annulation de la course si elle n'a pas reçu un nombre d'engagements déterminé, ce qui réduit à peu de chose la part contributive des sociétés — l'aménagement plus moderne des hippodromes, la construction de tribunes plus vastes et plus confortables, toutes choses nécessitant de bien plus grands frais, amenèrent la nécessité des gate-money meetings.

Six grands hippodromes seulement sont encore régis par l'ancien système (*open meetings*) : Newmarket, Ascot, Epsom, York, Goodwood et Doncaster.

Les Eclipse Stakes ont été gagnés deux fois par nos chevaux, à dix ans d'intervalle : *Le Justicier*, au baron de Schickler, en 1895, et *Val d'Or*, à M. Edmond Blanc, en 1905.

*
* *

Une modification au régime des courses était dans l'air, et nous lui verrons prendre corps dès le début de l'année suivante. Au milieu des préoccupations qui agitaient le monde des courses sur l'avenir du turf, un projet de réorganisation avait surgi, qu'un membre de la presse sportive parisienne, M. Thuanes, avait soumis à la Société d'Encouragement.

Considérant que les courses avaient subi une évolution et qu'elles tendaient de plus en plus à devenir un véritable spectacle populaire, l'auteur développait les moyens qui lui paraissaient les plus propres à séduire la foule et à en tirer le plus d'argent possible (1).

Pour si grandiose et ingénieux tout à la fois que fût ce plan, il allait trop à l'encontre des principes mêmes de la Société d'Encouragement, pour qu'elle pût l'adopter. En lui proposant, notamment,

---

(1) Voici les grandes lignes de cette proposition :

1° Remaniement complet de l'hippodrome de Longchamp : — création d'un pesage grandiose, avec tribunes couvertes pour 50 à 60.000 spectateurs ; — à droite et à gauche, pavillons à 5 francs, pour 17.000 personnes ; — sur l'emplacement du Moulin, un hémicycle de 150 mètres de façade, avec construction pour 5.000 places, à 2 francs ; — de l'autre côté du champ de courses et faisant face au pesage et aux pavillons, d'immenses tribunes populaires, à 1 fr. 50, pour 20.000 personnes ; — enfin, à l'extrémité du terrain, du côté de Boulogne, une gare qui se relierait, à Auteuil ou Passy, avec le chemin de fer de Ceinture, et, plus tard, avec le Métropolitain projeté.

2° Budget des courses pour Paris et Chantilly porté à 3 millions de francs (il n'était encore que de 1.564.000 francs), réparti sur 40 réunions ; — création de sept journées internationales, avec un prix de 50.000 francs, à la dernière réunion de Chantilly, et un handicap de 100.000 francs, à la dernière de Paris ; — prélèvement, sur le montant de chaque prix, de 5 p. 100 à partager entre le propriétaire de l'étalon et celui de la jument ayant produit le gagnant ; — épreuves pour

de prélever — fût-ce par l'intermédiaire d'une société financière — une taxe sur les bookmakers et de substituer à sa seule autorité celle de cette société, ce n'était pas seulement une modification à son essence qu'on lui demandait de consentir, mais son assimilation complète aux hippodromes de spéculation, et, partant, sa propre abdication. Aussi, dans sa séance du 29 septembre 1886, le Comité fit-il au projet de M. Thuanes une réponse, véritable modèle de sagesse et de dignité, qui était comme la profession de foi même de la Société d'Encouragement.

Nous en extrayons les passages les plus typiques :

« ...Sans doute les courses sont un spectacle, et elles ne peuvent vivre et se développer qu'en satisfaisant, pour l'exploiter à leur profit, le goût chaque jour plus vif du public pour ce genre de spectacle, mais notre Société y voit surtout une œuvre utile, qui perdrait ce caractère, si la préoccupation de grossir par tous les moyens les ressources de son budget devait prévaloir contre l'intérêt public, qui commande de consacrer exclusivement ces ressources à favoriser la production d'animaux capables de contribuer à l'amélioration de nos races.

« Nous n'ignorons pas que, pour faire de bons chevaux, il faut en faire beaucoup et que, pour qu'on en fasse beaucoup, il faut avoir beaucoup d'argent à distribuer en encouragements, accessibles non seulement aux sujets de premier ordre, toujours fort rares, mais aussi à tous les animaux dont le mérite, bien que sensiblement moindre, est cependant suffisant pour qu'on puisse voir en eux des reproducteurs utiles. Nos programmes font largement la part des animaux de cette catégorie; mais il y a une limite au delà de laquelle les courses cessent d'être des épreuves sérieuses... Nous devons donc repousser, comme un présent funeste, ces augmentations de recettes, qu'on nous laisse entrevoir sous la condition expresse de les affecter intégralement à des handicaps de 100.000 francs, à des dédommagements aux médiocrités bien confirmées, à des fiches de consolation aux fruits secs. Avec un pareil programme, on peut, à l'exemple des hippodromes de spéculation, tirer quelque argent du public; mais, au lieu de développer utilement pour le pays l'institution des Courses, nous n'arriverions qu'à la ruiner en la discréditant.

« Nous ne pouvons pas davantage nous proposer d'assumer la réglementation, le contrôle et, en dépit de toutes les réserves que nous pourrions faire à cet égard, la responsabilité du jeu sur les courses. Il ne nous intéresse que par un seul côté, l'influence fâcheuse qu'il peut exercer sur la sincérité des épreuves, qui est la base de toute notre doctrine... Nous tromperions le public en lui laissant croire que l'autorisation préalable, le cautionnement et la sur-

chevaux ayant été placés deuxièmes ou troisièmes un nombre de fois déterminé; — allocation d'une somme de 100 000 francs, à distribuer, par les soins du Comité, aux écuries malheureuses, bien que méritantes; — remboursement des entrées en fin d'exercice, en tout ou en partie, suivant les bénéfices, etc.

3° Pour couvrir les dépenses de mise en état de l'hippodrome (évaluées à 7 millions) et assurer à la Société son budget annuel (3 millions), création d'une Société financière, au capital de 10 millions, qui prendrait 8 p. 100 d'intérêt et se rembourserait, en trente années, sur les entrées du public, les redevances payées par les restaurants, buvettes, vestiaires, la vente des programmes, la location des emplacements et des installations nécessaires aux bookmakers, etc.

4° Un seul genre de jeu autorisé : les paris au comptant, avec réglementation très sévère de l'industrie des bookmakers, cautionnement, etc.

veillance, tout à fait illusoires dans la pratique, que nous aurions imposées aux bookmakers, le garantiraient, si peu que ce soit, contre les manœuvres frauduleuses dont il peut être victime.

« Quant à l'influence de ces manœuvres sur la sincérité des épreuves, toute cette apparence de réglementation n'y changerait rien. Elle ne diminuerait pas l'intérêt des bookmakers à fausser, dans certaines occasions, le résultat des courses ; elle ne leur ôterait pas les moyens d'y parvenir... Constitués en une sorte de corporation reconnue et autorisée, désignée par cela même à la confiance du public, ils verraient infailliblement grossir, avec le chiffre de leurs affaires, leur puissance pour le mal.

« ...Les grosses dépenses ne nous effrayent pas, pourvu qu'elles soient raisonnables, et, si de nouveaux agrandissements, de nouvelles améliorations nous paraissent désirables, nous avons tout lieu de croire que la tâche d'y pourvoir n'est pas au-dessus de nos forces. Mais ce que vous ne voudrez faire, dans aucun cas, c'est de vous livrer, pieds et poings liés, à une société industrielle comme celle à laquelle on vous propose de céder la place. Il suffit de lire le projet de traité qui est sous vos yeux pour voir que, le jour où vous l'auriez signé, la Société d'Encouragement ne serait plus que l'enseigne plus ou moins dorée d'une spéculation suburbaine. Elle aurait virtuellement cessé d'exister.

« Tel n'est assurément pas le but de l'auteur. Mais le point de vue auquel il se place est l'opposé du nôtre, et les conclusions auxquelles il arrive, en considérant les courses comme un spectacle dont il ne s'agit que de tirer le plus d'argent possible, ne saurait être acceptable pour ceux qui, comme nous, se préoccupent avant tout de leur conserver leur caractère d'utilité publique.

« Comment ne pas voir d'ailleurs que cette préoccupation constante du Comité n'a pas nui le moins du monde à la fortune de son œuvre! Bien loin de là : l'affectation exclusive de tous les encouragements à l'élevage national, la part du lion faite aux meilleurs produits, la politique des mains nettes en matière de jeu, le désintéressement de l'Administration, nous ont aidés à conquérir pour nos courses la faveur publique, et contribuent, plus qu'on ne croit, à grossir progressivement nos ressources dans des proportions inespérées...

« ...Pour être justes envers le travail consciencieux de M. Thuanes, nous devons ajouter que, si les vues d'ensemble nous paraissent inconciliables avec les principes de notre Société, on y rencontre bon nombre d'observations utiles, dont nous pourrons vous proposer de faire, à l'occasion, notre profit. »

M. Thuanes était un homme trop averti des choses du turf pour espérer un seul instant que la Société d'Encouragement pût se ranger à sa manière de voir. Ce qu'il avait voulu, surtout, c'était semer quelques idées qui lui tenaient à cœur, et il aura eu cette satisfaction d'en voir un certain nombre passer, peu d'années plus tard, du domaine de la fiction à celui de la réalité.

Le prix du Conseil Municipal ne correspond-il pas au handicap international de 100.000 francs qu'il rêvait?... La prime aux éleveurs n'est-elle pas l'équivalent du pourcentage de 5 p. 100 qu'il réclamait en faveur des propriétaires respectifs des père et mère du gagnant?... Et quant aux sept journées spéciales dont il prônait l'établissement, n'ont-elles pas été réalisées par la création de la semaine internationale de Maisons-Laffitte?...

CHAPITRE LXIV

ANNÉE 1887

Proposition Verséjoux. — Rapport des Commissaires de la Société d'Encouragement sur les paris à la cote. — Arrêté du 15 mars; rétablissement officiel du Pari Mutuel. — *Ténébreuse, Le Sancy, Bavarde, Monarque.* — *Upas* (suite). — Retraite de Henry Jennings. — Liquidation de l'écurie Juigné-d'Arenberg. — Mort de G. Fordham. — Première vente de yearlings à Deauville. — Mort de *Dollar*.

Le fait capital est la restauration — officielle, cette fois — du Pari Mutuel, que les Tribunaux avaient condamné comme illicite, en 1874, alors qu'il était exploité par un particulier!

Mais reprenons la question au point où nous l'avons laissée, en 1884.

La question des bookmakers restait tout entière, comme nous l'avons vu, et, si la disparition des Suburbains restreignait le champ de leurs opérations, leur influence demeurait la même sur les grands hippodromes parisiens.

Justement préoccupé de la question, le Comité de la Société d'Encouragement y avait cherché une solution et, dès le mois d'avril 1886, on apprenait que le baron de La Rochette manifestait l'intention de supprimer les paris à la cote sur les champs de courses de Longchamp, Fontainebleau et Chantilly.

La chose, comme bien on pense, fit pousser les hauts cris, mais les Commissaires de la Société d'Encouragement tinrent bon et annoncèrent l'application de cette mesure pour 1887.

Mais les premières réunions d'obstacles de 1887 avaient eu lieu : le projet du baron de La Rochette semblait oublié et peut-être même serait-il tombé dans l'eau, si, au début de février, un sieur Verséjoux, n'avait fait au Conseil municipal une proposition qui remettait la question des bookmakers sur le tapis.

Nous avons dit l'idée ingénieuse qu'avait eue le nommé Regimbaud, et l'on ne peut nier que trouver le moyen de se faire un million de rente avec quelques mètres de planches et de cotonnade n'était pas chose banale. Mais il eut le tort d'en tirer gloriole. Ses bénéfices prodigieux lui suscitèrent des envieux et Verséjoux vint lui couper l'herbe sous le pied.

Sa proposition pouvait se résumer ainsi : « Un industriel a accaparé une partie des terrains de Longchamp et d'Auteuil, propriétés de la Ville de Paris, pour y planter des piquets qu'il loue aux bookmakers à des prix très élevés, sans autorisation aucune et sans payer la moindre redevance. Accordez-moi le monopole qu'il s'est indûment attribué, et je vous payerai, en échange, une redevance annuelle de six cent mille francs. »

Cette proposition fut renvoyée à l'examen de la Commission du Budget qui, prise d'un bel accès de vertu, ne voulut pas qu'il fût dit qu'elle profitait de l'exploitation du jeu sur ses terrains. Elle fit plus que de repousser la proposition Verséjoux, elle proposa même au Conseil Municipal, par la voie de son rapporteur, d'interdire tous les genres de paris sur les hippodromes lui appartenant.

Après l'exposé de la demande formulée par Verséjoux, le rapporteur, M. Sauton, concluait ainsi :

« Il résulte d'une jurisprudence aujourd'hui constante, que l'industrie des bookmakers est illicite et même délictueuse.

« Votre Commission s'est préoccupée de savoir comment une industrie de cette nature avait pu donner lieu à une demande de concession régulière.

« De l'étude de la question, il résulte que les bookmakers ne peuvent exercer leur exploitation du public qu'en payant tribut entre les mains d'un sieur Regimbaud, qui réalise, en leur louant certains emplacements agencés sur les champs de courses, des bénéfices incroyables. Divers chiffres ont été cités : on a parlé d'une recette de 1.500.000 francs par année, et le prix de 600.000 francs, offert par M. Verséjoux, à titre de location, n'a certainement rien d'exagéré.

« Le droit du concessionnaire de fait est reconnu tacitement de tous ; le monde des bookmakers viole la loi, mais respecte les décisions de M. Regimbaud, sans que nous ayons pu découvrir les raisons de cette déférence.

« Personne, en effet, ne veut reconnaître M. Regimbaud, soit dans les diverses Sociétés concessionnaires des champs de courses, soit à la Préfecture de la Seine, soit à la Préfecture de police.

« L'affaire est des plus étranges.

« Votre Commission a pensé qu'il appartenait au Conseil Municipal de la Ville de Paris de faire cesser cet état de choses, et nous vous proposons, non seulement de repousser la proposition de M. Verséjoux, mais encore d'interdire le jeu sur toute l'étendue des champs de courses parisiens.

« Il a été dit que la suppression des bookmakers entraînerait la disparition des courses, au grand détriment de la population parisienne. Pour l'honneur des Sociétés de courses qui ont traité avec la Ville de Paris, nous espérons que cette éventualité ne se produira pas. »

A la suite de ce rapport, la Société d'Encouragement s'empressait d'adresser la lettre suivante au Préfet de la Seine :

Paris, le 7 mars 1887.

« Monsieur le Préfet,

« Le Conseil Municipal est, en ce moment, saisi d'une proposition tendant à concéder, moyennant rétribution au profit de la Ville, le droit d'exploiter les hippodromes, et de louer les emplacements aux bookmakers.

« Nous avons l'honneur de vous faire remarquer qu'en ce qui concerne le terrain de Longchamp, cette concession n'est plus à faire : elle a été consentie à la Société d'Encouragement pour l'amélioration des races de chevaux en France, par un acte du 24 juin 1856, en vertu duquel nous exploitons depuis trente ans cet hippodrome, et nous possédons exclusivement le droit de taxer, soit directement, soit par intermédiaire d'un concessionnaire agréé par l'Administration municipale, le stationnement des bookmakers, pendant les courses, sur les terrains qui nous sont concédés.

« Mais c'est une faculté dont nous n'avons jamais usé. Contrairement à un préjugé assez répandu, les bookmakers ne sont soumis à Longchamp au paiement d'aucune taxe particulière. Ils paient, comme tout le monde, leur entrée au prix du tarif, et nous les laissons s'installer comme ils peuvent et faire leurs affaires comme ils l'entendent, sans nous en mêler et sans autoriser personne à exiger d'eux une redevance quelconque. Nous n'ignorons pas qu'au lieu d'apporter eux-mêmes un matériel encombrant, et de livrer bataille pour se caser en vertu du droit de premier occupant, ils préfèrent, pour la plupart, accepter les services d'industriels qui se chargent de préparer d'avance la place de chacun. Mais ceux-ci n'ont aucun privilège, personne n'est obligé de s'adresser à eux, et, si l'un d'eux accapare, comme on le dit, presque toute la clientèle, c'est apparemment parce que ceux qui la composent y trouvent leur avantage ; la contribution qu'il reçoit n'en est pas moins purement volontaire et n'a, à aucun degré, le caractère d'une taxe autorisée ou tolérée.

« Si une taxe sur le jeu nous semblait pouvoir être perçue, notre devoir serait de la percevoir nous-mêmes au profit des éleveurs. Les offres analogues à celles qu'on fait miroiter aux yeux du Conseil Municipal ne nous ont pas manqué. Dès 1876, un industriel nous offrait 100.000 francs par an, pendant dix ans, pour le privilège d'exploiter les paris au comptant, et le Comité motivait comme suit son refus :

« En entreprenant d'améliorer nos races de chevaux au moyen des courses,
« notre Société n'a entendu, en aucune façon, intervenir dans le jeu auquel
« ces courses peuvent donner lieu ; elle a, au contraire, compris la nécessité
« de séparer les intérêts de l'élevage, dont elle a pris la charge, de ceux de la
« spéculation, dont elle n'a pas à s'occuper.

« L'observation de cette règle salutaire peut-elle, comme semble le croire
« M. X..., se concilier avec l'établissement de l'espèce de ferme des jeux dont
« il sollicite le privilège ? Nous ne le croyons pas. Il ne suffit pas de se couvrir
« d'un intermédiaire et de charger un concessionnaire de faire ce qu'on ne
« veut pas faire soi-même pour échapper à toute responsabilité ; et, en dépit
« de toutes les précautions qu'elle pourrait prendre, le jour où notre Société
« consentirait à intervenir dans les paris pour en faire l'objet d'un monopole
« productif, elle aurait perdu le droit de se dire étrangère à une spéculation
« organisée sous son autorité et à son profit. »

« Le cours des choses depuis douze ans et la facilité de tirer aujourd'hui d'une taxe sur les paris au comptant un revenu beaucoup plus considérable, ne nous ont pas fait changer d'avis. Nos hippodromes prennent de plus en plus l'aspect d'établissements de jeux publics, et l'importance des sommes engagées sur la moindre course menace de porter atteinte à la sincérité des épreuves, qui est la base de notre doctrine. En présence de ce danger, nous avons dû nous adresser à M. le Procureur de la République et le prier de faire appliquer sur les terrains de courses, comme partout ailleurs, les lois contre les jeux publics. C'est, à nos yeux, le seul moyen de remédier à un mal que notre impuissance manifeste à le combattre nous-mêmes, par des mesures dépourvues de toute sanction pénale, nous oblige à tolérer.

« Le Conseil Municipal veut bien accorder à notre œuvre un appui dont nous ne voulons pas manquer cette occasion de lui témoigner toute notre gratitude ; il a lui-même réclamé, en 1880, la suppression des agences de paris au comptant ; il comprendra, nous n'en doutons pas, l'impossibilité où nous sommes de prêter les mains à l'établissement d'une taxe équivalant, en réalité, au partage des bénéfices avec une industrie que nous considérons comme contraire aux lois du pays, funeste à l'œuvre de l'amélioration de nos races et destinée, nous l'espérons, à disparaître sous l'action de la justice.

« Nous avons l'honneur d'être, etc.

Les Commissaires des Courses de la Société,
Signé : DE LA ROCHETTE, DE NOAILLES, DE KERGORLAY.

Comme on le voit, les conclusions de ce rapport étaient formelles et elles tendaient à la suppression radicale des paris à la cote, que les Commissaires de la Société d'Encouragement considéraient comme dangereux, immoraux et susceptibles de fausser la régularité des épreuves publiques.

L'émoi fut grand dans le monde du turf. La Société des Steeple-Chases, celle de Demi-Sang et surtout les hippodromes d'obstacles suburbains, pour qui c'était une question de vie ou de mort, protestèrent vivement contre cette appréciation. Toutefois, le prince de Sagan, président de la Société d'Auteuil, reconnaissait que des abus avaient pu se produire avec le mode de paris existant et qu'il y aurait lieu de lui substituer le pari mutuel, qui lui paraissait mieux de nature à sauvegarder tout à la fois les intérêts des propriétaires et ceux des parieurs.

Le Gouvernement prit fait et cause pour les conclusions de la Société d'Encouragement, et, bientôt, le Préfet de la Seine faisait sommation aux Sociétés de courses de Longchamp, Auteuil et Vincennes, les seuls hippodromes qui fussent de son ressort, « d'avoir à interdire la pose des piquets et toute installation à l'usage des bookmakers sur les terrains loués par la Ville de Paris ».

Quelques jours plus tard, M. Goblet, alors président du Conseil et ministre de l'Intérieur, par une circulaire en date du 15 mars, invitait les préfets des départements « à interdire les paris de toute nature engagés sur les courses, soit sur l'hippodrome, soit en dehors, par des agences ou par des individus ayant fait du pari une industrie spéciale.

Cette prohibition ne s'étend naturellement pas aux particuliers se connaissant réciproquement et pariant entre eux ».

En conséquence, les piquets disparurent partout, mais, en quatre jours, le chiffre des entrées sur les hippodromes de la Seine baissa de plus de cent mille francs. C'était la mort des courses à brève échéance. Il fallait se rendre à l'évidence : elles ne pouvaient subsister sans le jeu qui les alimente. Il fallait donc ou les supprimer ou autoriser le jeu public sous une forme quelconque.

Il ne pouvait être question de supprimer une institution qui intéressait au plus haut point la richesse agricole et la force militaire du pays. Devant l'intervention des représentants des pays d'élevage et les démarches des sociétés de courses — qui menaçaient, ne faisant plus leurs frais, de diminuer leurs allocations et de supprimer les subventions qu'elles accordaient aux Sociétés de province, sans lesquelles celles-ci ne pourraient vivre — le Gouvernement, par l'arrêté du 28 avril, autorisa la Société d'Encouragement d'abord, puis ultérieurement les autres sociétés, à établir sur leurs hippodromes, une sorte de jeu déjà pratiquée en Allemagne et en Autriche, sous le nom de « totalisator », qui n'était autre que le pari mutuel inventé par Oller, moyennant un prélèvement de 2 p. 100 en faveur de l'Assistance publique.

Une fois de plus le bon plaisir ministériel se mettait au-dessus de la loi, et, ce mode de paris que, treize ans auparavant, les Tribunaux civils, puis la Cour de Cassation avaient condamné comme tombant sous le coup de la loi du 21 mai 1836 sur les jeux de hasard, un simple arrêté ministériel suffisait à le déclarer légal !

Tout le monde parut cependant s'accommoder de ce nouvel état de choses, qui durera jusqu'en 1891.

**

Le prix du Jockey-Club revint — ce qui ne s'était et ne s'est plus revu — à un poulain qui venait de courir cinq fois de suite sans être placé !... Ce cheval, auquel son propriétaire, M. P. Aumont n'avait pas craint de donner le nom glorieux de *Monarque* (Saxifrage et Destinée), souffrait, paraît-il, de boiteries intermittentes. Cette victoire imprévue, la seule qu'il devait remporter dans sa carrière, lui valut de chauds partisans dans le Grand Prix, où, cependant, *Merry Hampton* et *The Baron*, les deux médiocres premiers du Derby d'Epsom, eurent les honneurs de la cote. *Merry Hampton* ne joua aucun rôle et *The Baron* aurait gagné, si la course n'était revenue à M. P. Aumont... avec Ténébreuse (Mourle ou Saxifrage et New Star), fort délaissée à 16/1.

Les chevaux d'une même écurie n'étant pas encore couplés au pari mutuel, ce résultat souleva les clameurs de la foule, et ce ne furent pas précisément les acclamations qui saluèrent la rentrée au pesage des deux représentants de la casaque blanche à toque verte.

Hâtons-nous d'ajouter que l'abandon de *Ténébreuse* à une telle cote était tout à fait injustifié : bien qu'elle eût fini mauvaise troisième, derrière *Bavarde* et *La Jarretière*, dans le prix de Diane, cette défaillance n'aurait pas dû faire oublier le style impressionnant dans lequel elle avait enlevé précédemment le prix de Bagatelle, la Poule d'Essai et la Grande Poule, où *Chérie* et *Brisolier* affrontèrent seuls la lutte contre elle. Elle confirma par la suite sa brillante performance

Phot. J. Delton.

Ténébreuse.

du Grand Prix et put prendre rang parmi les meilleures juments françaises (1).

Après elle, c'est encore une pouliche, *Bavarde* (Hermit et Basi-

---

(1) A trois ans, *Ténébreuse* remporta encore deux petits prix, à Caen et Trouville, puis, à l'arrière-saison, le prix du Prince d'Orange, ayant ainsi gagné 7 courses sur 8 ; — à quatre ans, elle en enlèvera 3 sur 6, dont le Gladiateur et le Cesarewitch, sous le poids de 56 kilos ; elle tentera également la chance dans le Cambridgeshire, mais ne jouera aucun rôle sur cette distance trop courte pour ses aptitudes ; — à cinq ans, 3 sur 3, dont le Gladiateur, pour la seconde fois.

L'ensemble de ses victoires s'élèvera à 420.387 fr. 50, plus deux objets d'art, d'une valeur de 10.000 francs chacun.

lique), à M. Michel Ephrussi, qui figure en tête de sa génération, avec le Triennal, les prix de Diane, Royal-Oak et d'Octobre.

Puis viennent : *Cambyse* (Androclès et Cambuse), au comte de Berteux, qui montra une réelle qualité, en remportant 9 victoires et 5 places sur les 15 courses qu'il disputa (il sera le père de *Callistrate*, *Codoman* et *Gardefeu*); — *Brio* (Hermit et Brie), au baron de Roth-

BARON A. DE SCHICKLER.

schild, qui gagna le prix Greffulhe et la Poule d'Essai; — *Gournay* (Plutus et Grenade), à M. Michel Ephrussi, les prix du Nabob, du Cèdre, Seymour et de Chantilly, et son camarade *Brisolier* (Saxifrage et The Princess), le prix de Longchamp, à Deauville; — *Krakatoa* (Thunderbolt et Little Sister), au baron de Schickler, le prix de Seine-et-Marne et le Grand Saint-Léger de Caen (il sera le père de *Dolma-Baghtché*); — *Maxico* (Narcisse et Mab), à M. Hawes, les prix Fould et des Acacias, le Grand Prix de Bruxelles et l'Omnium.

Le cheval italien *Pythagoras* (Kingcraft et Migration), au comte Canevaro, vint nous enlever le prix de la Ville, à Caen, le prix des Villas et le Grand Prix, à Deauville, et le prix Charles-Laffitte, à Dieppe, soit au total 63.950 francs.

Mais il est, entre tous, un poulain qui mérite de retenir notre attention. Ce poulain, — qui devait avoir, par la suite, une carrière éclatante sur le turf et plus éclatante encore au haras, où il s'imposera

Phot. J. Delton.

Le Sancy.

comme chef de famille, — échoua, à trois ans, dans toutes ses tentatives, sauf dans le prix Daru. Il s'appelait LE SANCY (Atlantic et Gem of Gems), était né au haras de Martinvast et appartenait au baron A. de Schickler.

Le Sancy — dont nous publions ci-contre le pedigree — avait la robe grise de sa mère, dont il était le second produit depuis son importation en France (le premier avait été *Escarboucle*). C'était un superbe cheval de très haute taille, 1 m. 67; il avait l'épaule très belle, le rein bien attaché, l'arrière-main magnifique et le jarret

Pedigree de LE SANCY (1884).

LE SANCY (1884).

- **Atlantic 1871.**
  - **Thormanby, 1857.**
    - **Melbourne, 1834.**
      - Humphrey Clinker, 1822.
        - Comus, p. **Matchem**.
        - Clinkerina, p. Clinker, p. Sir Peter, p. Highflyer, p. **Herod**.
      - Fille de, 1820.
        - Cervantes, p. Don Quixote, p. **Eclipse**.
        - Fille de Galumpus, p. Gohanna, p. Mercury, p. **Eclipse**.
    - **Windhound, 1847.**
      - Pantaloon, 1824.
        - Castrel, p. Buzzard, p. Woodpecker, p. **Herod**.
        - Idalia, p. Peruvian, p. Sir Peter, p. Highflyer, p. **Herod**.
      - Phryné, 1840.
        - Touchstone, p. Camel, p. Whalebone, p. Waxy, p. Pot-8-Os, p. **Eclipse**.
        - Decoy, p. Filho da Puta, p. Haphazard, p. Sir Peter, p. Highflyer, p. **Herod**.
  - **Alice Hawthorn, 1838.**
    - Muley Moloch, 1830.
      - Muley, p. Orville, p. Beningbrough, p. King Fergus, p. **Eclipse**.
      - Nancy, p. Dick Andrews, p. Joe Andrews, p. **Eclipse**.
    - Rebecca, 1831.
      - Lottery, p. Tramp, p. Dick Andrews, p. Joe Andrews, p. **Eclipse**.
      - Fille de Cervantes, p. Don Quixote, p. **Eclipse**.
- **Hurricane, 1859.**
  - **Wild Dayrell, 1852.**
    - Ion, 1835.
      - Cain, p. Paulowitz, p. Sir Paul, p. Sir Peter, p. Highflyer, p. **Herod**.
      - Margareth, p. Edmund, p. Orville, p. Beningbrough, p. King Fergus, p. **Eclipse**.
    - Ellen Middleton, 1846.
      - Bay Middleton, p. Sampson, p. Blaze, p. Flying Childers, p. **Darley-Arabian**.
      - Myrrha, p. Maleck, p. Blacklock, p. Whitelock, p. Hambletonian, p. King Fergus, p. **Eclipse**.
  - **Midia, 1846.**
    - Scutari, 1837.
      - Sultan, p. Selim, p. Buzzard, p. Woodpecker, p. **Herod**.
      - Velvet, p. Oiseau, p. Camillus, p. Hambletonian, p. King Fergus, p. **Eclipse**.
    - Marinella, 1824.
      - Soothsayer, p. Sorcerer, p. Trumpator, p. Conductor, p. **Matchem**.
      - Bess, p. Waxy, p. Pot-8-Os, p. **Eclipse**.

- **Gem of Gems 1873.**
  - **Strathconan, 1863.**
    - **Newminster, 1842.**
      - Touchstone, 1831.
        - Camel, p. Whalebone, p. Waxy, p. Pot-8-Os, p. **Eclipse**.
        - Banter, p. Master Henry, p. Orville, p. Beningbrough, p. King Fergus, p. **Eclipse**.
      - Bee's Wing, 1834.
        - Doctor Syntax, p. Paynator, p. Trumpator, p. Conductor, p. **Matchem**.
        - Fille de Ardrossan, p. John Bull, p. Fortitude, p. **Herod**.
    - **Souvenir, 1856.**
      - Chanticleer, 1843.
        - Irish Birdcatcher, p. Sir Hercules, p. Whalebone, p. Waxy, p. Pot-8-Os, p. **Eclipse**.
        - Whim, p. Irish Drone, p. Master Robert, p. Star, p. Highflyer, p. **Herod**.
      - Birthday, 1850.
        - Assault, p. **Eclipse**.
        - Nitocris, p. Whisker, p. Waxy, p. Pot-8-Os, p. **Eclipse**.
  - **Poinsetta, 1866.**
    - Melbourne, 1834. (Voir ci-dessus.)
    - **Lady Hawthorn, 1854.**
      - Windhound, 1847. (Voir ci-dessus.)
      - Alice Hawthorn, 1838. (Voir ci-dessus.)

large. Il était exempt de toute tare, et, quand il quitta le turf, à la fin de l'été de sa sixième année, il avait les jambes aussi nettes qu'à deux ans. On lui a reproché de n'avoir pas de cœur et de se rendre dès qu'il était attaqué. S'il en eût été ainsi, toutes les défaites du début de sa carrière n'eussent fait que le rebuter, et, comme tant d'autres, que la lutte écœure, il eût tourné au rogue et n'eût plus consenti à s'employer, alors, au contraire que plus il prit d'âge, plus il se montra allant et maniable. On a dit aussi qu'il manquait de tenue. Certes, il fit piteuse figure dans le Gladiateur qu'il disputa aux deux juments de M. P. Aumont, *Ténébreuse* et *Sibérie*, et dut s'arrêter, épuisé. Mais peut-on le condamner sur cette unique exhibition de ce genre, pour laquelle il manquait peut-être de l'entraînement spécial, son écurie ne lui ayant jamais imposé, à partir de sa quatrième année, un effort pénible sur une distance supérieure à 2.500 mètres. En réponse à ces deux critiques, nous pensons, d'abord, que *Le Sancy* fut un cheval extrêmement tardif et que, s'il ne fut pas un stayer à proprement parler, ce n'est pas tant la distance qui l'effrayait, que la façon maladroite dont il fut souvent monté. Il était doué d'un mécanisme et d'un abatage hors ligne, et l'on peut affirmer que la plupart de ses défaites sont dues à la tactique employée par ses jockeys, qui le retenaient au lieu de le laisser s'étendre dans sa longue et puissante action. Nous n'en voulons pour preuve que le style dans lequel il remporta ses plus belles victoires, après avoir mené de bout en bout. Avec la monte américaine, on peut affirmer que *Le Sancy* aurait fait merveille.

Comme *Monarque*, *Vermout* et *Dollar*, ses glorieux prédécesseurs, *Le Sancy* a fait souche d'une famille, à laquelle il a transmis toute sa qualité, en même temps que sa robe grise. Le rôle prépondérant qu'il a joué, tant sur le turf qu'au haras, vaut qu'on retrace en détail sa carrière (1).

(1) Né en 1884, *Le Sancy* débute, à deux ans, dans le prix de Villers, à Deauville, où il prend la troisième place, derrière *Frapotel* et *Saint-Luc;* non placé dans le prix de Deux Ans, il gagne quelques jours plus tard le Grand Critérium de Dieppe, puis succombe d'une demi-longueur, contre le même *Frapotel*, dans le Grand Critérium, à Paris.

A trois ans, battu d'une encolure par *Brio*, dans la Poule d'Essai, il enlève dans un canter le prix Daru, après avoir mené dès le départ, ce qui aurait dû éveiller l'attention sur la tactique à employer avec lui; non placé dans le prix du Jockey-Club et le Grand Prix; battu de 3/4 de longueur par *Bavarde*, dans le prix d'Octobre; non placé dans le prix de la Forêt.

A quatre ans, non placé, à Paris, dans le Handicap, avec 63 kilos, il se promène dans les prix de Neuilly, d'Apremont, de Chantilly, de Lonray et d'Escoville; battu d'une tête par *Bavarde*, dans le prix de Seine-et-Marne, à Fontainebleau; gagne le prix Guillaume-le-Conquérant, à Deauville, et perd d'une encolure le Grand Prix, contre *Galaor;* troisième dans le Lancashire plate, à Manchester, et non placé dans le prix de la Forêt, après avoir remporté le prix de Bois-Roussel.

Mais c'est surtout à partir de sa cinquième année qu'il trouva sa véritable forme, qui concordait avec l'achèvement de son développement physique. Après deux insuccès, au début de la saison, dans le prix des Sablons, où il finit à

Dollar, dont nous venons de rappeler le nom, était précisément mort cette année même, à l'âge de 27 ans, chez son propriétaire, M. A. Lupin, au haras de Viroflay, où il faisait la monte depuis 1866. C'était une très grosse perte pour notre élevage, *Dollar* s'étant montré un des plus remarquables chefs de famille qu'il y ait eus en France. Il avait créé une lignée d'une rare élégance de formes et d'un entraînement facile, qui a hérité de lui son courage, son action souple et légère et sa précieuse maniabilité.

Plus de 4 millions de francs de prix ont été gagnés, en dix-huit ans, par ses produits, dont les principaux sont : *Almanza*, *Salvator*, *Saint-Cyr*, *Fontainebleau*, *Vignemale*, *Patriarche*, *Saumur*, *Sansonnet*, *Clio*, *Verte-Bonne*, *Androclès* et *Upas*, dont plusieurs seront eux-mêmes des reproducteurs remarquables.

**

Il est fort rare qu'une épreuve de longue distance donne lieu à un dead-heat. C'est pourtant ce qui se passa dans le prix du Cadran, que se partagèrent *Firmament* et *Upas*. Celui-ci prouva son aptitude à tenir la distance, en enlevant ensuite les prix de Dangu de Satory, Jouvence et Gladiateur.

Parmi les autres vétérans, *Gamin* eut en partage le *Triennal*, — *Alger*, la Coupe, le Biennal et le prix Hocquart, à Deauville, — et *Presta*, le prix du Pin.

Dans la jeune génération, *Stuart* s'annonce comme le candidat le plus sérieux aux grandes épreuves à venir, avec *Saint-Gall*, *Widgeon* et *Galaor*.

**

G. Fordham, le célèbre jockey anglais, rival de Fred Archer, fut emporté à 56 ans, par une maladie de poitrine. Il ne montait

3/4 de longueur d'*Achéron*, puis dans le prix de Lutèce, où il ne fut pas placé, il ne connut plus la défaite — à l'exception de sa tentative malheureuse dans le prix Gladiateur — jusqu'à la fin de sa carrière, au mois d'août de l'année suivante, et remporta, chaque fois dans un canter, 19 victoires consécutives, dont 3 walk-over.

Ce furent, à cinq ans : les prix de Courbevoie, d'Apremont, de Lonray, d'Escoville et d'Ispahan, sous le poids de 66 kil. 1/2 ; à Deauville, le prix Guillaume-le-Conquérant, des Dunes et le Grand Prix, portant 65 kil. 1/2 ; à Fontainebleau, le prix de Bois-Roussel ; — à six ans : les prix des Sablons, Hédouville, de Lonray, d'Escoville, de Deauville ; le prix Bel-Ebat, à Maisons-Laffitte ; le Grand Prix du Sart, à Spa ; enfin le prix Guillaume-le-Conquérant et le Grand Prix de Deauville, pour la seconde fois.

Il avait couru 43 fois et remporté 27 victoires et 9 places ; le total de ses gains s'élevait à la somme de 358.132 fr. 50, qui représenterait actuellement près d'un million de francs.

Il fut alors retiré du turf et envoyé au haras de Martinvast, où il fit la monte dès la saison suivante. On verra par la suite la place qu'il prit parmi nos reproducteurs.

plus depuis 1884. Il était des plus connus en France, où il avait piloté de nombreux vainqueurs, entre autres *Fervacques*, *The Earl* et *Foxhall*, dans le Grand Prix.

Le vieil Henry Jennings — surnommé le « Old Hat », en raison de l'immuable chapeau haut-de-forme gris dont il était toujours coiffé, hiver comme été — prit sa retraite à la fin de l'année, à l'âge de 75 ans, pour convoler en justes noces avec une jeune personne dont il était follement épris !... Henry Jennings était une des plus curieuses physionomies du turf où, depuis près de cinquante ans, il jouait un rôle prépondérant. Comme tant d'autres entraîneurs et jockeys réputés, il s'était formé tout jeune chez Thomas Carter, dans l'établissement de lord Seymour, à la Porte-Maillot. Pour ses débuts, il prit la direction — au sens absolu du mot, son patron lui laissant liberté entière — de l'écurie du prince Marc de Beauvau, et, du premier coup, révéla ses qualités professionnelles, en faisant de cette écurie modeste une des principales de son temps. Il passa ensuite au service du baron Nivière, quand celui-ci acquit en bloc tous les chevaux du prince ; puis, lors de la fusion des écuries Lagrange-Nivière, il fut chargé de ceux qui restaient à La Morlaye, cependant que son frère Thomas s'occupait, à Newmarket, des produits que l'association envoyait en Angleterre. C'est à son insistance, rappelons-le, que *Palestro*, qui gagna par la suite le Cambridgeshire, dut de ne pas être réformé. A la liquidation de la « Grande-Écurie », le duc de Morny se l'attacha. C'est à la mort de celui-ci que H. Jennings s'installa comme entraîneur public à La Croix-Saint-Ouen, près de Compiègne, où il ne tarda pas à avoir sous ses ordres plus de cent chevaux, appartenant à MM. L. Delâtre, P. Aumont, Moreau-Chaslon, L. André, comte de Juigné, E. de la Charme, duc de la Force, etc.

Fantasque et bourru, baragouinant un dialecte incompréhensible, fait de mots français et anglais plus ou moins estropiés, et n'en faisant jamais qu'à sa tête, cet original est demeuré célèbre aussi bien par ses bévues légendaires que par les innombrables succès qu'il remporta avec *Lion*, *Ruy-Blas*, *Orphelin*, *Revigny*, *Peut-Être*, *Dutch Skater*, *Clocher*, *La Carmélite*, *Basilique*, *Satory*, *Ali-Bey*, *Le Piégeur*, *Mélina*, *Montargis*, *Jongleur*, etc. Il avait, pour les gens et pour les bêtes, des engouements ou des éloignements inexpliqués, préférant tel mauvais cheval à tel autre qui était meilleur, et l'on se rappelle que *Peut-Être* ne dut de perdre le prix du Jockey-Club qu'à l'insuffisance de son cavalier, un jockey français, nommé Meunier, dont le Old Hat s'était entiché, et qui n'avait pour toute qualité professionnelle que sa seule bonne volonté.

Comme son maître, Thomas Carter, Henry Jennings forma toute une pléiade d'hommes de cheval de premier ordre, entre autres Ch. Pratt, G. Cunnington, Carratt, Wheeler et Rolfe.

Les chevaux de courses que possédait Henry Jennings n'eurent pas à passer aux enchères publiques, le comte P. Le Marois les lui ayant achetés en bloc.

Une des conséquences de la retraite de Henry Jennings fut la dispersion de l'écurie du comte G. de Juigné et du prince A. d'Arenberg, dont il était l'entraîneur.

Les plus beaux succès de la casaque cerclée jaune et rouge avaient été remportés avec *Jongleur*, *Mantille* et *San Stéfano*.

La vente de l'écurie et du haras, faite dans le courant de septembre, ne produisit que 211.700 francs : elle comprenait 16 chevaux de 2 ans et au-dessus, 19 foals et yearlings et 19 poulinières.

**

A signaler une innovation qui était appelée à prendre un développement considérable. Nous voulons parler de la première vente publique de yearlings, par l'établissement Chéri, à Deauville.

Cinq produits du haras de Barbeville firent 17.500 francs, et quatre du haras de Colombelles, 5.100 ; au total 22.600 francs.

Aujourd'hui, le chiffre d'affaires que réalisent, au grand meeting normand, les établissements Chéri-Halbronn et du Tattersall, dépassent *deux millions de francs* (1).

---

(1) En 1912, les 14 vacations de ces deux établissements ont réalisé un chiffre d'affaires de 2.348.000 francs, pour 332 yearlings vendus aux enchères publiques.

CHAPITRE LXV

ANNÉE 1888

Stuart et *Galaor*. — *Ténébreuse*, *Le Sancy* et *Brisolier* (suite). — Courses de Compiègne. — Vente de *Plaisanterie*. — Liquidation du haras de M. V. Malapert. — Retraite de M. C.-J. Lefèvre. — L'écurie E. Veil-Picard.

L'année est peu chargée.

Stuart (Le Destrier et Stockhausen), à M. Donon, avait débuté, l'année précédente, à Deauville, dans le prix de Deux Ans, où il avait succombé d'une demi-longueur contre *Widgeon*, au comte de Berteux; puis, il avait racheté cet échec, en enlevant le Triennal et le Grand Critérium.

A trois ans, il remporta successivement le Triennal, le prix Daru, la Grande Poule, le prix du Jockey-Club et le Grand Prix, après quoi, il fut retiré du turf, son entraînement devenant impossible en raison du mauvais état d'une de ses jambes. C'était un animal de grande taille, à l'aspect peu séduisant, qui avait toujours besoin d'être monté sévèrement.

Sa carrière fut extrêmement brillante, certes, mais vraiment trop courte pour permettre d'affirmer qu'il fut un grand cheval. Il n'avait jamais battu, en somme, que le médiocre *Saint-Gall* et *Galaor*, qui n'avait pas encore trouvé sa forme.

Après le Grand Prix, on en offrit à M. Donon — qui refusa — 600.000 francs, pour l'Amérique du Sud.

On sait qu'il n'a joué aucun rôle au haras.

Au contraire de *Stuart*, *Galaor* (Isonomy et Fideline), à M. Lupin, possédait un grand air de race. Poulain tardif — après avoir été battu par *Walter Scott* et *Le Rieutort*, dans le prix du Nabob, par *Reyezuelo*, dans la Poule d'Essai, par *Stuart* et *Saint-Gall*, dans le prix du Jockey-Club et le Grand Prix, — il n'avait commencé à donner sa mesure qu'à la saison d'été. Coup sur coup, il remportait alors le prix de Juin, le Derby du Pin, le Saint-Léger de Caen, le prix Hocquart et le Grand Prix, à Deauville (d'une encolure sur *Le Sancy*), les prix Royal-Oak et d'Octobre et, sur la distance, trop courte pour lui, du prix de la Forêt, il se classait néanmoins second derrière *Catharina*. Le montant de ses gains s'élevait à 172.225 francs.

Ces brillantes performances firent d'autant plus regretter la retraite prématurée de *Stuart*, qu'il eût été intéressant de revoir contre le *Galaor* de l'automne : en pleine possession de ses moyens, c'était un tout autre cheval que le poulain incomplètement développé du printemps, et nombre de bons juges s'accordaient pour le préférer au fils de Stockhausen.

Après ces deux chevaux de tête, on peut citer : *Saint-Gall*, au baron de Soubeyran, gagnant du prix Hocquart et du Biennal, deuxième du Jockey-Club et troisième du Grand Prix ; — *Reyezuelo*, au baron A. de Schickler, Poule d'Essai ; — *Sibérie*, à M. P. Aumont, prix de Longchamp, à Deauville, prix de Chantilly et de Villebon ; — *Bocage*, à M. A. Lupin, prix de Guiche et Greffulhe ; — *Faust*, d'abord à M. André, prix des Cars et Grand Prix de Bruxelles ; puis à M. E. Blanc, Handicap Libre ; — *Solange*, à M. J. Joubert, prix de Diane ; — *Widgeon*, Poule d'Essai, et *Walter Scott*, prix du Nabob, tous deux au comte de Berteux ; — et, en province, *Serpentine*, au comte F. de David-Beauregard, gagnante de 13 courses.

Les vétérans qui se distinguent sont, outre *Le Sancy* et *Ténébreuse*, dont nous avons retracé la carrière pages 501 et 503, *Brisolier* qui triomphe dans la Coupe, le Biennal, le prix de Deauville et celui du Prince de Galles, et *Upas*, gagnant de plusieurs prix Nationaux en province, après quoi son propriétaire l'envoya à son haras de Cheffreville, où il se montra digne de son père (1).

A l'étranger, en plus de la victoire de *Ténébreuse*, dans le Cesarewitch, dont nous avons déjà parlé, nous avions remporté le prix du Jubilee, à Bade, avec *Waverley*, au comte Le Marois, et, à Goodwood, les Lavant Stakes, avec *Crinière*, au baron de Rothschild.

Celle-ci cueillit ensuite le Triennal, à Chantilly, ce qui la classait en tête de la jeune génération, avec *May Pole*, au baron de Soubeyran, gagnante des Grands Critériums de Vichy, de Dieppe et de Paris.

**

Le 4 novembre, eut lieu l'inauguration du champ de courses de Compiègne.

---

(1) Son fils *Omnium II* sera, en effet, un des meilleurs chevaux qu'ait produits l'élevage national.

Le 7 décembre vit l'épilogue du différend qui, depuis trois ans, divisait Mme Vᵉ Bouy et Th. Carter, au sujet de *Plaisanterie*. En vain Mme Bouy avait-elle demandé que la jument reparût sur le turf ou fût vendue. Th. Carter promettait toujours, mais était empêché de l'amener en condition par le suros dont elle souffrait, bien que les experts eussent à différentes reprises affirmé qu'elle pouvait parfaitement supporter les fatigues de l'entraînement. C'est ce que, sur le rapport du comte de Berteux et de M. P. Aumont, commis par lui à cet effet, le Tribunal civil avait déclaré, au printemps. Il donnait un mois — jusqu'au 10 juin — à Th. Carter pour mettre la jument en état de paraître en public, à défaut de quoi elle serait vendue. Les choses traînèrent en longueur encore une fois. Finalement, *Plaisanterie*, n'ayant pu être remise en condition, passa aux enchères publiques, le 7 décembre, au Tattersall.

Ce fut le grand éleveur anglais, Sir Tatton Sykes, qui s'en rendit acquéreur, pour le prix, relativement peu élevé, de 60.000 francs.

Parmi les autres ventes de l'année, on peut rappeler celle du haras de Champagne-Saint-Hilaire, à M. V. Malapert (22 poulains de lait, 4 yearlings, 30 poulinières, 10 produits dressés et 3 étalons, dont *Nougat*, acheté 13.000 francs par M. Maurice Ephrussi, ensemble 217.625 francs), et celle de l'écurie de courses et du haras de M. P. Goldschmit (5 yearlings, 5 poulinières et 9 chevaux à l'entraînement, 160.175 francs).

Enfin signalons l'acquisition, par M. Maurice Ephrussi, à la vente de l'écurie du bookmaker Robinson, pour la modeste somme de 1.150 francs du yearling *War Dance* (Galliard et War Paint), qui fournira une carrière très honorable et sera le père de *Perth*.

La casaque tricolore de M. Lefèvre avait connu des heures de gloire, mais découragé par les insuccès de ces dernières années, l'éleveur de Chamant renonce au turf et cesse de faire courir. Ses produits seront dorénavant exploités par l'écurie Rothschild, jusqu'en 1892, où M. Lefèvre vendra son domaine à M. A. Ménier et liquidera complètement son stud.

M. E. Veil-Picard — dont l'élevage de Neaufles (Gisors) devait se classer en bon rang — débute modestement avec quelques chevaux provenant de prix à réclamer, comme *Fabiola*, qui, la première, fait passer le winning-post à sa casaque cerclée marron et jaune, toque jaune, dans une épreuve secondaire, en septembre, à Maisons-Laffitte.

CHAPITRE LXVI

ANNÉE 1889

Vasistas, Clover, Aérolithe, Barberousse. — *Le Sancy* et *Galaor* (suite). — Rentrée de l'écurie H. Say. — Formation des écuries J. de Brémond et J. Arnaud. — La Société hippique de Colombes contre la Société d'Encouragement. — Mort du baron de La Rochette, lord Falmouth, comte Lo Marois et comte Dauger. — Une épreuve de 125.000 francs pour chevaux de 2 ans. — *Donovan*. — Le Grand Prix du Commerce, à Milan.

Le budget de la Société d'Encouragement est augmenté de 157.000 francs : plus de prix inférieurs à 4.000 francs, ni de prix à réclamer au-dessous de 3.000 francs.

Une journée, la première, est ajoutée à la réunion de printemps de Longchamp. Création du *prix Dollar*, 12.000 francs, et du *prix de Luzarches*, 10.000 francs, pour chevaux n'ayant pas cessé d'appartenir au même propriétaire.

La saison de plat commence à Vincennes. Le prix de ce nom, qui deviendra plus tard le prix de Saint-Cloud, avec le changement d'hippodrome, est porté à 10.000 francs. Les cracks n'y font pas encore, comme de nos jours, leur réapparition en public, et les compétiteurs sont d'ordre modeste.

Après les victoires d'*Aérolithe* (Nougat et Astrée), dans le prix Hocquart et le Triennal, et de *Phlégéthon* (Fontainebleau et Isménie), dans les prix de Mars, de Guiche, Reiset et Poule d'Essai, l'écurie A. Lupin pouvait se croire maîtresse du prix du Jockey-Club, où le fils d'Isménie partait favori à 7/4. Il n'y pouvait prendre cependant que la troisième place, à une tête d'*Achille* (Tristan et Aurore), au duc de Feltre, gagnant du prix du Nabob, que *Clover* (Wellingtonia et Princess Catherine), à M. E. Blanc, précédait d'une longueur.

Clover n'avait pas reparu en public depuis sa tentative infructueuse, l'automne précédent, dans le Middle Park Plate. Aussi était-il assez délaissé à 8/1, bien qu'on sût qu'il avait fait un bon travail en vue du Derby d'Epsom. Il y fut victime d'un accident assez grave : il mit le pied dans un trou et ne put terminer la course. Sa carrière de trois ans s'en trouva arrêtée; ce n'est qu'après un repos de près d'un an qu'il put reparaître en public.

Le Grand Prix revint, contre toutes les prévisions, à l'extrême outsider *Vasistas* (Idus et Véranda), à M. H. Delamarre, qui donna au Pari Mutuel un rapport sensationnel :

    au pesage,   unité, 10 fr.; gagnant, 830 fr; placé, 206 fr. 50
    au pavillon,   —   5   —   603 50   —   136   »
    à la pelouse,   —   5   —   728 50   —   138   »

Non placé dans le prix du Nabob et le prix du Jockey-Club, mauvais troisième, avec 48 kilos, dans le prix de la Pelouse, battu par *Pourtant*, dans le prix de Juin, *Vasistas* n'avait à son actif que le prix de l'Espérance et le modeste prix de la Néva, remporté la veille même du Grand Prix.

Il est curieux de rappeler que ce même prix de la Néva avait également porté bonheur, dans le Grand Prix de 1867, à un autre outsider, dont les performances antérieures étaient aussi insignifiantes que celles de *Vasistas*. C'est, en effet, après sa victoire dans cette humble course que *Fervacques* triompha d'un nez, dans le Grand Prix, après un dead-heat demeuré légendaire, de *Patricien*, à M. H. Delamarre, qui lui était de beaucoup supérieur.

Cette fois-ci, par exemple, le bénéficiaire de cette heureuse surprise était précisément M. H. Delamarre qui, à vingt-deux ans de distance, connaissait dans la même épreuve, tout ce que « la glorieuse incertitude du turf » comporte d'amertume et de réconfort.

Vendu quelques jours plus tard 150.000 francs au baron de Hirsch, *Vasistas* eut encore ceci de commun avec *Fervacques*, qu'il ne confirma pas par la suite cette heureuse victoire.

Les autres lauréats de trois ans sont :

Crinière (prix de Diane), *Amazon* (prix de Fontainebleau, Biennal et Omnium) et *Tire-Larigot* (Grand Prix de Bruxelles), tous trois au baron de Rothschild;

Tantale (prix des Cars, Grand Prix du Casino de Spa, et prix du Jubilée de Bade, au total 101.612 fr. 50 et une Coupe d'or), au comte G. de Juigné.

Pourtant, à M. Michel Ephrussi, prix de Juin et Royal-Oak, et deuxième dans le Grand Prix;— *Achille*, au duc de Feltre, prix du Nabob et du prince d'Orange, et deuxième du prix du Jockey-Club; — *Chopine*, à M. J. Prat, prix Greffulhe; — *Thomery*, à M. C.-J. Lefèvre, prix Daru; — *Cléodore*, à M. H. Delamarre, Grande Poule; — *May Pole*, à M. P. Donon, Poule d'Essai des Pouliches; — *Fligny*, à M. Maurice Ephrussi, la Coupe.

Une mention est due à certains chevaux qui, pour n'avoir pas connu les grands succès, suppléèrent à la qualité par la quantité. Tels sont, par exemple : *Barberousse* (Don Carlos et Mlle de Saint-Igny), à M. E. de La Charme, qui gagne 17 courses, s'élevant à 73.387 fr. 50 ; — *Malgache*, à M. R. Petit, 10 courses, 50.062 fr. 50 ; — *Carmaux*, au baron de Soubeyran, 8 courses, 52.287 fr. 50 ; — *Canadien*, au baron de Nexon, 11 courses, 43.837 fr. 50 ; — et les trois représentants de M. D. Guestier, *Au Petit Bonheur*, *In-folio* et *Mademoislle de Capeyron*, qui ne cueillirent pas moins de 32 prix en province, se montant à 97.425 fr. 50.

Parmi les vieux, *Le Sancy* vient en tête avec 10 courses et 125.800 fr. (voir page 503), suivi de près par *Galaor* (124.050 francs), qui, sur 8 courses qu'il dispute, en gagne 6 (prix Dollar, Biennal, Triennal, etc.), et se place deux fois second, d'abord dans le Grand Prix de Trouville, où *Le Sancy* prend sa revanche de l'année précédente, puis dans le prix du Prince d'Orange, derrière *Achille*. L'écurie Lupin est encore représentée par *Achéron* (48.550 francs et 4 courses, dont les prix des Sablons et de la Seine), et *Bocage* (49.385 fr. 50, 5 courses, dont les prix de Dangu, Vermout et du Pin).

Nous avons parlé, page 500, de *Ténébreuse*, qui figure pour 5 victoires et 56.787 fr. 50 ; une autre jument de M. P. Aumont, *Sibérie*, s'inscrit pour 50.604 fr. 50, avec les prix du Cadran et Jouvence.

Mentionnons enfin, en province, la fameuse *Serpentine*, au comte F. de David-Beauregard, qui, confirmant ses succès précédents, ne gagne pas moins de 16 courses, ne s'élevant cependant qu'à 48.550 francs.

Certains chevaux de deux ans donnent les plus belles espérances. Tels sont :

Alicante (Hermit et Madeira), à M. Maurice Ephrussi, qui, sur 6 sorties, remporte 5 victoires (le prix de La Toucques, à Deauville, le Grand Critérium de Dieppe, le Grand Prix de Spa, de 40.000 francs, le prix de la Forêt et le prix de la Salamandre) et une place de troisième, en dépit d'une terrible bousculade, dans le Lancashire plate, de 300.000 francs, à Manchester, créditant son propriétaire de 109.125 francs ;

Heaume (Hermit et Bella) et *Le Nord* (Tristan et La Noce), au baron de Rothschild, dont les victoires en Angleterre font sensation : sur 5 courses, le premier en gagne 4 et une place de second, s'élevant à 87.977 francs ; et le second, 4 et 2 places de second, se montant à 85.633 fr. 75 sur 6 courses ;

Cromatella (Wellingtonia et Perla), à M. A. Lupin, prix de Deux Ans, à Deauville et Grand Critérium, à Paris ; — *Yellow* (Dutch Skater et Miss Hannah), au comte G. de Juigné, prix de l'Avenir, à Bade ; — et *Nativa* (Saxifrage et Orpheline), à M. P. Aumont, prix du Premier Pas.

La casaque rouge, manches et toque bleues de M. H. Say, absente du turf depuis onze ans, fait sa rentrée avec les victoires des deux ans *Sweetlips* et *Alabama*, dans le Premier prix d'Automne et le prix de La Masselière.

L'arrière-saison voit également les débuts heureux de deux nouveaux venus, MM. J. Arnaud et J. de Brémond.

M. J. Arnaud (casaque blanche, toque jaune) remporte quelques petits succès à Maisons-Laffitte, avec *Sabreur*, et M. J. de Brémond — qui jouera de bonheur avec ses réclamations, et qui connaîtra tout à la fois les grands triomphes et les grands déboires — enlève le prix de La Celle Saint-Cloud avec *Aglaé*, qu'il avait achetée à Boulogne-sur-Mer.

Ses couleurs — qui furent depuis casaque cerise, manches cerclées cerise et blanc, toque cerise — étaient alors casaque noire, manches cerclées mauve et noir, toque noire.

**

On sait que la Société d'Encouragement s'est toujours réservé le droit de refuser l'insertion à son *Bulletin des Courses* des programmes des Sociétés dont le seul but ne semble pas être le souci de l'élevage, ou dont la nature et les conditions des épreuves ne lui donnent pas satisfaction.

Une Société nouvelle, dénommée Société Hippique d'Encouragement, s'étant vu refuser l'insertion du programme des trois journées de courses qu'elle se proposait de donner sur l'hippodrome de Colombes, y vit un abus de pouvoir, et actionna la Société de la rue Scribe, en 100 francs d'indemnité par jour de retard et en cent mille francs de dommages et intérêts.

Inutile de dire que le Tribunal de la Seine, par jugement en date du 9 décembre, confirmé par la Cour d'Appel, le 3 juin suivant, fit justice de cette prétention, en déboutant la Société Hippique et en la condamnant aux dépens, la Société d'Encouragement jouissant d'un caractère purement privé et étant maîtresse absolue chez elle.

**

Le comte Daru, président du Comité de la Société d'Encouragement, et l'amiral Rous, en qui s'incarnait le Jockey-Club anglais, étaient morts, à quelques mois de distance, en 1877.

Par une triste coïncidence, deux des personnalités les plus marquantes du turf, de chaque côté du détroit, le baron de La Rochette et lord Falmouth, s'éteignirent également presque en même temps.

Membre du Jockey-Club depuis 1842, le baron de La Rochette, comme tous les jeunes gens de son monde, à cette époque, avait été d'abord un fervent gentlemen-rider et il avait même eu quelques chevaux de courses, en association avec son ami, le comte d'Hédouville. Nommé membre du Comité de la Société d'Encouragement, deux ans plus tard, il s'était consacré exclusivement aux différentes fonctions qu'il avait remplies successivement : starter, juge à l'arrivée, commissaire; puis il était devenu l'âme même de la Société, qu'il personnifiait dans sa correction, sa haute honorabilité, sa compétence et son horreur des mesures hâtives et mal étudiées. Car ce que l'on a appelé « sa routine, son esprit rétrograde, » n'était que la méfiance que lui inspiraient toutes les innovations intéressées, prônées

Baron de la Rochette.

par ceux qui, n'ayant pas la responsabilité, se souciaient en général fort peu de la cause de l'élevage.

Le baron de La Rochette — comme tous les dirigeants successifs de la Société d'Encouragement — ne perdit jamais de vue le but que s'était imposé la Société, et c'est en partie à sa sage résistance que l'institution des Courses dut de triompher du furieux assaut que lui avaient livré les Sociétés de spéculation.

La Société d'Encouragement a honoré sa mémoire en donnant, dès l'année suivante, son nom au prix Triennal.

Tant par ses succès comme éleveur et propriétaire, que par le dépôt e sa fameuse motion de la *réciprocité*, en 1877, lord Falmouth tient une très grande place dans l'histoire du turf anglais.

Parmi tous les chevaux célèbres qu'il éleva, il en est deux qui nous intéressent tout particulièrement, en raison du rôle, considérable pour l'un d'eux, qu'ils étaient appelés à jouer dans notre élevage. Nous voulons parler de *Silvio*, et surtout d'*Atlantic*, qui avaient été importés en 1881 et 1884, et sur lesquels nous reviendrons.

Il nous faut enregistrer aussi le décès du comte P. Le Marois, qui ne faisait courir que depuis 1887, et qui venait de fonder le haras de Pépinvast, qu'a conservé sa veuve; — et celui du vicomte Dauger, grand éleveur, dont le haras de Menneval avait donné, entre autres chevaux remarquables, la fameuse *Plaisanterie*.

**

En Angleterre, les honneurs de la campagne sont pour *Donovan* (Galopin et Mowerina), au duc de Portland, qui avait fait sensation par ses onze victoires à deux ans dans les épreuves les plus importantes. Battu d'une tête, pour sa rentrée, dans les Deux mille Guinées, par *Enthusiast*, il rachète cette défaillance en enlevant successivement le Derby, les Newmarket Stakes, les Prince of Wales, à Ascot, le Saint-Léger, etc., créditant son propriétaire de 1.378.850 francs d'argent public, ce qui constituera le record des gains d'un cheval durant sa carrière sur le turf, jusqu'au jour où *Isinglass* fera mieux encore.

La Société des Courses de Sandown Park, à qui l'on était déjà redevable des Eclipses Stakes, de 250.000 francs, la plus riche épreuve du monde, pour trois ans et au-dessus, crée également le plus gros prix pour deux ans, les *National Breeder's Foal Stakes*, de 125.000 francs.

De cette même année, date, à Kempton Park, l'*Imperial Produce Plate*, de 62.500 francs.

**

En Italie, une belle épreuve internationale pour 3 ans et au-dessus est inscrite au programme de Milan, le *Grand Prix du Commerce*, de 50.000 francs, porté à 100.000, en 1911. La distance, primitivement fixée à 2.900 mètres, est, depuis 1902, de 2.800 mètres, après avoir été de 3.000 et 3.200.

Notre élevage y a déjà triomphé sept fois, avec *Clarisse*, à M. E. Veil-Picard (1891); *Odin*, au vicomte d'Harcourt (1892); *Times*, au comte de Clermont-Tonnerre (1894); *Aigle Royal*, à M. D. de Gernon (1900); *Acacia*, au prince Deliella (1906); *Étoile de Feu*, au haras de Besnate (1910); et *Sablonnet*, à M. J. de Brémond (1911).

CHAPITRE LXVII

ANNÉE 1890

Le comte de Hédouville. — Suppression des courses de Fontainebleau. — Le prix Lagrange. — Les chevaux d'une même écurie couplés au Pari Mutuel. — Arrêté du 2 juin sur les paris en dehors du champ de courses. — *Fitz Roya, Heaume, Le Nord, War Dance, Alicante, Wandora* et *Yellow*. — *Le Sancy* et *Galaor* (suite). — Brillants succès de nos jeunes chevaux en Angleterre. — Mort de *Silvio, Hermit* et *Energy*. — Allocations du Derby et des Oaks. — Liquidation de l'écurie du baron de Soubeyran et constitution de l'écurie du vicomte E. d'Harcourt. — Arrêté du 2 juin. — Agences illicites de paris mutuels.

Le baron de La Rochette venait à peine de disparaître, que son vieil ami le comte de Hédouville mourut à son tour. Amateur passionné de chevaux et cavalier émérite, il avait été autrefois un de nos plus brillants gentlemen-riders. Longtemps, il avait même possédé, en association avec le baron de La Rochette, quelques pur sang, qu'il se plaisait à entraîner lui-même.

La Société d'Encouragement — dont il faisait partie depuis 1836 et où il avait successivement rempli les fonctions de starter, de juge à l'arrivée, de Commissaire et de surveillant des pistes — a commémoré son souvenir, en donnant son nom au prix d'Apremont, qui se dispute à Chantilly, le jour du prix de Diane.

La mort du baron de La Rochette entraîna la suppression des réunions que la Société d'Encouragement donnait sur l'hippodrome de La Sole, dans la forêt de Fontainebleau. Leur création avait eu leur raison d'être sous le Second Empire, alors que la Cour y séjournait à l'automne, pour les chasses. Mais jamais les chevaux ni le public n'avaient été nombreux; le déplacement était long et incommode, et si le décor était pittoresque, le terrain était vraiment exécrable. Aussi, la Société d'Encouragement aurait-elle renoncé depuis longtemps à ces réunions, si elle n'avait tenu à être agréable au baron de La Rochette, qui avait sa propriété dans les environs.

**

Le budget total des courses plates, pour la France, s'élève à 6.397.630 francs, et cela vingt ans seulement après la terrible secousse de 1870, et au lendemain du coup mortel que les Suburbains de tous genres faillirent porter à la cause de l'élevage.

Dans cette somme, la Société d'Encouragement figure pour plus du tiers (2.292.000 francs, dont 445.000 francs de subventions à la province), et le Gouvernement, pour 460.800 francs seulement, c'est-à-dire moins que la Société Sportive, qui ne compte, cependant, que quatre ans d'existence!

Le budget de celle-ci est déjà voisin de 600.000 francs, répartis sur 35 réunions de plat, à 5 courses par journée, tant à Saint-Ouen qu'à Maisons-Laffitte. Les prix sont encore très modestes, variant de 2.000 à 5.000 francs. La Société vient cependant de créer une épreuve destinée à devenir classique, le PRIX LAGRANGE.

C'est l'honneur de la Société Sportive — née, cependant, trois ans après la mort du comte de Lagrange — que d'avoir placé sa première grande épreuve sous l'égide du plus illustre des sportsmen français.

Le prix Lagrange, poule de 3 ans, sans surcharges ni décharges, est l'une des courses les plus attendues de la première partie de la saison de plat, et il est rare que sa riche allocation n'attire pas les meilleurs sujets de la génération (1).

**

Une modification capitale, et très heureuse, est apportée au fonctionnement du Pari Mutuel. Désormais les chevaux d'une même écurie sont couplés gagnants. On ne saurait trop applaudir à cette sage mesure dont le public, tout au moins, n'a jamais eu, depuis lors, qu'à se louer.

---

(1) L'allocation primitive de 20.000 francs a été portée, en 1893, à 30.000 francs plus un objet d'art de la valeur de 5.000 francs d'abord, puis de 10.000 en 1898. Neuf ans plus tard, l'objet d'art a été supprimé, et l'allocation élevée à 40.000 francs.

Actuellement le prix s'élève, avec les entrées et forfaits, à plus de 50.000 francs pour le gagnant, plus une prime de 3.000 fr. à l'éleveur; en outre, il est alloué 6.000 fr. au 2e et 3.000 fr. au 3e.

La distance initiale de 2.000 mètres, en ligne droite, n'a pas varié.

Sur la liste des vainqueurs, on relève les noms de *Clamart, Callistrate, Omnium II, Codoman, Flambeau, Prestige, Sea-Sick, Oversight, Faucheur*, et parmi les vaincus, *Ragotsky, Dolma Baghtché, Holocauste, Saxon, Finasseur, Verdun* et *Alcantara II*.

Mais pourquoi, pendant que l'on était en aussi bonne voie, s'être arrêté à mi-chemin, et n'avoir pas couplé, également, les chevaux d'un même entraîneur?

Pourquoi toujours des demi-mesures et des injustices?

Pourquoi un entraîneur public peut-il jouir d'un avantage refusé à un entraîneur privé?

Ce sont les grandes écuries, ne l'oublions pas, qui font la fortune du turf, et non celles à effectifs modestes. Alors pourquoi ces grandes écuries — qui, dans l'espèce, sont les plus intéressantes, puisque ce sont elles qui font vivre les courses — payent-elles pour les petites, qui en vivent?

Quelle différence y a-t-il vraiment entre les chevaux appartenant à un même propriétaire, et ceux qui sont entraînés par un même entraîneur? Cet entraîneur public n'est-il pas, à proprement parler, le véritable maître des chevaux confiés à ses soins; n'est-ce pas lui, la plupart du temps, qui dirige toutes les petites écuries dont il a charge, contractant les engagements et choisissant les épreuves où courra tel ou tel de ses pensionnaires?

Et, sous prétexte que tous ceux-ci n'appartiendront pas au seul M. A., mais à MM. B., C. et D., il lui sera loisible de gagner avec celui de ses chevaux à la cote la plus rémunératrice.

Encore une fois, pourquoi cette différence de traitement, tout à fait contraire aux intérêts du public?

Une solution s'impose, et il est regrettable que le fameux Comité Consultatif des Courses, constitué par le décret du 16 juillet 1906, n'ait pas songé une seconde à la question.

Mais de quoi, du reste, s'est-il bien occupé utilement?

*_**

Aucun cheval ne se détache de l'ensemble de la production.

Troisième dans le prix du Jockey-Club, vainqueur du Triennal, puis des prix de Malleret et de Juin, peu de jours avant le Grand Prix, *Fitz Roya* (Atlantic et Perplexité), au baron A. de Schickler, y remporte une facile victoire.

Parti à une cote d'outsider — le grand favori était *Le Nord* (6/4), au baron de Rothschild, qui ne joua aucun rôle dans la course — il ne donna pas moins, au rapport du pari mutuel au pesage, de 376 francs.

Ses gains de l'année s'élevèrent à 200.150 francs.

Le prix de Diane et le prix du Jockey-Club étaient revenus — la chose est assez rare pour être notée — aux gagnants respectifs des deux Poules d'Essai, *Wandora* et *Heaume*.

Wandora (Bruce et Windfall), à M. P. Donon — seconde favorite, à 3/1, du Grand Prix, où elle ne fut pas placée — remporta cinq autres courses dont le prix des Cars et celui du Prince d'Orange; le total de ses gains s'élevait à 151.950 francs; — *Heaume* (Hermit et Bella), au baron de Rothschild, 3 prix et 187.700 francs.

Après eux, il faut citer *Alicante* et *Yellow*, dont nous parlons plus loin; — *War Dance* (Galliard et War Paint), à M. Maurice Ephrussi, qui, sans grands engagements, gagne 12 courses, s'élevant à 109.925 francs (1); — *Puchero*, au baron de Schickler, prix de Mars, Grande Poule des Produits et Grand Saint-Léger, ensemble 96.650 francs; — *Pourpoint*, à M. Michel Ephrussi, 73.175 francs et 6 courses (prix Lagrange, Seymour, Seine-et-Marne, etc.); — *Dacis*, au baron de Soubeyran, 5 courses, 56.250 francs; — *Pré Catelan*, à M. Dephieux, 7 courses, 53.637 fr. 50; — *Chalet*, au comte Le Marois, 4 courses, 54.662 fr. 50; — *Nativa*, à M. P. Aumont, 5 courses, 51.262 fr. 50; — en province, *Belle Dame*, au baron de Nexon, 13 courses, 60.250 francs.

Parmi les vieux, *Le Sancy* vient encore en tête avec 9 courses et 122.000 francs. C'est la fin de sa magnifique carrière, que nous avons retracée précédemment. (Voir page 503.)

Puis viennent : *Malgache*, 4 courses, 69.212 fr. 50 et *Barberousse*, 8 courses, 57.937 fr. 50, sans aucune grande épreuve classique. Celles-ci se partagent entre *Pourtant* (Biennal et Rainbow), *Aérolithe* (Triennal), *Clover* (Cadran) et *Carmaux* (Gladiateur).

Galaor n'avait paru que quatre fois pour remporter un petit prix au mois de juin. Précédemment, sous des poids très élevés, variant de 66 à 69 kilos et rendant à ses adversaires de 13 jusqu'à 38 livres, il avait fini troisième dans le prix Dollar, puis second dans le prix de la Seine et la Coupe. A la fin de l'année il passa en vente, et fut acquis, pour 100.000 francs, par le Gouvernement autrichien.

A cette même vacation, *Fontainebleau*, 16 ans, avait été acheté 17.000 francs, par M. J. Arnaud.

**

C'est surtout par leurs brillantes performances en Angleterre que nos jeunes chevaux appellent l'attention, et les succès de *Gouverneur* et *Révérend*, à M. E. Blanc, et du trio du baron de Rothschild, *Beauharnais*, *Haute-Saône* et *Mardi-Gras* pouvaient faire espérer que les grands jours de l'écurie Lagrange allaient revenir (2).

---

(1) *War Dance* sera l'un de nos bons reproducteurs, et ses produits — parmi lesquels figurent *Roxelane, Rodilard, Perth, Saint-Armel, Lady Killer, Mordant* et *Syphon* — gagneront 259 courses, montant à 3.211.761 fr. 65, plus 375.553 fr. en obstacles.

(2) Voici le détail de leurs performances :

Gouverneur (Energy et Gladia), à M. E. Blanc. 3 prix . . . . Fr.		94.585 50
Kempton Park, Spring T. Y. O. Plate, 3e . . .	1.250	»
Leicester, Portland Stakes, 3e	3.685	50
Newmarket, Rous Memorial Stakes, 1er	15.125	»
— Middle Park Plate, 1er	56.375	»
— Criterion Stakes, 1er	18.150	»

L'avenir devait, une fois de plus, réduire à néant ces prévisions, et leurs états de service ne seront plus qu'honorables.

Nos jeunes chevaux n'avaient pas été seuls à triompher au delà du détroit et, si *Le Nord* avait échoué contre *Surefoot*, dans les Deux mille Guinées, et contre *Sainfoin*, dans le Derby, et si *Heaume* n'avait remporté que les Hastings Plate de 12.500 francs, par contre, *Alicante*, à M. Maurice Ephrussi, avait enlevé le Cambridgeshire avec la plus extrême facilité, après avoir pris la seconde place dans le Cesarewitch. Elle portait 46 kil. 1/2, dans cette épreuve, et 50 kilos dans l'autre ; chaque fois, elle était partie favorite, d'abord à 5/2, puis à 9/2. Cette faveur se justifiait par ses performances antérieures. Après une carrière particulièrement brillante à deux ans et une victoire au début de sa troisième année, dans le prix du Nabob, elle venait seulement de retrouver sa forme et d'enlever successivement le prix Royal-Oak et le prix d'Octobre, avant d'aller disputer les deux grands handicaps de Newmarket, après lesquels ses gains, à 3 ans, s'élevaient à 159.000 francs

L'année, comme on le voit, avait été heureuse pour notre élevage en Angleterre, où il n'avait pas remporté moins de 450.000 francs de prix.

Nous fûmes aussi heureux en Allemagne. *Yellow*, au comte de Juigné, qui avait triomphé, l'année précédente, dans le prix de l'Avenir, à Bade, n'eut pas de peine à y renouveler l'exploit de son

Révérend (Energy et Rêveuse), à M. E. Blanc. 5 prix. . . . Fr. 147.237 60
    Newmarket, Maiden Plate, 1er. . . . . . . Fr. 2.500 »
    Manchester, Whitesuntide Plate, 1er. 81.865 75
    Caen, Prix du Premier Pas, 1er. . . . . 15.900 »
    Vincennes, Critérium, 1er. . . . . 10.000 »
    Paris, Grand Critérium, 1er. . . . . 29.600 »
    Leicester, Portland Stakes, 2e. 7.371 85
Beauharnais (Archiduc et Belle Henriette), au baron de Rothschild. 2 prix. . . . . Fr. 50.937 50
    Ascot, Windsor Castle Stakes, 1er. . . . . Fr. 15.937 50
    Newmarket, July Stakes, 1er. . . . . 33.750 »
    — Rutland Plate, 2^e. . . . . 1.250 »
Haute-Saône (Tristan et Hauteur), au baron de Rothschild. 5 prix. Fr. 81.970 »
    Newmarket, Exeter Stakes, 1er. . . . . Fr. 16.525 »
    Brighton, Corporation Stakes, 1er. . . . . 12.145 »
    Doncaster, Champagne Stakes, 1er. . . . . 31.250 »
    Newmarket, Prendergast Stakes, 1er. . . . 16.175 »
    — All aged Stakes, 1er. . . . . 5.875 »
Mardi-Gras (Robert the Devil et Skotzka), au baron de Rothschild. 2 prix . . . . Fr. 50.952 50
    Epsom, Surrey Breeders' Foal Stakes, 1er. Fr. 27.827 50
    Manchester, Lancaster, Nursery Handicap, 1er. 23.125 »
Clairon (Wellingtonia et Aïda), au baron de Rothschild. 2 prix. . . . . Fr. 66.750 »
    Spa, Grand Prix, 1er. . . . . Fr. 46.750 »
    Fontainebleau, prix La Rochette, 1er. . . . . 20.000 »

camarade *Tantale*, dans le Grand Prix du Jubilee. Avec ses victoires du Biennal, des prix Hocquart et de Fontainebleau, il créditait son propriétaire de 143.537 fr. 50 et une Coupe d'or.

La Société des Courses de Bade avait apporté une importante modification au programme général, en supprimant la journée qui avait lieu en octobre, pour rétablir, comme au début, une réunion complète, dans la seconde quinzaine du mois d'août.

*_**

L'étalon *Energy* (Sterling et Cherry Duchess), à M. E. Blanc, mourut au moment où ses jeunes produits, *Gouverneur* et *Révérend*, venaient de le mettre en évidence. Il n'était âgé que de dix ans.

Silvio (Blair Athol et Silver Hair) succomba également à une double fracture des boulets antérieurs. Il était né en 1874. Après avoir succombé contre *Chamant*, dans les Deux mille Guinées, il avait remporté le Derby et le Saint-Léger. Importé, en 1880, par le duc de Castries, au moment de la reconstitution, sous son nom et ses couleurs, de l'ancienne écurie Édouard Fould, il n'a pas réalisé, au haras, ce qu'on était en droit d'attendre de son origine et de ses succès, ses meilleurs produits ayant été *Jupin*, *Firmament*, *May Pole* et *Livie II*.

Il n'en fut pas de même du célèbre *Hermit* (Newminster et Seclusion), qui mourut en Angleterre, à l'âge de 26 ans. Nous renvoyons nos lecteurs à la notice que nous avons consacrée aux incidents qui marquèrent sa victoire dans le Derby de 1867. Au haras, il se montra reproducteur du plus grand ordre. En dix-huit ans, ses produits, qui avaient paru sur le turf pour la première fois en 1873, avaient déjà gagné 9 millions de francs d'argent public, dont plus de 800.000 francs en France. C'était alors un record, qui a été battu, dans la suite, par l'extraordinaire *Saint-Simon*.

Dans les dernières années, ses saillies étaient tarifées 12.500 francs.

La liste est considérable des bons chevaux qu'il a engendrés, et nous nous contenterons de citer parmi les principaux *Thebais*, *Peter*, *Shotover*, *Saint-Blaise*, *Tristan*, *Bavarde*, *Heaume*, *Alicante*, etc.

Nous avons dit la transformation que la création des *gate-money meetings* avait apportée dans les habitudes du turf anglais.

L'époque n'était plus où les prix pouvaient n'être constit par les souscriptions. Sous peine de perdre leur prestige, il fallait que les plus grandes épreuves classiques elles-mêmes fussent dotées d'une allocation. Aussi le Jockey-Club fixait-il, cette année, l'allocation du Derby à 5.000 souverains et celle des Oaks, à 4.000. En 1895, elles seront portées à 6.000 et 4.500 souverains, et en 1903, à 6.500 et 5.000.

∗∗∗

A signaler la liquidation, pour cause de fin de société, de l'écurie et du stud du baron de Soubeyran, qui ne conserve que *Frontin* et *Little Duck*, pour son haras d'Albans, près de Jouy-en-Josas, où ils font la monte à raison de 2.000 francs.

Les 17 chevaux qui passent aux enchères réalisent 210.125 francs. Le prix le plus fort est atteint par le trois ans *Cadi,* que M. Michel Ephrussi paie 40.000 francs.

Le haras de Saint-Georges (Allier) et l'écurie de courses sont immédiatement reconstitués sous le nom et les couleurs du principal associé, le vicomte d'Harcourt (casaque et toque rouge et or.)

∗∗∗

Avec l'arrêté du 26 avril 1887, on pouvait croire résolue la question du jeu aux courses; les bookmakers n'existaient plus et le pari mutuel, officiellement établi, fonctionnait seul à côté du pari au livre, que l'on n'avait pas encore songé à incriminer.

Si les bookmakers avaient disparu du turf, l'on pense bien qu'ils étaient gens trop ingénieux pour s'être ainsi laissé dépouiller de leurs riches profits sans essayer de les ressaisir par ailleurs. Et c'était à ce pari mutuel même, qu'on leur préférait, qu'ils allaient demander les bénéfices qu'ils avaient tirés jusque-là du pari à la cote. Sous le nom de « Commissionnaires du Pari Mutuel », ils n'avaient pas tardé à transformer Paris en un vaste tripot. Pas de café, d'hôtel, de restaurant, de débit de vin ou de tabac, d'échoppe même, où ils n'eussent d'officines, où, poussés par leurs rabatteurs, bourgeois, ouvriers, employés, concierges, domestiques et collégiens, alléchés par le mirage de certains rendements mirifiques, ne versassent quotidiennement leur obole. Pas de somme, si minime qu'elle fût, qu'ils n'acceptassent, pas de combinaison, si compliquée qu'elle fût, qu'ils n'exécutassent! Cette facilité de pouvoir jouer aux courses, sans y aller, leur assura une clientèle sans cesse grandissante.

Comme bien on pense, ils se gardaient de porter au pari mutue les sommes qui leur étaient ainsi remises et qu'ils conservaient à leurs risques et périls, se contentant, comme bénéfice, du prélèvement de l'État (qui fut porté ultérieurement à 8 p. 100), ainsi que d'une légère commission; de plus, ils ne payaient jamais au delà de 200 francs par unité de 5 francs, quel que fût le rendement officiel.

Et si, malgré toutes ces sages précautions, leurs affaires tournaient mal, ils en étaient quittes pour filer avec les mises sans rien payer du tout.

Ils ne disparaissaient pas pour cela; ils permutaient simplement avec un camarade d'un autre quartier qui, pour gagner les bonnes grâces de la clientèle, ne manquait pas de s'indigner hautement de son indélicatesse et n'hésitait pas à le traiter de voleur, jusqu'au jour où, pour les mêmes raisons, il prenait à son tour la poudre d'escampette.

Et le public affluait de plus en plus chez ces honnêtes trafiquants.

Après Paris, ce furent les grands centres de province qu'ils mirent en coupe réglée.

On peut évaluer à *cent millions* par an, au bas mot, l'importance de leurs opérations!

Nous ne surprendrons personne en disant que, en même temps que ces opérations prenaient ce développement prodigieux, les vols, abus de confiance, ruines et suicides se multipliaient de façon inquiétante.

Le Gouvernement s'émut, et, le 2 juin 1890, un arrêté ministériel interdisait « de participer au pari mutuel par l'intermédiaire de mandataires au moyen de commissions en dehors du champ de courses.

En dépit des nombreuses poursuites opérées, cette mesure était trop anodine pour enrayer le mal, d'autant que les tribunaux des différents ressorts judiciaires n'envisagèrent pas de la même façon le nouveau délit que cet arrêté créait : en effet, tandis que les uns condamnaient les inculpés, d'autres estimaient au contraire qu'il y avait dans ce genre de commission un exercice parfaitement légitime du mandat; d'autres, enfin, s'en prenaient au pari mutuel lui-même, qu'ils déclaraient parfaitement illégal!...

C'était l'anarchie. Nous verrons, en 1891, comment fut tranchée la question et le nouvel état de choses qui allait en découler.

Ici se termine la dernière période du sport libre, du sport élégant et de luxe.

Déjà bien déchu de ce qu'il était autrefois, il conservait cependant encore une certaine allure de noblesse et de courtoisie, qui ne résistera pas à l'ère de démocratisation dans laquelle nous allons entrer.

Au régime de liberté, va succéder, pour les sociétés de courses, leur subordination à la volonté de l'État. Une nouvelle législation va désormais donner au turf une tout autre physionomie, et, si la bienfaisance trouve son compte dans l'application de la loi, les vrais sportsmen regretteront l'ancien état de choses qui, sans être parfait, avait cependant ses bons côtés.

L'installation du pari mutuel n'était pas incompatible avec celle des donneurs, qu'il eût suffi de réglementer.

En les supprimant radicalement, on a ôté au public toute chance de se défendre au jeu; on a éloigné ainsi du turf nombre de bons sportsmen et enlevé toute vie, toute animation au betting qui était, qu'on le veuille ou non, l'âme des courses.

LIVRE VII

1891 A FIN 1913

CHAPITRE LXVIII

ANNÉE 1891

Loi du 2 juin. — Nouveau contrat de cinquante années entre la Ville de Paris et la Société d'Encouragement. — *Ermak, Clamart, Révérend, Gouverneur*. — *Mirabeau, Le Glorieux* et *Yellow* (suite). — Meeting international de Maisons-Laffitte. — Prix Boïard et prix Eclipse. — L'écurie de M. E. de Saint-Alary. — MM. Mackenzie-Grieves et A. de Montgomery. — T. Carter neveu. — Retraite du turf de M. A. Lupin. — Liquidation de l'écurie P. Donon. — *Childwick* : record du prix de vente d'un yearling. — Mort des étalons *Atlantic* et *Mortemer*.

La nouvelle période qui s'ouvre est celle de la démocratisation du turf et du *struggle for life*.

Faire courir va cesser d'être une question de goût ou de luxe, pour ne plus être qu'une entreprise commerciale.

De l'avenir de la race chevaline, chacun se désintéressera de plus en plus, pour ne plus voir que le seul moment présent.

Les grands sportsmen de l'ancienne école s'ingéniaient à utiliser leurs produits au mieux des aptitudes différentes qu'ils croyaient trouver en chacun d'eux; les sportsmen de l'école moderne n'y mettront pas tant de façons et, dans l'animal nerveux et impressionnable qu'est le pur sang, ils ne verront qu'une machine, qui a coûté plus ou moins cher, et qui doit rapporter le plus d'argent possible, le plus tôt possible.

Aussi les courses de deux ans vont-elles se multiplier à l'infini.

Qu'importe qu'un poulain soit usé avant l'âge, s'il paie son avoine dès sa première année de turf!... Malheur au cheval à qui son état de santé et de préparation permettra de paraître de bonne heure en public! De ce jour, plus de répit pour lui, et la pauvre bête courra par tous les temps, sur toutes les pistes et sur toutes les distances, jusqu'à ce qu'elle claque.

Alors que les courses devraient n'avoir qu'un but, la sélection, pour l'amélioration de la race, elles ne seront plus, au figuré comme en réalité, qu'une bousculade plus ou moins brutale, une vulgaire chasse aux gros sous.

Au sens littéral du mot, ce seront peut-être encore là des courses de chevaux, mais, à coup sûr, cela sera de moins en moins du sport.

L'année 1891 marque une date capitale dans l'histoire du turf en France.

A l'ère de liberté absolue dont les sociétés de courses jouissaient depuis 1866, allait succéder leur subordination complète, matérielle et financière, à l'autorité administrative.

Nous avons vu à quelles contradictions judiciaires avait donné lieu l'interprétation de l'arrêté ministériel du 2 juin 1890 défendant de parier aux courses en dehors des hippodromes, par l'entremise de mandataires.

On en était là quand, le 28 février 1891, le Ministre de l'Intérieur déposa sur le bureau de la Chambre un projet de loi, concernant « la centralisation et le mode de répartition des fonds provenant des prélèvements de 2 p. 100 opérés sur le pari mutuel, en vertu de l'arrêté du 28 avril 1887, lesquels s'élevaient à somme de 4.111.000 francs, qui avait été déposée provisoirement dans les caisses du Crédit Foncier ».

Comme le Conseil Municipal, quatre années auparavant, la Chambre se montra fort hostile à l'incorporation au budget de sommes provenant du jeu, et elle se refusa à réglementer la question des paris aux courses, celle-ci semblant ne devoir être qu'une simple mesure de police.

Devant ce vote, le Ministre n'hésita pas, et, par l'arrêté du 3 mars, il fit à nouveau disparaître des hippodromes « tous les signes extérieurs du pari mutuel et du pari à la cote ».

Les mêmes causes produisant toujours les mêmes effets, on vit, comme la première fois, le chiffre des entrées sur les hippodromes parisiens diminuer brusquement de façon inquiétante, cependant que les mêmes protestations s'élevaient parmi les éleveurs et les Sociétés de courses. Ces plaintes, appuyées par la manifestation imposante faite en faveur des courses par les Conseils généraux (dont 64 sur 86 émirent des vœux favorables au rétablissement des paris, inséparables de leur existence), amenèrent le Ministre de l'Agriculture à déposer, le 12 mars, un projet de loi ayant non plus pour objet la répartition des fonds provenant du pari mutuel, mais bien

« de réglementer l'autorisation et le fonctionnement des courses de chevaux ».

Quelles raisons motivaient ainsi l'intervention de l'Etat dans l'existence même des Sociétés de courses, qui n'étaient soumises jusqu'alors à aucune réglementation, à aucune autorisation préalable et pouvaient se former et fonctionner librement?

Nous les trouvons dans l'exposé des motifs du projet de loi et dans le consciencieux travail du rapporteur, M. Riotteau.

« De nombreux champs de courses, disait le Ministre, qui ne reçoivent pas de prix du Gouvernement, ont pu s'ouvrir et s'exploiter sans approbation ni contrôle de l'administration supérieure. La plupart des sociétés qui exploitent ces hippodromes sont loin de consacrer exclusivement leurs ressources à l'œuvre d'intérêt général qui a servi de prétexte à leur création, et les courses qu'elles organisent n'ont aucune utilité réelle pour le perfectionnement de nos races de chevaux de trait ou de guerre. Le nombre des journées de courses à Paris et dans la banlieue en est aussi arrivé à atteindre le chiffre exorbitant de 315 en une année. C'est à cette situation, qui a largement contribué au développement de la passion du jeu, qu'il importe de mettre fin. »

Et le rapporteur ajoutait : « A côté des Sociétés de courses fondées, soit à Paris, soit en province, soit même dans la banlieue, dans le but exclusif d'améliorer la race chevaline et qui consacrent à cette œuvre l'intégralité de leurs ressources, sans profit personnel pour aucun de leurs membres, se sont constituées, sous le nom de « sociétés de courses », de véritables entreprises industrielles. Quelques-unes de ces entreprises n'ont vu dans les courses de chevaux qu'un genre de spectacles d'autant plus fructueux à exploiter qu'à l'intérêt de la course s'ajoute l'attrait puissant du jeu. Nous ne nions pas qu'elles n'aient fait la part de l'élevage dans leurs bénéfices. Mais on peut contester les services que sont susceptibles de rendre à la race chevaline les épreuves organisées sur leurs hippodromes. Il est trop évident que sur certains d'entre eux la course n'est le plus souvent que le prétexte. Le nombre des journées a pris des proportions considérables. Ainsi, les réunions organisées par les Sociétés dans la banlieue de Paris ont fini par dépasser le nombre des séances de courses tenues par les principales sociétés. Les hippodromes suburbains donnent par an 200 journées de courses; Longchamp, Auteuil et Vincennes, 115. Au total, 315 journées pour Paris et sa banlieue. Or le nombre des journées de courses, pour la même région, s'élevait naguère au tiers. M. le Ministre de l'Agriculture estime que l'élevage n'est pas réellement intéressé à ce développement abusif des courses; il y voit la cause principale de l'accroissement constant du nombre des parieurs et de la passion du jeu (1). Votre Commission partage en grande

---

(1) Des statistiques présentées par M. Riotteau, il résultait que, pour 106 réunions données, en 1890, sur les hippodromes de Longchamp, Auteuil et Vin-

majorité l'avis du Gouvernement. Elle estime, avec lui, qu'il importe de ne plus tolérer désormais que les seules courses de chevaux organisées exclusivement en vue de l'amélioration de la race chevaline et de ne pas permettre aux Sociétés de courses de se transformer en entreprises industrielles.

« Pour arriver à ce but, il y a lieu : 1° de soumettre l'ouverture des champs de courses au régime de l'autorisation préalable ; 2° d'interdire aux Sociétés autorisées tout partage entre associés ou toute attribution à des tiers, de bénéfices ou de gains, sous quelque forme que ce soit.

« A cet effet, toute Société de courses doit soumettre ses statuts sociaux à l'approbation du Ministre de l'Agriculture, qui rendra sa décision après avis du Conseil supérieur des Haras. Ce Conseil, composé des hommes les plus experts dans toutes les questions qui intéressent la race chevaline, est parfaitement placé pour reconnaître les services que telle Société de courses peut rendre à l'élevage et pour apprécier si cette société n'a en vue aucune spéculation financière.

« Enfin, pour s'assurer qu'elles se consacrent à l'amélioration de la race chevaline, le Gouvernement était d'avis qu'il y avait lieu de procéder à l'examen et au contrôle du budget annuel de chaque société. »

C'est ce projet ministériel, voté par la Chambre dans sa séance du 13 mai, et par le Sénat, le 1er juin, qui est devenu la loi du 2 juin 1891, qui régit encore les courses aujourd'hui.

Cette loi était bientôt complétée par le décret du 7 juillet — nous publions, aux annexes, le texte intégral de ces deux actes — qui spécifiait les conditions de contrôle de l'Administration et l'emploi des recettes des Sociétés, ainsi que les obligations qui leur étaient imposées pour l'exploitation du pari mutuel sur leurs hippodromes.

Un nouveau régime était créé.

Dorénavant, l'existence des Sociétés de courses est entièrement subordonnée, non pas même au Gouvernement, mais au seul bon plaisir du Ministre de l'Agriculture, à qui appartient désormais le droit de leur accorder ou de leur refuser l'autorisation préalable : il prononce en dernier ressort, en effet, *d'après* l'avis du Conseil supérieur des Haras (et non en *conformité* de cet avis), ce qui le laisse libre de donner à cet avis telle suite qu'il entend.

Aucun hippodrome ne pouvait plus s'ouvrir sans l'avis favorable dudit Conseil, comme n'étaient plus autorisées à fonctionner, que les

---

cennes, le chiffre moyen de paris, par tête de spectateur, a été de 90 francs au pesage et aux tribunes, et de 7 francs à la pelouse ; alors que, sur les hippodromes suburbains, cette moyenne, pour 170 réunions, s'est élevée à 154 francs au pesage, et 32 francs à la pelouse.

C'était bien la confirmation que la clientèle des « Suburbains » était exclusivement composée de joueurs, tandis que les grandes réunions de Longchamp et Auteuil attirent tout un public élégant qu'intéresse la beauté du spectacle hippique.

Sociétés de courses consacrant l'intégralité de leurs ressources à l'élevage, sans profits ou gains d'aucune sorte pour qui que ce fut (1); de plus, leurs comptes annuels devaient être soumis à la vérification des inspecteurs du Ministère des Finances (2).

Dans ces conditions, elles étaient autorisées à installer le pari mutuel sur leurs hippodromes, moyennant un prélèvement global de 7 p. 100 sur les fonds engagés, à répartir ainsi : 4 p. 100 au profit des sociétés pour les indemniser de leurs frais; 2 p. 100 au profit des œuvres de bienfaisance et 1 p. 100 qui faisait retour au Ministère de l'Agriculture pour être employé en encouragements à l'élevage (3).

Si l'on s'en rapporte aux discussions parlementaires qui précédèrent le vote du projet de loi, il en ressort clairement que députés et sénateurs avaient surtout pour but de diminuer le nombre des hippodromes et, par suite, celui des journées de courses, et d'enrayer ainsi la passion du jeu.

Vingt ans se sont écoulés depuis, et l'on est obligé de constater que la loi du 2 juin 1891 a eu un effet absolument contraire à celui que l'on en attendait, puisque le nombre des hippodromes, qui n'était alors que de 277, s'élève aujourd'hui à 433, et que le total des sommes engagées au pari mutuel, qui était en moyenne de 181 *millions* pendant les cinq premières années, n'a cessé d'aller en augmentant pour atteindre près de 400 *millions* en 1912!

La loi du 2 juin ne marquait pas qu'une étape nouvelle, et non la moins importante, dans la marche des courses en France.

Elle allait avoir pour conséquence immédiate une modification radicale du statut originaire de la Société d'Encouragement, par lequel celle-ci s'était engagée à consacrer l'exclusivité de ses allocations aux seuls chevaux de pur sang nés et élevés en France. Et le plus curieux, c'est que cette violation allait lui être imposée par la Ville de Paris, pour doter des prix que la Ville serait censée offrir?

On reconnaît bien l'esprit politique du temps, dans cette générosité... avec l'argent des autres.

En effet, suivant acte administratif en date du 25 juillet 1891, le bail de cinquante années — consenti par la Ville de Paris, le 24 juin 1856, à la Société d'Encouragement, pour l'exploitation de l'hippodrome de Longchamp, et qui venait à expiration en 1906, — était prorogé jusqu'au 31 décembre 1941, aux conditions suivantes, la

---

(1) En contradiction formelle avec ce texte, nous verrons que le premier soin du Comité consultatif permanent des Courses, créé par l'arrêté ministériel du 16 juillet 1906, sera de demander la suppression de la gratuité des fonctions de commissaires, imposée jusque-là par la Société d'Encouragement!...

(2) Le décret du 4 novembre 1896 complétera encore ces dispositions en fixant un maximum au fonds de réserve que les Sociétés étaient autorisées à constituer.

(3) La proposition Lempereur, votée en 1903, portera ce prélèvement global à 8 p. 100, grâce à un prélèvement supplémentaire de 1 p. 100.

Société d'Encouragement demeurant maîtresse de le résilier, au cas où le pari mutuel viendrait à être à nouveau interdit :

1° La Société, dont la gestion antérieure a été approuvée sans réserve, paiera à la Ville de Paris, à partir du 1er janvier 1892, un loyer annuel de 100.000 francs;

2° La Ville recevra, en outre, sur les recettes perçues à l'entrée de l'hippodrome, un droit variable de 3 à 5 p. 100, dont le montant représente à peu près une somme égale (3 p. 100, sur les recettes au-dessous de 1.500.000 francs; 4 p. 100, de 1.500.000 à 2 millions; 5 p. 100, au-dessus de 2 millions de francs);

3° L'allocation du Grand Prix sera portée à 200.000 francs, sur laquelle la Société d'Encouragement fournira 150.000 francs. Un autre prix international de 100.000 francs, le prix du Conseil Municipal, exclusivement à la charge de la Société, sera couru à la réunion d'automne du Bois de Boulogne. Ces deux prix n'en seront pas moins offerts au nom de la Ville de Paris, *la Société devant, par ses statuts, réserver aux chevaux nés en France, la totalité de ses allocations.*

Depuis la création du Grand Prix, en 1863, l'allocation de 100.000 francs avait été fournie, moitié par la Ville, et moitié par les cinq grandes compagnies de chemins de fer. Quant au loyer annuel que la Société d'Encouragement payait pour l'exploitation de l'hippodrome de Longchamp, il avait été fixé à 12.000 francs, par le bail du 24 juin 1856.

Par suite des nouvelles conventions, c'était une charge annuelle de 450.000 francs, que la Ville imposait à la Société d'Encouragement, au lieu de 12.000 !

Nous reviendrons, en 1893, quand se courra le premier prix du Conseil Municipal, sur les conditions de cette nouvelle épreuve.

**

Vainqueur du prix de Guiche, du Derby du Midi et du prix Daru, *Ermak* (Farfadet et Energetic), à M. R. de Monbel, enleva facilement le prix du Jockey-Club. Favori dans le Grand Prix, il y fut victime d'un grave accident, une profonde coupure au paturon, qui termina virtuellement sa carrière.

Les deux premières places furent prises par *Clamart* (Saumur et Princess Catherine) et *Révérend* (Energy et Rêveuse), qui n'avaient pas figuré à Chantilly. Ils appartenaient à M. E. Blanc, qui avait mis également en ligne *Gouverneur*. Celui-ci, qui eut toujours les préférences de l'écurie, ne joua aucun rôle dans la course, dont *Révérend*, au contraire, peut être considéré comme le vainqueur « moral ». Il avait eu la tâche la plus dure, en effet, menant bon train dès le tournant de la cascade et résistant successivement à tous les assauts, et ce n'avait été qu'à la distance alors que, maître de la partie, il ne pensait pas avoir à lutter contre un camarade d'écurie, que *Clamart* était venu le dépasser.

Clamart avait à son actif les prix Lagrange, Fould et Seymour; *Révérend*, le prix Greffulhe et, moralement aussi, la Grande Poule des Produits, dans laquelle il s'était effacé devant *Gouverneur*.

Alors que ses deux compagnons en resteront là de leurs succès, *Révérend* remportera encore une course des plus importantes en Angleterre, le Prince of Wales Stakes, de 125.000 francs, à Leicester, et prendra la seconde place, dans le Saint-Léger, derrière *Common* (1).

A côté d'eux, on peut citer la pouliche *Primrose* (Peter et La Papillonne), à M. Michel Ephrussi, qui gagne le prix du Nabob (aujourd'hui Noailles), la Poule d'Essai, de son sexe, sur son homonyme, *Primerose*, à M. H. Delamarre, et le prix de Diane.

Parmi les vieux, *Mirabeau* (Saxifrage et Marionnette), à M. P. Aumont, qui n'avait pas fait grand'chose à trois ans, réalise le triple event Cadran-Rainbow-Gladiateur; — *Le Glorieux*, au baron de Soubeyran, enlève les prix du Prince de Galles, de Dangu, de Jouvence et du Pin; — *Yellow*, au comte de Juigné, le Grand Prix de Deauville, ceux de Seine-et-Marne, de Bois-Roussel et de Chantilly; — et *Barberousse* termine sa fructueuse carrière, avec celui des Sablons et la Coupe.

Le meilleur deux ans est *Rueil*, le jeune frère de *Révérend*, qui gagne le Whitesuntide plate de 65.000 francs, à Manchester, le prix Eclipse, à Maisons-Laffitte, et le Grand Critérium, à Paris; — puis viennent trois poulains, au baron de Schickler, *Chêne-Royal* (prix La Rochette), *Fra Angelico* (prix de l'Avenir, à Bade) et *Caballero* (prix du Premier Pas, à Caen); — et *Rânes*, à M. H. Say (prix de Deux Ans, à Deauville, et Critérium de Dieppe).

A l'étranger, notre élevage avait encore triomphé dans le prix du Jubilee de la Fondation de Bade, avec *Le Capricorne*, au baron de Schickler, et, dans le Grand prix du Commerce à Milan, avec *Clarisse*, à M. E. Veil-Picard.

* *

La Société Sportive renonce aux courses plates sur son hippodrome de Saint-Ouen, dont la configuration ne s'y prêtait guère, avec ses tournants répétés. Désormais, elle va porter tous ses efforts sur le développement des réunions de Maisons-Laffitte, où elle crée, cette année même, son meeting international d'automne : il ne comprend encore que deux journées, dont les principales épreuves sont le *Handicap de la Tamise* (12.500 francs, 1.800 mètres) et le *Critérium de Maisons-Laffitte* (10.000 francs, 1.400 mètres).

(1) *Gouverneur* avait déjà succombé contre ce même *Common*, d'abord dans les Deux mille Guinées, où, favori à 5/4, il n'avait pas été placé, puis dans le Derby, où il finit à deux longueurs de lui. Plus tard, bénéficiant d'un avantage de 3 livres, il l'avait battu d'une tête, pour la seconde place dans les Eclipse Stakes, gagnées par *Surefoot*.

Elle avait créé également, pour les deux ans, le *prix Eclipse*, dont la distance, d'abord de 1.200 mètres, puis de 1.400, sera portée à 1.600 en 1908, et le PRIX BOÏARD, course à poids pour âge, pour 3 ans et au-dessus, sur 2.000 mètres. Grâce à l'augmentation rapide de son allocation (qui, de 6.000 francs la première année, s'élève à 10.000, en 1892; 20.000, en 1893, et 50.000, en 1896), cette épreuve, la plus importante de ce genre, pendant le printemps, ne tarda pas à jouir de la plus grande vogue, et les meilleurs chevaux tinrent à honneur de la disputer.

De 1905 à 1910, inclusivement, le prix Boïard prit le nom de prix Eugène-Adam.

M. MACKENZIE-GRIEVES.

Au bulletin nécrologique, nous avons à enregistrer la mort de MM. Mackenzie-Grieves, A. de Montgomery et T. Carter neveu.

M. Mackenzie-Grieves était âgé de quatre-vingt-deux ans. Membre du Jockey-Club depuis 1841, il s'occupait plus spécialement de la surveillance des terrains de la Société d'Encouragement, et sa compétence dans cette branche du sport lui avait valu de prendre une part active à l'aménagement de l'hippodrome de Longchamp, en 1856. Gentleman accompli, M. Mackenzie-Grieves fut, jusqu'à ses derniers moments, un fervent cavalier, et, chaque après-midi, on pouvait le voir au Bois, dans son impeccable tenue, d'une élégance un peu désuète, redingote bleue, cravate flottante et pantalon gris-perle, montant toujours des chevaux admirablement mis.

T. Carter neveu avait connu les grands succès comme entraîneur de M. Édouard Fould, d'abord, puis du duc de Castries et du baron de Soubeyran, avec *Saltarelle*, *Saltéador*, *Saxifrage*, *Mondaine*, *Frontin*, *Little-Duck*, etc.

M. A. de Montgomery fut, avec M. André, le prototype du propriétaire heureux. Avec quelques chevaux seulement, il n'en remporta pas moins les victoires les plus enviées, et *La Toucques* et *Fervacques* rendirent célèbre la casaque écossaise. Il ne faisait plus courir depuis longtemps, et s'occupait de la direction des écuries du baron de Rothschild.

**

Un jeune propriétaire, qui peut prendre rang à leur côté parmi ceux que la Fortune se plaît à combler de ses faveurs, gagne sa première course au début de la saison à Maisons-Laffitte.

Cet heureux débutant est M. E. de Saint-Alary, dont la casaque rayée marron et jaune n'allait pas tarder à s'illustrer dans les plus grandes épreuves, bien qu'il ne dût jamais posséder qu'une écurie et un élevage restreints à quelques têtes seulement.

M. A. Lupin entrait dans sa quatre-vingt-cinquième année. Dès l'automne précédent, il avait manifesté son intention de se retirer du turf. Mais, quand il procéda à la liquidation de son écurie, on ne voulut pas croire — tant il avait été coutumier du fait — que sa résolution était, cette fois, définitive, et l'on attendra la dispersion de son haras, deux ans plus tard, pour se rendre à l'évidence.

Les chevaux de trois ans et au-dessus passèrent aux enchères avant l'ouverture de la saison de plat; les yearlings et les deux ans, à l'automne. L'effectif était de cinquante têtes, qui produisirent 815.800 francs (1).

(1) Voici les prix les plus intéressants :

	MM.	Fr.
Philadelphie (Xaintrailles et Pensacola), 3 ans. .	Raphaël.	46.500
Jet-d'Eau (Xaintrailles et Cascatelle), 3 ans. . . .	Ch. Liénart.	41.000
Aérolithe (Nougat et Astrée), 5 ans.	W. Scott.	40.000
Perle-Fine (Xaintrailles et Perla), 3 ans.	Raphaël.	39.000
Chandernagor (Xaintrailles et Pensacola), 2 ans.	E. Blanc.	30.000
Cromatella (Wellingtonia et Perla), 4 ans.	Cte de St-Phalle.	25.000

Une autre écurie, qui eut son heure de célébrité, disparut également, emportée, celle-ci, dans la déconfiture d'un grand établissement financier, dont M. P. Donon était un des dirigeants.

La vente, qui comprenait 32 chevaux de deux ans et au-dessus, eut lieu le 15 avril; le total des enchères atteignit 864.850 francs. En dépit des prix très élevés obtenus par certains sujets (1), la pouliche de deux ans, *Kairouan* (Le Destrier et Khabara) — dont M. C. Blanc se rendit acquéreur pour 28.000 francs — est la seule qui fit quelque chose par la suite.

Signalons aussi, en raison du rôle qu'il jouera dans notre élevage, la vente, parmi les yearlings présentés à Newmarket, du poulain *Childwick*, le premier produit de *Plaisanterie*. Son aspect et sa haute origine (il était par *Saint-Simon*) suscitèrent de chaudes enchères; finalement, il resta à Sir Blundell Maple, pour 157.000 fr., ce qui constituait alors le record du prix qu'eût atteint un yearling.

*

Atlantic mourut au haras de Martinvast, où il avait été importé, en 1884, par le baron de Schickler. Né chez lord Falmouth, en 1871 (de *Thormanby*, Derby 1860, et *Hurricane*, Mille Guinées, 1862), il sembla tout d'abord vouloir justifier les espérances que sa haute naissance permettait de fonder. Il gagna, en effet, d'une tête les Deux mille Guinées, monté par F. Archer, dont ce fut la première grande victoire classique. Mais, victime d'un accident de chemin de fer en se rendant à Epsom, il ne put prendre que la troisième place, dans le Derby, derrière *George Frederick* (qui sera le père de *Frontin*) et *Couronne de Fer*.

Atlantic a produit *Iceberg*, *Transatlantic*, *Pacific*, *Fitz Roya*, *Le Capricorne* (père de *Punta Gorda*), *Fousi-Yama*, *Ravioli*, *Cherbourg*, etc., mais c'est surtout par son glorieux fils *Le Sancy*, qu'il a marqué une trace profonde dans l'élevage indigène.

Le célèbre étalon *Mortemer* avait dû être abattu, pour cause d'épuisement, au haras de Brookdale (États-Unis), à l'âge de 26 ans. Importé en Amérique, à la fin de 1880, par M. P. Lorillard, il n'y avait pas confirmé la haute qualité dont il avait fait preuve jusque-là en France. Comme le remarque fort judicieusement Saint-Georges,

---

(1)

	MM.	Fr.
Saint-Grégoire (Bruce et Regardez), 3 ans	E. Blanc.	102.000
Wandora (Bruce et Windfall), 4 ans	E. Blanc.	92.000
Carrousel (Escogriffe et Clémentine), 3 ans	H. Say.	72.000
Window (Escogriffe et Windfall), 3 ans	C. Blanc.	66.000

L'étalon *Le Destrier* (Flageolet et La Dheune), âgé de 14 ans, fut payé 97.000 francs, par M. Th. Dousdebès.

dans le *Turf français au XIX*ᵉ *siècle*, cet étalon puissant et de haute taille — et dont tous les produits, grands et fortement charpentés, furent des animaux tardifs — n'était pas fait pour l'élevage américain, qui pousse exclusivement aux modèles légers et précoces.

C'est surtout par ses filles, dont M. Vanderbilt ramena plusieurs en France, que son sang s'est transmis au delà de l'Atlantique.

A la mort de M. Lorillard, *Mortemer* avait été racheté par M. Whiters pour 12.500 francs, le dixième du prix qu'il avait été payé.

Pour plus de détails, nous renvoyons à la notice que nous lui avons consacrée au moment de son exportation.

CHAPITRE LXIX

ANNÉE 1892

Le Grand Prix est porté à 200.000 francs. — Création des prix de Fontainebleau, de Sablonville, et de l'Omnium de Deux Ans. — *Chêne-Royal, Fra Angelico, Rueil, Gil-Pérès, Fripon, Galette.* — *Bérenger* (suite). — Débuts des chevaux de 2 ans dans la région parisienne. — L'écurie Albert Menier. — MM. Léonce Delâtre et comte de Saint-Roman. — Les primes aux éleveurs. — Les familles de pur sang, par Bruce Lowe. — *Orme* et *La Flèche*. — Mort de *Doncaster*.

Nombreuses sont les nouvelles épreuves qui s'ajoutent au calendrier hippique.

Sans parler du Grand Prix de Paris, dont l'allocation est portée à 200.000 francs, citons la création, par la Société d'Encouragement, au début de la saison, du *prix de Fontainebleau* (15.000 fr., 2.200 m.), pour chevaux de 3 ans, et, à l'automne, du *prix de Sablonville* (7.000 francs, 1.000 mètres) pour chevaux de 2 ans n'ayant pas encore couru (1).

De son côté, la Société Sportive ne reste pas inactive et on lui doit la création de l'*Omnium de Deux Ans*, qui précède d'une semaine le prix du *Premier Pas*, à Caen, et qui ne tardera pas à prendre rang parmi les épreuves classiques pour jeunes chevaux (2).

(1) Si le prix de Fontainebleau, en raison de l'époque avancée où il est placé, n'attirera que tout à fait exceptionnellement les premiers sujets de la génération, le prix de Sablonville, par contre, servira souvent de début à d'excellents chevaux, retardés, pour une raison ou l'autre, dans leur préparation, tels, par exemple, que *Ragotsky, La Camargo, Macdonald II* et *Union*. Aujourd'hui, l'allocation du prix de Sablonville est de 15.000 francs.

(2) La distance de 1.100 mètres a été portée à 1.200 pendant les trois années 1903, 1904 et 1905.

L'allocation primitive de 6.000 francs s'est élevée à 10.000, en 1896; 20.000, en 1906; 25.000, en 1908; et 50.000, en 1911.

C'est aujourd'hui la plus riche épreuve que nous ayons en France pour les deux ans; elle se monte, en effet, avec les entrées et forfaits, à 75.000 francs environ pour le gagnant plus une prime de 3.000 francs à l'éleveur.

**

Chêne-Royal (Narcisse et Perplexité) et *Fra Angelico* (Perplexe et Czardas), au baron de Schickler, après avoir remporté respectivement, le premier, le prix La Rochette et la Grande Poule, le second, le prix Greffulhe et la Poule d'Essai, n'avaient pas eu à s'employer pour finir en tête, dans le prix du Jockey-Club, dans l'ordre désiré par leur propriétaire, comme ils le feront encore, à l'automne, dans le prix Royal-Oak.

Étant donnée la supériorité qu'ils avaient montrée — et qu'ils confirmèrent par la suite — sur tous leurs contemporains, il est hors de doute qu'ils eussent pris de même les deux premières places dans le Grand Prix, sans la folle tactique employée par leurs jockeys, Madge et Kearney qui, dès le commencement de la descente, avaient entamé une lutte acharnée entre eux, absolument comme s'ils eussent couru un match !... Le résultat de cette faute grossière fut d'user prématurément les moyens de leurs chevaux et de ne leur laisser aucune ressource pour la fin, en sorte qu'après s'être ainsi mutuellement coupé la gorge, ils furent incapables d'opposer la moindre résistance à ceux qui, mieux ménagés, avaient attendu patiemment la fin de ce duel fratricide.

Rueil (Energy et Rêveuse) — qui n'avait pas confirmé ses performances de deux ans et qui n'avait pas figuré à Chantilly — ne dut qu'à la maîtrise de Tome Lane de l'emporter d'une encolure sur *Courlis* (Rolfe), que *Chêne-Royal* suivait à trois longueurs, devant *Bucentaure* et *Fra Angelico*.

Cette heureuse victoire de *Rueil* n'eut pas de lendemain.

Courlis (Sansonnet et Citronelle), à M. H. Ridgway, n'était pas dénué de qualité : il avait enlevé les prix Stuart, Boïard, Mackenzie-Grieves et du Prince de Galles, mais il avait de mauvaises jambes et claqua à quelques mètres du poteau, dans le Grand Prix, ce qui lui coûta la course. (Avec *Cambyse*, sa mère avait produit *Callistrate*, que nous verrons débuter à l'arrière-saison.)

(1) Tom Lane, le meilleur des jockeys de l'époque avec Dodge, était un spécialiste du Grand Prix, qu'il remportait pour la quatrième fois en cinq ans, y ayant déjà piloté *Stuart* (1888), *Fitz-Roya* (1890) et *Clamart* (1891). Il sera également en selle, l'année suivante, sur *Ragotsky*, et, en 1899, sur *Perth*, établissant ainsi le record de 6 victoires.

Après lui viennent :

Avec 5 montes gagnantes : Tom Cannon (*Ceylon*, 1866; *Trent*, 1874; *Thurio*, 1878; *Frontin*, 1883, et *Little-Duck*, 1884);

Avec 4 : W. Pratt (*Le Roi Soleil*, 1898; *Semendria*, 1900; *Kizil-Kourgan*, 1902, et *Quo Vadis*, 1903);

Avec 3 : G. Fordham (*Fervacques*, 1867; *The Earl*, 1868, et *Foxhall*, 1881), — et Fred Archer (*Bruce*, 1882; *Paradox*, 1885, et *Minting*, 1886).

Avec 2 : Kitchener (*Vermout*, 1864, et *Glaneur*, 1869); — Maidment (*Cremorne*, 1872, et *Kisber*, 1876); — Hudson (*Saint-Christophe*, 1877, et *Nubienne*, 1879); Dodge (*Dolma-Baghtché*, 1894, et *Doge*, 1897); — Barlen (*Andrée*, 1895, et *Arreau*, 1896); — G. Stern (*Ajax*, 1904, et *Brûleur*, 1913).

Bucentaure, dont la meilleure performance était une place de troisième dans le prix du Jockey-Club, à distance respectueuse des deux représentants de la casaque blanc et cerise, ne craignit pas d'aller disputer le Derby d'Epsom. Il s'y comporta très honorablement, finissant bon troisième derrière *Sir Hugo* et la favorite *La Flèche* (l'héroïne des Mille Guinées, qui devait remporter par la suite les Oaks et le Saint-Léger), tandis que *Rueil* était, comme à Chantilly, parmi les non placés, ce qui prouve la fausseté de sa victoire ultérieure dans le Grand Prix.

Après ces chevaux de tête, il faut citer le grand triomphateur de province, *Gil Pérès* (Vignemale et Gipsy), à M. D. Guestier, qui ne remporte pas moins de 14 victoires et 4 places, sur les 19 courses qu'il dispute. Vainqueur, notamment, de la Poule d'Essai, à Pau, et du Derby du Midi, à Bordeaux, il cueillit, à Paris, le prix d'Ispahan. Ses gains s'élevèrent à plus de 100.000 francs. *Gil Pérès* sera le père d'*Aigle Royal*, qui renouvellera, en 1900, ses fructueux exploits.

C'est également plus de 100.000 francs que ramassa *Odin* (Cæruleus et Oatcake), au comte R. de Clermont-Tonnerre, avec 7 victoires, dont le Grand Prix du Commerce, à Milan, et le prix du Prince Amédée, à Turin.

A noter aussi *Fripon* (Fil-en-Quatre et Fanny), à H. Gibson, qui gagne 9 courses sur 11, — et *Galette* (Nougat et Sisler to Toastmaster), 8 victoires et 7 places, sur 18 courses. Elle provenait de l'élevage de M. Maurice Ephrussi et avait été réclamée pour 12.000 francs, par le capitaine A. Boyd, au début de la saison, à Maisons-Laffitte. Elle avait remporté, entre autres épreuves, les prix de Victot et de Longchamp, à Deauville, après quoi elle était devenue la propriété de M. Maurice de Gheest, pour le compte de qui elle fournira une carrière de quatre ans plus brillante encore.

Le meilleur des vétérans est *Bérenger* (The Bard et Boutade), à M. H. Say, à qui reviennent les prix des Sablons, Cadran, Rainbow et La Rochette; — *Aquarium* eut le Gladiateur.

La grande province n'a plus le monopole du début des jeunes chevaux, qui paraissent d'abord à Maisons-Laffitte, au commencement d'août, dans les Poules d'Essai des Poulains ou des Pouliches, le jour même de l'Omnium de Deux Ans.

C'est la première étape de la décadence du prix du Premier Pas, dont tout l'attrait résidait dans la nouveauté du spectacle.

Sept poulains se détachent nettement sur l'ensemble de la jeune génération : trois, au baron de Schickler, *Ragotsky* (prix de Sablonville), *Fousi-Yama* (prix de la Salamandre), et *Tournesol* (prix Eclipse); — trois, à M. E. Blanc, *Marly* (prix de Deux Ans et Grand Critérium), *Lagrange* (prix du Premier Pas et Critérium de Dieppe), et *Commandeur* (Omnium et Critérium de Maisons-Laffitte), — et *Le*

Nicham II, au baron de Rothschild, vainqueur des Woodcote Stakes, à Epsom.

Sur ces sept candidats aux grandes épreuves futures, combien allaient rester en route !

Callistrate, à M. A. Abeille, avait débuté obscurément dans le prix de Saint-Firmin.

**

Une nouvelle écurie, qui sera formidable — par le nombre, tout au moins, car il lui manqua toujours une âme directice — fait son apparition sur le turf, celle de M. A. Menier, le grand chocolatier, qui, en plus du haras du Mandinet, vient de se rendre acquéreur du domaine de Chamant, où il aura plus d'une centaine de chevaux de plat et d'obstacles, sous la direction des frères Bartholomew, indépendamment de l'écurie régionale qu'il a montée, à Pau, avec Jacquemin, comme entraîneur.

Ce riche industriel ne connaissait rien ou presque aux choses de courses et d'élevage, mais son argent, pensait-il, devait lui tenir lieu de toute science. Il s'aperçut par la suite que, sur le turf moins que partout ailleurs, il ne suffit pas pour réussir de vouloir faire grand, mais qu'encore faut-il savoir, et que quantité n'est pas qualité. Si, pour produire de bons chevaux, il ne s'agissait que d'en produire beaucoup, le métier d'éleveur, si fertile en déboires, serait vraiment trop facile. M. A. Menier rêvait de marcher sur les traces des Lagrange, des Lupin, des Schickler et des Aumont. Pour ce faire, il oubliait que, si ces grands sportsmen avaient fait naître tant de célébrités chevalines, ce n'était pas qu'au hasard qu'ils en étaient redevables, et que leurs efforts, leur patience, leurs connaissances techniques, y étaient pour quelque chose, pour beaucoup plus, à coup sûr, que leurs seuls billets de banque.

Les couleurs de M. Menier — casaque cerclée jaune et vert, manches et toque vertes — parurent d'abord sous le nom du baron L. d'Aimery, son associé.

Au moment où naissait cette nouvelle écurie, disparaissait celle de M. L. Delâtre, qui faisait courir depuis près de trente ans, en association, jusqu'en 1870, avec M. Pol Nanquette (en plat, les chevaux couraient sous le nom de M. Delâtre, en obstacles, sous celui de son associé).

Il avait d'abord eu son établissement d'élevage à La Celle-Saint-Cloud — que M. E. Blanc lui avait acheté en 1883, et où l'avaient précédé le baron de Schickler et le duc de Morny, — puis à Saint-Pair-du-Mont, près de Lisieux, où est actuellement installé M. de Saint-Alary.

Sans connaître personnellement les grands succès du turf — que ses produits ne rencontrèrent que sous d'autres casaques — M. Delâtre avait élevé quelques bons sujets, tels, par exemple, que *Cer-*

dagne, runner-up de *Consul*, dans le prix du Jockey-Club, et gagnante du Grand Prix de Bade; *Dutch Skater*, *Berryer*, *Massinissa*, *Tyrolienne* (qui remporta le prix de Diane, après un dead-heat avec *Almanza*, à M. A. Lupin), *Clocher*, *Ninetta*, *Carmélite* et *Saint-Pair-du-Mont*, dont, avant de mourir, il apprit la victoire dans l'Omnium, dans cet Omnium qui lui avait précisément causé, en 1872, une des plus pénibles émotions de sa carrière.

A plusieurs reprises, il avait liquidé son écurie, notamment en 1877, quand M. E. Blanc, qui débutait alors sur le turf, s'était rendu acquéreur du yearling *Nubienne*, pour 13.000 francs.

La vente de l'écurie et du haras, qui comprenaient un étalon, 20 poulinières, 16 chevaux de deux ans et au-dessus et 21 foals et yearlings, produisit 386.750 francs. Parmi tous ces animaux, dont nous indiquons ci-dessous les plus intéressants, se trouvait un poulain de lait, appelé à jouer les grands premiers rôles. Fils d'*Upas* et de *Bluette*, celui qui devait être *Omnium II* n'avait pas encore de nom. Il fut payé 6.000 francs par la comtesse Le Marois, qui l'envoya l'année suivante, avec son lot de yearlings, aux ventes de Deauville, où il fut adjugé à 14.100 francs à M. H. Ridgway, pour M. de Saint-Alary (1).

On peut rappeler aussi la vente de *Narcisse* (Trocadéro et Julia Peel), né en 1876, chez le comte de Berteux, pour 30.000 francs, à M. Lenoir (il était le père de *Chêne Royal* et d'*Aquarium*), — et l'importation de *Retreat* (Hermit et The Quack), né en 1877, que M. E. Blanc avait acheté, en remplacement d'*Energy*, pour la même somme au Dr Fremay.

Le comte de Saint-Roman, l'un des principaux associés de l'écurie Delamarre, membre du Jockey-Club depuis 1851, mourut au cours de l'année. La Société d'Encouragement a donné son nom à l'une de ses épreuves de l'arrière-saison.

**

La PRIME AUX ÉLEVEURS est une innovation, introduite par la Société Sportive dans les conditions de certaines épreuves qui,

(1) Nous ne voyons guère à citer que les autres noms suivants :

	MM.	Fr.
Sylphine (Bruce et N. de Souvenance), 2 ans.	L. Mérino.	36.200
Chapeau-Chinois (Bruce et Clarinette), 2 ans.	Ephrussi.	27.800
Calcéolaire (The Bard et Ella), yearling.	A. Abeille.	15 500
Lanterne-Magique (Bruce et Villeneuve), 2 ans.	Comte de Clermont-Tonnerre.	10.600
Carmélite (Le Petit Caporal et Convent), 11 ans.	Comte Lehndorff.	4.600
Mlle Préfère (Florestan et Carmélite), 4 ans.	Smith.	3.000
Florestan (Vermout et Deliane), 12 ans.	H. Ridgway.	16.000

en plus du montant du prix et des allocations aux chevaux placés, stipulent désormais une redevance au profit du *propriétaire de la mère du gagnant, au moment de sa naissance*.

La Société d'Encouragement fut longtemps hostile à ces primes, qu'elle n'inscrivit dans ses programmes que huit ans plus tard, en 1900.

Quelles sont les raisons qui l'ont ainsi amenée à résipiscence? Nous l'ignorons. Pour notre part, nous croyons, comme elle le faisait en 1892, que ce ne sont pas les éleveurs qui font vivre les courses, mais bien les propriétaires qui font courir; que toute somme distribuée aux éleveurs est prise sur les propriétaires, et qu'il est assez inique de dépouiller ceux qui assument tous les frais, toutes les charges, au profit de ceux qui ne courent aucun risque.

Le plus gros argument qu'on fit valoir en faveur de l'institution de ces primes, consistait à prétendre qu'il était de toute équité que l'éleveur continuât à être intéressé aux succès sur le turf du poulain qu'il avait vendu.

Et l'on prenait l'exemple d'un poulain quelconque, vendu une quinzaine de mille francs, par exemple, qui gagnait par la suite quelques centaines de mille francs de prix, pour soutenir qu'une partie de cette somme devait revenir à l'éleveur, sans lequel l'acheteur du dit poulain n'eût rien gagné du tout.

A première vue, ce raisonnement paraissait judicieux, encore que la part à revenir à l'éleveur dût être prélevée uniquement sur celle revenant à l'acquéreur, et non enlevée aux autres propriétaires.

L'éleveur du gagnant du Grand Prix, par exemple, touche une prime de 20.000 francs. Si l'institution des primes n'eut pas existé, l'allocation du Grand Prix n'eût pas été augmentée de ces 20.000 francs; ce n'est donc pas le propriétaire du gagnant qui en pâtit. Cette somme eût servi à doter d'autres épreuves, qu'eussent gagnées d'autres propriétaires, en sorte que ce sont eux qui paient les frais de cette générosité.

Si l'on voulait admettre ces primes, il eût suffi — sans qu'il en coutât rien aux Sociétés de courses et, partant, aux autres propriétaires — de décider que tout contrat de vente de yearling stipulât que le vendeur eût droit à x p. 100 des sommes gagnées sur le turf par ce produit.

C'eût été affaire à débattre entre les deux intéressés, le vendeur et l'acheteur, et les tiers n'eussent pas souffert de leurs conventions particulières.

Mais, en même temps, tout contrat de ce genre eût dû prévoir — car un contrat qui n'engage qu'une des parties est réputé pour léonin et n'est pas reconnu par la loi — qu'en cas d'insuccès, d'accident ou de mort du dit yearling, le vendeur s'engageât à rembourser x p. 100 du prix d'achat.

Il est entendu que, sans éleveurs, il n'y aurait pas de chevaux, mais il est non moins certain que, sans les propriétaires-acheteurs, on ne verrait jamais sur le turf que les couleurs d'une demi-douzaine de gros éleveurs-propriétaires, qui sont désintéressés dans cette question, puisque peu leur importe de toucher ces sommes sous le nom de prix ou de primes.

Les autres éleveurs, ceux qui ne font pas courir, sont trop gourmands. Ils veulent avoir, tout à la fois, les profits de l'éleveur et ceux du propriétaire, sans courir leurs risques. C'est exagéré, et l'on peut les estimer largement payés, quand ils ont produit un bon cheval, par la plus-value que prennent ensuite les sujets de leur élevage.

Combien ne voit-on pas de yearlings, payés 20.000, 40.000, 60.000 francs, qui sont incapables de jamais paraître sur un hippodrome, ou qui y font si triste figure qu'autant vaut ne pas en parler.

L'éleveur a-t-il jamais proposé, dans ce cas, de rembourser quoi que ce soit de la somme encaissée?

A vouloir trop tirer sur la corde, les éleveurs risquent de la casser. Ils seraient bien avancés, vraiment, le jour où les propriétaires-acheteurs, imitant en cela les marchands à l'Hôtel des Ventes, s'entendraient pour limiter les enchères publiques au minimum, et pour ne jamais payer un yearling, quel qu'il soit, plus de 3.000 francs, par exemple, quittes à passer ensuite à la « revision », c'est-à-dire à le remettre aux enchères privées, entre eux !

**

En Angleterre, nous devons signaler deux chevaux de premier ordre.

La Flèche (Saint-Simon et Quiver), que le baron de Hirsch avait payée, yearling, 131.250 francs.

Gagnante, à deux ans, de quatre épreuves importantes, elle confirme ces brillants débuts en enlevant les Deux mille Guinées, le Oaks, le Saint-Léger (sur *Sir Hugo*, qui l'avait battue d'une demi-longueur, dans le Derby), le Lancashire Plate, les Great Duke Mikael Stakes et les Newmarket Oaks.

A quatre ans, elle remportera le Liverpool Autumn Cup, et, l'année suivante, l'Ascot Gold Cup (sur *Callistrate*) et les Champion Stakes.

Achetée 330.750 francs par sir Tatton Sykes, à la dispersion de l'élevage du baron de Hirsch, en 1896, *La Flèche*, comme la plupart des grandes juments de courses, n'a pas brillé au haras.

Né au haras d'Eaton, chez le duc de Westminster, *Orme* (Ormonde et Angelica) avait pour lui la naissance la plus illustre qui fût. Il avait, en effet, pour père l'un des plus grands chevaux du XIXe siècle, et pour mère, la propre sœur du fameux *Saint-Simon*.

A deux ans, il avait gagné cinq épreuves, dont le Middle Park Plate et le Dewhurst Plate. A trois ans, son mauvais état de santé obligea de le retirer des Deux mille Guinées et du Derby. Il remporta les Eclipse Stakes, à Sandown Park, et les Sussex Stakes, à

Goodwood; fit une course, trop mauvaise pour être exacte, dans le Saint-Léger, et termina la saison par trois victoires, dont les Great Foal Stakes, à Newmarket. A 4 ans, il enlèvera le Rous Memorial, à Ascot, et, pour la seconde fois, les Eclipse Stakes, ce qu'il est le seul à avoir fait jusqu'ici.

Il est le père du célèbre *Flying Fox*.

Par son père, *Orme* descendait du fameux *Doncaster*, qui mourut, cette année même, à l'âge de 22 ans, au haras de Kisber (Hongrie).

Sous le titre *Breeding Horses, by the Figures System*, un Anglais, M. Bruce Lowe, publie un ouvrage appelé au plus grand retentissement dans le monde sportif.

C'est la filiation, par les mères, de tous les pur sang, depuis l'établissement du Stud Book anglais. L'auteur a groupé toutes les poulinières en familles, subdivisées en trois séries :

1º les *familles de coureurs*, c'est-à-dire ayant produit les plus grands chevaux de course (Nºˢ 1, 2, 3, 4 et 5);

2º les *familles d'étalons*, c'est-à-dire ayant produit les étalons les plus remarquables (Nºˢ 3, 8, 11, 12 et 14);

3º les *familles d'outsiders*.

Ce travail aura pour corollaire, en 1896, les *Tables* de l'Allemand Hermann Gooz, qui faciliteront les travaux de recherches et qui permettront, grâce à un classement ingénieux, de trouver en quelques secondes tel renseignement que l'on désire.

Nous aurions voulu parler en détail de l'ouvrage de Bruce Lowe; mais, après l'étude très compétente que M. Roger de Salverte a publiée sur la question, dans le *Jockey*, il était difficile d'y revenir, sans marcher sur ses brisées.

Le mieux était donc de lui demander de nous permettre de la reproduire, ce que, très aimablement, il nous a autorisé à faire. (Voir Livre VIII, *Des Familles*, de Bruce Lowe.)

CHAPITRE LXX

ANNÉE 1893

Prix du Conseil Municipal et Critérium International. — Prix Monarque, de Flore et Amphitrite. — *Ragotsky, Fousi-Yama, Callistrate, Prâline, Ramleh.* — *Chêne-Royal, Fra Angelico* et *Galette* (suite). — H. Jennings. — Liquidation du haras de Viroflay : retraite définitive de M. A. Lupin. — Retrait de la licence de Tom Lane. — Création d'une Caisse de secours, par la Société d'Encouragement. — *Isinglass* : record des sommes gagnées. — Allocation ajoutée à l'Ascot Gold Cup.

L'année est marquée par la création de nombreuses épreuves importantes, dont la capitale est le Prix du Conseil Municipal (100.000 francs, 2.400 mètres, G. P.), à l'automne, pour chevaux de trois ans et au-dessus de tous pays, poids pour âge avec surcharges et décharges (1).

Cette grande épreuve internationnale avait été imposée par le Conseil Municipal et faisait partie des charges du nouveau bail que la Ville de Paris venait de consentir à la Société d'Encouragement, en remplacement de celui en cours, qui avait été résilié à l'amiable, comme nous l'avons vu précédemment.

Les conditions de la course parurent d'abord draconiennes pour les bons chevaux et firent craindre, par exemple, que les gagnants du prix du Jockey-Club ou du Grand Prix ne pussent rendre le poids aux concurrents les plus avantagés.

---

(1) Poids : 3 ans, 53 kilos ; 4 ans et au-dessus, 58 kilos. Le gagnant d'un prix de 50.000 francs portera 3 kilos de plus ; de 2 prix de 50.000 francs ou d'un de 100.000, 6 kilos. Les chevaux de 3 ans n'ayant pas gagné un prix de 12.500 francs et ceux de 4 ans et au-dessus n'ayant pas gagné un prix de 25.000 francs recevront 3 kilos ; les chevaux de 4 ans et au-dessus n'ayant pas gagné un prix de 12.500 francs, 6 kilos.

Le deuxième reçoit 15.000 francs, et le troisième 7.500 ; en outre, depuis l'institution des primes, il est alloué une somme de 7.500 francs à l'éleveur du gagnant, si celui-ci est né en France.

L'événement ne devait pas tarder à dissiper ces craintes et, si certains animaux succombèrent par la suite à la tâche, nous n'en avons vu bien d'autres triompher avec la grosse surcharge de leur âge (1).

Si, pour notre part, nous regrettons qu'une épreuve de cette importance ne soit pas le pendant, à l'automne, du prix Boïard — c'est-à-dire une course exclusivement à poids pour âge — nous n'en constatons pas moins le très vif succès qu'elle n'a cessé de rencontrer, tant en France qu'en Angleterre, et il est fort rare qu'elle n'attire pas quelque candidat étranger de bonne classe. On y a même vu, mais ce fut la seule fois, une jument de grand ordre comme *Pretty Polly*, qui était alors le crack de sa génération.

On n'en peut dire autant du *Critérium International*, pour chevaux de deux ans de tout pays, disputé, pour la première fois, le jour même du prix du Conseil Municipal, et qui n'aura jamais d'international que le nom.

La Société Sportive continue, de son côté, d'enrichir ses programmes et le *Handicap Optional*, la *Poule des Yearlings Chéri*, qui ne dura que quelques années, le *prix Monarque* et le *prix de Flore* datent de cette même année (2).

C'est également en 1893 que se disputa, pour la première fois, à Dieppe, le *prix d'Amphitrite* (20.000 fr., 2.400 m.) pour pouliches de 3 ans et au-dessus, poids pour âge, avec surcharges et décharges.

* * *

En 1892, le baron A. de Schickler avait fini en tête des propriétaires gagnants, avec 653.000 francs, ne précédant guère que de

---

(1) En consultant la liste des gagnants, que nous publions au chap. IX, on constatera que, depuis sa fondation, le prix du Conseil Municipal a été remporté dix fois par des chevaux portant le poids maximum : quatre 3 ans, *Omnium II*, *Gardefeu*, *Maintenon* et *Nimbus*; cinq 4 ans, *Omnium II*, *La Camargo*, *Macdonald II*, *Biniou* et *Ossian*, et un 5 ans, *La Camargo*.

(2) Le *Prix Monarque* se dispute, en juillet, sur 2.000 mètres. Il est pour chevaux de 3 ans; le gagnant, dans l'année, d'un prix de 50.000 francs, porte 2 kilos de plus; d'une somme de 100.000 francs, 5 kilos; de 200.000, 7 kilos.
A l'allocation primitive de 20.000 francs, a été ajouté, en 1895, un objet d'art d'une valeur de 6.000 francs, portée à 10.000, en 1898; en 1904, l'objet d'art a été supprimé et l'allocation, élevée à 30.000 francs; en 1906, à 40.000; en 1911, à 80.000, plus 12.000 au deuxième et 8.000 au troisième; il était, en outre, alloué une prime de 4.000 à l'éleveur du gagnant. En même temps, ce prix prenait le nom de prix *Eugène Adam*.
Le *Prix de Flore* se court fin octobre. Il est réservé aux pouliches de 3 ans. La gagnante, dans l'année, d'un prix de 40.000 francs, porte 3 kilos de plus; d'une somme de 80.000 francs, 5 kilos; de 150.000, 7 kilos. Les pouliches n'ayant pas gagné depuis le 1er août dernier, reçoivent 2 kilos.
Distance, 2.000 mètres; allocation, 20.000 francs, portée à 25.000, en 1907.

80.000 francs M. E. Blanc; en 1893, avec un gain de 853.000 francs, il battait de plus de 450.000 francs M. Michel Ephrussi, son suivant immédiat.

Ragotsky (Perplexe et Czardas) — propre frère de *Fra Angelico* — figure à lui seul pour plus de la moitié dans cette somme, avec ses trois victoires du prix Hocquart, du prix du Jockey-Club et du Grand Prix. Entre temps, il avait fini troisième, dans le prix Lagrange, derrière *Callistrate* et *Stanislas*, et n'avait pas été placé dans la Poule d'Essai, gagnée par *Le Nicham II*.

A Chantilly, *Ragotsky* précédait de deux longueurs son camarade *Fousi-Yama* (vainqueur des prix La Rochette et Daru), qui ne fut que quatrième dans le Grand Prix. La seconde place y fut prise par *Ravensbury* (le runner-up d'*Isinglass*, dans le Derby), que son jockey Morning Cannon avait si maladroitement engagé que, lorsqu'il put enfin le sortir du peloton, il était trop tard. En dépit de ses foulées magnifiques, *Ravensbury* ne put rejoindre complètement *Ragotsky*, qui gagna d'une courte tête.

Le troisième — le meilleur du lot, sans doute, — était *Callistrate* (Cambyse et Citronelle), que M. A. Abeille n'avait payé que 7.000 francs, à la vente des yearlings du baron Foy, à Deauville.

Comme nous l'avons vu, il avait débuté tardivement, l'année précédente, dans le prix de Saint-Firmin, où il passait inaperçu. Depuis l'ouverture de la saison, il n'avait pas connu la défaite, ayant remporté successivement la Poule des Yearlings Chéri et le prix Lagrange, à Maisons-Laffitte, puis la Grande Poule des Produits, sur *Le Nicham II* et *Fousi Yama*. Pas inscrit dans le prix du Jockey-Club, il ne reparut que dans le Grand Prix, où il partit favori à 6/4. Comme ce n'était pas la tenue qui lui manquait, ainsi qu'il le prouva par la suite, son échec ne peut être imputé qu'à un déclin de forme passager, qui ne lui permit pas davantage de rendre quatre livres, dans le prix Monarque, à des performers aussi médiocres que *Saint-Ferjeux* et *Boissière*.

Il se réhabilita, à l'automne, en enlevant, sous le poids de 56 kilos, le premier prix du Conseil Municipal, où il laissait à trois longueurs *Fripon*, 4 ans, 52 kilos, cette même *Boissière*, 51 kilos, et treize autres adversaires, parmi lesquels *Fra Angelico*, 4 ans, 61 kilos, *Fousi-Yama* et *Saint-Ferjeux*, 53 kilos, *Bucaneer*, 5 ans, 58 kilos, etc.

Callistrate termina la campagne par une tentative infructueuse dans le Cambridgeshire, dont la distance de 1.800 mètres n'était nullement dans ses moyens.

Le prix de Diane — la chose est assez rare pour être notée — revint à une débutante, *Praline* (Saxifrage et Pâquerette), à M. P. Aumont, fort délaissée à 40/1.

Après de nombreux succès en province, notamment dans la Poule d'Essai, à Pau, la Poule des Produits et le Derby du Midi, à Bordeaux,

Ramleh (Grandmaster et Brillante), à M. A. Fould, en clôture brillamment la série par le prix Royal-Oak, sur les animaux de seconde classe de sa génération.

*

Parmi les vieux — *Chêne-Royal* ayant claqué après avoir enlevé le prix du Cadran, — il faut citer *Fra Angelico* qui gagne 114.000 francs et sept courses (dont les prix Hédouville, Seine-et-Marne, Hocquart, à Deauville, Bois-Roussel et du Prince d'Orange), et *Galette*, 106.000 francs et sept courses également, dont le Grand Prix de Deauville et le premier prix d'Amphitrite, à Dieppe.

Dolma Baghtché, au baron de Schickler, se détache nettement, parmi les deux ans, ses trois sorties dans le prix La Rochette, le Grand Critérium et le prix de la Forêt, ayant été trois faciles victoires.

Après lui, on peut citer également *Melchior* et *Polyzone*, de l'élevage de M. A. Lupin, achetés par M. E. Veil-Picard, — ainsi que *La Nièvre* et *Styx*, au baron de Rothschild (1).

N'oublions pas enfin de signaler le vainqueur du prix de la Salamandre, dont le nom devait avoir un triste retentissement.

Il provenait de l'élevage de Victot, appartenait à M. Michel Ephrussi, et s'appelait *Gospodar*.

*

Le vieil entraîneur Henry Jennings mourut à Newmarket, où il s'était retiré, à l'âge de 77 ans. Nous renvoyons à la notice que nous lui avons consacrée lors de sa retraite du turf, en 1837.

Le jockey Tom Lane s'était vu retirer sa licence, à la suite de certaines courses qui avaient paru sujettes à caution.

Il restera pendant trois ans sans reparaître en selle, après quoi la Société d'Encouragement lèvera l'interdiction qui le tenait éloigné du champ de ses victoires.

En 1891, M. A. Lupin avait liquidé son écurie de courses.

A la veille du prix du Conseil Municipal, il procéda de même à

---

(1) Ces deux derniers n'avaient paru qu'en Angleterre, où ils avaient remporté : la pouliche, les Molecomb Stakes, à Goodwood, et les Clearwell Stakes, à Newmarket; le poulain, les Corporations Stakes, à Brighton, et les Gimcrack Stakes, à York, soit, ensemble, plus de 60 000 francs.

Avec les victoires de *Le Nicham II*, *Médicis*, *Harfleur II* et *Amandier*, l'écurie de Rothschild arrivait à un gain de près de 240.000 francs en Angleterre seulement.

la dispersion de son haras de Viroflay, dont l'effectif réalisa 661.330 francs (1).

Cette fois, c'était la retraite du turf du glorieux doyen de nos éleveurs-propriétaires, de celui qui, le premier était allé triompher en Angleterre.

M. A. Lupin était le doyen, tout à la fois, des membres de la Société d'Encouragement — dont il faisait partie pour ainsi dire depuis l'origine, y étant entré en 1835 — et de nos éleveurs-propriétaires. Ses couleurs — casaque noire, toque rouge — avaient débuté, en effet, dans le premier prix du Jockey-Club, gagné par *Frank*, à lord Seymour, en 1836; elles étaient portées par *Belinda*, qui prit la troisième place sur cinq partants.

Comme tous les hommes de sa génération qu'intéressaient les questions hippiques, M. A. Lupin avait commencé par être l'un de nos plus brillants cavaliers, et nombreux furent les matches qu'il disputa, tant à la Porte-Maillot qu'au Champ-de-Mars et à Chantilly.

Il fut le premier à importer pour son haras de Vaucresson — il ne s'installa qu'en 1867, à Viroflay, dans l'établissement qu'avaient occupé avant lui M. Rieussec et le duc de Morny — des poulinières anglaises de grande valeur, comme *Tarentella*, *Fraudulent*, *Impérieuse*, *Payment* et autres, qui furent la base de son élevage.

Il est également le premier qui ait triomphé, en Angleterre, avec un cheval français, lorsqu'il remporta le Goodwood Cup, en 1853, avec *Jouvence*, qui venait, dix ans après *Lanterne*, de réussir le double event des prix de Diane et du Jockey-Club.

M. Lupin était un homme d'une intégrité absolue, et jamais le moindre soupçon ne vint l'effleurer, quelque interversion de forme que montrassent ses chevaux. Il n'était pas une exception d'ailleurs, et nous sommes heureux de saisir cette occasion de saluer la haute probité de tous ces grands sportsmen du temps passé, qui faisaient courir par goût, et non par lucre, et dans le seul but d'être utiles à leur pays, en le dotant d'un élevage indigène.

M. Lupin était un connaisseur émérite, et les brillants succès de son haras aux différentes époques de sa longue carrière sont dus à sa compétence éclairée dans cette difficile question des croisements. Il n'en connut pas moins les heures de découragement et, à plusieurs

---

(1) Les deux étalons *Xaintrailles* (Flageolet et Deliane) et *Bocage* (Dollar et Jeune Première), furent acquis par M. R. Lebaudy, pour 200 000 et 41 000 francs.

Les 22 poulinières firent 221.070 francs. Le comte Lehndorff acheta pour l'Allemagne *Yvrande* (Montargis et Ermeline), 53.000 ; *Brienne* (Dollar et Finlande), 30.000 ; Mlle *Béjart* (Dollar et Jeune Première), 18 500 ; — M E Blanc, *Voilette* (Dollar et Gardevisure), 14.000 ; — M. R. de Monbel, *Isménie* (Plutus et Promise), 21 600 ; — M. J. Lebaudy, *Printanière* (Chattanooga et Summerside), 8 200 ; *Enguerrande* (Vermout et Deliane), 8.000 ; *Pristina* (Dollar et Pergola), 10 000 ; *Astrée* (Dollar et Étoile Filante), 7.000 ; *Almanza* (Dollar et Bravade), 1 400.

Seize yearlings et chevaux de 2 ans atteignirent 153.350 francs ; aucun nom n'est à retenir.

reprises, il liquida son écurie de courses... pour la reconstituer, d'ailleurs, presque aussitôt.

De tous les chevaux qu'il éleva, le plus célèbre est *Dollar* (The Flying Dutchman et Payment), né en 1860, qui, bien qu'ayant joué un rôle brillant sur le turf, doit sa véritable notoriété à ses qualités de reproducteur. On peut le citer comme l'un des meilleurs étalons que nous ayons eus. Nous renvoyons, pour plus amples détails, à ce que nous en avons dit au cours des années 1863 et 1864.

Vouloir énumérer tous les succès de l'écurie Lupin serait refaire l'historique même des courses depuis le début, et nous nous bornerons à rappeler qu'elle remporta deux fois le Grand Prix, six fois le prix du Jockey-Club, quatre fois le prix de Diane et la Grande Poule, et onze fois la Poule d'Essai (1).

M. Lupin avait été moins heureux en Angleterre où, comme épreuve classique, il ne gagna que les Oaks, que sa pouliche *Enguerrande* partagea, en 1876, avec *Camélia*, au comte de Lagrange. Il avait tenté aussi, mais en vain, la fortune dans le Derby d'Epsom, en 1885 : on se souvient de son beau geste quand, sacrifiant l'argent à l'honneur, il abandonna le prix du Jockey-Club, qu'il avait à sa merci, avec *Xaintrailles*, pour envoyer son poulain disputer le blue ribbon, où il reçut une grave atteinte, qui mit fin à sa carrière de courses.

**

C'est en 1893 que fut créée, par les soins de la Société d'Encouragement, la *Caisse de secours des Entraineurs, Jockeys et Hommes d'écurie de chevaux de courses plates*, destinée à venir en aide à ceux d'entre eux qui se trouvent dans des circonstances difficiles, résultant de l'âge, de la maladie, d'un accident ou de quelque malheur, ainsi qu'à leurs femmes et à leurs enfants.

Cette caisse est alimentée : 1º par les fonds provenant des amendes; 2º par les cotisations des entraîneurs et des jockeys; 3º par les dons particuliers, et enfin, depuis l'établissement du pari mutuel, par les tickets impayés.

Elle est administrée par un Conseil de direction, composé de neuf membres, savoir : les trois Commissaires de la Société d'Encouragement, deux membres du Comité, un membre du Syndicat de Chantilly et trois entraîneurs établis en France.

Le trésorier est le secrétaire de la Société d'Encouragement.

---

(1) Parmi ses meilleurs chevaux, on peut citer : de 1836 à fin 1856 : *Fiammetta, Angora, Myszka, Gambetti, Saint-Germain, Amalfi, Jouvence, Lysisca, Isolier;* — de 1857 à fin 1870 : *Florin, Potocki, La Maladetta, Pergola, Stentor, Tourmalet, Jeune-Première, Glaneur;* — depuis 1871 : *Perla, Salvator, Saint-Cyr, Almanza, Enguerrande, Astrée, La Jonchère, Fontainebleau, Voilette, Prométhée, Cimier, Yvrande, Xaintrailles, Presta, Bocage, Galaor, Aérolithe, Cromatella Melchior, Polygone.*

En Angleterre, c'est l'année du fameux ISINGLASS (Isonomy et Deadlock), à M. Mac Calmont, vainqueur des Deux mille Guinées, Newmarket Stakes, Derby et Saint-Léger. Il ne fut battu qu'une fois dans sa carrière, à l'automne, dans le Lancashire Plate de £ 7.000 (qui se courut pour la dernière fois), par *Ræburn*, qui dut

W. Rouch, London, Copyright.

Isinglass.

moins de triompher à l'allégeance de 10 livres dont il bénéficiait, qu'à la paresse incurable d'*Isinglass* qui, forcé de mener le train, le fit avec

(1) L'histoire de la naissance d'*Isinglass* vaut d'être rappelée.
Sa mère, *Deadlock* (par Wenlock), appartenait à lord Alington, qui la vendit pour 475 francs au capitaine Machell, lequel s'en débarrassa après qu'elle eut produit *Gervas* (par Trappist). Mais celui-ci ayant fait preuve d'une certaine qualité, le capitaine voulut rentrer en possession de *Deadlock* et, après force recherches, il la trouva attelée à la charrette d'un fermier, qui consentit à l'échanger contre un poulain de lait.
Le capitaine Machell l'envoya alors à *Isonomy*, et, l'année suivante, la vendit avec son foal *Islington*, pour 12.500 francs, à M. Mac Calmont, lequel la fit saillir à nouveau par *Isonomy*. C'est de cette seconde alliance que naquit *Isinglass*.

une telle lenteur que la course se trouva réduite à un déboulé de quelques centaines de mètres, dans lequel il fut pris de vitesse.

Déjà, à 2 ans, il s'était montré si paresseux qu'il avait été impossible de lui faire fournir un essai sérieux à l'entraînement, ce qui ne l'empêcha pas de remporter les trois courses qu'il disputa, dont le Middle Park Plate.

A 4 ans, il enlèvera, ce qu'aucun autre n'a encore fait, les trois grosses épreuves anglaises de 250.000 francs, Princess of Wales, Eclipse et Jockey-Club Stakes, et, à 5 ans, l'Ascot Gold Cup.

Insinglass est le cheval qui a gagné le plus d'argent public, avec le total formidable de 1.466.375 *francs* (le record était détenu jusqu'alors par *Donovan*, avec 1.378.850 francs).

Au haras, il causa une assez forte déception, comme nous le verrons au moment de sa mort, en 1911.

Par le prestige de ses victoires, *Isinglass* efface tous les autres chevaux de sa génération. Il en est un, cependant, dont la constante régularité eût mérité un meilleur sort. Mais, de même que *Flageolet*, jadis, s'était heurté à *Boïard*, de même *Ravensbury* — qui perdit de si peu le Grand Prix — dut se contenter de la seconde place dans toutes les grandes épreuves classiques.

Les Deux mille Guinées et le Derby offrirent même ce spectacle — unique dans les annales du turf anglais — que les trois premiers y finirent dans le même ordre. Le troisième était ce *Ræburn*, qui dut à une circonstance heureuse, comme nous l'avons vu plus haut, de battre *Isinglass* en fin de saison.

Nous avons dit la nécessité où l'on s'était trouvé, en 1890, d'ajouter une allocation importante à des épreuves comme le Derby et les Oaks, afin de conserver leur prestige.

En 1893, c'est le tour de l'antique Ascot Gold Cup d'être pourvue d'une allocation de 2.000 souverains, indépendamment des entrées et de l'objet d'art, d'une valeur de 1.000 souverains. Cette allocation sera portée à 3.000 souverains en 1897 et à 3.500, en 1905, mais la valeur de l'objet d'art sera alors diminuée de moitié (1).

---

(1) L'entrée, primitivement fixée à 10 guinées, avait été doublée dès la seconde année, en 1808.

La valeur de l'objet d'art avait varié : 100 guinées, en 1807; 200 souverains. en 1832; 300, en 1834; 500, en 1845; 300, en 1854; 500, en 1868, et 1.000 en 1877,

A différentes reprises, il avait été ajouté une petite allocation aux souscriptions : 100 souverains, en 1832; 300, en 1834, supprimés en 1845; 200, en 1854 **supprimés à nouveau en 1868.**

CHAPITRE LXXI

ANNÉE 1894

Scandales des prix Reiset et du Jockey-Club. — *Gospodar, Dolma-Baghtché, Algarade, Le Pompon, Ravioli, Lutin.* — *Callistrate, Fousi-Yama* et *Aquarium* (suite). — Les écuries Caillault, du comte de Ganay et du comte de Saint-Phalle. — Les premiers produits du *Sancy*. —MM. Étienne Fould, Max Lebaudy et J.-L. de Francisco-Martin. — Retraite du baron de Soubeyran, liquidation de son écurie de courses et du haras d'Albian. — Le prix Delâtre. — Mort de *Tristan*.

Deux incidents des plus regrettables — sans précédents encore dans les annales du turf français, et dont l'un d'eux causa une émotion profonde — marquèrent cette année.

Nous voulons parler du scandale du prix Reiset, suivi, à peu de distance, de celui du prix du Jockey-Club, bien faits, tous deux, pour attirer l'attention sur le déplorable état d'esprit créé par le développement que l'établissement du pari mutuel avait déjà donné et allait donner davantage encore à la passion du jeu, et qui prouvent à quel point l'éducation sportive du public était encore incomplète, bien que les courses de chevaux existassent en France depuis près de soixante ans.

S'est-elle d'ailleurs complétée depuis lors et se parachèvera-t-elle même jamais? Il est permis d'en douter, quand on se rappelle les tristes événements qui, dix ans plus tard, marquèrent, à Longchamp, la journée du Handicap libre!

Donc, le prix Reiset mit, le premier, le feu aux poudres. Quatre chevaux s'étaient présentés au poteau : *Toujours* (Barlen), à M. E. Blanc, *Saint Honorat* (Dodge), à M. Jacquemin, *Languedoc* et *Tronçais*. Ces deux derniers étaient considérés comme des comparses, la partie devant se jouer entre les deux autres.

Logiquement, les préférences du ring auraient dû aller à *Saint-Honorat*, qui avait fini second de *Chocolat*, dans le prix de Mars, où *Toujours* n'avait pas été placé, et qui avait gagné ensuite le prix d'Avril.

Il partit cependant à 4/1, alors qu'on payait 1/3 en faveur de *Toujours*, qui n'avait à son actif que le prix de l'Espérance, remporté sur un lot d'une médiocrité rare, et qui passait pour plus ou moins moins cabochard.

Le plus sûr moyen de provoquer quelque incartade de la part de *Toujours* consistait, pour ses adversaires, à le laisser aller en tête; aussi, mirent-ils leurs chevaux au trot, en sorte que Barlen se trouva prendre le commandement à son corps défendant. Cette tactique eut le résultat qu'on en espérait, et, le Moulin était à peine passé, que *Toujours* se dérobait, laissant *Saint-Honorat* gagner sans lutte.

Il n'y avait rien là que de très naturel et la manœuvre était de bonne guerre. Le public de la pelouse n'en jugea pas ainsi et, dans sa déception, peu s'en fallut qu'il ne lynchât Barlen, qui dut abandonner son cheval et sauter par-dessus la grille du pesage, pour échapper eux énergumènes que la perte d'une pièce de cent sous suffisait ainsi à transformer en bêtes sanguinaires!

Si honteux que fut ce spectacle, qu'était-il, cependant, en comparaison du débordement de colères que souleva la victoire de *Gospodar*, dans le prix de Jockey-Club!

Et cette fois, ce n'était plus seulement la foule de la pelouse qui cédait à une manifestation irraisonnée, mais le public même du pesage, que son éducation, à défaut de sa « sportivité », aurait dû préserver d'un emballement aussi regrettable.

Pourquoi *Gospodar*, qui avait gagné, à deux ans, le prix de la Salamandre, et, au printemps, le prix Greffulhe, sur *Melchior* — qui passait alors pour le crack de sa génération — partit-il à 20/1?

Qu'avaient donc fait de mieux que lui les autres candidats au blue ribban? Depuis le début de la campagne, ne s'étaient-ils pas battus et entre-battus à tour de rôle, au point qu'un choix était réellement difficile.

L'incohérence du betting était manifeste, et si *Gospodar* était coté à 20/1, *Gouvernail*, qui avait gagné la Grande Poule, ne trouvait pas preneur à 25/1, tandis que *Toujours*, dont nous avons dit les modestes performances, était second favori à 4/1, après *Polygone*, à 3/1!

Peut-être objectera-t-on que les plus fines cravaches d'Angleterre avaient été engagées pour la circonstance : que J. Watts était en selle sur *Polygone*, Morning Cannon sur *Toujours*, Tom Loates sur *Styx*, et son frère Sam sur *Sésame*, alors que *Gospodar* avait pour cavalier Liddiard, jockey sans notoriété.

Mais on oubliait que c'était précisément ce même Liddiard qui l'avait piloté lors de sa victoire dans le prix Greffulhe, alors qu'i avait été non placé, avec J. Watts, dans la Grande Poule.

Quoi qu'il en soit, quand on avait vu *Gospodar* surgir brusquement en dehors et régler dans un canter *Toujours* et *Styx*, entre qui la lutte finale semblait circonscrite, un vent de folie furieuse avait brusquement passé sur l'hippodrome des Condés. D'un même mouvement, la pelouse et le pesage se ruèrent, hurlant et vociférant, vomissant l'injure et la menace. M. Michel Ephrussi qui, tout joyeux de la victoire de son poulain, s'en allait à sa rencontre, fut entouré par une foule déchaînée. Injurié, frappé, les vêtements en désordre, couvert de boue et de crachats, il ne dut son salut qu'à l'intervention de la police, qui eut toutes les peines du monde, pour le soustraire à la colère populaire, à l'enfermer dans une stalle des écuries du pesage. Cerné par une multitude en fureur, qui l'invectivait grossièrement, le malheureux dut attendre la fin de la journée pour quitter son abri, et le Derby était couru depuis longtemps, que l'air raisonnait encore du mot « Voleur!... Voleur!... » craché par quinze mille poitrines!

Nous ne connaissons ni M. Michel Eprussi, ni aucune personne de son entourage. Nous sommes donc bien à l'aise pour stigmatiser énergiquement la conduite du public en cette circonstance. La manœuvre frauduleuse que l'on imputa gratuitement à M. Michel Ephrussi eût-elle même existé, que l'attitude de la foule n'en fut pas moins écœurante. Si coupable que soit un homme, on ne se met pas des milliers contre un pour le châtier : la justice, dans ces conditions, devient de la lâcheté.

Et rien ne motivait cette véritable curée, tous les chevaux qui disputèrent le Derby étant de qualité médiocre et ayant les mêmes chances.

Comme bien on pense, cette triste affaire eut un retentissement énorme, et les Commissaires de la Société d'Encouragement, dans l'intérêt même du sport et sans qu'aucune plainte directe eût été déposée entre leurs mains, ouvrirent une enquête approfondie auprès de tous les donneurs de quelque importance. Leurs opérations furent minutieusement contrôlées, et il fut impossible d'y trouver trace de paris émanant de M. Michel Ephrussi ou de ses intimes.

Gospodar courut encore le Grand Prix, où il prit la quatrième place, après quoi M. Michel Ephrussi abandonna le turf pour de longues années.

***

Dolma Baghtché (Krakatoa et Alaska), au baron de Schikeler, n'avait pas couru le prix du Jockey-Club, dans lequel il n'était pas inscrit. Vainqueur, comme nous l'avons vu, des trois courses qu'il avait disputées à deux ans, il avait échoué, pour sa rentrée, contre *Le Pom-*

pon, dans le prix Lagrange, où il s'était présenté encore très vert. Il avait ensuite enlevé sans peine le prix La Rochette et celui des Acacias, puis le Grand Prix, où, monté par Dodge, il ne l'avait emporté, après une superbe lutte, que d'une encolure sur le cheval anglais *Matchbox*, pour lequel on payait 4/6. Second de *Ladas*, dans le Derby, *Matchbox* venait d'être acheté 375.000 francs à lord Alington, par le baron de Hirsch, avec une redevance éventuelle de moitié du Grand Prix.

Dolma Baghtché fut retiré de l'entraînement après sa victoire, en raison de l'état de ses jambes. Il présentait ceci de particulier, qu'il avait de commun avec le célèbre *Cade*, que, sa mère étant morte peu de temps après l'avoir mis bas, il avait été élevé au biberon, avec du lait de chèvre.

Ravioli (Atlantique et Japonica), camarade d'écurie de *Dolma Baghtché*, remporta les prix du Nabob, Monarque et du Prince d'Orange.

Le Pompon (Fripon, par Consul, et La Foudre), à M. Edmond Blanc, ne confirma pas son heureuse victoire du prix Lagrange. Il est le père de *Prestige*, un des meilleurs chevaux de ces trente dernières années, et de *Biniou*.

Beaujolais (Gamin et Bigamy), à M. Michel Ephrussi, avait eu en partage la Poule d'Essai des Poulains et le Saint-Léger de Caen; — et *Calcéolaire* (The Bard et Kild), à M. A. Abeille, la Poule d'Essai des Pouliches, mais elle n'avait pu prendre que la seconde place, dans le prix de Diane, à une demi-longueur de *Brisk* (Galopin et Brie), au baron de Rothschild.

Une émule de *Galette* — laquelle était morte des suites d'une purgation, quelques jours après avoir remporté le prix des Sablons, sur *Ragostky* — se révéla, dans le petit prix du Parc, à Vincennes, au début de la saison. Elle se nommait *Algarade* (Balzan et Alerte), et appartenait à M. E. de La Charme qui, ne soupçonnant pas sa qualité, la laissa partir pour 8.888 francs.

Le comte de Fels n'eut pas à regretter cette heureuse acquisition, la pouliche ayant gagné, dans son année, plus de 100.000 francs et neuf courses, dont le Grand Prix de Deauville.

**

L'écurie Caillault (MM. Maurice Caillault et comte Paul de Pourtalès) venait de se former, avec R. Carter junior, pour entraîneur.

Lutin (Patriarche et Légitime), qu'elle n'avait payé que 2.500 francs à la vente des yearlings du haras de Montgeroult, à la baronne de Bray, est le premier à illustrer la casaque jaune et bleu, par ses victoires dans la Coupe, les prix de la Moskowa et Jouvence.

Deux autres casaques — qui ne paraîtront guère que de façon aussi heureuse qu'intermittente — remportent leur premier succès, l'une, dans le petit prix de Boulogne, à Paris, avec *Velléda*, 3 ans, et l'autre dans le Grand Prix de Vichy (handicap, 12.000 francs), avec *Lanterne Magique*, 4 ans, qui venait de chez le comte de Clermont-Tonnerre.

Ce sont celles du comte, depuis marquis de Ganay (casaque jaune, toque verte) et celle du comte P. de Saint-Phalle (casaque jaune, toque framboise).

***

Callistrate remporte les prix d'Hédouville et de Dangu, mais ne peut rendre 12 livres, dans le prix du Conseil Municipal, à l'anglais *Bestman*, qui le battit d'une longueur. En fin de saison, il enleva, à Newmarket, le Jockey-Club Cup, après avoir pris la seconde place, dans l'Ascot Gold Cup, l'Alexandra Plate, le Cesarewitch (où il était pénalisé de 16 livres par rapport au vainqueur, *Childwick*), et la troisième dans le Cambridgeshire.

Fousi-Yama eut en partage les prix Boïard, du Cadran et La Rochette; — *Aquarium*, cinq courses, dont, pour la seconde fois, le prix Gladiateur; — et *Le Nicham II*, le Lincolnshire Handicap.

Parmi les chevaux de deux ans qui attirent l'attention, il faut citer tout d'abord les produits du *Sancy*, qui font leur première apparition en public et dont les débuts font sensation.

Ce sont : *Le Sagittaire* (prix de Villers et prix de Deux Ans, à Deauville, Grand Critérium, à Paris); *Le Justicier* (deuxième du prix La Rochette, gagnant des prix des Chênes et de Condé); *Le Hadji* (prix Upas et prix Le Destrier, à Maisons-Laffitte); *Béatrix* (prix de Honfleur à Deauville, Deuxième Critérium, à Paris, et prix Eclipse); *Cherbourg* (qui remporte de 8 longueurs le Critérium de Maisons-Laffitte, après avoir été distancé dans le prix de Sablonville, pour avoir bousculé *Néerlandaise*).

Puis viennent : *Andrée* (prix de la Toucques, à Deauville, et Critérium de Vincennes); — *Montlhéry* (prix de La Rochette); — *Fragola* (prix d'Essai des Pouliches et Biennal, à Maisons-Laffitte, et Critérium International); — *Omnium II* (prix d'Essai des Poulains et prix Chêne Royal, à Maisons-Laffitte, et prix de la Forêt; il n'avait pas figuré dans le prix de l'Avenir, à Bade, et avait été battu, par *Fragola*, dans le Critérium International); — enfin *Merlin* (prix Bruce, à Maisons-Laffitte, où il rapporte 402 francs au pari mutuel du pesage).

***

Guidé par des considérations d'ordre budgétaire, le Conseil supérieur des Haras demande le relèvement, de 100 à 400 francs, du prix de saillie des étalons de grand ordre.

Le Ministre de l'Agriculture refuse d'apporter cette modification à la loi de 1874, qui régit la question.

**

Mort de M. J.-L. de Francisco Martin. Il n'eut jamais qu'une écurie des plus restreintes. Son meilleur cheval fut *The Condor*, qui eut l'honneur, grâce à la supériorité de son jockey, de battre la célèbre *Plaisanterie*, dans le Grand Critérium de 1884.

Les onze sujets composant son écurie réalisèrent 109.300 francs.

Pour cause de décès également furent liquidées les écuries de MM. Étienne Fould (35 chevaux, 109,950 francs) et Max Lebaudy (30 chevaux, 206.450 francs).

Mais la vente la plus importante de l'année fut celle de l'écurie et du haras d'Albian, au baron de Soubeyran, dont son âge ne lui permettait plus de s'occuper activement.

Elle comprenait 2 étalons, 29 poulinières, 15 yearlings et 38 chevaux à l'entraînement, de deux ans et au-dessus, qui produisirent plus d'un million (1.045.880 francs)

Nous ne voyons guère à retenir que les noms de *Little-Duck*, âgé de 13 ans, adjugé 67.000 francs à M. J. Lebaudy, et de *May Pole*, 8 ans, qui sera la mère de *Rose de Mai*, que le comte de Saint-Phalle acquit pour 40.000 francs.

**

Création par la Société Sportive, au début de la campagne de plat, du *prix Delâtre* (20.000 francs, 2.000 mètres, en ligne droite), pour chevaux de trois ans (1).

**

L'étalon *Tristan* (Hermit et Thrift), mourut la tête fracassée par la chute d'une poutre qui s'était détachée du plafond de son écurie. Il était né en 1878 et avait remporté, sous les couleurs de M. C.-J. Lefèvre, 18 courses sur les 26 qu'il disputa, dont trois fois les Hardwicke Stakes, à Ascot, et trois fois le Grand Prix de Deauville, sous le poids écrasant, en 1883, de 68 kilos 1/2. Ses gains dépassaient 400.000 francs.

On se rappelle sa magnifique lutte, dans le Grand Prix de Paris, contre *Foxhall*, qui ne triompha que d'une courte tête.

D'un caractère très difficile et d'un tempérament peu prolifique, *Tristan* n'a pas marqué son passage au haras.

---

(1) Poids : 56 kilos. Le gagnant, à l'étranger, d'un prix de 12.500 fr. portera 3 kil. 1/2 de plus. Les chevaux issus d'étalons nés et élevés en France n'ayant jamais produit le gagnant, avant le jour de la course, d'un prix de 10.000 fr. en France (anglo-arabes et demi-sang exceptés) recevront 2 kil. 1/2. Les chevaux issus de juments n'ayant jamais produit un gagnant, avant le jour de la course, en France (anglo-arabes et demi-sang exceptés) recevront, en outre, 2 kil. 1/2.

CHAPITRE LXXII

ANNÉE 1895

Mort de MM. A. Lupin, duc de Hamilton, comte Albert de Noailles, J. Joubert. — *Omnium II, Le Sagittaire, Le Justicier, Andrée, Kasbah* et *Merlin*. — *Lutin* (suite). — *Héro*. — L'écurie Gaston-Dreyfus. — *Paris-Sport*.

Magnifique année, malheureusement attristée par la mort de M. A. Lupin, à l'âge de 89 ans. Depuis 1890, comme nous l'avons vu, il s'était retiré progressivement du turf, liquidant d'abord son écurie de courses, puis son haras en 1893. Nous avons retracé à ce moment sa glorieuse carrière et nous ne pouvons que renvoyer nos lecteurs aux lignes que nous avons alors consacrées à cet éminent sportsman, à qui l'élevage national est redevable de cette fameuse famille *Dollar*, qui allait précisément trouver, cette année même, une de ses plus éclatantes manifestations avec *Omnium II* et *Merlin*.

La Société d'Encouragement s'est honorée en donnant le nom de M. Lupin à la Grande Poule des Produits.

Nous avons à enregistrer aussi la mort du comte A. de Noailles, du duc de Hamilton et de M. Jean Joubert.

Le comte Albert de Noailles était âgé de 72 ans. Membre du Jockey-Club, depuis 1848, et du Comité des Courses, où il avait remplacé M. Célestin de Pontalba, il avait été successivement juge, commissaire et vice-président de la Société, lui apportant dans toutes ses fonctions le concours de sa compétence et de son dévouement à la cause du sport. C'est en son souvenir que, dès cette année même, le prix du Nabob prit le nom de prix Noailles.

Le duc de Hamilton avait commencé à faire courir en France dans les dernières années de l'Empire, avec W. Planner, pour entraîneur. Ses couleurs — casaque cerise, manches et toque grises — furent portées avec honneur par *Little Agnes* (Grande Poule et Diane, 1872), *Barbillon* (2ᵉ du Grand Prix et gagnant du prix Royal-Oak, 1872), *Fénelon* (2ᵉ du Grand Prix, 1882), *Sir Jones* (Grand Prix de Deauville, 1873). Il avait possédé également quelques chevaux d'obstacles, dont le plus célèbre fut *Eau-de-Vie*, magnifique jument d'un modèle parfait.

M. J. Joubert, président de la Banque de Paris et des Pays-Bas, était un des anciens associés du comte de Lagrange, puis de M. Éd. Fould. *Solange* avait fait triompher sa casaque bleu-ciel, toque prune, dans le prix de Diane de 1888.

***

Un grand cheval se détache sur une génération qui comprend cependant des animaux comme *Le Sagittaire* et *Le Justicier*.

Phot. J. Delton.

Omnium II.

OMNIUM II, fils d'Upas et de Bluette, provenait, comme nous l'avons dit, de l'élevage de feu M. Delâtre; il avait été acheté, étant poulain de lait, à la liquidation de son haras, pour 6.000 francs, par la comtesse Le Marois, qui l'avait joint, l'année suivante, au lot des yearlings qu'elle envoyait à Deauville, où il fut acquis pour 14.100 fr. par M. H. Ridgway, pour le compte de M. de Saint-Alary. Il était alezan, de bonne taille, avait les jambes saines et présentait dans sa structure de grands points de force.

Nous avons retracé sa carrière à deux ans.

A trois ans, il est battu de deux longueurs, en lui rendant 4 livres, par *Merlin*, dans le prix Lyon-Chéri (2.000 mètres, L.-D.), à Maisons-Laffitte; puis, sur le même hippodrome, il enlève, dans un canter, le prix Stuart (2.200 mètres), à deux médiocres adversaires, et il a beaucoup de peine à battre d'une encolure *Launay* et *Domfront*, dans le prix Lagrange (2.000 mètres, L.-D.). Mis au repos jusqu'à Chantilly, il remporte facilement d'une longueur le prix du Jockey-Club, sur *Cherbourg* et onze autres compétiteurs, parmi lesquels *Le Sagittaire* et *Launay;* ne figure pas dans le Grand Prix (où les trois premières places sont prises par *Andrée*, *Cherbourg* et *Le Sagittaire*), non plus que dans le Furstemberg Memorial (2.000 mètres), à Bade, où il porte la grosse surcharge, mais enlève d'une longueur et demie, avec 61 kilos, le prix du Prince Hermann de Saxe-Weimar (2.200 mètres); succombe de quatre longueurs, dans le Biennal de Maisons-Laffitte (1.200 mètres), contre le deux ans *Shéridan*, à 27 livres d'écart pour l'année; n'a pas à s'employer, dans le prix de Villebon (2.400 mètres), pour rendre 10 livres à *Quélus* et autres; enlève d'une longueur le prix du Tibre (2.600 mètres), à Maisons-Laffitte; bat d'une encolure, à poids égal, *Le Justicier*, dans le prix du Prince d'Orange (2.400 m.); remporte de deux longueurs, sous le top weight de son âge, le prix du Conseil Municipal. sur *Le Sagittaire*, à qui il rend 6 livres, *Le Justicier* et neuf autres, dont la jument allemande *Gloire de Dijon*, qui l'avait battu à Bade et qui bénéficie cependant, cette fois, d'un avantage de 12 livres; et, enfin, succombe, à 34 livres d'écart, contre l'invincible *Héro*, dans le prix de la Forêt (1.400 mètres).

En résumé, il avait couru 12 fois, pour remporter 8 victoires et 3 places, s'élevant à 355.075 francs.

Nous verrons par la suite qu'il ne resta pas sur ces succès et qu'il confirma, par ses brillantes performances ultérieures, la haute qualité dont il était doué.

Après lui, *Le Sagittaire* (Le Sancy et La Dauphine) — qui se montrera étalon de premier ordre — et *Le Justicier* (Le Sancy et North Wiltshire), figurent au palmarès, le premier avec 159.725 francs et deux prix (Greffulhe et Grande Poule, plus une place de troisième dans le Grand Prix, et de deuxième dans le prix du Conseil Municipal); le second, avec 296.625 francs et trois prix, dont les Eclipse Stakes de 250.000 francs, à Sandown Park.

Andrée (Retreat et Araignée) peut prendre rang parmi ces animaux qu'une heureuse chance favorise au moment opportun. Bien qu'elle eût remporté la Poule d'Essai sur *Kasbah* (Vigilant et Katia), à M. H. Delamarre, celle-ci avait pris une revanche si complète dans le prix de Diane, qu'on ne pouvait supposer qu'elle la battrait à nouveau dans le Grand Prix, et, avec elle, des adversaires comme ceux qu'elle rencontrait. C'est pourtant ce qui se passa, et la pouliche de M. E. Blanc — qui était partie à 16/1 — l'emporta sans lutte. Le champ avait réuni seize partants, chiffre record jusque-là.

A l'automne, le prix de Flore, à Maisons-Laffitte, remit pour la troisième fois en présence *Kasbah* et *Andrée*, et, comme à Chantilly, l'avantage resta à la pouliche de M. Delamarre, qui battit celle de M. E. Blanc de bien plus que les 4 livres qu'elle en recevait. *Dinette* enleva même la seconde place à *Andrée*.

Venons enfin à *Merlin* (Vignemale et Mignonnette), que M. Maurice de Gheest n'avait payé que 700 francs, deux ans auparavant, à la vente des yearlings du haras de Marcadieu, à M. Lassalle.

C'était un poulain bai-brun, plutôt petit, d'un modèle très harmonieux, et dont l'action souple et légère rappelait beaucoup celle de son grand-père *Dollar*.

On a beaucoup écrit sur *Merlin* et, tandis que les uns le portaient aux nues, les autres n'ont voulu voir en lui qu'un animal médiocre, heureusement servi par les circonstances.

A notre avis, *Merlin*
n'a mérité
Ni cet excès d'honneur, ni cette indignité,

et la vérité nous semble que, sans être un grand cheval, il n'en fut pas moins un bon cheval de second ordre, d'une qualité réelle, mais de moyens limités. Ce n'est pas tant le nombre et la facilité de ses victoires qu'il faut envisager, que leur signification intrinsèque. Or, à l'exception du prix Lyon-Chéri — où il battit *Omnium II*, encore très vert, et dont c'était la rentrée en scène, alors que lui-même en était déjà à sa troisième sortie de la saison et avait acquis l'expérience du métier — on peut dire que, s'il se tira avec honneur des tâches qui lui furent imposées, ce ne fut jamais que de tâches faciles, *Launay*, qui n'occupait qu'un rang secondaire dans sa génération, ayant été son plus redoutable adversaire.

Ce n'était pas suffisant, pensons-nous, pour tant regretter qu'il n'eût pas de grands engagements. A considérer le rôle effacé qu'il jouera à quatre ans, quand il se trouvera enfin en présence des chevaux de premier plan, on ne voit pas bien quelle figure il eût faite dans une course sévère comme le Jockey-Club ou le Grand Prix, lui qui ne triompha jamais que de champs aussi pauvres en quantité qu'en qualité (1).

(1) Dans les dix courses qu'il remporta, à trois ans, sur les onze qu'il disputa, et qui s'élevèrent à 173.125 francs, *Merlin* ne rencontra jamais plus de quatre adversaires au maximum. Il y a loin de ces maigres lots aux 13 partants du Jockey-Club et aux 16 du Grand Prix.

Ses principales victoires furent les prix de Vincennes, de la Seine, Boïard, Fould, Monarque et le Grand Prix de Deauville, après lequel il fut mis au repos.

Bombon (Richelieu et Bavarde), à M. A. Menier, qui n'avait rien fait de l'année, remporta une victoire aussi fructueuse qu'inattendue dans le prix Royal-Oak, où il partit à 40/1. Comme dans le Grand Prix, *Le Justicier* et *Le Sagittaire*, après avoir paru maîtres de la partie jusqu'à l'entrée de la ligne droite, avaient trouvé la distance trop longue.

Launay eut en partage la Poule d'Essai; — *Cherbourg*, le prix du Nabob et la seconde place dans le prix du Jockey-Club et le Grand Prix; — *Roitelet*, le prix Hocquart; — *Arioviste*, le prix Daru; — et *Divan*, le prix Delâtre.

**

Lutin poursuit le cours de ses succès, Vainqueur de la Coupe, pour la seconde fois, il s'efface à la distance, dans le prix Rainbow, pour laisser passer son camarade, *Pomard*. C'était le droit strict de M. Caillault, qui lui évitait ainsi les surcharges imposables au gagnant d'un prix de 20.000 francs. Mais, comme *Pomard* était à 20/1, alors qu'on payait 4/6 en faveur de *Lutin*, on juge — par ce que l'on a vu de l'impressionnabilité du public de la pelouse — à quels excès ce résultat aurait pu le pousser, si les chevaux d'une même écurie n'avaient été heureusement couplés au pari mutuel.

Puis il remporta le prix du Printemps, le prix de Dangu, d'une encolure sur *Callistrate* — les autres étaient si loin que le juge se dispensa de placer un troisième — et trois autres courses, avant de claquer dans le Gladiateur.

Parmi les deux ans, on relève les noms de *Champignol*, *Arreau*, et *Champaubert*, mais l'héroïne de la jeune génération est *Héro* (Dauphin et Henriette II), au comte de Fels, qui ne connut pas la défaite et remporta successivement le prix d'Essai des Pouliches, à Maisons-Laffitte, le Deuxième Critérium, le Grand Critérium et le Critérium International, à Paris, et le prix de la Forêt, à Chantilly, créditant son propriétaire de plus de cent mille francs.

Comme sa devancière, *Swift*, pour ne rappeler qu'un des plus brillants météores de deux ans, *Héro* ne devait connaître qu'une gloire précoce!

Il en sera de même d'un autre de nos deux ans, *Majestueuse*, qui s'était signalée en enlevant les Lancashire Breeders Produce Stakes, à Liverpool, et un Nursery handicap, à Newmarket, s'élevant à près de 60.000 francs.

Elle appartenait au baron de Rothschild qui, avec les victoires de *Le Var*, 3 ans, dans les Princess of Wales Stakes, de *Médicis*, 5 ans, dans trois handicaps, et du vieil *Amandier*, dans quatre courses, dont le Great Eastern Railway, à Newmarket, figurait pour 130.000 fr.

dans la somme globale de près de 400.000 francs que notre élevage avait gagnés en Angleterre, grâce au succès, que nous avons déjà signalé, de *Le Justicier*, dans les Eclipse Stakes.

**

Le turf enregistre les couleurs (casaque bleu-marine, manches et toque mauve) d'un nouveau venu, M. Gaston-Dreyfus, dont l'élevage du Perray (Seine-et-Oise), ne devait pas tarder à produire quelques chevaux de premier ordre.

Aucune vente sensationnelle n'eut lieu en 1895. Toutefois, parmi le lot que le comte de Berteux liquida en juillet, figurait un poulain de deux ans, par Upas et Analogy, qui devait faire parler de lui. Il s'appelait *Elf*, et fut acquis pour 7.000 francs, par M. de Mézailles.

**

Signalons l'apparition d'un nouvel organe sportif quotidien, *Paris-Sport*, qui se différenciait de tous ses confrères en ce qu'il paraissait le soir, à l'issue même des courses de la journée, dont il publiait les résultats complets.

La hâte fiévreuse qu'ont les joueurs de toute catégorie de connaître ces résultats, sans attendre au lendemain, assura le succès de *Paris-Sport*, dès son premier numéro.

CHAPITRE LXXIII

ANNÉE 1896

Liane, Riposte, Babillarde, Champignol, Champaubert, Arreau. — *Omnium II*. *Le Sagittaire* et *Le Justicier* (suite). — Prix de Longchamp, à Deauville. — Mort de M. C.-J. Lefèvre. — La Starting-gate. — Installation de M. W.-K. Vanderbilt à Villebon. — Vente de l'écurie de M. Maurice Ephrussi. — Importation de *Simonian*. — *Persimmon*. — Décret du 24 novembre.

Si M. Maurice de Gheest remporta, cette année-là, le prix de Diane avec sa pouliche *Liane* (Gournay et L'Étoile), ce fut bien malgré lui. Il l'avait, en effet, réformée à l'âge de deux ans, mais l'acquéreur, après réflexion, la lui avait rendue!

Elle l'emporta facilement sur la grande favorite *Riposte* (Grandmaster et Riante), à M..A. Fould, qui venait d'enlever le prix Noailles (ex-prix du Nabob) et la Poule d'Essai, et qui devait, par la suite, gagner le Grand Prix de Deauville.

Presque aussi heureux que M. de Gheest, le vicomte Foy cueillit le prix Delâtre avec *Babillarde* (Sansonnet et Bar Maid), qu'il avait réclamée par 6666 fr. 65, à l'arrière-saison, après une petite victoire à Maisons-Laffitte.

Quant à la triomphatrice de l'automne, *Héro*, nous avons dit qu'elle ne tint pas ce que ses brillantes performances permettaient d'espérer, et il lui fallut attendre au prix de Flore pour remporter un nouveau succès.

Une fois de plus un accident de course donna le Grand Prix à un outsider au détriment du bon cheval et, comme l'année précédente, avec *Andrée*, M. Ed. Blanc en fut encore l'heureux bénéficiaire.

Vainqueur du prix Lagrange et de la Grande Poule, *Champignol* (Le Sancy et Chopine), partit favori dans le prix du Jockey-Club, où il fut battu de 3/4 de longueur par *Champaubert*, ex-*Titus* (Little-

Duck et Tantrip), à M. A. Abeille, qui avait déjà à son actif les prix Daru et de l'Espérance.

Les deux poulains se rencontrèrent à nouveau dans le Grand Prix, où, comme à Chantilly, les préférences du ring se portèrent sur *Champignol* plutôt que sur *Champaubert*, et, comme précédemment, le poulain de M. Abeille eut raison de celui de M. Prat, qui ne fut pas même placé. Mais *Champaubert*, qui avait pris un dernier tournant très large et perdu de ce fait pas mal de terrain, fut surpris, dans les dernières foulées, et battu d'une demi-longueur par *Arreau*, que Barlen avait très adroitement glissé à la corde. *Champaubert* était monté par Boon, excellent jockey d'obstacles, qui l'avait très heureusement piloté dans le Derby, mais qui manqua de décision en la circonstance, en ne filant pas assez franchement au poteau.

Arreau (Clover et Astra), avait gagné précédemment le Biennal et la Poule d'Essai sur *Le Basilic*, qui, lui aussi, s'était dérobé au dernier tournant ; il avait fini ensuite mauvais troisième dans le prix Lupin et n'avait pas été placé dans le prix du Jockey-Club, où il avait fait le jeu pour son camarade *Trébons*. Il en resta là de ses succès, ne figura pas dans le Royal-Oak, que remporta *Champaubert*, et, à la fin de l'année, il s'en fut remplacer, au haras de Saint-James, chez M. J. Stern, l'étalon *Fitz-Roya*, qui venait de mourir d'une paralysie des reins (1).

A côté de ces premiers sujets, *Indus*, à M. H. Ridgway, ne vaut d'être cité, qu'en raison du singulier accident dont il fut victime dans le prix de la Reine Marguerite. Il venait de l'emporter dans un canter quand, quelques mètres après le poteau, il tomba raide mort de la rupture d'un vaisseau.

Marly, à M. E. Blanc, qui avait fait illusion de crack, à deux ans, et qui souffrait d'une maladie de cœur, mourut de la même façon.

* * *

Omnium II, *Le Sagittaire* et *Le Justicier* poursuivent le cours de leurs succès, le cheval de M. de Saint-Alary confirmant sa supériorité sur les deux représentants du baron de Schickler.

Le prix Boïard, notamment, qui réunit l'élite des quatre ans, fut une des plus belles courses de l'année, bien que, pour la première fois, aucun trois ans n'eût osé se mettre en ligne. Après une lutte superbe, *Omnium II* l'emporta d'une encolure sur *Le Justicier*, que *Le Sagittaire* suivait à une demi-longueur ; non placés, *Launay*, *Quélus* et *Merlin*, dont ce fut la dernière sortie (2).

---

(1) En même temps que *Fitz-Roya*, venait de mourir *Cambyse*, qui sera le père de *Codoman* et de *Gardefeu*.

(2) Après une victoire facile dans le prix de Lutèce, sur un lot de comparses *Merlin* n'avait pu rendre 5 livres à *Satan*, dans le prix de la Seine, et il n'avait pas existé, dans le prix des Sablons, contre *Le Sagittaire* et *Launay*.

Omnium II avait déjà remporté le prix du Cadran, par une encolure, sur *Le Sagittaire*, et le prix Rainbow. Dans le prix de Dangu, *Bombon*, qui n'en recevait cependant que sept livres — écart de poids insuffisant pour compenser la différence de classe — lui infligea une défaite ridiculement aisée, et, par cela même, absolument fausse, ainsi que l'atteste la victoire, non moins facile que, quelques jours plus tard, *Le Justicier* remportait dans le prix d'Escoville, sur ce même *Bombon*. Second à Ascot, dans le Gold Cup, puis dans l'Alexandra Plate, *Omnium II* inscrit trois magnifiques victoires à son actif, avec les prix du Prince d'Orange, du Conseil Municipal et Gladiateur, et il prend ses quartiers d'hiver, après une tentative infructueuse sous le top weight de 62 kilos, dans le Cambridgeshire, dont la distance n'était nullement dans ses aptitudes.

Les deux ans qui attirent le plus l'attention sont *Roxelane*, *Palmiste*, *Chambertin*, *Castelnau*, *Quilda*, *Indian Chief* et *Général Albert*.

*
* *

Signalons une heureuse modification apportée au prix de Longchamp à Deauville, qui cesse d'être une course à surcharges et décharges pour devenir un prix à poids pour âge. C'est la seule épreuve importante de ce genre que nous ayons encore avec le prix Boïard, à Maisons-Laffitte.

M. C.-J. Lefèvre mourut à la fin de juin, dans l'appartement même où était mort le comte de Lagrange, 2, rue du Cirque, succombant, comme lui, à une attaque de goutte.

Vers 1850, il avait commencé à tâter des courses avec quelques chevaux qu'il avait confiés à T.-R. Carter. Puis de grosses affaires financières à l'étranger l'avaient tenu éloigné du turf jusqu'en 1870, où, à la liquidation de l'écurie Lagrange, il avait racheté la majeure partie des chevaux mis aux enchères et s'était assuré pour trois ans la production de Dangu. Sous le pseudonyme de « T. Lombard », il avait alors fait courir en Angleterre, avec Tom Jennings comme entraîneur, puis en France, sous celui de « Haras de Chamant », — du nom du domaine qu'il venait d'acheter, près de Senlis, et dont il avait fait un établissement d'élevage et d'entraînement unique en son genre, — puis sous son propre nom. Il entretint à Chamant une cavalerie formidable, que dirigèrent successivement Weatherell, G. Cunnington, R. Carter junior et R. Denman, aujourd'hui chez M. E. Blanc, à La Fouilleuse.

De 1871 à 1890, époque à laquelle il renonça aux choses du sport, il avait gagné, tant en France qu'en Angleterre, seul ou en association avec le comte de Lagrange, la somme de 7.600.000 francs d'argent public, plus 36 coupes ou objets d'art, d'une valeur totale de 250.000 francs (1).

Il serait trop long de récapituler tous les succès de la casaque tricolore, et nous nous bornerons à rappeler les noms de *Dutch Skater, Henry, Mortemer, Verdure, Reine, Écossais, Miss Toto, Flageolet, Camélia, Braconnier, Chamant, Beauminet, Versigny, Tristan, Frapotel* et *Archiduc*.

On parlait beaucoup depuis quelque temps d'une *starting-gate* ou machine à donner les départs, d'invention américaine, qui supprimait les inconvénients du départ au drapeau.

Elle consistait en deux poteaux verticaux, plantés de chaque côté de la piste, reliés entre eux par des ficelles ou rubans, devant lesquels les chevaux se rangeaient, et qui se levaient au signal.

L'expérience en fut faite à Maisons-Laffitte, à la fin de la saison.

Les résultats parurent probants, et son usage ne devait pas tarder à se généraliser.

Bien qu'elle ait été perfectionnée depuis lors — les rubans, notamment, ne se relèvent plus, ce qui effrayait nombre de chevaux, mais s'abaissent — on n'en a pas moins reconnu la nécessité du maintien du starter, pour les cas de faux départs; et, aujourd'hui, après bien des incidents regrettables, c'est, en somme, le départ au drapeau qui fait seul loi, que les chevaux aient été rangés ou non devant une starting-gate.

Signalons, en fin de saison, l'installation au haras de Villebon et dans l'établissement d'entraînement de Saint-Louis de Poissy, d'une écurie étrangère, qui ne devait pas tarder à éclipser toutes les autres par ses succès répétés.

M. W.-K. Vanderbilt avait ramené d'Amérique de nombreuses poulinières, achetées à la vente Lorillard, dont la plupart étaient issues de *Mortemer*. Ce n'est pas à celles-ci d'ailleurs qu'il dut ses futurs cracks, mais à l'élevage national.

Son premier entraîneur fut Diggles, qui avait eu longtemps la direction des chevaux de M. C. Blanc, puis Hughes. Mais ce n'est que du jour où il fit venir l'Américain William Duke, que sa casaque blanche à brassards noirs connut les triomphes éclatants.

Le 24 novembre avait été publié le décret complémentaire de la loi du 2 juin 1891, relatif à la comptabilité des Sociétés de courses et à l'emploi des fonds provenant des prélèvements sur le pari mutuel.

On trouvera ce document au Livre X.

---

(1) Afin d'éviter les répétitions, nous renvoyons, pour les différentes phases de cette association, à la notice que nous avons publiée à ce sujet, lors de la mort du comte de Lagrange, en 1883. (Voir page 461.)

La vente la plus importante de l'année est celle de l'écurie de courses de M. Maurice Ephrussi, qui renonce provisoirement au turf, tout en conservant son haras du Gazon.

Le lot, qui comprenait six chevaux de trois ans, dix de deux ans et neuf yearlings, réalisa 259.000 francs. Les prix les plus élevés furent atteints par le yearling *Margaux*, payé 51.000 francs par M. E. Blanc; et *Mademoiselle Chiffon*, 3 ans, 31.000 francs, par M. H. Say.

W. Rouch, London, Copyright.

Persimmon.

Le Roi ÉDOUARD VII (alors Prince de Galles), l'entraîneur Porter, et le jockey H. Jones.

M. Paul Aumont a la main heureuse avec l'importation de l'étalon *Simonian* (Saint-Simon et Garonne), né en 1888, qu'il avait payé 28.000 guinées. Sur le turf il n'avait eu qu'une carrière honorable, gagnant, entre autres, les Brocklesby Stakes, à deux ans, le Brighton Cup et le Liverpool Summer Cup, à cinq ans. Il n'avait encore fait qu'une saison de monte en Angleterre. En France, il se montrera reproducteur de premier ordre, comme on le verra par la suite.

Ne quittons pas l'Angleterre sans y signaler les victoires, dans le Derby, le Saint-Léger et les Jockey-Club Stakes, de celui qui sera précisément le meilleur continuateur de *Saint-Simon*, soit PERSIMMON, issu de *Perdita II*, appartenant au Prince de Galles.

C'est la seconde fois seulement, depuis l'origine du Derby, qu'il est remporté par l'héritier du trône, le premier qui y triompha ayant été le futur Georges IV, en 1785. Quant au Saint-Léger, il n'avait pas encore été gagné par les écuries royales.

A quatre ans, *Persimmon* comptera deux autres belles victoires, dans l'Ascot Gold Cup et les Eclipse Stakes.

CHAPITRE LXXIV

ANNÉE 1897

Modification à l'institution des Commissaires de la Société d'Encouragement. — Première victoire de l'écurie W.-K. Vanderbilt. — *Palmiste, Doge, Roxelane, Castelnau, Quilda, Masqué.* — *Champaubert, Elf, Winkfield's Pride* (suite). — Prix Vermeille. — Liquidation de l'écurie de M. H. Ridgway. — Mort du baron de Soubeyran et de J. Hudson. — Les *Tables* d'Hermann Gooz.

La Société d'Encouragement décide qu'à l'avenir les Commissaires ne pourront rester plus de trois années consécutives en fonctions.

***

La casaque blanche à brassards noirs de M. W.-K. Vanderbilt remporte sa première victoire avec *Malborough* (Stuart et Albania), dans le petit prix de Lessard-le-Chêne, à Maisons-Laffitte.

On sait de quels succès retentissants ce modeste début devait être suivi.

Les principaux protagonistes de l'année sont *Palmiste, Doge* et *Roxelane.*

Palmiste (Le Sancy et Perplexité), au baron de Schickler, n'avait succombé que d'une tête, pour ses débuts, contre *Roxelane*, dans le Grand Critérium; favori du Critérium International, il avait perdu la course dès le départ, après de violentes incartades causées par le mal de dents dont il souffrait. Pour sa rentrée, il avait enlevé d'une tête le prix Greffulhe, à *Chambertin*, puis, d'une encolure, le prix Lupin, à *Indian Chief*. Second favori, à 5/1, dans le prix du Jockey-Club, il l'emporta de deux longueurs et demie, sur *Doge* et *Flacon*, dead-heat pour la deuxième place. Dans le Grand Prix, il allait encore fort librement quand, à l'entrée de la ligne droite, il tombait boiteux.

On put croire alors que la favorite *Roxelane* (War Dance et Rose of York), à M. Caillault, était maîtresse de la partie. Elle provenait de l'élevage de M. Maurice Ephrussi et n'avait pas encore connu la défaite, ayant successivement remporté, à deux ans, les prix du Premier Pas, La Rochette, et le Grand Critérium, et, cette année, la Poule d'Essai et le prix de Diane, où elle s'était littéralement promenée. Dans le Grand Prix, elle entrait la première dans la ligne droite, et filait résolument au poteau quand, à la hauteur des tribunes, Dodge amenait *Doge* dans un rush foudroyant, et la battait d'une demi-longueur.

Il ne sembla pas que Tom Lane, qui avait cependant triomphé tant de fois dans le Grand Prix, eût monté sur *Roxelane* une de ses meilleures courses et, s'il fit preuve de toute l'énergie désirable dans la lutte finale, on put lui reprocher d'être venu trop tôt. Sans doute avait-il perdu quelque peu de sa maîtrise, durant la longue inaction à laquelle l'avait condamné la Société d'Encouragement, qui venait seulement de lui rendre sa licence, après une suspension de trois années.

Roxelane ne retrouva plus sa brillante forme, et, pas plus dans le prix de Flore que dans le prix Vermeille, elle ne put rendre quelques livres aux rivales qu'elle avait semées au printemps.

Doge (Fricandeau et Dogaresse), à M. J. Arnaud, ne s'était révélé que dans le prix du Jockey-Club. Jusque-là, il n'avait couru que deux fois : d'abord pour prendre la seconde place, à trois longueurs d'*Indian Chief*, à M. H. Say, dans la Poule d'Essai, puis, pour gagner le petit prix du Trocadéro. Il fut retiré de l'entraînement après sa fructueuse victoire du Grand Prix.

Après ces chefs de file on peut rappeler les noms de *Flacon* (prix Noailles et La Rochette); — *Chambertin* (Saint-Léger et Royal-Oak); — *Coniorn* (Delâtre, Derby de l'Ouest, à Nantes, et prix de Seine-et-Marne); — et *Caudeyran* (prix Lagrange et des Acacias).

Castelnau (prix de Vincennes, de Guiche et Boïard), était un réformé de l'écurie E. Blanc. Acheté 14.000 francs par le comte Cornude à la vente des yearlings de Jardy, ce fils de Révérend et Carmélite avait été remis plus tard aux enchères et payé 6.000 francs par M. de Saint-Alary, pour qui il avait déjà remporté, à deux ans, le Critérium de Vincennes et le prix de la Forêt. Favori du prix du Jockey-Club, il n'y joua aucun rôle et en resta là de ses succès.

Quilda (Gamin et Quickthought), à M. Menier, avait couru cinq fois à deux ans et remporté un petit prix. Elle parut treize fois sur le turf à trois ans, pour gagner quatre courses, dont le prix Daru et le prix de Flore. C'est surtout l'année suivante qu'elle trouva sa véritable forme.

Masqué, ex *Valentin* (Tyrant et Maskery), à M. Chéri R. Halbroun, court 10 fois pour remporter 3 courses, dont l'Ascot Handicap de 50.000 francs; il fut acheté à la fin de la saison par M. E. Blanc.

**

Sur 16 courses dans lesquels il se présente, *Champaubert* en enlève 8 et 5 places (prix des Sablons, Hédouville, Dangu, Ispahan, La Jonchère, du Pin). Il n'avait pas été placé dans le prix Boïard, le prix du Conseil Municipal, — où il rendait respectivement 12 et 27 livres aux deux premiers, — et le prix de la Forêt, et avait été battu, au début de la saison, dans le prix Rainbow, par *Elf*.

Elf (Upas et Analogy) provenait de l'élevage du comte de Berteux. Il avait été payé, à deux ans, 7.000 francs par M. de Mézailles, qui l'avait rétrocédé à M. J. Khan, lequel, après l'avoir essayé sans succès en plat, l'avait mis en haies, où il n'avait pas fait mieux. A la fin de sa troisième année, M. Khan avait été trop heureux de le céder, pour un prix modeste, à M. J. de Brémond, qui s'aperçut que le poulain souffrait des dents, alors qu'on le croyait atteint d'entérite, et qu'il dépérissait tout simplement du régime auquel il était soumis. Il ne tarda pas à le prouver en gagnant, à peu de temps de là, le prix d'Enghien, à Chantilly, sur 3.000 mètres, donnant ainsi les premières marques de son aptitude à tenir la distance.

A quatre ans, il enleva 4 courses dont la Coupe, le Rainbow et le Gladiateur, trois épreuves qu'il devait remporter à nouveau l'année suivante. Il échoua dans les prix du Prince d'Orange et du Conseil Municipal, manifestement trop courts pour lui.

Quant à *Omnium II*, on regretta que M. de Saint-Alary ne lui eût pas accordé le repos auquel il avait droit. Il courut cinq fois, hors de toute forme, et ce fut grande tristesse vraiment de voir ce vaillant lutteur se faire battre par ceux-là mêmes dont il avait toujours triomphé. Quand la condition d'un cheval est absente, à quoi sert sa qualité? *Omnium II* montra la même résistance, le même courage, mais ses moyens trahissaient chaque fois sa bonne volonté. C'est aux propriétaires et aux entraîneurs à avoir souci de la renommée de leurs cracks, et à ne pas les exposer à des exhibitions pénibles.

Le Justicier avait été vendu par le baron de Schickler à l'Allemagne.

Winkfield's Pride (Winkfield et Alimony) s'était littéralement promené dans le prix du Conseil Municipal. Il avait quatre ans et ne portait que 58 kilogrammes.

Les lauréats, parmi les jeunes, sont *Washington*, *Cazabat*, *Royal Mint*, *Cambridge*, *Volnay* et *Le Roi Soleil*.

**

En avril, M. H. Ridgway avait liquidé son écurie de courses. Les vingt-trois chevaux qui la composaient réalisèrent 436.400 francs. *Canvass Back*, qui venait de gagner le prix Hocquart, fut payé 81.000 francs par M. J. Lebaudy, et *Coq*, propre frère de *Courlis*, 76.000 francs par le comte Boni de Castellane.

Aucun d'eux ne justifia ces prix élevés.

Parmi les yearlings qui passèrent en vente, à Deauville, on relève — provenant du haras du Gazon, à M. Maurice Ephrussi — les noms de *Perth*, payé 27.500 francs, par M. Caillault, et *Sésara*, 28.000 fr. par M. A. Menier.

**

Une épreuve importante date de 1897, le *prix Vermeille* (40.000 fr., 2.400 mètres, G. P.), pour pouliches de trois ans, poids 54 kilos avec surcharge de 3 kil. 1/2 pour la gagnante, dans l'année, d'un prix de 20.000 francs. Les engagements se font à l'issue de la campagne, de deux ans.

C'était comme une contre-épreuve, à l'automne, du prix de Flore, qui se dispute une quinzaine de jours plus tôt, à Maisons-Laffitte.

Les Sociétés de courses entraient de plus en plus dans la voie qui consiste à réserver aux pouliches des occasions de se rencontrer entre elles, sans avoir à lutter contre les mâles, leur évitant ainsi des efforts dont peut se ressentir leur carrière de reproductrices.

**

Le baron de Soubeyran était mort au mois de février. Ancien associé d'Édouard Fould, puis du duc de Castries, il avait, au décès de celui-ci, en 1886, reconstitué l'écurie sous son propre nom, avec le vicomte d'Harcourt et le comte Hallez-Claparède.

En 1890, l'association fut dissoute : il conserva *Frontin* et *Little-Duck* pour son élevage d'Albian, près de Jouy-en-Josas, tandis que *Silvio* et *Saint-Léon* demeuraient chez le vicomte d'Harcourt, à Saint-Georges (Allier).

Il fit courir seul jusqu'en 1894, époque où il liquida définitivement, comme nous l'avons vu, son écurie et son haras.

J. Hudson mourut à la fin de l'année, à l'âge de 47 ans. Ce fut le meilleur jockey de son époque. Il avait monté principalement pour M. A. Lupin et le comte de Lagrange, puis pour M. E. Blanc. Il se trouvait en selle sur *Saint-Christophe* et *Nubienne*, quand ils remportèrent le Grand Prix.

Nous l'avons vu préférer constamment *Saint-Cyr* à *Salvator*, et avons raconté le terrible accident dont il fut victime à Chantilly, en 1880, et qui mit fin à sa carrière.

**

Publication, en Allemagne, des *Tables* (*Die Stamm-Mütter des Englischen Vollblutpferdes, Alphabetisches Verzeichniss*) de Hermann Gooz, corollaire de l'ouvrage de Bruce Lowe, dont nous avons parlé en 1892.

CHAPITRE LXXV

ANNÉE 1898

La monte américaine : Tod Sloan. — *Le Roi Soleil, Gardefeu, Machiavel, Le Samaritain, Mélina.* — *Elf, Champaubert, Quilda, Amandier* (suite). — Ligne de chemin de fer directe avec l'hippodrome de Maisons-Laffitte. — L'hôpital des jockeys de Chantilly. — Courses à Nice. — Importation de *Winkfield's Pride.* — Le Grand Prix d'Ostende.

Le fait sensationnel de l'année, plus encore que le duel palpitant entre *Le Roi Soleil* et *Gardefeu*, fut l'apparition, en France, de la monte américaine, qui devait bouleverser l'équitation et la tactique des courses.

C'est au hardi novateur qu'est le baron de Schickler, que nous en sommes redevables Convaincu de la supériorité de la nouvelle méthode, il ne craignit pas d'en faire l'expérience dans une épreuve de l'importance du Conseil Municipal, avec un poulain qui semblait y posséder une chance de premier ordre.

Nous reviendrons plus loin sur cet événement mémorable.

Deux excellents chevaux se détachent sur l'ensemble de la production : *Le Roi Soleil* (Heaume et Mlle de la Vallière), au baron de Rothschild, et *Gardefeu* (Cambyse et Bougie), à M. J. de Brémond.

Sans un incident de course, *Le Roi Soleil* n'aurait pas connu la défaite. Il n'avait couru que deux fois, à deux ans, pour remporter le prix Yacowleff, à Deauville, et le Premier Critérium, à Paris. Il avait fait sa rentrée dans le prix Hocquart, puis dans le prix Greffulhe, qu'il enlevait tous deux sans lutte. Dans le prix Lupin, il avait course gagnée, quand il fut surpris, au Pavillon, par le rush de *Gardefeu*. Il résistait avec beaucoup de courage et semblait avoir le meilleur, mais son jockey, W. Pratt, perdait sa cravache, ce qui, dans la lutte, permettait à *Gardefeu* de lui prendre une tête sur le poteau. *Le Roi Soleil*, n'étant pas dans le prix du Jockey-Club, dut attendre le Grand Prix pour prendre sa revanche, qui fut éclatante. Il confirma cette supériorité, à l'automne, dans le Royal-Oak, où il le battit à nouveau facilement. Il fut alors mis au repos, n'ayant pas d'autres engagements.

Gardefeu avait débuté obscurément, en septembre, dans le prix Chêne-Royal, à Maisons-Laffitte. Atteint ensuite d'une grave maladie infectieuse, il n'avait reparu qu'au printemps, dans le Biennal, où, encore très vert et à court d'ouvrage, il ne joua aucun rôle. Pour sa seconde sortie, il se plaça troisième, dans la Poule d'Essai, derrière *Rodilard* et *Hawandieh*; puis, grâce à l'heureux incident que nous venons de relater, il enleva le prix Lupin. Vainqueur du lot médiocre qui lui disputa le prix du Jockey-Club, il succomba contre *Le Roi Soleil*, dans le Grand Prix et le prix Royal-Oak, et contre *Gourgouran*, à qui il rendait 10 livres, dans le prix Le Sancy, à Maisons-Laffitte. Il cueillit ensuite le prix du Prince d'Orange sur des adversaires de second ordre, dont *Le Samaritain* était le meilleur, et termina la campagne par une brillante victoire, sous le poids de 59 kilos, dans le prix du Conseil Municipal, en battant d'une demi-longueur *Dina Forget*, 6 ans, 61 kilos, *Machiavel*, 3 ans, 56 kilos, et treize autres, parmi lesquels *Winkfield's Pride*, le vainqueur de l'année précédente, que M. E. Blanc acheta, après la course, au prix de 100.000 fr., pour remplacer son étalon *Le Pompon*, qu'il venait de vendre à M. Maugé (1).

Poulain tardif, *Machiavel* (Perplexe et La Rosalba), n'avait couru que quatre fois pour remporter trois victoires, dont le Grand Handicap de Deauville, et, tout récemment, le Handicap de la Tamise, à Maisons-Laffitte, sous le quasi top weight de 54 kil. 1/2 (un seul cheval de 4 ans portait 57 kil. 1/2). Recevant 12 livres de *Gardefeu*, dans le prix du Conseil Municipal, il semblait un compétiteur des plus redoutables, et le baron de Schickler fut vivement critiqué de l'avoir confié à un jockey aussi excentrique que l'Américain Tod Sloan.

Ce Tod Sloan devait à sa monte, qui semblait alors purement acrobatique, une grande réputation, tant en Amérique qu'en Angleterre. Les étriers très courts, presque à cheval sur le garrot, tout le corps porté en avant et ne touchant pas la selle, il semblait littéralement un singe agrippé au mors.

Ce fut un rire général. Dans le public et dans la presse, plaisanteries, railleries et sarcasmes se donnèrent libre cours, et non seulement sa position à cheval, mais encore sa tactique fut vertement condamnée. *Machiavel* avait, en effet, mené bon train jusque dans la ligne droite, où il avait été débordé. Sans aller jusqu'à prétendre que, mieux

---

(1) En plus du prix du Conseil Municipal, *Winkfield's Pride* avait gagné, comme autres épreuves importantes, le Cambridgeshire, le Lincolnshire Handicap et le Doncaster Cup Excellent étalon, il sera le père de nombreux bons produits, parmi lesquels *Finasseur*, que réformera M. E. Blanc, et qui s'illustrera sous les couleurs de M. Michel Ephrussi.

ménagé, il eût battu *Gardefeu*, les hommes compétents déclarèrent que sa course avait été une folie et qu'il avait perdu toute chance dès le départ!

Si Tod Sloan avait gagné, de cette façon, le prix de la Cascade, au début de la journée, on décréta que ç'avait été hasard pur, car, avec le favori, *Monopole II*, il n'avait été nulle part, ensuite, dans le prix de Newmarket.

Il n'en fallait pas plus pour condamner cette tactique, d'autant plus que, quelques jours plus tard, ce même *Machiavel* enlevait le Handicap limité sur un lot nombreux et sous le poids de 63 kil. 1/2, après une course d'attente, cette fois!

Aujourd'hui que la monte américaine règne sans partage, — quel est le jockey qui oserait restaurer l'ancienne monte anglaise, à fond de selle! — on ne peut comprendre la levée de boucliers que provoqua son apparition, que par cet esprit de routine qui, de parti pris, nous fait dénigrer toute nouveauté.

Sans remonter bien loin, nous n'en voulons pour preuve que les railleries qui saluèrent la venue des premières automobiles!

Les avantages de la monte américaine sont indéniables. Elle est plus légère au cheval; en portant le poids du cavalier sur les épaules, elle décharge les reins et l'arrière-main de l'animal, donne ainsi plus d'élasticité et de puissance aux muscles propulseurs, ce qui permet à la bête de s'étendre davantage et, par cela seul, de se moins fatiguer: la foulée étant plus étendue, il en faut un moins grand nombre pour couvrir la même distance.

Elle a ses inconvénients aussi : de par sa position même, l'homme étant privé de l'usage de ses jambes, dirige moins sûrement sa monture et son équilibre est plus instable. Ce n'est pas là, croyons-nous, contrairement à l'avis général, la cause de ces bousculades, devenues si fréquentes en course, tout particulièrement dans les tournants. Elles tiennent beaucoup moins à la position de l'homme qu'au sans gêne et à la brutalité de certains jockeys, qui n'hésitent pas, pour se faire jour ou se débarrasser d'un adversaire, à jouer violemment des genoux ou des coudes, sans souci des accidents qu'ils peuvent provoquer.

Ce sont là peut-être procédés américains, mais la monte n'y est pour rien.

Quant à la course en avant, que les Milton Henry, Reiff, O'Neil et autres pratiquent avec tant de bonheur, elle ne consiste nullement à pousser un cheval dès le départ, mais tout au contraire à le laisser aller librement dans son action : il ne mène que d'un faux train, qui ne l'épuise en rien et ne le prive d'aucun de ses moyens pour la fin.

Cette tactique n'est pas nouvelle, du reste, et fut employée, dans le Grand Prix même, avec *Sornette* et *Foxhall*. Mais il fallait être Ch. Pratt ou Fordham pour l'oser, — et réussir.

Parmi les autres trois ans, on peut citer *Le Samaritain* (Le Sancy et Clémentina), qui, après avoir remporté les prix de Guiche, Daru et des Acacias, pour son éleveur-propriétaire, le baron de Schickler, fut vendu au vicomte Foy, sous la casaque blanche à pois bleus duquel il enleva le Saint-Léger et le Grand Prix de Deauville.

La meilleure pouliche de l'année fut *Mélina* (Barberousse et Médine), à M. E. de La Charme, qui, la première, et jusqu'à présent la seule, réussit le triple event des trois grandes épreuves d'automne pour pouliches, avec les prix d'Amphitrite, de Flore et Vermeille, battant, entre autres, *Cambridge*, à M. A. Menier, la lauréate du prix de Diane, dans lequel elle-même n'avait pas été placée.

Les Poules d'Essai avaient été remportées, toutes deux, par des chevaux fort délaissés à 25/1, celle des Pouliches, par *Polymnie*, à M. J. Arnaud, et celle des Poulains, par *Rodilard*, propre frère de *Roxelane*, à M. Caillault, qui se bornèrent à ces succès de passage.

Phot. J. Delton.

Elf.

Elf poursuivit sa brillante carrière avec le prix de Lutèce, et, pour la seconde fois, les trois épreuves classiques de la Coupe, du Rainbow et du Gladiateur; il remporta également l'Ascot Gold Cup, où il rendait du poids à tous ses adversaires et jusqu'à 18 livres à son contemporain *Bay Ronald*.

Il n'avait été battu qu'une fois, dans le prix de Meudon, par *Little-Monarque*, qui fut ensuite son compagnon d'écurie, lequel avait son âge et qui n'en recevait pas moins de 21 livres.

Depuis le jour où M. de Brémond l'avait acheté pour quelques mille francs à M. Khan, *Elf* avait remporté 10 victoires, s'élevant à 231.500 francs, et 5 objets d'art.

Il quitta le turf à la fin de sa campagne de cinq ans et fut vendu comme étalon à M. H. Ridgway; nous aurons occasion de revenir sur son rôle au haras.

Citons encore, parmi les vétérans, *Champaubert*, qui gagne quatre courses, dont le prix d'Ispahan, qu'il partage avec *Cambridge*, à laquelle il rend 8 livres de plus que le poids pour âge; — *Quilda*, qui remporte le prix Boïard et cinq autres épreuves plus modestes; — et le vieil *Amandier* qui, bien qu'âgé de 10 ans, n'en continue pas moins à gagner largement son avoine (1).

La jeune génération semble renfermer un poulain de grand ordre, *Holocauste*, et quelques autres bons produits, comme *Sésara*, *Perth*, *Franco-Russe*, *Justitia* et *Fourire*.

**

A l'étranger, en plus de la victoire d'*Elf*, dans l'Ascot Gold Cup, le comte R. de Clermont-Tonnerre avait enlevé le prix du Prince Amédée, à Turin, avec le trois ans *Poète*, et M. P. Aumont, le Grand Prix d'Ostende, avec le quatre ans *Général-Albert*.

En Angleterre, les Oaks reviennent à la pouliche *Limasol*, fille de *Poulet*, l'ancien étalon du comte de Lagrange.

Une belle épreuve internationale est inscrite au programme d'Ostende, le *Grand Prix*, pour chevaux de trois ans et au-dessus (2).

---

(1) Il en était à sa neuvième campagne hippique, ayant débuté à l'âge de deux ans. Bien que n'ayant jamais remporté que des épreuves modestes au cours de sa carrière (les meilleures étaient le Royal Hunt Cup, à Ascot, et, à Newmarket, le Great Eastern Handicap et les Challenge Stakes, qu'il avait partagés avec *Chasseur*, il n'en avait pas moins rapporté près de 200.000 francs à son propriétaire, le baron de Rothschild.

(2) L'allocation a subi les variations suivantes : 50.000 fr. en 1898; 30.000, en 1900; 50.000, en 1902; 30.000, en 1903; 20.000, en 1906; 100.000, en 1907; 50.000 depuis 1908.

La distance primitive de 2.000 mètres a été élevée à 2.100, en 1902; 2.200, en 1906; 2.900, en 1911.

Nos représentants y ont triomphé cinq fois : *Général-Albert*, à M. Aumont (1898 et 1899); *Cavalcadour*, à M. B. Chan (1906); *Magellan*, à M. T.-P. Thorpe (1908); et *Gorgorito*, à M. San Miguel (1912).

*
* *

Depuis sa fondation, la Société Sportive s'était préoccupée de l'inconvénient que présentait l'éloignement de son hippodrome de la gare d'arrivée de Maisons-Laffitte, qui pouvait nuire, jusqu'à un certain point, au développement de ses réunions.

Elle était entrée en pourparlers à ce sujet avec la Compagnie de l'Ouest, et avait eu la satisfaction, pour fêter le douzième anniversaire de sa fondation, d'offrir au public, dès le début de l'année, une ligne spéciale, qui mettait les voyageurs aux portes mêmes du champ de courses.

On verra quelle extension les courses de Maisons-Laffitte allaient devoir à cette petite ligne de chemin de fer.

La Société des courses de Nice, qui s'était exclusivement adonnée aux obstacles jusque-là, inaugure, au début de la saison, son meeting de plat, qui comprenait trois journées de courses. L'épreuve la plus importante n'était encore que le Grand Prix du Printemps, de 20.000 francs.

*
* *

Au printemps avait eu lieu, en présence d'une foule considérable, la pose de la première pierre de l'hôpital des jockeys, à Chantilly, fondé par souscriptions particulières. Toutes les notabilités du sport, représentants des grandes sociétés de courses, éleveurs, propriétaires, entraîneurs et jockeys avaient tenu à assister à cette cérémonie, au cours de laquelle la bénédiction avait été donnée par l'évêque de Beauvais.

La charité publique avait été bien inspirée en la circonstance et le nouvel établissement rendra les plus grands services. Sa prospérité ira toujours en croissant, grâce aux dons généreux que ne manqueront jamais de faire, au lendemain d'une belle victoire, les propriétaires que la Fortune aura favorisés sur le turf.

*
* *

Parmi les chevaux qui passèrent en vente au cours de l'année, on peut signaler *Kasbah*, l'héroïne des prix de Diane et de Flore, en 1895, qui fut acquise pour 30.000 francs, par M. E. de Saint-Alary.

Saillie, l'année même, par *Omnium II*, elle allait donner, pour premier produit, une pouliche remarquable, *Kizil Kourgan*.

CHAPITRE LXXVI

ANNÉE 1899

Manifestations politiques au Grand Steeple-Chase d'Auteuil. — Agrandissement des tribunes et des pesages de Longchamp et de Maisons-Laffitte. — *Holocauste, Flying Fox, Perth, Fourire, Gobseck, Sésara.* — *Jeanne Brunette, Gardefeu, Le Roi Soleil* et *Général-Albert* (suite). — Grand Critérium d'Ostende. — Écuries du baron Édouard de Rothschild et de M. James Hennessy. — MM. H. Say, baron de Bizi, H. Cartier, comte d'Espous de Paul, A. Menier, F. Wheeler. — Mort de *Saxifrage*.

Pour la première fois, et pour la dernière, espérons-le, les passions politiques se donnèrent libre carrière aux courses, et, le jour du Grand Steeple-Chase d'Auteuil, quelques énergumènes du pesage se livrèrent à de violentes manifestations et jusqu'à des voies de fait contre le Président de la République.

Ces déplorables incidents eurent leur répercussion sur la journée du Grand Prix et, par contre-coup, sur le commerce parisien. Les partis avancés ayant menacé d'une contre-manifestation, la foule fut peu nombreuse et peu élégante, en dépit du beau temps et des importantes mesures d'ordre qui avaient été prises.

On compta 3.000 voitures de moins que l'année précédente et une diminution de près de 1.500.000 francs dans les entrées et les opérations du pari mutuel.

Joli résultat, en vérité, que celui qu'avaient obtenu là ces précurseurs des Camelots du Roy!

La Société d'Encouragement avait entrepris de grands travaux sur l'hippodrome de Longchamp : la tribune près du pavillon avait été surélevée, la piste d'arrivée élargie et le pesage embelli.

De même à Maisons-Laffitte, où la piste et le pesage avaient été agrandis.

Puisque nous parlons de la Société Sportive, signalons sa tentative, qui fut de courte durée, en raison de son peu de succès, de courses pour arabes et anglo-arabes.

***

Une fois de plus le vieux dicton, qui veut que la Roche Tarpéienne soit près du Capitole, allait trouver son application, et M. de Brémond, que la Fortune semblait combler de ses bienfaits, devait l'éprouver à ses dépens.

Avec *Holocauste* (Le Sancy et Bougie), il était en droit de se croire en possession, non plus seulement d'un excellent cheval comme son frère de mère, *Gardefeu*, mais encore d'un très grand cheval.

Il était de robe grise, peut-être un peu droit sur ses devants, mais de structure imposante et d'une puissante action. Il était, hélas! marqué par le sort, et un banal accident de courses devait lui coûter tout à la fois le Derby de Chantilly et la vie dans celui d'Epsom, au moment où sa victoire paraissait assurée.

Non placé pour ses débuts, dans l'Omnium de Deux Ans — gagné par l'outsider *John Wyse*, à M. J. Hennessy, à 50/1 — il avait enlevé dans un canter le Critérium de Maisons-Laffitte, le Grand Critérium (où *Perth* n'était pas placé) et le prix Le Destrier, malgré une surcharge de 10 livres.

Une première déception l'attendait à sa rentrée, dans le prix Lagrange où, sans qu'on ait pu expliquer cette défaite incompréhensible, il fut battu d'une tête par *Mic*, à E.-H. Flatman, qui ne rapporta pas moins de 1.095 francs au pari mutuel, tant sa chance semblait problématique, et dont toute la carrière se borna à cette victoire inespérée.

Holocauste ne tarda pas à se réhabiliter et, comme à deux ans, ce fut dans un canter qu'il enleva successivement le Biennal, le prix La Rochette et le prix Lupin, où il laissait *Vélasquez* à six longueurs.

Pendant ce temps *Perth* (War Dance et Primrose Dam), à M. Caillault, posait également sa candidature au Derby de Chantilly, par ses faciles victoires dans les prix Hocquart, Daru et la Poule d'Essai. Payé 27.500 francs, à la vente des yearlings de M. Maurice Ephrussi, il avait couru sans succès, l'année précédente, à deux reprises, à Deauville; puis il avait enlevé deux épreuves sans importance à Vincennes, n'avait pas figuré dans le Grand Critérium, et avait triomphé, à un avantage de poids, de *Ivan IV* et *Franco-Russe*, dans le Critérium International.

Bien que le hasard de leurs engagements respectifs ne leur eût pas permis de se rencontrer avant le prix du Jockey-Club, c'est avec bien peu d'impatience que l'on attendait l'issue de la grande épreuve de Chantilly. Les performances de *Holocauste* étaient estimées tellement plus concluantes que celles de son rival, que l'on n'hésitait pas à payer 1/2 en sa faveur, tandis que *Perth* était à 7/2, *Cognac* à 10/1, *Vélasquez* à 40/1, etc.

Au lieu de la brillante victoire que sportsmen et public espéraient, nous eûmes l'attristant spectacle d'un animal dominant ses adversaires, mais paralysé dans son action et réduit à l'impuissance par la façon malencontreuse dont son jockey l'avait placé à l'arrivée!... Bien en course jusqu'à la descente, on l'avait vu rétrograder brusquement et tout le peloton le dépasser. On attacha d'autant moins d'importance à cet incident, — qui était cependant capital, comme on le verra, — qu'une fois dans la ligne droite, *Holocauste* était revenu

Phot. J. Delton.

Perth.

dans des foulées magnifiques, regagnant sans cesse du terrain sur *Perth*, *Cognac* et *Vélasquez*, entre qui une lutte sévère s'était engagée. Son action était telle, que sa victoire ne faisait plus de doute, mais Watkins, au lieu de l'amener carrément en dehors où la voie était libre, le poussa dans le sillage des chevaux de tête, en sorte qu'il se trouva littéralement bloqué. Quand, aux tribunes, *Cognac* cédait enfin et livrait un passage, il était malheureusement trop tard, et *Perth* l'emportait péniblement d'une demi-longueur sur *Vélasquez*, qui avait succombé précédemment de six longueurs contre *Holocauste* !

Ce fut une cruelle déception pour M. de Brémond, moins cruelle encore, cependant, que celle qui l'attendait à trois jours de là en Angleterre.

Il n'avait pas accepté cette défaite, en effet, et il avait envoyé son poulain disputer le Derby d'Epsom au grand favori FLYING-FOX (Orme et Vampire), au duc de Westminster, pour lequel on payait 1/3, en raison de ses brillantes performances. Il avait déjà remporté, entre autres victoires : à deux ans, les New Stakes, à Ascot, et les Criterion Stakes, à Newmarket; à trois ans, les Princess of Wales

W. Rouch, London, Copyright.

Flying-Fox.

Stakes et les Deux mille Guinées, auxquels il ajoutera par la suite le Saint-Léger, les Jockey-Club et les Eclipse Stakes.

Pour en revenir au Derby, la veille de la course, de mauvais bruits circulèrent sur *Holocauste*, dont une des jambes semblait un peu raide, sans qu'on pensât à rattacher cette légère boiterie au brusque arrêt qu'il avait marqué à Chantilly. Le lendemain, comme il paraissait mieux, il prit part à la course, dont le départ ne fut donné qu'après une heure de retard en raison des incartades de certains concurrents. Monté par Tod Sloan, qui le laissa s'étendre dans sa longue action, *Holocauste* prit résolument le commandement et mena d'une allure si soutenue, qu'à l'avant-dernier tournant, *Flying-Fox* était seul à pouvoir le suivre, tous les autres étaient battus. A 500 mètres du poteau, *Flying-Fox*, déjà monté des jambes, rejoignait *Holocauste*, à qui Sloan n'avait encore rien demandé. Pendant trois cents mètres encore, les deux chevaux restèrent collés l'un à l'autre, Morning Cannon étant obligé de solliciter déjà plus sérieusement le sien, afin de ne pas perdre contact, alors que Sloan ne bougeait toujours pas. Dès lors la course semblait courue pour le champion français, quand l'on vit tout à coup *Holocauste* s'arrêter, tournoyer sur lui-même et tomber, laissant *Flying-Fox* gagner dans un canter.

Il venait de se casser la jambe, et dut être abattu sur place. L'autopsie démontra qu'il ne s'agissait pas seulement d'une fracture, mais que les os étaient fracassés en tous petits morceaux, comme si la jambe avait été broyée; l'on en conjectura qu'il se l'était fêlée à Chantilly, en portant le pied à faux, ce qui expliquait son brusque arrêt dans la descente, qui avait paru incompréhensible au moment même, et la boiterie de la veille qui en était la conséquence.

Holocauste n'eut-il pas renouvelé l'exploit de *Gladiateur* — et tous les bons juges estiment qu'au moment où l'accident se produisit il avait course gagnée — que cette performance seule contre *Flying-Fox* en faisait un cheval de grande classe.

C'était une perte énorme pour M. de Brémond et pour l'élevage national.

Débarrassé de ce redoutable adversaire, *Perth* n'eut encore à battre que *Vélasquez* dans le Grand Prix, et que *Gobseck* et ce même *Vélasquez*, dans le Royal-Oak, ce qui lui a permis de réaliser, le premier, le quadruple event des Poule d'Essai, Jockey-Club, Grand Prix et Royal-Oak, qu'aucun autre n'a pu réussir encore depuis lors. Mais il échoua dans le prix du Prince d'Orange, où une tâche plus sérieuse lui était imposée : il s'agissait, pour lui, de rendre 9 livres à *Fourire*, qu'il rencontrait pour la première fois.

Fourire (Palais-Royal et Fourchette), à M. Fasquel, était un ravissant cheval, à l'action souple et légère, qui, avec trois petits succès à deux ans, venait de remporter avec la plus extrême facilité onze victoires consécutives, dont les prix de Fontainebleau, de Guiche, Boïard (sur *Railleur, Le Roi Soleil, Machiavel, Quilda*, etc.), Monarque, où il fit walk-over, et le Grand Prix de Deauville, après lequel il avait été mis en vente et retiré à 200.000 francs.

La partie semblait circonscrite entre *Perth* et *Fourire* qui, en raison de ses 9 livres d'allégeance, partit favori. Il battit, en effet, *Perth* de cinq longueurs pour la seconde place, mais tous deux furent mis d'accord par la vieille *Jeanne Brunette*, alors en pleine forme, qui ne recevait pas moins de trois années et le sexe.

Il est difficile, sur le résultat d'une seule rencontre, de décider quel était le meilleur de *Fourire* ou de *Perth*. A ne voir des choses que le côté brutal, il est certain que *Fourire* battait son rival de beaucoup plus que les 9 livres qu'il en recevait, mais, ne peut-on dire aussi que, voyant la partie perdue, le jockey de *Perth* n'avait pas beaucoup insisté pour la place, en sorte qu'il ne faudrait pas prendre trop au pied de la lettre la distance officielle de cinq longueurs, qui les séparait à l'arrivée.

Nous pensons que les deux poulains se valaient, et nous regrettons que l'absence de grands engagements ait empêché *Fourire* de se mesurer à armes égales contre *Perth*. La souplesse de leur action et leur maniabilité commune eussent donné aux épreuves classiques un intérêt qu'elles n'eurent pas.

A quelques jours du prix du Prince d'Orange, *Fourire* succombait d'une tête, dans le prix du *Conseil Municipal*, contre *Libaros*, à qui il rendait l'année et 8 livres, après une lutte superbe, au cours de laquelle la question de monte joua le rôle capital : Ware, qui le pilotait, fit de son mieux, mais on peut dire que, plus encore que *Libaros*, ce fut Tom Lane qui gagna la course.

Il termina l'année par une place de troisième, dans le prix de la Forêt. Ses gains, à trois ans, s'élevaient à 244.350 francs.

La meilleure pouliche est *Sésara* (Donovan et Séraphine II), que M. A. Menier avait payée 28.000 francs à la vente des yearlings de M. Maurice Ephrussi, deux ans auparavant. Gagnante, à deux ans, de plusieurs prix, dont celui de la Salamandre, elle remporta la Poule d'Essai, ne fut pas placée dans le prix de Diane — qu'enleva l'outsider *Germaine*, à Willy Carter, qu'on n'avait pas revue de l'année — ni dans le Grand Prix, et triompha dans les prix de Flore et Vermeille, précédant à l'arrivée, dans celui-ci, ses deux camarades *Ismène* et *Bérénice*.

*

En plus du prix du Prince d'Orange, qu'elle avait enlevé, ainsi que nous l'avons vu, sous un poids de plume, la vieille *Jeanne Brunette* 6 ans, gagna encore six autres courses, dont le Handicap libre, sous le top weight de 60 kil. 1/2.

Battu de huit longueurs, dans l'Ascot Gold Cup, après avoir remporté les prix des Sablons, Hédouville et de Dangu, *Gardefeu* fut alors retiré du turf. Au printemps, alors qu'on payait 1/3 en sa faveur dans le Biennal, il avait fini à vingt longueurs de son camarade *Riverain*, que l'on cotait à près de 200/1!... Après ce que nous avons vu de l'irritabilité des joueurs, réjouissons-nous une fois de plus du couplement des chevaux d'une même écurie au pari mutuel.

Le Roi Soleil échoua contre *Fourire* et *Railleur* dans le prix Boïard, puis il enleva sans lutte le Cadran et le Rainbow.

Les deux ans que leurs succès mettent en évidence sont *Ramadan*, à qui un accident ne permettra plus de reparaître sur le turf, après la deuxième année, *Semendria*, *Codoman*, *Clairette*, *Agathos* et *Contretemps*.

A l'étranger, *Le Sénateur*, 4 ans, non placé, avec son compagnon *Gardefeu*, dans la Coupe d'Or, à Ascot, y enlève ensuite l'Alexandra Plate.

Plus heureux à Bade qu'en France, le trois ans *Gobseck* (Little-Duck et Glencara), au comte de Juigné, y fait une fructueuse moisson de deux épreuves de 100.000 francs chaque, le prix d'Iffenzheim et le Grand Prix, dotés en plus, le premier d'un objet d'art, et le second d'une coupe d'or.

Le meeting d'Ostende n'avait pas encore pris le développement qu'il a acquis par la suite : il n'en offrait pas moins déjà un Grand Prix de 50.000 francs, que *Général-Albert*, à M. P. Aumont, remporta pour la seconde fois, et un *Grand Critérium* de 20.000 francs, qui venait d'être créé l'année même, et qui deviendra, grâce à sa riche allocation, une des plus belles épreuves continentales réservées aux jeunes chevaux (1).

* * *

Aux couleurs connues du baron A. de Rothschild et de Jacques et Richard Hennessy, viennent s'ajouter celles du baron Édouard de Rothschild (casaque cerclée bleu et jaune, manches et toque jaunes) et de M. James Hennessy (casaque vert de mer, ceinture et toque orange).

Les premières passent le winning-post, à Maisons-Laffitte, dans les prix de la Manche et Farfadet, avec *Justitia*, et les secondes figurent à l'arrivée dans le prix de l'Espérance, à Amiens, avec *Daïmio*.

* * *

Au bulletin nécrologique nous avons à enregistrer la mort de MM. H. Say, baron de Bizi, H. Cartier, éleveur, comte d'Espous de Paul, propriétaire dans le Midi, A. Menier, J. Wheeler et de l'entraîneur G. Stern.

M. H. Say, qui faisait courir depuis 1878, avait fondé le haras de Lormoy, où il avait importé *The Bard*. Ses chevaux étaient confiés à R. Carter Senior, entraîneur public à Chantilly, qui avait été un moment au service du comte de Lagrange.

---

(1) De 20.000 fr. au début, l'allocation a été portée à 50.000 fr., en 1902; ramenée à 30.000 l'année suivante, élevée à 40.000 en 1904, puis réduite à nouveau à 30 000 en 1905, elle est de 50.000 fr. depuis 1907.

La distance est de 1.000 mètres depuis 1908; jusque-là, elle n'était que de 900 mètres.

MM. Caillault et Edmond Blanc l'ont remporté chacun deux fois : le premier, avec *Reine-Margot* (1902) et *Magali* (1909); le second, avec *Fils du Vent* (1908) et *Lord Burgoyne* (1910).

En 1911, ce fut le tour de M. W.-K. Vanderbilt, avec *Pétulance*.

Les couleurs de M. H. Say — d'abord, casaque noire, manches et toque rouges, puis casaque rouge, manches et toque bleues — avaient été portées avec honneur par *Bérenger*, *Hoche*, *Annita*, *Idle Boy*, *Madcap* et *Indian Chief*.

Désireuse de continuer l'élevage de Lormoy, Mme H. Say ne liquida que l'écurie de courses de son mari : celle-ci, qui comprenait 25 chevaux de deux ans et au-dessus et 20 yearlings, produisit 780.000 francs (1).

Ancien gentleman-rider réputé, le baron de Bizi était un des handicapeurs de la Société d'Encouragement. Il fut remplacé par M. A. Sautereau, fondateur de la *Vie Sportive*, écrivain des plus compétents en matière de courses et d'élevage.

M. Albert Menier ne faisait courir que depuis 1892. Nous avons dit quelle formidable cavalerie il avait réunie à Chamant. Mais aucune méthode ne présidait à la direction de cette nombreuse écurie, M. Menier n'exigeant guère de ses entraîneurs, les frères Bartholomew, autre chose que de voir ses couleurs représentées dans toutes les courses. Qu'ils fussent en condition ou non, ses chevaux devaient donc paraître en public, aussi semblaient-ils souvent avoir été engagés et courir au petit bonheur.

Il n'en avait pas moins remporté déjà le prix Royal-Oak, avec *Bombon*, le prix de Diane, avec *Cambridge*, le prix Boïard, avec *Quilda*, la Poule d'Essai et les prix de Flore et Vermeille, avec *Sésara*.

Avant d'élever pour son propre compte, M. A. Menier s'était successivement assuré la production de Dangu, pendant le temps que M. Michel Ephrussi s'était retiré du turf après le scandale *Gospodar*, puis celle de Victot.

Mme Menier ne conserva qu'une partie des poulinières et seulement quelques-uns des chevaux à l'entraînement, *Sésara*, *Bérénice*, etc.

Le reste — 42 chevaux de 3 ans et au-dessus, 32 de 2 ans, 42 yearlings, 24 foals, 21 poulinières et 5 étalons — soit au total 166 têtes, ne réalisa que 610.125 francs. Aucun nom ne nous semble à retenir.

J. Wheeler avait monté pour le baron de Rothschild, M. A. Lupin, le comte de Lagrange et M. E. Blanc. Nous avons relaté en leur temps le scandale auquel il donna lieu par le « tirage » de *Kilt*, dans la Poule d'Essai, ainsi que la ruse présumée qu'il employait, à l'exercice, pour tromper Hudson sur la valeur de *Salvator*, afin de s'en réserver la monte dans les grandes épreuves.

Il était l'entraîneur de *Nubienne*, quand celle-ci gagna le Grand Prix.

(1) Les prix les plus élevés furent atteints par *Magistral*, 3 ans, **payé** 55.000 fr. par R. Carter, et les deux yearlings, *Maltais*, 51.000 fr., par M. Caillault, et *Old Warior*, 47.000 fr., par M. Vanderbilt.

L'entraîneur G. Stern était le père de Georges Stern, l'excellent jockey de M. E. Blanc, qui n'était encore qu'un gamin et qui ne faisait que débuter dans la carrière, où il devait trouver gloire et fortune.

A l'automne était également mort le duc de Westminster, le grand éleveur-propriétaire anglais, dont *Flying-Fox* venait précisément, cette année même, de faire triompher une dernière fois le célèbre élevage d'Eaton, où étaient nés, avant lui, son père *Orme*, son grand-père *Ormonde* et son aïeul *Bend' Or*.

**

Notre élevage fait une grosse perte avec la mort de *Saxifrage* (Vertugadin et Slapdash) que M. P. Aumont avait payé 50.000 francs à la vente après décès de son éleveur, M. Édouard Fould, en 1881. Ce frère de *Saltarelle* et *Saltéador* était un magnifique animal, d'un modèle irréprochable, qui avait obtenu le premier prix des étalons à l'Exposition Universelle de 1889. Au haras de Victot, il s'était montré un étalon remarquable et ses produits gagnèrent plus de 2.500.000 francs à une époque où le budget des courses était encore réduit. Parmi les meilleurs, rappelons : *Frégate, Ganymède, Sauterelle, Brisolier, Ténébreuse* (présumée), *Sibérie, Nativa, Pourtant, Mirabeau* et *Miss Jane*.

CHAPITRE LXXVII

ANNÉE 1900

L'Exposition Universelle. — Meeting de Nice. — Meeting de Vichy : le prix des Rêves d'Or et le Grand Prix. — *Semendria, Codoman, La Morinière, M. Amédée, Aigle Royal.* — *Perth* et *Fourire* (suite). — Mort d'*Omnium II* et de *Le Sancy*. — Le comte G. de Juigné. — *Le Souvenir*, record du prix d'un yearling en France. — Importation de *Flying-Fox*. — *Diamond, Jubilee* et *Perdita II*. — Loi du 1er avril sur les pronostics payants.

La France clôture le xixe siècle par une grandiose Exposition Universelle qui, si elle est un désastre pour la plupart des exposants, n'en attirera pas moins toute l'année les provinciaux et les étrangers en foule, grâce au beau temps qui la favorisera jusqu'au dernier moment.

En prévision d'une augmentation des recettes, la Société d'Encouragement a corsé son programme — l'épreuve la plus importante qu'elle crée pour la circonstance est le *Prix de Deux Ans* (25.000 fr., 1.600 mètres), qui se dispute le jour du prix Gladiateur — et apporté une légère modification à l'ordre de ses réunions d'automne : c'est ainsi que, dans l'espoir d'un public plus nombreux, les deux premières journées de Chantilly sont reportées à Longchamp.

Ce sont ces mêmes considérations financières qui, quelques années plus tard, amèneront une mutation plus complète encore et réduiront le meeting d'automne de Chantilly aux trois journées d'ouverture. Certes, les vieux souvenirs sportifs y perdront de leur couleur locale et l'appellation de bon nombre de prix ne signifiera plus rien à Longchamp, mais on ne peut en vouloir à la Société d'Encouragement d'avoir sacrifié ce côté purement rétrospectif à l'intérêt même du sport. A l'exception des journées des prix de Diane et du Jockey-Club, toute réunion à Chantilly est inscrite à son budget par une perte sérieuse, qui devient considérable avec les grises journées d'arrière-saison, presque toujours froides ou pluvieuses. En les reportant à Paris, elle est certaine d'une recette supérieure, et, par cela même, diminue d'autant moins les disponibilités qu'elle peut affecter aux courses.

A Maisons-Laffitte, se dispute pour la première fois, en novembre, le prix National (60.000 francs, 2.400 mètres), pour chevaux de 3 ans et au-dessus, poids pour âge; le vainqueur, à vendre pour 40.000 francs. Cette épreuve, qui deviendra le *prix des Haras Nationaux* et qui se courra au début de la saison, avait pour but de mettre l'Administration des Haras à même d'acquérir des étalons de valeur, à un prix peu élevé.

Très modeste jusqu'alors, le meeting de Vichy prend soudain un développement considérable.

Au prix du Cercle International (Critérium, de 12.000 francs), succède le *prix des Rêves d'Or* (25.000 francs, pour chevaux de 2 ans), et, au Grand Prix de Vichy, Handicap de 12.000 francs, le *Grand Prix du Cercle International de Vichy* (100.000 francs, 2.600 mètres), pour chevaux de 3 ans et au-dessus; poids pour âge, avec surcharges et décharges.

On ne peut que féliciter la Société des Courses de Vichy de l'effort qu'elle faisait en la circonstance, tout en regrettant que l'éloignement et la concordance avec l'ouverture de la saison normande l'aient toujours privée des sujets de premier ordre. Peut-être, aussi, les conditions de poids de son Grand Prix demanderaient-elles à être modifiées, la tâche des chevaux de tête y étant particulièrement sévère. Il faudrait tout au moins que le programme comportât — comme à Deauville, par exemple — quelque autre épreuve, richement dotée, qui leur permît, à défaut du Grand Prix, de trouver une large compensation à leur déplacement.

La Société des Courses de Nice hésitait encore sur l'époque qu'elle devait adopter pour son meeting de plat, créé en 1898. Fixé d'abord au printemps, il avait été, dès l'année suivante, scindé en deux: mi-partie en mars, mi-partie en novembre. Les prix du début de l'année étaient insignifiants; pour corser le programme des deux journées de l'arrière-saison, elle venait de créer un *Grand Critérium* de 25.000 francs et un *Grand Prix de 50.000 francs*, pour chevaux de 3 ans et au-dessus, poids pour âge, avec surcharges et décharges.

Les choses iront ainsi jusqu'à la fin de 1903; après une année de suspension, la reprise des courses plates se fera avec le seul meeting de printemps, tel qu'il se poursuit actuellement.

**

Une très belle jument grise, *Semendria* (Le Sancy et Czardas), au baron A. de Schickler, et *Codoman* (Cambyse et Campanule), à

M. Maurice Ephrussi, tiennent la tête de la génération de trois ans en dépit de leurs échecs respectifs, l'une, dans le prix Lupin, l'autre, dans le prix du Jockey-Club.

Semendria n'avait couru que deux fois, l'année précédente, pour remporter dans un canter le Critérium International et le prix de la Forêt. Pour sa rentrée, elle avait enlevé au petit galop la Poule d'Essai; battue de trois longueurs par *Ivry*, dans le prix Lupin, à la suite d'une de ces courses fausses qu'on ne peut expliquer, elle n'avait pas eu à s'employer pour cueillir le prix de Diane, ce qui ne l'empêchait pas de partir assez délaissée à 8/1, dans le Grand Prix, dont les favoris étaient *La Morinière*, 2/1, *Codoman*, 4/1, et les deux représentants de M. Brémond, *Ivoire* et *Iago*, 6/1; le champ comprenait quinze partants, dont les deux anglais *Bonarossa* et *Most Excellent*, qui n'avaient pas figuré dans le Derby de *Diamond Jubilee*, et qu'on faisait de 20 à 40/1. Après une course assez mouvementée, — *Fier* s'était abattu, le boulet brisé, et son camarade *Sans Escompte* avait été mis hors d'affaire par une bousculade, — la lutte demeurait circonscrite, à l'entrée de la ligne droite, entre *Semendria*, *Iago* et *La Morinière*. A la distance, la jument grise avait le meilleur et elle l'emportait d'une demi-longueur sur l'extrême outsider *Love Grass* qui, dans un rush foudroyant, enlevait d'une tête la seconde place à *Iago*.

A l'automne, *Semendria* rendait sans peine 7 à 8 livres à ses rivales du prix de Diane, dans les prix de Flore et Vermeille, mais n'était pas placée dans le prix du Conseil Municipal, où le vainqueur *Codoman* recevait d'elle 9 livres et le sexe. Favorite à 2/1, elle y avait fait une très belle course et n'avait fléchi qu'à la distance où le poids s'était fait sentir.

Codoman avait été payé 20.000 francs, à Deauville, à la vente des yearlings du haras de Barbeville, au comte Foy. Battu, à 2 ans, par l'anglais *Corblet's Bay*, dans le Critérium International d'Ostende, il avait à son actif le Premier Critérium et le prix de Condé; et, cette année, le prix Lagrange et le Biennal. Deuxième, à une demi-longueur de *La Morinière*, dans le prix du Jockey-Club, non placé dans le Grand Prix, vainqueur du prix Monarque, troisième, à Deauville, dans le prix du Chemin de fer et le Grand Prix, il enlève de deux longueurs et demie le prix du Conseil Municipal, à quinze adversaires, dont *Mélina*, *Fourire*, *Semendria* et *La Morinière*, à un sérieux avantage de poids de ceux-ci, il est vrai.

Il termine la campagne par une tentative infructueuse dans le Cambridgeshire où, dans un champ de vingt-quatre partants, il finit à trois longueurs de *Berrill*, à qui il ne rendait pas moins de l'année et 14 livres.

La Morinière (Lord Clive et Macarena), l'heureux vainqueur du prix du Jockey-Club, appartenait au baron Roger. Il n'avait pas couru à deux ans et avait enlevé un petit prix à Maisons-Laffitte, puis le prix La Rochette, avant de triompher à Chantilly, après quoi il ne fit plus rien.

Avant de remporter, lui aussi, une heureuse victoire, sur *Semendria*, dans le prix Lupin, *Ivry* (Stuart et Corisande), à M. E. Deschamps, avait gagné les prix de Fontainebleau et Hocquart, sur des lots médiocres. Favori, à égalité, dans le prix du Jockey-Club, il n'y joua aucun rôle.

Kerlaz (Gulliver et The Frisky Matron), rapporte 164.812 fr. 50 au vicomte d'Harcourt, avec cinq épreuves, dont le Grand Prix du Cercle international de Vichy, créé cette année même, comme nous l'avons vu.

M. Amédée (The Bard et My Mary), provenait de l'élevage de M. H. Say. Acheté par M. Maurice Ephrussi, il le créditait de 128.000 francs, grâce à six victoires, dont celle, tout à fait inespérée, comme on le verra, dans le Grand Prix de Deauville; il avait également remporté le prix National, de 60.000 francs, que venait de créer la Société Sportive.

Enfin, n'oublions pas de citer l'invincible *Aigle Royal* (Gil Pérès et Ayguelongue), à M. D. Guestier qui, à huit ans d'intervalle, renouvelle les exploits de son père, et qui n'est battu que par le seul *Fourire*, à 14 livres pour l'année, dans le prix de Longchamp, à Deauville. Ses neuf autres sorties furent des victoires, dont la plus belle est celle qu'il remporta, dans le prix de Chantilly, sur *Ivoire*, à qui il rendait 7 livres. Ses gains — qui comprenaient le Derby du Midi, le prix du Prince Amédée, à Turin, le Grand Prix du Commerce, à Milan, et le Grand Prix de Spa — s'élevèrent à 157.650 francs.

A la fin de sa quatrième année, il deviendra la propriété de l'Administration des Haras, pour la somme de 30.000 francs.

**

Perth ne fera qu'une apparition victorieuse dans le Cadran, après quoi l'état précaire de ses jambes ne lui permettra plus qu'une sortie, dans l'Ascot Gold Cup, où il tombera définitivement broken-down.

Envoyé au haras dès l'année suivante, il ne tardera, comme nous le verrons par la suite, à s'y montrer reproducteur remarquable.

Si une bousculade malencontreuse coûta le Grand Prix de Deauville à *Fourire*, par contre, une autre bousculade lui valut le prix du Prince d'Orange.

Dans le Grand Prix de Deauville, il avait mené, avec *Codoman*, à la corde, jusqu'à 200 mètres du but, où *Annecy* essayait de passer entre la corde et *Codoman*, qui se trouvait poussé sur *Fourire*. Le jockey de celui-ci, pour ne pas perdre sa ligne, appuyait de son côté sur *Codoman* qui, ainsi pris entre les deux, était mis hors de course, cependant que *Fourire* filait au poteau et l'emportait sur *M. Amédée*, camarade de *Codoman*, qui, dans les dernières foulées, enlevait la seconde place à *Annecy*.

Il n'était pas douteux que *Codoman* eût subi un réel dommage, mais le seul coupable, en l'espèce, était *Annecy*, et en rendre responsable *Fourire*, en le distançant au profit de *M. Amédée*, est une de ces erreurs comme les commissaires les mieux intentionnés peuvent en commettre, quand ils regardent plus à la lettre d'un article du Règlement qu'à son esprit.

Comme compensation, *Fourire* s'en fut cueillir, à Cologne, le prix Donnaueschingen (24.375 francs et une Coupe d'or), puis à Paris, il se vit attribuer le prix d'Orange, où il avait fini à trois quarts de longueur d'*Isère*. Mais celle-ci fut distancée pour s'être rabattue à la distance, sur *Solon* qui, par contre-coup, avait bousculé *Fourire*.

Au début de l'année, il avait gagné le prix des Sablons et le prix Boïard, puis, à Deauville, le prix Hocquart, sur le fameux *Aigle Royal*. Mais il avait été battu par *Apex*, dans la Coupe, et par *Multiplicateur*, dans le prix Hédouville; il n'avait pas été placé dans le Grand Prix du Cercle International de Vichy, où il rendait de 23 à 29 livres à tous ses adversaires, et, finalement, il ne jouait pas un rôle plus actif, avec 64 kilos, dans le prix du Conseil Municipal.

Ses gains, à 4 ans, s'élevaient, pour six prix, à 155.025 francs, Au total, dans sa carrière, il avait couru 28 fois, pour remporter 19 victoires et 6 places, d'ensemble 410.325 francs.

La Commission des Haras s'en rendit acquéreur pour 160.000 francs, soit 40.000 francs de moins que le prix auquel il avait été retiré, l'année précédente, aux ventes de Deauville.

Son meilleur produit, jusqu'ici, indépendamment de l'infatigable *Moulins-la-Marche*, semble avoir été *Golden Sky*, bien qu'il ne pût donner sa mesure, un terrible accident ayant mis fin à sa carrière, après sa victoire dans le Grand Critérium, en 1908.

*_**

Les deux ans que leurs succès mettent en évidence sont : *Eryx, Éperon, Pierre Infernale, La Camargo, Croix-du-Sud, Indian Shore, Chéri, Grand Pont* et *Jacobite*.

Saxon n'a couru qu'une fois, sans succès.

*_**

Notre élevage éprouve deux très grosses pertes, avec la disparition d'*Omnium II* et *Le Sancy*.

Le premier avait quitté le turf depuis trop peu de temps pour qu'on pût encore le juger : sa fille, *Kizil-Kourgan* allait cependant montrer ce que promettait d'être sa carrière d'étalon.

Quant à *Le Sancy*, qui mourut à l'âge de 16 ans, au haras de Martinvast, on sait quelle trace profonde il a marquée dans notre élevage (1).

***

A cette époque et depuis longtemps déjà, la plupart des journaux étaient encombrés d'annonces sensationnelles, émanant de prétendus *jockeys* ou *entraîneurs*, qui publiaient quotidiennement les résultats mirifiques des pronostics qu'ils avaient envoyés à leurs abonnés.

Pas un cheval qui gagnât à une cote un peu rémunératrice qu'ils n'eussent indiqué !... C'était à croire que ces gens-là avaient véritablement la double vue. Et, comme ils se contentaient de donner leurs « tuyaux », vous laissant le soin de les jouer vous-mêmes, aucune filouterie ne semblait à redouter. Que risquait-on, dans ces conditions, à envoyer les 50 ou 100 francs que coûtait l'abonnement à deux ou trois journées? Qu'était-ce que ces quelques louis en regard de la fortune qu'on ne pouvait manquer de gagner, grâce à leurs « renseignements infaillibles »? Toutes ces annonces ne prouvaient-elles pas, clair comme le jour, qu'on pouvait se faire 30.000 francs de rente avec un modeste capital de quelques centaines de francs?

Vous adressiez donc le montant de votre abonnement... et le tour était joué, car de trois choses l'une : ou bien l'on ne vous envoyait rien du tout ; — ou bien les pronostics étaient quelconques, sans valeur aucune ; — ou bien vous receviez, en effet, les noms des chevaux gagnants... mais seulement le lendemain de la course!

Et comme tous ces gaillards-là demeuraient, et pour cause, à l'étranger, les innombrables plaintes en escroquerie que recevait le Parquet demeuraient lettre morte.

Le Gouvernement s'émut enfin de ces agissements frauduleux, et a loi du 1ᵉʳ avril vint couper court à la fructueuse exploitation de tous ces aigrefins, en modifiant comme suit, le paragraphe 2 de l'article 4 de la loi du 2 juin 1891 et en les rendant passibles des peines édictées par les articles 410 et 463 du code pénal :

« Quiconque aura, en vue des paris à faire, vendu des renseignements sur les chances de succès des chevaux engagés, ou qui par des avis, circulaires, prospectus, cartes, annonces, ou par tout autre

---

(1) Ses premiers produits parurent en public en 1894 et, d'emblée, attirèrent l'attention sur lui : c'étaient *Béatrix*, *Le Justicier* et *Le Sagittaire*. Puis vinrent successivement, pour ne citer que les plus marquants : *Champignol*, *Chamberlin*, *Palmiste*, *Le Samaritain*, *Holocauste*, *Semendria*, *La Loreley*. *Ex-Voto*, *Hébron*, *Flambeau*, *Xylène*, etc., dont plusieurs s'illustreront également au haras.

De 1894 à 1908, ses produits ont gagné en plat 357 courses (dont toutes les grandes épreuves classiques) et 5.227.403 fr. 25 d'argent public et 1.216.847 fr. 50 en obstacles, soit au total, 6.444.250 fr. 75!

moyen de publication, aura fait connaître l'existence, soit en France, soit à l'étranger, d'établissements d'agences ou de personnes vendant ces renseignements. »

***

Le comte Gustave de Juigné mourut à l'automne. Membre du Jockey-Club et du Comité de la Société d'Encouragement, il faisait courir depuis 1867, en association avec le prince A. d'Arenberg. Après avoir eu leurs chevaux chez H. Jennings, ils les avaient confiés ensuite à Ch. Pratt, l'ancien jockey-entraîneur de Charles Laffitte. Leur élevage était à Bois-Rouaud (Loire-Inférieure).

La casaque cerclée jaune et rouge avait eu son heure de gloire avec *Montargis; Jongleur, Jonquille, San Stefano, Yellow* et *Gobseck*.

L'écurie et le haras, qui ne fut liquidé qu'au mois de juin suivant, comprenaient 20 chevaux de 2 ans et au-dessus, 25 foals et yearlings, 15 poulinières et l'étalon *Yellow*, qui, ne réalisèrent que 187.450 francs; le prix le plus élevé fut atteint par *Gobseck*, 4 ans, que M. L. Robert paya 41.000 francs.

La Société d'Encouragement a commémoré le souvenir du comte de Juigné, en donnant son nom au prix de la Reine Marguerite, qui se dispute au début de la saison.

Au commencement de l'année avait eu lieu la vente de l'écurie de courses du comte de Berteux. Les 27 chevaux de 2 ans et au-dessus qui la composaient réalisèrent 396.250 francs (1).

On peut encore citer — parce qu'il constituait le chiffre record donné alors en France, pour un yearling — l'achat, par le duc de Gramont, aux ventes de Deauville, de *Le Souvenir* (Le Sancy et Sylphine), de l'élevage de M. L. Mérino, pour le prix de 85.000 francs. Ce poulain ne devait jamais justifier une telle faveur.

Mais la vente sensationnelle de l'année avait été, en février, celle de l'écurie des courses et du haras de feu le duc de Westminster, en Angleterre, où M. E. Blanc, sur la mise à prix de 30.000 guinées, s'était rendu acquéreur du célèbre *Flying-Fox* (Orme et Vampire), pour la somme de 37.500 guinées (984.375 francs), qui dépassait de beaucoup le chiffre le plus élevé qu'aucun cheval eût encore atteint.

Jusqu'à 800.000 francs, il avait été poussé par le Prince de Galles, puis au delà, par des éleveurs américains.

Son importation était d'autant plus intéressante pour notre élevage que le sang qu'il apportait n'était pas encore représenté chez nous. La saillie fut d'abord fixée à 10.000 francs, depuis elle a été portée

(1) Les prix les plus élevés furent atteints par *Intérim* (Upas et Queen), 3 ans, payé 73.000 francs par le baron de Fontarce ; — *Isère* (Le Var et Statira), 3 ans, 33.100 fr., et *Ivoire* (Upas et Optimia), 3 ans, 31.000 fr. par M. de Brémond; *Jocelyn* (Zingaro et Hystéria), 2 ans, 23.000 fr. par le baron de Schickler.

à 12.500 francs, suivant le calcul anglais, qui veut que le prix d'un étalon vaille cent saillies.

Flying-Fox fit remarquablement au haras au début de sa carrière. Par la suite, ses produits seront surtout précoces.

**

A quatre ans de distance, le Prince de Galles remportait à nouveau le Derby et les Eclipse Stakes, avec *Diamond Jubilee* (propre frère de *Persimmon*), qui y ajoute les Deux mille Guinées, que son aîné n'avait pas inscrites à son actif.

Les deux poulains étaient fils de *Saint-Simon*, dont nous avons parlé, et de *Perdita II*, qui peut prendre rang parmi les plus grandes poulinières anglaises et être comparée à la fameuse *Pocahontas*. Elle avait déjà donné *Florizel II* (Saint-Simon), puis *Sandringham*, etc.

Sur le turf, *Perdita II* avait passé complètement inaperçue, sa meilleure performance ayant été de partager le Liverpool Summer Cup avec *Middlethorpe*. Le Prince de Galles l'avait achetée à l'âge de 6 ans, en 1887, pour 22.500 francs; elle était fille de *Hampton* (Lord Clifden et Lady Langden) et de *Hermine* (Y. Melbourne et La Belle Hélène).

Diamond Jubilee fut vendu 800.000 francs à un éleveur de l'Amérique du Sud.

Ce cas de deux frères triomphant dans la grande épreuve d'Epsom est unique dans les annales du turf.

CHAPITRE LXXVIII

ANNÉE 1901

L'hippodrome de Saint-Cloud. — *La Camargo, Saxon, Chéri, Amer Picon*. — *Semendria, Codoman, Ivoire, Mlle de Longchamp* (suite). — *Angmering*. — Mort de *Bougie* et de *Callistrate*. — T. Lane, A. de Saint-Albin. — Licences de jockeys : Milton Henry, Durnell. — Importation de *Halma*.

Le xxe siècle s'ouvre sur une année peu chargée, que ne marquent aucun événement sensationnel, aucune mesure capitale.

L'ouverture de l'hippodrome de Saint-Cloud, sur le plateau de la Fouilleuse, à M. E. Blanc — en remplacement de celui de Vincennes, réclamé par l'autorité militaire — en est le fait saillant

Encore l'état insuffisant du terrain ne permettra-t-il pas à la Société de Demi-Sang de l'utiliser de suite et, après la journée d'inauguration, le 15 mars, devra-t-elle retourner à Vincennes, jusqu'au commencement de mai.

Bien que ne figurant pas, par l'importance de ses gains, en tête des chevaux gagnants, LA CAMARGO (Childwick et Belle-et-Bonne), à M. A. Abeille, peut prétendre à la première place de sa génération.

C'était une grande jument baie, un peu décousue, à l'arrière-main droit et plat, mais douée d'une haute qualité, qui lui permettra de prendre rang parmi les grandes juments de notre élevage.

Pour ses débuts à deux ans, elle avait enlevé dans un canter le prix de Sablonville, puis celui de la Forêt, après une course obscure dans le Critérium International. A trois ans, elle remporte sans lutte la Poule d'Essai et le prix de Diane, ayant, entre temps, été battue d'une encolure par *Saxon*, dans le prix Lupin. Mise au repos jusqu'à l'automne, elle succombe, dans le prix de Flore, contre *Léna II*, à qui elle rend 8 livres, prend sa revanche dans le prix Vermeille, et finit troisième, dans le prix du Conseil Municipal, derrière l'anglais

Kilmarnock II et *Jacobite*, qui en reçoivent respectivement, le premier, l'année et une livre pour le sexe, le second, 6 livres et le sexe.

Ce sera surtout à quatre et cinq ans que *La Camargo* fera parler d'elle.

Saxon (The Bard et Shrine), à M. E. Blanc, n'avait couru qu'une fois, l'année précédente, troisième du prix de Deux Ans, à Longchamp

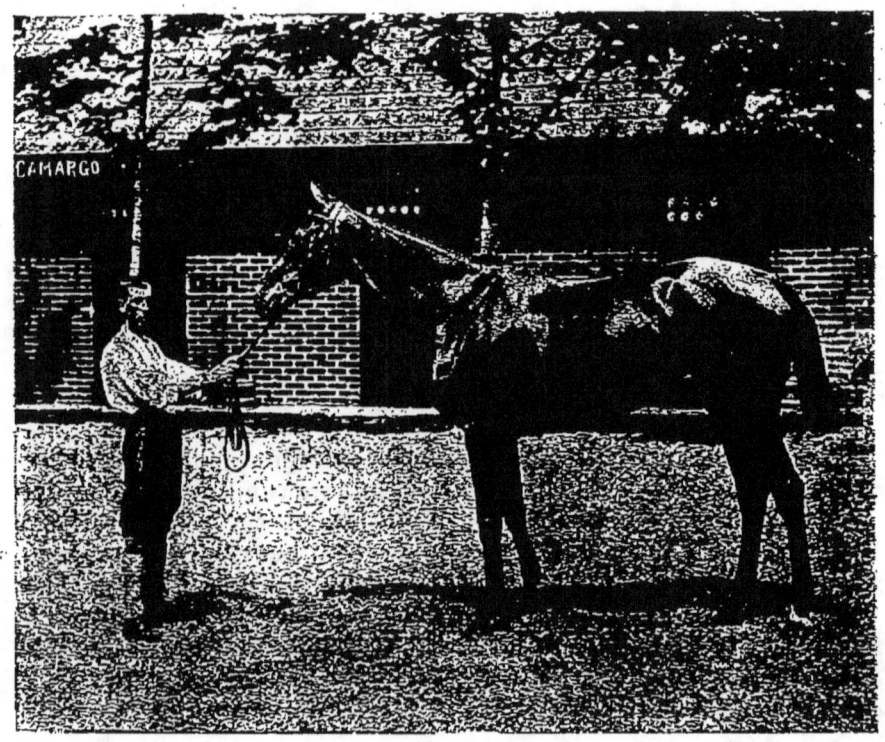

La Camargo.

Phot. J. Delton.

derrière *Chéri* et *Croix-du-Sud*. Il fait sa rentrée, encore très vert, dans le prix Lagrange, où il succombe contre *Éperon* et *Kaffa*, désarçonne son cavalier en cours de route dans le prix Noailles, puis il enlève successivement les prix Godolphin, Daru, Lupin (battant d'une encolure *La Camargo*, que *Chéri* suit à trois longueurs) et le prix du Jockey-Club. Non placé dans le Grand Prix, il remporte encore une victoire dans le prix de Longchamp, à Deauville, après quoi il est retiré de l'entraînement.

La carrière de *Chéri* (Saint-Damien et Cromatella), à M. Caillault, fut des plus courtes, le poulain n'ayant paru que six fois en public.

Battu, pour ses débuts dans le prix Eclipse, par *Croix-du-Sud*, il prit sa revanche dans le prix de Deux Ans, puis courut non placé dans le prix de la Forêt. Il remporta la Poule d'Essai, finit mauvais troisième, dans le prix Lupin, derrière *Saxon* et *La Camargo*, et enleva d'une tête le Grand Prix à son camarade *Tibère*.

Après eux, on peut citer : *Amer Picon* (Le Sagittaire et Ambroisie), au marquis de Ganay, qui manifeste son aptitude pour les longues distances avec quatre victoires, dont le prix de Satory et le Handicap d'automne, à Saint-Cloud (3.600 mètres), dans lequel il rend facilement l'année à *Mlle de Longchamp*, qui venait de remporter dans un canter les prix de Chantilly et Gladiateur; — *Lady Killer* (prix Fould, Reiset, Monarque et Grand Prix du Cercle International de Vichy); — *Jacobite* (Grand Prix de Deauville et Royal-Oak); — *Léna II* (prix d'Amphitrite et de Flore); — *Saint-Armel*, *Grey Melton*, *Passaro*, *Tibère*, etc.

*

Parmi les vétérans, *Semendria* cueille les prix Hédouville, de la Jonchère et le Grand Prix de Bade; — *Codoman*, prix Boïard et Biennal; — *Ivoire*, prix du Cadran, Dangu et du Pin; — *Mlle de Longchamp*, le prix de Chantilly et le prix Gladiateur, qu'elle enlève après avoir mené de bout en bout, alors que son camarade *Ivoire*, favori à 2/1, ne peut y prendre que la troisième place derrière *Clerval*; la jument était à 25/1.

Les deux ans que leurs performances mettent en vedette sont *Alençon*, *Le Mandinet*, *Illinois II*, *Retz*, *La Loreley* et *Farnus*, qui doit à un heureux hasard d'encaisser les 21.500 francs du prix de Deux Ans, à Deauville, dans lequel il était second, derrière le poulain anglais *Angmering*, à M. F. Gardner. Mais celui-ci avait été distancé, son certificat d'origine n'ayant pas été déposé au secrétariat de la Société d'Encouragement, en conformité des dispositions de l'article 3 *bis* du Code des Courses.

Kizil-Kourgan ne fait qu'une apparition tardive dans le prix de la Forêt, où elle se place deuxième, entre *Limousin* et *Farnus*.

*

A Bade, en plus de la victoire de *Semendria*, dans le Grand Prix, nous avons à enregistrer celle d'*Alençon*, dans le prix de l'Avenir (il avait précédemment gagné le Grand Critérium d'Ostende); — de *M. Amédée*, dans les prix de la Ville et du Prince Hermann de Saxe-Weimar; — et de *Fantassin*, dans le Prince of Wales.

A Turin, *Haliguen*, au vicomte d'Harcourt, avait enlevé le prix du Prince Amédée.

En Angleterre, *Gost* remportait, à Epsom et à Manchester, deux handicaps, s'élevant à une soixantaine de mille francs, après avoir disputé obscurément les Deux mille Guinées. On ne le vit qu'une fois en France, dans le Grand Prix, où il ne joua aucun rôle. Il appartenait à M. Michel Ephrussi, qui faisait ainsi sa rentrée sur le turf, dont il était absent depuis les incidents tumultueux provoqués par la victoire de *Gospodar*, dans le prix du Jockey-Club, sept ans auparavant.

**

Petits faits de l'année :

La Société d'Encouragement décide que toute demande de licence de jockey sera accompagnée d'une cotisation annuelle de 20 francs.

Le produit de ces cotisations — comme celles des licences d'entraînement — sera versé à la Caisse de secours des entraîneurs, jockeys et hommes d'écurie de chevaux de courses plates.

Notre élevage fait une grosse perte avec la mort de l'étalon *Callistrate*, dont nous avons parlé au cours des années 1893 et 1894, et de la poulinière *Bougie*, mère de *Gardefeu* et *Holocauste*.

Importation par M. Vanderbilt, à son haras de Villebon, de *Halma*, fils du célèbre *Hanover*.
Il sera le père d'*Oversight*.

Le jockey Tom Lane mourut à l'âge de 39 ans. Il s'était formé dans les « Suburbains » et fut un de nos meilleurs jockeys de plat. Il avait remporté la plupart des grandes épreuves et détenait le record des victoires dans le Grand Prix. (Voir page 539.)

A signaler également le décès de M. A. de Saint-Albin, propriétaire du *Sport* et rédacteur sportif au *Figaro*, sous le pseudonyme de Robert Milton, qui avait pris la direction du *Jockey*, au moment où ce quotidien devint le moniteur officiel des « Suburbains ».

M. A. de Saint-Albin est l'auteur d'un ouvrage, *Les Courses en France*, qui est plus un aperçu général du monde du turf qu'une étude historique documentaire.

La baronne de Forest (Mme A. Menier) liquide une partie de sa cavalerie : 13 poulinières, 33 yearlings, 11 chevaux à l'entraînement et l'étalon *Mirabeau*. Le total de la vente n'atteint que 125.000 francs.

Le vicomte de Fontarce se défait également de son écurie, comprenant 10 poulinières, 11 chevaux de 2 ans et au-dessus et 17 foals et yearlings, qui réalisent 221.130 francs.

Débuts en France, le 15 juin, du jockey Milton Henry, qui gagne les trois courses où il paraît en selle.

Doué de brillantes qualités professionnelles, Milton Henry remportera les plus grands succès, mais ne tardera pas à avoir maille à partir avec la Société d'Encouragement, comme nous le verrons plus loin.

Disqualification à vie de l'entraîneur Durnell, pour être resté au poteau, avec le cheval *Londrès*, jusqu'au moment du départ, dans le prix des Oseraies, à Saint-Cloud : quelques jours auparavant, il lui avait été infligé une amende de 500 francs pour avoir enlevé les fers — qui n'étaient sans doute pas réglementaires — de la pouliche *Neuwied*, avant de la livrer à M. F. Charron, qui venait de la réclamer, après sa victoire dans le prix de Rolleboise, à Maisons-Laffitte.

CHAPITRE LXXIX

ANNÉE 1902

Kizil-Kourgan, Retz, Maximum, La Loreley, Red Cedar, Exéma. — *La Camargo, Codoman, Chéri* et *Amer Picon* (suite). — Mort de *The Bard* et d'*Enguerrande*. — Importation de *Childwick*. — Marquis de Farges (Touchstone), J. Watts. — Retrait de licence à de nombreux jockeys en France, en Angleterre et en Amérique. — *Sceptre*, record du prix de vente d'un yearling en Angleterre. — Demandes d'annulation de courses pour cause de mauvais départ. — Propositions d'augmentation du taux des prélèvements sur les fonds du pari mutuel. — Championnat du Cheval d'armes.

L'héroïne de la campagne est *Kizil-Kourgan* (Omnium II et Kasbah), à M. E. de Saint-Alary, qui avait fini seconde, pour sa seule sortie à deux ans, dans le prix de la Forêt. Elle enlève successivement la Poule d'Essai, le prix Lupin, le prix de Diane (d'une tête à *La Loreley*) et le Grand Prix, qui donne lieu à une des arrivées les plus disputées qu'on eût vues depuis longtemps. *Arizona*, compagnon d'écurie de *Kizil-Kourgan*, avait mené jusqu'à l'entrée de la ligne droite, où il entrait le premier, suivi de *Retz*, qui se détachait bientôt. On pouvait croire à sa victoire, quand *Kizil-Kourgan* et *Maximum* venaient l'attaquer. Après une lutte acharnée, la pouliche l'emportait d'une tête sur *Retz* et *Maximum*, dead-heat pour la seconde place.

Parmi les non-placés se trouvait la fameuse pouliche anglaise *Sceptre*, dont nous parlons plus loin.

Kizil-Kourgan ne reparut que dans le prix de Flore, où elle ne put rendre 8 livres à *La Loreley*, qui l'avait approchée de si près au printemps.

Retz (Le Hardy et Betrouw), à M. C. Blanc, avait couru quatre fois, à deux ans, pour remporter deux courses, dont le Grand Critérium de Nice, sur un lot des plus médiocres. Vainqueur du prix de Guiche, de la Poule d'Essai, des prix de Fontainebleau et du Jockey-Club, où *Maximum* ne figure pas, il partage ensuite avec lui la seconde place dans le Grand Prix, à une tête de *Kizil*-

Kourgan. A l'automne, nous le trouvons premier dans le prix de Villebon, second à une tête de *La Camargo*, dans le prix du Prince d'Orange (précédant *Maximum*, à qui il rend 6 livres), troisième derrière *Eunice* et *Quand-Même*, dans le prix du Ranelagh, et non placé dans le prix de la Forêt.

Maximum (Chalet et Urgence) avait été payé 19.000 francs, à la vente des yearlings du haras de Lonray, par M. J. Hirschfeld, pour le compte de qui il remporta à deux ans, le petit prix de Nexon, à Longchamp, après quoi M. J. de Brémond le réclama pour 15.500 francs.

Nous venons de relater ses performances dans le prix du Jockey-Club et le Grand Prix, avant lesquels il avait enlevé les prix Hocquart et Greffulhe. Il triompha ensuite, à Deauville, dans le prix de Longchamp et le Grand Prix ; battit facilement *Amer Picon*, dans le prix de Chantilly; succomba contre *La Camargo* et *Retz*, qui lui rendait 6 livres, dans le prix du Prince d'Orange; et ne fut pas placé dans le prix du Conseil Municipal.

Après eux, on peut citer encore *La Loreley*, qui gagne trois courses dont les prix d'Amphitrite et de Flore; — *Red Cedar*, le Grand Prix du Cercle International de Vichy et trois autres épreuves; — *Exéma*, sept courses (prix du Prince de Galles, Ispahan, Monarque); — *Fer*, quatre courses (Royal-Oak).

**

La Camargo ne compte pas moins de sept victoires à son actif, s'élevant à plus de 300.000 francs. Battue par *Codoman*, dans le prix des Sablons, par *Amer Picon*, dans le Rainbow, et non placée dans la Coupe d'Or d'Ascot, elle enlève le Biennal, le Cadran, le La Rochette, le Grand Prix de Bade, les prix du Prince d'Orange, du Conseil Municipal et du Pin.

Après deux victoires dans le prix des Sablons et le prix Hédouville, *Codoman* tombe broken-down dans le Grand Prix de Bade, où le betting le préférait à *La Camargo*.

Chéri enlève le prix Boïard, ne figure pas dans le Cadran et, comme *Perth*, claque dans l'Ascot Gold Cup.

Amer Picon et son compagnon d'écurie *Passaro* confirment leurs qualités de stayers, en s'adjugeant, le premier, le Rainbow et le Gladiateur, le second, les prix de Satory, de Dangu et Jouvence.

Quatre victoires et une place de seconde sur cinq courses, tel est le bilan de *Mireille*, qui vient en tête des jeunes chevaux, suivie de sa camarade *Reine Margot*, de *Vinicius*, *Caïus*, *Camisole*, *Alpha* et *Hébron*.

A l'étranger, indépendamment de la victoire de *La Camargo*, dans le Grand Prix de Bade, notre élevage triomphe encore avec

Mireille, dans le prix de l'Avenir, et *Dorine,* dans le Prince of Wales.

Reine Margot et *Vinicius* avaient pris les deux premières places dans le Grand Critérium d'Ostende, — et *Linaro* s'était offert le prix du Prince Amédée, à Turin.

*_**

La vieille *Enguerrande* (Vermout et Deliane), meurt, à l'âge de 29 ans, au haras du Perray, chez M. Gaston-Dreyfus, qui s'en était rendu acquéreur pour 8.000 francs, à la vente de l'écurie Lupin, en 1893.

Elle avait partagé les Oaks, avec *Camélia*, au comte de Lagrange, en 1876. Son rôle au haras fut effacé.

A noter aussi la mort de *The Bard* (Petrarch et Magdalena), que M. H. **Say** paya 275.000 francs, en 1887, à l'âge de 4 ans. Ses meilleurs produits furent *Saxon* et *Tibère*, qui s'étaient signalés l'année précédente.

Childwick (Saint-Simon et Plaisanterie), né en 1890, est importé par M. E. Veil-Picard qui l'avait acheté 250.000 francs, à M. Blundell-Maple. Il jouera un rôle de premier ordre dans notre élevage. Après *La Camargo,* qui venait de le mettre en vedette, il donnera, en effet, des animaux comme *Clyde, Négofol, Kenilworth* et autres, dont nous rencontrerons ultérieurement les noms.

*_**

Le marquis de Farges, ancien officier de cavalerie, mourut dans le courant de l'année. Sous le pseudonyme de Touchstone, il s'était fait un nom réputé comme écrivain sportif. Il est l'auteur de divers ouvrages appréciés sur les courses et l'élevage, dont le plus connu est *Les Courses de chevaux en France et à l'Étranger,* auquel nous sommes redevables de maints emprunts.

J. Watts, qui fut un des meilleurs jockeys anglais de son époque, mourut à Newmarket, où il s'était retiré depuis quelques années. En Angleterre, il avait gagné quatre Derby, quatre Oaks, deux Deux mille Guinées et cinq Saint-Léger. Moins heureux chez nous, où il était rare qu'il ne montât pas dans les grandes épreuves, il ne comptait à son actif qu'un demi-succès dans le prix du Jockey-Club, avec *Sycomore,* lors de son dead-heat avec *Upas,* en 1886, et une victoire, dans le prix du Conseil Municipal, avec *Winkfield's Pride,* en 1897.

*_**

Les jockeys font beaucoup parler d'eux au cours de l'année 1902. En France, Rigby, Mac-Intyre, Milton Henry et J. Reiff se voient retirer leur licence.

J. Reiff songe un instant à intenter un procès à la Société d'Encouragement, auquel il a le bon esprit de ne pas donner suite, cependant que Milton Henry attaque *La Vie au Grand air*, en 100.000 francs de dommages et intérêts, en raison de ses appréciations sur la peine disciplinaire qui l'avait frappé. Le journal est condamné à 1.000 francs d'amende et à six insertions du jugement.

En Angleterre, le Jockey-Club refuse de rendre la licence au fameux Tod Sloan, mais l'autorise à entraîner et à monter à l'exercice.

Enfin, en Amérique, aux courses de Charlestown, le jockey Kennedy est disqualifié, ainsi que le cheval qu'il montait, pour s'être servi d'*éperons reliés par des fils électriques à une pile cachée dans sa poche!*...

***

En Angleterre, SCEPTRE (Persimmon et Ornament), s'affirme comme une des meilleures juments de courses qu'on ait vues depuis longtemps.

Née au haras d'Eaton, chez le duc de Westminster, elle avait été vendue yearling, à la mort de celui-ci, et payée par M. R. Siever la somme de *262.200 francs*, prix record que détenait jusqu'alors *Childwick*, avec 157.000 francs.

Après sa double victoire dans les Deux mille et Mille Guinées, son propriétaire en avait refusé la somme énorme de 875.000 francs. Grosse fut donc la déception du public lors de son échec dans le Derby, où, partie grande favorite, elle ne put prendre que la quatrième place. Elle fut plus heureuse dans les Oaks, qu'elle enleva sans lutte, mais elle échoua complètement dans le Grand Prix de Paris, comme nous l'avons dit. Ce n'était pas la tenue qui lui faisait défaut, cependant, car on la vit se promener, à l'automne, dans le Saint-Léger de Doncaster.

Une seule pouliche, avant *Sceptre*, avait réalisé ce quadruple event des Mille et Deux mille Guinées, Oaks et Saint-Léger, *Formosa*, en 1862, encore partagea-t-elle les Deux mille Guinées avec *Moslem*.

Au début de sa quatrième année, *Sceptre* fut vendue 625.000 francs à M. William Bass, pour qui elle remportera également de nombreuses victoires, dont les Hardwicke Stakes, à Ascot, les Duke of York Stakes, à Goodwood, les Jockey-Club et Champion Stakes, à Newmarket.

***

Les mauvais départs continuent à motiver l'intervention oiseuse — mais pacifique, cette fois, — du public.

C'est ainsi que le favori *Intérim*, étant resté au poteau, dans le prix Juigné, à Longchamp, deux conseillers municipaux font une démarche ridicule auprès des Commissaires, pour obtenir l'annulation de la course !

A leur exemple, quelques jours plus tard, à Saint-Cloud, une délégation de la pelouse vint formuler la même demande.

Quand donc le public comprendra-t-il qu'il n'est pas au pouvoir des Commissaires d'une société de courses d'annuler un départ, le *starter étant seul juge de sa validité.*

**

Si les conseillers municipaux se mêlent, aux courses, de choses qui ne les regardent pas, de leur côté, les députés semblent se faire une idée très fausse du but du pari mutuel, qui a été institué pour réglementer le jeu aux courses, et non pour satisfaire sans fin à leurs besoins électoraux.

Cela n'empêche pas un groupe d'entre eux de déposer sur le bureau de la Chambre une proposition de loi tendant à élever de 2 à 5 p. 100 les prélèvements sur le pari mutuel destinés à l'assistance publique.

La Chambre a la sagesse de ne pas y donner suite, mais elle prête une oreille plus attentive au sieur Lempereur, quand il demande de distraire 1 p. 100 sur les fonds provenant du pari mutuel, pour fournir en eau potable les localités qui en sont dépourvues.

Nous allons voir comment la Commission, à qui fut renvoyée cette proposition, comprit les mots « provenant du pari mutuel ».

**

Bien qu'il ne s'agisse pas de course à proprement parler, mais d'une épreuve purement militaire, destinée à faire valoir les qualités du cavalier (science du dressage, connaissance du train et de la valeur du cheval, hardiesse sur les obstacles), signalons la création, par le ministère de la Guerre, du *Championnat du Cheval d'Armes*, qui comprend quatre épreuves :

1º parcours sur route, qui se termine sur l'hippodrome de Saint-Cloud ;

2º présentation des chevaux, à l'Ecole supérieure de Guerre ;

3º épreuve de dressage, au Grand Palais ;

4º épreuve finale de saut d'obstacles sur l'hippodrome d'Auteuil.

Comme toujours, qu'il s'agisse de raids sur route ou d'épreuves sur piste, les pur sang confirmeront leur supériorité.

CHAPITRE LXXX

ANNÉE 1903

Vote de la proposition Lempereur, portant à 8 p. 100 les prélèvements sur les fonds du pari mutuel. — Nomination de membres adjoints au Comité de la Société d'Encouragement. — Suppression des prix du Gouvernement, en province. — Le prix du Président de la République, à Maisons-Laffitte. — *Quo Vadis, Caïus, Vinicius, Ex-Voto, Alpha.* — *Rose de Mai* et le scandale du prix de Diane. — *La Camargo, Maximum, Amer Picon, Arizona* (suite). — Mort de *Le Pompon.* — MM. Edgard Gillois et le prince Soltykoff. — Retraite de M. H. Delamarre. — *Rock Sand.* — La question du doping.

Le 5 mars, la Chambre vote avec enthousiasme la proposition Lempereur. Mais, au lieu de *distraire* le 1 p. 100 demandé, des fonds provenant déjà du pari mutuel, elle décide que ce 1 p. 100 fera l'objet d'un prélèvement *supplémentaire*, ce qui porte à 8 p. 100 le total prélevé sur les sommes engagées au pari mutuel (1).

Le 29, le Sénat ratifiait cet amendement à la loi du 2 juin 1891.

Le 12 janvier, une décision ministérielle imposait d'office, au Comité de la Société d'Encouragement, six membres adjoints, pris

---

(1) Ce taux de 8 p. 100 est un pur trompe-l'œil. Il ne serait que de 8 p. 100, en effet, si le prélèvement était opéré sur le *bénéfice* du joueur, au lieu de l'être sur l'*ensemble des mises engagées*. Mais, tel qu'il se pratique, c'est, suivant les circonstances, jusqu'à 80 p. 100 que l'on prend aux parieurs.
Nous n'en voulons pour preuve qu'un exemple.
Prenons une course, dans laquelle il a été engagé une somme totale de 100.000 fr. dont 75.000, sur le grand favori A.
Supposons que celui-ci gagne et voyons quel eût été le bénéfice de ses partisans.
Sans prélèvement aucun, ils se fussent partagé l'ensemble des mises, soit 100.000 francs, ce qui constituait pour eux un bénéfice de 25.000 francs (100.000 — 75.000).
Après le prélèvement de 8 p. 100 sur la somme globale de 100.000 francs, ils

en dehors de son sein et nommés par le Ministre ; c'étaient : MM. Jean Dupuy, sénateur, ancien ministre de l'Agriculture, directeur du *Petit Parisien*, A. Abeille, P. Aumont, J. de Brémond, J. Prat et E. Veil-Picard.

La personnalité de ces nouveaux membres n'est point ici en cause. Les cinq derniers sont gens du métier, dont les avis valent d'être écoutés.

Mais pourquoi cette injure gratuite à la Société d'Encouragement, et qu'avait-elle donc fait qui justifiât cette mesure de défiance ? Car la modification arbitraire que l'on apportait ainsi à son mode de recrutement équivalait à lui dire : « La besogne que vous accomplissez depuis soixante-dix ans ne vaut rien, et nous allons y remédier en vous imposant ce concours étranger dont vous vous êtes toujours défendue, mais sans lequel vous ne feriez rien de bon. »

Association privée, n'admettant dans son sein que qui bon lui semblait, la Société d'Encouragement, de par sa composition mondaine et l'indépendance de ses membres, avait échappé, jusqu'alors, à l'influence des politiciens.

C'était de quoi l'on voulut la punir, en lui faisant sentir que dorénavant elle n'était plus maîtresse chez elle : puisqu'il avait suffi, en effet, d'une simple décision ministérielle pour lui adjoindre ces six membres, il suffirait d'une autre décision de ce genre pour doubler tripler, quadrupler ce nombre, jusqu'à ce qu'elle soit absorbée par l'élément étranger.

Mais pourquoi tant d'hypocrisie et pourquoi cacher, sous des dehors de préoccupations d'élevage et de sport, le but que l'on poursuivait, c'est-à-dire la ruine morale de la puissante Société !

Sa force réside dans les principes dont elle ne s'est jamais départie, principes qui subordonnent toutes ses décisions à la cause de l'élevage, et qui lui ont permis de mener à bien l'œuvre considérable qu'elle a réalisée.

Mais, encore une fois, qui se soucie de la cause de l'élevage, aujourd'hui ?

Jusques à quand la vieille forteresse tiendra-t-elle devant la ruée des intérêts et des appétits modernes ?...

Souhaitons seulement à ceux qui mènent l'assaut, de rendre à leur pays les mêmes services, avec la même persévérance, la même compétence — et le même désintéressement !

---

n'encaissent plus que 92.000 francs ; si l'on en retranche leurs mises (75.000 francs), leur bénéfice n'est plus que de 17.000 francs.

Or, le rapport de 17.000 à 25.000 n'est pas de 8 p. 100, mais de *31,25 p. 100*.

Si, au lieu de 75.000 fr., on en avait engagé 90.000 sur A, le bénéfice, qui eût été de 10.000 francs sans prélèvement, eût été réduit à 2.000 fr. après prélèvement des 8 p. 100, ce qui constitue une différence de *80 p. 100* !

On peut varier ces calculs à l'infini et l'on verra que, plus un cheval est favori, plus le pourcentage du prélèvement est exhorbitant.

⁂

Le sport est redevable à la Société Sportive d'une nouvelle épreuve similaire au prix Boïard, mais d'une allocation double et dont la création répondait à un réel besoin.

Le 17 juillet, se disputa, sur l'hippodrome de Maisons-Laffitte, le premier PRIX DU PRÉSIDENT DE LA RÉPUBLIQUE, pour chevaux de 3 ans et au-dessus, poids pour âge, sans surcharge ni décharge.

La distance de 2.000 mètres était portée à 2.500 mètres, dès l'année suivante, en même temps que l'allocation passait de 30.000 à 100.000 francs et qu'il y était ajouté un objet d'art.

Par ses conditions mêmes, cette riche épreuve permettait aux chevaux des différentes générations de se mesurer à armes égales, dans un prix très important, ce qu'ils n'avaient pas l'occasion de faire de toute l'année, les grandes épreuves de ce genre qui existaient — et qui existent encore — telles que le prix du Conseil Municipal ou le Grand Prix de Deauville, comportant tout un jeu de surcharges et de décharges, qui favorisent souvent les sujets médiocres au détriment des bons.

Que les animaux d'ordre secondaire trouvent à gagner largement leur avoine, rien de plus juste, et nous voudrions qu'il y eût un bien plus grand nombre de prix de série, de 5.000 à 25.000 francs, par exemple, pour chevaux n'ayant pas gagné la somme de 20.000, 30.000, 50.000, 75.000 ou 100.000 francs, avec une décharge à déterminer dans chaque série, pour ceux n'ayant pas gagné la moitié de la somme maxima.

Mais que des épreuves de 100.000 francs, voire de 40.000 francs (comme l'était encore le Grand Prix de Deauville), pussent devenir des prix de consolation, c'est ce que nous nous refusons à comprendre.

La Société Sportive avait déjà créé le prix Boïard, la seule épreuve importante de cette nature.

On ne peut que lui être reconnaissant de l'initiative dont elle faisait preuve à nouveau en la circonstance. Le succès toujours grandissant du prix du Président de la République lui a prouvé d'ailleurs qu'elle avait été bien inspirée.

Depuis le remaniement apporté, en 1909, au calendrier sportif, par le recul du Grand Prix, au dernier dimanche de juin, le prix du Président de la République, par contre, a été avancé au premier dimanche de juillet, en sorte que ces deux belles épreuves se disputent maintenant à huit jours d'intervalle, ce qui a prolongé d'autant, au profit du commerce parisien, ce que l'on est convenu d'appeler « la Grande Semaine ».

⁂

Aucun nom ne s'impose parmi les trois ans, les lauréats mâles et femelles des grandes épreuves s'étant consciencieusement entre-battus à tour de rôle, en sorte qu'un classement entre eux serait bien téméraire.

M. E. Blanc vient en tête des propriétaires gagnants avec 1.137.450 francs, dus en majeure partie aux victoires de *Quo Vadis*, *Caïus* et *Vinicius*, qui finirent dans cet ordre à l'arrivée du Grand Prix. C'était la première fois qu'un propriétaire prenait ainsi les trois premières places dans la grande épreuve de Longchamp. Chacun d'eux avait couru sa chance, et ce n'est qu'à la distance que *Quo Vadis* avait dépassé ses deux camarades, entre qui la lutte semblait circonscrite.

Quo Vadis (Winkfield's Pride et Filomeno), n'avait couru qu'une fois, sans succès, à deux ans. Vainqueur du prix Noailles, troisième derrière *Caïus* et *Chatte Blanche*, dans le prix Lupin, deuxième, à une longueur et demie d'*Ex-Voto*, dans le prix du Jockey-Club, il remporte de trois quarts de longueur le Grand Prix, sur *Caïus*. Après quatre insuccès dans les prix de Seine-et-Marne, le Grand Prix de Deauville, le Royal-Oak et le Cesarewitch, il est vendu aux haras impériaux russes.

A deux ans, *Caïus* (Révérend et Choice) avait remporté quatre petits prix. Il ouvre la campagne par trois victoires, dont le Biennal sur *Alpha*, échoue contre *La Camargo*, dans le prix Boïard, enlève les prix Daru et Lupin, se place second, derrière son camarade *Quo Vadis*, dans le Grand Prix, et en reste là de ses succès à trois ans.

Battu à deux ans par *Reine Margot*, dans le Grand Critérium d'Ostende et le prix La Rochette, et par *Rafale*, dans le prix Éclipse, *Vinicius* (Masqué et Wandora), avait remporté le Prix de Deux Ans, à Deauville, et le Grand Critérium, à Paris. Pour sa rentrée, il s'adjuge la Poule d'Essai, puis le prix La Rochette, ne figure pas dans le prix du Jockey-Club, est battu de deux longueurs par *Rock Sand*, dans le Derby d'Epsom, prend la troisième place dans le Grand Prix, et triomphe de *La Camargo*, dans le Grand Prix de Bade.

Après une carrière de deux ans des plus ternes, *Ex-Voto* (Le Sancy et Golden-Rod), au comte H. de Pourtalès, remporte le prix Hocquart, ne joue aucun rôle dans la Poule d'Essai et le prix Lupin, enlève, à une cote d'extrême outsider (690 fr. 50 au rapport du pari mutuel au pesage), le prix du Jockey-Club, d'une longueur et demie sur *Quo Vadis*, ne figure ni dans le Grand Prix ni dans le Royal-Oak, bat *Caïus*, dans le prix de Longchamp, à Deauville, et termine la saison par une victoire dans le prix du Tibre, à Maisons-Laffitte.

Alpha (Fripon et Prima) fait triompher, le premier, les couleurs de M. Vanderbilt, dans des épreuves importantes, avec cinq victoires, dont les prix de Fontainebleau, Monarque (qui porte, cette année, le nom de prix du Président de la République), qu'il enlève de six longueurs à *Flambeau, Rose de Mai, Caïus*, etc., et le Grand Prix du Cercle International de Vichy. En outre, il avait pris la seconde place, dans les prix Lagrange, Biennal, Greffulhe, Poule d'Essai, et Trocadéro, à Saint-Cloud; quatrième dans le Grand Prix, il n'avait pas figuré placé dans le Grand Prix de Deauville, gagné par *Shebdiz*, qui en recevait 7 livres.

Rose de Mai (Callistrate et May Pole), au comte P. de Saint-Phalle, débuta par une place de troisième dans le prix Juigné. Restée au poteau dans le prix de Saint-James, elle enleva ensuite la Poule d'Essai, puis le prix de Diane, après un incident qui fit alors grand tapage.

En arrivant à Chantilly, on apprit que *Rose de Mai* avait toussé et ne courrait pas. Elle se présenta néanmoins au poteau, et gagna dans un canter. Avant la course même, un vétérinaire ayant été appelé, sa présence — bien qu'il eût autorisé le départ de la pouliche — n'avait fait que donner plus de consistance aux bruits fâcheux qui couraient.

Cette victoire imprévue causa un gros scandale, d'autant que Tod Sloan, qui était privé de licence en France et en Angleterre, l'avait galopée, le matin même, sur la piste des Aigles.

L'entraîneur J. Brethès fut frappé d'une amende de 2.000 franc pour s'être servi sans autorisation des pistes de la Société d'Encouragement, et T. Sloan exclu des locaux affectés au pesage, ainsi que des terrains d'entraînement.

Il porta la question devant les Tribunaux qui, à la stupéfaction générale, condamnèrent la Société d'Encouragement aux dépens. La Cour d'Appel, plus clairvoyante, maintint le droit absolu de la Société d'être maîtresse chez elle.

Mauvaise troisième derrière *Alpha* et *Flambeau*, dans le prix Monarque, *Rose de Mai* remporte ensuite les prix d'Amphitrite et de Flore, d'une encolure sur *Mater*, à qui elle rend 8 livres, puis, à 7 livres d'écart seulement avec celle-ci, elle n'est pas placée dans le prix Vermeille.

Des autres trois ans, il n'y a guère à citer — *Mireille* et *Reine Margot*, les deux lauréates de deux ans, étant restées en route — que *Torquato Tasso* (prix Reiset et Royal-Oak); — *Shebdiz* (Grand Prix de Deauville); — *Mater* (prix Vermeille et Handicap limité); *Flambeau* (prix Delâtre et Lagrange); — *Hébron* (Grand Prix de Nice), — et *Le Tsar*, à M. B. Chan, qui remporta sept courses, dont le prix Persimmon (25.000 francs et une Coupe, offerte par S. M. Édouard VII), à la réunion extraordinaire donnée, le samedi 2 mai, à Longchamp, en l'honneur du Roi d'Angleterre, qui accepte d'être le premier membre honoraire de la Société d'Encouragement.

**

La Camargo poursuit son éclatante carrière. Sans deux insuccès à Bade — où elle ne jouissait évidemment pas de la plénitude de ses moyens, pour se faire battre par *Alençon*, dans le prix de la Ville, et par *Vinicius*, dans le Grand Prix, — elle n'aurait pas connu la défaite à cinq ans, ayant remporté dix courses sur les douze qu'elle disputa. Ses plus belles performances furent accomplies dans le prix des Sablons sur *Retz* et *Maximum*, le prix Boïard, sur *Caïus* et *Retz*, le prix de Meudon, sur *Passaro*, qui en recevait 14 livres et le sexe, et, finalement, dans le prix du Conseil Municipal, qu'elle gagnait pour la seconde fois, battant dans un canter le cheval anglais *Wavelet's Pride*, à qui elle ne rendait pas moins de 15 livres, l'année et le sexe.

Maximum inscrit à son actif le prix Rainbow et l'Ascot Gold Cup. Il tombe dans l'Alexandra Plate, s'adjuge le prix du Prince d'Orange, et ne figure pas dans le Gladiateur, qui revient, pour la seconde fois, à *Amer Picon*.

Arizona enlève le prix La Rochette et l'Alexandra Plate ; — *Astronome II*, le prix du Cadran ; — *Exéma*, le prix du Pin ; — et *Alençon*, le prix de Lutèce, puis, à Bade, les prix de la Ville et du Prince Hermann de Saxe-Weimar.

Nous avons relaté les succès de *Maximum* et d'*Arizona*, à Ascot, et ceux de *Vinicius* et d'*Alençon*, à Bade ; ajoutons que *La Chine*, à M. E. Deschamps, y cueillit le Furstemberg Memorial, et *Ob*, le crack des deux ans, le prix de l'Avenir et le Prince of Wales, avant de battre dans le Grand Critérium, à Paris, *Gouvernant* et *French Fox*, à M. E. Blanc, qui avaient déjà remporté plusieurs victoires.

Les principaux vainqueurs de la jeune génération sont ensuite *Regina* (gagnante du Grand Critérium d'Ostende), *Thélème*, *Feuille-de-Chou*, *Presto II*, *Fifre II*, *Ajax* et *Macdonald II*.

L'étalon *Le Pompon* (Fripon et La Foudre), mourut à l'âge de douze ans, au moment même où sa production allait le mettre en évidence : *Prestige* venait, en effet, de naître, et la poulinière *Bric-à-Brac* était pleine de *Biniou*.

*_**

Au bulletin nécrologique, nous avons à enregistrer la mort de M. Edgard Gillois et du prince Soltykoff.

M. Edgard Gillois, un des fondateurs de la Société de Sport de France (qui donna son nom à son Biennal de 3 et 4 ans), était en même temps un des handicapeurs de la Société d'Encouragement, qui le remplaça par M. Paul Dousdebès.

Le prince Soltykoff, qui faisait courir depuis longtemps en Angleterre, avait remporté le Grand Prix de Paris, en 1878, avec le médiocre *Thurio*, qui ne dut de battre *Insulaire* qu'à la maladresse du jockey de celui-ci.

Les anciennes écuries disparaissent l'une après l'autre.

Ce fut le tour, dans le courant de l'année, de celle de M. H. Delamarre, qui fut vendue en bloc au comte R. de Clermont-Tonnerre.

Depuis plusieurs années, M. H. Delamarre se désintéressait des luttes du turf, et sa retraite, pour si regrettable qu'elle fût, ne surprit personne, en raison de son grand âge. Il n'en conservait pas moins encore son haras, qu'il ne devait liquider définitivement qu'en 1912.

*

On parlait beaucoup de « doping » depuis quelque temps.

Le *doping*, d'origine américaine, est une pratique frauduleuse, qui consiste à administrer à un cheval, en vue d'une course déterminée, un stimulant de la famille des alcaloïdes d'origine végétale (morphine, cocaïne, strychnine, héroïne, caféine, théobromine), par voie d'absorption buccale ou anale ou encore par injection sous-cutanée.

Il y avait là un double danger : pour l'élevage, auquel le doping apporte un germe d'appauvrissement en augmentant la nervosité des animaux destinés à la reproduction; pour l'institution des courses, puisqu'il est de nature à fausser la sincérité des épreuves.

Dès le mois de juin, la Société d'Encouragement s'était préoccupée de ces pratiques qui semblaient vouloir s'implanter chez nous et, devant le double danger que nous venons de signaler, elle n'avait pas hésité à interdire l'emploi de tout stimulant (1). En même temps, elle avait saisi de la question trois vétérinaires, dont deux étaient titulaires d'une chaire à l'école d'Alfort. Mais, à la question posée de savoir « *s'il était possible de constater scientifiquement, avec certitude, qu'un cheval est sous l'influence de substances susceptibles d'obtenir artificiellement de son organisme, à un moment précis, une somme d'efforts supérieure à celle que comportent ses aptitudes normales développées par un entraînement rationnel?* » ces trois praticiens avaient répondu négativement : « *On pouvait bien constater, chez les chevaux soupçonnés d'être sous l'empire de ces stimulants, une dilatation pupillaire exagérée, une salivation excessive, une sudation anormale et une*

---

(1) Elle venait, en effet, d'ajouter au chapitre X du Code des Courses les articles suivants :

Art. 9.

I. — Il est interdit d'administrer ou de faire administrer à un cheval, le jour de la course et en vue de la course, un stimulant quelconque, par quelque procédé que ce soit.

III. — Les Commissaires, afin de pouvoir constater les infractions à cette règle, peuvent procéder ou faire procéder à l'examen des chevaux et prendre telles mesures qu'ils jugent utiles.

Art. 10.

I. — Quiconque aura contrevenu aux dispositions de l'article précédent et toute personne convaincue de complicité sera privé du droit d'engager, de faire courir, d'entraîner ou de monter un cheval, et sera exclu des locaux affectés au pesage ainsi que des terrains d'entraînement appartenant à la Société.

II. — Tout cheval ayant été l'instrument d'une semblable manœuvre sera distancé. Il pourra, en route, être disqualifié.

dépression nerveuse que ne justifiait pas l'effort de la course, mais ce n'étaient là que des présomptions, ces signes extérieurs pouvant avoir d'autres causes. »

Dans ces conditions, les sanctions édictées par la Société d'Encouragement ne pouvaient avoir qu'un effet purement platonique, puisqu'il était impossible de constater avec certitude la fraude. Certains entraîneurs peu scrupuleux, forts de l'impuissance où l'on se trouvait de découvrir la preuve de leurs manœuvres, purent donc continuer tranquillement à empoisonner leurs chevaux. Le mal, cependant, fut moins grand que l'imagination populaire ne le voyait; ces pratiques coupables furent plutôt l'exception, et nombre d'interversions de forme qui étonnèrent, furent plus le fait de « la glorieuse incertitude du turf », que de stimulants nocifs.

Neuf années se passeront encore avant que ces mesures de répression cessent d'être lettre morte et que la Société d'Encouragement soit enfin en état de sévir avec toute la certitude scientifique désirable.

***

En Angleterre, un très bon cheval, *Rock Sand*, fils de *Sainfoin*, avec qui Sir J. Miller avait déjà gagné le Derby, en 1890, réussit le triple event des trois grandes épreuves classiques.

CHAPITRE LXXXI

ANNÉE 1904

Nouvelles tribunes de Longchamp. — M. Edmond Blanc établit le record des sommes gagnées dans une année. — *Ajax, Gouvernant, Macdonald II, Rataplan, Turenne, Presto II, Lorlot, Profane, M. Charvet.* — *Pretty Polly.* — *Caïus, La Camargo, Hébron, Maximum* (suite). — Mort de *Foxhall, Ormonde* et *Rueil.* — Dissolution de la Société des Courses de Caen et reprise par la Société de Demi-Sang. — Double dead-heat. — Raids militaires. — MM. P. Aumont, E. de la Charme, Pol Planquette, E. Adam et E. Rolfe. — Le Grand Prix Ambroisien, à Milan.

***

A maintes reprises on avait pu constater l'insuffisance des tribunes de l'hippodrome de Longchamp, beaucoup trop exiguës les jours de grande affluence, aussi la Société d'Encouragement avait-elle résolu de les remplacer par des constructions en pierre de vastes dimensions.

Les travaux, commencés à l'automne, furent poussés avec une activité digne d'éloges, et l'inauguration des tribunes actuelles eut lieu le jour même de la réouverture de Longchamp.

Élégantes, commodes et spacieuses, elles sont en tous points dignes du magnifique hippodrome qu'elles dominent.

***

La production de 1901 est une des meilleures qu'on ait vues depuis longtemps, tant par la qualité que par le nombre de bons chevaux qu'elle mit en ligne. Indépendamment, en effet, d'*Ajax* et de *Gouvernant*, qui dominent leurs contemporains, elle comprenait des animaux comme *Presto II, Turenne, Rataplan* et *Macdonald II*, qui eussent fait figure en toute société.

C'est, par excellence, l'année de M. E. Blanc, qui établit le record des sommes gagnées dans une campagne sportive, avec le chiffre fabuleux de 1.631.678 *francs*, dont 52.000 francs en Angleterre. Que de chemin parcouru en quarante ans, alors que le comte de Lagrange, l'année même de *Gladiateur*, n'inscrivait à son actif que 1.046.540 francs !

Ajax (Flying-Fox et Amie) entre dans ce total pour 638.525 francs, avec les prix Noailles, Lupin, du Jockey-Club et le Grand Prix, les seuls qu'il eût disputés. Il avait débuté victorieusement dans le prix de Saint-Firmin (remporté sur *Toison d'Or*, qui sera la mère d'*Alcantara II*), en sorte qu'il ne connut pas la défaite.

Gouvernant (Flying-Fox et Gouvernante) avait remporté, à deux ans, les prix Yacowleff, La Rochette et le Critérium International. A trois ans, il créditait son propriétaire de 369.125 francs, avec la Poule d'Essai, le prix La Rochette, le premier prix du Président de la République, sur *Hébron*, *Presto II*, *Lorlot*, etc., le prix Monarque, où il rendait 10 livres à *Rataplan*, *Presto II* et *Lorlot*, et le Grand Prix du Cercle International de Vichy, sur *Rataplan*, *Hébron* et autres. Non placé dans le Derby d'Epsom, il contribua puissamment, dans le Grand Prix, à la victoire de son camarade *Ajax*, par la lutte sans trêve qu'il livra, dès le début, à *Turenne*, dont *Ajax* n'eut raison que sur la fin. A l'automne, *Gouvernant* commence à montrer du caractère et ses incartades lui coûtent le prix Royal-Oak, qu'il ne perd que d'une tête contre *Macdonald II*, et le prix de Villebon, où il se fait battre par le médiocre *Kansk*.

Presto II (Rueil et Mlle Préfère) provenait de l'élevage de M. Boucherot. Il avait été payé yearling 1.700 francs, par W. Hurst, pour le compte duquel il remporta deux petits prix à deux ans. Réclamé, à Dieppe, pour 5.101 francs, par M. J. Lieux, il fut distancé de la seconde place, à Maisons-Laffitte, pour avoir gêné ses concurrents, après quoi il fut vendu à M. Gaston-Dreyfus, qui lui fit gagner deux épreuves modestes en fin de saison. A trois ans, il compte à son actif huit courses, dont le Handicap Optional, les prix de Guiche, Fould et du Prince de Galles, et le prix du Conseil Municipal, où il battait de deux longueurs et demie, après avoir mené, dès le départ, la célèbre pouliche anglaise *Pretty Polly*, dont nous parlons plus loin, *Zinfandel*, *Macdonald II*, *Hébron*, *Rataplan* et autres. Le terrain détrempé servit merveilleusement le petit cheval léger qu'était *Presto II*, alors qu'il nuisit à *Pretty Polly*, qui lui était incontestablement très supérieure.

On payait 2/5 pour *Pretty Polly*, tandis que *Presto II* était délaissé à 66/1.

Ce résultat, fort sujet à caution, eut pour effet de nous procurer le spectacle, jadis fréquent, mais passé de mode, d'un pari particulier. M. Michel Ephrussi n'ayant pas hésité à matcher son poulain *Fifre II*, à poids égal contre *Presto II*, sur 2.500 mètres, pour un enjeu de 25.000 francs.

Ce *Fifre II* avait enlevé coup sur coup, au début de la saison, les prix Delâtre, Lagrange et le Biennal, après quoi un accident d'entraînement avait obligé son propriétaire à le mettre au repos jusqu'à

.l'automne. Il venait seulement de reparaître sur le turf, et de remporter une petite victoire sans signification.

M. Gaston-Dreyfus releva le défi. Le match se disputa le 12 novembre à Maisons-Laffitte. *Presto II* gagna dans un canter.

Turenne (Le Hardy et Closerie) appartenait d'abord à M. C. Blanc. Réclamé pour 20.000 francs, par M. Vanderbilt, à l'issue du prix de L'Étang-la-Ville, à Saint-Cloud, où il avait fini derrière *Petit Frère*, auquel il rendait six livres, il gagna d'affilée six courses pour son nouveau propriétaire, prit la seconde place dans le Grand Prix de Paris, à une demi-longueur seulement d'*Ajax*, succomba contre *Gouvernant* et *Rataplan*, dans le prix Monarque, et remporta le prix de Longchamp et le Grand Prix, à Deauville.

Dans le Grand Prix de Paris, il mena d'un train d'enfer, dès le début, harcelé sans cesse par *Gouvernant*, et ce ne fut que dans les dernières foulées qu'*Ajax*, mieux ménagé, en eut raison. De bons sportsmen estimèrent que, sans la course folle que lui fit faire Ransch, *Turenne* eût triomphé de la coalition Ed. Blanc.

Macdonald II (Bay Ronald et Myrtledine), à M. Caillault, avait débuté par une victoire dans le prix de Sablonville, puis il n'avait joué aucun rôle dans le Critérium International. A trois ans, il enleva le prix Boïard; fut battu par *Ajax*, d'abord, dans le prix Noailles, puis dans le prix du Jockey-Club, après une très belle lutte au cours de laquelle il eut un instant l'avantage; prit, dans le Grand Prix, la troisième place que *Gouvernant* lui abandonna; s'adjugea, à Bade, le Furstemberg Memorial, mais se déroba dans le Grand Prix; dut aux incartades de *Gouvernant* de le battre dans le prix Royal-Oak, et ne figura pas dans le prix du Conseil Municipal.

Rataplan (Ermak et Régina), de l'élevage de M. R. de Monbel, appartenait au comte L. de Moltke-Hvitfeldt. Vainqueur, entre autres épreuves, du Derby du Midi et du prix Guillaume-le-Conquérant, il avait pris la troisième place dans le prix du Jockey-Club et avait succombé, à 10 et à 7 livres, contre *Gouvernant*, dans le prix Monarque et le Grand Prix du Cercle International de Vichy.

Après ces poulains, la meilleure pouliche est *Profane* (Winkfield's Pride et Poupée), également à M. E. Blanc, qui, bien que battue par *Xylène*, au comte H. de Pourtalès, dans la Poule d'Essai, enleva ensuite les trois autres grandes épreuves de son sexe, les prix de Diane, de Flore et Vermeille, s'élevant à 178.200 francs.

**

Caïus, Hébron, Exéma, Camisole se placent en tête des vétérans par leurs victoires.

Caïus remporte huit courses, dont les prix des Sablons, Hédouville, de Seine-et-Marne, du prince d'Orange, et, à Bade, de la Ville et du Prince Hermann de Saxe-Weimar; — *Hébron*, six courses (prix de Bois-Roussel, Perth, Consul et du Pin); — *Exéma*, prix Perplexité et Grand Prix de Bade; — *Camisole*, cinq courses (prix du Cadran, Rainbow et Salverte);

Puis viennent: *Vieux-Paris*, 3 courses (prix Dangu et Gladiateur), — et *Maximum*, quatre courses, dont la plus importante est le prix Jouvence, sur ce même *Vieux-Paris*.

Enfin, *La Camargo* termine sa magnifique carrière par quatre victoires sur quatre courses, bien qu'elle eût été privée du bénéfice du prix Hédouville, qu'elle avait remporté dans un canter sur *Caïus*, mais dont elle fut distancée de la première place, son jockey n'ayant pu faire le poids à la rentrée aux balances (1).

Achetée comme poulinière, pour 200.000 francs, par M. E. Blanc, *La Camargo* mourra, comme nous le verrons, sans avoir rien fait au haras.

* * *

Rarement nos chevaux avaient été aussi heureux à Bade qu'en cette année 1904. Nous avons dit les victoires de *Caïus*, *Exéma* et *Macdonald II*. Si l'on y ajoute celle de *Champ d'Or*, dans le prix de l'Avenir, on arrive — avec les épreuves secondaires remportées par nos autres représentants — à un total de douze prix, d'une valeur globale de 262.375 francs, plus deux objets d'art.

La continuité des succès de notre élevage poussa le Comité à décider que dorénavant, en outre du rendement de 7 livres accordé aux chevaux allemands, les surcharges pour prix gagnés en France et en Angleterre seraient doublées!... Il se réservait également la latitude de réduire l'allocation des principales épreuves, au cas où les deux tiers du minimum d'engagements stipulés ne seraient pas atteints.

Avec le trio *Val d'Or*, *Adam* et *Jardy* (vainqueur du Middle Park Plate), M. E. Blanc semble en droit d'envisager en souriant la prochaine campagne. Ces trois poulains de deux ans avaient, l'un et l'autre, remporté quatre victoires sans connaître la défaite, et ils étaient secondés par des camarades comme *Génial*, *Fier* et *Muskerry*.

Les autres jeunes lauréats étaient *Champ d'Or*, *Salambo*, *Rose-Blanche*, *Pois-Vert*, *Clyde* et *Finasseur*.

L'étalon *Rueil*, dont les succès de *Presto II* venaient de rappeler le nom, mourut à l'âge de 15 ans. Nous avons retracé sa carrière en son temps. Ses autres produits n'étaient pas sortis de l'ordinaire.

---

(1) Voici le résumé de ses performances :

A							
2 ans,	3 courses,	2 victoires.	. . . . . .	s'élevant à	31.600	francs.
3	— 6	— 3	— et 3 places,	—	235.735	—
4	— 10	— 7	— 2 —	—	319.775	—
5	— 12	— 10	— 2 —	—	258.962	—
6	— 4	— 3	—	—	31.625	—

Au total: 35 courses, 25 victoires et 7 places, s'élevant à 877.697 francs.

**

Un double dead-heat est chose trop rare, pour que nous ne signalions pas celui de *Forest Bird*, au comte de Fels, et de *Marphise*, à M. Pfizer, dans un petit prix à réclamer, à Compiègne.

A la troisième épreuve, *Forest Bird* gagna d'une longueur.

Le seul exemple que nous ayons, en France, d'un double dead-heat, est celui de *Saint-Christophe* et de *Mondaine*, sur les 3.000 mètres du prix de Chantilly, en 1877 ; après la seconde épreuve, le prix fut partagé.

**

Le bulletin nécrologique est des plus chargés. Nous avons, en effet, à enregistrer la mort de M. Pol Nanquette, ancien associé de M. L. Delâtre ; — du jockey E. Rolfe, qui monta d'abord pour M. H. Delamarre, puis pour M. de Saint-Alary, dont il fut l'entraîneur, au moment de *Omnium II* et de *Kizil-Kourgan* ; — de M. E. Adam, président de la Société Sportive, qui donna son nom au prix Boïard, puis, en 1911, au prix Monarque ; — de M. D. de Gernon, éleveur-propriétaire du Sud-Ouest ; — de MM. E. de la Charme et Paul Aumont.

M. E. de la Charme faisait courir depuis 1865. Il avait débuté avec *Quaker*, acheté à la vente du duc de Morny. L'année suivante, il réclama *Normandie*, au comte de Lagrange, qui fut une des bonnes pouliches de sa génération et gagna plus de 40.000 francs. De visées modestes, mais positives, il ne rechercha guère les grandes épreuves classiques, et, le plus souvent, il préféra déclasser ses chevaux, pour augmenter leurs chances de succès. Il avait installé un petit haras à Sénailles (Côte-d'Or), où naquirent *N. de Normandie*, *Chant-du-Cygne*, *Le Piégeur*, *Mélina* et *Barberousse*, qui portèrent avec honneur la casaque rayée cerise et noir. Il avait eu pour entraîneur H. Jennings, puis, à sa retraite, T. Cunnington.

Avec M. Paul Aumont disparaissait une des personnalités marquantes du turf.

A la mort de son père, Alexandre, le fondateur du haras de Victot et l'éleveur de *Monarque*, au début de 1860, M. Paul Aumont conserva tout d'abord l'écurie paternelle, avec Spreoty, comme entraîneur : ce fut l'époque de *Mon Étoile*, *Capucine*, *Fleur-de-Mai*, *Orphelin*. Puis, découragé par une série d'insuccès, il décida de se consacrer uniquement à l'élevage. Ayant commis la maladresse de vendre *Fitz-Gladiator* pour 30.000 francs à l'Administration des Haras, il eut la chance de trouver en son fils *Orphelin*, un étalon remarquable qui, malheureusement, mourut de bonne heure. M. P. Aumont s'empressa alors de revenir au sang de *Monarque*, qui avait fait la gloire de Victot, avec *Trocadéro*, qu'il eut la bonne fortune de ramener d'Angleterre, où il avait été vendu à la liquidation de l'écurie Lagrange, en 1870. Il eut ensuite comme sires *Saxifrage*, puis un fils du célèbre *Saint-Simon*, nommé *Simonian*, qui, tous, se montrèrent reproducteurs de grand ordre.

La décision qu'avait prise M. P. Aumont de ne plus faire courir avait été de courte durée, et ses couleurs avaient reparu peu de temps avant la guerre, pour ne plus cesser dès lors de triompher, avec *Revigny, Destinée, Sauterelle, Mademoiselle de Senlis, Ténébreuse, Monarque* (second du nom), *Fra Diavolo, Général Albert, Nature, Prâline, Camisole, Vieux-Paris*, etc. Il avait eu successivement pour entraîneur, pendant cette seconde période, H. Jennings, F. Carter, et, en dernier lieu, W. Carter.

Étaient également nés à Victot : *Etoile-Filante*, vendue à M. H. Lunel ; — *Gouvernail, Capitaliste* et *Monseigneur*, au duc de Hamilton — *Fitz-Plutus, Bariolet, Pourquoi, Problème II, Newmarket, Bavarde, Barberine* et *Gamin*, aux Ephrussi ; — et il n'avait tenu qu'à un crin que M. Goldschmidt n'achetât *Ténébreuse!*

La liquidation de l'écurie et du haras de Victot, le plus ancien et le plus fameux alors en France, fut un événement dans le monde du sport, qui craignit, un moment, la dispersion à l'étranger de ce vieux sang des races indigènes, auquel l'élevage national était redevable de tant de succès. On fut vite rassuré quand on apprit que M. A. Aumont était décidé à poursuivre l'œuvre familiale. Il racheta, en effet, les étalons *Simonian* et *Général Albert*, pour 52.000 et 25.000 francs, le quatre ans *Vieux-Paris*, pour 65.000 francs, deux yearlings et une douzaine de poulinières (dont *Ténébreuse, Helen, Nativa, Orpheline,* et *Elixir II*), pour 85.300 francs.

Le restant, soit 25 chevaux de deux ans et au-dessus, 17 yearlings et 25 poulinières, pour la plupart suitées, réalisa 771.725 francs (1).

M. A. Aumont — tout en restreignant annuellement son écurie à quelques chevaux, confiés à G. Cunnington — n'en continuera pas moins à donner tous ses soins à l'élevage de Victot. A la mort de *Simonian*, en 1910 (qui donnera des chevaux comme *Aveu, La Française, Ombrelle, Basse-Pointe, Nuage, De Viris*), il reviendra au sang de *Dollar* avec son petit-fils *Elf*, qui sera le père de *Rose-Verte, Tripolette, Nimbus, Saint-Pé*, etc.

---

(1) Les prix les plus intéressants furent atteints par :

		Fr.
Nature (Simonian et Nativa), 3 ans.	Prince Murat.	81.000
Camisole (Simonian et Dormeuse), 4 ans.	Marquis de Ganay.	70.500
Tout-Paris (Général Albert et Verveine), 2 ans.	Mme H. André.	41.000
Trocadéro (Général Albert ou Simonian et Ténébreuse), 2 ans.	B. Chan.	35.200
Luzerne (Simonian et Hardie), 2 ans.	Mme H. Andrée.	12.300
Dormeuse (Saxifrage et Didine), suitée de N., par Général Albert.	Comte Lehndorff.	62.000
Miss Jane (Saxifrage et Helen), suitée de N., par Général Albert.	Marquis de Ganay.	47.000

**

Enfin, comme menus faits, rappelons, d'une part, la dissolution de la Société des Courses de Caen et la reprise de l'affaire par la Société de Demi-Sang, et, d'autre part, les raids militaires Paris-Deauville, Lyon-Vichy et Bruxelles-Ostende, qui consacrèrent, une fois de plus, la supériorité d'endurance du pur sang.

**

Partout les courses prennent un développement prodigieux, et les prix de cent mille francs ne sont plus une rareté.

Le meeting de Milan, qui comprenait déjà le Grand Prix du Commerce, pour chevaux de tous pays, s'enrichit encore d'une

W. Rouch, Loulou, Copyright.

Pretty Polly.

épreuve internationale des plus importantes, pour chevaux de 3 ans et au-dessus : le *Grand Prix Ambroisien* (100.000 francs, 2.100 mètres) dans lequel notre élevage a triomphé avec *Boleslas*, à M. I. Wysocki (1905), *Madrée*, à Sir Rholand (1907), et *Mystificateur*, à M. E. Veil-Picard (1909).

**

En Angleterre, c'est l'année de Pretty Polly (Gallinulle et Admiration), au major E. Loder, qui peut prendre place parmi les plus grandes juments de course qui ont paru sur le turf britannique.

Sa carrière de deux ans avait été prestigieuse : elle avait remporté neuf victoires sur neuf courses (dont les Champagne et Criterion Stakes et le Middle Park Plate), se montant au chiffre énorme de 337.550 francs, sans précédent encore pour un animal de cet âge.

A trois ans, elle n'essuya qu'une défaite, fort sujette à caution comme nous l'avons dit, dans le prix du Conseil Municipal, où elle rendait 9 livres et le sexe au vainqueur. Ses sept autres sorties furent autant de succès faciles, notamment dans les Mille Guinées, les Oaks, le Saint-Léger et la Coronation Cup d'Epsom.

Elle triomphera encore deux fois dans cette dernière épreuve, à quatre et cinq ans, et ne succombera que dans l'Ascot Gold Cup, contre le vieux *Bachelor's Button*, en lui rendant deux années et sept livres.

En résumé, dans toute sa carrière, *Pretty Polly* ne fut battue que deux fois, ayant disputé vingt-quatre courses, pour en gagner vingt-deux et près d'*un million* d'argent public (964.975 francs).

Le célèbre *Ormonde*, dont nous avons retracé la carrière, en 1892, mourut en Angleterre, et *Foxhall*, en Amérique : on se souvient qu'il avait remporté le Grand Prix de Paris, en 1881, après une lutte mémorable avec *Tristan*.

CHAPITRE LXXXII

ANNÉE 1905

Avancement des courses de deux ans. — Arrêtés ministériels relatifs à la nomination des Commissaires des Sociétés de Courses, à l'inscription des chevaux au Stud-Book, et à l'application de la loi de 1891. — Interdiction des fers tranchants. — Nouvelles écuries de Longchamp. — *Jardy, Val d'Or, Génial, Finasseur, Clyde, Luzerne, Punta-Gorda.* — *Gouvernant, Macdonald II, Rataplan, Caïus* et *Presto II* (suite). — Mort de *Le Destrier* et de *War Dance.* — Le baron Alphonse de Rothschild. — Suicide de T.-R. Carter. — Le Grand Prix de Nice.

La Société d'Encouragement décide que les chevaux de 2 ans pourront débuter, non plus à date, mais à jour fixe, à partir du lundi qui précède le 1er août. C'était un premier acheminement vers la grande réforme de 1907.

Deux arrêtés ministériels sont pris au début de l'année : par le premier, le Ministre de l'Agriculture informe les Sociétés de courses que le choix des Commissaires devra être soumis à son approbation; par le second, il décide que désormais les chevaux ne pourront être inscrits au Stud-Book que s'ils portent un nom, les propriétaires étant invités à ne pas donner des noms déjà portés.

En outre, une ordonnance ministérielle de juin annonce que, en présence de la multiplicité des infractions à la loi de 1891, le Gouvernement est décidé à la faire respecter dans son intégrité, à la reprise des courses dans la région parisienne, à l'issue de la campagne de Normandie.

L'application de cette mesure à la réouverture de Longchamp — où furent inaugurées les nouvelles écuries du pesage — ne provoqua aucun incident. Ce n'est que par la suite qu'elle donna lieu à ces innombrables contraventions, procès et arrestations, que les Tribunaux apprécièrent si différemment, en raison de l'ambiguïté du texte législatif, jusqu'au remaniement de la loi, en 1909.

De son côté, la Société d'Encouragement, afin de couper court à certaines manœuvres, prohibe l'usage, pour les chevaux de courses, des fers munis de lamelle tranchante et des fers à grappes, susceptibles d'augmenter le danger des atteintes et des chutes.

***

Jamais écurie ne parut plus formidablement armée que celle de M. E. Blanc, avec des champions comme *Val d'Or* et *Jardy*, que pouvaient escorter des auxiliaires comme *Génial*, *Lecteur* et *Muskery*.

Et, de fait, les résultats de la première partie de la campagne étaient bien de nature à justifier les craintes qu'avaient les autres propriétaires d'en être réduits, cette année-là, à la portion congrue.

Le prix Delâtre n'avait-il pas été pour *Lecteur*, comme le prix Pénélope pour *Muskery*, les prix Lagrange, Biennal, Greffulhe et Lupin, pour *Génial*, la Poule d'Essai et le prix La Rochette, pour *Val d'Or*, et les prix Noailles et Daru, pour *Jardy* !

Le prix du Jockey-Club et le Grand Prix, le prix du Président de la République et le prix du Conseil Municipal semblaient plus que jamais à la merci des représentants de la casaque orange, et, peut-être même aussi, le Derby anglais.

Un mauvais sort allait, hélas! réduire à néant ces espérances. Le prix Daru était à peine couru, en effet, qu'une violente épidémie de gourme s'abattait sur l'établissement de la Fouilleuse.

C'en était fait de tous ces beaux rêves!... M. E. Blanc aura beau finir en tête des propriétaires gagnants avec le total, énorme encore et rarement atteint, de 1.469.000 francs; *Jardy* aura beau prendre la seconde place, à Epsom, à une demi-longueur de *Cicero*, et *Val d'Or*, venger son camarade d'écurie en battant, dans les Eclipse Stakes, ce même *Cicero*, au léger avantage de trois livres, les honneurs de la campagne n'en seront pas moins, par une cruelle ironie, pour un poulain que M. E. Blanc avait précisément réformé deux ans auparavant, comme étant pied-bot!

Ce poulain, par Winkfield's Pride et Finaude, s'appelait *Finasseur*. En réalité, il avait seulement la muraille du sabot trop étroite. M. Michel Ephrussi, qui ne l'avait payé yearling que 8.000 francs, lui avait fait subir une opération : la muraille avait été fendue, ce qui avait permis au pied, comprimé jusqu'alors, de prendre ensuite son développement normal.

En raison de cette opération, on ne l'avait pas poussé dans son travail, ce qui explique qu'il n'ait trouvé sa forme que tardivement, au bon moment d'ailleurs, alors que, par suite de la mise hors de combat des premiers sujets de l'année, le champ était libre.

Battu dans les prix Delâtre et Lagrange, non placé dans le prix Eugène-Adam, où il représentait seul la jeune génération, contre *Macdonald II*, *Caïus* et *Gouvernant*, vainqueur d'un petit prix à Maisons-Laffitte, et du Grand Prix de Bruxelles, il succombe dans le prix Border Minstrel, dix jours avant le Derby de Chantilly, contre *Ecots*, à qui il rend 9 livres... A ces performances plus que modestes, succède brusquement une période éclatante. C'est d'abord le prix du Jockey-Club où, après avoir mené de bout en bout avec son camarade *Brat*, il résiste à une vigoureuse attaque de *Clyde*, la gagnante du prix de Diane, qu'il bat d'une demi-longueur; puis le Grand Prix, où il en a raison, par deux longueurs, cette fois; enfin, le prix du Président de la République, à Maisons-Laffitte, dans lequel il prend une brillante revanche des vétérans qui l'avaient semé, au début de la saison, dans e prix Eugène-Adam.

Il passe alors de forme, et, après son insuccès dans le prix Monarque, où il ne peut prendre que la troisième place, derrière *Val d'Or* et *Phœnix*, il est retiré de l'entraînement.

Aucune pouliche ne s'impose, toutes s'étant entre-battues suivant les circonstances.

Clyde (Childwick et Common Dance), à M. E. Veil-Picard, remporte péniblement le prix de Diane, d'une tête sur *Luzerne*, puis le prix Royal-Oak, sur le médiocre *Adam*, après avoir pris, comme nous l'avons vu, la seconde place derrière *Finasseur*, dans le prix du Jockey-Club et le Grand Prix, et la seconde place également, derrière *Gouvernant*, dans le Grand Prix de Bade; — *Luzerne* (Simonian et Hardie), à M. H. André, s'adjuge les prix Fille de l'Air et Flore; — *Brienne*, les prix Hocquart et Vermeille; — et *Princesse Lointaine*, la Poule d'Essai.

Mais la plus résistante de toutes et, peut-être bien, la meilleure, quoique ses succès vaillent plus par la quantité que par la qualité, est *Punta-Gorda* (Le Capricorne et Philæ), à M. J. Lieux, qui remporte 11 victoires sur les 27 courses qu'elle dispute, indifféremment sur toutes distances et tous les hippodromes.

Née au haras de Lormoy, chez Mme H. Say, elle fit partie du lot de yearlings loués à M. Thorne, pour qui elle disputa, à 2 ans, le prix Héro, à Maisons-Laffitte. Elle y courut si piteusement, qu'elle fut réformée et vendue 900 francs, comme jument de selle, à un capitaine d'artillerie, qui, la trouvant décidément trop laide, la recéda à M. Dimpault. Celui-ci la remit à l'entraînement : après trois nouvelles sorties infructueuses, au début de la saison, elle gagna, complètement délaissée à 25/1, le petit prix de Montgeron, à Maisons-Laffitte, où M. J. Lieux la réclama pour 8.107 francs. Nous verrons par la suite que, dans sa carrière sur le turf, *Punta-Gorda* ne rapporta pas loin de 500.000 francs d'argent public à son heureux acquéreur.

**

La palme, parmi les vétérans, revient sans conteste à *Gouvernant*, qui remporte le Biennal, les prix du Cadran, La Rochette, Dangu, Satory, Seine-et-Marne, Dollar et le Grand Prix de Bade, s'élevant à

290.375 francs. Non placé dans le prix Eugène Adam, le prix du Président de la République et les Jockey-Club Stakes, à Newmarket, il est battu de huit longueurs, dans le prix Gladiateur, par *Maximum* dont ce fut le plus important succès.

Gouvernant est le seul cheval, jusqu'à présent, qui ait gagné les trois manches du prix La Rochette (Triennal). A l'issue de la campagne, il fut vendu, moyennant 500.000 francs, au Gouvernement autrichien.

Macdonald II ne court que quatre fois, pour remporter le prix Eugène Adam, d'une demi-longueur sur *Caïus*, *Fifre II*, *Gouvernant*, *Finasseur*, etc., et le prix du Conseil Municipal, qu'il enlève dans un canter à un lot médiocre; entre temps, il avait fini second, derrière *Finasseur*, dans le prix du Président de la République, et troisième derrière *Gouvernant* et *Clyde*, dans le Grand Prix de Bade.

Rataplan, qui rencontre toujours devant lui *Caïus*, *Gouvernant* ou *Macdonald II*, trouve néanmoins de rémunératrices compensations à ses honorables défaites dans la Coupe et le Grand Prix de Vichy.

Sur 13 sorties, *Presto II* remporte 9 victoires et 3 places. Ses plus belles performances sont accomplies dans le prix du Prince d'Orange, où il a raison de la coalition *Caïus-Génial*, dans le prix Perth, où il rend facilement 10 livres à *Lorlot*, et dans le prix du Pin.

Caïus a pour lui les prix des Sablons, du Prince de Galles, Hédouville, Ispahan et Guillaume-le-Conquérant, à Deauville. Comme son camarade *Gouvernant*, il quitta la France, à la fin de la saison, et s'en fut en Allemagne.

A l'étranger, en plus des victoires de *Val d'Or*, dans les Eclipse Stakes, à Sandown Park, de *Gouvernant*, dans le Grand Prix de Bade, et de *Finasseur*, dans le Grand Prix de Bruxelles, signalons celle, dans le Grand Prix Ambroisian, à Milan, de *Boleslas*, à M. I. Wysocki.

Prestige, parmi les deux ans, se détache en plein relief, et le nombre et la facilité de ses victoires font regretter qu'il ne soit pas inscrit dans les grandes épreuves de 1906.

Il provenait de l'élevage de M. J. Ravaut, à la mort duquel M. W.-K. Vanderbilt l'avait acheté.

Prestige courut 7 fois pour remporter les 7 victoires suivantes, s'élevant à 150.850 francs, somme énorme pour un jeune cheval : Prix de Deux Ans, à Deauville; Omnium de Deux Ans, Critérium, Biennal et prix Heaume, à Maisons-Laffitte; Grand Critérium et prix de la Forêt, à Paris, battant à tour de rôle tous ceux de sa génération.

Au début de l'année, il y a lieu d'enregistrer la mort tragique de T.-R. Carter, qui se suicida, la nuit, en se jetant dans la Seine, du haut du pont des Invalides. Établi en France depuis 1850, il entraîna d'abord pour M. C.-J. Lefèvre, dont l'écurie était alors fort modeste, puis il entra, en 1854, au service de M. H. Delamarre, pour lequel il avait successivement amené au poteau tous les chevaux qui illustrèrent la casaque marron à manches rouges, depuis *Vermout*, *Bois-Roussel* et *Boïard*, jusqu'à *Clio*, *Vigilant*, *Clélie*, *Friandise*, *Verte-Bonne* et *Vasistas*. Il avait pris sa retraite l'année précédente.

BARON A. DE ROTHSCHILD.

Le baron Alphonse de Rothschild mourut également dans le courant de l'année. Son écurie remontait à l'origine même des courses en France, et avait été fondée, aux premières heures du turf, par le baron Nathaniel, décédé en 1870. Cette première période vit les succès de *Drummer*, *Meudon*, *Flect*, *Glands*, *Baroncino*, *Gustave* et *Baronello*. Puis la casaque bleue et la toque jaune du baron Alphonse avaient triomphé, tant en Angleterre, où ses deux ans se distinguaient généralement chaque année, qu'en France, où, parmi les meilleurs élèves du haras de Meautry, on peut citer *Kilt, Stracchino, Brie, Serge, Lavaret, Louis d'Or, Heaume, Barbe-Bleue, Le Nord, Le Nicham* et *Le Roi Soleil*.

* * *

L'étalon *War Dance* meurt au haras du Gazon, chez M. Maurice Ephrussi, et *Le Destrier*, en Allemagne, où il avait été importé après plusieurs années de monte en France. Nous avons retracé le rôle respectif de chacun d'eux précédemment et nous renvoyons nos lecteurs aux années 1880 et 1890.

CHAPITRE LXXXIII

ANNÉE 1906

Création du Comité Consultatif permanent des courses. — Chevaux distancés. — Unification des rendements du pari mutuel. — L'émeute de Longchamp du 14 octobre. — Réunion extraordinaire au profit des familles des victimes de la catastrophe de Courrières. — Inauguration de l'hippodrome du Tremblay. — Le prix de Seine-et-Oise et le prix Consul, à Maisons-Laffitte. — Propositions E. Lepelletier et Réveillaud. — *Prestige* et *Maintenon*. — *Moulins-la-Marche*. — *Punta-Gorda* (suite). — *My Pet II*. — L'écurie Maurice de Rothschild. — Vente de *Val d'Or* et *Jardy*. — Mort de *Plaisanterie* et de *Little-Duck*. — *Ormonde*. — Le baron Roger, le baron J. Finot, Ch. Pratt, et W. Planner.

Le meeting de plat de Nice, tout à fait à l'avant-garde de la saison, offre aux chevaux de 3 ans et au-dessus une belle épreuve, le *Grand Prix de Nice*, 2.200 mètres, dotée d'une allocation de 50.000 francs, qui sera doublée en 1911.

Les conditions de la course stipulent tout un jeu de surcharges et de décharges, qui en font un peu comme un handicap

L'époque avancée où elle se dispute en exclut par cela seul les sujets de tête, ce qui lui enlève beaucoup de son intétrêt.

Au point de vue purement sportif, c'est l'année de M. W.-K. Vanderbilt, avec les exploits de *Prestige* et de *Maintenon;* mais le fait capital — en ce qu'il constitue une nouvelle machine de guerre dressée contre la Société d'Encouragement — est la création du fameux Comité Consultatif permanent des courses, institué par le décret du 19 juillet, que nous publions au Livre X.

Certes, dans son exposé des motifs, M. Ruau, Ministre de l'Agriculture, couvre de fleurs les dirigeants de la Société d'Encouragement, dirigeants au dévouement, à l'honorabilité et la compétence desquels il rend hommage. Mais ce n'était là qu'eau bénite de cour. S'ils avaient rendu de tels services à la cause du sport et de l'élevage, quelle raison de subordonner dorénavant leur action à la tutelle d'un nouveau rouage, composé en grande partie des fonctionnaires de cette Administration des Haras, qui n'avait jamais rien entendu à la question des courses!... La vérité était que l'on ne voulait plus de l'omnipotence toute morale que donnait à la Société d'Encouragement la haute situation mondaine de ses dirigeants. Après l'adjonction à son Comité de membres étrangers pris en dehors de son sein, la création du Comité Consultatif était un nouvel empiétement du pouvoir sur son autorité, et c'est ce que déguisait à peine l'exposé des motifs.

Jusqu'à présent, grâce au ciel, ce Comité, s'il a été quelquefois consultatif, n'a guère eu de permanent que le nom, car on peut compter ses sessions, et son œuvre qui aurait pu être nuisible, s'est ontentée d'être puérile.

A l'exception, en effet, de la proposition de M. Caillault, sur l'unification des Codes et Règlements de plat et d'obstacles, sur laquelle nous reviendrons en 1909, nous ne lui devons, en six ans, que la suppression de la gratuité des fonctions de commissaires, inscrite à l'art. 75 du Règlement de la Société d'Encouragement, et la mention, aux programmes officiels des Sociétés de courses, du montant des prix, que jusqu'alors, paraît-il, les propriétaires étaient incapables de calculer !

Il faudrait avoir l'esprit bien mal fait pour ne pas admirer l'effort prodigieux d'initiative et de travail qui a permis de réaliser des réformes de cette importance, et l'on comprend sans peine que le Comité, après avoir mené à bien une tâche aussi ardue, se soit désintéressé de questions secondaires, comme, par exemple, le distancement des chevaux à l'arrivée ou l'unification de répartition au pari mutuel dans les différentes enceintes.

La Bible nous dit que Dieu fit le monde en six jours et se reposa le septième.

Le Comité Consultatif a droit à un repos bien gagné.

Et pourtant, ces deux questions, entre tant d'autres, sont capitales. Le distancement d'un cheval à l'arrivée, tel qu'il est encore appliqué, est d'une telle iniquité, que la question avait été soulevée, à l'une des rares séances du Comité, par le Directeur général des Haras lui-même. Comme elle méritait qu'on s'y arrêtât, elle fut enterrée (1). Quant à celle de l'unification des paris, elle venait pré-

---

(1) Le cas le plus fréquent qui se présente est celui-ci : un cheval A arrive premier après avoir, volontairement ou non, peu importe, coupé ou bousculé le cheval B. La logique voudrait que A fût distancé au profit de B et que leur ordre de classement à l'arrivée soit simplement interverti : il n'en est rien : A est distancé de toute place et le troisième cheval C, qui n'a pas été gêné et n'a rien à voir dans l'affaire, bénéficie de l'allocation qui revenait au cheval A.

Il y a mieux encore. Deux chevaux A et B, appartenant au même propriétaire,

cisément d'être résolue, l'année même, par la Société des Courses de Nice, avec un plein succès : c'est pourquoi, sans doute, l'on ne jugea pas à propos de l'imposer aux Sociétés parisiennes.

Le point délicat, disait-on, consistait dans l'obligation de faire communiquer très rapidement entre elles les différentes enceintes, en évitant tout à la fois les lenteurs de la transmission à la main et les erreurs dont le téléphone pouvait être cause. Divers moyens avaient été préconisés, dont le plus simple semblait être le reliement du pesage aux autres enceintes par des tubes pneumatiques pour la transmission écrite.

Sans s'embarrasser de ces soi-disant difficultés, la Société des Courses de Nice avait obtenu l'autorisation ministérielle de procéder, à son meeting de printemps, à une expérience publique de totalisation des mises dans les différentes enceintes pour l'unification de répartition : les résultats de l'expérience avaient été tellement concluants que, depuis lors, elle a définitivement adopté cette façon de faire : il ne lui en coûte qu'une dépense de 200 francs par jour et une perte de temps de cinq minutes par course.

Voilà de cela huit ans, et ce que l'on a fait à Nice, du premier coup, sembla au-dessus des forces des sociétés parisiennes.

Il faut leur rendre cette justice d'ailleurs, qu'elles n'ont encore rien tenté dans ce but. Peut-être attendent-elles pour le faire qu'une de ces stupéfiantes anomalies de rapport comme on en a tant vu (1) vienne mettre le feu aux poudres et déchaîner un de ces mouvements populaires, comme celui qui marqua, précisément cette année même, la journée du 14 octobre, à Longchamp.

Rien ne pouvait laisser prévoir l'orage qui allait éclater. Les trois premières courses s'étaient courues sans incident, quand vint le Handicap libre. Les rubans furent levés dans de très mauvaises conditions, alors que les chevaux étaient si loin d'être rangés, que les jockeys de la plupart d'entre eux, et notamment des favoris *Kasbek*, *Storm* et *Pois-Rouges*, ne croyant pas à la validité du départ, restèrent au poteau, cependant que *M. Périchon*, *Mlle Marguerite*, *Bethsaïda*

courent contre un troisième C, à une autre écurie. A file en tête dès le départ et gagne de 20 longueurs sans avoir été rejoint. Dans la lutte pour la seconde place, B appuie fortement sur C et le gêne manifestement. Va-t-on se contenter de distancer B? On le distancera certes, mais aussi son camarade A, les compagnons d'écurie étant solidaires...

Nous ne croyons pas qu'on puisse être taxé d'anarchiste pour demander la réforme de semblables errements.

(1) Si l'on voulait noter toutes les anomalies qui résultent de ces rendements partiels, par enceinte, des pages ne suffiraient pas. Mais croit-on, par exemple que si *Fuorolto* eût gagné, le 13 septembre 1912, le prix de l'Hudson-River, à Maisons Laffitte, le public de la pelouse eût accepté bénévolement une répartition de 2.283 fr. 50, par mise de 5 francs, alors que cette répartition, au pesage, n'eût pas été moindre de 27.158 fr. 50, soit plus de dix fois supérieure, pour une mise qui n'était que double.

et *Amalécite* partaient résolument. Quand les premiers jockeys, voyant que le starter maintenait le départ, se décidèrent à lancer leurs chevaux, le premier peloton était déjà loin et il passa le poteau, dans l'ordre indiqué, sans avoir été rejoint. Une immense clameur de protestation s'éleva de la pelouse, qui réclama à grands cris l'annulation de la course ou le remboursement des chevaux restés au poteau. Il n'était pas au pouvoir des commissaires de la Société d'Encouragement de lui donner satisfaction, le Règlement étant formel, tant sur la participation à la course de tous les chevaux rangés sous les ordres du starter, que sur les pouvoirs de celui-ci, seul juge en matière de départ.

Devant le maintien du résultat, l'effervescence de la foule ne connut plus de bornes et, devant la police impuissante à maintenir l'ordre, le pesage fut envahi, les baraques du pari mutuel de la pelouse saccagées et incendiées, et les courses suspendues.

Il n'était plus question de courir à Longchamp. La Société d'Encouragement dut modifier et condenser le programme de ses dernières réunions, qui se disputèrent à Chantilly, et faute de place, certaines épreuves, auxquelles on était accoutumé, telles que les prix de la Forêt et du Pin, par exemple, furent supprimées.

Déjà, au printemps, la réunion de courses du 1er mai, à Saint-Ouen, avait été annulée, dans la crainte des manifestations ouvrières.

Par contre, une journée supplémentaire, à laquelle assistait le Président de la République, entouré des ministres et du monde officiel, avait été organisée, le 3 avril, sur l'hippodrome d'Auteuil, au profit des familles des victimes de la catastrophe minière de Courrières. Le programme comprenait deux courses plates, une course au trot, un steeple-chase et une course de haies.

Le 19 septembre eut lieu l'inauguration du champ de courses du Tremblay, qui comporte, comme l'ancien hippodrome de Vincennes, une montée finale, et dont les longues lignes droites contrastent avec les tournants de Colombes.

Désormais, la Société de Sport de France va prendre rang parmi les grandes Sociétés de courses parisiennes. Mais, si elle renonce aux courses d'obstacles et de gentlemen, elle n'en conservera pas moins un caractère spécial, par ses très utiles épreuves pour apprentis jockeys, dont elle est l'instigatrice en France.

Pour éviter les redites, nous prions nos lecteurs de se reporter à la notice que nous avons consacrée à cette Société, lors de sa fondation en 1882.

En même temps que la Société de Sport de France élargissait le cadre de son action, la Société Sportive augmentait de 220.000 francs son budget de plat, tant par l'élévation de l'allocation de certaines des épreuves existantes (le prix Monarque est porté de 30.000 à 40.000 fr., l'Omnium de Deux Ans, de 10.000 à 20.000, le prix Eclipse de 15.000 à 20.000, et le prix Lagrange à 40.000, par la conversion en espèces de l'objet d'art), que par la création de nombreuses épreuves nouvelles, comme le prix *Consul* (20.000 francs, 4.000 m., pour 4 ans et au-dessus) et le prix de *Seine-et-Oise* (20.000 fr., 1.400 m., pour chevaux de 2 ans et au-dessus) qui, par ses conditions de poids et de distance, rappelait l'ancien prix de la Forêt, de la Société d'Encouragement.

De son côté, la Société d'Encouragement songe à fêter dignement le soixante-quinzième anniversaire de sa naissance, qui tombe en 1908, et elle annonce qu'à cette occasion, le Grand Prix sera porté à 300.000 francs.

Enfin, rappelons, avant d'aborder le côté technique de l'année, qu'il avait été fortement question des courses et des paris à la tribune de la Chambre.

Ç'avait été d'abord, au début de l'année, M. Edmond Lepelletier, qui ne demandait rien moins que la liberté du jeu, par le rétablissement, dans des conditions déterminées de contrôle, des paris au livre, et l'unification obligatoire des rendements du pari mutuel!

Ensuite, la proposition tendant à frapper d'un droit de 10 p. 100 les sommes gagnées en prix de courses.

Puis, en novembre, M. Réveillaud réclamait la suppression pure et simple du pari mutuel et son remplacement « par la perception d'un droit spécial, dont la quotité serait fixée par décret, sur les entrées aux hippodromes et champs de courses, le produit devant en être affecté, par les soins de l'État, à l'encouragement de l'élevage du cheval de guerre et aux œuvres d'assistance et de bienfaisance publiques. »

L'exposé des motifs de cette dernière proposition faisait valoir d'excellentes raisons, notamment en ce qui concernait le rôle de l'État-Croupier; mais son adoption eût entraîné la mort des courses, en enlevant aux Sociétés la part considérable de ressources que leur procure le prélèvement de 4 p. 100 sur les opérations du pari mutuel, en même temps qu'elles se seraient vu obligées de restituer, sous forme de droit spécial, une partie des recettes provenant des entrées.

Pour ne parler que des cinq grandes Sociétés de courses parisiennes, c'eût été les priver *annuellement d'un revenu de plus de 12 millions de francs*, qu'elles distribuent, tant sur leurs propres hippodromes qu'en province, sous forme d'allocations ou de primes.

La proposition Réveillaud fut donc enterrée, comme les deux précédentes d'ailleurs.

***

PRESTIGE (Le Pompon et Orgueilleuse), — le meilleur cheval que W. Duke prétend avoir jamais entraîné — n'avait malheureusement pas de grands engagements. On doit d'autant plus le regretter qu'il n'eut jamais à s'employer pour triompher, et que, de ce fait, sa mesure demeure inconnue. De taille moyenne, bien pris dans son ensemble, d'une maniabilité parfaite, son jockey n'avait qu'à le laisser s'étendre dans son action souple et légère pour qu'il dominât aussitôt ses adversaires, soit qu'il prît la tête dès le départ et gagnât sans être inquiété, soit qu'il ne l'amenât qu'à l'entrée de la ligne droite, auquel cas il lui suffisait de quelques foulées pour être maître de la situation.

Il confirma son éclatante carrière de deux ans en remportant successivement, avec la plus grande désinvolture, les prix de Saint-Cloud, Lagrange, Eugène-Adam, Biennal, Fould, du Prince de Galles, Hédouville, de Victot et Seymour, dans lesquels il avait battu, outre ses contemporains *Moulins-la-Marche*, *Procope* et *Quérido*, des chevaux comme *Punta-Gorda*, *Clyde*, *Marsan*, *Phœnix* et *Presto II*, c'est-à-dire l'élite des vétérans alors sur la brèche.

Tombé boiteux après le prix Seymour, il fut retiré de l'entraînement et quitta le turf sans avoir connu la défaite, après avoir remporté 16 victoires, s'élevant à 353.244 francs.

Ses premiers produits ont paru en 1910. On ne saurait donc le juger encore comme étalon.

MAINTENON (Le Sagittaire et Marcia) avait été payé 23.000 francs, par W.-K. Vanderbilt, à la vente des yearlings du haras du Perray, à M. Gaston-Dreyfus. De haute taille, d'un modèle puissant, déparé par une tête commune et sans expression, d'une vilaine robe alezane, avec un arrière-main fort plat, il ne payait pas de mine; mais une fois en action, il se transformait; le grand animal veule qu'il semblait au repos s'animait, et ses détracteurs mêmes furent conquis par son abatage formidable.

Il n'avait pas couru à deux ans, et en dépit de ses succès au printemps, il fut un cheval tardif qui ne trouva sa véritable forme qu'à partir de l'été.

Encore très vert, il débute dans le prix Delâtre, où il ne peut finir que mauvais troisième, derrière *Montlieu* et *Pascal*, devançant, entre autres, *Eider* et *Quérido;* prend encore la troisième place, dans le prix de Guiche, derrière *Moulins-la-Marche* et *Saint-Elme;* enlève de trois longueurs le prix Hocquart, à un lot aussi nombreux que médiocre; est battu d'une longueur, par *Eider*, dans la Poule d'Essai, et par *Crillon*, dans le prix Daru, où il porte des œillères, par crainte d'incartades, qui ne se produisirent jamais; bat facilement *Flying Star* et neuf autres adversaires dans le prix Lupin, et n'a aucune peine à remporter le prix du Jockey-Club, par une demi-longueur, sur *Quérido*, *Eider*, *Narvaez*, *Brisecœur*, *Montlieu*, *Ganelon II*, la favorite *Flying Star* et huit autres. Il était monté — Ransch, le jockey de l'écurie, ayant été victime d'un accident, quelques jours auparavant — par P. Woodland, jockey d'obstacles qui, à dix ans d'intervalle, renouvelait le succès, dans cette même épreuve, d'un autre jockey d'obstacles, Boon, sur *Champaubert*.

Dans le Grand Prix — que l'anglais *Spearmint* gagne de bout en bout, sur *Brisecœur et Storm* — il ne figure pas à l'arrivée, et finit, avec *Flying Star*, parmi les derniers. Une inflammation tendineuse dont il souffrait à ce moment lui ôta tous ses moyens; mais on peut présumer, à voir la place de *Brisecœur*, que, s'il avait été en bon état, il eût gagné.

Puis, c'est une suite ininterrompue de brillantes victoires : prix du Président de la République et prix Monarque, où il rend de 10 à 14 livres à tous ses opposants; prix de Longchamp, de Guillaume-le-Conquérant et Grand Prix, à Deauville; prix Royal-Oak, où, sur la distance du Grand Prix, il sème *Brisecœur;* puis la Coupe d'Or de Maisons-Laffitte, qui se dispute pour la première fois, et où, par suite du manque de train, il faillit être pris de vitesse sur la fin par *Glou-*

Phot. J. Delton.

Maintenon.

glou II, alors en pleine forme et qui bénéficiait d'un avantage de 6 livres; enfin le prix du Conseil Municipal, qu'il enlevait dans une allure impressionnante, en dépit du poids qu'il rendait à ses adversaires de tous âges.

Au cours de ces différentes rencontres, il avait battu à nouveau, non seulement tous les animaux de sa génération, mais encore — comme son camarade *Prestige*, au printemps — la crème des vieux chevaux. *Punta-Gorda*, notamment, eut le malheur de le trouver trois fois devant elle à l'arrivée, dans des épreuves de l'importance du prix du Président de la République, du Grand Prix de Deauville et du prix du Conseil Municipal!

Maintenon avait couru 16 fois, se plaçant 2 fois troisième, 2 fois deuxième et remportant 11 victoires, dont 8 consécutives. Le total de ses gains s'élevait à 841.025 francs, la somme la plus forte qu'un cheval eût encore gagnée, en France, dans une campagne.

Après les deux cracks de M. Vanderbilt, vient, en second plan, tout un lot d'animaux qui se battent et s'entre-battent sans merci.

Flying Star, propre sœur de *Le Souvenir*, de triste mémoire, avait été retirée, par M. L. Mérino, à 95.000 francs, aux ventes de yearlings, à Deauville; plus heureuse que son frère, elle gagna au moins une épreuve classique, le prix de Diane, après avoir pris la seconde place, derrière *Maintenon*, dans le prix Lupin; favorite du prix du Jockey-Club, elle n'y joua aucun rôle, non plus que dans le Grand Prix; — *Saïs* enlève le prix Pénélope, la Poule d'Essai et le prix de Flore, qu'elle partage avec *Arabic;* — *Bethsaïda*, le prix Vermeille; — et *Sourdine*, une spécialiste des courtes distances, le Baden Prince of Wales, le Biennal et le prix de Seine-et-Oise, à Maisons-Laffitte.

Eider remporte le prix des Cars, la Poule d'Essai, sur *Maintenon*, et le Grand Prix de Vichy; — *Brisecœur*, le prix Greffulhe; — *Montlieu*, les prix Delâtre et du Prince d'Orange; — *Ganelon II*, le Handicap Optional, le prix des Haras nationaux et le Grand Prix de Bruxelles; — *M. Périchon*, le prix Jouvence et le Handicap limité; — *Glouglou II*, les prix Flying-Fox, de Longchamp et le Handicap de la Tamise; — *Procope*, le Grand Prix de Nice et le prix La Rochette; — *Crillon*, le prix Daru, sur *Maintenon*, après quoi un accident termine sa carrière sur le turf.

Mais le record des déplacements révient à *Moulins-la-Marche*, que l'on rencontre en compagnie de sa camarade *Punta-Gorda*, sur tous les hippodromes. Si tous les terrains et toutes les distances ne leur sont pas également favorables, ils n'en tentent pas moins la chance, de concert ou séparément, lui, dans 21 rencontres, et elle, dans 23!

Le poulain gagne 7 courses, dont les prix de l'International Sporting Club de Nice, de Guiche, sur *Maintenon*, de la Seine, Le Roi Soleil, à Saint-Cloud, du Printemps, et le Grand Prix de Lyon.

La jument est l'héroïne des vétérans, avec 148.747 fr. 50 et six victoires, parmi lesquelles le prix d'Amphitrite et le prix d'Inauguration, de 20.000 francs, au Tremblay; nous avons vu qu'elle n'avait succombé que contre le seul *Maintenon*, dans les épreuves de grande importance qu'elle avait disputées.

A distance respectueuse viennent : *Marsan*, qui enlève la Coupe à *Rataplan*, le prix Rainbow à *Strozzi*, le prix Consul à *Luzerne*, et le prix de Satory à *Clyde;* — *Génial*, qui bat *Strozzi*, dans le Biennal, mais qui est battu par lui, dans le Cadran; le premier remporte ensuite le prix Hocquart, à Deauville, et, le second, le prix de Chantilly, à

Paris, tous deux sur *M. Périchon;* celui-ci avait fait dead-heat, dans le prix de Seine-et-Marne, avec *Clyde;* mais M. E. Veil-Picard n'ayant pas voulu partager le prix, alors que M. Champion refusait d'imposer à son cheval la fatigue d'une nouvelle rencontre, la jument faisait walk-over dans la seconde épreuve; précédemment, elle avait gagné le prix de Dangu, et elle terminait la saison par une facile victoire dans le prix Gladiateur.

Le cheval de deux ans qui donne les plus belles espérances est un fils de Perth et My Mary, payé 30.000 francs par M. Sol Joël, à la vente des yearlings du haras de Lormoy.

My Pet II ne courut qu'en Angleterre où, sur huit courses qu'il disputa, il en remporta 6; il ne fut battu que par *Slieve Galion* — le favori du prochain Derby — et passait pour bien supérieur à son compagnon *Sagamore*, qui eut facilement raison de *Pernod*, dans le prix de Deux Ans, à Deauville.

Ce *Pernod* était, avec son camarade *Calomel*, le meilleur deux ans que nous eussions en France. Après eux, venaient *Ouadi-Halfa*, *Mordant* et *Péroraison*.

On vit à peine *Biniou*, et *Sans-Souci II* n'eut à son actif que le prix Le Destrier.

La Marmotte, en remportant le petit prix des Roches-Noires, à Deauville, inaugura les succès de la jeune écurie de M. Maurice de Rotshchild qui, fidèle aux deux couleurs adoptées de tout temps par sa famille, a choisi une casaque bleue, à brandebourgs, coutures et toque jaunes.

* *

Les succès de *My Pet II* n'étaient pas les seuls que notre élevage eût remportés en Angleterre, *Ob*, 5 ans, à M. Maurice Ephrussi, y ayant enlevé d'une tête, avec 50 kil. 1/2, le Lincolnshire Handicap, au favori *Dean Swift* et 22 autres opposants. Il était monté par Bellhouse, et était parti à 20/1.

A Bade, *Phœnix* cueillit le prix de la Fondation; — *Hautbois*, le Grand Prix, après avoir partagé avec *Our Favorite* le prix de Heildelberg; — *Sourdine*, le Prince of Wales; — et *Tyrol*, le Oos Handicap.

La pouliche allemande *Fabula*, à MM. A. et C. Weimberg, battit nos représentants *La Serqueuse* et *Sans-Souci II*, dans le prix de l'Avenir.

Le meeting d'Ostende nous fut tout particulièrement favorable : *Mordant* y remporta le Grand Critérium; — *Cavalcadour*, le Grand Prix de la Ville; — *Oakleigh*, le Grand Prix de la Société des Bains; — *North Pole*, le Grand Prix du Kursaal, — et divers autres, plus de 50.000 francs.

Ganelon II, comme nous l'avons dit, enleva le Grand Prix de Bruxelles.

**

Val d'Or et *Jardy* sont vendus à des éleveurs de l'Amérique du Sud, dans les 750.000 francs chaque (prix payé, l'année précédente, par un éleveur brésilien, pour *Diamond Jubile*, l'étalon du roi d'Angleterre); *Général*, à l'Italie, et *Adam*, aux États-Unis.

L'Administration des Haras, limitée par son budget à des prix moindres, donne 150.000 francs de *Rataplan*, 50.000 de *Presto II* et, fait sans précédent, 70.000 francs de *Beaumanoir*, le célèbre étalon trotteur de M. Th. Lallouët.

Little Duck était mort, en Allemagne, à l'âge de 25 ans, et *Plaisanterie*, en Angleterre, à l'âge de 24 ans.

Le meilleur produit de *Little Duck* avait été *Champaubert*, et le meilleur de *Plaisanterie*, *Childwick*, qu'elle eut de *Saint-Simon*.

**

Au bulletin nécrologique, nous comptons les décès du baron Roger, du baron Finot, de Ch. Pratt, et de W. Planner.

Le baron Roger, qui faisait courir en association avec le baron de Varennes, n'eut jamais qu'une très modeste écurie. Leurs couleurs — casaque rouge, toque jaune — n'en remportèrent pas moins deux grandes épreuves : le prix du Jockey-Club, avec *La Morinière*, en 1900, et, l'année suivante, le Grand Steeple-Chase, avec *Calabrais*.

Le baron J. Finot, qui venait de mourir à 80 ans, avait été un brillant cavalier. Bien qu'il se soit spécialisé dans les courses d'obstacles, il était trop répandu dans le monde du sport pour que nous ne mentionnions pas sa disparition. Connaisseur émérite en chevaux, il savait discerner, comme pas un, parmi les chevaux de plat d'ordre secondaire ceux qui, par leur conformation ou leurs aptitudes, étaient propres à faire de bons sauteurs, et il en dirigeait lui-même le dressage, à son établissement de Langé. Sa casaque marron était populaire à Auteuil, où elle connut les plus beaux succès, avec *Astrolabe*, *La Veine*, *Basque*, *Baudres*, *Saïda*, *Vaucouleurs* et *Issoudun*.

On se rappelle que c'est en soignant, à Spa, le comte de Saint-Germain qui venait de faire, avec sa jument *Astrolabe*, une chute terrible dont il mourut, que le baron Finot fit connaissance de la sœur du blessé, qu'il épousa par la suite.

Comme M. H. Delamarre, le baron Finot était un peintre des plus distingués, et nous avons reproduit, dans le chapitre XXXIV, un de ses meilleurs tableaux.

Charles Pratt était âgé de 73 ans. Après un apprentissage chez Rodgers, à Newmarket, il débuta, en 1852, comme jockey chez M. Fasquel (de Courteuil), dont Kent était alors l'entraîneur. De là, il passa chez H. Jennings, et monta pour le prince de Beauvau. Puis il devint jockey de la Grande-Écurie (Lagrange-Nivière), pour laquelle il entraîna un moment à La Morlaye. On le trouve ensuite entraîneur-jockey du major Fridolin (Ch. Laffitte-Nivière); c'est l'époque de ses plus grands succès, avec *Sornette* et *Bigarreau*, et la course en avant

Baron J. Finot.

qu'il fit avec la pouliche, dans le Grand Prix de 1870, est demeurée légendaire. Après le terrible accident dont il fut victime sur *Bamboula*, à Reims, en 1876, et qui mit fin à sa carrière de jockey, M. E. Blanc lui confia ses premiers chevaux, puis il succéda à H. Jennings comme entraîneur du comte de Juigné, au service de qui il mourut.

Charles Pratt était universellement estimé, tant pour l'aménité de son caractère et sa parfaite honorabilité, que pour ses grandes qualités professionnelles.

CHAPITRE LXXXIV

ANNÉE 1907

Avancement à la fin de juin des débuts des chevaux de deux ans. — Allocations aux chevaux placés. — Suppression de la dernière course pour gentlemen-riders des programmes de la Société d'Encouragement. — Certificat d'origine. — Suppression de la gratuité des fonctions de commissaires. — Les grandes épreuves de la Société de Sport de France. — *Sans Souci II, Mordant, Biniou.* — Recette-record au Grand Prix. — *Maintenon, Quérido, Punta-Gorda, Moulins-la-Marche, Ob, Luzerne* (suite). — L'écurie du baron Gourgaud. — Importation de *Chaleureux*. — Société d'Encouragement à l'élevage du Cheval de guerre.

L'année 1907 marque une évolution capitale dans l'histoire des courses en France, par la décision prise par la Société d'Encouragement d'avancer d'un mois l'époque du début des jeunes chevaux.

La Société d'Encouragement avait décidé, en effet, qu'il pourrait avoir lieu à l'avenir, à dater du dernier lundi de juin.

Foncièrement hostile jusque-là à toute mesure de ce genre, en dépit de l'exemple de l'Angleterre où les jeunes chevaux paraissent en public dès le mois d'avril, la Société d'Encouragement avait cédé moins par conviction personnelle que par lassitude des assauts subis depuis plusieurs années.

Avec le développement prodigieux qu'avait pris l'institution des courses depuis l'établissement du pari mutuel, de nouvelles mœurs et, aussi, des appétits nouveaux étaient nés.

On était loin du temps où une écurie de courses n'était qu'un luxe coûteux. C'étaient, maintenant, de véritables entreprises commerciales, dont les propriétaires surveillaient avec soin le doit et l'avoir. Il ne fallait plus de non-valeurs. Or, un cheval qui mange et qui ne rapporte rien est un capital dormant, et tout capital doit être productif. Aussi, sans se soucier de savoir s'ils ne mangeaient pas leur blé en herbe, les propriétaires exigeaient-ils à l'envi de toutes leurs unités le rendement le plus prompt, et il n'était pas de jour que l'on ne réclamât la liberté de faire courir les jeunes animaux plus tôt : coûte que coûte, il fallait qu'un cheval *gagnât de l'argent!*

Il y aurait beaucoup à dire sur cette importante question du début des deux ans, et nous nous réservons — car la chose nous entraînerait, ici, à trop longs développements — d'y revenir dans la conclusion de cet ouvrage.

En faisant, après tant d'années de résistance, cette concession aux exigences modernes, la Société d'Encouragement venait d'ouvrir la voie aux débuts plus hâtifs encore, et il est à craindre que l'on n'en reste pas là!

Elle voulut, cependant, palier dans la mesure du possible les conséquences fâcheuses qui pouvaient en résulter pour l'élevage, et, dans l'espoir que la modicité des prix offerts retarderait d'autant l'apparition des sujets d'avenir, elle ajouta que « *les débuts des chevaux de deux ans, dans la période comprise entre le dernier lundi de juin et le dernier dimanche de juillet, ne seront autorisés que dans les prix où la somme offerte ne dépassera pas 5.000 francs, dont la distance ne sera pas supérieure à 1.000 mètres et dont les engagements ne se font pas plus d'un mois à l'avance* ».

On ne croirait pas que cette décision eut le don de soulever les protestations des députés de la Normandie, en raison du tort, prétendirent-ils, qu'elle faisait à leur région, qui avait eu jusqu'alors la primeur de ces débuts. Ils oubliaient que, depuis 1905, ces débuts se faisaient à Vincennes, puis à Saint-Cloud, sur les hippodromes mêmes de la Société de Demi-Sang, titulaire des courses de Caen!

La Société d'Encouragement avait également apporté des modifications aux primes aux éleveurs (en en ajoutant à bon nombre d'épreuves d'importance moyenne, dans la proportion de 5 p. 100 du montant nominal du prix), et aux allocations aux chevaux placés, qui se trouvaient réglées ainsi :

« Sauf conditions contraires, dans toutes les courses de la Société, le second recevra les 3/5 et le troisième les 2/5 des entrées, après que le gagnant aura retiré la sienne, sans que le total de ces deux allocations puisse être supérieur à 30 p. 100 ni inférieur à 15 p. 100 de la valeur nominale du prix, primes à l'éleveur non comprises. En cas d'insuffisance des entrées pour atteindre ces 15 p. 100, ceux-ci seront garantis par le fonds de course. »

Elle avait aussi transformé le prix des Lions, la dernière des épreuves pour gentlemen-riders qui figurât encore à son programme, en une course ordinaire pour jockeys. La chose passa inaperçue.

Les courses de gentlemen avaient d'ailleurs fait leur temps. Ces épreuves, qui avaient eu leur raison d'être à l'origine des courses, alors que le sport était intime et que chaque propriétaire était doublé d'un cavalier militant, ne répondaient plus aux préoccupations modernes; trop d'intérêts sont maintenant en jeu, et l'on ne songe pas sans inquiétude, devant la nervosité du public, à quels incidents regrettables l'insuffisance ou la maladresse d'un cavalier-amateur pouvait donner lieu.

Enfin elle avait pris une autre mesure, d'ordre purement administratif, en rendant obligatoire, avant l'engagement d'un cheval, le dépôt du certificat d'origine.

La Société Sportive convertit en espèces l'objet d'art du prix Lagrange, ce qui porte l'allocation de cette importante épreuve à 40.000 francs.

Celle de l'Omnium de Deux Ans, placé avec le prix Monarque, à la dernière journée du meeting d'été, est élevée à 20.000 francs.

Nous avons dit ce qu'était le fameux Comité Consultatif permanent des Courses.

Pour prouver son existence, il prit une décision capitale, dont l'importance ne peut échapper qu'aux esprits prévenus, en obligeant la Société d'Encouragement à biffer de l'article 10 de son Règlement les mots : « Les Commissaires ne peuvent recevoir aucune rémunération, aucun jeton de présence ni frais de déplacement. »

La Société d'Encouragement — où ces fonctions, il va sans dire, continueront à être gratuites — ne put faire autrement que de s'incliner devant la force.

Mais elle demeure encore maîtresse — jusqu'à quand? — de n'accorder de subventions qu'à qui lui plaît, et elle maintient le principe de n'en faire profiter que les Sociétés où, comme chez elle, les fonctions de Commissaires sont purement honorifiques.

**

Création par la Société de Sport de France, de ses grandes Poules pour trois ans, espacées sur toute l'année, contrairement à l'usage qui groupe les épreuves de ce genre au printemps.

Ces cinq épreuves, en plus de leurs conditions particulières, comportent des combinaisons de surcharges et de décharges, comme le prix Citronelle, par exemple, de nature à apporter un dédommagement aux propriétaires qui ont dû interrompre de bonne heure la carrière de courses de leurs pouliches (1).

(1) Voici les conditions de ces cinq épreuves dont l'allocation est uniformément de 20.000 francs, avec une prime de 1.000 francs à l'éleveur; 4.000 francs au deuxième et 2.000 francs au troisième :

Prix Citronelle, 1.600 mètres. — Poids, 57 kilos; les produits de juments n'ayant couru ni en plat ni en obstacles, après leur troisième année, recevront 2 kilos; n'ayant pas couru après leur deuxième année, 4 kilos. Un gagnant d'un prix de 15.000 francs portera 2 kilos de plus et ne pourra bénéficier des décharges.

Prix Flageolet, 2.000 mètres. — Poids : poulains, 54 kilos; pouliches, 51 kil. 1/2. Un gagnant de 50.000 francs ou d'un prix de 30.000 francs portera 3 kilos de plus;

**

Le Derby de Chantilly et le prix de Diane sont remportés par des outsiders à 25 et 30/1. C'est dire que l'année n'est pas bien fameuse.

Calomel et *Pernod*, après quelques victoires, au début de la saison, qui font illusion, n'attendront pas la fin de la campagne pour passer en obstacles, et *My Pet II*, qui s'était couvert de gloire à deux ans, disparaîtra de la scène, après ses tentatives infructueuses du prix Daru et de la Poule d'Essai.

Le meilleur, bien qu'il n'inscrive aucune grande épreuve à son actif, est peut être *Biniou* (Le Pompon et Bric-à-Brac), à M. I. Wysocki.

Il avait couru obscurément à deux ans, et l'on ne commença à parler de lui qu'après le prix Citronelle, au Tremblay, dans lequel, bénéficiant de 8 livres, il avait fait dead-heat avec *Mordant*. Il enleva ensuite les prix Edgard de La Charme, du Point-du-Jour et Flying-Fox, à des adversaires assez médiocres, à la vérité, mais dans un style si plaisant, que M. E. Veil-Picard n'hésita pas à payer 75.000 francs la moitié de la propriété du poulain. Ce fut sous ses couleurs qu'il se plaça second, dans le prix du Jockey-Club, à 3/4 de longueur de *Mordant*, devançant de 2 longueurs *Bravo*, le favori *Pernod*, *Ouadi-Halfa* et huit autres. On compte encore à son actif les prix Monarque, et du Cèdre, et deux places de deuxièmes, d'abord dans la Coupe de Maisons-Laffitte, puis dans le prix du Conseil Municipal, où il est battu par *Luzerne*, qui ne lui rend qu'une livre et le sexe pour deux

de 100.000 francs ou d'un prix de 60.000 francs, 6 kilos. Les chevaux n'ayant été engagés dans aucun prix dont les engagements se font avant la naissance, recevront 3 kilos, s'ils n'ont gagné ni 30.000 francs ni un prix de 6.000 francs.

Prix Le Sancy, 2.600 mètres. — Poids, 52 kilos. Le gagnant de 50.000 francs ou d'un prix de 30.000 francs portera 3 kilos de plus; du prix Hocquart ou du prix Greffulhe, au Bois de Boulogne, ou d'un prix de 100.000 francs, 6 kilos. Les chevaux n'ayant pas couru avant le 15 juin, recevront 3 kilos, s'ils n'ont gagné ni 30.000 francs ni un prix de 12.000 francs.

Prix Saint-Simon, 2.300 mètres. — Poids, 52 kilos. Le gagnant de 50.000 francs ou d'un prix de 30.000 francs portera 3 kilos de plus; du prix Noailles ou du prix Daru, au Bois de Boulogne, ou d'un prix de 100.000 francs, 6 kilos. Les chevaux n'ayant pas couru avant le 15 juin, recevront 3 kilos, s'ils n'ont gagné ni 30.000 fr. ni un prix de 12.000 francs.

Prix Egdard Gillois, poule biennale :
à 3 ans, à courir à l'automne, distance, 2.600 mètres. — Poids, 50 kilos. Le gagnant de 50.000 francs ou d'un prix de 30.000 francs portera 3 kil. 1/2 de plus; de 100.000 francs ou d'un prix de 60.000 francs, 7 kilos;
à 4 ans, à courir au printemps, distance, 3.800 mètres. — Poids, 54 kilos. Le gagnant de 100.000 francs, ou, dans l'année, d'un prix de 20.000 francs, portera 3 kilos de surcharge; de 150.000 francs, ou, dans l'année, d'un prix de 40.000 francs 6 kilos.

Les engagements, pour toutes ces épreuves se font au commencement de décembre de l'année de la naissance. Entrée, 300 francs; forfait, 200, 100 ou 25 francs suivant l'époque de la déclaration.

années : il n'avait joué aucun rôle dans les Grands Prix de Paris et de Deauville.

Mordant (War Dance et Magdala), à M. Maurice Ephrussi, avait gagné, à deux ans, le Grand Critérium d'Ostende et le prix Calenge, à Cabourg. Non placé dans le prix Lagrange, il partage, comme nous l'avons vu, le prix Citronelle avec *Biniou*, qui en reçoit 8 livres; est battu dans le prix Greffulhe et dans la Poule d'Essai; enlève, à une cote d'outsider (274 francs, au rapport du pari mutuel au pesage), le prix du Jockey-Club, et succombe d'une encolure, contre *Sans-Souci II*, dans le Grand Prix, où il avait été victime d'un très mauvais départ.

Sans-Souci II (Le Roi Soleil et Sanctimony), au baron de Rothschild, avait couru 5 fois, à deux ans, pour remporter, en fin de saison, le prix Le Destrier. Après trois insuccès dans les prix Greffulhe, Hocquart et des Cars, il triomphe successivement dans les prix Daru, Lupin et le Grand Prix (1). Il n'était pas engagé dans le prix du Jockey-Club.

Plus irrégulières encore sont les pouliches. Bornons-nous donc à rappeler que *Saint-Astra* remporta le prix de Diane, à 30/1; — *Cartolina*, le prix La Rochette; — *All-Minc*, les prix Pénélope et de Flore; — *Anémone II*, le prix Royal-Oak, où elle n'avait rien à battre; — *Ad Gloriam*, le prix Amphitrite; — *Claudia*, le prix Vermeille, — et *Madrée*, la Poule d'Essai.

Celle-ci, bien que née en France, appartenait au comte F. Sheibler, le grand sportsman italien, et était entraînée au delà des Alpes.

***

Maintenon semble vouloir poursuivre la série de ses succès et il ouvre brillamment la campagne en enlevant dans un canter le prix des Sablons, puis le prix Boïard. Aussi quelle ne fut pas la surprise quand, le surlendemain, on le vit succomber, dans le Biennal de Longchamp, contre le modeste *Quérido!*... Les conjectures marchèrent bon train, comme on pense, les uns penchant pour une défaillance passagère de *Maintenon*, les autres pour une transformation radicale de *Quérido*. La vérité, que l'on connut deux jours plus tard, était que *Maintenon*, qui souffrait déjà d'une jambe, était irrémédiablement claqué et que son propriétaire venait de déclarer forfait pour lui dans tous ses engagements. Dès le printemps, il faisait la monte au haras de Villebon (2).

---

(1) Lors du premier Grand Prix, en 1863, la recette, la plus belle que la Société d'Encouragement eût encore réalisée, avait dépassé 80.000 francs. En 1907, elle atteignit *346.255 francs*, chiffre record jusqu'à 1913, inclus.

(2) Jusqu'à présent, et contrairement à tout ce que l'on pouvait en attendre *Maintenon* a donné des produits qui ont surtout brillé par la précocité. Il ne faudrait pas trop se hâter pourtant de le condamner sur ces premiers résultats.

La fausseté du résultat du Biennal fut du reste confirmée, quelques jours plus tard, dans la Coupe, où l'on vit ce même *Quérido* succomber à poids égal contre *Moulins-la-Marche*. Tout autant que leurs cadets d'ailleurs, les vétérans s'entre-battront à tour de rôle sans cause appréciable. *Quérido* sera un des plus heureux du lot. Après sa victoire inespérée sur *Maintenon*, il devra à son poids extrêmement avantageux de remporter le Chester-Cup, et l'absence de tout compétiteur sérieux lui permettra de créditer son propriétaire des 100.000 francs du prix du Président de la République.

Moulins-la-Marche et son inséparable compagne *Punta-Gorda* continuent leurs pérégrinations. En plus de la Coupe, le cheval gagne 6 courses, dont les prix Perth et du Pin. Quant à la vieille jument, c'est à Deauville qu'elle trouve sa meilleure forme, en réussissant le triple event des prix Hocquart, de Longchamp et du Grand Prix. Elle remporte ensuite les prix de Jouvence et de Chantilly, ne figure pas dans le prix du Conseil Municipal et termine sa carrière de courses par une victoire facile, mais sans gloire, dans le prix Gladiateur, où elle ne rencontrait que le médiocre *Le Gargan* (1). Bien qu'elle fût encore aussi saine qu'au moment de ses débuts, elle fut alors retirée de l'entraînement et vendue comme poulinière à M. J. Arnaud, de chez qui, à la liquidation de son haras, en 1909, elle passera aux mains de M. Vanderbilt, qui ne craignit pas d'en donner 80.000 francs, malgré les exemples si nombreux de non-réussite au stud de juments de haute qualité étant restées trop longtemps sur le turf.

(1) *Punta-Gorda* détenait alors le record en France, qu'a battu depuis son camarade *Moulins-la-Marche*, des sorties publiques : dans ses quatre campagnes, en effet, elle n'avait pas disputé moins de 73 *courses*, sur lesquelles elle en avait remporté plus du tiers, s'élevant à 466.000 francs :

A 2 ans		1 course	Fr.	»
3 —	11 victoires sur 27	—		97.606 65
4 —	6 —	23 —		146.842 10
5 —	8 —	22 —		221.830 »
Au total :	25 victoires sur 73 courses, se montant à			466.278 75

M. J. Lieux avait été bien inspiré, on le voit, le jour où il l'avait réclamée pour 8.107 francs.

Cette endurance de *Punta-Gorda* et la qualité dont elle fit preuve sur tous les terrains et sur toutes les distances font d'autant plus regretter qu'elle ait été si peu ménagée et l'excès de ses sorties peut faire craindre pour sa carrière au haras : les meilleures poulinières, en effet, sont rarement celles qui ont pratiqué trop longtemps les luttes du turf.

Les victoires de la vieille jument avaient éveillé l'attention des éleveurs et, tandis que nous avons vu son premier propriétaire trop heureux de s'en défaire, à l'âge de deux ans, pour *900 francs*, M. Sol Joël n'avait pas hésité, cette année même, aux ventes de yearlings, de Deauville, à donner *66.000 francs* de son demi-frère *Poor Boy* (Perth et Philæ), comme il donnera 37.000 francs, en 1907, de la sœur de celui-ci, *Phyllis*.

Est-il besoin d'ajouter, tant il est rare que les frères et sœurs d'un bon cheval héritent les mêmes qualités, qu'aucun d'eux ne justifia par la suite ces prix élevés.

Montieu remporte les prix de Lutèce, Rainbow et du Prince de Galles; — *Procope*, les prix La Rochette et Ajax et il partage le prix Dollar avec son camarade *Eider*; — et *Luzerne*, le Handicap limité et le prix du Conseil Municipal, qu'elle ne doit d'enlever à *Biniou* que grâce à son poids avantageux; elle avait 5 ans et ne portait que 53 kil. 1/2.

Trois pouliches, ce qui ne semble pas en faveur de la jeune génération, tiennent la tête parmi les deux ans : *Sauge Pourprée*, *Valda* et *Halima*. Puis viennent, dans l'ordre de leurs gains : *Lamaneur*, au comte Foy, dont M. E. Blanc offrit 200.000 francs, et qu'on ne revit plus sur le turf après sa seconde année, *Northeast*, *Talo-Biribil*, *Princess Margaret*, *Scarlet*, *Monitor*, *Conquistador*, *Quintette* et *Mafia II*.

Sea Sick, *Grill-Room* et *Magellan* ont passé à peu près inaperçus, et *Médéah* n'a pas couru.

Un autre bon deux ans est *Agadir*, vainqueur du prix de la Ville de Caen, du Critérium de Bernay, et du Premier Critérium, à Chantilly, pour le compte du baron Gourgaud, dont les couleurs (casaque rouge, manches marron, toque rouge) connaissent ainsi le succès dès leurs débuts.

**

A l'étranger, il nous faut signaler, en plus de la victoire de *Quérido*, dans le Chester Cup, celle de *Monitor*, dans les Windsor Castle Stakes, à Ascot, et de *Ob* qui, pour la seconde fois, remporte le Lincolnshire Handicap.

A Bade, *Sauge Pourprée* enlève le prix de l'Avenir; — *Séjan*, le Furstenberg Memorial; — *Flamette*, le prix de la Fondation de Bade; — et *Pont-d'Eragny*, le prix de Heidelberg.

Enfin, en Italie, c'est *Madrée*, dont nous avons déjà parlé, qui se classe comme le meilleur sujet de sa génération, avec, entre autres victoires, le Grand Prix Ambrosian, de 100.000 fr., à Milan.

**

Notons l'importation, par M. Ed. Blanc, de *Chaleureux* (Goodfellow et L'Été), père de *Signorinetta*, la gagnante du Derby et des Oaks, en 1909, payé 5.250 francs seulement. Il était âgé de dix ans et avait remporté quelques bonnes courses, comme le Chesterfield Cup, le Manchester November Handicap et le Cesarewitch, sous le poids, infime pour un quatre ans, de 46 kil. 1/2.

**

Rappelons enfin le dépôt sur le bureau de la Chambre, au **début** de l'année, de la proposition de loi Ruby, tendant à modifier la loi du 2 juin 1911 sur le pari mutuel. Cet honorable législateur ne demandait pas moins — afin de canaliser les sommes énormes qui s'en vont chaque année, sans profit pour l'État, aux agences clandestines (1) — que l'ouverture, dans Paris, de guichets officiels du pari mutuel, et il proposait d'en charger les établissements de crédit, dont les nombreuses succursales dans les différents quartiers semblaient se prêter à merveille à ce genre d'opérations.

Aussitôt l'*Union des Syndicats des gérants des débits de tabacs de France* de réclamer à son profit l'installation, dans les débits de tabacs, de ces agences légales du pari mutuel en dehors des champs de courses, « la plupart ayant non seulement le téléphone, mais en location l'appareil Weight, de l'agence Havas, qui leur permettrait de donner les résultats course par course. »

Si séduisante que fût la perspective de transformer Paris en une vaste agence de jeu, la Chambre ne crut pas devoir donner suite à la proposition Ruby : ç'eût été pousser vraiment trop loin l'amour du lucre que de faciliter ainsi la ruine publique !

**

Signalons aussi, bien qu'elle n'ait pas trait directement aux courses, la création de la *Société d'Encouragement à l'élevage du Cheval de Guerre français*, en raison de son rôle éminemment patriotique et du concours qu'elle apporte à l'utilisation du pur sang comme reproducteur (2).

---

(1) En 1905, le seul Tribunal de la Seine avait jugé 865 inculpés pour infractions à la loi du 2 juin 1911.

Il n'est pas nécessaire d'affirmer que les sommes engagées clandestinement chaque année sont sensiblement égales à celles qui sont enregistrées officiellement et qui ne s'élevaient pas à moins, pour 1907, de 321.625.125 francs, ce qui représentait :

2 %	pour les œuvres de bienfaisance..	Fr.	6.431.502 70
1 %	— l'adduction d'eaux potables....		3.216.251 35
1 %	— l'élevage...............		3.216.251 35
4 %	— les Sociétés de Courses.......		12.863.005 40
	Au total, pour 1907..	Fr.	25.727.010 80

Sur ce total de 321.625.125 francs, la région parisienne figure, à elle seule, pour 295.476.550 francs.

(2) Modestes au début et réservés au seul concours de Saumur, les encouragements de cette société allaient en augmentant chaque année, pour atteindre, en 1913, la somme de 142.000 francs, répartis sur 403 chevaux primés à ses treize concours régionaux de Saumur, Angoulême, Pau, Auch, Alger, etc.

CHAPITRE LXXXV

ANNÉE 1908

75ᵉ anniversaire de la Société d'Encouragement. — L'allocation du Grand Prix est portée à 300.000 francs. — Création de la journée d'été de Chantilly. — Rejet de la proposition demandant l'interversion de l'ordre dans lequel sont courus les prix de Diane et du Jockey-Club. — Pesage des jockeys. — Deauville : création du Critérium et augmentation de l'allocation du Grand Prix. — Vichy : rétablissement du Grand Prix de 100.000 fr. — La Coupe d'Or de Maisons-Laffitte. — *Sea Sick, Quintette, Northeast, Médéah* et *Sauge Pourprée*. — *Biniou* et *Moulins-la-Marche* (suite). — La poulinière allemande *Festa*. — *Signorinetta, Bayardo* et *Your Majesty*. — Mort de *Persimmon, Saint-Simon* et *Perth*. — Allocation du Saint-Léger. — Rejet de toute proposition relative au rétablissement des paris au livre. — Liquidation de l'écurie du comte H. de Pourtalès. — L'interdiction des paris aux courses aux États-Unis : exode des chevaux américains ; formation des écuries H. Dureya et Franck Jay-Gould.

Pour fêter dignement le 75ᵉ anniversaire de sa fondation, la Société d'Encouragement avait décidé précédemment de faire du Grand Prix de Paris l'épreuve la plus riche du monde entier, en portant son allocation à 300.000 francs. De fait, avec les entrées et forfaits, c'est une somme de 360.000 francs environ qui revient au vainqueur, plus une prime de 20.000 francs, s'il est né en France ; il est en outre alloué 30.000 francs au deuxième et 15.000 francs au troisième.

Cette somme de 400.000 francs, affectée à un seul prix, représente *vingt fois* le budget total de la Société d'Encouragement lors de ses débuts, lequel n'était que de 20.900 francs, alors qu'il s'élevait, pour l'année courante, à *3.783.975 francs*.

Au nombre des modifications apportées par la Société à son programme général, figurait la création d'une journée d'été, à courir à Chantilly dans les derniers jours de juillet ou au commencement d'août, avant la campagne normande. La part la plus grande était faite aux jeunes chevaux, qui y disputaient notamment les deux

Critériums, qui s'étaient courus jusque-là à la réouverture. Les conditions en avaient été modifiées et ils étaient désormais réservés aux inédits.

Le Comité de la Société d'Encouragement avait repoussé une proposition tendant à intervertir l'ordre dans lequel se courent les prix de Diane et du Jockey-Club, en raison de la quasi-impossibilité pour les chevaux ayant pris part à cette dernière épreuve d'aller disputer le Derby anglais, le mercredi suivant.

A l'objection qui fut faite sur la difficulté qui pourrait se présenter de conserver un cheval en condition pendant les trois semaines qui sépareraient alors le prix du Jockey-Club du Grand Prix, les auteurs de la proposition répondirent par l'exemple des pouliches qui, dans les mêmes conditions, remportèrent successivement le prix de Diane et le Grand Prix (*Sornette, Nubienne, Semendria, Kizil-Kourgan*).

On craignait aussi qu'une pouliche gagnant le prix du Jockey-Club ne fît le vide dans le prix de Diane. Puis, n'était-ce pas détruire l'heureuse succession des grandes épreuves de la Société d'Encouragement et rompre l'intérêt qui va toujours croissant des premières Poules au Grand Prix, sans compter que la plupart des pouliches renonceraient à disputer le prix du Jockey-Club, afin de ne pas compromettre leur chance dans leur propre Derby. Certes, nombreuses étaient celles qui avaient couru et gagné la Grande Poule huit jours avant le prix de Diane, mais la Grande Poule était une épreuve beaucoup moins sévère que le prix du Jockey-Club, les champs y étaient souvent restreints et ne renfermaient pas toujours les candidats au blue ribbon.

Dans ces conditions, le Comité estima que le mieux était de s'en tenir au *statu quo*. Il ne fallait modifier que pour améliorer et, puisque l'argument principal reposait sur la difficulté pour nos chevaux d'aller courir à Epsom, il suffisait tout simplement de reculer les courses de la Société d'Encouragement, de façon à ce que le prix du Jockey-Club suivît d'une dizaine de jours le Derby; le Grand Prix serait ainsi reporté à fin juin, suivant le vœu si souvent émis par la population parisienne.

Comme on le verra, c'est à cette très heureuse solution qu'on s'arrêta l'année suivante.

Plusieurs chevaux ayant été distancés, leurs jockeys n'ayant pu faire le poids après la course, faute de se peser avec les mêmes objets qu'avant, bride, œillères, etc., la Société d'Encouragement décida qu'à l'avenir « tout ce que porte le cheval doit être mis dans la balance et pesé, excepté les fers, les bottines, les flanelles, la bride et la cravache ».

***

Tandis que la Société d'Encouragement fêtait, comme nous venons de le voir, le 75e anniversaire de sa fondation, la Société des Courses de Deauville, poursuivant sa marche ascendante, portait son Grand Prix à 75.000 francs, et créait une nouvelle épreuve importante pour chevaux de 2 ans : le *Critérium* (10.000 fr., — 1.000 mètres).

De son côté, la Société des Courses de Vichy, qui venait d'être reconstituée sous la présidence éclairée du vicomte d'Harcourt, rétablissait, sous le nom de *Grand Prix de Vichy*, l'ex-Grand Prix du Cercle International, de 100.000 francs, ainsi que le prix des Rêves d'Or, qui, créés tous deux en 1900, avaient été supprimés en 1907.

Enfin, la Société Sportive portait à 5.000 francs l'allocation minima de toutes ses épreuves (les prix à réclamer exceptés, qui demeuraient à 3.000 fr.), et elle créait, à l'arrière-saison, une nouvelle épreuve importante pour chevaux de 3 ans et au-dessus, dénommée la *Coupe d'Or* (1).

***

C'est encore M. W.-K. Vanderbilt qui finit en tête des propriétaires gagnants, avec 1.314.077 francs, devançant de 600.000 francs son suivant immédiat, M. E. Blanc.

Les principaux représentants de la casaque blanche à brassards noirs sont les 3 ans : *Northeast*, 5 victoires, 427.015 fr.; *Sea Sick*, 5 victoires et demie, 356.600 fr.; *Gambaiseul*, 2 v., 95.000 fr.; *Foresight*, 3 v., 61.365 fr.; *Cayuga*, 3 v., 51.110 fr., et les 2 ans : *Négofol*, 2 v., 38.000 fr.; *Oversight*, 3 v., 35.535 fr.; *Prestissimo II*, 3 v., 32.850 fr.; et *Ripolin*, 2 v., 22.395 francs.

A la vente des yearlings du Perray, en 1906, M. Vanderbilt avait donné 19.000 francs de *Gambaiseul;* 56.600, d'un frère de mère de *Maintenon*, nommé *Montavalle*, qui finit en obstacles; et 24.400, de *Sea Sick* (Elf et Saf-Saf).

Ce dernier n'avait paru que quatre fois, à deux ans, pour remporter deux épreuves des plus modestes. Pour sa rentrée, il enleva dans un canter d'abord le Handicap Optional, rendant de 3 à 20 livres à ses 13 adversaires, puis le prix Lagrange, et enfin le Biennal, sur son camarade *Schuyler;* entre temps, il avait été battu d'une longueur, par *Biniou*, dans le prix Eugène-Adam. Sensiblement, à la même cote que le favori *Quintette*, dans le prix du Jockey-Club, il y avait fait dead-heat avec lui, après une lutte acharnée. *Sebenico*, compagnon d'écurie de *Quintette*, avait fait le jeu bon train, suivi par *Sea*

---

(1) Poids : 3 ans, 51 kilos; 4 ans et au-dessus, 58 kilos. Le gagnant, dans une même année, de 50.000 francs portera 2 kilos de plus; de 100.000, 4 kilos; de 200.000, 6 kilos. Les chevaux de 3 ans, n'ayant jamais gagné un prix de 20.000 et ceux de 4 ans et au-dessus n'ayant jamais gagné un prix de 50.000 recevront 2 kilos. Les chevaux nés hors de France, sur le continent, recevront, en outre, 3 kil. 1/2. — Distance, 2.200 mètres. Au début, l'allocation était de 30.000 fr., plus un objet de la valeur de 10.000 francs. En 1912, l'objet d'art sera supprimé et l'allocation portée à 50.000, et l'on décidera qu'une coupe d'or, de la valeur de 20.000 fr., sera offerte au propriétaire qui, trois fois en douze ans, aura gagné cette course avec un ou plusieurs chevaux dont il aura fait l'engagement.

Sick, lequel passait en tête à l'entrée de la ligne droite. Bientôt rejoint par *Quintette*, il prenait un instant avantage, mais son rival revenait avec un courage admirable et finissait sur la même ligne, ne précédant que d'une courte encolure *Kenilworth*, que suivait à une tête *Northeast*, camarade de *Sea Sick*. Croyant celui-ci hors d'atteinte, le jockey de *Northeast* ne l'avait amené qu'en voyant *Quintette* revenir à la charge : l'allure dans laquelle il était alors arrivé en dehors ne laissait aucun doute sur l'issue de la lutte si la course eût eu quelques mètres de plus. On l'oublia trop dans le Grand Prix.

Au cours de la bataille, *Sea Sick* avait reçu une très forte atteinte à une jambe postérieure, et son propriétaire ne lui eût pas imposé le déplacement d'Epsom, s'il n'y avait porté tant d'argent français : chauvinisme à part, l'année était si mauvaise en Angleterre, qu'on pouvait croire à son succès dans le Derby. Il n'y joua aucun rôle et revint avec la jambe tellement engorgée, que force fut de le retirer du Grand Prix, où, fort heureusement pour M. Vanderbilt, *Northeast* fut de taille à le suppléer.

Bien que ne recevant plus que 13 livres de *Biniou*, au lieu de 20, comme dans le prix Eugène-Adam, *Sea Sick* n'en prit pas moins une brillante revanche, dans le prix du Président de la République, où l'on avait vu — exemple unique, croyons-nous — le gagnant du Grand Prix chargé du modeste rôle de leader. *Northeast* avait été sacrifié, en effet, à son camarade, et chargé de lui faire un train soutenu. *Grill-Room* était second, précédant *Biniou* et 6 autres.

Puis l'état de sa jambe ayant empiré, *Sea Sick* dut être mis de nouveau au repos. L'automne vint sans qu'il eût encore repris un travail régulier, et ce fut dans de mauvaises conditions qu'il se présenta successivement dans les prix Royal-Oak et Le Sancy, où il succomba chaque fois d'une demi-longueur, contre *Médéah* d'abord, puis contre *Sol Voisins*, auquel il rendait 17 livres.

Enfin, il termina la campagne en enlevant d'une tête la Coupe d'Or, de Maisons-Laffitte, à *Grill-Room*, qui en recevait 6 livres, *Tesson*, *Biniou*, *Magellan*, etc.

Northeast (Perth et Nordenfield) était né chez M. Vanderbilt.

Vainqueur, à 2 ans, des prix de Villers et de la Toucques, à Deauville, et du Critérium de Maisons-Laffitte où, après une lutte acharnée, il avait battu d'une tête son camarade *Schuyler*, qui ne précédait que du même intervalle *Halima*, alors en pleine forme, il n'avait pas brillé au début de sa campagne de trois ans : non placé dans le prix de Saint-Cloud; troisième, derrière son compagnon *Gambaiseul* et *Lieutel*, dans le prix Delâtre; battu de loin par *Conquistador*, dans le prix des Cars, et par *Monitor*, dans la Poule d'Essai, il remporta trois petits prix, à Saint-Cloud et au Tremblay, avant de fournir, comme nous l'avons vu, une course remarquable dans le prix du Jockey-Club, qu'il aurait sûrement remporté si son jockey l'avait amené plus tôt.

Il devait confirmer cette excellente performance, après une promenade de santé dans le prix Mackenzie-Grieves, par une brillante victoire dans le Grand Prix où, escorté par son camarade *Gambaiseul*, il partit à 9/1. On lui préférait *Médéah*, 5/2, *Quintette*, 7/2, les deux représentants de M. Camille Blanc, *Grill-Room* et *Conquistador*, à 13/2, et *Sauge Pourprée*, à 8/1.

Le champ, le plus nombreux qu'on eût encore vu, comprenait 18 partants, parmi lesquels *Sir Archibald*, un des compétiteurs malheureux du Derby d'Epsom.

Valda et *Sir Archibald* menèrent jusque dans le dernier tournant ; *Northeast*, qui les avait suivis à quelques longueurs, passait vivement en tête, à l'entrée de la ligne droite et, sans s'attarder, filait résolument au poteau. Aux tribunes, *Sauge Pourprée* venait dans des foulées magistrales et semblait un instant dangereuse ; mais elle ne regagnait plus rien sur la fin, tout au contraire, et *Northeast* l'emportait facilement d'une demi-longueur. Le troisième, qu'on ne s'attendait guère à trouver là après sa piteuse exhibition de la veille, dans le prix de la Néva, était *Souvigny*. Les deux performances étaient tellement contradictoires, que son entraîneur G. Lawrence recevait un sérieux avertissement.

Le record du temps, qui était détenu jusqu'alors par *Quo Vadis*, avec 3'15", était abaissé, par *Northeast*, à 3'14"2/5.

Il passa ensuite de forme et ne fit plus rien.

Quintette (Gardefeu et Dinette) tomba boiteux dans le Grand Prix, et ne reparut plus sur le turf. Avant de partager avec *Sea Sick* le prix du Jockey-Club, il avait enlevé, à deux ans, les prix des Chênes et Saint-Roman, et, à trois ans, les prix de Fontainebleau, Miss Gladiator et La Rochette.

Il est curieux de remarquer que *Gardefeu*, le père de *Quintette* et *Upas*, le grand-père paternel de *Sea Sick*, avaient également remporté le prix du Jockey-Club ; l'un et l'autre remontaient à *Dollar*.

Médéah (Masqué et Lygie), à M. E. Blanc, compte 7 victoires sur 10 sorties. Placée dans les trois courses qu'elle a disputées à deux ans, elle enlève, à 3 ans, deux petites épreuves, à Saint-Cloud et à Maisons, puis les prix Vanteaux et de Saint-James, avant d'avoir raison par une demi-longueur, dans le prix de Diane, de la favorite *Sauge Pourprée* et de 13 autres. Elle ne joue aucun rôle dans le Grand Prix où elle part favorite ; est battue, à poids égal, par *Sauge Pourprée* et *Mafia II*, dans le prix de Flore ; triomphe par une demi-longueur, dans le prix Royal-Oak, de *Sea Sick*, hors de forme, et, dans le prix Vermeille, de *Reine-d'Or* et de *Sauge Pourprée* ; et, le jour du prix du Conseil Municipal, se fait battre, dans le prix de Newmarket, par *Merci*, qui ne lui rend qu'une livre pour l'année.

Sauge Pourprée (Perth et Médéola), au comte Le Marois, donnait les plus belles espérances à deux ans. Battue par surprise, pour ses débuts, dans le Grand Critérium d'Ostende, où *Northeast* n'avait pas figuré, elle s'était placée à la tête de sa génération, par ses victoires dans l'Omnium de Deux Ans, le prix de l'Avenir et le Grand Critérium, où elle battait *Valda*, qui la devança ensuite dans le prix de la Forêt.

Pour sa rentrée, elle enlève avec facilité le prix Citronelle et la Poule d'Essai; est battue par *Médéah*, dans le prix de Diane, et par *Northeast*, dans le Grand Prix; ne joue aucun rôle dans le prix Monarque; prend sa revanche sur *Northeast*, dans le prix de Longchamp, à Deauville, et sur *Médéah*, dans le prix de Flore, mais est battue à nouveau, par celle-ci, dans le prix Vermeille; n'est pas placée, avec 54 kil. 1/2, dans le prix du Conseil Municipal, et termine l'année par une victoire facile dans le prix Edgard Gillois.

Dans le Grand Prix de Deauville, elle n'avait pu rendre l'année, le sexe et 2 livres à *Cheik*, qui avait dû à cet avantage de poids de la battre d'une demi-longueur.

Après ce quintette, sans jeu de mots, les chevaux qui gagnent plus de 100.000 francs, sont : *Monitor*, 3 courses, 140.265 francs (prix de Saint-Cloud, Poule d'Essai et prix des Villas, à Deauville); — *Holbein*, 3 c., 136.550 fr. (Poule d'Essai, à Pau, et prix Lupin); — *Grill-Room*, 6 c., 130.295 fr.; — *Mafia II*, 8 c., 124.275 fr.; — *Magellan*, 4 c., 121.485 fr. (prix Monarque et Grand Prix d'Ostende); et *Sainte-Livrade*, qui montre une aptitude particulière pour les longs parcours, 9 victoires (dont les prix de Chantilly, Jouvence et Satory), s'élevant à 119.325 francs.

Valda, *Conquistador*, *Princess Margaret* et *Talo Biribil* n'ont pas retrouvé leur forme de deux ans. *Lamaneur* a disparu, et *Halima* tombe boiteuse après une seule sortie.

Un autre poulain, qui donna, l'année précédente, de belles espérances, resta en route : nous voulons parler de *Schuyler*, à M. Vanderbilt. Atteint dans ses voies respiratoires, il subit l'opération de la trachéotomie. Vendu à M. Salomon, puis à M. Ulmann, il n'en gagna pas moins, en dépit de son infirmité, 7 prix, se montant à 63.425 francs.

*

Biniou vient en tête des vétérans, avec 7 courses et 289.925 francs. Battu, pour sa rentrée, par *Moulins-la-Marche*, dans le prix de Saint-Pair-du-Mont, il enlève successivement les prix de Lutèce, à *L'Inconnu*, Eugène-Adam, et à *Sea Sick*, du Point-du-Jour. Puis il succombe dans les prix Hédouville, du Président de la République, et des Villas, à Deauville; remporte le prix du Jubilee de la Fondation de Bade, de Bois-Roussel et du Prince d'Orange; n'est pas placé dans la Coupe d'Or, de Maisons-Laffitte, gagnée par *Sea Sick*, et termine la saison par une fructueuse victoire dans le prix du Conseil Municipal, où, parti à 24/1, il a raison, par une demi-longueur, de l'anglais *Radium*, auquel il rend l'année et 18 livres.

Après lui, viennent avec une centaine de mille francs chacun, *Moulins-la-Marche*, 7 courses (Sablons, Prince de Galles, Hédouville, Ispahan); — et les deux 4 ans, *Cheik* et *Roi-Hérode*, à qui leur poids extrêmement avantageux, signe de la médiocrité de leurs performances antérieures, permet d'enlever respectivement les Grands Prix de Deauville et de Vichy.

Fils-du-Vent, *Azalée* et *Méhari*, à M. E. Blanc, *Négofol*, *Oversight* et *Prestissimo II*, à M. Vanderbilt, *Golden-Sky*, *Ossian*, *Verdun* et *Chulo*, se détachent sur l'ensemble de la jeune génération.

* * *

L'élevage français avait été atteint par la disparition de *Perth*, emporté en quelques jours par une maladie de reins subite, au haras de Nonant-le-Pin. Il n'était âgé que de 12 ans.

Après une brillante carrière sur le turf, il s'était montré reproducteur de premier ordre, et il finissait, cette année même, en tête des étalons gagnants avec 1.135.462 fr. 50, grâce aux victoires de *Northeast*, *Sauge Pourprée* et *Magellan* (1).

La perte était d'autant plus grande pour ses propriétaires, MM. Caillaut et P. de Pourtalès, que leur cheval n'était pas assuré et qu'ils venaient d'en refuser une offre de 500.000 francs faite par le Gouvernement hongrois.

* * *

Coutras, un poulain sur lequel M. de Brémond avait fondé des espérances, alors qu'il ne valait absolument rien, ayant été battu, dans un petit prix, au Tremblay, par *Beni-Mora*, à M. B. Chan, qui ne valait pas mieux, M. de Brémond en conçut un tel dépit qu'il liquida son écurie de courses, ne conservant que quelques deux ans, parmi lesquels *Ronde-de-Nuit* et *Repasseur*, qu'il avait rachetés respectivement pour 35.000 et 22.500 francs. Les 17 chevaux qui passèrent en vente réalisèrent 156.750 francs; le prix le plus élevé fut atteint précisément par *Coutras*, que M. E. Deschamps paya 33.000 francs.

Beni-Mora recevait 6 livres de *Coutras*. Sa victoire n'avait donc rien de bien invraisemblable, entre animaux d'aussi médiocre qualité. Les Commissaires des Sociétés Sportive et de Sport de France n'en considérèrent pas moins ses performances sur leurs hippodromes

---

(1) *Perth* est également le père de *Faucheur* et *Alcantara II*, qui venaient de naître, et de *My Pet II*, *Hag to Hag*, *King James*, *Goto Bed*, *Kalisz*, *Borax*, *Magali*, *Maboul II*, *Ramesseum*, etc.

Ses premiers produits avaient paru en 1904. En 9 campagnes, c'est-à-dire jusqu'à la fin de 1912, ses fils et filles n'ont pas gagné moins de 4.221.069 francs en plat et 256.954 en obstacles, ce qui est un résultat magnifique pour une aussi courte période.

comme étant contradictoires et donnèrent un avertissement à son entraîneur Leigh, à la suite de quoi M. B. Chan liquida la petite écurie de courses qu'ils avaient en association.

Le baron de Rothschild se défit également de la majeure partie de sa cavalerie, ne rachetant qu'une demi-douzaine de chevaux, dont *Signor II*, 3 ans, pour 41.000 francs, et *Persil*, deux ans, pour 65.000 ; les 15 autres firent 150.000 francs environ.

Mais la vente sensationnelle de l'année fut, en fin de saison, celle de l'écurie du comte H. de Pourtalès, qui avait pris, quelques années auparavant, la suite de son beau-père, le baron A. de Schickler.

Cette dispersion d'une des plus anciennes et plus glorieuses écuries françaises, avait attiré l'élite du sport à l'établissement du Tattersall.

Les douze chevaux qui furent présentés realisèrent 259.950 francs. Les prix les plus élevés furent atteints par deux poulains de deux ans : *Ossian* (Le Sagittaire et Gretna Green), payé 145.000 fr., par le baron M. de Rothschild, et *Duc d'Albe* (Chéri et La Rosalba), 40.500 fr., par M. J. Joubert.

Ossian n'avait couru que deux fois : troisième, pour ses débuts, dans le prix de Sablonville, derrière *Union* et *Stromtid*, il avait remporté ensuite d'une tête, à un avantage de six livres, il est vrai, le prix Eclipse, sur *Négofol*, un des meilleurs performers de la jeune génération.

Le baron de Schickler conservait son haras de Martinvast, mais il n'en exploitera plus les produits, qui seront vendus annuellement, comme il avait commencé de le faire, cet été même, à Deauville.

La baronne de Forest liquide une partie de son élevage de Chamant. Les vingt poulinières qu'elle envoie aux enchères font 318.700 francs. Les meilleurs prix sont pour *Présentation* (Orion et Dubla) et *Ismène* (Le Glorieux et Camphène), payées 61.000 et 24.500 francs, par le marquis de Ganay ; *Kaffa* (Simonian et Bonnie Bell) et *Sésara* (Donovan et Séraphine), 40.000 et 23.000, par M. J. Prat ; *Quilda* (Gamin et Quickthought), 35.000, major H.-H. Roberts ; *Lady Greenfields* (Bend Or et Atonement), 29.000, vicomte d'Harcourt.

***

En Belgique, *Lieutel* avait succombé d'une tête, dans le Grand Prix de Bruxelles, contre le poulain indigène *Marron*, auquel il rendait 14 livres ; par contre, à Ostende, *Magellan* avait triomphé dans le Grand Prix, et *Fils-du-Vent*, dans le Grand Critérium.

A Bade, nous avons vu *Biniou* enlever le prix du Jubilee de la Fondation, de 50.000 francs. *Roquelaure* y remporte aussi une heureuse et fructueuse victoire dans le prix de l'Avenir, sur un lot des plus modestes.

A noter la triple victoire, dans le Furstenberg Memorial, le prix du Prince Hermann de Saxe-Weimar et le Grand Prix, du poulain de 3 ans *Faust*, à MM. A. et C. Weinberg. C'était la première fois qu'un cheval réussissait ce triple event. *Faust* était issu de *Festa*, la célèbre poulinière que l'on a appelée « la Pocahontas allemande », qui avait déjà donné *Fels*, *Fabula*, *Festino* et le deux ans *Fervor* (1).

En Italie, notre élevage avait triomphé dans le Prix du Prince Amédée, à Turin, avec *Qui Vive*, et dans le Grand Prix du Commerce, à Milan, avec *Acacia*, transfuge de l'écurie Vanderbilt. Son propriétaire, le prince Deliella, l'avait réclamée en 1906, à Maisons-Laffitte, pour 5.610 francs. A l'automne, elle revint un instant en France pour y gagner un handicap de 10.000 francs, à Saint-Cloud.

En Angleterre, nous ne voyons à signaler que la victoire du vieil *Asticot*, dans le Goodwood Plate, de 20.000 francs, et celle de la pouliche de 2 ans *Genny*, dans les Windsor Castle Stakes, de 25.000 fr., à Ascot.

Puisque nous sommes en Angleterre, rappelons la victoire imprévue, dans le Derby, de *Signorinetta* (Chaleureux et Signorina), au chevalier Ginistrelli. Elle n'avait à son actif qu'un petit prix insignifiant, à deux ans, et n'avait pas été placée dans les Newmarket Stakes et les Mille Guinées. Bien que l'année fût des plus médiocres et qu'une surprise fût à craindre, on ne pouvait vraiment lui voir aucune chance ; aussi partit-elle complètement délaissée, à 100/1 ; les favoris étaient *Mountain Apple* et *Norman III*, 11/2, puis *Sea Sick*, 7/1. A la stupeur générale, la pouliche l'emporta dans un canter. Elle triompha de même, le surlendemain, dans les Oaks, puis elle en resta là de ses succès.

Elle était engagée dans le Grand Prix, mais son propriétaire craignit pour elle les fatigues du déplacement.

Avant elle, trois pouliches seulement avaient gagné le Derby, pendant une période de cent vingt-huit années : — en 1801, *Eleanor;* — en 1857, *Blink-Bonny*, qui remporta également les Oaks ; — en 1887, *Shotover*, qui avait enlevé précédemment les Deux mille Guinées ; ce fut d'ailleurs, comme nous l'avons rappelé, l'année des pouliches, en Angleterre le Saint-Léger étant revenu à *Dutch-Oven*.

En dépit de ses deux brillantes victoires, *Signorinetta* n'arriva que troisième, en fin d'année, sur la liste des chevaux gagnants, ses gains ne s'élevant qu'à 285.000 francs.

Elle était précédée par *Your Majesty* (Persimmon et Yours), gagnant de quatre courses, dont le Saint-Léger et les Eclipse Stakes,

---

(1) Si l'on y ajoute le poulain *Salute*, né ultérieurement, les produits de *Festa* à la fin de 1912, gagneront 2.072.748 francs d'argent public, ce qui est tout à fait remarquable, pour un pays où les épreuves richement dotées sont bien moins nombreuses que chez nous.

avec 482.150 francs, et par un deux ans, *Bayardo* (Bay Ronald et Galicia) avec la somme énorme de 326.250 francs (1). Il avait remporté sept courses sans connaître la défaite, dont les New Stakes, à Ascot, les National Breeders'Foal Stakes, à Sandown Park, les Richmond Stakes, à Goodwood, le Middle Park et le Dewhurst Plate, et son propriétaire, M. Fairie, fondait sur lui les plus grandes espérances.

Nous avons dit les raisons qui, en 1890 et 1893, obligèrent d'ajouter aux souscriptions du Derby et des Oaks d'abord, puis l'Ascot Cup, une allocation importante en espèces. Ce furent ces mêmes raisons qui portèrent les stewards du Jockey-Club à doter, à son tour, le Saint-Léger de Doncaster, d'une somme de 6.500 souverains.

Le turf anglais fut cruellement frappé par la mort de deux étalons de grand ordre, dont l'un fut peut-être le plus grand cheval du xixe siècle.

Saint-Simon (Galopin et Saint-Angela) n'était âgé que de dix-sept ans. Nous avons rappelé, en 1884, ses principales victoires et son essai public contre *Tristan*, en vue de l'Epsom Cup.

Au haras, sa carrière a été une des plus magnifiques qui soient, et elle peut être mise en parallèle avec celle des plus illustres reproducteurs dont s'enorgueillit l'histoire du turf chez nos voisins.

Étalon des plus prolifiques, il a joué, par sa descendance, un rôle capital, aussi bien en France qu'en Angleterre.

Il suffit, pour s'en convaincre, de rappeler les noms de *Persimmon, Diamond Jubilee, Saint-Frusquin, Florizel II, Saint-Serf, William-the-Third, Raconteur, Simonian, Saint-Damien, Rabelais, Childwick, Saint-Bris, Tarpoley, Lauzun, Doriclès, Darley Dale*, etc.

Ses propres produits — parmi lesquels il faut aussi citer des pouliches comme *Memoir, La Flèche, Semolina, Amiable, La Roche, Winifreda*, et *Mrs Butterfly* — ont gagné près de 14 millions de francs d'argent public (13.625.000 francs).

Si l'on y ajoutait les gains des produits de ses fils (au nombre de 42 sur les 322 étalons inscrits au Stud Book), on dépasserait *cent millions de francs !...*

La même année, le meilleur de ses fils, l'étalon royal *Persimmon*, issu de *Perdita II*, mourut, à l'âge de quinze ans, d'une fracture du bassin. Il avait remporté, sous les couleurs du Prince de Galles, le Derby, le Saint-Léger, l'Ascot Gold Cup et les Eclipse Stakes.

Parmi ses meilleurs produits, figurent *Sceptre*, qui fut une pouliche de premier ordre, *Zinfandel, Your Majesty*, qui triomphait, cette année même, et *Prince Palatine*, qui venait de naître.

---

(1) Si élevé que fût ce chiffre, il était cependant inférieur d'une douzaine de mille francs au record que *Pretty Polly* avait établi cinq ans auparavant.

※

L'adoption de la loi sur les paris, aux États-Unis, qui interdisait le jeu aux courses sous toutes ses formes, allait avoir une répercussion considérable non seulement sur l'élevage américain, par suite de la fermeture de nombreux hippodromes et de la disparition de toutes les écuries importantes, mais encore en Angleterre et en France, où ces écuries allaient transporter leurs étalons et poulinières, soit en vue d'y continuer leur élevage et de faire courir, à l'exemple de M. Vanderbilt, soit afin de les liquider à meilleur compte.

C'est ainsi, pour ne parler que de ce qui nous concerne, qu'eut lieu chez Chéri, en octobre, la vente de l'étalon *Adam* et des 23 poulinières du haras de Millstream (États-Unis), à MM. Bishop et Andrew Miller.

Adam — qui provenait, comme on sait, de l'élevage de M. E. Blanc — fut poussé jusqu'au prix inespéré de 290.000 francs par le baron Hechtritz, représentant du Gouvernement autrichien; les poulinières firent 209.800 francs.

En même temps, M. H.-B. Dureya s'installait au haras du Gazon, loué à M. Maurice Ephrussi, précédant de peu M. Franck Jay-Gould, que suivront bientôt MM. Mackay et A. Belmont.

Quelques esprits chagrins ont vu avec une certaine appréhension cette invasion du turf français par les milliardaires américains, en vertu de l'axiome que « les petits sont mangés par les grands ».

Cela n'est pas toujours vrai, d'ailleurs; mais en serait-il ainsi que ce n'est pas au moment où nos grandes écuries nationales disparaissent l'une après l'autre, qu'il sied de faire grise mine à ces nouveaux venus. On ne doit jamais oublier, en effet, que, si intéressants que soient les « petits », ce sont les « grands », et les grands seuls qui les font vivre : les courses ne doivent leur prospérité, et l'élevage, son amélioration, qu'aux patients efforts et aux sacrifices pécuniaires des grands éleveurs-propriétaires comme les Seymour, les Lagrange, les Lupin, les Aumont, les Delamarre et les Schickler, pour ne citer que les principaux.

Sans eux, rien de ce qui est ne serait, les *Monarque*, les *Vermout*, es *Dollar*, qui ont créé ces admirables familles françaises qui ne craignent aucune comparaison, n'existeraient pas, et la Société d'Encouragement elle-même n'aurait pu, faute d'éléments, mener à bien son œuvre grandiose.

Donc, loin de repousser ces riches étrangers, remercions-les d'avoir choisi la France pour champ de leurs tentatives.

Puisqu'ils ont le désir et les moyens de faire grand, — *go ahead!*

Que l'un d'eux nous donne seulement un *Gladiateur*, c'est encore l'élevage national qui en tirera gloire et profit!

CHAPITRE LXXXVI

ANNÉE 1909

Unification et revision des Codes et Règlements des courses plates et d'obstacles. — Remaniement du Calendrier des Courses : le Grand Prix est reculé au dernier dimanche de juin. — Prix de Courbevoie. — Grève des lads des établissements d'entraînement ; syndicat des propriétaires de chevaux de courses. — Modification à la loi du 2 juin 1891. — *Oversight, Verdun, Négofol, Union, Ronde de Nuit, Hag to Hag.* — *Sea Sick, Sauge Pourprée, Biniou, Moulins-la-Marche* et *L'Inconnu* (suite). — Mort de *Finasseur*. — Décisions diverses de la Société d'Encouragement (exclusion des propriétaires, entraîneurs et gentlemen-riders ; départ des chevaux ; remplaçants des propriétaires en deuil). — Rejet d'un projet de banque de crédit pour opérations à terme au pari mutuel. — Deauville : augmentation de certaines allocations et création d'épreuves nouvelles. — Société de Demi-Sang : le prix Flying-Fox. — Création des prix de Circonscription par la Société Sportive. — Principales ventes : MM. J. Arnaud, duc de Gramont et Caillault. — Mort de *Childwick*. — Haras américains. — Décision du Jockey-Club anglais concernant les chevaux étrangers. — *Fair :* le record du prix payé pour une poulinière. — *Minoru* et *Bayardo.*

Deux faits capitaux marquent l'année : l'unification et la revision des Codes et Règlements de plat et d'obstacles, et le remaniement du Calendrier des Courses.

Depuis longtemps, les hommes de sport regrettaient les divergences, souvent préjudiciables aux intérêts des tiers, qui existaient entre le Code des Courses de la Société d'Encouragement et celui de la Société des Steeple-Chases, et le public s'étonnait que deux Sociétés ayant un objectif commun, à savoir le développement des courses et la prospérité de l'élevage, aient différé si souvent d'opinion sur le moyen d'atteindre le but proposé.

Ces divergences, cependant, s'expliquaient tout naturellement par des causes multiples, dont la principale était la diversité d'origine.

Le Code de la Société d'Encouragement, en effet, tel qu'il a été promulgué en 1866, n'a pas été fait d'une seule pièce. C'est le produit de la compilation d'une série de Règlements et de décisions édictés depuis 1833 : « Règlement de la Société d'Encouragement pour l'amélioration des races de chevaux en France », adopté à Tivoli en décembre 1833 ; « Règlement de la Société d'Encouragement », adopté en 1840 et modifié en 1850 et 1862 ; « Décisions du Comité » ayant force de loi, prises le 12 octobre 1842, le 2 juin 1860, le 30 novembre 1860 ; « Dispositions concernant les jockeys et les garçons d'écurie » ; « Dispositions concernant les galops et essais sur les terrains de Chantilly » ; enfin, l' « Arrêté réglementaire concernant les courses de chevaux », du 30 janvier 1862, et les « Instructions aux Commissaires des courses », du 9 avril 1863, documents officiels, devenus caducs à la suite de l'arrêté du maréchal Vaillant, du 16 mars 1866.

C'est de la fusion de ces différents éléments qu'est né le « Code des Courses », présenté au Comité le 14 janvier 1867 par le baron de La Rochette et adopté au mois de février de la même année. Depuis cette époque, et jusqu'au mois de mars 1907, le Comité de la Société d'Encouragement a consacré 124 séances à adopter des amendements à ce Code.

Le Code des Steeple-Chases a été édicté dans d'autres conditions. Au mois de mars 1873, l'ancienne Société des Steeple-Chases décidait sa dissolution et le transfert de ses pouvoirs à une nouvelle Société, composée de vingt membres, sous la présidence du prince de Sagan. Celle-ci votait, dans sa séance du 9 mai, son « Code des Steeple-Chases, » qui lui était inspiré évidemment de l'ancien Règlement, mais sans qu'elle fût tenue à s'y conformer d'aussi près que l'avait été, en 1867, la Société d'Encouragement, lorsqu'il s'agissait de Règlements édictés primitivement par elle-même.

De plus, en adoptant son Code six ans après la promulgation de celui de la Grande Société de plat, la Société des Steeple-Chases pouvait s'inspirer à la fois de l'expérience faite par son aînée et des évolutions qui s'étaient produites. Elle n'avait donc aucune raison pour calquer le Code des Steeple-Chases sur celui du Code des Courses ; au contraire, tout en se ralliant aux mêmes principes fondamentaux, elle se trouvait tout naturellement amenée à modifier dans ce nouveau Code les points qui lui paraissaient défectueux dans l'autre.

A cette diversité d'origine sont venues s'ajouter, par la suite, les divergences de vues, inévitables entre deux assemblées complètement indépendantes l'une de l'autre : c'est ainsi qu'à maintes reprises, l'accord préalablement établi entre les représentants des deux Sociétés, pour certaines mesures à prendre, n'avait pu se maintenir intégralement, après discussion devant chaque Comité.

Et cependant chacun sentait davantage de jour en jour combien un accord plus complet était désirable dans l'intérêt même de l'institution des courses.

On en était là quand fut institué le fameux Comité Consultatif permanent des Courses, dont nous avons retracé l'œuvre négative. Rendons-lui cette justice, cependant, qu'au nombre des questions à l'ordre du jour de sa première séance, le 10 décembre 1906, figurait une proposition de M. Caillault sur « l'unification des Codes et Règlements des différentes Sociétés de courses ».

Sans perdre de temps la Société des Steeple-Chases, après s'être concertée avec les autres Sociétés, soumettait un projet de texte en vue de l'unification demandée. Une sous-commission du Comité Consultatif (composée de MM. le marquis de Ganay, commissaire de la Société d'Encouragement, Hornez, directeur général des Haras, et Maurice Caillault, fut chargée, par le Ministre de l'Agriculture « d'étudier ce travail qui servirait de base pour l'étude des modifications à apporter à la réglementation en vigueur ».

Sept mois plus tard, cette sous-commission remettait son propre projet, pour étude et avis, aux Comités de la Société d'Encouragement et de la Société des Steeple-Chases, et, en janvier 1908, le Comité Consultatif approuvait le rapport définitif de M. Caillault.

Ce rapport, cependant, n'envisageait qu'un côté de la question : la seule *unification* des Codes.

De leur propre initiative, les représentants des deux grandes Sociétés allaient faire mieux encore, en procédant à la *revision* complète des dits Codes.

« En effet, le travail préparatoire auquel ils avaient procédé pour obtenir l'unification n'avait pas tardé, comme le dit *Le Jockey*, à leur démontrer qu'ils n'obtiendraient un résultat sérieux qu'à la condition de reprendre les textes, article par article, et de procéder à leur revision radicale. S'il leur était relativement facile de mettre en concordance les articles des deux Codes qui ne présentaient pas entre eux de réelle harmonie, leur travail ne serait vraiment utile et durable qu'à la condition de faire en quelque sorte table rase du passé et d'édifier, de part et d'autre, un nouveau Code, établi sur des bases plus pratiques que les anciennes, contenant à leur véritable place tous les articles dont l'expérience présente démontrait la nécessité, et supprimant ceux qui, visant des cas tombés en désuétude, encombraient inutilement les Règlements. Pour cela il fallait reprendre un par un chacun des anciens articles, les étudier, modifier ou rendre plus claire, le cas échéant, leurs dispositions, élaguer les parties superflues, en ajouter d'autres, les fondre parfois les unes dans les autres, les déplacer pour les reporter à leur vraie place.

« Il s'agissait, en somme, d'édifier deux nouveaux Codes, absolument homogènes entre eux et complètement différents, sinon dans l'esprit, du moins dans la forme, de ce qui existait autrefois. C'était, toutes proportions gardées, ce qui s'était produit lorsque, de la refonte des nouvelles lois et des anciennes ordonnances, était sorti le Code Napoléon. »

C'était un travail considérable qu'avaient entrepris là les Commissaires de la Société d'Encouragement. Il n'en fut pas moins poussé avec une activité digne de tous les éloges, ainsi que l'attestent les comptes rendus analytiques des réunions du Comité, que nous reproduisons, et qui constituent comme un historique de la question.

Séance du 31 janvier 1908. — « L'un des Commissaires a déclaré qu'il avait cru devoir préparer, en collaboration avec ses collègues, un projet de revision générale du Code des Courses. Depuis 1867, plus de cent quatre-vingts séances du Comité ont été consacrées à voter des amendements ou des dispositions nouvelles. Ces changements nombreux et partiels, introduits successivement dans le texte primitif, ne pouvaient manquer de détruire l'harmonie de l'ensemble et de créer une certaine confusion, d'ailleurs plus apparente que réelle.

« En outre, la pratique de chaque jour a fait sentir l'utilité de combler certaines lacunes mises en lumière par le développement de l'institution des courses, l'importance progressive des intérêts en jeu et l'évolution des besoins auxquels les dispositions réglementaires doivent répondre.

« Or, il y a lieu de supposer qu'à la suite du vœu récemment émis par le Comité Consultatif permanent des Courses, le Comité de la Société d'Encouragement va être incessamment appelé par M. le ministre de l'Agriculture à rechercher, d'accord avec le Comité de la Société des Steeple-Chases de France, les moyens de diminuer les inconvénients qui résultent, pour les propriétaires et pour les Commissaires des courses d'une réunion mixte, de la divergence des Règlements qui régissent les courses plates et les courses d'obstacles.

« Il a donc paru qu'il convenait de poursuivre en même temps ce double but : Refonte générale du Code des Courses et Unification avec le Code des Steeple-Chases. Il est permis d'espérer que ce travail, ainsi combiné, assurera à la réforme son maximum d'efficacité et donnera tous les résultats que l'on est en droit d'en attendre.

« Le Comité se range à cette manière de voir et charge la Commission du Code d'examiner le projet élaboré par les Commissaires et de poursuivre cette étude importante et minutieuse avec la plus grande activité. »

Séance du 8 février 1908. — « Conformément à l'ordre du jour de la séance du 8 février 1908, l'un des Commissaires donne d'abord lecture des lettres par lesquelles M. le ministre de l'Agriculture demande au Comité de la Société d'Encouragement de lui faire connaître la suite qu'il croira devoir réserver aux deux vœux (vœu concernant l'unification des Codes et vœu concernant l'âge des apprentis), émis le 18 janvier dernier par le Comité Consultatif des Courses.

« Après avoir pris connaissance du rapport relatif à l'unification du Code des Courses et du Code des Steeple-Chases, le Comité adopte le principe des conclusions formulées. En conséquence, il confie aux membres du Sous-Comité et de la Commission du Code le soin de rechercher les moyens de supprimer, après entente avec le Comité de la Société des Steeple-Chases de France, les différences qui existent aujourd'hui entre les deux Codes et qui ne seraient pas justifiées.

« Les éléments du rapport précité semblant devoir constituer, avec ceux du projet de revision générale du Code des Courses élaboré par les Commissaires, une étude préparatoire des plus complètes, le Comité décide qu'il convient de faire connaître à M. le ministre de l'Agriculture qu'il y a tout lieu d'espérer que, malgré son importance, la réforme proposée pourra être menée à bien dans un temps relativement court. »

A l'appui de leur projet de revision générale du Code des Courses, les Commissaires développaient leur manière de voir dans le document suivant qui constitue le véritable et très précis exposé des motifs de la proposition.

PROJET DE REVISION GÉNÉRALE DU CODE DES COURSES ET D'UNIFICATION AVEC LE CODE DES STEEPLE-CHASES

AVANT-PROPOS

A Messieurs les membres du Comité.

« Messieurs,

« Nous avons l'honneur de soumettre à votre examen un projet de remaniement général du *Code des Courses*.

« Vos conseils juridiques consultés sur l'opportunité de ce travail nous ont vivement engagés à l'entreprendre.

« Nous avons même pu constater depuis longtemps combien le dispositif actuel mettait souvent dans l'embarras les Commissaires chargés d'interpréter et d'appliquer vos décisions réglementaires.

« Pour apprécier à sa juste valeur la nécessité à laquelle nous avons cru devoir obéir, vous voudrez bien vous rappeler que, depuis 1867, plus de 180 séances ont été consacrées à voter des amendements ou des dispositions nouvelles. Ces changements nombreux et partiels, introduits successivement dans le texte primitif, ne pouvaient manquer de détruire l'harmonie de l'ensemble et de créer quelques contradictions, d'ailleurs plus apparentes que réelles.

« En outre, la pratique de chaque jour nous a fait sentir l'utilité de combler certaines lacunes mises en lumière par le développement de l'institution des courses, l'importance progressive des intérêts en jeu et l'évolution des besoins que nos dispositions réglementaires sont appelées à satisfaire.

« D'autre part, la jurisprudence, après avoir admis parfois la validité de la clause compromissoire, bien qu'elle fût contraire aux prescriptions de l'article 1006 du Code de procédure civile, en prononce aujourd'hui, d'une manière constante, la nullité : elle refuse donc à notre juridiction le caractère arbitral qui donnait à nos sentences l'autorité de la chose jugée, et ne lui reconnaît plus que le caractère conventionnel, qui soumet nos décisions à la compétence des tribunaux. Seulement, en vertu du principe général, sur lequel il ne saurait y avoir de doute, que toute convention fait la loi des parties, les tribunaux sont dans l'obligation de recourir à notre *Code* pour l'examen des faits litigieux; leur rôle se borne, en effet, à apprécier les conditions adoptées par les parties en cause et à rechercher si ces conditions ont été rigoureusement observées de part et d'autre; au cas d'inobservation du contrat, ils allouent des dommages et intérêts à celle des parties dont les droits ont été méconnus. Au simple énoncé de cette théorie on comprend combien la clarté et la précision des textes deviennent encore plus essentielles pour dissiper toute équivoque, éviter toute interprétation à double entente, faciliter l'initiation des juges et éclairer leur religion.

« Dans le but de diminuer, pour les propriétaires et pour les Commissaires des réunions mixtes, les inconvénients de la dualité des Règlements afférents aux courses plates et aux courses d'obstacles, vous avez décidé d'adopter, à la suite d'une communication de M. le ministre de l'Agriculture, le principe de l'unification du Code des Courses et du Code des Steeple-Chases.

« Nous avons pensé qu'il convenait de poursuivre à la fois ce double but : remaniement et unification, en un seul et même travail, et nous l'avons tenté.

« Comme le baron de La Rochette et ses collègues l'écrivaient, il y a quarante et un ans, le 14 janvier 1867, « nous n'avons pas besoin de dire que notre « premier soin a été de conserver les dispositions du Code actuel, que vous « trouverez presque toutes reproduites, à peu près textuellement, dans le « travail que nous avons l'honneur de vous adresser.

« Nous nous sommes simplement proposé de faire entrer dans le nouveau « Règlement les décisions du Comité qui n'y sont pas inscrites à tort, malgré « leur caractère obligatoire; de fixer d'une manière plus précise l'interpré-« tation à donner au texte de quelques articles; de combler d'assez nombreuses « lacunes dont la pratique de chaque jour fait ressortir les inconvénients; et « enfin, de classer toutes les dispositions, tant anciennes que nouvelles, dans « l'ordre le plus propre à ajouter à leur clarté et à faciliter les recherches.

« La nécessité de remanier et de compléter le Règlement des courses est la « conséquence naturelle des changements survenus dans l'importance et « même dans la nature des besoins auxquels il doit répondre. Il y a vingt-sept « ans, nos prédécesseurs ont pu se borner à poser les principes généraux et « les règles fondamentales dont l'expérience a démontré la sagesse... Aujour-« d'hui il importe de rendre la loi plus claire et plus complète, d'augmenter « ainsi les garanties qu'elle offre aux propriétaires de chevaux et, ce qui « n'est pas moins important, de faciliter la tâche des Commissaires des courses « chargés de l'appliquer...

« Pour mener à bien cette œuvre, le concours de votre zèle et de vos lumières « est indispensable, et il ne fera pas défaut à un travail long et difficile, mais « qu'il n'est plus possible de différer sans imprudence si nous voulons que « le Règlement de la Société reste à la hauteur des besoins auxquels il doit « répondre ».

« Malgré le danger d'évoquer une comparaison redoutable, nous n'avons pu résister au désir de rendre un hommage à nos guides les plus sûrs, en citant textuellement ces lignes, animées d'un tel esprit de vérité qu'en dépit des années elles expriment avec une rare exactitude notre pensée et s'adaptent avec une remarquable précision aux circonstances actuelles. — Elles nous aident en outre à reconnaître, et vous vous plairez à le constater avec nous, que nos prétendues innovations ne constituent en réalité qu'un juste retour aux choses du passé, que loin de la rompre, elles consolident la chaîne de nos traditions les plus respectables et que, loin de le méconnaître, elles entretiennent le culte de nos souvenirs les plus chers. »

Paris, février 1908.

Les Commissaires des Courses :

Marquis DE GANAY,
Comte PAUL DE POURTALÈS,
J. PRAT.

La Société des Steeple-Chases était saisie en même temps que la Société d'Encouragement du projet que lui soumettaient ses Commissaires, et, dans les deux enceintes, la discussion était menée avec une telle rapidité, que les deux nouveaux Codes entraient en vigueur dès l'ouverture de la saison d'obstacles, en février 1909.

⁎

Le remaniement du Calendrier des Courses — conséquence de la proposition présentée l'année précédente au Comité de la Société d'Encouragement et du désir maintes fois exprimé par le commerce parisien, — reportait au dernier dimanche de juin le Grand Prix de Paris, qui s'était toujours disputé jusque-là le deuxième dimanche du même mois.

Mais la Société ne modifiait pas l'écart qui le séparait du prix du Jockey-Club, en sorte que celui-ci se trouvait suivre maintenant d'une douzaine de jours le Derby d'Epsom, au lieu de le précéder de trois jours, ce qui avait toujours mis nos chevaux dans la quasi-impossibilité de disputer les deux épreuves.

Du fait de ces remaniements, la Société d'Encouragement retardait d'une quinzaine de jours sa réouverture, ce qui permettait une meilleure gradation des épreuves importantes des autres sociétés, tout en offrant aux chevaux qui n'auraient pu les disputer l'occasion de fructueuses compensations sur son propre hippodrome.

Le prix de Seine-et-Marne, qui s'était toujours disputé jusque-là le dimanche qui suit le Grand Prix, figurait désormais au programme du samedi qui le précède. A cette même journée, il était ajouté une nouvelle épreuve internationale, dont la Société des Courses de Deauville fournissait l'allocation : le *prix de Courbevoie*, 15.000 fr., 3.000 mètres, pour chevaux de 3 ans de tous pays ayant été retirés du Grand Prix.

Comme conséquence de ces mesures, la Société Sportive décidait d'avancer au premier dimanche de juillet le prix du Président de la République, qui se trouvait ainsi suivre à huit jours d'intervalle seulement la grande course de Longchamp. L'attrait de cette autre belle épreuve internationale prolongeait de la sorte d'une semaine la saison sportive, qui cessait d'ordinaire avec le Grand Prix.

⁎

L'établissement d'entraînement que M. Fasquel possédait autrefois à Courteuil (près de Senlis), était cité comme un modèle et, quand venait la saison de Chantilly, il était de bon ton de s'y rendre.

En 1857, quelques lads, mécontents de l'entraîneur, se mutinèrent et brisèrent une douzaine de carreaux. Un gendarme étant intervenu, tout rentra dans l'ordre.

En 1909, la grève des lads des établissements de Maisons-Laffitte — qui s'étendit ensuite à ceux de Chantilly — serait vraisemblablement demeurée pacifique et professionnelle, si quelques politiciens ne s'en étaient aussitôt emparés, dans l'espoir d'un « chambardement » des grandes écuries, appartenant à « d'infâmes capitalistes ».

Qu'un délégué de la C. G. T., comme celui qui intervint en la circonstance, tentât le coup, il était dans son rôle. Mais que dire d'un vice-président de la Chambre, ancien ministre de la Guerre, comme l'agent de change socialiste Bertaux, qu'on vit, le drapeau rouge en mains, pousser ces enfants à la révolte et au sabotage des chevaux d'obstacles, le jour même du Grand Steeple-Chase d'Auteuil, puis quelques jours plus tard, à la Chambre, demander au Gouvernement quelles mesures il comptait prendre pour rétablir l'ordre!...

On se rappelle, en effet, que, sans l'intervention énergique de la police, la plupart des chevaux engagés auraient été arrêtés en route. Certains conducteurs de vans avaient même dû rebrousser chemin, devant les menaces des lads et des révolutionnaires, qui s'étaient empressés de se joindre à eux.

Les courses n'en eurent pas moins lieu, mais avec un retard de plus de deux heures. Est-il besoin de dire que, dans la crainte des troubles annoncés, la foule était beaucoup moins nombreuse que d'habitude, et que le Président de la République lui-même avait jugé plus sage de ne pas quitter l'Élysée, bien que sa présence fût de tradition, ce jour-là, sur l'hippodrome d'Auteuil!

Si les lads ne gagnèrent pas grand'chose à l'aventure, les pauvres, par contre, y perdirent beaucoup.

Cette grève eut un effet que ses auteurs n'en attendaient certes pas. Jusque-là assez indifférents à la défense de leurs intérêts, sinon même peu désireux de s'entr'aider, les propriétaires comprirent le danger qui les menaçait. Isolés, ils étaient à la merci d'une nouvelle alarme ; réunis, ils seraient de taille à résister aux exigences ultérieures. Aussi, la grève était-elle à peine terminée que, sous le titre d'*Association des Propriétaires de chevaux de courses au galop*, ils se groupaient, à leur tour, en un syndicat de défense commune.

Ce n'était pas précisément ce que réclamaient les lads, qui n'avaient voulu que quelques améliorations de logement et de nourriture.

***

Les recettes du pari mutuel avaient baissé de 25 millions de francs, en 1908, et de 10 millions, pendant les premiers mois de l'exercice en cours.

Les pouvoirs publics s'alarmèrent comme d'une calamité nationale de cette diminution. La bienheureuse manne électorale que représentaient les prélèvements destinés à l'hygiène et à la bienfaisance allait-elle donc se tarir tout à coup!... Où trouver désormais une telle source de profits, qui avait déjà procuré plus de *cent millions* à l'État (1)!...

---

(1) Depuis l'application de la loi du 2 juin 1891 jusqu'à fin 1908, les prélèvements pour les œuvres de bienfaisance s'étaient élevés à *85.318.750 fr. 60*.

En moins de deux ans (du 31 mars 1907 au 31 décembre 1908), 1.360 communes avaient été subventionnées, en vue des travaux à effectuer pour l'adduction d'eaux potables, d'une somme globale de *15.181.019 francs*.

Il fallait enrayer le mal dans sa racine, et, sans rechercher si d'autres causes ne pouvaient expliquer cette décroissance, on en rendit responsables les rares donneurs qui subsistaient encore, en les accusant de draguer à leur profit les sommes manquantes.

Il est juste de reconnaître que la difficulté d'interpréter les mots « tous venants » de la loi du 2 juin 1891, avait amené à maintes reprises les Tribunaux à ne pas ratifier les arrestations et les poursuites intentées par le Parquet. Si, en d'autres circonstances, les délinquants avaient été condamnés, il n'en demeurait pas moins que ces jugements contradictoires n'étaient pas faits pour assurer le respect absolu de la loi.

De toute nécessité il fallait donc, pour que les Tribunaux pussent sévir à coup sûr, que la rédaction en cause ne prêtât plus à aucune ambiguïté, et le 2 juin 1909 — dix-huit ans, jour pour jour, après la promulgation de la loi en question — le 1er paragraphe de l'article 4 était remplacé par le texte suivant :

« Quiconque aura habituellement, en quelque lieu et sous quelque forme que ce soit, offert ou reçu des paris sur les courses de chevaux, soit directement, soit par intermédiaire, sera puni des peines prévues à l'article 410 du Code pénal. »

Cette nouvelle rédaction semblait la panacée universelle.

Depuis quatre ans qu'elle a force de loi, les paris au livre n'en fonctionnent pas moins, plus discrètement peut-être, et les agences clandestines, qui « pompent » l'argent des grandes villes, sont plus nombreuses que jamais!

*
* *

En dépit de sa victoire heureuse dans le prix du Jockey-Club, *Négofol* (Childwick et Nébrouze) — que M. W.-K. Vanderbilt n'avait payé que 10.000 francs à la vente des yearlings du haras de Lastours — n'occupait qu'une place secondaire dans sa génération, et ses performances tant à deux qu'à trois ans n'étaient jusqu'alors, et ne furent ensuite, que simplement honorables.

Les sujets de tête étaient son compagnon d'écurie *Oversight*, *Verdun* et *Union*.

Oversight (Halma et First Sight), avait couru six fois, à deux ans, pour remporter trois victoires, dont le prix de la Salamandre, sur *Verdun*. Il le retrouve d'abord dans les prix Delâtre et Lagrange, qui ne sont pour lui que des promenades de santé, puis, — après une interruption de travail causée par l'épidémie de toux qui avait frappé son écurie, — dans la Poule d'Essai, où il ne peut prendre que la troisième place, derrière ce même *Verdun* et *Italus*. Il répare aussitôt cet échec passager en enlevant dans un canter les prix Daru, La Rochette et Lupin, et part favori dans le prix du Jockey-Club. Après une très belle défense, il y succombe d'une tête, pour la seconde place, contre *Union*, cependant que son camarade *Négofol*, sur lequel on ne comptait guère, filait au poteau avec une longueur et demie d'avance sur la pouliche de M. E. Blanc.

Le champ comprenait 19 partants. On n'en avait compté davantage que trois fois : 24 en 1858, année de *Ventre-Saint-Gris*, et 20 en 1855 et 1898, années de *Monarque* et de *Gardefeu*.

M. W.-K. Vanderbilt remportait ainsi son troisième Derby, en quatre ans !... Particularité curieuse, jamais le vainqueur n'avait été piloté par le premier jockey de l'écurie : en 1906, *Maintenon* était monté par P. Woodland, jockey d'obstacles, J. Rausch, ayant été victime d'un accident, le jeudi précédent ; en 1908, Bellhouse, malade, était remplacé sur *Sea Sick*, par Milton Henry ; enfin, cette fois, Bellhouse avait préféré la chance d'*Oversight*.

Négofol était monté par O'Neil, un jeune cavalier américain récemment amené par M. Vanderbilt, qui n'allait pas tarder à devenir le plus recherché de nos jockeys, pour ses brillantes qualités professionnelles : il excelle à placer son cheval et n'a pas de rival dans une arrivée disputée.

Négofol ne galopait bien qu'en terrain sec. Comme le temps s'était par hasard mis au beau, en cette année terriblement pluvieuse, peut-être faut-il voir là tout à la fois l'explication de son succès à Chantilly et de ses défaites par ailleurs.

La piste détrempée du Grand Prix n'était pas pour lui plaire, non plus que celle du Royal-Oak et du Conseil Municipal ; *Oversight* avait été mis au repos après le Grand Prix, où il n'avait pas figuré. Nous le retrouverons à quatre ans, dans toute la plénitude de ses moyens.

Verdun (Rabelais et Vellena), au baron Maurice de Rothschild, provenait de l'élevage de MM. Nicolay et de Gheest. Il avait été payé yearling 20.500 francs. Ses meilleures performances, à deux ans, étaient une victoire dans le prix Heaume et, comme nous l'avons vu, une place de second, dans le prix de la Salamandre, derrière *Oversight*. Il gagne le prix de Saint-Cloud ; ne figure ni dans le prix Delâtre, ni dans le prix Lagrange ; enlève ensuite le prix E. Adam, le Biennal et la Poule d'Essai ; échoue dans le prix du Jockey-Club, où il finit quatrième, derrière *Négofol*, *Union* et *Oversight ;* prend sa revanche dans le Grand Prix, qu'il enlève de deux longueurs, et termine le cours de ses succès avec le prix du Président de la République. Après une exhibition piteuse dans le prix Royal-Oak, il fut retiré de l'entraînement.

Union, ex-*Andréa* (Ajax et Andrée), à M. E. Blanc, débuta par une victoire dans le prix de Sablonville, puis elle ne fut pas placée dans le prix Éclipse, où elle rendait de 3 à 9 livres à ses adversaires. Battue, pour sa rentrée, dans le prix Pénélope, par *Pierre Bénite* (qui ne se releva jamais de la lutte acharnée qu'elle dut soutenir), elle remporta ensuite les prix Miss Gladiator, Greffulhe et de Diane. Dans le Grand Prix, elle se plaça troisième, à trois quarts de longueur du second, *Rebelle*, qui fit, en la circonstance, la seule belle course de sa carrière.

Union, qui était de beaucoup la meilleure pouliche de son année, ne reparut pas à l'automne, et, dès le printemps suivant, elle fut envoyée au haras.

Ronde-de-Nuit (William-the-Third et Halte-Là), à M. J. de Brémond, après une demi-douzaine de sorties infructueuses, tant à deux qu'à trois ans, dut surtout à la médiocrité de ses rivales ou à leur déclin de forme de remporter, au printemps, le prix Semendria, la Poule d'Essai et le prix La Rochette, puis, à l'automne, les prix de Flore et Vermeille. Pouliche très impressionnable, ne s'accommodant guère des champs nombreux ou des courses sévères, elle échoua dans toutes ses tentatives plus relevées. Elle ne put jamais approcher *Union*, ne figura pas dans le prix de Diane et le Grand Prix, et succomba de deux longueurs, à poids égal, contre *Hag to Hag*, dans le prix du Conseil Municipal.

Avant de remporter cette victoire imprévue, — il partit délaissé à 65/1 — *Hag to Hag* (Perth et Haulette), à M. James Hennessy, ne comptait à son actif que le Grand Prix de Bruxelles, et, à deux ans, un petit prix, à Vichy, et le prix La Rochette, qu'il avait enlevé — à la cote déjà respectable de 40/1 — au favori *Méhari*. Il avait disputé, sans y jouer aucun rôle, la majeure partie des grandes épreuves classiques de l'année. Le champ de prix du Conseil Muncipal comprenait, entre autres partants, les deux favoris *Moulins-la-Marche* et *Rebelle*, à qui il rendait respectivement 2 livres et 2 années et 12 livres, *Talo Biribil*, *Biniou*, *Chulo*, *Aveu* et *Négofol*.

Parmi les autres trois ans qui firent preuve de quelque qualité, on peut citer : *Aveu* (Simonian et Alliance), à M. P. Aumont, avait remporté les prix Noailles et Royal-Oak ; — *Chulo* (Saint-Julien et Camœna), à M. A. Henriquet, les prix des Acacias, Monarque et le Grand Prix de Vichy ; — *Duc d'Albe* (Chéri ou Dolma Baghtché et La Rosalba), à M. J. Joubert, poulain tardif, les prix Le Sancy et Edgard Gillois, dans lequel il battait, à un avantage de 14 livres, il est vrai, *Ronde-de-Nuit* et *Hag to Hag;* — *Fils-du-Vent* (Flying-Fox et Airs and Graces), à M. E. Blanc, qui s'était révélé comme un flyer remarquable, et dont la plus brillante performance fut de battre d'une courte tête, sur les 1.000 mètres du prix de la Manche, la pouliche *Americus Girl*, la meilleure spécialiste des courtes distances d'Outre-Manche, qui ne lui rendait que 2 livres, sexe déduit, pour l'année.

Sea Sick se montre le plus brillant performer parmi les vétérans et, digne héritier du sang paternel, s'affirme comme un excellent stayer. Sur les sept victoires qu'il remporte, en effet, on compte les prix Consul, de Dangu, de Longchamp (Deauville), de Chantilly et Gladiateur. Sur des parcours moindres, il avait échoué dans les prix des Sablons, E. Adam, et du Président de la République.

Une brillante carrière de quatre ans semblait s'ouvrir pour *Sauge Pourprée*. Elle ne devait pas être de longue durée. Après avoir remporté le Biennal, de dix longueurs sur *Val Suzon*, et le Cadran, elle succombait, non seulement contre *Sea Sick*, mais encore contre *Gigolo II*, dans le prix Edgard Gillois, puis elle ne battait que d'une tête, dans le prix La Rochette, ce *Val Suzon*, qu'elle avait semé quelques semaines plus tôt. En sportsman avisé, le comte Le Marrois, son propriétaire, la voyant ainsi s'en aller de forme, eut le bon esprit de ne pas l'écœurer par des luttes devenues inégales, et il la retira du turf.

Nous retrouvons encore aux prises, s'entre-battant à tour de rôle, suivant leur condition, le terrain ou la distance, les trois rivaux *Biniou*, *Moulins-la-Marche* et *L'Inconnu*.

Nous ne les suivrons pas dans toutes leurs rencontres et nous nous contenterons de rappeler les principales victoires de chacun d'eux : à *Biniou*, revinrent les prix Dollar, de Bois-Roussel, du Prince d'Orange et le Grand Prix de Trouville-Deauville ; — à *Moulins-la-Marche*, les prix de Lutèce, Hédouville, d'Ispahan et de la Forêt ; — à *L'Inconnu*, les prix des Sablons et Perplexité.

Le vieux *Syphon* dut à la tactique de ses adversaires, qui réduisirent la course à un déboulé de 500 mètres, de remporter la Coupe d'Or de Maisons-Laffitte, grâce à sa pointe de vitesse finale.

Les chevaux de deux ans qui semblent avoir le plus d'avenir, en raison de leurs succès, sont *Marsa Urgulosa*, *Magali*, *Reinhart*, *Messidor III*, *Mésange*, *Nuage*, *Uriel*, *Ulm*, *Gros Papa* et *M'Amour*.

A l'étranger, en plus du Grand Prix de Bruxelles remporté, comme nous l'avons dit, par *Hag to Hag*, notre élevage triomphe encore : à Bade, avec *Azalée* et *Mademoiselle Bon*, qui partagent le Grand Prix ; avec *Durfort*, dans le Prince of Wales ; et *Frère Luce*, dans le Furstenberg Memorial ; — à Milan, avec *Mystificateur*, dans le Grand Prix Ambrosian ; — à Ostende, avec *Magali*, dans le Grand Critérium.

Le haras n'avait pas amendé le naturel brutal de *Finasseur*, qui se brisa le paturon dans son box et dut être abattu. On ne peut le juger comme étalon, en raison de la brièveté de son séjour au haras. Il était le vainqueur du prix du Jockey-Club, du Grand Prix et du prix du Président, en 1905.

Une perte plus sensible fut celle de l'étalon *Childwick* (Saint-Simon et Plaisanterie), que M. E. Veil-Picard avait importé, en 1902, et qui mourut à son haras du Gazon, d'une attaque de paralysie, à l'âge de 19 ans. Parmi ses meilleurs produits figurent *La Camargo*, *Clyde*, *Négofol* et *Kenilworth* (1).

---

(1) On peut encore citer *Aquarelle*, *Anémone II*, *Pierre Bénite*, *Frère Luce* *Val Suzon*, *Rose-de-Flandre* et *Conti-la-Belle*.
En 13 campagnes, de 1901 à fin 1912, ses produits ont gagné 3.422.986 francs, en plat, et 537.123, en obstacles.

**

Indépendamment des grandes réformes exposées en tête de ce chapitre (refonte des Codes et Règlements et remaniement du Calendrier des Courses), la Société d'Encouragement avait pris quelques autres mesures d'ordre plutôt administratif.

C'est ainsi, par exemple, qu'elle avait décidé :

« 1º Que son Comité serait seul compétent à l'avenir pour conclure à l'exclusion temporaire ou à vie, des propriétaires, entraîneurs et gentlemen-riders ;

« 2º Que le drapeau serait hissé sur la tribune du juge, à Longchamp et à Chantilly, pour indiquer au public que les chevaux sont rangés sous les ordres du starter ;

« 3º Que ne serait plus agréé, comme représentant d'un propriétaire désirant ne pas faire courir temporairement ses chevaux sous son nom, qu'une personne n'ayant pas de couleurs enregistrées et qui sera tenue d'adopter celles du propriétaire qu'elle représente. »

Le fait seul de modifier l'article du Règlement qui permettait à un propriétaire de faire courir sous un autre nom et d'autres couleurs, équivalait à reconnaître l'inconvénient de cette mesure qui ne pouvait que troubler le public. Puisqu'on était en voie de réforme, que ne supprimait-on le dit article purement et simplement, comme on avait fait, en 1881, des pseudonymes. A l'origine des courses, alors qu'une écurie n'était encore pour la plupart qu'un luxe ou une distraction, on pouvait admettre qu'un propriétaire en deuil préférât dissimuler ainsi momentanément sa personnalité. Mais il n'en est plus de même aujourd'hui, de trop gros intérêts sont en jeu pour perpétuer ces errements, et dans aucune entreprise commerciale ou industrielle — et une écurie de courses n'est plus autre chose — l'on ne voit modifier la raison sociale, sous prétexte de perte d'un parent quelconque.

Les représentants des Sociétés de Courses parisiennes avaient été saisis d'un projet d'organisation de banque à crédit, permettant aux propriétaires de chevaux de courses d'engager des enjeux sans maniement de fonds. Après mûr examen, ils repoussèrent ce projet qu'ils jugèrent comme n'étant pas pratiquement réalisable et semblant de nature à engager la responsabilité pécuniaire des Sociétés.

**

Sous l'active impulsion de son Comité, secondé par les Conseils municipaux de Trouville et de Deauville, la Société des Courses de Deauville poursuit sa marche ascendante. Le nombre des journées est porté à dix (dont deux d'obstacles) et le budget total affecté aux courses plates à 492.500 francs.

L'allocation du Grand Prix, qui prend le nom de *Grand Prix de Trouville-Deauville*, est élevée à 100.000 francs, celle du prix de Deux Ans, à 40.000 francs, et celle du prix de Longchamp (prix de la

Société d'Encouragement) à 40.000 francs également. Il est en outre créé trois belles épreuves de 20.000 francs chacune, le *Critérium*, le *Grand Handicap de Deauville* et le *Handicap de la Manche*.

A Saint-Cloud, nous pouvons signaler la transformation du *prix Flying-Fox*, désormais la plus riche épreuve de plat de la Société de Demi-Sang. porté de 20.000 à 40.000 francs, et dorénavant ouvert aux chevaux de 3 ans et au-dessus, au lieu des seuls trois ans.

N'omettons pas, enfin, de rappeler la création, par la Société Sportive, des *prix de Circonscription*, pour chevaux de remonte, affectés aux Sociétés régionales dépendant de certains dépôts d'étalons de l'État.

Ces prix avaient pour but, tout à la fois, d'encourager l'équitation et la production des chevaux d'armes autres que de pur sang; ils comportaient des allocations au propriétaire, au naisseur et aux cavaliers (autres que les officiers et les gentlemen-riders) (1).

A l'automne, eut lieu la liquidation complète de l'écurie de courses et du haras de Marly-la-Ville, à M. J. Arnaud, comprenant 19 chevaux à l'entraînement, 20 yearlings et 22 poulinières, qui réalisèrent 297.595 francs. Le prix le plus élevé fut atteint par *Punta-Gorda*, qu'il avait achetée à M. J. Lieux, et que M. Vanderbilt ne craignit pas de payer 80.000 francs. La casaque blanche à toque jaune de M. J. Arnaud avait triomphé dans le Grand Prix de 1897, avec *Doge*, runner-up de *Palmiste*, dans le prix du Jockey-Club.

Comme autres ventes intéressantes, on peut noter celles des écuries du duc de Gramont et de M. Caillault; encore ne furent-elles que partielles, leurs propriétaires ayant racheté bon nombre de leurs chevaux (2).

L'exode des chevaux américains continuait. Partout, en France, en Angleterre, en Australie, dans l'Amérique du Sud, ce n'était que liquidation des grands haras du Nord. Devant les lois draconiennes sur l'interdiction des paris aux États-Unis, les écuries les plus renommées fondaient comme neige.

En France, nous eûmes la vente des 38 poulinières et foals du haras d'Elmendorff, à M. J.-B. Huggin, qui firent 84.050 francs, et celle des 20 poulinières du haras de Hamburg-Palace, à M. J.-B. Madden, qui réalisèrent 58.600 francs.

(1) Ces prix étaient primitivement au nombre de huit, dotés chacun d'une allocation de 2.500 francs. Par la suite, la Société Sportive leur donnera plus de développement, et, en 1913, elle en comptera 110, divisés en trois catégories, de 2.000, 1.000 et 500 fr., représentant une allocation globale de 137.000 francs.

(2) La première qui comprenait 15 chevaux à l'entraînement, 8 yearlings et 16 poulinières, produisit 470.525 francs. Le prix le plus élevé fut atteint par une pouliche de 2 ans, *Eildora*, payée 75.000 francs, par le duc Decazes; le duc de Gramont avait retiré *Saint-Yves*, 2 ans, et 9 poulinières pour 288.300 francs (*Gorgos*, 110.000 francs, et *Saint-Astra*, 55.000 francs).

M. Caillault ne laissa partir que 12 chevaux, pour 158.650 francs, et en retira 16, pour 459.400 francs (*Magali*, 120.000, *Mésange*, 49.000 et *Maboul II*, 45.000).

C'était bien peu de chose, on le voit, mais les propriétaires américains préféraient liquider à perte, plutôt que de poursuivre, dans leur pays natal, un élevage désormais sans débouchés locaux.

* *
*

Les reproducteurs américains n'affluaient pas seuls en Europe, mais aussi les chevaux à l'entraînement.

C'est en raison de l'impossibilité où l'on se trouvait d'être fixé sur leur mérite que le Jockey-Club anglais décida qu'à l'avenir aucun cheval étranger ne pourrait être handicapé s'il n'avait préalablement couru trois fois au moins en Angleterre.

Cette mesure fut rapportée l'année suivante, l'invasion des chevaux américains ayant cessé.

Puisque nous sommes en Angleterre, signalons, à simple titre de curiosité et parce que le chiffre établit un record, le prix de £ 15.734 (393.750 francs), donné par lord Michelham, à la vente annuelle des poulinières, à Newmarket, pour *Fair* (Saint-Frusquin et Glare), née en 1903 et suitée d'un poulain par Gallinule.

Sa propre sœur *Lesbia*, également saillie par *Gallinule*, n'avait fait que 236.250 francs.

Le précédent record avait été atteint par *La Flèche*, que Sir Tatton Sykes avait poussée jusqu'à 330.750 francs.

Pour la première fois depuis l'institution du Derby, en 1780, la grande épreuve d'Epsom fut gagnée par un cheval appartenant au roi d'Angleterre. En effet, Georges IV n'était encore que Prince de Galles, quand il l'avait remportée, en 1788, avec *Sir Thomas*, comme l'était également Édouard VII, lors des précédentes victoires de *Persimmon* et de *Diamond Jubilee*.

Édouard VII était très populaire. Nous croyons cependant que rarement il avait été l'objet d'une ovation semblable à celle qui salua la victoire de *Minora*, et qui éclata, d'autant plus formidable que, jusqu'au dernier moment, l'issue de la lutte était restée douteuse, *Louviers*, à H. W. Raphaël, demeurant collé au favori qui ne l'emporta que d'une tête, dans les dernières foulées. Alors, l'enthousiasme fut indescriptible, et quand, suivant la tradition, le Roi ramena son cheval par la bride jusqu'aux balances, on put craindre réellement qu'il ne fût écrasé par une foule en délire.

Le triomphateur de la campagne de trois ans n'était cependant pas *Minoru*, mais *Bayardo*, bien qu'il n'eût retrouvé son extraordinaire forme de deux ans que dans la seconde partie de la saison, où il enleva les Eclipse Stakes, à Sandown Park, les Prince of Wales Stakes, à Ascot, les Champagne Stakes, à Newmarket, et le Saint-Léger, de Doncaster.

CHAPITRE LXXXVII

ANNÉE 1910

Mort de S. M. Édouard VII. — *Nuage, Marsa, Basse-Pointe, La Française.* — *Oversight, Ronde-de-Nuit, Ossian, Aveu* (suite). — Prix La Force. — *Lemberg* : record du temps dans le Derby d'Epsom. — Mort de *Simonian*. — Musée du Cheval, à Saumur. — Substitution involontaire de pouliches. — Retraite tapageuse de M. Veil-Picard.

Une année ne s'était pas écoulée depuis la victoire de ses couleurs dans le Derby, que le roi Édouard VII s'éteignait, le 6 mai, à l'âge de 69 ans, après un règne de quelques années seulement.

Nous n'avons pas à retracer ici le rôle considérable que ce prince, par son expérience de la vie, sa connaissance des hommes, son grand bon sens et son jugement éclairé, joua dans la politique européenne, dont il était devenu l'arbitre.

Nous nous contenterons de rappeler que le roi Édouard VII était l'ami sincère et loyal de la France, et sa mort provoqua, chez nous, la même impression de douleur qu'au delà du détroit.

Comme sportsmann, Édouard VII tient une place de premier ordre dans l'histoire du turf britannique.

Ses couleurs — casaque et toque pourpre et or — parurent pour la première fois, en 1881, alors qu'il n'était encore que Prince de Galles, en courses d'obstacles, avec *Champion*. Neuf ans plus tard, elles triomphèrent avec *Ambush*, dans le Grand National de Liverpool.

En 1887, à Newmarket, il matcha, en plat, pour un pari de 12.500 fr., son cheval *Alep* contre *Arowal*, à lord Swattinairn, qui l'emporta facilement, et fonda, la même année, le haras de Sandringham, dont la jument *Perdita*.II devait illustrer l'élevage. Nous ne reviendrons pas sur les exploits de ses fils que nous avons rappelés en leur temps.

Ce que l'on sait moins du roi Édouard VII, c'est qu'étant encore prince de Galles, il avait été l'associé de M. P. Lorillard, dans la propriété du cheval américain *Iroquois*, vainqueur du Derby et du Saint-Léger, en 1881.

Trois concurrents anglais vinrent disputer le Grand Prix : *Lemberg*, le gagnant du Derby d'Epsom, *Charles O'Malley*, cheval de second ordre, et *Bronzino*, dont les chances paraissaient si problématiques, qu'il partit à la cote de 120/1.

Du trio, ce fut lui, cependant, qui courut le mieux, se plaçant troisième, devant *Charles O'Malley* et *Lemberg*, à trois quarts de longueur de *Reinhart*, que *Nuage* précédait de trois longueurs.

La place de *Bronzino* et surtout celle de *Reinhart*, — qui ne put mieux faire que de finir troisième dans le prix du Jockey-Club, derrière des animaux aussi médiocres que *Or du Rhin III* et *Renard Bleu* — enlèvent beaucoup de la valeur de la performance du vainqueur.

Nuage (Simonian et Nephté), à Mme N.-G. Cheremeteff, provenait de l'élevage de Victot. Sur 5 sorties, à deux ans, il avait remporté 3 victoires (Critériums de Dieppe et de Maisons-Laffite et prix Saint-Léonard, à Chantilly), et pris la seconde place, derrière *Uriel*, dans le Grand Critérium.

Le mauvais état de ses jambes ne lui permit pas de se montrer souvent à trois ans et on ne le vit que trois fois avant le Grand Prix : dans le prix de Guiche, où il n'eut rien à battre, dans le Biennal où il succomba contre *Sablonnet*, et dans le prix Greffulhe, où son adversaire le plus sérieux fut *Aloès III*.

C'étaient là d'assez maigres titres pour un candidat au Grand Prix. Mais la médiocrité des autres compétiteurs français était telle, qu'il partit second favori, après *Lemberg*. Comme la plupart des produits de *Simonian*, il s'accommoda à merveille du terrain détrempé, dans lequel *Lemberg*, au contraire, mal servi par des sabots très étroits, s'enlisa. Le jockey de ce dernier n'insista pas, du reste, voyant la partie perdue ; mais en tout état de cause, il est fort douteux qu'il eût gagné, car il manquait de la tenue nécessaire, ainsi qu'il le prouva dans le Saint-Léger de Doncaster où, sur une distance sensiblement égale à celle du Grand Prix, il finit encore derrière *Bronzino* (1).

Pour célébrer la victoire de *Nuage*, son entraîneur G. Cunnington senior donna une grande fête à Gouvieux, dont le principal attrait fut un bœuf entier rôti.

Nuage ne reparut pas après le Grand Prix ; en 1911, il fut acheté par le Gouvernement allemand.

La meilleure bête de l'année — étant donné que *Basse-Pointe*, *Badajoz* et *La Française*, en dépit de leurs succès, ne seront vraiment eux-mêmes qu'à quatre ans, — est sans contredit *Marsa* (Adam et Favonia), à M. Edmond Blanc, qui, sur quatre sorties à deux ans, avait remporté trois victoires, dont l'Omnium de Deux Ans et le Critérium International et qui n'avait été battue, dans le Critérium de Maisons-Laffitte, que par *Nuage*, à qui elle rendait deux livres et le sexe.

---

(1) *Lemberg* n'en fit pas moins une course remarquable dans le Derby, en abaissant à 2' 36" 1/5 le record du temps, détenu jusqu'ici par *Spearmint*, avec 2' 36" 4/5.

Non placée, pour sa rentrée, dans le prix Le Roi Soleil, à Saint-Cloud, elle enlève ensuite le prix Semendria ; se fait battre, par excès de confiance de son jockey, dans la Poule d'Essai, par *Vellica ;* puis remporte le prix La Rochette et le prix de Diane, après avoir mené de bout en bout, et dans lequel *Vellica* n'est que troisième. Elle succombe d'une encolure, contre *Oversight*, alors imbattable, dans le prix du Président, à Maisons-Laffitte, où elle précède cependant des chevaux comme *Ossian*, *Sea Sick* et *Gros Papa*, mais elle rend facilement 10 livres aux poulains de son âge dans le prix Monarque et l'année et 4 livres à *Rose-de-Flandre*, dans le Grand Prix de Vichy. Elle décline alors de forme et, si elle prend encore la seconde place, dans le prix d'Amphitrite, derrière *Hilda II*, qui en reçoit 11 livres, ses deux dernières sorties, dans les prix Royal-Oak et Vermeille sont des plus obscures. Ses gains de l'année s'élèvent à 321.000 francs.

Après elle, on trouve encore deux pouliches, qui devaient surtout briller à quatre ans, *Basse-Pointe* et *La Française*.

Basse-Pointe (Simonian et Basse-Terre), — que son propriétaire, M. E. de Saint-Alary eut l'heureuse idée de racheter pour 21.000 fr., à la vente de son écurie, au mois de juin, — inscrit à son actif le Handicap de la Manche, à Deauville, les prix Vermeille et Salverte ;

La Française (Simonian et Keltoum), à M. A. Aumont, gagnante des prix de Lutèce, de Flore et du Grand Saint-Léger de Caen.

Puis viennent : *Radis-Rose*, gagnant des prix de Saint-Cloud, des Haras Nationaux, Delâtre et Hédouville, dans lequel il battit *Oversight* ; — *Or du Rhin III*, prix Daru et du Jockey-Club ; — *Cadet Roussel III*, prix Juigné, Miss Gladiator et Edgard de La Charme ; — *Gros Papa*, prix Citronelle, Paul Amont, Ajax, Flageolet et du prince d'Orange, dans lequel il fait dead-heat avec *Ronde-de-Nuit* ; — *Reinhart*, prix Royal-Oak ; — *Aloès III*, prix Noailles, de Courbevoie et Edgard Gillois ; — *Messidor III*, prix Lagrange ; — *Coquille*, prix Lupin ; — *Kildare II*, Grand Prix de Nice ; — *My Star*, prix Hocquart ; — *Sablonnet*, prix Biennal ; — *Assouan II*, prix La Rochette ; — *Vellica* et *Sifflet*, la Poule d'Essai de leur sexe.

Les trois grands vainqueurs, parmi les vétérans, sont *Oversight*, *Ronde-de-Nuit* et *Ossian*.

Oversight, avec 8 victoires, dont le Biennal, sur *Aveu* ; le prix La Force (1), dans lequel il prend sa revanche sur *Chulo*, qui l'avait battu dans le prix des Sablons ; le prix La Rochette, sur *Ronde-de-Nuit* ; et le prix du Président, à Maisons-Laffitte, sur *Marsa*, *Ossian*, *Sea Sick*, *Gros Papa*, etc. ; ses gains, pour l'année, se montent à 260.000 francs ;

Ronde-de-Nuit, 7 victoires et 197.860 francs : prix Sport de France,

---

(1) Cette belle épreuve, pour chevaux de 3 ans et au-dessus, poids pour âge, sans surcharges ni décharges, s'était courue pour la première fois à la réunion de printemps, à Longchamp. La distance était de 2.200 mètres, et l'allocation, de 20.000 francs, portée à 30.000, en 1911, et à 40.000, en 1912.

Edgard Gillois, Perth, de la Forêt, du Pin, et du Prince d'Orange, qu'elle partage avec *Gros Papa;* elle avait échoué dans la Bourse, la Coupe, le prix La Rochette, le prix du Président, le Grand Prix de Deauville, et le prix du Conseil Municipal, dans lequel elle finissait derrière *Ossian*, à qui elle rendait le sexe et trois livres.

Ossian, 5 victoires et 190.650 francs, prix Le Blois, Biniou, Macdonald (partagé avec *Jacobi*) et prix du Conseil Municipal, qu'il remporte d'une demi-longueur sur *Ronde-de-Nuit*, *Gros Papa*, *La Française* et huit autres.

Les autres gagnants des épreuves importantes étaient : — *Sea Sick*, les prix Dollar, Consul, et de Longchamp, à Deauville; il prit la seconde place à Ascot, dans le Gold Cup, derrière *Bayardo*, précédant un lot nombreux dont *Aveu*, qui l'avait battu dans le prix Rainbow, faisait partie; — *Chulo*, prix des Sablons et la Coupe; — *Aveu*, Cadran et Rainbow (1); — *Lieutel*, prix Eugène-Adam; — *Moulins-la-Marche*, prix du Prince de Galles et Bois-Roussel; — *Joie*, Grand Prix de Deauville; — *Pierre Bénite*, Gladiateur, dans lequel elle est suivie de sa camarade *Rose-de-Flandre;* — *Joyeux Drille*, Omnium et prix de Longchamp; — *Le Rubicon*, Coupe d'Or de Maisons-Laffite et Handicap d'Octobre, etc.

Les cracks de deux ans sont : — *Lord Burgoyne*, 3 victoires sur 3 courses (Grand Critérium d'Ostende; Omnium de Deux Ans, remporté d'une tête sur *Manfred*, prix de l'Avenir, à Bade); — *Manfred* qui, à l'exception de la défaite dont nous venons de parler, gagne toutes ses autres courses, dont le Prix de Deux Ans, à Deauville, le prix La Rochette et le Biennal de Maisons-Laffitte; — *Faucheur*, 3 victoires, dont le Grand Critérium; — *Alcantara II*, qui partage, pour ses débuts, le prix de Sablonville avec *Le Roumi*, puis gagne les prix Heaume et Éclipse.

***

A l'étranger, nos chevaux avaient remporté :

A Bade, *Maboul II*, le Furstenberg Memorial; — *Lama II*, le prix de la Fondation; — *Lord Burgoyne*, le prix de l'Avenir; — *La Bohême II*, l'Oppenheim Memorial; — *Badajoz*, le Prince of Wales.

A Bruxelles : *Liao*, le Grand Prix; — *Carlopolis*, le Grand Prix van Derton;

A Milan, *Étoile-de-Feu*, le Grand Prix du Commerce. Cette pouliche appartenait au Haras de Besnate, mais elle était née en France, de Gardefeu et Nébuleuse.

(1) Après ses deux victoires, *Aveu* fut acheté par l'Administration des Haras qui n'en donna pas moins, à M. Aumont, de 140.000 francs, prix qu'elle n'avait encore dépassé que pour *Rataplan*, payé par elle 150.000 francs, en 1906.

**

L'élevage de Victot fit une grosse perte avec la mort de l'étalon *Simonian*, que M. A. Aumont avait importé en 1896, et qui s'était montré reproducteur de premier ordre, avec des produits comme *Camisole, Vieux-Paris, Nature, Luzerne, Aloès III, Aveu, Nuage,* que nous avons vu triompher précédemment, et *Basse-Pointe, La Française, Ombrelle, De Viris* et *Rêveuse*, qui allaient marcher sur leurs traces (1).

**

Parmi les heureux résultats du Concours du Cheval de guerre, à Saumur, signalons la formation du MUSÉE DU CHEVAL, due à l'initiative de M. G. Joly, vétérinaire-major, à l'École de Cavalerie. Ce Musée pour l'installation duquel la Municipalité offrit le vieux château de Saumur, est destiné à réunir tout ce qui se rapporte au cheval, depuis les temps les plus reculés : bibliothèque, peinture, sculpture, anatomie, harnachements, etc., en un mot tout ce qui peut servir à l'histoire de l'élevage, de l'équitation, des courses et de l'hippologie.

Le Comité d'Honneur et le Conseil d'Administration comprennent les plus hautes personnalités sportives, et nul doute que, grâce aux nombreux dons déjà reçus depuis sa fondation, le Musée du Cheval ne présente bientôt un ensemble documentaire du plus haut intérêt.

**

Nous n'avons pas cru devoir noter, au cours de cet ouvrage, les substitutions frauduleuses de chevaux, opérées de temps à autre par quelque bande noire, à l'affût d'un coup à faire.

La justice en a eu raison, et point n'est besoin, en rappelant leurs noms, de donner de la notoriété aux individus louches qui y participèrent.

Tel n'est pas le cas de la substitution, dans le prix de la Côte, le 2 novembre, à Saint-Cloud, de la pouliche de 2 ans *Capri II*, à M. Besnard, à la pouliche de 3 ans, *Cigale V*, au même propriétaire.

Il ne s'agit ici que d'une erreur involontaire, commise de bonne foi par Ch. Bariller, l'entraîneur de M. Besnard; mais le Règlement de la Société d'Encouragement est formel et le pauvre Bariller fut condamné, pour manquement professionnel, à 2.500 francs d'amende.

---

(1) De 1899 à 1912 inclusivement, ses produits ont remporté 324 courses et 4.780.651 fr. 90, en plat, et près d'un million, en obstacles.

* *
*

Ceux que l'âge, la lassitude ou les désillusions éloignent du turf s'en vont généralement à l'anglaise. En un moment de mauvaise humeur, M. Edmond Veil-Picard, qui faisait courir depuis plus de vingt ans, préféra claquer la porte sur ses talons. Dans une interview (*Liberté*, 2 juin) qui fit quelque bruit du fait que M. E. Veil-Picard était membre du Comité de la Société d'Encouragement, il déclarait que, s'il quittait la partie, ce n'était pas par suite de déboires sportifs — la campagne 1909 avait été sa plus brillante, et, cette année encore, il ne se passait guère de réunion qu'il ne gagnât de prix — mais parce qu'il jugeait qu'il était devenu tout à fait impossible à un propriétaire consciencieux de se défendre loyalement aux courses, en raison des mœurs nouvelles, et il s'en prenait à tout le monde de cet état de choses, aux propriétaires, aux entraîneurs, aux jockeys, à l'État, au Comité Consultatif, au pari mutuel et aux journaux de sport.

— « Vous avez suivi l'évolution depuis quinze ans, disait-il. Tous les grands noms du turf, toutes les glorieuses casaques d'antan ont disparu. Qu'avons-nous eu en échange? D'abord, l'américanisme, qui nous a apporté le doping, ensuite, l'invasion des Belges et de leurs mœurs sportives; enfin, l'ingérence de l'État dans les affaires des Sociétés de courses.

« Voilà trois motifs pour lesquels les Commissaires des Sociétés, dont l'honorabilité est hautement reconnue, et la bonne volonté évidente, sont impuissants contre la fraude et les combinaisons qui faussent les résultats. N'allez pas dire que je vois le vol partout, mais il n'en est pas moins évident qu'une bande d'aigrefins manœuvre impunément sur nos hippodromes... Le doping est courant, mais pouvons-nous, après chaque course, analyser la sueur et l'urine du gagnant?

« Les jockeys montent d'une façon suspecte, cynique parfois, mais allez donc les mettre à pied! Ils se plaindront au Syndicat, nous aurons sur le dos le Comité Consultatif, le Ministre, sans compter leur propriétaire, qui paie leur engagement 30 à 60.000 francs par an, et n'admet pas que nous lésions ainsi ses intérêts.

« Autrefois, avant le règne exclusif du pari mutuel, il était facile de prendre, la main dans le sac, les forbans qui avaient organisé un coup : ils étaient obligés, en effet, d'effectuer leurs paris aux piquets des bookmakers, et on en trouvait facilement la trace. Aujourd'hui, c'est le pari anonyme aux guichets du mutuel, sans compter les agences clandestines de province... et surtout de Bruxelles.

« La création du Comité Consultatif est une œuvre absolument néfaste. Et il n'y a que deux manières logiques de diriger dorénavant les destinées du turf : c'est de rendre aux Sociétés et à leurs Commissaires les pouvoirs absolus qu'ils avaient autrefois, ou d'instituer un monopole d'État pour les courses, et que le Gouvernement en prenne la direction et la responsabilité. Mais alors...

« Les journaux de courses sont aussi responsables. Leurs comptes rendus excusent toutes les défaillances, expliquent les défaites inexplicables. Ils n'ont pas le courage de signaler les manœuvres malhonnêtes qui se passent au vu et au su de tous. Il y a une petite chose dont il faut cependant leur tenir compte : c'est la susceptibilité, parfois légitime, des jockeys, des entraîneurs et même de la plupart des propriétaires. Au moindre mot, je ne dis pas agressif, mais pouvant être mal interprété, qu'un journal se permet de publier, le directeur dudit journal voit arriver dans son bureau le personnage visé, ce personnage est précédé d'une canne brandie violemment, et suivi d'un huissier. Et le journal apprend, à ses dépens, que les tribunaux correctionnels sont beaucoup mieux armés contre les bavards imprudents que les Sociétés de courses contre les délinquants (1) ».

M. E. Veil-Picard liquida donc son écurie. Il vendit ses yearlings à son frère Arthur, dont la casaque cerise, manches et toque maïs, était déjà prépondérante en obstacles, et son lot de deux ans à M. F. Jay-Goulet. Mais... il racheta la majeure partie de ses chevaux à l'entraînement, dont *Pierre-Bénite*, qui lui gagna le Gladiateur à l'arrière-saison.

Ce ne fut qu'à la fin de l'année qu'il se retira définitivement.

En faisant la part de l'exagération, il y avait du vrai dans les doléances de M. E. Veil-Picard, et il est certain que l'intervention de la politique dans les courses, en restreignant l'autorité effective et morale des Commissaires, a créé un état de choses des plus nuisibles au bon renom du turf. Mais il est des courants qu'il est malaisé de remonter, et il est à craindre que l'on ne s'avise de porter remède au mal que lorsqu'il sera incurable.

(1) M. E. Veil-Picard démentait bien le passage de cette interview concernant les journaux sportifs, mais il confirmait entièrement ce que *La Liberté* lui avait fait dire sur la situation du sport hippique en France.

CHAPITRE LXXXVIII

ANNÉE 1911

Question des départs. — Exode des chevaux étrangers. — Suppression du Critérium International. — Augmentation de l'allocation de nombreuses épreuves. — Le prix de Deux Ans, à Deauville, reprend le nom de prix Morny. — *Faucheur, Alcantara II, As d'Atout, Combourg, Tripolette, Rose Verte.* — *Basse-Pointe, Badajoz, La Française* (suite). — Retraite de *Moulins-la-Marche.* — *Montrose II*, record des sommes gagnées par un cheval de 2 ans en France. — Arrivées photographiées. — Nécrologie : MM. Ed. Cavailhon, Nayler, H. Blount, vicomte de Bouëxic, E. Blascowitz, baron Gustave de Rothschild, comte de Lastours, comte Florian de Kergorlay. — Retraite du comte Lehndorff. — Mort de *Flying-Fox, Chalet* et *Isinglass.* — Commission de contrôle des fonds provenant du pari mutuel. — Encore une idée de politiciens.

La question des départs étant à l'ordre du jour, au sein des diverses Sociétés de courses, le fameux Comité Consultatif permanent des Courses affirme son existence en demandant une uniformité de réglementation concernant les instructions à donner au starter pour le départ des chevaux placés sous ses ordres.

Quand un cheval est-il ou n'est-il pas sous les ordres du starter? Aucun texte n'ayant jusqu'ici paru assez clair, M. le marquis de Ganay proposa la rédaction suivante, qui écartait toute ambiguïté : « Un cheval sera considéré comme étant sous les ordres du starter, lorsque le jockey aura répondu à l'appel de son nom au poteau de départ. »

Ceci ne résolvait pas la question même des départs, et les Sociétés n'ayant pu se mettre d'accord, la Société d'Encouragement et la Société de Sport de France continuèrent à employer la starting gate, alors que l'on y renonçait à Maisons-Laffitte et à Saint-Cloud, et que l'on revenait au drapeau, avec le *lining-ribbon*, qui sert seulement à aligner les chevaux.

Le Comité Consultatif s'était préoccupé également de l'exode des chevaux américains en France; mais, tandis que son rapporteur,

M. Jean Joubert, demandait qu'on restreignît le nombre des courses d'obstacles ouvertes aux chevaux étrangers, il crut suffisant d'émettre le vœu « qu'il n'en soit pas ouvert davantage ».

Pour les courses plates, la question ne s'était pas posée, les allocations de la Société d'Encouragement, par exemple, étant exclusivement réservées aux chevaux nés en France et, de toutes les autres Sociétés, la Société Sportive étant la seule qui consacre aux chevaux étrangers une réunion spéciale, à l'automne.

En Angleterre, où la presque totalité des courses plates sont ouvertes aux chevaux de tous pays, les stewards du Jockey-Club, en réponse à une pétition d'un groupe d'éleveurs-propriétaires, avaient déclaré que, tout en se rendant compte du danger éventuel pour l'élevage anglais créé par l'importation d'un trop grand nombre de yearlings d'origine américaine, ils ne croyaient pas la situation actuelle alarmante et qu'il ne leur semblait pas opportun de prendre dès maintenant des mesures préservatrices : il serait toujours loisible d'ailleurs de soumettre la question en temps utile au Jockey-Club.

°

Parmi les décisions prises, au cours de l'année, par la Société d'Encouragement, la plus importante a trait à l'augmentation future des allocations de certaines grandes épreuves, comme les prix du Cadran, de Diane et Royal-Oak, qui seront respectivement élevées, à partir de 1913, les deux premières à 75.000 francs, et la troisième à 60.000 francs. De plus, il était décidé que le prix du Cadran serait alors ouvert aux chevaux de 4 *ans et au-dessus, de tous pays.*

Nous reviendrons, lors de son application, sur cette transformation, qui constituait un fait capital.

Parmi les épreuves importantes dont l'allocation profite, dès l'année courante, d'une augmentation appréciable, citons l'antique prix de la Forêt et le prix La Force, qui passent à 30.000 francs; le prix du Prince d'Orange, à 25.000 ; les prix de Condé, de Villebon et de Courbevoie, à 20.000. Ce dernier reçoit, en outre, le nom de *prix Kergorlay*, en souvenir du comte Florian de Kergorlay, qui venait de mourir, lequel était membre du Comité et Commissaire de la Société d'Encouragement, en même temps que Président de la Société des Courses de Deauville.

A côté de ces épreuves qui prospèrent, il en est d'autres, au contraire, qui périclitent, tel le Critérium International, que la Société d'Encouragement supprima, comme n'ayant jamais atteint le but en vue duquel il avait été créé, en 1893. Il n'avait jamais eu, en effet, d'international que le nom. Mais pouvait-on vraiment espérer que son allocation de 25.000 francs serait suffisante à attirer les concurrents étrangers.

Une heureuse modification est apportée au parcours des Poules d'Essai et du Grand Critérium, qui émigrent de la petite à la moyenne piste, ce qui diminue les chances de bousculade dans le dernier tournant, beaucoup moins court.

Deux des plus riches épreuves de Maisons-Laffitte bénéficient, elles aussi, d'une plus-value considérable : c'est ainsi que le prix Monarque — qui devient le prix Eugène Adam, sur 2.000 mètres de la piste tournante, et non plus en ligne droite — voit élever son allocation de 40 à 80.000 francs, et l'Omnium de Deux Ans, la sienne, de 25 à 50.000 francs.

A Deauville, on commence les travaux d'une piste en ligne droite de 1.600 mètres, qui sera inaugurée en 1913.

Pour remplacer le comte Florian de Kergorlay, la Société des Courses avait fait choix du comte Le Marois. Elle avait été heureusement inspirée et ses destinées ne pouvaient être en meilleures mains.

Le nouveau Président s'empressa, non seulement de donner le nom de son prédécesseur à une des épreuves les plus importantes de la réunion, mais il voulut encore que le nom du fondateur même de la Société fût tiré de l'oubli et, sur son ordre, le prix de Deux Ans redevint, comme avant 1870, le *prix Morny*.

Que le Conseil Municipal de cette localité, au lendemain de la chute de l'Empire, eût enlevé, de la place où elle se dressait, la statue du créateur de Deauville, ce n'était là qu'une de ces couardises dont les assemblées politiques sont coutumières. Mais on attendait moins d'ingratitude, et plus de dignité, de la Société des Courses, et l'ostracisme dont elle frappa, pendant quarante ans, le nom de son fondateur peut paraître regrettable.

On ne saurait donc trop féliciter le comte Le Marois, dont le premier geste fut un acte de réparation.

A quand le tour de la Société d'Encouragement de réinscrire le nom de l'instigateur de l'hippodrome de Longchamp et du Grand Prix de Paris en tête d'une de ses grandes épreuves ?

* * *

L'année 1911 compte deux bons chevaux, *Faucheur* et *Alcantara II*, qu'il eût été intéressant de voir aux prises, à égalité de moyens et de condition. Malheureusement, au moment où *Faucheur* triomphait, *Alcantara* n'était pas encore lui-même, et quand on employa la tactique qui semblait rendre *Alcantara* invincible, *Faucheur* n'était plus qu'un invalide, hors de combat.

Faucheur (Perth et Fourragère), au baron Maurice de Rothschild, avait pris ses quartiers d'hiver après sa brillante victoire dans le Grand Critérium. Très gros d'ouvrage, il fait sa rentrée dans le prix de Saint-Cloud, qu'il enlève d'une encolure à des adversaires médiocres; il ne triomphe que d'une tête, dans le prix Delâtre, où il n'a rien à battre (*Alcantara II*, qui y faisait sa rentrée, ne comptant pas encore); puis il se promène, dans les prix Lagrange, devant *Combourg* et autres, et finalement a raison, par trois quarts de longueur, de *Alcantara II*, dans le prix Hocquart. Quelques jours plus tard, il tombait boiteux. On ne désespéra pas, cependant, de le conserver pour le Derby de Chantilly, et on l'envoya chez M. H. de Mumm, à Reims, à l'effet d'y suivre un traitement particulier. Chaque jour, pendant près d'une demi-heure, le poulain se livrait à la natation, dans une piscine; puis il faisait, monté par son lad habituel, sous le poids de 75 kilos, un exercice d'une heure et demie : long trotting sur une côte, puis canter raccourci. *Faucheur* étant entraîné à fond quand son accident survint, on espéra que la natation entretiendrait suffisamment la liberté des poumons et que la gymnastique du travail quotidien maintiendrait en état les muscles des reins et de l'arrière-main. Ce n'était pas la première fois, d'ailleurs, qu'on tentait d'employer le régime humide pour la remise en état des tendons claqués, et quelques années auparavant, on avait vu un cheval raccommodé par ce moyen, gagner plusieurs épreuves importantes à Auteuil.

Faucheur partit donc dans le prix du Jockey-Club, où sa présence apporta un élément de curiosité à défaut d'intérêt, car il paraissait assez invraisemblable que le poulain fût en état de soutenir une course particulièrement sévère, comme celle qu'on présumait qu'*Alcantara II* allait mener : et de fait, s'il resta sur ses jambes jusqu'au bout, il ne joua aucun rôle. L'effort avait été suffisant cependant pour que le tendon malade claquât définitivement à quelques jours de là; cette fois, *Faucheur* fut retiré de l'entraînement et vendu pour la reproduction à un groupe d'éleveurs, au prix de 400.000 francs, chiffre considérable pour un poulain qui quittait le turf sans avoir accompli aucune de ces grandes performances classiques qui consacrent une réputation.

Alcantara II (Perth et Toison d'Or), au baron de Rothschild, était un poulain bai, très racing-like, à qui il manqua peu de chose pour être un grand cheval. Il avait eu une bonne carrière à deux ans, et ses victoires, sur les 1.600 mètres des prix Heaume et Eclipse, dénotaient tout au moins qu'il avait de la tenue. Pendant toute la première partie de sa campagne de trois ans, il courut assez médiocrement : non placé dans le prix Delâtre, troisième derrière *Ronde-de-Nuit* et *Sablonnet*, dans le prix Perplexité, second dans le prix Hocquart, à trois quarts de longueur de *Faucheur*, alors en pleine gloire, et non placé dans la Poule d'Essai.

Au cours de ces différentes sorties, il parut manifeste que le caractère du poulain s'était aigri et qu'il se rebutait à la tâche qu'on lui imposait : il se battait contre son mors, tentait de se dérober et même se jetait sur ses rivaux pour les mordre. Comme il s'employait très docilement à l'exercice, au contraire, on en avait conclu qu'il tournait au rogue et on l'affubla de capuchon et d'œillères, afin de l'empêcher de se livrer à ses incartades. On pensa, en outre, que le mieux serait de l'isoler en course et de profiter de l'extraordinaire jump-off dont il était doué, pour lui faire prendre la tête, dès le départ, au lieu de le tenir dans le peloton, comme on l'avait fait jusque là.

Rarement changement de tactique en course eut un résultat aussi surprenant. *Alcantara II* n'était pas un rogue, comme on le pensait, mais impressionnable et nerveux à l'excès, il *souffrait du bruit*, ce qui explique qu'il ne galopait bien que seul : il s'étendait alors librement, dans une action souple et coulante, qui rappelait celle de son aïeul maternel *Archiduc*, et qui brisait tous ses adversaires.

Du jour où l'on adopta cette tactique de la course en avant, il sembla invincible, et ce fut dans un canter, sans avoir été rejoint, qu'il remporta successivement le prix La Rochette, le prix Lupin (où *As d'Atout* ne fut pas placé), et le prix du Jockey-Club. Il y partit grand favori, bien que certains craignissent qu'il ne pût soutenir son propre train sur un parcours aussi sévère, et l'on rappelait à ce propos l'exemple même d'*Archiduc*, qui s'était étouffé à vouloir suivre le train d'enfer mené par *Kiss*, et qui s'était trouvé sans ressources pour résister à l'assaut final de *Little-Duck*.

Ces craintes n'étaient pas fondées, et *Alcantara II* accomplit, ce jour-là, une performance digne d'un grand cheval. Parti en tête, il mena d'une allure soutenue avec plusieurs longueurs d'avance sur le lot jusqu'aux écuries, où son jockey le reprit un instant, pour le pousser à nouveau au commencement de la descente : dès lors la course était finie, *Alcantara II* repartait de plus belle, pour gagner au petit galop, au milieu des acclamations de la foule, électrisée par ce bel exploit sportif.

La suite de sa carrière ne répondit pas à cette brillante période. Il est vrai qu'aucun cheval, fût-ce *Gladiateur* lui-même, n'eût résisté à la course folle qu'on lui infligea dans le Grand Prix.

M. Michel Ephrussi y avait deux représentants : *Matchless*, en qui il avait grande confiance, et *Granite*, cheval excessivement vite sur douze cents mètres, qui devait essayer d'user *Alcantara II* dès le départ. Tous les journaux l'avaient annoncé, tous les sportsmen en causaient, et il n'était pas jusqu'au dernier pelousard qui ne le sût.

L'écurie de Rothschild, son entraîneur et son jockey semblent avoir été les seuls à l'ignorer.

Au départ, *Granite*, qui avait la corde, file à toute vitesse et prend plusieurs longueurs d'avance. Il suffisait à Milton Henry, afin d'isoler son cheval — qui était à l'extérieur — de le placer entre *Granite* et le peloton : il se serait, par la force des choses, trouvé en tête quand le leader eût été au bout de son rouleau et aurait alors forcé l'allure à son gré. Au lieu d'agir ainsi, il commit la folie de vouloir ravir le commandement à *Granite*. Jusqu'au petit bois, ce fut une lutte acharnée entre les deux chevaux. On savait qu'*Alcantara II* finirait par prendre le meilleur, et il le prit, en effet. Mais cet effort prématuré l'avait réellement usé. Il tenta de démarrer dans la descente, mais les autres étaient déjà sur ses talons et, dans le tournant, il s'effondrait.

Jamais on n'avait vu massacrer un cheval de la sorte.

M. Michel Ephrussi ne profita que très imparfaitement du tour qu'il avait joué au favori, et ce fut pour un troisième larron que *Granite* avait tiré les marrons du feu. *Matchless*, en effet, ne put prendre que la troisième place, derrière *As d'Atout* et *Combourg*.

Les performances d'*As d'Atout* (Le Sagittaire et Anastasie), au marquis de Ganay, n'étaient pas de nature à l'indiquer comme le gagnant d'une épreuve de cette importance, bien que nous ayons entendu personnellement son entraîneur, W. Barker, quelques jours avant le Grand Prix, déclarer que, si la course était menée très sévèrement, son poulain avait grande chance d'y triompher.

As d'Atout n'avait pas couru à deux ans. Battu par *Traversin*, lors de ses débuts dans le prix Juigné, on ne l'avait vu — sauf dans le prix Lupin, où il ne fut pas placé — que dans des petites épreuves à côté, où il n'avait rien à battre. Sa derrière sortie était une victoire dans un handicap, le prix de la Pelouse, à Chantilly.

A défaut de celui d'*Alcantara II*, nul succès ne pouvait être plus sympathiquement accueilli que celui des couleurs du marquis de Ganay.

A quoi tiennent les choses du turf, cependant. *As d'Atout*, qui cueillait ce trophée tant envié, ne devait-il pas à un pur hasard de n'avoir pas été vendu, en raison de sa petite taille, comme poney de polo!

Il était parti à la cote de 16/1, et était monté par O'Neil, qui s'affirmait de plus en plus comme le meilleur jockey de l'heure actuelle.

De ce qu'il n'avait pu venir à bout d'une tâche impossible dans le Grand Prix, on en conclut alors que la course en avant ne valait plus rien pour *Alcantara II*, et l'on en revint à la course d'attente, qui ne lui avait jamais réussi : aussi fut-il battu, d'abord dans le prix Eugène Adam, par *Gavarni III*, — à qui il rendait 14 livres, et tout en laissant loin derrière lui *Matchless*, à ce même écart de poids, — puis, dans le prix Royal-Oak, par *Combourg;* il tordit ensuite *Italus* et *Ossian*, dans le prix du Prince d'Orange, et ne fut nulle part dans le prix du Conseil Municipal.

Enfin, en compagnie d'*As d'Atout* — qui venait de remporter les prix Le Sancy et de Satory — tous deux se firent battre, au Tremblay, dans le prix Edgard Gillois, par *Conti-la-Belle* et *Consols*, chevaux d'ordre très modeste, à qui ils rendaient sept kilos.

Cet écart de poids, étant donnée la différence de classe, serait insuffisant à justifier ce résultat, que peut seul expliquer un déclin complet de forme.

Ce fut leur dernière course, et aucun des deux ne reparut en public.

Le plus régulier, après eux, est *Combourg* (Bay Ronald et Chiffonnette), à M. F. Jay-Gould, gagnant des prix Noailles et Greffülhe, dans lesquels il ne rencontra rien, et, à l'automne, du prix Royal-Oak, où, comme nous l'avons vu, il battit d'une encolure *Alcantara II*. Il s'était placé troisième dans le Grand Prix de Nice; second, dans les prix de Guiche, Lagrange, Hédouville, du Jockey-Club, le Grand Prix et le prix Flageolet, et n'avait pas été placé dans le Biennal, la Poule d'Essai et le Conseil Municipal.

Des deux cracks de deux ans, *Manfred* et *Lord Burgoyne*, le premier a disparu, et le second doit se contenter d'une heureuse victoire dans la Poule d'Essai, après laquelle il ne causera que des déboires à son propriétaire, qui le vendra bientôt pour les obstacles.

Les autres gagnants d'épreuves importantes sont : *Manzanarès*, prix Citronelle et Kergorlay; — *Shetland*, prix Daru; — *Gavarni III*, prix Eugène-Adam; — *Matchless*, prix Miss Gladiator et La Force; troisième dans le Grand Prix et le prix du Conseil Municipal; — *Cavallo*, prix Edgard de La Charme et de Lonray; troisième dans le prix du Jockey-Club; — *Radis Noir*, frère de *Radis Rose*, Poule d'Essai de Pau et Derby du Midi, à Bordeaux; à son retour, il est brûlé dans le wagon qui le ramenait; — *Traversin*, prix Juigné et Grand Saint-Léger, à Caen.

La victoire la plus sensationnelle, sinon la plus concluante, remportée, en 1911, par les pouliches, est celle de la médiocre *Conti-la-Belle* (Childwick et Cousine Bette), à M. F. Jay-Gould, dans le prix Edgard Gillois, au Tremblay, à l'arrière-saison. Nous avons vu qu'elle y avait battu *As d'Atout* et *Alcantara II*, qui avaient même fini derrière *Consols !*...

Les quatorze livres qu'elle recevait ne suffisent pas à expliquer ce succès et elle ne se trouve pas classée pour cela à la tête des pouliches de sa génération. La meilleure est, sans contredit, *Tripolette* (Elf et Tribune), au comte E. de Boisgelin. Bien qu'elle ait échoué dans la plupart des grandes épreuves qu'elle ait disputées (Grand Prix de l'Exposition à Turin, prix Flying-Fox, Fille-de-l'Air, Eugène-Adam, Grand Prix de Vichy et prix du Conseil Municipal), elle n'en remporta pas moins sept victoires, dont les prix Vanteaux, Semendria, de Victot, Amphitrite (battant *Basse-Pointe*, qui lui rendait 23 livres), Omnium et Vermeille.

Autant l'on vit souvent *Tripolette*, qui ne courut pas moins de vingt-six fois, autant l'on vit peu *Rose Verte* (Elf et RoseNini), à M. A. Aumont, qui ne parut que cinq fois en public. Après un petit succès au Tremblay, et des tentatives obscures dans le prix Hocquart et la Poule d'Essai, elle enleva facilement le prix de Diane, où, couplée avec sa camarade *Ombrelle*, qui comptait quelques partisans, elle ne rapporta que 101 fr. 50 gagnante, mais donna 375 francs à la place, ce qui indiquait combien sa chance paraissait problématique. *Rose Verte* resta sur cette victoire; envoyée aux ventes d'automne de Newmarket, elle fut achetée comme poulinière, pour 78.750 francs, par M. Muller.

Bolide II avait gagné le prix de Saint-James et la Poule d'Essai; — *La Grace*, le prix La Rochette et le Handicap d'Octobre; — *La Bohême II*, le prix des Villas, à Deauville, et le prix de Flore.

***

Deux chevaux, parmi les vétérans, font preuve d'une haute qualité, que ne laissaient pas présager leurs performances de trois ans, si honorables fussent-elles.

Basse-Pointe ne trouve sa forme, comme l'année précédente, d'ailleurs, qu'à partir de l'été. Troisième, avec *Dor*, dans la Coupe, battue facilement par *La Française*, dans le prix Rainbow, par *Gros Papa*, dans le prix Consul et par le vieux *Royal Realm*, dans l'Alexandra Plate, à Ascot, elle enlève ensuite le prix Fille-de-l'Air, et à Deauville, le prix Hocquart et le Grand Prix, battant les meilleurs performers du moment. A Dieppe, elle ne peut rendre 23 livres à *Tripolette*, dans le prix Amphitrite; mais elle termine la campagne par une double victoire, d'abord dans le prix du Conseil Municipal sur *Melbourne*, *Matchless*, *Bronzino*, *Tripolette*, *La Française*, *Alcantara II*, *Combourg*, etc., puis dans le prix Gladiateur, où elle a facilement raison de *La Française*. Ses gains pour l'année s'élèvent à 326.860 francs.

Badajoz la suit de près avec 300.475 francs. Battu par *Italus*, puis par *Moulins-la-Marche*, au début de l'année, dans des épreuves secondaires, il remporte successivement le prix Boïard (sur *Rire-aux-Larmes*, *Gros Papa*, *Italus*, etc.), l'Omnium International, de 100.000 francs à l'inauguration de l'hippodrome des Paroli, à Rome, le prix Ajax (dans lequel il rend 10 livres à son aîné *Négofol*, et 12 à son contemporain *Cadet-Roussel III*), le prix Flying-Fox (sur *Dor*, *Tripolette*, *Ronde-de-Nuit*, *Moulins-la-Marche*, etc.), le Handicap limité, sur les 3.000 mètres de Longchamp, avec le top weight de 62 kilos, et le Grand Prix de Bade; entre temps, il avait échoué dans le prix du Président, à Maisons-Laffitte, où il n'avait pu prendre que la troisième place.

Après ces deux triomphateurs, vient tout un groupe d'excellents performers qui, suivant leurs aptitudes ou les circonstances, triomphent tour à tour.

C'est d'abord *La Française*, qui semble se spécialiser sur les longs parcours et qui enlève les prix du Cadran, Rainbow, La Rochette, Florian de Kergorlay, à Deauville, et de Chantilly; elle n'est pas placée dans la Coupe, le prix du Président, le Grand Prix de Deauville et le prix du Conseil Municipal, et elle avait dû se contenter d'accessits dans les prix Salverte, Gladiateur et du Pin.

Ossian, vainqueur des prix Perplexe, des Sablons, Le Roi Soleil, d'Ispahan, et du prix du Président, à Maisons-Laffitte, qu'il enlève d'une encolure à l'anglais *Mushroom;* — *Cadet-Roussel III*, cinq victoires, dont le prix de Seine-et-Marne, la Coupe d'Or, de la Société Sportive, et le prix du Pin; — *Dor*, prix de Dangu et Grand Prix de Vichy; — *Sablonnet*, prix de Lutèce, Biennal de Longchamp, Grand Prix du Commerce, à Milan, et prix Guillaume-le-Conquérant, à Deauville; à la fin de la campagne il est acheté 80.000 francs par l'Administration des Haras; — *Ronde-de-Nuit*, prix de la Seine et Perplexité; — *Rire-aux-Larmes*, la Coupe et le prix du Prince de Galles; — *Olivier II* qui ne paraît qu'une fois, pour gagner le Grand Prix de Nice; — *Radis Rose*, prix Hermit, à Saint-Cloud, et de la Fondation de Bade; — *Italus*, les prix Dollar et Hédouville; il sera vendu ensuite comme étalon à la Belgique; — *Gros Papa*, prix Consul; — *Reinhart*, prix Jouvence, après quoi il est acheté par les Haras Impériaux allemands.

Enfin, c'est le vétéran des vétérans, *Moulins-la-Marche*, à qui l'âge semble n'avoir rien enlevé de sa vigueur. Malgré ses huit ans, il n'en paraît pas moins encore une vingtaine de fois en public, pour gagner près de 40.000 francs.

Il avait débuté à l'âge de deux ans, et, depuis sept campagnes consécutives il était sur la brèche, courant par tous les temps, sur toutes les pistes, sur toutes les distances.

Aucun cheval de plat n'est resté aussi longtemps sur le turf, chez nous; aucun, à coup sûr, n'approche du nombre de courses qu'il a disputées pendant cette laborieuse carrière, nombre qui ne s'élève pas à moins de *cent-vingt!* (1).

Il lui a fallu une endurance vraiment exceptionnelle pour résister à ce métier, qui l'a fait surnommer le « Juif-Errant du Turf ».

Un seul cheval pouvait jusqu'ici disputer à *Moulins-la-Marche* cette palme peu ordinaire, avec 25 victoires sur 73 sorties, et c'était *Punta-Gorda*, sa camarade d'écurie.

M. J. Lieux est vraiment un homme terrible... pour les jarrets de ses chevaux.

Durant leur carrière sur le turf, *Punta-Gorda* et *Moulins-la-Marche* lui ont rapporté plus d'un million. C'est là un résultat devant lequel il n'y a, paraît-il, qu'à s'incliner, et, comme on le voit, « l'entraînement en wagon » — ainsi qu'on le dit malicieusement des chevaux qui courent si souvent qu'il semble impossible qu'ils puissent travailler ailleurs qu'en cours de route — a du bon. Ne peut-on se demander toutefois si, ménagés davantage, ces deux chevaux n'auraient pas fait mieux encore et inscrit leur nom au livre d'or de certaines grandes épreuves qu'ils disputèrent toujours en vain.

A la fin de la campagne, on apprit que *Moulins-la-Marche* prenait

(1) Si invraisemblable que cela soit, ce n'est pourtant pas là un record, et nous avons vu que *Coutainville* (Plutus et Miss Hervine), né en 1879, avait couru 235 *fois*, de 2 à 12 ans, tant en obstacles que dans les flat races des Suburbains!

enfin sa retraite et que dès la saison suivante il ferait la monte au haras de Marly-la-Ville. La stupeur fut grande dans le monde des courses : on était habitué depuis si longtemps à voir ce vieux lutteur un peu partout, à Longchamp comme à Maisons-Laffitte, à Chantilly comme au Tremblay, à Saint-Cloud comme à Deauville, qu'on se figurait qu'il serait éternellement de toutes les parties.

Moulins-la-Marche quittait le turf aussi net et aussi sain que le jour de ses débuts. Étant donnée la réelle qualité dont il fit preuve certains jours, on peut se demander ce que, mieux ménagé, il eût pu faire. M. J. Lieux, comme on le sait, l'avait réclamé, après une petite victoire, à deux ans, pour 10.113 francs.

Sur les 120 courses que *Moulins-la-Marche* avait disputées, il en avait remporté 41 et avait été placé 34 fois.

Ses gains s'élèvent à la somme de 569.392 *francs* (1).

**

Bien qu'il eût échoué dans le prix de Deux Ans, à Deauville, où sa course fut trop mauvaise pour être exacte, un poulain se détache nettement sur l'ensemble de la jeune génération par ses brillantes performances.

Montrose II (Maintenon et Mario) provenait de l'élevage de Mme Lemaire de Villers. Il avait été payé yearling 65.000 francs par M. W.-K. Vanderbilt, qui recherchait tous les produits de son propre étalon *Maintenon*.

Montrose II justifia ce prix élevé en enlevant l'Omnium de Deux Ans, le Biennal, le Critérium et le prix de Seine-et-Oise, à Maisons-Laffitte, le Grand Critérium, à Paris, et le prix de la Forêt, qu'il partagea avec sa camarade *Pétulance*, et en créditant son propriétaire de 209.900 francs, chiffre qu'aucun cheval de deux ans n'avait encore atteint en France.

Après lui le meilleur deux ans est sa camarade d'écurie *Pétulance* (Maintenon et Perpétua), qui, en plus de la demi-victoire précitée, avait remporté le Grand Critérium International d'Ostende et le prix La Rochette de son sexe.

Comme on le verra plus loin, une infirmité commune devait, malheureusement, paralyser leur haute qualité, à trois ans.

(1) Voici le relevé de ces performances :

									Francs.
En 1905, à	2 ans,	11	courses,	6	victoires,	2	places	. . . . .	37.300
1906,	3 —	21	—	7	—	9	—	. . . . .	128.625
1907,	4 —	18	—	6	—	5	—	. . . . .	106.645
1908,	5 —	15	—	7	—	2	—	. . . . .	102.250
1909,	6 —	18	—	6	—	3	—	. . . . .	98.850
1910,	7 —	17	—	5	—	6	—	. . . . .	58.892
1911,	8 —	20	—	4	—	7	—	. . . . .	36.830
Au total :	120 courses,	41 victoires,	34 places. .	Fr. .					569.392

Viennent ensuite *Porte-Maillot*, gagnante de quatre courses, dont le prix Morny, à Deauville ; — *Quai-des-Fleurs*, quatre victoires (prix de l'Avenir, à Bade) ; — *Mongolie*, 6 victoires, dont les prix Heaume, de Condé et le Critérium de Saint-Cloud ; — *La Plata II* (Critérium de Deauville) ; — *Shannon*, prix de Villers et de la Salamandre ; — *Zénith II*, prix La Rochette.

Houli, De Viris, Amoureux III, Qu'elle-est-Belle II, Prédicateur, Gorgorito et *Wagram II*, ont paru plus ou moins souvent, sans succès.

Friant II et *Floraison* n'ont pas couru.

**

En Angleterre, l'Esher Cup, de 25.000 francs, à Sandown Park, et le Cambridgeshire étaient revenus à deux anciens chevaux français, *Maréchal Strozzi* et *Long Set*.

Maréchal Strozzi (Strozzi et Équinoxe) fut acheté à la vente des yearlings du comte Dauger, par M. C.-T. Pulley ; quant à *Long Set* (Rabelais et Balle-Perdue), il avait appartenu au comte de Fels, qui le céda, au cours de sa troisième année, à M. Sol Joël.

Nous avons dit les succès remportés en Italie par *Badajoz* et *Sablonnet*. A l'actif de notre élevage, il faut y ajouter la victoire, dans le Grand Prix de l'Exposition de 50.000 francs, à Turin, de *Misraïm* (Le Sagittaire et Mérope), qui, bien qu'appartenant à un propriétaire italien, M. Chimelli da Zara, était né en France.

A Bade, en plus des victoires de *Badajoz*, dans le Grand Prix, de *Radis Rose*, dans le prix de la Fondation de Bade, et de *Quai-des-Fleurs*, dans le prix de l'Avenir, *Imrak* avait remporté trois courses, dont le Prince of Wales de 25.000 francs.

A Bruxelles, le Grand Prix échappe à *Rioumajou*, mais nous avons vu *Pétulance* s'adjuger le Grand Critérium d'Ostende, où la favorite *Porte-Maillot* n'était pas placée.

Puisque nous sommes en Belgique, rappelons la très intéressante expérience d'arrivées photographiées, qui fut faite aux courses de Zellick, et qui réussit parfaitement.

Le résultat des arrivées très disputées n'a été proclamé qu'après le développement des plaques, développement qui ne dura que trente secondes, et l'on constata qu'il était absolument conforme au verdict du juge, notamment dans un dead-heat qui eut lieu.

Il est regrettable que cet exemple n'ait pas été suivi.

**

Le bulletin nécrologique est très chargé et nous avons à enregistrer, en plus du décès du comte F. de Kergorlay que nous avons déjà rappelé, celui des personnalités suivantes :

M. Édouard Cavailhon, écrivain sportif, fondateur de la *France Chevaline*.

M. Nayler, fondateur de la *Chronique du Turf*.

M. Henry Blount, l'un des anciens associés de l'écurie Lagrange, sous le nom de qui coururent les chevaux rachetés, à la vente après décès du comte de Lagrange, par la Société des écuries et du haras de Dangu.

Vicomte Médéric du Bouëxic de la Dryennais, qui s'éteignit à l'âge de 90 ans; il avait été un des partisans de la première heure du pur sang et nous avons rappelé, au cours de l'année 1846, un des matches qu'il courut. Il fut aussi un des premiers gentlemen qui montèrent à La Croix-de-Berny, et le promoteur des cross-countries en Normandie et en Bretagne, où ils avaient été introduits à Avranches, en 1842, par un cavalier émérite de ses amis, l'anglais Moggridge.

M. E. Blascowitz, éleveur hongrois, qui fut propriétaire de l'invincible pouliche *Kincsem*, dont nous avons relaté la carrière quand elle vint enlever le Grand Prix de Deauville, en 1878.

Baron Gustave de Rothschild, membre du Comité de la Société d'Encouragement et propriétaire d'*Alcantara II*.

Comte de Lastours, éleveur, un moment associé de M. H. Ridgway, membre du Comité de la Société d'Encouragement et du Conseil supérieur des Haras; son meilleur produit avait été *Négofol*, vainqueur du prix du Jockey-Club, en 1909, sous les couleurs de M. Vanderbilt.

Le comte Lehndorff, grand-maître des haras allemands, prit sa retraite, après 45 ans d'éminents services rendus à son pays. Sa haute compétence en faisait une personnalité sportive de premier plan et il peut être considéré comme le réorganisateur de l'élevage allemand, dont il prit la direction, en 1866, au lendemain des événements de Sadowa. On sait à quel degré de prospérité il a porté le haras de Graditz où, à côté d'étalons comme *Ard Patrick* et *Galtee More*, il avait importé successivement *Chamant*, *Gouverneur*, *Le Destrier*, *Little-Duck*, *Caïus*, *Alpha* et récemment *Nuage* et *Biniou*.

Avant d'être appelé au poste que le roi de Prusse lui confia en 1866, le comte Lehndorff, alors jeune officier de cavalerie, possédait une importante écurie de courses en Allemagne. Il venait souvent en France, et sa jument *Faustina*, qui provenait de l'écurie Lagrange, remporta le Grand Prix de Marseille, en 1862. Lui-même, en 1865, gagna une course de gentleman-riders à Chantilly, sur *Gaulois*.

Son successeur est M. Burchard von Wottingen, directeur du Haras royal de Trakhenen.

**

Trois étalons célèbres disparaissent, *Flying-Fox* et *Chalet*, en France, et *Isinglass*, en Angleterre.

Nous avons, lors de son importation, en 1900, retracé la carrière sur le turf de *Flying-Fox*, que M. Edmond Blanc avait payé 984.375 fr., prix que n'avait et que n'a pas encore atteint un étalon. Ses premiers produits parurent en 1903 : c'étaient *Ajax, Gouvernant, French-Fox;* puis vinrent *Jardy, Val d'Or, Adam.* La suite ne tint pas les promesses de ces heureux débuts, et ce fut surtout par la précocité que se signalèrent ses autres produits, dont les meilleurs furent les pouliches *Saïs, Madrée, Flying-Star* et *Messaouda.* L'ensemble des gains de ses fils et filles s'élevait, à fin 1912, à plus de quatre millions; les prix obtenus par ceux qui ont été vendus à l'étranger dépassent trois millions de francs (*Val d'Or* et *Jardy* sont en Argentine, et *Adam,* qui avait été acheté par les États-Unis, est revenu en France).

Chalet (Beauminet et The Frisky-Matron) était né en 1887. Son meilleur produit en plat fut *Maximum;* de ses filles, descendent *Sauge Pourprée* et *Mystificateur;* mais il fut surtout un reproducteur de chevaux d'obstacles : dans cette branche, ses produits gagnaient, à fin 1912, plus de trois millions de francs d'argent public.

Comme *Flying-Fox, Isinglass* mourut subitement. Il était âgé de 21 ans. Nous avons rappelé sa carrière en 1893. On sait qu'il détient encore à l'heure actuelle le record des sommes gagnées par un cheval dans sa carrière de courses, avec le chiffre formidable de 1.466.375 francs.

Au haras, il déçut les espérances qu'on avait fondées sur lui et fit mieux dans les pouliches que dans les poulains. Les meilleurs de ceux-ci sont *John O'Gaunt, Kilglass, Admirable Crickton* et *Jacobus.* Parmi ses filles, on compte: *Cherry Lass* et *Glace Doll,* gagnantes des Oaks, en 1905 et 1907; *Glasalt,* mère de *King-William; Lady Lightfoot,* mère de *Prince Palatine; Vain Duchess,* mère de *Helicon; Goody two Shoes,* mère de *Charles O'Maley.* En France : *Lygie,* mère de *Médéah* et *Azalée; First Sight,* mère de *Second Sight, Foresight, Oversight* et *Presight; Jeunesse Dorée,* mère de *Joie.*

Nous avons dit que *Rose Verte,* la gagnante du prix de Diane, avait été achetée par l'Angleterre.

Nos voisins nous enlevèrent aussi une jument qui connut les grands triomphes, *La Camargo,* dont M. Edmond Blanc avait donné jadis un prix fort élevé. Mais elle n'avait pas tenu, au haras, les promesses de sa brillante carrière sur le turf, et cette année même, il l'avait réformée : les enchères ne furent pas très vives et elle fut adjugée pour 31.000 francs, à Lady James Douglas.

***

Parmi les autres petits faits, nous ne voyons guère à signaler que les deux suivants :

Depuis vingt ans qu'est appliquée la loi du 2 juin 1891, on sait quelles sommes considérables, provenant du prélèvement de 2 p. 100 opéré sur les fonds engagés au pari mutuel, ont été mises à la disposition de la Charité officielle (1). On pouvait croire qu'un contrôle vigilant veillait à leur répartition, et que, de ce côté tout au moins, le gaspillage qui préside aux finances publiques était évité. Il n'en était rien, hélas! et le Conseil des Ministres dut, en fin d'année, nommer une commission chargée de déterminer une méthode propre à assurer d'une façon plus efficace le contrôle et le bon emploi des subventions accordées sur les fonds provenant des prélèvements sur le pari mutuel et les jeux!...

Devant cet aveu même du Gouvernement, toutes les conjectures sont permises, et l'on pourrait s'étonner qu'aucun député n'ait eu la curiosité d'interroger à ce sujet le répartiteur de ces fonds pris aux courses, si l'on ne savait la conception que nos politiciens se font des choses du sport.

Nous n'en voulons pour preuve que la nouvelle qui courut, en fin d'année, d'après laquelle un groupe de sénateurs et de députés des stations thermales et balnéaires se proposaient de réclamer le retour du Grand Prix au commencement de juin, en raison du tort causé à leurs régions par la date actuelle.

Le succès de fou rire qui accueillit ce ballon d'essai empêcha seul d'y donner suite.

---

(1) Pour la seule année 1911, les prélèvements de l'État se sont élevés à 30.719.000 francs, ainsi affectés :
Œuvres locales de bienfaisance. . . . . 15.359.500 francs.
Travaux d'adduction d'eau potable. . . . .   7.639.500 —
Élevage. . . . .   7.639.500 —

CHAPITRE LXXXIX

ANNÉE 1912

Augmentation croissante du budget de la Société d'Encouragement. — Chronométrage visible des courses. — Transformation de Deauville. — *Prédicateur, Amoureux III*. — *La Française, Basse-Pointe, Chambre-de-l'Edit* (suite). — L'élevage français en Angleterre. — Le Betting Inducement Bill. — Mort de *Gallinule*. — Dead-heat de camarades d'écurie dans le Derby italien. — MM. P. Clossmann, I. Wysocki, H. Webb, A. Carratt, A. Sautereau, baron A. de Nexon et duc Decazes. — Importation des étalons *Sundridge, Rock Sand* et *Bachelor's Button*. — Mort de *Clamart, Chaleureux, Santo-Strato*. — Exportation de *Biniou*. — Vente des écuries des barons Gustave et Maurice de Rothschild. — Prix record d'un yearling en France. — Petits procès sportifs. — La question du doping : méthode scientifique permettant de le découvrir. — Disqualification de chevaux dopés. — Création des prix de Cavalerie. — La crise du demi-sang. — Les courses de deux ans en Allemagne.

Le fait capital de l'année — qui marque quelle évolution s'était accomplie dans les mœurs du turf! — est, à la fin de la saison, l'application, par la Société d'Encouragement, des mesures destinées à découvrir les traces de doping. Nous y reviendrons plus loin.

Dans sa séance du 4 février, le Comité de la Société d'Encouragement — où le baron Gourgaud et M. James Hennessy ont été appelés à remplacer le comte de Lastours et le baron Gustave de Rothschild — porte le budget, pour l'année courante, à 4.140.000 francs, en augmentation de 140.000 francs sur celui de 1911.

Parmi les épreuves dont l'allocation bénéficie d'une plus-value, nous citerons tout particulièrement, en dehors des prix des Sablons, Dollar, La Coupe, Salverte, du Cèdre, du Lac, Handicap d'Octobre :

le prix La Force, qui passe de 30.000 à 40.000 fr., et est ouvert aux chevaux de 3 ans et au-dessus, au lieu de 3 et 4 ans seulement;

le Biennal de 4 ans, qui est doublé : 40.000 au lieu de 20.000;

le prix Gladiateur stationnaire à 30 000 fr., depuis 1894, est porté à 50.000. Pour les variations d'allocation et de distance de cette épreuve, voir Livre IX, page 806);

l'Omnium, — qui était jadis une des épreuves capitales de l'année, par suite de l'importance des transactions auxquelles il donnait lieu, dès la publication des poids, — passe de 25.000 à 40.000 fr. Cette augmentation, ainsi que le retour aux anciennes traditions (en fixant la publication des poids au lendemain du Grand Prix, soit trois mois au lieu de cinq après les engagements), ne suffiront pas à lui rendre son prestige d'autrefois, et il devra se contenter d'être le handicap le plus richement doté de France. Rappelons que cette épreuve, fondée en 1839, était alors ouverte aux chevaux de *deux ans;* c'est à cet âge que *Lanterne* y triompha, en 1843, avant d'accomplir, la première de toutes, le double event des prix de Diane et du Jockey-Club. Ce n'est qu'en 1857, quand l'allocation, qui avait été faite jusque-là soit par des particuliers, soit par le Gouvernement, fut fournie par la Société d'Encouragement, que les deux ans furent exclus.

D'autres augmentations importantes étaient également annoncées pour les années suivantes : c'est ainsi qu'en 1915, les deux Poules d'Essai et les quatre Poules des Produits (Hocquart, Daru, Noailles et Greffülhe) seront de 40.000 francs au lieu de 30.000, et en 1916, le prix Lupin (Grande Poule), de 50.000 au lieu de 40.000 ; de plus, dans ces sept épreuves, les allocations aux deuxième et troisième ne seront plus spécifiées, mais régies dorénavant par les conditions générales du Règlement, qui attribuent aux chevaux placés 30 p. 100 de la valeur nominale du prix, dans la proportion des 3/5 au deuxième et des 2/5 au troisième.

Enfin, pour 1913, le prix du Cadran était porté à 100.000 francs, et non à 75.000, comme il avait été décidé l'année précédente.

Le budget des autres Sociétés présente également une plus-value.

Celui de la Société de Sport de France s'élève à 896.500 francs, avec deux journées supplémentaires au Tremblay (1); — celui de la Société de Demi-Sang, à 867.000 francs, pour les courses plates de Saint-Cloud; — et celui de la Société Sportive, à 2.459.435 francs (2):

---

(1) A l'actif de cette Société, signalons l'innovation fort intéressante, à la réunion d'automne, du chronométrage visible de la durée des courses, au moyen d'un cadran enregistreur, placé à mi-hauteur du poteau d'arrivée. L'aiguille est actionnée par un employé qui se trouve au départ, et un autre employé, placé en face du poteau, provoque l'arrêt au moment du passage du vainqueur. Ce système sera perfectionné, en ce sens que ce sera le starter lui-même, en actionnant la starting-gate, qui mettra en mouvement tout à la fois l'appareil chronométrique et la sonnerie annonçant la fin des opérations du pari mutuel.

(2) Dont 2.044.685 francs pour les courses de Maisons-Laffite; 328.000, pour allocations aux Sociétés de province ou des colonies, et 86.750 aux arabes purs et anglo-arabes. On peut y ajouter encore 244.000 francs que cette Société distribue en encouragements divers aux chevaux de remonte et de service.

la principale augmentation porte sur la Coupe d'Or, dont l'allocation passe de 30.000 à 50.000 fr.; la valeur de l'objet d'art est également portée de 10.000 à 20.000 fr., mais il ne sera plus attribué qu'au propriétaire qui aura gagné cette épreuve trois fois en douze années.

Il est difficile de parler du meeting deauvillais — qui comprend maintenant onze journées de courses, dont deux d'obstacles et une de trot — sans dire un mot de la transformation radicale subie par Deauville. A la ville fleurie et tranquille que nous avons connue, où le monde élégant se tenait à l'écart du tohu-bohu boulevardier de Trouville, a succédé un caravansérail cosmopolite, genre Ostende, avec casino, théâtre, vastes hôtels modernes, et magasins de luxe.

Ce n'est plus les planches ni la rue de Paris, c'est autre chose, et même en ramenant à leur juste valeur les louanges intéressées d'une publicité intensive, il est certain que le succès a été réel parmi le monde qui s'amuse.

**

Gravement atteint dans ses voies respiratoires, *Montrose II* (Maintenon et Mario), le crack de deux ans de M. Vanderbilt, n'était plus en état de tenir jusqu'au bout d'une course. Jusqu'à quinze cents mètres environ, il semblait aller librement, mais le souffle lui faisant alors défaut, il renversait la tête pour mieux prendre l'air. Il courut ainsi d'insuccès en insuccès. L'opération de la trachéotomie ne remédia pas à son infirmité et, le mauvais état de ses jambes aidant, il fut retiré de l'entraînement après la Poule d'Essai.

Sa camarade *Pétulance* (Maintenon et Perpetua), qui tenait avec lui la tête de la jeune génération, ne fut pas plus heureuse. Atteinte du même mal, elle subit la même opération, et, bien qu'elle soit restée sur la brèche jusqu'à la fin de la saison, elle ne joua qu'un rôle effacé.

Ainsi décapitée de ses deux chefs de file, la production de 1909 se distingue surtout par une irrégularité de forme vraiment déconcertante. Il suffit qu'un cheval gagne un jour pour qu'il ne figure plus le lendemain, comme il suffit, par contre, qu'il n'ait joué aucun rôle la veille, pour qu'il triomphe ensuite dans un canter des adversaires qui l'avaient battu. On ne s'étonnera pas, dans ces conditions, que la plupart des grandes épreuves revinrent à des outsiders, cotés de 12 à 35/1, et que le Grand Prix ne réunit pas moins de 21 partants, chiffre record!

A tout prendre, cependant, le cheval qui semble avoir le plus d'avenir, en raison des preuves de tenue qu'il a données, est *Prédicateur* (Le Roi Soleil et Péroraison), au baron Ed. de Rothschild, qui remporte sept courses, dont le prix de l'Espérance, le Grand Prix de Vichy, les prix de Chantilly, Le Sancy et Satory.

Après lui, le plus régulier, sinon le plus heureux, est *Amoureux III*

(Octagon et Amicitia), à M. A. Belmont. En plus de ses cinq victoires, dont les prix Eugène-Adam, à Maisons-Laffitte, et Saint-Simon, au Tremblay, il a figuré, en effet, dans toutes les épreuves qu'il a disputées, ayant pris la seconde place dans les prix Daru, Lupin, du Jockey-Club et du Prince d'Orange, la quatrième dans le Grand Prix, et la troisième dans le Royal-Oak.

A la fin de l'année, *Amoureux III* fut acheté par l'Administration des Haras et envoyé au dépôt de Tarbes. Par son père, il remonte au fameux *Rayon d'Or*, et l'on ne peut que féliciter l'Administration d'avoir ainsi ramené ce sang précieux chez nous.

On peut encore citer *Floraison* (Sans-Souci II et Florella), la meilleure pouliche de l'année, qui, au milieu de quelques défaillances, compte de beaux succès, comme les prix Semendria, Daru, Lupin et du Prince d'Orange

Pour les autres trois ans, leurs performances sont tellement contradictoires, qu'elles défient toute analyse et tout classement. Nous nous bornerons donc à rappeler, par ordre alphabétique, les noms des vainqueurs des principales épreuves :

Bonbon Rose (Derby du Midi et Derby de l'Ouest; gagnant moral de la Coupe d'Or, à Maisons-Laffitte, fut distancé, après sa victoire, comme ayant été dopé (ainsi que nous le verrons plus loin).

De Viris (prix de Fontainebleau, Grand Prix de Bruxelles, Poule d'Essai et prix du Président de la République).

Friant II (prix du Jockey-Club).

Gorgorito (Grands Prix d'Ostende et de Deauville et le Royal-Oak).

Houli (prix Delâtre, prix La Rochette, et Grand Prix).

Impérial (prix Noailles et prix de Jouvence).

Martial III (prix Boïard, du Cèdre, et Coupe d'Or de Maisons-Laffitte, par suite du distancement de *Bonbon Rose*).

Patrick (prix Greffulhe).

Porte-Maillot (Poule d'Essai; aurait remporté le prix de Diane sans une erreur de son jockey Hobbs, qui l'arrêta au poteau d'affichage, croyant avoir atteint le but, ce qui permit à *Qu'elle-est-Belle II*, gagnante du prix La Rochette, de la battre d'une courte tête. Les Commissaires infligèrent à Hobbs un mois de mise à pied pour cette distraction, qui coûtait près de 90.000 francs à M. Edmond Blanc).

Rêveuse (prix Vermeille).

Shannon (prix Lagrange, prix des Acacias et prix du Conseil Municipal).

Wagram II (8 courses, dont les prix de Villebon et Flore).

Zénith II, acheté par M. A. Veil-Picard à la vente du baron Maurice de Rothschild (prix Hocquart et Biennal).

***

Parmi les vétérans, *La Française* renouvelle ses succès du prix Rainbow, à Paris, et du prix Florian de Kergorlay, à Deauville, mais elle échoue, comme à quatre ans, dans le prix Gladiateur, où cependant elle ne rencontre pas d'adversaire de la valeur de *Basse-Pointe*. Peut-être, cette fois encore, son propriétaire lâcha-t-il la proie pour l'ombre, en lui faisant disputer le prix du Conseil Municipal, dont la distance était trop courte pour ses moyens. Elle partage ensuite le prix Salverte avec *Sarrasin*, et se fait battre, par *Philippe II*, dans le prix du Pin.

À la fin de la saison, *La Française* passera en vente à l'établissement Chéri, et sera retirée à 115.000 francs. En en refusant un prix aussi élevé, son propriétaire, qui est un de nos éleveurs les plus éminents, avait sans doute ses raisons, et l'avenir nous dira si *La Française* sera une exception à la règle qui semble vouloir que toutes les grandes juments restées tard sur le turf ne fassent pas grand'chose au haras.

Basse-Pointe et *Tripolette* ne retrouvent pas leur brillante forme de l'année précédente : la première doit se contenter du prix La Force, et la seconde du prix Fille-de-l'Air, et de la deuxième place dans l'Omnium et dans le Conseil Municipal.

Castagnette II (Presto II et Clairette), à M. J. Lieux, inscrit à son actif le prix d'Amphitrite et le Handicap d'Octobre ; — *Combourg*, le prix du Cadran ; — et *Chambre-de-l'Édit* (Le Var et Carbes), à M. J. Meller, le prix de Dangu et le Gladiateur, sur *La Française*.

Rire-aux-Larmes remporte une heureuse victoire dans le Grand Prix de Bade.

Aucun des deux ans ne s'impose. Les gagnants des principales épreuves sont, dans l'ordre alphabétique : *Amadou, Baldaquin, Blarney, Coupesarte, Dagor, Écouen, Freeman, Gloster, Pirpiriol, Plaidoirie, Sans-le-Sou, Sunflower* et *Sweetness*.

On a peu vu *Nimbus*, et *Brûleur* n'a pas couru.

***

En Angleterre, les trois ans sont pour le moins aussi médiocres que les nôtres, et nous n'en parlerions pas si les quatre grandes épreuves classiques n'étaient revenues à des animaux qui intéressent directement notre élevage.

C'est d'abord *Tagalie* (Cyllene et Tagale), la gagnante des Mille Guinées et du Derby, dont la mère, par *Le Sancy* et *The Other Eye*, est née au haras de Martinvast, chez le baron de Schickler. Elle remporta pour son compte un petit prix à Chantilly, après lequel elle fut réclamée par M. R. Chapard qui, l'année suivante, la vendit à M. W. Raphael. Présentée à *Flying-Fox*, avant d'être embarquée pour l'Angleterre, elle en avait eu *Blarney II*, vainqueur des Gimecrack Stakes. *Tagalie* est la quatrième pouliche qui gagne le Derby (voir note page 56); elle est la première femelle de robe grise qui remporte les Mille Guinées.

Le nombre des chevaux gris vainqueurs de grandes épreuves est d'ailleurs assez restreint, et l'on ne trouve guère à citer, avant elle, que *Hollandaise* et *Symmetry* (Saint-Léger, 1778 et 1798), *Gustavus* (Derby, 1821), *Clearwell* et *Grey-Momus* (Deux mille Guinées, 1833 et 1838), et *Scotia* (Oaks, 1892).

Tagalie ne joua aucun rôle dans les Oaks, où les couleurs de M. J. Prat — si malheureuses, chez nous, dans les grandes épreuves, — triomphèrent avec une pouliche anglaise, *Mirska* (Saint-Frusquin et Musa).

C'est ensuite *Tracery* (Rock Sand et Topiary), vainqueur du Saint-Léger, dont la mère est issue de la fameuse *Plaisanterie*.

Puis *Sweeper II* (Broomstick et Ravello II), le gagnant des Deux mille Guinées qui, né en France de parents américains, perdit sa qualification chez nous du fait de l'omission de certaines formalités de déclaration dans les délais voulus.

Il n'est pas jusqu'au vainqueur du Cambridgeshire, l'américain *Adam Bede*, dont le père, *Adam*, ne soit français.

Dans cette même épreuve la seconde place était prise par *La Bohême II*, à une demi-longueur seulement du gagnant.

C'est la seconde fois que les deux premiers du Cambridgeshire sont des chevaux étrangers; déjà, en 1861, *Palestro* et *Gabrielle d'Estrées*, au comte de Lagrange, y avaient fini en tête.

Enfin, c'est *Long Set*, l'ancien cheval du comte de Fels, qui poursuit le cours de ses succès dans son pays d'adoption, en enlevant le Lincolnshire handicap et le Newbury Spring Cup.

Basse-Pointe et *Combourg* avaient disputé sans succès l'Ascot Gold Cup, où la jument ne pouvait prendre que la seconde place, à distance respectueuse de *Prince Palatine*, tandis que le poulain tombait complètement broken-down.

Né en 1884, *Gallinule* (Isonomy et Moorhen, par Hermit), mourut au début de 1912. Après avoir remporté, à deux ans, les National Breeders's Produce Stakes, à Sandown Park, il courut obscurément jusqu'au milieu de sa cinquième année, où il fut alors vendu pour le prix modeste de 26.250 francs, au capitaine Greer.

Ce cheval de courses des plus médiocres devait se révéler reproducteur de grand ordre. Il est, en effet, le père de la célèbre *Pretty Polly*, *Slieve Galion*, *Wildflower*, *General Peace*, *White Eagle*, *Phaleron*, *Strenia*, mère d'*Electra*, etc.

En 19 ans, ses produits ont gagné plus de 600 courses, dépassant 7 millions de francs.

Ne quittons pas l'Angleterre sans mentionner deux décisions intéressantes prises par le Jockey-Club :

La suppression des courses au-dessous de 1.000 mètres;

L'obligation de donner un nom aux chevaux de 3 ans, sans quoi ils ne peuvent courir; la liste des noms sera soumise annuellement aux stewards, afin qu'ils puissent s'assurer, conformément à l'article 65 des *Rules of Racing*, qu'il n'y figure aucun nom porté antérieurement par des chevaux ou des juments célèbres.

Une motion, présentée à la Chambre des Lords, par l'évêque de Hereford, au commencement de l'année, interdisant la publication de notes ou d'indications relatives aux résultats des courses et à la cote des chevaux, échoua devant la sévérité des peines qu'édictait son auteur. Mais elle fut reprise, sous une forme différente, à la fin de l'année, par un autre membre de la Chambre Haute, lord Newton, et cette fois adoptée en première lecture.

Sous le nom de « Betting Inducement's Bill », le projet de loi de lord Newton frappe sévèrement toute personne qui, dans le Royaume-Uni, écrira, imprimera et adressera au public des circulaires ayant trait aux paris de courses ou aux pronostics de toute espèce. Les peines proposées sont, pour un premier délit, 25 livres d'amende ou trois mois de prison, et, en cas de récidive, 50 livres d'amende ou six mois de prison.

Cette motion a reçu l'approbation générale. Lord Newton a développé son projet, en particulier au sujet des *starting prices*, ou cote de départ, qu'il estime être un encouragement au jeu, nuisible à la morale publique, et, après lui, lord Beauchamp et l'évêque de Hereford ont parlé dans un sens très favorable à la mesure proposée. En dernier lieu, lord Durham a ajouté que, quel que soit l'esprit de tolérance dont les lords ont toujours fait preuve, il les engage à voter cette loi, convaincu qu'actuellement il n'est pas un membre du Jockey-Club qui ne soit tout disposé à sanctionner la proposition de lord Newton, et à réprimer ainsi les tendances regrettables qu'ont développées les circulaires ou prospectus visés par lui (1).

*

A Bade, notre élevage avait triomphé, comme nous l'avons dit, avec *Rire-aux-Larmes*, dans le Grand Prix; — *Sarrasin*, dans le Furstenberg-Memorial; — *Gilles-de-Rais* dans le Prince of Wales, — et *Babette*, dans l'Oppenheim Memorial.

En Belgique, le Grand Prix de Bruxelles était revenu à *De Viris*, et celui d'Ostende, à *Gorgorito*.

Nous fûmes moins heureux que d'habitude, en Italie, où les quel-

(1) Adoptée par la Chambre des Lords, cette proposition de loi a été rejetée en février 1913, par la Chambre des Communes.

ques chevaux que nous envoyâmes étaient, il est vrai, d'ordre bien modeste.

Puisque nous sommes en Italie, rappelons que le Derby de Rome donna lieu à un dead-heat d'écurie, entre *Rembrandt* et *Salvator Rosa*, tous deux à M. F. Tesio, à une tête devant le troisième.

C'est le premier exemple de ce genre dans une grande épreuve classique (1), et cette arrivée rappelle celle du prix du Jockey-Club, en 1882, quand *Dandin*, au comte de Lagrange, et *Saint-James*, à M. Michel Ephrussi, finirent ensemble, suivis, à une tête, par *Jasmin*, à M. Desvignes.

***

Au bulletin nécrologique, nous avons à enregistrer le décès de :

M. P. Clossmann, éleveur-propriétaire du Sud-Ouest, dont le Stud était à son château de Malleret. Il avait débuté sur le turf en 1877, puis il avait été associé avec M. D. Guestier; ses meilleurs chevaux avaient été *Le Mormon*, *Belcolore* et, tout récemment, *Veduto*.

M. I. Wysocki avait commencé sa fortune par des paris heureux sur *Plaisanterie*, qui débuta, on s'en souvient, dans le prix du Premier Pas, qu'elle remporta à la cote rémunératrice de 40/1. Sa casaque verte à manches roses connut les gros succès d'obstacles avec *Railleur*, *Valois* et *Verdi*; en plat, elle dut son lustre à *Biniou*, dont, avant le prix du Jockey-Club, M. Wysocki céda la demi-propriété à M. E. Veil-Picard, moyennant 75.000 francs. Après sa victoire, à 4 ans, dans le prix du Conseil Municipal, M. Michel Ephrussi remplaça M. E. Veil-Picard, comme co-propriétaire du cheval qui, au début de la présente année 1912, fut acheté comme étalon de croisement par le Gouvernement allemand.

Henry Webb était le frère de M. Webb, l'ancien entraîneur du baron de Schickler; il eut pour principaux patrons, le comte de Moltke-Huitfeld, MM. de Monbel et A. Merle, pour lesquels il amena au poteau *Rataplan*, *Ganelon*, *La Serqueuse*, *Storm* et *La Grave*.

A. Carratt était âgé de 65 ans; il avait eu son heure, comme jockey, en remportant le Derby de Chantilly, avec *Revigny* (1873) et *Jongleur* (1877); le prix de Diane, avec *Destinée* (1874) et *Tyrolienne*

---

(1) Comme autres dead-heat d'écurie, nous ne voyons guère à rappeler que ceux de *Trocadéro* et *Nélusko*, au comte de Lagrange, dans le Grand Prix de Bade, en 1868; de *Nature* et *Frondeuse*, au même propriétaire, dans le prix Victot, à Deauville, en 1880; de *Procope* et *Eider*, au duc de Gramont, dans le prix Dollar, à Longchamp, en 1907; et enfin de *Montrose II* et *Pétulance*, à M. W.-K. Vanderbilt dans le prix de la Forêt en 1911.

(1875), chaque fois après un dead-heat avec la représentante de M. A. Lupin; et le Cambridgeshire, avec *Montargis* (1873). Retraité depuis longtemps, il eut sous sa direction les chevaux de M. L. Delâtre, puis du marquis de Ganay.

Le baron Armand de Nexon était un grand éleveur du Centre, et son haras, dans la Haute-Vienne, avait contenu des étalons et des juments de haute origine, importés à gros prix. Ses couleurs — casaque grise, toque cerise — étaient populaires dans le Sud-Ouest, où elles triomphèrent six fois dans le Derby de Bordeaux, avec *Loustic* (1870), *Lutine* (1873), *Marquis* (1875), *Mascaret* (1878), *Loterie* (1881), et *Weber II* (1908). Le baron Armand de Nexon avait été un de nos plus brillants gentlemen-riders. Depuis la mort de son père, survenue en 1878, il dirigeait son écurie avec ses deux frères, Félix et Auguste; à la mort de Félix, en 1898, avec Auguste seul, et, depuis 1910, avec le fils de celui-ci, Maurice, qui saura continuer les grandes traditions sportives de la famille.

Le duc Decazes mourut au moment où il songeait à donner une plus grande extension à son écurie, par l'importation de l'étalon *Bachelor's Button*, dont nous parlons plus loin; son meilleur cheval jusqu'alors avait été *Go to Bed*.

M. A. Sautereau, écrivain sportif des plus distingués, fondateur, en 1883, de *La Vie Sportive*, dans laquelle il prit nettement parti contre les dangers que les « Suburbains » faisaient courir à la cause du sport. Depuis quinze ans, il était l'un des handicapeurs de la Société d'Encouragement.

**

Au cours de l'année, notre élevage s'était enrichi, entre autres étalons importés, de *Sundridge* et *Rock Sand*, achetés par un groupe d'éleveurs, et de *Bachelor's Button* qu'avait fait venir le duc Decazes.
Sundridge (Amphion et Sierra, par Springfield), est le père de *Sunstar*, gagnant, en 1911, des Deux mille Guinées, du Derby et des Newmarket Stakes.

Rock Sand (Sainfoin et Roquebrune), né en 1900, est le quatrième vainqueur de la triple Couronne (Deux mille Guinées, Derby, Saint-Léger) qui soit importé chez nous : les précédents étaient *The Flying Dutchman*, *West-Australian* et *Flying-Fox*.
Son père avait gagné le Derby en 1889. Sa mère est une fille de *Saint-Simon;* le pedigree de *Rock Sand* se distingue par un double retour sur le croisement *Stockwell-Touchstone*.

En 1906, *Rock Sand* fut acheté 625.000 francs, par M. A. Belmont, pour l'Amérique. Il est le père, entre autres bons produits, de *Tracery* et *Qu'elle-est-Belle II*, dont les mères furent importées pleines. En 1911, un groupe d'éleveurs français le racheta à M. A. Belmont, pour 700.000 francs.

Bachelor's Button (Winkfield et Milady, par Kisler) était né en 1899. Il avait gagné 16 courses, dont le Gold Vase (deux fois), l'Ascot Gold Cup, battant *Pretty Polly*, les Hardwicke Stakes, le Manchester Cup et le Newmarket Jockey-Club, s'élevant à plus de 400.000 francs. Par son ascendance paternelle (*Winkfield* est fils de *Barcaldine*) et par les preuves de tenue qu'il a lui-même données, *Bachelor's Button* semble devoir être une heureuse exception aux étalons de vitesse et de précocité tant recherchés jusqu'ici.

Par contre, nous devons noter la disparition de *Clamart, Chaleureux, Santo-Strato* et *Biniou*.

Clamart (Saumur et Princess Catherine) appartenait à l'Administration des Haras et faisait la monte au Pin. Il était âgé de 24 ans et était né au haras de La Chapelle. Acheté yearling par M. Edmond Blanc — qui venait de gagner le prix du Jockey-Club, avec son demi-frère, *Clover* — il remporta le Grand Prix. Il est le père d'*Amie* (mère d'*Ajax*) et de *Finaude* (mère de *Finasseur*).

Chaleureux (Goodfellow et L'Été) fut importé, en 1906, par M. Edmond Blanc. En Angleterre, il donna *Amitié*, gagnante des Mille Guinées, et *Signorinetta*, gagnante du Derby et des Oaks; en France, il ne fit pas grand'chose, son meilleur produit étant *Cavallo*.

Santo-Strato (Victor Wild ou Saint-Frusquin et Pie Powder) comptait deux bonnes victoires à son actif : les Prince of Wales Stakes et le Chester Cup. Importé, en 1909, par le comte de Fels, il n'avait pas eu le temps de faire ses preuves de reproducteur.

Il en était de même de *Biniou* — dont les premiers produits étaient yearlings — qui fut acheté au début de l'année, par le Gouvernement allemand, comme étalon de croisement.

**

Parmi les ventes de l'année, signalons les suivantes :

Écurie et stud du baron Gustave de Rothschild, décédé à la fin de l'année précédente, comprenant 52 animaux (5 chevaux de 4 ans et au-dessus, 8 de trois ans, 8 de deux ans, 8 yearlings, 10 poulinières et un étalon, *Le Roi Soleil*). Le total produisit plus de 700.000 fr.

Les plus hauts prix furent atteints par les animaux que racheta la famille de Rothschild : *Toison d'Or* (Le Sancy et Harfleur II, par

Archiduc), née en 1901, mère d'*Alcantara II*, 115.000 francs; *Le Quart-d'Heure* (Rabelais et Harfleur II), né en 1909, 135.000; *Puritain* (Rabelais et Purity), né en 1910, 41.000; *Purity* (Gallinule et Sanctimony), sœur de mère de *Sans-Souci II*, née en 1903 et saillie par *Rabelais*, 51.000; *Le Roi Soleil*, 18.000.

M. E. Khan donna 38.000 francs de *Saint-Ange III* (Son O'Mine et Sainte-Adresse), né en 1909.

Cette vente était bientôt suivie de celle des chevaux à l'entraînement, de trois ans et au-dessus, du baron Maurice de Rothschild : 5 chevaux furent retirés pour 116.000 francs; les 8 autres firent 198.400 francs. Les prix les plus forts furent pour les trois ans : *Agenda* (Rabelais et Ancône) adjugé 57.000 francs au comte Lair, et *Zénith II* (Le Sagittaire et Dainty), 48.000 francs, à M. A. Veil-Picard, pour lequel il devait remporter, quelques jours plus tard, le prix Hocquart et le Biennal.

Sur les 50 animaux composant l'écurie et le stud de feu le duc Decazes, 8 furent retirés, par son fils, pour 127.500 francs; les 42 autres firent 247.850 francs. Le prix le plus élevé fut atteint par la poulinière *Cypress* (Cyllene et Agave), saillie par *Sunridge*, qui fut payée 62.000 francs, par lady James Douglas.

La liquidation définitive du glorieux haras de Bois-Roussel était la conséquence prévue de la retraite de M. H. Delamarre. Son stud, déjà très réduit, ne comprenait plus aucune illustration.

Fut également liquidé, pour cause de cessation d'élevage, le haras de Voisins, au comte de Fels.

Mise en vente au lendemain de sa victoire dans le prix Gladiateur *Chambre-de-l'Édit* ne trouva pas acquéreur à 45.000 francs.

A l'automne, l'établissement Chéri essaya — à l'exemple des grandes ventes annuelles de Newmarket — d'une vente sélectionnée de poulinières, âgées de douze ans au plus, ayant de belles performances et une bonne origine, et présumées pleines d'étalons recherchés. Sur les 50 juments qui furent présentées, 21 furent retirées (dont *La Française* et *Tripolette*, les deux « clous » de la vente); les autres ne firent que 265.200 francs.

Les ventes de yearlings, à Deauville, donnèrent lieu à des enchères particulièrement animées et quelques gros prix sont à noter.

C'est ainsi que Mme Lemaire de Villers, dont les produits sont d'ailleurs toujours très recherchés, obtint 60.000 francs de *Irish Lass* (Desmond et Irish Gal), et 50.000 d'une sœur de mère de *Montrose II*, *Sainte-Alliance* (Northeast et Mario); et M. de Saint-Alary 53.000 de *Kizil Tash* (Maximin et Kasbah), et 43.000, de *Basse-Mer* (Choubersky et Basse-Terre), propre sœur de *Brûleur*.

Mais la palme appartient à *Mont d'Or* (Val d'Or et Loneliness) de l'élevage de M. Unzue, qui fut adjugé à M. Widener à 100.000 francs.

Le record du prix atteint par un yearling était détenu jusqu'alors par *Le Souvenir*, dont le duc de Gramont avait donné 85.000 francs, en 1900.

* *
*

Parmi les nombreux procès auxquels donnent toujours lieu les choses du sport, il en est trois qui, pour des raisons différentes, nous ont paru intéressants à rappeler.

Un gentleman-rider, blessé en course, a-t-il droit à des dommages-intérêts? Le cas était nouveau, nous semble-t-il.

M. Paul Mizonne ayant été victime d'un accident de course, sur l'hippodrome de Douai, où il montait un cheval à M. de Suzanet, réclamait à ce dernier 200.000 francs de dommages-intérêts.

Le Tribunal civil de la Seine a refusé, et il ne pouvait guère en être autrement, d'assimiler un gentleman à un professionnel salarié; il a débouté M. Mizonne de sa demande et l'a condamné aux dépens.

Un sieur Favrot, propriétaire d'un terrain situé dans le parc de Maisons-Laffitte, prétendait que, en établissant des routes d'entraînement dans certaines avenues et en plaçant des barrages en fer dans d'autres avenues, la Société Sportive, d'accord avec l'Association Syndicale du parc de Maisons-Laffitte, portait atteinte au droit de libre circulation des piétons dans les dites voies, et ce, au mépris du cahier des charges du 16 février 1834, lequel stipule que « toutes les avenues du parc doivent être affectées à la promenade seulement ».

Le Tribunal civil de Versailles n'en débouta pas moins Favrot et le condamna aux dépens, pour n'avoir pu faire la preuve de son allégation en ce qui concerne l'entraînement des chevaux, et la Société Sportive ne pouvant être incriminée pour les mesures de police qu'elle prenait les jours de course dans l'intérêt de la sécurité publique.

Ces deux jugements semblent équitables.

Mais que dire du suivant :

Une dame Iachia, — ayant été blessée, aux courses de Vincennes, par un cheval attelé à un sulky qui, désarçonnant son conducteur, brisa la barrière qui sépare la piste de la pelouse — avait actionné le propriétaire du cheval, M. Thibault, en forts dommages-intérêts. Pour sa défense, celui-ci argua du cas de force majeure où se trouvait son jockey, qui ne fut désarçonné qu'en voulant éviter un autre attelage qui venait de tomber devant lui et afin de ne pas causer un grave accident. Le Tribunal adopta cette thèse; mais la Cour de Caen, où l'affaire vint en appel, en jugea autrement, et, jusqu'à plus ample informé, elle accorda une provision de mille francs à la dame Iachia, par un de ces considérants qui laissent rêveur : « Attendu, dit ce jugement, que les chutes des jockeys et de leurs montures sont au nombre des risques habituels des épreuves sportives et que les chevaux doivent être dressés de telle sorte qu'ils ne se lancent pas sur les spectateurs lorsqu'ils se trouvent livrés à eux-mêmes, après que leurs conducteurs ont été désarçonnés. »

On a bien lu : « *les chevaux doivent être dressés de telle sorte que...* »

Sans vouloir médire des honorables magistrats de la Cour de Caen, ne semble-t-il pas, en l'espèce, qu'ils aient confondu les chevaux de courses... avec les chevaux de cirque!

***

Et venons maintenant à la grave question du *doping*, dont il a été dit deux mots au début de ce chapitre.

Nous avons vu, en 1903, en quoi consistait cette pratique frauduleuse, d'origine américaine, et rappelé les mesures que dût prendre la Société d'Encouragement, en vue de faire face au double danger que de semblables manœuvres pouvaient faire courir tant à l'élevage qu'à l'institution même des courses. Mais, la science ne permettant pas alors de constater avec certitude qu'un cheval était sous l'empire d'un stimulant quelconque, les sanctions édictées par la Société d'Encouragement étaient restées lettre morte et certains entraîneurs peu scrupuleux avaient pu continuer impunément à administrer à leurs chevaux les stimulants interdits.

Depuis cette époque la question en était là, quand, en septembre 1912, la Société d'Encouragement, à la veille de la réunion d'automne de Longchamp, faisait savoir que, mise enfin en possession d'un procédé scientifique infaillible, elle ferait dorénavant procéder à des prélèvements de la salive des chevaux placés dans certaines épreuves.

Que s'était-il donc passé? Le voici en quelques mots.

Depuis l'apparition du doping — qui coïncida, dans les autres pays d'Europe, comme en France, avec la venue des entraîneurs américains — les savants, chargés par les différents Jockey-Club de rechercher le moyen scientifique de découvrir les traces, sur les animaux dopés, des stimulants prohibés, avaient porté leurs expériences sur l'analyse des produits expulsés par l'animal, l'organisme se débarrassant surtout par la voie urinaire des substances étrangères qui y sont introduites. Mais les résultats obtenus par l'analyse n'avaient pas donné complète satisfaction; la récolte de l'urine à l'état de pureté est assez difficile et nécessite souvent l'isolement prolongé de l'animal, ce qui constituait un inconvénient grave au point de vue pratique. D'un autre côté, on n'avait jamais pu trouver trace de ces alcaloïdes dans les crottins des chevaux auxquels était expérimentalement administré le doping.

La question restait donc stationnaire et les Sociétés de courses continuaient à se trouver désarmées, quand, à la fin de 1911, la Société d'Encouragement apprit que le Jockey-Club autrichien était en possession d'un procédé scientifique permettant de découvrir, avec certitude, par l'analyse chimique de la salive, les traces de doping chez les chevaux, et qu'il avait même retiré sa licence à un entraîneur américain, dûment convaincu d'exercer couramment ces pratiques frauduleuses (1).

L'inventeur de ce procédé n'était autre que le professeur Frænkel,

---

(1) Voici les faits, tels que les relate le rapport du professeur Kauffmann à la Société d'Encouragement :

« ... Ainsi, dans la pratique ordinaire, il paraissait qu'il était à peu près impossible d'arriver à une solution du diagnostic du doping par l'analyse des urines ou des crottins.

« Tel était l'état de la question, lorsqu'en 1910, le Jockey-Club autrichien ayant appris qu'en Russie, un chimiste du nom de Bukowski possédait une méthode qui permettait de reconnaître avec certitude la présence des alcaloïdes dans la salive recueillie sur des chevaux dopés, a envoyé à ce chimiste un échantillon de salive de tous les chevaux qui avaient pris part au Graf Nicolaüs Esterhazy Memorial, l'une des épreuves sportives les plus importantes

« Chaque salive était désignée par un simple numéro. Le chimiste russe ignorait les noms des chevaux, des propriétaires et des entraîneurs. Ayant appliqué sa méthode d'analyse, il a obtenu un résultat nettement positif sur plusieurs des échantillons qui lui étaient soumis. Le Jockey-Club, connaissant ainsi les noms des entraîneurs dont les chevaux avaient fourni une salive qui donnait des résultats positifs, ne crut pas le moment venu de dévoiler ces résultats et ces constatations; mais il fit venir M. Bukowski à Vienne, afin d'appliquer sur place sa méthode de recherche du doping. Bientôt de nouveaux cas positifs furent signalés par lui et l'on put s'assurer que les numéros des salives à réaction positive correspondaient toujours aux mêmes entraîneurs, au nombre de trois. Chez les chevaux des autres entraîneurs, jamais aucun cas positif ne fut constaté.

« Émerveillé des résultats obtenus, le Jockey-Club, pour se mettre à l'abri de toute erreur possible, a tenu à soumettre la méthode de M. Bukowski à un contrôle sévère, en faisant des expériences directes sur le doping.

« Des alcaloïdes furent administrés à des chevaux par les différentes voies et des échantillons de salive furent recueillis sur ces chevaux et aussi sur des chevaux normaux. Or, les résultats des analyses chimiques concordaient toujours exactement avec ceux de l'expérimentation. Chez les chevaux normaux, l'analyse de la salive ne donnait jamais que des résultats négatifs; tandis que chez les chevaux dopés, elle donnait des résultats positifs.

« Les essais étant terminés, M. Bukowski est retourné en Russie, mais sans divulguer sa méthode d'analyse.

« Le Jockey-Club autrichien, voulant à tout prix continuer le contrôle qu'il avait commencé, s'est alors assuré le concours du professeur Frænkel. Après des

de Vienne, bien connu dans le monde scientifique par ses travaux sur la chimie physiologique.

La Société d'Encouragement s'était mise aussitôt en rapport avec le Jockey-Club autrichien, et, dès le printemps de l'année en cours, elle avait chargé l'un des expérimentateurs de 1903. M. le professeur Kauffmann, titulaire de la chaire de physiologie et de thérapeutique à l'école vétérinaire d'Alfort et membre de l'Institut, d'aller s'initier à Vienne, à la méthode scientifique du professeur Frænkel.

M. Kauffmann, accepta, mais sans cacher, dès l'abord, son scepticisme. Après dix jours passés dans le laboratoire de son collègue autrichien, son incrédulité première avait fait place à une telle foi dans l'efficacité de la méthode qu'il venait d'étudier, que le rapport qu'au retour de sa mission il adressait à la Société d'Encouragement se terminait par cette déclaration formelle :

« *Des constatations faites, tant avec les salives des chevaux ayant pris part à des épreuves sportives qu'avec celles provenant d'animaux* essais nombreux, il a trouvé une méthode qui, comme celle de M. Bukowski, permet de déceler avec certitude les alcaloïdes dans la salive des chevaux soumis à l'action du doping. Cette méthode a été sévèrement contrôlée expérimentalement.

« Pendant l'année 1910, M. Frænkel n'ayant pu appliquer sa méthode qu'à la fin de la saison, a fait des essais avec les salives de 50 chevaux qui ont couru sur l'hippodrome de Vienne.

« Sur ce nombre, on a trouvé quelques cas *positifs* et ces cas positifs se rapportaient toujours aux trois mêmes entraîneurs. Quoique possédant ainsi les preuves certaines de l'usage que ces trois entraîneurs faisaient du doping, le Jockey-Club crut devoir user de bienveillance à leur égard et ne pas leur appliquer immédiatement les dispositions édictées dans son Règlement. L'année sportive 1910 venant de finir, on se contenta de convoquer ces trois entraîneurs, pour leur faire connaître les preuves qu'on possédait de l'emploi par eux du doping, et pour les engager à abandonner cette pratique dans l'avenir. Peu après, l'un de ces trois entraîneurs quitta le pays.

« Pendant l'année sportive 1911, le contrôle a continué régulièrement : les analyses ont porté sur la salive de 168 chevaux ayant pris part aux épreuves de Vienne et de Budapest. Pendant les réunions du printemps, de nouveaux résultats positifs furent obtenus avec la salive de chevaux des deux entraîneurs qui avaient déjà reçu un avertissement en 1910. Cette fois encore, le Jockey-Club s'est contenté de leur donner un nouvel avertissement, en les prévenant que ce serait le dernier. A partir de ce moment, et pendant les réunions du Derby et d'Été, on n'a constaté aucun résultat positif. L'usage du doping semblait donc abandonné complètement. Mais, au mois de septembre, deux nouveaux résultats positifs furent constatés et les numéros des salives se rapportaient à l'un des entraîneurs qui avaient déjà reçu deux avertissements antérieurs.

« A la suite de cette nouvelle récidive, le Jockey-Club viennois s'est vu dans la nécessité de frapper cet entraîneur en lui retirant sa licence.

« Pendant tout le reste de l'année 1911, aucun nouveau résultat positif ne s'est montré.

« Cette année, le contrôle est continué régulièrement et, jusqu'à ce jour, aucun nouveau cas positif n'a été signalé. Il semble donc que, grâce à l'application de la méthode qui permet de découvrir avec certitude les alcaloïdes dans la salive des chevaux qui ont reçu le doping, cette pratique dolosive est sur le point de disparaître en Autriche-Hongrie. Néanmoins, pour en prévenir le retour, le Jockey-Club fait continuer le contrôle régulièrement. »

soumis à des expériences de doping, il résulte que la méthode d'analyse, instituée par mon collègue le professeur Fraenkel, permet de distinguer d'une manière certaine la salive d'un cheval ayant reçu des alcaloïdes de celle d'un cheval normal. Toutes les fois que, par cette méthode, on obtient avec la salive les réactions caractéristiques des alcaloïdes, on peut affirmer avec une certitude absolue que le cheval qui a fourni cette salive a été sous l'influence du doping.

« *La méthode d'analyse est basée sur les constatations des réactions caractéristiques des alcaloïdes. Correctement appliquée, elle donne des résultats certains et incontestables. Je l'ai vérifiée dans tous les détails, dans le laboratoire même du professeur Fraenkel, où j'ai travaillé pendant dix jours consécutifs et j'ai pu constater qu'elle donne des résultats irréprochables. Par ses résultats positifs, elle dénonce avec certitude le cheval qui a reçu des alcaloïdes. La salive des chevaux normaux ne donne jamais que des résultats négatifs.*

« *Pendant mon séjour à Vienne, j'ai eu l'occasion d'analyser, sous la direction du professeur Fraenkel, divers échantillons de salive provenant, soit de chevaux normaux, soit de chevaux qui avaient reçu le doping expérimentalement.*

Les résultats des analyses concordaient toujours rigoureusement avec les données de l'expérience. Avec les salives provenant de chevaux auxquels on avait administré des alcaloïdes, les réactions étaient positives; avec celles des chevaux normaux, elles étaient entièrement négatives. Jamais aucun résultat positif n'a été constaté avec la salive provenant d'un cheval normal.

« *Nous possédons donc aujourd'hui une méthode, due au professeur Fraenkel, qui permet de reconnaître, en toute certitude, l'administration d'alcaloïdes aux chevaux de courses. Grâce à cette méthode, il est désormais possible de surveiller discrètement et efficacement les entraîneurs qui pourraient se livrer à la pratique dolosive du doping et les Sociétés de Courses peuvent appliquer,* avec la certitude de ne jamais faire erreur, *les dispositions prévues par les articles du règlement. Les résultats positifs obtenus par cette méthode* ne peuvent jamais être contestés, *car ils sont l'expression de faits solidement établis par la science.* »

Un autre point restait à établir. En effet, outre que les alcaloïdes peuvent entrer dans la composition de certains médicaments susceptibles d'être ordonnés aux chevaux, il est généralement admis, en l'état actuel de la science, que leur action, en tant que stimulant, ne saurait aboutir au résultat frauduleusement cherché, quand leur utilisation n'a pas lieu dans un délai rapproché de l'épreuve en vue de laquelle on y procède : c'est pourquoi le Code des Courses limite quant à présent au jour de la course, l'interdiction de leur usage. Il importait donc de savoir combien de temps après leur absorption, par quelque procédé que ce soit, les alcaloïdes pouvaient être retrouvés dans la salive des chevaux.

De la réponse faite par M. le professeur Kauffmann à cette question, il résulte que les nouvelles études auxquelles il s'est livré sur ce point particulier permettent d'affirmer que l'analyse chimique d'une salive ne peut, en aucun cas, dénoncer la présence d'alcaloïdes administrés au plus tard la veille du jour où le prélèvement de cette salive est opéré.

En présence de cet ensemble de constatations ne laissant place à aucune incertitude, la Société d'Encouragement ne pouvait plus hésiter à suivre l'exemple que lui avait donné le Jockey-Club autrichien. Les services nécessaires étaient organisés et, dès le mois de septembre, à la veille de la réunion d'automne de Longchamp, elle annonçait qu'elle ferait procéder, dès la journée de réouverture, à l'application de la méthode découverte par le professeur Frænkel et expérimentée par le professeur Kauffmann, et que les vainqueurs de quatre des épreuves inscrites au programme seraient soumis à l'examen de la commission, à la tête de laquelle se trouve naturellement le professeur Kauffmann.

La méthode comprend : 1° la récolte de la salive ; 2° son analyse chimique.

1° La récolte de la salive est faite de façon à recueillir la plus grande quantité possible de liquide ; elle doit être recueillie pure, sans souillure d'aucune sorte, et une fois recueillie, elle doit être mise à l'abri de toute souillure ultérieure. Le cheval enfermé dans un box, le vétérinaire, qui seul a qualité pour récolter la salive, prend toutes les précautions antiseptiques désirables ; après avoir mis des gants de fil blanc, neufs, stérilisés, il récolte la salive à l'aide de coton pur, dégraissé, stérilisé. Ces morceaux de coton sont déposés immédiatement dans un verre neutralisé, portant deux étiquettes, l'une avec le numéro de la course, l'autre sans indication. L'opération terminée, le vase est fermé à l'émeri, plombé et remis aux commissaires ou à leur représentant. Ceux-ci enlèvent alors l'étiquette portant le numéro de la course et lui substituent un numéro d'ordre connu d'eux seuls et inscrit sur un registre spécial. C'est avec ce numéro que chacun des vases contenant la salive de chacun des chevaux examinés est remis à l'opérateur chargé de l'analyse ; celui-ci ignore par conséquent à quel sujet appartient le liquide qu'il est chargé d'examiner, et il ne peut ainsi subir aucune influence préconçue.

Les propriétaires des chevaux soumis à l'examen ou leur représentant assistent au prélèvement de la salive, afin de se rendre compte que tout se passe avec une correction offrant les plus sérieuses garanties.

2° L'analyse de la salive est très délicate ; elle consiste en une série d'opérations longues, difficiles, minutieuses, dans le détail desquelles il serait hors de propos d'entrer ici, et ne peut être confiée qu'à un savant dont l'autorité est bien établie.

Ces procédés, qui sont ceux adoptés à Vienne, ont été appliqués dès la journée de réouverture, à Longchamp. Les vainqueurs des quatre courses désignées à l'avance par les Commissaires ont été conduits immédiatement après leur rentrée aux balances dans un box de l'écurie enduit de blanc et communiquant à une ancienne chambre de lad transformée en laboratoire. C'est M. le vétérinaire Mouquet qui avait été désigné par M. le professeur Kauffmann pour la récolte de la salive; les vases plombés ont été remis à M. Callou, chargé de les transmettre, sous le couvert de l'anonymat, au professeur Kauffmann qui procéda le lendemain aux analyses et transmit ensuite ses conclusions aux Commissaires.

Les autres Sociétés de Courses parisiennes ne tardèrent pas à adopter les mêmes mesures sur leurs hippodromes, et, bientôt appliquées, les analyses du professeur Kauffmann révélaient — de façon absolument indiscutable, au dire de ce savant — que trois chevaux avaient disputé certaines épreuves étant sous l'influence d'alcaloïdes d'origine végétale.

Ces trois chevaux étaient : *Bonbon Rose*, lors de sa victoire dans la Coupe d'Or de Maisons-Laffitte; *Hallebarde*, gagnante du prix Saint-Angela, au Tremblay, et *Polo-Alto*, troisième du prix Saint-Simon, sur ce même hippodrome.

Les Commissaires de la Société Sportive et ceux de la Société de Sport de France transmettaient immédiatement le cas au Comité de la Société d'Encouragement qui, en vertu du § 3 de l'art. 10 du chap. X du Code des Courses, distançaient ces trois chevaux.

Quant à leurs entraîneurs respectifs, O. Tirlot, H. Shields et W. Flatman, aucune décision ne fut prise contre eux, leur responsabilité personnelle n'ayant pu être démontrée et le Code ne prévoyant de sanction que contre « celui qui a administré ou fait administrer le stimulant ».

Le Comité se réservait d'ailleurs de statuer prochainement sur les modifications à apporter au Code des Courses de façon à rendre plus précises les responsabilités, l'obligation qui lui est imposée de distancer le cheval dopé, frappant directement le propriétaire, à qui l'on cause ainsi un préjudice moral et matériel, alors que, faute de preuves suffisantes, l'auteur vraisemblable de la manœuvre reste impuni.

On apprenait bientôt que M. R. de Monbel, propriétaire de *Bonbon Rose*, se refusait à accepter la décision prise par la Société d'Encouragement et qu'il lui intentait de ce fait une action judiciaire.

Puis, c'était au tour du fameux C. C. P. D. C. (Comité Consultatif, etc.) de faire du zèle et de s'occuper de la question du doping, en demandant au ministre de l'Agriculture d'instituer une commission officielle à cet effet. Une de plus ou de moins, la chose est sans importance, mais, après les garanties dont s'était entourée la Société d'Encouragement et le rapport du professeur Kauffmann, était-il bien nécessaire de remettre la chose en question? (1).

(1) Par arrêté en date du 7 décembre, le ministre de l'Agriculture avait

**

Enfin, signalons la décision très importante, prise en fin d'année, par la Société d'Encouragement et qui est appelée à un grand retentissement, d'affecter à l'avenir des crédits spéciaux à la création de nouveaux prix, — appelés Prix de Cavalerie, — dont les gagnants seraient offerts à l'armée, et de nouvelles épreuves destinées à sélectionner des étalons de croisement dont l'acquisition serait facilitée à l'Administration des Haras, conformément aux traditions et aux dispositions réglementaires de la Société.

Par ces décisions, la Société espère tout ensemble : — ouvrir, dans les conditions les plus favorables aux intérêts en présence, un nouveau débouché à l'élevage de la race pure; — aider à la révélation de l'étalon de croisement; — donner enfin, à nos officiers de cavalerie, un certain nombre de ces chevaux de pur sang qu'ils ne cessent de rechercher et que des considérations de tous ordres ne leur permettent pas, actuellement, d'avoir à leur disposition.

Comme on le sait, la Guerre recherche tout spécialement, pour les officiers et pour Saumur, le cheval de pur sang, mais la modicité des crédits dont elle dispose ne lui permet guère de payer plus de 1.200 fr. en moyenne, les sujets qu'elle achète; de là, pour elle, des difficultés de recrutement de plus en plus grandes : le prix des pur sang de réforme a augmenté en ces derniers temps d'une façon constante, les intermédiaires achètent beaucoup plus cher les meilleurs animaux, ceux-ci passent le plus souvent à l'étranger, et nos officiers ont beaucoup de mal à trouver les chevaux dont ils ont besoin.

Frappée de cet état de choses, la Société d'Encouragement s'était depuis plusieurs mois, préoccupée de rechercher les moyens de faciliter la tâche de la Remonte, tout en rendant en même temps service à l'élevage du pur sang, objet essentiel de la Société. Les excé-

---

nommé une Commission scientifique, chargée d'étudier le doping et de déterminer les règles à suivre pour reconnaître qu'un stimulant alcaloïde a été administré à un cheval avant la course.

Cette Commission était composée de MM. Dastre, membre de l'Institut et de l'Académie de médecine, professeur de physiologie à la Sorbonne, président; Pouchet, membre de l'Académie de médecine, professeur de pharmacologie à la Faculté de médecine; Béhal, membre de l'Académie de médecine, professeur de toxicologie à l'École supérieure de pharmacie; Ogier, directeur du laboratoire de toxicologie à la préfecture de police; Bordas, vice-président de la Commission technique permanente; Leclainche, correspondant de l'Institut, inspecteur général des services sanitaires; Barrier, membre de l'Académie de médecine, inspecteur général des écoles vétérinaires; Vallée, directeur de l'école nationale vétérinaire d'Alfort; Kauffmann, membre de l'Académie de médecine, professeur à l'école nationale vétérinaire d'Alfort; Adam, professeur à l'école nationale vétérinaire d'Alfort; Roux, directeur des services sanitaires et scientifiques au ministère de l'Agriculture.

dents de recettes de l'exercice écoulé sont venus précisément à point pour lui permettre de réaliser le projet qu'elle avait formé. Après avoir examiné et étudié différentes combinaisons, voici quel serait, à peu près, la solution à laquelle elle s'est arrêtée, d'accord avec la Remonte.

Les nouveaux prix seraient disputés à Compiègne et en province, dans le ressort des différents dépôts; il ne s'agirait pas de prix à réclamer, mais de prix ordinaires, avec droit d'achat pour la Remonte, moyennant une prime de majoration. Ces prix seraient de deux catégories : prix d'une valeur de 4.000 francs environ, sur une distance de 2.000 mètres pour les chevaux de 3 ans et au-dessus; prix de 3.000 francs environ, sur une distance de 1.000 mètres, pour les deux ans (la Remonte tient beaucoup à l'achat de poulains de deux ans, jeunes sujets moins usés par la course, et d'une plus grande malléabilité). Les propriétaires désigneraient à l'avance au dépôt de remonte de la région, ceux des animaux de leurs écuries auxquels ils se proposeraient de faire disputer ces nouvelles épreuves, avec la garantie du cornage et de la fluxion; un officier du dépôt visiterait les concurrents éventuels, et ceux qui lui paraîtraient pouvoir répondre aux besoins de l'armée figureraient sur une liste publiée à cet effet au *Bulletin des Courses*. Les chevaux désignés ainsi pourraient prendre part aux nouvelles épreuves; la Remonte aurait, après la course, la faculté d'exercer sur le gagnant un droit d'achat, qui deviendrait définitif dans un laps de temps de dix jours. Ce délai écoulé, le propriétaire, crédité déjà du montant du prix, serait, sauf le cas fort rare et très spécial où son cheval lui serait rendu, crédité d'une prime de majoration de 2.000 francs, toujours aux frais de la Société d'Encouragement. Ainsi il vendrait pour 5 ou 6.000 francs un animal qu'il n'aurait pu livrer à notre armée que pour un prix beaucoup inférieur, ou qu'il aurait dû mettre dans le commerce et sur les marchés étrangers.

De son côté, la Remonte aurait à sa disposition les chevaux de tête, que ses moyens ne lui permettaient pas d'acheter. Pour montrer d'ailleurs combien elle apprécie l'aide que va lui apporter en la circonstance la Société d'Encouragement, elle a formellement exprimé l'intention de maintenir, pour ses achats de pur sang, les mêmes crédits que par le passé, les chevaux provenant des nouvelles épreuves et fournis gracieusement ne devant être considérés que comme un supplément — de tout premier ordre.

On voit, par cet exposé, les précieux avantages qui résulteront du système instauré par la Société d'Encouragement : d'une part, pour la Guerre, facilités de recrutement en éléments inabordables pour elle jusqu'ici; d'autre part, en ce qui concerne les éleveurs et les propriétaires, nouveaux débouchés pour une catégorie d'animaux, d'une utilisation souvent incertaine, et, par les services que ces chevaux rendront à la cavalerie, plus grande diffusion de l'élevage de pur sang. La Société d'Encouragement apportera donc à la Remonte un concours financier qui s'élèvera, dès la première année, à 120.000 francs; mais cet argent restera intégralement aux propriétaires et aux éleveurs de pur sang; elle demeure ainsi invariablement fidèle à son principe fondamental, et c'est à ce double point de vue que la création des nouvelles épreuves présente un si réel intérêt.

D'autre part, des courses importantes seront réservées à des chevaux présentant, au point de vue du modèle et de la netteté des membres et des organes respiratoires, des garanties qui les désigneraient comme de futurs reproducteurs de croisement.

Toutes les mesures concernant ces nouvelles épreuves seront arrêtées dès le début de 1913.

***

La question de l'élevage du demi-sang sort du cadre de cet ouvrage, et nous ne nous y arrêterions pas sans l'émotion profonde qui s'est emparée de l'opinion publique, au cri d'alarme poussé par les plus hautes autorités militaires du pays sur l'insuffisance numérique des chevaux nécessaires à l'armée en temps de guerre.

Que la crise qui sévit sur le cheval de troupe soit imputable au développement de l'automobilisme, comme on l'a prétendu, ou à toute autre cause, là n'est pas la question.

L'Administration des Haras n'a été reconstituée, en 1874, que dans le seul et unique but d'encourager et de diriger l'industrie privée et de mettre l'élevage indigène à même de satisfaire aux besoins des Remontes. Les pouvoirs et l'argent nécessaires lui ont été donnés à cet effet.

Si donc l'industrie privée n'est pas en mesure d'assurer, de ce côté, la défense nationale, c'est que l'Administration des Haras, une fois de plus, a failli à sa tâche.

Cette crise, quelle qu'en soit l'origine, n'eût pas dû se produire. C'était à l'Administration des Haras, non seulement à la prévoir, mais à en prévenir les effets, sans attendre que le Service des Remontes les signalât.

Ainsi donc, et malgré les cruelles leçons de l'expérience, nous en sommes encore là, quarante-deux ans après les terribles événements de 1870, que ces deux institutions, des Haras et des Remontes, au lieu de n'en faire qu'une, ont continué à s'ignorer!... Et c'est quand le mal est fait que l'on s'avise, par la nomination d'une *Commission mixte* (1), de leur enjoindre de faire — enfin! — cause com-

---

(1) Cette *Commission mixte* des Haras et des Remontes, instituée par décret du 13 février, se compose de 20 membres, dont 8 de l'Administration des Haras, 8 officiers supérieurs des Remontes, l'inspecteur général des écoles vétérinaires le vétérinaire chef de la section technique, et de deux secrétaires, un commandant de dépôt des Remontes et un directeur de dépôt d'étalons.

mune, d'unir leurs efforts et de travailler de concert à réparer, s'il en est temps encore, les fautes commises.

Et pour que l'on ne nous accuse pas de dénigration systématique, nous citerons les termes mêmes du décret présidentiel qui institue ladite Commission, lequel stipule, en effet, « *qu'il est de toute opportunité que le service des Haras et le service des Remontes se prêtent un concours réciproque en vue de coordonner leurs efforts pour maintenir l'élevage dans la voie la plus propre à assurer la production des chevaux dont l'armée a besoin pour ses divers services, en temps de paix comme en temps de guerre* ».

Nous n'avons pas à suivre la Commission dans ses travaux. Espérons cependant que son œuvre sera plus efficace que celle de sa devancière, la Commission mixte des Haras et des Remontes, nommée en 1901, laquelle, ainsi que le rappelle le ministre de l'Agriculture dans son exposé des motifs, « n'eut pas l'occasion de fonctionner ».

On croit rêver en lisant de tels aveux d'incurie.

***

En Allemagne, où tout ce qui touche à l'élevage et, partant, aux courses est l'objet d'une sollicitude constante et éclairée, le Gouvernement s'était ému du danger que la multiplicité et la précocité des courses de deux ans font courir à la race, par l'épuisement prématuré des reproducteurs, et il résolut d'y mettre un frein.

C'est ainsi que, sur son désir, l'Union-Klub de Berlin, dont l'autorité est comparable à celle du Jockey-Club anglais, a résolu, pour la prochaine campagne, d'apporter aux règlements en vigueur certaines modifications qui concernent également les chevaux de 3 ans, lesquels ne pourront débuter virtuellement avant la fin du mois d'avril.

En effet, bien que l'ouverture de la saison de plat soit fixée au 1er avril, pour finir le 10 novembre, aucun cheval de 3 ans ne pourra disputer, avant le dernier dimanche d'avril, une épreuve dont l'allocation serait supérieure à 5.000 francs.

Pour les chevaux de 2 ans, ils ne pourront débuter avant le 1er juin, et, jusqu'au 31 juillet, un maximum de 5.000 francs est fixé aux prix qui leur seront réservés.

A partir du 1er août, seront seuls admis à disputer une épreuve d'une valeur supérieure à 5.000 francs, les chevaux de 2 ans n'ayant pas, avant cette date, couru plus de deux fois.

Jusqu'au 1er septembre, la distance maxima des épreuves réservées aux 2 ans est fixée à 1.200 mètres et à 1.400 mètres jusqu'au 1er octobre.

Les chevaux de 2 ans ne se rencontreront pas avec les chevaux de 3 ans et au-dessus avant le 15 septembre.

Les chevaux de 2 ans ayant pris part à plusieurs épreuves ne pourront, en aucun cas, bénéficier d'une décharge dans les courses réservées aux 2 ans.

L'adoption de ces mesures ne serait, dit-on, qu'un acheminement vers une réglementation encore plus restrictive, qui reculerait jusqu'au 1er juillet ou au 1er août la date de début des jeunes chevaux.

CHAPITRE XC

ANNÉE 1913

Modification aux dead-heat. — Responsabilité des entraîneurs dans les cas de doping. — Augmentation de l'entrée dans le Grand Prix. — Les prix de Cavalerie (suite). — Le prix de Diane est porté à 75.000 francs. — Le prix du Cadran devient international, avec une allocation de 100.000 francs. — Le nouveau prix Seymour. — Cinquantenaire des courses de Deauville. — *Nimbus, Brûleur, Dagor, Isard II, Écouen*. — *Prédicateur* (suite). — Nouvelles écuries étrangères. — Mort de MM. H. Delamarre, comte de Berteux, H. Ridgway, P. Donon, Ch. Kohler, duc de Fezensac, Richard Carter. — Mort de *Northeast* et de *Maximum*. — Contrôle des arrivées, à Ostende. — Les incidents du Derby d'Epsom et de la Coupe d'Or d'Ascot. — *Prince Palatine* : record du prix de vente d'un étalon. — *The Tetrarch*. — Mort du grand éleveur Sir Tatton Sykes et de Sir E. Johnstone. — Mort de *Desmond* et de *La Camargo*. — Procès Siever-Wooton. — La *Monkey-Seat*. — Mort de M. J.-R. Keene.

L'année est attristée par la disparition de nombreux sportsmen, notamment de M. Henri Delamarre, dont le nom reste indissolublement lié à l'histoire du turf en France. Nous reviendrons plus loin sur le rôle considérable qu'il a joué chez nous pendant plus d'un demi-siècle.

* *

Parmi les nouvelles mesures prises par la Société d'Encouragement, il y a lieu de signaler les suivantes :

1º DEAD-HEAT. — A l'avenir, en cas de partage du prix, aucun des dead-heaters ne sera plus tenu d'effectuer une seconde fois le parcours, la Société ayant estimé très judicieusement qu'un cheval pouvait fort bien, par suite de circonstances tout à fait indépendantes, se trouver hors d'état de terminer ce parcours, auquel cas l'ancien Règlement interdisait d'attribuer le prix !

2º DOPING. — Nous avons vu, lors du distancement de certains chevaux dopés, en 1912, que les sanctions de la Société d'Encouragement s'étaient arrêtées là, le Code des Courses ne lui permettant alors d'inculper que « celui qui avait administré ou fait administrer le doping », preuve impossible à faire dans la plupart des cas, en sorte que les propriétaires, le plus souvent complètement étrangers à ces pratiques frauduleuses, n'en étaient pas moins les seuls atteints pécuniairement.

Aussi, après étude de la question, la Société d'Encouragement décidait-elle que dorénavant la responsabilité des entraîneurs serait pleinement engagée. Rien n'est plus équitable. Dans les entreprises de tout genre, en effet, l'employeur n'est-il pas responsable, moralement et matériellement, des faits et gestes de son personnel? Aux entraîneurs donc à mieux surveiller leurs chevaux et ceux qui les approchent.

Pour en finir avec cette question, rappelons que la Commission scientifique, nommée, à la fin de l'année précédente, par le Ministre de l'Agriculture, confirma purement et simplement, comme il fallait s'y attendre, la valeur absolue des procédés employés par le professeur Kauffman pour la découverte du doping, et en recommanda l'usage aux Sociétés de courses soucieuses du bon renom de leurs réunions.

3º ENTRÉES DU GRAND PRIX. — Afin d'éviter l'encombrement dans le Grand Prix, où certains propriétaires n'hésitent pas, en raison du taux relativement peu élevé de l'entrée, à faire partir des chevaux qui n'y ont aucune chance et dont la présence ne peut qu'être une cause d'accidents, la Société décide qu'à dater du Grand Prix de 1915 — dont les engagements n'étaient pas encore faits quand elle prit cette mesure — l'entrée sera doublée, c'est-à-dire portée de 1.000 à 2.000 fr. Le premier forfait reste fixé à 100 francs, mais le second est réduit de 500 à 400, et les chevaux déclarés non partants ne paieront que 500 francs au lieu de 600.

Le budget de la Société d'Encouragement s'élève à *4.502.750 francs*, en augmentation de près de 400.000 francs sur celui de 1912. Les principales épreuves qui profitent de cette plus-value sont : les *prix de Cavalerie*, dont nous avons parlé à la fin du chapitre précédent, qui se montent à 120.000 francs (1), le *prix de Diane*, qui passe

---

(1) Dans sa séance du 20 janvier 1913, le Comité prend d'abord connaissance de la lettre par laquelle le Ministre de la Guerre, après avoir remercié la Société d'Encouragement « de son initiative et de l'aide si patriotique qu'elle apporte spontanément à l'Armée » lui donne l'assurance « qu'il approuve sans réserves le principe de son projet de doter la cavalerie des chevaux de pur sang, de bonne qualité, qui lui sont si nécessaires et qu'il éprouve la plus grande peine à se procurer ».
Puis il est donné lecture des dispositions arrêtées, après entente avec M. le Général Inspecteur permanent des Remontes, pour régler les détails d'organisation :

de 50.000 à 75.000 francs, et enfin le *prix du Cadran*, de 30.000 à 100.000.

En décidant, deux ans auparavant, que l'allocation du prix du Cadran serait portée à ce chiffre et que cette épreuve — réservée jusqu'ici aux chevaux français de 4 ans — serait ouverte aux *chevaux de 4 ans et au-dessus de tous pays*, la Société d'Encouragement avait dû modifier son Statut original, qui lui faisait une obligation de réserver aux seuls chevaux de pur sang nés en France l'intégralité de ses subsides.

Ce Statut, d'ailleurs, l'État l'avait déjà contrainte à le violer par deux fois déjà : d'abord en lui imposant la charge de l'allocation du prix du Conseil Municipal, puis la majeure partie de celle du Grand Prix, quand elle fut portée à 200.000 francs.

La nouvelle dérogation que faisait, volontairement, cette fois, la Société d'Encouragement, était des plus heureuses, car les conditions ne sont plus les mêmes qu'à l'époque lointaine de ses débuts. Il s'agissait alors d'encourager un élevage à naître, de le protéger contre une concurrence étrangère trop redoutable encore pour ses faibles moyens, et de l'empêcher de sombrer dans une lutte inégale. Les choses ont bien changé depuis et, grâce à l'œuvre accomplie par la Société d'Encouragement, notre élevage vaut pour le moins aujourd'hui celui de nos voisins d'Outre-Manche, et l'émulation nouvelle que fera naître ces rencontres ne peut que leur être profitable.

Le prix du Cadran sera désormais comme le Derby international des vétérans, les conditions de la course stipulant simplement le poids pour âge, sans surcharges ni décharges. La Société d'Encouragement a été heureusement inspirée en lui conservant ainsi ce caractère d'épreuve classique, qui fait défaut à tous les grands prix de 100.000 francs similaires, que le jeu des surcharges et des décharges ravale plus ou moins au rang de handicaps, sinon même de prix de consolation.

De même la Société eut aussi une excellente idée en plaçant

---

visite, examen et mensuration des chevaux destinés à prendre part aux Prix de Cavalerie ; — délivrance des Certificats d'Aptitude dont la production est exigée pour la validité des engagements ; — présentation du gagnant, le jour de la course, à l'Officier chargé d'accepter ou de refuser d'en prendre livraison pour le service de l'Armée.

Après échange de vues, ces dispositions sont adoptées, ainsi que les conditions spéciales des épreuves. Vingt-six Prix de Cavalerie, représentant une dotation globale de 120.000 francs, sont créés cette année : *douze*, de 4.000 francs chacun, sont réservés aux poulains entiers, hongres et pouliches de 2 ans (distance 500 à 1.100 mètres), et *quatorze*, de 5.000 francs chacun, aux chevaux entiers, hongres et juments de 3 ans et au-dessus (distance 1.800 à 4.200 mètres).

L'un des prix pour produits de 2 ans est inscrit au programme du dernier jour de la réunion d'automne au Bois de Boulogne, sous le nom de *Prix Montbrun*; l'un des prix pour produits de 3 ans et au-dessus est inscrit au programme du premier jour de la réunion d'automne, à Chantilly, sous le titre de *Prix Lasalle*; les vingt-quatre autres sont répartis entre la Société de Sport de France, au Tremblay, la Société de Demi-Sang, à Saint-Cloud, et les Sociétés départementales.

dorénavant cette belle épreuve au jeudi de l'Ascension plutôt qu'au dimanche, afin que la majorité des propriétaires anglais ne fût pas retenue, comme pour le Grand Prix, par le souci religieux de respecter le repos dominical.

Une autre épreuve importante pour 4 ans et au-dessus, est l'ancien *prix Seymour*, complètement remanié et porté à 40.000 francs, et placé au jeudi de la semaine du Grand Prix. Il n'a pas malheureusement la belle uniformité de poids du prix du Cadran, et, par son jeu de surcharges et de décharges, semble destiné aux chevaux d'ordre secondaire.

*

La Société des courses de Deauville, que dirige avec tant d'autorité le comte Le Marois, fête la cinquantième année de son existence par l'agrandissement du pesage et du paddock, l'édification de belles et vastes tribunes, l'inauguration d'une nouvelle piste droite de 1.600 mètres et la création du *prix du Cinquantenaire* (50.000 fr., 1.600 mètres), pour 3 ans et au-dessus, poids pour âge avec certaines surcharges (1). Au risque de nous répéter, nous regrettons que la Société n'ait pas fait de cette épreuve un pendant à son beau prix Florian de Kergorlay (40.000 francs, 3.400 mètres), ce qui eût permis aux représentants les plus autorisés des diverses générations de se mesurer strictement au poids pour âge, sur un court et sur un long parcours, avant de se rencontrer sur la distance intermédiaire du Grand Prix (100.000 francs, 2.600 mètres).

Quoi qu'il en soit, le tableau ci-dessous montrera mieux que tous les discours le développement que le meeting de Deauville a pris depuis sa création en 1864, et la place qu'il occupe maintenant dans la campagne sportive. Sans atteindre au cachet ultra-select et à l'importance technique de celui d'Ascot — où, pour quatre journées de courses seulement, les prix distribués, cette année, se sont élevés à 1.087.125 francs, — Deauville n'en a pas moins conquis une vogue mondiale d'élégance et de fête.

Années.	Journées.	Chevaux engagés.	Chevaux partants.	Propriétaires.	Allocations.
1864	2	79	34	24	23.500 fr.
1874	4	402	150	44	65.500 —
1884	5	644	208	52	150.000 —
1894	6	723	264	70	255.290 —
1904	8	879	339	114	347.580 —
1913	11	1.309	444	141	660.540 —

(1) Le prix du Cinquantenaire comportait, en outre, une épingle de cravate en diamants pour l'entraîneur du gagnant, et une cravache, pour le jockey

Sur ce total, près des 9/10 sont affectés aux courses plates, qui, en plus des trois grandes épreuves dont nous venons de parler, comprennent encore le prix Morny (40.000 francs) et le Critérium (20.000 francs), pour deux ans (1).

* * *

Sans renfermer d'animal de premier ordre, la génération de 1910 est bien supérieure à la précédente et compte, parmi quelques bons poulains, deux sujets, *Nimbus* et *Brûleur*, qui semblent appelés à jouer les premiers rôles l'an prochain.

Nimbus (Elf et Nephté), à M. A. Aumont, ne parut que deux fois à deux ans, non placé d'abord dans le Premier Critérium, puis gagnant du prix de Villers. D'une taille au-dessous de la moyenne, mais très harmonieux dans son ensemble, ce frère de mère de *Nuage*, donnait les plus grandes espérances à son propriétaire qui, dédaignant pour lui les Poules du printemps — à l'exception du prix Greffülhe, qu'il enlève facilement, — le réserve pour le Derby d'Epsom, dans lequel, en raison de la médiocrité des trois ans anglais, il semble avoir une excellente chance. Malheureusement la chute d'*Anmer*, comme nous le verrons plus loin, vient le paralyser dans son action au moment même où, gêné tout d'abord par la dureté du sol, il commence à refaire le terrain perdu. Il ne s'en place pas moins cinquième, à une longueur et demie seulement du gagnant, finissant beaucoup plus fort qu'aucun des chevaux de tête. On put escompter alors qu'il trouverait une compensation dans le Derby de Chantilly. Il y joue encore de malheur et ne peut mieux faire que d'y prendre la quatrième place, une entorse l'ayant mis hors d'affaire au moment décisif. Cet accident, plus grave qu'il n'y parut tout d'abord, le tient éloigné du turf jusqu'à l'automne. Encore

---

(1) Le budget de plat s'élève à 560.000 francs, dont bien plus de la moitié est fourni par les subventions suivantes :

Ville et Casino de Deauville	197.000 fr.
Société d'Encouragement	65.000 —
Ville de Trouville	50.000 —
Commerçants de Trouville-Deauville	8.000 —
Société de Sport de France	4.000 —
Gouvernement	3.500 —
Département du Calvados	2.000 —
Chemin de fer de l'Ouest-État	1.000 —
	330.500 —
Société des Courses de Deauville	230.000 —
Total	560.050 fr.

Comme on le voit, la part contributive officielle — notamment celle du chemin de fer de l'Ouest-État, qui tire un profit considérable du mouvement créé par Deauville, — est dérisoire et pourrait être supprimée sans qu'on s'en aperçût.

gros d'ouvrage, il fait une rentrée honorable, mais rien de plus, dans le Royal-Oak. Puis, à quelques jours de là, il enlève successivement la Coupe d'Or de Maisons-Laffitte (sur un lot dont faisait partie *Isard II*, qui lui rend 8 livres) et, peu après, le prix du Conseil Municipal, battant, entre autres, *Brûleur* et *Isard II*, à poids égal. Ce brillant succès du vieux sang de *Dollar* — que M. Aumont a si judicieusement ramené à Victot — fut très chaleureusement accueilli, et le style de la victoire de *Nimbus*, remportée après avoir lui-même réglé l'allure dès le départ et sous la grosse surcharge de son âge — plus sensible encore en raison de sa petite taille, — fait bien augurer de ses qualités de tenue et permet à son propriétaire d'envisager pour son poulain une brillante carrière de quatre ans.

On peut également voir un stayer en *Brûleur* (Choubersky et Basse-Terre), frère de mère de *Basse-Pointe*, à M. E. de Saint-Alary, qui semble avoir besoin des 3.000 mètres de la grande piste de Longchamp pour donner toute sa mesure, car c'est sur cette distance qu'il fournit ses deux meilleures performances. Non placé, pour ses débuts, dans le prix Juigné; second, à une encolure de *Père Marquette*, dans le prix Hocquart, il s'adjuge ensuite le petit prix des Lilas et le prix La Rochette, dans lequel il n'a rien à battre; se place troisième, dans le prix du Jockey-Club, derrière *Dagor* et *Baldaquin*; puis, en l'absence de ceux-ci, abaisse à 3′ 13″ 2/5, dans le Grand Prix, le record du temps, détenu jusqu'alors par *Northeast*, avec 3′ 14″ 2/5.

Cette victoire ne va pas sans quelque réserve. Au moment où son jockey l'amène à la distance, il marque un assez violent écart et coupe son suivant immédiat, *Opott*, qui, pour ne pas être arrêté net, se jette sur la droite, écrasant, pour ainsi dire, *Écouen* contre la corde !

Brûleur eût-il gagné en tout état de cause ? Il est permis de le supposer, bien que les avis soient partagés sur ce point. Il n'en est pas moins certain que le troisième, *Écouen*, subit un préjudice considérable qui l'empêcha de donner sa mesure à l'instant critique. L'accident était involontaire et l'application stricte du règlement n'eût-elle pas paru bien rigoureuse ? Il y avait cependant le précédent du Grand Prix de Deauville où, dans des circonstances analogues, le gagnant, *Fourire*, fut distancé en 1900, et, cette année même, comme on le verra, *Craganour* fut privé du bénéfice de sa victoire dans le Derby d'Epsom pour un fait semblable. Les Commissaires de la Société d'Encouragement se contentèrent d'infliger une mise à pied de quinze jours à Stern, le cavalier de *Brûleur*.

Huit jours plus tard, le poulain de M. de Saint-Alary ne joue aucun rôle dans le prix du Président de la République. Mis au repos pendant l'été, il reparaît dans un handicap, à Chantilly, où, sur 2.000 mètres, il succombe contre un médiocre quatre ans, auquel il rend 17 livres et l'année, il est vrai; puis il enlève le prix Royal-Oak qui, pour la sixième fois seulement depuis sa création, met en présence les gagnants respectifs du Grand Prix et du Jockey-Club (1), fait une course obscure dans le prix du Conseil Municipal, et, finalement, ne peut rendre 14 livres et le sexe à la médiocre *Coraline*, sur les 2.600 mètres du prix Edgard Gillois.

Après ces deux chefs de file, viennent *Dagor*, *Isard II* et *Écouen*, qui, suivant les circonstances, ont fait preuve de qualité, mais dont les moyens paraissent plus limités.

Dagor (Flying-Fox et Roquette), à M. E. Blanc, paie peu de mine. C'est un poulain bai, à l'encolure courte, aux crins drus. Il ne confirme pas tout d'abord ses performances de deux ans et, après une pénible victoire dans le prix Egdard de la Charme sur le médiocre *Gloster*, son écurie en conclut qu'il manque de tenue et, dès les forfaits du mois de mai, elle le retire du Grand Prix. Il remporte alors avec aisance la Poule d'Essai sur *Écouen*, n'est pas placé derrière celui-ci dans le prix Lupin, puis, tandis que la faveur publique se porte, dans le prix du Jockey-Club sur *Brûleur*, *Nimbus*, *Écouen* et *Isard II*, il met tout le monde d'accord en gagnant de deux longueurs sur *Baldaquin*, qui précède d'à peu près autant *Brûleur*. Il n'a rien à battre dans le prix Kergorlay, à Longchamp ; ne joue aucun rôle dans le prix du Cinquantenaire, à Deauville, non plus que dans le Royal-Oak ; s'adjuge le prix du Prince d'Orange sur *Prédicateur* hors de forme et le prix Saint-Simon, sur lot médiocre, et n'est pas placé dans le prix du Cèdre, où il rend de 12 à 16 livres à ses adversaires, sauf à *Isard II*, qui le précède encore comme dans le Royal-Oak.

Isard II (Le Samaritain et Irish Idyll) est un poulain gris, né au haras de Bagnères-de-Bigorre, chez M. P. Comet, que le baron

---

1) Le problème que pose le prix Royal-Oak est de savoir quelle est la forme qui sera confirmée, de celle du prix du Jockey-Club ou du Grand Prix. Les six rencontres en question n'apportent aucune lumière sur ce point, les vainqueurs respectifs de Chantilly et de Longchamp ayant, trois fois chacun, affirmé leur supériorité.

Forme du prix du Jockey-Club.

1867. — JOCKEY-CLUB : 1er *Patricien*; 2º *Trocadéro*; 3º *Montgoubert*; 4º *Fervacques*; — GRAND PRIX (après dead-heat) : 1er *Fervacques*; 2º *Patricien*; 3º *Trocadéro*. — ROYAL-OAK : 1er *Patricien*; 2º *Trocadéro*; 3º *Fervacques*.

1896. — J.-C. : 1er *Champaubert*; n. pl., *Arreau*. — G. P. : 1er *Arreau*; 2º *Champaubert*. — R.-O. : 1er *Champaubert*; 2º *Kérym*; 3º *Arreau*.

1909. — J.-C. : 1er *Négofol*; 4º *Verdun*. — G. P. : 1er *Verdun*; n. pl., *Négofol*. — R.-O. : 1er *Aveu*; 2º *Négofol*; *Verdun*.

Forme du Grand Prix.

1898. — J.-C. : 1er *Gardefeu*, *Le Roi Soleil*, pas couru. — G. P. et R.-O. : 1er *Le Roi Soleil*; 2º *Gardefeu*.

1903. — J.-C. : 1er *Ex-Voto*; 2º *Quo Vadis*. — G. P. : 1er *Quo Vadis*; n. pl., *Ex-Voto*. — R.-O. : 1er *Torquato-Tasso*; 2º *Quo Vadis*; n. pl., *Ex-Voto*.

1913. — J.-C. : 1er *Dagor*; 3º *Brûleur*. — G. P. : 1er *Brûleur*; *Dagor*, pas couru. — R.-O. : 1er *Brûleur*; n. pl., *Dagor*.

Edouard de Rothschild a payé yearling 18.500 francs. Il se distingue par une endurance remarquable, ayant été sur la brèche du jour même de l'ouverture de la saison jusqu'à la fin. Envoyé à Nice, il s'y place quatrième dans le Grand Prix et remporte le prix de la Société Sportive. Puis il s'adjuge le prix Lagrange et le prix Boïard, battant d'une tête *Amadou*, qui prend sa revanche, d'une tête également, dans le prix La Force. Il passe alors de forme, ne figure ni dans le prix du Jockey-Club ni dans le Grand Prix, et ne peut rendre 10 livres à ses adversaires du prix Eugène-Adam, où il finit cependant troisième. Puis il va se couvrir de gloire à Deauville où, après un échec dans le prix du Cinquantenaire, dont la distance est trop courte pour lui, il enlève le prix Guillaume-le-Conquérant et le Grand Prix, sous le top-weight de son âge, battant d'une tête *Verwood*, qui en reçoit 12 livres, son camarade *Prédicateur* et un champ nombreux. A l'automne, il oppose une bonne résistance à *Brûleur* dans le Royal-Oak, se classe quatrième dans la Coupe d'Or de Maisons où il rend de 8 à 12 livres à ses contemporains, ne joue aucun rôle dans le prix du Conseil Municipal, et, sous la grosse surcharge de 16 livres, d'autant plus lourde que l'échelle des poids est fort élevée, il prend la troisième place dans le prix du Cèdre, loin devant *Dagor*.

Écouen (Saint-Frusquin et L'Étoile), au vicomte d'Harcourt, est le lauréat du Grand Critérium. Il fait sa rentrée dans le prix des Cars, qu'il enlève facilement; est battu par *Dagor*, dans la Poule d'Essai; gagne les prix Daru et Lupin; n'est pas placé dans le Derby de Chantilly; est victime dans le Grand Prix, ainsi que nous l'avons dit, d'une bousculade à l'arrivée qui lui coûte peut-être la course; et se montre seul capable, dans le prix du Président de la République, de tenir tête à l'invincible *Prédicateur*, contre lequel il ne succombe que de trois quarts de longueur.

Mis au repos en attendant sa préparation en vue du Grand Prix de Bade, il est victime d'un accident assez curieux : un jour, en effet, qu'il travaillait dans une des allées de la forêt de Chantilly, il fut si violemment bousculé par le passage d'un cerf, qu'il dut être retiré de l'entraînement.

Les autres gagnants d'épreuves importantes sont :

Amadou (La Coupe, prix Perplexité et prix La Force; claqua dans le prix du Président); — *Blarney* (Biennal, prix Eugène Adam et prix du Cinquantenaire, à Deauville, après lequel il tomba broken-down); — *Fauche-le-Vent* (Handicap de la Tamise et prix du Cèdre); — *Fidelio* (prix Flageolet, de Villebon, et Perth); — *Oukoïda* (prix Citronelle et prix Sport de France); — *Père Marquette* (prix Juigné et prix Hocquart); — *Saint-Pé* (prix de Saint-Cloud, Delâtre, Handicap d'Octobre); — *Vulcain VI* (prix Miss Gladiator, Noailles et Reiset).

En province, *Grand-Croix* est le vainqueur de la Poule d'Essai de Pau, de la Poule des Produits et du Derby du Midi, à Bordeaux. Il avait également course gagnée dans le Derby de l'Ouest, à Nantes, quand il tomba.

Les pouclichés sont bien inférieures aux poulains. La plus courageuse est *Ardèche*, que le baron de Nexon n'avait payée, yearling, que 1.950 francs. Elle remporte six courses, dont les prix Fille de l'Air et Amphitrite, et, en fin de saison, le Handicap Limité, sous le top-weight de 57 kilos.

* *

Comme le faisaient prévoir les performances antérieures des vétérans, *Prédicateur* est le seul parmi eux qui fasse preuve de qualité et de régularité, et sa carrière de quatre ans — malheureusement interrompue par un accident prématuré — est une des mieux remplies qu'on ait vues depuis longtemps. De 2.000 à 4.000 mètres, toutes les distances lui sont bonnes et on le voit triompher successivement dans la Bourse, le Cadran, le Biennal (où le manque de train ayant réduit la course à un déboulé de quelques centaines de mètres, il faillit être pris de vitesse par *Shannon*), le prix La Rochette, le prix du Président de la République (sur tous les meilleurs trois ans) et le prix Florian de Kergorlay, à Deauville. Dans le Grand Prix, sous la grosse surcharge, il se place troisième, bien que, de l'avis des meilleurs juges, il eût pu suppléer son camarade *Isard II*, en cas de besoin.

Incomplètement remis d'un accident à l'exercice, il ne s'en présente pas moins, à l'automne, dans le prix du Prince d'Orange, mais il y est battu par *Dagor*, et son propriétaire le retire alors de l'entraînement, privant ainsi le prix du Conseil Municipal d'un gros élément d'intérêt, d'autant qu'on y escomptait sa rencontre avec *Stedfast*, qui l'avait devancé dans la Coupe d'Or d'Ascot, où il n'avait pu prendre que la quatrième place.

Ses gains s'élevaient, pour l'année courante, à 339.555 francs, ce qui le plaçait troisième sur la liste des chevaux gagnants.

Un hasard heureux attribue, au milieu de nombreux insuccès, certaines riches allocations à des chevaux qui n'en semblent guère dignes : c'est ainsi que les cent mille francs du Grand Prix de Nice vont à *Foxling*, et ceux du Grand Prix de Vichy, à *Tripolette*; les quarante mille du prix Flying-Fox, à *The Irishman*, et ceux du prix Seymour, à *Lynx Eyed*, qui bénéficie du claquage de *Wagram II*, laquelle se brise le paturon dans le tournant. Précédemment, la jument du comte Le Marois avait gagné les prix du Prince de Galles et Hédouville.

Rêveuse qui, seule, avait pu suivre *Prédicateur* dans le Cadran, s'adjuge le Rainbow, dans lequel elle précède *Philippe II*, qui fait preuve par la suite de plus de tenue que ses médiocres rivaux des prix de La Moskowa, Satory, Chantilly et Gladiateur.

Les meilleurs deux ans sont, parmi les pouliches : *Guerroyante, Mousse de Mer, Roselys* (sœur de *Dagor*), *Monétrie, La Malfiéra, Junta*, et, parmi les poulains, *Le Grand Pressigny, Sardanapale, Diderot, Estrées, Oreste II* et *Listman*.

**

A l'étranger, nos représentants échouent dans le Grand Critérium et le Grand Prix d'Ostende, ainsi que dans les Grands Prix de Bruxelles, de Bade et de Milan (prix Ambrosien).

Par contre, à Bade, *Guerroyante* s'adjuge le prix de l'Avenir, *Martial III*, le prix Boscari, et *Turlupin*, le Prince of Wales ; — et *Sainte-Gemme*, le Derby International, à Ostende.

Puisque nous parlons de cette réunion, n'omettons pas de signaler la très ingénieuse disposition que la Société des Courses a adoptée pour faire juger les arrivées. Comme toutes les Sociétés belges, elle a eu recours tout d'abord à des essais photographiques. Ceux-ci ne lui ayant pas donné complète satisfaction, voici ce qu'elle a imaginé : la tribune du juge est divisée en trois compartiments ou plutôt trois étages superposés ; à l'étage supérieur se tiennent les Commissaires complètement isolés du public, comme un capitaine sur sa passerelle, et ne pouvant par conséquent subir, pour apprécier un incident, aucune influence extérieure venue du dehors. Les deux étages inférieurs sont occupés chacun par un juge à l'arrivée ; ces deux juges sont placés l'un au-dessous de l'autre, dans le même axe ; chacun d'eux est relié, indépendamment l'un de l'autre, par un fil téléphonique, avec les Commissaires placés au-dessus d'eux ; chacun d'eux téléphone aux Commissaires le numéro du cheval qu'il a vu gagner ; en cas de concordance, ce numéro est immédiatement affiché ; en cas de désaccord, les Commissaires considèrent que l'arrivée a été trop serrée pour qu'il soit possible de se prononcer sur le résultat et le dead-heat est affiché.

On ne saurait trop féliciter la Société des Courses d'Ostende de son initiative éclairée, et ce système, d'une utilité **vraiment pratique**, réduit presque à néant les chances d'erreur.

**

L'année 1913 voit l'apparition de nombreuses casaques étrangères sur nos hippodromes, et l'on ne peut que souhaiter bonne chance à tous ceux qui, ainsi que MM. A. Chanler, Ch. Carroll, Martinez de Hoz, L. de Paula Machado, J.-E. Widener, apportent à notre élevage le concours de leur fortune, au moment où la mort fauche impitoyablement dans les rangs des sportsmen de la vieille école.

M. Henri Delamarre fut emporté à l'âge de 84 ans par une pneumonie. Avec le comte de Lagrange et M. A. Lupin, dont il était le cadet par l'âge, mais le contemporain de victoires, M. H. Delamarre est une des trois grandes figures qui ont dominé le turf français pendant sa période la plus glorieuse. Il avait pris sa retraite depuis quelques années, mais pendant près d'un demi-siècle il exerça au sein du Comité de la Société d'Encouragement, dont il faisait partie depuis 1858, une influence salutaire, et l'on ne peut que regretter qu'il ait constamment refusé toutes les situations officielles, notamment l'offre de la présidence du Comité, en 1893.

L'entrée en scène de M. H. Delamarre date de 1854 et ses premiers grands succès de dix ans plus tard, avec la victoire sensationnelle de *Vermout*, dans le Second Grand Prix de Paris, sur *Blair-Athol*, le gagnant du Derby d'Epsom et la fameuse *Fille de l'Air*. Nous avons retracé à cette époque les débuts de son écurie et parlé de son association avec le comte P. Rœderer, propriétaire du haras de Bois-Roussel, où naquirent tous les chevaux qui, sous l'habile direction de T. Carter, devaient illustrer leur célèbre casaque marron, à manches rouges et toque noire (1).

Comme le baron Finot, M. H. Delamarre, ainsi que nous l'avons dit, était un peintre de chevaux d'un très réel talent, et certaines de ses toiles demeurent comme de très intéressants documents de l'ancien turf.

Au moment où nous mettons sous presse, la Société d'Encourament n'a pas encore pris de décision concernant l'attribution du nom de M. Henri Delamarre à l'une de ses grandes épreuves, mais elle tiendra à honneur, comme elle l'a fait pour tant d'autres, de perpétuer le souvenir de ce grand sportsman.

Sans doute voudra-t-elle rappeler aussi le nom du comte de Berteux, élu membre de son Comité en 1878, qui s'éteignit à l'âge de 78 ans. Le comte de Berteux faisait courir depuis 1865, et malgré des sacrifices d'argent considérables, en vue d'entretenir son haras de Cheffreville de poulinières sélectionnées et malgré l'importation des étalons *King Lud*, et *Grey Plume*, il peut être considéré comme détenant le record, peu enviable, du plus malchanceux des propriétaires,

---

(1) Nous rappellerons succinctement, afin d'éviter les redites, les principaux succès de l'écurie Delamarre :

Grand Prix : *Vermout* (1864), *Boïard* (1873), *Vasistas* (1889).

Jockey-Club : *Bois-Roussel* (1864), *Florentin* (1866), *Patricien* (1867), *Boïard* (1873).

Diane : *Victorieuse* (1866), *Campêche* (1873), *Verte-Bonne* (1883), *Kasbah* (1895).

Royal-Oak : *Patricien* (1867), *Clotho* (1869), *Boïard* (1873), *Clio* (1882).

Lupin (Grande Poule) : *Bois-Roussel* (1864), *Vigilant* (1882), *Cléodore* (1889).

Poule d'Essai : *Brocoli* (1858), *Nivolet* (1867).

Gladiateur : *Vertugadin* (1867).

Cadran : *Véranda* (1872), *Boïard* (1874), *Excuse* (1893).

Ascot Gold Cup : *Boïard* (1874).

Newmarket-Oaks : *Verdure* (1871).

en dépit des succès relatifs d'animaux comme *Patchouli*, *Sansonnet*, *Upas*, *Widgeon*, *Cambyse* et *Verwood* (1).

La vente de son écurie et de son stud, qui comprenait 18 poulinières, 11 yearlings et 8 chevaux à l'entraînement, de deux à quatre ans, produisit 627.000 francs (l'étalon *Grey Plume* fut retiré par les héritiers à 80.000 francs). Les prix les plus élevés furent atteints par *Verwood*, 3 ans, payé 95.000 francs par M. E. Blanc, et le yearling *Xanthus*, propre frère du précédent, 63.000 francs, par M. J. Prat.

Le comte de Berteux faisait partie du Jockey-Club anglais, qui lui donna pour successeur le marquis de Ganay, un des trois Commissaires actuels de la Société d'Encouragement.

Membre du Comité de la Société d'Encouragement, de la Société des Steeple-chases, de la Société de Sport de France et de la Société des Courses de Deauville, M. H. Ridgway posséda autrefois, soit seul, soit en association avec le feu comte de Lastours, une écurie de courses. *Courlis*, qu'un claquage à quelques mètres du poteau empêcha de gagner le Grand Prix, *Carmaux* et *Roitelet* furent les meilleurs représentants de sa casaque vert d'eau. Il eut même un haras, avec *Elf* comme étalon, qu'il acquit de M. de Brémond au lendemain de sa victoire dans la Coupe d'Or d'Ascot.

Homme de cheval militant jusqu'à la dernière heure, M. H. Ridgway avait donné une grande impulsion aux chasses à courre de Pau, où il résidait une partie de l'année.

M. Pierre Donon, associé, puis successeur de son oncle, M. A. Staud, propriétaire du haras de Lonray, eut quelques bons chevaux, comme *Stuart* et *Wandora*. Il avait quitté le turf, en 1891, à la suite d'un crack financier dans lequel il fut englobé.

Le duc de Fezensac, ancien membre du Comité de la Société d'Encouragement, était depuis 1908 président du Jockey-Club. Il eut jadis quelques chevaux en association avec le duc de Fitz-James.

M. Ch. Kohler était un Américain nouveau venu parmi nous. En 1912, son cheval *Novelty* — aujourd'hui la propriété de M. L.

---

(1) En près d'un demi-siècle, en effet, ses couleurs n'ont pu mieux faire, dans les grandes épreuves classiques, que de partager un Derby de Chantilly !

Encore *Upas* — qui y fit dead-heat, avec *Sycomore*, au baron de Schickler, en 1886 — doit-il bien moins sa renommée à cette demi-victoire qu'aux succès que ses fils *Omnium II* et *Elf* remportèrent... pour MM. de Saint-Alary et de Brémond, comme son camarade *Cambyse* devra la sienne à ses fils *Callistrate* et *Gardefeu*, qui triomphèrent... pour MM. Abeille et de Brémond.

C'est également sous d'autres casaques que la sienne que se firent connaître *Yellow* et *Ivoire*, qui provenaient aussi de l'élevage de Cheffreville.

Le comte de Berteux est le premier — alors que l'usage général, en France, était de donner aux chevaux des noms commençant par la lettre initiale de celui de la mère — qui adopta, pour chaque génération, une lettre uniforme, en suivant l'ordre alphabétique, comme cela se fait dans les courses au trot.

Il en était déjà à la lettre Y, — pour la seconde fois.

de Paula-Machado — lui gagna deux bonnes courses à la réunion internationale de Maisons-Laffitte. Son écurie et son stud (2 étalons, 22 poulinières et leurs foals et 12 chevaux à l'entraînement) ont réalisé près de 300.000 francs, sans compter les animaux retirés et revendus directement après coup.

Richard Carter, qui mourut des suites d'une chute de cheval, à l'exercice, était le fils de T.-R. Carter, l'ancien entraîneur de M. H. Delamarre. A peine âgé de vingt ans, il débuta chez M. C.-J. Lefèvre par la préparation de *Beauminet* et de *Versigny*. Puis il passa chez MM. Caillault et P. de Pourtalès, pour qui il amena au poteau *Roxelane*, *Chéri*, *Perth*, *Quérido*. En dernier lieu, il était au service de M. A. Belmont, dont il avait fait triompher la jeune casaque avec *Amoureux III* et *Qu'elle-est-Belle II*.

***

Un étalon de M. W.-K. Vanderbilt, sur lequel on fondait de sérieuses espérances, *Northeast*, le vainqueur du Grand Prix de 1908, mourut chez son propriétaire, au retour de sa station au haras de Saint-Lucien-le-Becquet (Oise), où il était en location depuis sa retraite du turf, en 1910.

Une perte sensible est également celle de *Maximum*, qui succomba aux suites de tranchées. Il était en pleine force, n'étant âgé que de 14 ans, et, d'année en année, ses produits, qui parurent pour la première fois en 1909, affirmaient ses qualités de reproducteur; il est, entre autres, le père d'*Amadou*. Lui-même avait eu une brillante carrière sur le turf, remportant les prix Hocquart, Greffulhe, Rainbow, Gladiateur et la Coupe d'Or d'Ascot.

***

En Angleterre, l'année, une des plus mauvaises qu'on ait vues depuis longtemps — puisque le vainqueur des Deux mille Guinées était à 25/1, celui du Derby à 100/1, et celui du Saint-Léger à 50/1 — est extrêmement mouvementée, et deux des plus grandes épreuves donnent lieu à des incidents regrettables.

C'est d'abord, dans le Derby, la manifestation tragique d'une des militantes du parti des suffragettes, miss Davison qui, alors qu'un premier peloton de chevaux avait déjà débouché de Tattenham Corner, se jeta au-devant d'*Anmer*, le cheval du roi. Cheval, jockey et femme roulèrent sur le sol, au milieu des cris d'effroi du public. Le cheval s'en tira indemne, et le jockey en fut heureusement quitte pour quelques contusions sans gravité. Mais il n'en alla pas de même de la manifestante, qu'on releva dans un état pitoyable, et qui mourut quelques jours plus tard des suites de ses blessures.

Pendant que se passait cet incident — qui coûta vraisemblablement

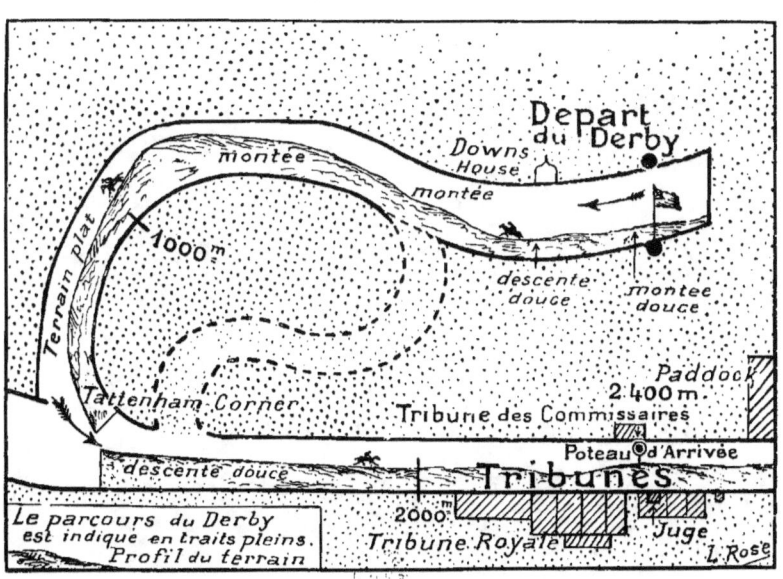

PARCOURS ACTUEL DU DERBY D'EPSOM.

la course au cheval français *Nimbus*, qui fut coupé dans son effort par la chute du poulain royal, — une lutte acharnée se livrait entre les chevaux de tête pour la première place, que le favori *Craganour* arrachait finalement d'une courte tête à l'extrême outsider *Aboyeur*, que *Louvois* serrait de très près. *Nimbus*, qui finissait plus fort qu'aucun des autres, se plaçait cinquième, à une longueur et demie seulement du gagnant.

Cette victoire de *Craganour* ne devait être que morale, car il était distancé pour avoir bousculé ses adversaires. Sur le premier moment, son propriétaire résolut de porter la question devant les tribunaux, mais, à la réflexion, il s'inclina devant la décision des Stewards, et fit bien.

C'est la première fois qu'un cheval dûment qualifié est privé du prix de la victoire dans la grande épreuve d'Epsom, le seul exemple qu'on eût encore d'une sanction de ce genre étant la disqualification, en 1844, du cheval de quatre ans *Macchabeus*, qui courut au lieu et place du trois ans *Running-Rein*.

A quelque temps de là, *Craganour*, vendu 750.000 francs à M. Martinez du Hoz, s'en fut rejoindre, à la République Argentine, *Cyllene* et *Diamond Jubilee*. De son côté, *Aboyeur* fut acheté pour 325.000 francs par la Société Impériale des Courses de Saint-Pétersbourg, qui avait également acquis *Minoru*, pour 500.000 francs.

Au meeting d'Ascot, c'est un malheureux déséquilibré — partisan de la suppression des courses! — qui, dans la Coupe d'Or, s'élance au moment où *Tracery* prenait le commandement à l'entrée de la ligne droite. Cette fois, l'homme est tué net, et le cheval fortement endommagé. *Prince Palatine* et *Stedfast*, qui suivaient immédiatement *Tracery*, esquivèrent adroitement la chute en sautant par-dessus le groupe.

Prince Palatine (Persimmon et Lady Lighfoot), cinq ans, provenait de l'élevage de M. Hall Walker, à qui M. T. Pilkington l'avait payé yearling 52.500 francs. A deux ans, sa meilleure performance est sa victoire dans l'Imperial Produce Stakes. Mais ce n'est qu'à la fin de sa troisième année qu'il commença à donner sa véritable mesure, en enlevant le Saint-Léger dans un canter. L'année suivante, il remporta les Eclipse Stakes, et les Jockey-Club Stakes (dans lesquels il prit sa revanche sur *Stedfast*, son vainqueur de la Coronation Cup), l'Ascot Gold Cup (sur *Basse-Pointe*) et le Doncaster Cup, mais il échoua contre *Lance Chest*, dans les Princess of Wales, et en fin de saison contre *Aleppo*, dans le Jockey-Club Cup. Enfin, cette année, il gagna la Coronation Cup et battit à nouveau *Stedfast*, dans la Coupe d'Or d'Ascot, où *Prédicateur* ne fut que quatrième (1).

Prince Palatine fut alors vendu à M. Sol Joël, pour la somme de 1.250.000 francs — ce qui constitue le prix record d'un étalon, —

---

(1) *Prince Palatine* couvrit les 4.000 mètres en 4'22"3/5, alors que le temps de *Prédicateur*, sur la distance analogue du Cadran, était de 4'34"3/5.

livrable à la fin de la campagne, toute défaite ultérieure du cheval devant entraîner une diminution de 125.000 francs sur le prix de vente.

Dans ces conditions, son propriétaire ne devait le risquer qu'à coup sûr. La Goodwood semblait à sa merci. *Prince Palatine* s'y présenta donc... et finit dernier. Sa course était tellement mauvaise, que les Commissaires crurent devoir ouvrir une enquête. Le vétérinaire commis par eux constata qu'il avait été contusionné assez fortement à une jambe de devant.

M. Pilkington, qui perdait de ce fait 125.000 francs, ne voulut pas courir un nouveau risque de cette importance dans les Jockey-Club Stakes, et, ayant déclaré forfait pour son crack dans tous ses engagements, il le livra à l'acquéreur.

Le vainqueur de la Goodwood Cup était le vieux cheval français *Long Set*, à qui l'âge n'enlève rien de sa qualité et qui fait encore une belle moisson, en y ajoutant les March Stakes et la Royal Haut Cup, à Ascot.

Mais c'est surtout des succès retentissants d'un extraordinaire deux ans que notre élevage tire tout son lustre en Angleterre.

The Tetrarch (Roi Hérode et Varhen) ne compte pas moins de 7 victoires sur 7 sorties, toutes remportées avec une telle facilité, malgré le poids et la distance, qu'un sportsman enthousiaste ne craignit pas de soutenir sa chance dans le prochain Derby à la cote, peu rémunératrice, vu l'éloignement, de 3/1 pour 45.000/15.000 livres.

Roi Hérode (Le Sancy et Roxelane) appartint jadis à M. Caillault, sous les couleurs duquel il remporta le Grand Prix de Vichy, en 1908.

**

Un grand éleveur, Sir Tatton Sykes, mourut à l'âge de 87 ans. Son haras de Sledmere était célèbre dans le monde entier, et, parmi les illustrations chevalines qui y naquirent, on peut rappeler les noms de *Doncaster*, *Disraëli*, *John O'Gaunt*, *Spearmint* et *Craganour*, sans oublier *Childwick* et *Raconteur*, issus de la fameuse *Plaisanterie*, dont Sir Tatton Sykes se rendit acquéreur quand elle passa aux enchères publiques.

L'élevage de Sledmere ne semble pas devoir péricliter de sitôt, M. Cholmondeley, qui dirige depuis plusieurs années le haras de son oncle, ayant cette année même vendu ses yearlings à des prix presque fabuleux : les dix-neuf produits qu'il présenta atteignirent, en effet, le chiffre global de 1.171.800 francs, représentant une *moyenne de 61.674 francs* par tête, supérieure de 2.350 francs à celle obtenue l'an dernier.

Voilà qui répondra victorieusement aux esprits grincheux qui prétendent que l'élevage du pur sang est un métier de dupe qui ne nourrit pas son homme.

Presque en même temps que Sir Tatton Sykes, mais plus jeune que lui d'une quinzaine d'années, disparaissait Sir Johnstone, qui fut un des co-propriétaires du célèbre *Hermit*, et dont le poulain *Saint-Blaise*, autre vainqueur du Derby d'Epsom, vint disputer sans succès le Grand Prix à *Frontin*.

* *

L'élevage anglais fait une perte sensible avec la mort de *Desmond* (Saint-Simon et L'Abbesse de Jouarre), qui, cette année même, se classe en tête des étalons gagnants. Né en 1896, il avait eu une carrière de courses de courte durée; sa performance la plus marquante est une victoire dans les Coventry Stakes, à deux ans.

De 1903 à 1913 ses produits ont gagné 359 courses, se montant à 3.456.925 francs. Les meilleurs sont *Sir Archibald, Charles O'Malley, Lomond, Craganour, Aboyeur, Fairy Queen* et les deux ans *Stornoway* et *Hapsburg*.

Importée en 1911 par lady Douglas, la célèbre jument française *La Camargo* succomba aux suites d'un accident hippiatrique. Saillie en 1912 par *Bayardo*, elle fut déclarée vide par un vétérinaire spécialiste pour la stérilité, qui la soigna en conséquence, puis la fit saillir à nouveau. Quelques jours plus tard, elle mettait bas un poulain mort-né et décédait elle même peu après.

Un procès est en cours.

* *

Enfin ne quittons pas l'Angleterre sans dire un mot du sensationnel procès sportif intenté par l'entraîneur R. Wooton, père du jockey Franck, à M. Siever, journaliste et propriétaire d'une écurie connue; — il posséda, entre autres, la fameuse *Sceptre* — qui, sans toutefois le nommer, l'avait accusé, dans la revue *The Winning-Post*, d'appartenir avec d'autres entraîneurs, à une bande noire, qui soudoyait les jockeys et réglait à l'avance l'ordre d'arrivée des chevaux dans les courses.

Attaqué, devant le banc du Roi, M. Siever accusa alors nettement R. Wooton d'avoir fait tirer certains chevaux contre lesquels il avait parié. La preuve judiciaire était difficile à faire. Aussi M. Siever fut-il condamné, mais seulement à un *farthing* (centime) de dommages-intérêts, les frais du procès restant à la charge du demandeur.

Après le verdict, le jury, dans un article additionnel, attira l'attention du Jockey-Club sur les paroles prononcées par le juge au cours des débats, au sujet de la monte actuelle des jockeys avec les rênes et les étriers racourcis, qualifiée de *monkey-seat* (monte de singe), qui ne leur permet que très imparfaitement de diriger leur cheval, et dont les conséquences sont de nombreuses bousculades et la grande difficulté pour les stewards de discerner une incorrection accidentelle d'une faute volontaire.

Lord Londonderry s'était déjà élevé violemment contre cette

monte pendant la discussion des modifications à apporter à l'article 140 des *Rules of Racing*, mais le Jockey-Club ne se montra pas disposé encore à l'interdire.

Nous-même, lors de l'introduction de cette monte en Europe, par le jockey Tod Sloan, en avons signalé tous les inconvénients, en même temps que les avantages, et, s'il est certain que, par sa position, le cavalier est moins maître de son cheval, ce n'est pas tant, nous le répétons, à cette position même que sont dues les bousculades sans cesse plus fréquentes dont se plaignent les Commissaires et le public, qu'à la façon scandaleuse dont montent certains jockeys, qui ne craignent pas, pour s'ouvrir un chemin ou se débarrasser d'un concurrent gênant, d'avoir recours aux procédés les plus brutaux.

Ce que la Société des Courses d'Ostende a fait, comme nous l'avons vu plus haut, pour assurer la sincérité des arrêts du juge à l'arrivée, que d'autres Sociétés ne le tentent-elles pas pour assurer la sincérité de la course même.

En coûterait-il beaucoup d'édifier, vis-à-vis du dernier tournant, par exemple, une tribune d'où certains Commissaires pourraient, bien mieux que du pesage, surveiller les agissements des jockeys.

En attendant, il n'est pas d'article du Règlement, que nous sachions, qui interdise de retirer sa licence au jockey trop sujet aux collisions. Si elles sont volontaires, on débarrasse ainsi la corporation, qui compte beaucoup de très honnêtes garçons, d'un camarade compromettant; et, si elles ne le sont pas, on n'a que faire, là où tant d'intérêts sont en jeu, de serviteurs incapables.

**

Enfin, on peut aussi signaler — en raison des succès que sa casaque blanche à pois bleus a remportés en France et en Angleterre, bien avant l'exode américain — la mort de M. J.-R. Keene, le grand éleveur de Casteltone (Kentucky). Parmi ses meilleurs produits, figurent : *Foxhall* qui, en 1881, gagna le Grand Prix de Paris, le Cambridgeshire et le Cesarewitch, et, l'année suivante, la Coupe d'Or d'Ascot; et *Peter Pan*, le meilleur cheval de sa génération, qui fait actuellement la monte chez M. F. Jay-Gould, au haras du Robillard, par Dives (Calvados).

M. J.-R. Keene est également célèbre pour détenir le record des sommes gagnées, en une seule année, par un propriétaire, avec le **chiffre fantastique de 76.688 livres, soit** *1.897.200 francs!*

CONCLUSION

La Société d'Encouragement entre dans sa quatre-vingtième année d'existence.

Que de chemin parcouru depuis le jour où la jeune Société, riche de quelques écus seulement et n'ayant guère pour soutien que la foi en sa cause, se lançait hardiment dans la lutte, insoucieuse des coups à recevoir, des résistances à vaincre et des obstacles à briser!

Nous l'avons suivie pas à pas depuis ce moment, et l'on a pu se rendre compte de ce qu'il lui a fallu de courage, de ténacité et d'efforts pour venir à bout des entraves dont sa route fut sans cesse hérissée.

L'ignorance ou la routine des uns, le parti pris ou la méfiance des autres, liguèrent contre elle la coalition des intérêts moraux ou matériels auxquels la nouveauté de sa doctrine portait ombrage. Aussi, ses débuts furent-ils extrêmement pénibles. Mais, confiante en son œuvre de régénération, décidée à doter la France d'une nouvelle source de richesse nationale et forte de son désintéressement, rien ne put arrêter son irrésistible élan. En dépit des railleries, des sarcasmes et des attaques sans nombre dont elle fut l'objet, elle alla droit au but; l'un après l'autre, ses ennemis déposèrent les armes, et, en 1866, l'Administration des Haras elle-même, qui avait vainement tenté de l'étrangler, dut se soumettre.

Un instant les sombres événements de 1870 l'arrêtèrent dans sa marche. Mais, alors qu'on pouvait craindre, dans la débâcle générale, que s'écroulât l'œuvre qu'elle avait si laborieusement édifiée, elle parvint, par un prodige de sagesse et d'énergie, à réduire au minimum les conséquences des heures tragiques qu'on venait de traverser, et, quelques années seulement après la guerre, elle avait reconquis sa situation.

Puis étaient venues les Sociétés de spéculation, dont les « Suburbains » furent le prototype, qui mirent, par leurs agissements scandaleux, le turf à deux doigts de sa perte. Le salut, cette fois encore, vint de la Société d'Encouragement, et d'elle seule. Les pouvoirs publics semblaient en effet se désintéresser de la question, et les deux autres grandes Sociétés de Courses, la Société des Steeple-Chases et celle de Demi-Sang, qui eussent dû faire cause commune avec la Société de la rue Scribe, pactisèrent au contraire avec les Suburbains, dont elles admirent les chevaux sur leurs hippodromes. Après un moment d'hésitation, la Société d'Encouragement prit enfin les mesures que comportait la gravité de la situation : ce fut la fin de ces officines qui n'avaient jamais eu de sportif que le nom.

La Société d'Encouragement pouvait jeter avec fierté un regard en arrière.

Alors qu'on ne comptait encore en France que 16 hippodromes, en 1834, on n'en relève pas moins de 424 pour les courses plates seulement, en 1913, et le budget total des courses (plat, obstacles et trot), qui ne se montait à l'origine qu'à la modeste somme de 115.000 francs, dépasse aujourd'hui le chiffre de *21 millions de francs* (1), dans lequel la Société d'Encouragement figure, à elle seule, pour 4.461.000 francs, et l'on se rendra compte des services inappréciables que cette Société a rendus à la cause de l'élevage, quand on saura que le montant total des prix courus sur ses hippodromes successifs, pendant cette période de quatre-vingts années, ou offerts par elle dans les départements, atteint le chiffre formidable de *115 millions de francs* (2).

---

(1) Les chiffres suivants sont extraits du rapport du directeur de l'Administration des Haras sur l'ensemble de la gestion du service des Haras en 1912.

Le nombre des réunions a été de 1.143, comprenant 6.594 épreuves, se décomposant en 2.492 courses plates, 1.969 d'obstacles et 2.133 au trot.

Les allocations totales — y compris les primes aux éleveurs, qui figurent pour 755.875 francs — se sont élevées à 21.266.605 francs, fournies comme suit :

DONATEURS	COURSES plates	COURSES à obstacles	COURSES au trot	TOTAUX
État	355.350 f	»	451.325 f	(*) 806.675 f
Départements	130.067	47.600	173.350	351.017
Sociétés (sur leurs propres hippodromes)	8.312.882	4.975.310	1.827.520	15.115.712
Sociétés (en dehors de leurs hippodromes)	1.521.765	1.384.115	274.600	3.180.480
Villes	530.433	273.120	131.400	934.953
Divers (comices agricoles, compagnies de chemins de fer, particuliers, etc.)	441.850	333.255	102.663	877.768
TOTAUX	11.292.347 f	7.013.400 f	2.960.858 f	21.266.605 f

(*) Y compris 64.500 francs destinés aux épreuves d'étalons, dont 11.500 francs pour le galop et 53.000 francs pour le trot.

(2) Voici le détail de cette somme pour chacune des périodes que nous avons adoptées pour la subdivision de cet ouvrage :

	PARIS	CHANTILLY	VERSAILLES (a)	FONTAINEBLEAU (b)	DÉPARTEMENTS (c)	TOTAL
	Champ-de-Mars					
1834 à fin 1856	1.674.100 f	946.350 f	300.700 f	»	»	2.921.150 f
	Longchamp					
1857 à fin 1870	4.185.000	1.393.990	147.800	262.000	582.000 f	6.570.790
1871 — 1890	17.358.000	4.633.000	»	1.003.000	5.653.500	28.647.500
1897 — 1913	49.423.705	11.607.515	»	49.000	15.568.500	76.648.720
TOTAUX	72.640.805	18.580.855	448.500	1.314.000	21.804.000	114.788.160

(a) Créées en 1836 les courses de Versailles ont été supprimées à la fin de 1865.
(b) Créées en 1860, les courses de Fontainebleau ont été supprimées à la fin de 1891.
(c) Ce n'est qu'en 1860, que la Société d'Encouragement a commencé à subventionner les réunions de province.

En 1834, le pur sang n'existait pas en France. Aujourd'hui, nos produits sont recherchés du monde entier, et, si nous n'avons encore eu l'honneur de ne triompher qu'une fois dans le Derby d'Epsom, par contre le vainqueur du blue-ribbon anglais a dû baisser pavillon à maintes reprises devant nos représentants, dans le Grand Prix de Paris, et il n'est pas une épreuve d'Outre-Manche de quelque importance que nous n'ayons remportée plusieurs fois, ainsi que l'atteste la liste que nous publions plus loin. (Voir Livre IX, *Chevaux français gagnants en Angleterre.*)

Ces résultats magnifiques, c'est au dévouement inlassable de la Société d'Encouragement, à sa compétence, à son opiniâtreté, que la France en est redevable.

Nous avons dit les obstacles de tous genres qu'elle a rencontrés sur sa route, les luttes qu'elle eut à soutenir et les mauvaises volontés qu'elle eut à vaincre, avant de réussir à doter le pays de cette nouvelle branche de richesse nationale.

On conviendra que, même en leurs rêves les plus optimistes, ses douze fondateurs, quelque foi qu'ils eussent en leur œuvre naissante, ne pouvaient espérer une réussite aussi prodigieuse.

Cette extension croissante des courses et l'immense développement donné à l'élevage du pur sang ont-ils pour conséquence naturelle l'amélioration même de la race?

On en peut douter.

La conception moderne du turf, qui sacrifie tout à la vitesse et à la précocité, nous paraît une erreur grossière; pis encore, une faute grave.

Il suffit pour s'en rendre compte de comparer le cheval d'aujourd'hui à celui d'autrefois, et l'on constatera autant de différence entre le pur sang actuel et celui d'il y a une cinquantaine d'années, qu'entre celui-ci et le cheval du XVIIIe siècle.

La race de pur sang a passé jusqu'ici par trois phases :

1° La période éclatante des *Flying-Childers*, **Matchem**, **Herod**, *Eclipse*, etc. Le pur sang anglais, issu sans mélange du sang arabe, se distingue par sa robustesse et son endurance. Le type est parfait d'équilibre et de symétrie, et il offre une répartition complète et harmonique des forces du cheval, qui lui permet de couvrir, sous des poids élevés et dans des temps très courts, ces distances de quatre miles en partie liée, qui nous paraissent aujourd'hui fabuleuses.

Mais le cheval n'est soumis aux dures exigences du turf qu'à 5 ans, une fois le complet achèvement de son développement physique. Croit-on que, s'ils eussent été astreints aux fatigues précoces qu'exige le néfaste régime actuel, les grands sires du XVIIIe siècle eussent fait souche de l'admirable race qu'ils ont créée!

Ils n'étaient pas moins vites que nos chevaux actuels, et, bien que les pistes fussent loin d'avoir le moelleux d'aujourd'hui, que l'hygiène du cheval fût moins bien comprise et l'entraînement autrement brutal, ils faisaient preuve d'une endurance que l'on souhaiterait à nos cracks. Quel est celui de ceux-ci qui arriverait au bout, non des 25 kilomètres qu'ils couvraient fréquemment dans une journée de courses, mais de la moitié seulement!... Combien en est-il qui, après avoir disputé une douzaine de courses, sont encore debout à la fin de leur troisième année, de sorte que toutes les riches épreuves pour chevaux de 4 et 5 ans — certainement destinées dans l'esprit des dirigeants de la Société d'Encouragement à fournir aux meilleurs performers l'occasion de faire leurs preuves de tenue — s'en vont, la plupart du temps, à des animaux d'ordre secondaire, qui n'ont que le seul mérite de tenir encore sur leurs jambes, alors que les autres, usés avant terme, ont disparu de l'arène (1).

2º La période qui s'étend de 1800 à 1880 environ. Le cheval est de silhouette plus haute; il accuse encore des points de force remarquables et conserve même, au commencement du siècle surtout, de la robustesse primitive. Mais déjà le régime des courses s'est modifié, et le cheval paraît en public à deux ans. En parvenant à lui donner plus de vitesse pour les distances restreintes, on a diminué la résistance de son mécanisme, et les longues épreuves passent de mode, avec raison d'ailleurs, car elles deviennent trop sévères pour ces animaux à qui l'augmentation de la rapidité sur les parcours réduits est le commencement du déclin de la force.

3º La période intensive moderne où, dès l'âge de deux ans, le cheval doit donner tout ce que l'on en attend. Le modèle est plus allongé, plus enlevé encore, et, spécialisé sur les petites distances, sa foulée couvre plus de terrain, mais quelle transformation dans sa charpente!

Tout le monde, partisans et adversaires de ce régime, est d'accord sur ce point qu'il y a régression dans le type. Le squelette s'est modifié, et, si la conformation du cheval lui permet d'atteindre des grandes vitesses sur les parcours réduits, elle le rend de moins en moins apte à tenir la distance. C'est là une constatation scientifique indiscutable, que les transformations successives qui se sont produites dans les formes et les proportions du cheval lui ont enlevé les qualités d'équilibre qui font le véritable cheval de selle (2).

---

(1) Pour nous en tenir à la France seulement, consultez le *Calendrier des Courses*, et c'est à peine si, dans ces trente dernières années, vous relèverez, dans les prix du Cadran, Rainbow et Gladiateur réunis, les noms d'une douzaine de grands vainqueurs classiques. Mais, en revanche, que de médiocrités!
Pour le Triennal de quatre ans, c'est pis encore. Voici une riche épreuve, qui se dispute à une époque de l'année où les chevaux de cet âge n'ont rien à courir. Eh bien, depuis sa fondation, en 1884, les seuls noms qui se détachent sont ceux de *La Camargo, Gouvernant, Sauge Pourprée, Oversight* et *Prédicateur*, c'est-à-dire 5 chevaux en 30 ans!...

(2) Le colonel *Cousté*, directeur des Remontes à Tarbes et ancien écuyer à l'École de Cavalerie de Saumur, a publié, en 1909, une brochure, *Une foulée de galop de courses*, dont on ne saurait trop recommander la lecture à tous ceux

Les adversaires du régime actuel le rendent seul responsable de cette régression, en ce qu'il sacrifie tout à la vitesse et à la précocité. Ses partisans, sans pouvoir nier les modifications profondes qui ont affecté le squelette du cheval, répondent que les grandes épreuves classiques de trois ans étant l'objectif à atteindre, les éleveurs ont dû s'ingénier à ne produire exclusivement que le cheval capable de les gagner, laissant de côté les épreuves de fond, qui ne peuvent être considérées que comme des compensations et non l'objectif suprême.

Alors, pourquoi avoir placé les grandes épreuves classiques à trois ans?... Cet aveu dénué d'artifice prouve mieux que toutes les critiques à quel point l'on a fait fausse route.

Les courses, il ne faut pas l'oublier, ne sont pas un *but*, mais le *moyen* de doter, par la sélection, l'élevage des reproducteurs propres à ses différents besoins, partout où le pur sang doit être recherché comme principe générateur.

Pour transmettre à leurs produits les qualités nécessaires de vitesse et d'endurance, ces étalons doivent donc avoir fait leurs preuves sur le turf, preuves qui ne sauraient avoir quelque valeur, que s'ils les ont accomplies dans la plénitude de toute leur vigueur corporelle.

La logique la plus élémentaire voudrait donc — puisque tel est le but exclusif des courses — que l'importance des efforts imposés à un cheval fût proportionnée à l'avancement de son développement physique.

Au lieu de cela, une conception déconcertante a voulu que le maximum d'efforts lui soit précisément demandé alors que ce développement est le moindre!

Comparez, en effet, ce que l'on demande au cheval à l'âge de trois ans, sur les parcours de 2.000 à 2.400 mètres, à ce que l'on exige de lui, à deux ans, sur des distances de 800 à 1.200 mètres.

Dans les premières épreuves, il n'aura guère à s'employer que dans les 500, voire les 300 derniers mètres de la course, tandis que, dans les autres, il sera *monté* de bout en bout.

Qui n'a pas assisté à ces déboulés foudroyants, où le cheval est obligé de s'employer dès le départ, ne peut se rendre compte de ce que les épreuves de ce genre ont de meurtrier pour l'avenir d'un jeune animal. Et cette tâche très dure, trop dure, ce n'est pas une fois qu'on la lui impose, mais des dix et des douze fois, par tous les temps, sur tous les terrains.

A un tel régime, il n'est pas étonnant que la plupart des chevaux ne soient plus debout à l'âge de quatre ans. Ce qui est surprenant, c'est qu'ils le soient même à trois ans, et c'est là le meilleur argument que

---

qu'intéresse, « en dehors de toute préoccupation personnelle, l'avenir de la race ».

On peut lire également avec fruit l'étude que M. de Gasté a publiée, le 13 janvier 1911, dans *Le Jockey*, sous le titre : *La Qualité dans le modèle*.

l'on puisse donner en faveur de la résistance du pur sang. C'est une race particulièrement forte que celle qui produit des animaux capables de résister, si jeunes, à des exigences aussi sévères. Mais ceux qui ont de la qualité, du cœur, s'épuisent d'autant plus dans ces luttes; leur mécanisme et leur organisme s'en ressentent rapidement, et il est bien rare que les premiers sujets n'abandonnent pas le turf de bonne heure. Voilà pour les sujets de tête. Pour les autres, on ne saura jamais combien il en est, parmi eux, qui, mieux ménagés, eussent joué les premiers rôles, et qu'ont usés à tout jamais ces efforts prématurés.

Ce n'est pas, contrairement à l'opinion courante, les longues distances qui sont meurtrières pour les jeunes chevaux, mais, bien au contraire, les parcours trop réduits où, comme nous l'avons vu, ils sont tenus de déployer toute leur énergie de bout en bout.

Le minuscule *Nougat* n'a-t-il pas disputé et gagné, à deux ans, une course sur 3.200 mètres, et, bien avant lui, *Lanterne* — qui devait remporter, l'année suivante, les prix de Diane et du Jockey-Club — n'avait-elle pas triomphé, avec 44 kilos, sur les 2.400 mètres de l'Omnium, qui était alors ouvert aux chevaux de tout âge?

La vérité est que les courses de deux ans devraient être peu nombreuses et d'allocations très modestes — afin d'éviter aux propriétaires les tentations — et ne pas comporter de parcours inférieurs à 1.200, voire à 1.500 mètres.

Mais le mieux serait encore de les supprimer radicalement et de faire de la saison de trois ans la saison actuelle de deux ans.

Que feraient les chevaux jusque-là?... s'écriera-t-on. Tout simplement ce qu'ils faisaient autrefois, c'est-à-dire rien, rien que prendre des forces et se développer normalement, par un léger travail, régulier et gradué.

Ils seraient moins nombreux?... Tant mieux, la sélection, but de tous les efforts, ne perdrait rien à la disparition prématurée de toutes ces non-valeurs, qui encombrent les écuries ou les haras.

Mais les champs seraient plus restreints!... La belle affaire. Autant avouer alors que c'est la quantité que l'on recherche, et non la qualité.

Et combien plus de chances pour le propriétaire — qui aurait ainsi moins de bouches inutiles à nourrir — de ne pas se tromper sur la valeur de ses produits, qu'il pourrait ainsi juger une fois *formés* et non pendant *qu'ils se forment*, source de continuels déboires et d'erreurs coûteuses, quand ils se trouvent avoir réformé précisément les meilleurs sujets de leur élevage, comme cela arrive fréquemment, même aux plus compétents d'entre eux.

Longue est la liste des chevaux de deux ans qui, après avoir brillé comme des météores, furent bien heureux, par la suite, de décrocher un modeste prix à réclamer. Pourquoi?... Mais tout simplement parce que les uns avaient laissé pour toujours leur forme dans ces efforts prématurés, tandis que la précocité des autres avait fait illusion en regard d'adversaires plus lents à se développer, et ce n'était pas le cheval précoce qui devenait *moins bon*, mais les autres qui, s'étant formés davantage, devenaient *meilleurs*.

Nous savons fort bien que l'entraînement donne au pur sang — tant au point de vue des efforts à produire que de la résistance à la fatigue — un avantage, une avance, si l'on préfère, sur les chevaux de service, par l'assouplissement et le développement des muscles. Mais cette avance ne va pas, cependant, jusqu'à le mettre à même de remplir, à deux ans, la tâche qu'on ne lui imposait jadis qu'à cinq ans, et c'est pourquoi nous estimons que, sans attendre jusque-là, mais sans descendre non plus trop bas, on devrait fixer à l'âge de quatre ans la saison des grandes épreuves classiques.

Nous savons tout ce qu'une telle opinion — qui va à l'encontre de toutes les idées reçues et qui heurte de front tant d'intérêts particuliers — nous vaudra de railleries faciles, sinon même d'injures, à défaut d'objections sérieuses. Elle n'a rien de paradoxal, cependant, et elle nous semble être la conséquence même d'une expérience de deux siècles.

Si la première période du turf est précisément celle qui a fourni les animaux les plus remarquables, tant sur l'hippodrome qu'au haras, cela tient uniquement à ce que les animaux purent progresser normalement et acquérir tout leur développement physique avant d'affronter la lutte. Chez l'animal, comme chez l'homme, la période de croissance est toujours délicate et demande les plus grands ménagements, sous peine de provoquer chez l'individu un épuisement précoce. L'ossature, surtout, est lente à se compléter.

Les chevaux du xviiie siècle étaient précisément remarquables par le squelette, et leurs os avaient la rigidité et la condensation du métal.

Consultez n'importe quel vétérinaire sur la qualité des os de nos cracks modernes, il vous dira que, loin de rappeler l'acier, ils font bien plutôt songer à une éponge.

Alors?

Alors, c'est donc que l'on a fait fausse route, que le régime actuel des courses est une erreur, et que, si l'on n'y prend pas garde, l'avenir de la race est en danger.

La France n'est coupable que par imitation. Tout le mal vient de l'Angleterre, où cette conception a pris naissance.

Pour grande que soit la transformation qui s'opère chez un cheval dans le passage de la seconde à la troisième année, elle est souvent moins profonde que celle que l'on peut constater de trois à quatre ans, ce qu'explique l'avancement de l'époque naturelle de sa complète formation physique.

C'est ainsi que maints chevaux tardifs, comme *Trocadéro*, *Verneuil* et *Le Sancy*, pour ne citer que les plus illustres, ne trouvèrent qu'avec l'âge leur véritable forme, c'est-à-dire la plénitude de leurs moyens corporels.

Et plus près de nous, pour ne nous en tenir encore qu'à quelques exemples, tel ne fut-il pas le cas d'animaux comme *Bariolet*, *Elf*, *Maximum*, *Biniou*, *Ossian*, *Badajoz*, *Basse-Pointe* et autres.

Ce fait seul, qu'à toutes les époques du turf, quantité de chevaux n'ont fait preuve de toute leur qualité qu'à l'âge de quatre ou cinq ans, est la condamnation même du principe qui place pendant la troisième année les grandes épreuves classiques, en vue desquelles un cheval est préparé.

Ces grandes épreuves, but de tous les efforts, ne devraient-elles pas servir de critérium définitif et former comme un couronnement de carrière, au lieu de ne constituer, comme aujourd'hui, qu'une étape transitoire?

Elles ne sauraient avoir de signification réelle que le jour où tous les chevaux pourront les disputer à armes égales, c'est-à-dire lorsque la nature leur aura permis à tous, tardifs ou précoces, d'atteindre leur parfait développement normal.

Jusque-là, elles ne seront, en dépit de l'importance que l'on y attache, qu'un trompe-l'œil, car tout vainqueur du Derby ou du Grand Prix ne peut prétendre qu'à une suprématie passagère et illusoire, s'il ne la confirme pas après sa troisième année.

Et c'est pourquoi les performances publiques accomplies après cette troisième année nous semblent seules concluantes.

C'est dans ce but que la Société d'Encouragement avait créé les prix du Cadran, Rainbow et Gladiateur, qui réunissaient jadis l'élite des vétérans. C'est dans ce but également que se manifeste sa tendance actuelle à augmenter la part qui leur est réservée dans son programme, et l'on ne saurait trop la féliciter de la transformation qu'elle a fait subir au prix du Cadran.

Pour en revenir à la décadence de la race, ce n'est pas d'aujourd'hui d'ailleurs que, de ce côté de la Manche comme de l'autre, les voix les plus autorisées se sont élevées contre la multiplicité des épreuves à courte distance et des courses pour chevaux de deux ans, qui épuisent les jeunes animaux par un travail excessif et prématuré. Déjà, en 1854, Eugène Chapus se plaignait de l'amoindrissement de résistance qu'offraient les pur sang de son époque comparés à ceux du XVIIIe siècle, et vingt ans plus tard, lors de la discussion devant l'Assemblée Nationale de la loi de 1874 sur les Haras et les Remontes, nous avons rappelé cette opinion anglaise que leurs chevaux « n'étaient tout au plus bons qu'à porter un mouchoir au blanchissage et à l'en rapporter ».

Vraies il y a quarante ans, ces critiques ont plus de fondement encore aujourd'hui, que cet abus a décuplé.

La Société d'Encouragement a lutté tant qu'elle l'a pu contre les débuts hâtifs des chevaux de deux ans. Mais hélas! elle n'est plus omnipotente comme autrefois. Les pouvoirs publics se mêlent aujourd'hui de régenter l'institution des courses, et nous n'avons qu'une très médiocre confiance, sinon dans leurs lumières, du moins dans leur indépendance, asservie à tous les appétits électoraux, et loin d'imiter l'Allemagne où l'on semble avoir compris le danger en reculant l'époque de ces débuts, il est à craindre que l'on ne suive une fois encore l'Angleterre dans ses errements, en les avançant au printemps.

On a déjà dressé contre la Société d'Encouragement le fameux et inutile Comité Consultatif permanent (!) des Courses; on a imposé à son Comité des membres adjoints pris en dehors de son sein, qui, par le plus heureux des hasards, sont de ses amis et partagent ses idées.

Mais que pourra-t-elle le jour où un arrêté ministériel fixera à l'ouverture même de la saison sportive la date de début des deux ans? Elle protestera au nom des intérêts vitaux dont elle a la sauvegarde, c'est entendu, mais qui tiendra compte de ses réclamations?

Après tous les hommes compétents qui, à maintes reprises, ont déjà signalé le danger, nous tenions, à notre tour, à pousser le cri d'alarme.

Puisse-t-il, dans l'intérêt même du sport et de l'élevage, ne pas être entendu trop tard!

LIVRE VIII

LA RACE DE PUR SANG

I

LES TROIS GRANDES LIGNÉES

Eclipse (Darley Arabian) — Herod (Byerly Turk)
Matchem (Godolphin Arabian)

La race arabe pure s'est perpétuée, intacte de toute souillure étrangère, depuis le règne de Salomon. Ce grand législateur fut, en même temps, un grand éleveur et la famille chevaline des Kocklani, la plus pure de toutes, remonte aux célèbres étalons qu'il entretenait dans ses haras.

Mais on peut dire que c'est Mahomet, le premier, qui attacha des honneurs et des récompenses à l'élève des chevaux de race. Il institua même des courses pour la sélection des meilleurs produits et ordonna que les généalogies par lignée maternelle fussent régulièrement constatées.

Aucun document écrit officiel ne certifie ces filiations, qui ne s'en transmettent pas moins avec toute l'authenticité voulue par tradition verbale.

Par sa vigueur, sa vitesse, sa docilité, sa sobriété et la noblesse de ses lignes, il était tout naturel que le cheval arabe et ses similaires, barbe, turc, persan, attirassent l'attention de ceux qui, en Europe, songèrent les premiers à améliorer leurs espèces indigènes.

C'est de cette idée — et de la transformation complète qu'a subie en Angleterre le cheval oriental primitif, par les modifications que devaient apporter le climat, la nourriture, les soins et l'entraînement — qu'est né le pur sang anglais.

Les étalons orientaux qui aidèrent à la création de la race actuelle avec des juments de même origine qu'eux ou provenant des espèces locales, étaient si petits, en général, qu'on les appela tout d'abord « galloway », du nom des poneys du comté de Galloway.

Leur taille variait de 1 m. 35 à 1 m. 45. *Godolphin Arabian*, qui passait pour extraordinairement grand, ne mesurait cependant que 1 m. 52. Ils étaient ramassés, avec l'encolure épaisse et courbée, et ne couvraient guère plus de 4 m. 25, ce que couvre encore le cheval arabe.

Le pur sang est plus haut (sa taille moyenne est de 1 m. 62), le corps et le cou se sont allongés, l'arrière-main a pris plus de puissance, l'épaule plus d'obliquité, et sa foulée de galop couvre près du double de terrain.

Nous avons, au cours des pages consacrées à l'histoire des courses en Angleterre, assisté aux efforts tentés par ses souverains successifs pour amener cette rénovation des espèces indigènes par le pur sang arabe.

Par la sélection et en ne prenant que les meilleurs étalons et juments, on obtint d'abord du 1/2 sang, puis du 3/4, 7/8, 31/32, 63/64, etc., et les courses ayant fait éliminer les animaux médiocres, on arriva à l'épuration et à la création du pur sang.

La race créée, il était de toute nécessité d'établir, de façon formelle et irréfutable, la généalogie de chacun de ses membres, non pas seulement par lignée maternelle, comme le faisaient les Arabes, mais également par lignée paternelle.

D'où la création du *Stud-Book* anglais, publication authentique, contenant la généalogie et la descendance de tous les chevaux de pur sang.

Il fut précédé, en 1808, d'une introduction historique, qui reste le document fondamental pour l'histoire de la formation de la race.

C'est à l'étalon *Place's White Turk* — importé par l'écuyer Place, sous le règne de Jacques Ier, au début du XVIIe siècle — que s'arrêtent, comme nous l'avons dit, les plus anciennes généalogies chevalines tracées au Stud-Book. Nous rappelons également que ce fut la coutume de désigner les étalons orientaux par le nom de leur importateur, leur pays d'origine et leur couleur ou seulement par les deux premières indications.

Tous les chevaux de pur sang du monde entier, passés, présents ou futurs, remontent, comme on le sait, à l'un au moins des trois étalons-types *Byerly Turk*, *Darlay Arabian* et *Godolphin Arabian*, dont nous avons longuement entretenu nos lecteurs précédemment.

Il est bon toutefois de remarquer que, si ces étalons importés d'Arabie, de Perse, de Turquie, de Barbarie ou du Maroc, ont transmis le sang, c'est l'Angleterre seule qui a fait le cheval de courses et que l'illustration de ces trois chefs de famille tient, non pas à leurs qualités personnelles, mais à celles manifestées par leurs descendants. Dans chaque lignée nous trouvons, en effet, un étalon exceptionnel qui peut passer pour la véritable souche de cette famille.

C'est ainsi que, dans celle de *Darlay Arabian*, ce fut *Eclipse*, de qui descendent, entre autres, *Royal-Oak*, *Stockwell*, *Touchstone*, *Monarque* et *Saint-Simon*;

Dans celle de *Byerly Turk*, ce fut *Herod*, à qui se rattachent *Partisan*, *Gladiator*, *Dollar* et *Vermout*;

Dans celle de *Godolphin Arabian*, la tête fut *Matchem*, à qui remontent *West-Australian*, *Melbourne* et *Le Soncy*.

La nomenclature de la descendance complète de ces grands chefs de file serait fastidieuse, outre qu'elle constituerait à elle seule un volumineux ouvrage.

Mais il nous a paru intéressant de résumer en quelques pages la collection des Stud-Books anglais et français, en donnant, pour chacun des deux pays, la filiation, depuis l'origine, de tous les animaux, mâles ou femelles, qui se sont illustrés sur le turf ou au haras.

La plus brillante de ces trois familles est incontestablement celle qui a pour souche *Eclipse*, le plus illustre de tous les chevaux de courses, et sa lignée mâle est arrivée de nos jours à absorber à peu près complètement celles de ses deux rivaux. En effet, sur les 400 principaux étalons anglais, 368 remontent à *Eclipse*, et seulement 15 à *Herod* et 17 à *Matchem*.

I. — ECLIPSE (Darley Arabian)

Toute la première famille descend d'*Eclipse* par ses fils, notamment (A) *Pot-8-Os*, (B) *King Fergus*, (C) *Joe Andrews*, (D) *Mercury* et (E) *Saltam*.

(A) POT-8-OS

(sa mère *Sportmistress*, par *Warren's Sportsman*, par *Cade*, fils de *Godolphin*)

est le père de *Waxy* qui, avec *Penelope* (par Trumpator et Prunella, par Highflyer), donna (a) *Whalebone* et (b) *Whisker*; et, avec *Miltonia*, (c) *Milton*.

(a) Whalebone

est le père de : I, *Sir Hercules*; II, *Camel*; III, *Waverley*; IV, *Defence*.

I. Sir Hercules (sa mère *Péri*, par *Wanderer*) est le père, avec *Guiccioli*, de (1°) *Irish Birdcatcher* et (2°) *Faugh-a-Ballagh*.

1° *Irish Birdcatcher* est le père de *The Baron, Daniel O'Rourke, Warlock, Oxford, Saunterer* et *Womersley*.

The Baron est le père : de *Stockwell* et *Rataplan* (tous deux issus de *Pocahontas*) ; de *Potocki* (ou par *Nunnykirk*) ; de *Monarque* (qui est également par *Sting* ou *The Emperor*, voir IV, *Defence*) ; de *La Toucques, Étoile-du-Nord* et *Vermeille* ex-*Merveille*.

Stockwell est le père de
- *Blair-Athol*, p. de *Craig Millar, Glendale, Prince Charlie* et *Silvio*.
- *Caller Ou*.
- *Caterer*, p. de *Braconnier*.
- *Doncaster*, p. de *Bend'Or*, p. *Ormonde*, p. d'*Orme*, p. de *Flying-Fox*, p. d'*Ajax, Val d'Or, Jardy* et *Gouvernant*.
- *Kendal*, p. de *Galtee More*.
- *Lord Lyon*, p. de *Minting*.
- *Lord Ronald*, p. de *Master Kildare*.
- *Regalia*.
- *Saint-Albans*, p. de *Julius Cæsar* et *Silvester*.
- *The Duke*, p. de *Bertram*, p. de *Robert-the-Devil*.
- *Thunderbalt*, p. de *Krakatoa*, p. de *Dolma-Baghtché*.

Rataplan est le p. de *Cymbal* et *Kettledrum*.

Oxford est le p. de *Sterling*, p. d'*Isonomy, Energy* et *Paradox*.

Isonomy est le p. de *Common, Isinglass, Galaor, Jon O'Mine*, et *Gallinule*, p. de *Pretty Polly*.

Energy est le p. de *Caïus, Gouverneur, Révérend*, et *Rueil*, p. de *Presto II*

Saunterer est le p. de *Little Agnes*.

2° *Faugh-a-Ballagh* est le p. de *Fille de l'Air, Leamington* (p. d'*Iroquois*), et *Father Thames*, un des p. de *Stradella* (l'autre est *The Cossack*, par *Hetman Platoff*, voir 1° *Hambletonian*, (B) *King-Fergus*).

II. Camel (sa mère par *Selim*, par *The Buzzard*, par *Woodpecker*, par *Cade*, par *Godolphin Arabian*), est le père de *Launcelot*, **Cravan** (p. de *Souvenir*), et **Touchstone**.

Touchstone est le père de :

- **Newminster**, p. de :
  - *Adventurer*, p. d'*Apology*.
  - *Cambuscan*, p. de *Camballo*.
  - *Cathedral*, p. de *Clocher*.
  - *Cerdagne*.
  - *Hermit*, p. de *Retreat, Tristan, Shotover, Saint-Blaise, Alicante, Gamin* (p. de *Gospodar* et *Quilda*), *Heaume* (p. de *Le Roi Soleil*, p. de *Sans-Souci II* et *Prédicateur*), *Saint-Louis* (p. de *Le Hardy*, p. de *Retz*).
  - *Lord Clifden*, p. de :
    - *Hampton*, p. de *Bay Ronald*, p. de *Bayardo*, *Macdonald II*.
    - *Wenlock*.
    - *Janette*.
    - *Petrarch*, p. de *The Bard*, p. de *Launay*.
  - *Lord of the Isles*, p. de *Scottish Chief* et *Childeric*.
  - *Strathconan*, p. de *Gem of Gems*.
- **Orlando**, p. de :
  - *Chattanooga*, p. de *Wellingtonia*, p. de *Plaisanterie* et de *Clover*.
  - *Marsyas*, p. de :
    - *Mars*, p. de *Jongleur*.
    - *Albert Victor*.
    - *Georges Frederick*, p. de *Frontin*.
  - *Imperieuse*.
  - *Teddington*.
  - *Trumpeter*, p. de *Plutus*, p. de *Flageolet*.
  - *Flageolet*, p. de :
    - *Beauminet*, p. de *Chalet*, p. de *Maximum*.
    - *Le Destrier*, p. de *Stuart*.
    - *Rayon d'Or*.
    - *Xaintrailles*.
    - *Zut*.
- *Surplice*, p. de *Florin*, p. de *Florentin*.
- *Tournament*, p. de *Gantelet*.

III. Waverley est le p. de *Don John*.

IV. Defence (sa mère, par Selim et Euryone), est le p. de *The Emperor* (sa mère, par Reveller et Design).

The Emperor est le p. présumé de *Monarque* (qui est également par *Sting* ou *The Baron*.

Monarque est le père de :

- *Hospodar*.
- **Gladiateur**.
- *Patricien*.
- *Trocadéro*, p. de *Bariolet, Mlle de Senlis, Satory, Fra Diavolo*, et *Narcisse*, p. de *Chêne-Royal* et *Aquorium*.
- *Consul*, p. de *Kilt, Nougat* (p. de *Farfadet*, p. d'*Ermak*), *Albion, Archiduc, Fripon* (p. de *Le Pompon*, p. de *Prestige* et *Biniou*).
- *Longchamp*.
- *Henry*.
- *Don Carlos*, p. de *Barberousse*.
- *Le Mandarin*.
- *Reine*.

(b) Whisker

Whisker est le père d'*Economist* (p. de *Harkaway*), *The Colonel* et *Echidna*.

Harkaway est le p. de *King-Lud*, p. *King-Tom*, p. *Kingcraft*, *Hannah* et *Saint-Angela*.

(c) Milton

Milton est le p. de *Vittoria*.

2° *Beningbrough* est le p. d'*Orville* (sa mère *Evelina*, par *Highflyer*) et d'*Andrew*.

Orville est le p. de
- *Emilius* (p. d'*Euclid*), *Plenipotentiary* (p. de *Nuncio*, p. de *Black-Prince*), *Priam*, p. de *Crucifix*.
- *Muley*, p. de *Muley-Moloch*, p. d'*Alice Hawthorn*.

Andrew est le p. de *Cadland*, p. de
- *Nautilus*
- *The Prime Warden*, p. de *Light*, p. de *Sornette* et *Bigarreau*.

(B) KING FERGUS

(sa mère, par *Black and all Black*, par *Crab*, par *Allcock's Arabian*)

est le père de 1° *Hambletonian*; 2° *Beningbrough*.

1° *Hambletonian* est le p. de *Whitelock*, p. de *Blacklock*; de *Camillus* p. de *Rowlston*, p. de *Volante*.

Blacklock est le p. de :
- *Brutendorff*, p. de *Physician*, p. de *Hetman Platoff*, p. de *The Cossack*, un des deux p. de *Stradella* (l'autre est *Father Thames*, par *Faugh-a-Ballagh*. (V. ci-dessus *Sir Hercules*, (a) *Whalebone*.)
- *Velocipede*.
- *Voltaire*, p. de *Voltigeur*, p. de :
  - *Barnton*, p. de *Fandango*.
  - *Charles XII*.
  - *The Ranger*.
  - *Vedette* p. de *Galopin*, p. de :
    - *Speculum*, p. de *Hagioscope*, p. de *Sefton*.
    - *Brio*.
    - *Donovan*.
    - *Galliard*.
    - *Saint-Simon*.

Galliard est le p. de *War Dance*, p. *Roxelane*; *Mordant* et *Perth* (p. de *Northeast*, *Sauge Pourprée*, *Magellan*, *Alcantara II*).

Saint-Simon p. de
- *Simonian*, p. *Nuage*, *La Française*, *Basse-Pointe*.
- *Childwick*, p. *La Camargo*, *Clyde*, *Négofol*.
- *Saint-Damien*, p. *Chéri*.
- *Florizel II*, p. *Doriclès*.
- *Rabelais*, p. *Verdun*.
- *Persimmon*, p. *Sceptre*, *Your Majesty*, *Prince Palatine*.
- *Diamond Jubilee*.
- *Lauzun*.
- *Saint-Bris*.
- *William the Third*, p. *Ronde-de-Nuit*.

(C) JOE ANDREWS

(sa mère par *Omnium*, par *Snap*)

est le père de *Dick Andrews*, p. de *Tramp*.

Tramp est le p. de
- *Liverpool*, p. de *Lanercost*, p. de *Van Tromp*.
- *Inheritor*.
- *Lottery*, p. de *Sheet-Anchor*, p. de *Weatherbit*.

Weatherbit est le p. de
- *Brown-Bread*, p. de *Hilarious*.
- *Beadsman*, p. de
  - *Blue-Gown*, p. de *Magician*.
  - *Pero-Gomez*, p. de *Peregrine*.
  - *Rosicrucian*
  - *The Palmer*.

(D) MERCURY

(sa mère par *Tartar*, par *Partner*, par *Jigg*, par *Byerly Turk*),
est le père de *Gohanna*, p. d'*Election* et *Golumpus*; celui-ci est le p. de *Mulatto* et de *Royal-Oak*.

Royal-Oak est le p. de
- *Poetess*.
- *Plover*.
- *Porthos*.
- *Jenny*.
- *Slane*, p. de *Payment* et de *Sting*, p. de *Jouvence*, *Échelle*, et *Monarque* (qui est également par *The Baron* ou *The Emperor*; voir ci-dessus IV, *Defence* (a) *Whalebone*).

II. — HEROD (Byerly Turk)

(par *Tartar* et *Cypron*; — *Tartar*, par *Partner*, par *Jigg*, par *Byerly Turk*; — *Cypron*, par *Blaze*, par *Flying-Childers*, par *Darley Arabian*),

est le père de (A) *Highflyer*; (B) *Woodpecker*; (C) *Florizel*; (D) *Phenomenon*.

(A) HIGHFLYER

(sa mère *Rachel*, par *Blank* (fils de *Godolphin*) et une fille de *Regulus*, également fils de *Godolphin*),

est le père de *Delpini* (père de *Timothy*) et de *Sir Peter Teazle* ou *Sir Peter*.

Sir Peter est le p. de : 1° *Walton*; 2° *Sir Paul*.

1° WALTON est le p. de *Phantom* (p. de *Cedric*, *Cobweb* et *Middleton*), *Rainbow* (p. de *Félix*, *Frank*, *Lydia* et *Hercule*, p. de *Lanterne*) et *Partisan* (p. de *Gladiator*, *Glaucus*, *Mameluke* et *Venison*.

Gladiator p. de
- *Sweetmeat*, p. de
  - *Macaroni*, p. de *Couronne-de-Fer*, *Mac-Gregor* et *Camelia*.
  - *Parmesan*, p. de
    - *Cremorne*.
    - *D'Estournelles*.
    - *Favonius*, p. de *Sir Berys*.
    - *Stracchino*.
- *Fitz-Gladiator* p. de
  - C ne, p. de
    - *Chamant*.
    - *Verneuil*.
  - *Mortemer*, p. de
    - *Clémentine*.
    - *Saint-Christophe*.
  - *Mon Étoile*.
  - *Orphelin*, p. de *Revigny* et *Montargis*.
  - *Palestro*.
  - *Gabrielle-d'Estrées*.
  - *Gontran*.
  - *Vertugadin*, p. de *Saxifrage* (p. de *Ténébreuse*, qui est également par *Mourle*, voir *Melbourne-Matchem*), *Saltéador*, *Saltarelle* et *Mondaine*.
- *Ventre-Saint-Gris*.
- *Mlle de Chantilly*.
- *Miss Gladiator*.
- *Aguila*.
- *Celebrity*.
- *Surprise*, mère de *Sornette*.
- *Brocoli*.
- *Constance*.
- *Capucine*.

Glaucus, p. de *The Nob*, p. de *The Nabob*, p. de
- *Bois-Roussel*, p. de *Clotho*.
- *Suzerain*.
- *Vermout*, p. de
  - *Boïard*.
  - *Enguerrande*.
  - *La Jonchère*.
  - *Perplexe*, p. de
    - *Perplexité*.
    - *Sycomore*.
    - *Ragotsky*.
    - *Fra Angelico*.
    - *Palais-Royal*, p. de *Fourire*, p. de *Moulins-la-Marche*.

Mameluke.
Venison, p. d'*Alarm* et *Kingston*.

2° Sir Paul est le p. de *Paulowitz*, p. de *Caïn*, p. d'*Ion*, p. de *Finlande* et de *Wild Dayrell*, p. de *Buccaneer* et d'*Idus*.

Buccaneer est le p. de
- *Formosa*.
- *Kinzcem*.
- *Kisber*.
- *See Saw*, p. de *Little Duck* (p. de *Champaubert*) et de *Bruce* (p. de *Wandora*).

Idus est le p. de *Vasistas*.

(B) WODPECKER

est le p. de *Buzzard*, p. de (1°) *Selim*, (2°) *Rubens* et (3°) *Castrel* (tous trois avec une fille d'*Alexander*) et (4°) *Chanticleer*.

1° SELIM est le p. de *Langar* et de *Sultan*.

Langar, p. de
- *Epirus*, p. de
  - *Pyrrhus the First*.
  - *Antonia*, mère de *Gabrielle d'Estrées* et de *Trocadéro*.
- Mr *Waggs*, p. de
  - *Hervine*.
  - *La Clôture*.
  - *Prédestinée*.
  - *Corbon*

Sultan, p. de
- *Bay Middleton*, p. de *The Flying-Dutchman*, p. de
  - *Dollar* (v. ci-dessous).
  - *Dutch-Skater*, p. d'*Insulaire*, *Dutch-Oven* et *Yellow*.
  - *Ellington*.
  - *Deliane*.
- *Glencoe*, p. de *Pocahontas*.

Dollar est le p. de
- *Salvator*, p. d'*Ossian* (vainq. du Saint-Léger, en 1883).
- *Saint-Cyr*.
- *Salvanos*.
- *Fontainebleau*.
- *Vignemale*, p. de *Merlin*.
- *Patriarche*, p. de *Lutin*.
- *Saumur*, p. de *Clamart*.
- *Sansonnet*, p. de *Courlis*.
- *Verte-Bonne*.
- *Almanza*.
- *Clio*.
- *Upas*, p. de
  - *Omnium II*, p. de *Kizil-Kourgan*.
  - *Elf*, p. de
    - *Sea Sick*.
    - *Nimbus*.
- *Androclès*, p. de *Cambyse*, p. de
  - *Gardefeu*.
  - *Codoman*.
  - *Callistrate*, p. de *Gost*, p. de *Badajoz*.

2° RUBENS, père de *Boabdil*.

3° CASTREL est le p. de *Pantaloon*, p. de *Elthiron* et *Windhound*, p. de *Thormanby* (qui est également par *Melbourne*, voir ci-après *Matchem*).

4° CHANTICLEER est le p. de *Bob Booty* et de *Sunbeam*.

(C) FLORIZEL

(sa mère, par une fille de *Cygnet*, fils de *Godolphin*)
est le père de *Diomed*, le vainqueur du premier Derby, p. de *Y. Giantess*.

(D) PHENOMENON

Phenomenon est le p. de *Stripling*.

III. — MATCHEM (Godolphin Arabian)

Godolphin est le père de (a) *Blank;* (b) *Regulus);* (c) *Cygnet;* (d) *Cade.*

(a) BLANK (sa mère, par *Bartlett's Childers*) est le p. de la mère de *Highflyer.*

(b) REGULUS (sa mère, par *Bald Galloway*, par *Saint-Victor's-Barb*) est le p. de la mère d'*Eclipse.*

(c) CYGNET (sa mère, par Crab) est le p. de la mère de *Florizel.*

(d) CADE (frère de *Regulus*) est le p. de *Matchem*, p. de *Conductor*, p. de *Trumpator*, p. (1°) de *Sorcerer* et (2°) *Paynator.*

1° *Sorcerer,* p. de
- *Comus,* p. de
  - *Humphrey Clinker*, p. de *Melbourne*. (V. ci-dessous.)
  - *Reveller*, p. de *Miss Annette.*
- *Smolensko.*
- *Soothsayer.*

Melbourne, p. de
- *Y. Melbourne,* p. de *General-Peel* et *The Earl.*
- *West-Australian,* p. de
  - *Ruy-Blas,* p. de *Nubienne, Serpolette II* et *Mourle,* père de *Ténébreuse* (également par *Saxifrage,* voir *Gladiator* — *Highflyer* — *Herod*).
  - *Solon,* p. de *Barcaldine,* p. de *Sir-Visto* et de *Winkfield,* p. de *Winkfields' Pride,* p. de *Finasseur,* *Quo Vadis* et *Lorlot.*
  - *Jeune Première.*
- *Blink-Bonny.*
- *Canezou.*
- *Sir-Tatton-Sykes,* p. de *Ronzi.*
- *Thormanby* (qui est également par *Windhound*, voir ci-dessus 3° *Castrel* (B) *Woodpecker* — *Herod*), p. de *Plaudit, Charibert* et *Atlantic.*

Atlantic est le p. de *Le Sancy, Fitz-Roya, Fousi-Yama* et *Le Capricorne,* p. de *Punta-Gorda.*

Le Sancy p. de
- *Le Sagittaire,* p. d'*Amer-Picon, Maintenon* et *Ossian.*
- *Le Samaritain,* p. d'*Isard II.*
- *Semendria.*
- *Palmiste.*
- *Ex-Voto.*
- *Le Justicier.*
- *Holocauste.*
- *Hébron.*
- *Chambertin.*
- *Champignol.*

2° *Paynator,* est le p. de *Bee's-Wing.*

II

LES FAMILLES DE BRUCE LOWE

Lors de l'apparition de l'ouvrage de M. Bruce Lowe, à la fin de 1892, nous avons dit tout le bien que nous en pensions et exposé en quelques lignes l'économie de son système.

Restait à l'analyser et à passer en revue chacune des 43 familles de poulinières qu'il a établies.

Une étude très lumineuse et très documentée avait paru sur la question, dans les numéros du *Jockey*, des 17 et 18 décembre 1910, sous la signature de M. Roger de Salverte, ancien officier des Haras, membre du Jockey-Club français, de la Société des Agriculteurs de France et du Syndicat des Éleveurs de pur sang.

Après une telle autorité, il était difficile de parler des Familles de Bruce Lowe, sans marcher sur les brisées de M. de Salverte.

Nous avons donc pensé que le mieux était de lui demander la permission de reproduire sa savante étude. Il nous y a très aimablement autorisé et nous lui en adressons ici nos plus sincères remerciements.

Ceci dit, nous laissons la parole à M. Roger de Salverte.

DES FAMILLES DE BRUCE LOWE
et des enseignements qu'il faut en tirer

> « Les grandes épreuves sont, en quelque sorte,
> l'apanage d'un petit nombre de familles. »

Des familles de Bruce Lowe.

La question la plus importante pour une poulinière est d'être de bonne origine. On ne peut le nier.

Les grandes épreuves sont, en quelque sorte, l'apanage d'un petit nombre de familles et ce sont toujours les mêmes juments qui produisent des gagnants.

D'où intérêt à se les procurer et à les conserver lorsqu'on les possède.

Autrefois, il était assez difficile de se rendre compte entièrement de l'origine des chevaux de pur sang et surtout de se faire une idée bien nette de la production de tous leurs proches.

En général, les chevaux qui existent à notre époque peuvent être remontés au moins jusqu'à la vingtième génération, et si l'on réfléchit que, par suite de la progression arithmétique, à cette génération ils possèdent un million quarante-huit mille trois cent soixante-seize grands parents sur la même ligne, on voit à quel travail il aurait fallu se livrer pour arriver à une connaissance complète de n'importe quel pedigree.

Aujourd'hui, grâce à Bruce Lowe, grâce surtout aux tables d'Hermann Gooz qui ont démontré la vérité de ce qu'il avait avancé, le travail a été rendu beaucoup plus facile : il est tout fait d'avance ; du premier coup d'œil, on en constate le résultat.

Le service rendu suffirait pour illustrer le nom de Bruce Lowe. Mais ce n'est pas le seul enseignement que l'on peut tirer de son système. En démontrant qu'à peine cent juments et deux cent quinze étalons sont les seuls éléments ayant servi à former la race de pur sang, il constate une consanguinité effrayante dans les descendants des cinquante juments qui ont fait souche, d'où, par conséquent, preuve irréfragable que *c'est par la consanguinité qu'on est arrivé à fixer les caractères de cette race* ; que c'est à *la consanguinité* qu'il faudra avoir recours lorsqu'on voudra produire un *animal extraordinaire*.

De plus, en classant les familles maternelles par ordre de mérite, selon les victoires qu'elles ont remportées dans les courses classiques, il permet de se faire une idée exacte de leur valeur.

Je ne m'arrêterai pas à la division des familles en familles de runners, de sires et d'outsiders. Ces divisions, en somme, ne prouvent qu'une chose : c'est que la plupart des grands chevaux de courses ont été produits par les familles 1, 2, 3, 4 et 5, et que les étalons et poulinières dont l'influence s'est fait le plus sentir dans l'ensemble de la production sont ceux issus des familles 3, 8, 11, 12 et 14.

Je ne le suivrai pas non plus dans les raisons qu'il donne pour expliquer comment des gagnants peuvent avoir pour origine certaines familles d'outsiders. Ces explications ne me paraissent pas suffisantes pour m'y arrêter et, du reste, me sont égales dans la pratique.

Je me bornerai seulement à trouver comme lui qu'il y a des *familles très supérieures aux autres*, et j'ajouterai que, dans ces familles, *certaines branches* l'emportent beaucoup pour la production des vainqueurs.

Ce sont ces familles et ces branches dont il faut s'occuper : ce sont les plus intéressantes et celles dont la culture pourra donner le plus de profit.

Les autres ne devraient intervenir dans la production que pour y apporter des éléments nouveaux.

Question de numérotage.

Et à ce sujet il me paraît que la question de numérotage n'est pas très importante, du moment qu'il ne s'agit plus des trois premières familles qui sont hors pair. C'est une classification un peu artificielle qui n'a qu'un but, donner la position respective des familles au moment où Bruce Lowe a écrit son ouvrage ; et, comme il le prévoit lui-même d'ailleurs, l'ordre dans lequel elles sont rangées doit subir des modifications avec le temps. Il n'est pas besoin de démontrer que certaines familles dégénèrent et que, par contre, certaines autres progressent : l'expérience de tous les jours nous en montre à chaque instant des exemples.

De la tribu et des juments porte-greffe.

Aussi je suis obligé de convenir, avec quelques auteurs, qu'il vaut mieux s'occuper de la tribu, c'est-à-dire *de la branche à succès d'une famille*, que de la famille elle-même : qu'une poulinière produisant des vainqueurs et fille d'une mère ayant produit des vainqueurs, quand bien même elle serait de la famille n° 39, comme la mère de *Vinicius* et de *Val d'Or*, doit être préférée à une jument de la famille n° 1 qui n'aurait rien produit et que six ou sept générations de parents inconnus aurait fait retomber dans l'obscurité.

Car qu'est-ce qu'une tribu ?

Une tribu est le résultat d'une combinaison qui n'a pas seulement réussi, mais qui a conservé de par elle assez de force de reproduction pour pouvoir devenir à son tour une base utile dans une nouvelle combinaison.

Qu'importe donc son numérotage. Qu'importe que sa souche maternelle agisse par son influence propre ou comme porte-greffe des qualités d'un étalon : il n'y a qu'à constater le fait et à s'en servir pendant qu'il est encore en valeur.

Les lois, qui ont été reconnues vraies pour la reproduction des plantes, restent aussi exactes, quoi qu'on en dise, quand on les applique à la reproduction des animaux.

Chez les animaux, comme chez les plantes, on ne peut pas créer de nouvelles espèces, mais on peut créer, dans l'espèce, des variétés soumises aux mêmes lois que les autres et possédant cependant des qualités propres que les autres ne possédaient pas au même degré.

Dans la plupart des familles on trouve des individus à qui la nature, par suite de certaines circonstances, a donné le pouvoir de fonder une variété à caractères transmissibles. Cette variété, une fois créée, se fixe, garde ses caractères généraux et agit comme si elle était race pure, soit qu'elle se perpétue intacte, soit qu'elle prenne sa place dans les croisements. *Ces individus*, pour ainsi dire, *perdent leur personnalité pour acquérir, en les multipliant, les qualités ou les défauts de la famille qu'ils viennent rajeunir : Sauvageons, ils sont devenus porte-greffe.*

Malheureusement, il ne suffit pas de fonder une variété pour la fixer ; tous les individus ne possèdent pas au même degré cette force de reproduction ; et bien des greffes, après avoir donné de bons résultats au début, s'arrêtant dès la première génération, ne fournissent plus rien par la suite :

Soit parce que leur souche n'était pas assez ancienne, soit parce que l'on n'a pas trouvé leur multiplicateur nécessaire.

Il faudrait donc attendre plusieurs générations pour être sûr de la qualité de sa tribu. Il semblerait par conséquent avantageux de s'adresser aux tribus les plus anciennes et les plus confirmées : les familles 1, 2, 3 ayant produit plus du tiers des vainqueurs des grandes épreuves, le nombre de leurs bonnes tribus est plus grand que celui des autres ; il paraîtrait tout indiqué de s'adresser à elles pour trouver des poulinières de choix.

Évidemment cette théorie a du charme et Bruce Lowe s'est chargé lui-même de la mettre en valeur, en nous racontant dans un chapitre spécial toutes les grandes écuries d'Angleterre qui avaient dû leur fortune aux poulinières de ces familles.

Cependant, il ne faut pas oublier qu'une race *ne peut se multiplier* indéfiniment *sans éprouver*, par intervalle, *des temps d'arrêt*, comme s'il lui fallait, entre chacun de ses efforts, *des moments de repos*.

Lorsque le résultat d'un croisement est arrivé à un certain point qui ne peut être dépassé pour son époque et qui est le maximum de ce qu'on peut obtenir dans le milieu ambiant où on l'a formé, *il ne peut rester stationnaire. Il lui faudra décroître*, s'il ne rencontre des éléments nouveaux capables de le multiplier.

C'est là la raison pour laquelle on constate dans les plus grands élevages *des périodes d'éclipse*.

Tout s'effrite à la longue. En acquérant une poulinière d'une tribu très en valeur, il pourrait très bien se faire que son nouveau propriétaire n'en recueille pas tous les bénéfices qu'il était en droit d'espérer.

Quatre ou cinq générations peuvent être indispensables pour permettre aux descendants de sa jument de reprendre sur le turf la place qu'elle avait occupée elle-même.

D'un autre côté, dans *presque toutes les familles*, on voit, à différentes époques, *se former des tribus* qui gagnent des courses.

Il ne faut pas oublier qu'*une seule bonne poulinière peut faire la fortune d'un élevage*, tandis que les descendants de *poulinières médiocres ou mauvaises* ne peuvent qu'*amener la ruine de ceux qui les possèdent*. Ruine ou fortune, cela mérite d'être considéré, et l'on ne saurait s'entourer de trop de précautions quand il s'agit de faire un choix d'où dépend peut-être l'avenir d'une écurie. Ces différentes raisons m'ont amené à examiner petit à petit toutes les familles de Bruce Lowe.

Je me suis aperçu d'abord que toutes n'avaient pas réussi également dans tous les milieux. On est bien obligé d'approprier les végétaux au sol et au climat où ils devront vivre. Pourquoi serait-on étonné qu'il en soit de même pour les chevaux de pur sang. A mesure que j'avançais dans ma tâche, je voyais les familles diminuer d'importance. Quelques-unes ne reposent que sur une seule jument, et si certaines ont eu leur valeur dès l'origine des courses, d'autres n'ont commencé à faire parler d'elles qu'à une époque plus récente.

Pour à peu près toutes, c'est la mère d'un grand vainqueur qui leur a servi de point de départ.

Pour beaucoup, on voit, à leur origine, le sang d'*Irish Birdcatcher* multiplié par celui de la famille n° 3, ou celui d'*Amazon* multiplié par celui de la mère de *Touchstone*.

Le sang de *Flying-Dutchman* s'est trouvé le meilleur pour multiplier ces deux croisements.

On trouve souvent à la base des multiplications qui ont réuni le nom de *Y. Melbourne*.

Le sang de *Thormanby* et celui de la famille n° 19 semblent aussi avoir servi de bases aux améliorations récentes.

Quelques tribus ont conservé à travers les années leurs caractères et leur force de production, elles ont pu être multipliées par elles-mêmes et leurs améliorations ne proviennent que d'elles.

D'autres se sont formées peu à peu, augmentant chaque jour la qualité de leurs descendants.

D'autres encore se sont substituées à d'anciennes familles qu'elles ont rajeunies, etc., etc.

Cette étude m'a paru utile; elle m'a fait comprendre davantage les qualités et les défauts de chaque famille. Je l'ai écourtée le plus possible, sachant bien que les nomenclatures sont toujours choses ennuyeuses et qu'il vaut mieux donner des idées d'ensemble que de s'appesantir sur les détails.

Je laisse à chaque lecteur la tâche d'appliquer mes idées à son cas particulier.

Famille n° 1. — Tregonwell's Natural barb mare.

Une jument semble à elle seule avoir fourni par sa descendance la plus grande partie des succès remportés par la famille n° 1.

C'est JULIA, née en 1756 (par Blank), qui a eu l'honneur d'être la souche des étalons *Whalebone, Whisker, Mortemer, Speculum, Dollar, Partisan, The*

Nob, Blue Gown, Trumpeter, Glencoe, Bay Middleton, Le Petit Caporal, Silvio, Lord Lyon, Bend'Or, Kilt, Orvieto, The Bard, Ladas, Cicero, etc., et a tenu, grâce à eux, une place prépondérante dans les améliorations de la race de pur sang.

Elle est représentée de nos jours par au moins une vingtaine de tribus qui ont toutes un certain mérite.

S'il fallait faire un choix parmi elles, je crois que je prendrais sans hésiter les descendances d'ELLEN HORN, née en 1844 (par Redshank), et de QUEEN BERTHA, née en 1860 (par Kingston), parce qu'elles ont gagné plus de courses classiques et qu'elles sont pour le moment plus à la mode.

Ce sont les mères et les grand'mères de JEANNETTE, FOOTLIGHT, ILLUMINATA, ROUGE ROSE, GERTRUDE, SPINNAWAY, WHEEL OF FORTUNE, etc., qui ont toutes créé des rameaux florissants à l'heure actuelle.

Mais, à côté de ces tribus de premier rang, d'autres méritent aussi de fixer l'attention.

Je me contenterai de citer parmi celles-ci : en Angleterre, la descendance de MYSTERY; en France, la descendance de VICTORIA, qui ont du reste des points de contact très rapprochés avec la descendance d'ELLEN HORN, puisqu'elles ont la même arrière-grand'mère.

Ces deux tribus semblent pour l'instant en pleine production et réussir particulièrement bien en France.

MYSTERY, née en 1842 (par Jerry), est l'ancêtre de *Saxon*, de *Canterbury, Pilgrim, Djeddah*, etc.

VICTORIA, née en 1840 (par Elisondo), est la mère de *Vera Crux* et de *Victorieuse*, et l'ancêtre de *Vasistas, Verdun, Violon II, Marsan*, etc.

Comme toutes les familles remarquables, la famille n° 1 a produit ses meilleurs vainqueurs par une consanguinité rapprochée sur sa propre famille.

Famille n° 2. — Burton's barb mare.

La famille n° 2 est certainement la plus nombreuse du Stud-Book et celle qui a l'air de réussir le plus facilement dans tous les milieux.

C'est par conséquent celle avec laquelle on a le plus de chance de créer une nouvelle variété remplissant le but que l'on s'est fixé.

Tous ses descendants sont de courses, et, s'ils ne remportent pas tous de grandes victoires, en général ils sont faciles à employer. Par contre, la plupart n'ont pas une classe très élevée, bien que la famille n° 2 ait gagné actuellement le plus de courses classiques en France et en Angleterre. Aussi voit-on tous les jours se former dans cette famille de nouvelles tribus qui méritent considération, sans atteindre malgré cela le premier rang.

Il serait impossible de les citer toutes.

Une mention spéciale doit être faite cependant pour la tribu de MARTHA LYNN, née en 1837 (par Mulato), et mère de *Voltigeur*, dont les quatre filles : EULOGY, née en 1843 (par Euclid); VOLLEY, née en 1845 (par Voltaire); MAID OF HART, née en 1846 (par The Provost), et VIVANDIÈRE, née en 1848 (par Voltaire), sont les souches d'un nombre incalculable de vainqueurs dans tous les pays.

Elles sont représentées principalement aujourd'hui :

En France : par les descendants de DELIANE, ARROGANTE et ERMELINE (sang de M. Lupin); par ceux de CLEMENTINA, la mère d'*Hébron* et du *Samaritain;* et ceux d'ÉTOILE-DU-NORD et d'HONORA (sang de M. de Lagrange);

En Angleterre et dans les autres pays : par les descendants de FLOWER OF

Dorsel, mère de *Friar's Balsam;* The Mersey, mère de *Carbine* et *Carnage;* The Slave, mère de *Lord Clifden;* Little Lady, mère de *Camballo;* Vénus; La Fille-du-Régiment; Cantine, grand'mère de Bal-Gal et Dutch-Oven, etc.

Parmi les autres tribus de la famille n° 2 qui ont produit de grands vainqueurs, il faut encore citer :

Les tribus de : Crucifix, née en 1837 (par Priam), mère de *Surplice*, l'ancêtre d'*Almanza*, d'*Arreau*, d'*Ajax* et d'*Adam*.

Industrie, née en 1835 (par Priam), mère de *Lady Evelyn* et l'ancêtre de *Sycomore*, *Chesterfield* et *Sainfoin*.

Georgina, née en 1829 (par Rainbow), mère de *Sérénade* et d'*Agar*, l'ancêtre de *Bois-Roussel*, *Patricien*, *Campêche*, *Cambyse*, etc.

Rigolboche, née en 1861 (par Rataplan), mère de *Cremorne* et *Mabille*, grand'mère d'*Eglentine* et de *Mazurka*, l'ancêtre de *Clyde*.

Bien qu'un grand nombre de ses membres aient montré une affinité marquée pour la famille n° 3, on peut dire que la famille n° 2 a bien réussi avec tous les croisements.

La famille n° 2 a produit comme principaux étalons : *Harkaway*, *Teddington*, *Blacklock*, *Sir Hercules*, *Saint-Albans*, *King of Trumps*, *Whitelock*, *Surplice*, *Voltigeur*, *Lord Clifden*, *Xaintrailles*, *Longchamps*, *Skirmisher*, *Trocadéro*, *Cremorne*, *Bay Archer*, *Patricien*, *Bois-Roussel*, *Cambyse*, *Carbine*, *Carnage*, *Camballo*, *Friar's Balsam*, *Melchior*, *Arreau*, *Chesterfield*, *Sainfoin*, *Ajax*, *Adam*, etc.

Il m'est impossible de les nommer tous tant ils sont nombreux.

Famille n° 3. — La mère des deux True blue.

C'est la famille par excellence des Sires, c'est-à-dire des reproducteurs.

La jument Amazon, née en 1799 (par Driver), a eu l'honneur d'être la souche des plus illustres tribus de cette famille.

Ses trois filles :

Y. Amazon, née en 1810 (par Gohanna),
Harpalice, née en 1814 (par Gohanna),
Antiope, née en 1817 (par Whalebone),

ont laissé après elles une postérité si importante qu'il est impossible actuellement de lire un pedigree sans voir leurs noms représentés un nombre considérable de fois.

Ce sont elles qui forment la base de l'amélioration de toutes les familles.

Elles sont capables de se multiplier entre elles, deux et trois fois, sans rien perdre de leur valeur.

Cela leur permet de se substituer à d'autres familles et de régénérer leurs variétés sur de nouvelles souches.

Je n'apprendrai à personne la place qu'occupe dans le Stud-Book les produits de Pocahontas, née en 1837 (par Glencoe).

Il n'est peut-être pas de grosses courses en France, en Angleterre ou en Allemagne qui n'aient été gagnées par les descendants ou les produits des descendants de cette poulinière extraordinaire.

Stockwell, *Rataplan*, *King-Tom*, *Knight-of-Kars*, *Knight-of-St-Patrick*, *Quicklime*, *Wellingtonia*, *Chamant*, *Rayon d'Or*, *Clover*, *Clamart*, etc., pour ne citer que des étalons, sont des noms connus de tous, aussi bien à cause de leurs succès dans les courses qu'à cause de leurs succès comme reproducteurs. Leur gloire a été si grande qu'elle a éclipsé celle de leurs cousins.

Il ne faudrait pas croire pour cela cependant qu'ils méritent d'être oubliés.

Tout récemment les produits de *Lauzun* viennent de nous montrer que la postérité de Boarding School Miss (demi-sœur de *Pocahontas*), née en 1841 (par Plenipotentiary), qui comptait déjà comme étalons *Knight-of-the-Garter* et *Narcisse*, conservait toujours sa valeur.

Une place encore meilleure devrait être donnée aux descendants d'Antiope, parmi lesquels on compte : *Isinglas, Bay Ronald* et surtout la tribu de *Vermeille*, née en 1853, par *The Baron*, la mère de *Vermout, Vertugadin, Vergogne, Verdure, Verte-Allure* et *Extra*.

Une des particularités les plus remarquables des tribus de la famille n° 3 est le besoin de consanguinité qu'elles éprouvent de nos jours.

Il semblerait actuellement que, dès qu'une jument remarquable a été produite, si l'on veut en faire une poulinière d'avenir, fonder avec elle une tribu, il faut la donner à un membre de sa propre famille.

Les exemples en sont nombreux.

La tribu d'Amazon a eu ses meilleurs représentants en mariant entre eux les membres de sa propre tribu ou en les croisant avec le sang de *Flying-Dutchman* (3).

Est-il besoin de citer à ce sujet :

Wellingtonia, produit de deux branches de la tribu de *Pocahontas*.

Clover, son fils, produit de trois branches de la tribu de *Pocahontas*, ou *Kizil-Kourgan*, qui est issue, par sa mère, d'une descendante de *Pocahontas* et d'un fils de *Vermout* (3), par son père en ligne mâle du croisement de *Wellingtonia* (3) et d'un fils de *Dollar (Flying-Dutchman* (3).

— C'est le croisement de *Flying-Dutchman* (3) avec sa cousine *Mérope* (3) qui a fait Flying-Duchess, la mère de *Galopin*, et *Galopin* (3) à son tour est un des meilleurs multiplicateurs de la famille n° 3.

— *Stockwell* (3) est le père de *Carine* (3), mère de *Bruce*; de *Corrie* (3), mère de *Corrie-Roy*; de *Stockhausen* (3), mère de *Stuart*.

— *King-Tom* (3) est le père de *Zéphyr* (3), mère de *Favonius*; d'*Hannah* (3), gagnante des Oaks; de *Tomato* (3) et de la fille de *King-Tom* (3), mère de *Perplexité*, etc.

— *Perplexité* (3) (par Perplexe, fils de Vermout (3), a eu ses meilleurs fils : *Fitz-Roya*, avec *Atlantic* (3), *Chêne-Royal*, avec *Narcisse* (3).

— *Vermout* (3) est le père de *La Reyna* (3), mère de *Campéador*, par *Atlantic* (3).

— *Rayon-d'Or* (3) est le père de *Riante* (3), mère de *Riposte* et *Ramleh* (par Grandmaster, un arrière-petit-fils de *King-Tom* (3).

— Enfin, *Toxophilite* (3) est le père de *Quiver* (3), mère de *Memoir* et *La Flèche*, dont le père *Saint-Simon* est le produit de la multiplication de *Galopin* (3) sur *King-Tom* (3).

On pourrait ajouter que jusqu'à ce jour le meilleur produit de *La Flèche* (3) est *John O'Gaunt* qu'elle a eu avec Isinglass (3).

John O'Gaunt est pour ainsi dire la quintessence de la famille n° 3, puisque son pedigree contient dans les quatre premiers degrés cinq fois le numéro de cette famille. Il s'annonce néanmoins comme un étalon hors ligne.)

Famille n° 4. — Layton violet barb mare.

Lorsqu'on examine avec attention la famille n° 4, on est étonné de constater comme elle a en général mal réussi en France. Tandis que les meilleurs chevaux d'Allemagne et d'Autriche descendent de cette famille, tandis qu'en

Angleterre les meilleurs chevaux de courses de ces dernières années paraissent en partie se localiser dans ses tribus les plus importantes, en France, elle n'a produit des vainqueurs remarquables qu'à titre d'exception. Ce n'est pas qu'elle y soit moins représentée qu'ailleurs.

Près de trois cents juments de la famille n° 4 sont inscrites au Stud-Book français, et depuis quelques années on y a importé les meilleures origines.

Malgré cela combien peu réussissent.

On peut citer : la mère du *Sancy*, Gem of Gems; sa cousine Nighean, mère de *Naïade*; Analogy, qui a fait *Elf* sur le tard ; Hawthorndale, mère de *Hauteur*; Chloris II, mère de *Cadet-Roussel III*; Sylphine et La Papillonne, dont les parents avaient mis quatre générations à s'acclimater, etc.

Et encore, pour ainsi dire, aucune de ces tribus n'a jusqu'à ce jour duré deux ou trois générations.

(Je fais exception pour *Escarboucle*, née en 1882 (par Doncaster et Gem of Gems), mère de *Fra Angelico*, qui du reste a été son seul bon produit; Sylphine, née en 1890, par Bruce, qui a l'air de se comporter comme une greffe de la famille n° 3, et La Papillonne, qui n'est qu'une greffe des sangs de M. Aumont.

Il y a certainement quelque chose qui ne convient pas à la famille n° 4 chez nous et qui rend difficile son acclimatation.

Quand on étudie les pedigree des meilleures tribus de cette famille, on est étonné de voir combien elles se ressemblent souvent peu entre elles.

Les cas de consanguinité n'y sont pas très rares, mais seuls l'ont fait avec succès les descendants d'Alice Hawthorn, soit entre eux, soit avec un petit nombre de branches de leur famille.

Exemples : *Le Sancy*, *Cadet-Roussel III*, etc.

La combinaison *Touchstone-Pocahontas*, comme toujours, est le point de départ de beaucoup de tribus. Toutes les combinaisons semblent d'ailleurs avoir réussi quand elles ont été faites dans un milieu qui leur convenait. Une certaine affinité existe cependant entre la famille 4 et les familles 1, 2 et 5, familles d'origine barbe comme elle.

Les meilleures tribus de la famille n° 4 sont :

Rebecca, née en 1821 (par Lottery ou Tramp), mère d'Alice Hawthorn (par Muley Moloch) et de Fair Helen (par Pantaloon).

Devotion, née en 1869 (par Stockwell), mère de *Thébaïs* et *Sainte-Marguerite*, toutes deux par *Hermit*.

Manganèse, née en 1853 (par Birdcatcher), mère de *Mandragora*, *The Miner*, *Mineral*, *Thursday*, *Minaret*, *Milliner*, qui toutes ont bien produit et qui toutes, sauf *Thursday*, qui est par *Thormanby*, sont par *Rataplan*.

Water Nymph, née en 1860 (par Colswood), mère de Kincsem (par Cambuscan), est l'ancêtre de beaucoup de grands vainqueurs, etc.

La famille n° 4 a produit beaucoup d'étalons parmi lesquels je me contenterai de citer :

Matchem, *Joe Andrews*, *Wenlock*, *Kisber*, *Common*, *Thormanby*, *Lord of the Isles*, *Le Sancy*, *Elf*, *Le Var*, *Rock-Sand*, etc.

Je dois faire remarquer qu'à l'encontre des poulinières, les étalons de la famille n° 4 ont très souvent bien réussi en France.

Famille n° 5. — The Massey mare.

Il est peu de familles qui aient aussi bien réussi en France que la famille n° 5. C'est la famille des animaux extraordinaires obtenus souvent par le croisement *in and in*; c'est la famille de *Gladiateur*. Elle s'est fait remarquer de tous temps par ses qualités de tenue.

Parmi ses tribus, on doit d'abord citer la tribu d'Odine, née en 1832 (par Tigris), d'où est sortie une partie de l'élevage de M. Aumont, race éminemment française qui encore aujourd'hui continue à donner les meilleurs résultats comme par le passé.

Elle est représentée de nos jours par les descendants de :

Camisole, née en 1857 (par Gladiator), ancêtre de *Champignol* et de *Chambertin*;

Fille de l'Air, née en 1861 (par Faugh a Ballagh), mère de *Reine*;

Capucine, née en 1857 (par Gladiator), grand'mère de *Modestie*;

Mademoiselle de Champigny, née en 1859 (par Faugh a Ballagh), ancêtre de *Calomel*;

La Fortune, née en 1862 (par Fitz-Gladiator), l'ancêtre de *Sesara*;

Orpheline, née en 1866 (par Orphelin), grand'mère de *Nature*, etc., etc.

Il ne faudrait pas non plus oublier en France la tribu de La Maladetta, née en 1855 (par The Baron), mère de *Vignemale*, qui a la même arrière-grand'mère maternelle que *Doncaster* et *Simonian*, ni celle de Fraudulent, née en 1843 (par Venison), mère de *Finlande* et de *Fornarina*, l'ancêtre de *Fontainebleau* et de *Galaor*.

On doit encore donner la première place aux tribus de Miami, née en 1843 (par Venison), ancêtre de *Galtee More* et de la jument française *Croix-du-Sud*.

Seclusion, née en 1857 (par Tadmor), mère d'*Hermit* et l'ancêtre de *Prince-William*, *Saint-Bris*, *The Quack* et *Oversight*; et de Madame Eglentine, née en 1857 (par Cowl), mère de *Rosicrucian* et l'ancêtre des chevaux français *Finasseur*, *Ex-Voto* et *Nuage*, etc.

Ces tribus ne sont pas les seules recommandables et beaucoup d'autres mériteraient d'être citées ici, si je n'étais borné par la place

La famille n° 5 a produit, par union de deux de ses branches entre elles, le cheval *Nuage*, le gagnant du Grand Prix de Paris de 1910. [*Nuage*, par Simonian (5) et Nephté (5)].

Elle est l'origine de beaucoup d'étalons célèbres parmi lesquels je citerai :

Defence, *The Emperor*, *Royal-Oak*, *Doncaster*, *The Palmer*, *Rosicrucian*, *Hermit*, *Nougat*, *Regain*, *Vignemale*, *Le Roi Soleil*, *Galtee More*, *Ard Patrick*, *The Quack*, *Saint-Bris*, *Ex-Voto*, *Chambertin*, *Champignol*, *Jardy*, etc.

Famille n° 6. — Old Bald Peg.

La famille n° 6, qui a produit autrefois des étalons comme *Cade*, *King-Fergus*, *Sorcerer*, *Priam*, *Langar*, *Plenipotentiary*, *See-Saw*, *Dauphin*, *Androclès*, *Flageolet*, *Gardefeu*, etc., subit actuellement une éclipse.

Seule, la tribu de Constance, née en 1843 (par Gladiator), a retrouvé une certaine célébrité, grâce surtout à la production de *Quetta*, née en 1882 (par Bend'Or), mère de *Grey-Leg* et *Frontier*, et grand'mère d'*Hammurabi*.

Je citerai encore pour mémoire la tribu de Schooner, née en 1862 (par Father Thames), mère de *Dauphin*, dont il reste, à l'heure actuelle, quelques descendants honorables.

Famille n° 7. — Darcy's Black legged Royal mare.

Comme toutes les familles qui descendent des Royal-Mares, la famille n° 7 s'est fait remarquer par la vitesse de ses descendants. Mais, famille très ancienne, elle paraissait tout indiquée pour servir de porte-greffe et, par conséquent, de base de multiplication à cette combinaison de *Galopin* sur la famille de *Pocahontas* qu'avait si heureusement réussie la famille n° 11, en produisant *Saint-Simon*.

L'union avec ce sang devait rendre cette famille illustre en lui donnant les qualités de tenue qui lui manquaient et en lui permettant par là de produire des animaux de premier ordre.

La meilleure tribu de cette famille est celle de GIBSIDE FAIRY, née en 1811 (par Hermès), qui partage avec celle de MYRRHA, née en 1831 (par Malek), la totalité des bonnes tribus de la famille n° 7.

La tribu de GIBSIDE FAIRY s'est divisée en une infinité de branches dont les deux principales sont :

Celle de MOWERINA, née en 1843 (par Touchstone), mère de *West-Australian* et arrière-grand'mère de *Donovan* (par Galopin), et de *Semolina* et *Rayburn* (par Saint-Simon), et celle de JEU D'ESPRIT, née en 1852 (par Flatcatcher), dont l'arrière-petite-fille *Vampire* (par Galopin) a produit **Flying-Fox** avec *Orme*.

La tribu de MYRRHA, — dont le meilleur rameau était il y a quelques années la postérité de *Spladash*, née en 1855 (par Amandale) : *Fervacques*, *Saltarelle*, *Saxifrage* et *La Flandrie* (les trois derniers par Vertugadin), — est représentée surtout aujourd'hui par les descendants de LA BELLE HÉLÈNE, née en 1866 (par Saint-Albans), grand'mère de PERDITA II (Hampton), mère elle-même de *Florizel II*, *Persimmon* et *Diamond-Jubilee*, tous les trois par *Saint-Simon*.

Les meilleurs étalons produits par la famille n° 7 sont : *Walton*, *West-Australian*, *Wild-Dayrell*, *Parmesan*, *Wisdom*, *Donovan*, *Florizel II*, *Persimmon*, *Diamond-Jubilee*, *Flying-Fox*, etc.

Famille n° 8. — Bustler mare.

La famille n° 8 mérite, d'après Bruce Lowe, d'être appelée famille de Sires, comme du reste les familles 3, 11, 12 et 14.

On y remarque deux grandes tribus principales :

La tribu d'une FILLE DE SOUTHSAYER, née en 1815, et la tribu de BEE'S WING (par Doctor Syntax), née en 1833.

1° La tribu d'une FILLE DE SOUTHSAYER s'est subdivisée de nos jours en un grand nombre de rameaux, dont les meilleurs sont :

Les descendants de MISS CRAVEN, née en 1824 (par M. Lowe), qui, dans les courses au galop comme dans les courses au trot, ont toujours occupé en France les premiers rangs ; comme pur sang, ils sont représentés aujourd'hui par la tribu de *Lady Clocklo*;

Les descendants de PHYSALIS, née en 1841 (par Bay Middleton), ancêtre de *Monarque* (le fils de *Destinée*), de *Brother-to-Strafford* et de *Krakatoa*;

Et surtout les descendants de PERGOLA, née en 1860 (par The Baron), qui revit de nos jours par la production si remarquable de ses petites-filles ou arrière-petites-filles *America*, *Perlina*, *Cromatella*, *Presta*, *Brienne*, etc.

2° La tribu de BEE'S WING, qui ne commence vraiment qu'à *Woodbine*, sa petite-fille, est surtout célèbre par les descendants de VIOLET, née en 1864 (par Thormanby), ancêtre de *Melbourne*, *Mistress Butterwick*, etc., et de FÉRONIA, née en 1868 (par Thormanby), mère de *Saint-Serf* et grand'mère d'*Ayrshire*.

Cette tribu de BEE'S WING montre bien la marche que suit souvent une tribu pour arriver à son complet développement.

Issue d'une propre sœur de *Newminster*, Honeysuckle, née en 1851 (par Touchstone), elle ne s'est perpétuée que par *Woodbine* (par Stockwell); il lui a fallu donc deux croisements pour devenir une base.

Mais, formant un croisement que j'appellerai complet, cette base a été capable d'être multipliée, et, dès la génération suivante, elle a pu produire des vainqueurs de toutes les courses classiques.

Les principaux étalons fournis par la famille n° 8 sont : *Caïn, Orville, Humphrey Clinker, Newminster, Sir Tatton Sykes, Mars, Montargis, Lutin, Saint-Serf, Melton, Ayrshire, Krakatoa*, etc.

Famille n° 9. — The Vintner mare.

Cette famille a l'air en ce moment d'être en pleine production.

Si elle ne compte pas encore parmi ses enfants un grand nombre de vainqueurs de bonnes courses, elle semble du moins capable de produire des étalons vraiment améliorateurs.

Sa meilleure tribu est celle de Maid of Masham, née en 1845 (par Don John).

De Maid of Masham, sont issus les étalons *Pythagoras, Peregrine, Son o'Mine, Van Diemen's land, Whittier, Gulliver, Winkfield's Pride, Saint-Damien, Cyllene, Darley Dale*, etc., etc.

Maid of Masham a légué à ses descendants une aptitude particulière pour le terrain lourd.

La famille n° 9 a produit aussi dans ses autres tribus les étalons *Mercury, Dick-Andrews, Daniel O'Rourke, Warlock, Bendigo, Kilwarlin*, etc.

Famille n° 10. — Childer's mare.

La famille n° 10 est une des familles les plus estimées du Stud-Book. Elle a toujours brillé par le fond.

Sa tribu la plus remarquable est celle de Queen Mary, née en 1843 (par Gladiator)

Queen Mary a eu quatorze produits qui, tous, poulinières ou étalons, se sont montrés dignes de leur mère. Leur postérité mériterait de faire prime sur le marché, car elle compte des animaux remarquables dans tous les pays d'Europe et d'Amérique. Elle est l'ancêtre de *Blinkhoolie, Blinkbonny, Caller Ou, Blair Athol, Hampton, Tristan, Fenek, Watercress, Glocke, Dorn, Quélus, Sperber, Royal-Balsam, Beldame*, etc.

Les autres tribus de la famille n° 10 n'ont pas cette envergure et ne méritent pas, à beaucoup près, la même estime.

La meilleure après elle doit être celle de Torment, née en 1850 (par Alarm), — jument célèbre pour avoir donné le jour à des trimeaux qui ont vécu et ont produit à leur tour, — mère de *Tormentor* et grand'mère de *Petrarch*.

Famille n° 11. — Sedbury Royal mare.

La famille n° 11 n'a pas, jusqu'à ce jour, produit de tribus ayant une très longue durée. Par contre, elle en a produit beaucoup, et quelques-unes d'entre elles ont joué un rôle important dans les courses et dans la production.

On ne doit pas oublier que *Irish Birdcatcher, Thunderbolt, Kingcraft, Saint-Simon, Orme*, etc., sont des étalons de la famille n° 11.

Son sang est le complément nécessaire de celui de la famille n° 3; elle a une affinité particulière pour lui ; elle lui apporte un adjuvant ; elle préside à ses multiplications. C'est ainsi qu'elle a produit *Saint-Simon*.

Mais toutes ses tribus ne sont pas pareilles ; et, à côté de celle de Saint-Angela, née en 1865 (par King-Tom), dont les descendants montrent bien par leur apparence leur parenté avec la tribu de *Pocahontas*, combien d'autres qui ne leur ressemblent pas.

On dirait que cette famille change de forme selon les étalons avec lesquels on l'a mise.

Elle se plie à tous les types et à toutes les aptitudes. Cela m'a donné à penser qu'elle devait agir surtout comme porte-greffe des qualités des autres.

Il y a, dans les arbres, des porte-greffe qui donnent aux fruits un goût plus délicat que n'auraient ces mêmes fruits poussés sur d'autres porte-greffe, ou même sur la souche primitive de l'espèce.

Elle doit être de ceux-là.

Les principales tribus de cette famille existant à l'heure actuelle avec celle de *Saint-Angela*, sont celles de :

May Pole, née en 1886 (par Silvio), qui, avec *Callistrate*, a eu *May Queen* et *Rose-de-Mai*;

Flower-Girl, née en 1866 (par Orlando), grand'mère de *Dancing-Maid* et de *Triumph*;

Hazledean, née en 1872 (par Cathedral), ancêtre d'*Amandier* et d'*Epsom-Lad*;

Woodcraft, née en 1861 (par Voltigeur), mère de *King-Craft*;

Czarina, née en 1871 (par King-Tom), grand'mère d'*Airlion* et de *Cherbourg* et propre sœur de la mère de *Royal-Hampton*;

Empress, née en 1861 (par King-Tom), mère de *Chislehurst* et arrière-grand'mère de *Nunthorpe* et *Queen's Birthday*, etc.

La famille n° 11, descendant d'une Royal mare, devait être à l'origine remarquable par sa vitesse.

Famille n° 12. — Royal mare.

La famille n° 12 a eu l'honneur de produire le cheval Eclipse (par Marske), un cheval phénomène, le cheval le plus vite dont parle l'histoire des courses.

Du reste, elle a fourni à toutes les époques des étalons de vitesse qui, grâce à cette qualité, ont occupé une grande place dans l'amélioration de la race de pur sang.

Parmi ceux-ci, il faut citer :

Sheet-Anchor, The Nabob, Marsyas, Kingston, Scottish Chief, Weatherbit, Adventurer, Oxford, Springfield, Lexington, Sterling, Prince Charlie, Le Hardy, etc.

C'est la famille la plus vite du Stud-Book et celle qui, dans le croisement, sait le mieux infuser aux autres cette qualité.

Enfin, elle peut se multiplier par la consanguinité sans rien perdre de sa valeur.

Sa meilleure tribu descend de Proserpine, née en 1766 (par Marske) et propre sœur d'*Eclipse*.

Elle est représentée de nos jours principalement par le rameau de Tomyris, née en 1851 (par Sésostris), mère d'*Hester* et grand'mère de *Prince Charlie*, et le rameau d'Espoir, née en 1841 (par Liverpool), d'où descend *La Camargo*.

La famille n° 12 a fondé plusieurs tribus en Amérique, où elles jouissent d'une légitime réputation.

En France, il faut noter la descendance de Frisky Matron, née en 1879 (par Cremorne), mère de *Chalet, Kerlaz* et *Justitia;*

Celle de Virtue, née en 1865 (par Stockwell), mère de *Grâce* et grand'mère de *Gamin;*

Celle de Lolle, née en 1886 (par Bay-Archer), mère de *Monsieur Gabriel*, etc.

En Angleterre :

Celle d'Hersey, née en 1842 (par Glaucus), demi-sœur de *The Nabob* et ancêtre d'*Albania*, née en 1876 (par Saint-Albans), mère de *Le Hardy;*

Celle de la Fille de Lord-Lyon, mère de *Mimi* et de *Priestess*, etc.

La famille n° 12 a toujours eu une affinité particulière pour les familles n° 2 et n° 3.

Famille n° 13. — Grey Royal mare.

Cette famille, d'après certains auteurs, est peut-être la souche de la famille n° 11, qui ne serait alors elle-même que son rameau le plus en valeur.

En tous cas, la meilleure tribu de la famille n° 13, telle qu'elle existe aujourd'hui, paraît être celle de Kite, née en 1821 (par Bustard).

Cette tribu a eu l'honneur de produire les étalons *Orlando, Ruy-Blas, Beadsman, Richelieu, Albert-Victor, Little-Duck, Maximum*, etc.

Elle s'est perpétuée de nos jours par un certain nombre de poulinières intéressantes, parmi lesquelles il faut citer :

Fairwater, née en 1858 (par Loup-Garou), l'ancêtre de *Saint-Léon, Melton Queen, Sirdar*, etc.;

The Princess of Wales, née en 1862 (par Stockwell), mère d'*Albert-Victor, George-Frederick*, etc.;

Stray-Shot, née en 1872 (par Toxophilite), mère de *Shotover* et arrière-grand'mère de *Quérido;*

Rosati, née en 1856 (par Gladiator), mère de *Ruy-Blas* et ancêtre de *Roitelet;*

Mademoiselle de Chantilly, née en 1854 (par Gladiator), mère de *Mlle de Charolais*, et *Promise*, grand'mère de *Californie, Isménie* et *Urgence*, etc.

Famille n° 14. — The Old field mare.

On ne sait rien de l'origine de cette famille, mais on l'a toujours considérée comme étant de race pure.

Par ses enfants *Touchstone* et *Macaroni*, elle occupe une place prépondérante dans l'origine des chevaux actuels. On peut dire que son sang est indispensable à la formation des bonnes tribus et qu'il doit être uni à celui de la famille d'*Amazon* pour produire tout son effet.

Boadicea, née en 1807 (par Alexander), est le véritable point de départ de cette famille. Ses filles : Étiquette, née en 1820 (par Orville), ancêtre de *Leamington, Geheimniss, Palissandre* et *Pretty Polly;* — Bertha, née en 1821 (par Rubens), arrière-grand'mère d'*Hippia;* — Banter, née en 1826 (par Mr Henry), mère de *Touchstone* et grand'mère de *Macaroni*, accaparent à elles seules toutes les bonnes tribus de la famille n° 14, moins une, celle dont est issu *Buccaneer*.

Famille n° 15. — Royal mare.

Bonne famille de second ordre.

A retenir principalement la tribu de Swallow, née en 1885 (par Cotherstone), grand'mère de *Skylark, Leap-Year, Harvester, Rome, Vanneau, Widgeon*, etc., et peut-être celle de JAMAÏCA, née en 1871 (par Lexington), mère de *Foxhall*.

N'a pas encore produit d'étalon vraiment célèbre.

Famille n° 16. — Sister to Stripling.

C'est une FILLE DE DON JUAN, née en 1823, qui est la vraie fondatrice de cette famille qui, jusqu'à elle, n'avait aucune importance, n'ayant encore compté aucun grand vainqueur.

Depuis elle, peu à peu on a vu la tribu s'améliorer. Pendant quarante ans sa production n'a été qu'honorable. Mais à partir de MISS AGNÈS, née en 1850, (par Birdcatcher), à toutes les générations elle est devenue meilleure, au point qu'elle atteint aujourd'hui le premier rang et qu'elle est considérée partout comme une des plus précieuses du Stud-Book.

C'est la famille d'*Ormonde*, un des animaux les plus extraordinaires produits par la race de pur sang.

Il est à remarquer qu'à peu près tous les bons rameaux actuels ont comme point de départ une fille de *Macaroni* et qu'il a fallu, pour qu'ils acquièrent toute leur valeur, qu'ils rencontrent le sang de *Bend'Or*.

En voici quelques exemples :

AGNETA, née en 1879 (par Macaroni), mère de *Medora* (par Bend'Or), mère elle-même de *Zinfandel* (par Persimmon) ;

BONNY-JEAN, née en 1880 (par Macaroni), mère de *Orle* et *Latriona* (par Bend'Or) ;

LILLY-AGNES, née en 1871 (par Macaroni), mère de *Ormonde* et *Ornament* (par Bend'Or), et grand'mère de *Sceptre* (par Persimmon) ;

TIGER-LILY, née en 1875 (par Macaroni), mère de *Martagon* (par Bend'Or) ;

WINDERMERE, née en 1880 (par Macaroni), mère de *Kendal*, et *Rydal* (par Bend'Or), dont la fille *Rydal-Mount* (également par Bend'Or), a produit *Troutbeck*;

LIZZIE-AGNES, née en 1878 (par Macaroni), mère d'*Ortegal* et *Orwell* (par Bend'Or) et grand'mère d'*Octagon*, etc.

On ne pourrait citer qu'une seule véritable exception à cette règle, c'est la tribu d'ABBESSE DE JOUARRE, née en 1886 (par Trappist) (1), l'ancêtre de tant de chevaux allemands illustres, et elle ne fait, en somme, que la confirmer.

La mère d'*Abbesse de Jouarre* étant par *Carnival* (14), qui est fils de *Sweetmeat* comme *Macaroni* (14), et, par sa mère, de la même tribu que lui, puisqu'elle était sa demi-sœur (*Volatile*, par Bucktorn et Jocose (14). Son père *Trappist* est de la famille n° 1 comme *Bend'Or*, seulement par Hermit-Touchstone (14).

La première course classique gagnée par un membre de la famille n° 16 est le prix de Diane de 1872, remporté par *Little-Agnes*.

Famille n° 17. — Byerley Turk mare.

La famille n° 17 a certainement mieux réussi en France que partout ailleurs.

Elle a fourni les étalons *Zouave, Don Carlos, Cymbal, Beau-Brummel, Verneuil, Zut, Révérend, Rueil, Callistrate, Launay, Macdonald, Rataplan*, etc.

La plus grande partie de ses succès revient à la tribu de THE BIDDY, née en 1839 (par Bran), qui est la grand'mère à la fois de *Dulcibella*, née en 1857 (par Voltigeur) ; de *Regalia*, née en 1862 (par Stockwell), et de *Latakia*, née en 1866 (par Polmoodie), dont les descendants sont connus de tous.

Une mention spéciale doit être aussi faite pour la tribu de RÊVERIE, née en 1873 (par Marignan), ancêtre de *Révérend*, *Rueil* et *Rataplan*.

Famille n° 18. — Woodcock mare.

D'une façon générale, la famille n° 18 n'a pas réussi en France, et cela est d'autant plus extraordinaire qu'on y a justement importé les deux seules juments de cette famille qui aient gagné les Oaks : SUMMERSIDE, née en 1856 (par West-Australian), et FORMOSA, née en 1865 (par Buccaneer).

Par contre, la famille n° 18 a parfaitement réussi en Allemagne où elle est très florissante.

Les étalons *Poulet*, *Bocage*, *Le Pompon*, *Boudoir*, *Ivoire*, etc., sont issus de la famille n° 18.

Les meilleurs représentants français actuels de la famille n° 18 sont les descendants de DUCHESS-OF-ATHOL (par Blair-Athol et Ivoire), qui s'est perpétuée par sa fille *Optima* (par Plutus).

Famille n° 19. — Woodcock mare.

La famille n° 19 prend tous les jours plus d'importance. Mais c'est surtout en France qu'elle a montré toute sa qualité.

Elle s'y plaît d'une façon particulière et y a réussi souvent dès la première génération.

Les exemples en sont nombreux :

PARTLET, née en 1849 (par Birdcatcher), est la mère de *Mercédès*, *Postérité*, *Jeune-Première*, *Perçante*, *Patriarche*;

POLLY-PERKINS, née en 1863 (par Parmesan), est la mère de *Polyeucte*;

ROSEMARY, née en 1870 (par Skirmisher), est la mère de *Quolibet* et d'*Upas*;

ISOLINE, née en 1860 (par Ethelbert), est la mère de *Braconnier* et de *Saint-Christophe*;

ENERGETIC, née en 1870 (par Lord-Lyon), est la mère d'*Ermak*;

THE GARRY, née en 1872 (par Breadalbane), est la mère de *Saint-Gall* et de *Le Glorieux*; etc.

La tribu la plus fameuse de la famille n° 19, au moins de toutes celles qui ont pu exister en France, est celle qui descend d'ADA, née en 1824 (par Whisker), ancêtre de *Plaisanterie*. Ses descendants ont gagné chez nous toutes les grandes courses. Ils forment avec ceux d'ODINE, dont j'ai déjà parlé à propos de la famille n° 5, et ceux de VERMEILLE de la famille n° 3, de VICTORIEUSE de la famille n° 1, de MARTHA LYNN et de GEORGINA de la famille n° 2, et de PERGOLA de la famille n° 8, probablement les meilleures et les plus anciennes tribus de tout l'élevage français.

Les meilleurs étalons de la famille n° 19 ont été :

Monarque, *Cambuscan*, *Vedette*, *Isonomy*, *Retreat*, *Childwick*, *Ermak*, *Upas*, *Sir Hugo*, *Count-Schomberg*, *Gallinule*, etc.

Famille n° 20. — Daffodil's dam.

La famille n° 20 n'est représentée en France que par quelques rares juments qui ont souvent produit de bons chevaux à la première ou à la deuxième génération, comme :

SLY, née en 1874 (par Strathcoman), grand'mère de *Le Sagittaire*;

BELLA, née en 1873 (par Breadalbane), mère de *Heaume;*
BYFLEET, née en 1876 (par Blair-Athol), mère de *Dinette* et grand'mère de *Quintette.*

Sa meilleure tribu est celle de JENNY-DIVER, née en 1866 (par Buccaneer), souche maternelle des étalons *Saint-Florian, Chittabob, Doriclès, Véronèse,* etc.

Famille n° 21. — Moonah barb mare.

Famille assez ordinaire qui a donné en France *Dotma Baghtché.*
Sa meilleure tribu est celle de ANONYMA, née en 1859 (par Stockwell), qui a produit *Lonely* (par Hermit).
C'est la famille de *Longbow* et de *Sweetmeat.*

Famille n° 22. — Belkrade Turk mare.

Deux tribus se détachent de cette famille :
PARMA, née en 1864 (par Parmesan), grand'mère de *Saint-Frusquin;* et surtout VÉNUS, née en 1840 (par Sir Hercules), d'où descendent les étalons : *Kerym, Farfadet, Saint-Blaise, Candlemas, Insulaire, Merry-Hampton, Omnium II,* etc.
C'est la famille de *Sting,* de *Gladiator* et de *Fripon.*

Famille n° 23. — Duke of Kingston's Piping Peg.

La famille n° 23 renferme un certain nombre de tribus intéressantes :
CYPRIAN, née en 1833 (par Partisan), ancêtre de *Songtress, Limasol, Queen of Cyprus, Galette,* etc.;
KALLYROE, née en 1872 (par Belladrum), a produit (avec le frère de sa mère, Solon) *Barcaldine;*
MUSIC, née en 1866 (par Stockwell), mère d'*Ossian* et grand'mère de *Thaïs;*
STAR OF PORTICI, née en 1871 (par Heir-at-Law), mère de *Signorina;*
BABETTE, née en 1849 (par Faugh-a-Ballagh), compte dans sa descendance *Miguel, Lowland Chief, Hagioscope, Bariolet* et *Praline.*
Cette famille s'est fait remarquer par sa tenue.

Famille n° 24. — Helmsley Turk mare.

La famille n° 24, dont le plus grand titre de gloire est d'avoir produit *The Baron* et *Camel* (père de *Touchstone*), a été peu représentée en France.
On y compte cependant parmi ses tribus la descendance de FROLICSOME, née en 1865 (par Weatherbit), mère de *Frontin,* et celle de GRINGALETTE, née en 1848 (par Royal-Oak), grand'mère de la meilleure jument qu'il y ait eu peut-être en France, *Sornette* (par Light), et la souche maternelle de *Le Nord* et *Le Nicham II.*

Famille n° 25. — Brimmer mare.

Est représentée aujourd'hui surtout par la tribu de GLADIA, née en 1874 (par Tournament), mère de *Gouverneur, Georgina, Gouvernail, Gouvernante,* et grand'mère de *Genevraye, Gospodar, Governor, Gouvernant, Génial,* etc.
C'est la famille de *Y. Melbourne.*

Famille n° 26. — Merlin mare.

Famille de *King-Herod*.
La meilleure tribu qu'il y ait eu en France de cette famille est celle de Péripétie, née en 1866 (par Sting), mère de *Perplexe*, *Prenez-Garde* et arrière-grand'mère de *Ronde-de-Nuit*.

A noter en Angleterre la descendance d'Electric-Light, née en 1876 (par Sterling), mère de *Bill-of-Portland*.

Famille n° 27. — Spanker mare.

La famille n° 27 ne comprend en somme que deux tribus :
La meilleure commence à Ennui, née en 1843 (par Bay-Middleton), qui avait bien produit déjà *Saunterer*, *Pero-Gomez* et *Suzerain*, mais qui s'est fait surtout connaître par la descendance de Lady Roden, née en 1856 (par West-Australian). C'est l'ancêtre de *Phœnix*, *Energy*, *Enthusiast*, *Ragotsky*, *Semendria*, etc.

Une autre petite tribu issue de la demi-sœur de *Prime Minister*, Harriot, née en 1849 (par Gladiator), a produit dans ces dernières années *Artœmis* (par Verneuil), la mère d'*Alençon*.

Famille n° 28. — Mare by Place's White Turk.

A retenir pour la France dans cette famille, les juments Boutade, née en 1877 (par Trocadéro (2), mère de *Bérenger* (par The Bard), et Campanule, née en 1891 (par The Bard), la mère de *Codoman*, par Cambyse (2).
C'est la tribu d'*Emilius*, de *Barbillon* et de *Dalesman*.

Famille n° 29. — Arabian mare.

N'a rien produit de remarquable pour la France depuis longtemps.
C'est la tribu de *Rainbow*, *Rowton* et *Faublas*.

Famille n° 31. — Dick Burton's mare.

Une seule tribu, celle de Canezou, née en 1845 (par Melbourne), a encore une certaine importance, mais elle n'a pour ainsi dire rien produit en France depuis *Boïard*.
Elle est la souche maternelle de *King-of-the-Forest*.

Famille n° 32. — Royal mare Dodsworth's dam.

Famille d'*Allez-y-gaiement*, *Fitz-Gladiator*, *Merlin* et *Mirabeau*.
Elle est peu représentée aujourd'hui en France.

Famille n° 34. — Hautboy mare.

Son meilleur cheval récent en France a été *Ganymède*.

Famille n° 35. — Bustler mare.

A produit en France *Consul*.
La tribu de LADY-LIFT, née en 1844 (par Sir Hercules), mère de *Consul*, est encore représentée honorablement de nos jours.

Famille n° 36. — Curwen Bay barb mare.

S'est fait peu connaître. C'est la famille d'*Economist*.

Famille n° 39. — Mare by a Parsian Stallion.

Est un exemple frappant des juments porte-greffe.
Famille absolument inconnue jusqu'à WANDORA, née en 1887 (par Bruce), mère de *Val d'Or* et de *Vinicius*, qui est la seule jument remarquable de la famille.
Cette greffe a été obtenue en croisant, sans interruption, trois fois de suite sa souche maternelle avec des étalons de la famille n° 2, puis trois fois de suite avec des étalons de la famille n° 3.

```
                       ⎧ Buccaneer 14.....  ⎧ Wild Dayrell 7.
           ⎧ See-Saw 6.⎨                     ⎨ F. de Little-Red-Rover 37.
           ⎪            ⎩ Margery Daw......  ⎧ Brocket (1).
   Bruce 3.⎨                                 ⎩ Protection.
           ⎪            ⎧ Stockwell 3.......  ⎧ The Baron 2'.
           ⎩ Carine...  ⎨                     ⎩ Pocahontas.
                        ⎩ Mayonnaise........  ⎧ Teddington (2).
39 Wandora (1887).                            ⎩ Pic-Nic.
                        ⎧ Parmesan 7........  ⎧ Sweetmeat 21.
           ⎧ Favonius 3.⎨                     ⎩ Gruyère.
           ⎪            ⎩ Zéphyr............  ⎧ King-Tom 3.
 Windfall. ⎨                                  ⎩ Mentmore Lass.
           ⎪                ⎧ Plum-Pudding 3. ⎧ Sweetmeat 21.
           ⎩ Christmas Fare.⎨                 ⎩ Foinnualla.
                            ⎩ Linda........  ⎧ Teddington (2).
                                              ⎩ F. de Tulip.
```

Famille n° 42. — Spanker mare.

A eu, dans ces dernières années, quelques descendants d'ordre moyen, sans former à proprement parler de tribu. On pourrait peut-être citer en premier les descendants de DRESDEN-CHINA, née en 1876 (par Highborn), et ceux de GENTLE JANE, née en 1878 (par Y. Melbourne).

Famille n° 43. — A natural barb mare.

Dans cette famille, la jument GEORGETTE, née en 1839 (par Hœmus), avait eu il y a quelques années une postérité remarquable. C'est la **mère de Géologie**, grand'mère d'*Étoile-Filante*, arrière-grand'mère d'*Astrée*, mère elle-même de *Firmament* et d'*Aérolithe*.

Famille n° 44.

C'est la famille de *Le Destrier*, né en 1877 (par Flageolet et LA D'HEUNE, par Black-Eyes), qui est à peu près son seul descendant remarquable.

Famille n° 45. — Y. Cade mare. = Famille n° 47. — Spectator mare. Famille n° 49. — Whitenose mare.

Ces familles n'ont pas encore beaucoup fait parler d'elles. Elles ne doivent pas, du reste, être représentées actuellement dans le Stud-Book français.

Les familles n°ˢ 30, 33, 37, 38, 40, 41, 46, 48 et 50 sont éteintes.

CONCLUSION

Dans ce simple aperçu des familles de Bruce Lowe, je n'ai pas voulu classer par ordre de mérite toutes les bonnes tribus de ces familles.

C'est un travail qui doit être fait par chaque éleveur pour son cas particulier. Il n'est pas identique dans toutes les circonstances. Il dépend *du milieu ambiant dans lequel l'éleveur se trouve placé, du but qu'il cherche à atteindre et qui doit varier selon les conditions du moment, selon qu'il veut s'orienter vers tel ou tel modèle, vers telle ou telle aptitude.*

Plus loin de moi encore l'idée de croire qu'en dehors des tribus que j'indique il n'y a pas de salut, et qu'il faut supprimer impitoyablement du Stud-Book toutes les juments dont les ancêtres n'ont pas montré de qualités extraordinaires.

Je sais que les combinaisons de sang se renouvellent tous les jours; que certaines souches vieillissent et ont besoin d'être rajeunies; que d'autres, à cause de l'obscurité dans laquelle elles ont vécu, se trouveront, à leur heure, plus aptes que les anciennes pour les améliorations nouvelles.

Qu'en un mot, toujours il se formera de nouvelles tribus, et qu'il faut espérer que quelques-unes d'entre elles deviendront supérieures.

Je n'ai donc eu pour but que de fournir des indications générales en constatant le plus brièvement possible et sans commentaires les résultats acquis. J'ai voulu montrer comment on devait étudier les origines des chevaux; cela m'a paru plus utile que de faire entièrement le travail moi-même.

Obligé de me restreindre, à cause du cadre, je n'ai pu donner à ce sujet tous les développements qu'il comportait. Ceux qui savent lire entre les lignes pourront, malgré cela, je l'espère, en tirer quelques enseignements.

En comparant les différentes tribus entre elles, ils découvriront peut-être les éléments qui ont présidé à leur formation, les aptitudes dont elles sont dépositaires, les milieux qui leur conviennent. Ils y verront surtout la durée des tribus, qui est variable selon la tribu elle-même et qui peut reposer soit sur une longue suite d'aïeux et une grande quantité de rameaux, soit sur une seule jument qui n'avait dans son origine maternelle rien qui l'indiquait pour la place qu'elle occupera dans la faveur du public.

Bien des tribus sont éphémères, et les meilleures ne sont pas à l'abri de la dégénérescence. A eux de choisir ce qu'ils préfèrent d'une tribu en pleine production et qui, à cause de cela, peut être arrivée à son déclin, ou d'une tribu moins importante qu'il faudra améliorer.

Roger de Salverte.

(*Tous droits de reproduction et de traduction réservés.*)

LIVRE IX

GAGNANTS DES GRANDES ÉPREUVES

I

GRANDES ÉPREUVES FRANÇAISES

POUR CHEVAUX DE 3 ANS

PRIX DE LONGCHAMP (Poule des Produits)

pour chevaux issus de juments
saillies par des étalons nés et élevés en France.

Se dispute à LONGCHAMP, au printemps.

Allocation, 2.000 francs. — Distance, 2.500 mètres.

1861. Bon Nivière.......... *Good-By* (Saint-Germain et Georgette).

Portée à 3.000 francs.

1862. Cie F. de Lagrange. . *Allez-y Rondement* (Allez-y Gaiement et Julia)
1863. C^t F. de Lagrange. . *Villafranca* (Monarque et Miss Gladiator).
1864. Duc A. de Morny ... *Gédéon* (Monarque et Garenne).
1865. H. Delamarre........ *Matamore* (Fitz-Gladiator et La Magicienne).
1866. H. Delamarre........ *Victorieuse* (Bakaloum et Victoria).
1867. H. Delamarre. ...... *Patricien* (Monarque et Papillotte).

Portée à 4.000 francs.

1868. Cie F. de Lagrange. . *Le Bosphore* (Monarque et Liouba).
1869. J. Reiset............ *Pandour* (Monarque et Malice).

1870. Major Fridolin....... *Bigarreau* (Light et Bataglia).
1871. *Pas couru.*
1872. H. Delamarre. ...... *Faublas* (Orphelin et Miss Finch).
1873. A. Lupin........... *Absalon* (Stentor et Arrogante).
1874. C.-J. Lefèvre. ...... *Succès* (Gladiateur et Sunrise).
1875. A. Lupin........... *Saint-Cyr* (Dollar et Finlande).
1876. H. Delamarre....... *Filoselle* (Vermout et Fidélité).
1877. H. Delamarre. ...... *Vésuve* (Patricien et Véranda).

Portée à 10.000 francs.

1878. E. Fould............ *Stathouder* (Vertugadin et Sathaniel).
1879. E. Fould............ *Saltéador* (Vertugadin et Slapdash).
1880. Haras de Chamant... *Versigny* (Flageolet et Verdure).
1881. Ephrussi............ *Serpolette II* (Ruy-Blas et Minerve).
1882. Michel Ephrussi. .... *Dictateur II* (Ruy-Blas et Discorde).

Portée à 20.000 francs.

1883. Cte F. de Lagrange.. *Farfadet* (Nougat et La Farandole).
1884. Cte de Berteux. ..... *Silex* (Trocadéro et Gold Pen).

Devient le **PRIX HOCQUART**.

1885. P. Donon........... *Extra* (Trocadéro et Ella).
1886. Cte de Berteux...... *Upas* (Dollar et Rosemary).
1887. Cte de Berteux. ..... *Vanneau* (Perplexe et Ortolan).
1888. Bon de Soubeyran.... *Saint-Gall* (Saltéador et The Garry).
1889. A. Lupin.......... *Aérolithe* (Nougat et Astrée).
1890. Cte G. de Juigné..... *Yellow* (Dutch Skater et Miss Hannah).

Portée à 30.000 francs.

1891. H. Delamarre. . .... *Vin-Sec* (Prologue et Vinaigrette).
1892. L. André.......... *Fontenoy* (Fra Diavolo et Frégate).
1893. Bon A. de Schickler.. *Ragotsky* (Perplexe et Czardas).
1894. E. Veil-Picard....... *Polygone* (Xaintrailles et Brienne).
1895. H. Ridgway......... *Roitelet* (Bocage et Rosée).
1896. Cte de Ganay........ *Kérym* (Cambyse et Kate II).
1897. H. Ridgway......... *Canvass Back* (Little-Duck et Oxania).
1898. Bon A. de Rothschild. *Le Roi Soleil* (Heaume et Mlle de La Vallière).
1899. M. Caillault......... *Perth* (War Dance et Primrose Dame).
1900. E. Deschamps. ...... *Ivry* (Stuart et Corisande).
1901. Vte d'Harcourt. ..... *Saint-Armel* (War Dance et Sublime).

Distance ramenée à 2.400 mètres.

1902. J. de Brémond....... *Maximum* (Chalet et Urgence).
1903. Bon A. de Schickler.. *Ex-Voto* (Le Sancy et Golden Rod).
1904. Cte Le Marois. ...... *Orange Blossom* (Le Sagittaire et Calcéolaire).
1905. Cte de Saint-Phalle... *Brienne* (Champaubert et Presta).
1906. W-K. Vanderbilt.... *Maintenon* (Le Sagittaire et Marcia).
1907. E. Deschamps. ...... *Pitti* (Elf et Meroë).
1908. Cte A. de Pracomtal . *Lieutel* (Madcap et Lucetta).
1909. E. Blanc............ *Mehari* (Ajax et Lucie).

1910. Bᵒⁿ M. de Rothschild. *My Star* (Le Sagittaire et Omorca).
1911. Bᵒⁿ M. de Rothschild. *Faucheur* (Perth et Fourragère).
1912. A. Veil-Picard....... *Zénith II* (Le Sagittaire et Dainty).
1913. Cᵗᵉ de Saint-Phalle... *Père Marquette* (Maximum et Rose de Mai).

PRIX GREFFULHE (Poule des Produits)

pour chevaux nés de juments nées et élevées en France.

Se dispute à LONGCHAMP, au printemps.

Allocation, 10.000 francs. — Distance, 2.100 mètres.

1882. H. Delamarre. ...... *Clio* (Dollar et Clotho).

Portée à 20.000 francs.

1883. Cᵗᵉ F. de Lagrange. . *Farfadet* (Nougat et La Farandole).
1884. Bᵒⁿ A. de Rothschild. *Serge* (Boïard et Séréna).
1885. H. Delamarre. ...... *Palamède* (Zut et Palmyre).
1886. P. Aumont.......... *Sauterelle* (Saxifrage et Solliciteuse).
1887. Bᶜⁿ A. de Rothschild. *Brio* (Hermit et Brie).
1888. A. Lupin........... *Bocage* (Dollar et Printanière).
1889. J. Prat. .... *Chopine* (Stracchino et Chauve-Souris).
1890. A. Lupin........... *Cerbère* (Dollar ou Fontainebleau et Isménie).

Portée à 30.000 francs.

1891. E. Blanc............ *Révérend* (Energy et Rêveuse).
1892. Bᵒⁿ A. de Schickler.. *Fra Angelico* (Perplexe et Escarboucle).
1893. H. Say............. *Arkansas* (Escogriffe et Alphonsine).
1894. Michel Ephrussi..... *Gospodar* (Gamin et Georgina).
1895. Bᵒⁿ A. de Schickler.. *Le Sagittaire* (Le Sancy et La Dauphine).
1896. H. Delamarre. ...... *Montreuil* (Raffaello ou Sansonnet et Versailles).
1897. Bᵒⁿ A. de Schickler.. *Palmiste* (Le Sancy et Perplexité).
1898. Bᵒⁿ A. de Rothschild. *Le Roi Soleil* (Heaume et Mlle de La Vallière).
1899. H. Delamarre. ...... *Tapis-Vert* (Clairon et Versailles).
1900. J. de Brémond...... *Cymbalier* (Cambyse ou The Minstrel et Citronelle).
1901. Cᵗᵉ de Ganay........ *Passaro* (Le Sagittaire et Palerme).
1902. J. de Brémond...... *Maximum* (Chalet et Urgence).
1903. M. Caillault......... *Chatte-Blanche* (Lutin et Cendrillon).
1904. E. de Saint-Alary.... *M. Charvet* (The Bard et Mlle Chiffon).
1905. E. Blanc............ *Génial* (Callistrate et Gouvernante)..
1906. J. Joubert.......... *Brisecœur* (Brio et Christiane).
1907. M. Caillault. .... *Kalisz* (Perth et Kara-Belnaïa)
1908. E. de Saint-Alary.... *Kenilworth* (Childwick et Kizil-Kourgan).
1909. E. Blanc............ *Union* (Ajax et Andrée).
1910. Mᵐᵉ N. Cheremeteff . *Nuage* (Simonian et Nephté).
1911. Frank Jay-Gould. ... *Combourg* (Bay-Ronald et Chiffonnette).

1912. Ch. de Gheest...... *Patrick* (Le Sagittaire et **Perm**).
1913. A. Aumont......... *Nimbus* (Elf et Nephté).

PRIX DU NABOB (Poule des Produits)
pour chevaux dont l'un des auteurs
devra être né hors de France.

Se dispute à LONGCHAMP, au printemps.

Allocation, 10.000 *francs*. — *Distance*, 2.500 *mètres*.

1878. Cte F. de Lagrange. . *Clémentine* (Mortemer et Regalia).
1879. Cte F. de Lagrange. . *Zut* (Flageolet et Regalia).
1880. Haras de Martinvast. *Pacific* (Atlantic et King-Tom mare).
1881. Bon A. de Rothschild. *Forum* (Boïard et Roma).
1882. A. Lupin............ *Cimier* (Dollar et Gardevisure).

Portée à 20.000 francs.

1883. H. Delamarre....... *Vernet* (Kingcraft et Vérone).

Pour chevaux issus de juments saillies par des étalons nés hors de France.

1884. A. Staub.......... *Pi-Ouit* (Caterer et Pile-ou-Face).
1885. Bon A. de Rothschild. *Aïda* (Hermit et Ada-Dyas).
1886. H. Delamarre....... *Verdière* (Idus et Verte-Allure).
1887. Michel Ephrussi. .... *Gournay* (Plutus et Grenade).
1888. Cte de Berteux...... *Walter-Scott* (King-Lud et Dalnamaine).
1889. Duc de Feltre....... *Achille* (Tristan et Aurore).
1890. Ephrussi............ *Alicante* (Hermit et Madeira).

Portée à 30.000 francs.

1891. Michel Ephrussi. .... *Primrose* (Peter et La Papillonne).
1892. H. Say............. *Saint-Michel* (The Bard et Saint-Cecilia).
1893. Ephrussi............ *Chapeau Chinois* (Bruce et Clarinette).
1894. Bon A. de Schickler.. *Ravioli* (Atlantic et Japonica).
1895. Vte d'Harcourt. ..... *Cherbourg* (Atlantic et Chérie).

Devient le PRIX NOAILLES.

1896. A. Fould........... *Riposte* (Grandmaster et Riante).
1897. Cte de Berteux...... *Flacon* (Hagioscope et Héliotrope).
1898. Vte d'Harcourt. ..... *Le Guide* (Tristan et Gavotte).
1899. J. Prat. .... *Maurice* (Saint-Damien et Mauviette III).
1900. Duc de Gramont. ... *Royal* (The Bard et Régine).
1901. M. Caillault......... *Tibère* (The Bard et Thébaïde).

Distance ramenée à 2.400 mètres.

1902. Bon de Rothschild.... *Glacier* (Galeazzo et Fresca).
1903. E. Blanc........... *Quo Vadis* (Winkfield's Pride et Filomena).

GRANDES ÉPREUVES FRANÇAISES 781

1904. E. Blanc............ *Ajax* (Flying-Fox et Amie).
1905. E. Blanc............ *Jardy* (Flying-Fox et Airs and Graces).
1906. M. Caillault......... *Quérido* (Son O'Mine et Quayside).
1907. C¹ᵉ de Moltke-Huitfeld. *La Serqueuse* (Saint-Damien et Sagesse).
1908. Gaston-Dreyfus....... *Souvigny* (Saint-Damien et Sagesse).
1909. A. Aumont.......... *Aveu* (Simonian et Alliance).
1910. A. Aumont.......... *Aloès III* (Simonian et Magnésie).
1911. Frank Jay-Gould.... *Combourg* (Bay-Ronald et Chiffonnette).
1912. H. Baudin........... *Impérial II* (Chaucer et Impatience).
1913. A. Belmont.......... *Vulcain VI* (Rock Sand et Lady of the Vale).

POULE DES PRODUITS

pour chevaux.

Se dispute au CHAMP-DE-MARS, au printemps.

Allocation, 2.000 francs. — *Distance* 2.000 mètres.

1841. C¹ᵉ de Cambis....... *Cauchemar* (Royal-Oak et Eva).
1842. A. Lupin............ *Angora* (Lottery et Y. Mouse).
1843. Th. Carter.......... *Governor* (Royal-Oak et Lydia).
1844. Pᶜᵉ M. de Beauvau... *Commodore Napier* (Royal-Oak et Flighty).
1845. A. Lupin............ *Myszka* (Bizarre et Y. Mouse).
1846. Bᵒⁿ N. de Rothschild. *Fleet* (Bizarre et Flighty).
1847. Bᵒⁿ N. de Rothschild. *Glands* (Royal-Oak et Béguine).
1848. Pᶜᶜ M. de Beauvau... *Lioubliou* (Alteruter et Jenny).
1849. A. Lupin............ *Capri* (Physician et Tarentella).

Portée à 4.000 francs.

1850. C¹ᵉ d'Hédouville..... *Babiéga* (Attila et Essler).
1851. Th. Carter.......... *Illustration* (Gladiator et Flirtation).

Ramenée à 3.000 francs.

1852. A. Aumont.......... *Aguila* (Gladiator et Cassandra).
1853. Pᶜᵉ M. de Beauvau... *Fontaine* (Mr Waggs et Lanterne).
1854. A. Lupin............ *Lysisca* (Sting et Cassica).
1855. A. Aumont.......... *Monarque* (The Baron, Sting ou The Emperor et Poetess).

Portée à 4.000 francs.

1856. A. Aumont.......... *Nat* (Mr Waggs et Nativa).

Se court à LONGCHAMP

1857. A. Lupin............ *Florin* (Surplice et Payment).
1858. C¹ᵉ de Prado........ *Gouvieux* (The Baron ou Lanercost et Fatima).
1859. Bᵒⁿ L. Nivière...... *Géologie* (The Prime Warden et Georgette).
1860. C¹ᵉ de Morny........ *Violette* (Lion et Launcelot mare).
1861. C¹ᵉ F. de Lagrange.. *Good By* (Saint-Germain et Georgette).
1862. J.-G. Schickler...... *Provocateur* (Womersley et Velure).

1863. A. Lupin............ *Pergola* (The Baron et Officious).
1864. H. Delamarre........ *Bois-Roussel* (The Nabob et Agar).
1865. A. Lupin............ *Tourmalet* (The Flying-Dutchman et La Maladetta).
1866. Cte F. de Lagrange... *Marengo* (Monarque et Liouba).
1867. Cte F. de Lagrange... *Cerf-Volant* (Monarque et Sunrise).

Porté à 6.000 francs.

1868. Cte F. de Lagrange... *Ouragan II* (Monarque et Sunrise).
1869. F. Kent............. *Péripétie* (Sting et Péronnelle).
1870. E. Fould............ *Bachelette* (Allez-y Gaiement et La Baleine).
1871. *Pas couru.*
1872. A. Lupin............ *Nethou* (Dollar et La Maladetta).
1873. H. Delamarre........ *Boïard* (Vermout et La Bossue).
1874. P. Aumont........... *Destinée* (Ruy-Blas et Claudine).
1875. A. Lupin............ *Almanza* (Dollar et Bravade).
1876. Cte F. de Lagrange... *Braconnier* (Caterer et Isoline).

Devient le PRIX DARU.

1877. A. Lupin............ *La Jonchère* (Vermout et Deliane).

Portée à 10.000 francs.

1878. E. Fould............ *Stathouder* (Vertugadin et Sathaniel).
1879. E. Fould............ *Saltéador* (Vertugadin et Slapdash).
1880. A. Lupin............ *Voilette* (Dollar et Gardevisure).
1881. Cte F. de Lagrange. . *Albion* (Consul et The Abbess).
1882. P. Aumont........... *Mlle de Senlis* (Trocadéro et Mlle de Juvigny).

Portée à 20.000 francs.

1883. Michel Ephrussi..... *Rubens* (Ruy-Blas et Minerve).

Distance portée à 2.100 mètres.

1884. C.-J. Lefèvre........ *Archiduc* (Consul et The Abbess).
1885. P. Donon............ *Extra* (Trocadéro et Ella).
1886. B{on} de Soubeyran.... *Jupin* (Silvio et Juliana).
1887. B{on} A. de Schickler.. *Le Sancy* (Atlantic et Gem of Gems).
1888. P. Donon............ *Stuart* (Le Destrier et Stockhausen).
1889. C.-J. Lefèvre........ *Thomery* (Insulaire et Thrift).
1890. B{on} A. de Rothschild. *Flibustier* (Clairvaux et Flippant).

Allocation portée à 30.000 francs.

1891. R. de Monbel........ *Ermak* (Farfadet et Energitic).
1892. H. Delamarre........ *Diarbek* (Vigilant et Diana).
1893. B{on} A. de Schickler.. *Fousi-Yama* (Atlantic et Little-Sister).
1894. H. Say.............. *Idle Boy* (Bend'Or et Vesper).
1895. H. Ridgway.......... *Arioviste* (Julius Cæsar et Anaconda).
1896. A. Abeille........... *Champaubert* (Little-Duck et Tantrip).
1897. A. Menier........... *Quilda* (Gamin et Quickthought).
1898. B{on} A. de Schickler.. *Le Samaritain* (Le Sancy et Clémentina).
1899. M. Caillault......... *Perth* (War Dance et Primrose Dame).

1900. Gaston-Dreyfus. . . . . . *Solon* (Saint-Damien et Sagesse).
1901. E. Blanc. . . . . *Saxon* (The Bard et Shrine).
1902. E. de Saint-Alary. . . . *Arizona* (Omnium II et Attractive).
1903. E. Blanc. . . . . *Caïus* (Révérend et Choice).
1904. M. Caillault. . . . . *Samsam* (Chesterfield et La Turbie).
1905. E. Blanc. . . . . *Jardy* (Flying-Fox et Airs and Graces).
1906. J. Prat. . . . . *Crillon* (Masqué et Cypria).
1907. Bᵒⁿ Ed. de Rothschild. *Sans-Souci II* (Le Roi Soleil et Sanctimony).
1908. Duc de Gramont. . . . *Gigolo II* (Doriclès ou Saint-Bris et Glass Eye).
1909. W.-K. Vanderbilt. . . . *Oversight* (Halma et First Sight.
1910. Gaston-Dreyfus. . . . . *Or du Rhin II* (Saint-Damien et Our Grace).
1911. E. Blanc. . . . . *Shetland* (Zinfandel et Shelduck).
1912. Bᵒⁿ Ed. de Rothschild. *Floraison* (Sans Souci II et Florella).
1913. Vᵗᵉ d'Harcourt. . . . . . *Ecouen* (Saint-Frusquin et L'Étoile).

POULE D'ESSAI

pour chevaux.

Se dispute au CHAMP - DE - MARS, au printemps.

Allocation, 3.000 francs. — Distance, 2.000 mètres.

1840. S. A. R. Duc d'Orléans. *Gigès* (Priam et Eva).

Distance ramenée à 1.500 mètres.

1841. A. Lupin. . . . . *Fiametta* (Actœon ou Camel et Wings).
1842. Th. Carter. . . . . *Annetta* (Ibrahim et Miss Annette).
1843. *Pas couru faute d'un nombre d'engagements suffisant.*
1844. Pᶜᵉ M. de Beauvau. . *Commodore-Napier* (Royal-Oak et Flighty).
1845. *Pas couru faute d'un nombre d'engagements suffisant.*
1846. C. de Pontalba. . . . . *Philip-Shah* (The Shah et Philip's Dam).
1847. C. de Pontalba. . . . . *Tronquette* (Royal-Oak et Redgauntlet mare).
1848*. A. Lupin. . . . . *Gambetti* (Emilius et Tarentella).

Allocation portée à 6.000 francs.

1849. Th. Carter. . . . . *Experience* (Physician et Aspasie).
1850. A. Lupin. . . . . *Saint-Germain* (Attila et Currency).

Ramenée à 4.000 francs.

1851. Mᵐᵉ Latache de Fay. *First Born* (Nuncio et Bienséance).

Ramenée à 3.000 francs.

1852. Th. Carter. . . . . *Bounty* (Inheritor et Annetta).

Portée à 4.000 francs.

1853. Cᵗᵉ d'Hédouville. . . . . *Moustique* (Sting et Essler).
1854. Pᶜᵒ M. de Beauvau. . *Nancy* (Mr Waggs et Nativa).

(*) Couru à Versailles.

Portée à 5.000 francs.

1855.	A. Aumont............	*Monarque* (The Baron, Sting ou The Emperor et Poetess).
1856.	A. Aumont............	*Nat* (Mr Waggs et Nativa).

Se court à LONGCHAMP

1857.	A. Lupin............	*Florin* (Surplice et Payment).
1858.	C¹ P. Rœderer......	*Brocoli* (Gladiator et Cawliflower).
1859.	H. Mosselman.......	*Bakaloum* (The Baron ou Ion et Sérénade).
1860.	Bᵒⁿ N. de Rothschild.	*Gustave* (Lanercost et Bounty).
1861.	Bᵒⁿ Nivière..........	*Isabella* (The Baron et Regrettée).
1862.	Cⁱᵉ F. de Lagrange..	*Stradella* (The Cossack ou Father Thames et Creeping Jenny).
1863.	A. Lupin............	*Stentor* (De Clare et Songstress).
1864.	Bᵒⁿ N. de Rothschild.	*Baroncello* (The Baron et Annette).
1865.	Major Fridolin......	*Gontran* (Fitz-Gladiator et Golconal).
1866.	C¹ F. de Lagrange..	*Puebla* (Ventre-Saint-Gris et Miss Ion).

Portée à 10.000 francs. — Distance élevée à 1.600 mètres.

1867.	H. Delamarre.......	*Nicolet* (Fitz-Gladiator et Nicotine).
1868.	Duc de Hamilton....	*Gouvernail* (Y. Gladiator et Goëlette).
1869.	Cᵗᵒ F. de Lagrange..	*Consul* (Monarque et Lady Lift).
1870.	Bᵒⁿ A. de Schickler..	*Valois* (Monarque et Bourg-la-Reine).
1871.	*Pas couru.*	
1872.	P. Aumont...........	*Revigny* (Orphelin et Woman-in-Red).
1873.	Major Fridolin......	*Sire* (Y. Monarque et Sérénade).
1874.	C.-J. Lefèvre........	*Novateur* (Monarque et Mlle de Chantilly)
1875.	A. Lupin............	*Saint-Cyr* (Dollar et Finlande).
1876.	A. Lupin............	*Enguerrande* (Vermout et Deliane).
1877.	A. Lupin............	*Fontainebleau* (Dollar et Finlande).

Portée à 15.000 francs.

1878.	Cⁱᵉ F. de Lagrange..	*Clémentine* (Mortemer et Regalia).
1879.	C¹ F. de Lagrange..	*Zut* (Flageolet et Regalia).
1880.	A. Staub............	*Le Destrier* (Flageolet et La Dheune).
1881.	A. Lupin............	*Prométhée* (Mars et Postérité).
1882.	Bᵒⁿ A. de Rothschild.	*Barbe-Bleue* (Boïard et Voluptas).

En 1883, la Poule d'Essai fut dédoublée en deux épreuves distinctes pour mâles et femelles, dotée chacune d'une allocation de 20.000 francs.

POULE D'ESSAI DES POULICHES

Allocation, 20.000 francs. — Distance, 1.600 mètres.

1883.	A. Staub............	*Stockholm* (Cadet et Stockhausen).
1884.	A. Lupin............	*Yvrande* (Montargis et Ermeline).
1885.	Michel Ephrussi.....	*Barberine* (Stracchino et Baretta).
1886.	Bᵒⁿ A. de Schickler..	*Sakountala* (Perplexe et Agnès Sorel).
1887.	P. Aumont...........	*Ténébreuse* (Mourle ou Saxifrage et New-Star).

1888. C¹ᵉ de Berteux. . . . . . *Widgeon* (King Lud et Ortolan).
1889. Bᵒⁿ de Soubeyran. . . *May Pole* (Silvio et Merry-May).
1890. P. Donon. . . . . *Wandora* (Bruce et Windfull).

Allocation, 30.000 francs.

1891. Michel Ephrussi. . . . *Primrose* (Peter et La Papillonne).
1892. C. Blanc. . . . . *Kairouan* (Le Destrier et Khabara).
1893. H. Say. . . . . *Tilly* (The Bard et Régine).
1894. A. Abeille. . . . . *Calcéolaire* (The Bard et Ella).
1895. E. Blanc. . . . . *Andrée* (Retreat et Araignée).
1896. A. Fould. . . . . *Riposte* (Grandmaster et Riante).
1897. M. Caillault. . . . . *Roxelane* (War Dance et Rose of York).
1898. J. Arnaud. . . . . *Polymnie* (Fra Diavolo et Polydor).
1899. A. Menier. . . . . *Sésara* (Donovan et Séraphine II).
1900. Bᵒⁿ A. de Schickler. . *Semendria* (Le Sancy et Czardas).
1901. A. Abeille. . . . . *La Camargo* (Childwick et Belle-et-Bonne).
1902. E. de Saint-Alary. . . . *Kizil-Kourgan* (Omnium II et Kasbah).
1903. C¹ᵉ de Saint-Phalle. . . *Rose-de-Mai* (Callistrate et May-Poll).
1904. C¹ᵉ H. de Pourtalès. . *Xylène* (Le Sancy et Factory-Girl).
1905. C¹ᵉ Le Marois. . . . . . . *Princesse Lointaine* (Launay et La Souveraine).
1906. E. Blanc. . . . . *Saïs* (Flying-Fox et Venia).
1907. C¹ᵉ F. Scheibler. . . . . *Madrée* (Flying-Fox et Maskery).
1908. C¹ᵉ Le Marois. . . . . . *Sauge Pourprée* (Perth et Médéola).
1909. J. de Brémond. . . . . *Ronde-de-Nuit* (William the Third et Halte-Là).
1910. C. Vagliano. . . . . *Vellica* (Rabelais et Vellena).
1911. C¹ᵉ Millard Hunsiker. . *Bolide II* (Son O'Mine et Bolivie).
1912. E. Blanc. . . . . *Porte-Maillot* (Gardefeu et Hélène).
1913. H.-B. Dureya. . . . . . *Banshee* (Irish Lad et Frisette).

POULE D'ESSAI DES POULAINS

Allocation, 20.000 francs. — Distance, 1.600 mètres.

1883. C.-J. Lefèvre. . . . . . . *Regain* (Mortemer et Reine).
1884. C.-J. Lefèvre. . . . . . . *Archiduc* (Consul et The Abbess).
1885. A. Lupin. . . . . *Xaintrailles* (Flageolet et Deliane).
1886. Michel Ephrussi. . . . . *Gamin, ex-Gracieux* (Hermit et Grace).
1887. Bᵒⁿ A. de Rothschild. *Brio* (Hermit et Brie).
1888. Bᵒⁿ A. de Schickler. . *Reyezuelo* (King-Lud et La Reyna).
1889. A. Lupin. . . . . *Phlégéthon* (Fontainebleau et Isménie).
1890. Bᵒⁿ A. de Rothschild. *Heaume* (Hermit et Bella).

Portée à 30.000 francs.

1891. C. Blanc. . . . . *Le Hardy* (Saint-Louis et Albania).
1882. Bᵒⁿ A. de Schickler. . *Fra Angelico* (Perplexe et Escarboucle).
1894. Bᵒⁿ A. de Rothschild. *Le Nicham II* (Tristan et La Noce).
1893. Michel Ephrussi. . . . . *Beaujolais* (Gamin et Bigamy).
1895. H. Say. . . . . *Launay* (The Bard et Lina).
1896. E. Blanc. . . . . *Arreau* (Clover et Asta).
1897. H. Say. . . . . *Indian Chief* (The Bard et Indian Summer).
1898. M. Caillault. . . . . *Rodillard* (War Dance et Rose of York).

1899. M. Caillault. . . . . *Perth* (War Dance et Primrose Dam).
1900. E. Blanc. . . . . *Governor* (Le Pompon et Gouvernante).
1901. M. Caillault. . . . . *Chéri* (Saint-Damien et Cromatella).
1902. C. Blanc. . . . . *Retz* (Le Hardy et Betrouw).
1903. E. Blanc. . . . . *Vinicius* (Masqué et Wandora).
1904. E. Blanc. . . . . *Gouvernant* (Flying-Fox et Gouvernante).
1905. E. Blanc. . . . . *Val d'Or* (Flying-Fox et Wandora).
1906. Duc de Gramont. . . . *Eider* (Saint-Bris et Ellenroc).
1907. E. Blanc. . . . . *Ouadi-Halfa* (Persimmon et Yesterling).
1908. Ephrussi. . . . . *Monitor* (Codoman et Magdala).
1909. Bon M. de Rothschild. *Verdun* (Rabelais et Vellena).
1910. Bon M. de Rothschild. *Sifflet* (Codoman et Sea-Change).
1911. E. Blanc. . . . . *Lord Burgoyne* (Persimmon et Lady Burgoyne).
1912. Bon Gourgaud. . . . . . . *De Viris* (Simonian et Biella).
1913. E. Blanc. . . . . *Dagor* (Flying-Fox et Roquette).

PRIX DE L'EMPEREUR (Poule des Produits)

pour chevaux.

Se dispute au CHAMP-DE-MARS, au printemps.

Allocation, 10.000 francs. — Distance, 2.100 mètres.

1855. Bon N. de Rothschild. *Baroncino* (The Emperor et Geneviève-de-Brabant).
1856. A. Lupin. . . . . *Isolier* (Nunnykirk ou The Baron et Déception).

Se court à LONGCHAMP

1857. Cte F. de Lagrange. . *Mlle de Chantilly* (Gladiator et Maid of Mona).
1858. Cte de Prado. . . . . *Gouvieux* (The Baron ou Lanercost et Fatima).
1859. Cte F. de Lagrange. . *Union Jack* (Gladiator et Taffrail).
1860. Mme Latache de Fay. *Beauvais* (Elthiron et Wirthschaft).
1861. Cte F. de Lagrange. . . *Finlande* (Ion et Fraudulent).
1862. A. Schickler. . . . . **Choisy-le-Roi* (The Nabob et Fair Rosamond).
1863. A. Lupin. . . . . *Dollar* (The Flying Dutchman et Payment).
1864. H. Delamarre. . . . . . *Bois-Roussel* (The Nabob et Agar).
1865. Cte F. de Lagrange. . *Le Mandarin* (Monarque et Liouba).
1866. J. Verry. . . . . *Lesbos* (Pédagogue et Débutante).
1867. Cte F. de Lagrange. . *Trocadéro* (Monarque et Antonia).

(*) *Benjamin* et *Généalogie*, tous deux au comte F. de Lagrange, arrivés premier et deuxième, furent distancés, ainsi que leur camarade *Champagne*, *Benjamin* ayant coupé *Choisy-le-Roi* dans la ligne droite.

1868. A. Schickler......... *Suzerain* (The Nabob et Bravery).
1869. L. Delâtre.......... *Cerdagne* (Newminster et La Maladetta).

Portée à 15.000 *francs.*

Devient le **PRIX MORNY**.

1870. Major Fridolin....... *Sornette* (Light et Surprise).
1871. *Pas couru.*

Devient la **GRANDE POULE DES PRODUITS**.

1872. Duc de Hamilton.... *Little Agnes* (Saunterer et Wild Agnes).
1873. Major Fridolin....... *Franc-Tireur* (Tournament et Fleur-des-Bois).
1874. Major Fridolin....... *Sabre* (Tournament et Somnambule).
1875. A. Lupin............ *Almanza* (Dollar et Bravade).
1876. C¹ᵉ F. de Lagrange. . *Braconnier* (Caterer et Isoline).
1877. C¹ᵉ J. de Juigné..... *Jongleur* (Mars et Joliette).

Portée à 20.000 *francs.*

1878. C¹ᵉ F. de Lagrange. . *Clémentine* (Mortemer et Regalia).
1879. E. Fould............ *Saltéador* (Vertugadin et Slapdash).
1880. Haras de Chamant... *Beauminet* (Flageolet et Beauty).
1881. C¹ᵉ F. de Lagrange. . *Léon* (Gabier et La Favorite).
1882. H. Delamarre....... *Vigilant* (Vermout et Virgule).

Portée à 30.000 *francs.*

1883. E. Blanc............ *Soukaras* (Faublas et Percante).
1884. C.-J. Lefèvre........ *Archiduc* (Consul et The Abbess).
1885. A. Lupin............ *Xaintrailles* (Flageolet et Deliane).
1886. Bᵒⁿ de Soubeyran.... *Jupin* (Silvio et Juliana).
1887. P. Aumont.......... *Ténébreuse* (Mourle ou Saxifrage et New-Star).
1888. P. Donon........... *Stuart* (Le Destrier et Stockhausen).
1889. H. Delamarre....... *Cléodore* (Stracchino et Clotho).
1890. Bᵒⁿ A. de Schickler.. *Puchero* (Perplexe et Japonica).

Portée à 40.000 *francs.*

1891. E. Blanc............ *Gouverneur* (Energy et Gladia).
1892. Bᵒⁿ A. de Schickler.. *Chêne-Royal* (Narcisse et Perplexité).
1893. A. Abeille.......... *Callistrate* (Cambyse et Citronelle).
1894. E. Blanc............ *Gouvernail* (The Bard et Gladia).
1895. Bᵒⁿ A. de Schickler.. *Le Sagittaire* (Le Sancy et La Dauphine).

Devient le **PRIX LUPIN**.

1896. J. Prat............. *Champignol* (Le Sancy et Chopine).
1897. Bᵒⁿ A. de Schickler.. *Palmiste* (Le Sancy et Perplexité).

1898. J. de Brémond. . . . . . Gardefeu (Cambyse et Bougie).
1899. J. de Brémond. . . . . . Holocauste (Le Sancy et Bougie).
1900. E. Deschamps. . . . . . . Ivry (Stuart et Corisande.)
1901. E. Blanc. . . . . Saxon (The Bard et Shrine).
1902. E. de Saint-Alary. . . . Kizil-Kourgan (Omnium II et Kasbah).
1903. E. Blanc. . . . . Caïus (Révérend et Choice).
1904. E. Blanc. . . . . Ajax (Flying-Fox et Amie).
1905. E. Blanc. . . . . Génial (Callistrate et Gouvernante).
1906. W.-K. Vanderbilt. . . . Maintenon (Le Sagittaire et Marcia).
1908. B^{on} Ed. de Rothschild. Sans-Souci II (Le Roi Soleil et Sanctimony).
1908. Vte d'Harcourt. . . . . . Holbein (Winkfield's Pride et Hurry).
1909. W.-K. Vanderbilt. . . . Overgsiht (Halma et First-Sight).
1910. Bon Gourgaud. . . . . . . Coquille (Lady Killer et Cocote).
1911. Bon de Rothschild. . . . Alcantara II (Perth et Toison d'Or).
1912. B^{on} Ed. de Rothschild. Floraison (Sans-Souci II et Florella).
1913. Vte d'Harcourt. . . . . . Ecouen (Saint Frusquin et L'Étoile).

PRIX DE DIANE

Se dispute à CHANTILLY, au printemps,
le dimanche qui précède le prix du Jockey-Club.

Couru pour la première fois en 1843, à Chantilly. — Pour pouliches de pur sang de 3 ans, nées en France. — Engagements en juin de l'année qui suit celle de la naissance. — Entrée 500 fr.; forfait 300 ou 250 fr., suivant la date de déclaration.

Jusqu'en 1855, les pouliches qui étaient engagées dans le prix du Jockey-Club portaient, dans le prix de Diane, 1 kil. 1/2 de moins, sans doute parce que ce prix se courant alors le vendredi, ne précédait l'autre que de quarante-huit heures.

De 1843 à 1846, l'allocation était de 6.000 fr. offerts, moitié par le ministère de l'Agriculture et du Commerce, moitié par des souscriptions particulières. Celles-ci ayant ensuite fait défaut, on se borna, de 1847 à 1855, aux 3.000 fr. du ministère. Depuis, l'allocation est faite par la Société d'Encouragement.

Actuellement ce prix s'élève, avec les entrées et forfaits, à 100.000 francs environ pour la gagnante.

Allocation, 6.000 francs. — Distance, 2.100 mètres.

1843. P^{ce} M. de Beauvau. . *Nativa (Royal-Oak et Naïad.)
1844. P^{ce} M. de Beauvau. . *Lanterne (Hercule et Elvira).
1845. A. Lupin. . . . . *Suavita (Napoléon et Elvira).
1846. P^{ce} M. de Beauvau. . *Dorade (Physician ou Royal-Oak et Naïad).

Ramenée à 3.000 francs.

1847. Cte de Cambis. . . . . . . Wirthschaft (Gigès et Weeper).
1848**. P^{ce} M. de Beauvau. . Sérénade (Royal-Oak et Georgina).
1849. De Perceval. . . . . Vergogne (Ibrahim et Vittoria).

(*) Bénéficiait de la décharge de 1 kil. 1/2, dont il est parlé plus haut.
(**) Couru à Versailles.

1850. P^{ce} M. de Beauvau. .   *Fleur-de-Marie* (Attila et Jenny).
1851. A. Aumont..........   *Hervine* (Mr Waggs et Poetess).
1852. Th. Carter. ....   *Bounty* (Inheritor et Annetta).
1853. A. Lupin............   *Jouvence* (Sting et Currency).
1854. Th. Carter. ....   *Honesty* (Gladiator et Effie Deans).
1855. Mme Latache de Fay..   *Ronzi* (Sir Taton Sykes et Florida).

Portée à 4.000 *francs.*

1856. Cte F. de Lagrange. .   *Dame-d'Honneur* (The Baron et Annetta).
1857. Cte F. de Lagrange. .   *Mlle de Chantilly* (Gladiator et Maid of Mona).
1858. Cte F. de Lagrange. .   *Étoile-du-Nord* (The Baron et Maid of Heart).

Portée à 8.000 *francs.*

1859. Bon Nivière..........   *Géologie* (The Prime Warden et Georgette)
1860. Bon Nivière..........   *Surprise* (Gladiator et Gringalette).
1861. Cte F. de Lagrange. .   *Finlande, ex-Faustine* (Ion et Fraudulent).
1862. Cte F. de Lagrange. .   *Stradella* (The Cossack ou Father Thames et Creeping Jenny).

Portée à 10.000 *francs.*

1863. A. de Montgomery...   *La Toucques* (The Baron et Tapestry).
1864. Cte F. de Lagrange. .   *Fille de l'Air* (Faugh-a-Ballagh et Pauline).
1865. A. Lupin............   *Deliane* (The Flying Dutchman et Imperieuse).
1866. H. Delamarre........   *Victorieuse* (Bakaloum et Victoria).
1867. A. Lupin............   *Jeune-Première* (West-Australian et Partlett).
1868. Cte F. de Lagrange. .   *Jenny* (Drummer et Richmond-Hill).

Portée à 15.000 *francs.*

1869. A. Staub............   *Péripétie* (Sting et Péronnelle).
1870. Major Fridolin. ......   *Sornette* (Light et Surprise).
1871. *Pas couru.*
1872. Duc de Hamilton. ...   *Little-Agnes* (Saunterer et Wild-Agnes).
1873. H. Delamarre. ......   *Campêche* (Vermout et Cantonade).
1874. P. Aumont..........   *Destinée* (1) (Ruy-Blas et Claudine).
1875. L. Delâtre. ....   *Tyrolienne* (2) (Tournament et Tartarie).
1876. E. Fould. ....   *Mondaine* (Vertugadin et La Magicienne).

Portée à 25.000 *francs.*

1877. A. Lupin............   *La Jonchère* (Vermout et Deliane).
1878. Bon A. de Rothschild.   *Brie* (Parmesan et Highland Sister).
1879. E. Blanc............   *Nubienne* (Ruy-Blas et Nice).
1880. Haras de Chamant...   *Versigny* (Flageolet et Verdure).
1881. Ephrussi............   *Serpolette* (Ruy-Blas et Minerve).
1882. P. Aumont..........   *Mlle de Senlis* (Trocadéro et Mlle de Juvigny).

Portée à 30.000 *francs.*

1883. H. Delamarre.......   *Verte-Bonne* (Dollar et Verte-Allure).
1884. L. André...........   *Frégate* (Saxifrage et Canotière).

(1) Gagné facilement, après dead-heat avec *Perla*, à A. Lupin.
(2) Gagné facilement, après dead-heat avec *Almanza*, à A. Lupin.

1885. Michel Ephrussi..... *Barberine* (Stracchino et **Baretta**).
1886. A. Lupin........... *Presta* (Petrarch et Pristina).
1887. Michel Ephrussi..... *Bavarde* (Hermit et Basilique).
1888. J. Joubert.......... *Solange* (Maskelyne et Hollandaise).
1889. Bon A. de Rothschild. *Crinière* (Robert-the-Devil et Crinon).

Portée à 40.000 francs.

1890. P. Donon............ *Wandora* (Bruce et Windfall).
1891. Michel Ephrussi..... *Primrose* (Peter et La Papillonne).
1892. H. Say............. *Annita* (The Bard et Lina).
1893. P. Aumont.......... *Prâline* (Saxifrage et Pâquerette II).
1894. Bon A. de Rothschild. *Brisk* (Galopin et Brie).
1895. H. Delamarre........ *Kasbah* (Vigilant et Katia).
1896. M. de Gheest........ *Liane* (Gournay et L'Étoile).
1897. M. Caillault........ *Roxelane* (War Dance et Rose of York).
1898. A. Menier.......... *Cambridge* (Gamin et Capitale).
1899. W. Carter.......... *Germaine* (Saint-Germain et Galopade).
1900. Bon A. de Schickler.. *Semendria* (Le Sancy et Czardas).

Portée à 50.000 francs.

1901. A. Abeille.......... *La Camargo* (Childwick et Belle-et-Bonne).
1902. E. de Saint-Alary.... *Kizil-Kourgan* (Omnium II et Kasbah).
1903. Cte de Saint-Phalle... *Rose-de-Mai* (Callistrate et May-Pole).
1904. E. Blanc............ *Profane* (Winkfield's Pride et Poupée).
1905. E. Veil-Picard....... *Clyde* (Childwick et Common Dance).
1906. Mérino.............. *Flying-Star* (Flying-Fox et Sylphine).
1907. Duc de Gramont..... *Saint-Astra* (Ladas et Saint-Celestra).
1908. E. Blanc............ *Médéah* (Masqué et Lygie).
1909. E. Blanc............ *Union* (Ajax et Andrée).
1910. E. Blanc............ *Marsa* (Adam et Favonia).
1911. A. Aumont.......... *Rose-Verte* (Elf et Rose-Nini).
1912. A. Belmont.......... *Qu'elle-est-Belle II* (Rock Sand et Queen's Bower).

Portée à 75.000 francs.

1913. M. Caillault........ *Moia* (Macdonald II et Mathilde).

PRIX DU JOCKEY-CLUB

Se dispute à CHANTILLY, au printemps (1).

Couru pour la première fois, en 1836. — Pour poulains et pouliches de pur sang, nés en France. — Engagements, depuis 1910, à l'automne de l'année qui suit la naissance; jusque-là, en juillet. — Entrée, d'abord de 500 fr., a été portée ensuite à 1.000 fr.; forfait, 600 ou 500 fr. suivant la date de déclaration.

(1) Jusqu'en 1909, le dernier dimanche de mai; depuis, le second dimanche de juin.

Jusqu'en 1840, le gagnant d'un prix portait 3 livres de surcharge; de deux prix, 7 livres. — Une décharge de 10 livres était primitivement accordée aux chevaux nés hors de la division du Nord; elle fut supprimée en 1865.

Actuellement, ce prix s'élève, avec les entrées et forfaits, à 200.000 fr. environ pour le gagnant.

Allocation, 5.000 francs.

1836.	Ld Henry Seymour. .	*Frank* (Rainbow et Vérona).
1837.	Ld Henry Seymour. .	*Lydia* (Rainbow et Léopoldine).
1838.	Ld Henry Seymour. .	*Vendredi* (Caïn et Naïade).

Allocation, 7.000 francs.

1839.	Cte de Cambis.......	*Romulus* (Cadland et Vittoria).
1840.	E. Aumont.........	*Tontine* (1) (Tetotum et Odette).
1841.	Ld Henry Seymour. .	*Poetess* (Royal-Oak et Ada).
1842.	Vte de Perrégaux. ...	*Plover* (Royal-Oak et Destiny).
1843.	C. de Pontalba.	*Renonce* (2) (Y. Emilius et Miss Tandem).
1844.	P^{ce} M. de Beauvau. .	*Lanterne* (Hercule et Elvire).
1845.	A. Aumont.........	*Fitz-Emilius* (Y. Emilius et Miss Sophia).

Allocation, 10.000 francs.

1846.	Bon N. de Rothschild.	*Meudon* (Alteruter et Margarita).
1847.	A. Aumont.........	*Morok* (Beggarman et Vanda).
1848*.	A. Lupin..........	*Gambetti* (Emilius et Tarentella).
1849.	Th. Carter.	*Experience* (Physician et Aspasie).
1850.	A. Lupin..	*Saint-Germain* (Attila et Currency).
1851.	A. Lupin..	*Amalfi* (Gladiator ou Y. Emilius et Tarentella).
1852.	A. Aumont.........	*Porthos* (Royal-Oak et Lady Fashion).
1853.	A. Lupin..	*Jouvence* (Sting et Currency).
1854.	J. Reiset.	*Celebrity* (Gladiator et Annetta).
1855.	A. Aumont.........	*Monarque* (The Baron, Sting ou The Emperor et Poetess).
1856.	P^{ce} M. de Beauvau. .	*Lion* (3) (Ion et Miss Caroline).
1857.	A. Lupin..........	*Potocki* (The Baron ou Nunnykirk et Myszka).
1858.	Cte F. de Lagrange. .	*Ventre-Saint-Gris* (Gladiator et Belle-de-Nuit).
1859.	Cte F. de Lagrange. .	*Black Prince* (Nuncio et Creeping Jenny).
1860.	Mme Latache de Fay..	*Beauvais* (Elthiron et Wirthschaft).
1861.	Cte F. de Lagrange. .	*Gabrielle d'Estrées* (Fitz-Gladiator et Antonia).
1862.	J. Robin.	*Souvenir* (4) (Caravan et Emilia).
1863.	A. de Montgomery...	*La Toucques* (The Baron et Tapestry).
1864.	H. Delamarre.	*Bois-Roussel* (The Nabob et Agar).
1865.	Major Fridolin.......	*Gontran* (Fitz-Gladiator et Golconde).

(1) Voir chapitre X, page 134, le scandale auquel donna lieu cette victoire.
(2) Après dead-heat avec *Prospéro*, à Th. Carter.
(3) Après dead-heat avec *Diamant*, au duc de Morny.
(4) Bénéficiait de la décharge de 5 kilos dont il est parlé aux conditions.
(*) Couru à Versailles.

Portée à 25.000 francs.

1866. H. Delamarre. . . . . . . *Florentin* (Florin et Reine-Blanche).
1867. H. Delamarre. . . . . . . *Patricien* (Monarque et Papillote).
1868. Bon A. de Schickler. . *Suzerain* (The Nabob et Bravery).

Portée à 30.000 francs.

1869. Cte F. de Lagrange. . *Consul* (Monarque et Lady-Lift).
1870. Major Fridolin. . . . . . . *Bigarreau* (Light et Bataglia).
1871. *Pas couru.*
1872. A. Aumont. . . . . *Revigny* (Orphelin et Woman-in-Red).
1873. H. Delamarre. . . . . . . *Boïard* (Vermout et La Bossue).
1874. A. Fould. . . . . *Saltarelle* (Vertugadin et Slapdash).
1875. A. Lupin. . . . . *Salvator* (Dollar et Sauvagine).

Portée à 50.000 francs.

1876. Bon A. de Rothschild. *Kilt* (Consul et Highland Sister).
1877. Cte G. de Juigné. . . . . *Jongleur* (Mars et Joliette).
1878. Cte F. de Lagrange. . *Insulaire* (Dutch. Skater et Green Sleeves).
1879. Cte F. de Lagrange. . *Zut* (Flageolet et Regalia).
1880. Haras de Chamant. . . *Beauminet* (Flageolet et Beauty).
1881. Cte F. de Lagrange. . *Albion* (Consul et The Abbess).
1882. Cte F. de Lagrange. . *Dandin* (1) (Gabier et Dulce Domum).
  — Michel Ephrussi. . . . . *Saint-James* (1) (Le Petit-Caporal et Apparition).
1883. Duc de Castries. . . . . *Frontin* (George Frederick et Frolicsome).
1884. Duc de Castries. . . . . *Little Duck* (See Saw et Light-Drum).
1885. Mis de Bouthillier. . . . *Reluisant* (Bagdad et Kleptomania).
1886. Bon A. de Schickler. . *Sycomore* (1) (Perplexe et Mimosa).
  — Cte de Berteux. . . . . *Upas* (1) (Dollar et Rosemary).
1887. P. Aumont. . . . . *Monarque* (Saxifrage et Destinée).
1888. P. Donon. . . . . *Stuart* (Le Destrier et Stockhausen).

Portée à 75.000 francs.

1889. E. Blanc. . . . . *Clover* (Wellingtonia et Princess Catherine).
1890. Bon A. de Rothschild. *Heaume* (Hermit et Bella).
1891. R. de Monbel. . . . . . . *Ermak* (Farfadet et Energitic).
1892. Bon A. de Schickler. . *Chêne-Royal* (Narcisse et Perplexité).
1893. Bon A. de Schickler. . *Ragotsky* (Perplexe et Czardas).
1894. Michel Ephrussi. . . . . *Gospodar* (Gamin et Georgina).
1895. E. de Saint-Alary. . . . *Omnium II* (Upas et Bluette).
1896. A. Abeille. . . . . *Champaubert* (Little Duck et Tantrip).

Portée à 100.000 francs; au 2e, 6.000; au 3e, 3.000

1897. Bon A. de Schickler. . *Palmiste* (Le Sancy et Perplexité).
1898. J. de Brémond. . . . . . *Gardefeu* (Cambyse et Bougie).
1899. M. Caillault. . . . . *Perth* (War Dance et Primrose Dam).

Prime de 10.000 francs à l'éleveur du gagnant.
Allocation au 2e, 10.000; au 3e, 5.000.

1900. Bon Roger. . . . . *La Morinière* (Lord Clive et Macarena).
1901. E. Blanc. . . . . *Saxon* (The Bard et Shrine).

(1) Dead-heat, prix partagé.

1902. C. Blanc. . . . . *Retz* (Le Hardy et Betrouw).
1903. Cte H. de Pourtalès. . *Ex-Voto* (Le Sancy et Golden-Rod).
1904. E. Blanc. . . . . *Ajax* (Flying-Fox et Amie).
1905. Michel Ephrussi. . . . *Finasseur* (Winkfield's Pride et Finaude).

Au 2e, 15.000 francs; au 3e, 7.500.

1906. W. K. Vanderbilt. . . *Maintenon* (Le Sagittaire et Marcia).
1907. Ephrussi. . . . . *Mordant* (War Dance et Magdala).
1908. W.-K. Vanderbilt. . . . *Sea Sick* (1) (Elf et Saf-Saf).
— E. Deschamps. . . . . . . *Quintette* (1) (Gardefeu et Dinette).
1909. W.-K. Vanderbilt. . . . *Négofol* (Childwick et Nébrouze).
1910. Gaston-Dreyfus. . . . . . *Or du Rhin II* (Saint-Damien et Our Grace).
1911. Bon de Rothschild. . . . *Alcantara II* (Perth et Toison d'Or).
1912. P^{ce} Murat. . . . . *Friant II* (Champaubert et Faconde).
1913. E. Blanc. . . . . *Dagor* (Flying-Fox et Roquette).

GRAND PRIX DE PARIS

Se dispute à LONGCHAMP, quinze jours après le prix du Jockey-Club (2).

Couru pour la première fois en 1863. — Distance, 3.000 mètres (grande piste). — Pour chevaux de 3 ans de tous pays. Engagements à l'automne de l'année qui suit la naissance. — Entrée, 1.000 francs; forfait, 600, 500 ou 100 francs, suivant la date de la déclaration.

L'allocation est fournie jusqu'à concurrence de 50.000 francs par les cinq grandes Compagnies de chemins de fer et le surplus par la Ville de Paris jusqu'en 1891, et, depuis lors, par la Société d'Encouragement.

Actuellement, ce prix s'élève, avec les entrées et forfaits, à 360.000 fr. environ pour le gagnant. C'est l'épreuve la plus richement dotée qu'il y ait.

Allocation, 100.000 francs; au 2e, 10.000; au 3e, 5.000.

1863. H. Saville. . . . . *The Ranger* (Voltigeur et Skirmisher's Dam).
1864. H. Delamarre. . . . . . *Vermout* (The Nabob et Vermeille, ex-Merveille).
1865. Cte F. de Lagrange. . *Gladiateur* (Monarque et Miss Gladiator).
1866. Duc de Beaufort. . . . . *Ceylon*, ex *Saucy-Boy* (Idle Boy et Pearl).
1867. A. de Montgomery. . . *Fervacques* (3) (Underhand et Slapdash).
1868. Marquis d'Hastings. . *The Earl* (Y. Melbourne et Bay Cœlia).
1869. A. Lupin. . . . . *Glaneur* (Bucthorn et Alma).
1870. Major Fridolin. . . . . . *Sornette* (Light et Surprise).
1871. *Pas couru.*
1872. H. Saville. . . . . *Cremorne* (Parmesan et Rigolboche).
1873. H. Delamarre. . . . . . *Boïard* (Vermout et La Bossue).

(1) Dead-heat, prix partagé.
(2) Jusqu'en 1909, le second dimanche de juin; depuis, le dernier dimanche.
(3) Gagné d'un nez, après dead-heat avec *Patricien*.

1874. Marschall. . . . .   *Trent* (Broomielaw et The **Mersey**).
1875. A. Lupin. . . . .   *Salvator* (Dollar et Sauvagine).
1876. A. Balthazzi. . . . .   *Kisber* (Buccaneer et Mineral).
1877. Cte F. de Lagrange. .   *Saint-Christophe* (Mortemer et Isoline).
1878. Prince Soltykoff . . . . .   *Thurio* (Tibthorpe ou Cremorne et Verona).
1879. E. Blanc. . . . .   *Nubienne* (Ruy-Blas et Nice).
1880. C. Brewer. . . . .   *Robert-the-Devil* (Bertram et Cast-Off).
1881. J.-R. Keene. . . . .   *Foxhall* (King-Alfonso et Jamaïca).
1882. Rymill. . . . .   *Bruce* (See Saw et Carine).
1883. Duc de Castries. . . . .   *Frontin* (George Frederick et Frolicsome).
1884. Duc de Castries. . . . .   *Little Duck* (See Saw et Light-Drum).
1885. Cloete. . . . .   *Paradox* (Sterling et Casuistry).
1886. R.-C. Vyner. . . . .   *Minting* (Lord Lyon et Mint Sauce).
1887. P. Aumont. . . . .   *Ténébreuse* (Saxifrage ou Mourle et New Star).
1888. P. Donon. . . . .   *Stuart* (Le Destrier et Stockhausen).
1889. H. Delamarre. . . . . . .   *Vasistas* (Idus et Véranda).
1890. Bon A. de Schickler. .   *Fitz-Roya* (Atlantic et Perplexité).
1891. E. Blanc. . . . .   *Clamart* (Saumur et Princess Catherine).

Allocation portée à 200.000 francs, plus une prime de 15.000 francs à l'éleveur du gagnant, si celui-ci est né en France. — Au 2e, 20.000 ; au 3e, 10.000.

1892. E. Blanc. . . . .   *Rueil* (Energy et Rêveuse).
1893. Bon A. de Schickler. .   *Ragotsky* (Perplexe et Czardas).
1894. Bon A. de Schickler. .   *Dolma Baghtché* (Krakatoa et Alaska).
1895. E. Blanc. . . . .   *Andrée* (Retreat et Araignée).
1896. E. Blanc. . . . .   *Arreau* (Clover et Asta).
1897. J. Arnaud. . . . .   *Doge* (Fricandeau et Dogaresse).
1898. Bon A. de Rothschild.   *Le Roi Soleil* (Heaume et Mlle de La Vallière).
1899. M. Caillault. . . . .   *Perth* (War Dance et Primrose Dame).
1900. Bon A. de Schickler. .   *Semendria* (Le Sancy et Czardas).
1901. M. Caillault. . . . .   *Chéri* (Saint-Damien et Cromatella).
1902. E. de Saint-Alary. . . .   *Kizil-Kourgan* (Omnium II et Kasbah).
1903. E. Blanc. . . . .   *Quo Vadis* (Winkfield's Pride et Filomena).
1904. E. Blanc. . . . .   *Ajax* (Flying-Fox et Amie).
1905. Michel Ephrussi. . . . .   *Finasseur* (Winkfield's Pride et Finaude).
1906. Major E. Loder. . . . .   *Spearmint* (Carbine et Maid of the Mint).
1907. B^{on} Ed. de Rothschild.   *Sans-Souci II* (Le Roi Soleil et Sanctimony).

Allocation portée à 300.000 francs, et prime, à 20.000. — Au 2e, 30.000 ; au 3e, 15.000.

1908. W. K. Vanderbilt. . . .   *Northeast* (Perth et Nordenfield).
1909. Bon M. de Rothschild.   *Verdun* (Rabelais et Vellena).
1910. Mme N. Cheremeteff. .   *Nuage* (Simonian et Nephté).
1911. Mis de Ganay. . . . . . .   *As d'Atout* (Macdonald II et Anastasie).
1912. Achille Fould. . . . . . .   *Houli* (Libaros et Hésione).
1913. E. de Saint-Alary. . . .   *Brûleur* (Choubersky et Basse-Terre).

GRAND PRIX DU PRINCE IMPÉRIAL
pour chevaux.

Se dispute à LONGCHAMP, à l'automne.

Allocation, 10.000 francs. — Distance, 3.200 mètres.

1861.	Cte F. de Lagrange.	*Palestro*, ex *Coquet* (Fitz-Gladiator et Lady Saddler).
1862.	J. Robin.	*Souvenir* (Caravan et Emilia).
1863.	A. de Montgomery.	*La Toucques* (The Baron et Tapestry).
1864.	Cte F. de Lagrange.	*Fille de l'Air* (Faugh-a-Ballagh et Pauline).
1865.	Cte F. de Lagrange.	*Gladiateur* (Monarque et Miss Gladiator).
1866.	H. Lunel.	*Étoile Filante* (Y. Gladiator et Goëlette).
1867.	H. Delamarre.	*Patricien* (Monarque et Papillote).
1868.	Cte F. de Lagrange.	*Nélusko* (Monarque et Margaret).

Devient le PRIX ROYAL-OAK.

Distance ramenée à 3.000 mètres.

1869.	H. Delamarre.	*Clotho* (Bois-Roussel et Lady-Clocklo).
1870.	*Pas couru.*	
1871.	*Pas couru.*	
1872.	Duc de Hamilton.	*Barbillon* (Pretty Boy et Scozzone).
1873.	H. Delamarre.	*Boïard* (Vermout et La Bossue).
1874.	E. Fould.	*Mignonette* (Vertugadin et Margarite).
1875.	Davis.	*Perplexe* (Vermout et Péripétie).

Portée à 20.000 francs.

1876.	Bon A. de Rothschild.	*Kilt* (Consul et Highland Sister).

Portée à 25.000 francs.

1877.	Cte G. de Juigné.	*Jongleur* (Mars et Joliette).

Portée à 30.000 francs.

1878.	Cte F. de Lagrange.	*Inval* (Pompier et Inconnue).
1879.	Cte F. de Lagrange.	*Zut* (Flageolet et Regalia).
1880.	Haras de Chamant.	*Beauminet* (Flageolet et Beauty).
1881.	Haras de Martinvast.	*Perplexité* (Perplexe et King-Tom Mare).
1882.	H. Delamarre.	*Clio* (Dollar et Clotho).

Portée à 40.000 francs.

1883.	A. Staub.	*Stockholm* (Cadet et Stockhausen).
1884.	C.-J. Lefèvre.	*Archiduc* (Consul et The Abbess).
1885.	Bon A. de Schickler.	*Escarboucle* (Doncaster et Gem of Gems).
1886.	Michel Ephrussi.	*Gamin* (Hermit et Grace).
1887.	Michel Ephrussi.	*Bavarde* (Hermit et Basilique).
1888.	A. Lupin.	*Galaor* (Isonomy et Fideline).
1889.	Michel Ephrussi.	*Pourtant* (Saxifrage et La Papillonne).
1890.	Ephrussi.	*Alicante* (Hermit et Madeira).

1891. H. Say............ *Bérenger* (The Bard et Boutade).
1892. Bon A. de Schickler.. *Chêne-Royal* (Narcisse et Perplexité).

Portée à 50.000 francs.

1893. A. Fould............ *Ramleh* (Grandmaster et Riante).
1894. E. Blanc............ *Gouvernail* (The Bard et Gladia).
1895. A. Menier........... *Bombon* (Richelieu et Bavarde).
1896. A. Abeille.......... *Champaubert* (Little Duck et Tantrip).
1897. J. Prat............. *Chambertin* (Le Sancy et Chopine).
1898. Bon A. de Rothschild.. *Le Roi Soleil* (Heaume et Mlle de La Vallière).
1899. M. Caillault........ *Perth* (War Dance et Primrose Dam).
1900. J. de Brémond...... *Ivoire* (Upas et Optima).
1901. J. de Brémond...... *Jacobite* (Isinglass et Mistress Gilly).
1902. E. Blanc............ *Fer* (Saint-Serf et Filomenia).
1903. J. de Soukozanette... *Torquato-Tasso* (Callistrate et Thétis).
1904. M. Caillault........ *Macdonald II* (Bay Ronald et Myrtledine).
1905. E. Veil-Picard...... *Clyde* (Childwick et Common Dance).
1906. W.-K. Vanderbilt.... *Maintenon* (Le Sagittaire et Marcia).
1907. E. Veil-Picard...... *Anémone II* (Childwick et After Glow).
1908. E. Blanc............ *Médéah* (Masqué et Lygie).
1909. A. Aumont.......... *Aveu* (Simonian et Alliance).
1910. W.-K. Vanderbilt.... *Reinhart* (Illinois II et Reinette).
1911. Frank Jay-Gould. ... *Combourg* (Bay Ronald et Chiffonnette).
1912. J. San-Miguel....... *Gorgorito* (Gorgos et Frimousse).

Portée à 60.000 francs.

1913. E. de Saint-Alary.... *Brûleur* (Choubersky et Basse-Terre).

PRIX VERMEILLE

pour pouliches.

Se dispute à LONGCHAMP, à l'automne.

La gagnante, dans l'année, d'un prix de 20.000 fr., portera 3 kil. 1/2 de plus.

Allocation, 40.000 francs. — Distance, 2.400 mètres.

1897. M. Caillault......... *Ortie-Blanche* (Rânes et Orange et Bleue).
1898. E. de la Charme..... **Mélina* (Barberousse et Médine).
1899. Ch. Bartholomew.... **Sésara* (Donovan et Séraphine II).
1900. Bon A. de Schickler.. **Semendria* (Le Sancy et Czardas).
1901. A. Abeille........... **La Camargo* (Childwick et Belle-et-Bonne).
1902. Duc de Gramont. ... *Ophélia* (Le Pompon et Oroya).
1903. M. Caillault......... *Mater* (Clamart et La Goulue).
1904. E. Blanc............ **Profane* (Winkfield's Pride et Poupée).
1905. Cte de Saint-Phalle... **Brienne* (Champaubert et Presta).
1906. A. Merle............ *Bethsaïda* (Le Samaritain et Babillarde).
1907. G. Kousnetzoff...... *Claudia* (Chéri et Drop).

(*) A porté la surcharge.

1908. E. Blanc............ *Médéah (Masqué et Lygie).
1909. J. de Brémond...... *Ronde-de-Nuit (William the Third et Halte-là).

La gagnante d'un prix de 20.000 fr. portera 3 kil. 1/2 de plus.

1910. E. de Saint-Alary.... *Basse-Pointe (Simonian et Basse-Terre).
1911. Cte E. de Boisgelin. . *Tripolette (Elf et Tribune).
1912. Bon Gourgaud.í...... Rêveuse (Simonian et Rally).
1913. Caillault............ *Moïa (Macdonald II et Mathilde).

PRIX LAGRANGE
pour chevaux.

Se dispute à MAISONS-LAFFITTE, au printemps.

Allocation, 20.000 francs. — Distance, 2.000 mètres.

1890. Ephrussi............ Pourpoint (Clairvaux et Petticoat).
1891. E. Blanc............ Clamart (Saumur et Princess Catherine).
1892. H. Say............. Saint-Michel (The Bard et Saint-Cécilia).

Portée à 30.000 francs,
plus un objet d'art d'une valeur de 5.000 francs.

1893. A. Abeille........... Callistrate (Cambyse et Citronelle).
1894. E. Blanc............ Le Pompon (Fripon et La Foudre).
1895. E. de Saint-Alary.... Omnium II (Upas et Bluette).
1896. J. Prat............. Champignol (Le Sancy et Chopine).
1897. Cte de Ganay........ Caudeyran (Vignemale et Lyda).

Valeur de l'objet d'art portée à 10.000 francs.

1898. P. Aumont.......... Madrid (Gamin et Marionnette).
1899. E.-H. Flutman....... Mic (Le Capricorne et Michelette).
1900. Ephrussi............ Codoman (Cambyse et Campanule).
1901. Cte de Ganay........ Éperon (Le Sagittaire ou Tournesol et Ella).
1902. W.-K. Vanderbilt.... Illinois II (Fripon et Ildico).
1903. J. Prat............. Flambeau (Le Sancy et Fée II).
1904. Michel Ephrussi...... Fifre II (Gospodar et Fifine).
1905. E. Blanc............ Génial (Callistrate et Gouvernante).
1906. W.-K. Vanderbilt.ı... Prestige (Le Pompon et Orgueilleuse).

Allocation portée à 40.000 francs.
L'objet d'art est supprimé.

1907. A. Aumont.......... Pernod (Patron et Élixir II).
1908. W.-K. Vanderbilt.... Sea Sick (Elf et Saf-Saf).
1909. W.-K. Vanderbilt.... Oversight (Halma et First Sight).
1910. W.-K. Vanderbilt.... Messidor III (Ex-Voto et Mijaurée).
1911. Bon M. de Rothschild. Faucheur (Perth et Fourragère).
1912. H.-B. Dureya....... Shannon (Irish-Lad et Census).
1913. B^{on} Ed. de Rothschild. Isard II (Le Sagittaire et Irish-Idyll).

(*) A porté la surcharge.

PRIX MONARQUE

Se dispute à MAISONS-LAFFITTE, en été.

Allocation, 20.000 *francs*. — *Distance*, 2.000 *mètres* **(ligne droite)**.
*Le gagnant d'un prix de 50.000 fr. portera 2 kilos de plus;
d'un de 100.000 fr., 4 kilos.*

1893	E. Veil-Picard........	*Saint-Ferjeux* (Florestan et Ella).
1894	Bᵒⁿ A. de Schickler...	*Ravioli* (Atlantic et Japonica).

Un objet d'art, d'une valeur de 6.000 fr., est ajouté au prix.

1895	M. de Gheest.......	*Merlin* (Vignemale et Mignonette).
1896	Holtzer.............	*Sheridan* (Clairon et Souveraine).
1897	H. Say.............	*Vidame* (The Bard et Viadana).

Valeur de l'objet d'art portée à 10.000 francs.

1898.	A. Fould...........	*Monfaucon* (Grandmaster et Mandarine).
1899.	E. Fasquel.........	*Fourire** (Palais-Royal et Fourchette).
1900.	Ephrussi...........	*Codoman* (Cambyse et Campanule).
1901.	James Hennessy.....	*Lady Killer* (War Dance et Lady Mayoress).
1902.	Vᵗᵉ d'Harcourt......	*Exéma* (Gulliver et Xalapa).
1903.	*Pas couru.*	

Allocation portée à 30.000 fr.; objet d'art supprimé.
*Le gagnant, dans l'année, d'un prix de 50.000 fr. portera 2 kil. de plus;
d'un de 100.000 fr., 5 kil.*

1904.	E. Blanc...........	*Gouvernant*** (Flying-Fox et Gouvernante).

Ne se court plus en ligne droite.

1905.	E. Blanc...........	*Val d'Or*** (Flying-Fox et Wandora).

Allocation portée à 40.000 francs.
*Le gagnant, dans l'année, d'un prix de 50.000 fr. portera 2 kil. de plus;
d'une somme de 100.000 fr., 5 kil.; de 200.000 fr., 7 kil.*
Se court à nouveau en ligne droite.

1906.	W.-K. Vanderbilt....	*Maintenon**** (Le Sagittaire et Marcia).
1907.	E. Veil-Picard......	*Biniou* (Le Pompon et Bric-à-Brac).
1908.	T.-P. Thorpe........	*Magellan* (Perth et Pietra Mala).
1909.	A. Henriquet.......	*Chulo* (Saint-Julien et Camœna).
1910.	E. Blanc...........	*Marsa**** (Adam et Favonia).

Devient le PRIX EUGÈNE-ADAM.

Portée à 80.000 francs. — *Ne se court plus en ligne droite.*

1911.	J. Prat.............	*Gavarni III* (Macdonald II et Germaine).
1912.	A. Belmont.........	*Amoureux III* (Octagon et Amicitia).
1913.	H.-B. Dureya.......	*Blarney* (Irish-Lad et Armenia).

(*) Surcharge de 2 kilos.
(**) Surcharge de 5 kilos.
(***) Surcharge de 7 kilos.

II

GRANDES EPREUVES FRANÇAISES
POUR CHEVAUX DE 3 ANS ET AU-DESSUS

PRIX BOIARD

Poids pour âge sans surcharges ni décharges.

Se dispute à MAISONS-LAFFITTE, au printemps.

Allocation, 5.000 francs. — Distance, 2.000 mètres.

Age.

1891. Bon de Rothschild.... 4 *Sledge* (Bruce et Skating).

Portée à 10.000 francs.

1892. H. Ridgway......... 3 *Courlis* (Sansonnet et Citronelle).

Portée à 20.000 francs.

1893. H. Say............. 4 *Hoche* (Robert-the-Devil et Hermita).
1894. Bon A. de Schickler.. 4 *Fousi-Yama* (Atlantic et Little Sister).
1895. De Gheest.......... 3 *Merlin* (Vignemale et Mignonette).

Portée à 50.000 francs.

1896. E. de Saint-Alary.... 4 *Omnium II* (Upas et Bluette).
1897. E. de Saint-Alary.... 3 *Castelnau* (Révérend et Carmélite).
1898. A. Menier........... 4 *Quilda* (Gamin et Quickthought).
1899. E. Fasquel.......... 3 *Fourire* (Palais-Royal et Fourchette).
1900. E. Fasquel.......... 4 *Fourire* (Palais-Royal et Fourchette).
1901. Ephrussi............ 4 *Codoman* (Cambyse et Campanule).
1902. Caillault............ 4 *Chéri* (Saint-Damien et Cromatella).
1903. A. Abeille........... 5 *La Camargo* (Childwick et Belle-et-Bonne).
1904. Caillault............ 3 *Macdonald II* (Bay Ronald et Myrtledine).

Devient le PRIX EUGÈNE-ADAM.

1905. Caillault............ 4 *Macdonald II* (Bay Ronald et Myrtledine).
1906. W.-K. Vanderbilt.... 3 *Prestige* (Le Pompon et Orgueilleuse).
1907. W.-K. Vanderbilt.... 4 *Maintenon* (Le Sagittaire et Marcia).

Age.
1908. E. Veil-Picard. . . . . . . 4 *Biniou* (Le Pompon et Bric-à-Brac).
1909. B⁰ⁿ M. de Rothschild. 3 *Verdun* (Rabelais et Vellena).
1910. A. Henriquet. . . . . 5 *Lieutel* (Madcap et Lucetta).

Redevient le PRIX BOIARD.

1911. Michel Lazard. . . . . . . 4 *Badajoz* (Gost et Selected).
1912. G. Lepetit. . . . . 3 *Martial III* (Airlie et Gilia).
1913. B⁰ⁿ Ed. de Rothschild. 3 *Isard II* (Le Samaritain et Irish Idyll).

PRIX DU PRÉSIDENT DE LA RÉPUBLIQUE

pour chevaux de 3 ans.

Se dispute à MAISONS-LAFFITTE, au commencement de juillet.

Allocation, 30.000 *francs*. — *Distance*, 2.000 *mètres*.

Age.
1903. W.-K. Vanderbilt. . . 3 *Alpha* (Fripon, Consul et Prima).

pour chevaux de 3 ans et au-dessus, poids pour âge
sans surcharges ni décharges.

Porté à 100.000 *francs et doté d'un objet d'art.*

1904 E. Blanc. . . . . 3 *Gouvernant* (Flying-Fox et Gouvernante).
1905 Michel Ephrussi. . . . 3 *Finasseur* (Winkfield's Pride et Finaude).
1906 W.-K. Vanderbilt. . . 3 *Maintenon* (Le Sagittaire et Marcia).
1907 M. Caillault. . . . . 4 *Quérido* (Son O'Mine et Quay-Side).
1908 W.-K. Vanderbilt. . . 3 *Sea Sick* (Elf et Saf-Saf).
1909 B⁰ⁿ M. de Rothschild. 3 *Verdun* (Rabelais et Vellena).
1910 W.-K. Vanderbilt. . . 4 *Oversight* (Halma et First Sight).
1911 B⁰ⁿ M. de Rothschild. 5 *Ossian* (Le Sagittaire et Gretna-Green).
1912 B⁰ⁿ Gourgaud. . . . . . 3 *De Viris* (Simonian et Biella).
1913 B⁰ⁿ de Rothschild. . 4 *Prédicateur* (Le Roi Soleil et Péroraison).

PRIX DU CONSEIL MUNICIPAL

Se dispute à LONGCHAMP, à l'automne.

Couru pour la première fois en 1893. Distance, 2.400 mètres (G. P.). — Engagements au printemps de la même année. — Entrée, 1.000 fr.; forfait, 600, 500 ou 100 fr., suivant la date de déclaration.

Pour chevaux de 3 ans et au-dessus de toute espèce et de tous pays. — Poids : 3 ans, 53 kil.; 4 ans et au-dessus, 58 kil. Le gagnant d'un prix de 50.000 fr. portera 3 kil. de surcharge; de 2 prix de 50.000 fr. ou d'un de

100.000 fr. 6 kilos. Les chevaux de 3 ans n'ayant jamais gagné de prix de 12.500 fr. et ceux de 4 ans et au-dessus n'ayant jamais gagné de prix de 25.000 fr. recevront 3 kilos; les chevaux de 4 ans et au-dessus n'ayant jamais gagné de prix de 12.500 fr. recevront 6 kilos.

Allocation, 100.000 *francs; en outre* 7.500 *fr. à l'éleveur du gagnant, s'il est né en France.* — *Au* 2e, 15.000; *au* 3e, 7.500.

		Age.	Poids.	
1893.	A. Abeille............	3	56	*Callistrate* (Cambyse et Citronelle).
1894.	W. Johnstone.......	4	58	*Bestman* (Ormonde ou Melton et Wedlock).
1895.	E. de Saint-Alary....	3	59	*Omnium II* (Upas et Bluette).
1896.	E. de Saint-Alary....	4	64	*Omnium II* (Upas et Bluette).
1897.	J.-C. Sullivan.......	4	58	*Winkfield's Pride* (Winkfield et Alimony).
1898.	J. de Brémond......	3	59	*Gardefeu* (Cambyse et Bougie).
1899.	A. Fould............	4	52	*Libaros* (Grandmaster et Lolle).
1900.	Ephrussi............	3	53	*Codoman* (Cambyse et Campanule).
1901.	W.-C. Whitney......	4	58	*Kilmarnock II* (Sir Dixon et Miss Used)
1902.	A. Abeille...........	4	62 ½	*La Camargo* (Childwick et Belle-et-Bonne).
1903.	A. Abeille...........	5	62 ½	*La Camargo* (Childwick et Belle-et-Bonne).
1904.	Gaston-Dreyfus......	3	53	*Presto II* (Rueil et Mlle Préfère).
1905.	M. Caillault.........	4	64	*Macdonald II* (Bay Ronald et Myrtledine).
1906.	W.-K. Vanderbilt....	3	59	*Maintenon* (Le Sagittaire et Marcia).
1907.	H. André...........	5	53 ½	*Luzerne* (Simonian et Hardie).
1908.	E. Veil-Picard.......	4	64	*Biniou* (Le Pompon et Bric-à-Brac).
1909.	James Hennessy.....	3	56	*Hag to Hag* (Perth et Haulette).
1910.	Bon M. de Rothschild.	4	58	*Ossian* (Le Sagittaire et Gretna-Green).
1911.	E. de Saint-Alary....	4	62 ½	*Basse-Pointe* (Simonian et Basse-Terre).
1912.	H.-B. Dureya.......	3	56	*Shannon* (Irish Lad et Census).
1913.	A. Aumont.........	3	59	*Nimbus* (Elf et Nephté).

III

GRANDES ÉPREUVES FRANÇAISES
POUR CHEVAUX DE 4 ANS ET AU-DESSUS

PRIX DU CADRAN

Se dispute au CHAMP-DE-MARS, au printemps.
Pour chevaux de 4 ans et au-dessus.

Allocation, 3.000 *francs*. — *Distance*, 2.500 *mètres, en partie liée.*

Age.
- 1837. Lord H. Seymour.... 7 *Miss Annette* (Reveller et Ada).
- 1838. Lord H. Seymour.... 5 *Frank* (Rainbow et Vérona)
- 1839. Duc d'Orléans....... 4 *Nautilus* (Cadland et Vittoria).
- 1840. Duc d'Orléans....... 5 *Nautilus* (Cadland et Vittoria).
- 1841. A. Aumont.......... 4 *Déception*, ex-*Ondine* (Royal-Oak et Georgina).
- 1842. Cte de Cambis....... 7 *Nautilus* (Cadland et Vittoria).

N'est plus ouvert qu'aux chevaux de 4 ans. — Distance portée à 4.000 mètres en une seule épreuve.

- 1843. Th. Carter.......... *Annetta** (Ibrahim et Miss Annette).
- 1844. P^{ce} M. de Beauvau. . *Nativa** (Royal-Oak et Naïad).
- 1845. Bon N. de Rothschild. *Edwin* (Royal-Oak et Béguine).

Distance portée à 4.200 mètres.

- 1846. Fasquel............. *Tomate* (Lottery et Elvire).
- 1847. A. Aumont.......... *Liverpool* (Liverpool et Shrine).
- 1848**. J. Rivière......... *Morok* (Begyarman et Vanda).
- 1849. Th. Carter.......... *Nanetta* (Alteruter et Margarita).
- 1850. *Pas couru.*

Distance ramenée à 3.500 mètres.

- 1851. A. Aumont.......... *La Clôture* (Mr Waggs et Clorinde).
- 1852. A. Aumont.......... *Hervine* (Mr Waggs et Poetess).
- 1853. Mme Latache de Fay. *Trust* (Nuncio et Loïsa).

(*) Walk-over.
(**) Couru à Versailles.

GRANDES ÉPREUVES FRANÇAISES

Distance ramenée à 2.200 mètres.

1854. A. Aumont.............. Papillon (Gladiator et Effie Deans).
1855. J. Reiset................ Rémunérateur (The Baron et Margarita).
1856. A. Aumont.............. Monarque (The Baron, Sting ou The Emperor et Poetess).

Se court A LONGCHAMP.

1857. Stenger................ Nat (Mr Waggs et Nativa).

Distance portée à 4.200 mètres.

1858. A. Lupin............... Potocki (The Baron ou Nunnykirk et Myszka).
1859. J.-G. Schickler......... Martel-en-Tête (Surplice et Gabble).
1860. Bon Nivière............ Géologie (The Prime Warden et Georgette).
1861. Bon Nivière............ Prétendant (Faugh-a-Ballagh et Prédestinée).

Allocation portée à 6.000 francs.

1862. Cte F. de Lagrange... Compiègne (Fitz-Gladiator et Maid of Hart).
1863. Cte F. de Lagrange... Alerte (Alarm et Aunt Phyllis).
1864. A. Schickler........... Guillaume-le-Taciturne (The Flying Dutchman et Strawberry Hill Mare).

Portée à 10.000 francs.

1865. Cte F. de Lagrange... Béatrix (Monarque et Miss Ion).
1866. Cte F. de Lagrange... La Fortune (Fitz-Gladiator et Bathilde).
1867. Cte F. de Lagrange... Auguste (Monarque et Étoile-du-Nord).
1868. Cte F. de Lagrange... Longchamp (Monarque et Étoile-du-Nord).
1869. Cte F. de Lagrange... Le Sarrazin (Monarque et Constance).
1870. Cte F. de Lagrange... Boulogne (Monarque et Miss Ion).
1871. *Pas couru.*
1872. H. Delamarre.......... Véranda (Vermout et Vera-Cruz).
1873. P. Aumont............. Recigny (Orphelin et Woman-in-Red).
1874. H. Delamarre.......... Boïard (Vermout et La Bossue).
1875. E. Fould............... Saltarelle (Vertugadin et Slapdash).

Portée à 25.000 francs.

1876. A. Lupin............... Saint-Cyr (Dollar et Finlande).
1877. A. Lupin............... Enguerrande (Vermout et Deliane).
1878. Cte F. de Lagrange... Saint-Christophe (Mortemer et Isoline).
1879. L. Delâtre.............. Clocher (Cathedral et Convent).
1880. Cte F. de Lagrange... Rayon d'Or (Flageolet et Araucaria).
1881. Cte F. de Lagrange... Milan (Le Sarrazin et Mlle de Champigny).
1882. Ephrussi............... Bariolet (Trocadéro et Bariolette).

Portée à 30.000 francs.

1883. Duc de Castries....... Seigneur II (Uhlan et Miss Stockwell).
1884. C.-J. Lefèvre.......... Regain (Mortemer et Reine).
1885. C.-J. Lefèvre.......... Archiduc (Consul et The Abbess).
1886. Duc de Castries....... Lapin (Salvator et Light Drum).
1887. P. Aumont............. Sauterelle (Saxifrage et Solliciteuse).
1888. Bon A. de Schickler... Krakatoa (Thunderbolt et Little Sister).

1889. P. Aumont.......... *Sibérie* (Saxifrage et Solliciteuse).
1890. E. Blanc........... *Clover* (Wellingtonia et Princess Catherine).
1891. P. Aumont.......... *Mirabeau* (Saxifrage et Marie-Annette).
1892. H. Say............. *Bérenger* (The Bard et Boutade).
1893. Bᵒⁿ A. de Schickler.. *Chêne-Royal* (Narcisse et Perplexité).
1894. Bᵒⁿ A. de Schickler.. *Fousi-Yama* (Atlantic et Little-Sister).
1895. H. Delamarre....... *Excuse* (Reluisant et Extra).
1896. E. de Saint-Alary.... *Omnium II* (Upas et Bluette).
1897. Vᵗᵉ d'Harcourt...... *Olmütz* (Gulliver et Osberga).
1898. J. Prat............. *Chambertin* (Le Sancy et Chopine).
1899. Bᵒⁿ A. de Rothschild. *Le Roi Soleil* (Heaume et Mlle de La Vallière).
1900. M. Caillault........ *Perth* (War Dance et Primrose Dam).
1901. J. de Brémond...... *Ivoire* (Upas et Optimia).
1902. A. Abeille.......... *La Camargo* (Childwick et Belle-et-Bonne).
1903. Cᵗᵉ H. de Pourtalès.. *Astronome II* (Ragotsky et Clairvoyante).
1904. A. Adet............. *Camisole* (Simonian et Dormeuse).
1905. E. Blanc........... *Gouvernant* (Flying-Fox et Gouvernante).
1906. Cᵗᵉ H. de Pourtalès.. *Strozzi* (Callistrate et Béatrix).
1907. E. Veil-Picard....... *Ris-Orangis* (Polygone et Rejoice).
1908. M. Caillault........ *Kalisz* (Perth et Kara-Belnaïa).
1909. Cᵗᵉ Le Marois....... *Sauge Pourprée* (Perth et Médéola).
1910. A. Aumont.......... *Aveu* (Simonian et Alliance).
1911. A. Aumont.......... *La Française* (Simonian et Keltoum).
1912. Frank Jay-Gould.... *Combourg* (Bay Ronald et Chiffonnette).

Porté à 100.000 francs.
Ouvert aux chevaux de 4 ans et au-dessus de tous pays.

Age.
1913. Bᵒⁿ Ed. de Rothschild. 4. *Prédicateur* (Le Roi Soleil et Peroraison).

GRAND PRIX DE L'IMPÉRATRICE

Se dispute à LONGCHAMP, au printemps.

Pour chevaux de 4 ans et au-dessus.

Allocation, 15.000 francs. — Distance, 5.000 mètres.

Age.
1861. P. Aumont........... 4 *Mon Étoile* (Fitz-Gladiator et Hervine).
1862. Bᵒⁿ L. Nivière....... 4 *Palestro* (Fitz-Gladiator et Lady-Saddler).
1863. J. Robin............ 4 *Souvenir** (Caravan et Emilia).
— Cᵗᵉ F. de Lagrange... 5 *Gabrielle d'Estrées** (Fitz Gladiator et Antonia).
1864. A. Lupin............ 4 *Dollar* (The Flying Dutchmann et Payment).
1865. Cᵗᵉ F. de Lagrange.. 4 *Fille-de-l'Air* (Faugh-a-Ballagh et Pauline).
1866. Cᵗᵉ F. de Lagrange.. 4 *Gladiateur* (Monarque et Miss Gladiator).
1867. Cᵗᵉ F. de Lagrange.. 4 *Auguste* (Monarque et Étoile-du-Nord).
1868. Cᵗᵉ F. de Lagrange.. 4 *Longchamp* (Monarque et Étoile-du-Nord).

(*) Dead-heat, prix partagé.

Devient le PRIX RAINBOW.

Age.

1869.	Cte F. de Lagrange..	5	*Trocadéro* (Monarque et Antonia).
1870.	Cte F. de Lagrange..	6	*Trocadéro* (Monarque et Antonia).
1871.	*Pas couru.*		
1872.	C.-J. Lefèvre........	4	*Henry* (Monarque et Miss Ion).
1873.	Duc de Hamilton....	4	*Barbillon* (Pretty et Scozzone).
1874.	H. Delamarre.	4	*Boïard* (Vermout et La Bossue).
1875.	H. Delamarre.	5	*Boïard* (Vermout et La Bossue).
1876.	Cte F. de Lagrange..	4	*Nougat* (Consul et Nébuleuse).
1877.	Bon A. de Rothschild.	4	*Kilt* (Consul et Highland Sister).

Portée à 20.000 francs.

1878.	Cte F. de Lagrange..	4	*Saint-Christophe* (Mortemer et Isoline).
1879.	L. Delâtre.	4	*Clocher* (Cathedral et Convent).
1880.	Cte F. de Lagrange..	4	*Rayon d'Or* (Flageolet et Araucaria).
1881.	Cte F. de Lagrange..	4	*Milan* (Le Sarrazin et Mlle de Champigny).
1882.	Cte F. de Lagrange..	5	*Poulet* (Peut-Être et Printanière).
1883.	Ephrussi............	5	*Bariolet* (Trocadéro et Bariolette).
1884.	L. André...........	4	*Satory* (Trocadéro et Reine-de-Saba).
1885.	C.-J. Lefèvre........	4	*Archiduc* (Consul et The Abbess).
1886.	J.-L. de F. Martin. ...	4	*The Condor* (Dollar et Charmille).
1887.	Cte de Berteux.......	4	*Upas** (Dollar et Rosemary).
—	A. Lupin...........	4	*Firmament** (Silvio et Astrée).
1888.	P. Aumont..........	4	*Ténébreuse* (Mourle ou Saxifrage et New-Star).
1889.	P. Aumont..........	5	*Ténébreuse* (Mourle ou Saxifrage et New-Star).
1890.	Michel Ephrussi.....	4	*Pourtant* (Saxifrage et La Papillonne).
1891.	P. Aumont..........	4	*Mirabeau* (Saxifrage et Mariannette).
1892.	H. Say.	4	*Bérenger* (The Bard et Boutade).
1893.	Michel Ephrussi.....	4	*Lavoir* (King Lud et Lavandière).
1894.	V. Simond..........	5	*Acoli* (King Lud et Rome).
1895.	M. Caillault.	5	*Pomard* (Zut et Plaintive).
1896.	E. de Saint-Alary....	4	*Omnium II* (Upas et Bluette).
1897.	J. de Brémond......	4	*Elf* (Upas et Analogy).
1898.	J. de Brémond......	5	*Elf* (Upas et Analogy).
1899.	Bon A. de Rothschild.	4	*Le Roi Soleil* (Heaume et Mlle de La Vallière).
1900.	M. de Gheest........	4	*Germain* (Stracchino et Germaine II)
1901.	M. Marghiloman.....	4	*Théobard* (Chesterfield et La Goulue).
1902.	Cte de Ganay........	4	*Amer-Picon* (Le Sagittaire et Ambroisie).
1903.	J. de Brémond......	4	*Maximum* (Chalet et Urgence).
1904.	A. Aumont..	4	*Camisole* (Simonian et Dormeuse)
1905.	A. Aumont..........	5	*Vieux-Paris* (Simonian et Verveine).
1906.	F. Schenkel.	5	*Marsan* (Elf et L'Orangerie).
1907.	C. Vagliano.	4	*Montlieu* (Saint-Damien et Miss Baba).

(*) Dead-heat, prix partagé.

		Age.	
1908.	A. Pellerin............	4	*Aquarelle* (Childwick et Temesvar).
1909.	Col. Millard-Hunsiker.	4	*Kenilworth* (Childwick et Kizil-Kourgan).
1910.	A. Aumont...........	4	*Aveu* (Simonian et Alliance).
1911.	A. Aumont...........	5	*La Française* (Simonian et Keltoum).
1912.	A. Aumont...........	4	*La Française* (Simonian et Keltoum).
1913.	Bon Gourgaud.......	4	*Rêveuse* (Simonian et Rally).

GRAND PRIX ROYAL (1)

Se dispute au CHAMP-DE-MARS, à l'automne.

Pour chevaux de 4 ans et au-dessus.

Allocation, 12.000 francs. — Distance, 4.000 mètres en partie liée.

		Age.	
1834.	J. Rieussec...........	5	*Félix* (Rainbow et Y. Folly).
1835.	Lord H. Seymour....	5	*Miss Annette* (Reveller et Ada).
1836.	C^t de Cambis	4	*Volante* (Rowlston et Géane).
1837.	Lord H. Seymour....	4	*Frank* (Rainbow et Vérona).
1838.	Adm. des Haras.....	4	*Corysandre* (Holbein et Comus Mare).
1839.	Adm. des Haras.....	4	*Eylau* (Napoléon et Delphine).

Portée à 14.000 francs.

1840.	Cte de Cambis.......	5	*Nautilus* (Cadland et Vittoria).
1841.	Cte de Cambis.......	4	*Gigès* (Priam et Eva).
1842.	Fasquel.............	4	*Minuit* (Terror et Neel).
1843.	P^ce M. de Beauvau..	6	*Jenny* (Royal-Oak et Kermesse).

(1) Cette épreuve avait été créée en 1806, sous le nom de *Grand Prix*. Il n'est guère possible d'en connaître avec certitude les vainqueurs avant 1819, les documents manquant et maintes fois même, le prix n'ayant pas été couru faute de concurrent.

Ces vainqueurs n'étaient pas tous de pur sang d'ailleurs, et ce n'est qu'à dater de 1834 que ceux-ci y furent seuls admis.

En voici la liste :

		Age.	
1819.	Cte de Narbonne.	6	*Lattital* (non tracé)
1820.	Neveu, père.....	6	*Lattital vieux* (non tracé).
1821.	Duplessis........	7	*Lilly* (non tracé).
1822.	Neveu, père.....	6	*Cérès* (Highflyer et Ceres).
1823.	Duc de Guiche. .	4	*Neel* (Don Cossack et Crystal).
1824.	Duc de Guiche...	4	*Penelope* (Don Cossack et Helen).
1825.	Duc d'Escars.....	4	*Lucy* (Tooley et Peggy).
1826.	Duc de Guiche ..	4	*Odysseus* (Milton et Expectation).
1827.	Duc de Guiche.;.	4	*Médéa* (Truffle et Crystal).
1828.	Duc de Guiche.;.	5	*Vittoria* (Milton et Géane).
1829.	Ld H. Seymour..	4	*Lionel* (non tracé).
1830.	Cte d'Orsay......	4	*Malvina* (Manfred et Rachel).
1831.	Ld H. Seymour..	5	*Sylvio* (Trance et Hébé).
1832.	Ld H. Seymour..	5	*Églé* (Rainbow et Y. Urganda).
1833.	J. Rieussec......	5	*Félix* (Rainbow et Y. Folly).

GRANDES ÉPREUVES FRANÇAISES 807

                Age

1844. Bon N. de Rothschild. 4 *Drummer* (Langar et Hornet).
1845. A. Aumont........... 4 *Cavatine* (Tarrare et Destiny).
1846. A. Aumont.......... 4 *Fitz-Emilius* (Y. Emilius et Miss Sophia).
1847. P^{ce} M. de Beauvau. . 5 *Prédestinée*, ex-*Destinée* (Mr Waggs et Destiny).

Devient le GRAND PRIX NATIONAL.

1848*. J. Rivière. .... 4 *Morok* (Beggarman et Vanda).
1849. Th. Carter. .... 4 *Dulcamara* (Physician et Aspasie).
1850. P^{ce} M. de Beauvau. . 5 *Sérénade* (Royal-Oak et Georgina).
1851. A. Lupin............ 4 *Messine* (Attila et Tarentella).
1852. A. Aumont.......... 4 *Hervine* (Mr Waggs et Poetess).

Devient le GRAND PRIX IMPÉRIAL.

1853. A. Aumont.......... 4 *Échelle* (Sting et Eusébia).
1854. A. Aumont.......... 4 *Royal-Quand-Même* (Gigès et Eusébia).
1855. Mme Latache de Fay. 4 *Festival* (Nuncio et Bienséance).
1856. Mme Latache de Fay. 4 *Ronzi* (Sir Taton Sykes et Florida).

        Se dispute à LONGCHAMP.

Distance portée à 6.000 mètres en une seule épreuve.

1857. Cte F. de Lagrange. . 5 *Monarque* (The Baron, Sting ou The Emperor et Poetess).
1858. Bon Nivière.......... 5 *Miss Cath* (Gladiator et Georgette).
1859. Bon Nivière.......... 4 *Tippler* (Tipple Cider et Boutique).
1860. Cte F. de Lagrange. . 4 *Lysiscote* (Nunnykirk et Dacia).

Devient le GRAND PRIX DE L'EMPEREUR.

Allocation portée à 20.000 francs. — Distance, 6.200 mètres.

1861. Cte F. de Lagrange. . 4 *Surprise* (Gladiator et Gringalette).
1862. P. Aumont.......... 5 *Mon Étoile* (Fitz-Gladiator et Hervine).
1863. J. Robin............ 4 *Souvenir* (Caravan et Emilia).
1864. Duc de Morny....... 5 *Noélie* (The Baron et Dacia).
1865. H. Cartier.......... 4 *Ninon de Lenclos* (The Cossack et The Swede).
1866. Cte F. de Lagrange. . 4 *Gladiateur* (Monarque et Miss Gladiator).
1867. E. Fould............ 5 *Vertugadin* (Fitz-Gladiator et Vermeille).
1868. Cte F. de Lagrange. . 5 *Auguste* (Monarque et Étoile-du-Nord).

(*) Couru à Chantilly.

Devient le **PRIX GLADIATEUR**.

		Age.	
1869.	C¹ᵉ F. de Lagrange..	5	*Trocadéro* (Monarque et Antonia).
1870.	*Pas couru.*		
1871.	L. André............	4	*Don Carlos* (Monarque et Noélie).
1872.	C.-J. Lefèvre.......	6	*Dutch Skater* (The Flying Dutchmann et Sylvie).
1873.	Duc de Hamilton....	4	*Barbillon* (Pretty Boy et Scozzone).
1874.	Cᵗᵉ G. de Juigné.....	4	*Christiania* (Ruy-Blas et Christmas Eve).
1875.	P. Aumont..........	4	*Figaro II* (Le Sarrazin et La Fortune).
1876.	Cᵗᵉ F. de Lagrange..	4	*Nougat* (Consul et Nébuleuse).
1877.	E. Fould...........	4	*Mondaine* (Vertugadin et La Magicienne).
1878.	Cᵗ F. de Lagrange..	4	*Verneuil* (Mortemer et Regalia).
1879.	Cᵗ F. de Lagrange..	4	*Clémentine* (Mortemer et Regalia).
1880.	Cᵗ F. de Lagrange..	4	*Courtois* (Parnasse et Courtoisie).
1881.	Bᵒⁿ de Varenne......	5	*Pourquoi* (Trocadéro et Good-Night).
1882.	Ephrussi...........	4	*Bariolet* (Trocadéro et Bariolette).
1883.	P. Aumont..........	4	*Mlle de Senlis* (Trocadéro et Mlle de Juvigny).
1884.	L. André...........	4	*Satory* (Trocadéro et Reine-de-Saba).
1885.	Bᵒⁿ A. de Rothschild.	4	*Lavaret* (Boïard et Laversine).
1886.	Bᵒⁿ A. de Schickler..	4	*Escarboucle* (Doncaster et Gem of Gems).
1887.	Cᵗᵉ de Berteux......	4	*Upas* (Dollar et Rosemary).
1888.	P. Aumont..........	4	*Ténébreuse* (Mourle ou Saxifrage et New-Star).
1889.	P. Aumont..........	5	*Ténébreuse* (Mourle ou Saxifrage et New-Star).
1890.	H. Ridgway........	4	*Carmaux* (Farfadet et La Cloche).

Portée à 25.000 francs.

1891.	P. Aumont..........	6	*Mirabeau* (Saxifrage et Mariannette).
1892.	Michel Ephrussi.....	4	*Primrose* (Peter et La Papillonne).
1893.	E. Deschamps.......	4	*Aquarium* (Narcisse et Miss Hannah).

Portée à 30.000 francs.

1894.	E. Deschamps.......	5	*Aquarium* (Narcisse et Miss Hannah).
1895.	J. de Brémond......	5	*La Licorne* (Perplexe et La Dauphine).
1896.	E. de Saint-Alary....	4	*Omnium II* (Upas et Bluette).
1897.	J. de Brémond......	4	*Elf* (Upas et Analogy).
1898.	J. de Brémond......	5	*Elf* (Upas et Analogy).
1899.	H. de Chantemerle...	5	*Patriarche* (Vignemale et Pascale).
1900.	E. Blanc............	4	*Sospiro* (Rueil et La Malmaison).
1901.	J. de Brémond......	4	*Mlle de Longchamp* (The Condor et Mlle de Senlis).
1902.	Cᵗᵉ de Ganay.......	4	*Amer-Picon* (Le Sagittaire et Ambroisie).
1903.	Cᵗᵉ de Ganay.......	5	*Amer-Picon* (Le Sagittaire et Ambroisie).
1904.	A. Adet............	4	*Vieux-Paris* (Simonian et Verveine).
1905.	J. de Brémond......	6	*Maximum* (Chalet et Urgence).

		Age.	
1906*.	E. Veil-Picard	4	*Clyde* (Childwick et Common Dance).
1907.	J. Lieux	5	*Punta-Gorda* (Le Capricorne et Philæ).
1908.	Cte Le Marois	4	*Rabat-Joie* (Launay et Hopeful)
1909.	W.-K. Vanderbilt	4	*Sea Sick* (Elf et Saf-Saf).
1910.	E. Veil-Picard	4	*Pierre-Bénite* (Childwick et Princess Bee).
1911.	E. de Saint-Alary	4	*Basse-Pointe* (Simonian et Basse-Terre).

Portée à 50.000 francs.

1912.	J. Meller	4	*Chambre de l'Édit* (Le Var et Carbes).
1913.	Cte de Saint-Phalle	5	*Philippe II* (Patron et Pénélope).

(*) Couru à Chantilly.

IV

GRANDES ÉPREUVES ANGLAISES

POUR CHEVAUX DE 3 ANS

DEUX MILLE GUINÉES

pour chevaux.

Se dispute à NEWMARKET, au milieu du printemps.

Souscriptions de 100 guinées. — Distance, 1.600 mètres.

1809.	Wilson.................	*Wizard* (Sorcerer et Precipitate mare).
1810.	Lord Grosvenor.........	*Hephestion* (Alexander et Olivia).
1811.	Andrews...............	*Trophonius* (Sorcerer et Dungannon mare).
1812.	Lord Darlington........	*Crew* (Dick Andrews et Lady Charlotte).
1813.	Sir C. Bumbury........	*Smolensko* (Sorcerer et Wowski).
1814.	Wyndham..............	*Olive* (Sir Oliver et Scotina).
1815.	Lord Rous.............	*Tigris* (Quiz et Persepolis).
1816.	Lord G.-H. Cavendish...	*Nectar* (Walton et L'Huile de Vénus).
1817.	Stonehewer............	*Manfred* (Election et Miss Wasp).
1818.	Lord Foley............	*Interpreter* (Soothsayer et Blowing
1819.	Sir J. Shelley.........	*Antar* (Haphazard et Cressida).
1820.	Duc de Grafton........	*Pindarrie* (Phantom et Parasol).
1821.	Duc de Grafton........	*Reginald* (Haphazard et Prudence).
1822.	Duc de Grafton........	*Pastille* (Rubens et Parasol).
1823.	Roger.................	*Nicolo* (Selim et Walton mare).
1824.	Haffenden.............	*Schabriar* (Shuttle-Pope et Dinarzade).
1825.	Lord Exeter...........	*Enamel* (Phantom et Miniature).
1826.	Duc de Grafton........	*Devise* (Merlin et Pawn junior).
1827.	Duc de Grafton........	*Turcoman* (Selim et Pope Joan).
1828.	Duc de Rutland........	*Cadland* (Andrew et Sorcery).
1829.	Lord Exeter...........	*Patron* (Partisan et Rubens mare).
1830.	Lord Exeter...........	*Augustus* (Sultan et Augusta).
1831.	Lord Jersey...........	*Riddlesworth* (Emilius et Filagree).
1832.	Colonel Peel..........	*Archibald* (Paulowitz et Garcia).
1833.	Lord Oxford...........	*Clearwell* (Jerry et Lisette).
1834.	Lord Jersey...........	*Glencoe* (Sultan et Trampoline).
1835.	Lord Jersey...........	*Ibrahim* (Sultan et Phantom mare).
1836.	Lord Jersey...........	*Bay Middleton* (Sultan et Cobweb).

GRANDES ÉPREUVES ANGLAISES

1837. Lord Jersey............ *Achmet* (Sultan et Cobweb).
1838. Lord G. Bentinck....... *Grey Momus* (Comus et Cervantes mare).
1839. Lord Lichfield.......... *The Corsair* (Sir Hercules et Gulnare).
1840. Lord G. Bentinck....... *Crucifix* (Priam et Octaviana).
1841. Lord Albemarle......... *Ralph* (Dr Syntax et Catton mare).
1842. J. Bowes............... *Meteor* (Velocipede et Dido).
1843. J. Bowes............... *Cotherstone* (Touchstone et Emma).
1844. J. Day................. *The Ugly-Buck* (Venison et Monstrosity).
1845. Lord Stradbroke........ *Idas* (Liverpool et Marpessa).
1846. W. Scott............... *Sir Tatton Sykes* (Melbourne et Margrave mare).
1847. Sir R. Pigott........... *Conygham* (Slane et Whisker mare).
1848. B. Green............... *Flatcatcher* (Touchstone et Decoy).
1849. A. Nicholl............. *Nunnykirk* (Touchstone et Bee's Wing).
1850. H. Nill................. *Pitsford* (Epirus et Miss Horewood).
1851. Lord Enfield........... *Hernandez* (Pantaloon et Black Bess).
1852. Lord Exeter............ *Stockwell* (The Baron et Pocahontas).
1853. J. Bowes............... *West-Australian* (Melbourne et Mowerina).
1854. Gully.................. *The Hermit* (Bay-Middleton et Jenny Lind).
1855. Merry.................. *Lord of The Isles* (Touchstone et Fair Helen).
1856. Lord Derby............. *Fazzoletto* (Orlando et Canezou).
1857. Lord Zetland........... *Vedette* (Voltigeur et Irish Birdcatcher mare).
1858. Sir J. Hawley.......... *Fitz-Roland* (Orlando et Stamp).
1859. W. Day................. *Promised Land* (Jerico et Glee).
1860. A. Nichol.............. *The Wizard* (West-Australian et The Cure mare).
1861. Lord Stamford.......... *Diophantus* (Orlando et Equation).
1862. S. Hawke............... *The Marquis* (Stockwell et Cinizelli).
1863. R.-C. Naylor........... *Macaroni* (Sweetmeat et Jocose).
1864. Lord Glasgow........... *General Peel* (Y. Melbourne et Orlando mare).
1865. C¹ᵉ F. de Lagrange..... *Gladiateur* (Monarque et Miss Gladiator).
1866. R. Sutton.............. *Lord Lyon* (Stockwell et Paradigm).
1867. Duc de Beaufort........ *Vauban* (Muscovite et Palm).
1868. G. Jones............... *Formosa** (Buccaneer et Eller).
— W.-S. Crawfurd.......... *Moslem** (Knight of Saint-Patrick et Besika).
1869. J. Johnstone........... *Pretender* (Adventurer et Ferina).
1870. Merry.................. *Macgregor* (Macaroni et Necklace).
1871. J. Johnstone........... *Bothwell* (Stockwell et Katherine Loggie).
1872. J. Dawson.............. *Prince Charlie* (Blair-Athol et Eastern Princess).
1873. W.-S. Crawfurd......... *Gang-Forward* (Stockwell et Lady Mary).
1874. Lord Falmouth.......... *Atlantic* (Thormanby et Hurricane).
1875. R.-C. Vyner............ *Camballo* (Cambuscan et Little Lady).
1876. Lord Dupplin........... *Petrarch* (Lord Clifden et Laura).
1877. C¹ᵉ F. de Lagrange..... *Chamant* (Mortemer et Araucaria).
1878. Lord Lonsdale.......... *Pilgrimage* (The Earl ou The Palmer et Lady Audley).

(*) Dead-heat, prix partagé.

1879. Lord Falmouth............ *Charibert* (Thormanby et Gertrude).
1880. Duc de Beaufort......... *Petronel* (Musket et Crytheia).
1881. Hon. R. Grosvenor....... *Peregrine* (Pero-Gomez et Adelaide).
1882. Duc de Westminster..... *Shotover* (Hermit et Stray Shot)
1883. Lord Falmouth............ *Galliard* (Galopin et Mavis).
1884. S. Foy..................... *Scot-Free* (Mac Gregor et Celibacy).
1885. Broderick-Cloete......... *Paradox* (Sterling et Casuistry).
1886. Duc de Westminster..... *Ormonde* (Bend' Or et Lily Agnes).
1887. Douglas-Baird............ *Entreprise* (Sterling et Sister to King Alfred).
1888. Duc de Portland.......... *Ayrshire* (Hampton et Atalanta).
1889. Douglas-Baird............ *Enthusiast* (Sterling et Cherry Duchess).
1890. A.-W. Merry.............. *Surefoot* (Wisdom et Galopin mare).
1891. Lord Alington............. *Common* (Isonomy et Thistle).
1892. C.-D. Rose................. *Bonavista* (Bend' Or et Vista).
1893. Mac Calmont.............. *Isinglass* (Isonomy et Deadlock).
1894. Lord Rosebery............ *Ladas* (Hampton et Illuminata).
1895. Sir Blundell Maple....... *Kirkconnel* (Royal Hampton et Sweet-Sauce).
1896. L. de Rothschild.......... *Saint-Frusquin* (Saint-Simon et Isabel).
1897. J. Gubbins................. *Galtee More* (Kendal et Morganette).
1898. Wallace Johnstone....... *Disraeli* (Galopin et Lady Yardley).
1899. Duc de Westminster..... *Flying-Fox* (Orme et Vampire).
1900. S. A. R. Prince de Galles. *Diamond Jubilee* (Saint-Simon et Perdita II).
1901. Sir E. Cassel.............. *Handicapper* (Matchmaker et Agnes Osborne).
1902. R.-S. Siever............... *Sceptre* (Persimmon et Ornament).
1903. Sir J. Miller............... *Rock Sand* (Sainfoin et Roquebrune).
1904. L. de Rothschild.......... *Saint Amant* (Saint Frusquin et Lady Loverule)
1905. W.-F. de Wend-Fenton.. *Vedas* (Florizel II et Agnostic).
1906. Arthur James............. *Gorgos* (Ladas et The Gorgon).
1907. Cap. Greer................. *Slieve Gallion* (Gallinule et Reclusion).
1908. A. Belmont................. *Norman III* (Octagon et Nineveh).
1909. S. M. Edouard VII....... *Minoru* (Cyllene et Mother Siegel).
1910. Lord Rosebery............ *Nell-Gow* (Marco et Chelandry).
1911. J.-B. Joël.................. *Sunstar* (Sundridge et Doris).
1912. H.-B. Dureya............. *Sweeper II* (Broomstick et Ravello II).
1913. W. Raphaël................ *Louvois* (Isinglass et St Louvaine).

MILLE GUINÉES

pour pouliches.

Se dispute à NEWMARKET, au milieu du printemps.

Souscriptions de 100 *guinées.* — *Distance,* 1.600 *mètres.*

1814. Wilson..................... *Charlotte* (Orville et Sophia).
1815. Lord Foley................. *N...* (Selim et Cesario's dam).
1816. Duc de Rutland........... *Rhoda* (Asparagus et Rosabella).

GRANDES ÉPREUVES ANGLAISES

1817.	Watson..............	*Neva* (Cervantes et Mary).
1818.	Udny................	*Corinne* (Waxy et Briseis).
1819.	Duc de Grafton.......	*Catgut* (Comus ou Juniper et Vanity).
1820.	Duc de Grafton.......	*Rowena* (Haphazard et Prudence).
1821.	Duc de Grafton.......	*Zeal* (Partisan et Zaïda).
1822.	Duc de Grafton.......	*Whizgig* (Rubens et Penelope).
1823.	Duc de Grafton.......	*Zinc* (Woful et Zaïda).
1824.	Lord Jersey..........	*Cobweb* (Phantom et Filagree).
1825.	Duc de Grafton.......	*Tontine* (Election et Pope Joan).
1826.	Duc de Grafton.......	*Problem* (Merlin et Pawn).
1827.	Duc de Grafton.......	*Arab* (Woful et Zeal).
1828.	Molony...............	*Zoe* (Orville et Nina).
1829.	Lord G.-H. Cavendish...	*N...* (Godolphin et Mouse).
1830.	Lord Jersey..........	*Charlotte West* (Tramp et Filagree).
1831.	Sir M. Wood..........	*Galantine* (Reveller et Snowdrop).
1832.	Lord Exeter..........	*Galata* (Sultan et Filagree).
1833.	Cooke................	*Tarentella* (Tramp et Katherina).
1834.	Lord Burner..........	*May Day* (Lamplighter et Canarine's dam).
1835.	Greville.............	*Preserve* (Emilius et Mustard).
1836.	Houldsworth..........	*Destiny* (Sultan et Fanny Davies).
1837.	Lord G. Bentinck.....	*Chapeau d'Espagne* (Dr Syntax et Chapeau de Paille).
1838.	Lord Albermale.......	*Barcarolle* (Emilius et Bravura).
1839.	Watt.................	*Clara* (Belshazzar et Fanchon).
1840.	Lord G. Bentinck.....	*Crucifix* (Priam et Octaviana).
1841.	Batson...............	*Potentia* (Plenipotentiary et Acacia).
1842.	Lord G. Bentinck.....	*Fireband* (Lamplighter et Rubens mare).
1843.	Thornhill............	*Extempore* (Emilius et Maria).
1844.	Oshaldeston..........	*Sorella* (The Saddler et Partisan mare).
1845.	Duc de Richmond......	*Pic-Nic* (Glaucus et Estelle).
1846.	Gully................	*Mendicant* (Touchstone et Lady More Carew).
1847.	Payne................	*Clementina* (Venison et Cobweb).
1848.	Lord Stanley.........	*Canezou* (Melbourne et Mme Pelerine).
1849.	F. Clarke............	*Flea* (Coronation et Puce).
1850.	Lord Oxford..........	*N...* (Slane et Exotic)
1851.	Sir J. Hawley........	*Aphrodite* (Bay-Middleton et Venus).
1852.	Sargeant.............	*Kate* (Auckland et Gipsy Queen).
1853.	M. de Rothschild.....	*Lentmore Lass* (Melbourne et Emerald).
1854.	Howard...............	*Virago* (Pyrrhus the First et Virginia).
1855.	Duc de Bedford.......	*Habena* (Irish Birdcatcher et Bridle).
1856.	W.-H. Brooke.........	*Manganese* (Irish Birdcatcher et Moonbeam)
1857.	J. Scott.............	*Impericuse* (Orlando et Eulogy).
1858.	Gretwicke............	*Governess* (Chatham et Oxonian's dam).
1859.	W.-S. Crawfurd.......	*Mayonaise* (Teddington et Pic-Nic).
1860.	Lord Derby...........	*Sagitta* (Longbow et Legerdemain).
1861.	Fleming..............	*Nemesis* (Newminster et Varsoviana).
1862.	Lord Falmouth........	*Hurricane* (Wild-Dayrell et Midia).
1863.	Lord Stamford........	*Lady Augusta* (Stockwell et Mecanec).
1864.	L. de Rothschild.....	*Tomato* (King-Tom et Mincement).
1865.	Duc de Beaufort......	*Siberia* (Muscovite et Figtree).

1866.	Mis de Hastings.	*Repulse* (Stockwell et Sortie).
1867.	Colonel Pearson	*Achievement* (Stockwell et Paradigm).
1868.	W. Graham	*Formosa* (Buccaneer et Eller).
1869.	Duc de Beaufort	*Scottish Queen* (Blair Athol et Edith).
1870.	J. Dawson.	*Hester* (Thormanby et Tomyris)
1871.	L. de Rothschild	*Hannah* (King-Tom et Mentmore Lass).
1872.	C.-J. Lefèvre.	*Reine* (Monarque et Fille de l'Air).
1873.	Lord Falmouth.	*Cecilia* (Blair Athol et Siberia).
1874.	Launde.	*Apology* (Adventurer et Mandragora).
1875.	Lord Falmouth.	*Spinaway* (Macaroni et Queen Bertha).
1876.	Cie F. de Lagrange.	*Camélia* (Macaroni et Araucaria).
1877.	Lord Hartington.	*Belphœbe* (Toxophilite et Vaga).
1878.	Lord Lonsdale.	*Pilgrimage* (The Earl ou The Palmer et Lady Audley).
1879.	Lord Falmouth.	*Wheel of Fortune* (Adventurer et Queen Bertha).
1880.	T.-E. Walker.	*Elizabeth* (Statesman et Fair Rosamond).
1881.	W.-S. Crawfurd.	*Thebais* (Hermit et Devotion).
1882.	W.-S. Crawfurd.	*Saint-Marguerite* (Hermit et Devotion).
1883.	C.-J. Lefèvre.	*Hauteur* (Rosicrucian et Hawthorndale).
1884.	Abington.	*Busybody* (Petrarch et Spinaway).
1885.	Duc de Westminster.	*Farewell* (Doncaster et Lily Agnes).
1886.	Duc de Hamilton.	*Miss Jemmy* (Petrarch et Lady Portland).
1887.	Duc de Beaufort.	*Rêve d'Or* (Hampton et Queen of the Roses).
1888.	Douglas-Baird.	*Briar Rost* (Springfield et Eglentyne).
1889.	R.-C. Wyner.	*Minthe* (Camballo et Mint Sauce).
1890.	Duc de Portland.	*Semolina* (Saint-Simon et Mowerina).
1891.	N. Fenwick.	*Mimi* (Barcaldine et Lord Lyon mare).
1892.	Bon de Hirsch.	*La Flèche* (Saint-Simon et Quiver).
1893.	Sir J. Blundell-Maple.	*Siffleuse* (Saraband et Assay).
1894.	Duc de Portland.	*Amiable* (Saint-Simon et Tact).
1895.	Fairie.	*Galleottia* (Galopin et Agave).
1896.	S. A. R. Prince de Galles.	*Thais* (Saint-Serf et Poetry).
1897.	Lord Rosebery.	*Chelandry* (Goldfinch et Illuminata).
1898.	Sir J. Blundell-Maple.	*Nun Nicer* (Common et Priestess).
1899.	Lord W. Beresford.	*Sibola* (Sailor-Prince et Saluda).
1900.	L. Brassey.	*Winifreda* (Saint-Simon et Melody).
1901.	Sir J. Miller.	*Aïda* (Galopin et Queen Adelaïde).
1902.	R.-S. Siever.	*Sceptre* (Persimmon et Ornament).
1903.	Lord Falmouth.	*Quintessence* (Saint-Frusquin et Margarine).
1904.	Major E. Loder.	*Pretty Polly* (Gallinule et Admiration).
1905.	W. Hall Walker.	*Cherry Lass* (Isinglass et Black Cherry).
1906.	Sir D. Cooper.	*Flair* (Saint-Frusquin et Glare).
1907.	W. Hall Walker.	*Witch Elm* (Orme et Cannie Lassic).
1908.	R. Croker.	*Rhodora* (Saint-Frusquin et Rhoda B.).
1909.	L. Neumann.	*Electra* (Eager et Sirenia)
1910.	W. Astor.	*Winkipop* (William the Third et Conjure.
1911.	J. A. de Rothschild.	*Atmah* (Galeazzo et Mrs Kendal).
1912.	W. Raphaël.	*Tagalie* (Cyllene et Tagale).
1913.	J.-B. Joel.	*Jest* (Sundridge et Absurdity).

DERBY

pour chevaux.

Se dispute à EPSOM, à la fin du printemps.

Souscription de 50 guinées chaque. — Distance, 1.600 mètres.

1780. Sir C. Bumburry....... *Diomed* (Florizel et Spectator mare).
1781. Major O'Kelly.......... *Y. Eclipse* (Eclipse et Juno).
1782. Lord Egremont......... *Assassin* (Sweetbriar et Angelica).
1783. Parkler................ *Saltram* (Eclipse et Virago).

Distance portée à 2.400 mètres.

1784. Colonel O'Kelly........ *Sergeant* (Eclipse et Aspasia).
1785. Lord Clermont.......... *Aimwell* (Mark Antony et Herod mare).
1786. Planton................ *Noble* (Highflyer et Brim).
1787. Lord Derby............. *Sir Peter Teazle* (Highflyer et Papillon).
1788. S. A. R. Prince de Galles. *Sir Thomas* (Pontac et Sportmistress).
1789. Duc de Bedford......... *Skyscraper* (Highflyer et Everlasting).
1790. Lord Grosvenor......... *Rhadamanthus* (Justice et Flyer).
1791. Duc de Bedford......... *Edger* (Florizel et Fidget's dam).
1792. Lord Grosvenor......... *John Bull* (Fortitude et Xantippe).
1793. Sir F. Poole........... *Waxy* (Pot-8-Os et Maria).
1794. Lord Grosvenor......... *Dædatus* (Justice et Flyer).
1795. Sir F. Standick........ *Spread Eagle* (Volunteer et Highflyer mare).
1796. Sir F. Standish........ *Didelot* (Trumpator et Highflyer mare).
1797. Duc de Bedford......... *N...* (Fidget et Sister to Pharamond).
1798. Cookson................ *Sir Harry* (Sir Peter et Matron).
1799. Sir F. Standish........ *Archduke* (Sir Peter et Horatia).
1800. Wilson................. *Champion* (Pot-8-Os et Huncamunca).
1801. Sir C. Bumbury......... *Eleanor* (Whiskey et Y. Giantess).
1802. Duc de Grafton......... *Tyrant* (Pot-8-Os et Sea Fowl).
1803. Sir H. Williamson...... *W's Ditto* (Sir Peter et Arethusa).
1804. Lord Egremont.......... *Hannibal* (Driver et Fractious).
1805. Lord Egremont.......... *Cardinal Beaufort* (Gohanna et Colibri).
1806. Lord Foley............. *Paris* (Sir Peter et Horatia)
1807. Lord Egremont.......... *Election* (Gohanna et Chesnut Skim).
1808. Sir H. Williamson...... *Pan* (Saint-George et Arethusa).
1809. Duc de Grafton......... *Pope* (Waxy et Prunella).
1810. Duc de Grafton......... *Whalebone* (Waxy et Penelope).
1811. Sir J. Shelly.......... *Phantom* (Walton et Julia).
1812. Ladbrooke.............. *Octavius* (Orville et Marianne).
1813. Sir C. Bumbury......... *Smolensko* (Sorcerer et Wowski).
1814. Lord Stawel............ *Blucher* (Waxy et Pantina)
1815. Duc de Grafton......... *Whisker* (Waxy et Penelope).
1816. Duc d'York............. *Prince Leopold* (Hedley et Gramarie).
1817. Payne.................. *Azor* (Selim et Zoraida).
1818. Thornbill.............. *Sam* (Scud et Hyale).
1819. Duc de Portland........ *Tiresias* (Soothsayer et Pledge).

1820. Thornhill............... *Sailor* (Scud et Goosander)
1821. Hunter................. *Gustavus* (Election et Lady Grey).
1822. Duc d'York............. *Moses* (Whalebone ou **Seymour** et Gohanna mare)
1823. Udny................... *Emilius* (Orville et Emily).
1824. Sir J. Shelly.......... *Cedric* (Phantom et Walton mare).
1825. Lord Jersey............ *Middleton* (Phantom et Web).
1826. Duc de Rutland......... *Lapedog* (Whalebone et Canopus mare).
1827. Lord Jersey............ *Mameluke* (Partisan et Miss Sophia).
1828. Duc de Rutland......... *Cadland** (Andrew et Sorcery)
1829. Gratwicke.............. *Frederick* (Little John et Phantom mare).
1830. W. Chifney............. *Priam* (Emilius et Cressida).
1831. Lord Lowther........... *Spaniel* (Whalebone et Canopus' dam).
1832. Risdale................ *Saint Gilles* (Tramp et Arcot Lass).
1833. Sadler................. *Dangerous* (Tramp et Defiance).
1834. Batson................. *Plenipotentiary* (Emilius et Harriet).
1835. Bowes.................. *Mündig* (Catton et Emma).
1836. Lord Jersey............ *Bay Middleton* (Sultan et Cobweb).
1837. Lord Berner............ *Phosphorus* (Lamplighter et Camarine's dam).
1838. Sir G. Heathcote....... *Amato* (Velocipede et Jane Shore).
1839. W. Risdale............. *Bloomsbury* (Mulato et Arcot Lass).
1840. Robertson.............. *Little Wonder* (Muley et Lacerta).
1841. Rawlinson.............. *Coronation* (Sir Hercules et Ruby).
1842. Colonel Anson.......... *Attila* (Colwick et Progress)
1843. Bowes.................. *Cotherstone* (Touchstone et Emma).
1844. Colonel Peel........... *Orlando*** (Touchstone et Vulture).
1845. Gratwicke.............. *The Merry Monarch* (Slane et The Margravine).
1846. Gully.................. *Pyrrhus the First* (Epirus et Fortress).
1847. Pedley................. *The Cossack* (Hetman Platow et Joannina).
1848. Lord Clifden........... *Surplice* (Touchstone et Crucifix).
1849. Lord Elington.......... *The Flying Dutchman* (Bay-Middleton et Barbelle)
1850. Lord Zetland........... *Voltigeur* (Voltaire et Martha Lynn).
1851. Sir J. Hawley.......... *Teddington* (Orlando et Miss Twickenham.
1852. J. Bowes............... *Daniel O'Rourke* (Irish Birdcatcher et Forget me not)
1853. J. Bowes............... *West Australian* (Melbourne et Mowerina)
1854. Gully.................. *Andover* (Bay Middleton et Defence mare).
1855. F.-L. Polham........... *Wild Dayrell* (Ion et Ellen Middleton).
1856. Amiral Harcourt........ *Ellington* (The Flying Dutchman et Elerdale)
1857. W. l'Anson............. *Blink Bonny* (Melbourne et Queen Mary).
1858. Sir J. Hawley.......... *Beadsman* (Weatherbit et Mendicant).

(*) Après dead-heat avec *The Colonel*, à M. Petre.

(**) *Running-Rein*, arrivé premier, fut distancé, l'enquête réclamée par le colonel Peel, propriétaire des deuxième et troisième, ayant établi que *Running Rein* n'était autre qu'un cheval de 4 ans, nommé *Macchabeus*.

GRANDES ÉPREUVES ANGLAISES

1859.	Sir J. Hawley............	*Musjid* (Newminster et Peggy).
1860.	J. Merry.	*Thormanby* (Melbourne ou Windhound et Alice Hawthorn).
1861.	Colonel Townley.	*Kettledrum* (Rataplan et Hybla).
1862.	Snewing...............	*Caractacus* (Kingston et Defenceless).
1863.	R.-C. Naylor.	*Macaroni* (Sweetmeat et Jocose).
1864.	W. l'Anson.............	*Blair Athol* (Stockwell et Blink Bonny).
1865.	Cte F. de Lagrange.	*Gladiateur* (Monarque et Miss Gladiator).
1866.	R. Sutton..............	*Lord Lyon* (Stockwell et Paradigm).
1867.	Chaplin................	*Hermit* (Newminster et Seclusion).
1868.	Sir J. Hawley..........	*Blue Gown* (Beadsman et Bas-Bleu).
1869.	J. Johnstone.	*Pretender* (Adventurer et Ferina).
1870.	Lord Falmouth.	*Kingcraft* (King Tom et Woodcraft).
1871.	L. de Rothschild.......	*Favonius* (Parmesan et Zephyr).
1872.	H. Savile.	*Cremorne* (Parmesan et Rigolboche).
1873.	Merry..................	*Doncaster* (Stockwell et Marigold).
1874.	W.-S. Cartwright.	*George-Frederick* (Marsyas et The Princess of Wales).
1875.	Prince Bathyany........	*Galopin* (Vedette et Flying Duchess).
1876.	A. Baltazzi.............	*Kisber* (Buccaneer et Mineral).
1877.	Lord Falmouth.	*Silvio* (Blair-Athol et Silverhair).
1878.	W.-S. Crawford.........	*Sefton* (Speculum et Liverpool's dam).
1879.	Acton..................	*Sir Bevys* (Favonius et Lady Langden).
1880.	Duc de Westminster....	*Bend' Or* (Doncaster et Rouge Rose).
1881.	P. Lorillard.	*Iroquois* (Leamington et Maggie B. B.)
1882.	Duc de Westminster....	*Shotover* (Hermit et Stray Shot).
1883.	Sir J. Johnstone.	*Saint Blaise* (Hermit et Fusee).
1884.	J. Hammond...........	*Saint Gatien** (Rotherhill ou The Rover et St Editha).
—	Sir J. Willoughby.......	*Harvester** (Sterling et Wheatear).
1885.	Lord Hastings.	*Melton* (Master-Kildare et Violet Melrose).
1886.	Duc de Westminster.....	*Ormonde* (Bend' Or et Lily Agnes).
1887.	Abington...............	*Merry-Hampton* (Hampton et Doll Tearsheet).
1888.	Duc de Portland........	*Ayrshire* (Hampton et Atalanta).
1889.	Duc de Portland........	*Donovan* (Galopin et Mowerina).

Prix fixé à 5.000 souverains.

1890.	Sir J. Miller.............	*Sainfoin* (Springfield et Sanda).
1891.	Sir E. Johnstone..:....	*Common* (Isonomy et Thistle).
1892.	Lord Bradford..........	*Sir Hugo* (Wisdom et Manœuvre).
1893.	Mac Calmont...........	*Isinglass* (Isonomy et Deadlock).
1894.	Lord Rosebery..........	*Ladas* (Hampton et Illuminata).

Porté à 6.000 souverains.

1895.	Lord Rosebery..........	*Sir Visto* (Barcaldine et Vista).
1896.	S. A. R. Prince de Galles.	*Persimmon* (Saint Simon et Perdita II).
1897.	J. Gubbins.	*Galtee More* (Kendal et Morganelle).
1898.	J.-W. Larnach..........	*Jeddah* (Janissary et Pilgrimage).
1899.	Duc de Westminster....	*Flying-Fox* (Orme et Vampire).

(*) Dead-heat, prix partagé.

1900.	S. A. R. Prince de Galles.	*Diamond Jubilee* (Saint-Simon et Perdita II).
1901.	W.-C. Witney.	*Volodyovski* (Florizel II et La Reine).
1902.	J. Gubbins.	*Ard-Patrick* (Saint Florian et Morganette).

Porté à 6.500 souverains.

1903.	Sir J. Miller.	*Rock-Sand* (Sainfoin et Roquebrune).
1904.	L. de Rothschild.	*Saint-Amant* (Saint Frusquin et Lady Loverule).
1905.	Lord Rosebery.	*Cicero* (Cyllene et Gas).
1906.	Major E. Loder.	*Spearmint* (Carbine et Maid of the Mint)
1907.	R. Croker.	*Orby* (Orme et Rhoda II).
1908.	Chevalier Ginistrelli.....	*Signorinetta* (Chaleureux et Signorina).
1909.	S. M. Édouard VII.....	*Minoru* (Cyllene et Mother Siegel).
1910.	D. Fairie.	*Lemberg* (Cyllene et Galicia).
1911.	J.-B. Joël..............	*Sunstar* (Sundridge et Doris).
1912.	W. Raphaël...........	*Tagalie* (Cyllene et Tagale).
1913.	A.-P. Cunliffe..........	*Aboyeur** (Desmond et Pawky).

OAKS

pour pouliches.

Se dispute à EPSOM, à la fin du printemps.

Souscription de 50 guinées chaque. — Distance, 2.400 mètres.

1779.	Lord Derby............	*Bridget* (Herod et Jemima).
1780.	Douglas.	*Tetotum* (Matchem et Lady Bolingbrooke).
1781.	Lord Grosvenor........	*Faith* (Herod et Curiosity).
1782.	Lord Grosvenor........	*Ceres* (Sweetwilliam et Squirrel mare).
1783.	Lord Grosvenor........	*Maid of the Oaks* (Herod et Rarity).
1784.	Burton................	*Stella* (Plunder et Miss Euston).
1785.	Lord Clermont.	*Trifle* (Justice et Cypher).
1786.	Sir F. Standish.	*The Yellow* (Tandem et Perdita).
1787.	Vernon.	*Annette* (Eclipse et Virago).
1788.	Lord Egremont........	*Nightshade* (Pot-8-Os et Drone's Sister).
1789.	Lord Egremont........	*Tag* (Trentham et Venus).
1790.	Duc de Bedford.	*Hippolyta* (Mercury et Hip).
1791.	Duc de Bedford.	*Portia* (Volunteer et Herod mare).
1792.	Lord Clermont.	*Volante* (Highflyer et Fanny).
1793.	Duc de Bedford.	*Cœlia* (Volunteer et Highflyer mare).
1794.	Lord Derby............	*Hermione* (Sir Peter et Paulina).
1795.	Lord Egremont........	*Platina* (Mercury et Herod mare).
1796.	Sir F. Standisk.	*Parissot* (Sir Peter et Deceit).
1797.	Lord Grosvenor........	*Niké* (Alexander et Nimble).
1798.	Durrand.	*Bellissima* (Phœnomenon et Wren).

(*) *Craganour*, arrivé premier, a été distancé pour avoir bousculé ses adversaires.

1799.	Lord Grosvenor.........	*Bellina* (Rockingham et Anna).
1800.	Lord Egremont.........	*Ephemera* (Woodpecker et Bobtail).
1801.	Sir C. Bumbury........	*Eleanor* (Whiskey et Y. Giantess).
1802.	Wastell...............	*Scotia* (Delpini et King Fergus mare).
1803.	Sir T. Gascoigne........	*Teophania* (Delpini et Violet).
1804.	Duc de Grafton........	*Pelisse* (Whiskey et Prunella).
1805.	Lord Grosvenor.........	*Meteora* (Meteor et Maid of all Work).
1806.	Craven................	*Bronze* (Buzzard et Alexandra mare).
1807.	Général Grosvenor.....	*Briseis* (Beningbrough et Lady Jane).
1808.	Duc de Grafton........	*Morel* (Sorcerer et Hornby Lass).
1809.	Général L. Gower......	*Maid of Orleans* (Sorcerer et Pot-8-Os mare).
1810.	Sir W. Gerard.........	*Oriana* (Beningbrough et Mary Ann).
1811.	Duc de Rutland........	*Sorcery* (Sorcerer et Cobbea).
1812.	Hewett...............	*Manuela* (Dick-Andrews et Mandane).
1813.	Duc de Grafton........	*Music* (Waxy et Woodbine).
1814.	Duc de Rutland........	*Medora* (Selim et Sir Hurry mare).
1815.	Duc de Grafton........	*Minuet* (Waxy et Woodbine).
1816.	Général L. Gower......	*Landscape* (Rubens et Iris).
1817.	Waston...............	*Neva* (Cervantes et Mary).
1818.	Ulny..................	*Corinne* (Waxy et Briseis).
1819.	Thornhill..............	*Schoveller* (Scud et Goosander).
1820.	Lord Egremont.........	*Caroline* (Whalebone et Marianne).
1821.	Lord Exeter...........	*Augusta* (Woful et Rubens mare).
1822.	Duc de Grafton........	*Pastille* (Rubens et Parasol).
1823.	Duc de Grafton........	*Zinc* (Woful et Zaïda).
1824.	Lord Jersey...........	*Cobweb* (Phantom et Filagree).
1825.	Général Grosvenor.....	*Wings* (The Flyer et Oleander).
1826.	Forth.................	*Lilias*, ex *Babel* (Interpreter et Fair Ellen).
1827.	Duc de Richmond......	*Gulnare* (Smolensko et Medora).
1828.	Duc de Grafton........	*Turquoise* (Selim et Pope Joan).
1829.	Lord Exeter...........	*Green Mantle* (Sultan et Dulcinea).
1830.	Stonehewer............	*Variation* (Bustard et Johanna Southcote).
1831.	Duc de Grafton........	*Oxygen* (Emilius et Whizgig).
1832.	Lord Exeter...........	*Galata* (Sultan et Advance).
1833.	Sir M. Wood..........	*Vespa* (Mulley et Miss Wasp).
1834.	Cosby.................	*Pussy* (Pollio et Valve).
1835.	Mostyn................	*Queen of Trumps* (Velocipede et Princess Royal).
1836.	J. Scott..............	*Cyprian* (Partisan et Frailly).
1837.	Orde-Powlett..........	*Miss Letty* (Priam et Orville mare).
1838.	Lord Chesterfield......	*Industry* (Priam et Arachne).
1839.	Tulwar Craven.........	*Deception* (Defence et Lady Stumps).
1840.	Lord G. Bentinck......	*Crucifix* (Priam et Octaviana).
1841.	Duc de Westminster....	*Ghuznee* (Pantaloon et Languish).
1842.	G. Dawson............	*Our Nell* (Brun) et Fury).
1843.	Ford..................	*Poison* (Plenipotientary et Arsenic).
1844.	Colonel Anson.........	*The Princess* (Slane et Phantom mare).
1845.	Duc de Richmond......	*Refraction* (Glaucus et Prism).
1846.	Gully.................	*Mendicant* (Touchstone et Lady Moore Carew).

1847.	Sir J. Hawley............	*Miami* (Venison et Diversion).
1848.	H. Hill................	*Cymba* (Melbourne et Skyff).
1849.	Lord Chesterfield.......	*Lady Evelin* (Don John et Industry).
1850.	Hobson................	*Rhedicina* (Wintonian et Laurel mare).
1851.	Lord Stanley...........	*Iris* (Ithuriel et Miss Bowe).
1852.	J. Scott...............	*Songstress* (Irish Birdcatcher et Cyprian).
1853.	Wauchope..............	*Catherine Hayes* (Lanercost et Constance).
1854.	Cookson...............	*Mincemeat* (Sweetmeat et Hybla).
1855.	Rudson Read...........	*Marchioness* (Melbourne et Cinizelli).
1856.	H. Hill................	*Mincepie* (Sweetmeat et Fonnualla).
1857.	W. l'Anson............	*Blink Bonny* (Melbourne et Queen Mary).
1858.	Gratwicke.............	*Governess** (Chatam et Oxonian's dam).
1859.	Lord Londesborough....	*Summerside* (West-Australian et Ellerdale).
1860.	Eastwood..............	*Butterfly* (Turnus et Catherine).
1861.	Saxon.................	*Brown Duchess* (The Flying-Dutchman et Espoir).
1862.	R.-C. Naylor..........	*Feu de Joie* (Longbow et Jeu d'Esprit).
1863.	Lord Falmouth.........	*Queen Bertha* (Kingston et Flax).
1864.	Cte F. de Lagrange.....	*Fille de l'Air* (Faugh-a-Ballagh et Pauline).
1865.	W. Harlock............	*Regalia* (Stockwell et The Gem).
1866.	B.-E. Dunbar..........	*Tormentor* (King Tom et Torment).
1867.	L. de Rothschild.......	*Hippia* (King Tom et Daughter of the Star).
1868.	G. Jones...............	*Formosa* (Buccaneer et Eller).
1869.	Sir F. Johnstone.......	*Brigantine* (Buccaneer et Lady Macdonald).
1870.	J. Jones...............	*Gamos* (Saunterer et Bess Lyon).
1871.	L. de Rothschild.......	*Hannah* (King Tom et Mentmore Lass).
1872.	C.-J. Lefèvre...........	*Reine* (Monarque et Fille de l'Air).
1873.	Merry.................	*Marie-Stuart* (The Scottish-Chief et Morgan la Faye).
1874.	Launde................	*Apology* (Adventurer et Mandragora).
1875.	Lord Falmouth.........	*Spinaway* (Macaroni et Queen Bertha).
1876.	Cte F. de Lagrange....	*Camélia*** (Macaroni et Araucaria).
—	A. Lupin.............	*Enguerrande*** (Vermout et Deliane).
1877.	Pulteney..............	*Placida* (Lord-Lyon et Pietas).
1878.	Lord Falmouth.........	*Jannette* (Lord Clifden et Chevisaunce).
1879.	Lord Falmouth.........	*Wheel of Fortune* (Adventurer et Queen Bertha).
1880.	Perkins...............	*Jenny Howlet* (The Palmer et Jenny Diver).
1881.	W.-S. Crawfurd........	*Thebais* (Hermit et Devotion).
1882.	Lord Stamford.........	*Geheimniss* (Rosicrucian et Nameless).
1883.	Lord Roseberry........	*Bonny Jean* (Macaroni et Bonny Agnes).
1884.	Abington..............	*Busybody* (Petrarch et Spinaway).
1885.	Lord Cadogan..........	*Lonely* (Hermit et Anonyma).
1886.	Duc de Hamilton.......	*Miss Jummy* (Petrarch et Lady Portland).

*) Après dead-heat avec *Gildermine*, à l'amiral Harcourt.

(**) Dead-heat, prix partagé.

1887.	Duc de Beaufort........	*Rêve d'Or* (Hampton et Queen of the Roses).
1888.	Lord Calthorpe.........	*Seabreeze* (Isonomy et St Marguerite).
1889.	Lord R. Churchill.......	*L'Abbesse de Jouarre* (Trappist et Festive).

Prix fixé à 4.000 souverains.

1890.	Duc de Portland........	*Memoir* (Saint Simon et Quiver).
1891.	N. Fenwick.	*Mimi* (Barcaldine et Lord Lyon mare).
1892.	Bᵒⁿ de Hirsch.	*La Flèche* (Saint Simon et Quiver).
1893.	Duc de Portland........	*Mrs Butterwick* (Saint Simon et Miss Middlewick).
1894.	Duc de Portland........	*Amiable* (Saint Simon et Tact).

Porté à 4.500 souverains.

1895.	Sir J. Miller............	*La Sagesse* (Wisdom et St Mary).
1896.	Lord Derby............	*Canterbury Pilgrim* (Tristan et Pilgrimage).
1897.	Lord Hindlip.	*Limasol* (Poulet et Queen of Cyprus).
1898.	W.-T. Jones.	*Airs and Graces* (Ayrshire et LadyAlwyne).
1899.	Douglas-Baird.	*Musa* (Martagon et Palmflower).
1900.	Duc de Portland........	*La Roche* (Saint Simon et Miss Mildred).
1901.	Foxhall-Keene.	*Cap and Bells II* (Domino et Ben-my-Chree).
1902.	R.-S. Siever...........	*Sceptre* (Persimmon et Ornament).

Porté à 5.000 souverains.

1903.	J.-B. Joel.............	*Our Lassie* (Ayrshire et Yours).
1904.	Major E. Loder........	*Pretty Polly* (Gallinule et Admiration).
1905.	W. Hall Waker........	*Cherry Lass* (Isinglass et Black Cherry).
1906.	Lord Derby............	*Keystone II* (Persimmon et Lock and Key).
1907.	J.-B. Joel.............	*Glass Doll* (Isinglass et Fota).
1908.	Chevalier Ginistrelli.....	*Signorinetta* (Chaleureux et Signorina).
1909.	Sir W. Cooper.........	*Perola* (Persimmon et Edmee).
1910.	Sir W. Bass...........	*Rosedrop* (Saint Frusquin et Rosaline).
1911.	W. Brodrick Clocte......	*Cherimoya* (Cherry-Tree et Svelte).
1912.	J. Prat...............	*Mirska* (Saint Frusquin et Musa).
1913.	J.-B. Joel.............	*Jest* (Sundridge et Absurdity).

SAINT-LÉGER

pour chevaux de 3 ans.

Se dispute à DONCASTER, au début de septembre.

Souscription de 25 guinées. — Distance, 2.400 mètres.

1776.	Lord Rockingham.......	*Allabacubla* (Sampson et mère inconnue).
1777.	Sotheron..............	*Bourbon* (Le Sang et Queen Elizabeth).
1778.	Sir T. Gascoigne.	*Hollandaise* (Matchem et Virago).

1779. Stapleton. . . . . Tommy (Wildair et Syphon mare).
1780. Bethel. . . . . Ruler (Y. Marske et Flora).
1781. Colonel Radcliffe. . . . . Serina (Golfinder et Squirrel mare).
1782. Pratt. . . . . Imperatrix (Alfred et Trincalo's dam).
1783. Sir J.-L. Kaye. . . . . Phænomenon (Herod et Frenzy).
1784. Coates. . . . . Omphale (Highflyer et Calliope).
1785. Hill. . . . . Cowslip (Highflyer et Sister to Tandem).
1786. Lord A. Hamilton. . . . . . Paragon (Paymaster et Calash).
1787. Lord A. Hamilton. . . . . . Spadille (Highflyer et Flora).
1788. Lord A. Hamilton. . . . . . Y. Flora (Highflyer et Flora).
1789. Lord Fitzwilliam. . . . . . . Pewet* (Tandem et Termagant).
1790. Dealtry. . . . . Ambidexter (Phœnomenon et Manilla).
1791. Hutchinson. . . . . Y. Traveller (King-Fergus et Y. Trunnion's mare).
1792. Lord A. Hamilton. . . . . . Tartar (Florizel et Ruth).
1793. Clifton. . . . . Ninety-Three (Florizel et Nosegay).
1794. Hutchinson. . . . . Beningbrough (King-Fergus et Herod mare).
1795. Sir C. Turner. . . . . Hambletonian (King-Fergus et Grey Highflyer).
1796. Cookson. . . . . Ambrosio (Sir Peter et Tulip).
1797. G. Crompton. . . . . Lounger (Drone et Miss Judy).
1798. Sir G. Gascogne. . . . . Symetry (Delpini et Violet).
1799. Sir H. Vane. . . . . Cockfighter (Overton et Palmflower).
1800. Wilson. . . . . Champion (Pot-8-Os et Huncamunca).
1801. G. Crompton. . . . . Quiz (Buzzard et Miss West).
1802. Lord Fitzwilliam. . . . . Orville (Beningbrough et Evelina).
1803. Lord Strathmore. . . . . Remembrancer (Pipator et Queen Mab).
1804. Mellish. . . . . Sancho (Don Quixote et Highflyer mare).
1805. Mellish. . . . . Staveley (Shuttle et Drone mare).

Distance ramenée à 3.000 mètres.

1806. Clifton. . . . . Fildener (Sir Peter et Fanny).
1807. Lord Fitzwilliam. . . . . Paulina (Sir Peter et Pewett).
1808. Duc de Hamilton. . . . . . . Petronius (Sir Peter et Louisa).
1809. Duc de Hamilton. . . . . . . Ashton (Walnut et Miss Haworth).
1810. Duc de Leeds. . . . . Octavian (Stripling et Oberon mare).
1811. Gascoigne. . . . . Soothsayer (Sorcerer et Golden Locks).
1812. Rob. . . . . Otterington (Golumpus et Expectation mare).
1813. Watt. . . . . Altisidora (Dick-Andrews et Mandane).
1814. Duc de Hamilton. . . . . . . William (Governor et Elizabeth).
1815. Sir W. Maxwell. . . . . Filho da Puta (Haphazard et Mrs Barnett).
1816. Sir B.-R. Graham. . . . . . The Duchess (Cardinal York et Nancy).
1817. Peirse. . . . . Ebor (Orville et Constantia).
1818. Peirse. . . . . Reveller (Comus et Rosette).
1819. Fergusson. . . . . Antonio (Octavian et Evander mare).

(*) La course avait été gagnée par le poulain de Laurel et Morpoont, au duc de Hamilton, mais il fut distancé pour avoir coupé ses suivants.

GRANDES ÉPREUVES ANGLAISES

1820. Sir E. Smith............ *Saint-Patrick* (Walton et Dick Andrews mare).
1821. T.-O. Pawlet. .... *Jack Spigot* (Ardrossan ou Marmion et Sorcerer mare).
1822. Petre. .... *Theodore* (Woful et Coriander mare).
1823. Watt. .... *Barfoot* (Tramp et Rosamond).
1824. Lord Scarborough....... *Jerry* (Smolensko et Louisa).
1825. Watt. .... *Memnon* (Whisker et Manuella).
1826. Lord Scarborough....... *Tarrare* (Catton et Henrietta).
1827. Petre. .... *Matilda* (Comus et Juliana).
1828. Petre. .... *The Colonel* (Whisker et Delpini mare).
1829. Petre. .... *Rowton* (Oiseau et Katherina).
1830. Beardsworth............ *Birmingham* (Filho da Puta et Miss Craigie).
1831. Lord Cleveland......... *Chorister* (Lottery et Chorus mare).

Souscriptions portées à 50 souverains.

1832. Cully. .... *Margrave* (Muley et Election mare).
1833. Watt. .... *Rockingham* (Humphrey Clinker et Medora).
1834. Lo d Westminster...... *Touchstone* (Camel et Banter).
1835. Mostyn. .... *Queen of Trumps* (Velocipede et Princess Royal).
1836. Lord Lichfield......... *Elis* (Langar et Olympia).
1837. Greville .... *Mango* (Emilius et Mustard).
1838. Lord Chesterfield. ..... *Don John* (Tramp ou Waverley et Comus mare).
1839. Major Yarburg.. .... *Charles XII** (Voltaire et Wagtail).
1840. Lord Westminster...... *Launcelot* (Camel et Banter).
1841. Lord Westminster...... *Satirist* (Pantaloon et Sarcasm).
1842. Lord Eglinton. .... *Blue Bonnet* (Touchstone et Maid of Melrose).
1643. Wrather............... *Nutwick* (Tomboy et Comus mare).
1844. Irwin................. *Faugh-a-Ballagh* (Sir Hercules et Guiccioli).
1845. Watt.................. *The Baron* (Irish Birdcatcher et Echidna).
1846. W. Scott.............. *Sir Tatton Sykes* (Melbourne et Margrave mare).
1847. Lord Eglinton.......... *Van Tromp* (Lanercost et Barbelle).
1848. Lord Clifden........... *Surplice* (Touchstone et Crucifix).
1849. Lord Eglinton.......... *The Flying Dutchman* (Bay Middleton et Barbelle).
1850. Lord Zetland... ...... *Voltigeur*** (Voltaire et Martha Lynn).

Souscriptions ramenées à 25 souverains.

1851. A. Nichol............. *Newminster* (Touchstone et Bee's Wing).
1852. Lord Exeter........... *Stockwell* (The Baron et Pocahontas).
1853. J. Bowes.............. *West-Australian* (Melbourne et Mowerina).

(*) Après dead-heat avec *Euclid*, à M. Thornhill.
(**) Après dead-heat avec *Russborough*, à M. Mangan

1854.	Morris.	*Knight of Saint Georges* (Irish Birdcatcher et Maltese).
1855.	T. Parr	*Saucebox* (Saint Lawrence et Priscilla Tomboy).
1856.	A. Nichol.	*Warlock* (Irish Birdcatcher et Elphine).
1857.	J. Scott.	*Imperieuse* (Orlando et Eulogy).
1858.	Merry.	*Sunbeam* (Chanticleer et Sunflower).
1859.	Sir C. Monck.	*Gamester* (The Cossack et Gaiety).
1860.	Lord Ailesbury.	*Saint-Albans* (Stockwell et Bribery).
1861.	W. l'Anson.	*Caller Ou* (Stockwell et Haricot).
1862.	S. Hawke.	*The Marquis* (Stockwell et Cinizelli).
1863.	Lord Saint-Vincent.	*Lord Clifden* (Newminster et The Slave).
1864.	W. l'Anson.	*Blair Athol* (Stockwell et Blink Bonny).
1865.	Cte F. de Lagrange.	*Gladiateur* (Monarque et Miss Gladiator).
1866.	R. Sutton.	*Lord Lyon* (Stockwell et Paradigm).
1867.	Colonel Pearson.	*Achievement* (Stockwell et Paradigm).
1868.	W. Graham.	*Formosa* (Buccaneer et Eller).
1869.	Sir J. Hawley.	*Pero-Gomez* (Beadsman et Salamanca).
1870.	T.-W. Morgani.	*Hawthorden* (Lord Clifden et Blink Bonny).
1871.	L. de Rothschild.	*Hannah* (King Tom et Mentmore Lass).
1872.	Lord Witton.	*Wenlock* (Lord Clifden et Mineral).
1873.	Merry.	*Marie-Stuart* (The Scottish-Chief et Morgan la Faye).
1874.	Launde.	*Apology* (Adventurer et Mandragora).
1875.	W.-S. Crawford.	*Craig Millar* (Blair Athol et Miss Roland)
1876.	Lord Dupplin.	*Petrarch* (Lord Clifden et Laura).
1877.	Lord Falmouth.	*Silvio* (Blair-Athol et Silverhair).
1878.	Lord Falmouth.	*Jannette* (Lord Clifden et Chevisaunce).
1879.	Cte F. de Lagrange.	*Rayon d'Or* (Flageolet et Araucaria).
1880.	C. Brewer.	*Robert-the-Devil* (Bertram et Cast-Off).
1881.	P. Lorillard.	*Iroquois* (Leamington et Maggie B. B.).
1882.	Lord Falmouth.	*Dutch Oven* (Dutch-Skater et Cantinière).
1883.	Duc de Hamilton.	*Ossian* (Salvator et Music).
1884.	R.-C. Vyner.	*The Lambkin* (Camballo et Mint Sauce).
1885.	Lord Hastings.	*Melton* (Master Kildare et Violet Melrose).
1886.	Duc de Westminster.	*Ormonde* (Bend' Or et Lily Agnes).
1887.	Lord Rodney.	*Kilwarlin* (Arbitrator et Hasty Girl).
1888.	Lord Calthorpe.	*Seabreeze* (Isonomy et St Marguerite).
1889.	Duc de Portland.	*Donovan* (Galopin et Mowerina).
1890.	Duc de Portland.	*Memoir* (Saint Simon et Quiver).
1891.	Sir F. Johnstone.	*Common* (Isonomy et Thistle).
1892.	Bon de Hirsch.	*La Flèche* (Saint Simon et Quiver).
1893.	Mac Calmont.	*Isinglass* (Isonomy et Deadlock).
1894.	Lord Alington.	*Throstle* (Petrarch et Thistle).
1895.	Lord Rosebery.	*Sir Visto* (Barcaldine) et Vista.
1896.	S. A. R. Prince de Galles.	*Persimmon* (Saint Simon et Perdita II).
1897.	J. Gubbins.	*Galtee More* (Kendal et Morganette).
1898.	Captain Greer.	*Wildflower* (Gallinule et Tragedy).
1899.	Duc de Westminster.	*Flying Fox* (Orme et Vampire).
1900.	S. A. R. Prince de Galles.	*Diamond-Jubilee* (Saint Simon et Perdita II).
1901.	L. de Rothschild.	*Doricles* (Florizel II et Rosalie).

GRANDES ÉPREUVES ANGLAISES

1902. R.-S. Siever............ *Sceptre* (Persimmon et Ornament).
1903. Sir J. Miller............ *Rock Sand* (Sainfoin et Roquebrune).
1904. Major E. Loder......... *Pretty Polly* (Gallinule et Admiration).
1905. W.-M.-G. Singer........ *Challacombe* (Saint Serf et Lady Chancellor).
1906. Duc de Westminster.... *Troutbeck* (Ladas et Rydal Mount)
1907. W. Baird.............. *Wool Winder* (Martagon et St Windeine).
1908. J.-B. Joel............. *Your Majesty* (Persimmon et Yours).
1909. Fairie................. *Bayardo* (Bay Ronald et Galicia).
1910. Lord Derby............ *Swynford* (John O'Gaunt et Canterbury Pilgrim).
1911. T. Pilkington.......... *Prince Palatine* (Persimmon et Lady Lighfoot).
1912. A. Belmont............ *Tracery* (Rock Sand et Topiary).
1913. Hall Walker........... *Night Hawk* (Gallinule et Jean's Folly).

V

CHEVAUX FRANÇAIS GAGNANTS EN ANGLETERRE

CHEVAUX FRANÇAIS GAGNANTS EN ANGLETERRE

Voici la liste par ordre alphabétique des principales épreuves anglaises remportées par les chevaux nés en France :

Alexandra plate, Ascot. — Fille de l'Air (1865), Trocadéro (1870), Verneuil (1878), Insulaire (1879), Le Sénateur (1899), Arizona (1903).
Biennal, Brighton. — Fille de l'Air (1863), Trocadéro (1866).
Brocklesby Stakes, Lincoln. — Conquête (1879).
Cambridgeshire Handicap, Newmarket. — Palestro (1861), Montargis (1873), Peut-Être (1874), Jongleur (1877), Plaisanterie (1885), Alicante (1890). Long Set (1911).
Cesarewitch Handicap, Newmarket. — Salvanos (1872), Plaisanterie (1885), Ténébreuse (1888).
Champagne Stakes, Doncaster. — Clémentine (1877), Haute-Saône (1890).
Champagne Stakes, Newmarket. — Rayon d'Or (1879), Le Nicham (1893).
City and Suburban Handicap, Epsom. — Mademoiselle de Chantilly (1858).
Claret Stakes, Newmarket. — Fille de l'Air (1864), Auguste (1867), Éole II, (1872), Flageolet (1874), Insulaire (1879).
Clearwell Stakes, Newmarket. — Hospodar (1862), Gladiateur (1864), Feu-d'Amour (1873), Rayon d'Or (1878), La Nièvre (1893).
Criterion Stakes, Newmarket. — Hospodar (1862), Fille de l'Air (1863), Général (1870), Flageolet (1872), Jongleur (1876), M. Philippe (1878), Archiduc (1883), Gouverneur (1890).
Coupes :
— *Ascot Gold Cup :* Gladiateur (1866), Mortemer (1871), Henry (1872), Boïard (1874), Verneuil (1878), Elf (1898), Maximum (1903).
— *Ascot Gold Vase :* Verneuil (1878).
— *Ascot Royal Hunt Cup :* Amandier (1893), Long·Set (1913).
— *Brighton Cup :* Dollar (1864), Allumette (1875), Fénelon (1882).
— *Chester Cup :* Prudhomme (1882), Vasistas (1891), Quérido (1907).
— *Doncaster Cup :* Sornette (1870), Dutch-Skater (1872), Louis d'Or (1884) et Long Set (1913).

CHEVAUX FRANÇAIS GAGNANTS EN ANGLETERRE   827

- *Goodwood Cup :* Jouvence (1853), Baroncino (1855), Monarque (1857), Dollar (1864), Flageolet (1873).
- *Lincoln Autumn Cup :* Verdure (1871), Poulet (1881).
- *Liverpool Cup :* Long Set (1913).
- *Shrewsbury Newport Cup :* Gabrielle d'Estrées (1861).
- *Newmarket Jockey-Club Cup :* Flageolet (1893), Braconnier (1876), Verneuil (1877), Callistrate (1894).
- *Stockbridge Cup :* Mortemer (1870).
- *Warwick Cup :* Dutch-Skater (1872).

Derby, Epsom : Gladiateur (1865).
- *Ascot Derby :* Henry (1871), Insulaire (18
- *Newmarket Derby :* Fille de l'Air (1864), Gladiateur (1865), Longchamp (1867), Henry (1871), Peut-Être (1874), Milan (1880).

Derby Trial plate, Epsom. — Stradella (1863), Fille de l'Air (1865).
Deux mille Guinées, Newmarket. — Gladiateur (1865), Chamant (1877).
Dewhurst plate, Epsom. — Chamant (1876), Le Nord (1889), My Pet II (1906).
Eclipse Stakes, Sandown Park. — Le Justicier (1895), Val d'Or (1905).
Forlorn Stakes, Doncaster. — Flageolet (1872).
Gimcrack Stakes, York. — Le Maréchal (1862), Styx (1893).
Glasgow Stakes, Doncaster. — Verneuil (1876).
Grand Duke Mikael Stakes, Newmarket. — Flageolet (1873), Novateur (1874).
Great Eastern Railway Handicap, Newmarket. — Comopolite (1861), Plutus (1866), Aurore (1874), Amandier (1884 et 1885).
Great Ebor Handicap, York. — Invincible II (1898).
Great Foal Stakes, Newmarket. — Rayon d'Or (1879).
Great Metropolitan Handicap, Epsom. — Dutch-Skater (1872).
Great Surrey Breeder's Foal Stakes, Epsom. — Heaume (1889), Mardi-Gras (1890).
Hopeful Stakes, Newmarket. — Flageolet (1872), Le Nord (1889), My Pet II (1906).
Lavant Stakes, Goodwood. — Brisk (1867), Général (1870), M. de Fligny (1875), Rayon d'Or (1878).
Lincolnshire Handicap. — Benjamin (1864), Véranda (partagé avec Vulcan, 1871), Poulet (1882), Le Nicham (1894), Ob (1906 et 1907), Long Set (1912).
Middle Park Plate, Newmarket. — Chamant (1876), Gouverneur (1890), Jardy (1904).
Mille Guinées, Newmarket. — Reine (1872), Camélia (1876).
Molecomb Stakes, Goodwood. — Fille de l'Air (1863), Général (1870), Le Nord (1889), La Nièvre (1893), My Pet II (1906).
Newmarket October Handicap .— Lina (1878), Barberine (1885), Harfleur II (1894).
Newmarket Spring Handicap. — Plutus (1876), Prologue (1879), Grodno (1898).
Oaks, Epsom. — Fille de l'Air (1864), Reine (1872), Enguerrande et Camélia, (prix partagé 1876).
- *Newmarket Oaks.* — Fille de l'Air (1864), Verdure (1871), Lina (1876), Perplexité (1881).

Port-Stakes, Newmarket. — Stradella (1863), Rayon d'Or (1880).
Prendergast Stakes, Newmarket. — Feu-d'Amour (1873), Xaintrailles (1886), Her Majesty (1887), Haute-Saône (1890).
Prince of Wales Stakes, Newmarket. — Inval (1879), **Rayon d'Or** (1880), Milan (1881).
Rous memorial Stakes, Ascot. — Phénix (1879), Rayon d'Or (1880), Poulet (1884).

Rutland Stakes, Newmarket. — Flageolet (1872), Léopold (1876), Insulaire (1877).
Saint-Léger, Doncaster. — Gladiateur (1865), Rayon d'Or (1879).
Select Stakes, Newmarket. — Jongleur (1877), Rayon d'Or (1879).
Sussex Stakes, Goodwood. — Clocher (1878), Rayon d'Or (1879), Comte Alfred (1881).
The Whip, Newmarket. — *Lavaret* (1885) et *Serge II* (1886).
Woodcote Stakes, Epsom. — Fille de l'Air (1863), Le Sarrazin (1867), Her Majesty (1887), Le Nicham (1892).

LIVRE X

DÉCRETS, ORDONNANCES, LOIS ET ARRÊTÉS

ARREST DU CONSEIL D'ESTAT
pour rétablir les Haras dans le Royaume du 17 octobre 1665 (1)

Le Roy, voulant prendre un soin particulier de rétablir dans son Royaume les Haras, qui ont été ruinez par les guerres et désordres passez; même de les augmenter de telle sorte que les sujets de Sa Majesté ne soient plus obligez de porter leurs deniers dans les Païs Etrangers, pour achats de chevaux : Sa Majesté aurait envoyé visiter les Haras qui restent, et les lieux propres pour en faire établir, ayant fait acheter plusieurs chevaux entiers en Frise, Holande, Danemark et Barbarie, pour servir d'étalons, et résolu de les distribuer : sçavoir, ceux qui seront propres au carrosse, sur les côtes de la Mer, depuis la frontière de Bretagne jusques sur la Garonne, où il se trouve des cavales de taille nécessaire à cet effet; et les Barbes, dans les Provinces de Poitou, Xaintonge et Auvergne. Mais d'autant que pour obliger les particuliers qui seront chargez des Etalons destinez ausdits Haras, il est raisonnable de leur accorder quelques Privilèges, pour aucunement les indemniser des soins qu'ils prendront pour faire réussir le dessein de Sa Majesté, pour le bien de son service et du public : SA MAJESTÉ ÉTANT EN SON CONSEIL, a commis et commet le sieur de Garsaut, l'un des Écuyers de sa Grande-Écurie, pour distribuer lesdits Etalons ès lieux qu'il jugera les plus propres des Provinces cy-dessus nommées, et les mettre à la garde des particuliers qu'il choisira, et ausquels il délivrera ses Certificats, pour leur servir ce que de raison : lequel sieur de Garsaut dressera un Rôlle contenant les noms, surnoms et demeures de tous ceux qu'il aura chargez desdits Etalons en vingt ou trente Parroisses, pour être registré ès Greffes des Élections dont elles dépendent. Et pour obliger lesdits particuliers d'avoir le soin nécessaire pour l'entretenement desdits Étalons : Sa Ma-

---

(1) C'est à l'obligeance de M. le général Ménessier de la Lance que nous devons de pouvoir publier ce très intéressant document.

jesté a iceux déchargé et décharge de Tutelle, Curatelle, logement des gens de Guerre, Guet et garde des Villes, même de la Collecte des Tailles, et de trente livres d'icelle sur le pied de leur taux de la présente année, sans qu'ils puissent être augmentez, sinon en cas d'augmentation de biens, et au sol la livre des impositions qui pourront être cy-après faites, et ce durant le temps qu'ils se trouveront chargez desdits Etalons, lesquels seront marquez d'une L couronnée à la cuisse : PERMET SA MAJESTÉ ausdits particuliers préposez à la garde desdits Etalons, de prendre cent sols de chaque Cavale qui aura servi audit Haras, et qui sera marquée avec les Poulains qui en proviendront de la même marque, sans que lesdites Cavales et Poulains, ainsi marquez, puissent être saisis par la Taille, et autres deniers de Sa Majesté, ny pour dettes des Communautez. ENJOINT à tous Officiers et Magistrats qu'il appartiendra, de tenir la main à l'exécution du présent Arrest, en attendant l'enregistrement dudit Rôlle, que ledit sieur de Garsaut doit faire, et des Lettres Patentes que Sa Majesté fera expédier sur le fait et établissement desdits Haras; le tout nonobstant oppositions ou appellations quelconques, dont si aucunes interviennent, Sa Majesté s'en est réservé la connaissance en son dit Conseil et icelle à interdite et deffendue à toutes les Cours et autres Juges, jusques après l'enregistrement du dit Rôlle et Lettres.

FAIT au Conseil d'Estat du Roy, Sa Majesté y étant, tenu à Paris, le dix-septième jour d'octobre 1665.

Signé : PHÉLYPEAUX.

LOUIS PAR LA GRACE DE DIEU, ROY DE FRANCE ET DE NAVARRE,

A nôtre cher et bien-aimé le sieur de Garsaut, l'un des Écuyers de nôtre Grande Écurie, SALUT. Ayant résolu de rétablir en nôtre Royaume les Haras qui ont été ruinez par les guerres et les désordres passez; même de les augmenter de telle sorte que nos sujets ne soient plus obligez de porter leurs deniers dans les Païs Etrangers pour achats de Chevaux : A CES CAUSES, suivant l'Arrest donné ce jourd'huy en notre Conseil d'État, Nous y étant, cy attaché sous le contrescel de nôtre Chancellerie, Nous vous avons commis et commettons par ces Présentes signées de Notre Main, pour distribuer les Etalons qui vous seront remis, ès lieux que vous jugerez les plus propres de nôtre Province de Bretagne jusques sur la Garonne, et en celles de Poitou, Xaintonge et Auvergne, et les mettre à la garde des particuliers que vous choisirez, ausquels vous délivrerez vos Certificats, pour leur servir ce que de raison. Et à cet effet vous dresserez un Rôlle contenant les noms, surnoms et demeures de tous ceux que vous aurez chargez desdits Etalons, en vingt ou trente Parroisses, lequel sera registré ès Greffes des Elections d'où elles dépendent, le tout suivant et conformément audit Arrest. ENJOIGNONS à tous Officiers et Magistrats qu'il appartiendra, de tenir la main à l'exécution d'iceluy, en attendant l'enregistrement du Rôlle, qui doit être par vous fait, et de nos Lettres Patentes, que nous ferons expédier sur le fait et établissement desdits Haras; le tout nonobstant oppositions ou appellations quelconques, dont si aucunes interviennent, nous en réservons la connaissance à Nous, et à nôtre dit Conseil; icelle interdisons et deffendons à toutes nos Cours et autres Juges, jusques après l'enregistrement dudit Rôlle et Lettres. Commandons au premier Huissier ou Sergent sur ce requis, de faire pour l'entière exécution dudit Arrest, et de ce qui sera par vous ordonné en conséquence, tous Commandemens, Sommations, Défenses, Injonctions et autres Actes et Exploits nécessaires, sans autre permission. Et sera ajouté foy, comme aux Originaux, aux copies dudit Arrest et des Présentes, collationnées par l'un de nos amez et féaux Conseillers et Secrétaires : Car tel est nôtre plaisir.

Donné à Paris, le dix-septième jour d'octobre, l'an de grâce 1665, et de nôtre règne le 23.

LOUIS

Par le Roy :
  Phélypeaux.

INSTRUCTION
pour le rétablissement des Haras.

Le Roy, qui donne toute son application au bien de son Royaume, et veut que ses sujets y trouvent toutes choses en abondance, ayant considéré que la rareté des beaux et bons Chevaux les oblige à de grandes dépenses, pour en aller acheter bien chèrement ailleurs, et cause un transport notable d'argent dans les Païs Étrangers; et que cela ne provient que du désordre des Guerres et de la négligence de ceux qui avaient des Haras et qui n'ont pas eu les soins ou le pouvoir d'avoir de bons Etalons et de belles et bonnes Juments pour conserver la race des bons Chevaux : Sa Majesté voulant y contribuer par une bonté toute particulière et paternelle, a, par une libéralité toute Royale pour le rétablissement des Haras en leur perfection, envoyé dans les Païs Etrangers, d'où l'on peut tirer les meilleurs Chevaux, et en a fait conduire grand nombre en France, à ses frais et dépens, pour en faire librement, et sans aucune condition, la distribution dans son Royaume à ceux de sa Noblesse, et autres qui se trouveront en lieu propre, et en volonté de répondre le plus utilement au dessein de Sa Majesté. Ce qui ayant été fait avec toutes les précautions possibles, par les personnes commises par Sa Majesté à cet effet, on a cru ne pouvoir mieux expliquer l'intention de Sa Majesté pour un ouvrage si utile à toute la France, qu'en laissant l'instruction suivante à ceux qui voudront avoir les soins de rendre en cette occasion à Sa Majesté une complaisance, qui ne leur peut être que très honorable, divertissante et profitable.

Premièrement, Sa Majesté désire que celuy qui se chargera de l'Etalon, qu'Elle donne en pur don, en prenne un soin très particulier; comme de le bien faire établer, penser (sic) et nourrir, de manière qu'il se maintienne toujours en bon état : et pour y parvenir faut faire ce qui suit.

Ledit Etalon sera mis dans une Ecurie la plus sèche et moins humide qu'il se pourra. Il sera seul, s'il se peut, ou du moins dans une place séparée dans l'Ecurie commune, où il soit à son aise. L'Ecurie ne doit être exposée à un trop grand jour; elle sera mieux d'être un peu obscure que trop éclairée, parce que la saillie de l'Etalon est plus vigoureuse et plus gaillarde. Il doit être bien pensé (sic) et nettoyé de la main; couvert d'une bonne couverture en hiver, et légère en été; ferré bien à son aise; et les pieds de devant remplis par dedans de fiante de Vache, deux fois la semaine, pour éviter les accidents auxquels les Chevaux sont sujets, comme seimes, blesmes et encastelures, que la chaleur de l'Écurie engendre : et plus les Chevaux sont de légère taille, comme Chevaux Turcs, Barbes et d'Espagne, plus ils sont sujets à ces accidents; pour lesquels éviter, il faut observer de leur parer les pieds lorsque l'on connaît qu'ils en ont besoin, et que ce soit toujours le troisième ou le quatrième jour de la Lune, étant très important que le Cheval destiné pour Etalon ne ressente aucune incommodité.

Pour bien nourrir et entretenir l'Etalon, il faut lui donner à manger peu de foin, et beaucoup de bonne paille de froment ou de métail, la plus nouvelle battue qu'il se pourra. On lui donnera trois bons picotins d'avoine par jour : sçavoir, le premier aussitôt que le pallefrenier, qui le pense, se lève, et qu'il mange pendant qu'on lève sa litière et que l'on nettoye sous luy; puis on le met au masticadour pendant deux bonnes heures le matin, et autant l'après-dînée. Il doit boire à huit ou neuf heures du matin de bonne eau bien nette : l'eau de rivière courante est la meilleure; mais quand il n'y en a pas, faut se servir de celle de fontaine, ou de puis; et si l'on reconnaît qu'elle soit trop froide et trop vive, il faut la tirer et la laisser reposer quelque temps, crainte que, par sa trop grande vivacité, elle ne cause des accidents fâcheux, qui arrivent aux Chevaux quand on les abreuve d'eau trop froide. A midy, on luy donnera le second picotin d'avoine; et le soir, après avoir beu comme le matin, on lui donnera le troisième. L'avoine qu'il doit manger sera sèche, nette et pesante, n'ayant aucun mauvais goût, parce que cela pourrait le dégoûter, et c'est ce qu'il faut soigneusement éviter.

Il faut que l'Etalon commence à couvrir depuis le premier avril jusques à la fin de juin; et pendant ce temps, ne lui épargner aucune nourriture, soit foin, ou paille, ou avoine, ne pouvant être en trop bon état, et trop bien conservé pendant cedit temps.

Quand le cheval commence de couvrir, il faut observer qu'il ne couvre qu'une fois le matin à la fraîcheur, et le soir de même, si sa vigueur luy permet, et si la trop grande jeunesse ne l'empêche, parce qu'un cheval de quatre ans doit être plus conservé qu'un qui est plus âgé; et cela dépend de la discrétion de celuy qui est chargé de l'Etalon. Il faut aussi observer de ne jamais faire boire le Cheval devant que de couvrir les Cavales, soit le matin ou le soir; et la même règle se doit garder aussi bien pour la Cavale, qui doit être couverte, que pour l'Etalon qui la doit couvrir.

Il faut donner à l'Etalon, immédiatement avant de couvrir, une petite jointée d'orge bien nette et bonne, et autant après qu'il aura couvert; et s'il ne la veut pas manger toute pure, il faut la mêler avec son ordinaire d'avoine, pour luy faire plutôt manger, cela luy étant souverain et nécessaire; et l'on doit ainsi continuer jusques à la fin de la monte, qui finit au dernier jour de Juin, parce que les Poulains qui viendraient dans une saison plus avancée ne pourraient pas être si bien élevez. L'on laisse néanmoins la liberté de continuer la monte jusques dans le mois d'Aoust, dans les Païs et lieux où l'on a éprouvé que les Poulains du mois d'Aoust peuvent bien réussir.

Pour faire couvrir la Cavale, il faut faire planter dans un lieu bien gay et vert autant qu'il se pourra, éloigné de cent pas de l'Ecurie, un ou deux pilliers sur un terrain uni, sec et bien ferme, afin que le Cheval et la Cavale soient commodément et fermes en leur action, qui est une chose à observer pour ne pas rendre la monte inutile.

Quand on mène la Cavale à l'Etalon, ce doit être de bon matin, comme il a été dit. Il faut l'attacher aux pilliers avec un licol de corde, le plus sûrement qu'il se pourra. Si elle est serrée des pieds de derrière, il est à propos de l'entraver avec une entrave de tissu, qui s'attache aux pieds de derrière, et que l'on attache au col de la Cavale, de crainte qu'elle ne blesse le Cheval, ce qui se doit éviter avec soin.

Il ne faut pas présenter de Cavale à l'Etalon, que l'on ne se soit assuré qu'elle soit en chaleur ; et lorsque tout cela est bien observé, et que la Cavale est bien en état, il faut sortir l'Etalon de son Ecurie, qui n'aura qu'un caveçon à la tête, dont la têtière sera faite comme celle d'une bride, avec une sous-gorge, de crainte qu'il n'échappe ; et sera tenu avec deux grandes longes de corde, attachées au caveçon, par deux hommes qui le conduiront en tournant autour du pillier où sera attachée ladite Cavale, afin qu'elle puisse considérer l'Etalon qui la doit couvrir ; ce qui contribue beaucoup à luy faire concevoir un Poulain semblable audit Etalon, ce qui est le plus à considérer en matière de Haras.

Il est aussi nécessaire de bien laisser mettre l'Etalon en état avant que de l'admettre à son action avec la Cavale, la saillie en étant plus sûre ; et même pour luy aider, il faut que l'un de ceux qui tiennent les longes, lorsque le Cheval est monté, lève la queue de la Cavale, et que l'autre prenne le membre du Cheval, et le conduise adroitement, crainte de le blesser et d'empêcher l'action.

Sitôt que le Cheval a couvert et démonté la Cavale, il faut qu'un des hommes le ramène à son Ecurie, en luy faisant faire un tour devant la Cavale, ainsi que devant la saillie, et que l'autre jette un seau d'eau fort fraîche au derrière et sur les reins de la Cavale, le plus fort qu'il pourra. Il faut observer que le Cheval soit éloigné de la Cavale, lorsque l'on luy jette l'eau, parce qu'il n'y a rien de si dangereux que de mouiller avec de l'eau froide le membre d'un Cheval qui vient de couvrir. Il est bon de promener en trottant en main la Cavale, sitôt qu'elle a été saillie ; et si l'on est proche de l'eau, il faut luy faire entrer jusques par-dessus les reins.

Si tout ce que dessus a été bien observé, on peut se contenter de l'avoir fait couvrir une fois seulement : sinon, la faire couvrir le soir du même jour, si la vigueur de l'Etalon luy permet et son âge ; et la laisser douze ou quinze jours sans la mener audit Etalon. Et après ce temps-là passé, on peut luy présenter, pour voir si sa chaleur dure encore ; et si cela se rencontre, il faut la faire couvrir comme auparavant : mais si elle refuse l'Etalon, ce qui se connaît par les signes ordinaires, qui est de rüer contre luy, il ne faut pas la laisser monter, puisque ce refus est la marque la plus assurée que l'on puisse avoir, que la Cavale a retenu.

Il est à remarquer que les Cavales qui mangent le verd dans le temps qu'elles sont admises à l'Etalon, retiennent plus facilement que celles qui sont au foin et à l'avoine dans une Ecurie, parce qu'elles ont plus d'amour, et en donnent davantage au Cheval. Il est bon de mener les Cavales à l'Etalon neuf jours après qu'elles ont poulainé, parce qu'elles retiennent mieux, attendu qu'en faisant leur Poulain, elles vuident toutes les mauvaises humeurs qu'elles peuvent avoir dans le corps.

Rien ne gâte tant un Etalon que de luy présenter des Juments qui ne sont point en chaleur ; et l'on remarque que les Juments que l'on fait couvrir par force, et qui ne sont point en chaleur, retiennent fort rarement. C'est pourquoy, comme il est très important de conserver un bon Etalon, dont on ne doit employer que très utilement la vigueur et les forces, il serait bon que celuy qui l'a en sa charge, ait, s'il se peut, quelque petit Cheval entier, bien amoureux, pour présenter à la Cavale, plutôt que le véritable Etalon : il reconnaîtra par là si la Cavale est en chaleur ; et si elle n'y est pas, elle y deviendra à la deuxième ou à la troisième fois qu'on luy présentera ce Cheval ; après quoy, il y aura sûreté toute entière de la faire couvrir par le véritable Etalon. La monte étant finie, le Cheval sera nourry et gouverné comme auparavant la monte.

Celuy qui aura l'Etalon en sa charge, sera obligé de tenir un Rôlle des

Cavales qu'il fera couvrir par ledit Etalon, pendant tout le temps de la monte; Sa Majesté, désirant qu'il ne soit admis aucune Cavale aux Etalons, qu'elle ne soit de taille à porter un beau Poulain.

L'intention du Roy est que les Chevaux qu'il donne et qu'il a fait chercher exprès avec des soins très particuliers dans tous les Païs de l'Europe, où il s'en trouve des plus rares, ne servent à d'autre usage qu'à couvrir les Cavales; qu'on ne leur coupe ny la queue ny les crins; qu'on ne les monte pour quelque cause qui puisse être; et que personne, de quelque condition et qualité qu'il soit, ne s'en serve de monture, à peine d'encourir la disgrâce de Sa Majesté, qui en sera avertie par les personnes commises pour luy en donner avis dans chaque Province.

L'on a jointe à l'instruction ci-dessus la copie de l'Arrest qu'il a plu au Roy de donner en faveur de ceux qui s'appliqueront à avoir de bonnes Cavales propres à porter de beaux Poulains; par lequel Arrest ils pourront voir les avantages que Sa Majesté leur accorde et comme il est porté dans ledit Arrest, que les Cavales et Poulains seront marquez de la même marque que l'Etalon, et que cela pourrait causer quelque scrupule; l'intention de Sa Majesté n'est autre, que la marque servira seulement pour empêcher que les Cavales et Poulains ne soient saisis et enlevez par les Tailles, dettes et autres prétextes et occasions que ce puisse être.

DÉCRET
du 13 fructidor An XIII (31 Août 1805) rétablissant les Courses de chevaux en France (voir chapitre VIII).

DÉCRET IMPÉRIAL
concernant les Haras
au palais de Saint-Cloud, le 4 juillet 1806.

NAPOLÉON, Empereur des Français, Roi d'Italie;
Sur le rapport de notre Ministre de l'Intérieur;
Notre Conseil d'État entendu,
Nous avons décrété et décrétons ce qui suit :

TITRE PREMIER
DES HARAS ET DÉPÔTS D'ÉTALONS

ARTICLE 1er. — Il y aura :
Six haras,
Trente dépôts d'étalons,
Deux écoles d'expériences (1).

ART. 2. — Les haras contiendront particulièrement les étalons étrangers et les étalons des plus belles races françaises.
Les haras et dépôts seront divisés :
1° En six arrondissements, selon le tableau joint au présent décret;
2° En trois classes, d'après un règlement de notre ministre de l'Intérieur.

ART. 3. — Quatre des haras désignés par le ministre auront des juments au nombre de cent au plus, réparties entre eux.

ART. 4. — Les deux tiers des étalons seront français, et seront pris spécialement parmi ceux qui, aux foires, auront mérité des primes à leurs propriétaires.

ART. 5. — Pendant le temps de la monte, il sera réparti dans les arrondissements de chaque haras ou dépôt, un nombre d'étalons proportionné aux besoins.

ART. 6. — Ils seront placés sur l'indication des préfets, chez les propriéaires ou cultivateurs les plus dstingués par leur zèle et leurs connaissances dans l'art d'élever ou soigner les chevaux.

TITRE II
DE L'ADMINISTRATION DES HARAS

SECTION PREMIÈRE
Des Inspecteurs généraux et Employés.

ART. 7. — Il y aura six inspecteurs généraux des haras et dépôts d'étalons.
ART. 8. — Ils seront habituellement en tournée pour faire les inspections

(1) Voir le tableau, p. 838.

qui leur seront confiées, et tous les haras et dépôts seront inspectés au moins une fois l'an.

Art. 9. — Le ministre assignera, chaque année, l'arrondissement ou inspection que chaque inspecteur devra visiter, et pourra en appeler un ou plusieurs pour travailler près de lui, à l'époque et pour le temps qu'il jugera convenables.

Art. 10. — Il y aura, dans chaque haras, un directeur, un inspecteur, un régisseur garde-magasin, un vétérinaire.

Art. 11. — Il y aura, dans chaque dépôt, un chef de dépôt, un agent comptable garde-magasin, un vétérinaire.

Art. 12. — Les inspecteurs généraux, directeurs des haras et chefs de dépôts, seront nommés par nous, sur la présentation de notre ministre de l'Intérieur.

Art. 13. — Les autres employés seront nommés par notre ministre de l'Intérieur.

Art. 14. — Tous seront pris parmi les individus actuellement employés dans cette partie et parmi les militaires retirés qui, ayant servi dans nos troupes à cheval, se trouveront avoir les connaissances requises.

SECTION II
Des dépenses et de la comptabilité.

Art. 15. — Il sera affecté annuellement, à compter de 1807, une somme de deux millions pour la dépense des haras.

Art. 16. — Sur cette somme sera prise celle qu'il sera jugé convenable d'accorder pour primes aux cultivateurs de tous les arrondissements de haras qui auront fait et présenté les plus beaux élèves, et pour prix aux courses qui auront lieu

Le propriétaire de tout cheval ayant obtenu une prime, ne pourra le faire hongrer sans permission de l'inspecteur général de son arrondissement, sous peine de rembourser la prime à lui payée.

Art. 17. — Les traitements sont fixés ainsi qu'il suit :

Inspecteurs généraux . . . . Fr. 8.000

		1re classe.	2e classe.	3e classe.
Directeurs de haras.	Fr.	6.000	5.000	4.000
Inspecteurs.		3.000	2.700	2.400
Régisseurs.		3.000	2.700	2.400
Vétérinaires.		2.000	1.800	1.500
Chefs de dépôts.		3.000	2.700	2.400
Agents comptables.		1.800	1.500	1.200
Artistes vétérinaires.	Fr.	1.200	1.000	900

Les inspecteurs généraux auront, en outre, des frais de route, qui ne pourront excéder 4.000 francs pour chacun.

Art. 18. — La forme des livres de compte en argent, denrées, matières et animaux, sera réglée par notre ministre, ainsi que celle des tableaux de comptabilité.

Art. 19. — Les livres seront cotés et paraphés par les préfets ou sous-préfets.

Art. 20. — Les directeurs ou chefs de dépôt enverront chaque mois, chaque trimestre, chaque année, des états de situation au préfet de leur département et à notre ministre de l'Intérieur.

Art. 21. — Le compte général de la dépense des haras et le tableau de leur situation présenté par notre ministre de l'Intérieur, seront imprimés chaque année.

Il présentera séparément le tableau des primes et prix de course qu'il aura accordés, avec désignation des individus propriétaires et des espèces de chevaux qui les auront obtenus.

TITRE III

DES ÉTALONS APPROUVÉS

Art. 22. — Les propriétaires qui auront des étalons qu'ils destineront à la monte des juments, pourront les présenter aux inspecteurs généraux, par qui ils seront approuvés quand ils en seront trouvés susceptibles.

Art. 23. — Les étalons seront inspectés, chaque année, avant la monte; l'inspecteur général prononcera la réforme de ceux qu'il trouvera défectueux et les marquera.

Art. 24. — Les propriétaires d'étalons approuvés recevront, pour chaque année d'entretien d'un étalon, une prime de 100 à 300 francs, suivant la qualité des étalons.

TITRE IV

DISPOSITIONS GÉNÉRALES

Art. 25 — Notre ministre de l'Intérieur publiera des règlements et instructions sur le régime des haras, dépôts d'étalons, écoles d'expériences et étalons approuvé

Art. 26. — Il en publiera également pour la distribution des primes et prix de course.

Art. 2 . — Il publiera des règlements particuliers pour la police des courses.

Art. 28. — La connaissance de toutes les difficultés qui pourront naître à cet égard entre les concurrents, est réservée exclusivement aux maires des lieux pour le provisoire, et aux préfets pour la décision définitive, sauf le recours à notre Conseil d'État.

Art. 29. — Notre ministre de l'Intérieur est chargé de l'exécution du présent décret.

NAPOLÉON.

Par l'Empereur :
Le Secrétaire d'Etat :
Hugues B. Maret.

Désignation des Haras et Dépôts avec le nombre des Étalons et Juments qui peuvent y être entretenus.

HARAS	ÉTALONS MIN.	ÉTALONS MAX.	DÉPÔTS	ÉTALONS MIN.	ÉTALONS MAX.
			Arrondissement du Nord.		
Au Pin..........	100	100	Somme, à Abbeville............	50	60
			Seine-et-Marne, à Meaux.......	30	40
			Haute-Marne, non encore désigné.	30	40
			Eure, au Bec.................	40	50
			Manche, à Saint-Lô...........	40	50
			Arrondissement de l'Ouest.		
A Langonnet....	80	80	Mayenne, à Craon.............	50	60
			Maine-et-Loire, à Angers......	25	30
			Deux-Sèvres, à Saint-Maixent...	40	50
			Côtes-du-Nord, non encore désigné, de préférence à Dinan ou sur les limites d'Ille-et-Vilaine.......	30	40
			Charente-Inférieure, non encore désigné...................	30	40
			Arrondissement du Centre.		
A Pompadour...	60	60	Loir-et-Cher, non encore désigné..	40	50
			Saône-et-Loire, à Cluny.......	40	50
			Yonne, non encore désigné.....	25	30
			Cantal, à Aurillac............	30	40
			Allier, non encore désigné.....	30	40
			Arrondissement du Midi.		
A Pau..........	40	50	Hautes-Pyrénées, à Tarbes.....	30	40
			Pyrénées-Orientales, non encore désigné...................	30	40
			Aveyron, à Rodez............	30	40
			Lot-et-Garonne, non encore désigné.....................	30	40
			Hérault, non encore désigné....	30	40
			Arrondissement de l'Est.		
A La Mandrie de la Vénerie......	50	60	Doubs, à Besançon...........	60	80
			Isère, à Grenoble.............	60	80
			Bouches-du-Rhône, à la Camargue.	10	15
			Un dans le Piémont, non encore désigné...................	40	50
			Arrondissement du Nord-Est.		
A Deux-Ponts...	50	60	Dyle, à Tervueren............	50	80
			Ardennes, à Grandpré........	30	40
			Bas-Rhin, à Strasbourg.......	40	50
			Roer, non encore désigné......	40	50
			Lys, non encore désigné.......	30	40
			Meurthe, à Rosières..........	30	40
Pour expériences:					
A l'École d'Alfort	10	10			
A l'Ecole de Lyon	10	10	Total........	1070	1395
Total......	400	430			
Total des chevaux dans les dépôts.	1070	1395			
Total général....	1470	1825			

Certifié conforme : *Le Secrétaire d'État,*
HUGUES B. MARET.

ORDONNANCE ROYALE

du 3 mars 1833 portant établissement d'un registre-matricule pour l'inscription des chevaux de race pure existant en France (Stud-Book Français) et institution d'une commission spéciale pour la tenue de ce registre.

Au Palais des Tuileries, le 3 mars 1833.

Louis-Philippe, Roi des Français, à tous présents et à venir, salut.

Sur le rapport de Notre ministre secrétaire d'État au département du Commerce et des Travaux publics, Nous avons ordonné et ordonnons ce qui suit :

ARTICLE PREMIER. — Il sera établi au Ministère du Commerce et des Travaux publics un registre-matricule pour l'inscription des chevaux de race pure existant en France.

ART. 2. — Tout propriétaire d'un cheval de race pure pourra obtenir l'inscription de ce cheval au registre-matricule en fournissant les justifications que déterminera la Commission créée par l'article suivant.

ART. 3. — Une Commission composée de neuf membres, et nommée par Nous, sera chargée de l'examen des titres produits à l'appui des demandes. Les inscriptions n'auront lieu que sur la proposition qui en sera faite à Notre ministre du Commerce et des Travaux publics par cette Commission.

Les fonctions de membres de la Commission seront gratuites.

ART. 4. — Les inspecteurs généraux des Haras et les agents généraux des Remontes pourront, hors le temps de leurs tournées, assister aux séances de la Commission ; ils y auront voix consultative.

ART. 5. — Notre ministre secrétaire d'État du Commerce et des Travaux publics est chargé de l'exécution de la présente Ordonnance.

LOUIS-PHILIPPE.

Par le Roi :

Le Ministre Secrétaire d'Etat
au département du Commerce et des Travaux publics,
A. THIERS.

Dispositions arrêtées par le ministre du Commerce sur la proposition de la Commission du registre-matricule pour l'exécution de l'ordonnance du 3 mars 1833.

1° *Chevaux de race pure.*

Seront seuls reconnus de *race pure*, et admis comme tels à l'inscription, les chevaux de pur sang arabes, barbes, turcs et persans dont la généalogie et la qualité de race pure auront été dûment constatées.

Pour établir les droits à l'inscription, il sera fourni à l'appui des demandes savoir :

2° *Justifications exigées pour constater l'origine et la généalogie des chevaux présentés.*

Pour les chevaux anglais précédemment importés et pour ceux qui seraient importés ultérieurement, un certificat du dernier possesseur anglais, accompagné, autant que possible, des certificats des possesseurs précédents et de l'éleveur, les dits certificats attestant la généalogie du cheval et sa qualité de race pure, avec son signalement exact, et aussi détaillé qu'il sera possible de l'obtenir. Le certificat du dernier possesseur anglais devra, en outre, être attesté par *le rédacteur du registre de généalogie de chevaux* (Publisher of the Racing Calendar and general Stud-Book).

Pour les chevaux arabes, barbes, turcs, persans actuellement importés, un certificat de l'agent des haras qui aura acheté le cheval, ou qui aura connaissance positive de son origine, constatant, non seulement son origine, quant au pays d'où il provient, mais encore que le cheval est d'une famille noble, reconnue telle dans le pays. Il sera fait, en outre, un choix sévère entre les chevaux pour lesquels ces justifications pourront être fournies, et l'inscription ne sera définitivement accordée que pour ceux dont la noblesse et la pureté d'origine auront été, en outre, constatées par la beauté et les qualités de leurs productions.

Indépendamment du certificat de l'agent des haras, tel qu'il vient d'être spécifié, il sera fourni, *pour les chevaux arabes, barbes, turcs, persans, qui seront importés ultérieurement*, une déclaration du consul de France, attestant la pureté de race, la filiation et la noblesse d'origine du cheval, d'après une enquête faite par le consul ; plus les titres de généalogie qu'il serait possible de se procurer dans le pays. Quelles que soient, en apparence, la régularité et l'authenticité des pièces produites, non seulement la Commission mettra la plus grande sévérité dans l'examen de ces justifications, mais encore elle ne se prononcera que d'après sa conviction intime.

Pour les chevaux de race pure nés en France, il sera fourni, savoir :
Si le cheval provient d'un étalon royal, un certificat délivré d'après les formes prescrites par l'article 48 du Règlement du 15 décembre 1833 (1), par le directeur de l'établissement auquel l'étalon appartenait lors de la saillie de la mère du produit, le dit certificat constatant la saillie de la mère par le dit étalon,

---

(1) *Art. 48 du règlement du 13 décembre 1833.* — Tout particulier qui aura fait saillir une jument par un étalon royal, sera tenu de faire connaître au chef de la station où la jument aura été saillie, le sexe de la production qu'il aura obtenue. Il consignera, en outre, sur la carte de saillie qui lui aura été délivrée, une décla-

avec le signalement exact de l'un et de l'autre, la date et le lieu de la naissance de la production et son signalement.

Si le cheval provient d'un étalon appartenant à un particulier, un certificat du propriétaire de l'étalon, qui constatera la saillie de la jument mère du produit par cet étalon, à la suite duquel certificat sera la déclaration signée du propriétaire de la jument, attestée par le maire de la commune, constatant la naissance de la production pour laquelle l'inscription est réclamée, et attestant, en outre, que cette production est bien celle dont il s'agit dans la déclaration du propriétaire de la jument, le tout avec les signalements exacts du père, de la mère, et du produit.

Dans le cas où la filiation soit du père, soit de la mère, ou de l'un et de l'autre n'auraient pas été constatée par leur inscription au Stud-Book, soit en Angleterre, soit en France, cette filiation devrait, en outre, être prouvée dans les formes qui ont été déterminées ci-dessus pour chacune des deux races.

3° *Vérification de l'identité des chevaux présentés.*

La vérification de l'identité des chevaux présentés sera faite par la Commission elle-même pour les chevaux qui se trouveront à Paris.

A l'égard des autres, cette vérification sera faite par les Inspecteurs généraux des haras et les Directeurs des haras et dépôts; et, dans certains cas, par des Commissions spéciales prises parmi les personnes notables du lieu même où la vérification devrait se faire et dont MM. les officiers des haras feront partie. Les rapports faits par suite de ces vérifications seront remis à la commission avec les autres pièces justificatives.

4° *Dispositions particulières relatives à la tenue du registre-matricule.*

Le registre-matricule des chevaux de race pure sera divisé en deux chapitres, l'un pour les chevaux anglais, et l'autre pour les chevaux arabes et dérivés.

Les produits des croisements d'une race avec l'autre suivront, pour l'inscription, l'état de la mère; la race du père y sera fidèlement indiquée.

Les chevaux de race pure, livrés à la monte comme tels par le Gouvernement, seront inscrits les premiers au Stud-Book, après vérification de leurs titres.

Un second registre-matricule pourra être établi à l'avenir, pour l'inscription des chevaux provenant du croisement des races pures avec d'autres races, lorsque ce croisement sera parvenu à un degré qui sera ultérieurement déterminé.

---

ration constatant cette naissance, avec l'indication de la robe du poulain ou de la pouliche.

Cette déclaration signée de lui, devra être attestée par le maire de la commune, qui la transmettra par l'intermédiaire du préfet ou du sous-préfet au Directeur du haras ou dépôt, lequel, après vérification de la carte de saillie, adressera, en échange et par la même voie, au propriétaire de la jument un certificat constatant les faits y énoncés.

ARRÊTÉ DU 5 JANVIER 1835

Le Ministre Secrétaire d'État au département du Commerce :

Vu les décrets des 31 août 1805 et 4 juillet 1806 ;

Le règlement du 16 mars 1825, et les arrêtés des 9 juin 1826, 13 avril 1827, 31 octobre 1832, et 2 juin 1834 ;

ARRÊTE :

ARTICLE PREMIER. — Les courses seront classées en deux divisions : celle du Nord et celle du Midi, et en huit arrondissements ou circonscriptions.

ART. 2. — Les époques et les circonscriptions des courses sont déterminées ainsi qu'il suit :

DIVISIONS	CHEFS-LIEUX	ÉPOQUES DES COURSES	NOMS DES DÉPARTEMENTS COMPOSANT LES CIRCONSCRIPTIONS
NORD	PARIS	Les courses commenceront le 1er dimanche de septembre et devront être terminées dans les premiers jours d'octobre	Aisne. — Ardennes. — Aube. — Côte-d'Or. — Loir-et-Cher. — Loiret. — Marne. — Oise. — Seine. — Seine-et-Marne. — Seine-et-Oise. — Yonne.
NORD	LE PIN	Les courses commenceront dans les derniers jours de juillet et devront être terminées le 10 août.	Calvados. — Eure. — Eure-et-Loir. — Manche. — Nord. — Orne. — Pas-de-Calais. — Sarthe. — Seine-Inférieure.
NORD	NANCY	Les courses commenceront le 15 juillet et devront être terminées le 1er août.	Ain. — Doubs. — Jura. — Haute-Marne. — Meurthe. — Meuse. — Moselle — Bas-Rhin. — Haut-Rhin. — Haute-Saône. — Vosges.
NORD	SAINT-BRIEUC	Les courses commenceront dans les derniers jours de juin et devront être terminées le 8 juillet.	Côtes-du-Nord. — Finistère. — Ille-et-Vilaine. — Loire-Inférieure. — Maine-et-Loire. — Mayenne. — Morbihan. — Deux-Sèvres. — Vendée.
MIDI	LIMOGES	Les courses commenceront dans la seconde quinzaine de mai et devront être terminées le 30 mai.	Allier. — Cher. — Creuse. — Corrèze. — Indre. — Indre-et-Loire. — Nièvre. — Saône-et-Loire. — Vienne. — Haute-Vienne.
MIDI	AURILLAC	Les courses commenceront dans la seconde quinzaine de juin et devront être terminées le 5 juillet.	Basses-Alpes. — Hautes-Alpes. — Ardèche. — Bouches-du-Rhône. — Cantal. — Drôme. — Isère. — Loire. — Haute-Loire. — Lot. — Lozère. — Puy-de-Dôme. — Rhône. — Var. — Vaucluse.
MIDI	BORDEAUX	Les courses commenceront le 10 juillet et devront être terminées le 30 juillet.	Aveyron. — Charente. — Charente-Inférieure. — Dordogne. — Gironde. — Landes. — Lot-et-Garonne. — Tarn. — Tarn-et-Garonne.
MIDI	TARBES	Les courses commenceront dans la seconde quinzaine de juin et devront être terminées le 15 juillet.	Ariège. — Aude. — Corse. — Gard. — Haute-Garonne. — Gers. — Hérault. — Basses-Pyrénées. — Hautes-Pyrénées. — Pyrénées-Orientales.

Art. 3. — Les prix sont classés dans l'ordre suivant :

1re classe : Grand Prix Royal ; — 2e classe : prix Royaux ; — 3e classe : prix Principaux ; — 4e classe : prix d'Arrondissement.

Art. 4. — Il y aura :

1° *Pour les courses de Paris :*

Un prix d'Arrondissement de 2.000 francs, pour poulains entiers et pouliches de 3 ans ;

Un prix d'Arrondissement de 3.000 francs, un prix Principal de 5.000, un prix Royal de 6.000, et un Grand Prix Royal de 12.000, pour 4 ans et au-dessus.

2° *Pour les courses du Pin :*

Un prix d'Arrondissement de 2.000 francs, pour poulains entiers et pouliches de 3 ans ;

Un prix d'Arrondissement de 2.500 francs, un prix Principal de 4.000 et un Prix Royal de 5.000, pour 4 ans et au-dessus.

3° *Pour les courses de Nancy :*

Un prix d'Arrondissement de 1.500 francs, pour chevaux entiers et juments de 4 ans ;

Un prix d'Arrondissement de 2.000 francs et un prix Principal de 3.000, pour 5 ans et au-dessus.

4° *Pour les courses de Saint-Brieuc :*

Un prix d'Arrondissement de 800 francs, pour poulains entiers et pouliches de 3 ans ;

Un prix d'Arrondissement et un prix Principal, de 1.200 francs chaque, pour 4 ans et au-dessus.

5° *Pour les courses d'Aurillac :*

Un prix d'Arrondissement de 2.000 francs, pour chevaux entiers et juments de 4 ans ;

Un prix d'Arrondissement de 2.500, un prix Principal de 4.000 et un Prix Royal de 5.000, pour 5 ans et au-dessus.

6° *Pour les courses de Bordeaux :*

Mêmes prix qu'à Aurillac.

7° *Pour les courses de Limoges :*

Mêmes prix qu'à Aurillac, moins le Prix Royal de 5.000 francs.

8° *Pour les courses de Tarbes :*

Trois prix d'Arrondissement (1.200 francs, pour chevaux entiers et juments, de 4 ans ; 1.500 francs, pour 5 ans ; 2.000 francs, pour 6 ans et au-dessus) et un prix Principal de 2.400 francs, pour 5 ans et au-dessus.

Art. 5. — La longueur des courses est ainsi fixée :

2 kilomètres en une épreuve : prix d'Arrondissement pour poulains entiers et pouliches de 3 ans (Paris, Le Pin et Saint-Brieuc) et de 4 ans (Nancy, Aurillac, Bordeaux, Limoges et Tarbes) ;

2 kilomètres en partie liée : prix d'Arrondissement pour chevaux entiers

et juments de 4 ans (Paris, Le Pin et Saint-Brieuc), et de 5 ans et au-dessous (Nancy, Aurillac, Bordeaux et Limoges).

4 kilomètres en une épreuve : prix d'Arrondissement pour chevaux entiers et juments de 5 ans, à Tarbes.

4 kilomètres en partie liée : prix d'Arrondissement pour chevaux entiers et juments de 6 ans et au-dessus, à Tarbes; — tous les prix Principaux, Royaux et le Grand Prix Royal.

Art. 6. — Le maximum de temps accordé pour les épreuves est déterminé ainsi qu'il suit :

Pour chaque épreuve de 2 kilomètres, trois minutes;

Pour chaque épreuve de 4 kilomètres, six minutes; toutefois, le Grand Prix Royal devra être couru en cinq minutes trente secondes.

L'épreuve qui n'aura pas été faite dans le délai fixé par le présent article sera déclarée nulle et le prix ne sera pas donné.

Dans les courses à plusieurs épreuves, tout cheval qui, dans la première ou la seconde épreuve, n'aura pas atteint le but dix secondes au plus tard après le vainqueur, sera déclaré *distancé* et ne sera plus admis à courir l'épreuve ou les épreuves suivantes.

Art. 7. — Les chevaux doivent porter suivant leur âge les poids suivants :

AGE	CHEVAUX ENTIERS		JUMENTS		OBSERVATIONS
	Livres	Hectogr.	Livres	Hectogr.	
3 ans........	95	465 62	92	450 34	L'âge des chevaux se compte à partir du 1er mai de l'année de leur naissance.
4 —	107	523 73	104	509 08	
5 —	112	548 24	109	533 55	
6 —	118	577 61	115	562 92	
7 —	124	606 93	121	592 29	
Au-dessus de 7 ans	130	636 35	127	621 66	

Art. 8. — Aucun prix ne pourra être couru que par des chevaux entiers ou juments nés et élevés en France.

Art. 9. — Les prix d'Arrondissement ne seront disputés que par des chevaux de la circonscription;

Les prix Principaux, que par des chevaux de la division.

Les chevaux de toutes les divisions et circonscriptions indistinctement pourront concourir pour tous les prix Royaux et pour le Grand Prix.

Art. 10. — Ne sera considéré comme cheval de la circonscription et apte à courir pour les prix d'Arrondissement, que celui qui aura été élevé dans la circonscription de la course depuis l'âge de deux ans au moins, et qui y sera resté depuis cet âge jusqu'au moment du concours.

Une absence de plus de six mois pour entraînement ou pour tout autre motif ôtera le droit de concourir.

Art. 11. — Dans aucun cas, les chevaux d'un âge déterminé ne pourront être admis à courir pour des prix affectés à des chevaux d'un autre âge.

Art. 12. — Le Grand Prix Royal de 12.000 francs ne peut être couru par un cheval ou une jument qui a gagné un prix d'une somme égale.

Art. 13. — Nul cheval ou jument ne pourra disputer un prix d'une classe inférieure à celui qu'il aura déjà obtenu, quelle que soit la somme affectée à ce prix; mais il peut être admis à courir un prix de même classe, en portant, outre le poids de son âge, une surcharge ainsi fixée :
Cheval ou jument ayant gagné un prix, et courant pour un prix de même classe : 8 livres (39 hectogrammes, 16 grammes);
Cheval ou jument ayant gagné deux prix, et courant, pour la troisième fois, un prix de même classe : 12 livres (58 hectogrammes, 74 grammes);
Ainsi successivement 4 livres de surcharge par chaque course pour un prix de même classe.

Art. 14. — Le cheval ou la jument qui, après avoir reçu une ou plusieurs surcharges, courra un prix d'une classe supérieure à celui ou ceux qu'il aura déjà gagnés, reprendra le poids affecté à son âge.

Art. 15. — Un cheval ou une jument courant seul pourra obtenir le prix, pourvu qu'il subisse l'épreuve ou les deux épreuves exigées, dans l'espace de temps déterminé par l'article 6.

Art. 16. — Dans les courses en partie liée, si deux épreuves sont gagnées par deux chevaux différents, il y aura une troisième épreuve, mais seulement entre les deux gagnants.

Art. 17. — S'il se présente pour disputer un même prix, un nombre de chevaux trop considérable pour qu'ils puissent, sans danger, entrer en lice en même temps, les concurrents seront divisés par pelotons qui courront successivement, à moins que les coureurs, à la majorité, n'aiment mieux partir ensemble sur plusieurs lignes.
Les chevaux entiers et les juments qui devront former chaque peloton seront désignés par le sort. L'ordre dans lequel les pelotons devront courir sera également fixé par le sort.
Les vainqueurs de chaque peloton courront entre eux, et le prix sera adjugé au cheval qui, dans cette seconde course, arrivera le premier.
Les prix qui, conformément au présent Règlement, ne peuvent être gagnés qu'en plusieurs épreuves, ne seront point courus par pelotons. S'il se présente un nombre de chevaux considérable, on les placera sur plusieurs lignes; les rangs seront tirés au sort à chaque épreuve.

Art. 18. — Le premier cheval dont la tête dépasse le but gagne la course. S'il y a incertitude de la part du juge, les deux chevaux arrivés les premiers au but devront courir seuls l'un contre l'autre.

Art. 19. — Tout propriétaire présentant ou faisant présenter en son nom un cheval pour les courses est tenu de justifier de l'origine de ce cheval. A cet effet, on devra produire un certificat signé du propriétaire, et constatant le lieu où le cheval est né; et celui ou ceux où il a été élevé depuis sa naissance jusqu'au moment des courses.
Si ce cheval n'est pas né chez le propriétaire qui le présente, celui-ci sera obligé de produire un second certificat signé par le premier propriétaire du cheval, et attestant le lieu de sa naissance.
Ces certificats, qui devront contenir en outre le signalement du cheval et

sa généalogie, seront visés par les maires et sous-préfets du domicile des signataires. Des modèles de ces certificats seront envoyés aux préfets.

Art. 20. — Nul ne pourra engager dans une course à plusieurs épreuves plus d'un cheval ou d'une jument lui appartenant en totalité ou en partie, quand même les chevaux ou juments seraient inscrits sous le nom d'un autre propriétaire.

Art. 21. — Pour les courses d'Arrondissement de Paris et pour les courses qui auront lieu dans les autres départements, le jury sera composé :
1° du préfet qui présidera;
2° de l'inspecteur général des haras dans l'arrondissement duquel se trouve le chef-lieu de la course;
3° de cinq autres membres que le Ministre choisira sur une liste de candidats double de ce nombre qui sera présentée par le préfet.
Quant au jury des courses qui auront lieu à Paris pour le prix Principal, le prix Royal et le Grand Prix, le ministre nommera directement, chaque année, les membres qui devront le composer.
Si un des jurés nommés par le ministre dans les départements ne pouvait, par quelque cause que ce fût, remplir cette fonction, le préfet pourvoirait immédiatement à son remplacement.
En cas d'absence de l'inspecteur général, il sera remplacé par l'officier commandant l'établissement dans la circonscription duquel les courses ont lieu.

Art. 22. — Nul ne pourra être juré s'il a un cheval engagé dans une des courses.

Art. 23. — Un juge nommé par le Ministre du Commerce sera chargé de placer les chevaux au point de départ, de les faire partir, et de désigner le vainqueur; à cet égard seulement, les décisions du juge sont sans appel. Il assistera aux opérations du jury avec voix délibérative.

Art. 24. — Pour pouvoir disputer un prix, les chevaux doivent avoir été visités à l'avance, admis et classés par le jury.

Art. 25. — Toute personne qui présentera un cheval ou une jument pour la course devra le faire inscrire, huit jours à l'avance, sur un registre tenu à cet effet à la préfecture du département où elle désirera le faire courir, et y déposer en même temps les certificats indiqués à l'article 18.
Deux jours avant celui du concours, elle devra faire conduire le cheval dans l'endroit désigné par le préfet pour être examiné par le jury, et, s'il y a lieu, être admis et classé pour la course.

Art. 26. — Le propriétaire du cheval ou de la jument présentée devra fournir avant la course une déclaration signée de lui, constatant que le coursier qu'il présente ne se trouve pas dans le cas prévu par le § 2 de l'art. 12 du présent Règlement. En cas de fausse déclaration, le signataire sera tenu de restituer le prix s'il a gagné. Ce prix appartiendra dès lors au propriétaire du cheval qui y aurait eu droit après le premier, s'il a rempli les conditions voulues.

Art. 27. — Dans le cas où le propriétaire du cheval vainqueur ne devrait pas recevoir le prix, ce prix appartiendra :
1° dans une course à trois épreuves, à son concurrent dans la troisième;
2° dans une course à deux épreuves, au cheval qui sera arrivé le premier

au but après le vainqueur dans les deux épreuves; et, à défaut, à celui qui, en somme, aurait mis le moins de temps à franchir les deux épreuves.

Art. 28. — Il sera construit deux tribunes, l'une en face du but, pour le jury; l'autre, en face de la première, pour le juge.

Le jury devra être pourvu de deux chronomètres propres à indiquer avec exactitude le temps que chaque cheval aura mis à franchir la distance. Un des chronomètres sera placé dans le pavillon du jury; l'autre, dans le pavillon du juge.

Le jury désignera les personnes qui tiendront les chronomètres.

Art. 29. — A chaque épreuve, les chevaux seront placés au point de départ suivant le sort.

Art. 30. — Toute course doit finir le jour où elle a commencé.

Dans les courses de Paris, le Ministre, et dans celles des départements, le Préfet, fixeront au moins deux jours d'avance l'heure où la lice devra s'ouvrir.

Art. 31. — A l'heure fixée pour la course, la cloche sonnera; un quart d'heure après, la lice sera ouverte, et le départ aura lieu sans attendre les absents.

Art. 32. — Dans les courses à plusieurs épreuves, il sera accordé une demi-heure de repos entre chaque épreuve.

A la fin de la demi-heure de repos, la cloche sonnera pour seller les chevaux; un quart d'heure après, la cloche sonnera de nouveau pour annoncer que les chevaux doivent entrer en lice, et la course aura lieu immédiatement sans attendre les absents.

Art. 33. — Tout jockey sera obligé de se faire peser avec sa selle avant de monter à cheval, et de compléter le poids prescrit, s'il se trouve au-dessous. La bride, le collier et la martingale compteront ensemble pour un kilogramme, quel que soit leur poids, et sans qu'il soit besoin du reste de les peser.

Après chaque épreuve, le jockey devra conduire son cheval à l'endroit indiqué, descendre là et non auparavant, et se faire peser à nouveau devant le juge ou deux membres du jury désignés à cet effet.

Si le jockey néglige ou refuse de se conformer à cette disposition, ou s'il est reconnu ne plus avoir le poids prescrit, il pourra être déclaré incapable de courir à l'avenir pour aucun prix du Gouvernement, et s'il a gagné la course, le prix sera décerné au propriétaire du cheval qui aurait obtenu l'avantage après lui, conformément à l'article 26.

Art. 34. — Tout cheval qui se jettera hors de la lice devra, pour n'être pas exclu de la course, y rentrer par l'endroit même où il en est sorti.

Art. 35. — S'il est reconnu qu'un jockey, dans la course, a frappé le cheval de son adversaire, ou son adversaire lui-même, qu'il l'a jeté contre la corde ou hors des limites de la lice, qu'il a barré le chemin ou traversé un autre cheval, le cheval monté par ce jockey n'aura pas droit au prix de cette course, quand même il l'aurait gagné; le prix sera accordé au cheval qui aura obtenu l'avantage après le sien, conformément à l'art. 26, à moins que le jury ne décide que la course doit être recommencée.

Ledit jockey pourra être, en outre, déclaré incapable de courir à l'avenir pour aucun prix du Gouvernement.

Art. 36. — Toutes les fois qu'un jockey aura été déclaré incapable de courir pour les prix du Gouvernement, son nom et son signalement seront envoyés dans tous les lieux de courses.

Art. 37. — Toute contestation relative au poids ou à la conduite des jockeys sera jugée aussitôt par le jury.

Il prononcera de même sur les difficultés qui pourraient naître entre les concurrents pendant les courses, relativement à l'application des présentes dispositions.

Après la signature du procès-verbal, la mission du jury cesse, et il n'a plus à intervenir dans les difficultés, quelles qu'elles soient, qui pourraient survenir postérieurement au sujet de ces courses.

Art. 38. — Toutes dispositions réglementaires, prises antérieurement concernant les courses, sont rapportées par les présentes.

Paris, le 5 janvier 1835.

T. Duchatel.

Pour copie conforme :

*Le Maître des Requêtes, Secrétaire généra.
du Ministère,*
L. Vitet.

ARRÊTÉ DU 16 MARS 1866 (1)

plaçant toutes les courses sous les Règlements des trois grandes Sociétés (Société d'Encouragement, Société des Steeple-Chases et Société du Demi-Sang).

ARRETE DU 17 MARS 1866

créant la Commission spéciale du Stud-Book.

Le Ministre de la Maison de l'Empereur et des Beaux-Arts :

Vu le décret organique du 19 décembre 1860, concernant les Haras;
Vu les arrêtés ministériels des 30 janvier 1862 et 7 février 1863, relatifs aux Courses plates au galop, aux Steeple-Chases et aux Courses au trot;
Vu l'ordonnance du 3 mars 1833, concernant le Stud-Book,

Arrête :

Article premier. — La Commission supérieure des Haras et la Commission centrale des Courses et du Stud-Book, instituée par arrêté ministériel du 19 décembre 1860, sont supprimées.

Art. 2. — Une Commission spéciale statue sur l'inscription des chevaux de race pure au Stud-Book, conformément à l'ordonnance du 3 mars 1833.

Art. 3. — Sont nommés membres de cette commission :
Président, M. le général Fleury, Grand-Écuyer;
Vice-président, M. le vicomte Daru, président du Comité des Courses de la Société d'Encouragement pour l'amélioration des races de chevaux en France;
MM. le prince de la Moskowa, grand-veneur; — de Goulhot de Saint-Germain, sénateur; — comte de Lagrange, député; — Hervé de Saint-Germain, député; — baron de Pierres, premier écuyer de l'Impératrice; — baron de La Rochette; — baron de Bourgoing, premier inspecteur général des Haras; — comte Alfred de Noailles; — Auguste Lupin; — comte d'Hédouville; — Jacques Reiset; — comte Amédée des Cars; — Perrot de Thannberg, inspec-

---

(1) Cet arrêté a été publié à la suite du rapport du général Fleury (voir année 1866, page 345).

teur général des Haras; — baron Le Couteulx; — vicomte de Baracé; — Hennessy; — baron de Nexon; — de Vanteaux; — E. Le Roy; — Ferdinand Régis; — comte de La Roque-Ordan; — Roux, chef de division à l'Administration des Haras;

Secrétaire, M. de Beauvert, chef de bureau à l'Administration des Haras.

Art. 4. — Le Grand-Écuyer est chargé de l'exécution du présent arrêté.

Paris, le 17 mars 1866.

Vaillant.

LOI

du 29 mai 1874 sur la réorganisation des Haras.

L'Assemblée Nationale a adopté la loi dont la teneur suit :

Article premier. — L'Administration supérieure des Haras se compose :
d'un Directeur inspecteur général;
de six inspecteurs généraux;
de vingt-deux directeurs de dépôts;
de vingt-deux sous-directeurs et d'un nombre de surveillants suffisant pour le service.

Art. 2. — Un Conseil supérieur des Haras est nommé par le Président de la République pour neuf années. Il est composé de vingt-quatre membres, renouvelable par tiers tous les trois ans et comprenant les divers groupes d'élevage. Les membres sortants seront rééligibles.

Il tiendra au moins deux sessions par an. Il donnera son avis sur le budget des Haras, sur les règlements généraux des concours et des courses, sur la nature et l'importance des encouragements qui se rapportent à la production et à l'élevage, et sur toutes les questions qui lui seront soumises par le Ministre, ou, en son absence, par le Directeur général des Haras.

Il recevra communication des vœux et délibérations des Conseils généraux en ce qui concerne la question chevaline.

Après chacune de ses sessions, il sera fait un rapport spécial et détaillé sur l'ensemble de ses travaux, et communication de ce rapport sera donnée à l'Assemblée Nationale.

Art. 3. — L'école des haras du Pin est rétablie.

Nul ne pourra être nommé officier des Haras s'il n'a reçu un diplôme attestant qu'il a satisfait aux examens de sortie de cette école.

Art. 4. — A partir de 1875, l'effectif des étalons entretenus par l'Administration des Haras sera successivement augmenté de deux cents étalons chaque année, jusqu'à ce que cet effectif ait atteint le chiffre de deux mille cinq cents (1).

Ces étalons seront choisis parmi les différentes races et renfermeront le plus de chevaux de sang qu'il se pourra.

---

(1) La loi du 26 juillet 1892, dite « loi d'accroissement », a porté ce nombre à 3.000, à raison de 50 nouveaux achats par an; et, en 1900 l'effectif de l'État a été augmenté encore de 450 étalons.

Art. 5. — Indépendamment des crédits votés chaque année pour les courses, les écoles de dressage, etc., l'allocation actuelle de 683.000 francs, affectée aux primes, sera portée, en 1875, à 800.000 francs et successivement, par augmentation annuelle de 100.000 francs, jusqu'à 1.500.000 francs pour primer :

1° Des étalons appartenant à des particuliers, à des Sociétés ou à des départements et approuvés par l'Administration des Haras;

2° Des juments poulinières, des pouliches et des poulains.

Une allocation de 50.000 francs sera affectée aux épreuves des arabes et anglo-arabes.

Art. 6. — La jumenterie de Pompadour sera rétablie.

Elle se composera de soixante juments exclusivement consacrées à la production du cheval de sang arabe et anglo-arabe.

Délibéré en séance publique, à Versailles, le 29 mai 1874.

Le Président,
L. BUFFET.

Les Secrétaires,
FÉLIX VOISIN, FRANCISQUE RIVE, VICOMTE BLIN DE BOURBON,
LOUIS DE SÉGUR.

Le Président de la République promulgue la présente loi.

MARÉCHAL DE MAC-MAHON,
DUC DE MAGENTA.

Le Ministre de l'Agriculture et du Commerce,
L. GRIVART.

LOI

du 2 juin 1891 réglementant l'autorisation et le fonctionnement des Courses de chevaux.

Le Sénat et la Chambre des Députés ont adopté,
Le Président de la République promulgue la loi dont la teneur suit :

ARTICLE PREMIER. — Aucun champ de courses ne peut être ouvert sans l'autorisation préalable du Ministre de l'Agriculture.

ART. 2. — Sont seules autorisées les courses de chevaux ayant pour but exclusif l'amélioration de la race chevaline et organisées par des Sociétés dont les statuts sociaux auront été approuvés par le Ministre de l'Agriculture, après avis du Conseil supérieur des Haras.

ART. 3. — Le budget annuel et les comptes de toute Société de courses sont soumis à l'approbation et au contrôle des Ministres de l'Agriculture et des Finances.

ART. 4. — Quiconque aura, en quelque lieu et sous quelque forme que ce soit, exploité le pari sur les courses de chevaux, en offrant à tous venants de parier ou en pariant avec tous venants, soit directement, soit par intermédiaire, sera passible des peines portées à l'article 410 du Code pénal (1).

Seront réputés complices du délit ci-dessus déterminé et punis comme tels :
1° Quiconque aura servi d'intermédiaire pour les paris dont il s'agit, ou aura reçu le dépôt préalable des enjeux;
2° Quiconque aura, en vue des paris à faire, vendu des renseignements sur les chances de succès des chevaux engagés (2);
3° Tout propriétaire ou gérant d'établissement public qui aura laissé exploiter le pari dans son établissement.

---

(1) Ce paragraphe a été modifié comme suit, par la loi du 4 juin 1909 : « Quiconque aura habituellement, en quelque lieu et sous quelque forme que ce soit, offert, donné ou reçu des paris sur les courses de chevaux, soit directement, soit par intermédiaire, sera passible des peines portées à l'article 410 du Code pénal. »

(2) Ce paragraphe a été modifié comme suit, par la loi du 1er avril 1900 : « Quiconque aura, en vue des paris à faire, vendu des renseignements sur les chances de succès des chevaux engagés, ou qui, par des avis, circulaires, prospectus, cartes, annonces ou par tout autre moyen de publication, aura fait connaître l'existence, soit en France, soit à l'étranger, d'établissements d'agences ou de personnes vendant ces renseignements. »

Les dispositions de l'article 463 du Code pénal seront, dans tous les cas, applicables aux délits prévus par la présente loi.

Art. 5. — Toutefois, les Sociétés remplissant les conditions prescrites par l'article 2 pourront, en vertu d'une autorisation spéciale et toujours révocable du Ministre de l'Agriculture, et moyennant un prélèvement fixe en faveur des œuvres locales de bienfaisance et de l'élevage, organiser le pari mutuel sur leurs champs de courses exclusivement, mais sans que cette autorisation puisse infirmer les autres dispositions de l'article 4.

Un décret rendu sur la proposition du Ministre de l'Agriculture déterminera la quotité des prélèvements ci-dessus visés, les formes et les conditions de fonctionnement du pari mutuel.

La présente loi, délibérée et adoptée par le Sénat et par la Chambre des Députés, sera exécutée comme loi de l'État.

Fait à Paris, le 2 juin 1891.

CARNOT.

Par le Président de la République :
Le Ministre de l'Agriculture,
Jules Develle.

DÉCRET DU 7 JUILLET 1891

Le Président de la République française,
Vu la loi du 2 juin 1891, réglementant l'autorisation et le fonctionnement des courses de chevaux en France ;
Sur la proposition des Ministres de l'Agriculture, de l'Intérieur et des Finances,

Décrète :

Article premier. — Les Sociétés de courses autorisées conformément aux articles 1 et 2 de la loi du 2 juin 1891, qui voudront installer le pari mutuel sur leurs champs de courses devront adresser annuellement à cet effet au Ministre de l'Agriculture, par l'intermédiaire des préfets des départements dans lesquels existent leurs hippodromes, une demande spéciale d'autorisation qui devra être accompagnée :

1° D'un état certifié conforme des comptes en recette et dépense de l'exercice précédent ;

2° Du budget de la Société pour l'exercice en vue duquel est demandée l'autorisation d'installer le pari mutuel ;

Et 3° d'un relevé des dates des journées de courses prévues par le même exercice, avec l'indication du nombre de courses par journée.

Art. 2. — Les autorisations de fonctionnement du pari mutuel délivrées par le Ministre de l'Agriculture sont annuelles.

Toutefois, ces autorisations pourront toujours être retirées en cours d'exercice, soit pour cause d'inexécution de la loi du 2 juin 1891 ou des décrets et arrêtés pris en exécution de ladite loi, soit pour des raisons d'ordre public.

L'arrêté d'autorisation fixera pour chaque Société de courses la quotité du prélèvement qu'elle pourra faire sur les recettes brutes du pari mutuel pour ses frais d'administration (1).

Art. 3. — Il sera prélevé sur la masse des sommes versées au pari mutuel de chaque hippodrome, et avant tout autre prélèvement (2) :

1° 2 p. 100 en faveur des œuvres locales de bienfaisance ; le montant de ce prélèvement devra être versé dans un délai de huit jours : à Paris, à la Caisse des dépôts et consignations, et, dans les départements, aux caisses des trésoriers-payeurs généraux et receveurs particuliers, préposés à la Caisse des dépôts ;

2° 1 p. 100 en faveur de l'élevage ; le montant de ce prélèvement devra être versé, également dans un délai de huit jours : à Paris, à la recette centrale des finances, et, dans les départements, à la trésorerie générale.

Un bordereau, établi par le président de la Société et visé par le préfet du département, sera remis à l'appui de chaque versement.

Art. 4. — Les sommes provenant des prélèvements faits en faveur des œuvres d'assistance seront centralisées à la Caisse des dépôts et consignations et inscrites à un chapitre intitulé : « Produits du prélèvement effectué sur le pari mutuel en faveur des œuvres locales de bienfaisance.

Les fonds recueillis au profit de l'élevage seront centralisés et mentionnés dans les écritures du Trésor à un compte distinct intitulé : « Produits du prélèvement fait sur le pari mutuel en faveur de l'élevage », pour être rattachés au budget du ministère de l'Agriculture dans la forme usitée en matière de fonds de concours.

Art. 5. — Les sommes provenant du prélèvement de 2 p. 100 seront administrées et réparties entre les œuvres locales de bienfaisance par les soins d'une Commission spéciale qui sera ainsi composée :

Le Ministre de l'Agriculture, le Ministre de l'Intérieur, présidents ;
Trois sénateurs et trois députés désignés par les Ministres de l'Agriculture et de l'Intérieur ;
Le vice-président du Conseil supérieur de l'Assistance publique, vice-président ;
Le directeur de l'Assistance et de l'Hygiène publique au Ministère de l'Intérieur ;
Le directeur de l'Administration départementale et communale ;
Le directeur général de la Comptabilité publique ;
Le chef de service de l'Inspection générale des Finances ;
Un inspecteur des Finances désigné par le Ministre des Finances ;
Le directeur des Haras ;
Deux fonctionnaires du Ministère de l'Agriculture désignés par le Ministre de l'Agriculture ;

---

(1) Ce prélèvement a été fixé à 4 p. 100.

(2) La loi du 29 mars 1903 a augmenté ces prélèvements de 1 p. 100 en faveur des travaux d'adduction d'eau potable dans les localités qui en sont dépourvues.

Deux secrétaires désignés l'un par le Ministre de l'Agriculture, l'autre par le Ministre de l'Intérieur.

Le payement des fonds au profit des œuvres locales de bienfaisance sera effectué, d'après des états de répartition produits à la Caisse des dépôts et consignations, par le président de la Commission, ou, à son défaut, par le vice-président.

Art. 6. — Les Sociétés de courses autorisées en exécution de la loi du 2 juin 1891 et du présent décret sont placées, au point de vue de leur gestion financière et des opérations du pari mutuel, sous la surveillance et le contrôle de l'Inspection générale des Finances qui peut se faire représenter les registres, pièces comptables et tous autres documents qu'elle jugera nécessaire aux vérifications ci-dessus visées.

En outre, dans les départements autres que ceux de la Seine et de Seine-et-Oise, les mêmes droits appartiendront aux trésoriers généraux et receveurs des Finances.

Art. 7. — La police intérieure des champs de courses sera assurée par les soins du Ministre de l'Intérieur, qui déléguera à ses agents, dans tous les départements, les pouvoirs nécessaires à cet effet.

Art. 8. — Les Ministres de l'Agriculture, des Finances et de l'Intérieur sont chargés, chacun en ce qui le concerne, de l'exécution du présent décret.

Fait à Paris, le 7 juillet 1891.

CARNOT.

Par le Président de la République :

Le Ministre de l'Agriculture,
J. Develle.

Le Ministre des Finances,
Rouvier.

Le Ministre de l'Intérieur,
Constans.

DÉCRET DU 24 NOVEMBRE 1896

Le Président de la République Française,

Vu la loi du 2 juin 1891 sur les courses de chevaux en France;
Vu le décret du 7 juillet suivant, rendu en exécution de ladite loi;
Vu les délibérations et le rapport de la Commission spéciale chargée de l'étude des questions se rattachant à la situation financière des Sociétés de courses et au fonctionnement du pari mutuel;
Sur la proposition du président du Conseil, Ministre de l'Agriculture,

DÉCRÈTE :

TITRE Ier
DE LA COMPTABILITÉ DES SOCIÉTÉS DE COURSES

ARTICLE PREMIER. — Les Sociétés, qui, en exécution de la loi et du décret précités, sont autorisées par le Ministre de l'Agriculture à ouvrir un champ de courses doivent établir annuellement leur situation financière (comptes et budgets) de manière à distinguer très nettement leurs ressources propres et les produits résultant du fonctionnement du pari mutuel dans les conditions prévues par la loi du 2 juin 1891.

A cet effet, chaque Société doit tenir deux comptabilités distinctes :

La première s'appliquant à ses ressources propres, telles que cotisations des sociétaires, recettes aux entrées, intérêts des fonds disponibles, locations et fermages, etc.;

La seconde, comprenant le produit des prélèvements autorisés annuellement par le Ministre de l'Agriculture sur le montant des sommes engagées au pari mutuel.

ART. 2. — La comptabilité spéciale relative aux produits du pari mutuel comprend :

1º *En recette :*

Les prélèvements de 1 et 2 p. 100 en faveur de l'élevage et de la bienfaisance;
Les prélèvements pour les frais;
Les bonis sur les centimes;
Les erreurs en gain;
Les intérêts d'un fonds spécial destiné à faire face aux insuffisances de recettes.

2º *En dépense :*

Le versement des prélèvements de 1 et 2 p. 100;
Les frais spéciaux d'établissement et d'exploitation du pari mutuel, ainsi

que la part incombant au pari mutuel dans les dépenses générales du loyer et de police suivant la proportion ci-après : 25 p. 100 de l'augmentation du loyer et le montant intégral de l'augmentation des frais de police depuis 1891 ;

Les pertes sur les centimes ;

Les erreurs en moins ;

Le montant des augmentations de prix ou d'allocations quelconques accordées depuis le 1er janvier 1888 ;

Le montant de l'augmentation des subventions accordées à des Sociétés de courses depuis la même époque.

Art. 3. — S'il ressort de la balance du compte un excédent de recettes, les Sociétés sont autorisées à le consacrer, en tout ou partie, à la constitution d'un fonds spécial exclusivement destiné à maintenir, en cas de moins-value, le montant des prix ou allocations quelconques fournies par les produits du pari mutuel.

Art. 4. — Le fonds spécial prévu à l'article 3 ne devra, en aucun cas, dépasser le cinquième de la somme totale annuelle des prix ou allocations que les Sociétés doivent inscrire en dépense au compte du pari mutuel.

Art. 5. — Indépendamment de l'emploi ci-dessus autorisé des excédents de recettes du compte du pari mutuel, les reliquats, s'il en existe, pourront être affectés soit à une augmentation de la somme déjà donnée en prix, primes et subventions par les Sociétés, sans qu'il soit besoin d'aucune autorisation administrative, soit à des dépenses telles que constructions de tribunes, travaux de premier établissement ou d'amélioration, acquisition de tout ou partie des hippodromes, etc., mais sous réserve, pour cette catégorie de dépenses, de l'autorisation préalable du Ministre de l'Agriculture et des justifications à produire ultérieurement aux Ministres de l'Agriculture et des Finances.

Art. 6. — Dans le cas où le compte du pari mutuel se solderait en excédent de dépenses et à défaut de disponibilité sur le fonds spécial prévu à l'article 3 du présent décret, les Sociétés sont autorisées à supprimer les prix ou allocations qui ne peuvent être dotés ou à en prélever le montant, en totalité ou en partie, sur leurs ressources propres.

Art. 7. — Les Sociétés qui, à défaut d'excédents suffisants sur les produits du pari mutuel, prélèveraient sur leurs ressources propres les sommes nécessaires pour maintenir tout ou partie des prix ou allocations qui figurent au compte du pari mutuel, sont autorisées, avant toute augmentation nouvelle de leurs prix ou allocations, à se couvrir des avances ainsi faites sur leurs ressources ordinaires au moyen des excédents de recettes du pari mutuel qui viendraient à se produire au cours des exercices ultérieurs.

Art. 8. — Les dispositions qui précèdent relativement à l'emploi des excédents du pari mutuel ne sont applicables qu'aux Sociétés pour lesquelles le prélèvement autorisé pour frais d'organisation dépasse 7.000 francs.

TITRE II

DE L'EMPLOI DES SOMMES PROVENANT DES TICKETS IMPAYÉS

Art. 9. — Les Sociétés de courses qui affecteront le produit des tickets impayés à l'allocation de secours en faveur du personnel des écuries doivent ouvrir dans leurs écritures un compte spécial intitulé « Caisse de secours du personnel des écuries de courses ».

Art. 10. — Le compte spécial prescrit par l'article 9 ci-dessus comprendra :

Au crédit :

Le montant des tickets définitivement impayés et les recettes accessoires, telles que dons et cotisations;

Et au débit :

Les secours, les frais spéciaux d'administration et les allocations de la Société en faveur de la caisse de secours des employés d'administration du contrôle et du pari mutuel.

Art. 11. — Un règlement spécial à chaque caisse de secours déterminera exactement les catégories de personnes auxquelles des secours pourront être alloués. Ce règlement sera soumis à l'approbation du Ministre de l'Agriculture.

Art. 12. — Sous réserve d'un fonds de roulement en espèces, les excédents de recettes du produit des tickets impayés doivent être placés en rentes sur l'État français, obligations de chemins de fer français ou valeurs du Crédit Foncier de France.

Art. 13. — Les budgets et les comptes de chaque caisse de secours sont soumis annuellement à l'approbation du Ministre de l'Agriculture.

Art. 14. — Le versement du produit annuel des tickets impayés aux caisses de secours cessera lorsque les revenus des fonds capitalisés permettront de faire face aux charges normales.

Art. 15. — Une décision ministérielle déterminera pour chaque caisse le chiffre maximum des revenus qui lui sont nécessaires.

Art. 16. — Les Sociétés de courses qui ne jugeront pas utile de créer la caisse de secours prévue au titre II du présent décret, et celles dont les caisses de secours auront atteint le maximum qui leur sera assigné, verseront le montant de leurs tickets impayés à la Caisse des dépôts et consignations, qui en tiendra un compte spécial.

Art. 17. — Le montant des versements faits à la Caisse des dépôts et consignations, en exécution de l'article précédent, sera réparti par les soins de la Commission spéciale qui siège au ministère de l'Agriculture pour la répartition des fonds du pari mutuel aux œuvres de bienfaisance.

Art. 18. — Les dispositions du présent décret seront applicables à dater du 1er janvier 1897.

Art. 19. — Le Président du Conseil, ministre de l'Agriculture, est chargé de l'exécution du présent décret.

Fait à Paris, le 24 novembre 1896.

FÉLIX FAURE.

Par le Président de la République,

Le Ministre de l'Agriculture,

J. MÉLINE.

DÉCRET DU 18 AOUT 1905

sur la comptabilité des sociétés de courses.

Le Président de la République française,

Vu la loi du 2 juin 1891, réglementant l'autorisation et le fonctionnement des courses de chevaux;

Vu les décrets des 7 juillet 1891 et 24 novembre 1896, réglant les conditions de fonctionnement et d'établissement des budgets et comptes des Sociétés de courses;

Vu l'avis de la Commission extra-parlementaire chargée de l'étude des questions se rapportant aux courses et au fonctionnement du pari mutuel;

Sur la proposition du Ministre de l'Agriculture;

Décrète :

Article premier. — Les Sociétés de Courses, qui, en conformité des articles 1 et 2 de la loi du 2 juin 1891, se mettront en instance pour obtenir l'autorisation annuelle prévue par la loi, devront adresser chaque année, avant le 1er décembre, au Ministre de l'Agriculture, les demandes réglementaires, accompagnées :

1° Du projet de budget pour l'exercice en vue duquel l'autorisation est demandée;

2° D'un relevé des dates des journées de courses prévues pour le même exercice.

Art. 2. — Les comptes de chaque exercice devront être adressés par les Sociétés de courses au Ministre de l'Agriculture, dans le mois qui suit la clôture de l'exercice auquel se rapportent les comptes à soumettre à l'approbation des Ministres de l'Agriculture et des Finances.

Art. 3. — Une Commission spéciale nommée par le Ministre de l'Agriculture examinera les budgets et comptes des Sociétés de courses et adressera sur chacun d'eux, aux ministres intéressés, un rapport à la suite duquel les comptes et budgets seront régulièrement approuvés, s'il y a lieu.

Cette Commission, présidée par le directeur de la comptabilité au ministère de l'Agriculture, sera composée de fonctionnaires du ministère de l'Agriculture et des fonctionnaire désignés par le Ministre des Finances et appartenant à son ministère.

Art. 4. — Le Ministre de l'Agriculture est autorisé à faire redresser d'office, sur les livres des Sociétés, les comptes qui auraient donné lieu à des observations justifiées non suivies d'effet.

Art. 5. — Les Sociétés de courses autorisées à fonctionner par arrêté annuel du Ministre de l'Agriculture doivent établir, chaque année, leur situation financière (budgets et comptes) de manière à distinguer très nettement :

1° Leurs ressources propres ;
2° Les produits résultant du fonctionnement du pari mutuel.

A cet effet, chaque Société doit tenir deux comptabilités distinctes :
La première s'appliquant à ses ressources propres, telles que cotisations de sociétaires, recettes aux entrées, intérêts des fonds disponibles, locations et fermages ;
La seconde comprenant le produit des prélèvements autorisés annuellement par le Ministre de l'Agriculture sur le montant des sommes engagées au pari mutuel.

Chacune des deux comptabilités prévues par le paragraphe précédent serait divisée en deux grands comptes, en recettes et en dépenses, intitulés « Compte d'exploitation » et « Compte d'établissement ».

Chacun de ces deux comptes comprendra des chapitres distincts correspondant aux différentes natures d'opérations des Sociétés.

Art. 6. — Les ressources provenant des prélèvements autorisés sur le pari mutuel pour frais de fonctionnement et de surveillance sont administrées par les Sociétés sous le contrôle de l'État. Après déduction des frais réels d'organisation et de surveillance, les reliquats, s'il en existe, sont exclusivement affectés en encouragements à l'élevage ; dans ce cas, le Ministre de l'Agriculture en approuve préalablement la répartition.

Art. 7. — Les divers fonds de réserve des Sociétés, quelles que soient leur destination et l'origine des ressources, ne pourront, en aucun cas, dépasser en totalité la somme *actuellement* nécessaire au payement des primes et prix de courses pour une période de deux années et pour le payement des engagements de courses à venir prévus au bulletin ou de dédits dus en cas de cessation de fonctionnement et rupture de contrats.

Art. 8. — Toutes les ressources des Sociétés, à l'exception des fonds de roulement nécessaires au fonctionnement normal, devront être représentées par des valeurs mobilières de premier ordre (en valeurs de l'État ou en valeurs ayant une garantie de l'État, en actions de la Banque de France, en obligations foncières et communales du Crédit foncier ou en valeurs d'emprunts des départements ou communes de France, etc.).

En aucun cas, les Sociétés de courses ne peuvent placer leurs ressources en valeurs immobilières. Elles ne pourront être autorisées à acquérir d'autres immeubles que ceux qui seront reconnus strictement nécessaires à leur exploitation et après examen de leur situation financière.

Aucune acquisition de ce genre ne pourra d'ailleurs être faite qu'après autorisation spéciale du Ministre de l'Agriculture.

Art. 9. — Les dispositions qui précèdent ne sont applicables qu'aux Sociétés pour lesquelles le prélèvement autorisé pour frais d'organisation au pari mutuel dépasse annuellement 20.000 francs.

Art. 10. — Les prescriptions édictées dans le présent décret auront leur effet à dater du 1er janvier 1906.

Art. 11. — Sont et demeureront abrogées toutes les dispositions antérieures contraires au présent décret.

Art. 12. — Le Ministre de l'Agriculture est chargé de l'exécution du présent décret.

Fait à la Bégude-de-Mazenc, le 18 août 1905.

ÉMILE LOUBET.

Par le Président de la République :

Le Ministre de l'Agriculture,
J. Ruau.

DÉCRET DU 16 JUILLET 1906

instituant un Comité consultatif permanent des courses.

Le Président de la République française,
Sur le rapport du Ministre de l'Agriculture,

DÉCRÈTE :

ARTICLE PREMIER. — Il est institué auprès du Ministre de l'Agriculture, et sous sa présidence, un Comité consultatif permanent des courses, dont les membres sont nommés par le Ministre de l'Agriculture.

ART. 2. — Le Comité consultatif permanent des courses sera composé d'après les indications ci-après :
Deux représentants du Conseil d'État ;
Deux représentants du Ministère des Finances ;
Deux représentants du Ministère de l'Agriculture ;
L'inspecteur général des Écoles vétérinaires ;
Un représentant de chacune des cinq Sociétés de courses parisiennes ;
Cinq représentants du Conseil supérieur des Haras ;
Deux représentants des Commissions du Stud-Book ;
Huit représentants des éleveurs ou propriétaires de chevaux.

ART. 3. — Le Ministre de l'Agriculture est chargé de l'exécution du présent décret.

Fait à Paris, le 16 juillet 1906.

A. FALLIÈRES.

Par le Président de la République :

Le Ministre de l'Agriculture,
J. RUAU.

ARRÊTÉ

nommant les membres du Comité consultatif permanent des courses.

Le Ministre de l'Agriculture,
Vu le décret en date du 16 juillet 1906, portant création au Ministère de l'Agriculture d'un Comité consultatif permanent des courses,

Arrête :

Sont nommés membres du Comité consultatif permanent des courses :

MM. Edmond Blanc, propriétaire-éleveur ; — Maurice Caillault, propriétaire-éleveur ; — Decker-David, député ; — Jean Dupuy, sénateur ; — Fitte, député, membres du Conseil supérieur des Haras ; — Jean Joubert, propriétaire-éleveur, membre de la Commission du Stud-Book des chevaux de pur sang ; — Du Rozier, propriétaire-éleveur, membre de la Commission du Stud-Book des chevaux de demi-sang ; — le président ou à son défaut un commissaire de chacune des Sociétés : Société d'Encouragement, Société des Steeple-Chases, Société du Demi-Sang, Société sportive d'Encouragement et Société de Sport de France ; — Charles Blanc, conseiller d'État ; — Michel Tardit, maître des requêtes au Conseil d'État ; — Charles Laurent, secrétaire général, et Coutard, inspecteur, au Ministère des Finances ; — Cabaret, directeur du Secrétariat, du personnel central et de la comptabilité, et Hornez, directeur des Haras, au ministère de l'Agriculture ; — Chauveau, inspecteur général des Écoles vétérinaires ; — Auguste Merle, Aumont, Camille Blanc, Jean Stern, de Tracy, Arthur Veil-Picard, propriétaires-éleveurs ; — Beauchamp, président du Syndicat des éleveurs de l'Allier ; — Bougues, sénateur, éleveur à Saint-Gaudens.

Fait à Paris, le 16 juillet 1906.

DÉCRET DU 4 DÉCEMBRE 1906

sur les attributions
du Comité consultatif permanent des courses.

Le Président de la République,

Vu la loi du 2 juin 1891 sur les courses de chevaux en France ;
Vu le décret du 16 juillet 1906 instituant un Comité consultatif permanent des courses ;
Sur le rapport du Ministre de l'Agriculture,

Décrète :

Article premier. — Le Comité consultatif permanent des courses se réunira en session au Ministère de l'Agriculture au moins deux fois par an.

Indépendamment des questions spéciales qui lui seront soumises par le Ministre de l'Agriculture, il aura à donner nécessairement son avis sur les points ci-après :

1° Réglementation concernant les courses ;
2° Juridiction des Commissaires des courses ;
3° Modifications au règlement du pari mutuel et généralement toutes mesures proposées ou à prendre en ce qui concerne l'application de l'article 5 de la loi du 2 juin 1891.
4° Demandes d'augmentation du nombre des journées de courses ;

5° Attribution des prix et subventions de l'État entre les diverses Sociétés de courses.

ART. 2. — Le Ministre de l'Agriculture est chargé de l'exécution du présent décret.

Fait à Paris, le 4 décembre 1906.

           A. FALLIÈRES.

Par le Président de la République :

 Le Ministre de l'Agriculture,
  J. RUAU.

RÈGLEMENT DU PARI MUTUEL

Article premier. — Toute personne qui fait un pari au Pari Mutuel s'engage à se soumettre aux dispositions du présent règlement.

Art. 2. — Les paris peuvent être faits à des tableaux distincts : 1° *pour le cheval gagnant;* 2° *pour les chevaux placés 1 et 2, lorsqu'il y a quatre chevaux partants, et 1,2 et 3, lorsqu'il y en a huit.*

Les opérations faites sur les différents tableaux sont réunies par genre de paris et par enceinte et totalisées de façon à obtenir une cote uniforme pour chaque genre et chaque enceinte.

Art. 3. — Le taux des mises est établi par multiples de cinq francs; il ne peut pas être inférieur à cinq francs.

Art. 4. — Il n'est pas rendu de monnaie aux guichets.

Art. 5. — Lorsqu'un propriétaire fait partir plusieurs chevaux dans une course, le Pari Mutuel gagnant donne ces chevaux séparément, et la répartition se fait couplée.

Si un ou plusieurs chevaux de l'écurie ne se présentent pas au poteau de départ, leurs mises sont remboursées.

Art. 6. — La délivrance des tickets pour chaque course dure jusqu'au signal officiel communiqué au Pari Mutuel, signal auquel les employés doivent se conformer rigoureusement.

Art. 7. — Avant le calcul de la répartition des gains, il est prélevé, conformément à l'article 5 de la loi du 2 juin 1891, au décret du 7 juillet 1891 et à l'article 102 de la loi de finances de 1903, sur le total de toutes les mises, 8 p. 100, dont 3 p. 100 destinés aux œuvres de bienfaisance, etc., 1 p. 100 à l'élevage, et 4 p. 100 pour les frais. Dans le cas où les frais n'auraient pas atteint cette proportion, la somme constituant la différence sera consacrée par la Société à une destination intéressant l'amélioration de la race chevaline.

Les appoints de 25 centimes et au-dessous ne seront pas payés; au-dessus de 25 centimes, ils seront payés 50 centimes.

Art. 8. — Le paiement des tickets gagnants commence dès que, les calculs de totalisation terminés, le juge du pesage a donné le signal autorisant le paiement. A partir de ce signal, le paiement est définitif, même dans le cas où une décision ultérieure viendrait à modifier l'ordre d'arrivée des chevaux.

Toutefois, le signal du paiement n'est pas donné si, avant la fin du pesage qui suit la course, une objection a été faite, soit contre le gagnant, soit contre un des chevaux placés. Dans ce cas, le paiement est suspendu jusqu'à ce que le jugement ait été rendu, mais s'il ne peut l'être le jour même, sur l'hippodrome, la répartition s'opère conformément à l'ordre d'arrivée.

Art. 9. — On ne peut recevoir une somme inférieure à sa mise.

Art. 10. — Les mises sont remboursées intégralement lorsque :
 a) Un cheval pour lequel on a parié n'a pas été affiché comme partant ;
 b) Un cheval affiché comme partant ne s'est pas présenté au poteau sous les ordres du juge de départ ;
 c) Aucun des chevaux n'a rempli les conditions de la course ;
 d) Aucun pari n'a été fait, suivant le cas, sur le cheval gagnant ou sur aucun des chevaux placés ;
 e) Dans une course où il n'y a que des chevaux appartenant au même propriétaire ;
 f) Après avoir retranché le prélèvement, la répartition n'attribue au gagnant qu'une somme inférieure à la mise.

Art. 11. — La répartition s'opère comme suit :
1° Pour les paris pour le gagnant, la masse à partager est répartie au prorata des mises faites sur le cheval qui a gagné la course ;
2° Pour les paris pour des chevaux placés, toutes les mises sur les chevaux placés sont d'abord retirées, le reste de la masse à répartir est divisé en autant de parties égales qu'il y a de placés, sans pouvoir, même en cas de partage de la deuxième ou de la troisième place, excéder 2 ou 3 parts, suivant le cas. Chacune de ces parties est ensuite partagée au prorata des mises faites sur chaque cheval placé.

Si, pour une cause quelconque, un cheval affiché comme partant ne se présente pas au poteau de départ, il n'est tenu compte à la répartition que du nombre des chevaux présents sous les ordres du juge du départ.

Si le nombre des chevaux partants devient insuffisant pour comporter la répartition sur deux places, tous les paris sur les chevaux placés sont annulés et remboursés.

Lorsqu'il n'y a pas de cheval placé deuxième ou troisième, ou lorsqu'un ou plusieurs des chevaux placés sont, soit distancés, soit disqualifiés, la répartition, quel que soit le nombre des places pour lesquelles les paris ont été faits, ne s'applique qu'aux seuls chevaux qui ont été placés par le juge. Il peut donc en résulter que la répartition se trouve réduite, selon le cas, à deux chevaux et même à un seul cheval.

Art. 12. — Dans le cas de dead-heat entre deux ou plusieurs chevaux, que le prix soit ou non partagé, la répartition s'opère comme il est dit à l'article précédent pour les chevaux placés.

Chaque nouvelle épreuve fera l'objet de nouveaux paris distincts.

Art. 13. — Les gains ne sont payés que sur la présentation des tickets gagnants. Si un ticket est perdu, les témoignages ou autres modes de justification ne sauraient y suppléer.

Tout ticket coupé, déchiré ou maculé de façon à rendre méconnaissable un seul des signes dont il est marqué ne sera pas payé.

S'il a été altéré ou falsifié dans un but frauduleux, il pourra donner lieu à des poursuites contre la personne qui le présentera au paiement.

Art. 14. — Les tickets gagnants et les *tickets remboursés* dans les cas prévus par l'article 10 ci-dessus, non présentés le jour même aux bureaux qui restent ouverts à cet effet une demi-heure après la dernière course, pourront être réglés dans les *sept jours* qui suivront la date de leur émission, soit au *siège du Pari Mutuel de la Société*, soit sur ses *champs de courses*. Dans aucun cas, il ne sera fait de paiement au *siège de la Société* les jours où celle-ci fera courir sur ses hippodromes.

Les fonds provenant des tickets non présentés au paiement dans les délais établis, seront versés à la *Caisse de secours du personnel des écuries de courses* organisée par la Société ou, si cette Société ne juge pas utile de l'organiser, à la *Caisse des Dépôts et Consignations*, pour être attribués aux œuvres de bienfaisance, par les soins de la *Commission spéciale* instituée auprès du *Ministère de l'Agriculture* pour répartir les fonds du Pari Mutuel provenant du prélèvement de 2 p. 100.

TABLE DES ILLUSTRATIONS

1° PLANCHES HORS TEXTE

	Pages.
Mosaïque représentant les Courses de char des Anciens.	8
Fac-similé du programme de la réunion d'Epsom du mois de mai 1777.	52
Le travail des chevaux à Newmarket, au XVIII° siècle.	62
Course de la Doncaster Cup, 1801.	74
The York Highflyer Coach.	78
The Earl of March's famous Chaise Match at Newmarket.	92
Fêtes de la fondation de la République (1ᵉʳ vendémiaire, an V).	108
Courses de chevaux et courses à pied, pour la fête du Roi (Champ-de-Mars 1831).	120
Lord Henry Seymour.	130
Course en chars, au parc des Sablons.	140
Tribune-chariot du Jockey-Club, à Chantilly (1835).	152
Courses de la Haute-Vienne, sur le plateau de Teyssonnières, près Limoges, le 17 juin 1821.	154
Courses de Chantilly, en 1835.	162
Le Derby d'Epsom	180
Tribune du Jockey-Club au Champ-de-Mars (1840).	188
Fac-similé du programme de la journée du Grand Prix Royal, en 1841.	194
Courses de Saint-Brieux.	214
Le paddock de Longchamp, en 1857, par le baron J. Finot.	276
Le défilé du Grand Prix (1864), par M. H. Delamarre. 320 et	321
Les voitures des paris mutuels de l'Agence Oller, en 1873.	398
Le pesage de Longchamp, en 1881.	448
Parcours actuel du Derby d'Epsom.	732

2° GRAVURES DANS LE TEXTE

Mors de troupe et bridon de course.	24
The Darley Arabian.	27
Bald Charlotte.	29

TABLE DES ILLUSTRATIONS

	Pages.
Flying Childers	30
Godolphin Arabian	34
Matchem	35
King Herod	41
Eclipse	43
Courses de chevaux en liberté	119
Royal-Oak	133
Touchstone	158
L'Arrivée à la course	164
Frank	166
Le premier van pour le transport des chevaux de courses	169
Melbourne	176
Corysandre	179
Fac-similé d'un billet d'entrée aux grands pavillons du Champ-de-Mars (1839)	183
Eylau	184
La Piste	186
Crucifix	191
Poetess	194
Alice Hawthorn	196
Nautilus	199
La Course	200
L'Accident	213
Le But	221
The Flying Dutchman	230
Newminster	239
Le Vainqueur	240
Stockwell	244
West-Australian	253
Duc Auguste de Morny	326
Gladiateur (monté par H. Grimshaw)	328
Comte Frédéric de Lagrange	329
Hermit	358
Fac-similé d'un ticket des Poules Oller (1865)	370
Sornette (tenue en main par Ch. Pratt)	375
M. Henri Delamarre	393
Boïard	394
M. Auguste Lupin	407
M. Charles Laffitte	409
Vicomte Paul Daru	420
Baron de Nexon	432
M. Édouard Fould	451
Saint Simon	474
Plaisanterie	483
Ormonde (monté par F. Archer)	492
Ténébreuse	501
Baron A. de Schickler	502

	Pages.
Le Sancy.	503
Baron de La Rochette.	517
M. Mackenzie-Grieves.	534
Isinglass.	552
Omnium II.	561
Persimmon. Le roi Édouard VII (alors Prince de Galles), l'entraîneur Porter et le jockey H. Jones.	570
Elf.	579
Perth.	584
Flying-Fox.	585
La Camargo.	600
Pretty Polly.	623
Baron A. de Rothschild.	629
Maintenon.	637
Baron J. Finot.	641

TABLE DES MATIÈRES

	Pages.
Dédicace.	V
Avant-Propos.	VII
Index bibliographique.	XI
Errata et Addenda.	XVII

LIVRE PREMIER

DANS L'ANTIQUITÉ

Chapitre premier. — Du cheval. — La race arabe. — Les Jeux Olympiques. — Les Jeux du Cirque. — Caligula et *Incitatus*. — Byzance, les Bleus et les Verts. 1

LIVRE II

EN ANGLETERRE, DE L'ORIGINE A FIN 1833

1° De l'origine à la fin du XVIII° siècle.

Chapitre II. — Les premières courses. — Les Stuarts. — Formation de la race de pur sang. — Les grands ancêtres : *Byerly Turk, Darley Arabian, Godolphin Arabian, Flying Childers, Matchem, Herod, Eclipse, Pot-8-Os, Highflyer, Sir Peter*, etc. — Le Jockey-Club de Newmarket. — Le Stud-Book. — Le Whip. 15

Chapitre III. — Les Oaks et le Derby d'Epsom. — Le Saint-Léger de Doncaster. — Newmarket. — Ascot. — Georges IV et son écurie. 55

Chapitre IV. — Résumé : Causes du développement des courses en Angleterre. — Échelle de poids dans les deux pays. — Tableau comparatif des mesures, distances et poids anglais et français. — Date de création des principales épreuves. 64

2° De 1801 à fin 1833.

Pages.

CHAPITRE V. — Événements principaux et chevaux célèbres. 73

LIVRE III

EN FRANCE, DE L'ORIGINE A FIN 1833

CHAPITRE VI. — DE L'ORIGINE A LOUIS XVI. — Les courses en Bretagne, en Normandie et en Béarn, du viᵉ au xᵉ siècle. — Le raid de Charles VI et de son frère. — La course de la Bague, à Saumur. — Les premières épreuves régulières, sous Louis XIV. — Paris particuliers et gageures excentriques 81

CHAPITRE VII. — DE LOUIS XVI A L'EMPIRE (1774 A 1805). — Les sportsmen de l'époque. — Importation de chevaux de pur sang. — Organisation régulière des courses; les « Plateaux » du Roi; le Règlement de 1780. — La Révolution. 95

CHAPITRE VIII. — DE L'EMPIRE A LA FONDATION DE LA SOCIÉTÉ D'ENCOURAGEMENT (1805 A FIN 1833). — Décrets impériaux rétablissant les Haras et les Courses. — Le duc de Guiche et le comte Alexandre de Girardin. — Le Haras royal de Meudon : *Vittoria*. — Création du Stud-Book français. 111

CHAPITRE IX. — L'ÉLEVAGE DU CHEVAL EN FRANCE. — La Féodalité. — L'édit du 17 octobre 1665. — L'Administration des Haras. — Le règlement du 22 février 1717. — La prospérité avant la Révolution. — Le décret du 4 juillet 1806. — La Restauration. . . . 123

CHAPITRE X. — LA SOCIÉTÉ D'ENCOURAGEMENT. — Ses fondateurs. — Son programme. — Le Jockey-Club. 129

LIVRE IV

DE 1834 A FIN 1856

CHAPITRE XI. — ANNÉE 1834. — Les premières Courses de la Société d'Encouragement. — Inauguration de l'hippodrome de Chantilly. — Courses en province. — Les paris particuliers au Bois de Boulogne. — *Morotto*, *Félix*. — Fondation du Cercle du Jockey-Club. — L'arrêté du 2 juin. — Mort de lord Derby. — *Touchstone*. — Importation de *Cadland*, *Napoléon*, *Lottery* et *Naïad*. 151

CHAPITRE XII. — ANNÉE 1835. — Arrêté du 5 janvier. — Création du prix du Jockey-Club. — Courses de Boulogne-sur-Mer. — *Miss Annette*. 161

CHAPITRE XIII. — ANNÉE 1836. — Le premier Derby français. — *Frank*. — Courses de Versailles. — *Miss Annette* et *Volante* (suite).

TABLE DES MATIÈRES

— Paris particuliers. — Le premier cheval transporté dans un van. — *Bay-Middleton* et *Bee's Wing*. — Importation des juments *Eva, Lustre, Weeper* et *Kermesse*................ 165

Chapitre XIV. — Année 1837. — Prix du Cadran, prix des Pavillons et prix du Printemps. — *Lydia* et *Esmeralda*. — Courses de Nantes, Di ppa et Pompadour. — Courses de Caen : M. Calenge. — *Miss Annette* et *Frank* (suite). — 125 kilomètres en cinq heures. — *Melbourne*. — Importation de *Destiny, Wings* et *Princess Edwiss*.... 173

Chapitre XV. — Année 1838. — La première course pour chevaux de 2 ans. — Le Haras du Pin : *Corysandre, Alibaba, Eylau* et *Frétillon*. — *Vendredi, Nautilus*. — *Miss Annette, Frank, Lydia, Julietta* (suite). — Quelques paris particuliers. — Débuts des écuries du comte A. de Morny, E. Aumont, Th. Carter, P. de Vanteaux et F. Sabathier. — L'Ascot Gold Vase. — Un cheval qui ne dispute et ne gagne que le Derby : *Amato*. — Importation de *Zarah*...... 178

Chapitre XVI. — Année 1839. — L'Omnium. — *Eylau, Frétillon* (suite). — *Romulus, Lantara*. — Première vente d'écurie, par dépit. — Apparition des couleurs de MM. Achille Fould, prince M. de Beauvau, comte d'Hédouville, C. de Pontalba et G. de Blangy. — Le Cesarewitch, le Cambridgeshire, le Grand National de Liverpool. — *Charles XII* et *Venison*. — Importation de *Mr Waggs*. 182

Chapitre XVII. — Année 1840. — La Poule d'Essai, les deux Critériums et le Grand Saint-Léger de France. — Suppression de la Présidence de la Société d'Encouragement. — Le Code des Courses. — Le *Bulletin* et le *Calendrier officiels des Courses de chevaux*. — Scandale *Tontine-Herodia*. — *Nautilus* (suite). — *Beggarman*. — L'écurie du vicomte de Pierres. — Courses au Pin. — *Crucifix* et *Pocahontas*. — Importation de *Flighty* et de *Tarentella*........ 187

Chapitre XVIII. — Année 1841. — L'Administration fixe l'âge des chevaux au 1er janvier. — Conflit entre les ministères de la Guerre et de l'Agriculture au sujet de l'insuffisance numérique de la cavalerie. — La Poule des Produits. — *Poetess, Fiammetta*. — *Gygès, Déception* et *Roquencourt* (suite). — *Alice Hawthorn*........... 193

Chapitre XIX. — Année 1842. — Mort du duc d'Orléans et de M. J. Rieussec. — Retraite de lord Henry Seymour. — Première victoire de la Société d'Encouragement sur l'Administration des Haras. — Tout cheval doit courir pour gagner. — Courses à Pau. — *Annetta, Plover, Angora, Georgette*. — Débuts de l'écurie du comte de Perrégaux. — *Minuit* et *Nautilus* (suite). — Importation de *Physician* et de *Caravan*............................ 197

Chapitre XX. — Année 1843. — Le prix de Diane et le prix du Premier Pas. — Les progrès accomplis en dix ans. — Courses à Bordeaux, Alençon et Rouen. — Le Derby Continental, à Gand. — *Nativa, Renonce, Prospero, Karagheuse, Drummer, Mam'zelle Amanda*. — *Jenny, Annetta, Nautilus* (suite). — L'écurie Lafont-Féline. — L'Omnium est gagné par une pouliche de 2 ans. — Le Royal Hunt Cup, les New-Stakes et le Great Ebor Handicap. — Importation de *Nuncio*.. 201

Pages.

CHAPITRE XXI. — ANNÉE 1844. — *Lanterne* et *Commodore Napier*. — *Drummer* (suite). — Trois pouliches finissent en tête dans le prix du Jockey-Club. — Les écuries de MM. Ch. Calenge et J. Reiset. — Le budget des Courses. — Création du prix de la Ville de Paris. — Le scandale *Running-Rein* dans le Derby anglais. — *Orlando, Fauga-Ballagh*. — Importation d'*Eusebia*.................. 207

CHAPITRE XXII. — ANNÉE 1845. — *Fitz Emilius, Suavita, Prédestinée, Bathilde*. — *Cavatine, Edwin, Drummer* et *Commodore Napier* (suite). — Effondrement d'une tribune, à Nantes. — Les paris du marquis de Croix. — *The Baron, Sweetmeat* et *Pyrrhus-the-First*. — Importation de *Fair Helen* et de *Currency*......... 214

CHAPITRE XXIII. — ANNÉE 1846. — Importation de *Gladiator*. — Le jockey Neale. — Inauguration de la ligne Paris-Lille, avec arrêt à Saint-Leu. — *Meudon, Premier-Août, Philip Shah* et *Dorade*. — *Fitz Emilius* et *Tomate* (suite). — Pur sang contre demi-sang. — *Sting, Chanticleer* et *Sir Tatton Sykes*............... 217

CHAPITRE XXIV. — ANNÉE 1847. — *Morok, Tronquette* et *Glands*. — *Prédestinée, Fitz Emilius* et *Liverpool* (suite). — L'écurie Latache de Fay. — Épreuves sur 12 et 16 kilomètres. — Importation de *The Prime Warden*.................................. 222

CHAPITRE XXV. — ANNÉE 1848. — Perturbation apportée par la Révolution de Février dans les Courses. — Les meetings de printemps de Paris et de Chantilly ont lieu à Versailles; ceux d'automne, à Chantilly. — Nouvelles tribunes. — Incident du Saint-Léger. — *Gambetti, Sérénade, Lioubliou*. — *Morok, Fitz Emilius, Premier-Août, Le Chourineur* (suite). — Disparition momentanée du turf de M. A. Aumont. — Suppression des jumenteries du Pin et de Pompadour. — Importation de *Sting*................... 224

CHAPITRE XXVI. — ANNÉE 1849. — *Experience, Capri* et *Vergogne*. — *Nanetta, Dulcamara, Gambetti* et *Mythême* (suite). — L'écurie H. Mosselman. — *The Flying-Dutchman, Canezou, Tadmor*. — Mort de *Royal-Oak*. — Importation de *The Baron* et de *Nunnykirk*.... 228

CHAPITRE XXVII. — ANNÉE 1850. — Création de l'Arrondissement de l'Ouest. — *Saint Germain, Babiéga, Fleur de Marie, Djall, La Clôture*. — *Sérénade, Grog, Wyla* (suite). — Courses de Dieppe. — Les écuries du baron E. Daru et du baron J. Finot. — Match de fond. — Importation de *The Emperor*. — *Voltigeur* et *Clincher*. — Blâme du Jockey-Club anglais à un propriétaire trop généreux envers un jockey...................... 231

CHAPITRE XXVIII. — ANNÉE 1851. — *Hervine, First Born, Amalfi, Illustration, Constance*. — *La Clôture* et *Messine* (suite). — Création des meetings de Tours, de Moulins : transfert à celui-ci du Grand Saint-Léger de France. — Derby du Midi, à Bordeaux, et Derby de l'Ouest, à Saumur. — Bousculade sévèrement punie. — Le City and Suburban Handicap, à Epsom. — *Newminster, Teddington* et *Longbow*. — Importation de *Ion, Florida* et *Creeping Jenny*....................................... 234

TABLE DES MATIÈRES

Pages.

Chapitre XXIX. — Année 1852. — *Aguila, Porthos, Échelle, Bounty* et *Quality*. — *Hervine, Fight Away, Corbon, Annette* et *Électrique* (suite). — Les chevaux français en Angleterre. — Courses à Amiens et à Angoulême. — *Stockwell* et sa mère *Pocahontas*. — Importation de *Maid of Hart*. 241

Chapitre XXX. — Année 1853. — Aspect des courses d'autrefois. — Arrêté du 17 février. — Première victoire d'un cheval français en Angleterre. — *Jouvence, Fitz-Gladiator, Moustique* et *Royal-Quand-Même*. — *Échelle, Hervine, Porthos* et *Trust* (suite). — Reprise des courses de Chantilly par la Société d'Encouragement. — Création du prix de l'Empereur et du Grand Critérium, à Chantilly, et de la Poule des Produits, à Bordeaux. — Apparition des couleurs de MM. H. Delamarre et C.-J. Lefèvre. — Mort de *Poetess*. — Importation des poulinières *Payment, Fraudulent, Refraction* et *Maid of Mona*, et des étalons *Lanercost, Elthiron* et *Womersley*. — Le Lincolnshire Handicap. — *West-Australian* et *Rataplan*. — En Amérique, *Lexington*. 247

Chapitre XXXI. — Année 1854. — *Celebrity*. — Ce que l'on donnait au jockey qui remportait le prix du Jockey-Club. — *Royal-Quand-Même, Fitz-Gladiator, Hervine, Moustique* et *Dame d'Honneur* (suite). — Critérium de Moulins. — Débuts de *Monarque*. — Le Sport. — Nos insuccès en Angleterre. — *King Tom*. 256

Chapitre XXXII. — Année 1855. — *Monarque, Baroncino, Ronzi, Miss Gladiator*. — *Festival, Rémunérateur, Hervine, Honesty, Jouvence, Royal-Quand-Même* (suite). — Fusion du Jockey-Club avec « le Cercle des Moutards ». — Création des cartes d'abonnement annuel de la Société d'Encouragement. — Le prix de l'Empereur (Grand Poule des Produits). — Nouvelles épreuves importantes en province. — Match entre hommes et chevaux. — Importation de *Faugh-a-Ballagh*. 259

Chapitre XXXIII. — Année 1856. — *Vermeille*. — *Lion, Diamant, Miss Cath, Dame d'Honneur, Nat, Éclaireur*. — *Monarque, Ronzi, Peu d'Espoir* (suite). — Vente de l'écurie Aumont. — Entrée en scène du comte Frédéric de Lagrange. — Importation d'*Antonia*. — La Société d'Encouragement prend à bail la plaine de Longchamp et y aménage un magnifique hippodrome. 267

LIVRE V

DE 1857 A FIN 1870

Chapitre XXXIV. — Année 1857. — L'hippodrome de Longchamp. — *Mlle de Chantilly, Florin, Potocki, Duchess*. — *Monarque* (suite), sa victoire dans la Goodwood Cup. — Mort de *Gladiator*. — Importation de *The Nabob*. — Débuts de l'écurie du baron A. de Schickler. — Rétablissement de la présidence de la Société d'Encouragement. — Création du haras de Dangu. — Vente de l'écurie du prince de Beauvau au baron Nivière. — Grève des garçons d'écurie à Courteuil. — Courses à Mantes. — *Blink Bonny, Imperieuse* et *Vedette*. 273

TABLE DES MATIÈRES

Pages.

Chapitre XXXV. — Année 1858. — *Ventre-Saint-Gris, La Maladetta, Gouvieux, Brocoli, Fürens, Goëlette. Martel-en-Tête, Zouave. — Monarque, Mlle de Chantilly* et *Potocki* (suite). — Le prix Biennal et le prix de la Forêt. — Fondation des courses de Bade. — Chevaux français gagnants du Grand Prix de Bade et du prix de l'Avenir........................ 281

Chapitre XXXVI. — Année 1859. — Mort de lord Henry Seymour. — Inauguration du chemin de fer de Chantilly. — *Black Prince, Géologie, Nuncia, Union Jack, Bakaloum* et *Comtesse*. — *Martel-en-Tête, Zouave* et *Tippler* (suite). — M. Latache de Fay. — Importation de *The Flying Dutchman, Pyrrhus-the-First, Imperieuse, Partlet* et *King of the Forest*. — Mort de *Melbourne*. — Erreur de classement dans le Derby.......................... 286

Chapitre XXXVII. — Année 1860. — M. Alexandre Aumont. — *Mon Étoile, Capucine, Surprise, Beauvais, Pierrefonds, Gustave, Violette. — Géologie* et *Light* (suite). — Le prix des Lions. — Premières allocations de la Société d'Encouragement à la province. — Suppression des courses de haies, à Longchamp. — Courses à Marseille. — Fusion des écuries Lagrange et Nivière : « la Grande Écurie ». — En Angleterre : première tentative d'un cheval français dans le Derby d'Epsom; *Thormanby* et *Buccaneer*: création de la Brighton Cup; fixation d'un poids minimum en courses. — Importation de *West-Australian*. — Réorganisation des Haras...... 290

Chapitre XXXVIII. — Année 1861. — Arrêtés des 10, 12, 16 et 20 février. — Création des trois grands prix de l'Empereur, de l'Impératrice et du Prince Impérial, et du prix de Longchamp. — *Gabrielle d'Estrées, Finlande, Compiègne, Palestro, Saint-Aignan*. — *Mon Étoile, Surprise, Gouvieux, Prétendant* (suite). — Nos chevaux en Angleterre; victoire de *Palestro* dans le Cambridgeshire. — *Caller Ou*. — Le Newmarket October Handicap. — Quarante et un partants dans une course. — Mort de *Touchstone*. — Le Salon des Courses............................. 299

Chapitre XXXIX. — Année 1862. — *Stradella, Souvenir, Orphelin, Benjamin, Choisy-le-Roi, Provocateur, Mlle des Douze-Traits*. — *Compiègne, Palestro* et *Mon Étoile* (suite). — *Hospodar*. — Création des Courses de Fontainebleau. — Fin de la Grande-Écurie. — Débuts des couleurs de M. H. Lunel et du comte F. de David-Beauregard........................ 304

Chapitre XL. — Année 1863. — Le Grand Prix. — *La Toucques, Dollar, The Ranger*. — *Souvenir, Orphelin, Gabrielle d'Estrées, Stradella* (suite). — Débuts de *Fille de l'Air*. — Première tentative d'un cheval français dans le Saint-Léger de Doncaster. — Première vente publique de yearlings. — *Le Jockey*. — Fondation de la Société des Steeple-Chases. — Le comte d'Aure............ 310

Chapitre XLI. — Année 1864. — *Fille de l'Air, Vermout, Bois-Roussel, Blair Athol*. — M. H. Delamarre. — Joë Jones. — Les « classics » de l'entraîneur J. Scott. — Débuts de l'écurie A. Desvignes. — *Dollar, Noélie, Stradella* (suite). — Inauguration de l'hippodrome de Deauville. — Importation de la jument *Slapdash*. — Fondation de la Société de Demi-Sang...................... 318

CHAPITRE XLII. — ANNÉE 1865. — *Gladiateur.* — Le duc de Morny. — — *Vertugadin, Gontran, Le Mandarin, Tourmalet.* — **Fille de l'Air**, *Ninon de Lenclos* (suite). — La Coupe. — Liquidation de l'écurie du baron E. Daru, et débuts des écuries du comte de Berteux, du vicomte P. Daru et de MM. L. André, E. de La Charme et L. Delâtre. — La voiture des Poules Oller. — Suppression des divisions territoriales chevalines. — La Société Hippique française. 325

CHAPITRE XLIII. — ANNÉE 1866. — Arrêté du 16 mars. — La Société d'Encouragement fixe au 1er août la date de début des chevaux de 2 ans. — *Gladiateur* et *Vertugadin* (suite). — *Étoile Filante.* — L'écurie du duc de Hamilton. — *Lord Lyon.* — Importation de *Woman in Red.* 342

CHAPITRE XLIV. — ANNÉE 1867. — L'Exposition Universelle. — Refonte du Code des Courses; les dead-heat; les paris aux courses — Le prix de Condé. — La dernière course en partie liée. — *Trocadéro, Patricien, Fervacques, Ruy-Blas.* — *Vertugadin, Auguste, Longchamp* (suite). — Les principales écuries de l'époque. — *Hermit.* — M. Achille Fould. — Début des écuries du prince d'Arenberg et comte de Juigné et de M. J. Prat. 352

CHAPITRE XLV. — ANNÉE 1868. — *Suzerain, Mortemer, Nélusko.* — Premier dead-heat d'écurie. — *Trocadéro, Auguste, Longchamp* (suite). — *Rubican.* — *Formosa.* 363

CHAPITRE XLVI. — ANNÉE 1869. — Les prix Rainbow. Royal-Oak et Gladiateur. — *Consul, Glaneur, Cerdagne, Clotho, Péripétie.* — Le haras de Lonray. — *Mortemer, Trocadéro, Longchamp* (suite). — M. J. R is t. — Mort de *Bathilde* et de *West-Australian.* — Importation de *Regalia.* — Courses de Beauvais. — Les agences de Poules condamnées par les tribunaux. 365

CHAPITRE XLVII. — ANNÉE 1870. — Limitation de l'année sportive du 15 mars au 15 novembre. — *Sornette* et *Bigarreau.* — *Mortemer, Cerdagne, Don Carlos* et *Dutch Skater* (suite). — La guerre de 1870. — Interruption des Courses. — Exode des chevaux français en Angleterre. — Liquidation de l'écurie Lagrange. 374

LIVRE VI

DE 1871 A FIN 1890

CHAPITRE XLVIII. — ANNÉE 1871. — Lendemain de désastres. — Œuvre patriotique de la Société d'Encouragement. — Reprise des Courses. — Nos chevaux en Angleterre. — Retour de *Trocadéro* en France. . 379

CHAPITRE XLIX. — ANNÉE 1872. — L'écurie C.-J. Lefèvre : *Reine, Henry;* débuts de *Flageolet;* importation des grandes poulinières anglaises, *Araucaria, Feu-de-Joie, Isoline* et *Green Sleeves.* — *Revigny, Little-Agnes, Barbillon, Cremorne.* — Arrivée tumultueuse dans l'Omnium. — Courses de Caen : prix du Premier Pas et Grand Saint-Léger. — Courses d'automne, à Fontainebleau : prix de la Salamandre. 387

TABLE DES MATIÈRES

Pages.

CHAPITRE L. — Année 1873. — *Boïard, Flageolet, Doncaster, Franc-Tireur, Montargis.* — *Barbillon, Revigny* (suite). — Retraite du turf du duc de Hamilton. — Mort de M. Fasquel. — Reconstitution de la Société des Steeple-Chases et de la Société des Courses de Bade. — Création des Jockey-Club Cup Stakes, à Newmarket. . . 392

Chapitre LI. — Année 1874. — Condamnation par les tribunaux des agences de paris mutuels. — *Saltarelle, Peut-Être.* — *Boïard* et *Flageolet* (suite). — Rentrée en scène de l'écurie Lagrange. — Mort de *Monarque.* — Retraite de M. Charles Laffitte. — Mort du comte de Cambis. — *La Chronique du Turf.* — *Georges Frederick* et *Atlantic.* — Débuts de Fred. Archer. — Loi du 20 mai sur les Haras et les Remontes. 398

Chapitre LII. — Année 1875. — Proposition Oller. — *Salvator, Nougat, Saint-Cyr, Almanza, Perplexe.* — Le prix Reiset. — *Boïard* et *Saltarelle* (suite). — L'écurie Moreau-Chaslon. — Mort de M. Charles Laffitte. — *Galopin.* 405

Chapitre LIII. — Année 1876. — Fin de la carrière de Ch. Pratt. — La Société d'Encouragement repousse la proposition Oller. — *Camélia, Enguerrande, Braconnier, Mondaine, Kilt.* — Scandale de la Poule d'Essai. — *Nougat* et *Saxifrage* (suite). — L'écurie P. de Meüs. — Mort de *Gladiateur.* — Brillants succès des jeunes chevaux français en Angleterre. 411

Chapitre LIV. — Année 1877. — Question de la « Réciprocité ». — Le vicomte Paul Daru et l'amiral Rous. — *Saint-Christophe, Chamant, Jongleur, Verneuil, Stracchino, La Jonchère.* — Double dead-heat de *Mondaine* et de *Saint Christophe.* — Mort de *Stradella.* — Nouveau parcours du Derby de Chantilly. — Match *Jacinthe-Zéthus.* — Première vente publique de yearlings. — Fondation des écuries Edmond Blanc, Maurice Ephrussi et vicomte de Trédern. — Mort d'Eugène Chapus. 417

Chapitre LV. — Année 1878. — Scission Lagrange-Lefèvre. — La Société d'Encouragement supprime toute subvention aux Sociétés qui profitent du jeu. — Le prix du Nabob. — *Clémentine, Insulaire, Brie, Stathouder.* — *Saint Christophe* et *Verneuil* (record de celui-ci en Angleterre; sa vente à l'Autriche) et *Fontainebleau* (suite). — *Kincsem.* — Arrivée tumultueuse dans l'Omnium. — *Swift.* — Mort du baron de Nexon. — Retraite momentanée de M. H. Say. — Apparition des couleurs de MM. H. Bouy et Camille Blanc. — Mort de *Fille de l'Air.* 426

Chapitre LVI. — Année 1879. — Disqualification des chevaux ayant couru aux réunions dont le *Bulletin Officiel* n'a pas publié les programmes. — *Rayon d'Or, Nubienne, Zut* et *Saltéador.* — L'écurie Michel Ephrussi. — Débuts du jockey Dodge. — Partage obligatoire, en cas de dead-heat, pour les chevaux de deux ans. — Dédoublement du prix d'Automne. — Courses plates à Vincennes. — Match *Triboulet-Tambour Battant.* — Mort de Thomas Carter. . . 434

Chapitre LVII. — Année 1880. — *Castillon, Beauminet, Le Destrier, Versigny, Le Lion.* — *Rayon d'Or* (suite). — Vente de *Mortemer.* — Mort de M. Ernest Le Roy. — Accident du jockey Hudson. — *Robert the Devil.* — L'affaire *Bend Or.* — Le prix de Saint-Firmin. 440

TABLE DES MATIÈRES

Pages.

Chapitre LVIII. — Année 1881. — Suppression des pseudonymes. — Nouvelles tribunes de Chantilly et extension des terrains d'entraînement. — Année des Américains; *Iroquois* et *Foxhall*. — *Tristan, Albion, Serpolette II, Perplexité* et *Loterie*. — *Le Destrier, Milan Castillon* et *Pourquoi* (suite). — Mort de M. Édouard Fould; constitution de l'écurie du duc de Castries. — Importation de *Silvio* et de *King Lud*. — Mort de *Trocadéro*. — Interdiction du baron Raymond Sellière.......................... 446

Chapitre LIX. — Année 1882. — La Société d'Encouragement se transforme en Société civile. — Renouvellement du bail de Chantilly. — Prix Greffulhe et prix Triennal. — Fondation de la Société de Sport de France. — Hippodrome de Saint-Louis de Poissy. — *Mademoiselle de Senlis, Clio, Dandin* et *Saint-James*. — *Bariolet* et *Poulet* (suite). — Liquidation, pour cause de fin de société, de l'écurie de courses du comte de Lagrange, et sa reconstitution. — Mort de *Payment* et *Vermeille*. — Année des pouliches en Angleterre. 454

Chapitre LX. — Année 1883. — Mort du comte de Lagrange. — *Frontin, Farfadet, Saint-Blaise, Stockholm, Malibran, Verte-Bonne, Regain, Satory, Azur*. — *Mademoiselle de Senlis, Clio, Bariolet* (suite). — Dédoublement de la Poule d'Essai. — Prix du Pin. — *La Vie Sportive*. — Suppression des cartes d'abonnement de la Société d'Encouragement. — Les écuries du prince J. Murat et de M. A. Abeille. — Liquidation du haras de la Masselière. — *Plaisanterie* achetée 825 francs. — Mort de *Finlande*. — Dead-heat dans le Derby d'Epsom. — *Galliard* et *Ossian*............ 461

Chapitre LXI. — Année 1884. — Dispersion de l'écurie Lagrange. — *Archiduc, Little-Duck, Fra Diavolo, Frégate, Yvrande*. — L'écurie du duc de Gramont et celle de M. E. Deschamps. — *Regain, Satory, Azur, Ali-Bey, Stockholm* et *Louis d'Or* (suite). — Débuts de *Plaisanterie*. — Importation d'*Atlantic*. — Le comte Hocquart de Turtot. — W. Flatman. — *Saint-Simon*. — Le jeu aux courses : les bookmakers et Regimbaud. — Nouvelles mesures de la Société d'Encouragement contre les hippodromes de spéculation. — Fin des « Suburbains »........................ 469

Chapitre LXII. — Année 1885. — *Plaisanterie, Xaintrailles, Reluisant, Barberine, Escarboucle*. — Scandale du prix Hocquart : *Extra* et *Léopard*. — *Paradox*. — *Archiduc, Fra Diavolo, Martin-Pêcheur II* et *Lavaret* (suite). — MM. Grandhomme, baron Sainte-Aure d'Étreillis, baron de Bray. — Le Grand Prix de Bruxelles. . . 481

Chapitre LXIII. — Année 1886. — *Upas, Sycomore, Gamin, Jupin, Sauterelle*. — *The Condor, Escarboucle, Lapin* et *Barberine* (suite). — *Frapotel*. — Match Richelieu-Ouragan. — Fondation de la Société Sportive d'Encouragement. — Meeting de Vichy. — Le duc de Castries, Fred Archer, H. Bouy. — Mort de *Vermout*. — *Ormonde* et *Minting*. — Les Eclipses Stakes. — Le projet Thuanes et la Société d'Encouragement...................... 488

Chapitre LXIV. — Année 1887. — Proposition Verséjoux. — Rapport des Commissaires de la Société d'Encouragement sur les paris à la cote. — Arrêté du 15 mars; rétablissement officiel du Pari Mutuel. — *Ténébreuse, Le Sancy, Bavarde, Monarque*. — *Upas*

56

(suite). — Retraite de Henry Jennings. — Liquidation de l'écurie Juigné-d'Arenberg. — Mort de G. Fordham. — Première vente de yearlings à Deauville. — Mort de *Dollar*. 496

CHAPITRE LXV. — ANNÉE 1888. — *Stuart* et *Galaor.* — *Ténébreuse*, *Le Sancy* et *Brisolier* (suite). — Courses de Compiègne. — Vente de *Plaisanterie*. — Liquidation du haras de M. V. Malapert. — Retraite de M. C.-J. Lefèvre. — L'écurie E. Veil-Picard. 510

CHAPITRE LXVI. — ANNÉE 1889. — *Vasistas, Clover, Aérolithe, Barberousse*. — *Le Sancy* et *Galaor* (suite). — Rentrée de l'écurie H. Say. — Formation des écuries J. de Brémond et J. Arnaud. — La Société hippique de Colombes contre la Société d'Encouragement. — Mort du baron de La Rochette, lord Falmouth, comte Le Marois et comte Dauger. — Une épreuve de 125.000 francs pour chevaux de 2 ans. — *Donovan*. — Le Grand Prix du Commerce, à Milan. . . . 513

CHAPITRE LXVII. — ANNÉE 1890. — Le comte de Hédouville. — Suppression des courses de Fontainebleau. — Le prix Lagrange. — Les chevaux d'une même écurie couplés au Pari Mutuel. — Arrêté du 2 juin sur les paris en dehors du champ de courses. — *Fitz Roya, Heaume, Le Nord, War Dance, Alicante, Wandora* et *Yellow*. — *Le Sancy* et *Galaor* (suite). — Brillants succès de nos jeunes chevaux en Angleterre. — Mort de *Silvio*, *Hermit* et *Energy*. — Allocations du Derby et des Oaks. — Liquidation de l'écurie du baron de Soubeyran et constitution de l'écurie du vicomte E. d'Harcourt. — Arrêté du 2 juin. — Agences illicites de paris mutuels. . 519

LIVRE VII

DE 1891 A FIN 1913

CHAPITRE LXVIII. — ANNÉE 1891. — Loi du 2 juin. — Nouveau contrat de cinquante années entre la Ville de Paris et la Société d'Encouragement. — *Ermak, Clamart, Révérend, Gouverneur*. — *Mirabeau, Le Glorieux* et *Yellow* (suite). — Meeting international de Maisons-Laffitte. — Prix Boïard et prix Eclipse. — L'écurie de M. E. de Saint-Alary. — MM. Mackenzie-Grieves et A. de Montgomery. — T. Carter neveu. — Retraite du turf de M. A. Lupin. — Liquidation de l'écurie P. Donon. — *Childwick* : record du prix de vente d'un yearling. — Mort des étalons *Atlantic* et *Mortemer*. . . . 527

CHAPITRE LXIX. — ANNÉE 1892. — Le Grand Prix est porté à 200.000 francs. — Création des prix de Fontainebleau, de Sablonville, et de l'Omnium de Deux Ans. — *Chêne-Royal, Fra Angelico, Rueil, Gil-Pérès, Fripon, Galette*. — *Bérenger* (suite). — Débuts des chevaux de 2 ans dans la région parisienne. — L'écurie Albert Menier. — MM. Léonce Delâtre et comte de Saint-Roman. — Les primes aux éleveurs. — Les familles de pur sang, par Bruce Lowe. — *Orme* et *La Flèche*. — Mort de *Doncaster*. 538

CHAPITRE LXX. — ANNÉE 1893. — Prix du Conseil Municipal et Critérium International. — Prix Monarque, de Flore et Amphitrite. — *Ragotsky, Fousi-Yama, Callistrate, Prâline, Ramleh.* — *Chêne-Royal, Fra Angelico* et *Galette* (suite). — H. Jennings. — Liquidation du haras de Viroflay : retraite définitive de M. A. Lupin. — Retrait de la licence de Tom Lane. — Création d'une Caisse de secours, par la Société d'Encouragement. — *Isinglass* : record des sommes gagnées. — Allocation ajoutée à l'Ascot Gold Cup. 546

Chapitre LXXI. — Année 1894. — Scandales des prix Reiset et du Jockey-Club. — *Gospodar, Dolma-Baghtché, Algarade, Le Pompon, Ravioli, Lutin.* — *Callistrate, Fousi-Yama* et *Aquarium* (suite). — Les écuries Caillault, du comte de Ganay et du comte de Saint-Phalle. — Les premiers produits du *Sancy.* — MM. Étienne Fould, Max Lebaudy et J.-L. de Francisco-Martin. — Retraite du baron de Soubeyran, liquidation de son écurie de courses et du haras d'Albian. — Le prix Delâtre. — Mort de *Tristan*. 554

Chapitre LXXII. — Année 1895. — Mort de MM. A. Lupin, duc de Hamilton, comte Albert de Noailles, J. Joubert. — *Omnium II, Le Sagittaire, Le Justicier, Andrée, Kasbah* et *Merlin.* — *Lutin* (suite). — *Héro.* — L'écurie Gaston-Dreyfus. — *Paris-Sport* 560

Chapitre LXXIII. — Année 1896. — *Liane, Riposte, Babillarde, Champignol, Champaubert, Arreau.* — *Omnium II, Le Sagittaire* et *Le Justicier* (suite). — Prix de Longchamp, à Deauville. — Mort de M. C.-J. Lefèvre. — La Starting-gate. — Installation de M. W.-K. Vanderbilt à Villebon. — Vente de l'écurie de M. Maurice Ephrussi. — Importation de *Simonian.* — *Persimmon.* — Décret du 24 novembre. 566

Chapitre LXXIV. — Année 1897. — Modification à l'institution des Commissaires de la Société d'Encouragement. — Première victoire de l'écurie W.-K. Vanderbilt. — *Palmiste, Doge, Roxelane, Castelnau, Quilda, Masqué.* — *Champaubert, Elf, Winkfield's Pride* (suite). — Prix Vermeille. — Liquidation de l'écurie de M. H. Ridgway. — Mort du baron de Soubeyran et de J. Hudson. — Les *Tables* d'Hermann Gooz. 572

Chapitre LXXV. — Année 1898. — La monte américaine : Tod Sloan. — *Le Roi Soleil, Gardefeu, Machiavel, Le Samaritain, Mélina.* — *Elf, Champaubert, Quilda, Amandier* (suite). — Ligne de chemin de fer directe avec l'hippodrome de Maisons-Laffitte. — L'hôpital des jockeys de Chantilly. — Courses à Nice. — Importation de *Winkfield's Pride.* — Le Grand Prix d'Ostende. 576

Chapitre LXXVI. — Année 1899. — Manifestations politiques au Grand Steeple-Chase d'Auteuil. — Agrandissement des tribunes et des pesages de Longchamp et de Maisons-Laffitte. — *Holocauste, Flying-Fox, Perth, Fourire, Gobseck, Sésara.* — *Jeanne Brunette, Gardefeu, Le Roi Soleil* et *Général-Albert* (suite). — Grand Critérium d'Ostende. — Écuries du baron Édouard de Rothschild et de M. James Hennessy. — MM. H. Say, baron de Bizi, H. Cartier, comte d'Espous de Paul, A. Menier, P. Wheeler. — Mort de *Saxifrage.* 582

Chapitre LXXVII. — Année 1900. — L'Exposition Universelle. — Meeting de Nice. — Meeting de Vichy : le prix des Rêves d'Or et le Grand Prix. — *Semendria, Codoman, La Morinière, M. Amédée, Aigle Royal.* — *Perth* et *Fourire* (suite). — Mort d'*Omnium II* et de *Le Sancy*. — Le comte G. de Juigné. — *Le Souvenir*, record du prix d'un yearling en France. — Importation de *Flying-Fox*. — *Diamond, Jubilee* et *Perdita II*. — Loi du 1ᵉʳ avril sur les pronostics payants. 591

Chapitre LXXVIII. — Année 1901. — L'hippodrome de Saint-Cloud. — *La Camargo, Saxon, Chéri, Amer Picon.* — *Semendria, Codoman, Ivoire, Mlle de Longchamp* (suite). — *Angmering*. — Mort de *Bougie* et de *Callistrate*. — T. Lane, A. de Saint-Albin. — Licences de jockeys : Milton Henry, Durnell. — Importation de *Halma*. . . . 599

Chapitre LXXIX. — Année 1902. — *Kizil-Kourgan, Retz, Maximum, La Loreley, Red Cedar, Exéma.* — *La Camargo, Codoman, Chéri* et *Amer Picon* (suite). — Mort de *The Bard* et d'*Enguerrande*. — Importation de *Childwick*. — Marquis de Farges (Touchstone), J. Watts. — Retrait de licence à de nombreux jockeys en France, en Angleterre et en Amérique. — *Sceptre*, record du prix de vente d'un yearling en Angleterre. — Demandes d'annulation de courses pour cause de mauvais départ. — Propositions d'augmentation du taux des prélèvements sur les fonds du pari mutuel. — Championnat du Cheval d'armes. 604

Chapitre LXXX. — Année 1903. — Vote de la proposition Lempereur, portant à 8 p. 100 les prélèvements sur les fonds du pari mutuel. — Nomination de membres adjoints au Comité de la Société d'Encouragement. — Suppression des prix du Gouvernement, en province. — Le prix du Président de la République, à Maisons-Laffitte. — *Quo Vadis, Caïus, Vinicius, Ex-Voto, Alpha*. — *Rose de Mai* et le scandale du prix de Diane. — *La Camargo, Maximum, Amer Picon, Arizona* (suite). — Mort de *Le Pompon*. — MM. Edgard Gillois et le prince Soltykoff. — Retraite de M. H. Delamarre. — *Rock Sand*. — La question du doping. 609

Chapitre LXXXI. — Année 1904. — Nouvelles tribunes de Longchamp. — M. Edmond Blanc établit le record des sommes gagnées dans une année. — *Ajax, Gouvernant, Macdonald II, Rataplan, Turenne, Presto II, Lorlot, Profane, M. Charvet*. — *Pretty Polly*. — *Caïus, La Camargo, Hébron, Maximum* (suite). — Mort de *Foxhall, Ormonde* et *Rueil*. — Dissolution de la Société des Courses de Caen et reprise par la Société de Demi-Sang. — Double deadheat. — Raids militaires. — MM. P. Aumont, E. de la Charme, Pol Planquette, E. Adam et E. Rolfe. — Le Grand Prix Ambroisien, à Milan. 617

Chapitre LXXXII. — Année 1905. — Avancement des courses de deux ans. — Arrêtés ministériels relatifs à la nomination des Commissaires des Sociétés de Courses, à l'inscription des chevaux au Stud-Book, et à l'application de la loi de 1891. — Interdiction des fers tranchants. — Nouvelles écuries de Longchamp. — *Jardy, Val d'Or, Génial, Finasseur, Clyde, Luzerne, Punta-Gorda*. — *Gouvernant, Macdonald II, Rataplan, Caïus* et *Presto II* (suite) — Mort de *Le Destrier* et de *War Dance*. — Le baron Alphonse de Rothschild. — Suicide de T.-R. Carter. — Le Grand Prix de Nice. . 625

TABLE DES MATIÈRES

Pages

Chapitre LXXXIII. — Année 1906. — Création du Comité Consultatif permanent des courses. — Chevaux distancés. — Unification des rendements du pari mutuel. — L'émeute de Longchamp du 14 octobre. — Réunion extraordinaire au profit des familles des victimes de la catastrophe de Courrières. — Inauguration de l'hippodrome du Tremblay. — Le prix de Seine-et-Oise et le prix Consul, à Maisons-Laffitte. — Propositions E. Lepelletier et Réveillaud. — *Prestige* et *Maintenon*. — *Moulins-la-Marche*. — *Punta-Gorda* (suite). — *My Pet II*. — L'écurie Maurice de Rothschild. — Vente de *Val d'Or* et *Jardy*. — Mort de *Plaisanterie* et de *Little-Duck*. — *Ormonde*. — Le baron Roger, le baron J. Finot, Ch. Pratt, et W. Planner.................... 631

Chapitre LXXXIV. — Année 1907. — Avancement à la fin de juin des débuts des chevaux de deux ans. — Allocations aux chevaux placés. — Suppression de la dernière course pour gentlemen-riders des programmes de la Société d'Encouragement. — Certificat d'origine. — Suppression de la gratuité des fonctions de commissaires. — Les grandes épreuves de la Société de Sport de France. — *Sans Souci II*, *Mordant*, *Biniou*. — Recette-record au Grand Prix. — *Maintenon*, *Quérido*, *Punta-Gorda*, *Moulins-la-Marche*, *Ob*, *Luzerne* (suite). — L'écurie du baron Gourgaud. — Importation de *Chaleureux*. — Société d'Encouragement à l'élevage du Cheval de guerre.................... 642

Chapitre LXXXV. — Année 1908. — 75ᵉ anniversaire de la Société d'Encouragement. — L'allocation du Grand Prix est portée à 300.000 francs. — Création de la journée d'été de Chantilly. — Rejet de la proposition demandant l'interversion de l'ordre dans lequel sont courus les prix de Diane et du Jockey-Club. — Pesage des jockeys. — Deauville : création du Critérium et augmentation de l'allocation du Grand Prix. — Vichy : rétablissement du Grand Prix de 100.000 fr. — La Coupe d'Or de Maisons-Laffitte. — *Sea Sick*, *Quintette*, *Northeast*, *Médéah* et *Sauge Pourprée*. — *Biniou* et *Moulins-la-Marche* (suite). — La poulinière allemande *Festa*. — *Signorinetta*, *Bayardo* et *Your Majesty*. — Mort de *Persimmon*, *Saint-Simon* et *Perth*. — Allocation du Saint-Léger. — Rejet de toute proposition relative au rétablissement des paris au livre. — Liquidation de l'écurie du comte H. de Pourtalès. — L'interdiction des paris aux courses aux États-Unis : exode des chevaux américains ; formation des écuries H. Dureya et Franck Jay-Gould. 650

Chapitre LXXXVI. — Année 1909. — Unification et revision des Codes et Règlements des courses plates et d'obstacles. — Remaniement du Calendrier des Courses : le Grand Prix est reculé au dernier dimanche de juin. — Prix de Courbevoie. — Grève des lads des établissements d'entraînement ; syndicat des propriétaires de chevaux de courses. — Modification à la loi du 2 juin 1891. — *Oversight*, *Verdun*, *Négofol*, *Union*, *Ronde de Nuit*, *Hag to Hag*. — *Sea Sick*, *Sauge Pourprée*, *Biniou*, *Moulins-la-Marche* et *L'Inconnu* (suite). — Mort de *Finasseur*. — Décisions diverses de la Société d'Encouragement (exclusion des propriétaires, entraîneurs et gentlemen-riders ; départ des chevaux ; remplaçants des propriétaires en deuil). — Rejet d'un projet de banque de crédit pour opérations à terme au pari mutuel. — Deauville : augmentation de certaines allocations et création d'épreuves nouvelles. — Société de Demi-Sang : le prix Flying-Fox. — Création des prix de Circonscription par la Société Sportive. — Principales ventes : MM. J. Arnaud, duc de Gramont et Caillault. — Mort de *Childwick*. — Haras américains. — Décision du Jockey-Club anglais concernant les chevaux étrangers. — *Fair :* le record du prix payé pour une poulinière. — *Minoru* et *Bayardo*............ 661

Chapitre LXXXVII. — Année 1910. — Mort de S. M. Édouard VII. — *Nuage, Marsa, Basse-Pointe, La Française.* — *Oversight, Ronde-de-Nuit, Ossian, Aveu* (suite). — Prix La Force. — *Lemberg :* record du temps dans le Derby d'Epsom. — Mort de *Simonian*. — Musée du Cheval, à Saumur. — Substitution involontaire de pouliches. — Retraite tapageuse de M. Veil-Picard........... 676

Chapitre LXXXVIII. — Année 1911. — Question des départs. — Exode des chevaux étrangers. — Suppression du Critérium International. — Augmentation de l'allocation de nombreuses épreuves. — Le prix de Deux Ans, à Deauville, reprend le nom de prix Morny. — *Faucheur, Alcantara II, As d'Atout, Combourg, Tripolette, Rose Verte.* — *Basse-Pointe, Badajoz, La Française* (suite). — Retraite de *Moulins-la-Marche*. — *Montrose II,* record des sommes gagnées par un cheval de 2 ans en France. — Arrivées photographiées. — Nécrologie : MM. Ed. Cavailhon, Nayler, H. Blount, vicomte de Bouëxic, E. Blascowitz, baron Gustave de Rothschild, comte de Lastours, comte Florian de Kergorlay. — Retraite du comte Lehndorff. — Mort de *Flying-Fox, Chalet* et *Isinglass.* — Commission de contrôle des fonds provenant du pari mutuel. — Encore une idée de politiciens............ 683

Chapitre LXXXIX. — Année 1912. — Augmentation croissante du budget de la Société d'Encouragement. — Chronométrage visible des courses. — Transformation de Deauville. — *Prédicateur, Amoureux III.* — *La Française, Basse-Pointe, Chambre-de-l'Édit* (suite). — L'élevage français en Angleterre. — Le Betting Inducement Bill. — Mort de *Gallinule.* — Dead-heat de camarades d'écurie dans le Derby italien. — MM. P. Clossmann, I. Wysocki, H. Webb, A. Carratt, A. Sautereau, baron A. de Nexon et duc Decazes. — Importation des étalons *Sundridge, Rock Sand* et *Bachelor's Button.* — Mort de *Clamart, Chaleureux, Santo-Strato.* — Exportation de *Biniou.* — Vente des écuries des barons Gustave et Maurice de Rothschild. — Prix record d'un yearling en France. — Petits procès sportifs. — La question du doping : méthode scientifique permettant de le découvrir. — Disqualification de chevaux dopés. — Création des prix de Cavalerie. — La crise du demi-sang. — Les courses de deux ans en Allemagne........ 697

Chapitre XC. — Année 1913. — Modification aux dead-heat. — Responsabilité des entraîneurs dans les cas de doping. — Augmentation de l'entrée dans le Grand Prix. — Les prix de Cavalerie (suite). — Le prix de Diane est porté à 75.000 francs. — Le prix du Cadran devient international, avec une allocation de 100.000 francs. — Le nouveau prix Seymour. — Cinquantenaire des courses de

Deauville. — *Nimbus, Brûleur, Dagor, Isard II, Écouen.* — *Prédicateur* (suite). — Nouvelles écuries étrangères. — Mort de MM. H. Delamarre, comte de Berteux, H. Ridgway, P. Donon, Ch. Kohler, duc de Fezensac, Richard Carter. — Mort de *Northeast* et de *Maximum.* — Contrôle des arrivées, à Ostende. — Les incidents du Derby d'Epsom et de la Coupe d'Or d'Ascot. — *Prince Palatine* : record du prix de vente d'un étalon. — *The Tetrarch.* — Mort du grand éleveur Sir Tatton Sykes et de Sir E. Johnstone. — Mort de *Desmond* et de *La Camargo.* — Procès Siever-Wooton. — La *Monkey-Seat.* — Mort de M. J.-R. Keene.... 720

Conclusion.. 737

LIVRE VIII

LA RACE DE PUR SANG

I. Les trois grandes lignées : *Eclipse* (Darley Arabian), *Herod* (Byerly Turk) et *Matchem* (Godolphin Arabian).......... 747

II. Les Familles, de Bruce Lowe........................ 756

LIVRE IX

GAGNANTS DES GRANDES ÉPREUVES

I. — Grandes épreuves françaises.

pour chevaux de 3 ans.
- Prix Hocquart ; ex-prix de Longchamp........... 777
- — Greffülhe................................... 779
- — Noailles, ex-prix du Nabob.................. 780
- — Daru, ex-Poule des Produits................. 781
- Poule d'Essai.................................. 783
- — des Pouliches............................... 784
- — des Poulains............................... 785
- Prix Lupin, ex-Grande Poule des Produits, ex-prix Morny, ex-prix de l'Empereur................ 786
- — de Diane.................................... 788
- — du Jockey-Club.............................. 790
- Grand Prix de Paris............................ 793
- Prix Royal-Oak, ex-Grand Prix du Prince Impérial.. 795
- — Vermeille................................... 796
- — Lagrange.................................... 797
- — Eugène Adam, ex-prix Monarque............... 798

pour chevaux de 3 ans et au-dessus.
- Prix Boïard, ex-prix Eugène Adam, ex-prix Boïard... 799
- — du Président de la République............... 800
- — du Conseil Municipal........................ 800

	Pages.
pour chevaux de 4 ans et au-dessus. { Prix du Cadran..................................	802
— Rainbow, ex-Grand Prix de l'Impératrice......	804
— Gladiator, ex-Grand Prix de l'Empereur, ex-Grand Prix Impérial, ex-National, ex-Royal...........	806

II. — Grandes épreuves anglaises.

pour chevaux de 3 ans. { Deux mille Guinées.............................	810
Mille Guinées..................................	812
Derby...	815
Oaks..	818
Saint-Léger...................................	821
Chevaux français gagnants en Angleterre..................	826

LIVRE X

DÉCRETS, ORDONNANCES, LOIS ET ARRÊTÉS

Arrest du Conseil d'Estat pour rétablir les Haras dans le Royaume, du 17 octobre 1665...	829
Décret du XIII fructidor, an XIII (31 août 1805), rétablissant les courses de chevaux en France)...................................	835
Décret impérial du 4 juillet 1806 concernant les Haras...........	835
Ordonnance royale du 3 mars 1833 portant établissement du Stud-Book..	839
Dispositions ministérielles pour l'exécution de l'ordonnance du 3 mars 1833..	840
Arrêté du 5 janvier 1835......................................	842
Arrêté du 16 mars 1866 plaçant toutes les Courses sous les Règlements des trois grandes Sociétés de plat, d'obstacles et de trot.......	849
Arrêté du 17 mars 1866 créant la Commission spéciale du Stud-Book. .	849
Loi du 24 mai 1874 sur la réorganisation des Haras..............	851
Loi du 2 juin 1891 réglementant l'autorisation et le fonctionnement des Courses de chevaux (avec additions et modifications y apportées par les lois du 1er avril 1900, 29 mars 1903 et le 4 juin 1909)........	853
Décret du 7 juillet 1891.....................................	854
Décret du 24 novembre 1896.................................	858
Décret du 18 août 1905, sur la comptabilité des Sociétés de courses. .	860
Décret du 16 juillet 1906, instituant un Comité Consultatif permanent des Courses...	863
Arrêté nommant les membres de ce Comité.....................	863
Décret du 4 décembre 1906 sur les attributions de ce Comité......	864
Règlement du Pari Mutuel.....................................	866

TABLE DES ILLUSTRATIONS.

1° Planches hors texte.............................	869
2° Gravures dans le texte..........................	869

B — 9024. — Libr.-Imprimeries réunies, 7, rue Saint-Benoît, Paris.

Prix : 20 Francs.

www.ingramcontent.com/pod-product-compliance
Lightning Source LLC
Chambersburg PA
CBHW071226300426
44116CB00008B/924